Die Bonus-Seite

Ihr Vorteil als Käufer dieses Buches

Auf der Bonus-Webseite zu diesem Buch finden Sie zusätzliche Informationen und Services. Dazu gehört auch ein kostenloser **Testzugang** zur Online-Fassung Ihres Buches. Und der besondere Vorteil: Wenn Sie Ihr **Online-Buch** auch weiterhin nutzen wollen, erhalten Sie den vollen Zugang zum **Vorzugspreis**.

So nutzen Sie Ihren Vorteil

Halten Sie den unten abgedruckten Zugangscode bereit und gehen Sie auf **www.galileodesign.de**. Dort finden Sie den Kasten **Die Bonus-Seite für Buchkäufer**. Klicken Sie auf **Zur Bonus-Seite/Buch registrieren**, und geben Sie Ihren **Zugangscode** ein. Schon stehen Ihnen die Bonus-Angebote zur Verfügung.

Ihr persönlicher **Zugangscode**: s45r-8giv-2963-hw7e

Monika Gause

Adobe Illustrator CS5

Das umfassende Handbuch

Galileo Press

Liebe Leserin, lieber Leser,

jeder, der schon einmal mit Illustrator gearbeitet hat, weiß, dass diese Software ihren Anwendern unzählige Möglichkeiten bietet und viel Platz für Kreativität und Freiraum lässt. Manchmal liegt jedoch genau hier das Problem: Will man kreativ sein und eine ansprechende Illustration erstellen, hat man nur eine leere weiße Fläche vor sich, die gefüllt werden will. Hat man dagegen eine konkrete Aufgabe, muss man genau wissen, welche Funktionen und Werkzeuge die Software bietet, um zum gewünschten Ziel zu gelangen.

Wie gut ist es da, ein Buch wie dieses zur Hand zu haben, das alle Funktionen ausführlich erklärt und im praktischen Einsatz zeigt, und gleichzeitig durch seine liebevolle Gestaltung und unzähligen Illustrationen Inspiration für die eigene Arbeit bietet. Monika Gause schafft es auch in der vierten Auflage Ihres Bestsellers, ihre Begeisterung für Adobe Illustrator auf Papier zu bannen und verrät auch dieses Mal zahlreiche Tipps und Tricks aus ihrer jahrelangen Praxis. Schritt für Schritt steigen Sie so tiefer in die Arbeit mit Illustrator ein und können das Tool am Ende genauso kreativ einsetzen, wie es die Autorin tut. Selbst alte Vektorhasen und Umsteiger von FreeHand werden hier noch den einen oder anderen Tipp erhalten und das Buch als fundiertes Nachschlagewerk bei der täglichen Praxis nutzen können.

Als besonderes Special finden Sie auf der Buch-DVD nicht nur alle Beispielgrafiken des Buches, sondern auch über 1 Stunde Video-Lektionen, in denen Sie einem erfahrenen Trainer einmal live bei der Arbeit zuschauen können.

Sollten Sie Fragen, Lob oder Anmerkungen zum Buch haben, so freue ich mich über Ihre Mail. Nun wünsche ich Ihnen erst einmal viel Spaß beim Lesen und bei der Arbeit mit Illustrator.

Katharina Geißler
Lektorat Galileo Design
katharina.geissler@galileo-press.de

www.galileodesign.de
Galileo Press • Rheinwerkallee 4 • 53227 Bonn

Auf einen Blick

TEIL I Programmoberfläche und grundlegende Einstellungen

1	Die Arbeitsumgebung in Illustrator CS5	15
2	Neue Funktionen in CS5	27
3	Vektorgrafik-Grundlagen	31
4	Arbeiten mit Dokumenten	37

TEIL II Objekte erstellen

5	Geometrische Objekte und Transformationen	73
6	Pfade konstruieren und bearbeiten	113
7	Freihand-Werkzeuge	147
8	Farbe	173
9	Flächen und Konturen gestalten	225

TEIL III Objekte organisieren und bearbeiten

10	Vektorobjekte bearbeiten und kombinieren	275
11	Hierarchische Struktur: Ebenen, Aussehen	315
12	Transparenzen und Masken	351
13	Spezial-Effekte	379

TEIL IV Spezialobjekte

14	Text und Typografie	417
15	Diagramme	467
16	Muster und Symbole	495
17	Perspektivische Darstellungen und 3D-Live-Effekte	525
18	Dateien platzieren und mit Pixeldaten arbeiten	557

TEIL V Ausgabe und Optimierung

19	Austausch, Weiterverarbeitung, Druck	589
20	Web- und Bildschirmgrafik	627
21	Personalisieren und erweitern	667
22	Von FreeHand zu Illustrator	689
23	Werkzeuge und Kurzbefehle	721
24	Die DVD zum Buch	731
25	Glossar	739

Inhalt

TEIL I Programmoberfläche und grundlegende Einstellungen

1	Die Arbeitsumgebung in Illustrator CS5	15
1.1	Herzlichen Glückwunsch!	15
1.2	Der Arbeitsbereich	15
1.3	Der Anwendungsrahmen	23
1.4	Adobe Bridge	25
2	Neue Funktionen in CS5	27
2.1	Konstruktion	27
2.2	Illustration	28
2.3	Produktion	28
2.4	Dokumenteigenschaften	30
2.5	Export	30
2.6	Oberfläche	30
3	Vektorgrafik-Grundlagen	31
3.1	Warum wir mit Vektoren zeichnen	31
3.2	Funktionsweise von Vektorgrafik	32

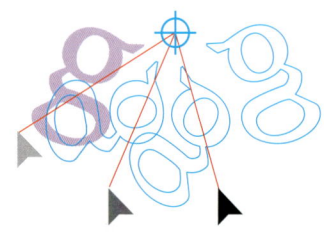

4	Arbeiten mit Dokumenten	37
4.1	Dokumente erstellen und öffnen	37
4.2	Im Dokument navigieren	42
4.3	»Mehrseitige« Dokumente mit Zeichenflächen	47
4.4	Maßeinheiten und Lineale	53
4.5	Raster und Hilfslinien	57
4.6	Widerrufen und wiederherstellen	65
4.7	Dokumente speichern	66

TEIL II Objekte erstellen

5	Geometrische Objekte und Transformationen	73
5.1	Geometrische Objekte erstellen	73
5.2	Objekte, Pfade und Punkte auswählen	84
5.3	Objekte in der Stapelreihenfolge anordnen	89
5.4	Gruppen	91
5.5	Objekte bearbeiten	92
5.6	Objekte transformieren	94
5.7	Ausrichten und Verteilen	108

6	**Pfade konstruieren und bearbeiten**	113
6.1	Pfade und Bézierkurven	113
6.2	Mit dem Zeichenstift arbeiten	114
6.3	Punkte und Pfadsegmente auswählen	126
6.4	Punkte bearbeiten	129
6.5	Pfade nachbearbeiten	135
6.6	Strategien zum Zeichnen von Vektoren	141

7	**Freihand-Werkzeuge**	147
7.1	Freihand-Linien zeichnen	147
7.2	»Natürlich« malen	156
7.3	Flächen malen	159
7.4	Objekte intuitiv bearbeiten und Pfade vereinfachen	162
7.5	Freihand-Auswahl mit dem Lasso	166
7.6	Objekte intuitiv deformieren mit den Verflüssigen-Werkzeugen	167

8	**Farbe**	173
8.1	Farbmodelle	173
8.2	Farbmanagement	174
8.3	Dokumentfarbmodus	180
8.4	Farben anwenden und definieren	181
8.5	Farbharmonien erarbeiten	186
8.6	Mit Kuler arbeiten	189
8.7	Farbdefinitionen speichern	191
8.8	Interaktive Farbe verwenden	206
8.9	Farbfilter	222

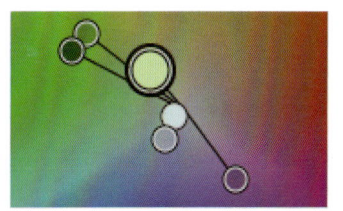

9	**Flächen und Konturen gestalten**	225
9.1	Standard-Konturoptionen	225
9.2	Pfeilspitzen	228
9.3	Variable Konturstärken mit dem Breitenwerkzeug	229
9.4	Pinselkonturen	233
9.5	Auswahlen auf Farb- und Objektbasis	246
9.6	Verläufe	248
9.7	Gitterobjekte – Verlaufsgitter	260

TEIL III Objekte organisieren und bearbeiten

10	**Vektorobjekte bearbeiten und kombinieren**	275
10.1	Objekte kombinieren	275
10.2	Pathfinder – Objekte zerteilen	280
10.3	Formen intuitiv erstellen	285

10.4	»Malen« mit Vektoren	287
10.5	Linien in Flächen umwandeln	297
10.6	Formen und Objekte »überblenden«	302
10.7	Objekte mit »Hüllen« verzerren	309

11	**Hierarchische Struktur: Ebenen, Aussehen**	315
11.1	Ebenen	315
11.2	Objekt- und Ziel-Auswahl im Ebenen-Bedienfeld	325
11.3	Objekte mit Schnittmasken formen	328
11.4	Im Isolationsmodus arbeiten	331
11.5	Aussehen-Eigenschaften	332
11.6	Aussehen-Eigenschaften übertragen	339
11.7	Aussehen-Eigenschaften speichern	341

12	**Transparenzen und Masken**	351
12.1	Deckkraft und Füllmethode	351
12.2	Deckkraftmasken	360
12.3	»Transparenz«-Effekte	367
12.4	Transparenzen reduzieren	367
12.5	Transparenz speichern	377

13	**Spezial-Effekte**	379
13.1	Arbeitsweise von Effekten	379
13.2	Allgemeines zu Effekten	380
13.3	Konstruktionseffekte	384
13.4	Zeichnerische Effekte	389
13.5	Bildbearbeitungseffekte	395
13.6	Special Effects	399

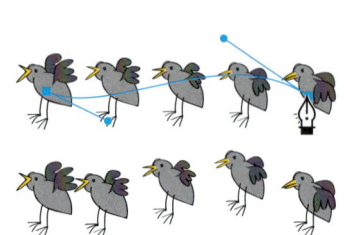

TEIL IV Spezialobjekte

14	**Text und Typografie**	417
14.1	Textobjekte erzeugen	417
14.2	Texte und Textobjekte auswählen	419
14.3	Textobjekte bearbeiten	421
14.4	Texte importieren	430
14.5	Texte editieren	433
14.6	OpenType	439
14.7	Mit Schrift arbeiten	440
14.8	Zeichen formatieren	441
14.9	Absätze formatieren	449
14.10	Tabulatoren	455
14.11	Zeichen- und Absatzformate	458

14.12	Fläche, Verlauf, Kontur, Effekt	460
14.13	Von Text zu Grafik	465

15 Diagramme … 467

15.1	Ein Diagramm erstellen	467
15.2	Kreisdiagramme	471
15.3	Säulen- und Balkendiagramme	473
15.4	Linien- und Flächendiagramme	485
15.5	Kombinierte Diagramme	489
15.6	Streu- oder Punktdiagramme	490
15.7	Netz- oder Radardiagramme	491
15.8	Diagramme weiterbearbeiten	492

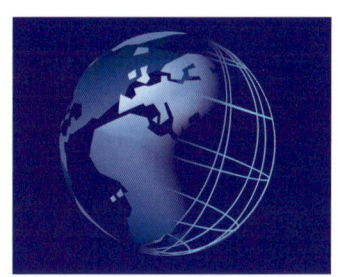

16 Muster und Symbole … 495

16.1	Füllmuster	495
16.2	Symbole	507
16.3	Symbol-Werkzeuge	515

17 Perspektivische Darstellungen und 3D-Live-Effekte … 525

17.1	Zeichnungen in Fluchtpunktperspektive anlegen	525
17.2	3D-Objekte mit den 3D-Effekten erzeugen	537
17.3	Oberflächen-Mapping	550

18 Dateien platzieren und mit Pixeldaten arbeiten … 557

18.1	Externe Dateien integrieren	559
18.2	Grafikdaten verwalten	565
18.3	Bilddaten bearbeiten	569
18.4	Pixeldaten vektorisieren	574
18.5	Live Trace – Interaktiv nachzeichnen	575

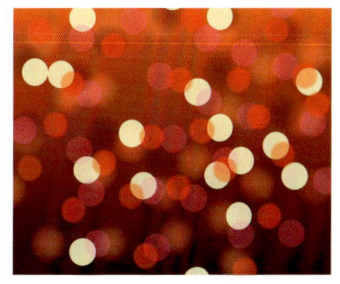

TEIL V Ausgabe und Optimierung

19 Austausch, Weiterverarbeitung, Druck … 589

19.1	Export für Layout und Bildbearbeitung	589
19.2	Ausgabe als PDF	597
19.3	Grafiken für den Druck vorbereiten	602
19.4	Ausdrucken	615

20 Web- und Bildschirmgrafik … 627

20.1	Screendesign mit Illustrator	627
20.2	Bildformate: WBMP, GIF, JPEG und PNG	640
20.3	SVG	643

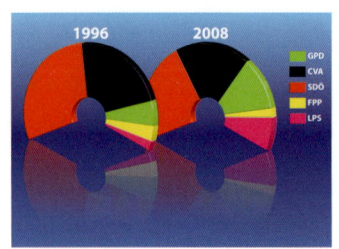

20.4	Flash	648
20.5	FXG	658
20.6	Video und Film	661

21	**Personalisieren und erweitern**	**667**
21.1	Anpassen	667
21.2	Automatisieren	672
21.3	Variablen	685
21.4	Erweitern	688

22	**Von FreeHand zu Illustrator**	**689**
22.1	Illu will meine Farben konvertieren!	689
22.2	Die Arbeitsumgebung einrichten	690
22.3	Objekte, Gruppen, Ebenen, Seiten und Dokumente	692
22.4	Auswählen	695
22.5	Konstruieren und zeichnen	697
22.6	Objekte bearbeiten	701
22.7	Füllungen, Konturen, Eigenschaften	705
22.8	Spezial-Objekte und -Effekte	708
22.9	Text	711
22.10	Ausgabe	713
22.11	FreeHand-Dateien migrieren	714

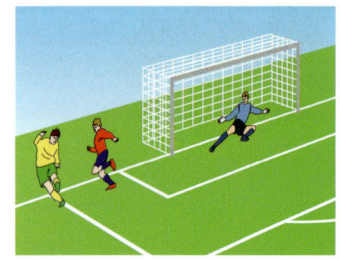

23	**Werkzeuge und Kurzbefehle**	**721**
24	**Die DVD zum Buch**	**731**
Index		**751**

Checklisten

Mit dem Zeichenstift arbeiten	146
Wie gehe ich mit Verlaufsgittern um?	265
Datei für Folienplot	296
Was ist was (in der Ebenen-Palette)?	320
Einsatz von Ebenen	324
Eine zusätzliche Kontur oder ein zusätzliches Objekt?	335
Objekte lassen sich nicht bearbeiten	350
Transparenz	378
Effekt-Grafiken analysieren	397
(Logo-)Vektorisierung	586
Auswahl des Dateiformats	601
Im Layout platzieren und drucken	626
Programmvorgaben anpassen	671
Entscheidungsfindung in Sachen Skripte	684

Workshops

Vektorgrafik-Grundlagen
- Objekte sinnvoll anlegen 35

Arbeiten mit Dokumenten
- Mit intelligenten Hilfslinien gestalten 62

Geometrische Objekte und Transformationen
- Ein Dala-Pferdchen aus Grundformen 82
- Stapelreihenfolge ändern 89
- Eine Blume zeichnen 95
- Isometrie eines Verpackungsdesigns 100
- Erneut transformieren 106
- Ausrichten 108

Pfade konstruieren und bearbeiten
- Eine Vogel-Silhouette zeichnen 120

Farbe
- Farbschema finden und anwenden 188
- Farbmodus umwandeln, Farben reduzieren und Schwarz korrigieren 218

Flächen und Konturen gestalten
- Mit Breitenprofilen arbeiten 232
- Strichelung bunt gemischt 243
- Eine kleine Illustration mit Verläufen 257
- Mit Verlaufsgittern illustrieren 266
- Einen konischen Verlauf erstellen 271

Vektorobjekte bearbeiten und kombinieren
- »Interaktiv malen« anwenden 291
- Reinzeichnung eines Logos 298
- Mit Angleichungen illustrieren 307

Hierarchische Struktur: Ebenen, Aussehen
- Kartengrafik 344

Transparenzen und Masken
- Aussparungsgruppe 358
- Umfangreichere Aussparungsgruppen 365

Spezial-Effekte
- Konturierter Text 388
- Kreuzschraffur 391
- Ein Orden mit Rosette 404

Text und Typografie
- Schrift auf einem Stempel 427
- Tabulatoren einsetzen 457

Diagramme
- Ein Balkendesign erstellen, zuweisen und mit Farbfeldern weiterbearbeiten 480
- 3D-Tortendiagramm 493

Muster und Symbole
- Einfache Muster erstellen 499
- Ein unregelmäßiges Muster erstellen 502
- Symbole erstellen und anwenden 522

Perspektivische Darstellungen und 3D-Live-Effekte
- Eine 3D-Grafik erstellen 548
- Ein Buch visualisieren 554

Dateien platzieren und mit Pixeldaten arbeiten
- Bilder mehrfarbig kolorieren 570
- Platzierte Bilder einrahmen 573
- Logo vektorisieren 583

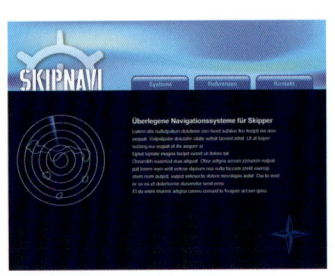

Web- und Bildschirmgrafik
- Slices für das Web speichern 635
- Eine 3D-Animation erstellen 653

Personalisieren und erweitern
- Aktion und Stapelverarbeitung zum Umfärben von Objekten 680

Vorwort

Bevor Sie beginnen, möchte ich einige Erklärungen zum Gebrauch dieses Buchs und ein paar persönliche Worte loswerden.

Gebrauch des Praxisbuchs

Auch wenn ich dieses Buch in erster Linie als Handbuch und Nachschlagewerk geschrieben habe, können Sie damit selbstverständlich Illustrator erlernen. In diesem Fall folgen Sie dem Praxisbuch von vorne bis hinten – es beginnt mit den Vektor-Grundlagen und geht dann über die einfachen Werkzeuge und Funktionen hin zu immer komplexeren Dingen.

In fast jedem Kapitel finden Sie Schritt-für-Schritt-Anleitungen, mit denen Sie die besprochenen Funktionen anhand praktischer Beispiele vertiefen können. Neben den hervorgehobenen Workshops gibt es viele nicht ganz so ausführlich gefasste Anleitungen, sodass tatsächlich sehr viele Techniken abgedeckt sind. Vor allem die Grundlagen-Anleitungen habe ich in dieser Ausgabe komplett überarbeitet, um sie mit deutlicheren Abbildungen besser nutzbar zu machen.

Auch wenn einige dieser Workshops vielleicht nicht exakt zu dem Ergebnis führen, welches Sie sich für eine konkrete Aufgabe vorstellen – machen Sie trotzdem mit. Sie lernen dabei die Techniken kennen, die Sie benötigen, um die Effekte zu bauen, die Sie eigentlich geplant hatten.

Checklisten fassen besondere Fragestellungen kurz und übersichtlich zusammen. Sie können die Listen auch zum praxisnahen Einstieg in ein Thema verwenden und sich dieses anhand der Stichworte der Checkliste erarbeiten.

Abbildungen

Die Abbildungen zeigen besprochenene Funktionen möglichst isoliert und demonstrieren dabei deren praktischen Einsatz. Vor allem wenn Sie nicht wissen, wie die Funktion heißen könnte, mit der sich eine Grafik realisieren ließe, sollen Ihnen die Abbil-

> **Tipps und Hinweise**
>
> In farbigen **Tipp-** und **Hinweis-Boxen** finden Sie nützliche Anmerkungen aller Art. Die Randnotizen beschleunigen Ihren Workflow, weisen auf besondere Stolpersteine hin oder geben Zusatzinformationen für Fortgeschrittene.

dungen dabei helfen, einen bestimmten Effekt oder eine Vorgehensweise schneller zu finden. Viele Abbildungen finden Sie als Illustrator-Dokumente zum »Auseinandernehmen« auf der beiliegenden DVD, geordnet nach den Kapitelnummern. Analysieren Sie die Dokumente, um ihren Aufbau zu verstehen.

Kontakt

Auf der Website *www.galileo-press.de* können Sie sich auf der »Bonus-Seite für Buchkäufer« mit Ihrer Registrierungsnummer, die vorne im Buch abgedruckt ist, einloggen und erhalten dort zusätzliches Material zum Download. Über die Website von Galileo Press oder per E-Mail an den Verlag können Sie auch Kontakt mit mir aufnehmen, um Fragen, Anregungen und Kritik loszuwerden.

Viele Tipps zu Illustrator habe ich auf meiner Website *www.vektorgarten.de* gesammelt. Ich bin natürlich neugierig und interessiere mich sehr für Ihre Herangehensweise, Ihre Erfahrungen mit Illustrator und mit meinem Buch und für die Arbeiten, die Sie mit beider Hilfe erstellen. Ich freue mich auf Ihre Post.

Dank

Auch in der vierten Runde hat dieses Buch wieder viel Arbeit gemacht. Nicht nur mir. Vielen Dank an das Team von Galileo Press, allen voran meine Lektorin Katharina Geißler, die mich in den letzten Monaten betreut und unterstützt hat.

Ein großes Dankeschön auch an die Plug-in-Entwickler – dafür dass sie Illustrator um viele nützliche Tools erweitern und für die Erlaubnis, ihre Demos auf die DVD zu brennen.

Meinen Leserinnen und Lesern ein Dankeschön für Ihre/Eure Reaktionen, Fragen und die Erinnerung daran, wie es sich anfühlt, Illustrator neu zu erlernen. Danke den DiskutantInnen in den Online-Foren – stellvertretend für alle: mediengestalter.info – für den anregenden Austausch, Euer Lob und Eure Kritik.

Danke an Wilhelm G. Adelberger, Nils M. Barner und Sibylle Mühlke.

Herzlichen Dank an meine Familie und Freunde für Euer Verständnis und Euer Drandenken.

Ich danke Dir, Klaus, für Deine Unterstützung, Deinen Rat und dafür, dass Du jederzeit Mauern für mich einreißen würdest.

Monika Gause

TEIL I
Programmoberfläche und grundlegende Einstellungen

1 Die Arbeitsumgebung in Illustrator CS5

1.1 Herzlichen Glückwunsch!

Die einfallsreichen Entwickler haben Illustrator – das inzwischen immerhin 23 Jahre alt ist – auch bei diesem Update wieder etliche beeindruckende Funktionen mitgegeben und wie bereits in der vorherigen Version alte Zöpfe abgeschnitten. Die Frischzellenkur tut Illustrator ausgesprochen gut.

Die erste Neuerung sehen Sie gleich nach dem Start … nicht mehr, denn der **Startbildschirm** ist jetzt standardmäßig ausgeblendet, und Illustrator kommt gleich zur Sache – ohne Begrüßung. Die meisten Funktionen dieses Fensters erreichen Sie auch auf anderem Weg, und um Illustrator zu lernen, haben Sie schließlich dieses Buch.

▲ **Abbildung 1.1**
Nicht nur die langen blonden Zöpfe der Venus mussten weg – sie wurde gleich komplett ersetzt.

1.2 Der Arbeitsbereich

Der Arbeitsbereich mit der Zeichenfläche, der Menüleiste, dem Werkzeugbedienfeld und dem Steuerungsbedienfeld bildet zusammen mit diversen weiteren Bedienfeldern die Elemente in Illustrator, die Ihnen zur Erstellung Ihrer Illustration zur Verfügung stehen, in denen Sie Einstellungen vornehmen und Vorgaben sowie Eigenschaften verwalten.

▲ **Abbildung 1.2**
Wenn Sie den Startbildschirm gerne sehen möchten, rufen Sie HILFE • STARTBILDSCHIRM auf und entfernen das Häkchen links unten. Da die eingebundenen Flash-Inhalte Content aus dem Netz laden, kann es mit aktiviertem Startbildschirm jedoch zu Verzögerungen beim Starten kommen.

1.2.1 Dokumentfenster

Illustrator öffnet seine Dateien in Dokumentfenstern, in denen die **Zeichenflächen** – jeweils umrandet von einer schwarzen Linie – mit der Grafik oder einem Ausschnitt davon in einer frei bestimmbaren Vergrößerungsstufe dargestellt werden. Die Größe der Zeichenflächen bestimmen Sie beim Erstellen eines neuen Dokuments oder zu einem späteren Zeitpunkt im Zeichenflächen-Modus.

▲ **Abbildung 1.3**
Illustrator-Arbeitsoberfläche: Macintosh- (links) und Windows-Version (rechts). Per Voreinstellung ist das Werkzeugbedienfeld in der einspaltigen Version am linken Bildschirmrand angedockt.

Der auffälligste Unterschied von Vektor-Software wie Illustrator zu vielen anderen Programmen ist der Raum um die Zeichenflächen herum – die **Montagefläche**. Diese Fläche bildet das Dokument; Sie können in diesem ganzen Bereich Zeichnungen anfertigen oder »zwischenlagern«. Welche Teile davon später gedruckt oder in anderen Programmen platziert werden, bestimmen Sie durch die Zeichenflächen.

Am unteren Rand des Dokumentfensters sehen Sie auf der linken Seite die **Statusleiste**; hier werden u. a. die Vergrößerungs- bzw. Zoom-Stufe und verschiedene andere Informationen über das Dokument angezeigt (Statusleiste s. Abschnitt 4.2.3).

Die Anzeige des Dokumenttitelbalkens und der Menüleiste lässt sich ausblenden – dies geschieht auch oft unabsichtlich. Drücken Sie die Taste F , um durch die drei unterschiedlichen Bildschirmmodi zu wechseln.

1.2.2 Werkzeugbedienfeld

Am linken Rand des Bildschirms finden Sie die Werkzeuge zur Erstellung, Bearbeitung und Auswahl von Vektorobjekten, zusammengefasst im **Werkzeugbedienfeld**. Mit dem Menübefehl FENSTER • WERKZEUGE blenden Sie das Bedienfeld ein oder aus. Je nach Bildschirmgröße und persönlichen Vorlieben können Sie das Werkzeugbedienfeld ein- oder zweispaltig anzeigen lassen – zum Umschalten zwischen den beiden Modi klicken Sie auf den Button mit dem Doppelpfeil am oberen Rand des Bedienfelds oder (wenn das Bedienfeld angedockt ist).

▲ **Abbildung 1.4**
Zweispaltiges Werkzeugbedienfeld in Mac OS und Windows

Wie alle anderen Bedienfelder können Sie auch dieses mit dem Mauszeiger am oberen Rand »anfassen« und verschieben.

Wenn Sie den Cursor über dem Feld eines Werkzeugs stillhalten, wird der Name des Werkzeugs als Tooltip – in der deutschen Version »QuickInfo« genannt – eingeblendet.

Um ein Werkzeug auszuwählen, klicken Sie mit der Maus darauf oder verwenden den Tastaturbefehl, der mit dem Namen angezeigt wird. Das aktive Tool ist auf dem Mac durch eine graue Unterlegung und unter Windows durch eine Umrandung hervorgehoben.

Auf vielen Werkzeug-Buttons ist rechts unten ein kleines Dreieck zu finden. Wenn Sie auf den Button klicken und die Maus gedrückt halten, werden weitere Werkzeuge angezeigt, die zusammen mit dem angezeigten eine Gruppe bilden. Bewegen Sie den Cursor mit gedrückter Maustaste bis zu dem gewünschten Werkzeug, um es nach dem Loslassen zu aktivieren.

▲ **Abbildung 1.5**
Bedienfeldgruppe aus Transformieren-Bedienfeld, Ausrichten-Bedienfeld und Pathfinder-Bedienfeld mit »angedocktem« Farbe- und Farbhilfe-Bedienfeld

◄ **Abbildung 1.6**
Wählen Sie ein Werkzeug aus einer Gruppe, oder lassen Sie die Werkzeuggruppe als separates Bedienfeld darstellen.

Lassen Sie die Maustaste los, wenn sich der Cursor auf dem Pfeil am Ende des Bedienfelds befindet, wird die Werkzeuggruppe als eigenständiges Bedienfeld »abgerissen«. Sie können sie dann durch Klicken und Ziehen der Titelleiste verschieben. Mit einem Klick in das Schließfeld wird sie wieder geschlossen.

Sie können ein Werkzeuggruppen-Bedienfeld auch mehrfach »abreißen« und für Ihre Arbeit strategisch günstig im Dokumentfenster verteilen.

1.2.3 Bedienfelder (Paletten)

Die meisten Objekteigenschaften, alle Farb- und Muster-Bibliotheken, viele Werkzeug-Optionen und etliche Operationen werden über **Bedienfelder** aufgerufen und gesteuert.

Rufen Sie die Bedienfelder, die Sie für eine Operation benötigen, aus dem Menü Fenster oder über den Shortcut auf, der im Fenster-Menü jeweils hinter dem Bedienfeldnamen angezeigt wird. Per Voreinstellung sind die gebräuchlichsten Bedienfelder im »Dock« am rechten Bildschirmrand verankert (mehr zum Dock auf den folgenden Seiten). Je nach der unter Fenster • Arbeitsbereich gewählten Option handelt es sich dabei um unterschiedliche Zusammenstellungen von Bedienfeldern.

▲ **Abbildung 1.7**
Werkzeuggruppen: Schließen-Buttons links oben bei Mac OS und rechts oben bei Windows

> **Versteckte Werkzeuge**
>
> Mit ⌥/Alt-Klick können Sie bequem durch die Werkzeuge der Gruppe wechseln.

> **Tooltipps (de-)aktivieren**
>
> Die Anzeige von Tooltips steuern Sie, indem Sie unter Voreinstellungen • Allgemein… die Option QuickInfo anzeigen aktivieren bzw. deaktivieren.

▲ **Abbildung 1.8**
Bedienfeldgruppe in Mac OS

> **Bedienfelder/Paletten?**
>
> Seit Version CS3 hat die Bezeichnung **Bedienfeld** die »Palette« offiziell abgelöst.

Abbildung 1.9 ▶
Gruppieren des Farbe-Bedienfelds mit dem Aussehen-Bedienfeld. Ziehen Sie den Reiter in den Kopfbereich des Bedienfelds.

Ein Häkchen vor dem Eintrag im FENSTER-Menü bedeutet, dass das Bedienfeld aktiv ist. Die meisten Bedienfelder sind in Gruppen zusammengestellt und werden als Gruppe geöffnet. Um eine Bedienfeldgruppe wieder zu schließen, klicken Sie auf den Schließen-Button ❶. Anstatt sie zu schließen, können Sie Bedienfeldgruppen auch auf ihr Symbol reduzieren – »minimieren« –, indem Sie auf den Doppelpfeil-Button ❻ klicken (bzw. mit einem Doppelklick auf die dunkle Titelleiste des Bedienfelds). Betätigen Sie den Button erneut, wird die Gruppe wieder komplett dargestellt.

Um ein Bedienfeld über den Bildschirm zu bewegen, klicken und ziehen Sie die Titelleiste ihres Fensters ❹.

Einige Bedienfelder lassen sich in ihrer Größe verändern, z. B. das Verlauf-Bedienfeld. Klicken und ziehen Sie dafür das Größenfeld rechts unten im Bedienfeldfenster ❼.

In der Standardansicht finden Sie in Illustrator mehrere Bedienfelder zu Gruppen zusammengefasst. Dies ermöglicht eine platzsparende Handhabung der Hilfsfenster. Wenn Sie ein Bedienfeld aus einer Gruppe in den Vordergrund holen wollen, klicken Sie auf den Reiter mit ihrem Namen ❸. Mit einem Rechtsklick (Mac ctrl + Klick) auf den Reiter rufen Sie ein Kontextmenü auf, in dem Sie neben den bereits erwähnten Optionen außerdem den Befehl zum Schließen eines einzelnen Bedienfelds geben können. Um ein Bedienfeld aus einer Gruppe zu entfernen, ziehen Sie dessen Reiter aus der Gruppe heraus.

Wenn Sie den Reiter eines Bedienfelds in den Kopfbereich eines anderen Bedienfelds oder einer anderen Gruppe hineinziehen – der Bereich wird dabei blau hervorgehoben –, bildet das Programm eine neue Gruppe aus diesen beiden Bedienfeldern bzw. fügt das Bedienfeld der bestehenden Gruppe hinzu (Abb. 1.9).

◀ **Abbildung 1.10**
Verankern des Farbe-Bedienfelds am Aussehen-Bedienfeld

Unter ein einzelnes Bedienfeld oder unter eine Bedienfeldgruppe können Sie weitere Bedienfelder »andocken«, indem Sie deren Reiter in den unteren Bereich (bei den Funktionsbuttons) des anderen Bedienfeldfensters ziehen. Auf diese Art verankerte Bedienfelder bewegen sich dann beim Verschieben des »Mutter-Bedienfelds« mit (Abb. 1.10).

Jeweils ein Doppelklick auf den Reiter ❸ (bzw. den hellgrauen Titelbereich) wechselt zwischen der Standardansicht der Bedienfelder mit allen Optionen und der Darstellung, bei der nur die Titelleiste sichtbar ist, hin und her. Einige Bedienfelder lassen sich in mehreren Schritten minimieren; dies lösen Sie durch einen Klick auf den Button ❷ im Reiter aus.

Alle Bedienfelder verfügen über ein eigenes Bedienfeldmenü, das spezielle Optionen für das Bedienfeld und oft auch weitere Funktionen anbietet. Rufen Sie dieses Bedienfeldmenü mit einem Klick auf den Menü-Button ❺ auf.

Gruppieren/Verankern verhindern

Möchten Sie ein unabsichtliches Gruppieren oder Verankern von Bedienfeldern verhindern, drücken Sie beim Schieben des Bedienfelds ⌘/Strg.

Bedienfelder nach vorn holen

Ein Bedienfeld können Sie auch noch in den Vordergrund holen, wenn Sie eine Farbe oder Grundobjekte für ein Symbol oder einen Pinsel auf seinen Reiter ziehen.

Alle Bedienfelder verstecken | Drücken Sie ⇥, um alle Bedienfelder auszublenden. Um sie wieder anzuzeigen, drücken Sie die Tabulatortaste erneut.

1.2.4 Dock

Am linken und rechten Bildschirmrand können Bedienfelder verankert werden. Das »Andocken« ermöglicht es, die Bedienfelder auf die Symbol-Darstellung zu reduzieren, um Platz auf dem Bildschirm zu gewinnen und dennoch bei Bedarf schnell auf die Arbeitsmittel zugreifen zu können. Die Dock-Funktionalität kommt Ihnen vor allem entgegen, wenn nur ein Monitor zur Verfügung steht, zum Beispiel an einem Notebook.

Die Steuerung der Dockanzeige nehmen Sie mit den Symbolen in der grauen Titelleiste des Docks vor. Klicken Sie auf den Titelbalken bzw. auf den Doppelpfeil , um den Andockbereich zu erweitern oder ihn auf Symbole zu verkleinern. Klicken und

Gedockte Bedienfeldgruppen

Diese verschieben Sie, indem Sie die »Griffleiste« oberhalb der Gruppe anfassen und verschieben.

ziehen Sie am linken Rand des Docks – der Cursor zeigt ↔ –, um die Breite der Andockfelder zu verändern.

▲ **Abbildung 1.11**
Bedienfelder im Dock (von links): auf Symbole reduziert, Symbole mit Titel, Andockbereich erweitert, Anzeige eines einzelnen Bedienfelds

Um Bedienfelder in den Andockbereich zu bewegen, ziehen Sie ihren Reiter oder – bei einer Bedienfeldgruppe – den Kopfbereich an den rechten oder linken Bildschirmrand bzw. in ein bereits bestehendes Dock. Sie können Bedienfelder sowohl in den auf Symbole reduzierten als auch in den erweiterten Andockbereich verschieben – die Bedienfeldanzeige im Dock passt sich an die Darstellung an.

▲ **Abbildung 1.12**
Verankern von Bedienfeldern im Dock (von links): Erstellen eines neuen Andockbereichs, Verankern eines einzelnen Bedienfelds, Verankern eines Bedienfelds in einer Bedienfeld-Gruppe

Im Dock verankerte Bedienfelder verkleinern Sie auf das Symbol, indem Sie auf den Button AUF SYMBOLE MINIMIEREN oben rechts im Bedienfeld klicken. Oder aktivieren Sie die Option BEDIENFELDER AUTOMATISCH AUF SYMBOLE MINIMIEREN unter VOREINSTELLUNGEN • BENUTZEROBERFLÄCHE: Dann werden Bedienfelder minimiert, sobald Sie neben ihre Fläche klicken.

Ein in Symbolform dargestelltes Bedienfeld zeigen Sie an, indem Sie auf sein Symbol klicken.

▲ **Abbildung 1.13**
Mehrere Andockbereiche können nebeneinander angeordnet sein.

1.2.5 Steuerungsbedienfeld

Im Steuerungsbedienfeld bietet Illustrator zentral und situationsabhängig die gebräuchlichsten Transformations- und Bearbeitungsmöglichkeiten an, die Sie sich anderenfalls in Bedienfeldern und Menüs zusammensuchen müssten.

Beim ersten Start von Illustrator ist das Steuerungsbedienfeld unter der Menüleiste platziert. Sie können es am linken Rand an der angedeuteten Fensterleiste anfassen und wie andere Bedienfelder an jeden beliebigen Ort auf dem Bildschirm verschieben. Da die Leiste in ihren Ausmaßen jedoch etwas unhandlich ist, ist es empfehlenswert, sie irgendwo am Bildschirmrand zu belassen.

> **Bedienfelder über das Steuerungsbedienfeld aufrufen**
>
> Wenn Sie doch einmal die detaillierteren Einstellungsmöglichkeiten benötigen, klicken Sie auf einen blau unterstrichenen Eintrag im Steuerungsbedienfeld, um das passende Bedienfeld aufzurufen.

Das Steuerungsbedienfeld passt sich an die Breite Ihres Bildschirms an, indem es Optionen auslässt, für die kein Platz mehr ist. Sie können aber auch selbst Einfluss darauf nehmen, welche Optionen angezeigt werden. Rufen Sie dazu in der Leiste ganz rechts das Bedienfeldmenü auf, und entfernen Sie das Häkchen vor den Optionen, die Sie nicht benötigen, indem Sie die entsprechenden Menüpunkte auswählen. Ein erneuter Aufruf der Menüposition fügt die Option wieder zum Steuerungsbedienfeld hinzu.

▲ **Abbildung 1.14**
Das Steuerungsbedienfeld zeigt kontextbezogen – je nach ausgewähltem Objekt – wichtige Funktionen an. Von oben sind aktiviert: ZEICHENFLÄCHENWERKZEUG, PFAD, INTERAKTIVE MALGRUPPE.

1.2.6 Allgemeine Bedienfeld-Optionen

Den Hintergrund-Grauton der Bedienelemente und Bedienfelder können Sie in der Helligkeit verändern, um ihn z. B. an die Benutzeroberfläche von Videobearbeitungsprogrammen anzupassen. Rufen Sie VOREINSTELLUNGEN • BENUTZEROBERFLÄCHE auf, und verschieben Sie den Regler.

▲ **Abbildung 1.15**
Dunkle Darstellung der Bedienelemente

1.2.7 Werte in Bedienfeldern einrichten

Für Einstellungen, die Sie in Bedienfeldern vornehmen, stehen Ihnen meistens verschiedene Wege offen. Entweder wählen Sie eine Position aus einem Ausklappmenü, oder Sie betätigen einen Schieberegler; oft bietet Illustrator auch Eingabefelder an, in die Sie alphanumerische Werte eintragen können.

Sie können solche Eingabefelder auch für einfache Berechnungen nutzen, mit den Operatoren + für Addition, – für Subtraktion, * für Multiplikation, / für Division sowie % für Prozentberechnung. Um den aktuellen Wert in die Kalkulation einzubeziehen, setzen Sie die Einfügemarke vor oder nach den bereits einge-

▲ **Abbildung 1.16**
Winkel- und Schieberegler sowie jeweils zugehörige Eingabefelder in der Dialogbox des SCRIBBLE-Effekts

Maßeinheit	Abkürzung
Millimeter	mm
0,25 Millimeter	Q
Zentimeter	cm
Zoll (Inch)	"
Punkt	Pt
Pica	Pc
Pixel	Px

▲ **Tabelle 1.1**
Abkürzungen für Maßeinheiten

▲ **Abbildung 1.17**
Ein Kontextmenü

Menüeinträge mit »…«

Menüeinträge, hinter deren Namen eine Ellipse – drei Punkte … – folgt, werden nicht direkt ausgeführt, sondern rufen eine Dialogbox auf, in die Sie Optionen eingeben müssen.

tragenen Wert und geben einen mathematischen Ausdruck dazu ein. Bestätigen Sie Ihre Eingabe mit ⏎.

1.2.8 Maßeinheiten in den Eingabefeldern

In den Eingabefeldern werden üblicherweise die Maßeinheiten verwendet, die Sie als Vorgaben in den Voreinstellungen oder im aktuellen Dokument bestimmt haben.

Möchten Sie in einzelnen Fällen andere Einheiten verwenden, können Sie diese direkt in Eingabefelder eintragen – Illustrator rechnet die Werte nach der Eingabebestätigung in die voreingestellte Maßeinheit um.

Die Maßeinheiten geben Sie mit einer der Abkürzungen ein, die in Tabelle 1.1 aufgeführt sind.

1.2.9 Voreinstellungen

Unter Mac OS finden Sie die Illustrator-Voreinstellungen im Menü ILLUSTRATOR • VOREINSTELLUNGEN. Unter Windows sind die Voreinstellungen im Menü BEARBEITEN zu erreichen. Im gesamten Buch referenzieren wir die Voreinstellungen daher ohne den übergeordneten Menüpfad.

Die Beschreibung der Voreinstellungen finden Sie jeweils bei den Funktionen und Befehlen, die davon betroffen sind.

1.2.10 Kontextmenü

Das Kontextmenü stellt Ihnen situationsabhängig die jeweils gebräuchlichsten Menübefehle zur Verfügung. Unter Mac OS rufen Sie es auf, indem Sie Ctrl gedrückt halten und die Maustaste klicken. Bei Verwendung einer Mehr-Tasten-Maus bzw. unter Windows erscheint das Kontextmenü mit einem Klick auf die rechte Maustaste.

Aufgrund der teilweise tief verschachtelten Menübefehle ist das Kontextmenü eine praktische Einrichtung. Damit Sie sich an die Verwendung gewöhnen, sollten Sie es in den unterschiedlichsten Situationen einfach »auf Verdacht« aufrufen und Befehle darüber auswählen, soweit sie zur Verfügung stehen.

1.2.11 Menübefehle verwenden

Viele Befehle und Steuerungsmöglichkeiten finden Sie in Illustrators Bedienfeldern – vor allem im Werkzeugbedienfeld. Dennoch sind einige Funktionen nur über Menübefehle zu erreichen.

Shortcuts | Für etliche dieser Menübefehle haben die Entwickler Tastaturkürzel oder »Shortcuts« eingerichtet – diese sind jeweils hinter dem Menüeintrag angegeben – auch in diesem Buch. Es kann jedoch vorkommen, dass ein Shortcut in der deutschen Programmversion nicht funktioniert. Die Tastaturbefehle können Sie an Ihre eigenen Bedürfnisse anpassen (s. Abschnitt 21.1.4).

Untermenüs | Ein Pfeil ▶ hinter einem Menüeintrag kennzeichnet diesen Eintrag als den Oberbegriff einer Gruppe von Befehlen, die Sie aus einem Untermenü auswählen.

1.3 Der Anwendungsrahmen

Seit CS4 bietet Adobe mit dem **Anwendungsrahmen** eine einheitliche Oberfläche für alle Creative-Suite-Programme über Betriebssystemgrenzen hinweg. Für Mac-Anwender bietet der Anwendungsrahmen zusätzliche Möglichkeiten, die mit den Systemfenstern allein nicht möglich waren. PC-Nutzer benutzen Software seit jeher in diesem Rahmen, und die folgenden Abschnitte treffen auf den PC teilweise nicht zu.

▲ **Abbildung 1.18**
Die Größe des Anwendungsrahmens können Sie bestimmen, indem Sie seine Außenkanten oder Ecken entsprechend Ihren Bedürfnissen verschieben. So können Sie z. B. auf großen Bildschirmen zwei Programme nebeneinander im Blick behalten.

1.3.1 Anwendungsrahmen

Der Anwendungsrahmen vereinigt alle getabbten (Abschn. 1.3.2) Illustrator-Fenster und -Bedienfelder in einem großen Fenster, das sich komplett verschieben oder aus- bzw. einblenden lässt.

Auf dem Mac ist der Anwendungsrahmen per Voreinstellung ausgeschaltet. Mac-User aktivieren ihn, indem sie das Häkchen vor FENSTER • ANWENDUNGSRAHMEN setzen.

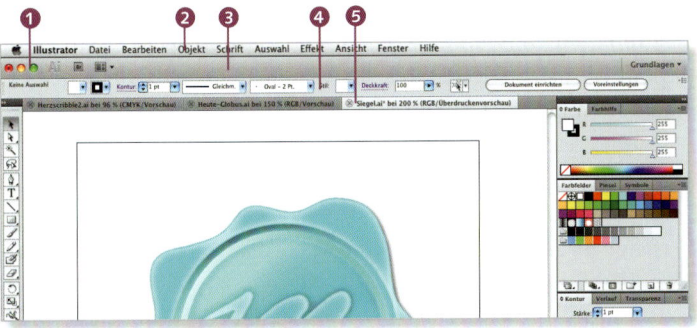

◀ **Abbildung 1.19**
Der Anwendungsrahmen mit der Menüleiste ❷, der Anwendungsleiste (nicht auf dem PC) ❸ und darin den Buttons für die Fenstersteuerung ❶, dem Steuerungsbedienfeld ❹ sowie einigen getabbten Dokumenten ❺

Klicken und ziehen Sie jetzt in der Anwendungsleiste ❸, um den Anwendungsrahmen zu verschieben. Klicken Sie den Schließen-, Ausblenden- und Minimieren-Button ❶, um die damit verbundenen Aktionen auszuführen.

Als Mac-Anwender haben Sie die Wahl: Falls Sie den Anwendungsrahmen nicht benutzen, können Sie auch die Anwendungsleiste mit FENSTER • ANWENDUNGSLEISTE ausblenden.

> **Dateien nicht in Tabs öffnen**
>
> Wenn Sie neue Dokumente immer in unabhängigen »schwebenden« Fenstern öffnen möchten, deaktivieren Sie unter VOREINSTELLUNGEN • BENUTZEROBERFLÄCHE die Option DOKUMENTE ALS REGISTERKARTEN ÖFFNEN.

1.3.2 Dokumentfenster

Dokumentfenster können Sie »tabben« – als Registerkarten anordnen –, sodass die Fenster in einem großen Rahmen zusammenhängen. Dies lässt sich für einige oder für alle offenen Dokumentfenster einstellen. Sie haben jedoch auch die Möglichkeit, Dokumente immer in unabhängigen Fenstern zu öffnen.

Zwischen Fenstern wechseln | Getabbte Fenster liegen wie unabhängige Fenster übereinander. Wechseln Sie zwischen den Fenstern, indem Sie auf den gewünschten Reiter klicken – »blättern« können Sie mit ⌘+⇧+` bzw. mit Strg+↹. Sind mehr Fenster geöffnet, als Reiter in den Anwendungsrahmen hineinpassen, wird ein Pfeil angezeigt. Klicken Sie darauf, um ein Menü aller Fenster aufzurufen (s. Abb. 1.20).

▲ **Abbildung 1.20**
Aufrufen nicht mehr darstellbarer Fenster

Fenster anordnen | Wenn Sie die Fenster nebeneinander anordnen möchten, wählen Sie FENSTER • ANORDNEN • NEBENEINANDER. Um wieder alle Fenster überlappend darzustellen, wählen Sie FENSTER • ANORDNEN • ALLE FENSTER ZUSAMMENFÜHREN.

Abbildung 1.21 ▶
Nebeneinanderliegende Dokumentfenster

▲ **Abbildung 1.22**
Auswahl des Aufteilungsschemas unter DOKUMENTE ANORDNEN

Die Anordnung der Fenster auf dem Bildschirm bestimmen Sie entweder, indem Sie die Unterteilungen mit dem Cursor verschieben oder durch Auswahl eines Aufteilungsschemas im Menü DOKUMENTE ANORDNEN in der Anwendungsleiste.

Objekte zwischen Dokumenten kopieren

Sind Dokumentfenster getabbt, ist es möglich, Objekte durch Verschieben auf ein anderes Tab in das zugehörige Dokument zu kopieren. Diese Möglichkeit verlieren Sie, wenn Sie Dokumentfenster voneinander lösen.

Fenster verbinden und voneinander lösen | Um ein Fenster aus der getabbten Darstellung herauszulösen, wählen Sie Fenster • Anordnen • In Fenster verschiebbar machen oder ziehen seinen Reiter aus der Titelleiste heraus.

Ziehen Sie die Titelleiste des Fensters wieder in die Tab-Reihe hinein bzw. ziehen Sie es in den Titelbereich eines anderen Fensters, um eine neue Fenstergruppe zu erzeugen – lassen Sie die Maustaste los, wenn der blaue Rahmen angezeigt wird. Wählen Sie Fenster • Anordnen • Alle Fenster zusammenführen, um wieder alle Dokumentfenster zu gruppieren.

▲ **Abbildung 1.23**
Ein Fenster verschiebbar machen

◄ **Abbildung 1.24**
»Tabben« zweier Dokumente durch Verschieben der Titelleiste eines der Fenster

1.4 Adobe Bridge

Mit allen Adobe-Programmen und mit der Creative Suite erhalten Sie Adobe Bridge, eine mächtige Dateiverwaltung, ein Automationswerkzeug, das Programme der Creative Suite ansprechen kann und eine Verbindung zwischen den Programmen der Suite.

Illustrator-Dateien in Bridge anzeigen | In Bridge ist eine Vorschaufunktion für Adobe-Dateien und die verbreiteten Austauschformate integriert. Die zu Ihren Dateien angelegten Metadaten können Sie anzeigen und als Sortier- sowie als Suchkriterium verwenden – zu Ihren Illustrator-Dateien werden auch verwendete Prozessfarben (Platten) und angelegte Farbfelder angezeigt.

▲ **Abbildung 1.25**
Das Programmicon von Adobe Bridge

Abbildung 1.26 ▶
Adobe Bridge: Anzeige von Illustrator-Dateien und deren Eigenschaften

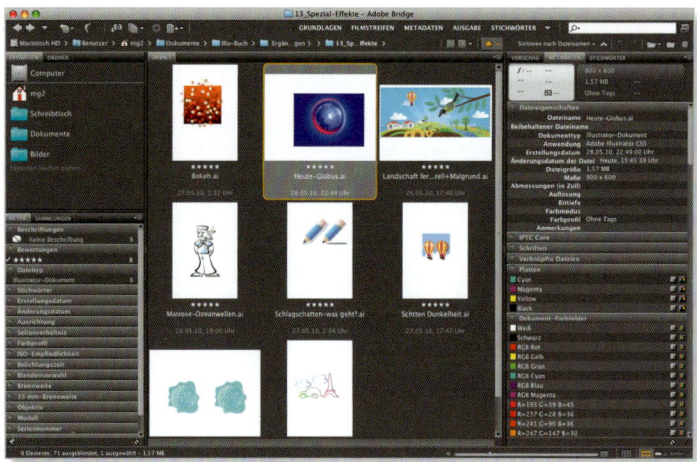

Illustrator aufrufen | Haben Sie in Bridge eine Illustrator-Datei aktiviert, öffnen Sie sie entweder durch einen Doppelklick oder indem Sie DATEI • ÖFFNEN MIT • ADOBE ILLUSTRATOR CS5 wählen.

In Illustrator platzieren | Möchten Sie eine im Dateibrowser ausgewählte Datei in einer Illustrator-Datei platzieren, rufen Sie DATEI • PLATZIEREN • IN ILLUSTRATOR aus dem Menü auf.

Skripte und Stapelverarbeitung | Bei der Installation wurden bereits einige programmbezogene Skripte eingerichtet. Diese rufen Sie im Menü WERKZEUGE • ILLUSTRATOR auf.

Farbmanagement | Das Farbmanagement für alle Creative-Suite-Anwendungen synchronisieren Sie in Bridge unter BEARBEITEN • CREATIVE SUITE-FARBEINSTELLUNGEN… (Farbmanagement s. Abschnitt 8.2).

2   Neue Funktionen in CS5

Illustrator CS5 bringt einige spektakuläre Neuerungen und viele wichtige Kleinigkeiten. Gerade die kleinen Verbesserungen haben einen großen Einfluss auf Ihre Produktivität. Neue Funktionen sind sehr vielseitig ausgerichtet – sie bieten künstlerisch arbeitenden Illustratoren neue interessante Werkzeuge, Reinzeichnern mehr Kontrolle und Präzision sowie Anfängern und Gelegenheitsanwendern einen leichteren Zugang.

2.1   Konstruktion

2.1.1   Perspektivenraster

Das Erstellen von Szenen und Objekten in Ein-, Zwei- oder Dreipunktperspektive wird mit dem Perspektivenraster gegenüber dem bisherigen Verfahren mit dem Frei-transformieren-Werkzeug erheblich vereinfacht. Objekte passen sich in die Fluchtebenen der Perspektive ein oder können direkt darin gezeichnet werden; Text bleibt im Raster editierbar. Siehe Abschnitt 17.1.

▲ **Abbildung 2.1**
Mit dem Perspektivenraster können Sie Objekte einfach in Fluchtpunktperspektiven bringen.

2.1.2   Bessere Ecken

Strichelungen kann Illustrator jetzt optional ausgehend von den Ecken berechnen. Die gestrichelten Objekte sehen damit automatisch sauber aus, ohne dass Sie mühsame Umwege über Musterpinsel gehen müssen.

Auch Bildpinsel erhalten in Illustrator CS5 schönere Ecken, sodass das Nachbearbeiten entfällt. Siehe Abschnitt 9.1.1.

2.1.3   Breitenwerkzeug

Mit dem neuen Breitenwerkzeug kann die Stärke von »normalen« wie auch einigen Pinselkonturen an jeder beliebigen Stelle des Pfads individuell eingestellt werden. Nicht nur, dass Sie sich mit diesem nützlichen Werkzeug den Einsatz von Bildpinseln häufig

▲ **Abbildung 2.2**
Strichelungen und optimierte Bildpinsel

▲ Abbildung 2.3
Mit dem Formerstellungswerkzeug sind komplexe Konstruktionen intuitiv erstellt.

▲ Abbildung 2.4
Einige der Borstenpinsel-Voreinstellungen

▲ Abbildung 2.5
Mit der Reduzierung der Deckkraft an Gitterpunkten können Sie viele Illustrationen einfacher zeichnen.

▲ Abbildung 2.6
Mit den neuen Pfeilspitzen sind saubere Bemaßungen möglich.

sparen können, die Steuerung ist auch viel exakter als der Einsatz eines Kalligrafiepinsels. Siehe Abschnitt 9.3.

2.1.4 Intelligente Skalierung von Bildpinseln

Für Bildpinsel können Sie einen Bereich definieren, in dem der Pinsel gedehnt wird, und damit z. B. verhindern, dass Anfang und Ende gestreckt werden. In Verbindung mit der besseren Eckenführung ersparen Sie sich in vielen Fällen das Erstellen eines Musterpinsels. Siehe Abschnitt 9.4.5.

2.1.5 Einfach konstruieren mit dem Formerstellungswerkzeug

Für manche Arbeiten und für manche Gelegenheitsnutzer sind sowohl Pathfinder als auch die Funktion INTERAKTIV MALEN zu umständlich. In diesen Fällen bietet sich das neue Formerstellungswerkzeug an, mit dem schnell und einfach komplexe Formen aus Grundelementen gebildet werden können. Siehe Abschnitt 10.3.

2.2 Illustration

2.2.1 Natürlich malen mit Borstenpinseln

Mit dieser neuen Pinselart können Sie fast wie mit echten Pinseln malen. Das Verhalten der Pinselspitze lässt sich mit unterschiedlichen Parametern vom harten flachen Borstpinsel über weiche Aquarellpinsel bis zum Fächerpinsel mit etlichen Parametern einstellen. Siehe Abschnitt 7.2.

2.2.2 Transparenz in Verlaufsgittern

Um die Transparenz innerhalb eines Verlaufsgitters zu variieren, können Sie jetzt die Deckkraft der Farben an den Gitterpunkten und -feldern reduzieren und ersparen sich das Anlegen und sehr mühsame Editieren von Masken. Siehe Abschnitt 9.7.

2.3 Produktion

2.3.1 Präzise und individuelle Pfeilspitzen

Das Zuweisen von Pfeilspitzen wurde runderneuert, der im Vergleich zu anderen Programmen umständliche Weg über Effekte entfällt, und Sie können die Auswahl um eigene Spitzen ergänzen. Außerdem lässt sich die Position der Spitze exakt an den

Endpunkt des Pfads anpassen, sodass Bemaßungen möglich sind. Pfeilspitzen aus alten Dateien bleiben erhalten und können auch noch editiert werden. Siehe Abschnitt 9.2.

2.3.2 Nützlichere Symbole

Mit den neuen Möglichkeiten werden hoffentlich mehr Anwender die ganze »Power« von Symbolen einsetzen. Symbole können nun einen Registrierungspunkt haben, sodass sich die Instanzen nicht mehr verschieben, wenn das Symbol sich ändert; außerdem bleiben Ebenen erhalten, und das bisher nur in Flash verfügbare 9-Slice-Scaling steht auch innerhalb von Illustrator zur Verfügung. Siehe Abschnitt 16.2 und 20.4.3.

▲ Abbildung 2.7
9-Slice-Hilfslinien funktionieren innerhalb von Illustrator, z. B. mit dem Symbol-skalieren-Werkzeug.

2.3.3 Zusammenfügen mehrerer Pfade

Das Kombinieren mehrerer Pfade zu einem wurde erheblich vereinfacht, und endlich ist es jetzt auch möglich, mehr als zwei Pfade auf einmal zusammenzufügen. Interessant ist das z. B., wenn Sie Daten aus CAD-Programmen importieren. Siehe Abschnitt 6.5.7.

▲ Abbildung 2.8
Mehrere Pfade können einfach zu einem verbunden werden.

2.3.4 Dahinter auswählen

Mithilfe von Modifizierungstasten können Sie hinter anderen liegende Objekte einfacher auswählen als bisher. Siehe Abschnitt 5.2.5.

2.3.5 Dahinter oder Innen zeichnen

Mit zwei zusätzlichen Bearbeitungsmodi können Sie Objekte in Schnittmasken oder hinten liegende Objekte bequemer neu erstellen oder modifizieren. Vor allem im Zusammenhang mit dem neuen Perspektivenraster ist die Option DAHINTER ZEICHNEN und mit dem Borstenpinsel die Option INNEN ZEICHNEN interessant. Siehe Abschnitt 5.3.1, 7.2.1, 11.3.1 und 17.1.6.

▲ Abbildung 2.9
INNEN ZEICHNEN mit dem Borstenpinsel

2.3.6 An Pixelraster ausrichten

Eine wichtige Funktion für Webdesigner, denn diese Funktion ermöglicht z. B. das Erzeugen exakter 1-Pixel-Linien und scharfer Objektkanten, da das Pixelraster bei der Konstruktion der Objekte berücksichtigt wird. Siehe Abschnitt 5.6.11 und 20.1.2.

2.3.7 Schriftglättung

In Illustrator können Sie jetzt wie in Photoshop unter verschiedenen Glättungsoptionen für Textobjekte wählen. Beim Export in Pixelformate wird die gewählte Option berücksichtigt. Siehe Abschnitt 14.8.15 und 20.1.2.

▲ Abbildung 2.10
Die Schriftglättung kann besser an den Einsatzzweck angepasst werden.

2.4 Dokumenteigenschaften

▲ Abbildung 2.11
Zeichenflächen werden mit den erweiterten Optionen und dem Bedienfeld richtig nützlich.

2.4.1 Besseres Arbeiten mit mehreren Zeichenflächen

Das Arbeiten mit mehreren Zeichenflächen wird durch ein Zeichenflächen-Bedienfeld und die Möglichkeit der Benennung und Umsortierung der Zeichenflächen bequemer. Außerdem können Sie auf eine zeichenflächenbezogene Anzeige der Lineale wechseln. Beim Verschieben des Ursprungs der Zeichenflächenlineale verändern sich Muster im Objekt nicht mehr. Siehe Abschnitt 4.3.2 und 4.4.4.

2.4.2 Umstellung des Linealursprungs

Den Linealursprung haben die Entwickler jetzt in die obere linke Ecke der Zeichenfläche bzw. des Dokuments gelegt. Damit verhält sich Illustrator in Bezug auf das Koordinatensystem wie InDesign. Siehe Abschnitt 4.4.1.

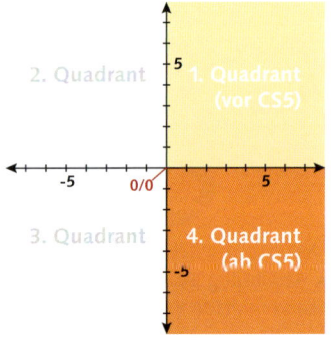

▲ Abbildung 2.12
Die Umstellung des Koordinatensystems betrifft alle Nutzer.

2.4.3 Auflösungsunabhängige Pixeleffekte

Die Einstellungen in Photoshop-Effekten sind nicht mehr abhängig von der Rastereffektauflösung. Dies ermöglicht Ihnen das reibungslose Umstellen der Auflösung auch in späteren Projektphasen. Siehe Abschnitt 13.5.1.

2.5 Export

▲ Abbildung 2.13
Programm-Icon Flash Catalyst

2.5.1 FXG-Verbesserungen

FXG ist das Austauschformat für die Flash-Plattform. Illustrator CS5 unterstützt dieses Format nun besser. Unter anderem sind Round-Trip-Bearbeitungen von Flash-Catalyst-Projekten möglich. Siehe Abschnitt 20.5.

2.6 Oberfläche

▲ Abbildung 2.14
Das Ajanta-Motiv (rechts); »Ajanta« war auch der Codename dieser Version.

2.6.1 Venus

Da die Software-Entwicklung zu einem großen Teil in Indien stattfindet, spiegelt sich die indische Kultur auch in Illustrator wider. Venus ist damit aus Illustrator verschwunden. Der alternative Splash-Screen zeigt Motive, die durch die Wandmalereien in den Ajanta-Höhlen im Westen Indiens angeregt wurden.

3   Vektorgrafik-Grundlagen

Illustrator gehört zur Gruppe der vektorbasierten Grafik-Software. Das bedeutet, dass Linien und Flächen durch mathematische Funktionen beschrieben werden und nicht mittels einzelner Bildpunkte bzw. »Pixel«, die eine bestimmte Farbe besitzen. Auf diese Art definierte Formen sind die einzelnen Objekte, aus denen die gesamte Grafik aufgebaut wird.

[Pixel]
Das Kunstwort aus den Begriffen »Picture« und »Element« bezeichnet einen Bildpunkt als kleinste Einheit einer Bilddatei.

3.1   Warum wir mit Vektoren zeichnen

Wenn Sie schon einmal auf dem Computer ein Bild bearbeitet haben, kennen Sie sicher pixelbasierte Grafikformate, wie sie beispielsweise Digitalkameras oder Scanner liefern. Starkes Vergrößern macht solche Abbildungen oft unansehnlich, denn entweder werden die Ränder und Kanten gezackt, also treppenartig abgestuft, oder das Bild wirkt nach dem Skalieren verschwommen. Der Computer kann vorhandene Bildpunkte vervielfachen, um sie zu vergrößern, was zu dem Treppeneffekt führt, oder er interpoliert zwischen zwei benachbarten Pixeln, das heißt, er lügt einen eigentlich nicht vorhandenen Wert dazwischen. Das wiederum wirkt bei größeren Skalierungsfaktoren wie ein Weichzeichner, sodass das Bild alle harten Kanten verliert.

▲ **Abbildung 3.1**
Pixelgrafik: In der Vergrößerung sieht man die Bildpunkte, aus denen die Grafik zusammengesetzt ist.

In der Vektorgrafik dagegen, bei der, wie erwähnt, alle Objekte mit mathematischen Funktionen beschrieben und gespeichert sind, wird das dargestellte Bild erst im Moment der Ausgabe auf dem Bildschirm oder auf einem Drucker in ein Koordinatensystem von Bildpunkten umgerechnet – und zwar immer in der Auflösung, die das Ausgabegerät darstellen kann. Vektorgrafik ist also frei skalierbar.

▲ **Abbildung 3.2**
Bézierkurven: In der Vergrößerung sieht man eine scharfe Linie.

Ein weiterer Anwendungsbereich für Vektorgrafik ist das Ansteuern von Schneideplottern und Fräsen, um z. B. großformatige Beschriftungen oder Folien für den Flexdruck auf Bekleidung herzustellen. Diese auch als »Kurvenschreiber« bezeichneten

Geräte geben mathematische Kurven direkt wieder, ohne sie vorher in Pixel umzuwandeln.

3.2 Funktionsweise von Vektorgrafik

Es gibt verschiedene Vorgehensweisen, um Formen mathematisch zu definieren. Gemeinsam ist ihnen, dass immer die Außenbegrenzung einer Form bzw. der Verlauf einer Linie berechnet wird, unterschiedlich allerdings sind die Algorithmen, die dazu verwendet werden.

Illustrator arbeitet nach der Methode, die der französische Ingenieur Pierre Bézier für seine Arbeit bei Renault entwickelt hat. Das bedeutet, dass die Form jeder Linie mit einem Kurvenalgorithmus beschrieben wird, der nach seinem Erfinder »Bézierkurve« genannt wird. In Illustrator werden alle Linien, die aus einzelnen oder mehreren Kurven aufgebaut sind, als »Pfade« bezeichnet.

▲ **Abbildung 3.3**
Pierre Bézier in Bézierpfaden

Kommen Sie mit auf einen kleinen Ausflug in die Welt der Geometrie, um besser zu verstehen, wie Vektorelemente konstruiert werden.

3.2.1 Gerade Linien: Strecken

»Gehen Sie vom Leuchtturm 400 Meter geradeaus in Richtung Nordwest« beschreibt eine Strecke, also eine gerade Verbindung zwischen zwei Punkten. Allerdings ist diese »relative« Beschreibung mithilfe eines Startpunkts, eines Winkels – hier in Form der Himmelsrichtung – und der Streckenlänge unhandlich. Besser zu bestimmen ist eine Strecke, indem man zwei Punkte absolut in einem Koordinatensystem definiert.

▲ **Abbildung 3.4**
Streckenbeschreibung durch Angabe von Winkel (Richtung) und Länge

3.2.2 Geometrische Figuren

Wenn Sie mit mathematischen Angaben Strecken platzieren können, dann ist es damit auch möglich, Quadrate, Rechtecke, Sterne und andere geometrische Figuren darzustellen.

Eine weitere Herausforderung ist die Beschreibung eines Kreises, denn dabei reicht das Verbinden von Punkten mit Strecken nicht mehr aus, da der Kreis aus einer gekrümmten Linie besteht. Die Krümmung ist jedoch eindeutig durch den Radius des Kreises zu definieren.

▲ **Abbildung 3.5**
Der Umriss des Glases besteht nur aus Strecken und Kreissegmenten.

Die angesprochenen Algorithmen reichen bereits aus, um viele verschiedene Objekte darzustellen, indem geometrische Figuren aneinandergereiht oder kombiniert werden. Allerdings versagen diese Methoden bei unregelmäßigen Krümmungen – hier kommt Herr Bézier ins Spiel.

3.2.3 Freie Pfade

Um zu verstehen, wie Pierre Bézier beliebige gekrümmte Linien definiert, sehen wir uns einen Kurvenverlauf zwischen zwei Punkten an. Er verwendet dabei eine mathematische Methode mit vier Punkten, um eine Näherung jeder darzustellenden Kurve berechenbar zu machen.

Zwei dieser Punkte stellen die Begrenzungspunkte der Kurve dar, die beiden anderen sind die Endpunkte der Kurventangenten aus den Begrenzungspunkten.

In Illustrator – wie in manchen anderen Vektorprogrammen auch – bestimmen Sie den Kurvenverlauf intuitiv, indem Sie an den Tangenten-Endpunkten ziehen. Die Punkte werden in Illustrator »Griffpunkte«, die Tangenten »Grifflinien« genannt.

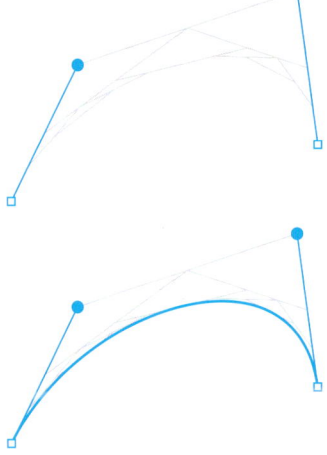

▲ Abbildung 3.6
Kurvennäherung

Wir wollen Sie hier nicht mit mathematischen Funktionen quälen, aber ein wenig wollen wir Ihnen schon erklären, wie Herr Bézier das Problem gelöst hat. Um Sie nicht zu verwirren, gebrauchen wir dazu die in Illustrator verwendeten Ausdrücke Ankerpunkte, Grifflinien und Griffpunkte – zur Veranschaulichung dient Abbildung 3.6.

Wenn man aus zwei Ankerpunkten zwei Linien herauszieht, die Grifflinien, ergeben sich an deren Enden zwei Punkte, die Griffpunkte. Werden nun die Strecken zwischen Ankerpunkten und den zugehörigen Griffpunkten sowie die Strecke zwischen den beiden Griffpunkten halbiert und die entstehenden Punkte miteinander verbunden, ergibt sich eine »Kurve« mit fünf Ecken. Setzt man diese Halbierung der entstehenden Strecken mehrfach fort, kann man bereits den exakteren Verlauf der Kurve erahnen. Um die Krümmung exakt zu beschreiben, müsste man die Halbierung der Strecken unendlich oft fortsetzen. Aber dann würden wir mit Vektorzeichnungen nie fertig werden. Also hört das Programm eben irgendwann damit auf und gibt sich mit einer annähernden Beschreibung der Kurve zufrieden, die aber immer noch exakt genug ist, um ordentlich damit arbeiten zu können.

▲ Abbildung 3.7
Ankerpunkte ❸, Grifflinien ❷ und Griffpunkte ❶

Casteljau-Algorithmus
Die Kurvennäherung mithilfe der Unterteilungen wird nach Paul de Casteljau benannt. Er hatte noch vor Bézier eine äquivalente Methode entdeckt. Sein Arbeitgeber Citroën behandelte seine Entdeckung allerdings als Firmengeheimnis. Daher hatte Pierre Bézier den Ruhm.

3.2.4 Objekte

Vektor-Software referenziert die Teile eines Bildes nicht als eine Anhäufung von Pixeln, sondern speichert die logischen Einheiten des Bildes als Objekte.

Das kleinste mögliche Objekt ist ein einzelner Punkt. Normalerweise besteht ein Objekt mindestens aus einem Pfad, also aus mehreren Punkten. Objekte können miteinander zu komplexeren oder umfangreicheren Objekten kombiniert werden. Alle Kombinationen müssen durch Befehle ausgelöst werden – Objekte, die übereinandergelegt werden, kombinieren sich nicht (wie in der rasterorientierten Grafik) automatisch, sondern bleiben in einem »Stapel« als eigenständige Objekte bestehen.

Abbildung 3.8 ▶
Formen, die in pixelorientierten Programmen gemalt wurden (oben), lassen sich zu einem späteren Zeitpunkt nicht mehr ohne Weiteres voneinander trennen, z.B. verschieben.
In objektorientierten Programmen (unten) verbinden sich Formen nicht, sondern können jederzeit problemlos verschoben oder (wie der Pinselstrich) in ihren Eigenschaften geändert werden.

Stellen Sie sich diese Arbeitsweise vor wie beim Arbeiten mit Formen, die Sie aus farbigem Papier ausschneiden und übereinanderlegen.

3.2.5 Eigenschaften

Die Merkmale eines Objekts werden als »Eigenschaften« des Objekts behandelt. Dadurch kann nicht nur die Form, sondern auch ihr Erscheinungsbild viel einfacher bearbeitet werden, ohne sich um die anderen Objekte kümmern zu müssen.

Moderne Vektor-Software ist in der Lage, einem Objekt nicht nur eine Strichstärke als Kontur und eine Farbe als Füllung der Fläche zuzuweisen, sondern kann auch Verläufe, Muster, unregelmäßige Pinselstriche und diverse Effekte, die bisher eher aus der pixelbasierten Bildbearbeitung bekannt waren, als Eigenschaft verarbeiten. Darüber hinaus kann ein Objekt nicht nur eine einzige Eigenschaft aus jeder Gattung haben, sondern durchaus mehrere, die sich gegenseitig beeinflussen.

▲ **Abbildung 3.9**
Papier-Collage

3.2.6 Farbflächen

Möchten Sie einen Bereich des Dokuments mit Farbe versehen, müssen Sie also immer ein Objekt in der entsprechenden Form zeichnen und mit der Eigenschaft »Flächenfarbe« versehen. Es ist in der Konzeption von Vektorgrafik eigentlich nicht vorgesehen,

▲ **Abbildung 3.10**
Füllwerkzeug in Photoshop

einen durch mehrere Objekte begrenzten Bereich zu füllen, wie dies in der pixelbasierten Grafik möglich ist (siehe dazu auch den Kasten »Interaktiv malen« oben rechts). Und es ist nicht nötig, mit dem Buntstift-Werkzeug einen Bereich durch »Strichlieren« auszumalen (Abbildung 3.11), wie Sie es auf dem Papier machen würden.

Interaktiv malen

Die Konstruktion von Vektorobjekten mit offenen Pfaden ist seit Illustrator CS2 dank der Funktion INTERAKTIV MALEN möglich (siehe Kapitel 10).

3.2.7 Papierhintergrund

Das Dokument selbst und seine Zeichenflächen (Seiten) sind transparent. Wenn Sie eine Hintergrundfarbe benötigen, muss auch dafür ein Element – z. B. ein Rechteck – erzeugt werden, denn die Seite selbst ist kein Objekt. Mehr zu diesem Thema finden Sie in der Einleitung zu Kapitel 12, »Transparenzen und Masken«.

Die Prozessfarbe »Weiß« (mehr zu Prozess- und Volltonfarben finden Sie in Kapitel 8), die als CMYK mit jeweils 0 % definiert ist, entspricht der Papierfarbe. Wo sie angewendet ist, wird also nicht gedruckt.

▲ **Abbildung 3.11**
»Strichlierte Füllung« in der Pfadansicht

▲ **Abbildung 3.12**
Skizze

Schritt für Schritt: Objekte sinnvoll anlegen

1 Der falsche Weg: Linien einfach nachzeichnen
Der erste Schritt beim Vektorisieren besteht darin, die bestehenden Formen mit dem Zeichenstift nachzuzeichnen. Werden jedoch die Linien in dieser Skizze einzeln und getrennt voneinander konstruiert, dann entstehen beim Anlegen der Flächen Probleme (Abbildung 3.13), denn die Fläche kann nur in dem vom Pfad umschlossenen Raum angelegt werden.

▲ **Abbildung 3.13**
Falsch konstruiertes Objekt

2 Korrekte Planung der Zeichnung
Daher muss beim Zeichnen der Grundobjekte bereits bedacht werden, welche Objekte später wie gefüllt werden sollen. Diese werden als ganze, in der Regel auch geschlossene Flächen angelegt. Der Konturverlauf muss dafür hinter anderen Objekten fortgeführt werden. Im Beispiel gilt dies für den Körper, die Augen, die hintere Flosse und das Maul.

▲ **Abbildung 3.14**
Sinnvoll angelegte Zeichnung

3 »Unterbrechen« der Kontur
Das Unterbrechen der Konturen – z. B. an den Augen – wird in diesem Fall dadurch erreicht, dass entsprechende Objekte in der Stapelreihenfolge darüber liegen und mit ihrer Flächenfarbe die dahinterliegenden Konturen verdecken (Abbildung 3.14).

▲ **Abbildung 3.15**
Das Objekt lässt sich wie gewünscht füllen.

▲ **Abbildung 3.16**
Hintere Flosse

▲ **Abbildung 3.17**
Variation der Figur

▲ **Abbildung 3.18**
Das Objekt wird ausgespart.

▲ **Abbildung 3.19**
Kombinieren von Objekten

4   Genauigkeit
Das Überdecken eines Objekts durch ein anderes ist auch nützlich, um saubere »Abschlüsse« von Elementen zu gestalten. Diese müssen nicht exakt konstruiert werden, sondern erhalten durch die Anordnung im Objektstapel eine saubere Kante, wie in diesem Beispiel die hintere Flosse (Abbildung 3.16). Oben liegende Objekte sparen die darunterliegenden beim Druck aus (lesen Sie dazu mehr in Abschnitt 19.3, »Grafiken für den Druck vorbereiten«).

5   Spätere Änderungen
Ein Vorteil dieser Vorgehensweise besteht darin, dass später noch Änderungen an Details ausgeführt werden können. Auch wenn Variationen (Abbildung 3.17) oder Animationen der Figuren erstellt werden sollen, ist es nötig, diese in ihre einzelnen Bestandteile aufzutrennen.

6   Umgebung füllen, Fläche in Weiß
Auch wenn das dargestellte Objekt aus einer Fläche ausgespart werden soll, verwenden Sie diese Konstruktionsart. Der Fischkörper wird mit einer weißen Fläche gefüllt. Dazu erstellen Sie ein Rechteck, das in den Hintergrund gestellt wird und die gewünschte Farbe erhält (Abbildung 3.18).

3.2.8   Kombinieren, Transformieren, Verformen
Mit Vektorobjekten können Sie »rechnen«. Die Formen lassen sich z. B. voneinander subtrahieren bzw. zueinander addieren, drehen, spiegeln oder in einem Strudel verzerren. Als Ergebnis erhalten Sie wieder exake Pfade (mehr zu diesen Berechnungen erfahren Sie in Kapitel 10, »Vektorobjekte bearbeiten und kombinieren«).

3.2.9   Seitenbeschreibung
In einer Illustrator-Datei werden die Objekte mit ihren Eigenschaften in einem absoluten Koordinatensystem angeordnet und gespeichert. Durch diese Art der Seitenbeschreibung bleiben alle in dem Dokument integrierten Objekte frei im Zugriff und editierbar.

Außerdem werden in diesem Koordinatensystem eine oder mehrere Zeichenflächen angelegt. Dies sind die Bereiche des Dokuments, die druckende Elemente enthalten.

4 Arbeiten mit Dokumenten

Die besondere Funktionalität eines Programms spiegelt sich natürlich in der Art wider, wie Dokumente angelegt und eingerichtet werden, und darin, welche Hilfsmittel für die Arbeit mit dem Programm vorhanden sind.

▲ **Abbildung 4.1**
Illustrator CS4 Datei- und Vorlagen-Icon

4.1 Dokumente erstellen und öffnen

Ein sehr wichtiges Merkmal von Illustrator ist sein konsequenter Einsatz von Farbmanagement. Beim Erstellen einer neuen Datei geschieht dies im Hintergrund; beim Öffnen einer bestehenden Datei – zumal, wenn diese aus anderer Hand stammt – bemerken Sie es dagegen häufiger.

4.1.1 Neues Dokument erstellen

Es gibt zwei Möglichkeiten zur Erstellung neuer Dokumente. Erzeugen Sie ein vollkommen neues Dokument, so erhalten Sie eine Datei, die einige Standardvorgaben enthält.

Alternativ lässt sich eine Datei aus einer Vorlage erstellen. Wenn Sie eine Komplettinstallation von Illustrator durchgeführt haben, wurden einige Vorlagendateien auf Ihrem Computer gespeichert.

Eine Vorlagendatei ist wie ein Zeichenblock, von dem Sie ein Blatt abreißen, um darauf zu arbeiten. Eine aus einer Vorlage erzeugte Datei kann neben Farbfeldern, Pinseln und Symbolen Zeichenflächen in unterschiedlichen Größen sowie Teile der Zeichnung auf der oder den Zeichenflächen enthalten (zum Arbeiten mit Vorlagen-Dateien und Dokumentprofilen siehe Abschnitt 21.1.2 und 21.1.3).

Neue Datei erstellen | Um eine neue Datei zu erstellen, wählen Sie Datei • Neu... – ⌘/Strg+N. Anschließend geben Sie Ihre Optionen in die Dialogbox ein.

▲ **Abbildung 4.2**
Einige der installierten Vorlagen-Dateien

Abbildung 4.3 ▶
Die Dialogbox Neues Dokument

Maximalgröße mehrerer Seiten

Illustrators Arbeitsfläche misst etwa 5,80 m in der Breite und Höhe. Falls Sie über die Dialogbox mehrere Seiten anlegen, müssen diese – nebeneinandergelegt – auf diese Fläche passen. Anderenfalls erhalten Sie einen entsprechenden Warnhinweis.

Wahl des Farbmodus

Wählen Sie den Farbmodus im Hinblick auf die Weiterverarbeitung des Dokuments. Das ist in der Regel CMYK, falls das Dokument gedruckt wird, RGB für bildschirmbasierte Ausgabemedien (mehr zu Farben folgt in Kapitel 8, zur Ausgabe siehe Kapitel 19 und 20).

Weitere Optionen

Erstellen Sie ein neues Dokument mit dem Dokumentprofil Video und Film, dann können Sie zusätzlich das Transparenzraster bestimmen. Ein Dokument auf Basis des Profils Mobilgeräte und Geräte lässt sich mit dem Button Device Central dort in der Vorschau sehen.

▶ Neues Dokumentprofil: Wählen Sie eines aus sieben Profilen, die bereits die wichtigsten Einstellungen im Hinblick auf verschiedene Ausgabemedien enthalten.

▶ Anzahl an Zeichenflächen: Mehrere Seiten (bis zu 100) können Sie durch Eingabe der Anzahl erzeugen. Auf diesem Weg erhalten Sie jedoch nur Zeichenflächen identischer Größe.

▶ Anordnung: Wählen Sie mit den Buttons die Anordnung der Zeichenflächen. Diese bestimmt über deren fortlaufende Nummerierung (die sich jedoch ändern lässt).

▶ Abstand: Hier geben Sie den gewünschten Abstand ein, den die Zeichenflächen (zuzüglich der Beschnittzugabe) voneinander haben sollen.

▶ Grösse: Geben Sie hier die Größe der einzelnen Seite(n) an. Im Ausklappmenü finden Sie einige für die jeweiligen Ausgabemedien gebräuchliche vordefinierte Formate. Geben Sie die Maße direkt in die Felder Breite und Höhe ein, falls Ihr gewünschtes Format nicht im Menü ist.

Für eine einzelne Zeichenfläche akzeptiert Illustrator Werte von 1 bis 16.383 Pt, das entspricht 0,36 bis 5.779,55 mm. Sie können also Dokumente bis zu etwa 5,80 Meter Breite und Höhe anlegen.

▶ Einheit: Geben Sie hier die Maßeinheit für das Dokument ein, die in den Seitenlinealen und in Dialogboxen verwendet werden soll. Die Angabe betrifft nur die allgemeine Maßeinheit z. B. zur Positionierung von Elementen – die Angabe von Schriftgrößen und die Breite von Konturen werden nicht beeinflusst.

▶ Ausrichtung: Klicken Sie die Buttons für Hoch- oder Querformat, falls Sie die Angaben für Höhe und Breite gegeneinander austauschen möchten.

- Anschnitt: Ein dort eingegebener Wert wird für alle Zeichenflächen des Dokuments identisch als sichtbare Begrenzung angelegt. Deaktivieren Sie den Ketten-Button, um unterschiedliche Werte für Oben, Unten, Links und Rechts einzugeben. Beim Drucken oder Speichern eines PDF können Sie auf den eingestellten Wert zugreifen. Mehr zum Thema Beschnittzugabe finden Sie in Abschnitt 19.3.6.
- Farbmodus: Ein Illustrator-Dokument wird immer in einem der beiden Farbmodi CMYK oder RGB angelegt. Anstatt an dieser Stelle den Farbmodus zu ändern, sollten Sie jedoch ein für den Ausgabeprozess geeignetes Dokumentprofil wählen. Anderenfalls könnten Farbdefinitionen in Farbfeldern konvertiert werden.
- Rastereffekte: In diesem Feld bestimmen Sie die Auflösung, die für die Berechnung von Rastereffekten verwendet wird (s. Abschnitt 13.5.1). Für den Druck wählen Sie Hoch (300 ppi).
- Vorschaumodus: Der Vorschaumodus ist die Anzeigeart, in der Sie am Dokument arbeiten. Für bildschirmbasierte Medien ist Pixel geeignet – den Modus Überdrucken sollten Sie nur vorübergehend einsetzen, da er sehr rechenintensiv ist.
- Neue Objekte an Pixelraster ausrichten: Diese Option ist für das Dokumentprofil Web standardmäßig aktiviert und bewirkt, dass Objekte gegebenenenfalls verformt werden, um ins Pixelraster zu passen. Sie können diese Option auch zu einem späteren Zeitpunkt noch aktivieren – dies ist in vielen Fällen zu empfehlen (s. Abschnitt 5.6.11 und 20.1.2).

Ohne Dialogbox | Möchten Sie mit den Einstellungen, die Sie für das zuletzt erstellte neue Dokument verwendet haben, eine weitere Datei erzeugen, drücken Sie ⌘+⌥+N bzw. Strg+Alt+N.

Neu aus Vorlage | Um eine neue Datei auf der Basis einer Vorlage zu erstellen, wählen Sie Datei • Neu aus Vorlage… – ⌘/Strg+⇧+N. Standardmäßig zeigt Illustrator in dieser Dialogbox nicht wie im Öffnen-Dialog den zuletzt benutzten Ordner an, sondern den Vorlagenordner im Illustrator-Verzeichnis. Navigieren Sie zur gewünschten Datei, und klicken Sie auf den Neu-Button. Es wird eine neue Datei erstellt (Vorlagen s. 21.1.2).

4.1.2 Dokument öffnen

Um ein Dokument zu öffnen, wählen Sie Datei • Öffnen… – ⌘/Strg+O. Navigieren Sie zum gewünschten Dokument, und bestätigen Sie mit OK.

Beschneidungsrahmen

Eine AI-Datei, die mit Beschnittzugabe im Layout platziert werden soll, können Sie jetzt in Illustrator im Endformat anlegen und die gewünschte Beschnittzugabe definieren.

»Normale« Dateien als Vorlage

In der Dialogbox Neu aus Vorlage können Sie jede Illustrator-Datei auswählen – nicht nur als Dateityp »Vorlage« gespeicherte Dokumente.
»Normale« Illustrator-Dateien werden als Kopie geöffnet, die Sie unter einem neuen Namen speichern müssen.
Umgekehrt wird beim Öffnen von Vorlagendateien immer eine Kopie erzeugt, selbst wenn Sie das Dokument über den Dialog Öffnen… auswählen.

▲ **Abbildung 4.4**
Resultat des Ausrichtens am Pixelraster: verzerrte Formen

▲ **Abbildung 4.5**
Es ist möglich, mehrere Dateien gemeinsam zu öffnen – aktivieren Sie weitere Dateien, indem Sie ⇧ bzw. für nicht aufeinanderfolgende Dateien ⌘/Strg drücken und die Dokumente anklicken.

Handelt es sich um alte Illustrator-Dateien oder Fremdformate wie z. B. Adobe-/Macromedia-FreeHand-Dateien, enthalten diese eventuell Farbdefinitionen verschiedener Farbmodi. In diesem Fall zeigt Illustrator eine Dialogbox mit einem Warnhinweis, und Sie müssen sich für einen Farbmodus entscheiden. Die Farben des anderen Modus werden konvertiert.

Zuletzt verwendete Dateien | Um eines der zuletzt verwendeten Dokumente erneut zu öffnen, wählen Sie es aus dem Menü Datei • Letzte Dateien öffnen.

Durchsuchen | Der Befehl Datei • Bridge durchsuchen… – ⌘+⌥+O bzw. Strg+Alt+O – öffnet Adobe Bridge, eine Software, mit der Sie Ihre Dokumente verwalten können. Bridge lässt sich komfortabler öffnen, indem Sie den Button Gehe zu Bridge im Steuerungsbedienfeld anklicken.

▲ **Abbildung 4.6**
Button Gehe zu Bridge

4.1.3 Dokumenteinstellungen ändern

Um nachträglich die Optionen eines Dokuments zu ändern, wählen Sie Datei • Dokument einrichten… – ⌘+⌥+P bzw. Strg+Alt+P, oder klicken Sie auf den Button Dokument einrichten im Steuerungsbedienfeld.

Illustrator CS3 und früher

In älteren Illustrator-Versionen können Sie die Größe der Zeichenfläche nachträglich unter Datei • Dokument einrichten ändern. Dabei wird das aktuelle Dokument von seiner Mitte aus vergrößert, und der Linealnullpunkt verschiebt sich. Objekte werden nicht gelöscht.

Abbildung 4.7 ▶
Optionen für die Beschnittzugabe sowie für Transparenz im Dialog Dokument einrichten

In dieser Dialogbox können Sie jedoch nur einige der Dokumenteinstellungen ändern, wie z. B. die Größe der Beschnittzugabe, Transparenz- oder Typografieoptionen.

Um die Größe einzelner Zeichenflächen zu ändern, klicken Sie auf den Button ZEICHENFLÄCHEN BEARBEITEN oben rechts in der Dialogbox (s. Abschnitt 4.3.1).

4.1.4 Papierfarbe simulieren

Wird Ihre Grafik auf farbigem Papier produziert, können Sie bereits am Bildschirm die Auswirkung der Papierfarbe auf die Druckfarbe simulieren.

In der Optionsgruppe TRANSPARENZ aktivieren Sie FARBIGES PAPIER SIMULIEREN und klicken in das obere der beiden Farbfelder, um den Farbwähler aufzurufen. Richten Sie dort die gewünschte Farbe ein. Die Farbe wird nur am Bildschirm angezeigt – nicht gedruckt.

▲ **Abbildung 4.8**
Das Aussehen der Druckfarben auf farbigem Papier wird simuliert.

4.1.5 Farbmanagement

Farbmanagement ist in Illustrator seit einigen Versionen ein fest integrierter Bestandteil. Die Voreinstellung für das Farbmanagement in Illustrator wie in allen Anwendungen der Creative Suite ist aktiviert.

Erstellen eines neuen Dokuments | Erstellen Sie ein neues Dokument, wird das dem Dokumentfarbraum entsprechende Farbprofil in das Dokument eingebettet, sofern die FARBMANAGEMENT-RICHTLINIEN entsprechend eingestellt sind.

Öffnen von Dokumenten | Bei aktiviertem und entsprechend eingerichtetem Farbmanagement erscheint eine Warnung, sobald Sie ein Dokument öffnen, das mit keinem oder einem anderen als dem aktuell von Illustrator verwendeten Farbprofil versehen ist. Das Farbprofil gibt an, für welche Ausgabesituation das Dokument erstellt wurde.

Sie haben in beiden Fällen drei Möglichkeiten, den Farbprofil-Konflikt zu lösen – halten Sie ggf. Rücksprache mit den weiterverarbeitenden Betrieben bzw. mit dem Ersteller des Dokuments:

- ▶ EINGEBETTETES PROFIL VERWENDEN bzw. BEIBEHALTEN (KEIN FARBMANAGEMENT): Behalten Sie das eingebettete bzw. kein Profil. Diese Option ist in den meisten Fällen zu empfehlen. Zu einem späteren Zeitpunkt ist es immer noch möglich, ein anderes Profil zuzuweisen.
- ▶ FARBEN DES DOKUMENTS IN DEN ARBEITSFARBRAUM KONVERTIEREN: Das eingebettete Profil wird verworfen, und stattdessen

> **Farbmanagement**
>
> Das Thema Farbmanagement vertiefen wir in Kapitel 8.

> **Farbmanagement: Aus**
>
> Haben Sie unter BEARBEITEN • FARBEINSTELLUNGEN... in den FARBMANAGEMENT-RICHTLINIEN für CMYK oder RGB die Option Aus gewählt, wird kein Farbprofil eingebettet (CMYK bzw. RGB ohne Tags).

▲ **Abbildung 4.9**
Warnung bei Farbprofil-Konflikt

▲ **Abbildung 4.10**
Warnung bei nicht vorhandenem Farbprofil

> **In den Arbeitsfarbraum konvertieren**
> Wenn Sie diese Option wählen, werden die Farbwerte konvertiert. Dabei wird reines Schwarz bunt, und reine Farben erhalten gegebenenfalls unerwünschte Beimischungen.

wird das in den FARBMANAGEMENT-RICHTLINIEN eingestellte Profil eingebettet. Die Farbwerte werden so verändert, dass die Farbdarstellung möglichst identisch mit der ursprünglichen Darstellung bleibt. Diese Einstellung sollten Sie vermeiden.

▶ EINGEBETTETES PROFIL LÖSCHEN: Das eingebettete Profil wird entfernt – das Dokument unterliegt nicht mehr dem Farbmanagement.

▶ PROFIL ZUWEISEN: War bisher kein Profil eingebettet, können Sie entweder das Profil des Arbeitsfarbraums zuweisen oder ein Profil frei auswählen. Dabei ändern sich die Farbwerte nicht, die Darstellung der Farben auf dem Bildschirm und im Ausdruck zeigt ggf. einen deutlichen Unterschied.

Farbprofil ändern | Möchten Sie einem Dokument ein anderes Farbprofil zuweisen, wählen Sie BEARBEITEN • PROFIL ZUWEISEN… Die Optionen entsprechen den Einstellungen, die Ihnen zur Verfügung stehen, wenn beim Öffnen eines Dokuments ein Farbprofil-Konflikt auftritt.

4.2 Im Dokument navigieren

Illustrator-Dokumente bestehen nicht nur aus den druckbaren Flächen – um die Zeichenflächen herum ist zusätzlicher Raum. Die Navigation innerhalb eines Illustrator-Dokuments unterscheidet sich von der Handhabung in anderen Programmen.

4.2.1 Zeichenfläche

Das Dokumentformat, das Sie in der Dialogbox NEUES DOKUMENT eingerichtet haben, sehen Sie als symbolisches »Blatt« – bzw. als mehrere Blätter, wenn es mehrere Seiten gibt – vor sich im Dokumentfenster liegen ❸, ❻. Diese »Blätter« – sie werden »Zeichenflächen« genannt – stellen den Bereich der Datei dar, in dem Sie Grafiken platzieren können, die gedruckt werden sollen.

Begrenzung ausblenden | Falls Sie lieber ohne die Anzeige des Zeichenflächen-Begrenzungsrahmens arbeiten und Ihre Grafik später an das Format anpassen möchten, blenden Sie die Zeichenfläche aus, indem Sie ANSICHT • ZEICHENFLÄCHE AUSBLENDEN wählen.

▲ **Abbildung 4.11**
Arbeitsfläche ❶, Statusleiste ❷, Zeichenfläche ❸, Seitenformat ❹, druckbarer Bereich ❺, aktive Zeichenfläche ❻, Anschnitt ❼

Tatsächlich druckbare Fläche anzeigen | Die Größe einer Zeichenfläche und das Papierformat Ihres Druckers stimmen nicht immer überein. Wählen Sie ANSICHT • DRUCKAUFTEILUNG EINblenden, um das im derzeit ausgewählten Drucker vorhandene Papierformat auf der Zeichenfläche anzuzeigen. Es wird mithilfe zweier gestrichelter Linien dargestellt: Die äußere dieser beiden Linien ❹ kennzeichnet das eingestellte Papierformat, die innere ❺ die Fläche, die der Drucker auf diesem Format bedrucken kann (Drucken s. Abschnitt 19.4).

4.2.2 Arbeitsfläche/Montagefläche

Im gesamten Bereich eines Illustrator Dokuments – der Arbeitsfläche ❶ – können Sie zeichnen (auch mit Unterstützung von Hilfslinien) oder Teile Ihrer Grafik »aufbewahren«.

Beim Scrollen im Dokument kann es passieren, dass plötzlich eine leere Fläche vor Ihnen liegt. Dann ist meist nicht Ihre Zeichnung gelöscht – Sie blicken nur auf einen unbenutzten Teil der Arbeitsfläche. Haben Sie auf einer Zeichenfläche gearbeitet, holen Sie die Grafik auf der aktiven Zeichenfläche am schnellsten wieder mit ⌘/Strg+0 in den Mittelpunkt. Mit ⌘+⌥+0 bzw. Strg+Alt+0 blenden Sie alle Zeichenflächen ein.

4.2.3 Statusleiste

Am unteren linken Rand des Dokumentfensters sehen Sie die Statusleiste ❷. In der Statusleiste wird die Vergrößerungsstufe angezeigt, und es steht ein Aufklappmenü zur Verfügung, um die Zoom-Stufe zu wechseln. In einem weiteren Aufklappmenü blättern Sie durch das Dokument. Darüber hinaus können Sie sich eine weitere Status-Information anzeigen lassen – rufen Sie ein Menü der möglichen Informationen auf, indem Sie auf den Pfeil rechts neben dem Anzeigetext klicken.

Modifikationsmöglichkeit | Drücken und halten Sie ⌥/Alt, und rufen Sie das Menü Einblenden auf, um einige zusätzliche Optionen zu erhalten, z. B. die Anzahl der Tage bis Weihnachten oder die aktuelle Mondphase.

4.2.4 Vergrößerungsstufe verändern/zoomen 🔍

Jede Stelle Ihrer Illustrator-Datei können Sie in beliebigen Vergrößerungsstufen zwischen 3,13 und 6.400 % betrachten, also z. B. wie mit einer Lupe heranzoomen, um Details zu bearbeiten.

Zoom-Werkzeug | Wählen Sie das Zoom-Werkzeug 🔍 – Shortcut Z –, um die Ansicht eines Bereichs zu vergrößern oder zu verkleinern. Klicken Sie in die Mitte des Bereichs, an den Sie heranzoomen möchten. Zoomen Sie wieder heraus, indem Sie ⌥/Alt drücken und klicken.

▲ **Abbildung 4.12**
Wie bei der Arbeit am Reißbrett haben Sie um Ihr Illustrator-Dokument reichlich Fläche zum Ablegen zur Verfügung.

Zeichenfläche in Fenster einpassen: Objekte weg

Wenn nach dem Aufrufen des Befehls In Fenster einpassen nichts zu sehen ist, kann es sein, dass Sie neben der oder den Zeichenflächen gearbeitet haben. Zoomen Sie aus der Datei heraus, um die Objekte zu finden.

▲ **Abbildung 4.13**
Die Statusleisten der Dokumente zeigen »Augen«, aktuelles Werkzeug, Mondphase, Farbprofil des Dokuments (von oben). Ein Klick auf den Pfeil ❽ öffnet das Aufklappmenü.

Vergrößerungsstufe

Illustrator berechnet die Vergrößerungsstufe nach einer fest programmierten Vermutung über die Monitorauflösung. Löst der Monitor Grafik jedoch feiner oder gröber auf, stimmt die Vermutung mit der Wirklichkeit nicht überein, und die berechnete Vergrößerungsstufe trifft nicht zu. Wundern Sie sich nicht darüber.

> **Zoomen per Scrollrad**
>
> Falls Sie eine Maus mit Scrollrad verwenden, drücken Sie ⌥/Alt und bewegen das Scrollrad, um die Vergrößerungsstufe zu verändern.

Um schneller eine große Vergrößerung zu erhalten, klicken und ziehen Sie einen Auswahlrahmen um den Bereich, den Sie vergrößern möchten. Um den Auswahlrahmen während des Aufziehens zu verschieben, halten Sie die Leertaste und schieben den Rahmen.

Während Sie ein beliebiges Werkzeug verwenden, drücken und halten Sie ⌘/Strg+Leertaste, um temporär zum Zoom-Werkzeug zu wechseln. Drücken Sie zusätzlich ⌥/Alt, um herauszuzoomen.

Menübefehl | Wählen Sie ANSICHT • EINZOOMEN (⌘/Strg+⇧+=) bzw. ANSICHT • AUSZOOMEN (⌘/Strg+-) um die Ansicht in voreingestellten Sprüngen zu vergrößern oder zu verkleinern.

Die Ansicht der Zeichenfläche lässt sich mit dem Befehl ANSICHT • IN FENSTER EINPASSEN – ⌘/Strg+0 – an die Größe des Dokumentfensters anpassen.

Möchten Sie eine Darstellung, die der Originalgröße der Zeichnung auf der aktiven Zeichenfläche zumindest annäherungsweise entspricht (siehe hierzu den Kasten »Vergrößerungsstufe« auf der vorherigen Seite), wählen Sie ANSICHT • ORIGINALGRÖSSE – ⌘/Strg+1.

Navigator-Bedienfeld | Rufen Sie das Navigator-Bedienfeld unter FENSTER • NAVIGATOR – im Dock ✱ – auf, und stellen Sie die Vergrößerungsstufe mithilfe des Schiebereglers ein. Oder aktivieren Sie den aktuellen Wert, der links neben dem Regler angezeigt wird, mit einem Doppelklick, und geben Sie einen neuen ein. Verschieben Sie die Ansicht, indem Sie auf den roten Rahmen klicken und ziehen.

Das Navigator-Bedienfeld zeigt immer die Vorschau Ihres Dokuments an – selbst wenn Sie in der Pfadansicht arbeiten. Über das Bedienfeldmenü haben Sie die Möglichkeit, alle Elemente auszublenden, die nicht auf einer Zeichenfläche liegen. Die Farbdarstellung kann von der Arbeitsfläche abweichen.

Statusleiste | Wählen Sie in der Statusleiste die gewünschte Vergrößerungsstufe aus dem Ausklappmenü, oder geben Sie sie direkt in das Feld ein.

4.2.5 Ansicht verschieben

Um Zeichenflächen oder die Arbeitsfläche innerhalb des Dokumentfensters zu verschieben, können Sie alternativ zu den Bildlaufleisten (Scrollbars) das Hand-Werkzeug ✋ verwenden.

▲ **Abbildung 4.14**
Das Navigator-Bedienfeld: Drücken Sie ⌘/Strg, um direkt im Bedienfeld einen Vergrößerungsbereich aufzuziehen.

> **Mit dem Scrollrad die Ansicht verschieben**
>
> Drücken und halten Sie ⌘/Strg, um horizontal zu scrollen. Halten Sie zusätzlich ⇧ gedrückt, um den Scrollvorgang zu beschleunigen.

Wählen Sie das Werkzeug aus dem Werkzeugbedienfeld – H –, und klicken und ziehen Sie mit dem Werkzeug, um die Zeichenfläche zu verschieben.

Während Sie ein anderes Werkzeug benutzen – ausgenommen sind lediglich die Text-Werkzeuge –, können Sie jederzeit temporär zum Hand-Werkzeug wechseln, indem Sie die Leertaste drücken und halten.

4.2.6 Vorschau und Pfadansicht

Normalerweise stellt Illustrator Ihre Grafik im **Vorschaumodus** dar. Im Vorschaumodus sind alle Aussehen-Eigenschaften von Objekten und Ebenen wie Farb- und Verlaufsflächen, Linienstärken, Transparenzen und Effekte sichtbar. Dieser Modus entspricht in etwa dem gedruckten Ergebnis.

▲ **Abbildung 4.15**
Vorschau (links), Pfadansicht (rechts)

Einige Arbeiten lassen sich schneller und besser erledigen, wenn Sie Konturen, Effekte und Flächen nicht anzeigen lassen, sondern nur die Pfade, aus denen Ihre Illustrationen bestehen. In diesem **Darstellungsmodus** überdecken die Objekte einander nicht. Da keine komplexen Eigenschaften berechnet werden müssen, wird der Bildschirmaufbau beschleunigt.

»Kontur aufteilen«?

Aufgrund eines Übersetzungsfehlers zeigt der Fenstertitel den Begriff »Kontur aufteilen« an, wenn die Pfadansicht aktiv ist.

Um zur Pfad-Darstellung zu wechseln, wählen Sie ANSICHT • PFADANSICHT – ⌘/Strg+Y. In der Pfadansicht wechselt der Menüeintrag zu VORSCHAU. Wählen Sie diesen Eintrag VORSCHAU aus, oder verwenden Sie den Shortcut erneut, um wieder die farbige Version anzuzeigen. Den Befehl zum Wechseln zwischen Vorschau und Pfadansicht erreichen Sie auch im Kontextmenü – es darf beim Aufrufen des Kontextmenüs jedoch kein Objekt aktiviert sein.

Einzelne Ebenen in Pfadansicht

Sie können auch nur die Objekte einzelner Ebenen als Pfade anzeigen lassen (s. Abschnitt 11.1.2).

4.2.7 Überdruckenvorschau

Die Überdruckenvorschau simuliert zusätzlich zur normalen Vorschau, wie sich die Überdrucken-Eigenschaft einzelner Objekte auswirkt, wenn Sie Ihre Grafik im Offsetverfahren drucken (Überdrucken funktioniert unter Umständen nicht so, wie Sie es erwarten, lesen Sie daher bitte mehr in Abschnitt 19.3.4).

Selbstverständlich stellt die Ansicht nur eine Näherung des Druckergebnisses dar – sie ist umso besser, je exakter Ihre Arbeitsumgebung kalibriert ist.

▲ **Abbildung 4.16**
Objekte überdrucken

Um Ihre Illustration in der Überdruckenvorschau anzuzeigen, wählen Sie ANSICHT • ÜBERDRUCKENVORSCHAU – ⌘+⌥+⇧+Y bzw. Strg+Alt+⇧+Y.

▲ **Abbildung 4.17**
An Pixel ausrichten: nicht aktiviert (oben), aktiviert (unten)

▲ **Abbildung 4.18**
Das über einer Zoomstufe von 600 % angezeigte Pixelraster

▲ **Abbildung 4.19**
Gespeicherte Ansichten im Menü

▲ **Abbildung 4.20**
Ansicht bearbeiten

4.2.8 Pixelvorschau

In der Pixelvorschau sehen Sie, wie Ihre Objekte in das Pixelraster eingepasst werden. Bei Auswahl dieses Vorschaumodus wird die Option An Pixel ausrichten aktiviert, mit deren Hilfe das Pixelraster magnetisch wird und Sie Objekte optimal an Pixeln und ausrichten können, sodass waagerechte und senkrechte Kanten immer auf ganzen Pixeln positioniert sind und damit nicht weichgezeichnet werden.

Die Pixelvorschau zeigen Sie an, indem Sie Ansicht • Pixelvorschau – Shortcut ⌘/Strg+⇧+Y – aus dem Menü wählen. Illustrator aktiviert Ansicht • An Pixel ausrichten dann automatisch – Sie können es jedoch deaktivieren (zu Webgrafik s. Abschnitt 20.1.2).

In Version CS5 kann Illustrator Pfade auch automatisch so ausrichten, dass sie optimal im Pixelraster liegen. Die Option An Pixelraster ausrichten aktivieren Sie beim Erstellen eines neuen Dokuments (s. Abschnitt 4.1.1) oder objektbezogen im Transformieren-Bedienfeld. **Achtung**: Dabei werden Pfade verschoben.

Ab Zoomstufe von 600 % kann das zugrundeliegende Pixelraster als Karomuster mit dünnen Linien dargestellt werden – die Option Pixelraster anzeigen (bei Zoom über 600 %) finden Sie unter Voreinstellungen • Hilfslinien und Raster.

4.2.9 Dokumentansicht speichern

Eine einmal eingerichtete Ansicht eines Dokuments in einer bestimmten Vergrößerungsstufe und in dem gewählten Ansichtsmodus – Pfadansicht oder Vorschau – können Sie im Dokument abspeichern.

Ansicht speichern | Um eine eingerichtete Ansicht zu speichern, wählen Sie Ansicht • Neue Ansicht… Geben Sie anschließend einen Namen in die Dialogbox ein, und klicken Sie auf OK. Sie können bis zu 25 Ansichten je Dokument speichern.

In einer Ansicht wird nicht nur die Zoom-Stufe, sondern auch die Ebenensichtbarkeit gespeichert. Auf diesem kleinen Umweg können Sie unterschiedliche Ebenenkompositionen – wie Sie sie z. B. aus Photoshop kennen – einfach verwalten.

Achtung: Vermeiden Sie die Verwendung von Zeichen wie Klammern (), Schrägstrichen / oder Bindestrichen -. Illustrator kann nicht alle Sonderzeichen im Menü darstellen.

Ansicht aufrufen | Rufen Sie die Ansichten auf, indem Sie ihre Namen im Menü Ansicht auswählen.

Ansichten verwalten | Um Ansichten umzubenennen oder zu löschen, wählen Sie Ansicht • Ansicht bearbeiten… Aktivieren Sie den Namen der Ansicht in der Liste, und klicken Sie auf den Button Löschen, oder geben Sie die gewünschte Änderung in das Textfeld ein.

4.2.10 Mehrere Dokumentfenster öffnen

Von einem Dokument lassen sich gleichzeitig mehrere Fenster öffnen. So können Sie an unterschiedlichen Details der Zeichnung oder in anderen Darstellungsmodi in verschiedenen Fenstern arbeiten, anstatt häufig die Ansicht verschieben zu müssen.

Öffnen Sie ein neues Fenster, indem Sie Fenster • Neues Fenster auswählen. Sie haben die Möglichkeit, mehrere Fenster automatisch auf dem Bildschirm anzuordnen. Wählen Sie Fenster • Anordnen • Überlappend oder Fenster • Anordnen • Nebeneinander, um die Fenster auf dem Bildschirm anzuordnen (s. Kapitel 1).

Die Position der beim Speichern des Dokuments geöffneten Fenster wird gesichert und beim nächsten Öffnen wieder genauso angeordnet – auch beim Übertragen der Datei auf die andere Plattform.

▲ **Abbildung 4.21**
Fenster nebeneinander anordnen

4.3 »Mehrseitige« Dokumente mit Zeichenflächen

Zeichenflächen definieren Teile in Ihrer Grafik, die separat ausgegeben – gedruckt oder exportiert – werden können. Sie gingen aus den Schnittbereichen hervor, die daher seit Illustrator CS4 nicht mehr zur Verfügung stehen. Zeichenflächen können Sie einsetzen, um mehrseitige Dokumente anzulegen, unterschiedliche Alternativen eines Designs in einer Datei zu entwickeln oder um mehrere zu einem Werk gehörende Elemente vorzubereiten – wie Banner für eine Website oder Teile für einen Flash-Film. Sie können bis zu 100 Zeichenflächen unterschiedlicher Größen anlegen, die sich auch überlappen dürfen. Mit dem neuen Zeichenflächen-Bedienfeld lassen sich Zeichenflächen bequem verwalten.

▲ **Abbildung 4.22**
Bearbeitung einer Zeichenfläche im Zeichenflächen-Modus

4.3.1 Zeichenflächen-Modus aufrufen

Wählen Sie das Zeichenflächen-Werkzeug – ⌂+0 –, oder klicken Sie in der Dialogbox Dokument einrichten auf den Button Zeichenflächen bearbeiten, um in den Zeichenflächen-Modus zu gelangen.

▲ **Abbildung 4.23**
Der Button Zeichenflächen bearbeiten

4.3.2 Zeichenflächen-Bedienfeld

Im Zeichenflächen-Bedienfeld erhalten Sie eine Übersicht über alle Zeichenflächen Ihres Dokuments, können diese verwalten und vor allem die Reihenfolge verändern. Rufen Sie das Zeichenflächen-Bedienfeld auf unter Fenster • Zeichenflächen – im Dock.

Das Bedienfeld listet die Zeichenflächen mit einer fortlaufenden Seitenzahl ❶ auf, unter der Sie die Zeichenfläche auch beim Drucken oder Speichern wiederfinden, sowie der Gesamtzahl der Zeichenflächen ❹. Darüber hinaus zeigt die Liste den frei definierbaren Namen ❺ und die Formatlage ❸ an. Die aktive Zeichenfläche ist hervorgehoben ❷.

Mit den Buttons am unteren Rand des Bedienfelds können Sie neue Zeichenflächen anlegen ❽ oder bestehende löschen ❾. Durch Verschieben der Einträge in der Liste oder mit den Buttons Nach oben ❻ und Nach unten ❼ können Sie die Reihenfolge der Zeichenflächen verändern.

4.3.3 Neue Zeichenflächen erstellen

Neben der Option, mehrere nebeneinanderliegende Zeichenflächen identischer Größe beim Erstellen der Datei anzulegen (s. Abschnitt 4.1.1), können Sie Zeichenflächen auch zu einem späteren Zeitpunkt definieren bzw. Vorhandene editieren.

Mit Zeichenflächen-Werkzeug | Ziehen Sie mit dem Cursor ein Rechteck an der gewünschten Position auf der Arbeitsfläche in der gewünschten Größe auf. Sofern Ansicht • Intelligente Hilfslinien (s. Abschnitt 4.5.6) aktiv ist, zeigen diese die Außenkanten bestehender Zeichenflächen an, sodass Sie eine neue Zeichenfläche daran ausrichten können.

Mit dem Zeichenflächen-Bedienfeld | Aktivieren Sie im Zeichenflächen-Bedienfeld eine Zeichenfläche, deren Maße Sie übernehmen möchten, und wählen Sie Neue Zeichenfläche aus dem Bedienfeldmenü, oder klicken Sie auf den gleichnamigen Button. Die Position der neuen Zeichenfläche wird automatisch bestimmt.

Aus einem Rechteck umwandeln | Ein oder mehrere horizontal auf der Zeichenfläche liegende Rechtecke können Sie in Zeichenflächen umwandeln, indem Sie den gleichnamigen Befehl aus dem Menü des Zeichenflächen-Bedienfelds aufrufen. Die Rechtecke sollten einfache Pfade sein.

▲ **Abbildung 4.24**
Das Zeichenflächen-Bedienfeld

Zeichenflächen-Bedienfeld und Zeichenflächen-Modus

Um Änderungen mithilfe des Zeichenflächen-Bedienfelds durchzuführen, müssen Sie nicht in den Zeichenflächen-Modus wechseln.

Zeichenfläche zu klein?

Wenn Sie mit dem Zeichenflächen-Werkzeug auf ein Objekt auf der Zeichenfläche klicken (anstatt zu klicken und zu ziehen), wird eine Zeichenfläche in der Größe des Objekts erzeugt.

Grauer Hintergrund

Außerhalb der Zeichenflächen ist das Dokument grau. Wenn Sie diese Fläche lieber in weiß hätten, wählen Sie Ansicht • Zeichenfläche(n) ausblenden.

Hoch- und Querformat

Zwischen den beiden Ausrichtungen wechseln Sie mit den Buttons im Steuerungsbedienfeld.

Mit dem Platzierungscursor | Aktivieren Sie mit dem Zeichenflächen-Werkzeug eine bestehende Zeichenfläche. Anschließend klicken Sie auf den Button NEUE ZEICHENFLÄCHE im Steuerungsbedienfeld. Sie erhalten jetzt einen Platzierungscursor (»Place-Gun«). Mit diesem klicken Sie an die gewünschte Position auf der Arbeitsfläche, um dort die Zeichenfläche zu erstellen. Modifizierungsmöglichkeit: Drücken und halten Sie ⌥/Alt und klicken Sie die Position an, bleibt der Platzierungscursor bestehen, und Sie können weitere Seiten anlegen.

Innerhalb einer bestehenden Zeichenfläche | Soll eine neue Zeichenfläche innerhalb einer bestehenden aufgezogen werden, drücken Sie ⇧ und klicken und ziehen dann die neue Fläche auf.

▲ **Abbildung 4.25**
Platzierungscursor mit einer neuen Zeichenfläche. Die grünen Hilfslinien markieren die Ausrichtung in Relation zu bestehenden Seiten.

4.3.4 Zeichenfläche duplizieren

Eine bestehende Zeichenfläche duplizieren Sie, indem Sie im Zeichenflächen-Modus ⌥/Alt gedrückt halten und die Zeichenfläche verschieben. Sie haben die Wahl, ob dabei die Objekte dupliziert werden, die ganz oder teilweise auf der Zeichenfläche liegen. Dazu klicken Sie auf den Button BILDMATERIAL MIT ZEICHENFLÄCHE VERSCHIEBEN/KOPIEREN.

Mehrere Zeichenflächen duplizieren | Sollen mehrere Zeichenflächen auf einmal dupliziert werden, klicken Sie sie im Zeichenflächen-Bedienfeld an – halten Sie ⌘/Strg gedrückt, um nicht aufeinanderfolgende Einträge zu aktivieren – und rufen ZEICHENFLÄCHEN DUPLIZIEREN aus dem Bedienfeldmenü auf.

▲ **Abbildung 4.26**
Mehrere Zeichenflächen wurden ausgewählt (oben) und dupliziert (unten).

4.3.5 Zeichenfläche skalieren

Aktivieren Sie eine Zeichenfläche im Zeichenflächen-Modus, und ziehen Sie an einer Kante oder Ecke, um die Größe anzupassen.

Größe numerisch eingeben | Klicken Sie auf eine Zeichenfläche, und wählen Sie mit dem Symbol URSPRUNG den Bezugspunkt für die Größenänderung aus. Dann wählen Sie eines der voreingestellten Maße aus dem Menü VORGABEN im Steuerungsbedienfeld.

Alternativ geben Sie die gewünschte Position in die Eingabefelder X bzw. Y und die Maße in die Felder B und H im Steuerungsbedienfeld ein.

An die Größe einer Grafik anpassen | Eine Zeichenfläche können Sie automatisch an die Größe des Begrenzungsrahmens einer darin enthaltenen Grafik anpassen. Falls Sie für die Anpassung nicht

Zeichenfläche und Objekte skalieren?

Objekte sind unabhängig von Zeichenflächen, und daher gibt es keine Möglichkeit, eine Zeichenfläche zusammen mit den darauf liegenden Objekten zu skalieren.

▲ **Abbildung 4.27**
Anpassen der Zeichenfläche per Menü VORGABEN im Steuerungsbedienfeld

> **Anzeigeoptionen**
>
> Um die Anzeigeoptionen zu ändern, müssen Sie nicht die ZEICHENFLÄCHENOPTIONEN aufrufen, sondern können dazu auch das Menü im Steuerungsbedienfeld verwenden.

die gesamte Grafik, sondern nur bestimmte Elemente verwenden wollen, aktivieren Sie diese. Wählen Sie dann aus dem Menü VORGABEN im Steuerungsbedienfeld oder in den ZEICHENFLÄCHENOPTIONEN den Eintrag AN BILDMATERIALBEGRENZUNGEN ANPASSEN bzw. AN AUSGEWÄHLTE GRAFIK ANPASSEN. Unabhängig davon, ob die gleichnamige Option (unter VOREINSTELLUNGEN • ALLGEMEIN) gesetzt ist, werden die Vorschaubegrenzungen des Objekts verwendet.

▲ **Abbildung 4.28**
Die Zeichenfläche kann an die komplette Grafik auf der Zeichenfläche (links) oder an ausgewählte Objekte (rechts) angepasst werden.

▲ **Abbildung 4.29**
Das Eingabefeld NAME im Steuerungsbedienfeld wird im Zeichenflächen-Modus angezeigt.

4.3.6 Zeichenflächen mit Namen versehen

Das Zeichenflächen-Bedienfeld zeigt keine Vorschausymbole. Damit Sie die Einträge besser dem Inhalt zuordnen können, lassen sich Zeichenflächen mit Namen versehen. Dies nehmen Sie in den ZEICHENFLÄCHENOPTIONEN (s. Abschnitt 4.3.8) oder im Zeichenflächen-Modus vor: Geben Sie den Namen in das Eingabefeld ein.

4.3.7 Zeichenflächen-Reihenfolge und »Seitenzahl«

Die fortlaufende Nummerierung der Zeichenflächen erfolgt normalerweise in der Reihenfolge ihrer Erstellung, d. h., eine neue Zeichenfläche erhält die nächsthöhere Nummer. Entsprechend der Nummerierung sind die Zeichenflächen im Bedienfeld aufgelistet. Ändern Sie die Reihenfolge in der Liste, dann erhalten die Zeichenflächen neue Nummern.

Dazu klicken und ziehen Sie eine Zeichenfläche an die gewünschte Stelle, oder Sie aktivieren einen Eintrag in der Liste und verwenden die Buttons NACH OBEN ⇧ und NACH UNTEN ⇩, um die Zeichenfläche eine Position nach vorn oder nach hinten zu verschieben.

▲ **Abbildung 4.30**
Umsortieren und Neunummerierung der Zeichenflächen mithilfe des Zeichenflächen-Bedienfelds

4.3.8 Zeichenflächenoptionen

Um die Optionen für eine Zeichenfläche oder für das Zeichenflächen-Werkzeug aufzurufen, haben Sie mehrere Möglichkeiten:

- Aktivieren Sie eine Zeichenfläche, und doppelklicken Sie auf das Zeichenflächen-Werkzeug.
- Klicken Sie auf den Button ZEICHENFLÄCHENOPTIONEN im Steuerungsbedienfeld.
- Doppelklicken Sie auf das Format-Symbol der gewünschten Zeichenfläche im Zeichenflächen-Bedienfeld.
- Rufen Sie ZEICHENFLÄCHENOPTIONEN aus dem Bedienfeldmenü des Zeichenflächen-Bedienfelds auf.

> **Zeichenflächenlineale**
>
> Seit Illustrator CS5 kann jede Zeichenfläche eigene Lineale besitzen. Mehr dazu finden Sie in Abschnitt 4.4.4.

◄ **Abbildung 4.31**
Die Dialogbox
ZEICHENFLÄCHENOPTIONEN

▲ **Abbildung 4.32**
Das Ursprung-Symbol wird Ihnen an vielen Stellen wieder begegnen: Die neun Kästchen entsprechen den Anfassern des Zeichenflächenrahmens. Klicken Sie auf ein Kästchen, ist der entsprechende Punkt eines Objekts der Bezugspunkt für Skalierungen oder Positionsbestimmungen.

- VORG.: Wählen Sie aus dem Menü eine gebräuchliche Größe, oder geben Sie die Maße unter BREITE bzw. HÖHE ein. Möchten Sie beim Eingeben einer neuen Größe die Proportionen erhalten, aktivieren Sie die entsprechende Option.
- Ursprung: Bestimmen Sie mit dem Symbol den Bezugspunkt für eine Größenänderung oder Position. Klicken Sie auf die Ecke, Kante oder in die Mitte, um die Zeichenfläche anhand dieses Punkts zu skalieren oder zu positionieren.
- POSITION: Legen Sie die Position der Zeichenfläche auf der Arbeitsfläche bezogen auf den Ursprung fest.

▲ **Abbildung 4.33**
Anzeigeoptionen einer Zeichenfläche: Zeichenflächenlineale ❶, Fadenkreuz ❷, Mittenmarke ❸, anzeigekompatible Bereiche (aktionssicherer Bereich ❹, titelsicherer Bereich ❺)

▶ ANZEIGE: Zusätzlich zu den Begrenzungen der Zeichenfläche blenden Sie weitere Informationen ein (Abb. 4.33).

▶ PIXEL-SEITENVERHÄLTNIS VIDEOLINEAL: Diesen Wert geben Sie für die Zeichenflächenlineale ein, damit diese unabhängig von der Maßeinheit des Dokuments gerätespezifische Pixel anzeigen (Video, s. Abschnitt 20.6).

▶ BEREICHE AUSSERHALB DER ZEICHENFLÄCHE ABBLENDEN: Ist das Zeichenflächen-Werkzeug ausgewählt, wird nur die Fläche innerhalb der aktiven Zeichenfläche in normaler Helligkeit dargestellt – der übrige Bereich des Dokuments ist abgedunkelt. Wählen Sie außerdem, ob diese Anzeige beim Bewegen einer Zeichenfläche in Echtzeit aktualisiert werden soll.

4.3.9 Auf der Arbeitsfläche neu anordnen

Die Anordnung der Zeichenflächen im Dokument können Sie bestimmen, indem Sie sie mit dem Zeichenflächen-Werkzeug verschieben. Alternativ lassen Sie die Zeichenflächen automatisch anhand ihrer Nummerierung anordnen. Dazu sortieren Sie sie zunächst nach Bedarf im Zeichenflächen-Bedienfeld.

▼ **Abbildung 4.34**
Neuanordnen von Zeichenflächen

▲ **Abbildung 4.35**
Dialogbox ZEICHENFLÄCHEN NEU ANORDNEN

Anschließend rufen Sie ZEICHENFLÄCHEN NEU ANORDNEN aus dem Bedienfeldmenü auf. Der Befehl ist nur aktiv, wenn höchstens ein Eintrag im Zeichenflächen-Bedienfeld ausgewählt ist.

Die Optionen LAYOUT, SPALTEN und ABSTAND entsprechen denen beim Anlegen eines neuen Dokuments. Wenn Sie die vorhandenen Objekte mit ihren Zeichenflächen verschieben wollen, aktivieren Sie BILDMATERIAL MIT ZEICHENFLÄCHE VERSCHIEBEN.

4.3.10 Zeichenfläche löschen

Wählen Sie das Zeichenflächen-Werkzeug, aktivieren Sie eine Zeichenfläche, klicken Sie auf den Button ZEICHENFLÄCHE LÖSCHEN, drücken Sie ⌫, oder klicken Sie den Schließen-Button ⊠ oben rechts in der jeweiligen Zeichenfläche an, um diese zu löschen. Auch den Löschen-Button im Zeichenflächen-Bedienfeld können Sie verwenden. Objekte, die auf den Zeichenflächen lagen, bleiben erhalten.

Leere Zeichenflächen löschen | Mithilfe des Zeichenflächen-Bedienfelds können Sie gezielt Zeichenflächen, die keine Objekte enthalten, löschen. Wählen Sie Leere Zeichenflächen löschen aus dem Bedienfeldmenü.

4.3.11 Zeichenflächen-Modus verlassen
Beenden Sie den Zeichenflächen-Modus, indem Sie ein anderes Werkzeug auswählen oder [Esc] drücken.

4.3.12 Zeichenfläche auswählen
Für den Ausdruck oder beim Speichern und Exportieren können Sie die Zeichenflächen bestimmen, die berücksichtigt werden sollen (siehe Kapitel 19). Beim Speichern älterer Illustrator-Formate können Sie wahlweise jede Zeichenfläche als einzelne Datei oder eine Datei mit allen Objekten erstellen (s. Abschnitt 4.7).

4.3.13 Zwischen Zeichenflächen blättern
Die aktive Zeichenfläche ist im Bearbeitungsmodus mit einem schwarzen Rahmen versehen, während die übrigen Zeichenflächen in einem etwas helleren Grau umrandet sind. Wenn Sie ein Objekt aktivieren oder mit dem Auswahl-Werkzeug auf eine Zeichenfläche klicken, wird diese automatisch aktiviert. Durch einen Doppelklick auf einen Eintrag im Zeichenflächen-Bedienfeld navigieren Sie ebenfalls zu dieser Zeichenfläche. Sie wird automatisch ins Fenster eingepasst.

Alternativ verwenden Sie das Menü in der Statusleiste, um gezielt zu einzelnen Zeichenflächen zu springen, bzw. »blättern« Sie mit den Pfeil-Buttons [◄◄], [◄], [►], [►►] oder mit [◊] und [↑], [↓] bzw. [Bild↑], [Bild↓].

Im Zeichenflächen-Modus wechseln Sie zwischen den Zeichenflächen mit [⌥]/[Alt] und [→], [↓] bzw. [←], [↑].

4.4 Maßeinheiten und Lineale

In Illustrator arbeiten Sie immer mit absoluten Maßen in einem definierten Koordinatensystem. Das Dokumentformat gibt die Größenverhältnisse vor.

4.4.1 Koordinatensystem
Illustrators Koordinatensystem arbeitet seit Version CS5 wie InDesign und Photoshop oder wie von Web-Seiten gewohnt im vierten Quadranten des kartesischen Koordinatensystems (das Sie vielleicht noch aus dem Mathematikunterricht kennen). Das

---

Anordnen und nicht eindeutig zugeordnete Objekte

Wenn sich Objekte nicht eindeutig zuordnen lassen, d. h. im Bereich mehrerer Zeichenflächen liegen, kommt es zu unerwarteten Ergebnissen. Zeichenflächen innerhalb anderer Zeichenflächen werden nicht neu angeordnet, und Teile der Zeichnung werden u. U. der falschen Zeichenfläche zugerechnet und daher ebenfalls nicht wie gewünscht verschoben.

▲ **Abbildung 4.36**
Auswählen einer Zeichenfläche aus dem Menü in der Statusleiste

▲ **Abbildung 4.37**
Illustrators Koordinatensystem wurde vom ersten auf den vierten Quadranten umgestellt.

> **Voreinstellung Quadranten?**
>
> In den Voreinstellungen können Sie den Quadranten leider nicht ändern. Es ist jedoch möglich, Illustrator mit einem kleinen Hack in der Prefs-Datei auf das alte Verhalten »zurückzustellen«. Dies können Sie mit einem simplen Text-Editor durchführen. Eine Beschreibung des Hacks finden Sie unter *www.vektorgarten.de/ illustrator-cs5.html#quadrant14*

▲ **Abbildung 4.38**
VOREINSTELLUNGEN: EINHEIT

▲ **Abbildung 4.39**
Mit Rechtsklick bzw. ctrl+Klick (Mac-Ein-Tasten-Maus) auf das Lineal rufen Sie ein Menü auf, in dem Sie die Maßeinheit auswählen können.

> **Muster und die Linealposition**
>
> Wenn Sie mit Zeichenflächenlinealen arbeiten, verändern sich Musterflächen nicht mehr, sobald Sie den Nullpunkt verschieben. Arbeiten Sie dagegen mit globalen Linealen, passiert dies weiterhin.

bedeutet, dass der Nullpunkt des Dokuments bzw. einzelner Zeichenflächen nun standardmäßig in der oberen linken Ecke liegt und Sie z. B. positive Werte eingeben müssen, um ein Objekt nach unten zu verschieben. Auch wenn Sie den Nullpunkt in die linke untere Ecke verschieben, bleibt das Koordinatensystem natürlich bestehen (s. auch den Hinweiskasten links).

Vielen Anwendern wird das Umdenken wahrscheinlich leichtfallen, vor allem, wenn sie bereits InDesign einsetzen. Dramatischer ist, dass einige Skripte und Plug-ins nicht mehr wie gewohnt funktionieren oder falsche Werte ausgeben.

4.4.2 Voreinstellungen Maßeinheiten

Die Maßeinheiten für drei verschiedene Aufgabenbereiche können Sie getrennt anpassen. Maßeinheiten legen Sie unter VOREINSTELLUNGEN • EINHEIT – ⌘+⇧+⌥+N bzw. Strg+Alt+1 fest.

▶ ALLGEMEIN: Die hier angegebene Maßeinheit wird in den Linealen dargestellt – sofern Sie nicht für das Dokument eine andere Einheit festlegen – und ist die Grundlage des Dokumentrasters. Sie wird für Größenangaben, Abstände und Positionierungen von Objekten verwendet.
▶ KONTUR: In dieser Einheit bestimmen Sie Konturstärken.
▶ TEXT/ASIATISCHE SCHRIFT: Hier legen Sie fest, in welcher Einheit Sie Schriftgrößen definieren möchten. Das Auswahlmenü ASIATISCHE SCHRIFT kann nur dann verwendet werden, wenn Sie unter VOREINSTELLUNGEN • SCHRIFT das Kästchen ASIATISCHE OPTIONEN EINBLENDEN aktivieren.

4.4.3 Maßeinheiten des Dokuments

Die in den Voreinstellungen bestimmten Maßeinheiten werden für alle neuen Dokumente übernommen. Möchten Sie die allgemeine Maßeinheit eines Dokuments nachträglich ändern, wählen Sie DATEI • DOKUMENT EINRICHTEN – SHORTCUT ⌘+⌥+P bzw. Strg+Alt+P.

In dem Aufklappmenü unter EINHEIT legen Sie die neue Maßeinheit nur für dieses Dokument fest.

4.4.4 Lineale

Am Rand des Dokumentfensters können Sie sich Lineale einblenden lassen, die Skalen in der aktuellen Maßeinheit anzeigen. Die Lineale beziehen sich entweder auf einzelne Zeichenflächen (Zeichenflächenlineale – die Standardeinstellung) oder auf das gesamte Dokument (globale Lineale). Wählen Sie ANSICHT • LINEALE EINBLENDEN – Shortcut ⌘/Strg+R –, um die Anzeige der Lineale zu aktivieren. Wenn Sie mit der Standardeinstellung ZEICHENFLÄCHENLINEALE arbeiten, passt sich die Darstellung der Werte in den Linealen jeweils an, wenn Sie zu einer anderen Zeichenfläche wechseln.

Zwischen globalen und Zeichenflächenlinealen wechseln | Wenn Sie von Zeichenflächen- auf globale Lineale umstellen möchten, wählen Sie ANSICHT • LINEALE • IN GLOBALE LINEALE ÄNDERN – ⌘+⌥+R bzw. Strg+Alt+R. Damit erhalten Sie ein Koordinatensystem, das alle Zeichenflächen umfasst. Der Menüeintrag wechselt zu IN ZEICHENFLÄCHENLINEALE ÄNDERN, sodass Sie zurückwechseln können. Illustrator merkt sich die letzte Nullpunktposition des jeweils anderen Linealmodus und stellt dahin zurück.

Nullpunkt verschieben | Der Standard-Nullpunkt der Lineale – also der Punkt, an dem beide Lineale den Wert 0 anzeigen – befindet sich jeweils in der linken oberen Ecke der Zeichenflächen, bei globalen Linealen ungefähr in der Mitte des Dokuments.

Falls Sie zu Konstruktionszwecken den Nullpunkt an einer anderen Stelle benötigen, können Sie ihn frei positionieren. Klicken Sie in das Feld links oben im Dokumentfenster, an dem die beiden Lineale sich treffen, und ziehen Sie zu der Stelle, an die Sie den Nullpunkt positionieren möchten. Während Sie ziehen, zeigt ein Fadenkreuz die neue Position des Nullpunkts an.

Für die Positionierung des Nullpunkts können Sie alle Hilfen verwenden, die Ihnen zur Positionierung von Objekten in Illustrator zur Verfügung stehen, wie Hilfslinien (s. Abschnitt 4.5) oder das Ausrichten an Ankerpunkten (s. Abschnitt 4.5.4).

Wenn Sie mit globalen Linealen arbeiten und den Nullpunkt verändern, verschieben sich **Muster**, die Sie Objekten zugewiesen haben (Muster s. Abschnitt 16.1).

Ebenso ändert sich mit globalen Linealen das zugrundegelegte **Pixelraster** des Dokuments (Pixelraster s. Abschnitt 20.1.2) und damit auch Objekte, die am Pixelraster ausgerichtet sind (s. Abschnitt 5.6.11). Das Arbeiten mit Zeichenflächenlinealen ist daher vor allem im Hinblick auf diese beiden Aspekte zu empfehlen. Überprüfen und korrigieren Sie dennoch die Nullpunkte der Zeichenflächen, bevor Sie beginnen, Objekte zu zeichnen.

Nullpunkt zurücksetzen | Um den Nullpunkt zurückzusetzen, doppelklicken Sie auf die Kreuzungsstelle der Lineale links oben im Dokumentfenster. Wenn Sie mit Zeichenflächenlinealen arbeiten, wählen Sie vorher die gewünschte Zeichenfläche aus (s. Abschnitt 4.3.12).

> **Lineale in alten Dokumenten**
>
> Der Nullpunkt in alten Dokumenten wird nicht verändert – das Koordinatensystem wechselt jedoch in den vierten Quadranten, sobald Sie diese Dokumente in Illustrator CS5 öffnen.

▲ **Abbildung 4.40**
Standardmäßig liegt der Nullpunkt oben links.

▲ **Abbildung 4.41**
Nullpunkt verschieben

▲ **Abbildung 4.42**
Wird bei globalen Linealen der Nullpunkt verschoben, dann ändert sich die Position von Mustern auf Objekten, egal ob die Voreinstellung MUSTER TRANSFORMIEREN aktiviert ist oder nicht.

4.4 Maßeinheiten und Lineale | **55**

▲ **Abbildung 4.43**
Vor allem das Editieren von Objekten in isometrischen Zeichnungen (hier: Größenänderung) wird mit einer angepassten Bildachse vereinfacht.

▲ **Abbildung 4.44**
Das Info-Bedienfeld während einer Skalierung mit optionaler Anzeige der Farbwerte

▲ **Abbildung 4.45**
Ohne (links) und mit (rechts) VORSCHAUBEGRENZUNGEN VERWENDEN

4.4.5 Bildachse

Per Voreinstellung arbeitet Illustrator mit einer waagerechten Grundachse für die Konstruktion und Transformation von Objekten. Dies können Sie unter VOREINSTELLUNGEN • ALLGEMEIN ändern. Geben Sie einen anderen Winkel unter BILDACHSE ein, und Elemente werden daraufhin in dieser Lage erstellt.

4.4.6 Positionen, Maße und Informationen anzeigen

Positionen und einige Objekteigenschaften sowie die Parameter von Transformationen, die Sie durchführen, werden im Info-Bedienfeld angezeigt. Rufen Sie dieses unter FENSTER • INFO auf – ⌘/Strg+F8, im Dock ⓘ.

Die Maße im Bedienfeld berechnet Illustrator in der eingestellten Einheit, Farbwerte entsprechend dem Dokument-Farbmodus.

Objektinformationen | Im oberen Bereich sehen Sie die Position (X- und Y-Werte) des ausgewählten Objekts und seine Abmessungen (B- und H-Angaben). Die Werte berücksichtigen die Position und die Abmessungen der Pfade. Möchten Sie die Stärke von Konturen oder durch Effekte entstandene Flächen in die Messung einschließen, aktivieren Sie VORSCHAUBEGRENZUNGEN VERWENDEN unter VOREINSTELLUNGEN • ALLGEMEIN…

Wählen Sie OPTIONEN EINBLENDEN im Bedienfeldmenü, um außerdem die Farbwerte oder das Muster von Füllung und Kontur des aktivierten Objekts im unteren Bereich des Bedienfelds anzuzeigen.

Transformationen | Verwenden Sie Transformations- oder Mess-Werkzeuge, werden deren Parameter in der mittleren Reihe des Info-Bedienfelds eingeblendet.

- A: Stellt die zurückgelegte Distanz beim Verschieben bzw. den Abstand eines Punkts zum vorher gesetzten Punkt dar.
- H: Hier sehen Sie den Vergrößerungsfaktor beim Skalieren.
- ⌐: Mit diesem Symbol wird der Drehwinkel bei der Verwendung des Drehen-Werkzeugs gekennzeichnet.
- ∠: Zeigt den Winkel an, wenn Sie das Verlauf- oder Mess-Werkzeug verwenden oder ein Objekt verschieben.
- Verwenden Sie das Spiegeln-Werkzeug, zeigt das Symbol den Spiegelungswinkel.
- Wenn Sie das Verbiegen-Werkzeug verwenden, wird hier der Winkel der Verbiegungsachse angezeigt.
- ⌇: Dieses Symbol kennzeichnet den Umfang der Verbiegung, wenn Sie das Verbiegen-Werkzeug verwenden.

4.4.7 Abstände messen

Die Abstände zwischen Objekten oder die Winkelung einer Kante müssen Sie nicht ausrechnen, stattdessen können Sie beide mit dem Mess-Werkzeug ermitteln.

Wählen Sie das Mess-Werkzeug, klicken Sie auf den ersten Messpunkt, und ziehen Sie das Werkzeug zum zweiten Messpunkt. Pfade und Punkte wirken »magnetisch« und lassen den zweiten Messpunkt innerhalb einer engen Toleranz einrasten – den ersten leider nicht.

Im Info-Bedienfeld werden die X- und Y-Koordinaten des ersten Messpunkts, die gemessene Breite B und Höhe H, die ermittelte Distanz A und der Winkel ∡ zwischen den beiden Messpunkten angezeigt. Die Werte bleiben stehen, bis Sie ein neues Werkzeug wählen oder mit einem Tastaturbefehl temporär ein Werkzeug aktivieren.

Wenn es auf Genauigkeit ankommt, ist das Mess-Werkzeug nicht geeignet.

▲ **Abbildung 4.46**
Das Info-Bedienfeld zeigt die mit dem Mess-Werkzeug ermittelten Werte an.

Linealwerte in Dialogfeldern

Illustrator übernimmt die mit dem Lineal gemessenen Werte in Transformieren-Dialogboxen: Abstände werden in der Verschieben- und der Winkel in der Drehen-Dialogbox eingestellt.

4.5 Raster und Hilfslinien

Zahlreiche Funktionen erleichtern Ihnen das exakte Positionieren, Verschieben und Ausrichten von Objekten. Neben den hier aufgeführten Rastern und Hilfslinien besteht die Möglichkeit, die Position eines oder mehrerer Objekte an anderen Objekten zu orientieren.

4.5.1 Raster

Als Konstruktionshilfe können Sie sich das Dokumentraster anzeigen lassen. Das Raster liegt über oder unter Ihrer Grafik und wird nicht gedruckt.

Wenn Sie das Raster benötigen, wählen Sie Ansicht • Raster einblenden – ⌘+</Strg++. Die Rasterweite, die Farbe und die Art, in der das Raster angezeigt wird, definieren Sie unter Voreinstellungen • Hilfslinien und Raster… (mit einem Doppelklick auf das Mess-Werkzeug sind Sie schneller dort). Unter Art haben Sie die Wahl zwischen den sehr deutlichen Linien und den weniger aufdringlichen Punkten.

Der Wert Rasterlinie alle legt die Hauptunterteilungen fest – im Eingabefeld Unterteilungen wird das Raster verfeinert: Geben Sie hier einen Wert größer als 1 ein, um die jeweilige Anzahl zusätzlicher Rasterfelder zu erzeugen. Die Option Raster im Hintergrund positioniert das Raster hinter den Grafikobjekten.

▲ **Abbildung 4.47**
Wenn Sie die Grundachse häufig umstellen müssen, hilft das kostenlose Plug-in EZConstrain, das die Umstellung in einem Bedienfeld ermöglicht.

▲ **Abbildung 4.48**
Dokumentraster als Linien und als Punkte

Intelligente Hilfslinien

Ist Am Raster ausrichten aktiviert, können Sie nicht mit intelligenten Hilfslinien arbeiten.

- **ordentlich**
- **aufgeräumt**
- **arbeiten**

▲ **Abbildung 4.49**
Objekte am Raster ausrichten

Störrische Werkzeuge

Wenn Sie das Gefühl haben, dass Sie Punkte nicht mehr dort setzen können, wo Sie wollen, kann das daran liegen, dass AM RASTER AUSRICHTEN aktiviert ist.

Hilfslinien und Ebenen

Hilfslinien werden als Objekte der aktuellen Arbeitsebene zugeordnet und im Ebenen-Bedienfeld angezeigt.
Um im Ebenen-Bedienfeld die Übersicht zu behalten, richten Sie eine eigene Ebene für alle Hilfslinien ein (Ebenen s. Abschnitt 11.1).

▲ **Abbildung 4.50**
Hilfslinie aus dem Lineal ziehen

Hilfslinien verschwinden beim Aktivieren

Wenn die Ansichtsoption ECKEN AUSBLENDEN aktiv ist und Sie eine Hilfslinie aktivieren, so wird diese unsichtbar.

4.5.2 Am Raster ausrichten

Sie können Ihre Objekte mithilfe des Rasters positionieren; dafür muss das Raster nicht sichtbar sein.

Um das Raster als Positionierungshilfe zu verwenden, wählen Sie ANSICHT • AM RASTER AUSRICHTEN – ⌘+⇧+< bzw. Strg+⇧++. Punkte und Pfade werden damit vom Raster »angezogen«, sobald sie in der Nähe des Rasters bewegt werden. Die Anziehung wirkt nicht auf die Außenbegrenzung des Objekts – z. B. durch eine starke Kontur –, sondern auf den Pfad.

4.5.3 Hilfslinien

Häufig ist das Dokumentraster zu unflexibel, und Sie benötigen Ausrichtungshilfen in unregelmäßigen Abständen. Für diesen Zweck sind Hilfslinien gedacht. Hilfslinien sind wie die Bleistift-Markierungen, mit denen man früher einen Reinzeichenkarton zu Beginn der Arbeit einteilte, um Objekte auszurichten.

Hilfslinien können gerade Linien oder freie Vektorformen sein, und Sie können sie nicht nur auf, sondern auch außerhalb der Zeichenfläche nach Bedarf frei positionieren. Wenn Sie sie gerade nicht benötigen, blenden Sie sie einfach aus. Wie das Raster werden auch Hilfslinien nicht gedruckt.

Mit dem Lineal erzeugen | Um eine Hilfslinie zu generieren, gehen Sie wie folgt vor:

1. Blenden Sie die Lineale ein, falls sie nicht sichtbar sind – ⌘/Strg+R.
2. Soll die Hilfslinie an einem Ankerpunkt eines Objekts ausgerichtet werden, aktivieren Sie die Option ANSICHT • AN PUNKT AUSRICHTEN, falls sie nicht bereits aktiv ist.
3. Wenn Sie mehrere Ebenen eingerichtet haben: Wählen Sie die Ebene aus, auf der die Hilfslinie erstellt werden soll.
4. Möchten Sie eine horizontale Hilfslinie erstellen, klicken Sie in das Lineal am oberen Fensterrand (für eine vertikale Hilfslinie klicken Sie in das Lineal am linken Fensterrand) und ziehen bis zur gewünschten Stelle im Dokument. Sobald Sie mit dem Cursor den Linealbereich verlassen, wird eine gepunktete Vorschau der Linie angezeigt.

Soll die Hilfslinie an einem Ankerpunkt einrasten, ziehen Sie auf diesen Punkt, bis der Cursor sich in ▷ ändert.

Modifikationsmöglichkeiten | Drücken Sie ⇧ beim Ziehen der Hilfslinie, um diese an den in der aktuellen Zoom-Stufe angezeigten Linealunterteilungen einzurasten. Drücken Sie beim Ziehen

⌥/Alt, um die Ausrichtung der Hilfslinie von vertikal auf horizontal und umgekehrt zu ändern.

Hilfslinie auf einer Zeichenfläche | Wechseln Sie zum Zeichenflächen-Werkzeug, aktivieren Sie eine Zeichenfläche, und ziehen Sie eine Hilfslinie, um diese nur auf der ausgewählten Zeichenfläche zu erstellen. Löschen Sie die Zeichenfläche, beibt die Hilfslinie jedoch erhalten.

Aus einem Objekt erzeugen | Aktivieren Sie das Objekt, und wählen Sie Ansicht • Hilfslinien • Hilfslinien erstellen – ⌘+5 bzw. Strg+ Num 5.

Sperren/Lösen | Hilfslinien sind nach dem Erstellen nicht fixiert. Sollen Hilfslinien vor Veränderungen geschützt werden, aktivieren Sie Ansicht • Hilfslinien • Hilfslinien sperren – ⌘+⌥+. bzw. Strg+Alt+. . Möchten Sie die Hilfslinien editieren, deaktivieren Sie die Sperrung wieder.

Positionieren | Um eine Hilfslinie exakt zu positionieren, aktivieren Sie sie, indem Sie darauf klicken. Geben Sie dann die horizontale oder vertikale Position ins Steuerungsbedienfeld oder in das Transformieren-Bedienfeld in das Eingabefeld x bzw. y ein.

Duplizieren | Um eine Hilfslinie zu duplizieren, deaktivieren Sie zunächst die Fixierung. Anschließend halten Sie ⌥/Alt gedrückt und klicken und ziehen die Hilfslinie, um eine Kopie an der gewünschten Position zu erzeugen.

Anzeige ändern | Unter Voreinstellungen • Hilfslinien und Raster… können Sie Farbe und Anzeigeart der Hilfslinien bestimmen. Lesen Sie hierzu den Abschnitt 4.5.1, »Raster«.

Zurückwandeln | Aktivieren Sie eine Hilfslinie, und wählen Sie Ansicht • Hilfslinien • Hilfslinien zurückwandeln – ⌘+⌥+5 bzw. Strg+Alt+5 – um aus einer Hilfslinie ein Vektorobjekt zu erzeugen. Alternativ drücken Sie ⌘+⌥+⇧ bzw. Strg+Alt+⇧ und doppelklicken auf die Hilfslinie.

Löschen | Um alle Hilfslinien im Dokument zu löschen, wählen Sie Ansicht • Hilfslinien • Hilfslinien löschen. Möchten Sie einzelne Hilfslinien löschen, deaktivieren Sie zunächst die Fixierung, wählen die Hilfslinie mit dem Auswahl-Werkzeug aus und drücken ←.

▲ **Abbildung 4.51**
Aus einem Objekt umgewandelte Hilfslinie – Darstellung im Ebenen-Bedienfeld (rechts)

Hilfslinienfixierung

Hilfslinien sind seit Illustrator CS3 standardmäßig nach dem Erstellen nicht fixiert und können daher unmittelbar neu positioniert werden.
Sobald Sie die Hilfslinien ausblenden, werden sie jedoch automatisch fixiert und bleiben dies auch beim Wiedereinblenden.

▲ **Abbildung 4.52**
Hilfslinie durch Eingabe eines Werts im Steuerungsbedienfeld exakt positionieren

Hilfslinien und Auswahl

Hilfslinien sind Objekte. Das bedeutet, dass Hilfslinien mitausgewählt werden, wenn Sie Objekte mit einem Auswahlrechteck selektieren.
Wählen Sie Objekte dagegen mit dem Lasso aus, bleiben Hilfslinien inaktiv.

> **Weitreichende Folgen von falsch gelöschten Hilfslinien**
>
> Wenn Sie Hilfslinien mit dem Direktauswahl-Werkzeug (weißer Pfeil) auswählen und dann löschen, bleiben zwei Ankerpunkte an den äußeren Rändern der Arbeitsfläche bestehen. Dies hat zur Folge, dass Sie zu einem späteren Zeitpunkt Probleme bekommen, wenn Sie alles auswählen und verschieben oder in ein anderes Dokument kopieren möchten. Wählen Sie daher Hilfslinien mit dem Auswahl-Werkzeug (schwarzer Pfeil) aus, wenn Sie sie löschen möchten.
> Wenn Sie den hier gezeigten Warnhinweis erhalten haben, können Sie die einzelnen Ankerpunkte mit Objekt • Pfad • Aufräumen entfernen.

▲ **Abbildung 4.53**
Objekte an Hilfslinien ausrichten

> **Ausrichten**
>
> In vielen Fällen empfiehlt sich die Verwendung von Illustrators umfangreichen Ausrichten-Funktionen (s. Abschnitt 5.7).

4.5.4 Objekte an Hilfslinien ausrichten

Damit Sie die Hilfslinien zum Ausrichten verwenden können, müssen Sie die Option Ansicht • Am Punkt ausrichten aktivieren – ⌘+⌥+< bzw. Strg+Alt++. Die Ausrichtung von Objekten an Hilfslinien erfolgt nach der Position des Cursors beim Verschieben des Objekts, es sei denn, Sie aktivieren magnetische Hilfslinien. Dann rasten die Begrenzungsrahmen der Objekte an Hilfslinien ein.

Sie müssen gegebenenfalls die Anzeige des Begrenzungsrahmens deaktivieren – Ansicht • Begrenzungsrahmen ausblenden –, damit Sie beim Ziehen an einem Punkt nicht unabsichtlich das Objekt verformen, anstatt es zu verschieben (Begrenzungsrahmen s. Seite 85).

Klicken Sie also die Stelle an, die Sie an der Hilfslinie ausrichten möchten, und ziehen Sie sie an die Hilfslinie, ohne die Maustaste zwischendurch loszulassen. Befindet sich der Cursor innerhalb der Anziehungsdistanz, wechselt das Cursor-Symbol ▷, und das Objekt wird an der Hilfslinie ausgerichtet.

4.5.5 Objekte an Punkten ausrichten

Ist die Option Am Punkt ausrichten aktiviert, können Sie Objekte nicht nur an Hilfslinien, sondern auch an den Anker- und Mittelpunkten anderer Objekte ausrichten.

Voreinstellung Einrasttoleranz | Den Bereich, innerhalb dessen die »Anziehungskraft« von Hilfslinien und Objekten wirksam ist, regeln Sie unter Voreinstellungen • Auswahl und Ankerpunkt-Anzeige. Geben Sie einen Wert zwischen 1 und 8 in das Eingabefeld An Punkt ausrichten ein. Je höher der Wert ist, umso stärker ist die Anziehung.

▲ **Abbildung 4.54**
Voreinstellung zur Einrasttoleranz

4.5.6 Intelligente Hilfslinien/Smart Guides

Ein Sonderfall sind die intelligenten Hilfslinien – eigentlich eher ein Arbeitsmodus von Illustrator, in dem Objekte aufeinander »magnetisch« reagieren und auf diese Art einfach aneinander ausgerichtet werden können. Die intelligenten Hilfslinien schalten Sie ein, indem Sie ANSICHT • INTELLIGENTE HILFSLINIEN wählen – ⌘/Strg+U. Standardmäßig aktiviert, aber optional ist die Möglichkeit, mit KONSTRUKTIONSLINIEN zu arbeiten. Die Konstruktionslinien helfen Ihnen, Objekte in frei einstellbaren Winkeln an anderen Objekten auszurichten.

Wenn Sie Objekte mit den Form-Werkzeugen oder mit dem Zeichenstift erstellen oder Objekte bearbeiten, zeigen die intelligenten Hilfslinien Ausrichtungslinien zu anderen Punkten des aktivierten Objekts, zu bereits bestehenden anderen Objekten oder deren Ankerpunkten, zu Hilfslinien sowie zur Geometrie der Zeichenfläche an.

Da die intelligenten Hilfslinien auf viele Punkte und Objektkanten reagieren, sollten SIe das auszurichtende Objekt entweder direkt an dem Punkt »anfassen«, den Sie ausrichten wollen (s. dazu den folgenden Absatz »Modifikationsmöglichkeit«), oder deutlich davon entfernt. So vermeiden Sie, dass sich widersprüchliche Ausrichtungshilfen auf engem Raum überlagern und die Arbeit unübersichtlich machen.

Drehwinkel »magnetisch«?

In InDesign besitzen die intelligenten Hilfslinien fortgeschrittene Funktionen wie das Angleichen von Abständen und Drehwinkeln. Diese stehen in Illustrator leider nicht zur Verfügung.

Magnetische Hilfslinien?

Die Funktion »magnetische Hilfslinien« wurde umbenannt in »intelligente Hilfslinien«. Diese Bezeichnung trifft den Sinn der Funktion auch viel besser.

Modifikationsmöglichkeit | Drücken und halten Sie ⌘/Strg, um das Verhalten älterer Illustrator-Versionen zu emulieren, in denen die Ausrichtung anhand der Position des Cursors erfolgte – beim Verschieben von Objekten müssen Sie dann auch den Punkt anklicken, den Sie ausrichten möchten.

▲ **Abbildung 4.55**
Intelligente Hilfslinien (von links): Ausrichtungslinien, Ankerpunkt-/Pfadbeschriftungen, Objekthervorhebung, Transformieren-Werkzeuge, Messbeschriftungen, Konstruktionslinien

Optionen | Die Optionen für die intelligenten Hilfslinien legen Sie unter VOREINSTELLUNGEN • INTELLIGENTE HILFSLINIEN... fest. Neben der FARBE der Linien und der Pfadbeschriftungen haben Sie folgende Optionen:

Abbildung 4.56 ▶
Voreinstellungen für intelligente Hilfslinien

Hilfslinien funktionieren nicht

Ist die Option AM RASTER AUSRICHTEN aktiviert, können intelligente Hilfslinien nicht benutzt werden.

Genauigkeit

Auf die Messbeschriftungen können Sie sich nicht verlassen. Die Angaben weichen um tausendstel Millimeter ab.

Konstruktionslinien

Besonders nützlich ist das Konstruktionslinien-Feature der intelligenten Hilfslinien für die Erstellung isometrischer Zeichnungen.
Daher finden Sie im Winkel-Menü einige Voreinstellungen mit den entsprechenden Winkeln.

▲ **Abbildung 4.57**
Diesen Würfel konstruieren Sie mit magnetischen Hilfslinien.

- **AUSRICHTUNGSLINIEN:** Die Ausrichtungslinien helfen beim Ausrichten von Objekten an den Positionen und Abmessungen anderer Objekte.
- **OBJEKTHERVORHEBUNG:** Diese Option hebt diejenigen Objekte hervor, die gerade magnetisch wirken.
- **TRANSFORMIEREN-WERKZEUGE:** Ist diese Option aktiviert, können Sie die intelligenten Hilfslinien auch beim Transformieren – Drehen, Spiegeln, Verbiegen, Skalieren – verwenden.
- **ANKERPUNKT/PFADBESCHRIFTUNGEN** (alt: TEXTTIPPS): Zu den Hilfslinien wird eine textliche Erklärung angezeigt, z. B. die Positionen von Ankerpunkten, (virtuellen) Schnittpunkten oder Ausrichtungswinkel.
- **MESSBESCHRIFTUNGEN:** Beim Erstellen von Objekten werden deren Maße, beim Verschieben Winkel und Abstände in einem grauen Kästchen angezeigt.
- **KONSTRUKTIONSLINIEN:** Geben Sie hier bis zu sechs Winkel ein, in denen Konstruktionslinien erzeugt werden. Wählen Sie entweder aus den vordefinierten Zusammenstellungen, oder geben Sie Winkel frei ein.
- **EINRASTTOLERANZ:** Geben Sie eine Distanz an, innerhalb der der Cursor von einem Objekt angezogen wird.

Schritt für Schritt: Mit intelligenten Hilfslinien gestalten

In diesem Workshop zeichnen Sie die Oberseite eines Würfels, ohne zuvor Hilfslinien aus den Linealen zu ziehen.

1 Magnetische Hilfslinien einrichten

Rufen Sie VOREINSTELLUNGEN • INTELLIGENTE HILFSLINIEN auf. Aktivieren Sie alle Anzeigeoptionen der intelligenten Hilfslinien – die MESSBESCHRIFTUNGEN benötigen Sie nicht unbedingt; falls sie Ihnen im Weg sind, deaktivieren Sie sie. Für die KONSTRUKTIONSLINIEN aktivieren Sie die 90°- UND 45°-WINKEL aus dem Menü. Aktivieren Sie die intelligenten Hilfslinien im Menü ANSICHT.

2 Zwei Objekte zentrieren

Mit dem Rechteck-Werkzeug zeichnen Sie bei gedrückter Umschalttaste ein Quadrat. Mit dem Ellipse-Werkzeug klicken Sie auf den Mittelpunkt – der Tooltipp zeigt MITTE an –, halten ⌥/Alt gedrückt (um den Kreis von der Mitte aus aufzuziehen) und ebenfalls die Umschalttaste und ziehen den mittleren Kreis auf.

Viele Objekte

Befinden sich sehr viele Objekte in Ihrer Datei, z. B. nach dem Umwandeln von Angleichungen, können intelligente Hilfslinien den Bildschirmaufbau beim Bearbeiten deutlich bremsen.

◂ **Abbildung 4.58**
Mit dem Ellipse-Werkzeug wird aus der Mitte heraus ein Kreis aufgezogen.

3 Ein Objekt duplizieren und im 45°-Winkel verschieben

Mit dem Auswahl-Werkzeug aktivieren Sie den Kreis, drücken und halten ⌥/Alt, um den Kreis beim Verschieben zu duplizieren, sowie ⌘/Strg, um die Konstruktionslinien anzuzeigen. Ziehen Sie den Kreis in Richtung der linken oberen Ecke.

4 Ein Objekt an zwei anderen Objekten ausrichten

Drücken Sie erneut ⌥/Alt sowie ⌘/Strg, klicken Sie auf die Mitte des mittleren Kreises, und verschieben Sie diesen nach rechts oben bis zu dem Punkt, an dem sich die Konstruktionslinie mit der Ausrichtungslinie aus dem Kreis links oben kreuzt.

◂ **Abbildung 4.59**
Der bestehende Mittelkreis wird zunächst im 45°-Winkel nach links oben dupliziert – seine genaue Endposition bestimmen Sie nach Ihren Vorlieben (links). Dann erzeugen Sie ein weiteres Duplikat nach rechts oben – die Ausrichtungslinie zeigt, wann Sie die Höhe des linken oberen Kreises erreicht haben (rechts).

5 Objekte ausgerichtet zu anderen zeichnen

Wechseln Sie wieder zum Ellipse-Werkzeug, und bewegen Sie den Cursor über den Mittelpunkt des mittleren und des oberen linken Kreises. Bewegen Sie den Cursor nach links unten, und klicken Sie auf den Punkt, an dem sich die Ausrichtungslinien aus den Mittelpunkten kreuzen. Von dort ziehen Sie mit gedrückter ⌥/Alt-Taste einen Kreis nach links bis zur Ausrichtungslinie auf. Verfahren Sie nach der gleichen Methode für den Punkt rechts unten.

▲ **Abbildung 4.60**
Im Schnittpunkt der Konstruktionslinien aus mittlerem und linkem oberen Kreis beginnen Sie einen neuen Kreis (links), den Sie in derselben Größe wie den oberen aufziehen (2. von links). Ebenso verfahren Sie rechts.

▲ **Abbildung 4.61**
Das Ausgangsobjekt muss nicht rechteckig sein.

Abbildung 4.62 ▶
Die Dialogbox IN RASTER TEILEN

4.5.7   Layoutraster erstellen: In Raster teilen

Viele Layoutprogramme haben Funktionen, um ein Layoutraster zu erstellen, also automatisch eine Seite in regelmäßige Zeilen und Spalten mit Abständen einzuteilen. Illustrator hat zwar nicht so eine Funktion, aber Sie können eine andere Operation zu diesem Zweck nutzen: IN RASTER TEILEN erzeugt aus beliebigen Ursprungsobjekten (diese müssen nicht zwingend rechteckig sein) mehrere nicht gruppierte oder verbundene, regelmäßig angeordnete Rechtecke. Die Ursprungsobjekte werden bei der Operation gelöscht.

Um ein Layoutraster generieren zu lassen, erstellen Sie zunächst ein Objekt in der linken oberen Ecke des Bereichs, über den sich das Layoutraster ausdehnen soll – also z. B. die Zeichenfläche abzüglich eines Randabstands. Aktivieren Sie das Objekt, und wählen Sie OBJEKT • PFAD • IN RASTER TEILEN…, um den Befehl anzuwenden. In der Dialogbox geben Sie die Anzahl der Rechtecke, deren Ausmaße und Abstände ein.

- ANZAHL: Geben Sie die Anzahl der Zeilen und Spalten ein. Sobald Sie mehr als die Standardeinstellung 1 eingeben, werden die übrigen Eingabefelder aktiviert.
- HÖHE/BREITE/ABSTAND: Geben Sie alternativ HÖHE bzw. BREITE oder den jeweiligen ABSTAND ein. Der andere Wert wird anhand von ANZAHL und GESAMTHÖHE/-BREITE errechnet.
- GESAMTHÖHE/-BREITE: Die Standardeinstellung sind die Ausmaße des Begrenzungsrahmens der Ursprungsobjekte. Um das Layoutraster zu erstellen, geben Sie hier die Höhe und die Breite der zu bedruckenden Fläche ein.
- HILFSLINIEN HINZUFÜGEN: Diese Option erzeugt Hilfslinien an den Kanten der Rechtecke. Es sind keine »echten« Hilfslinien, sondern eine Gruppe normaler Pfade.

Um das Layoutraster fertigzustellen, löschen Sie die erzeugten Rechtecke, aktivieren die Gruppe der »Hilfslinien«-Pfade und wählen ANSICHT • HILFSLINIEN • HILFSLINIEN ERSTELLEN, damit die Pfade in echte Hilfslinien umgewandelt werden.

Werte springen zurück
Wenn Sie Werte eingeben, die zu groß sind, um das aktivierte Objekt logisch in ein Raster zu teilen, setzt Illustrator sie automatisch zurück.

▲ **Abbildung 4.63**
IN RASTER TEILEN kann ein Layoutraster erzeugen.

Hilfslinien neben dem Objekt
In die Funktion hat sich wohl ein kleiner Fehler eingeschlichen: Die hinzugefügten Hilfslinien werden häufig neben dem Objekt positioniert – und dies nicht nur, wenn das Ursprungsobjekt neben einer Zeichenfläche liegt.

4.6 Widerrufen und wiederherstellen

Wenn Sie bisher an die Arbeitsweise der Bildbearbeitung gewöhnt waren, müssen Sie sich beim Widerrufen von Arbeitsschritten in der Vektorgrafik ein wenig umgewöhnen.

4.6.1 Rückgängig

Einer der wichtigsten Befehle – nicht nur in Illustrator – macht den vorherigen Arbeitsschritt rückgängig. Möchten Sie den letzten Befehl widerrufen, wählen Sie BEARBEITEN • RÜCKGÄNGIG – ⌘/Strg+Z.

Und hier kommen wir zu einem wichtigen Unterschied zwischen Vektorgrafik und Bildbearbeitung: Wenn Sie ⌘/Strg+Z erneut drücken, werden weiter zurückliegende Schritte widerrufen. Die Anzahl der widerrufbaren Arbeitsschritte ist durch den verfügbaren Arbeitsspeicher begrenzt und kann nicht eingestellt werden. In den meisten Fällen wird der Befehl, den Sie widerrufen, im Menüeintrag aufgeführt.

Protokoll?
Im Gegensatz zu Photoshop gibt es in Illustrator kein Protokoll- oder History-Bedienfeld. Durch die zuletzt angewendeten Funktionen bewegen Sie sich mit dem Befehl RÜCKGÄNGIG.

▲ **Abbildung 4.64**
Anzeige der Rückgängig-Schritte in der Statusleiste

Sollte es nicht möglich sein, Schritte zu widerrufen oder wiederherzustellen (siehe unten), sind die Befehle im Menü grau dargestellt. Die Anzahl der aktuell widerrufbaren Schritte können Sie sich in der Statusleiste anzeigen lassen: Wählen Sie dazu die Option EINBLENDEN • ANZAHL RÜCKGÄNGIG-SCHRITTE aus dem Menü der Statusleiste.

Der Widerrufen-Befehl kann sogar aufgerufen werden, nachdem Sie eine Datei gespeichert – aber noch nicht geschlossen – haben.

4.6.2 Wiederholen

Widerrufene Arbeitsschritte können Sie auch wiederherstellen. Wählen Sie dazu BEARBEITEN • WIEDERHOLEN – ⌘/ Strg + ⇧ + Z.

4.6.3 Letzte Version der Datei

Möchten Sie zu dem Arbeitsstand zurückkehren, an dem Sie die Datei zuletzt gespeichert haben, wählen Sie DATEI • ZURÜCK ZUR LETZTEN VERSION – F12. Da Sie mit diesem Befehl einen beträchtlichen Teil Ihrer Arbeit verlieren könnten (dieser Befehl ist nicht widerrufbar), fragt Illustrator noch einmal nach, ob Sie das wirklich wollen.

▲ **Abbildung 4.65**
Warnung vor dem Verlust der aktuellen Version

Wenn Sie also eine Variante Ihrer Illustration ausprobieren möchten, ist es wahrscheinlich besser, zu diesem Zweck ein Duplikat zu erstellen – z. B. mit dem Befehl DATEI • KOPIE SPEICHERN –, anstatt später zur letzten Version zurückkehren zu müssen.

> **Alternative**
>
> Statt zur letzten Version zurückzukehren, speichern Sie den aktuellen Stand unter einem neuen Namen und öffnen die Datei der Vorversion.

4.7 Dokumente speichern

Beim Speichern – wie beim Exportieren – schreibt Illustrator Ihre Grafik in eine Datei. Der Unterschied zwischen beiden Optionen besteht in der Datenstruktur der Dateien.

Dateiformate werden in »nativ« und »nicht nativ« aufgeteilt. Native Formate zeichnen sich dadurch aus, dass ein Programm darin alle Merkmale des Dateiinhalts speichern und wieder so auslesen kann, dass sie voll editierbar sind.

> **Native Formate**
>
> Illustrator kann fünf native Formate speichern: AI (Adobe Illustrator), PDF (Portable Document Format), EPS (Encapsulated PostScript), FXG (Flash XML Graphics) und SVG (Scalable Vector Graphic). Mehr zu Dateiformaten in Kapitel 19 und 20.

4.7.1 Speichern

Sie haben mehrere Möglichkeiten, Ihre Illustrator-Grafik zu speichern. Mit dem Befehl SPEICHERN UNTER erzeugen Sie eine neue Datei auf Ihrem Speichermedium – die gesicherte Grafik wird nach dem Speichervorgang auf dem Bildschirm angezeigt. Möchten Sie dagegen eine Kopie der bearbeiteten Grafik erstellen und

> **Wiederherstellung bei Absturz**
>
> Illustrator erzeugt **keine** temporären Dateien für eine Wiederherstellung des Dokuments im Falle eines Absturzes.

anschließend am Original weiterarbeiten, wählen Sie KOPIE SPEICHERN. Der Befehl SPEICHERN steht nur zur Verfügung, wenn die Datei bereits auf dem Speichermedium angelegt ist.

Um eine neue Datei auf dem Speichermedium zu erzeugen, wählen Sie DATEI • SPEICHERN UNTER... (⌘/Strg+⇧+S) oder DATEI • KOPIE SPEICHERN... (⌘+⌥+S bzw. Strg+Alt+S).
1. Wählen Sie den gewünschten Befehl.
2. Navigieren Sie zum gewünschten Speicherort, geben Sie einen Dateinamen ein, und wählen Sie das Dateiformat ADOBE ILLUSTRATOR (AI).
3. Klicken Sie auf den Button SICHERN/SPEICHERN.
4. Legen Sie die Formatoptionen fest.

EPS, PDF, SVG, FXG

Die Dateiformate EPS, PDF, SVG und FXG werden in Kapitel 19 und 20 besprochen.

◄ **Abbildung 4.66**
Die Dialogbox ILLUSTRATOR-OPTIONEN: Die Transparenz-Optionen der Dialogbox (nicht in der Abbildung zu sehen) werden in Kapitel 12 besprochen.

▶ VERSION: Wählen Sie aus dem Menü, mit welcher Illustrator-Version die Datei kompatibel sein soll. Speichern Sie Ihre Datei auf jeden Fall einmal in der aktuellen Version. Benötigen Sie außerdem eine Datei, die mit einer älteren Programmversion kompatibel ist, speichern Sie sie zusätzlich.
▶ SCHRIFTARTEN: Für die Verwendung einer Illustrator-Datei in Layout-Software sind die eingesetzten Schriften eingebettet. Mit dieser Option definieren Sie, ob Illustrator den gesamten Font oder nur die verwendeten Zeichen einbettet. Im Eingabefeld legen Sie fest, wie hoch der Anteil der verwendeten Zeichen an einem Font sein muss, damit der komplette Font eingebettet wird. Mit dem Wert 0 % wird die Schrift komplett eingebettet.
Hat ein Font sehr viele Zeichen – OpenType-Fonts können über 65.000 Zeichen enthalten –, würde die Datei mit einer komplett eingebetteten Schrift unnötig groß, da Sie nur selten alle Zeichen in der Datei verwenden.
▶ PDF-KOMPATIBLE DATEI ERSTELLEN: Wenn Sie die Datei auch in anderen Programmen der Creative Suite verwenden möchten,

Datenverlust möglich

Da ältere Versionen teilweise nur sehr wenige Features unterstützen, die Sie in Illustrator CS5 selbstverständlich benutzen, verlieren Sie beim Speichern in älteren Versionen die Editierbarkeit wenigstens einiger Objekte.

Eingebettete Schriften

Die eingebetteten Schriften stehen Ihnen für die Bearbeitung der Datei nicht zur Verfügung. Zu diesem Zweck müssen die Schriften auf Ihrem System installiert sein.

> **PDF-kompatibel speichern?**
>
> Wenn eine Illustrator-Datei sich nicht mehr öffnen lässt, ist es in manchen Fällen trotzdem möglich, die Inhalte mithilfe des PDF-Parts der Datei zumindest teilweise zu retten. Dazu platzieren Sie die problematische Datei in einem neuen Illustrator-Dokument.

> **Sicherungskopien**
>
> Auch wenn Illustrator ein stabiles Programm ist, gilt wie überall: Bewahren Sie Zwischenstände auf, und speichern Sie sorgfältig.

> **Absturz beim Speichern**
>
> Sollte bei der Verwendung des Befehls SPEICHERN ein Programmabsturz auftreten, führt dies meist zum Verlust der gesamten Datei. Speichern Sie also regelmäßig Zwischenstände mit SPEICHERN UNTER.

Abbildung 4.67 ▶
Zusätzliche Optionen zum Speichern mehrerer Zeichenflächen in alten Illustrator-Formaten

um sie z. B. in InDesign zu platzieren oder in Photoshop zu öffnen, aktivieren Sie diese Option. Sind viele Bilder in Ihrem Dokument platziert (verknüpft), kann sich durch die PDF-Kompatibilität eine erheblich größere Datei ergeben, da alle Bilder in den PDF-Part eingebettet werden.

▶ VERKNÜPFTE DATEIEN EINSCHLIESSEN: Wählen Sie diese Option, dann werden externe Dateien, die Sie platziert haben, in die Illustrator-Datei eingebettet. Diese Option ist praktisch für die Weitergabe fertiggestellter Dateien. Sie sollten sie aber nur wählen, wenn Sie die externen Dateien nicht mehr weiterbearbeiten müssen.

▶ ICC-PROFILE EINBETTEN: Die eingestellten Farbprofile werden im Dokument gespeichert. Haben Sie dem Dokument ein Farbprofil zugewiesen, ist diese Option aktiviert.
Deaktivieren Sie ICC-PROFILE EINBETTEN, wenn Sie das Farbprofil nicht in die Datei einbetten möchten.

▶ KOMPRIMIERUNG VERWENDEN: Die Komprimierung erzeugt eine merklich kleinere Datei, allerdings dauert der Speichervorgang länger.
Adobe empfiehlt, die Option zu deaktivieren, falls das Speichern länger als acht Minuten dauert. In derartigen Fällen bringt das Deaktivieren der PDF-Kompatibilität jedoch häufig eher eine Besserung als das Deaktivieren der Komprimierung.

In ältere Illustrator-Formate speichern | Wählen Sie unter VERSION ein älteres Illustrator-Format, dann erhalten Sie eine zusätzliche Option, die darüber bestimmt, wie Illustrator mit mehreren Zeichenflächen umgeht. Normalerweise werden alle Zeichenflächen in eine Datei gespeichert und die Formatbegrenzungen jeweils mit Hilfslinien markiert. Falls Sie Einzelseiten benötigen, ändern Sie die Optionen:

Aktivieren Sie die Option JEDE ZEICHENFLÄCHE IN EINER SEPARATEN DATEI SPEICHERN. Geben Sie dann zusätzlich die Seiten ein, die einzeln gespeichert werden sollen.

4.7.2 Zwischenspeichern

Ist die Datei einmal gespeichert, lassen sich Zwischenstände einfach mit dem Befehl DATEI • SPEICHERN – ⌘/Strg + S – sichern. Das ist praktisch. Mit der Zeit wird die Datei durch dieses Verfahren jedoch größer als nötig.

Daher sollten Sie von Zeit zu Zeit, mindestens aber bei Fertigstellung des Dokuments, den Befehl SPEICHERN UNTER… verwenden, um eine komplett neue, kompaktere Datei zu schreiben. Wenn Sie auf Sicherheit bedacht sind, speichern Sie diese Datei außerdem unter einem neuen Namen.

4.7.3 Metadaten

Um Ihre Dokumente besser katalogisieren, recherchieren und verwalten zu können sowie zur Optimierung der Workflows über Unternehmensgrenzen hinweg, setzen viele Arbeitsgruppen auf Metadaten.

Mithilfe der von Adobe entwickelten XMP-Technologie (e**X**tensible **M**etadata **P**latform) lassen sich umfangreiche Metainformationen in Dokumente der Dateiformate Illustrator, PDF, EPS, SVG, GIF, JPEG, Photoshop oder TIFF einbetten und in Publishing-Workflows austauschen.

Möchten Sie XMP-Informationen zu Ihrer Illustrator-Datei abspeichern, rufen Sie DATEI • DATEIINFORMATIONEN… – ⌘+⌥+⇧+I bzw. Strg+Alt+⇧+I – auf. Tragen Sie Ihre Angaben in die entsprechenden Dialogfelder ein.

> **Version Cue**
>
> Das Dateiverwaltungswerkzeug Version Cue wird nicht mehr fortgeführt. Adobe arbeitet mit Drittherstellern zusammen, um den Anwendern eine Migration auf andere Digital-Asset-Management-Software zu erleichtern. Weitere Informationen erhalten Sie direkt bei Adobe.

◄ **Abbildung 4.68**
Dateiinformationen

▲ **Abbildung 4.69**
Anzeige der Metadaten in Adobe Bridge

- BESCHREIBUNG: Der Bereich BESCHREIBUNG enthält Informationen zum Dokumentinhalt und -autor sowie Informationen zu Nutzungsrechten. Möchten Sie Informationen zu Nutzungs-

> **Copyright-Schutz**
>
> Der Eintrag in den Dateiinformationen bewirkt keinen technischen Schutz Ihres Dokuments. Es handelt sich hier lediglich um eine Zusammenstellung von Daten.

rechten speichern, wählen Sie aus dem Menü COPYRIGHT-STATUS die Option DURCH COPYRIGHT GESCHÜTZT oder PUBLIC DOMAIN und geben die gewünschten Informationen in die entsprechenden Felder ein.

- URSPRUNG: Unter URSPRUNG stehen Informationen zum Bearbeitungsverlauf der Datei zur Verfügung. Mit einem Klick auf den Kalender-Button ▦ können Sie das aktuelle Datum sehr schnell eintragen.
  Im Aufklappmenü DRINGLICHKEIT kennzeichnen Sie die redaktionelle Priorität des Dokuments.

Metadaten speichern | Sollen die eingegebenen Daten außerhalb der Illustrator-Datei gespeichert werden, rufen Sie den Eintrag EXPORTIEREN… aus dem Menü IMPORTIEREN… am unteren Rand der Dialogbox auf.

Metadaten-Vorlage | Die Dateiinformationen lassen sich schneller anlegen, wenn Sie mit Metadaten-Vorlagen arbeiten. Erstellen Sie sich einen Satz allgemeiner Informationen innerhalb der Dateiinformationen-Dialogbox, und exportieren Sie diesen als Vorlage. Rufen Sie dann IMPORTIEREN… auf, und wählen Sie diese Datei, um ihre Metadaten in die aktuelle Datei zu übernehmen.

> **Platzieren einer bestimmten Zeichenfläche in InDesign**
>
> Möchten Sie eine bestimmte Seite einer AI-Datei in InDesign platzieren, rufen Sie DATEI • PLATZIEREN über das Menü auf. Aktivieren Sie im Platzieren-Dialog IMPORTOPTIONEN ANZEIGEN.
>
> In der folgenden Dialogbox (Abbildung rechts) haben Sie dann die Möglichkeit, eine Zeichenfläche auszuwählen.

TEIL II
Objekte erstellen

5 Geometrische Objekte und Transformationen

Die zunächst wenig spektakulären geometrischen Objekte sind eine wichtige Basis, auf der Sie durch Transformation und Kombination wesentlich komplexere Formen entwickeln können. Zum einen sparen Sie durch diese Vorgehensweise Zeit, und zum anderen sind die mit den Werkzeugen erstellten Formen viel exakter als handgezeichnete.

5.1 Geometrische Objekte erstellen

Illustrator bietet Ihnen zwei Gruppen von Werkzeugen, mit denen Sie einfache geometrische Objekte erstellen können: Objekte mit offenen Pfaden – die **Linien** – und Objekte, die von einem geschlossenen Pfad begrenzt werden – die **Formen**.

▲ **Abbildung 5.2**
Linien-Werkzeuge

▲ **Abbildung 5.3**
Form-Werkzeuge – zum Blendenflecke-Werkzeug (rechts) s. Abschnitt 13.6.1

▲ **Abbildung 5.1**
Einsatz der Form-Werkzeuge für geometrische Grundformen

Werkzeugbedienfeld: Füllfarbe

Im Werkzeugbedienfeld sehen Sie die aktuelle Füllfarbe – die Fläche. Rechts: Dieses Symbol erscheint, wenn keine Fläche ausgewählt ist. Farben, Flächen und Konturen s. Abschnitt 8.4.3.

Übersicht

Eine Übersicht der Modifikationsmöglichkeiten finden Sie im Anschluss an die Vorstellung der Werkzeuge.

Werkzeugbedienfelder mehrfach »abreißen«

Möchten Sie sich »Mauswege« ersparen, können Sie sich auch mehrere Bedienfelder derselben Gruppe erzeugen und diese strategisch günstig an verschiedenen Stellen der Arbeitsfläche ablegen (s. Abschnitt 1.2.2).

▲ **Abbildung 5.4**
Dialogbox OPTIONEN FÜR LINIENSEGMENT-WERKZEUG

5.1.1 Geometrische Werkzeuge anwenden

Die Werkzeuge für Linien und Formen finden Sie im Bedienfeld unter dem Linien- bzw. unter dem Rechteck-Werkzeug. Mit diesen Werkzeugen lassen sich einfach geometrische Objekte erzeugen, die Sie dann wie selbsterstellte Pfade bearbeiten können:

1. Werkzeug auswählen
2. Startposition für das Objekt durch Klicken festlegen
3. mit gedrückter Maustaste das Objekt aufziehen, bis es die gewünschte Größe erreicht hat

Direkt nach dem Erstellen handelt es sich bei den Formen um ganz normale Vektorpfade. Einzelne Optionen wie die Anzahl der Zacken eines Sterns oder die Eckenrundung lassen sich im Gegensatz zu vergleichbaren Formen in FreeHand, CorelDraw oder Inkscape nicht mehr ändern.

Modifizierungstasten | Wenn Sie beim »Aufziehen« bestimmte Tasten auf der Tastatur gedrückt halten, können Sie einige der Parameter interaktiv steuern. Die Tasten wirken bei den meisten Werkzeugen gleich oder ähnlich. Um die Erzeugung eines Objekts abzuschließen, lassen Sie zuerst die Maustaste und dann erst die Modifizierungstasten los.

Modifizierungstasten wirken auch dann noch, wenn die Erzeugung des Objekts bereits begonnen hat. Verschiedene Tasten zusammen angewandt, kombinieren deren Wirkungen.

Numerische Eingabe | Um die Form eines Objektes numerisch zu bestimmen, klicken Sie nur an den gewünschten Startpunkt auf der Arbeitsfläche und lassen die Maustaste wieder los. In der dann erscheinenden Dialogbox tragen Sie die Parameter ein.

Einstellungen, die Sie mithilfe von Tastenkombinationen oder im Dialogfeld vornehmen, werden als Grundeinstellung für das nächste Objekt übernommen, das mit dem jeweiligen Werkzeug erzeugt wird.

5.1.2 Gerade – Liniensegment

Wählen Sie das Werkzeug mit dem Shortcut ⇧+:. Eine Gerade erstellen Sie, indem Sie den Startpunkt klicken und in die gewünschte Richtung ziehen.

Numerisch | Neben der Eingabe von Länge und Winkel der Linie kann die Option LINIE FÜLLEN angekreuzt werden, mit der ein Objekt in der aktuell eingestellten Füllfarbe erzeugt wird. Diese Option hat bei Geraden keine sichtbaren Auswirkungen.

5.1.3 Bogen

Mit dem Werkzeug für Bogensegmente erzeugen Sie Viertelbögen oder geschlossene dreieckige Formen mit einer konkav oder konvex gewölbten Seite.

Numerisch | Die Eingabe der Optionen ist wenig intuitiv.

▲ **Abbildung 5.5**
Dialogbox OPTIONEN FÜR BOGENSEGMENT-WERKZEUG

Bogen: offen oder geschlossen

Illustrator kann nicht nur geschlossene, sondern auch offene Pfade füllen. Dafür werden einfach die beiden Endpunkte des Pfades »virtuell« verbunden, und die Fläche, die sich dabei ergibt, wird gefüllt.
Es ist ein Unterschied, ob Sie ein Bogensegment vom Typ offen (links) oder geschlossen (rechts) erstellen. An einer gefüllten Welle sehen Sie, was vorgeht (unten).

▸ Der Referenzpunkt legt den Start der Kurve innerhalb des virtuellen Objekt-Rechtecks (des Begrenzungsrahmens) fest. Um den Referenzpunkt auszuwählen, klicken Sie einen der vier Punkte an. Er wird dann schwarz hervorgehoben.
▸ LÄNGE DER ACHSEN bestimmt die Größe des Bogensegments durch Angabe der horizontalen und vertikalen Dimension des virtuellen Objekt-Rechtecks. Die x-Achse verläuft horizontal, die y-Achse vertikal.
▸ ART: Dieses Menü gibt an, ob eine offene Kurve oder eine geschlossene Form gezeichnet wird.
▸ BASISACHSE legt die Achse fest, die als erste aufgezogen wird. Die andere Achse wird dann im rechten Winkel darauf konstruiert. Das Bogensegment wird zwischen dem Referenzpunkt und dem Ende der zuletzt gesetzten Achse gezeichnet.
▸ STEIGUNG bestimmt, ob das Vierteloval konkav oder konvex gezeichnet wird. Ein Wert von 0 erzeugt eine Gerade. Mit positiven Werten bis +100 ist die Kurve konvex, mit negativen Werten bis –100 ist sie konkav. Ein Wert von +50 oder –50 erzeugt einen regelmäßigen Kreisbogen.
▸ BOGEN FÜLLEN: Wenn dieses Kontrollkästchen angekreuzt ist, wird das Objekt mit der aktuell eingestellten Farbe gefüllt. Illustrator füllt auch offene Pfade, nicht nur geschlossene Formen (siehe Tipp »Bogen: Offen oder geschlossen«).

Basisachse x, konvex +50

Basisachse y, konvex +50

Basisachse x, konkav –50

Basisachse y, konkav –50

▲ **Abbildung 5.6**
Verschiedene Konstruktionen aus dem Referenzpunkt unten links

Übersicht: Offene-Form-Werkzeuge

Taste	Linie	Bogen	Spirale	Rechteckiges R.	Radiales Raster
Leertaste	Verschieben des Objekts	Verschieben des Objekts	Verschieben des Objekts	Verschieben des Objekts	Verschieben des Objekts
⇧	Linien werden an 45°-Winkeln ausgerichtet	Bogen haben eine symmetrische Kurve	Richtet die Spirale in 45°-Winkeln aus	Erzeugt ein Quadrat	Erzeugt einen Kreis
⌥/Alt	Zeichnen der Linie aus dem Mittelpunkt	Zeichnen des Bogens aus dem Mittelpunkt	Erhöht oder senkt je nach Bewegungsrichtung des Cursors die Anzahl der Windungen	Zeichnen des Rasters vom Mittelpunkt aus	Zeichnen des Rasters vom Mittelpunkt aus
</Ö	Erzeugt viele Objekte aus demselben Ursprungspunkt	Erzeugt viele Objekte aus demselben Ursprungspunkt	Erzeugt viele Objekte aus demselben Ursprungspunkt	Erzeugt viele Objekte aus demselben Ursprungspunkt	Erzeugt viele Objekte aus demselben Ursprungspunkt
⌘/Strg			Verändert die Dichte der Windungen je nach Bewegungsrichtung des Cursors		
Cursor bewegen			Dreht die Spirale		
↑		Gestaltet die Kurve steiler	Erhöht die Anzahl der Segmente	Erhöht die Anzahl horizontaler Teilungen	Erhöht die Anzahl der Ringe
↓		Gestaltet die Kurve flacher	Senkt die Anzahl der Segmente	Senkt die Anzahl horizontaler Teilungen	Senkt die Anzahl der Ringe
→			Widerruft ⌘/Strg	Erhöht die Anzahl vertikaler Teilungen	Erhöht die Anzahl der Segmente
←				Senkt die Anzahl vertikaler Teilungen	Senkt die Anzahl der Segmente
C		Wechselt zwischen offener Kurve und geschlossener Form		Verändert die Aufteilung der Spalten logarithmisch	Verändert die Aufteilung der Ringe logarithmisch
F		Wechselt die Basisachse zwischen X und Y		Verändert die Aufteilung der Zeilen logarithmisch	Verändert die Aufteilung der Segmente logarithmisch
R			Kehrt die Windungsrichtung der Spirale um		
V				Verändert die Aufteilung der Zeilen logarithmisch	Verändert die Aufteilung der Segmente logarithmisch
X		Wechselt zwischen konkaver und konvexer Kurve		Verändert die Aufteilung der Spalten logarithmisch	Verändert die Aufteilung der Ringe logarithmisch

Anmerkungen zur Tabelle »Offene-Form-Werkzeuge«

Tastenkombinationen | Drücken Sie mehrere Tasten zusammen, so addieren sich deren Wirkungen.

Leertaste | Mit der Leertaste kann das gesamte Objekt während des Erstellens verschoben werden. Wird die Leertaste, nicht aber die Maustaste losgelassen, nachdem das Objekt neu positioniert ist, kann an der Form des Objekts weitergearbeitet werden.

Bogen | Ein symmetrischer Bogen ❶ lässt sich um seinen Scheitelpunkt spiegeln. Die Stärke der Krümmung bestimmt, ob der Bogen steiler oder flacher ❹ ist.

Die Option KONKAVE und KONVEXE KURVE ❸ wirkt sich nur bei geschlossenen Formen aus. Die Modifikationstaste [C] für eine geschlossene Form können Sie sich gut merken, wenn Sie an das englische Wort »closed« denken ❷.

Spirale | Die Anzahl der Windungen können Sie mit den Modifikationstasten [↑] oder [↓] nur verändern, wenn nicht gleichzeitig die Maus bewegt wird ❻. Ein Tastendruck bewirkt eine Veränderung um eine Viertelwindung. Die Segmente werden am Mittelpunkt hinzugefügt oder gelöscht.

▲ **Abbildung 5.7**
Links nur mit [<](Mac)/[Ö](Win) rechts wurde zusätzlich die Leertaste gedrückt.

▲ **Abbildung 5.8**
Modifikationsmöglichkeiten bei der Arbeit mit dem Bogen-Werkzeug

◀ **Abbildung 5.9**
Modifikationsmöglichkeiten bei der Arbeit mit dem Spirale-Werkzeug

Soll mit [⌘]/[Strg] die Dichte der Windungen ❼ verändert werden, müssen Sie die Maus bewegen. Vom Mittelpunkt weg wird die Spirale lichter, in umgekehrter Richtung nimmt die Dichte zu.

Die Umkehrung der Richtung ❺ erfolgt durch eine Spiegelung der Spirale entlang der Achse zwischen Cursor und Mittelpunkt.

Rechteckiges und Radiales Raster | Hier kann sowohl die Anzahl der horizontalen ❽ bzw. vertikalen ❾ Unterteilungen geändert werden als auch deren Aufteilung.

Die Aufteilung der Spalten oder Ringe wird mit jedem Druck der Tasten [C] bzw. [X] logarithmisch um 10% ❿ nach links oder rechts bzw. innen oder außen gestaucht. Die Aufteilung der Reihen bzw. der radialen Segmente ⓫ mit [F] bzw. [V] erfolgt entsprechend.

▲ **Abbildung 5.10**
Modifikationsmöglichkeiten der Raster-Werkzeuge

5.1 Geometrische Objekte erstellen | **77**

Taste	Rechteck	Abgerundetes Rechteck	Kreis	Polygon	Stern
Leertaste	Verschieben des Objekts	Verschieben des Objekts	Verschieben des Objekts	Verschieben des Objekts	Verschieben des Objekts
⇧	Erzeugt ein Quadrat	Erzeugt eine quadratische Form	Erzeugt einen Kreis	Richtet das Objekt waagerecht aus	Richtet die oberste Spitze senkrecht aus
⌥/Alt	Zeichnen des Objekts vom Mittelpunkt aus	Zeichnen des Objekts vom Mittelpunkt aus	Zeichnen des Objekts vom Mittelpunkt aus		Die Kanten zur jeweils übernächsten Spitze erscheinen durchgezogen
</Ö	Erzeugt viele Objekte aus demselben Ursprungspunkt	Erzeugt viele Objekte aus demselben Ursprungspunkt	Erzeugt viele Objekte aus demselben Ursprungspunkt	Erzeugt viele Objekte aus demselben Ursprungspunkt	Erzeugt viele Objekte aus demselben Ursprungspunkt
⌘/Strg					Lässt den Innenradius einrasten, damit Zacken verlängert oder verkürzt werden können
Cursor bewegen				Dreht das Objekt	Dreht das Objekt
↑		Vergrößert den Eckenradius		Erhöht die Anzahl der Polygon-Seiten	Erhöht die Anzahl der Zacken
↓		Verkleinert den Eckenradius		Senkt die Anzahl der Polygon-Seiten	Senkt die Anzahl der Zacken
→		Verwendet den höchstmöglichen Eckenradius			
←		Setzt den Eckenradius auf 0 (normales Rechteck)			

Übersicht: Geschlossene-Form-Werkzeuge

Tipp

Den Standard-Eckenradius richten Sie unter VOREINSTELLUNGEN • ALLGEMEIN ein.

Anmerkungen zur Tabelle »Geschlossene-Form-Werkzeuge«

Abgerundetes Rechteck | Die Tasten ↑ und ↓ zum Verändern des Radius der abgerundeten Ecken wirken nur, wenn die Maus nicht bewegt wird. Durch Einstellen des größtmöglichen Eckenradius wird an der kürzeren Seite ein Halbkreis erzeugt.

Stern | Mit ⌥/Alt erzeugen Sie einen Stern, bei dem die Kanten zur jeweils übernächsten Spitze durchgezogen erscheinen ❶. Drücken Sie während des Aufziehens ⌘+⌥ bzw. Strg+Alt, erhalten Sie ebenfalls diese Form, sie lässt sich jedoch durch Loslassen der Tasten nicht mehr rückgängig machen.

▲ **Abbildung 5.11**
Zackenformen eines Sterns

5.1.4 Spirale

Die geometrisch korrekte Konstruktion von Spiralen ist ohne dieses Werkzeug sehr schwierig. Sie können nur Spiralen konstruieren, deren Windungen sich nach innen verjüngen – ein gleichmäßiger Abstand lässt sich auf diesem Weg nicht realisieren.

Klicken Sie auf Ihrer Arbeitsfläche den Punkt an, an dem die Spirale beginnen soll. Anschließende Bewegungen der Maus verändern die Größe und die Ausrichtung des Objekts.

Abbildung 5.12
Aufbau einer Spirale

Numerisch | Eingabe der Optionen in die Dialogbox:

◄ **Abbildung 5.13**
Dialogbox SPIRALE

- RADIUS: Bestimmt die Größe der Spirale. Dabei entspricht der RADIUS der Höhe bzw. Breite des ersten (äußeren) Segments. Dieses ist in Abbildung 5.12 rot dargestellt.
- VERJÜNGUNG: Mit einem Wert zwischen 5 und 150 % bestimmen Sie die Dichte der Windungen. Um den unter VERJÜNGUNG eingegebenen Prozentwert wird das jeweils folgende Segment im Verhältnis zum vorhergehenden verkleinert.
  Mit einem Wert von 100 entsteht ein Kreis, bei dem alle Spiralelemente quasi übereinanderliegen. Ein Wert von 5 erzeugt eine maximale Lichte, damit entsteht nur ein Bogensegment.
- SEGMENTE: Gibt an, aus wie vielen Teilsegmenten die Spirale aufgebaut wird. Ein Teilsegment ist eine Viertelwindung in der Spirale. Nach jedem Segment folgt ein Ankerpunkt.
- ART: Hier können Sie auswählen, ob die Spirale links oder rechts gewunden gezeichnet wird.

Abbildung 5.14
Um eine Archimedische Spirale wie diese mit konzentrischem, gleichmäßigem Radius umzusetzen, gibt es ein Skript (zu Skripten s. Abschnitt 21.2.4)

5.1.5 Rechteckige oder radiale Raster

Mit diesen Werkzeugen erstellen Sie Rechtecke oder Ovale, die durch Linien unterteilt sind. Wenn Sie einzelne Rasterkästchen mit Farbe füllen möchten, verwenden Sie die Funktion INTERAKTIV MALEN (s. Abschnitt 10.4). Die Aufteilung kann gleichmäßig oder logarithmisch sein. Ohne Modifizierung werden Objekte mit gleichmäßiger Aufteilung erzeugt.

Abbildung 5.15
Ein radiales Raster als Grundlage für die Konstruktion eines »Japanische Postersonne«-Designs

Numerisch | Optionen in den Dialogboxen:

▲ **Abbildung 5.16**
Dialogboxen Optionen für Radiales-Raster- und Rechteckiges-Raster-Werkzeug

▲ **Abbildung 5.17**
Rechteckiges Raster: gleichmäßige und logarithmische Aufteilung

▲ **Abbildung 5.18**
Radiales Raster: Gleichmäßige und logarithmische Aufteilung

▲ **Abbildung 5.19**
Radiale Asymmetrie: Die Tortenstücke werden bei positiven Eingabewerten im Uhrzeigersinn kleiner.

- Der Referenzpunkt bestimmt, in welche Richtung das Raster konstruiert wird. Auch radiale Raster werden nicht vom Mittelpunkt, sondern vom Referenzpunkt aus erzeugt.
  Achtung! Es ist wenig sinnvoll, einen anderen Referenzpunkt als den Punkt oben links zu wählen, da sonst die Positionsangaben in den Dialogboxen in die Irre führen!
- Breite/Höhe: Diese Einträge definieren die Größe des Objekts, indem sie die Maße des Begrenzungsrahmens festlegen.
- Unterteilungen Anzahl: Beim Rechteck-Raster geben Sie die Anzahl der Zeilen (horizontal) und der Spalten (vertikal) ein, die innerhalb des Objekts erzeugt werden. Beim radialen Raster wird entsprechend die Anzahl der Ringe (konzentrisch) und der Tortenstücke (radial) gewählt.
- Unterteilungen Asymmetrie: Die Größe der Unterteilungssegmente kann gleichmäßig sein – dies entspricht einem Asymmetriewert von 0 %. Bei anderen Asymmetriewerten erfolgt die Unterteilung logarithmisch. Die maximal einstellbare Asymmetrie liegt bei 500 %. Zum Testen beginnen Sie am besten mit Werten zwischen 50 % und 80 %.

Die Angaben Oben und Unten sowie Rechts und Links im rechteckigen Raster beziehen sich auf den Referenzpunkt. Unten und Links bedeutet eine größere Dichte in Richtung des Referenzpunkts.

Bei der radialen Asymmetrie des radialen Rasters bewirken positive Werte, dass die Tortenstücke (radiale Unterteilungen) bezogen auf den Referenzpunkt im Uhrzeigersinn kleiner werden. Die Verdichtung der Ringe (konzentrisches Raster) erfolgt mit positiven Werten von innen nach außen, mit negativen Werten entsprechend von außen nach innen.

- Äusseres Rechteck als Rahmen verwenden: Mit diesem Kontrollkästchen können Sie beim rechteckigen Raster bestimmen, dass die Außenbegrenzung nicht als vier einzelne Linien, sondern als Rechteckform generiert wird.
- Raster füllen: Sie können dieses Objekt dann auch automatisch mit der aktuell eingestellten Füllung versehen.
- Zusammengesetzten Pfad aus Ellipsen erstellen: Ohne dieses Kontrollkästchen aktiviert zu haben, werden die ineinander verschachtelten Ovale/Kreise nur gruppiert. Die Generierung eines zusammengesetzten Pfades ist sinnvoll, wenn Sie die erzeugten Rasterringe abwechselnd füllen wollen (s. Abschnitt 10.1.2).

▲ **Abbildung 5.20**
Äußeres Rechteck als Rahmen: Statt vier einzelner Linien links ist rechts ein Rahmen.

▲ **Abbildung 5.21**
Mit der Option Zusammengesetzter Pfad können die Zwischenräume zwischen den Ellipsen abwechselnd gefüllt und durchsichtig sein.

5.1.6 Rechteck/Quadrat und Ellipse/Kreis

Wählen Sie das Rechteck-Werkzeug durch einen Klick auf sein Symbol im Werkzeugbedienfeld oder mit M. Das Ellipse-Werkzeug erreichen Sie mit L. Klicken und ziehen Sie mit diesen Werkzeugen ein Rechteck bzw. ein Oval auf. In den jeweiligen Optionen können Sie lediglich Breite und Höhe der Formen bestimmen.

▲ **Abbildung 5.22**
Dialogbox Rechteck

5.1.7 Abgerundetes Rechteck

Klicken und ziehen Sie mit diesem Werkzeug ein Rechteck mit abgerundeten Ecken auf. Wie alle anderen Eigenschaften der geometrischen Objekte ist auch der Eckenradius nicht »live«, sodass bei einer nachträglichen Skalierung die ursprünglichen perfekten Viertelkreis-Rundungen ebenfalls verändert werden. Ein abgerundetes Rechteck erzeugen Sie daher besser aus einem »normalen« Rechteck durch die Anwendung des Effekts Ecken abrunden (s. Abschnitt 13.3.2).

▲ **Abbildung 5.23**
Dialogbox Abgerundetes Rechteck

5.1.8 Polygon

Mit dem Polygon-Werkzeug erstellen Sie gleichmäßige Vielecke. Ein Polygon wird immer vom Mittelpunkt aus erzeugt.

Achtung! Der Mittelpunkt, den Illustrator nach der Erstellung des Objekts anzeigt, ist der Mittelpunkt des Begrenzungsrahmens. Dieser entspricht bei Polygonen mit ungerader Eckenanzahl nicht dem geometrischen Zentrum. Wenn Sie den Mittelpunkt zu Konstruktionszwecken benötigen, beachten Sie bitte den Hinweiskasten auf der folgenden Seite.

▲ **Abbildung 5.24**
Konstruktionsmittelpunkt des Fünfecks (rot) im Vergleich zu dem auf der Zeichenfläche angezeigten Mittelpunkt (blau)

5.1 Geometrische Objekte erstellen | **81**

Abbildung 5.25 ▶
Dialogbox POLYGON

Polygon mit Mittelpunkt

Falls Sie den geometrischen Mittelpunkt eines Polygons zu Konstruktionszwecken benötigen, gehen Sie wie folgt vor:
1. Setzen Sie einen Punkt mit dem Zeichenstift.
2. Verwenden Sie diesen Punkt als Mittelpunkt für die Konstruktion des Polygons.
3. Gruppieren Sie den Ankerpunkt aus Schritt 1 und das Polygon. In der Pfadansicht wird der Ankerpunkt als Kreuz angezeigt.

Abbildung 5.26 ▶
Dialogbox STERN

▲ **Abbildung 5.27**
Die Konstruktion des Dala-Pferdchens

Abbildung 5.28 ▶
Zeichnen des Rumpfes

Numerisch | Eingabe der Optionen in der Dialogbox:

5.1.9 Stern

Das Aussehen des Sterns wird durch den Innenradius (❶ RADIUS 1) und den Außenradius (❷ RADIUS 2) definiert.

Klicken Sie mit dem Stern-Werkzeug-Cursor auf die Zeichenfläche, um den Dialog für die numerische Eingabe aufzurufen.

Schritt für Schritt: Ein Dala-Pferdchen aus Grundformen

1 Der Körper

Aktivieren Sie ANSICHT • INTELLIGENTE HILFSLINIEN, falls diese ausgeschaltet sind. Wählen Sie das Abgerundetes-Rechteck-Werkzeug. Klicken und ziehen Sie damit den Rumpf des Pferdchens auf. Wenn Sie die endgültige Größe bestimmt haben, drücken Sie →, bevor Sie die Maustaste loslassen. Damit wird der Eckenradius auf die maximale Größe eingestellt.

2 Hals

Wechseln Sie zum Bogensegment-Werkzeug. Damit ziehen Sie den Hals von rechts unten nach links oben auf. Beginnen Sie auf der Höhe des Mittelpunkts des Rumpfes – der Hals sollte etwa so breit sein wie ein Drittel der Körperlänge (Abb. 5.29). Mit der

Taste C erstellen Sie einen geschlossenen Bogen. Drücken Sie F, um den Bogen zu spiegeln, falls nötig.

◄ **Abbildung 5.29**
Den Hals setzen Sie etwas links vom Mittelpunkt des Rumpfes an (links) und ziehen nach links oben (Mitte). Schließen Sie den Bogen, und spiegeln Sie ihn, falls nötig, mit den Modifikationstasten (rechts).

3 Kopf

Setzen Sie das Bogen-Werkzeug am oberen Punkt des Halses an, drücken Sie F, um den Bogen umzukehren, und ziehen Sie nach links ❶. Den unteren Bogen des Mauls setzen Sie an der Spitze des eben erstellten Bogens an, dann kehren Sie die Form wieder mit F um und ziehen nach rechts ❷. Die Lücke schließen Sie mit einem Rechteck ❸.

▼ **Abbildung 5.30**
Konstruktion des Kopfes

4 Beine

Mit dem Rechteck-Werkzeug ziehen Sie die Vorderbeine vom Scheitelpunkt der Brust nach unten rechts. Die Hinterbeine ziehen Sie ebenfalls vom Scheitelpunkt nach unten links. Die intelligenten Hilfslinien zeigen die Unterkante der Vorderbeine an.

5 Ohren

Wählen Sie das Polygon-Werkzeug, und klicken und ziehen Sie eine Form auf. Die Anzahl der Seiten reduzieren Sie mit ↓ auf drei. Ziehen Sie die Form in der gewünschten Größe fertig auf. Mit dem Auswahl-Werkzeug ▶ verschieben Sie das Dreieck an seinen Platz.

▲ **Abbildung 5.31**
Konstruktion der Beine

▼ **Abbildung 5.32**
Zeichnen der Ohren mit dem Polygon-Werkzeug

5.1 Geometrische Objekte erstellen | **83**

▲ Abbildung 5.33
Dala-Pferdchen

▲ Abbildung 5.34
Auswahl-Werkzeug, Direktauswahl-Werkzeug und Gruppenauswahl-Werkzeug

> **Pfadanzeige**
>
> Die Hervorhebung der Pfade von ausgewählten Objekten wird durch ANSICHT • ECKEN AUSBLENDEN bzw. ECKEN EINBLENDEN gesteuert.

Abbildung 5.35 ▶
Mit dem Cursorsymbol zeigt Illustrator bereits beim »Überfahren« der Objekte an, dass ein Objekt aktiviert werden kann.

> **Objektauswahl nur durch Pfad**
>
> In der Grundeinstellung aktiviert Illustrator gefüllte Objekte, wenn Sie auf die Fläche klicken. Haben Sie sehr viele Objekte, kann es damit schwierig werden, einzelne auszuwählen. Um das Verhalten umzustellen, wählen Sie VOREINSTELLUNGEN • AUSWAHL UND ANKERPUNKT-ANZEIGE, und aktivieren Sie die Option OBJEKTAUSWAHL NUR DURCH PFAD.

6 Abschließende Arbeiten

Konstruieren Sie den Schwanz mit einem weiteren Bogensegment. Die Beine können Sie nach unten konisch zulaufen lassen, indem Sie mit dem Direktauswahl-Werkzeug einzelne Punkte auswählen und verschieben (s. Abschnitt 6.4.1). Das Pferdchen sieht jetzt zwar aus wie eine Figur, besteht jedoch für Illustrator immer noch aus einzelnen Objekten, die z.B. mit Pathfinder-Funktionen oder INTERAKTIV MALEN kombiniert werden (s. Abschnitt 10.4). ■

5.2 Objekte, Pfade und Punkte auswählen

Bevor Sie ein Element – ein Objekt, einen Pfad oder einen Ankerpunkt – in einem Dokument bearbeiten können, müssen Sie Illustrator dieses Element »zeigen«. Das geschieht durch Auswählen (oder »Aktivieren«). Illustrator kann mit seinen drei Auswahl-Werkzeugen (neben Lasso und Zauberstab) verwirrend sein.

5.2.1 Objekte auswählen

Mit dem (schwarzen) Auswahl-Werkzeug aktivieren Sie das gesamte Objekt bzw. mehrere Objekte. Einzelne Ankerpunkte können Sie nicht mit dem Auswahl-Werkzeug auswählen, dazu benötigen Sie das Direktauswahl-Werkzeug.

Um ein Objekt mit dem Auswahl-Werkzeug (schwarzer Pfeil) zu aktivieren, müssen Sie bei ungefüllten Objekten direkt den Pfad anklicken ❶. Bei gefüllten Objekten können Sie hierfür auf die Fläche klicken ❷. Durch eine Outline und die Hervorhebung der Punkte in der Farbe der Ebene zeigt Illustrator an, dass das Objekt nun aktiv ist ❸. Mit ⇧ lassen sich **mehrere Objekte nacheinander auswählen** und zusammen aktivieren. Die gleiche Wirkung erzielen Sie mit einem Auswahlrechteck, das Sie mit dem Auswahl-Werkzeug über mehrere Elemente aufziehen ❹. Illustrator aktiviert dabei alle Objekte, die von dem Auswahlrechteck berührt werden. Dieses Verhalten lässt sich nicht umstellen. **Achtung!** Das Auswahlrechteck darf nicht auf der Fläche einer Figur

5 Geometrische Objekte und Transformationen

oder auf einem Pfad beginnen, da Sie sonst dieses Objekt ungewollt verschieben. Um ein Objekt wieder aus der Auswahl herauszunehmen, drücken Sie ⇧ und klicken das entsprechende Objekt erneut an.

> **Der Begrenzungsrahmen**
>
> Wenn Objekte ausgewählt sind, zeigt Illustrator nicht nur die Pfade, sondern auch einen Rechteckrahmen um die Grundfläche aller ausgewählten Objekte an, den Begrenzungsrahmen ❺. An der Größe dieses Rahmens orientieren sich die Größen- und Positionsangaben für Objekte, z.B. im Transformieren-Bedienfeld ❾. Je nach Einstellung werden Konturstärken oder Effekte wie z.B. Schlagschatten vom Begrenzungsrahmen eingeschlossen ❻ oder nicht ❼, unter Voreinstellungen • Allgemein steuert dies die Option Vorschaubegrenzungen verwenden.
>
> Wenn Sie an den Anfassern des Begrenzungsrahmens ziehen, transformieren Sie das Objekt (s. Abschnitt 5.6). Auch das Ursprungsymbol ❽ für den Bezugspunkt von Transformationen bezieht sich auf den Begrenzungsrahmen. Nach einer Drehung des Objekts ist der Begrenzungsrahmen ebenfalls verdreht ❿, dann lässt er sich mit Objekt • Transformieren • Begrenzungsrahmen zurücksetzen wieder in die Waagerechte bringen ⓫. Bei einigen Operationen kann der Begrenzungsrahmen stören, dann können Sie ihn mit Ansicht • Begrenzungsrahmen ausblenden bzw. ⌘/Strg+⇧+B verstecken.

5.2.2 Punkte, Pfadsegmente, Griffe auswählen

Mit dem (weißen) Direktauswahl-Werkzeug aktivieren Sie Pfadsegmente, Punkte oder Griffe.

> **Punkte und Pfade bearbeiten**
>
> Zum Arbeiten mit dem Direktauswahl-Werkzeug im Detail s. Abschnitt 6.3.

◀ **Abbildung 5.36**
Aktivieren von Ankerpunkten und Pfadsegmenten: Auch hier zeigt das Cursorsymbol an, was Sie auswählen können.

Ankerpunkte aktivieren Sie mit dem Direktauswahl-Werkzeug , indem Sie direkt auf den Punkt klicken ⓬ (er wird unter dem Cursor hervorgehoben – Voreinstellung s. Abschnitt 6.2.2). Der aktivierte Punkt wird mit seinen Griffen hervorgehoben ⓭ – er ist im Gegensatz zu den anderen Punkten des Pfads gefüllt (s. Abschnitt 6.3.3). Um ein Pfadsegment – den Bereich zwischen zwei Punkten – auszuwählen, muss das Objekt deaktiviert sein. Dann klicken Sie auf das Pfadsegment ⓮. Achten Sie darauf, genau den Pfad zu treffen. Mit dem Direktauswahl-Werkzeug ist es

> **Ab CS3: Punkt auswählen**
>
> Falls Sie es noch von früheren Versionen gewohnt sind: Das Objekt muss nicht mehr deaktiviert werden, bevor Sie einen Punkt auswählen können.

> **Auswahlrechteck & Hilfslinien**
>
> Bei der Verwendung des Auswahlrechtecks aktivieren Sie auch Hilfslinien, die im Arbeitsbereich liegen. Möchten Sie die Aktivierung von Hilfslinien vermeiden, verwenden Sie das Lasso (s. Abschnitt 7.5) statt des Auswahlrechtecks.

auch möglich, (wie mit dem Auswahl-Werkzeug) das Objekt zu aktivieren ⓯, dazu klicken Sie auf dessen Fläche. Ist das Objekt bereits aktiviert, können Sie immer noch einzelne Punkte auswählen. Dazu klicken Sie auf den gewünschten Punkt (der unter dem Cursor hervorgehoben wird) ⓰. Mehrere Punkte wählen Sie aus, indem Sie ⇧ gedrückt halten und die Punkte anklicken (ebenfalls mit ⇧ nehmen Sie einen Punkt wieder aus der Auswahl heraus). Auch mit dem Direktauswahl-Werkzeug können Sie ein Auswahlrechteck über mehrere Punkte aufziehen. Wenn Sie jedoch mit dem Direktauswahl-Werkzeug ein Auswahlrechteck um das gesamte Objekt ziehen, wählen Sie das Objekt aus.

> **Für Fortgeschrittene: Alle Ankerpunkte eines Objekts auswählen**
>
> Sobald alle einzelnen Ankerpunkte eines Objekts ausgewählt sind, verhält sich Illustrator so, als wäre das Objekt ausgewählt. Dazu ein einfacher Versuch: Wenn Sie alle Ankerpunkte eines Kreises auswählen (links) und diese mit dem Ausrichten-Bedienfeld oben ausrichten (siehe Abschnitt 5.7), müssten im Ergebnis theoretisch alle Punkte in einer Reihe stehen (Mitte). Praktisch passiert jedoch gar nichts, denn Illustrator hat die Auswahl nach seiner Logik nicht auf »alle einzelnen Punkte«, sondern auf »das Objekt« gesetzt, und ein einzelnes Objekt bewegt sich nicht, wenn man es an seiner oberen Kante ausrichtet (rechts).

▲ Abbildung 5.37
Darstellung einer verschachtelten Gruppe im Ebenen-Bedienfeld

5.2.3 Objekte in einer Gruppe auswählen

Um innerhalb der Hierarchie einer Gruppe (s. Abb. 5.37) auszuwählen, verwenden Sie das Gruppenauswahl-Werkzeug.

▲ Abbildung 5.38
Aktivieren von Objekten mit dem Gruppenauswahl-Werkzeug

> **Pfade & Punkte in der Gruppe**
>
> Um ein einzelnes Objekt, einen Pfad oder seine Punkte innerhalb einer Gruppe zu aktivieren, verwenden Sie ebenfalls das Direktauswahl-Werkzeug.

Mit diesem Auswahlpfeil arbeiten Sie sich »von innen nach außen« durch die Gruppenhierarchie. Ein Klick mit dem Gruppenauswahl-Werkzeug auf ein Objekt einer Gruppe aktiviert dieses Objekt, jeder weitere Klick auf dasselbe Objekt wählt die nächste hierarchisch übergeordnete Gruppe dazu aus.

5.2.4 Werkzeugwechsel vermeiden

Wenn Sie für jede Auswahl das passende Auswahl-Werkzeug aus dem Werkzeugbedienfeld holten, kämen viele Mauskilometer zusammen. Es ist daher möglich, temporär zwischen den Werkzeugen zu wechseln. Am vielseitigsten einsetzbar ist das Direktauswahl-Werkzeug, da Sie mit ihm bereits ohne Modifikationstasten – je nachdem, wohin Sie klicken – das Objekt oder einzelne Punkte auswählen können.

Übersicht der Modifikationstasten | Mit diesen Tasten wechseln Sie zwischen den Auswahl-Werkzeugen:

Modifikationstasten	temporäres Werkzeug (Wz.)
▶ ▶ ⌘/Strg	▶
▶ ⌥/Alt	▶
▶ ⌥/Alt	▶
▶ ⌘/Strg	zuletzt verwendetes Wz.: ▶ oder ▶
▶ ⌘+⌥/Strg+Alt	jeweils anderes Wz.: ▶ oder ▶

◀ **Tabelle 5.1**
Modifikationstasten für Auswahl-Werkzeuge

5.2.5 Objekte vor oder hinter anderen auswählen

Ist ein Objekt durch ein anderes **verdeckt**, können Sie es aktivieren, indem Sie ⌘/Strg gedrückt halten und auf die Fläche des verdeckten Objekts klicken. Mit dem ersten Klick aktiviert Illustrator das vorderste Objekt, und es wird das Cursor-Symbol für Hintere auswählen ▶ angezeigt. Halten Sie ⌘/Strg und klicken erneut, wird mit jedem weiteren Klick das nächste Objekt im Stapel ausgewählt.

Die Auswahl dahinterliegender Objekte muss in Voreinstellungen • Auswahl- und Ankerpunkt-Anzeige aktiviert sein.

▲ **Abbildung 5.39**
Um das dahinter ausgewählte Objekt zu bearbeiten, müssen Sie dann dennoch seine sichtbare Fläche, seinen Pfad oder den Begrenzungsrahmen »anfassen«.

Über das Kontextmenü | Eine weitere Möglichkeit zum Auswählen verdeckter Objekte besteht darin, dass Sie das vordere auswählen, an eine Stelle klicken, die innerhalb des gewünschten Objekts liegt, und aus dem Kontextmenü den Befehl Auswahl • Nächstes Objekt darunter anwenden. Das funktioniert auch in umgekehrter Richtung mit Auswahl • Nächstes Objekt darüber.

Der gleichnamige Befehl aus dem Hauptmenü aktiviert dagegen das jeweils nächste Objekt in der Stapelreihenfolge – unabhängig vom Klickpunkt.

▲ **Abbildung 5.40**
Um mit dem Klickpunkt den roten Kreis auszuwählen, verwenden Sie das Kontextmenü. Über das Hauptmenü würde der gelbe Kreis ausgewählt.

5.2 Objekte, Pfade und Punkte auswählen | **87**

5.2.6 Auswahlen mit Menübefehlen verändern

Das einzelne Anklicken der gewünschten Objekte kann mühsam sein. Ein kleiner Umweg kann Sie schneller zur gewünschten Auswahl führen.

Alles auswählen | Alle Objekte im Dokument wählen Sie aus, indem Sie ⌘/Strg+A drücken oder über das Menü AUSWAHL • ALLES AUSWÄHLEN aufrufen. Es werden die Objekte auf allen Zeichenflächen aktiviert. Mit ⌘+⌥+A bzw. Strg+Alt+A wählen Sie alle Objekte auf der aktiven Zeichenfläche aus.

Auswahl umkehren | Unter Umständen sind gerade die Objekte einfacher mit der Maus zu erreichen, die Sie eigentlich nicht auswählen möchten. In diesem Fall könnte der Befehl AUSWAHL • AUSWAHL UMKEHREN Abhilfe schaffen. Mit seiner Hilfe ist es möglich, die aktuell aktivierten Objekte zu deaktivieren und dafür alle nicht ausgewählten Objekte auszuwählen. Dieser Befehl wirkt über alle Zeichenflächen.

5.2.7 Auswahl aufheben

Möchten Sie alle Objekte deselektieren, klicken Sie mit dem Auswahl-Werkzeug einfach auf einen leeren Platz auf der Zeichenfläche, oder verwenden Sie den Befehl AUSWAHL • AUSWAHL AUFHEBEN – Shortcut ⌘+⇧+A bzw. Strg+⇧+A.

5.2.8 Auswahlen speichern

Falls Sie häufiger dieselben Objekte selektieren müssen, lohnt es sich, die vorgenommene Auswahl zur späteren Verwendung in der Datei zu speichern. Dies ist auch bei einer Auswahl möglich, die Objekte auf mehreren Ebenen (s. Abschnitt 11.2.1) einschließt.

Wenn Sie Ihre Auswahl erstellt haben, wählen Sie AUSWAHL • AUSWAHL SPEICHERN.... Geben Sie einen Namen in die Dialogbox ein. Die Auswahl wird anschließend unter diesem Namen im AUSWAHL-Menü aufgelistet.

Benötigen Sie eine Auswahl nicht mehr oder möchten Sie Auswahlen umbenennen, rufen Sie die Dialogbox unter AUSWAHL • AUSWAHL BEARBEITEN... auf. Dort können Sie die gespeicherten Auswahlen bearbeiten.

Hinweis: »Alles auswählen«

Sind Hilfslinien nicht gesperrt – wie es seit Illustrator CS3 voreingestellt ist –, werden sie bei Verwendung des Befehls ALLES AUSWÄHLEN ebenfalls aktiviert.

Auswahl-Alternativen

Beschäftigen Sie sich auch mit den Alternativen Zauberstab (s. Abschnitt 9.5.1), Lasso (s. Abschnitt 7.5) und die Auswahl gleicher Elemente per Menü (s. Abschnitt 9.5.2).

▲ **Abbildung 5.41**
Menü AUSWAHL mit eigenen gespeicherten Auswahlen

5.3 Objekte in der Stapelreihenfolge anordnen

Wie beim Arbeiten mit ausgeschnittenen Papierformen liegen alle Objekte im Dokument eindeutig übereinander. Das bedeutet, dass von gefüllten Formen, die an gleichen oder ähnlichen Positionen auf der Arbeitsfläche liegen, immer nur die vorderste komplett sichtbar ist.

5.3.1 Davor oder Dahinter zeichnen

Illustrator behandelt Ihre Arbeitsfläche normalerweise wie einen Posteingangskorb: Es legt ein neues Objekt immer obendrauf. Sie können dieses Verhalten jedoch umkehren, indem Sie den Button DAHINTER ZEICHNEN im Werkzeugbedienfeld klicken. Dann werden nicht nur neu gezeichnete Formen hinten angeordnet. Auch wenn Sie Objekte per ⌥/Alt und Ziehen vervielfältigen oder sie in das Dokument einfügen, stellt Illustrator die neuen Objekte hinter das aktivierte bzw. alle anderen Objekte. Um wieder zurückzuwechseln, klicken Sie NORMAL ZEICHNEN . Der »Gedrückt-Status« der Buttons zeigt den Zeichenmodus an. Durch die drei Modi (INNEN ZEICHNEN s. Abschnitt 11.3.1) wechseln Sie mit ⇧+D.

▲ **Abbildung 5.42**
Eine nicht eindeutige Stapelreihenfolge wie beim Mikado können Sie nur simulieren (s. Abschnitt 12.2).

▲ **Abbildung 5.43**
NORMAL und DAHINTER ZEICHNEN im Werkzeugbedienfeld

5.3.2 Die Stapelreihenfolge ändern

Wie im Posteingangskorb auch können Sie Ihre Illustrator-Objekte neu stapeln. Wählen Sie das Objekt aus, dessen Anordnung im Stapel Sie verändern möchten, und rufen Sie dann über das Menü OBJEKT • ANORDNEN… bzw. im Kontextmenü unter ANORDNEN die gewünschte Option auf. Sie können Objekte jeweils um einen Schritt nach vorn oder hinten schieben oder ganz nach vorn bzw. ganz nach hinten bringen.

Wenn Sie mit mehreren Ebenen (s. Abschnitt 11.1) arbeiten, erfolgt diese Neuanordnung nur innerhalb der aktiven Ebene.

▲ **Abbildung 5.44**
Duplizieren eines Objekts durch ⌥/Alt-Klicken und Ziehen im Modus DAHINTER ZEICHNEN

Schritt für Schritt: Stapelreihenfolge ändern

1 Aufgabe

Öffnen Sie die Datei »Objektstapel.ai« von der DVD. Der Plan wurde im Nachhinein um einige Objekte ergänzt, und diese müssen jetzt in die richtige Stapelreihenfolge gebracht werden.

Alternativen: Stapelreihenfolge

Im Ebenen-Bedienfeld können Sie sehr anschaulich die Stapelreihenfolge umsortieren (s. Abschnitt 11.1.12). Auch mit DAVOR bzw. DAHINTER EINFÜGEN ist eine Umsortierung möglich (s. Abschnitt 5.5.2).

Abbildung 5.45 ▶
Plan vorher (links) und nachher (rechts)

▲ **Abbildung 5.46**
Problem »Liegewiese«

▲ **Abbildung 5.47**
Problem »Straßenbrücke«

> **Alternative: dahinter einfügen**
>
> An dieser Stelle könnten Sie auch nur das Brückenobjekt ausschneiden (⌘/Strg+X) dann den »Fußweg« auswählen und die Brücke dahinter einfügen (⌘/Strg+B; s. Abschnitt 5.5.2).

2   Problem 1: »Liegewiese« links unten

Das grüne Objekt links unten überdeckt die Bäume. Es bestehen zwei Möglichkeiten: Sie können die Bäume auswählen und nach vorn stellen – für die Auswahl der Bäume müssten Sie jedoch in die Pfadansicht wechseln.

In unserem Fall ist es einfacher: Die »Liegewiese« kann – zusammen mit dem hellgrünen Hintergrund – ganz unten in den Objektstapel eingeordnet werden.

Aktivieren Sie also das Hintergrundelement, drücken Sie dann ⇧ und wählen das »Liegewiese«-Objekt aus, und wählen Sie anschließend OBJEKT • ANORDNEN • IN DEN HINTERGRUND oder ⌘/Strg+⇧+(.

3   Problem 2: »Straßenbrücke«

Die Brücke sollte zwar *über* der Straße, aber *unter* dem Fußweg liegen. Sie könnten die Brücke auswählen und so lange einen Schritt nach hinten schieben, bis sie sich an der richtigen Position befindet. Allerdings ist nicht bekannt, wie viele Schritte dafür notwendig wären, denn auch Objekte, die sich nicht in der Nähe befinden, können im Objektstapel zwischen der Brücke und dem Weg liegen.

Also müssen Sie auch in diesem Fall eine andere Vorgehensweise wählen: Aktivieren Sie den »Fußweg« und alle Objekte, die ihn überlagern sollen (Abb. 5.47). Gehen Sie am besten so vor, dass Sie zunächst die kleinteiligen Objekte auswählen und zum Schluss den »Fußweg« – achten Sie darauf, dass Sie bei jedem Klick eine Stelle treffen, an der kein bereits ausgewähltes Objekt liegt. Anschließend rufen Sie OBJEKT • ANORDNEN • IN DEN VORDERGRUND – ⌘/Strg+⇧+) – auf.

4   Problem 3: »Baum«

Unten in der Mitte der Grafik befindet sich der letzte Problemfall: ein Baum, der nach vorn geholt werden muss. Hier gehen wir das

Risiko ein und bewegen das Objekt schrittweise durch den Objektstapel. Aktivieren Sie den Baum, und wählen Sie gegebenenfalls mehrfach OBJEKT • ANORDNEN • SCHRITTWEISE NACH VORNE – bequemer und mit weniger Mausbewegung geht es jedoch mit ⌘+⌥+⇧+V bzw. Strg+Alt+⇧+V.

▲ **Abbildung 5.48**
Problem »Baum«

5.4 Gruppen

Wenn Sie mehrere unterschiedliche Objekte dauerhaft oder auf Zeit als Einheit behandeln wollen, können Sie diese zu einer Gruppe zusammenfügen. Dadurch wird die Anordnung der Objekte zueinander gesichert, und Sie sparen sich das mühsame Aktivieren einzelner Objekte, wenn Sie alle zusammen transformieren möchten. Darüber hinaus liegen alle Objekte einer Gruppe an aufeinanderfolgenden Positionen in der Stapelreihenfolge. Durch eine Gruppierung lassen sich also Probleme der Anordnung lösen bzw. vermeiden – es ist allerdings nicht möglich, nicht zur Gruppe gehörende Objekte zwischen die Elemente der Gruppe zu stapeln.

▲ **Abbildung 5.49**
Gruppierte Objekte können wie ein Objekt transformiert werden.

5.4.1 Objekte gruppieren

Um eine Gruppe zusammenzufügen, aktivieren Sie die entsprechenden Objekte und wählen dann OBJEKT • GRUPPIEREN – ⌘/Strg+G. Gruppen können hierarchisch verschachtelt werden, d. h., Gruppen können Teil einer anderen Gruppe sein.

5.4.2 Ein Objekt hinzufügen

Um einer Gruppe ein Objekt hinzuzufügen, ist es nicht nötig, die Gruppe aufzulösen. Stattdessen positionieren Sie das Element an der gewünschten Stelle, schneiden es aus und aktivieren (mit dem Gruppenauswahl- oder dem Direktauswahl-Werkzeug) das Objekt innerhalb der Gruppe, vor das das Element eingefügt werden soll. Wählen Sie anschließend BEARBEITEN • DAVOR EINFÜGEN.

Alternativ verwenden Sie das Ebenen-Bedienfeld (s. Abschnitt 11.1.12) oder den Isolationsmodus (s. Abschnitt 11.4).

▲ **Abbildung 5.50**
Gruppen können weiter mit anderen Gruppen und mit einzelnen Objekten zu übergeordneten Gruppen zusammengefasst werden.

5.4.3 Gruppe auflösen

Eine aktivierte Gruppe kann mit dem Menü OBJEKT • GRUPPIERUNG AUFHEBEN – ⌘/Strg+⇧+G – wieder getrennt werden. Damit wird die jeweils hierarchisch erste Gruppe aufgehoben, aber tiefer verschachtelte Gruppen bleiben bestehen.

Teile in Gruppen bearbeiten

Um die einer Gruppe untergeordneten Elemente zu bearbeiten, können Sie den Isolationsmodus verwenden (s. Abschnitt 11.4). In diesem Bearbeitungsmodus ist nur das gewünschte Objekt auf der Zeichenfläche bearbeitbar und seine Gruppierung temporär aufgehoben – alle anderen Objekte sind jetzt nicht zugänglich und abgedimmt.

Wenn Sie eine Gruppe auflösen, werden die Objekte nicht wieder auf die Ebenen »zurückgelegt«, auf denen sie vor der Gruppierung lagen. Illustrator »merkt« sich diese Information nicht.

5.5 Objekte bearbeiten

5.5.1 Löschen

Aktivierte Objekte können mit Bearbeiten • Löschen oder mit der Löschtaste von der Arbeitsfläche entfernt werden. Haben Sie unabsichtlich ein Element gelöscht, widerrufen Sie den Arbeitsschritt.

5.5.2 Copy & Paste

Mithilfe der Zwischenablage können Sie Objekte sowohl innerhalb eines Illustrator-Dokuments wie auch zwischen zwei Dokumenten und sogar zwischen verschiedenen Applikationen – vor allem innerhalb der Creative Suite – austauschen.

Kopieren und Ausschneiden | Aktivieren Sie das Objekt, und wählen Sie Bearbeiten • Kopieren bzw. Ausschneiden. Auf der Tastatur benutzen Sie ⌘/Strg+C zum Kopieren und ⌘/Strg+X, um Objekte auszuschneiden.

Einfügen | Wenn Sie ein Objekt aus der Zwischenablage in ein Dokument einfügen möchten, wählen Sie Bearbeiten • Einfügen – ⌘/Strg+V. Das eingefügte Objekt wird in der Mitte des aktuellen Fensters platziert – nicht in der Mitte der Arbeitsfläche oder des Dokuments. In der Stapelreihenfolge der Objekte wird es ganz vorn oder ganz hinten (je nach Zeichenmodus, s. Abschnitt 5.3.1) angeordnet. Fügen Sie ein Objekt in ein Dokument ein, wird bei dieser Aktion die Zwischenablage nicht geleert – stattdessen können Sie weitere Kopien des Objekts einfügen.

Davor und Dahinter einfügen | Wenn Sie ein Objekt vor einem anderen im Stapel einfügen möchten, aktivieren Sie dieses und wählen Bearbeiten • Davor Einfügen – ⌘/Strg+F. Entsprechend funktioniert es, ein Objekt hinter einem anderen zu platzieren, mit Bearbeiten • Dahinter einfügen oder ⌘/Strg+B.

Ist kein Objekt auf der Arbeitsfläche aktiviert, wenn Sie einen der beiden Befehle benutzen, wird das Objekt aus der Zwischenablage mit Davor einfügen ganz vorn bzw. mit Dahinter einfügen ganz hinten auf der aktiven Zeichenfläche angeordnet. Das

---

Zwischenablage

Die Zwischenablage können Sie auch benutzen, um Objekte zwischen Illustrator und anderen Programmen auszutauschen (s. Abschnitt 18.1.2 und Abschnitt 20.4.7). Gegebenenfalls muss das Format der Zwischenablage umgestellt werden, wenn Sie Objekte in andere Applikationen einfügen möchten. Sehen Sie sich dazu die Hinweise in den jeweiligen Abschnitten an.

Arbeiten mit zusammengeführten Fenstern

Ziehen Sie ein Objekt auf den Reiter eines anderen Dokuments, um es in dieses Dokument zu kopieren (s. Abschnitt 1.3.2).

▲ **Abbildung 5.51**
Davor einfügen fügt in einem Stapel das Objekt aus der Zwischenablage vor dem aktiven Objekt ein.

eingefügte Objekt wird relativ zur aktiven Zeichenfläche so positioniert, wie es sich zu der beim Kopieren aktiven Zeichenfläche (im anderen Dokument) verhielt.

An Originalposition einfügen | Auch mit diesem Befehl – ⌘/Strg+⇧+V – fügen Sie ein Objekt relativ zur aktiven Zeichenfläche an der gleichen Position ein, die es im Ursprungsdokument hatte. Dabei spielt es keine Rolle, ob Sie mit globalen oder mit Zeichenflächenlinealen (s. Abschnitt 4.4.4) arbeiten.

In alle Zeichenflächen einfügen | Möchten Sie ein Objekt auf allen Zeichenflächen an derselben Position einfügen, wählen Sie diesen Befehl – ⌘+⌥+⇧+X bzw. Strg+Alt+⇧+X. Falls Sie ein Objekt innerhalb desselben Dokuments auf mehrere Zeichenflächen verteilen möchten, sollten Sie es nicht kopieren, sondern ausschneiden. Anderenfalls würden Sie zwei übereinanderliegende Objekte erhalten. Da es in Illustrator keine Musterseiten gibt, erreichen Sie mit dieser Funktion zumindest ein ähnliches Ergebnis, wenn Sie außerdem das Objekt vorher in ein Symbol umwandeln (s. Abschnitt 16.2).

▲ **Abbildung 5.52**
Ein ganz normal eingefügtes Objekt (gelb) liegt in der Mitte des Dokumentfensters – ein davor eingefügtes Element (grün) liegt an seinem ursprünglichen Platz auf der Zeichenfläche (schwarzer Rahmen).

◄ **Abbildung 5.53**
Beim Einfügen in alle Zeichenflächen verwendet Illustrator die linke obere Ecke der Zeichenflächen als Bezugspunkt für die Position des Objekts.

5.5.3 Duplizieren

Die Methode des Kopierens und Einsetzens lässt sich bequem zum Kopieren von Objekten verwenden. Einfacher geht es allerdings, wenn Sie ein oder mehrere Objekte aktivieren und mit gedrückter ⌥/Alt-Taste an eine andere Position ziehen. Dabei bleibt das ursprünglich ausgewählte Objekt an seinem Platz, und eine Kopie wird verschoben. Auch in den Dialogboxen der Transformationswerkzeuge können Sie anwählen, dass eine Kopie statt des Originals bearbeitet wird (s. Abschnitt 5.6.4).

5.5.4 Ausblenden und Einblenden

Sie können einzelne aktivierte Objekte mit dem Menü Objekt • Ausblenden • Auswahl ausblenden – ⌘/Strg+3. Die Objekte werden versteckt und können mit dem Auswahl-Werkzeug nicht mehr versehentlich aktiviert werden. Wenn Ihnen beim Be-

> **Hinweis: Haupt-Ebenen**
>
> Sowohl der Befehl ALLES EINBLENDEN als auch ALLE ENTSPERREN haben keinen Einfluss auf die Einstellungen der Sichtbarkeit oder Fixierung, die in der obersten Hierarchie des Ebenen-Bedienfelds vorgenommen wurden, also Haupt-Ebenen (s. Abschnitt 11.2.1).

▲ **Abbildung 5.54**
Transformationswerkzeuge (von links): Drehen, Spiegeln, Skalieren, Verbiegen und das nicht zu den Transformationen gehörige Form-ändern-Werkzeug (s. Abschnitt 6.4.8)

▲ **Abbildung 5.55**
Eingabe der Position eines Objekts im Steuerungsbedienfeld (Ausschnitt), links das Referenzpunktsymbol

> **Mehrere Vorgehensweisen**
>
> Sie erreichen dasselbe Ergebnis oft auf mehreren verschiedenen Wegen. Probieren Sie alle einmal aus, und entscheiden Sie sich für die Methode, die Ihrer Arbeitsweise am besten entspricht.

▲ **Abbildung 5.56**
Wenn ein Objekt aktiviert und ein Werkzeug ausgewählt ist, wird der Referenzpunkt angezeigt. Original ist er in der Mitte des Begrenzungsrahmens des Objekts.

arbeiten von Objekten darüberliegende Objekte im Wege sind, hilft der Menüpunkt OBJEKT • AUSBLENDEN • SÄMTLICHES BILDMATERIAL DARÜBER weiter.

Um ausgeblendete Objekte wieder sichtbar zu machen, wählen Sie OBJEKT • ALLES EINBLENDEN – ⌘/Strg+⌥/Alt+3.

5.5.5 Fixieren

Wenn Sie die Position und die aktuellen Eigenschaften eines Objektes schützen möchten oder wenn dieses Objekt die Bearbeitung anderer Objekte behindert, wählen Sie nach der Aktivierung OBJEKT • FIXIEREN • AUSWAHL – ⌘/Strg+2. Sie können dieses Objekt dann nicht mehr aktivieren und versehentlich ändern.

Mit OBJEKT • ALLE ENTSPERREN – ⌘/Strg+⌥/Alt+2 – werden alle Fixierungen wieder aufgehoben.

5.6 Objekte transformieren

Verschieben, Drehen, Spiegeln, Skalieren, Verbiegen und Verzerren sind die Standard-Umformungen, die Illustrator für Objekte anbietet. Es ist nicht notwendig, Vektorobjekte sofort in ihrer endgültigen Form zu erstellen, da sie ohne Qualitätseinbußen transformierbar sind. Das vereinfacht Entwurf und Konstruktion, denn ausgehend von einer Grundform können Sie verschiedene Transformationen oder Einstellungen ausprobieren. Die verschiedenen Möglichkeiten, Objekte zu transformieren, sind:

- mithilfe des Begrenzungsrahmens
- mit den spezifischen Transformationswerkzeugen
- über die Menübefehle unter OBJEKT • TRANSFORMIEREN oder TRANSFORMIEREN im Kontextmenü
- mit dem Frei-transformieren-Werkzeug
- mit dem Transformieren-Bedienfeld

5.6.1 Referenzpunkt

Alle Transformationen beziehen sich auf einen **Referenzpunkt**, der für die Berechnung der Transformation so etwas wie der Nullpunkt ist. Bei einer Drehung ist es beispielsweise der Punkt, um den die Drehung vorgenommen wird.

Voreingestellt als Referenzpunkt ist der rechnerische Mittelpunkt des Begrenzungsrahmens (s. Seite 85) eines Objekts. Sie können den Referenzpunkt aber auch selbst bestimmen.

Wenn Sie mehrere Transformationen direkt hintereinander verwenden, wird der einmal definierte Referenzpunkt auf die folgenden Umformungen übertragen.

Es ist umständlich, den Referenzpunkt für eine Transformation nachträglich in ein exaktes Verhältnis zum Objekt (z. B. einen bestimmten Abstand) zu bringen. Wenn Sie also diese Genauigkeit benötigen, markieren Sie am besten den gewünschten Mittelpunkt mit Hilfslinien, konstruieren dann das Objekt und transformieren es anschließend.

Objekt-Mittelpunkt | Den Mittelpunkt von Objekten, die Sie mit dem Ellipse-Werkzeug, dem Rechteck- oder Abgerundetes-Rechteck-Werkzeug erstellen, zeigt Illustrator standardmäßig an. Sie können jedoch für jedes Objekt individuell bestimmen, ob der Mittelpunkt seines Begrenzungsrahmens (der in den wenigsten Fällen dem geometrischen Mittelpunkt des Objekts entspricht) eingeblendet werden soll. Dazu verwenden Sie das Attribute-Bedienfeld – ⌘/[Strg]+[F11] – und klicken auf den Button MITTE AUSBLENDEN bzw. MITTE EINBLENDEN.

Da der Mittelpunkt »magnetisch« ist, können Sie ihn verwenden, um Objekte z. B. beim Verschieben daran auszurichten.

5.6.2 Begrenzungsrahmen
Der Begrenzungsrahmen (s. Hinweiskasten auf Seite 85) ist an den Ecken und in der Mitte der Seiten mit »Anfassern« versehen, die zur Durchführung der Transformation verwendet werden.

5.6.3 Die Transformationswerkzeuge
Mit diesen Werkzeugen für Drehen, Spiegeln, Skalieren und Verbiegen können Sie Objekte manuell oder durch die Eingabe der Parameter in der jeweils zugehörigen Dialogbox umformen. Beim manuellen Transformieren mit den Werkzeugen haben Sie folgende Modifizierungsmöglichkeiten:

- ▶ ⇧ erlaubt, je nach gewähltem Werkzeug, in 45°-Schritten vorzugehen bzw. die Objekt-Proportionen beizubehalten.
- ▶ Wenn Sie ⌥/[Alt] drücken, nachdem Sie die Transformation begonnen haben, transformieren Sie eine Kopie des Objekts.

Schritt für Schritt: Eine Blume zeichnen

1 Neues Dokument und erstes Objekt
Erstellen Sie ein neues Illustrator-Dokument mit dem Dokumentprofil DRUCK. Aktivieren Sie die intelligenten Hilfslinien – ⌘/[Strg]+[U]. Darin ziehen Sie die ersten benötigten Formen für die Blüte auf. Zeichnen Sie einen Kreis mit einem Durchmesser von etwa 8 mm. Holen Sie das Feld FLÄCHE im Werkzeugbedienfeld

---

Transformationswerte

Die intelligenten Hilfslinien zeigen den Skalierungsfaktor, Winkel und die Spiegelungsachse an. Wenn Sie diese Anzeige nicht wünschen, deaktivieren Sie unter VOREINSTELLUNGEN • INTELLIGENTE HILFSLINIEN die Option MESSBESCHRIFTUNGEN.

▲ **Abbildung 5.57**
MITTE AUS- und EINBLENDEN im Attribute-Bedienfeld

▲ **Abbildung 5.58**
Verwendung des Begrenzungsrahmens zum Drehen eines Objekts

▲ **Abbildung 5.59**
So wird die Blume aussehen.

Abbildung 5.60 ▶
Aufziehen und Färben des Kreises

▲ **Abbildung 5.61**
Die Grundelemente werden dahinter gezeichnet.

▲ **Abbildung 5.62**
Drehen und Duplizieren des Blütenblatts

▲ **Abbildung 5.63**
Formen des Blatts aus einer Ellipse

mit einem Klick in den Vordergrund, und wählen Sie für den Kreis eine Farbe im Farbfelder-Bedienfeld (ANSICHT • FARBFELDER).

2   Dahinter zeichnen

Wählen Sie im Werkzeugbedienfeld den Modus DAHINTER ZEICHNEN, und ziehen Sie mit dem Ellipse-Werkzeug ein Oval für ein Blütenblatt in der Größe von etwa 6 x 20 mm auf. Geben Sie auch diesem eine Flächenfarbe. Dann zeichnen Sie noch den Stengel, den Sie mit dem Rechteck-Werkzeug etwa in der Größe von 4 x 50 mm anlegen.

3   Blütenblätter transformieren

Wechseln Sie wieder in den Modus NORMAL ZEICHNEN. Aktivieren Sie das Blütenblatt, und wählen Sie das Drehen-Werkzeug. Mit einem Mausklick setzen Sie den Dreh-Mittelpunkt in die Mitte des Kreises – die intelligenten Hilfslinien zeigen ihn an.

Dann klicken Sie am oberen Ende des Blütenblattes. Lassen Sie die Maustaste nicht los und drücken Sie zusätzlich ⌥/Alt, um eine Kopie des Blatts zu erzeugen. Wenn Sie die Kopie gedreht haben, lassen Sie die Maustaste los. Klicken Sie jetzt auf die eben erstellte Kopie, drücken Sie dann zusätzlich ⌥/Alt und stellen die Drehung fertig. Auf diese Art erzeugen Sie weitere Kopien, bis die Blüte komplett ist. Die Drehwinkel dürfen gerne unregelmäßig sein.

4   Oval für Blatt

Jetzt zeichnen Sie ein weiteres senkrechtes Oval für ein Blatt unten am Stängel. Nehmen Sie das Ankerpunkt-konvertieren-Werkzeug – ⇧+C –, und klicken Sie auf den oberen und den unteren Ankerpunkt des Ovals. Gehen Sie wieder zurück zum Auswahl-Werkzeug, und färben Sie auch dieses Blatt ein.

5   Oval drehen

Mit dem Begrenzungsrahmen drehen Sie dieses Blatt nun 45° gegen den Uhrzeigersinn. Dazu bewegen Sie den Cursor über die linke obere Ecke des Begrenzungsrahmens – das Cursorsymbol zeigt ↻. Klicken und ziehen Sie nach links unten, und halten Sie dabei ⇧ gedrückt. Das Blatt verschieben Sie mit dem Auswahl-Werkzeug noch ein wenig nach rechts an den Stängel, falls nötig.

6   Neuer Referenzpunkt und Oval spiegeln
Jetzt wechseln Sie zum Spiegeln-Werkzeug. Drücken Sie ⌥/Alt, und klicken Sie damit auf die Mitte des Stängels. In der Spiegeln-Dialogbox wählen Sie Achse: Vertikal und klicken auf Kopieren.

> **Illustrator rechnen lassen**
>
> In den Eingabefeldern können Sie auch Berechnungen vornehmen lassen: Setzen Sie den Cursor hinter die bereits eingetragene Zahl, und geben Sie eine der Rechenarten +, -, *, / sowie eine Zahl ein.

▲ **Abbildung 5.64**
Drehen und Spiegeln des Blatts

5.6.4   Objekte verschieben
Um ein Objekt manuell zu verschieben, klicken Sie es mit dem Auswahl-Werkzeug an und ziehen es an die gewünschte Position. Aktivierte Objekte können auch mit den Cursortasten ↑, ↓, → und ← in die entsprechende Richtung bewegt werden.

Numerische Eingabe | Wählen Sie das Auswahl-Werkzeug, aktivieren Sie das zu verschiebende Objekt, und drücken Sie ↵ oder die Eingabetaste, um die Dialogbox aufzurufen – alternativ doppelklicken Sie auf das Auswahl-Werkzeug oder wählen aus dem Menü Objekt • Transformieren • Verschieben –, Shortcut ⌘/Strg+⇧+M. Die Verschiebung des Objekts erfolgt hiermit immer relativ zur bisherigen Position.

Um ein Objekt absolut an einer bestimmten Stelle auf der Arbeitsfläche neu zu positionieren, müssen Sie das Transformieren-Bedienfeld benutzen (s. Abschnitt 5.6.11).

> **Objekt oder Muster?**
>
> Mit den Kontrollkästchen Objekte und Muster in der Dialogbox der Transformationswerkzeuge bestimmen Sie, ob Sie nur das Objekt, nur das Muster des Objekts oder beides transformieren wollen. Mehr zum Transformieren von Mustern finden Sie in Kapitel 16, »Muster und Symbole«.

▲ **Abbildung 5.65**
Die Dialogbox Verschieben

> **Die Cursortasten funktionieren nicht**
>
> Wenn Sie ein Objekt mit den Cursortasten verschieben wollen, es sich aber auf der Zeichenfläche nicht bewegt, überprüfen Sie unter Voreinstellungen • Allgemein die Option Schritte per Tastatur. Steht diese auf 0, kann keine Verschiebung stattfinden. Diese Option enthält den Standardwert für die Verschiebung mit den Cursortasten. Verschieben die Cursortasten das Objekt in eine falsche Richtung, dann überprüfen Sie die Bildachse: Diese sollte auf 0° eingestellt sein, damit die Cursortasten wie erwartet funktionieren.

5.6 Objekte transformieren | **97**

Abbildung 5.66
Die Dialogbox DREHEN

Negativ oder positiv?
Möchten Sie ein Objekt in dieselbe Richtung drehen, die das Werkzeug-Icon anzeigt, dann geben Sie einen positiven Wert ein.

Abbildung 5.67
Beim manuellen Spiegeln bewegen Sie mit dem Cursor die Achse – das Objekt folgt der Bewegung.

Abbildung 5.68
Die Dialogbox SPIEGELN

Abbildung 5.69 ▶
Spiegeln eines Objekts (blau umrandet) um den bezeichneten Referenzpunkt, Achse (rot) im Winkel von 45°, 280° und 15° (von links)

5.6.5 Objekte drehen

Wählen Sie das Werkzeug im Werkzeugbedienfeld, oder drücken Sie R. Nach dem Anklicken des Referenzpunkts führen Sie das Drehen-Werkzeug auf der Arbeitsfläche um den Referenzpunkt herum, um ein aktiviertes Objekt zu drehen.

Mit dem Begrenzungsrahmen | Um ein Objekt mit dem Begrenzungsrahmen zu drehen, bewegen Sie den Auswahl-Cursor an der Außenkante des Rahmens entlang. Wenn der Cursor dieses Drehen-Symbol anzeigt, können Sie klicken und den Cursor ziehen, um das Objekt zu drehen.

Numerische Eingabe | Durch Eingabe des Winkels in der Dialogbox drehen Sie Objekte um den definierten Referenzpunkt. Negative Winkel bewirken eine Drehung im Uhrzeigersinn, positive gegen ihn.

5.6.6 Objekte spiegeln

Wählen Sie das Spiegeln-Werkzeug aus dem Werkzeugbedienfeld, oder drücken Sie O. Entlang einer virtuellen Achse, die durch den Referenzpunkt verläuft, wird das Objekt gespiegelt. Beim manuellen Spiegeln bewegen Sie mit dem Cursor diese Achse und relativ dazu das Objekt.

Numerische Eingabe | Die virtuelle Achse verläuft durch den Referenzpunkt. Sie haben die Möglichkeit, entweder eine horizontale, eine vertikale oder eine Achse im frei definierbaren Winkel von –360 bis 360° anzugeben.

Eine Achse von 0° verläuft vom Referenzpunkt aus horizontal nach links, andere Werte werden gegen den Uhrzeigersinn von dieser Position berechnet.

5.6.7 Objekte skalieren

Wählen Sie das Skalieren-Werkzeug aus dem Werkzeugbedienfeld, oder drücken Sie S. Dieses Werkzeug dient dazu, die Größe eines Objekts oder einer Objektgruppe zu verändern. Die Handhabung ist am einfachsten mit dem originären Referenzpunkt in der Mitte des Objekts. Ein Referenzpunkt außerhalb des Objekts vervielfacht die Wirkung der Transformation.

Wenn Sie nach dem Klicken den Cursor zur gegenüberliegenden Seite des Referenzpunkts bewegen, wird das Objekt zusätzlich gespiegelt (Abb. 5.70).

Sie haben folgende Modifizierungsmöglichkeiten:
- Ohne Modifizierung wird das Objekt je nach Cursor-Bewegung ungleichmäßig in Höhe und Breite verändert.
- ⇧ erhält die Proportionen des Objekts, sofern Sie in einem 45°-Winkel ziehen. Horizontale Cursor-Bewegungen verbreitern das Objekt nur, vertikale verändern nur die Höhe.

▲ **Abbildung 5.70**
Ziehen Sie den Cursor auf die gegenüberliegende Seite des Referenzpunkts, um ein Objekt beim Skalieren gleichzeitig zu spiegeln. Mit ⇧ wurde die Skalierung nur horizontal ausgeführt.

Mit dem Begrenzungsrahmen | Bewegen Sie den Cursor über die Anfasser, bis er eines der folgenden Symbole anzeigt:
- ↔ oder ↕, um nur die Breite bzw. Höhe zu verändern
- ↘, um Höhe und Breite des Objekts zu verändern

Wenn eines dieser Zeichen erscheint, können Sie klicken und ziehen. Die entsprechende Transformation wird sofort angezeigt. Sie haben folgende Modifizierungsmöglichkeiten:
- ⇧ erhält beim Skalieren die Proportionen des Objekts, egal in welche Richtung Sie den Cursor bewegen.
- ⌥/Alt verwendet den Objektmittelpunkt als Referenzpunkt bei der Skalierung.

▲ **Abbildung 5.71**
Die Dialogbox SKALIEREN

Numerische Eingabe | Das Kontrollkästchen KONTUREN UND EFFEKTE SKALIEREN muss aktiviert werden, wenn Sie die Konturen und Effekte zusammen mit dem Objekt skalieren wollen, damit beispielsweise Linien beim Vergrößern entsprechend dicker werden. Ob diese Option automatisch aktiviert wird, richtet sich nach der gleichnamigen Einstellung unter VOREINSTELLUNGEN • ALLGEMEIN.

▲ **Abbildung 5.72**
Originalobjekt mit angewandtem Pinselstrich-Effekt (links), Konturen und Effekte sind mit skaliert (Mitte), Konturen und Effekte sind nicht mit skaliert (rechts).

5.6.8 Objekte gleichmäßig nach allen Seiten skalieren

Ein Sonderfall der Skalierung tritt ein, wenn Sie eine unregelmäßige Fläche gleichmäßig nach allen Seiten erweitern oder »schrumpfen« möchten (in FreeHand »zoomen« genannt) – so wie einen Pfannkuchenteig, der in der Pfanne zerläuft, oder ein eingelaufenes Kleidungsstück. Für dieses Problem können Sie nicht das Skalieren-Werkzeug verwenden, sondern müssen die Pfade »verschieben«.

Aktivieren Sie das Objekt, und wählen Sie den Menübefehl OBJEKT • PFAD • PFAD VERSCHIEBEN… aus. Der Befehl lässt sich

▲ **Abbildung 5.73**
Der Unterschied zwischen SKALIEREN und PFAD VERSCHIEBEN: die blaue Fläche skaliert (links) und mit PFAD VERSCHIEBEN (rechts)

Abbildung 5.74
Die Dialogbox PFAD VERSCHIEBEN

Offene Pfade verschieben

PFAD VERSCHIEBEN, auf einen offenen Pfad angewendet, erweitert diesen zu einer Fläche (rechts).

Abbildung 5.75 ▶
In frühen Versionen von Grafikprogrammen hieß diese Funktion »Scheren«. Stellen Sie sich ein Objekt vor, das an den Hälften einer Schere befestigt ist und durch Öffnen und Schließen der Schere verbogen wird.

Abbildung 5.76
Die Dialogbox VERBIEGEN

sowohl auf Objekte mit offenen Pfaden als auch auf geschlossene Formen anwenden – wirkt jedoch bei offenen Pfaden anders. Wenn Sie ihn auf eine Objektgruppe anwenden, wird jeder in der Gruppe enthaltene Pfad umgeformt.

Nach dem Menüaufruf erscheint eine Dialogbox für numerische Eingabe:

▶ VERSATZ: Geben Sie positive Werte ein, um die Fläche zu erweitern, und negative, um sie schrumpfen zu lassen.
▶ LINIENECKEN und GEHRUNGSGRENZE: s. Abschnitt 9.1.1, »Standard-Konturoptionen«.

5.6.9 Objekte verbiegen (Scheren)

Wenn Sie das Verbiegen-Werkzeug manuell verwenden, erfolgt die Verbiegung in die Richtung, die sich aus dem Referenzpunkt und der Cursor-Position ergibt. Die Verbiegung wird umso stärker, je weiter Sie den Cursor von der Stelle auf der Arbeitsfläche wegbewegen, die Sie bei Beginn der Transformation angeklickt haben (Startpunkt).

Das Transformieren eines Objekts mit dem Werkzeug ist sehr intuitiv, da die Ergebnisse von der Wahl Ihres Startpunkts abhängen. Kleine Werkzeug-Bewegungen können zu extremen Verzerrungen führen. Mit ⇧ beschränken Sie den Transformations-Winkel auf die Horizontale, die Vertikale bzw. auf 45°-Winkel.

Numerische Eingabe | Die VERBIEGEN-Operation verformt das Objekt in Richtung einer definierbaren Achse um einen wählbaren Verbiegungswinkel. Die ACHSE gibt die Richtung (also die Ausrichtung der Schere), der WINKEL die Stärke der Verbiegung (also den Winkel der Scherenhälften zueinander) vor.

Schritt für Schritt: Isometrie eines Verpackungsdesigns

1 **Datei und Hilfslinien**

Richten Sie sich für diese Aufgabe ein neues Dokument im A4-Hochformat ein. Zeigen Sie die Lineale an, indem Sie ANSICHT •

Lineale einblenden wählen oder ⌘/Strg+R drücken. Aktivieren Sie außerdem Ansicht • Intelligente Hilfslinien. Ziehen Sie sich Hilfslinien ungefähr in die Mitte des Blatts, indem Sie erst in das Lineal an der linken Seite des Fensters klicken und bis in die Mitte des Blatts ziehen. Dann klicken und ziehen Sie die Hilfslinie aus dem oberen Lineal.

2 Erste Grundform erstellen

Als ersten Schritt der Isometrie erstellen Sie das Packungsdesign in der Aufsicht. Dafür erzeugen Sie drei Rechtecke – für den Anfang irgendwo auf dem Blatt.

Fangen Sie mit dem großen gelben Rechteck an: Wählen Sie das Rechteck-Werkzeug, und klicken Sie auf das Blatt. In die Dialogbox geben Sie die Größe ein – Abb. 5.78.

▲ **Abbildung 5.77**
Die fertiggestellte Isometrie

3 Einfärben

Um das Rechteck mit einer Füllung zu versehen und die Kontur zu löschen, wenden Sie das Steuerungsbedienfeld an. Um die Kontur zu löschen, rufen Sie das Pulldown-Menü unter Kontur ❶ auf. Wählen Sie das Symbol für Ohne. Rufen Sie das Menü unter Fläche ❷ auf, und wählen Sie eine Farbe aus.

4 Weitere Grundformen erstellen

Wiederholen Sie Schritt 2, um die weiteren Grundformen zu erstellen. Geben Sie folgende Werte ein: für das Rechteck links eine Breite von 20 mm und eine Höhe von 30 mm und für das Rechteck unten eine Breite von 50 mm und eine Höhe von 20 mm. Gehen Sie vor wie in Schritt 3, um auch diese Rechtecke zu färben.

▲ **Abbildung 5.78**
Erstellen des gelben Rechtecks

5 Grundformen positionieren

Positionieren Sie die Rechtecke jetzt auf dem Blatt. Klicken und ziehen Sie die Rechtecke an den Hilfslinien in Position – Abb. 5.80.

6 Design der Flächen

Fügen Sie noch einige weitere Objekte auf den Flächen hinzu. Verwenden Sie die Form-Werkzeuge, um geometrische Objekte zu erstellen, und färben Sie sie ein.

Anschließend gruppieren Sie jeweils diejenigen Objekte, die zu einer Seite der Packung gehören. Verwenden Sie das Auswahl-Werkzeug, um das Auswahlrechteck über einer Seite aufzuziehen (s. Abb. 5.81 auf der folgenden Seite). Achten Sie darauf, dass wirklich nur Objekte aktiviert sind, die zu der Seite gehören. Dann drücken Sie ⌘/Strg+G.

▲ **Abbildung 5.79**
Auswahl der Farben im Steuerungsbedienfeld

▲ **Abbildung 5.80**
Objekte an Hilfslinien ziehen

5.6 Objekte transformieren | **101**

Abbildung 5.81 ▶
Auswählen der Objekte für die Gruppierung

7 Transformieren der Objekte

Beginnen Sie mit der großen Fläche – diese wird in der isometrischen Ansicht die Oberseite sein. Aktivieren Sie die Gruppe dieser Grundfläche mit dem Auswahl-Werkzeug. Dann wählen Sie das Drehen-Werkzeug und klicken auf den Referenzpunkt: die Kreuzung der beiden Hilfslinien. Klicken und ziehen Sie mit dem Werkzeug an der anderen Seite des Objekts. Halten Sie dabei ⇧, um die Drehung auf 45°-Winkel einzuschränken. Drehen Sie das Objekt um 45° gegen den Uhrzeigersinn. Dann wechseln Sie zum Skalieren-Werkzeug, halten ⌥/Alt gedrückt und klicken erneut auf den Referenzpunkt. Geben Sie eine unproportionale Skalierung von »58%« bei VERTIKAL ein.

▲ **Abbildung 5.82**
DREHEN und SKALIEREN der großen Fläche

Das vordere (untere) Rechteck drehen Sie ebenfalls im ersten Schritt mit dem Drehen-Werkzeug 45° gegen den Uhrzeigersinn um den Schnittpunkt der beiden Hilfslinien. Dann wählen Sie das Skalieren-Werkzeug. Halten Sie ⌥/Alt, klicken Sie auf den Referenzpunkt, und geben Sie bei HORIZONTAL »58%« und bei VERTIKAL »100%« in die Dialogbox ein. Wechseln Sie zurück zum Drehen-Werkzeug, drücken Sie erneut ⌥/Alt, und klicken Sie auf den Referenzpunkt. Geben Sie »–30°« für die Drehung ein.

▲ **Abbildung 5.83**
Drehen und Skalieren der Fläche vorne

Aktivieren Sie jetzt das übriggebliebene Teil links. Drehen Sie es 45° gegen den Uhrzeigersinn um den Schnittpunkt der Hilfslinien. Wechseln Sie zum Skalieren-Werkzeug, klicken Sie mit gedrückter ⌥/Alt-Taste den Referenzpunkt, und skalieren Sie das Objekt horizontal um 58%. Dann wechseln Sie wieder zum Drehen-Werkzeug, klicken den Referenzpunkt und klicken mit dem Drehen-Werkzeug auf die untere Ecke. Diese ziehen Sie an die Kante des rechten Objekts. Dank der intelligenten Hilfslinien rastet sie dort ein.

▲ **Abbildung 5.84**
Drehen und Skalieren der Fläche links

5.6.10 Frei-transformieren-Werkzeug – perspektivisch verzerren

Eines für alles – das Frei-transformieren-Werkzeug bietet Ihnen in einem Tool alle Funktionen des Begrenzungsrahmens und zusätzlich die Möglichkeit, Objekte zu verzerren. Dieses Werkzeug ist sinnvoll, wenn Sie lieber mit deaktiviertem Begrenzungsrahmen arbeiten.

Aktivieren Sie die Objekte, die Sie transformieren möchten, zunächst mit dem Auswahl-Werkzeug, und wählen Sie erst dann das Frei-transformieren-Werkzeug aus – E. Jetzt wird für die ausgewählten Objekte automatisch ein Begrenzungsrahmen angezeigt.

> **Begrenzungsrahmen anwenden**
>
> Wie Sie mit einem Begrenzungsrahmen die Transformationen Verschieben, Drehen, Spiegeln und Skalieren durchführen, ist bei den jeweiligen Operationen beschrieben.

5.6 Objekte transformieren | **103**

Abbildung 5.85 ▶
Perspektivische Verzerrung mit dem Frei-transformieren-Werkzeug: ungleichmäßig (Mitte), gleichmäßig (rechts)

▲ **Abbildung 5.86**
Verbiegen

▲ **Abbildung 5.87**
Die blauen Hilfslinien kennzeichnen den eingegebenen Punkt. Das Quadrat wird je nach Referenzpunkt ausgerichtet.

Koordinatensystem

Für Informationen zu Illustrators Koordinatensystem s. Abschnitt 4.4, »Maßeinheiten und Lineale«.

Um ein Objekt perspektivisch zu verzerren, klicken Sie zuerst auf einen Eck-Anfasser, drücken erst dann ⌘/Strg+⇧ oder ⌘+⌥+⇧ bzw. Strg+Alt+⇧ für eine gleichmäßig perspektivische Verzerrung und ziehen in horizontaler oder vertikaler Richtung. **Achtung!** Halten Sie unbedingt die Reihenfolge ein, da sonst der Begrenzungsrahmen mit seinen Anfassern nicht mehr sichtbar ist!

Um ein Objekt zu verbiegen, klicken Sie auf einen Seiten-Anfasser, halten ⌘/Strg+⌥/Alt gedrückt und ziehen das Objekt in die gewünschte Form. Klicken Sie auf den Anfasser an der Ober- oder Unterseite für horizontales Verbiegen und auf der linken oder rechten Seite für vertikales Verbiegen. Mit ⇧ erhalten Sie beim horizontalen Verbiegen die Höhe und beim vertikalen Verbiegen die Breite des Objekts.

5.6.11 Transformieren-Bedienfeld

Die Transformationen Verschieben, Skalieren, Drehen, Verbiegen sowie Vertikal und Horizontal Spiegeln können Sie numerisch auch im Transformieren-Bedienfeld vornehmen: Fenster • Transformieren.

Sobald Sie ein oder mehrere Objekte auswählen, werden im Bedienfeld die Parameter des zugehörigen Begrenzungsrahmens bezogen auf den definierten Referenzpunkt angezeigt. Auf diesen Referenzpunkt beziehen sich auch die Transformationen, die Sie mithilfe des Bedienfelds vornehmen. Um eine andere Stelle des Objekts als Referenz zu verwenden, klicken Sie auf eines der kleinen Kästchen im Ursprungssymbol des Transformieren-Bedienfelds.

▶ **Verschieben:** Diese Operation erfolgt *absolut*, indem Sie die neue Position des Objekts im Koordinatensystem angeben. Legen Sie den Referenzpunkt ❶ fest, und geben Sie die X- und Y-Koordinate in das entsprechende Feld ❸ ein.

▶ **Skalieren:** Geben Sie die gewünschten Werte in die Kästchen B (Breite) und H (Höhe) ein ❺. Wenn Sie beim Skalieren die Proportionen beibehalten möchten, aktivieren Sie das Kettensymbol rechts daneben. Dann muss nur einer der beiden Werte eingegeben werden, und der andere wird automatisch berechnet. Alternativ geben Sie einen Wert ein, drücken ⌘/Strg und ↵. Der andere Wert wird proportional eingetragen.

▶ **Drehen:** Geben Sie den gewünschten Wert in das Feld neben dem Winkelsymbol ❷ ein. Negative Werte drehen im, positive gegen den Uhrzeigersinn.

▶ **Verbiegen:** An dieser Stelle können Sie durch Eingeben des Verbiegungswinkels ❹ das Objekt nur horizontal verbiegen (neigen).

▶ **Spiegeln:** Mit dem Transformieren-Bedienfeld können Sie ohne Variationen nur um 180° spiegeln, indem Sie im Bedienfeldmenü ▼≣ Horizontal oder Vertikal spiegeln aufrufen.

Modifizierungsmöglichkeiten über das Bedienfeldmenü ▼≣:

▶ Für alle Transformationen, die das Transformieren-Bedienfeld anbietet, können Sie auswählen, ob Sie das Objekt, sein Muster oder beides zusammen transformieren möchten. Standardmäßig ist die Option Nur Objekt transformieren aktiviert.

▶ Beim Skalieren mit dem Transformieren-Bedienfeld haben Sie wie beim Skalieren per Dialogbox auch die Option, Konturen und Effekte mit dem Objekt zu skalieren.

▶ An Pixelraster ausrichten: Diese Option erscheint, wenn Sie Optionen einblenden wählen, und sie bewirkt, dass Objekte an ganzen Pixeln ausgerichtet werden (s. Abschnitt 20.1.2), indem Illustrator automatisch Punkte verschiebt. Deaktivieren Sie diese Option unbedingt, wenn Sie Dokumente für den Druck vorbereiten und das Verformen Ihrer Objekte verhindern wollen.

▲ **Abbildung 5.88**
Das Transformieren-Bedienfeld und der Referenzpunkt

Vorschaubegrenzungen

Die im Transformieren-Bedienfeld angezeigten Werte für Position und Größe des Objekts berücksichtigen die Option Vorschaubegrenzungen verwenden unter Voreinstellungen • Allgemein (siehe Kapitel 4).

»Klonen«

Illustrator hat keinen eigenständigen Befehl für das »Klonen« von Objekten. Benutzen Sie dazu entweder Kopieren und Davor einfügen oder im Transformationsdialog den Button Kopieren zusammen mit Nullwerten in den Eingabefeldern.

◀ **Abbildung 5.89**
An Pixelraster ausrichten: rechts nach mehrfacher Veränderung der Konturstärke und/oder Verschieben des Objekts

5.6.12 Erneut transformieren

Um die letzte Transformation mit denselben Einstellungen auf dasselbe oder ein anderes Objekt erneut anzuwenden, wählen Sie im Menü Objekt • Transformieren • Erneut transformieren – Shortcut ⌘/Strg+D. Sollten Sie bei der letzten Transformation statt des Originals eine Kopie erzeugt und bearbeitet haben, wird auch mit dieser Option eine Kopie erstellt und transformiert.

Abbildung 5.90
Wir verwenden einen Stern als Grundform.

Transformieren-Effekt

In vielen Zusammenhängen ist der Transformieren-Effekt dem Befehl ERNEUT TRANSFORMIEREN vorzuziehen (zu Effekten siehe Kapitel 13).

Abbildung 5.91 ▶
Geben Sie den Drehwinkel ein. Nicht vergessen: Wählen Sie den Mittelpunkt des Zifferblatts als neuen Referenzpunkt!

Schritt für Schritt: Erneut transformieren

1 Die Grundform

In dieser kleinen Übung setzen wir ERNEUT TRANSFORMIEREN ein, um ein Zifferblatt zu erstellen. Zunächst erzeugen Sie eine Grundform.

Sie können Ihre Grundform aber beliebig komplex gestalten. Wenn Sie mehrere Objekte kombinieren, sollten Sie diese aktivieren und gruppieren, bevor Sie fortfahren.

2 Die Transformation

Für ein Zifferblatt brauchen wir insgesamt elf Kopien des Grundobjekts, die in 30°-Schritten gedreht werden. Um die erste Drehung aufzuzeichnen, aktivieren Sie das Grundobjekt und wählen das Drehen-Werkzeug aus.

Drücken Sie ⌥/Alt, und klicken Sie als neuen Referenzpunkt den zukünftigen Mittelpunkt des zu erzeugenden Zifferblatts an. Geben Sie »30« als Wert für die Drehung ein, und benutzen Sie zur Bestätigung nicht OK, sondern den Button KOPIEREN.

3 Die weiteren Schritte

Um das Zifferblatt fertigzustellen, wiederholen Sie OBJEKT • TRANSFORMIEREN • ERNEUT TRANSFORMIEREN oder ⌘/Strg+D, bis das Zifferblatt komplett ist, also noch zehn Mal.

▲ **Abbildung 5.92**
Der Menübefehl ERNEUT TRANSFORMIEREN

Sie können den Befehl ERNEUT TRANSFORMIEREN auch dann anwenden, wenn Sie die Ausgangstransformation manuell, also nicht numerisch erzeugt haben.

▲ **Abbildung 5.93**
Das »Zifferblatt«

106 | 5 Geometrische Objekte und Transformationen

5.6.13 Einzeln transformieren

Wenn Sie mehrere Objekte gleichzeitig transformieren, werden diese bei einer Umwandlung wie eine Gruppe behandelt, auch wenn die Objekte nicht gruppiert sind. Das heißt, sie werden relativ zu einem gemeinsamen Referenzpunkt transformiert.

Wenn für jedes Objekt sein eigener Referenzpunkt gelten soll, verwenden Sie die Dialogbox, die über das Menü OBJEKT • TRANSFORMIEREN • EINZELN TRANSFORMIEREN aufgerufen wird (Abb. 5.96). Sie haben damit die Möglichkeit, Objekte einzeln um den gleichen Wert zu vergrößern, zu verschieben und zu drehen oder mit dem Button KOPIEREN statt OK zu duplizieren und die Kopien entsprechend umzuwandeln.

▲ **Abbildung 5.94**
Zusammen um 30° gedreht (Mitte), einzeln um 120° gedreht mit der Zusatzoption ZUFALLSWERT. Der zufällige Wert wird zwischen 1 und dem eingegebenen Wert generiert.

◀ **Abbildung 5.95**
Unterschied zwischen SKALIEREN (Mitte) und EINZELN TRANSFORMIEREN mit SKALIEREN (rechts) – links: Ausgangsobjekte

Sehr interessant für die Illustration von Naturmotiven ist die Option ZUFALLSWERT, um beispielsweise eine realistischer anmutende Zufallsverteilung und -ausrichtung zu erreichen. Zu diesem Zweck vervielfältigen Sie Objekte zunächst regelmäßig über eine Fläche und wenden anschließend die Funktion EINZELN TRANSFORMIEREN mit der Option ZUFALLSWERT auf alle Objekte an.

▲ **Abbildung 5.96**
EINZELN TRANSFORMIEREN

▲ **Abbildung 5.97**
Regelmäßig angeordnete Ausgangsobjekte (links) wurden mit EINZELN TRANSFORMIEREN nur zufällig gedreht (Mitte) und zufällig gedreht, skaliert und verschoben (rechts).

Mit den Schiebereglern lassen sich nur sehr geringe Werte einstellen, die Funktion akzeptiert jedoch die direkte Eingabe von Skalierungen zwischen –4.000 und +4.000 % und Verschiebungen zwischen –1.411,1111 und +1.411,1111.

Symbolinstanzen einzeln transformieren

Symbolsätze (s. Abschnitt 16.2.1) können Sie mit der Funktion nicht bearbeiten. Wenn Sie jedoch einen Symbolsatz zunächst mit OBJEKT • UMWANDELN in einzelne Instanzen aufsplitten und die Gruppe auflösen, dann können Sie die Instanzen anschließend einzeln transformieren.

5.7 Ausrichten und Verteilen

Ordnung ist das halbe Leben. Sehr praktisch ist daher die Möglichkeit, Objekte und einzelne Ankerpunkte (s. Abschnitt 6.3.3) aneinander auszurichten oder zu verteilen. So können Sie sich ganz auf den Entwurf Ihrer Illustration konzentrieren und ersparen sich den unnötigen Einsatz von Hilfslinien.

5.7.1 Objekte ausrichten

Objekte werden mit dem Ausrichten-Bedienfeld ausgerichtet. Wählen Sie FENSTER • AUSRICHTEN, um das Bedienfeld aufzurufen – ⌂+F7; im Dock klicken Sie auf das Symbol .

Wählen Sie mindestens zwei Objekte aus, und klicken Sie in der oberen Zeile des Ausrichten-Bedienfelds (OBJEKTE AUSRICHTEN) das gewünschte Symbol an, um die Objekte entsprechend dem abgebildeten Symbol zueinander auszurichten (siehe Infobox »Ausrichten-Bedienfeld« auf S. 112). Normalerweise erfolgt die Ausrichtung anhand des Begrenzungsrahmens (s. S. 85) – dieser Modus wird als AUSRICHTEN AN AUSWAHL bezeichnet. Es besteht aber auch die Möglichkeit, ein Referenzobjekt zu bestimmen, dessen Position die Basis für die Ausrichtung ist. Die dritte Option ist das Ausrichten an der Zeichenfläche (s. Abschnitt 4.3).

▲ **Abbildung 5.98**
Das Ausrichten-Bedienfeld – Sie finden viele der Optionen auch im Steuerungsbedienfeld.

Abbildung 5.99 ▶
Links: Originalobjekte und an der Zeichenfläche ausgerichtet
Rechts: Bestimmung eines Objekts, an dem die Ausrichtung erfolgt

Sollen Objekte sowohl waagerecht als auch senkrecht ausgerichtet werden, müssen Sie die horizontale und die vertikale Ausrichtung nacheinander ausführen.

Schritt für Schritt: Ausrichten

1 **An der Seite ausrichten**

In dieser Übung führen Sie verschiedene typische Arbeitsabläufe mit dem Ausrichten-Bedienfeld durch. Öffnen Sie die Datei »Ausrichten.ai« von der DVD. Rufen Sie das Ausrichten-Bedienfeld auf, falls es nicht bereits angezeigt wird, und positionieren Sie das Bedienfeld in der Nähe der Seite.

Zunächst benötigen Sie eine Referenz für die Ausrichtung des ganzen Satzspiegels auf der Mitte der Seite: Aktivieren Sie den

▲ **Abbildung 5.100**
Ausgangssituation der Schritt-für-Schritt-Anleitung

Text, wählen Sie An Zeichenfläche ausrichten aus dem Menü Ausrichten an rechts unten im Ausrichten-Bedienfeld, falls es nicht bereits ausgewählt ist. Dies erkennen Sie am Symbol, das im Icon des Ausrichten an-Menüs dargestellt wird.

Um die Ausrichtung des Textes an der Zeichenfläche durchzuführen, klicken Sie auf den Button Horizontal zentriert ausrichten.

▲ Abbildung 5.101
Auswählen der Ausrichtungsoption

2 An Referenzobjekt ausrichten

Die »Headline« ist jetzt Ihr Referenzobjekt für die folgenden Ausrichtungen. Einige Objekte müssen rechtsbündig mit der Headline ausgerichtet werden. Aktivieren Sie die Headline, den grünen und den gelben Kasten sowie den Stern.

Wählen Sie aus dem Menü Ausrichten an die Option An Basisobjekt ausrichten. Das im Objektstapel oben liegende Objekt – der Stern – wird automatisch als Basisobjekt bestimmt und zur Kennzeichnung mit einer fetten Outline versehen. Da Sie nicht den Stern, sondern die Headline verwenden wollen, müssen Sie diese jetzt noch als Basisobjekt definieren. Klicken Sie auf die Headline, um sie als Basisobjekt zu bestimmen – drücken Sie dabei keine Modifizierungstasten –, und verwenden Sie anschließend den Button Rechts ausrichten.

▲ Abbildung 5.102
Ausrichtung der Headline

In dieser Übung werden Sie mit den beteiligten Objekten keine weitere Ausrichtung durchführen. Sollten Sie jedoch für weitere Ausrichtungen mit den aktivierten Objekten ein anderes Referenzobjekt benötigen, müssen Sie vorher die Aktion Basisobjekt abbrechen aus dem Bedienfeldmenü ausführen oder ein anderes Objekt anklicken.

▲ Abbildung 5.103
Definieren der Headline als Basisobjekt (links) und Ausrichten daran (rechts)

3 Einfache Ausrichtung

Es müssen jetzt zwei Ausrichtungen mit unterschiedlichen Objekten durchgeführt werden:
1. der blaue Kasten und die Headline: links ausrichten
2. der blaue und der grüne Kasten: oben ausrichten

Aktivieren Sie für jeden Schritt die beteiligten Objekte, und klicken Sie auf den entsprechenden Button.

▲ Abbildung 5.104
Ausrichten des grünen Kastens

4 Ausrichtung an Referenzobjekt

Abschließend führen Sie noch eine »Ausrichtung unten« des gelben Kastens am Referenzobjekt blauer Kasten durch. Aktivieren Sie die beiden Kästen, klicken Sie auf den blauen Kasten, und wählen Sie den Button Unten ausrichten.

▲ Abbildung 5.105
Ausrichtung am Referenzobjekt

> **Ausrichten in Illustrator CS3**
>
> In Illustrator CS3 muss der Ausrichtungsmodus in zwei Schritten aktiviert werden: Zunächst wählen Sie die Referenz aus dem Menü, und im zweiten Schritt aktivieren Sie die Ausrichtung.

Optionen | Direkt auf dem Bedienfeld sowie im Bedienfeldmenü können Sie folgende Optionen und Einstellungen vornehmen:

- AUSRICHTEN AN: Hier wechseln Sie zwischen den »Operationsmodi« der Ausrichtenfunktionen AN AUSWAHL AUSRICHTEN, AN ZEICHENFLÄCHE AUSRICHTEN, AN BASISOBJEKT AUSRICHTEN und AN BASISANKERPUNKT AUSRICHTEN (wenn einzelne Ankerpunkte ausgewählt sind).

  Ein Symbol kennzeichnet die gewählte Ausrichtungsart, die sofort aktiv ist und angewendet wird. Wenn Sie die Objekte deaktivieren, springt die Einstellung automatisch von AN BASISOBJEKT AUSRICHTEN auf AN AUSWAHL AUSRICHTEN zurück. Die Option AN ZEICHENFLÄCHE AUSRICHTEN bleibt allerdings bestehen – diese müssen Sie manuell umstellen, wenn Sie nicht mehr an der Zeichenfläche ausrichten möchten.

- VORSCHAUBEGRENZUNGEN VERWENDEN: Als Grundeinstellung werden Objekte anhand ihrer Objektgrenzen – also dem Pfad – ausgerichtet. Wenn Objekte eine starke Außenlinie aufweisen, führt diese Einstellung nicht immer zum gewünschten Ergebnis.

Abbildung 5.106 ▶
Mit der Option VORSCHAUBEGRENZUNGEN VERWENDEN wird z. B. die Linienstärke berücksichtigt: Objekte Rechts und oben ausgerichtet (links mit Option VORSCHAUBEGRENZUNGEN VERWENDEN)

Mit aktivierter Option VORSCHAUBEGRENZUNGEN VERWENDEN werden die sichtbaren Außenbegrenzungen zum Ausrichten von Objekten verwendet, also mit Linienstärken und/oder Effekten.

5.7.2 Objekte gleichmäßig verteilen

Beim Verteilen werden die betreffenden Objekte mit gleichmäßigen Abständen zueinander versehen. Die verschiedenen Möglichkeiten sind:

- Alle Objekte werden gleichmäßig über den Raum verteilt, ausgerichtet an ihren Außenkanten bzw. ihrem Mittelpunkt, begrenzt von den beiden äußersten Objekten.
- Der Raum zwischen den Objekten wird gleichmäßig aufgeteilt.
- Ein frei definierbarer Abstand wird zwischen den Objekten eingerichtet.

> **Aneinanderstoßen**
>
> Um Objekte exakt aneinanderstoßen zu lassen, verwenden Sie die Funktion ABSTAND VERTEILEN mit dem Wert 0.

▲ **Abbildung 5.107**
Die Objekte werden anhand ihrer Außenkanten oder ihrer Mittelpunkte gleichmäßig verteilt.

Ist beim Verteilen von Objekten die Ausrichtung an der Zeichenfläche oder der Schnittkante aktiviert, werden die äußeren Objekte an die jeweiligen Ränder verschoben.

Objekte verteilen | Im Ausrichten-Bedienfeld sind die Symbole in der zweiten und dritten Reihe, Objekte verteilen und Abstand verteilen, für das Verteilen von Objekten zuständig.

Aktivieren Sie die Objekte, die verteilt werden sollen. Achten Sie darauf, dass in dem Wertefeld Auto eingetragen ist, und klicken Sie dann den gewünschten Button im Ausrichten-Bedienfeld an.

Verteilen eines definierten Abstands | Um einen definierten Abstand zwischen den Objekten zu verteilen, gehen Sie folgendermaßen vor:
1. Aktivieren Sie die Objekte, die Sie verteilen möchten.
2. Wählen Sie aus dem Menü Ausrichten an die Option An Basisobjekt ausrichten. Das im Stapel oben liegende Objekt wird hervorgehoben, und erst jetzt wird das Feld für die Eingabe des Abstands aktiv.
3. Klicken Sie auf das Objekt, von dem aus der Abstand verteilt werden soll. Es wird hervorgehoben.
4. Tragen Sie den gewünschten Abstand in das Feld Auto im Bedienfeld ein.
5. Klicken Sie den gewünschten Button Horizontal verteilen: Abstand bzw. Vertikal verteilen: Abstand im Ausrichten-Bedienfeld an, um den Abstand zwischen den Objekten einzurichten.

▲ **Abbildung 5.108**
Beim Verteilen der Objekte mit frei definiertem Abstand muss ein Referenzobjekt bestimmt werden.

5.7.3 Ausrichten von Schnittmasken

Mit Illustrator CS3 wurde ein ärgerliches Fehlverhalten des Programms behoben – ein mit einer Schnittmaske versehenes Objekt wird korrekt anhand der Schnittmaske (statt wie bisher an den Außenkanten des beschnittenen Objekts) ausgerichtet (zu Schnittmasken s. Abschnitt 11.3).

5.7.4 Ausrichten von gruppierten Objekten

Isolieren Sie Gruppen oder zusammengesetzte Formen (Isolationsmodus s. Abschnitt 11.4), und richten Sie dann die Bestandteile aneinander aus. Es ist nicht möglich, einzelne Objekte, die Bestandteile verschiedener Gruppen sind, aneinander auszurichten.

▲ **Abbildung 5.109**
Ein beschnittenes Objekt (blau) wird korrekt an der Oberkante der Schnittmaske mit einem zweiten Objekt (rechts) ausgerichtet.

5.7 Ausrichten und Verteilen | **111**

Ausrichten-Bedienfeld

Ausrichtung (ohne Referenzobjekt)
Die Mittenausrichtungen ⬚ und ⬚ erfolgen bezogen auf die rechnerische horizontale bzw. vertikale Mitte des virtuellen Rechtecks, das alle aktivierten Objekte umschließt.
Bei Randausrichtungen ⬚ ⬚ ⬚ ⬚ erfolgt die Anordnung der ausgewählten Kanten aller aktivierten Objekte an der entsprechenden Kante des virtuellen Begrenzungsrechtecks (in der Grafik rot gekennzeichnet).

Ausrichtung (mit Referenzobjekt)
Anstatt auf das virtuelle umgebende Rechteck bezieht sich die Definition der Mitte bzw. der Kanten auf das Referenzobjekt (in der Grafik grün). Das heißt, seine Mitte oder seine untere Kante bestimmt die Position der Mitte oder der unteren Kanten aller ausgerichteten Objekte.

Verteilung (ohne Referenzobjekt)
Die Mittelpunkte ⬚ ⬚ bzw. Kanten ⬚ ⬚ ⬚ ⬚ aller aktivierten Objekte werden gleichmäßig zwischen den Extrempositionen verteilt. Für die Ermittlung der Extrempositionen werden jedoch nicht die Gesamtobjekte, sondern nur ihre jeweils auszurichtenden Kanten (rot) bewertet.

Verteilung (mit Referenzobjekt)
Zwischen den Mittelpunkten oder Kanten der beteiligten Objekte wird der im Eingabefeld definierte Abstand eingerichtet.

Abstand verteilen (ohne Referenzobjekt)
Die aktivierten Objekte werden in horizontaler ⬚ oder vertikaler ⬚ Richtung so auf der Fläche des virtuellen Rechtecks verteilt, dass ein gleichmäßiger Abstand zwischen ihnen entsteht. Die Durchführung ist nur sinnvoll, wenn ausreichend Platz vorhanden ist, um alle Objekte neben- oder übereinander anzuordnen.

Abstand verteilen (mit Referenzobjekt)
Zwischen den Außenbegrenzungen der beteiligten Objekte wird der im Eingabefeld definierte Abstand eingerichtet.

6 Pfade konstruieren und bearbeiten

6.1 Pfade und Bézierkurven

Im vorigen Kapitel haben Sie gelernt, wie Sie mit den Werkzeugen von Illustrator Formen erzeugen und Objekte transformieren. Dabei sind – ganz unbemerkt – Pfade ins Spiel gekommen.

Pfade bilden in Illustrator, wie in allen Vektorprogrammen, die Grundlage aller Formen. Das Zeichenstift-Werkzeug (oder die »Zeichenfeder«) ist die native Methode, um Pfade Punkt für Punkt aufzubauen.

6.1.1 Die Anatomie eines Pfads

Die wesentlichen Bestandteile eines Pfads sind die **Ankerpunkte**, durch die er geformt wird. Der Teil eines Pfads zwischen zwei Punkten wird **Pfadsegment** ❶ genannt.

Geschlossene Pfade schließen einen Raum komplett ein; bei offenen Pfaden fehlt ein Pfadsegment. Die beiden nicht verbundenen Punkte an den Enden eines offenen Pfads werden als **Endpunkte** ❷ bezeichnet – auch wenn eigentlich einer von ihnen ein Anfangspunkt ist, denn Pfade haben eine Richtung. Illustrator arbeitet mit zwei Typen von Ankerpunkten:

- **Eckpunkte** ❸, an denen der Pfad seinen Verlauf abrupt ändert, also eine Ecke ausbildet.
- **Übergangspunkte** ❹ oder »Kurvenpunkte«, an denen der Pfad kontinuierlich ins benachbarte Pfadsegment übergeht.

Den Kurvenverlauf zwischen den Ankerpunkten bestimmen Kurventangenten, die **Grifflinien** ❺, deren Länge und Ausrichtung durch Bewegen der **Griffpunkte** an ihrem Ende beeinflusst werden kann.

Pfade können keine »Abzweigungen« besitzen, sondern immer nur je einen Anfangs- und Endpunkt. Über zusätzliche Optionen wie »inverse Kinematik« ist es in anderen Programmen (z. B. in Flash sowie einigen Diagramm-Programmen) möglich, mehrere

▲ Abbildung 6.1
Bestandteile eines Pfads

▲ Abbildung 6.2
Geschlossener Pfad (oben) und offener Pfad (unten)

Grifflinien greifen?

Auch wenn die Kurventangenten in Illustrator »Grifflinien« heißen, können Sie diese Linien selbst nicht anfassen und bewegen.

Pfade so zu verknüpfen, dass sich komplette Pfade oder auch nur einige ihrer Segmente nach mathematischen Gesetzmäßigkeiten abhängig voneinander bewegen. Diese Funktionalität besitzt Illustrator nicht.

6.2 Mit dem Zeichenstift arbeiten

6.2.1 Werkzeuge zum Zeichnen

Anders als beim Zeichnen auf Papier werden beim Konstruieren mit dem Zeichenstift-Werkzeug die Linien nicht gezogen, sondern es werden einzelne Ankerpunkte gesetzt, die Illustrator dann verbindet.

Sie erzeugen sowohl Eckpunkte als auch Übergangspunkte mit demselben Werkzeug; lediglich das Vorgehen, wie Sie mit dem Werkzeug den Punkt setzen, bestimmt darüber, welche Art von Ankerpunkt generiert wird. Nachträglich lässt sich ein Eckpunkt in einen Übergangspunkt konvertieren und umgekehrt.

Neben dem Zeichenstift-Werkzeug finden Sie Spezialwerkzeuge für das Hinzufügen, Löschen und Konvertieren von Punkten. Alle diese Spezialwerkzeuge lassen sich auch temporär durch Modifizierungstasten erreichen. Der Cursor des Zeichenstift-Werkzeugs nimmt dabei verschiedene Formen an und zeigt Ihnen anhand seines Symbols, welche Aktion an der jeweiligen Stelle unter dem Cursor mit einem Klick möglich ist:

- einen neuen Pfad beginnen
- den Pfad mit einem Ankerpunkt weiterführen
- einen Ankerpunkt auf einem bestehenden Pfad hinzufügen
- einen Punkt von einem Pfad löschen
- einen Punkt konvertieren
- an einem Endpunkt ansetzen, um den Pfad weiterzuführen
- an einen bestehenden Pfad anschließen
- den Pfad schließen

6.2.2 Vorbereitungen

Die standardmäßig von Illustrator angezeigten Ankerpunkte und Griffe sind sehr klein. Dies ist besonders auf hoch auflösenden Monitoren ein Problem, da die Punkte nur schwer zu greifen sind.

Sie können jedoch für die Größe der Punkte zwischen drei Optionen auswählen. Rufen Sie Voreinstellungen • Auswahl und Ankerpunkt-Anzeige auf, um die Punktgröße einzustellen.

▲ Abbildung 6.3
Der Zeichenstift funktioniert wie ein umgekehrtes Punkte-verbinden-Spiel: Sie setzen die Punkte, und Illustrator verbindet sie.

▲ Abbildung 6.4
Zeichenwerkzeuge, von links: Zeichenstift, Ankerpunkt hinzufügen, Ankerpunkt löschen, Ankerpunkt konvertieren

▲ Abbildung 6.5
In welcher Reihenfolge Sie die Punkte setzen, bestimmt die Richtung des Pfads. Die Pfadrichtung wirkt sich beispielsweise auf die Kontur von Pinselstrichen und auf die Ausrichtung eines Textes auf einem Pfad aus.

◀ **Abbildung 6.6**
Voreinstellungen für die
ANKERPUNKT-ANZEIGE

Dahinter auswählen

Zum Auswählen dahinterliegender Objekte s. Abschnitt 5.2.5.

▶ ANKERPUNKTE/GRIFFE: Sie haben die Möglichkeit, die Größe der Ankerpunkte unabhängig von der Größe der Griffe einzustellen. Die grau hinterlegte Option ist aktuell eingestellt. Klicken Sie auf eine andere Darstellung, um diese auszuwählen.

▶ ANKERPUNKTE UNTER MAUSZEIGER HERVORHEBEN: Befindet sich ein Ankerpunkt unter dem Mauszeiger, können Sie diesen zusätzlich hervorheben lassen – dies ist hilfreich, wenn Sie einen Punkt finden müssen, solange kein Objekt aktiviert ist.

▲ **Abbildung 6.7**
Darstellungsgrößen von Ankerpunkten und Griffen: klein (links) bis groß (rechts)

6.2.3 Eckpunkte anlegen

Die einfachsten Formen, die Sie in Vektorprogrammen erzeugen können, sind offene Linien oder Polygone, also Pfade aus geraden Segmenten, die nur aus Eckpunkten ohne Grifflinien bestehen. Ein Polygon, also eine vieleckige Form, erzeugen Sie mit folgenden Arbeitsschritten:

Vektoren zeichnen

In Abschnitt 6.6, »Strategien zum Zeichnen von Vektoren«, finden Sie wichtige Hinweise, wie Sie effektiv Pfade ziehen können.

❶ Wählen Sie das Zeichenstift-Werkzeug aus, und bewegen Sie es an eine Position auf der Zeichenfläche, an der sich kein anderer Pfad befindet; der Cursor muss das Symbol ⚲ anzeigen. Erzeugen Sie durch einen kurzen Klick den Startpunkt Ihres Objekts.

❷ Klicken Sie nun nacheinander auf die Stellen der Zeichenfläche, an denen Sie die folgenden Eckpunkte Ihres Polygons setzen wollen. Der Cursor muss dabei das Symbol ⚲ anzeigen.

Um die Eingabe eines Pfads zu beenden, haben Sie zwei Möglichkeiten:

❸ a) Um das Objekt als offenen Pfad abzuschließen, halten Sie ⌘/Strg gedrückt und klicken auf eine leere Stelle der Arbeitsfläche. Alternativ können Sie auch ein neues Werkzeug auswählen.

❹ b) Klicken Sie wieder auf den Startpunkt, dann entsteht ein geschlossener Pfad. Der Cursor ändert sich dabei in ⚲.

6.2 Mit dem Zeichenstift arbeiten | **115**

▲ **Abbildung 6.8**
Die Krümmung eines Kurvensegments wird durch die Grifflinien der beiden benachbarten Ankerpunkte bestimmt. Einen Kurvenverlauf können Sie nur sauber zeichnen, wenn Sie ihn mit beiden Tangenten steuern.

Übung | Um die Vorgehensweise zu trainieren, öffnen Sie die Datei »Geraden-zeichnen.ai« von der DVD und zeichnen die Formen wie direkt auf der Zeichenfläche beschrieben.

▲ **Abbildung 6.9**
Eine der Übungen zum Zeichnen von Eckpunkten auf der DVD

▲ **Abbildung 6.10**
In Pfadrichtung (Pfeil) ist ❶ der hinführende, ❷ der wegführende Griff.

6.2.4 Übergangspunkte – Kurvenformen zeichnen

Übergangspunkte dagegen bilden keine Ecken aus, sondern ermöglichen einen homogenen Übergang zwischen zwei Kurventeilen. Wie zwei Kurvensegmente in einem Kurvenpunkt ineinander übergehen, bestimmen die Länge und Richtung ihrer Tangenten. Die eine Tangente bestimmt die Form der Kurve zum vorher gesetzten Punkt (»hinführender Griff«), die andere Grifflinie legt den Kurvenverlauf zum nachfolgenden Ankerpunkt fest (»wegführender Griff«). So erzeugen Sie einen Übergangspunkt:

❶ Erstellen Sie den Startpunkt des Pfads mit einem Klick (s. Abschnitt 6.2.3).

❷ Setzen Sie den folgenden Ankerpunkt mit einem Klick, lassen Sie die Maustaste jedoch nicht los, sondern …

❸ … ziehen Sie den Cursor mit gedrückter Maustaste vom Klickpunkt weg. Damit erstellen Sie die Tangenten, die den Kurvenverlauf bestimmen. Die (zunächst gleich langen) Grifflinien sollten Sie immer in Pfadrichtung ziehen, da sonst eine Schleife im Pfad entsteht (s. Abb. 6.11). Die folgenden Kurvenpunkte erstellen Sie auf die gleiche Art. Möchten Sie zwischendurch einen Eckpunkt setzen, gehen Sie vor wie in Abschnitt 6.2.3 beschrieben.

❹ Um die Zeichnung zu beenden, halten Sie ⌘/Strg gedrückt und klicken neben den Pfad, oder klicken Sie den Startpunkt, um den Pfad zu schließen.

Übung | Um die Vorgehensweise zu trainieren, öffnen Sie die Datei »Kurven-zeichnen.ai« von der DVD und zeichnen die Formen wie direkt auf der Zeichenfläche beschrieben.

▲ **Abbildung 6.11**
Herausziehen der Griffe im Vergleich: Werden die Griffe gegen die Pfadrichtung herausgezogen (links), entsteht beim Weiterführen des Pfads eine Schleife (2. von links). Beim Herausziehen in Richtung des Pfads (2. von rechts) wird der Pfad glatt weitergeführt (rechts).

6.2.5 Übergangspunkt als Startpunkt

Sie können einen Übergangspunkt auch bereits als Startpunkt erzeugen. Gehen Sie dabei wie folgt vor:

▲ **Abbildung 6.12**
Eine der Übungen zum Zeichnen von Kurvenpunkten auf der DVD

① Setzen Sie den Startpunkt, und lassen Sie die Maustaste nicht los, sondern ziehen Sie gleich die Grifflinien heraus.

② Erstellen Sie die folgenden Punkte entweder als Eck- oder als Übergangspunkte.

③ Um einen geschlossenen Pfad zu erstellen, ziehen Sie beim abschließenden Klick auf den Startpunkt noch einmal die Grifflinien aus dem Startpunkt, damit zu beiden Seiten ein Kurvensegment ausgebildet wird.

Übung | Um die Vorgehensweise zu trainieren, öffnen Sie die Datei »Geschlossene-Formen-zeichnen.ai« von der DVD und zeichnen die Formen wie direkt auf der Zeichenfläche beschrieben.

6.2.6 Kombinationspunkte oder »gebrochene Ankerpunkte«: Eckpunkte zwischen Kurvensegmenten

Ein Eckpunkt muss nicht unbedingt von zwei geraden Pfadsegmenten eingeschlossen sein, er kann auch einem Kurvensegment folgen oder vor einem Kurvensegment angeordnet sein. Illustrator hat keine eigene Bezeichnung für diese Art Punkte, manche Anwender bezeichnen sie als »gebrochene Ankerpunkte« oder als »Kombinationspunkte«.

▲ **Abbildung 6.13**
Übungen zum Zeichnen von geschlossenen Formen auf der DVD

Gehen Sie wie folgt vor, um Kombinationspunkte zu zeichnen:

6.2 Mit dem Zeichenstift arbeiten | **117**

❶ Zunächst erstellen Sie eine Gerade mit einem Startpunkt und einem Eckpunkt. Lassen Sie die Maustaste los, und bewegen Sie den Cursor über den zuletzt gesetzten Ankerpunkt. Der Cursor zeigt hierbei einen kleinen Pfeil neben der Zeichenfeder.

❷ Klicken Sie auf den Punkt, und ziehen Sie mit gedrückter Maustaste die Grifflinie aus dem Ankerpunkt heraus. Dann lassen Sie die Maustaste los. Diese Aktion verändert Ihre Zeichnung zunächst nicht.

❸ Der nächste Punkt soll zwar ein Eckpunkt werden, Sie benötigen aber die beiden Grifflinien, daher setzen Sie einen Übergangspunkt duch Klicken und Ziehen. Nun sehen Sie das Kurvensegment, das Sie in Schritt ❷ begonnen haben.

❹ Klicken Sie mit dem Cursor einmal auf den eben erstellten Punkt. Die wegführende Grifflinie wird entfernt.

❺ Um ein weiteres Kurvensegment anzuschließen, aber den Eckpunkt zu erhalten, halten Sie ⌥/Alt gedrückt und ziehen die Grifflinie aus dem Punkt.

❻ Führen Sie die Linie weiter, indem Sie einen weiteren Kurvenpunkt setzen. Damit daran ein gerades Segment anschließen kann, löschen Sie den wegführenden Griff wie in Schritt ❹.

Übung | Um die Vorgehensweise zu trainieren, öffnen Sie die Datei »Eck-Kurven-zeichnen.ai« von der DVD und zeichnen die Formen wie direkt auf der Zeichenfläche beschrieben.

▲ **Abbildung 6.14**
Eine der Übungen zum Zeichnen von gebrochenen Kurven auf der DVD

Modifikationsmöglichkeiten | Ankerpunkte anlegen

▶ ⇧: Während Sie die Ankerpunkte durch Mausklick setzen, halten Sie ⇧ gedrückt, um Pfadsegmente waagerecht, senkrecht oder in einem 45°-Winkel zu zeichnen.

▶ ⇧: Ziehen Sie Griffpunkte mit der Taste ⇧, werden diese waagerecht, senkrecht oder in einem 45°-Winkel angelegt.

- ⇧: Möchten Sie einen neuen Punkt auf einen bestehenden Ankerpunkt setzen und dabei gegebenenfalls eine Schleife erzeugen, drücken Sie ⇧ und klicken erst dann den Punkt. Dies funktioniert jedoch nicht beim zuletzt gesetzten Punkt – es muss mindestens ein weiterer Punkt dazwischen liegen (Abbildung 6.15).
- Leertaste: Wenn Sie die Leertaste drücken, noch während Sie einen Ankerpunkt klicken, können Sie den neuen Punkt verschieben. Illustrator erstellt dabei zunächst eine Vorschau des entstehenden Pfadsegments, sodass es möglich ist, beim Erstellen des Ankerpunkts das Segment noch nachzurichten. Auf diesem Weg lässt sich so etwas wie ein »Gummibandmodus« in Illustrator erreichen.
- ⌘/Strg: Wechseln Sie temporär zum zuletzt verwendeten Auswahl-Werkzeug (Auswahl, Direkt- oder Gruppenauswahl).
- ⌥/Alt: Mit dieser Taste wechseln Sie temporär zum Ankerpunkt-konvertieren-Werkzeug ↳.

▲ **Abbildung 6.15**
Mindestens ein Punkt muss zwischen den beiden übereinanderliegenden Punkten liegen, wenn Sie eine Schleife bilden wollen.

▲ **Abbildung 6.16**
Korrigieren des Segments beim Setzen des Punkts

Beim Zeichnen zoomen und Ausschnitt verschieben

Zoomen Sie zum Zeichnen an das Motiv heran, sodass Sie immer die etwa zwei bis drei folgenden Pfadsegmente im Blick haben. Zum Nacharbeiten der Pfade kann es nötig sein, näher heranzuzoomen. Wenn Sie während der Arbeit zoomen oder den Fensterausschnitt verschieben müssen, sollten Sie Werkzeugwechsel vermeiden. Verwenden Sie stattdessen Kurzbefehle: Mit ⌘/Strg+Leertaste erreichen Sie temporär das Zoom-Werkzeug, drücken Sie zusätzlich ⌥/Alt, um auszuzoomen. Mit der Leertaste erreichen Sie das Hand-Werkzeug zum Verschieben des Fensterinhalts.
Wichtig: Achten Sie darauf, beim Zoomen nicht versehentlich das Objekt oder den Ankerpunkt zu deaktivieren, an dem Sie gerade zeichnen. Üben Sie die Vorgehensweise des Zoomens und Verschiebens.

6.2.7 Korrekturen durchführen

Häufig werden Sie direkt beim Zeichnen eines Pfads ungünstig gesetzte Punkte bemerken. Leider stellen sich Fehler meistens erst im Zusammenspiel mehrerer Punkte heraus.

Die Arbeit mit dem Zeichenstift geht besser von der Hand, wenn Sie sie »in einem Rutsch« durchführen – d. h., wenn Sie im ersten Durchgang den Pfad erstellen und erst im zweiten Durchgang die Ankerpunkte und Grifflinien mithilfe des Direktauswahl- und des Ankerpunkt-konvertieren-Werkzeugs justieren.

Als sinnvoll erweist sich allerdings manchmal das Widerrufen des gerade erstellten Punkts. Dazu wählen Sie im Menü Bearbeiten • Rückgängig: Zeichenstift – ⌘/Strg+Z.

Der zuletzt gesetzte Punkt wird samt Pfadsegment entfernt, und der davor erzeugte Ankerpunkt wird aktiviert, sodass es möglich ist, sofort wieder ein neues Segment anzuschließen.

Zusammenfassung: Punkt-Merkmale

Beim Erstellen der beiden Ankerpunkt-Arten haben Sie erfahren, dass sich Eckpunkte und Übergangspunkte durch die Handhabung ihrer Grifflinien unterscheiden. Eckpunkte haben entweder keine, eine oder zwei Tangenten. Die Grifflinien eines Eckpunkts können unabhängig voneinander bewegt werden und in unterschiedliche Richtungen zeigen. Übergangspunkte dagegen besitzen immer zwei Grifflinien, die eine durchgehende Linie bilden und sich nur gemeinsam bewegen lassen.

Schritt für Schritt: Eine Vogel-Silhouette zeichnen

Beim Erstellen von Pfaden mit dem Zeichenstift wird meist nach einer Vorlage gearbeitet, da man sonst die Proportionen des Gesamtobjekts allzu leicht aus dem Blick verliert. So halten Sie es auch in dieser Übung.

1 Planung

Öffnen Sie die Illustrator-Datei »Vorlage Vogel.ai« von der DVD. Die Vorlage für die Zeichnung ist bereits in der Datei enthalten. Sehen Sie sich die Vorlage an, und planen Sie, wie Sie die Zeichnung aus Einzelteilen aufbauen und wo Sie Punkte setzen wollen. In diesem Fall ist es günstig, folgende Teile einzeln zu zeichnen: den Vogelkörper, die Beine und jeweils die einzelnen Äste. Sie können Einzelteile zu einem späteren Zeitpunkt zu einer Form kombinieren.

Beim Nachzeichnen ist es vorläufig nicht so wichtig, dass Sie die vorgegebene Form genau treffen. Es kommt eher darauf an, dass Sie alle Punkte korrekt als Eck- oder Übergangspunkte setzen und möglichst die benötigten Grifflinien sofort mit erzeugen, denn so sparen Sie sich beim »Nacharbeiten« viel Mühe.

▲ **Abbildung 6.17**
Eine einfache Form; Aufteilung der Zeichnung (unten)

2 Vorbereitungen

Rufen Sie Voreinstellungen • Auswahl- und Ankerpunktanzeige auf, und stellen Sie die Ankerpunkt- und Griffanzeige auf die jeweils untere – größte – Anzeigeform. So treffen Sie die Punkte besser.

Klicken Sie im Werkzeugbedienfeld auf das Fläche-Symbol, um es zu aktivieren. Dann klicken Sie auf das Symbol Ohne. So stellen Sie sicher, dass der Bereich, den Sie gerade zeichnen wollen, nie durch eine Füllung des Objekts verdeckt wird. Klicken Sie

▲ **Abbildung 6.18**
Einstellen der Fläche Ohne

dann auf das Kontur-Symbol, und stellen Sie hier eine mit Ihrer Vorlage stark kontrastierende Farbe ein, indem Sie im Farbfelder-Bedienfeld auf das gewünschte Farbfeld klicken. Wählen Sie die Farbe jedoch nicht zu grell. Auf der schwarzen Vorlage ist Rot eine gute Wahl. Rufen Sie FENSTER • KONTUR auf, und geben Sie 0,2 Pt als Konturstärke ein (Flächen- und Konturfarben s. Abschnitt 8.4.2).

Jetzt klicken Sie noch einmal kurz auf das Direktauswahl-Werkzeug im Werkzeugbedienfeld – damit Sie später temporär zu diesem wechseln können – und wählen dann das Zeichenstift-Werkzeug.

▲ **Abbildung 6.19**
Wahl einer Farbe für die Kontur

3   Als Start eine Kurve aus einem Eckpunkt

Sie beginnen an der Flügelspitze und zeichnen im Uhrzeigersinn. Die Richtung, in der Sie zeichnen, wählen Sie nach Motiv und Ihren persönlichen Vorlieben – sie hat hier keine Bedeutung für das Ergebnis. Klicken Sie mit dem Zeichenstift-Werkzeug den ersten Punkt, halten Sie die Maustaste gedrückt, und ziehen Sie die Griffpunkte heraus. Achten Sie hauptsächlich auf die Grifflinie, die das folgende Kurvensegment bestimmen wird – diese ziehen Sie ein Drittel so lang wie das Pfadsegment. Die nicht benötigte Grifflinie, die das Pfadsegment am Rücken formen wird , »brechen« Sie später ab, wenn die Form geschlossen wird.

4   Eckpunkte mit Kurvensegmenten zu beiden Seiten

Der nächste Punkt ist ebenfalls ein Eckpunkt – und zu beiden Seiten schließen Kurven an. Sie klicken also auf die Ecke und ziehen gleich die Griffe heraus. Achten Sie jetzt auf das in der Pfadrichtung nach hinten zeigende Pfadsegment, und ziehen Sie den Griff passend ein: etwa ein Drittel der Pfadlänge. Dann lassen Sie die Maustaste los.

Drücken Sie ⌥/Alt, um temporär zum Ankerpunkt-konvertieren-Werkzeug zu wechseln (der Cursor zeigt das Symbol ⌃), und klicken und ziehen Sie damit den vorderen Griff in Richtung des Pfads – wieder auf etwa ein Drittel der Pfadlänge. Der Griff wurde abgebrochen, der Punkt ist jetzt ein Eckpunkt.

▲ **Abbildung 6.20**
Setzen des Startpunkts durch Klicken und Ziehen der Grifflinie

Griff abbrechen

Die hier beschriebene Vorgehensweise ist eine Alternative zu der in Abschnitt 6.2.6, die sich vor allem empfiehlt, wenn der »gebrochene Ankerpunkt« von zwei Kurvensegmenten benachbart ist.

◄ **Abbildung 6.21**
Setzen Sie einen Kurvenpunkt (links und Mitte), wechseln Sie temporär zum Ankerpunkt-konvertieren-Werkzeug, und brechen Sie den Griff ab (rechts).

> **Vorlagenfarbe**
>
> Die Abbildungen hier im Buch zeigen eine graue Vorlage. Diese wurde nur gewählt, damit der Pfad, die Punkte und die Griffe im Druck besser zu erkennen sind. Für das Nachzeichnen ist häufig eine kontrastreichere Vorlage besser geeignet.

Abbildung 6.22 ▶
Beginnen Sie mit einem normalen Kurvenpunkt (links). Dann wird nicht der bestehende Griff abgebrochen, sondern einfach ein neuer gezogen (rechts).

5 Zwei weitere Punkte dieser Art

Am folgenden Punkt setzen Sie zunächst einen Übergangspunkt und ziehen dabei die Griffe so, dass das hinter dem Punkt liegende Pfadsegment angepasst wird. Dann lassen Sie die Maustaste los und bewegen den Cursor über den Ankerpunkt – der Cursor wechselt zu. Drücken und halten Sie ⌥/Alt, und klicken und ziehen Sie den Griff neu aus dem Punkt heraus in die gewünschte Richtung.

Setzen Sie an der Schwanzspitze noch einen weiteren Eckpunkt nach einer der beiden Vorgehensweisen.

6 Eine enge Kurve

Jetzt müssen Sie sich überlegen, wo Sie die Kurvenpunkte setzen, um den Bauch des Vogels zu formen. Probieren Sie zunächst die »Minimallösung«: Den Übergang vom Schwanz zum Bauch bilden Sie mit zwei Punkten, dann setzen Sie einen weiteren am Hals. Klicken und ziehen Sie kurz vor dem Übergang in die enge Kurve einen Punkt. Ziehen Sie die Griffe nicht zu weit heraus, da das folgende Pfadsegment sehr kurz wird. Nach der engen Kurve setzen Sie einen weiteren Kurvenpunkt und ziehen die Griffe ebenfalls nur kurz heraus.

Wechseln Sie jetzt mit ⌘/Strg temporär zum Direktauswahl-Werkzeug – der Cursor zeigt es an –, und ziehen Sie den vorderen Griff des eben gesetzten Punkts etwas weiter heraus, damit die Form des Bauchs sich gleich besser beurteilen lässt.

▲ **Abbildung 6.23**
Hier benötigen Sie die beiden Kurvenpunkte.

Abbildung 6.24 ▶
Verlängern Sie die vordere Grifflinie.

7 Die Arbeitsfläche im Fenster verschieben

Spätestens jetzt müssen Sie sicher etwas weiter nach oben scrollen. Benutzen Sie entweder die Scrollbalken, oder drücken und halten Sie die Leertaste, und verschieben Sie mit dem Handcursor die Zeichenfläche auf dem Monitor. Klicken Sie erst, wenn die Hand erschienen ist, und lassen Sie nach dem Verschieben erst die Maustaste, dann die Leertaste los. Ansonsten würden Sie einen Ankerpunkt setzen.

8 Eine weite Kurve

Den abschließenden Ankerpunkt für den Bauch setzen Sie an der Stelle, an der der Pfad seine Richtung wechselt. Ziehen Sie die Griffe aber nur so kurz heraus, wie es für den Hals benötigt wird.

> **Ups!**
> Falls Sie beim Verschieben doch versehentlich einen Ankerpunkt setzen, widerrufen Sie den Schritt sofort mit ⌘/Strg + Z. Normalerweise können Sie anschließend weiterzeichnen, als wäre nichts gewesen. Achten Sie jedoch trotzdem auf den Cursor: Zeigt dieser ein kleines Kreuz, würden Sie einen neuen Pfad anfangen. In diesem Fall müssen Sie noch einmal auf den vorherigen Punkt klicken und dort auch die Grifflinie noch einmal ziehen (siehe dazu den Abschnitt 6.5.3 »Pfade verlängern«, auf Seite 136).

◀ **Abbildung 6.25**
Es gehört etwas Fingerspitzengefühl dazu, die richtigen Punkte zu finden.

9 Der Schnabel

Für den Schnabel brauchen Sie drei Punkte; Anfang und Ende liegen dabei senkrecht untereinander. Setzen Sie einen Kurvenpunkt als Übergang vom Hals zum Schnabel.

Klicken Sie dann auf die Schnabelspitze, um dort einen Eckpunkt zu setzen. Der nächste Eckpunkt ist ebenfalls offensichtlich – klicken Sie darauf.

◀ **Abbildung 6.26**
Der Schnabel besteht aus einem Kurvenpunkt, gefolgt von zwei Eckpunkten. Die Oberseite des Schnabels ist also eine Gerade.

10 Abschluss

Klicken Sie erneut auf den eben gesetzten Punkt, und ziehen Sie gleich einen Griff heraus. Hinter dem Kopf setzen Sie einen Kurvenpunkt und gleich einen weiteren, um die enge Kurve zu formen.

▲ **Abbildung 6.27**
Kopfrundung und Übergang zum Rücken

Abschließend bewegen Sie den Cursor über den Startpunkt – der Cursor signalisiert, dass Sie den Pfad hier schließen können. Klicken Sie auf den Startpunkt, und ziehen Sie gleich einen ganz langen Griff heraus, der den Rücken formt. Dabei verschieben Sie den ersten Griff, den Sie gebildet haben. Greifen Sie daher diesen Griff erneut mit dem Cursor, und drücken Sie dabei ⌥/Alt, um ihn »abzubrechen«.

Abbildung 6.28 ▶
Wenn Sie den Pfad schließen und dabei den Griff für den Rücken ziehen, wird der anfangs gesetzte Griff auch wieder verformt.

▲ **Abbildung 6.29**
Richten des ersten Griffs

▼ **Abbildung 6.30**
Der Bauch wird nachgerichtet. Dazu verwenden Sie die Griffe beider angrenzenden Ankerpunkte – sie sollten in die gleiche Länge gezogen werden.

11 **Korrekturarbeiten**

An einigen Stellen ist jetzt Nacharbeiten nötig. Wechseln Sie zum Direktauswahl-Werkzeug . Für Arbeiten an Punkten oder Griffen müssen die Ankerpunkte zunächst aktiviert werden. Dazu bewegen Sie das Direktauswahl-Werkzeug über den gewünschten Punkt – der Cursor wechselt zum Symbol . Klicken Sie nun auf den Punkt, um ihn zu aktivieren – der Punkt wird dabei ausgefüllt dargestellt, alle anderen Punkte sind »hohl«.

124 | 6 Pfade konstruieren und bearbeiten

Wenn Sie Griffe verschieben möchten, aktivieren Sie den zugehörigen Ankerpunkt (die Griffe werden angezeigt). Dann klicken und ziehen Sie den Griff in die gewünschte Position. Bei Kurvenpunkten werden immer beide Griffe synchron bewegt. Muss auch ein Punkt verschoben werden, aktivieren Sie ihn zunächst und verschieben ihn dann.

12 Konturen für sich arbeiten lassen

An den Beinen des Vogels sparen Sie sich viel Arbeit, wenn Sie nicht außen um die Form herumfahren, sondern nur einen offenen Pfad zeichnen und die Form durch eine starke Kontur erzeugen. Das ist hier möglich, weil die Beine über die gesamte Länge eine einheitliche Stärke haben. Zeichnen Sie also einen Pfad in der Mitte eines Beins. Dann geben Sie eine stärkere Kontur im Steuerungsbedienfeld ein. Zoomen Sie an das Bein heran (mit ⌘/Strg+Leertaste erhalten Sie die Lupe), und probieren Sie aus, mit welcher Konturstärke Sie die gewünschte Dicke erreichen (Umwandeln von Konturen in Flächen s. Abschnitt 10.5.1).

Wenn das eine Bein fertiggestellt ist, wechseln Sie zum Auswahl-Werkzeug, halten Sie ⌥/Alt gedrückt und klicken und verschieben das Bein, um eine Kopie zu erzeugen.

> **Einen neuen Pfad beginnen**
>
> Wenn Sie einen neuen Pfad beginnen möchten, deaktivieren Sie sicherheitshalber vorher alle noch ausgewählten Pfade. Wenn ein offener Pfad aktiviert ist, kann es sein, dass Sie diesen versehentlich fortführen, anstatt einen neuen Pfad zu zeichnen.

▲ **Abbildung 6.31**
Das Bein wurde in der Mitte der Linie in der Vorlage gezeichnet, mit einer starken Kontur versehen und dupliziert.

13 Konturstärken nutzen

Für die Äste nutzen Sie die gleiche Vorgehensweise und führen diese anschließend noch weiter. Zeichnen Sie jeden Ast einzeln, und weisen Sie ihm jeweils eine passende Konturstärke zu.

Dann aktivieren Sie alle Äste und wählen Objekt • Pfad • Konturlinie. Die Äste werden in Flächen umgewandelt. Mit ⇧+X vertauschen Sie Flächen- und Konturfarbe.

Jetzt wählen Sie das Direktauswahl-Werkzeug, aktivieren die einzelnen Ankerpunkte und verschieben diese, um die gewünschte Form zu erreichen.

▲ **Abbildung 6.32**
Eine Kontur wird in eine Fläche umgewandelt und anschließend verformt.

6.2.8 Übersicht der Modifikationstasten

Werkzeug	Anwendung der Modifikationstasten	Auswirkung
✒	⇧ beim Setzen eines Punkts	Pfadsegment waagerecht, senkrecht oder im 45°-Winkel erzeugen
✒	⇧ beim Ziehen eines Griffpunkts	Griff waagerecht, senkrecht oder im 45°-Winkel ziehen
✒	⇧ und auf vorhandenen Ankerpunkt (keinen Endpunkt) klicken	einen neuen Punkt direkt über den bestehenden Ankerpunkt setzen (Schleife im Pfad)
✒	Leertaste während des Setzens eines Punkts	diesen Punkt verschieben (Gummibandmodus)
✒	⌘/Strg	temporär zum zuletzt verwendeten Auswahl-Werkzeug ▶, ▶ oder ▶
✒	⌥/Alt	temporär zum Ankerpunkt-konvertieren-Werkzeug ▶

▲ **Tabelle 6.1**
Modifikationstasten für Zeichenstift-Werkzeuge

FreeHand-Umsteiger

Umsteiger, die die Werkzeuge von FreeHand gewohnt sind, werden die Auswahl-Werkzeuge als gewöhnungsbedürftig empfinden. Illustrator verwendet das Auswahl-Werkzeug und das Direktauswahl-Werkzeug sehr spezifisch, denn das Programm macht einen Unterschied zwischen der Auswahl eines Objekts und der eines Ankerpunkts.

6.3 Punkte und Pfadsegmente auswählen

Pfade sind nach dem Erstellen selten in der optischen Form, die gewünscht ist. Zum Nacharbeiten müssen Sie Punkte bewegen oder umwandeln, Grifflinien nachrichten und Pfadsegmente verformen. Voraussetzung dafür ist, dass die entsprechenden Ankerpunkte bzw. Pfadsegmente ausgewählt werden.

Bei der Arbeit mit den Auswahl-Werkzeugen gibt Ihnen – wie beim Zeichenstift – der Cursor wertvolle Hinweise darauf, welche Aktion Sie an einer bestimmten Stelle ausführen können:
- der normale Cursor des Auswahl-Werkzeugs
- das Objekt aktivieren
- das Objekt an einem seiner Ankerpunkte »greifen«
- der normale Cursor des Direktauswahl-Werkzeugs
- ein Pfadsegment oder das komplette Objekt aktivieren und verschieben
- einen Ankerpunkt aktivieren und verschieben

Beim Ausführen von Aktionen zeigt der Cursor weitere Symbole:
- Verschieben eines Objekts, Ankerpunkts oder Griffs
- Einrasten an einem Punkt beim Verschieben
- Duplizieren eines Objekts
- Einrasten an einem Punkt beim Duplizieren

6.3.1 Vorschau oder Pfadansicht

Meist zeichnen Sie im Vorschaumodus. Pfade, die in der Vorschau verdeckt sind, können Sie in der Pfadansicht bearbeiten, dann sind die Farben, Konturen und Füllungen der Objekte nicht aktiv.

◀ **Abbildung 6.33**
In der Pfadansicht erkennen Sie auch von breiten Konturen den Pfadverlauf, Sie können Konturen von Flächen unterscheiden, und die Füllung stört nicht bei der Auswahl von Ankerpunkten.

Auch für die Arbeit mit dem Auswahlrechteck oder dem Lasso an gefüllten Flächen oder breiten Konturen kann es sinnvoll sein, in die Pfadansicht zu wechseln und zur Weiterbearbeitung Ihrer Auswahl in den Vorschaumodus zurückzukehren – in beide Richtungen: ⌘/Strg+Y. Auswahlen gehen dabei nicht verloren.

6.3.2 Anzeige der Grifflinien

Per Voreinstellung zeigt Illustrator nur die Grifflinien eines einzeln ausgewählten Punkts je Objekt an. Sind an einem Objekt mehrere Punkte ausgewählt, werden nur die Grifflinien dargestellt, die jeweils an die äußeren Pfadsegmente dieser Auswahl angrenzen. Möchten Sie die Grifflinien aller ausgewählten Punkte anzeigen lassen, aktivieren Sie unter VOREINSTELLUNGEN • AUSWAHL UND ANKERPUNKT-ANZEIGE die Option BEI AUSWAHL VON MEHREREN ANKERPUNKTEN GRIFFE ANZEIGEN.

▲ **Abbildung 6.34**
Voreingestellte Darstellung der Grifflinien (oben) und mit Anzeige aller Griffe (unten)

▲ **Abbildung 6.35**
Buttons zum Einblenden aller Griffe im Steuerungsbedienfeld

Dieselbe Einstellung können Sie auch über die Buttons GRIFFE im Steuerungsbedienfeld vornehmen, die eingeblendet werden, sobald Ankerpunkte ausgewählt sind. Drücken Sie den Button GRIFFE EINBLENDEN (links) bzw. den Button GRIFFE AUSBLENDEN (rechts).

Auswahl von Pfadsegmenten über das Menü | Über das AUSWAHL-Menü haben Sie weitere Möglichkeiten, Punkte auszuwählen. Aktivieren Sie ein Objekt, und wählen Sie die Funktion AUSWAHL • OBJEKT • GRIFFLINIEN. Damit werden alle Pfadsegmente des Objekts aktiviert.

Dieser Befehl ist nützlich, wenn Sie ein Objekt in einem Schritt an allen Ankerpunkten zerschneiden möchten: Schneiden Sie zu diesem Zweck das Objekt nach dem Auswählen der Grifflinien aus ⌘/Strg+X, und fügen Sie es wieder ein ⌘/Strg+F.

6.3.3 Aktive Pfade, Pfadsegmente und Ankerpunkte

Illustrator zeigt in der Bildschirmdarstellung an, welche Pfade, Ankerpunkte und Grifflinien aktiv sind und bearbeitet werden können.

Auswahl wird nicht angezeigt

Wenn Sie zwar etwas ausgewählt haben, die Auswahl jedoch nicht angezeigt wird, haben Sie vielleicht unabsichtlich die Ecken ausgeblendet.
Wählen Sie ANSICHT • ECKEN EINBLENDEN, um die Anzeige wieder zu aktivieren.

▲ **Abbildung 6.36**
Ist ein Objekt ausgewählt, werden alle seine Ankerpunkte als gefüllte Quadrate angezeigt. Sie können einzelne Punkte oder deren Grifflinien nicht verändern.

▲ **Abbildung 6.37**
Wenn ein Pfadsegment ausgewählt ist, sind alle Ankerpunkte des Objekts nicht gefüllt. Die Grifflinien, die die Form des aktiven Segments bestimmen, sind sichtbar.

▲ **Abbildung 6.38**
Ein aktiver Ankerpunkt wird als gefülltes Quadrat angezeigt. Die anderen Punkte des Objekts sind ungefüllt. Die Griffe des aktiven Punkts und der benachbarten Pfadsegmente sind sichtbar.

6.3.4 Smart Guides – intelligente Hilfslinien

Intelligente Hilfslinien?

Das ist keine neue Funktion; es handelt sich hier um die magnetischen Hilfslinien, sie wurden lediglich in der deutschen Version umbenannt.

Eine andere Möglichkeit, um Pfade – auch verborgene – zu identifizieren, ist die Option ANSICHT • INTELLIGENTE HILFSLINIEN. Wenn Sie diesen Modus einschalten, zeigt Illustrator alle Pfade unter dem Cursor an sowie in der Standardeinstellung die Position von Ankerpunkten. Der Shortcut zum Ein- und Ausschalten ist ⌘/Strg+U.

Intelligente Hilfslinien stehen nicht zur Verfügung, wenn die Option AM RASTER AUSRICHTEN aktiv ist.

6.3.5 Pfade und Punkte ausblenden

Wenn Sie die Anzeige der Grifflinien, Pfade und Punkte stört, wählen Sie die Menüoption ANSICHT • ECKEN AUSBLENDEN.

Sie haben dann zwar keinen Anhaltspunkt mehr, welche Elemente Ihrer Grafik gerade aktiv sind, unter dem Cursor liegende Ankerpunkte werden trotzdem weiterhin hervorgehoben.

Aufgrund des in Photoshop sehr gebräuchlichen Shortcuts ⌘/Strg+H wird die Pfadanzeige häufig unabsichtlich ausgeblendet. Möchten Sie sie wieder einblenden, rufen Sie ANSICHT • ECKEN EINBLENDEN auf.

▲ **Abbildung 6.39**
Smart Guides zeigen Pfade, Punkte sowie Grifflinien an, und sie machen alle Objekte magnetisch.

6.4 Punkte bearbeiten

Sie können einzelne oder mehrere Ankerpunkte zusammen bewegen oder anderweitig transformieren, um die Form eines Pfads zu ändern. Pfadsegmente lassen sich direkt anfassen und bearbeiten, oder das Segment wird mithilfe der Grifflinien in die richtige Form gebracht.

6.4.1 Ankerpunkte bewegen

Um einen Ankerpunkt zu bewegen, aktivieren Sie ihn mit dem Direktauswahl-Werkzeug und ziehen ihn an die gewünschte Position. Solange nicht bereits das gesamte Objekt aktiviert ist, können Sie in einem Zug einen Punkt auswählen und verschieben, ohne die Maustaste zwischendurch loszulassen.

Ist das Objekt dagegen selektiert und möchten Sie einen Ankerpunkt bewegen, klicken Sie den Punkt einmal mit dem Direktauswahl-Werkzeug an und klicken und ziehen den Punkt in einem zweiten Schritt.

Alternativ lassen sich aktivierte Ankerpunkte mit den Pfeiltasten ↑, ↓, → und ←, der Funktion OBJEKT • VERSCHIEBEN oder per Eingabe der neuen Position in das Transformieren- oder das Steuerungsbedienfeld bewegen.

Modifizierungsmöglichkeiten | Ankerpunkte bewegen
▶ ⇧: Mit der ⇧-Taste verschieben Sie Ankerpunkte in festen 45°-Winkelungen. Da diese Taste gleichzeitig dazu dient, mehrere Punkte auszuwählen, müssen Sie die Modifikationstaste und die Maus in der richtigen Reihenfolge bedienen. Dies erreichen Sie, wenn Sie die Umschalttaste erst drücken,

---

Auswahl-Werkzeug temporär

Wie in vielen anderen Grafikprogrammen lässt sich auch in Illustrator das Auswahl-Werkzeug temporär aufrufen, während Sie ein anderes Werkzeug benutzen. Allerdings wechseln Sie dabei immer zum zuletzt verwendeten Auswahl-Werkzeug – das kann neben dem Direktauswahl-Werkzeug auch eines der beiden anderen Auswahl-Werkzeuge sein.
Wenn Sie während der Erstellung eines Pfads einen der vorher gesetzten Punkte verschieben wollen, müssen Sie das Direktauswahl-Werkzeug verwenden. Klicken Sie deshalb noch einmal kurz auf das Direktauswahl-Werkzeug, bevor Sie den Zeichenstift aufrufen.

Pfeiltasten funktionieren nicht

Wenn ein Objekt sich bei Betätigung der Pfeiltasten nicht bewegt, prüfen Sie, ob unter der Option SCHRITTE PER TASTATUR unter VOREINSTELLUNGEN • ALLGEMEIN der Wert 0 eingetragen ist.

wenn Sie schon begonnen haben, die Objekte zu verschieben, und sie erst nach der Maustaste loslassen.

6.4.2 Punkte transformieren

Nicht nur komplette Formen, auch mehrere Ankerpunkte, die Sie zusammen ausgewählt haben, können Sie gemeinsam mit den Transformations-Werkzeugen bearbeiten. Sehr praktisch ist diese Vorgehensweise beispielsweise beim »Abknicken« einer Form.

Um das Bein aus der Datei »Punkte gemeinsam transformieren.ai« zu beugen, verfahren Sie wie folgt:

❶ Erstellen Sie, falls nötig, Kurvenpunkte an der geplanten Beugestelle.

❷ Aktivieren Sie mit dem Lasso oder mit dem Direktauswahl-Werkzeug die Ankerpunkte auf dem Teil des Pfads, der umgebogen werden soll.

❸ Mit dem Drehen-Werkzeug klicken Sie einen Referenzpunkt.

❹ Dann klicken Sie mit dem Drehen-Werkzeug und ziehen die Beugung in die richtige Position.

6.4.3 Punkte horizontal und/oder vertikal zentrieren

Mit der Funktion DURCHSCHNITT BERECHNEN können Sie mehrere Punkte eines oder mehrerer Objekte horizontal und/oder vertikal auf eine jeweilige Mittelachse zentrieren.

Aktivieren Sie die auszurichtenden Objekte oder Punkte, und rufen Sie den Menübefehl OBJEKT • PFAD • DURCHSCHNITT BERECHNEN... auf – ⌘+⌥+J bzw. Strg+Alt+J.

▲ **Abbildung 6.40**
Mit DURCHSCHNITT BERECHNEN lassen sich zwei Ankerpunkte vor dem Zusammenfügen auf dieselbe Position bringen.

Abbildung 6.41 ▶
Die Dialogbox DURCHSCHNITT BERECHNEN

Geben Sie mit den Optionsbuttons die Richtung der ACHSE an, entlang derer die Ankerpunkte gemittelt werden sollen. Um Punkte nur in vertikaler Richtung zu verschieben, geben Sie eine waagerechte Achse an und umgekehrt. Verwenden Sie diese Funktion anstelle des Ausrichtens zum Beispiel, um eine Linie, die nur aus zwei Punkten besteht, »geradezurücken«.

Da Illustrator einen Durchschnitt bildet, werden zumindest die Punkte in den Extrempositionen verschoben.

6.4.4 Punkte ausrichten und anordnen

Die Funktionen des Ausrichten-Bedienfelds (s. Abschnitt 5.7) können Sie auch auf Punkte anwenden. Es ist jedoch nicht möglich, alle Punkte eines Pfads zusammen auszurichten (siehe Hinweis »Alle Ankerpunkte eines Objekts auswählen« auf Seite 86). Um Punkte aneinander auszurichten, gehen Sie wie folgt vor:

1. Aktivieren Sie die Punkte mit dem Direktauswahl-Werkzeug oder dem Lasso.
2. Wählen Sie den Bezug im Menü AUSRICHTEN AN. Wählen Sie hier BASISANKERPUNKT, dann dient der zuletzt ausgewählte Punkt als Bezugspunkt, d. h., seine Position verändert sich nicht.
3. Rufen Sie die gewünschte Ausrichtungsart mit einem Klick auf den entsprechenden Button im Ausrichten-Bedienfeld oder im Steuerungsbedienfeld auf. Die Option VORSCHAUBEGRENZUNGEN VERWENDEN wird ignoriert.

▲ **Abbildung 6.42**
Ausrichten der aktivierten Punkte: Bezugspunkt links (gelb), Bezugspunkt rechts (grün)

6.4.5 Mit Grifflinien den Kurvenverlauf anpassen

Selten wird der Kurvenverlauf eines Pfads, den Sie neu erstellen, sofort Ihren Anforderungen entsprechen. Meistens müssen die einzelnen Pfadsegmente nachträglich angepasst werden. Dazu verändern Sie die Grifflinien an den Ankerpunkten, indem Sie die zugehörigen Griffpunkte bewegen.

❶ Bewegen Sie das Direktauswahl-Werkzeug über den Pfad. Direkt über einem Ankerpunkt zeigt der Cursor das Symbol . Über einem Pfadsegment oder der Fläche des Objekts zeigt der Cursor an.

❷ Klicken Sie auf ein Pfadsegment, um die zugehörigen Grifflinien der beiden benachbarten Punkte anzuzeigen. Mit einem Klick auf einen Punkt dagegen werden die Grifflinien beidseitig dieses Ankerpunkts sichtbar.

❸ Bewegen Sie nun die Grifflinien mithilfe der Griffpunkte, und verändern Sie so die Krümmung des Kurvensegments ❹.

> **Eck- in Kurvenpunkte**
>
> Das Umwandeln von Eckpunkten in Kurvenpunkte geschieht destruktiv, d. h., Griffe werden neu generiert und vorhandene Griffe »überschrieben«. Soll ein Griff erhalten werden, markieren Sie seine Position mit Hilfslinien – diese rasten an Griffpunkten ein – und richten den neuen Griff an den Hilfslinien aus. Alternativ arbeiten Sie mit intelligenten Hilfslinien (siehe S. 133 unten).

▲ **Abbildung 6.43**
Ankerpunkt-konvertieren-Funktionen im Steuerungsbedienfeld

▲ **Abbildung 6.44**
Eckpunkte in Übergangspunkte umgewandelt

Werden nach dem Aktivieren eines Punkts oder eines Segments keine Grifflinien angezeigt, sind diese noch im Ankerpunkt versteckt. Lesen Sie dazu mehr im nächsten Abschnitt.

6.4.6 Eckpunkte und Übergangspunkte konvertieren

Wenn Sie einmal versehentlich den falschen Typ eines Ankerpunkts gesetzt haben, ist das kein Problem.

Um einen Eckpunkt in einen Kurvenpunkt umzuwandeln und umgekehrt, verwenden Sie das Ankerpunkt-konvertieren-Werkzeug oder den Zeichenstift zusammen mit /Alt.

Während Sie das Ankerpunkt-konvertieren-Werkzeug nur jeweils an einem Punkt einsetzen können, lassen sich die Funktions-Buttons ANKERPUNKTE IN ECKE und IN ÜBERGANG KONVERTIEREN aus dem Steuerungsbedienfeld auf mehrere Punkte gleichzeitig anwenden.

Umwandlungsfunktionen | Aktivieren Sie einen oder mehrere Punkte, und rufen Sie die Funktion AUSGEWÄHLTE ANKERPUNKTE IN ECKE UMWANDELN bzw. AUSGEWÄHLTE ANKERPUNKTE IN ÜBERGANG UMWANDELN durch einen Klick auf den jeweiligen Button im Steuerungsbedienfeld auf.

Bei der Erzeugung von Eckpunkten werden alle Griffe in den Punkt zurückgeschoben. Wandeln Sie Eckpunkte dagegen in Übergangspunkte um, generiert Illustrator automatisch Grifflinien, die zum Verlauf der angrenzenden Pfade passen.

Eckpunkt umwandeln | Um einen Eckpunkt in einen Kurvenpunkt umzuwandeln, gehen Sie so vor:

❶ Aktivieren Sie den Pfad, und bewegen Sie das Ankerpunkt-konvertieren-Werkzeug über den Punkt.

❷ Klicken und ziehen Sie damit die Grifflinien in Pfadrichtung aus dem Ankerpunkt heraus. Lassen Sie dann die Maustaste los. Illustrator generiert die Grifflinien gleich lang nach beiden Seiten.

❸ Bei einem bereits bestehenden Objekt müssen Sie ausprobieren, ob die Kurve nach dem Herausziehen der Kurventangente weiterhin glatt verläuft. Bildet der Pfad eine Schleife, steht die Grifflinie gegen die Pfadrichtung!

❹ Meistens benötigen Sie jedoch für die beiden benachbarten Kurventeile unterschiedlich lange Tangenten.

❺ Wählen Sie das Direktauswahl-Werkzeug, und richten Sie damit die Grifflinien nach.

Übergangspunkt umwandeln | Wenn Sie einen Kurvenpunkt in einen Eckpunkt umwandeln wollen, sind folgende Schritte notwendig:

1 Aktivieren Sie den Ankerpunkt mit dem Direktauswahl-Werkzeug . Dabei werden die Grifflinien sichtbar. Je nachdem, wie die beiden benachbarten Pfadsegmente gestaltet werden sollen, ist das Vorgehen unterschiedlich:

2 Möchten Sie eines oder beide angrenzenden Pfadsegmente in Kurven umwandeln, müssen Sie die Grifflinien lediglich »abbrechen«. Bewegen Sie mit dem Ankerpunkt-konvertieren-Werkzeug einen der Griffpunkte. Dadurch wird an dem Punkt eine Ecke ausgebildet, denn die gegenüberliegende Tangente bleibt in ihrer ursprünglichen Position **3**. Möchten Sie die andere Grifflinie ebenfalls verändern, richten Sie die Tangente mit dem Direktauswahl-Werkzeug nach.

4 Soll eines der benachbarten Pfadsegmente eine Gerade werden, gehen Sie genauso vor wie oben beschrieben. Die zu dem geraden Pfadsegment gehörige Tangente wird jedoch nicht mehr benötigt. Deshalb müssen Sie diese Grifflinie in den Ankerpunkt zurückschieben und dabei den Punkt genau treffen.

5 Achten Sie deshalb auf das Symbol des Cursors, der Ihnen mit einem weißen Pfeil anzeigt, wenn Sie über dem Ankerpunkt sind und die Maustaste loslassen können.

6 Falls Sie einen Eckpunkt ohne Grifflinien benötigen, weil beide angrenzenden Pfadsegmente gerade verlaufen sollen, klicken Sie mit dem Ankerpunkt-konvertieren-Werkzeug nur kurz auf den Ankerpunkt, dann verschwinden die Grifflinien automatisch.

In Kurvenpunkt zurückwandeln | Soll eine vorhandene Grifflinie beim Umwandeln eines Eck- in einen Kurvenpunkt original erhalten bleiben, können Sie mit intelligenten Hilfslinien arbeiten:

1 Aktivieren Sie Ansicht • Intelligente Hilfslinien – Shortcut ⌘/Strg+U.

2 Wählen Sie das Ankerpunkt-konvertieren-Werkzeug , und ziehen Sie neue Grifflinien aus dem Punkt. Bewegen Sie den Cursor auf die Position des Griffpunkts, den Sie erhalten möchten. Die intelligenten Hilfslinien zeigen den Griff an.

3 Falls die Position der beiden Grifflinien jetzt vertauscht ist und der Pfad eine Schleife beschreibt, ziehen Sie den zu erhaltenden Griff mit dem Direktauswahl-Werkzeug an seine korrekte Position **4**.

6.4.7 Kurven direkt bearbeiten, Pfadsegmente verschieben

Anstatt die Form eines Kurvensegments über die Grifflinien zu manipulieren, können Sie das Segment auch direkt bearbeiten:

6.4 Punkte bearbeiten | **133**

▲ **Abbildung 6.45**
Direktes Verformen eines Pfadsegments

▲ **Abbildung 6.46**
Form-ändern-Werkzeug im Werkzeugbedienfeld

Abbildung 6.47 ▶
Die Arbeit mit dem Form-ändern-Werkzeug ist etwas umständlich.

1. Wenn das Objekt, das Sie verändern möchten, insgesamt aktiv ist, müssen Sie zunächst die Auswahl aufheben und den Pfad erneut mit dem Direktauswahl-Werkzeug aktivieren.
2. Klicken Sie auf den gewünschten Teil des Pfads und ziehen den Cursor seitlich, um in einem Zug das entsprechende Pfadsegment zu aktivieren und seinen Kurvenverlauf zu verändern.

Bei dieser Aktion verändern die Grifflinien nur ihre Länge, ihr Winkel aber bleibt gleich!

6.4.8 Form-ändern-Werkzeug

Mit dem Drehen-Werkzeug ist es ohne Schwierigkeiten möglich, die Krümmung eines einigermaßen geraden Pfads zu verändern, wie das Beispiel in Abschnitt 6.4.2 zeigt. Ist ein Pfad allerdings mit Details versehen, wie beispielsweise der Rand eines Blatts oder die Kante einer Briefmarke, benötigen Sie ein Werkzeug, mit dem die Strukturdetails erhalten bleiben.

Dafür ist das Form-ändern-Werkzeug vorgesehen, das Sie in einer Gruppe mit dem Skalieren-Werkzeug und dem Verbiegen-Werkzeug finden. Damit passen sich die Details des Pfads der Formänderung mit an. Gehen Sie wie folgt vor, um einen Pfad mit dem Form-ändern-Werkzeug zu bearbeiten:

1. Wählen Sie zunächst die Ankerpunkte bzw. die Pfadsegmente aus, die von der Verformung betroffen sein sollen, wobei diese auch zu verschiedenen Objekten gehören können ❶. Aktivieren Sie aber Objekte nicht als Ganzes! Am besten geht das mit dem Lasso oder einem Auswahlrechteck, das vom Direktauswahl-Werkzeug erzeugt wird.
2. Klicken Sie mit dem Form-ändern-Werkzeug auf die Stelle des Pfads, die als Fokus für die Verformung dienen soll ❷; dabei setzt Illustrator dort einen Punkt mit einem Rahmen. Mit ⇧ setzen Sie mehrere Fokuspunkte ❸ (s. Abb. 6.48).
3. Klicken und ziehen Sie anschließend einen der Fokuspunkte ❹. Wenn Sie dabei ⇧ gedrückt halten, werden Werkzeugbewegungen in 45°-Winkelungen erzwungen.

◀ **Abbildung 6.48**
Mit dem Form-ändern-Werkzeug wird der Pfad nicht einfach verschoben, vielmehr entsteht eine Rundung, auf der die Details erhalten bleiben.

▲ **Abbildung 6.49**
Mit der ⇧-Taste erreichen Sie eine Beschränkung der Verformung beispielsweise in horizontaler Richtung.

6.5 Pfade nachbearbeiten

Objekte werden meist nicht »in einem Stück« konstruiert; oft müssen Pfade durch Ankerpunkte ergänzt oder mehrere einzelne Teile zu einem gesamten Pfad zusammengesetzt werden.

6.5.1 Auf einem Pfad Ankerpunkte hinzufügen

Wenn ein Pfadverlauf nicht so ganz Ihren Vorstellungen entspricht, ist es manchmal notwendig, hier oder dort einen Ankerpunkt auf dem Pfad hinzuzufügen. Beachten Sie dabei aber, dass zusätzliche Punkte Ihnen zwar mehr Detailkontrolle geben, andererseits können zu viele Ankerpunkte aber auch Probleme verursachen, weil es schwieriger wird, lange homogene Kurvenschwünge gleichmäßig und ohne Dellen zu erzeugen.

▲ **Abbildung 6.50**
Pfade mit vielen Punkten (oben) sind schwierig als Ganzes nachzurichten.

Die Werkzeuge | Zwei Werkzeuge können Sie alternativ benutzen, um einen Pfad durch Ankerpunkte zu ergänzen:

▶ **Zeichenstift** ✒: Über einem aktiven Pfad verwandelt sich der Zeichenstift automatisch in das temporäre Ankerpunkt-hinzufügen-Werkzeug (sofern die Voreinstellung AUTOM. HINZUF./LÖSCHEN AUS deaktiviert ist). Der Cursor zeigt das mit dem Symbol ✒ an. Um einen Ankerpunkt hinzuzufügen, klicken Sie an der gewünschten Stelle auf den ausgewählten Pfad. Der neue Punkt wird auch in Kurvensegmenten so eingefügt, dass sich die Krümmung nicht verändert. Der Punkt bleibt aktiv, und seine Grifflinien sind sichtbar.
Achtung: Wenn Sie den Pfad vorher nicht aktivieren, erzeugen Sie dabei einen neuen Pfad, anstatt nur einen zusätzlichen Punkt auf einem bestehenden Pfad anzulegen! Hilfreich kann hier sein, dass der Zeichenstift zusammen mit ⌘/[Strg] temporär zum zuletzt benutzten Auswahl-Werkzeug wird.

▲ **Abbildung 6.51**
Ob ein neuer Punkt (oben) oder ein neuer Pfad entsteht (unten), erkennen Sie am Cursor-Symbol des Zeichenstifts.

Automatisch Punkte löschen

Das Verhalten des Zeichenstifts, über einem aktiven Pfad temporär das Ankerpunkt-hinzufügen-Werkzeug oder das Ankerpunkt-löschen-Werkzeug bereitzustellen, können Sie mit der Option AUTOM. HINZUF./LÖSCHEN AUS unter VOREINSTELLUNGEN • ALLGEMEIN deaktivieren.

▶ **Ankerpunkt-hinzufügen-Werkzeug**: Arbeiten Sie wie mit dem Zeichenstift. Wenn Sie mit dem Ankerpunkt-hinzufügen-Werkzeug direkt arbeiten, ist es allerdings nicht notwendig, den Pfad vorher zu aktivieren. Sie müssen lediglich den richtigen Pfad ziemlich genau treffen.

Eck- oder Kurvenpunkt | Setzen Sie einen Ankerpunkt nachträglich auf einen bestehenden Pfad, verwendet Illustrator automatisch den passenden Ankerpunkt-Typ. Auf einem Pfadsegment, das eine Gerade bildet, wird der neue Punkt als Eckpunkt definiert. Setzen Sie nachträglich einen Ankerpunkt auf ein Segment, das auch nur die geringste Krümmung aufweist, erzeugt Illustrator einen Übergangspunkt. Die zugehörigen Grifflinien passt das Programm automatisch an, sodass der Pfadverlauf nach dem Setzen des Punkts genauso aussieht wie vorher.

▲ **Abbildung 6.52**
Illustrator setzt den korrekten Übergangspunkt und kürzt die vorhandenen Grifflinien.

6.5.2 Ankerpunkte automatisch hinzufügen

Ein Sonderfall ist es, wenn Sie auf allen Segmenten eines Pfads jeweils zwischen zwei Ankerpunkten einen zusätzlichen Punkt benötigen, z. B. als zusätzliche Fixierpunkte, bevor Sie Verflüssigen-Operationen anwenden.

Dafür ist die Menüfunktion OBJEKT • PFAD • ANKERPUNKTE HINZUFÜGEN vorgesehen, die Sie auf aktivierte Objekte anwenden. Eine mehrfache Benutzung dieses Befehls teilt die vorher entstandenen Pfadsegmente weiter auf. Bei unregelmäßig gekrümmten Pfadsegmenten (z. B. von Ovalen) werden die Ankerpunkte nicht mittig zwischen die bestehenden Punkte hinzugefügt.

▲ **Abbildung 6.53**
Ankerpunkte wurden mit der entsprechenden Menüfunktion hinzugefügt.

6.5.3 Pfade verlängern

Sie können an einem der Endpunkte eines bestehenden Pfads ein neues Pfadsegment ansetzen. Dazu gehen Sie wie folgt vor:

Wenn der Endpunkt, an dem Sie den Pfad verlängern wollen, ohne Markierung schwer zu treffen ist, z.B. bei breiten Konturen, aktivieren Sie zuerst das Objekt.

❶ Wählen Sie den Zeichenstift, und bewegen Sie ihn über einen Endpunkt – der Cursor zeigt .

❷ Klicken Sie auf den Endpunkt, oder klicken und ziehen Sie ❹,

um die Grifflinie für eine Krümmung gleich mitzugenerieren.

❸ ❺ Erzeugen Sie weitere Ankerpunkte wie beim Erstellen eines neuen Pfads.

Achtung: Beim Verlängern eines Pfads mit dieser Methode wird möglicherweise die Pfadrichtung geändert. Sie verläuft nach dem Ansetzen des Pfads in Richtung des geklickten Endpunkts und weiter zu den ergänzten Ankerpunkten.

Die Umkehrung der Pfadrichtung kann dazu führen, dass richtungsabhängige Konturen nicht mehr so aussehen, wie Sie es wünschen. Klicken Sie gegebenenfalls im Anschluss an das Verlängern mit dem Zeichenstift den gegenüberliegenden Endpunkt an, um die Pfadrichtung wieder zu korrigieren. Dabei darf jedoch nicht der andere Endpunkt aktiv sein.

▲ **Abbildung 6.54**
Pfadrichtung umkehren

6.5.4 Neuen Pfad mit einem bestehenden Pfad verbinden

Das Anhängen eines Pfads funktioniert, indem Sie zuerst einen neuen Pfad zeichnen. Treffen Sie dann beim Zeichnen eines Pfads auf den Endpunkt eines vorhandenen offenen Pfads, werden beide miteinander verbunden. Und so wird's gemacht:

1. Zeichnen Sie mit dem Zeichenstift einen neuen Pfad, und lassen Sie den zuletzt gesetzten Ankerpunkt aktiv.
2. Bewegen Sie das Werkzeug über den Endpunkt eines bereits bestehenden offenen Pfads, bis der Cursor einen Endpunkt mit dem Symbol ⌘ anzeigt.
3. Klicken Sie auf dieses Pfadende.

Auch bei dieser Operation kann sich die Pfadrichtung und damit richtungsabhängige Eigenschaften umkehren (s. Abschnitt 6.5.3).

6.5.5 Offene oder geschlossene Pfade?

Illustrator-Pfade können offen oder geschlossen sein. Das Dokumentinformationen-Bedienfeld zeigt an, ob ein Pfad geschlossen ist. Aktivieren Sie dazu den Pfad, und wählen Sie im Bedienfeldmenü des Dokumentinformationen-Bedienfelds den Eintrag Objekte.

Offene Pfade sind an jedem Ende durch Punkte begrenzt, bei geschlossenen Pfaden sind Anfangs- und Endpunkt identisch.

Nach der Illustrator-Begriffserklärung ist »der Bereich, der innerhalb eines Pfads ist«, die Fläche eines Objekts, die gefüllt werden kann. Um diesen Raum zu definieren, werden bei offenen Pfaden die beiden Endpunkte virtuell mit einer Geraden verbunden. In Illustrator können also sowohl geschlossene als auch offene Pfade mit einer Füllung versehen werden – aber …

… **Achtung!** Nicht jedes andere Vektorprogramm behandelt offene Pfade so wie Illustrator. Wenn Sie Dateien erstellen, die für den Austausch bestimmt sind, wie beispielsweise Logos, empfiehlt es sich, alle Pfade zu schließen, die gefüllt werden sollen.

▲ **Abbildung 6.55**
Klicken Sie auf den Endpunkt eines offenen Pfads, und schließen Sie an diesen an.

Einfacher »ausmalen«

Weitergehende Füllmöglichkeiten eröffnet Ihnen Interaktiv malen (s. Abschnitt 10.4).

Clipart-Anbieter

Wenn Sie Ihre Illustrationen bei Clipart-Anbietern wie istockphoto einreichen, werden Dateien häufig daraufhin getestet, ob alle Pfade geschlossen sind.

▲ **Abbildung 6.56**
Egal, wie nahe zwei Punkte beieinanderliegen, wenn die Ankerpunkte nicht exakt übereinander platziert sind, wird beim Zusammenfügen eine Linie dazwischen erzeugt.

Schneller zusammenfügen

Aktivieren Sie zwei Endpunkte des gleichen Pfads oder von zwei verschiedenen Zeichenwegen und drücken Sie ⌘+⌥+J bzw. Strg+Alt+J, dann werden die beiden Punkte in einem Zug übereinander positioniert und zu einem Punkt zusammengefügt, ohne eine Dialogbox aufzurufen. Der vereinte Ankerpunkt wird ein Eckpunkt.

6.5.6 Pfade schließen

Damit Sie sich spätere Korrekturen ersparen, ist es nützlich, Pfade sofort bei der Erstellung zu schließen, indem Sie als letzten Schritt noch einmal auf den Startpunkt klicken.

Es ist aber auch möglich, einen Pfad nachträglich per Menübefehl zu schließen – jedoch immer nur jeweils einen Pfad.

Aktivieren Sie das Objekt mit dem Auswahl-Werkzeug. Alternativ können Sie auch die beiden offenen Endpunkte mit dem Direktauswahl-Werkzeug bzw. mit dem Lasso auswählen. Anschließend wählen Sie den Befehl OBJEKT • PFAD • ZUSAMMENFÜGEN… – ⌘/Strg+J – oder verwenden den Button AUSGEWÄHLTE ENDPUNKTE VERBINDEN aus dem Steuerungsbedienfeld. Zwischen den Endpunkten entsteht eine Gerade als Verbindung; die ehemaligen Endpunkte konvertieren zu Eckpunkten.

Wenn beide Endpunkte exakt übereinanderliegen, vereint Illustrator sie mit dem obigen Menübefehl zu einem einzigen Punkt. Je nachdem, ob die beiden an die Endpunkte anschließenden Pfadsegmente Kurven oder Geraden sind, entsteht ein Kurven- oder ein Eckpunkt. Wenn Sie selbst bestimmen möchten, ob ein Kurven- oder ein Eckpunkt entsteht, aktivieren Sie die beiden Endpunkte und rufen den ZUSAMMENFÜGEN-Befehl mit ⌘+⇧+⌥+J bzw. Strg+⇧+Alt+J auf.

Um Punkte übereinanderzulegen, bevor Sie den Pfad schließen lassen, wählen Sie einen Endpunkt aus und schieben ihn über den anderen Endpunkt, bis der Cursor das Symbol ▷ anzeigt, oder verschieben Sie beide Endpunkte mit OBJEKT • PFAD • DURCHSCHNITT BERECHNEN… (s. Abschnitt 6.4.3).

▲ **Abbildung 6.57**
Um die Herzform zu schließen, lassen Sie zunächst die Ankerpunkte übereinanderrechnen. Anschließend fügen Sie die Punkte mit ⌘+⇧+⌥+J bzw. Strg+⇧+Alt+J zusammen. An dieser Stelle muss eine Ecke entstehen.

6.5.7 Endpunkte von mehreren Pfaden zusammenfügen

Auch Endpunkte von mehreren offenen Pfaden lassen sich per Menü zusammenfügen. Achten Sie darauf, dass die betreffenden Pfade nicht zu verschiedenen Gruppen gehören oder auf unterschiedlichen Unterebenen liegen. Sollten die Endpunkte der Pfade nicht übereinanderliegen, werden jeweils Verbindungen zwischen den am nächsten nebeneinanderliegenden Punkten erstellt. Sie können die Lage der Pfade auch vorher anpassen:

❶ Klicken Sie den Endpunkt eines Pfads mit dem Auswahl-Werkzeug an – der Cursor zeigt .

❷ Ziehen Sie über den Endpunkt des Pfads, mit dem er zusammengefügt werden soll, bis das Symbol als Cursor erscheint.
Achtung! Sie müssen den Pfad an dem zu positionierenden Endpunkt »anfassen«, da diese Anzeige nur an der Cursor-Position erfolgt!

❸ Führen Sie dies für weitere Pfade durch, die Sie verbinden möchten.

❹ Aktivieren Sie nun alle Pfade, die Sie verbinden möchten – z.B. indem Sie ein Auswahlrechteck aufziehen –, und rufen Sie Objekt • Pfad • Zusammenfügen auf – ⌘/ Strg + J.

❺ Die Pfade werden mit Eckpunkten verbunden. Wenn Sie die jeweiligen Punkt-Arten bestimmen wollen, verbinden Sie die Pfade einzeln wie in Abschnitt 6.5.6 beschrieben. Der resultierende Pfad erhält die Eigenschaften des obersten Pfads der Auswahl – die Eigenschaften der anderen Pfade gehen verloren.

6.5.8 Pfade zerschneiden

Zum Auftrennen von Pfaden verwenden Sie entweder das Schere-Werkzeug oder den Funktionsbutton im Steuerungsbedienfeld:

Schere-Werkzeug ✂ | Mit dem Schere-Werkzeug können Sie einen Pfad an jeder beliebigen Stelle trennen. Der Pfad muss dazu nicht aktiviert sein. Bewegen Sie das Schere-Werkzeug über die gewünschte Position, und klicken Sie damit auf den Pfad.

Nach dem Schneiden eines geschlossenen Pfads erhalten Sie einen offenen Pfad. Nach dem Schneiden eines offenen Pfads sind zwei offene Pfade vorhanden. An den Schnittstellen liegen jeweils zwei Ankerpunkte exakt übereinander.

Wenn Sie Ankerpunkte mit dem Schere-Werkzeug genau treffen wollen, sollten Sie die Menüoption Ansicht • Intelligente Hilfslinien aktivieren. Um einen Pfad genau an Ankerpunkten zu trennen, ist die folgende Funktion jedoch besser geeignet.

Pfad an ausgewählten Ankerpunkten ausschneiden | Aktivieren Sie die Ankerpunkte, an denen Sie den Pfad auftrennen möchten, und verwenden Sie den Button im Steuerungsbedienfeld.

6.5.9 Pfadsegmente oder Ankerpunkte löschen

Je nach der gewählten Methode beim Löschen von Pfadsegmenten oder Ankerpunkten erhalten Sie unterschiedliche Resultate:

▸ **Pfadsegment löschen:** Klicken Sie mit dem Direktauswahl-Werkzeug auf ein Pfadsegment, und wählen Sie im Menü Be-

▲ **Abbildung 6.58**
Nach dem ersten Schnitt ist der Pfad offen, nach dem zweiten Schnitt sind es zwei Pfade. Verlaufsfüllungen werden beiden Objekten zugewiesen.

Löschen mit der Löschtaste

Beachten Sie bitte, dass das Löschen von Ankerpunkten mit der Löschtaste dazu führen kann, dass einzelne Ankerpunkte ohne Funktion in der Grafik zurückbleiben (s. Abb. 6.59)!

▲ **Abbildung 6.59**
Von oben: Original, Löschen eines Pfadsegments, Löschen eines Ankerpunkts mit der Löschtaste, Anwendung des Ankerpunkt-löschen-Werkzeugs

▲ **Abbildung 6.60**
Füllregel: Nicht-Null (links), Gerade-Ungerade (rechts)

▲ **Abbildung 6.61**
Attribute-Bedienfeld: Füllregeln

Arbeiten • Löschen, oder drücken Sie einfach die Löschtaste. Illustrator entfernt nur das Pfadsegment, die begrenzenden Ankerpunkte bleiben erhalten. Der Pfad ist aufgetrennt.

▶ **Ankerpunkt mit der Löschtaste entfernen:** Aktivieren Sie einen Punkt mit dem Direktauswahl-Werkzeug, und drücken Sie die Löschtaste. Der Punkt und die beiden angrenzenden Pfadsegmente werden entfernt, die benachbarten Ankerpunkte bleiben jedoch erhalten. Der Pfad ist nach dieser Operation aufgetrennt.

▶ **Ankerpunkt-löschen-Werkzeug:** Um das Auftrennen des Pfads zu vermeiden, also wirklich nur den Ankerpunkt zu löschen, verwenden Sie das Ankerpunkt-löschen-Werkzeug.

▶ **Ankerpunkt-löschen-Funktion:** Sollen mehrere Ankerpunkte in einem Schritt gelöscht werden, aktivieren Sie sie mit dem Direktauswahl- oder dem Lasso-Werkzeug und verwenden den Button Ausgewählte Ankerpunkte entfernen im Steuerungsbedienfeld. Auch mit dieser Funktion wird der Pfad nicht getrennt.

▶ **Einzelnen Ankerpunkt (ohne Pfad) löschen:** Ankerpunkte, die nicht Bestandteil eines Pfads sind, haben meist keine Funktion. Diese herrenlosen Überbleibsel sind nur in der Pfadansicht als kleine Kreuzchen zu erkennen. Im Laufe der Arbeit sammeln sich erfahrungsgemäß unbemerkt etliche davon an. Zum Aufräumen einer Grafik gehört es deswegen auch, solche verwaisten Punkte zu löschen. Führen Sie dazu Auswahl • Objekt • Einzelne Ankerpunkte aus, um alle Einzelpunkte zu aktivieren, und entfernen Sie diese anschließend mit der Löschtaste.

6.5.10 Sich selbst überschneidende Pfade – Füllregeln

Die meisten Pfade umlaufen ein Objekt, ohne sich dabei selbst in den Weg zu kommen. Sie können Schleifen jedoch gezielt einsetzen, um »Löcher« in einer Form zu erzeugen, d.h. einen Bereich, der von der zugewiesenen Füllung ausgenommen ist.

Diese Löcher entstehen nicht automatisch an einer Schleife, sondern Sie müssen dazu die entsprechende Füllregel-Eigenschaft im Attribute-Bedienfeld festlegen. So gehen Sie dabei vor:

▶ Rufen Sie das Bedienfeld unter Fenster • Attribute auf – ⌘/Strg+F11. Die Füllregel bestimmen Sie mit zwei Buttons, die sich rechts im Bedienfeld befinden.

Sie haben die Wahl zwischen zwei Füllregeln: Nicht-Null und Gerade-Ungerade (s. Abschnitt 10.1.2).

6.6 Strategien zum Zeichnen von Vektoren

Vielleicht ist bei Ihnen nun nach dem Lesen dieses Kapitels der Eindruck entstanden, dass das Konstruieren von Vektorobjekten schrecklich kompliziert ist. Das wäre tatsächlich der Fall, wenn Sie jede Form vom ersten bis zum letzten Ankerpunkt mit dem Zeichenstift-Werkzeug erzeugen müssten, aber so ist es glücklicherweise nicht. Es gibt viele Strategien, wie Sie sich die Arbeit erleichtern können – und mit der Zeit stellt sich auch die nötige Übung beim Verwenden der Zeichenfeder ein.

6.6.1 Handskizzen als Grundlage

Viele Entwürfe für Zeichnungen und Layouts entstehen auf dem Zeichenblock als »Daumennagel-Skizze«. Solche Vorlagen in Illustrator »freihändig« anzufertigen, ist nicht so einfach. Scannen Sie deshalb Ihre Handskizze ein, und setzen Sie den Scan in Ihre Illustrator-Datei als Zeichenhilfe auf einer Vorlagen-Ebene ein (zu Vorlagen s. Abschnitt 11.1.4, zu Pixelbildern s. Abschnitt 18.2).

Wenn Sie mit einem Grafiktablett arbeiten, sind auch das Bleistift- oder das Tropfenpinsel-Werkzeug gut zum Skizzieren geeignet. Diese Arbeitsweise erspart Ihnen das Digitalisieren.

▲ **Abbildung 6.62**
Skizze als Grundlage: eingescannt (oben), Vektorskizze (unten)

6.6.2 Vorlagen

Bearbeiten Sie die Vorlagen, die Sie vektorisieren. Erhöhen Sie vorab den Kontrast, um Details besser erkennen zu können, und entfernen Sie Rauschen oder Störungen. Je höher der Kontrast der Vorlage ist und je schärfer deren Kanten sind, umso exakter können Sie Ihre Pfade ausrichten.

Für einige Arbeiten kann es auch sinnvoll sein, in Illustrator zwei unterschiedlich bearbeitete Vorlagen passgenau übereinanderzuplatzieren und je nach Bedarf einzublenden.

Bei (fotorealistischen) Illustrationen, die Sie nach Fotovorlagen erstellen, ist vielleicht das folgende Vorgehen nützlich: Verwenden Sie in Photoshop den Posterisieren-Befehl unter BILD • KORREKTUREN • TONTRENNUNG, und passen Sie die Anzahl der Stufen nach Bedarf an, um die bestimmenden Farbflächen der Vorlage erkennbar zu machen. Die so entstandenen Flächen können Ihnen als Anhaltspunkt für die Formgebung in Ihrer Illustration dienen. Wenn Sie die tongetrennte und die normale Version in der Illustrator-Datei als Vorlage direkt übereinanderplatzieren, so können Sie nach Bedarf hin- und herwechseln.

▲ **Abbildung 6.63**
Fotovorlage (links), tongetrennt (rechts)

Abbildung 6.64
Zu hohe Detailtreue (oben) kann auch zu unerwünschten Wirkungen führen.

Abbildung 6.65
Viele Grafikteile lassen sich mit den Form-Werkzeugen aufbauen.

Abbildung 6.66
INTERAKTIV MALEN hilft, um offene Pfade als füllbare Formen zu nutzen.

6.6.3 Umgang mit Details

Verlieren Sie sich vor allem beim Illustrieren von Portraits nicht zu schnell in Details. Eine zu hohe Genauigkeit in der Mundpartie lässt Lippen beispielsweise sehr schnell rissig aussehen (s. Abb. 6.64), da Details in der Vektorgrafik sich durch ihre scharfen Kanten immer auffallend von der Umgebung abheben. Achten Sie darauf, dass der Grad der Genauigkeit über das gesamte Bild einheitlich ist.

Falls es gewünscht ist, Partien durch Detailreichtum aus der Gesamtillustration hervorzuheben, achten Sie darauf, dass der Unterschied »gewollt« aussieht und es nicht so wirkt, als hätten Sie in den weniger detaillierten Bereichen keine Lust mehr gehabt.

6.6.4 Form-Werkzeuge benutzen

Benutzen Sie Illustrators Form-Werkzeuge, um sich die Arbeit zu vereinfachen. Viele Formen, die Sie selbst mühsam konstruieren müssten, generiert Ihnen das Programm nach der Eingabe einiger Parameter ganz automatisch. Andere Objekte lassen sich ableiten, indem Sie die Grundformen mit den Transformieren-Werkzeugen bearbeiten. Solche generierten Objekte können Sie anschließend wie selbstgezeichnete Pfade bearbeiten oder zerschneiden, falls Sie nur Teile davon benötigen (Form-Werkzeuge s. Abschnitt 5.1). Oder Sie kombinieren verschiedene einfache Formen zu einer komplexeren (Kombinieren s. Abschnitt 10.2, Checkliste »Logo-Vektorisierung« s. Seite 586).

6.6.5 Erst denken, dann zeichnen

Bei komplexeren Konstruktionen erleichtern Sie sich die Arbeit, indem Sie darüber nachdenken, wie Sie Illustrators Konstruktionsfunktionen (z. B. die Pathfinder-Operationen oder die Funktion INTERAKTIV MALEN) einsetzen können. Damit sparen Sie sich viel Arbeit. Es müssen jedoch auch hier einige Bedingungen gegeben sein – so funktionieren z. B. einige Pathfinder nicht oder nur eingeschränkt mit offenen Pfaden (s. Abschnitt 10.2.1). Lernen Sie diese Funktionen eingehend kennen, so können Sie auch im Produktionsstress ihr ganzes Potential ausschöpfen.

6.6.6 Schwungvoll und handgezeichnet

Verwenden Sie das Bleistift-, Pinsel- oder Tropfenpinsel-Werkzeug, um einen handgezeichneten »Look« zu erreichen. Zeichnen Sie auf einem Grafiktablett schnell und mit hohen Glättungseinstellungen, wenn schwungvolle Formen gefragt sind. Arbeiten Sie mit höherer Genauigkeit, um natürliche Formen exakt nachzuzeichnen. Auch Pfade, die Sie mit diesen »Freihand-Werkzeugen« erstellen, können Sie mit dem Zeichenstift nachbearbeiten (Buntstift und Pinsel s. Abschnitt 7.1).

6.6.7 Kreuzende Formen (z. B. in Schriften und Logos)

Je ungenauer und grober skizziert eine Vorlage ist, umso wichtiger ist es, gleichzeitig flexibel zu bleiben und saubere Formen und Übergänge zu erzeugen. Zeichnen Sie jede der kreuzenden Formen für sich, und kombinieren Sie sie erst später in einem zweiten Schritt mithilfe von Pathfinder-Funktionen oder als zusammengesetzte Formen (s. Abschnitt 10.1.3). So erreichen Sie, dass die Kurven jeweils durchgehend sind und sauber wirken.

▲ **Abbildung 6.67**
Natürliche Formen lassen sich schneller mit dem Zeichenstift zeichnen als konstruieren.

Darüber hinaus haben Sie auf diese Art eine bessere Möglichkeit, Korrekturen an Strichstärken oder der exakten Positionierung der Einzelformen auszuführen.

▲ **Abbildung 6.68**
Formen mit überkreuzenden Linien werden zusammenhängend gezeichnet (links). Dabei entstehen »Brüche« der Kurven (übertriebene Darstellung). Im Vergleich: Zeichnen der Einzelformen und Kombinieren als zusammengesetzte Form (Mitte und rechts – eine zusätzliche Form deckt den Strich an der Nase ab). Die Kurven »brechen« nicht, und Änderungen (wie z. B. rechts) sind einfacher durchzuführen.

Handelt es sich um einen einzelnen Pfad, der sich selbst überkreuzt, achten Sie auf die korrekte Füllregel (s. Abschnitt 10.1.2), um »Löcher« an den Überschneidungsstellen zu vermeiden.

6.6.8 Wie viele Punkte dürfen es denn sein?

Das Motto für gelungene Pfade sollte sein: »So viele Ankerpunkte wie nötig, aber so wenige wie möglich«. Das ist einfach gesagt, aber gerade für Anfänger nicht immer so einfach zu beurteilen. Da kann es eine gute Hilfe sein, mit den entsprechenden Illustrator-Funktionen Pfade in kleinen Schritten zu vereinfachen und zu beobachten, wo automatisch Punkte gesetzt werden, solange die Form eines Pfads optisch nicht merklich leidet.

Zu viele Punkte erhöhen die Dateigröße und die Komplexität Ihrer Pfade. Bei zu vielen Punkten können Ihre Dateien unter Umständen von einigen RIPs und Druckern nicht mehr verarbeitet werden. Theoretisch können Sie jede Kurve aus zwei Punkten erzeugen. Praktisch gelingt das nicht immer, wenn Kurven mathematisch nicht so regelmäßig sind, wie es auf den ersten Blick aussieht.

Punkte sollten Sie zu beiden Seiten einer Kurve setzen – an der Stelle, an der der Pfad beginnt, seine Richtung zu ändern. Dies ist an Eckpunkten einfach zu entscheiden. Bei Kurven, die ihre Steigung ändern, gehört Erfahrung dazu.

▲ **Abbildung 6.69**
Der Pfad (links) wurde mit Objekt • Pfad • Vereinfachen bearbeitet (rechts). Ankerpunkte werden von der Funktion ökonomisch gesetzt.

▲ **Abbildung 6.70**
An einer Ecke muss ein Punkt gesetzt werden – der Pfad ändert abrupt seine Richtung.

▲ **Abbildung 6.71**
Auch bei einer Schlangenlinie fällt die Entscheidung leicht: Wo der Pfad in eine andere Richtung abbiegt, muss ein Punkt gesetzt werden.

▲ **Abbildung 6.72**
Schwierig wird es, wenn der Pfad nicht seine Richtung, sondern nur seine Steigung ändert. Hier muss der Punkt gefunden werden, an dem die Änderung stattfindet.

Wenn Sie merken, dass sich durch Verändern der Griffe ein bestimmtes Kurvensegment nicht wie gewünscht (oder der Vorlage entsprechend) biegen lässt, suchen Sie eine andere Position für einen oder beide beteiligten Ankerpunkte.

▲ **Abbildung 6.73**
Mit der Position der beiden markierten Punkte lässt sich die Kurve nicht formen (links). Die Punkte wurden an bessere Positionen verschoben (rechts).

6.6.9 Verwendung der Grifflinien

Zur Definition einer Kurve benötigen Sie die Grifflinien aus den Punkten beidseitig des Pfadsegments. Gewöhnen Sie sich deshalb daran, immer beide Tangenten zu setzen.

Grifflinien sollten etwa so lang sein wie ein Drittel der Kurve, die sie steuern. Wenn ein Kurvensegment auf eine Gerade folgt, sollte die Grifflinie die Richtung der Geraden fortsetzen, damit am Übergang keine Ecke entsteht. Wenn Sie merken, dass Sie extrem lange Grifflinien setzen müssen, um eine Kurve zu erzeugen, sollten Sie zusätzliche Ankerpunkte anlegen.

▲ **Abbildung 6.74**
Die Länge der Grifflinien entspricht etwa einem Drittel der Länge des Pfadsegments.

6.6.10 Lernen Sie aus gelungenen Illustrationen

Wann immer Sie Illustrator- oder andere Vektordateien von Kollegen bekommen, schauen Sie »unter die Haube« – Illustrator kann viele Vektordateiformate problemlos öffnen. Analysieren Sie die Konstruktionsweise mithilfe des Ebenen-Bedienfelds (s. Abschnitt 11.1). Aktivieren Sie Objekte und Punkte – lernen Sie, wenn es gut gemacht ist. Wenn Sie es nicht optimal finden, probieren Sie, ob es besser geht.

▲ **Abbildung 6.75**
Übergang von einer Geraden in eine Kurve

In den vergangenen Jahren sind viele kostenlose Clipart-Archive entstanden, die sehr hochwertige Arbeiten kostenlos zum Download anbieten. Verwenden Sie die Grafiken nicht einfach weiter, sondern untersuchen Sie auch ihren Aufbau.

»Spicken« können Sie auch bei den Schriftenherstellern. Wandeln Sie die Fonts renommierter Firmen in Pfade um, und vergleichen Sie den Kurvenverlauf, die gesetzten Punkte sowie Winkelung und Verhältnis der Tangenten (Umwandeln von Text in Pfade s. Abschnitt 14.13).

▲ **Abbildung 6.76**
Eine extreme Grifflinien-Konstruktion erschwert die Arbeit in hohen Zoom-Stufen.

6.6.11 Prüfen

Um zu prüfen, ob Ihre eigenen Formen gelungen sind, ist es nützlich, die Grafik auszudrucken, das Blatt umzudrehen und es gegen das Licht zu halten – oder drucken Sie Ihre Grafik gleich spiegelverkehrt aus, wenn Ihr Druckertreiber dies unterstützt. In der spiegelverkehrten Ansicht erkennen Sie viele Problemfälle besser.

Haben Sie Logos oder Schriften gezeichnet, drucken Sie diese in unterschiedlichen Größen aus.

▲ **Abbildung 6.77**
In Pfade umgewandelte Schrift

▲ **Abbildung 6.78**
In der Ebenenfarbe werden Pfade hervorgehoben.

▲ **Abbildung 6.79**
Zeichnen Sie mit der Fläche OHNE und einer dünnen Kontur in einer Kontrastfarbe zum jeweiligen Hintergrund.

▲ **Abbildung 6.80**
Nicht verbundene einzelne Pfade werden zum Problem, wenn Sie das Objekt füllen wollen.

Weitere Tipps

Beachten Sie auch die Checkliste »(Logo-)Vektorisierung« auf Seite 586 mit weiteren Hinweisen.

Checkliste: Mit dem Zeichenstift arbeiten

Vorlagenebene | Falls Sie ein Pixelbild als Vorlage verwenden, richten Sie eine Vorlagenebene ein. Arbeiten Sie nach einer Vektorskizze, hellen Sie deren Farbe auf, und sperren Sie die entsprechende Ebene (Ebenen s. Abschnitt 11.1).

Aufteilung in Ebenen | Richten Sie Ebenen für die einzelnen Teile der Illustration ein, sodass Sie einzelne Elemente einfach ausblenden und fertiggestellte Bereiche sperren können.

Ebenenfarbe | Pfade werden in der Farbe der Ebene hervorgehoben. Stellen Sie diese so ein, dass sich der Pfad gut von dahinterliegenden Vorlagen abhebt.

Hilfslinien | Nutzen Sie Hilfslinien und intelligente Hilfslinien (s. Abschnitt 4.5.6), um sich die Konstruktion zu vereinfachen.

Kontur und Fläche | Für das Zeichnen mit dem Zeichenstift arbeiten Sie mit der Fläche OHNE sowie einer dünnen Kontur (bis 0,2 Punkt) in einer gut mit den Vorlagen kontrastierenden Farbe (s. Abschnitt 8.4.2). Nutzen Sie auch die Möglichkeit, einzelne Ebenen in der Pfadansicht anzeigen zu lassen (s. Abschnitt 11.1.2).

Erst zeichnen | Zeichnen Sie den Pfad zwar so genau wie möglich; kleinere Unreinheiten korrigieren Sie jedoch erst in einem zweiten Durchgang. Dies erspart Ihnen Werkzeugwechsel und minimiert das Risiko, den Pfadverlauf unabsichtlich zu unterbrechen.

Shortcuts | Nutzen Sie die Modifikationstasten zum Werkzeugwechsel. Wenn Ihnen diese Arbeitsweise noch zu ungewohnt ist, reißen Sie das Zeichenstift-Untermenü aus dem Werkzeugbedienfeld ab und positionieren es in der Nähe Ihrer Zeichnung.

Pfade schließen | Wenn Sie eine flächige Form zeichnen, schließen Sie den Pfad. Offene Pfade können bei Pathfinder-Operationen und beim Austausch mit anderen Programmen und Anwendern unerwartete Ergebnisse verursachen.

Konstruktionsfunktionen | Nutzen Sie die Formwerkzeuge und die Konstruktion mit dem Pathfinder sowie das Umwandeln von Konturen in Flächen so oft wie möglich (s. Abschnitt 5.1, 10.2 und 10.5.1).

Fertige Ebenen fixieren | Sobald Sie einen Abschnitt Ihrer Zeichnung fertiggestellt haben, sperren Sie seine Ebene, um unabsichtliche Änderungen zu vermeiden.

Übung macht den Meister | Die Arbeit mit dem Zeichenstift braucht viel Fingerfertigkeit und Erfahrung für die richtige Position der Ankerpunkte. Haben Sie also Geduld, und trainieren Sie es häufig. Es wird Ihnen später locker und flüssig von der Hand gehen.

Motivation | Wenn Sie es sich aussuchen können, nehmen Sie sich als erstes Projekt ein einfaches Motiv vor, das Ihnen gefällt. Steigern Sie nach und nach die Komplexität der Vorlagen. So haben Sie regelmäßig Erfolgserlebnisse.

7   Freihand-Werkzeuge

Die Werkzeuge BUNTSTIFT, PINSEL, RADIERGUMMI oder die VERFLÜSSIGEN-Werkzeuge bieten eine grundsätzlich andere Herangehensweise an die Erstellung einer Grafik als das Zeichenstift-Werkzeug, das ja eher konstruierend angewendet wird.

Die nachgeahmten Werkzeuge mit der Maus zu bedienen, ist nicht immer ganz bequem, daher unterstützt Illustrator – wie andere Programme auch – Grafiktabletts, die den Gebrauch der digitalisierten Zeichenstifte, Pinsel etc. mit einem »natürlichen Feeling« versehen.

▲ **Abbildung 7.1**
Freihand-Werkzeuge: BUNTSTIFT, GLÄTTEN, LÖSCHEN, PINSEL, TROPFENPINSEL, RADIERGUMMI

7.1   Freihand-Linien zeichnen

Mit Werkzeugen, die einen Freihand-Pfad erzeugen, ziehen Sie eine Linie so, wie Sie es auf einem Blatt Papier machen würden, erhalten aber einen Vektorpfad mit Ankerpunkten und Griffen, den Sie mit allen üblichen Werkzeugen bearbeiten können.

7.1.1   Buntstift

Der Buntstift ist weniger dazu geeignet, Formen exakt zu konstruieren, er ist dennoch ein nützliches Werkzeug, um organische oder unregelmäßige Formen zu zeichnen.

▲ **Abbildung 7.2**
Illustrator berechnet die Punkte für den Freihand-Pfad, den Sie zeichnen.

◄ **Abbildung 7.3**
Ideales Anwendungsgebiet für das Buntstift-Werkzeug sind organische Formen wie die handgezeichnete Vorlage (links), die Umrisse von Landkarten (rechts oben) oder Skizzen wie die Vorzeichnung des Eisbären (rechts unten). Zoomen Sie beim Zeichnen nah an den zu bearbeitenden Bereich heran, um ein möglichst genaues Ergebnis zu erstellen.

Mit dem Buntstift zeichnen | Um mit dem Buntstift einen neuen Pfad zu zeichnen, führen Sie folgende Schritte aus:

❶ Setzen Sie den Cursor des Buntstift-Werkzeugs – N – mit der Maus oder dem Stift des Grafiktabletts an die Stelle der Arbeitsfläche, an der Sie den Pfad beginnen wollen. Achten Sie dabei auf das Cursor-Symbol, damit Sie nicht einen bestehenden, noch aktivierten Pfad ändern!

❷ Beginnen Sie, den Pfad zu zeichnen. Während Sie die Linie entstehen lassen, wird ihr Verlauf gestrichelt angezeigt.

Mauseingabe: Klicken und ziehen Sie den Pfad. Anschließend lassen Sie einfach die Maustaste los. Grafiktablett: Setzen Sie den Stift auf die aktive Fläche des Grafiktabletts, und ziehen Sie den Pfad. Zum Beenden heben Sie den Stift vom Tablett ab.

❸ Illustrator berechnet den Pfad. Je nach Stärke der eingestellten Glättung erzeugt das Programm Korrekturen am Pfadverlauf.

❹ Um einen geschlossenen Pfad zu zeichnen, bewegen Sie den Cursor möglichst nahe an den Startpunkt und halten die Taste ⌥/Alt, während Sie die Maustaste loslassen. Achten Sie auf den Cursor.

❺ Wenn Sie die ⌥/Alt-Taste an einer beliebigen Stelle verwenden, wird der Pfad automatisch durch die kürzeste Verbindung geschlossen ❻.

Pfad korrigieren | Mit dem Buntstift-Werkzeug können Sie bestehende Pfade – egal, wie die Pfade ursprünglich erstellt wurden – intuitiv verändern und den Pfadverlauf korrigieren:

❶ Bewegen Sie das Buntstift-Werkzeug an die Stelle des aktivierten Pfads, die Sie korrigieren möchten, bis das Symbol angezeigt wird. In den Buntstift-Optionen muss eingestellt sein, dass aktivierte Pfade bearbeitet werden. Auch die Nähe des Cursors zum Pfad definieren Sie dort.

❷ Teil im Pfadverlauf ersetzen: Klicken Sie an der Stelle auf den Pfad, an der die Korrektur beginnen soll, und beenden die Eingabe an einer anderen Stelle über dem Pfad.

❸ Der Linienteil zwischen Korrekturanfang und Korrekturende wird durch den neuen Pfadverlauf ersetzt. Der Rest der Linie bleibt unangetastet.

❹, ❺ Pfadanfang oder Pfadende ersetzen: Führen Sie die Korrekturlinie vom ursprünglichen Pfad weg, und enden Sie nicht auf dem Pfad.

❻ Der alte Pfadverlauf wird ab dem Korrekturstartpunkt bis zu seinem bisherigen Pfadende gelöscht und durch die neu generierte Linie ersetzt.

Pfade ergänzen | Um mit dem Buntstift-Werkzeug an einen bestehenden Pfad einen neu gezeichneten Pfadteil anzusetzen, sind folgende Schritte notwendig:

Aktivieren Sie den bestehenden Pfad, und rufen Sie das Buntstift-Werkzeug auf – N. Sie haben nun zwei Möglichkeiten, an den Pfad anzusetzen:

❶ Setzen Sie mit dem Cursor an einem der beiden bestehenden Endpunkte des aktivierten Pfads an, und zeichnen Sie den neuen Pfadteil ❷.

❸ Illustrator verbindet die neue Linie automatisch mit dem bestehenden Pfad.

❹ Setzen Sie mit dem Cursor an einer beliebigen Stelle der Arbeitsfläche an, und beginnen Sie, den neuen Pfadteil zu zeichnen. Drücken Sie ⌘/Strg, bevor Sie den neuen Pfadteil beenden. Der Cursor ändert das Symbol in ✎.

❺ Ziehen Sie die Linie bis zu einem der Endpunkte des aktivierten Pfads. Lassen Sie erst die Maustaste, dann ⌘/Strg los.

❻ Illustrator verbindet die neue Linie mit der bestehenden zu einem gesamten Pfad.

Pfade verbinden | Die Methoden aus dem vorherigen Abschnitt können Sie kombinieren, um eine Verbindung zwischen zwei bereits existierenden Pfaden herzustellen:

❶ Setzen Sie mit dem Buntstift-Werkzeug an einem Endpunkt der beiden aktivierten Pfade an.

❷ Beginnen Sie, die Verbindungslinie zu zeichnen. Bevor Sie den neuen Pfadteil beenden, drücken und halten Sie die Modifizierungstaste ⌘/Strg. Dabei ändert der Cursor das Symbol in ✎. Ziehen Sie die Linie bis zu einem der Endpunkte des anderen aktivierten Pfads. Lassen Sie zuerst die Maustaste, dann ⌘/Strg los.

❸ Illustrator verbindet die neue Linie mit den bestehenden Linien zu einem gesamten Pfad.

Modifikationsmöglichkeiten | Um einen geschlossenen Pfad mit dem Buntstift zu zeichnen, drücken und halten Sie ⌥/Alt, nachdem Sie begonnen haben, den Pfad zu zeichnen. Der Cursor ändert das Symbol in ✎. Halten Sie die Taste gedrückt, solange

> **Freihand-Tools und Einrasten**
>
> Ein Merkmal verbindet alle Freihand-Tools, egal womit sie eingegeben werden: Sie rasten nicht an Hilfslinien ein.

Sie zeichnen. Anschließend lassen Sie zuerst die Maustaste, danach ⌥/Alt los. Der Pfad wird auch dann geschlossen, wenn die Eingabe nicht in der Nähe des Pfadanfangs beendet wird.

Drücken und halten Sie ⌥/Alt, bevor Sie mit dem Zeichnen beginnen, um vom Buntstift-Werkzeug temporär zum Glätten-Werkzeug zu wechseln.

Voreinstellungen | Mit einem Doppelklick auf das Buntstift-Werkzeug im Werkzeugbedienfeld rufen Sie die Dialogbox OPTIONEN FÜR BUNTSTIFT-WERKZEUG auf.

▶ **Abbildung 7.4** ▶
Die Dialogbox OPTIONEN FÜR BUNTSTIFT-WERKZEUG

▶ GENAUIGKEIT: Die Genauigkeit, mit der Ihre Handbewegung in einen Pfad umgesetzt wird, bestimmen Sie, indem Sie mit einem Wert zwischen 0,5 und 20 Pixel angeben, ab welchem räumlichen Abstand zum vorherigen ein neuer Ankerpunkt gesetzt werden soll. Mit einem niedrigen Wert wird bereits nach einer kleinen Positionsänderung des Cursors ein neuer Punkt gesetzt; die Cursor-Bewegung wird also sehr genau umgesetzt. Bei größeren Werten entstehen entsprechend weniger Punkte.

Darüber hinaus sind für die Genauigkeit die Zeichengeschwindigkeit und die Zoomstufe maßgebend, bei einem schnelleren Strich entstehen weniger Punkte.

▶ GLÄTTUNG: Mit diesem prozentualen Wert bestimmen Sie, wie stark Kurven vom Programm nach der Eingabe geglättet werden sollen. Werte zwischen 0 bis 100 % sind möglich. Je nach Höhe des Werts gleicht Illustrator die Krümmungen so an, dass sie einen homogenen Verlauf nehmen. Bei höheren Werten kann sich der von Ihnen gezeichnete Pfad durch die GLÄTTUNG stark ändern.

▲ **Abbildung 7.5**
Oben schnell und unten langsam gezeichneter Pfad, bei einer GENAUIGKEIT von 2 px, GLÄTTUNG 0.

▲ **Abbildung 7.6**
GLÄTTUNG 0 (links) und 100 (rechts); nachgezeichnete Vorlage in Grau

- Neue Buntstiftkonturen füllen: Aktivieren Sie diese Option, um jeden neu erstellten Pfad mit der aktuell eingestellten Füllung zu versehen. Ist im Werkzeugbedienfeld Ohne voreingestellt, wird dem neuen Objekt trotz dieser Option natürlich keine Fläche zugeordnet.
- Auswahl beibehalten: Mit diesem Kontrollkästchen bestimmen Sie, ob ein Buntstift-Pfad nach Beendigung der Eingabe aktiv bleiben soll.
- Ausgewählte Pfade bearbeiten: Deaktivieren Sie diese Option, wenn Sie vermeiden mochten, dass gegebenenfalls ein noch aktivierter Pfad verändert wird, sobald Sie mit dem Buntstift eine neue Linie in seiner unmittelbaren Nähe ansetzen.

Genauigkeit und Zoomstufe

Die Genauigkeit variiert mit der Zoomstufe, in der Sie in Ihrem Dokument arbeiten: In höheren Vergrößerungsstufen orientiert sich der gezeichnete Pfad enger an Ihrer Stiftführung.

Buntstift oder Pinsel?

Das Buntstift-Werkzeug wertet im Gegensatz zum Pinsel-Werkzeug Zusatzinformationen wie Strichstärke etc. beim Einsatz eines Grafiktabletts nicht aus!

Viele Striche zeichnen

Falls Sie viele neue Pfade dicht nebeneinander erzeugen müssen, wie es beim Zeichnen von Schraffuren der Fall ist, haben Sie zwei Möglichkeiten, um nicht ständig versehentlich den eben gezeichneten Pfad durch einen neuen zu ersetzen:
Entweder Sie schalten in den Voreinstellungen die Option Ausgewählte Pfade bearbeiten grundsätzlich aus, oder Sie lassen Illustrator einen neu gezeichneten Pfad immer sofort nach seiner Fertigstellung deaktivieren.

7.1.2 Pinsel-Werkzeug

Der wichtigste Unterschied zwischen Pinsel und Buntstift ist die Fähigkeit des Pinsel-Werkzeugs, Druck und Neigung eines Stifts auf dem Grafiktablett auszuwerten, in Kontureigenschaften umzusetzen und diese Parameter mit dem Pfad zu speichern.

Einstellungen im Pinsel-Bedienfeld | Dem Pinsel-Werkzeug aus dem Werkzeugbedienfeld sind die Einstellmöglichkeiten im Pinsel-Bedienfeld zugeordnet. Das Bedienfeld rufen Sie mit Fenster • Pinsel auf – F5, im Dock. Im Pinsel-Bedienfeld legen Sie fest, mit welcher Pinselspitze das Werkzeug arbeiten soll und wie die Eingabe mit einem Grafiktablett umgesetzt wird.

Im Pinsel-Bedienfeld stehen unterschiedliche Pinsel-Kategorien zur Verfügung. Sie können die Darstellung wählen zwischen der Miniaturansicht, in der die Pinselspitzen besser zu erkennen sind, oder der Listenansicht, in der die Pinsel-Kategorien angezeigt werden. Am rechten Symbol in der Liste erkennen Sie, welche Pinselspitze zu welcher Pinsel-Kategorie gehört: Kalligrafiepinsel, Bildpinsel, Musterpinsel, Spezialpinsel oder Borstenpinsel.

In dieser Einführung beschäftigen wir uns mit den Kalligrafiepinseln. Wenn Sie wollen, dass nur die Kalligrafie-Pinselspitzen

▲ **Abbildung 7.7**
Das Pinsel-Bedienfeld (ergänzt durch Pinsel aus Bibliotheken) in der Miniaturansicht

Pinsel zeichnet nicht

Wenn statt des normalen Pinsel-Cursors das Symbol ⊘ erscheint und Sie daher den Pinsel nicht benutzen können, liegt dies daran, dass das Pinsel-Bedienfeld keine Pinsel enthält. Laden Sie diese aus einer Bibliothek.

▲ **Abbildung 7.8**
Das Pinsel-Bedienfeld in der Ansicht LISTE

▲ **Abbildung 7.9**
Verwendung eines Pinsels zum Skizzieren (oben, in Grau), Ausführung mit Bildpinseln, Kolorierung mit Kalligrafiepinseln

▲ **Abbildung 7.10**
Mit einem Kalligrafiepinsel erstellte Typografie

im Bedienfeld angezeigt werden, wählen Sie EINBLENDEN: KALLIGRAFIEPINSEL aus dem Bedienfeldmenü des Pinsel-Bedienfelds und deaktivieren die restlichen. Mehr zu den anderen Pinsel-Kategorien finden Sie in Abschnitt 9.4.

Pfaden, die Sie mit dem Pinsel-Werkzeug zeichnen, wird von Illustrator immer eine Pinselkontur zugewiesen. Das Programm verwendet dazu entweder die aktuell eingestellte Pinselkontur oder – falls Sie keine ausgewählt haben – die erste Kontur im Pinsel-Bedienfeld.

Mit dem Pinsel einen Pfad erstellen | Um mit dem Pinsel-Werkzeug einen neuen Pfad zu erstellen, gehen Sie wie folgt vor:
1. Rufen Sie das Pinsel-Werkzeug auf – B.
2. Wählen Sie eine Kalligrafie-Pinselspitze aus dem Pinsel-Bedienfeld.
3. Führen Sie den Cursor an die Stelle der Arbeitsfläche, an der der Pinselstrich beginnen soll. Der Cursor zeigt das Symbol.
4. Zeichnen Sie jetzt den Pfad.
   ▶ Mit der Maus: Klicken Sie, und ziehen Sie die Linie. Um die Eingabe zu beenden, lassen Sie die Maustaste los.
   ▶ Mit dem Grafiktablett: Setzen Sie den Stift mit leichtem Druck auf das Grafiktablett, und ziehen Sie die Linie. Wenn Sie die Eingabe beenden wollen, heben Sie den Stift vom Tablett ab.
   Der Pfad wird in Echtzeit auf dem Bildschirm dargestellt (diese Darstellung erhalten Sie nur mit Kalligrafiepinseln).
5. Je nach eingestellter GLÄTTUNG führt Illustrator entsprechende Korrekturen am Pfadverlauf durch.

Pfad nachbearbeiten und verbinden | Mit dem Pinsel-Werkzeug können Sie nicht nur Pfade ändern, die Sie mit dem Pinsel gezeichnet haben, denn sobald Sie z. B. einer konstruierten geometrischen Form eine Pinselspitze aus dem Pinsel-Bedienfeld als Kontur zuweisen, besteht die Möglichkeit, auch diesen Pfad mit dem Pinsel-Werkzeug zu editieren.

Die Arbeitsschritte, um Pfade mit dem Pinsel-Werkzeug nachzubearbeiten, zu korrigieren oder zu verbinden, entsprechen denen des Buntstift-Werkzeugs (Abschnitt 7.1.1, S. 150). Zusätzlich werden die Parameter bei der Stifteingabe mit dem Grafiktablett erfasst.

Lesen Sie deshalb bitte die ausführliche Beschreibung zur Korrektur eines Pfads mit dem Buntstift-Werkzeug weiter oben in diesem Kapitel.

Modifikationsmöglichkeiten | Um einen geschlossenen Pfad mit dem Pinsel anzulegen, drücken und halten Sie ⌥/Alt, nachdem Sie begonnen haben, den Pfad zu zeichnen. Dabei ändert sich das Cursorsymbol in ✂.

Voreinstellungen | Mit einem Doppelklick auf das Werkzeug in dem Werkzeugbedienfeld rufen Sie die Dialogbox OPTIONEN FÜR PINSEL-WERKZEUG auf. Die Eingabemöglichkeiten finden Sie beim Buntstift-Werkzeug weiter oben erläutert.

▲ **Abbildung 7.11**
Mit verschiedenen Kalligrafiepinseln gezeichnetes Porträt

◀ **Abbildung 7.12**
Die Dialogbox OPTIONEN FÜR PINSEL-WERKZEUG

7.1.3 Kalligrafische Pinsel

Die Kalligrafiepinsel finden Sie in der Auswahl der Pinselspitzen im Pinsel-Bedienfeld. Falls im Bedienfeld keine Pinselspitzen zu sehen sind, öffnen Sie eine Bibliothek mit dem Befehl PINSEL-BIBLIOTHEK ÖFFNEN • KÜNSTLERISCH • KALLIGRAFISCH im Bedienfeldmenü ≡ oder mit dem Button MENÜ PINSEL-BIBLIOTHEKEN.

Klicken Sie in eine der Auswahlzeilen oder auf eine Miniatur, um eine Pinselspitze auszuwählen (Zuweisen und Editieren von Pinselspitzen, Abschnitte 9.2.1 ff.).

Mit einem Doppelklick rufen Sie die optionalen Einstellmöglichkeiten zu der Pinselspitze auf. Für kalligrafische Pinselspitzen wird damit die Dialogbox KALLIGRAFIEPINSELOPTIONEN geöffnet.

▲ **Abbildung 7.13**
Mit Transparenzeinstellungen simulieren Sie Aquarell- oder Marker-Illustrationen.

Optionen | Mit den KALLIGRAFIEPINSELOPTIONEN steuern Sie die Form und das Verhalten der Pinselspitze entsprechend der Handhabung Ihres Stifts.

Druck, Neigungswinkel, Ortung und Drehung des Stifts auf dem Grafiktablett werden als Parameter mit dem Pfad gespeichert, sodass Sie auch einen fertig gezeichneten Pfad durch Änderungen der Pinsel-Optionen verändern können.

> **Pinselpfad in Fläche wandeln**
>
> Möchten Sie einen mit dem Kalligrafiepinsel erzeugten Pfad detaillierter bearbeiten und ihn zu diesem Zweck umwandeln, wählen Sie den Befehl OBJEKT • AUSSEHEN UMWANDELN.

Abbildung 7.14 ▶
Die Dialogbox
KALLIGRAFIEPINSELOPTIONEN

▲ **Abbildung 7.15**
Anpassen mit der Koordinaten-Darstellung

▲ **Abbildung 7.16**
Die Eigenschaften einer Pinselspitze – WINKEL, RUNDHEIT, DURCHMESSER – und ihre jeweilige Wirkung auf den Pinselstrich

Stift-Optionen nutzen

Die speziellen Stiftfunktionen DRUCK, STYLUS-RAD, NEIGUNG, ORTUNG und DREHUNG stehen nur zur Verfügung, wenn ein Treiber für ein Grafiktablett auf Ihrem Computer installiert ist. Bei der Erstellung eines kalligrafischen Pfads mit der Maus können Sie die speziellen Stiftfunktionen auch dann nicht nutzen und nicht simulieren, wenn ein Treiber installiert ist.

▲ **Abbildung 7.17**
Wacom »Art Pen« (Nachfolger des »ArtMarker«), »Airbrush« und »GripPen« (Fotos: WACOM)

▶ NAME: Zur einfachen Identifizierung können Sie jeder Pinselspitze einen Namen zuordnen.
▶ Pinselspitze Koordinaten-Darstellung: Die Form der Pinselspitze können Sie durch Manipulation des Piktogramms oder numerisch in den entsprechenden Eingabefeldern verändern. Um die Pinselspitze intuitiv zu editieren, ziehen Sie an den schwarzen Punkten oder drehen das Koordinatenkreuz.
▶ WINKEL: Mit diesem Eingabefeld definieren Sie den Winkel, in dem die Spitze auf dem Blatt zeichnet. Dieser Winkel beeinflusst die entstehende Konturenstärke nur, wenn die Spitze nicht rund ist.
▶ RUNDHEIT: Diese Eingabe bestimmt die gewünschte Form der Pinselspitze zwischen einem gleichmäßigen Kreis und einem flachen Oval. Flache Spitzen verhalten sich wie Breitfedern, runde ermöglichen keine Änderungen in der Konturenstärke.
▶ DURCHMESSER: Mit dem Pinseldurchmesser legen Sie fest, wie dick die Kontur wird. Der Wert STÄRKE im Kontur-Bedienfeld vervielfacht die Breite der Kontur zusätzlich. Während die Stärkeeinstellung aber auf die gesamte Kontur wirkt, können Sie mit einem variablen Pinseldurchmesser und der Verwendung eines Grafiktabletts eine sehr dynamische Linienführung erreichen.
▶ VARIATION: Für jede der Pinseleigenschaften können Sie bestimmen, wie stark die Kontur variieren darf. Je höher der Wert ist, desto größer ist der Einfluss der Stiftführung auf die generierte Kontur.
Bei Verwendung der Maus variieren Durchmesser, Rundung und Winkel während des Zeichnens nicht.

Optionen für die Stifteingabe | Für die drei Pinseleigenschaften DURCHMESSER, RUNDHEIT und WINKEL bestimmen Sie in einem Ausklappmenü, durch welchen Parameter des Grafiktabletts Sie die jeweilige Option steuern wollen. Bei jeder Stiftbewegung lassen sich damit drei verschiedene Eigenschaften des Pinselstrichs gleichzeitig steuern.

Einige dieser Einstellungen nützen Ihnen nur bei der Arbeit mit bestimmten Tabletts. Für die Einstellungen Drehung und Stylus-Rad benötigen Sie darüber hinaus bestimmte Eingabestifte: den »ArtMarker«, den »Art Pen« oder den »Airbrush« (Abb. 7.17).

Folgende Optionen sind jeweils in den Ausklappmenüs für Durchmesser, Rundheit und Winkel verfügbar:

- Fixiert: Mit dieser Einstellung fixieren Sie den im Eingabefeld definierten Wert und unterbinden damit willkürliche Einflüsse. Wenn Sie ein Gefühl für die Stiftführung mit den Auswirkungen auf die Linienstärke bekommen wollen, testen Sie sich einfach durch alle Steuerungsmöglichkeiten, indem Sie jeweils zwei Pinseleigenschaften fixieren und nur eine der Eingaben variieren.
- Zufallswert: Die Eigenschaft, für die Sie diese Option wählen, steuert Illustrator mit einem Zufallswert, der sich während des Zeichnens nicht verändert. Erst bei einem neuen Ansetzen des Stifts wird vom Programm eine andere zufällige Einstellung vorgenommen.
- Druck: Bei dieser Auswahl steuern Sie die dynamische Veränderung der jeweiligen Pinseleigenschaft durch den Druck, den Sie mit dem Stift auf das Tablett ausüben (Abb. 7.18).
Höherer Druck bewirkt für den Winkel der Pinselspitze eine Drehung gegen den Uhrzeigersinn, für die Rundheit ein runderes Aussehen, und der Durchmesser wird erhöht.
Viele Grafiktabletts werden mit verschiedenen Stiftminen ausgeliefert. Eine gefederte Mine, wie z. B. Wacoms »Pinselspitze« (Abb. 7.20), gibt Ihnen mehr Kontrolle über die drucksensitive Steuerung.
- Stylus-Rad: Das Stylus-Rad ist ein spezielles Merkmal des Eingabe-Werkzeugs »Wacom Airbrush«. Damit können Sie die Pinseleigenschaft durch Drehung an diesem Regler steuern, der mit einem Scrollrad vergleichbar ist. Der eingestellte Wert wird absolut definiert.
- Neigung: Wählen Sie Neigung, wenn Sie Winkel, Rundheit oder Durchmesser beim Zeichnen durch Veränderung des Neigungswinkels des Stifts variieren möchten (Abb. 7.19).
Eine stärkere Stiftneigung wirkt wie ein stärkerer Druck.
- Ortung: Die Ortung ist die Richtung, in die der Stift während des Zeichnens geneigt wird (Abb. 7.21).

▲ **Abbildung 7.18**
Die Pinselspitze reagiert auf veränderten Druck des Stifts auf das Grafiktablett.

▲ **Abbildung 7.19**
Neigung: Der Winkel des Stifts (hier: »ArtMarker«) zum Tablett steuert die Dynamik.

▲ **Abbildung 7.20**
Alternative Wacom-Stiftmine »Pinselspitze« (vergrößert)

▲ **Abbildung 7.21**
Ortung: Die Richtung der Neigung steuert die Veränderung der Pinselspitze.

▲ **Abbildung 7.22**
DREHUNG: Der »ArtMarker« hat eine spezielle ovale Griffform, die für den nötigen Halt beim Drehen sorgt.

Falls Sie den Parameter ORTUNG zur Steuerung des DURCHMESSERS verwenden, können relativ abrupte Änderungen der Linienstärke erfolgen.

Gute Ergebnisse mit sehr weichen Übergängen erhalten Sie bei der Steuerung des WINKELS durch den Parameter ORTUNG. Neigen Sie den Stift nach rechts oder nach vorn, wird der Winkel gegen den Uhrzeigersinn gedreht, bei einer Neigung nach links oder hinten wird er im Uhrzeigersinn gedreht.

▶ DREHUNG: Wenn Sie während des Zeichnens den Stift um seine Längsachse drehen, wird DURCHMESSER, WINKEL oder RUNDHEIT verändert (Abb. 7.22). Diese Funktion können Sie nur mit dem »Wacom ArtMarker« und dessen Nachfolger, dem »Art Pen« benutzen.

7.2 »Natürlich« malen

Der Borstenpinsel (engl. »Bristle Brush«) ist eigentlich »nur« eine zusätzliche Pinselspitze für das Pinsel-Werkzeug. Er funktioniert vom Grundprinzip ähnlich wie der Kalligrafiepinsel, nur dass nicht eine Form entlang des Pfads verformt wird, sondern mehrere, die außerdem einander transparent überlagern. Verteilung, Größe und Intensität dieser Formen bestimmen Sie mit Ihren Vorgaben. Auch wenn Sie es an keiner Stelle einstellen können, reagiert der Borstenpinsel auf Druck, Neigung und Drehung des Stifts auf dem Grafiktablett.

▲ **Abbildung 7.23**
Zur Transparenzinteraktion des Borstenpinsels siehe Abschnitt 12.1.7.

▲ **Abbildung 7.24**
Diese Vorschau bekommen Sie nur mit einem Grafiktablett: Halten Sie den Stift etwas über dem Grafiktablett, drehen und neigen ihn, dann können Sie die Änderungen am Cursor beobachten.

▲ **Abbildung 7.25**
Grundform (rot, vergrößert) und ihre Anpassung entlang des Pfads (blau) – dabei wird die Form je nach Zeichenrichtung gedreht bzw. entsprechend den mit dem Grafiktablett übermittelten Parametern verändert. Wandelt man die Pinselkontur um (mit OBJEKT • AUSSEHEN UMWANDELN), ist zu erkennen, wie der Borstenpinsel mit einander überlagernden Formen arbeitet (rechts unten). Zur Demonstration wurden einige Elemente gelöscht und wurde der Abstand vergrößert.

7.2.1 Mit dem Borstenpinsel einen neuen Pfad erstellen

Wie alle anderen Pinselspitzen kann auch ein Borstenpinsel jedem bestehenden Pfad zugewiesen werden. Um direkt mit dem Pinsel-Werkzeug und einem Borstenpinsel zu malen, gehen Sie wie folgt vor:

1. Wählen Sie das Pinsel-Werkzeug, und rufen Sie das Pinsel-Bedienfeld auf – [F5].
2. Im Pinsel-Bedienfeld aktivieren Sie eine Borstenpinsel-Vorgabe oder richten einen neuen Borstenpinsel ein (s. den folgenden Abschnitt).
   Wenn Sie eine bereits vorhandene Pinselspitze verwenden möchten, können Sie diese auch aus dem Menü Ausgangspunkt für Pinsel im Steuerungsbedienfeld aufrufen.
   Wählen Sie eine Konturfarbe.
3. Bewegen Sie den Pinsel über eine leere Fläche auf der Zeichenfläche – der Cursor zeigt ✍.
   ▶ Sie können auch aktivierte Pfade an einem Endpunkt fortführen, wenn die entsprechende Pinseloption eingestellt ist.
4. Malen Sie die Pinselstriche durch Klicken und Ziehen des Pinsel-Cursors über die Zeichenfläche. Es wird eine Vorschau der Physik-Simulation angezeigt.
5. Sobald Sie die Maustaste loslassen bzw. den Stift vom Tablett abheben, wird der Pfad berechnet und dargestellt. Die endgültige Version unterscheidet sich meist erheblich von der Vorschau.
6. Wenn Ihnen ein Pfad nicht gefällt, können Sie ihn löschen und noch einmal ziehen – viel flexibler ist jedoch die Möglichkeit, einzelne Ankerpunkte und Griffe mit dem Direktauswahl-Werkzeug nachzurichten.

▲ **Abbildung 7.26**
Eine Bibliothek mit Beispielpinseln finden Sie unter dem Button Menü »Pinsel-Bibliotheken«.

▲ **Abbildung 7.27**
Vorschau (oben) und endgültig berechneter Pfad (unten)

> **Borstenpinsel in Photoshop**
>
> Die Nachbearbeitungsmöglichkeit einzelner Pfade ist der hauptsächliche Unterschied zum Borstenpinsel in Photoshop.

◀ **Abbildung 7.28**
Mit Borstenpinseln wurde in bestehenden Formen gemalt – den Hintergrund bildet ein Bildpinselstrich.

Innen zeichnen | Eine besonders interessante Möglichkeit besteht darin, mit dem Borstenpinsel vorhandene Flächen »anzumalen«.
1. Dazu wählen Sie einen geschlossenen Pfad aus.
2. Gehen Sie in den Modus Innen zeichnen, indem Sie den gleichnamigen Button 🔘 im Werkzeugbedienfeld anklicken.

3. Deaktivieren Sie den Pfad.
4. Nehmen Sie das Pinsel-Werkzeug mit einer Borstenpinsel-Spitze sowie eine Konturfarbe, und malen Sie damit direkt in der Form (s. Abb. 7.29).
5. Um den Modus INNEN ZEICHNEN zu verlassen, verwenden Sie den Kurzbefehl ⇧+D.

▲ **Abbildung 7.29**
Das Objekt, in dem Sie zeichnen, wird durch die gestrichelten Ecken gekennzeichnet. Es bildet die Schnittmaske über den Pinselstrichen.

Einstellungen testen
Zeichnen Sie einen Pfad, vervielfältigen Sie ihn, und weisen Sie den Kopien unterschiedlich eingestellte Borstenpinsel zu. So können Sie am besten sehen, welche Auswirkungen Variationen in den Optionen auf die Kontur haben.

7.2.2 Einen neuen Borstenpinsel erstellen

Eine Borstenpinsel-Vorgabe finden Sie im Pinsel-Bedienfeld. Alternativ erstellen Sie einen neuen Pinsel.

Dazu klicken Sie den Button NEUER PINSEL. Als Option wählen Sie BORSTENPINSEL. In der folgenden Dialogbox geben Sie die Einstellungen ein. Die Werte, die Sie eingeben, steuern die Physik-Simulation des virtuellen Pinsels – eine Vorstellung der Wirkweise erhalten Sie eher, wenn Sie an einen realen Pinsel denken als an die gezeichnete Vektorform.

Abbildung 7.30 ▶
Die Dialogbox BORSTENPINSEL-OPTIONEN

▲ **Abbildung 7.31**
Die Physik-Engine des Borstenpinsels: Je nachdem, wie Sie den Stift auf ein Grafiktablett setzen, entstehen sehr unterschiedliche Striche mit derselben Pinselspitze.

- **Form:** In diesem Menü finden Sie einige Formvorgaben, die das grundsätzliche Verhalten das Pinsels steuern. Jede dieser Formen gibt es in der Art Rund und Flach. Die Namen der Vorgaben entsprechen den Bezeichnungen »realer« Pinsel, das Symbol zeigt diese zusätzlich.
- **Grösse:** Hier bestimmen Sie den Durchmesser des Pinsels – gemessen an der Stelle, an der die Haare bzw. Borsten gehalten werden. Die Größe können Sie auch mit den Tasten [<] und [⇧]+[<] ändern.
- **Borstenlänge:** Dieser Wert betrifft die Länge der Borsten. Kleine Werte resultieren in »gestrichelt« wirkenden Konturen.
- **Borstendichte:** Die Anzahl der Borsten. Die Parameter Dichte und Dicke sind voneinander abhängig: Eine höhere Dichte verursacht schlankere Borsten.
- **Borstendicke:** Die Stärke der einzelnen Borsten.
- **Farbdeckkraft:** Die Deckkraft der Farbe in den einzelnen Borsten, sie variiert auch zwischen den Borsten. Die Opazität lässt sich beim Zeichnen auch ohne Öffnen der Dialogbox mit Hilfe der Tasten [1] bis [0] einstellen.
- **Steifigkeit:** Die Steifigkeit der Borsten hat Auswirkungen auf die Dynamik des Strichs, selbst dann, wenn Sie mit der Maus arbeiten. Ein höherer Wert bewirkt einen Strich von gleichmäßigerer Stärke.

▲ **Abbildung 7.32**
Die Auswirkungen Ihrer Einstellungen sehen Sie, wenn Sie mit ausgewähltem Pinsel einmal auf die Zeichenfläche klicken; hier: Vergleich der Dichte-Einstellungen niedrig (links) und hoch (rechts).

▲ **Abbildung 7.33**
Kurze Borsten

Deckkraft mit [0] bis [9]

Die Deckkraft können Sie entweder durch zwei Ziffern eingeben (es zählen immer die beiden zuletzt getippen Ziffern) oder mit Kürzeln für die Zehner – also z. B. 5 für den Wert 50.

7.2.3 Borstenpinsel und Ausgabe

Beim Arbeiten mit dem Borstenpinsel entsteht eine sehr komplexe Transparenz. Daher gibt Illustrator beim Speichern, Drucken oder Reduzieren der Transparenz auch eine entsprechende Warnung aus, sobald Sie mehr als 30 Borstenpinsel-Konturen einsetzen. Nehmen Sie diese Warnung ernst, und klicken Sie sie nicht einfach weg. Ist Ihre Grafik aufgrund einer sehr hohen Zahl an Bristle-Konturen komplex, sollten Sie sie vor dem Drucken komplett in ein Pixelbild umwandeln (Transparenz-Reduzierung s. Abschnitt 12.4).

7.3 Flächen malen

Mit dem Tropfenpinsel (engl. »Blob-Brush«) können Sie kalligrafisch arbeiten oder die Möglichkeiten eines Grafiktabletts nutzen, und – es werden gleich Flächen erzeugt. Der Tropfenpinsel ist damit das Pendant zum Radiergummi-Werkzeug (s. Abschnitt 7.4.4), mit dem Sie die erzeugten Flächen korrigieren.

Tropfenpinsel universell

Mit dem Tropfenpinsel können Sie alle bestehenden Flächen bearbeiten, egal mit welchem Werkzeug diese ursprünglich erzeugt wurden – vorausgesetzt, die Flächen besitzen keine Kontur.

Abbildung 7.34 ▶
Anders als ein Kalligrafiepinsel (links) erzeugt der Tropfenpinsel (Mitte) direkt Flächen und vereinigt gleichfarbige Flächen bereits beim Malen miteinander.

7.3.1 Tropfenpinsel-Werkzeug

Der Tropfenpinsel ist das Werkzeug der Wahl, wenn Sie keine geometrisch exakten Formen benötigen, aber dafür möglichst ohne komplizierte Nacharbeit unmittelbar nach dem Zeichnen mit Flächen weiterarbeiten möchten. Mit dem Tropfenpinsel kombinieren Sie darüber hinaus übereinanderliegende Formen mit gleichen Eigenschaften (Fläche, Transparenz, Stile).

> **Flächen- oder Konturfarbe?**
>
> Der Tropfenpinsel malt nur Flächen, verwendet dazu jedoch die als Kontur eingestellte Farbe. Ist keine Konturfarbe eingestellt, verwendet er die Flächenfarbe. Ist auch keine Flächenfarbe gewählt, verwendet er die zuletzt benutzte Farbe.

Fläche malen | So arbeiten Sie mit dem Tropfenpinsel:
1. Wählen Sie das Tropfenpinsel-Werkzeug, ⇧ + B .
2. Doppelklicken Sie auf sein Symbol im Werkzeugbedienfeld, um die Formeigenschaften einzustellen, oder wählen Sie einen Kalligrafiepinsel im Pinsel-Bedienfeld.
3. Wenn Sie sicherstellen wollen, dass bestehende Flächen (z. B. eine Vorskizze) nicht verändert werden, sperren Sie die Objekte oder deren Ebene. Dies ist dann unerlässlich, wenn Sie mit einer bereits verwendeten Farbe arbeiten wollen.
4. Legen Sie in einem der entsprechenden Bedienfelder eine Farbe für die Kontur (siehe den nebenstehenden Hinweis) fest. Möchten Sie einen Grafikstil anwenden, wählen Sie auch diesen aus dem Grafikstile-Bedienfeld.
5. Beginnen Sie die Zeichnung. Die Form muss nicht »in einem Rutsch« gezeichnet werden. Setzen Sie das Werkzeug zwischenzeitlich ab und führen die Zeichnung dann fort, fügt Illustrator die Formen automatisch zusammen, solange Sie die Farbe nicht ändern. Mit < und ⇧+< verkleinern bzw. vergrößern Sie den Werkzeugdurchmesser bei der Arbeit.
6. Führen Sie Korrekturen entweder mit dem Radiergummi-Werkzeug durch, oder wählen Sie das Direktauswahl- oder das Zeichenstift-Werkzeug, und bearbeiten Sie die Pfade.

▲ **Abbildung 7.35**
Korrekturen mit dem Zeichenstift- und Direktauswahl-Werkzeug (rechts unten) sind meist exakter, glatter und schneller erledigt als Korrekturen mit Radiergummi und Tropfenpinsel (links unten).

Optionen | Doppelklicken Sie das Tropfenpinsel-Werkzeug im Werkzeugbedienfeld, um seine Voreinstellungen zu definieren. Die Beschreibung der Optionen für den TOLERANZBEREICH finden Sie weiter oben beim Buntstift-Werkzeug (s. S. 150), die der STANDARD-PINSELOPTIONEN beim Pinsel-Werkzeug (s. S. 154).

◄ **Abbildung 7.36**
Die Dialogbox Optionen für Tropfenpinsel-Werkzeug

- **Auswahl beibehalten:** Setzen Sie hier ein Häkchen, wird die eben gezeichnete bzw. bearbeitete Pinselfläche nicht deaktiviert. So können Sie sehen, welche Objekte zusammengefügt wurden, und es lässt sich in Verbindung mit der folgenden Option steuern, wie der Tropfenpinsel Objekte verbindet.
- **Nur mit Auswahl zusammenfügen:** Kreuzen Sie diese Option an, werden nur die auf der Zeichenfläche selektierten Objekte beim Zusammenfügen neuer mit bestehenden Flächen berücksichtigt. Im Unterschied zu Version CS4 können Sie die beiden Optionen miteinander kombinieren.

▲ **Abbildung 7.37**
Tropfenpinsel: Ausgangssituation

▲ **Abbildung 7.38**
Von links: keine der Optionen, Auswahl beibehalten, Nur mit Auswahl zusammenfügen, beide Optionen

- **Standard-Pinseloptionen:** Die hier getroffenen Optionen werden ignoriert, sobald Sie im Pinsel-Bedienfeld einen Kalligrafiepinsel anklicken.

7.3.2 Arbeitsweise des Tropfenpinsels

Damit Sie später weniger Überraschungen erleben, probieren Sie die grundsätzlichen Prinzipien des Tropfenpinsels aus:

▲ **Abbildung 7.39**
Verbinden von Objekten durch Übermalen mit dem Tropfenpinsel; geänderte Stapelreihenfolge der Objekte

7.3 Flächen malen | **161**

▲ **Abbildung 7.40**
Da ein andersfarbiges Objekt zwischen dem neuen und dem bestehenden Pfad liegt, werden die Flächen nicht zusammengefügt.

▲ **Abbildung 7.41**
Die Grafikstil-Bibliothek Zusatz für Tropfenpinsel: Wie alle Grafikstile können Sie auch diese als Basis für eigene Kreationen verwenden.

▲ **Abbildung 7.42**
Die Objekte im Logo wurden mit dem Buntstift-Werkzeug gezeichnet und anschließend mit Zeichenstift-Werkzeugen bereinigt.

- Mit dem Tropfenpinsel-Werkzeug können alle Vektorpfade bearbeitet werden, die keine Kontur besitzen.
- Das Tropfenpinsel-Werkzeug kann auch in eine Gruppe hineinwirken. Schneiden Sie zwei Gruppen, erfolgt nur eine Bearbeitung der Objekte der obersten Gruppe. Symbolinstanzen werden nicht bearbeitet.
- Wenn Sie Objekte bearbeiten möchten, stellen Sie für die Arbeit mit dem Tropfenpinsel dieselbe Farbe und sonstige Aussehen-Eigenschaften bzw. Grafikstile ein.
- Es werden nur gleichfarbige Objekte zusammengefügt, die in der Stapelreihenfolge direkt übereinanderliegen. Liegt ein Objekt mit anderen Eigenschaften dazwischen, erzeugt Illustrator ein gesondertes Objekt aus dem Pinselstrich.
- Es werden alle geschnittenen Pfade miteinander vereinigt, die übereinstimmende Eigenschaften besitzen.
- Zusammengefügt wird mit dem vordersten Objekt. Es findet also eine Veränderung der Stapelreihenfolge statt – vergleichbar mit dem Gruppieren.

7.3.3 Grafikstile für den Tropfenpinsel

Rufen Sie das Grafikstile-Bedienfeld auf, und laden Sie über das Bedienfeldmenü oder den Button Menü »Grafikstil-Bibliotheken« den Zusatz für Tropfenpinsel. Dort finden Sie einige voreingestellte Grafikstile speziell für den Einsatz in illustrativen Arbeiten, die Techniken wie Aquarell- oder Ölmalerei andeuten, indem die Ränder weichgezeichnet, die Deckkraft reduziert oder die Formen plastisch gestaltet werden.

7.4 Objekte intuitiv bearbeiten und Pfade vereinfachen

Selbstverständlich lassen sich alle mit Freihand-Werkzeugen erstellten Pfade mit den Zeichenstift-Werkzeugen bearbeiten und korrigieren. Illustrator bietet jedoch auch Werkzeuge, mit denen Sie Objekte genauso intuitiv bearbeiten, wie Sie sie mit Pinsel und Buntstift zeichnen können.

7.4.1 Glätten-Werkzeug

Das Glätten-Werkzeug dient zur nachträglichen Glättung eines Pfads oder einzelner seiner Bereiche. Stellen Sie sich das Glätten-Werkzeug nicht wie ein »Bügeleisen« für Ihren Pfad vor – vielmehr zeichnen Sie damit einen geänderten Verlauf. Illustrator übernimmt allerdings nicht die neu gezeichnete Linie, sondern erzeugt nach Beendigung der Eingabe eine Zwischenstufe zwischen dem ursprünglichen Pfad und dem mit dem Glätten-Werkzeug gezeichneten.

> **Glättung und Zoomstufe**
>
> Die Stärke der Glättung ist auch abhängig von der Zoomstufe, in der Sie arbeiten – die Wirkung des Werkzeugs ist in einer niedrigen Zoom-Stufe stärker.

Pfad glätten | So arbeiten Sie mit dem Glätten-Werkzeug:

❶ Aktivieren Sie den Pfad, den Sie glätten möchten, und nehmen Sie das Glätten-Werkzeug. Vom Buntstift- oder Pinsel-Werkzeug können Sie mit ⌥/Alt vorübergehend zum Glätten-Werkzeug wechseln.

❷ Setzen Sie das Werkzeug dort am Pfad an, wo Sie mit dem Glätten starten wollen. Klicken Sie, und ziehen Sie den Cursor am bestehenden Pfad entlang.

❸ Das Programm berechnet den »geglätteten« Pfadverlauf.

Voreinstellungen | Mit einem Doppelklick auf das Werkzeug im Werkzeugbedienfeld rufen Sie die Dialogbox OPTIONEN FÜR GLÄTTEN-WERKZEUG auf. Sie können die Werte per Schieberegler oder numerisch eingeben.

◀ **Abbildung 7.43**
Die Dialogbox OPTIONEN FÜR GLÄTTEN-WERKZEUG

- ▸ GENAUIGKEIT: Dieser Wert legt fest, wie genau der von Illustrator erstellte geglättete Pfad der Cursor-Bewegung folgt.
- ▸ GLÄTTUNG: Mit dieser Einstellung bestimmen Sie, wie stark der Pfad nach Beendigung der Eingabe geglättet wird.

Lesen Sie zu den Optionen auch die Hinweise zu der entsprechenden Einstellung für das Buntstift-Werkzeug weiter oben.

7.4.2 Pfade vereinfachen

Pfade, die mit den Freihand-Werkzeugen erstellt wurden, können mehr Punkte enthalten, als zur Beschreibung ihrer Form notwendig sind. Das erschwert die Nachbearbeitung und führt manchmal zu Schwierigkeiten beim Anwenden von Musterpinseln (s. Abb. 7.44) und bei der Ausgabe der Datei.

▲ **Abbildung 7.44**
Fehler beim Anwenden eines Musterpinsels durch zu viele Punkte (links) – nach Vereinfachen des Pfads (rechts)

▲ **Abbildung 7.45**
Kurvengenauigkeit 50 % (oben) und 0 % (unten)

Pfad geöffnet?

Es passiert leider häufig, dass ein ursprünglich geschlossener Pfad nach dem Vereinfachen geöffnet ist.

Abbildung 7.46 ▶
Die Dialogbox Vereinfachen

▲ **Abbildung 7.47**
Winkel-Schwellenwert 105 % (links) und 106 % (rechts), Originalpfad in Rot

▲ **Abbildung 7.48**
Gerade Linien

Die Anzahl der Ankerpunkte können Sie von Illustrator reduzieren lassen. Aktivieren Sie dazu den Pfad oder einen Pfadabschnitt (z. B. können Sie die Eckpunkte eines Pfads von der Auswahl ausschließen, um sie vor Veränderungen zu schützen), und wählen Sie im Menü Objekt • Pfad • Vereinfachen… In der zugehörigen Dialogbox Vereinfachen definieren Sie, wie das Programm diesen Befehl ausführen soll. Während Sie die Einstellungen vornehmen, sollten Sie das Kontrollkästchen Vorschau aktivieren.

Die Vereinfachungsoptionen können auf ausgewählte Abschnitte des Pfads angewendet werden – die Option Gerade Linien wirkt sich jedoch immer auf den gesamten Pfad aus.

Optionen | Pfade vereinfachen

▶ Kurvengenauigkeit: Da dieser Befehl alle Ankerpunkte außer Anfangs- und Endpunkt – bzw. alle aktivierten Ankerpunkte – verändert, bestimmen Sie hier mit einem Prozentwert zwischen 0 und 100, wie genau sich der neue Pfadverlauf am alten orientieren soll. Je höher der Wert ist, desto genauer bleibt der Pfadverlauf erhalten.

Achtung! Werte ab 85 % können dazu führen, dass Punkte hinzugefügt werden. Die Anzahl der Punkte (Original und Aktuell) wird angezeigt, wenn Sie die Vorschau aktivieren.

▶ Winkel-Schwellenwert: Durch Eingabe eines Schwellenwerts größer als 0 können Sie die Position von Eckpunkten vor Veränderungen sichern. Mit einem kleinen Wert werden nur Eckpunkte erhalten, an denen der Pfad seine Richtung deutlich ändert. Je größer der Wert ist, desto mehr Eckpunkte bleiben bestehen. Es sei denn, die Einstellung Gerade Linien ist gesetzt – dann bleiben mehr Eckpunkte erhalten, je kleiner Sie den Schwellenwert wählen (zu Eckpunkten s. Abschnitt 6.2.3).

▶ Gerade Linien: Mit dieser Option erstellen Sie gerade Linien zwischen den Punkten des Pfads, die bei der Vereinfachung verbleiben.

Diese Einstellung kann eine große Hilfe bei der Optimierung von geometrischen Zeichnungen sein, die Sie mit der Live-Trace-Funktion (INTERAKTIV NACHZEICHNEN) vektorisieren.

▶ ORIGINAL ANZEIGEN: Aktivieren Sie diese Option, wird die Originalform des Pfads in Rot dargestellt. Durch den direkten Vergleich finden Sie schneller Werte, die die ursprüngliche Form des Objekts nicht beeinträchtigen.

7.4.3 Messer-Werkzeug

Mit dem Messer-Werkzeug, das Sie in einer Gruppe mit dem Radiergummi- und dem Schere-Werkzeug finden, arbeiten Sie wie mit einem Skalpell. Klicken und ziehen Sie den gewünschten Schnitt über die Objekte. Illustrator zerschneidet die Objekte und bildet dabei neue geschlossene Pfade, die jeweils die Aussehen-Eigenschaften des Quellobjekts besitzen.

Es werden nur aktivierte Objekte zerschnitten, die entweder mit einer Füllung versehen und/oder geschlossen sind. Haben Sie kein Objekt ausgewählt, werden alle gefüllten und/oder geschlossenen Objekte zerschnitten, durch die der Schnitt führt, egal auf welcher Ebene sie liegen – soweit sie nicht fixiert oder ausgeblendet sind!

Die neuen Objekte sind nicht gruppiert oder anderweitig verbunden, sodass Sie sie nach dem Schneiden sofort weiterverarbeiten können.

▲ **Abbildung 7.49**
Je ein geschlossener (Stern) und ein offener Pfad (Welle) mit (grün) und ohne Füllung (orange) werden zerschnitten. Auf dem Pfad der orangefarbenen Welle sind die Punkte markiert.

Modifikationsmöglichkeit | Messer-Werkzeug

▶ Mit ⌥/Alt erzeugen Sie einen geraden Schnitt. Führen Sie dabei den Schnitt so, wie Sie das Liniensegment-Werkzeug handhaben (s. Abschnitt 5.1.2).

▶ Drücken und halten Sie ⌥+⇧/Alt+⇧, um gerade Schnitte in 45°-Winkeln auszuführen. Selbst wenn diese Möglichkeit einen Eindruck von Genauigkeit suggeriert: Auch damit lässt sich das Werkzeug nicht an Punkten, Objekten oder Hilfslinien ausrichten.

7.4.4 Radiergummi-Werkzeug

Dieses Werkzeug verbindet die Möglichkeiten des Messer-Werkzeugs mit den Optionen eines Kalligrafiepinsels. Auch das Radiergummi arbeitet entweder an aktivierten oder an allen Objekten, durch die Sie das Werkzeug führen. Im Unterschied zum Messer-Werkzeug lassen sich mit dem Radiergummi auch offene ungefüllte Pfade zerschneiden. Die Anwendung des Radiergummis an offenen Pfaden führt jedoch häufig zu unerwünschten Verformungen der Restpfade.

▲ **Abbildung 7.50**
Das Radiergummi-Werkzeug zerteilt Pinselkonturen und Verläufe (unten: Pfadansicht).

▲ **Abbildung 7.51**
Ursprünglich gerade Linien wurden nach dem Durchtrennen mit dem Radiergummi merklich verformt.

> **Radiergummi und Wacom**
>
> Wenn Sie den drucksensitiven Stift eines Grafiktablett (der eine Radiergummi-Option besitzt) umdrehen, wird automatisch das Radiergummi-Werkzeug gewählt. Die Anzeige im Werkzeugbedienfeld springt nicht um.

Optionen | Öffnen Sie die Werkzeug-Optionen mit einem Doppelklick auf das Werkzeug oder mit der Taste ↵. Die Einstellungsmöglichkeiten entsprechen denen der Kalligrafiepinsel.

Modifikationsmöglichkeiten | Radiergummi-Werkzeug
- Mit ⇧ erzeugen Sie Linien im 45°-Winkel.
- Halten Sie ⌥/Alt gdrückt, um eine Rechteckform aufzuziehen, die von den Objekten entfernt wird. Die Rechteckform kann nicht an Hilfslinien ausgerichtet werden.
- Durch Drücken der Leertaste vor dem Benutzen des Werkzeugs wechseln Sie vorübergehend zum Hand-Werkzeug.
- Drücken Sie < oder ⇧ + < zum Verkleinern bzw. Vergrößern der Werkzeugspitze.

7.4.5 Löschen-Werkzeug

Mit dem Löschen-Werkzeug können Sie unabhängig von vorhandenen Ankerpunkten einzelne Bereiche eines Pfads entfernen. Im Unterschied zum Radiergummi-Werkzeug bearbeiten Sie mit dem Löschen-Werkzeug auch bei geschlossenen Pfaden den Pfad und schneiden nicht die Fläche. Außerdem treten mit dem Löschen-Werkzeug keine Probleme mit geraden Pfaden auf.

❶ Aktivieren Sie einen offenen (grün) oder geschlossenen (pink) Pfad, und nehmen Sie das Löschen-Werkzeug.

❷ Setzen Sie das Werkzeug auf dem Pfad an – dabei müssen Sie den Pfad ziemlich genau treffen. Beim Arbeiten mit dem Werkzeug ist es nicht mehr nötig, dem Pfadverlauf exakt zu folgen.

❸ Klicken und ziehen Sie das Werkzeug über den Bereich des Pfads, den Sie löschen möchten.

❹ Setzen Sie das Werkzeug ab – Illustrator berechnet den Pfad.

7.5 Freihand-Auswahl mit dem Lasso

Neben dem Auswahl-Rechteck, das Sie mit den Auswahl-Werkzeugen über mehrere Objekte aufziehen können, gibt es das Lasso-Werkzeug zur freihändigen Auswahl einzelner oder mehrerer Punkte bzw. Pfadsegmente – je nachdem, wie Sie das Werkzeug führen.

Lasso-Werkzeug | Um einzelne oder mehrere Ankerpunkte mit dem Lasso zu aktivieren, gehen Sie wie folgt vor:

❶, ❸ Wählen Sie das Lasso-Werkzeug – Q –, und klicken und ziehen Sie es um das oder die Objektteile herum, als würden Sie diese einkreisen. Der Cursor muss nicht bis zum Startpunkt zurückgezogen werden. Illustrator schließt die Auswahl auf dem kürzesten Weg, wenn Sie die Maustaste loslassen.

❷ Damit das Objekt ausgewählt wird (und nicht einzelne Punkte), umrunden Sie das gesamte Objekt mit dem Lasso.

❹ Sofern Sie mit dem Lasso nur Teile eines oder mehrerer Objekte erfassen, werden nur die Ankerpunkte aktiviert, die sich innerhalb der Lasso-Auswahl befinden. Um die mit dem Lasso aktivierten Punkte zu verschieben, verwenden Sie das Direktauswahl-Werkzeug.

Modifikationsmöglichkeiten | Lasso-Werkzeug
► Mit ⇧ fügen Sie Ankerpunkte zur Auswahl hinzu.
► Mit ⌥/Alt werden ausgewählte Punkte deaktiviert.

7.6 Objekte intuitiv deformieren mit den Verflüssigen-Werkzeugen

Mit den Verflüssigen-Werkzeugen, die Sie unter dem Breitenwerkzeug finden, können Sie Vektorformen sehr intuitiv verformen. Das funktioniert nicht nur mit einzelnen Pfaden, sondern mit kompletten Objekten, Verzerrungshüllen, Gittern u. a.

▲ **Abbildung 7.52**
Verflüssigen-Werkzeuge:
VERKRÜMMEN, STRUDEL, ZUSAMMENZIEHEN, AUFBLASEN, AUSBUCHTEN, KRISTALLISIEREN, ZERKNITTERN (ganz links: Breitenwerkzeug)

◄ **Abbildung 7.53**
Änderungen wie auf der rechten Seite können mit den Verflüssigen-Werkzeugen intuitiv vorgenommen werden.

▲ **Abbildung 7.54**
Verzerrungen mit dem Verkrümmen- und dem Aufblasen-Werkzeug

Pfade reagieren schnell auf Bewegungen mit diesen Tools. Die verformten Pfade werden im Übergang zu den nicht deformierten Teilen der Objekte weich geglättet, sodass sich die Verflüssigen-Werkzeuge sehr gut eignen, um natürliche oder dynamische Formen aus geometrischen Figuren zu erzeugen.

7.6.1 Arbeitsweise der Werkzeuge

Die Verflüssigen-Werkzeuge verformen die Objekte, die ausgewählt wurden. Beim Klicken mit dem Werkzeug wird der bearbeitete Pfad dünn farbig angezeigt.

Falls keine Objekte aktiviert sind, verflüssigen Sie die Objekte, die sich beim Klicken innerhalb des Wirkungsradius des Werkzeug-Cursors befinden, und zwar egal auf welcher Ebene. Die Verflüssigen-Werkzeuge können Sie auf Pfade sowie auf Verzerrungshüllen, Verlaufsgitter und eingebettete Bilder anwenden.

Abhängig von der Größe der Werkzeugspitze sind nicht die kompletten Objekte von der Verformung betroffen, sondern nur einzelne Pfadsegmente. Wenn Sie sichergehen möchten, dass nur bestimmte Objekte oder Objektteile in die Verflüssigen-Operation einbezogen werden, wählen Sie diese vorher aus.

> **Durch die Werkzeuge wechseln**
> Wenn Sie ein Werkzeug aus einer Werkzeuggruppe im Werkzeugbedienfeld mit gedrückter ⌥/Alt-Taste anklicken, wechseln Sie zum folgenden Werkzeug der Gruppe.

Abbildung 7.55 ▶
Wirkweise der Verflüssigen-Werkzeuge

Verkrümmen-Werkzeug | Mit diesem Werkzeug – ⇧+R – erzeugen Sie in den von der Operation betroffenen Pfaden ovale Dellen in der Richtung, in der Sie das Werkzeug bewegen.

Die Einbeulung des Pfads ist umso größer, je näher der Mittelpunkt des Werkzeugs dem bearbeiteten Pfad kommt ❶.

Strudel-Werkzeug | Das Strudel-Werkzeug verwirbelt Pfade in einer Art virtuellem Mixer. Pfade, die sich im Wirkungsbereich des Werkzeugs befinden, werden in Richtung des Werkzeug-Mittelpunkts gezogen und in einer Spirale um ihn gewickelt ❷.

Zusammenziehen-Werkzeug | Das Zusammenziehen-Werkzeug zieht Pfade und Punkte, die sich in seinem Radius befinden, wie ein Magnet in seinen Mittelpunkt ❸.

▲ **Abbildung 7.56**
Verwendet an Verzerrungshüllen, können Sie eine kontrolliertere Verzerrung erzielen (oben: AUFBLASEN; unten: STRUDEL im Vergleich links mit und rechts ohne Verzerrungshülle).

Aufblasen-Werkzeug | Das Aufblasen-Werkzeug verschiebt Punkte und Pfadsegmente von seinem Mittelpunkt nach außen, sodass eine optische Wirkung wie beim Aufblasen eines bedruckten Luftballons entsteht. Die Verformung beschränkt sich auf den »heißen« Bereich der Werkzeugspitze ❹.

Ausbuchten-Werkzeug | Das Ausbuchten-Werkzeug formt viele kleine Kurven in einen Pfad, indem es den Pfad an einigen Punkten fixiert und die Segmente zwischen diesen Punkten in seinen Mittelpunkt zieht ❺.

Kristallisieren-Werkzeug | Das Kristallisieren-Werkzeug arbeitet umgekehrt: Es erzeugt Ankerpunkte auf dem Pfad und bewegt diese Punkte als Spitzen von seinem Wirkungsradius weg. Die zwischen den Punkten liegenden Pfadsegmente werden gebogen ❻.

▲ **Abbildung 7.57**
Eingebettete Bilder können mit den Verflüssigen-Werkzeugen verformt werden.

Zerknittern-Werkzeug | Das Zerknittern-Werkzeug faltet einen Pfad wie eine seismische Messkurve ❼.

7.6.2 Verflüssigen-Werkzeuge zum Deformieren anwenden

Die Art des Gebrauchs ist bei allen Verflüssigen-Werkzeugen gleich:

1. Wählen Sie eines der Verflüssigen-Werkzeuge im Werkzeugbedienfeld aus.
2. Der Wirkungskreis der Werkzeugspitze wird als Oval unter dem Cursor angezeigt. Sie können die Größe des »heißen« Bereichs der Spitze nach Ihren Wünschen anpassen, indem Sie zusammen mit der Modifikationstaste ⌥/Alt die Maus klicken und ziehen – der Cursor zeigt das Symbol. Modifizieren Sie zusätzlich mit ⇧, erhalten Sie eine gleichmäßig runde Werkzeugspitze.
3. Nun kommen wir zum Verformen:
   ▶ Aktivierte Pfade: Aktivieren Sie eines oder mehrere Objekte oder einzelne Pfadsegmente. Klicken und ziehen Sie mit dem Werkzeug über die Pfade, oder halten Sie einfach die Maustaste über den aktivierten Objektteilen gedrückt, ohne zusätzlich das Werkzeug zu bewegen.
   ▶ Keine Pfade sind aktiviert: Wenn keine Objekte aktiviert sind, bewegen Sie die Werkzeugspitze über die Objekte, die Sie verflüssigen möchten. Klicken Sie erst über den Objekten, und beginnen Sie dann zu ziehen.

▲ **Abbildung 7.58**
Die Verflüssigen-Werkzeuge (hier: Aufblasen) arbeiten bei exakt nebeneinanderliegenden Objekten sichtbar ungenau (links). Achten Sie daher bereits im Vorfeld auf sinnvolle Überlappungen der Objekte (rechts).

Achtung! Dabei werden alle Objekte auf allen Ebenen deformiert, die sich im »heißen« Bereich der Werkzeugspitze befinden, sofern sie nicht ausgeblendet oder fixiert sind!

4. Wenn das jeweilige Werkzeug in Aktion ist, bewegen sich die Pfadsegmente der von der Verflüssigung betroffenen Objekte mit dem Werkzeug. Kreuzen Sie mit dem Cursor weitere aktivierte Pfadsegmente, werden diese ebenfalls in die Bearbeitung einbezogen.
5. Um die Anwendung des Werkzeugs zu beenden, lassen Sie die Maustaste los bzw. heben den Stift vom Grafiktablett ab.
6. Wiederholen Sie gegebenenfalls die Schritte ab 3, denn in manchen Fällen ist ein mehrfaches Ansetzen des Werkzeugs in Folge wirkungsvoller als eine lange Anwendung.

Modifikationsmöglichkeiten | Verflüssigen-Werkzeuge
- ⇧ : Beschränkt die Werkzeugbewegung auf waagerechte oder senkrechte Winkel.
- Cursor-Bewegung: Da die Werkzeuge mit einer kleinen Verzögerung arbeiten, erzeugt ein verändertes Bewegungstempo der Werkzeuge andere Ergebnisse.

Optionen | Mit einem Doppelklick auf eines der Verflüssigen-Werkzeuge im Werkzeugbedienfeld rufen Sie die zugehörigen Optionen auf. Die Einstellungen gelten für alle Werkzeuge (s. den Hinweis links).

▲ **Abbildung 7.59**
Mit dem Verkrümmen-Werkzeug bearbeitete Kopien einer komplexeren Form (rechts unten)

Optionen für alle Werkzeuge!

Bitte beachten Sie, dass Größe, Winkel und Intensität, die Sie für eines der Verflüssigen-Werkzeuge eingeben, in alle anderen übernommen werden.
Wenn die beiden Parameter für das Ergebnis in Ihrer Grafik wichtig sind, sollten Sie sie überprüfen, bevor Sie das Werkzeug anwenden.

Abbildung 7.60 ▶
Die Optionen des Strudel-Werkzeugs

- ▶ BREITE und HÖHE: Hier geben Sie die Breite und Höhe des ovalen Wirkungsbereichs der Werkzeugspitze durch Auswahl aus dem Menü oder Eingabe ins Textfeld ein.
  Die Maßeinheiten aus VOREINSTELLUNGEN • EINHEIT im Bereich ALLGEMEIN werden für die Eingabe von Maßen verwendet – die Vorgaben im Popup-Menü sind leider in Punkt aufgelistet.
  Bei allen Werkzeugen können Sie die Form und damit den »heißen« Bereich der Werkzeugspitze auch manuell anpassen – siehe dazu die Anleitung auf Seite 169.
- ▶ WINKEL: Stellen Sie eine ovale Spitze durch Eingabe des Winkels schräg.
- ▶ INTENSITÄT: Bei Mauseingabe bestimmt dieser Wert, wie schnell die Verformung durch das Werkzeug erfolgt.
  Wenn Sie nur geringe Deformationen erreichen möchten, müssen Sie einen sehr niedrigen Intensitätswert einstellen.
  Bei der Eingabe mit einem Stift auf dem Grafiktablett muss das Kontrollkästchen DRUCKSTIFT VERWENDEN aktiviert werden. Die numerische Werteingabe wird damit abgeschaltet, denn dann bestimmt der auf den Stift ausgeübte Druck die Schnelligkeit und damit die Intensität der Verformung.
- ▶ PINSELGRÖSSE EINBLENDEN: Das schwarze Oval unter dem Cursor vermittelt Ihnen ein Gefühl dafür, welche Pfade in den Wirkungsbereich des Werkzeugs einbezogen werden (siehe auch BREITE/HÖHE). Deaktivieren Sie die Anzeige durch Entfernen des Häkchens.
- ▶ DETAIL: Mit diesem Wert geben Sie an, wie detailliert die Verformung sein soll. Ein höherer Wert generiert eine feingliedrigere Verformung. Das heißt, die Anzahl der zusätzlich erzeugten Ankerpunkte ist größer als bei einem niedrigen Wert.
- ▶ Zusätzliche Option der Werkzeuge VERKRÜMMEN, STRUDEL, ZUSAMMENZIEHEN und AUFBLASEN:
  - ▶ VEREINFACHEN: Mit dieser Option geben Sie an, wie stark der Pfad nach der Verflüssigen-Operation optimiert wird. Beim Vereinfachen wird die Anzahl der Punkte reduziert, die den Pfad bilden. Mit dem Schieberegler steuern Sie die Genauigkeit: Höhere Werte erzeugen weniger Punkte und damit glattere Pfade.
- ▶ Zusätzliche Option des Strudel-Werkzeugs:
  - ▶ STRUDELDREHUNG: Je höher der Wert der STRUDELDREHUNG ist, desto stärker und schneller erfolgt die Drehung. Positive Werte bewirken eine Drehung gegen den Uhrzeigersinn, negative Werte im Uhrzeigersinn.

▲ **Abbildung 7.61**
Auch wenn Sie mit der allgemeinen Maßeinheit Millimeter arbeiten, werden die Vorgaben in Pt aufgelistet.

Überblick: Verflüssigen

VERKRÜMMEN

STRUDEL

ZUSAMMEN-ZIEHEN

AUFBLASEN

AUSBUCHTEN

KRISTALLI-SIEREN

ZERKNITTERN

▲ **Abbildung 7.62**
Verschiedene Stufen der
KOMPLEXITÄT

▲ **Abbildung 7.63**
Von oben: PINSEL VERSCHIEBT
ANKERPUNKT, PINSEL VERSCHIEBT
WEGFÜHRENDE GRIFFE

- Zusätzliche Optionen der Werkzeuge AUSBUCHTEN, KRISTALLISIEREN und ZERKNITTERN:
  - KOMPLEXITÄT steuert die Reaktionszeit des Werkzeugs – ein höherer Wert lässt das Werkzeug in kürzeren Abständen reagieren. Ein sehr niedriger Komplexitätswert bewirkt keine Änderung, wenn keine Ankerpunkte im Wirkungsbereich des Werkzeugs liegen.
  - PINSEL VERSCHIEBT ANKERPUNKT: Mit dieser Option bestimmen Sie, ob das Werkzeug Ankerpunkte, die bereits auf dem Pfad vorhanden sind, verschieben darf. Wenn Sie PINSEL VERSCHIEBT ANKERPUNKT aktivieren, erzielen Sie extremere Verformungen des Pfads.
  - PINSEL VERSCHIEBT HINFÜHRENDE/WEGFÜHRENDE GRIFFE: Steuern Sie hiermit, welche Grifflinien verändert werden – die Bezeichnung »hinführend« bzw. »wegführend« bezieht sich auf die Pfadrichtung (s. Abschnitt 6.2.4).
- Zusätzliche Optionen des Zerknittern-Werkzeugs:
  - HORIZONTAL/VERTIKAL: Mit diesen Werten geben Sie an, wie stark die Verformung in horizontaler bzw. vertikaler Richtung erfolgen soll.

Beim Zerknittern-Werkzeug wirkt die Bewegungsrichtung der Werkzeugspitze nicht auf die Richtung der Verformung!

8 Farbe

Farbmodelle machen Farben messbar und zuverlässig beschreibbar, damit sie in unseren täglich gebrauchten Medien exakt reproduzierbar sind. Farben werden in diesen Modellen auf unterschiedlichste Weise kategorisiert und mit numerischen Werten geordnet. Von vielen Farbmodellen existieren wiederum verschiedene Varianten, die Farbräume. Sie werden definiert durch den begrenzten Farbumfang, den bestimmte Geräte oder Vermittlungsmethoden darstellen können. Die numerischen Werte, die die Farben beschreiben, beziehen sich jeweils auf einen solchen Farbraum. Gleiche Werte charakterisieren deshalb in einem anderen Farbraum ganz andere Farben. Die gebräuchlichsten Farbmodelle – auch in Illustrator – sind RGB und CMYK.

▲ **Abbildung 8.1**
Das RGB-Farbmodell erzeugt Farben mit farbigen Lichtquellen.

8.1 Farbmodelle

▲ **Abbildung 8.2**
Im Druck werden Mischfarben erzeugt, indem unterschiedlich große Rasterpunkte in den Druckfarben (CMYK) übereinander gedruckt werden.

8.1.1 RGB
RGB ist ein Farbmodell zur Beschreibung additiv gemischter Farben. Aktive Lichtquellen mit gleicher Stärke in den Grundfarben Rot, Grün und Blau addieren sich im menschlichen Auge zu weißem Licht. Werden die Grundfarben in unterschiedlicher Intensität gemischt, interpretiert das Auge dies als farbiges Licht. Durch das Abschwächen einzelner Lichtquellen kann ein weiter Bereich des sichtbaren Farbspektrums erzeugt werden. Schwarz wird durch das Fehlen aller Farbinformationen wahrgenommen. Neutrales Grau entsteht, wenn die Intensität der Grundfarben gleichmäßig reduziert ist, z. B. R–G–B: 87–87–87.

Exkurs: Lab-Farbmodell
(eigentlich: L*a*b) Im Gegensatz zu anderen Farbmodellen beschreibt das Lab-Modell, wie Farben aussehen, und nicht, wie ein Gerät sie mischt.
Daher wird dieser Standard der CIE (Commission Internationale d'Eclairage) von Farbmanagementsystemen als Referenz verwendet. In Illustrator können Sie Lab verwenden, um Volltonfarben zu erstellen und am Bildschirm darzustellen.

8.1.2 CMYK
CMYK ist ein Farbmodell zur Beschreibung der subtraktiven Farbmischung. Aus dem Farbspektrum einer weißen Lichtquelle, das von einer Fläche reflektiert wird, filtern Farben, die auf der Fläche

▲ **Abbildung 8.3**
Der »Schuh« stellt das vom menschlichen Auge wahrnehmbare Farbspektrum dar. Die inneren Rahmen kennzeichnen die darstellbaren Farben in verschiedenen Farbmodellen.
▶ Weißer Rahmen: RGB-Farbraum
▶ Grauer Rahmen: Pantone-Farbraum
▶ Schwarzer Rahmen: CMYK-Farbraum

Darstellbarer Farbraum

Der darstellbare Farbraum aus dem Umfang der von uns wahrnehmbaren Farben ist bei subtraktiver Farbmischung, und damit auch bei CMYK, wesentlich kleiner als bei der additiven Farbmischung mit aktiven Lichtquellen im Farbmodell RGB.

▲ **Abbildung 8.4**
Vergleich der Farbräume »Adobe RGB« und »Europe ISO Coated FOGRA 27« in Apples ColorSync-Dienstprogramm

vorhanden sind, Bereiche des Spektrums heraus. Das Auge erreichen also nur Teile des ursprünglich weißen Lichts, die als Farbe wahrgenommen werden. Da der Teil des weißen Lichts, der bei der Reflexion absorbiert wird, mit dem Farbauftrag auf der reflektierenden Fläche beeinflusst werden kann, spricht man hier von subtraktiver Farbmischung.

Durch kleine farbige Punkte auf einer Fläche, die das weiße Licht filtern, entsteht im menschlichen Auge ein Farbeindruck, der nicht den einzelnen Farben der Punkte entspricht, sondern einer Mischung daraus. Diese Auflösungsschwäche des menschlichen Auges macht man sich beim Vierfarbdruck zunutze, indem Raster aus Punkten der Komplementärfarben zu Rot/Grün/Blau, nämlich Cyan/Magenta/Gelb, auf einen weißen Träger gedruckt werden, um so bei der Reflexion einer Lichtquelle dem Betrachter ein breites Farbspektrum zu simulieren.

Cyan, Magenta und Gelb übereinandergedruckt sollten theoretisch »Schwarz« ergeben. In der Praxis entsteht eher ein »schmutziges Graubraun«. Zum Ausgleich der optischen Eigenschaften der Buntfarben und um saubere Hell-/Dunkelabstufungen erzeugen zu können, wird das scharze Raster hinzugefügt. Daher ist für dieses Farbmodell die Bezeichnung CMYK gebräuchlich, nach den entsprechenden Farbbezeichnungen Cyan/Magenta/Yellow/Key in der englischen Sprache. Die Bezeichnung »Key« anstelle von »Black« für »Schwarz« wurde gewählt, um bei der Abkürzung »B« eine Verwechslung mit »Blue« bzw. »Blau« auszuschließen.

8.2 Farbmanagement

Farbe wird von jedem Ein- oder Ausgabegerät auf eine andere Weise erfasst oder wiedergegeben. Dabei kommen unterschiedliche Farbmodelle zur Anwendung. Sowohl die technischen Fähigkeiten der Geräte als auch die verwendeten Farbmodelle schränken den darstellbaren Farbumfang (Gamut) ein. Durch das Farbmanagement sollen nun die einzelnen Farbmodelle und der Farbumfang der beteiligten Geräte und Prozesse in Einklang gebracht werden. Farbmanagement hat die Aufgabe, Farbe konstant und vorhersehbar zu reproduzieren.

Die Optimierung der Bilddaten anhand drucktechnischer Kennlinien – wie es in der Vergangenheit üblich war – setzt voraus, dass die für Erfassung, Verarbeitung und Wiedergabe der Farbinformationen benutzten Geräte dasselbe Farbmodell verwenden. Durch den Einsatz offener, digitaler und modularer Systeme ist das aber nicht mehr sichergestellt. Farben müssen also unabhängig von gerätespezifischen Farbmodellen definiert werden. Mit dem ICC-Profil können die Steuersignale der Geräte mit einem Farbort im farbmetrischen Referenzfarbraum (XYZ oder Lab) verknüpft werden und damit den Gamut eines Geräts beschreiben.

8.2.1 Farbmanagement vorbereiten

Der erste Schritt ist die **Kalibrierung und Profilierung Ihres Monitors**. Am besten ist der Einsatz externer Messtechnik und Profilierungssoftware, die Sie von verschiedenen Anbietern erhalten. Zum Einstellen nach Augenmaß können Sie unter Mac OS die Funktion KALIBRIEREN… verwenden, die Sie unter SYSTEMEINSTELLUNGEN • MONITORE • FARBEN finden. Unter Windows 7 verwenden Sie den DISPLAY COLOR CALIBRATION WIZARD, für ältere Systeme gibt es vergleichbare Software im Web.

8.2.2 Farbmanagement über Adobe Bridge einrichten

Adobe hat in seinen wichtigen Applikationen Photoshop, InDesign und Illustrator eine gemeinsame Farbmanagement-Architektur mit identischen Einstellungen implementiert. Darüber hinaus lassen sich diese Applikationen synchronisieren, sodass Sie applikationsübergreifend mit konsistenten und vorhersagbaren Bildschirmfarben arbeiten können. Dies ist eine wichtige Grundlage für den reibungslosen Ablauf Ihrer Gestaltungs-, Proof- und Druck-Workflows. Setzen Sie neben Illustrator andere Anwendungen der Creative Suite ein, dann richten Sie die Farbmanagement-Einstellungen über Adobe Bridge ein. Mit dem Button GEHE ZU BRIDGE [Br] in der Anwendungsleiste (Mac) bzw. der Menüleiste (Windows) rufen Sie Bridge aus Illustrator auf. In Bridge wählen Sie BEARBEITEN • CREATIVE SUITE-FARBEINSTELLUNGEN – [⌘]/[Strg]+[⇧]+[K].

> **Farbmanagement ist aktiv!**
> Das Farbmanagement ist per Voreinstellung aktiviert. Damit nicht eventuell für Ihren Workflow ungeeignete Optionen Ihre Arbeit ruinieren, sollten Sie sich mit dem Farbmanagement beschäftigen und sich auch mit Ihren Dienstleistern absprechen.

> **Bildschirmkalibrierung**
> Ihr Monitor sollte etwa eine halbe Stunde in Betrieb sein, bevor Sie mit der Kalibrierung beginnen.
> Da ein Farbeindruck immer von der Umgebungsfarbe beeinflusst wird, sollten Sie einen neutral grauen Bildschirmhintergrund einrichten.
> Zu den Kalibrierungsfunktionen der beiden Betriebssysteme Mac OS und Windows stehen Online-Hilfen zur Verfügung.

◂ **Abbildung 8.5**
Die Dialogbox SUITE-FARBEINSTELLUNGEN in Adobe Bridge

Hier finden Sie die Auswahl der von Adobe mitgelieferten Farbeinstellungsdateien (CSF). Wenn Sie eine dieser Einstellungen anklicken und anschließend mit dem Button ANWENDEN bestätigen, wird diese Einstellung in alle Applikationen übernommen, und sie sind synchronisiert.

8.2.3 Farbeinstellungen in Illustrator

Um die Voreinstellungen für das Farbmanagement in Illustrator einzurichten, rufen Sie BEARBEITEN • FARBEINSTELLUNGEN auf – ⌘/Strg+⇧+K. Bewegen Sie die Maus über die Ausklappmenüs, dann wird im Feld BESCHREIBUNG (unten) jeweils ein kurzer Hilfetext zu den Optionen angezeigt.

> **Coated FOGRA27 und 39**
> Die »Coated FOGRA«-Profile wurden von Adobe aus den Spezifikationen diverser Druckverbände zusammengestellt. Sie sind daher nicht optimal. Laden Sie sich stattdessen Profile der ECI (European Color Initiative) von www.eci.org.

Abbildung 8.6 ▶
Die Dialogbox FARBEINSTELLUNGEN

▲ **Abbildung 8.7**
Die Creative-Suite-Anwendungen sind synchronisiert (links) bzw. nicht synchronisiert (rechts).

> **Farbmanagement deaktivieren**
> Wählen Sie ADOBE ILLUSTRATOR 6.0 EMULIEREN, um das Farbmanagement »auszuschalten«.
> In dieser Einstellung bettet Illustrator keine Farbprofile in Ihre Dokumente ein.
> Beachten Sie jedoch, dass sich das Farbmanagement nicht ganz deaktivieren lässt.

Synchronisierung | Das Icon signalisiert, ob die Farbeinstellungen der zur Creative Suite gehörenden Programme identisch sind. Definieren Sie Ihre Farbmanagement-Richtlinien über Adobe Bridge, werden die Einstellungen automatisch synchronisiert. Sobald Sie lokal in einer der Applikationen Änderungen am Farbmanagement vornehmen, sind die Einstellungen der CreativeSuite-Anwendungen nicht mehr synchron.

Einstellungen | Wählen Sie eine der vorkonfigurierten EINSTELLUNGEN aus dem Aufklappmenü. Diese fassen die von Adobe empfohlenen Optionen für den jeweils im Namen erkennbaren Einsatzzweck zusammen. Falls Sie wenig Erfahrungen mit Farbmanagement haben, sollten Sie keine Änderungen an den Optionen der EINSTELLUNGEN vornehmen.

Arbeitsfarbräume | Wählen Sie hier jeweils für RGB und CMYK Ihren bevorzugten Arbeitsfarbraum aus. Der Arbeitsfarbraum ist ein Übergangsfarbraum (für die Bearbeitung des Dokuments) und wird jedem neuen Dokument automatisch zugewiesen. Darüber hinaus bestimmt er die Anzeige eines Dokuments ohne eingebettetes Profil (Untagged).

Erstellen Sie Dokumente für den Druck, sollten Sie einen möglichst großen RGB-Arbeitsfarbraum wählen, z. B. ADOBE RGB (1998). Bei der Vorbereitung von Grafik für das Web empfiehlt sich der »kleinste gemeinsame Nenner« sRGB IEC61966, der den »Standardmonitor« der Web-User simuliert. Wählen Sie als RGB-Arbeitsfarbraum **nicht** das Farbprofil Ihres Monitors aus.

Als CMYK-Arbeitsfarbraum wählen Sie einen für das anvisierte Druckverfahren geeigneten Farbraum.

Farbmanagement-Richtlinien | Hier legen Sie fest, wie Illustrator Dokumente behandelt, in die kein Farbprofil oder ein vom aktuellen Arbeitsfarbraum abweichendes Profil eingebettet ist.

▶ AUS: Mit dieser Option werden die eingebetteten Farbprofile gelöscht. Das Profil des aktuellen Arbeitsfarbraums wird **nicht** eingebettet, aber zur Anzeige des Dokuments verwendet.
▶ EINGEBETTETE PROFILE BEIBEHALTEN: Das vom Ersteller der Datei ursprünglich eingebettete Profil bleibt erhalten.
▶ IN ARBEITSFARBRAUM UMWANDELN: Statt des ursprünglichen Profils wird das Profil des Arbeitsfarbraums zugewiesen. Farben werden entsprechend konvertiert.
▶ WERTE BEIBEHALTEN (VERKNÜPFTE PROFILE IGNORIEREN): Diese Einstellung steht Ihnen für CMYK zur Verfügung. Wählen Sie WERTE BEIBEHALTEN, dann werden Farbwerte nicht vom Farbmanagement konvertiert, wenn Sie z. B. eine Datei mit abweichendem Farbprofil einfügen (siehe auch den folgenden Abschnitt »Sicherer CMYK-Workflow«).

Da das Farbprofil Ihnen einen Anhaltspunkt darüber gibt, für welches Zielmedium das Dokument bestimmt war, ist zu empfehlen, ein abweichendes Farbprofil beim Öffnen beizubehalten bzw. ein fehlendes Profil nicht zu ersetzen. Zu einem späteren Zeitpunkt besteht immer noch die Möglichkeit, mit BEARBEITEN • PROFIL ZUWEISEN ein anderes Profil in die Datei einzubetten oder das Profil zu löschen.

Sicherer CMYK-Workflow | Möchten Sie sicherstellen, dass Bild- und Grafikdateien im CMYK-Farbmodus nicht durch das Farbmanagement konvertiert werden, bieten Illustrator und InDesign

---

RGB-Arbeitsfarbraum

Wenn Sie häufig Fotos aus dem semiprofessionellen Bereich in Layouts weiterverarbeiten, kann es sinnvoll sein, sRGB als RGB-Arbeitsfarbraum einzustellen. Es ist der Standardfarbraum für Consumer-Kameras. Erhalten Sie in diesem Workflow ausnahmsweise professionelle Fotos, ist es kein Problem, da diese in der Regel mit dem korrekten Farbprofil versehen sind.

Weiterführende Informationen

Als weiterführende Lektüre (nicht nur) für die Behandlung abweichender Farbprofile empfehle ich den Ratgeber »PDF/X und Colormanagement« (www.cleverprinting.de).

▲ **Abbildung 8.8**
FARBNUMMERN BEIBEHALTEN verhindert eine CMYK-zu-CMYK-Konvertierung beim Einfügen von Grafiken.

▲ **Abbildung 8.9**
Farbatlas

8.2 Farbmanagement | **177**

▲ **Abbildung 8.10**
Umwandlung eines reinen Schwarz in ein 4C-Schwarz

▲ **Abbildung 8.11**
Mit aktivierter Option BEIM ÖFFNEN WÄHLEN zeigt Illustrator diese Warnung, wenn Sie ein Dokument öffnen, das ein abweichendes Farbprofil besitzt.

> **Verwendung von ColorSync**
>
> Falls Sie unter Mac OS APPLE COLORSYNC als MODUL einstellen, achten Sie darauf, im ColorSync-Dienstprogramm unter EINSTELLUNGEN • CMMs nicht die Einstellung AUTOMATISCH auszuwählen. Mit dieser Einstellung könnten Sie nicht feststellen oder gar bestimmen, welche Engine zum Einsatz kommt.

den »sicheren CMYK-Workflow« an. Unter FARBMANAGEMENT-RICHTLINIEN für CMYK sollte die Einstellung WERTE BEIBEHALTEN (VERKNÜPFTE PROFILE IGNORIEREN) ausgewählt sein.

Bei der Definition von CMYK-Farben nach einem Farbatlas wurde das Ausgabemedium bereits berücksichtigt, sodass in diesem Fall meistens keine Umwandlung der Farben gewünscht ist. Das größte Problem der Konvertierung zwischen zwei verschiedenen CMYK-Farbräumen besteht in der Umwandlung eines reinen Schwarz (CMYK 0/0/0/100) in ein Schwarz, das sich aus allen vier Druckfarben zusammensetzt. Dieses Verhalten ist vor allem bei Vektorgrafik mit vielen feinen Konturen sowie für schwarzen Fließtext unerwünscht, da im Druck auftretende Registerungenauigkeiten im schlimmsten Fall dazu führen, dass Text und Grafik unleserlich werden.

Profil-Abweichungen | Die eben besprochenen FARBMANAGEMENT-RICHTLINIEN kommen beim Öffnen oder Platzieren eines Dokuments in Illustrator ohne weitere Nachfrage sofort zur Anwendung, es sei denn, Sie aktivieren die Optionen unter PROFIL-ABWEICHUNGEN. Mit den Optionen erreichen Sie, dass Illustrator vor jedem Öffnen eines Dokuments mit abweichendem Farbprofil nachfragt, was geschehen soll. Ihre FARBMANAGEMENT-RICHTLINIEN sind in dieser Dialogbox vorausgewählt.

Aktivieren Sie die Optionen BEIM ÖFFNEN bzw. BEIM EINFÜGEN WÄHLEN, um die größtmögliche Flexibilität und Kontrolle beim Umgang mit Farbprofilen zu erhalten.

Beachten Sie beim Platzieren von Grafik, dass Dokumente ihre eingebetteten Farbprofile nur behalten, wenn sie mit der Option VERKNÜPFEN platziert werden. Betten Sie eine Grafik beim Platzieren in Ihr Illustrator-Dokument ein, so wird diese entsprechend den eingestellten Richtlinien in das Farbprofil des Illustrator-Dokuments umgewandelt.

Konvertierungsoptionen | Unter MODUL wählen Sie das CMM – Color Management Module, also die Farbmanagement-Engine – aus. Diese Engine rechnet die Farben anhand der Geräteprofile in den Zielfarbraum um. CMMs unterscheiden sich in Details. Wählen Sie eines der Module aus der Liste aus, und wechseln Sie dieses nicht ohne einen triftigen Grund – so lernen Sie mit der Zeit die Ergebnisse der Farbraumkonvertierungen immer besser einzuschätzen.

Wählen Sie aus den in Ihrem System installierten Engines. Die Adobe-Engine ADOBE (ACE) steht Ihnen inzwischen nicht mehr nur in Adobe-Anwendungen zur Verfügung. Das Color Management Module kann auch in andere Applikationen eingebunden werden, sodass ein programmübergreifendes einheitliches Farbmanagement möglich ist.

Mit der Wahl der Priorität (Methode, Wiedergabeabsicht) geben Sie vor, wie das Farbmanagement diejenigen Farbpositionen behandeln soll, die außerhalb der Reichweite – Color Gamut genannt – des Zielmediums liegen.

- ▸ Perzeptiv: Farben werden so im Zielfarbraum abgebildet, dass das Verhältnis der Abstände der Farben zueinander erhalten bleibt. Die absoluten Farben können sich dabei verändern. Diese Wiedergabeabsicht eignet sich gut, wenn viele Farben signifikant außerhalb des Zielfarbraums liegen.
- ▸ Sättigung: Die Sättigung der Farben bleibt erhalten, die Farbtöne können sich ändern. Die Methode wird vor allem für Geschäftsgrafiken empfohlen, sollte jedoch in der professionellen Druckvorstufe nicht verwendet werden.
- ▸ Relativ farbmetrisch: Bezugspunkt für die Verschiebung der Farben vom Quell- in den Zielfarbraum ist der Weißpunkt des jeweiligen Farbraums. Farben, die außerhalb des Zielfarbraums liegen, werden auf den nächstreproduzierbaren Buntton abgebildet.
- ▸ Absolut farbmetrisch: Die Ausgabe verhält sich wie mit der Option Relativ farbmetrisch. Es wird aber der Weißpunkt des Quellfarbraums erhalten. Diese Wiedergabeabsicht eignet sich ausschließlich für das Proofen.

Tiefenkompensierung verwenden | Diese proprietäre Adobe-Einstellung sorgt dafür, dass der Schwarzpunkt des Quellfarbraums auf den Schwarzpunkt des Zielfarbraums gerechnet wird. Ist die Option aktiviert, nutzen Sie also das zur Verfügung stehende dynamische Spektrum optimal aus. Das macht sich z. B. bei der Zeichnung in dunklen Bereichen Ihrer Bilder bemerkbar.

8.2.4 Farbprofile zuweisen

Beim Speichern können Sie das in den Farbeinstellungen für den Dokumentfarbraum passende Profil in das Dokument einbetten. Wurde dem Dokument ein Farbprofil zugewiesen, so ist in der Dialogbox Speichern die Option ICC-Profil speichern aktiv. Deaktivieren Sie sie, um kein Profil einzubetten.

Möchten Sie einer Datei zu einem späteren Zeitpunkt ein anderes Profil zuweisen oder ein eingebettetes Profil löschen, wählen Sie Bearbeiten • Profil zuweisen...

Wiedergabeabsicht?

Alternativ zum Begriff »Rendermethode« ist die Bezeichnung »Wiedergabeabsicht« gebräuchlich, die sich vom englischen »Rendering Intent« herleitet.

Profil speichern?

Da Vektorgrafik in den meisten Fällen im Hinblick auf einen bestimmten Ausgabeprozess hin gestaltet wird und die Farben anhand Farbmusterbüchern gewählt werden, kann es sinnvoll sein, kein Farbprofil in die Datei einzubetten. So vermeiden Sie auf jeden Fall eine CMYK-zu-CMYK-Konvertierung, wenn die Illustrator-Datei in einem Layout platziert wird. Allerdings müssen Sie in diesem Fall unbedingt den Ausgabeprozess kennzeichnen, für den die Datei bestimmt ist, z.B. über den Dateinamen oder einen Vermerk im Dokument. Wenn Sie eigene Dokumentprofile (s. Abschnitt 21.1.3) anlegen, sollten Sie darin keine Farbprofile speichern.

In Profil konvertieren?

Eine Datei von einem in ein anderes Profil konvertieren können Sie nur beim Öffnen der Datei. Stellen Sie das Zielprofil in den Farbeinstellungen ein, und wählen Sie dann beim Öffnen der Datei die Option In Arbeitsfarbraum konvertieren.

Abbildung 8.12 ▶
Die Dialogbox PROFIL ZUWEISEN

▲ **Abbildung 8.13**
Anzeige des Farbprofils in der Statusleiste

▲ **Abbildung 8.14**
Das Dokumentinformationen-Bedienfeld

Farbmodus wechseln?

Bei einem Wechsel des Dokumentfarbmodus wird jede im Dokument definierte Prozessfarbe entsprechend den in den Farbeinstellungen definierten Profilen umgerechnet. Dabei können Veränderungen der Farbdefinition entstehen, sodass die Farbe z. B. bei einer Konvertierung von CMYK nach RGB und wieder zurück zu CMYK voraussichtlich nicht mehr Ihrer ursprünglich angelegten Farbe entspricht (s. Abb. 8.15).

▲ **Abbildung 8.15**
Aus M 25/Y 100 wird nach Umwandlung in den RGB-Modus und anschließender Rückwandlung C 1,17/M 26,56/Y 92,97.

Wählen Sie FARBMANAGEMENT NICHT AUF DIESES DOKUMENT ANWENDEN, um ein eingebettetes Profil zu entfernen, oder RGB- bzw. CMYK-ARBEITSFARBRAUM, um den in den Illustrator-Farbeinstellungen derzeit eingerichteten Farbraum zuzuweisen. Alternativ wählen Sie ein Profil aus dem Aufklappmenü.

Um zu erfahren, welches Farbprofil in Ihrem Dokument eingebettet ist, verwenden Sie das Dokumentinformationen-Bedienfeld oder rufen den Eintrag EINBLENDEN • FARBPROFIL DES DOKUMENTS in der Statusleiste links unten im Dokumentfenster auf.

8.3 Dokumentfarbmodus

Illustrator kann sowohl mit CMYK-Farbräumen als auch mit RGB-Farbräumen arbeiten, jedoch nur in einem Farbmodus pro Dokument. Der Modus ist für jedes Dokument frei wählbar.

Farbmodus für ein neues Dokument | Bereits beim Erstellen eines neuen Dokuments müssen Sie den Farbmodus bestimmen, mit dem Sie arbeiten wollen. In den Dokumentprofilen ist der Farbmodus bereits voreingestellt, und alle Farbfelder sind auf Basis dieses Modus definiert (s. Abschnitt 4.1.1), wechseln Sie daher nicht einfach den Farbmodus, sondern wählen Sie ein passendes Dokumentprofil.

Wählen Sie den Farbmodus entsprechend dem zukünftigen Einsatz Ihrer Grafik aus. CMYK sollten Sie einstellen, wenn Ihre Datei für den Druck erstellt wird, RGB dagegen, um sie in einer Bildschirmpräsentation zu verwenden. In dem so voreingestellten Farbmodus werden Farben im Dokument gespeichert – unabhängig davon, in welchem Farbmodus Sie die Farben beim Mischen definieren.

Farbmodus einstellen oder ändern | Den Dokumentfarbmodus bestimmen Sie in der Dialogbox NEUES DOKUMENT – ⌘/ Strg+N.

Möchten Sie den Farbmodus eines geöffneten Dokuments ändern, wählen Sie DATEI • DOKUMENTFARBMODUS • CMYK-FARBE bzw. RGB-FARBE.

8.4 Farben anwenden und definieren

Illustrator stellt verschiedene Funktionen zur Fügung, Farben zu »mischen« und Farbtöne zu erzeugen. Je nach Kontext der Aufgabe liegt es an Ihnen, eine Vorgehensweise zu wählen, die Ihre Kreativität unterstützt und zugleich effizient ist.

8.4.1 Objektfarben – lokale und globale Farbfelder

In Illustrator ist Farbe eine Objekteigenschaft. Sie können die Farbe für jedes Objekt einzeln einstellen und diesem direkt zuordnen. Bei umfangreichen Grafiken wird dieses Verfahren allerdings schnell sehr aufwendig. Meist ist es vorteilhafter, Farben im Farbfelder-Bedienfeld zu verwalten, denn dann ist es möglich, eine einmal definierte Farbe auf mehrere Objekte anzuwenden und die Farbe für diese Objekte gleichzeitig zu ändern.

Illustrator unterscheidet jedoch zwischen lokalen und globalen Farbfeldern.

Lokale Farbfelder | Nach der Zuweisung eines lokalen Farbfelds auf ein Objekt bricht die Verbindung zwischen Farbfeld und Objekt ab, sodass eine nachträgliche Änderung der Farbe in dem Farbfeld nicht automatisch auf das Objekt angewendet wird.

Globale Farbfelder | Bei globalen Farbfeldern bleibt die Verbindung zwischen Objekt und Farbfeld bestehen. Wenn Sie die Farbe in einem globalen Farbfeld ändern, wird diese Eigenschaft bei allen Objekten aktualisiert, die dieses Farbfeld verwenden.

8.4.2 Kontur und Fläche

Farben können sowohl der Kontur – sie entspricht in der Regel dem Pfadverlauf – als auch dem vom Pfad umschlossenen Raum, d. h. der Fläche, zugeordnet werden. Anstelle des Begriffs »Fläche« finden Sie an einigen Stellen im Buch den alternativen Begriff »Füllung«, eine direkte Übersetzung der englischen Bezeichnung »Fill«.

Fläche bzw. Füllung | Mit einem offenen Pfad ist es eigentlich nicht möglich, eine Fläche zu definieren, trotzdem kann Illustrator einen offenen Pfad mit einer Füllung versehen. Das Programm füllt dabei die Fläche, die sich ergäbe, wenn die beiden Endpunkte des Pfades auf kürzester gerader Strecke verbunden würden. Ein Pfadsegment entlang dieser virtuellen Linie wird allerdings nicht erzeugt. Das erkennen Sie, wenn Sie dem Objekt eine Kontur zuweisen.

▲ **Abbildung 8.16**
Im Steuerungsbedienfeld haben Sie einen schnellen Zugriff auf das Farbfelder-Bedienfeld.

	Englisch	Deutsch
CMYK	Cyan Magenta Yellow Key	Cyan Magenta Gelb Schwarz
HSB	Hue Saturation Brightness	Farbton Sättigung Helligkeit
RGB	Red Green Blue	Rot Grün Blau

▲ **Tabelle 8.1**
Farbmodelle

▲ **Abbildung 8.17**
Eine Kontur ist der mit Eigenschaften versehene Pfad, eine Fläche der umschlossene Raum. Bei einem offenen Pfad werden die beiden Endpunkte auf kürzestem Wege verbunden, um den Raum für die Fläche zu bestimmen.

▲ **Abbildung 8.18**
Die FLÄCHE- und KONTUR-Felder im Werkzeugbedienfeld

> **Fläche und Kontur tauschen**
>
> Der Austausch der Farben für Fläche und Kontur funktioniert nicht, wenn als Füllung ein Verlauf eingestellt ist, da Verläufe nicht auf Konturen angewendet werden können.

▲ **Abbildung 8.19**
Konturen sind nicht immer erwünscht.

▲ **Abbildung 8.20**
Füllungen können auch stören.

> **Achtung bei aktiviertem Objekt**
>
> Ist ein Objekt aktiv, werden Änderungen an den Einstellungen der Farbauswahl-Felder im Werkzeugbedienfeld direkt auf das aktivierte Objekt angewendet!

▲ **Abbildung 8.21**
Links: Kontur und Füllung
Mitte: keine Füllung
rechts: keine Kontur

Füllung und Kontur im Werkzeugbedienfeld

Die Farben, die aktuell für Fläche und Kontur ausgewählt sind, bzw. die Füllung und Kontur des aktivierten Objekts werden im Werkzeugbedienfeld in den Feldern FLÄCHE ❶ und KONTUR ❷ angezeigt.

Farbwerkzeuge | Werkzeugbedienfeld

Über das Werkzeugbedienfeld haben Sie verschiedene oft gebrauchte Funktionen zum Farbhandling dauernd im Zugriff:

▶ Das im Werkzeugbedienfeld jeweils obenauf liegende Farbfeld können Sie mithilfe des Farbe-Bedienfelds ändern.
Um das unten liegende Feld nach oben zu holen, klicken Sie es an – Shortcut zum Hin- und Herwechseln: [X].

▶ Mit einem Klick auf den Doppelpfeil ↔ tauschen Sie die eingestellten Farben für FLÄCHE und KONTUR gegeneinander aus – [⇧]+[X].

▶ Mit einem Klick auf das Schwarz-Weiß-Symbol ▫ setzen Sie die AUSSEHEN-Eigenschaften von Füllung und Linie auf die Standardwerte weiße Fläche und schwarze Kontur in der Stärke 1 Punkt – [D]. Diesen Standard können Sie im Grafikstile-Bedienfeld ändern.

▶ Kontur und Fläche eines Objekts müssen nicht zwangsläufig mit einer Farbe versehen sein – oft ist eine Kontur und/oder eine Füllung sogar unerwünscht. Für diese Fälle ist die Eigenschaft OHNE vorgesehen. Mit einem Klick auf das Symbol ⌀ setzen Sie diese Eigenschaft für FLÄCHE bzw. KONTUR – [#].
Auch OHNE kann jederzeit wieder gegen eine Farbdefinition ausgetauscht werden.

Kontur und Fläche neuer Objekte | Für ein Objekt, das Sie neu zeichnen, wendet Illustrator immer die aktuell eingerichteten Farbfelder aus dem Werkzeugbedienfeld an. Da Farbe eine Objekteigenschaft ist, kann sie jedoch jederzeit umdefiniert werden.

8.4.3 Arbeiten mit dem Farbwähler

Um die Farbe für Fläche oder Kontur im Werkzeugbedienfeld zu ändern, gehen Sie wie folgt vor:

1. Doppelklicken Sie auf das Feld FLÄCHE oder das Feld KONTUR im Werkzeugbedienfeld, um die Dialogbox FARBWÄHLER aufzurufen.
2. Definieren Sie die neue Farbe im Farbwähler, und bestätigen Sie mit OK.

◀ **Abbildung 8.22**
Der Farbwähler: Farbwerte-Eingabefelder ❶, ❿ und ⓭, neu gemischte Farbe ❷, aktuelle Farbe ❸, Farbumfangswarnung ❹, Websafe-Warnung ❺, Anzeige der Farbfelder ❻, Farbspektrum ❽, Farbregler ❾, Hex-Feld ⓬

Im Farbwähler können Sie Farben nach verschiedenen Farbmodellen definieren: CMYK ⓭, HSB ❶, RGB ❿ und RGB-Websafe (216 websichere Farben) ❼. Für Webdesigner ist die Möglichkeit interessant, RGB als Hexadezimalwerte ⓬ einzugeben.

Farben einstellen | Der Farbwähler bietet umfangreiche Möglichkeiten, Farben intuitiv oder numerisch einzustellen:

▶ Intuitiv bestimmen Sie Farben auf Basis des HSB- oder des RGB-Farbmodells mithilfe des Farbspektrums ❽ und des Farbreglers ❾, indem Sie in die Felder hineinklicken oder klicken und ziehen. Wählen Sie mit einem der Optionsbuttons H, S, B bzw. R, G, B ⓫ die Farbeigenschaft, auf deren Grundlage Sie Ihre Farbe auswählen wollen. Das entsprechende Attribut wird dann in den Farbregler übernommen.

▶ Um Farben numerisch zu definieren, geben Sie die entsprechenden Werte in die Eingabefelder für H, S und B ❶ oder R, G und B ❿ bzw. C, M, Y und K ⓭ ein. Je nach Farbmodell steht Ihnen ein unterschiedlicher Werteumfang zur Verfügung.

▶ Für Gradeinheiten (°) ist eine Spanne von 0 bis 360 erlaubt, bei prozentualen Anteilen (%) sind Werte zwischen 0 und 100 möglich. RGB-Werte richten sich nach dem dezimalen 8-Bit-Wert von 0 bis 255.

▶ Hexadezimalwerte tragen Sie in das Hex-Feld (#) ⓬ ein.
Sie können Hex-Werte auch über die Zwischenablage aus anderen Programmen oder HTML-Dokumenten kopieren. Illustrator versteht allerdings nur die sechsstellige Notierung von Farben, keine Kurzformen. Achten Sie beim Kopieren des

[HSB- bzw. HLS-Farbmodell]
Dieses Farbmodell wurde auf der menschlichen Farbwahrnehmung aufgebaut. Farben werden durch ihre Eigenschaften Hue (Farbton), Saturation (Sättigung) und Brightness bzw. Luminance (Helligkeit) beschrieben.

[RGB-Websafe]
Die websicheren Farben sind eine Untergruppe aus dem RGB-Farbraum. Die Palette enthält die 216 Farben, die sowohl in der 8-Bit-Systemfarbpalette des Mac- als auch des Windows-Betriebssystems vorhanden sind. Diese Farben werden auf Monitoren im 256-Farben-Modus betriebssystem- und browserübergreifend weitgehend identisch dargestellt. Dank des technischen Fortschritts sind websichere Farben inzwischen nur noch in Ausnahmefällen von Belang.

Farbe wird konvertiert

Egal in welchem Farbmodell Sie die Farbe definieren, sie wird von Illustrator in den Dokumentfarbmodus konvertiert. Dafür werden die Profile verwendet, die im Farbmanagement unter BEARBEITEN • FARBEINSTELLUNGEN… eingestellt sind.

▲ **Abbildung 8.23**
Die websicheren Farben

▲ **Abbildung 8.24**
Das Farbe-Bedienfeld

▲ **Abbildung 8.25**
Mit einem Doppelklick rechts neben dem Eingabefeld wechselt die RGB-Werteangabe zwischen Prozent und numerisch.

Per Drag & Drop zuweisen

Wenn Sie im Farbe-Bedienfeld eine Farbe gemischt haben und diese einem bestehenden Objekt zuordnen möchten, ziehen Sie das KONTUR- oder FLÄCHE-Feld (je nachdem, für welches Sie die Farbe gemischt haben) direkt auf das Objekt, ohne dieses zu aktivieren. Wenn Sie das Objekt vorher auswählen, werden seine aktuellen Farben im Farbe-Bedienfeld abgebildet. Damit würden Sie Ihre gerade erstellte Mischung verlieren.

Werts aus dem HTML-Code darauf, dass das Nummernzeichen (#) nicht mit übertragen wird.

▶ Ihre neu gemischte Farbe zeigt Illustrator in dem Feld ❷ über der Farbe an, die beim Aufruf des Farbwählers eingerichtet war ❸. Diese Anzeige unterliegt anders als die Zeichenfläche nicht dem Farbmanagement und lässt daher keine zuverlässige Beurteilung der Farbe zu.

▶ Wenn Sie eine HSB- oder RGB-Farbe definieren, die im CMYK-Farbraum nicht darstellbar ist (also außerhalb des Gamuts liegt), warnt Illustrator im Farbwähler mit dem Zeichen ⚠ und zeigt in dem Farbfeld darunter den nächstliegenden im Vierfarbmodus druckbaren Farbton an ❹. Sie übernehmen diese Farbe, indem Sie auf das Warndreieck ⚠ klicken.

▶ Ist eine nicht-websichere Farbe ausgewählt, wird das im Farbwähler mit dem Zeichen 🎲 ebenfalls signalisiert und die nächstliegende websichere Farbe ❺ angezeigt. Die Übernahme erfolgt durch einen Klick auf den Würfel.

▶ Mit dem Button FARBFELDER ❻ rufen Sie eine Liste der im Farbfelder-Bedienfeld eingerichteten Farben auf.

8.4.4 Arbeiten mit dem Farbe-Bedienfeld

Das Farbe-Bedienfeld ermöglicht es Ihnen, Farben für ein Objekt oder einen Verlauf direkt und ohne Umweg über die Farbfelder zu bestimmen. Dies kann Änderungen an den Farbdefinitionen zu einem späteren Zeitpunkt jedoch unnötig verkomplizieren.

Farbe-Bedienfeld anzeigen | Rufen Sie das Bedienfeld mit dem Menübefehl FENSTER • FARBE auf – [F6] –, oder klicken Sie im Dock auf das Symbol 🎨.

Falls das Farbe-Bedienfeld nicht alle Optionen anzeigt, die in Abb. 8.24 zu sehen sind, wählen Sie im Bedienfeldmenü ▬▾ den Befehl OPTIONEN EINBLENDEN.

Farben einstellen | Links oben im Farbe-Bedienfeld erkennen Sie die KONTUR- und FLÄCHE-Felder als Miniaturen wieder. Im Farbe-Bedienfeld können Sie Farben numerisch oder mithilfe von Farbreglern definieren sowie durch einen Klick in die Farbspektrumleiste auswählen. Ist ein Objekt aktiv, werden Farbänderungen direkt angewendet.

▶ Die Einstellungen im Farbe-Bedienfeld wirken sich auf die aktuelle Kontur oder Fläche aus, je nachdem, welches Auswahlfeld oben liegt und damit aktiv ist. Die Aktivierung der beiden Anzeigen können Sie durch Klick oder [X] wechseln.

- Wählen Sie im Bedienfeldmenü ▼≡ das Farbmodell, in dem Sie Ihre Farbe definieren wollen. Auch Farben, die Sie im Farbe-Bedienfeld festlegen, werden von Illustrator in den Dokumentfarbmodus umgerechnet und so gespeichert.
- Um Ihre Farbe mit den Farbreglern zu bestimmen, bewegen Sie eines der kleinen Einstelldreiecke. Der Farbbalken über dem Regler zeigt jeweils an, wie die geänderte Farbe aussieht; entsprechend wird auch der Inhalt des Farbfelds für KONTUR oder FLÄCHE geändert.
- Wenn Sie Ihren Cursor über der Farbspektrumleiste platzieren, ändert sich die Marke in ein Pipetten-Symbol. Klicken Sie in die Leiste, um eine Farbe aufzunehmen.
- Um Schwarz oder Weiß zu definieren, klicken Sie in das entsprechende Feld rechts neben der Farbspektrumleiste.
- OHNE, also »ohne Kontur« bzw. »ohne Fläche«, stellen Sie mit einem Klick in das Feld ⊘ am linken Ende des Spektrums ein.
- Die Signale ⚠ und ⬛ haben dieselbe Bedeutung wie oben beim Farbwähler beschrieben, auch das Handling ist gleich.

Modifikationsmöglichkeit | Farbe-Bedienfeld

- ⇧ oder ⌘/Strg: Drücken Sie ⇧ und bewegen einen Farbregler, dann laufen die anderen Regler mit, sodass sich nur die Intensität der Farbe ändert. Diese Methode funktioniert nicht im HSB-Modell.
- ⇧: Drücken Sie ⇧, und klicken Sie auf die Farbspektrumleiste, um den angezeigten Farbmodus zu ändern.

Optionen | Im Bedienfeldmenü ▼≡ können Sie zwei Operationen auf die ausgewählte Farbe anwenden – INVERTIEREN und KOMPLEMENTÄR. Beide Befehle führen eine mathematische Berechnung des Farbwerts aus, der dem rechnerischen Inversions- bzw. Komplementärwert des eingestellten Farbtons entspricht.

⌘/Strg+Z widerruft die letzte Änderung, die Sie im Farbe-Bedienfeld vorgenommen haben.

Mit dem Befehl NEUES FARBFELD ERSTELLEN öffnen Sie die gleichnamige Dialogbox. Richten Sie dort zusätzliche Optionen ein, und speichern Sie die definierte Farbe als Farbfeld.

8.4.5 Farben mit der Pipette 🖋 übertragen

Farbe, Transparenz, Kontur-Eigenschaften etc. können Sie mit dem Pipette-Werkzeug von einem Objekt auf ein anderes übertragen. Die Pipette kann nicht nur Farben, sondern *alle* Aussehen-Eigenschaften eines ausgewählten Objekts aufnehmen und übertragen (Pipette s. Abschnitt 11.6.1).

Schnell zum Farbe-Bedienfeld

Das Farbe-Bedienfeld können Sie auch über das Werkzeugbedienfeld aufrufen. Klicken Sie dazu auf das Farb-Symbol, oder tippen Sie ein Komma [,]. Haben Sie vorher ein Objekt ausgewählt, das entweder keine Füllung oder eine Verlaufsfüllung enthält, wird diesem die angezeigte Farbe zugewiesen.

▲ **Abbildung 8.26**
Enthalten die Farben mehrerer aktivierter Objekte identische Anteile einer Druckfarbe, lassen sich diese Farben gemeinsam ändern.

Zuletzt benutzte Farbe

Wenn Sie einem Objekt einen Verlauf, ein Muster oder die Eigenschaft OHNE zuweisen, wird im Farbe-Bedienfeld auch die zuletzt benutzte Farbe angezeigt. Klicken Sie gegebenenfalls darauf, um sie zu verwenden.

8.4 Farben anwenden und definieren | **185**

Exkurs: The natural system of colours

Nahezu alle Farbharmonie-Werkzeuge basieren auf dem natürlichen Farbsystem. Dieses wurde 1776 von dem Engländer Moses Harris formuliert. Es versucht darzustellen, wie »materially, or by the painter's art« aus Primärfarben weitere Farben gemischt werden können. Harris unterscheidet zwei Harmonien: die der »prismatic colors« aus den Grundfarben Zinnoberrot, Ultramarin und Königsgelb und die Harmonie der »compound colors« der aus den Grundfarben gemischten Töne Orange, Grün und Purpur.

▲ Abbildung 8.27
Das Farbhilfe-Bedienfeld

8.5 Farbharmonien erarbeiten

Zu den schwierigsten Aufgaben in der Gestaltung gehört die Entwicklung von Farbschemata, die harmonische Farben für ein Layout beinhalten. Entsprechend gefragt sind Tools, die das Experimentieren mit Farben auf der Basis der Harmonieregeln unterstützen.

8.5.1 Farbhilfe-Bedienfeld

Mit dem Farbhilfe-Bedienfeld entwickeln Sie Farbharmonien auf der Basis der klassischen Farbharmonieregeln und eines auswählbaren Variationsschemas. Wählen Sie FENSTER • FARBHILFE aus dem Menü, um das Bedienfeld anzeigen zu lassen. Im Dock besitzt das Bedienfeld das Symbol .

Im Bedienfeld wird zunächst nach der gewählten Harmonieregel ❷ aus einer Basisfarbe ❶ eine Farbgruppe erstellt (eine Übersicht der Harmonieregeln und der jeweils zugrundeliegenden geometrischen Beziehungen im Farbkreis sehen Sie im Kasten »Farbharmonien« unten). Anschließend baut Illustrator aus den Farben dieser Farbgruppe ❺ (oberhalb mit dem kleinen schwarzen Dreieck gekennzeichnet) das Rasterschema der Farbvariationen ❹ auf. Die Abstufungen entstehen nach den Variationsschemata FARBTÖNE/SCHATTIERUNGEN, WARM/KALT und STRAHLEND/GEDECKT ❸, die sich über das Bedienfeldmenü aufrufen lassen und über dem Rasterschema eingeblendet sind. Aus der Farbharmonie können Sie eine Farbgruppe erstellen oder die Farben des Rasters direkt auf Objekte anwenden.

Farbharmonien

Analog ❻: Farben, die im Farbkreis sehr dicht nebeneinander liegen.
Monochromatisch ❼: Variationen der Sättigung einer Farbe
Schattierungen ❽: Die Grundfarbe wird mit Schwarz abgemischt.
Zusammengesetzt (Compound): Kombination aus »erdigen« Tönen, die Anteile aller drei Primärfarben enthalten

Komplementär ❾: Die Farben liegen auf dem Farbkreis gegenüber.
Teilkomplementär ❿: Eine Farbe wird kombiniert mit den beiden Nachbarfarben ihrer Komplementärfarbe.
Hoher Kontrast: verschiedene Formen kontrastreicher Zusammenstellungen – abgeleitet aus der Teilkomplementär-Regel

Triade ⓫: drei Farben, die auf dem Farbkreis gleich weit voneinander entfernt sind
Tetrade: vier Farben mit identischem Abstand – eine Sonderform der Doppel-Komplementär-Regel
Pentagramm: fünf Farben, deren Abstand identisch ist

Farbharmonien generieren | Farbhilfe-Bedienfeld

- ALS BASISFARBE SETZEN ❶: Auf dem Button wird die Farbe des zuletzt ausgewählten Objekts, die im Farbe-Bedienfeld definierte oder im Farbfelder-Bedienfeld ausgewählte Farbe angezeigt. Klicken Sie darauf, um diese Farbe als Basisfarbe für die Erzeugung der Farbharmonien festzulegen. Möchten Sie die Basisfarbe ändern, wählen Sie zunächst eine andere Farbe aus und klicken den Button erneut an.
- HARMONIEREGELN ❷: Wählen Sie aus diesem Menü die Harmonieregeln, nach denen aus der Grundfarbe eine Farbgruppe gebildet wird. Um das Menü anzuzeigen, klicken Sie einmal kurz auf das Pfeilsymbol.
- AUF FARBBIBLIOTHEK BESCHRÄNKEN: Aktivieren Sie eine Bibliothek aus diesem Menü, um die Auswahl der Farben in den Farbvariationen auf in dieser Farbbibliothek enthaltene Farbtöne einzugrenzen. Auf die Art ist es möglich, z. B. nur mit Pantone-Farben zu arbeiten. Wählen Sie die Option OHNE aus, um die Eingrenzung aufzuheben.
- FARBEN BEARBEITEN: Mit einem Klick auf den Button oder durch Auswahl des Befehls aus dem Bedienfeldmenü rufen Sie die Funktion FARBEN BEARBEITEN auf (s. Abschnitt 8.7).
- FARBGRUPPE IN FARBFELDBEDIENFELD SPEICHERN: Mit diesem Befehl speichern Sie die eingestellte Farbharmonie als Farbgruppe im Farbfelder-Bedienfeld. Alternativ wählen Sie mehrere Farben in den Farbvariationen aus – drücken Sie dazu ⌘/Strg – und speichern diese als Farbgruppe.

▲ **Abbildung 8.28**
Einschränkung auf Farbbibliotheken ALTERTUM (Mitte) und RUSSISCHE PLAKATKUNST (rechts)

Variationsschema auswählen | Farbhilfe-Bedienfeld

- FARBTÖNE/SCHATTIERUNGEN ANZEIGEN: Aus den Grundfarben werden Variationen zwischen den Extremen »Abgedunkelt« und »Aufgehellt« berechnet.
- WARM/KALT ANZEIGEN: Die Variationen bewegen sich zwischen warmen (rot) und kalten Farbtönen (blau).
- STRAHLEND/GEDECKT ANZEIGEN: Mit dieser Option variiert Illustrator die Leuchtkraft der Farben.

▲ **Abbildung 8.29**
Variationsschema (von oben):
FARBTÖNE/SCHATTIERUNGEN,
WARM/KALT, STRAHLEND/GEDECKT

Optionen | Farbhilfe-Bedienfeld

- FARBHILFEOPTIONEN: In den Optionen des Farbhilfe-Bedienfelds steuern Sie die Anzahl der Felder in den Farbvariationen und mit dem Regler die Stärke der VARIATION. Erhöhen Sie die Anzahl der STUFEN auf bis zu 20, oder senken Sie die Stärke der VARIATION, um feinere Abstufungen zu erhalten.

▲ **Abbildung 8.30**
VARIATIONSOPTIONEN (im Menü als FARBHILFEOPTIONEN)

▲ **Abbildung 8.31**
Eine Farbe aus der Grafik aufnehmen

▲ **Abbildung 8.32**
Harmonieregel »Linke Komplementärfarbe«

▲ **Abbildung 8.33**
Auf Farbtafeln einschränken

▲ **Abbildung 8.34**
Einfärben

Schritt für Schritt: Farbschema finden und anwenden

1 Auswählen einer Basisfarbe

Öffnen Sie die Datei »Farbschema.ai« von der DVD. Die Grafik soll ein anderes Farbschema erhalten. Da Sie mindestens das Farbfelder- und das Farbhilfe-Bedienfeld parallel benötigen, ziehen Sie beide aus dem Dock heraus.

Deaktivieren Sie alle Elemente der Grafik. Nehmen Sie eine Farbe mit der Pipette auf, stellen Sie sie im Farbe-Bedienfeld ein, oder klicken Sie auf ein Farbfeld. Die Farbe wird als Basisfarbe im Farbhilfe-Bedienfeld angezeigt.

2 Einstellen einer Harmonieregel

Wählen Sie eine Harmonieregel aus dem Menü – die zugehörigen Farben werden jeweils im Menü dargestellt. Entspricht eine Farbharmonie Ihren Vorstellungen, dann folgt der nächste Schritt. Falls Ihnen keine Farbkombination zusagt, können Sie jederzeit die Basisfarbe wechseln, indem Sie auf ein Feld aus den Farbvariationen klicken. Diese Farbe wird dann im Button BASISFARBE angezeigt – klicken Sie darauf, um alle Farbharmonien auf die neue Farbe berechnen zu lassen.

3 Variationsart bestimmen

Als weitere Möglichkeit des Experimentierens mit Farben probieren Sie die alternativen Variationsarten aus dem Menü FARBTÖNE/ SCHATTIERUNGEN, WARM/KALT oder STRAHLEND/GEDECKT.

4 Einschränken auf Farbbibliothek

Sind Sie darauf angewiesen, nur Farben aus einer bestimmten Bibliothek (z.B. HKS, Pantone), Tonalität (z.B. Barock, Erdtöne), für definierte Einsatzbereiche (z.B. Business, Kinder) oder für einen Einsatzbereich mit technischen Ansprüchen (z.B. Webfarben) nutzen zu können, verwenden Sie das Menü unten links, um die Farbvariationen darauf einzuschränken.

5 Farbgruppe speichern

Sind Sie mit der Farbkombination zufrieden, speichern Sie die Farben als Farbgruppe, indem Sie auf den Button FARBGRUPPE SPEICHERN im Farbhilfe-Bedienfeld klicken.

6 Anwenden der Farben

Um die Farben auf die Grafik anzuwenden, ziehen Sie die Symbole aus den Farbvariationen auf die einzelnen Teile der Illustration – Sie müssen die Objekte nicht auswählen. Sie können jede

Farbe aus den Farbvariationen verwenden – nicht nur die direkt zur Farbharmonie gehörenden Farben, denn alle Farben im Grid harmonieren miteinander.

8.5.2 Barrierefreiheit von Farbkombinationen

Etwa 10 % der Menschen sind farbenblind. Daher sollten Sie darauf achten, Ihre Grafik so zu gestalten, dass die Bildaussage für alle zugänglich ist. In Illustrator können Sie sich einen Softproof anzeigen lassen, der simuliert, wie Ihre Grafik unter den beiden am weitesten verbreiteten Arten der Farbfehlsichtigkeit wirkt.

Um den Proof einzurichten, wählen Sie Ansicht • Proof einrichten • Farbenblindheit (Protanopie) bzw. Farbenblindheit (Deuteranopie). Dann wählen Sie Ansicht • Farbproof, sodass das Häkchen gesetzt ist.

▲ **Abbildung 8.35**
Umgefärbte Grafik

▲ **Abbildung 8.36**
Bei der Grafik jeweils links (Kirsche) ist der Inhalt anhand der Form zu erkennen. Ein Diagramm sollte jedoch eindeutig gefärbt sein, so dass die Legende exakt zuzuordnen ist.

8.6 Mit Kuler arbeiten

Nachdem die Webentwickler-Gemeinschaft bereits etliche Programme und Dienste dazu geschaffen hat, um taugliche Farbkombinationen für Designs zu finden, hat sich auch Adobe darum gekümmert. In der Online-Community Kuler erstellen die Nutzer Farbharmonien und tauschen und diskutieren diese.

Kuler-Bedienfeld | Die Verbindung zu Kuler stellen Sie über das Kuler-Bedienfeld her. Rufen Sie es unter Fenster • Erweiterungen • Kuler auf. Im Dock besitzt das Kuler-Bedienfeld das Symbol .

Das Bedienfeld listet automatisch die von den Kuler-Nutzern am höchsten bewerteten Farbharmonien auf. Die Farbharmonien

▲ **Abbildung 8.37**
Das Kuler-Bedienfeld: Auswahl-Menü ❷, Suchfeld ❶

▲ **Abbildung 8.38**
Auswahl der Farbharmonien nach Bewertung, Aktualität, Zufall und eigenen Kategorien

▲ **Abbildung 8.39**
Abonnieren der Farbharmonien eines Nutzers oder nach einem Stichwort

▲ **Abbildung 8.40**
Suchergebnis »Tea«

▲ **Abbildung 8.41**
Details einer Farbharmonie

in Kuler enthalten bis zu fünf Farben. Dies ist die höchste Anzahl Farben, die Kuler je Farbkombination verwalten kann.

Farbharmonien durchblättern | Mit den Buttons ⬆ und ⬇ blättern Sie durch die Farbharmonien.

Andere Auswahl anzeigen | Neben den am besten bewerteten Harmonien können Sie in Kuler auch solche anzeigen lassen, die zuletzt hinzugefügt oder am häufigsten heruntergeladen wurden. Wählen Sie im Auswahl-Menü ❷ aus, welche Harmonien Sie sehen möchten. Um die Liste neu zu laden, verwenden Sie den Button SCHEMAS AKTUALISIEREN.

Darüber hinaus haben Sie die Möglichkeit, bis zu vier definierbare Themen zu »abonnieren« und in diesem Menü anzeigen zu lassen. Gehen Sie wie folgt vor:

1. Rufen Sie aus dem Menü ANZUZEIGENDE SCHEMAS AUSWÄHLEN die Optionen BENUTZERDEFINIERT auf. Geben Sie ein Suchwort – ein Schlagwort oder auch den Namen eines Nutzers, dessen Farbzusammenstellungen Ihnen gefallen – in eines der Felder ein. Geben Sie weitere Suchwörter in die anderen Felder ein.
2. Bestätigen Sie mit SPEICHERN.
3. Rufen Sie Ihre Suchwörter im Menü ANZUZEIGENDE SCHEMAS AUSWÄHLEN auf, um die Farbharmonien anzusehen.
4. Möchten Sie eines der Suchwörter entfernen, klicken Sie auf das Minus-Zeichen neben dem Begriff.

Kuler durchsuchen | Geben Sie ein Suchwort in das Suchfeld ein, das in den Titeln, Nutzernamen oder den Schlagwörtern der Farbharmonien recherchiert wird. Die Ergebnisse zeigt Ihnen das Kuler-Bedienfeld als Farbharmonien an.

Details anzeigen | Finden Sie heraus, wer eine Farbkombination hochgeladen hat und wie sie bewertet ist, indem Sie die Farbharmonie mit einem Klick aktivieren und dann den Cursor über den Pfeil ▶ rechts neben den Namen bewegen. Ein Fenster zeigt die gewünschten Informationen. Klicken Sie auf den Pfeil, um ein Menü mit weiteren Optionen anzuzeigen. Dort können Sie u.a. die Farbharmonie online in der Kuler-Community aufrufen.

Farbharmonien importieren | Möchten Sie eine Farbharmonie aus dem Kuler-Bedienfeld in Ihrem Dokument benutzen, klicken Sie darauf, um sie zu aktivieren. Zeigen Sie das Aufklappmenü mit einem Klick auf den Pfeil ▶ an, und wählen Sie ZUM FARBFELDBEDIENFELD HINZUFÜGEN.

Eigene Farbgruppen in Kuler veröffentlichen | Möchten Sie in Kuler selbst etwas veröffentlichen, benötigen Sie zunächst ein Konto in der Community. In dieses Konto loggen Sie sich ein und führen dann in Illustrator folgende Schritte durch:
1. Erstellen Sie eine Farbgruppe. Diese sollte nicht mehr als fünf Farben enthalten. Sind es mehr, werden nur die ersten fünf verwendet.
2. Aktivieren Sie die Farbgruppe im Farbfelder-Bedienfeld.
3. Klicken Sie auf den Button UPLOAD im Kuler-Bedienfeld.
4. In der Kuler-Weboberfläche geben Sie einen Namen und die Schlagwörter (Tags) für die Farbgruppe ein. Anschließend veröffentlichen oder speichern Sie die Farbgruppe.

▲ **Abbildung 8.42**
Den Farbfeldern hinzufügen

▲ **Abbildung 8.43**
In der Farbfelder-Bedienfeld ausgewählte Farbgruppe

◀ **Abbildung 8.44**
Die Kuler-Oberfläche im Web

8.7 Farbdefinitionen speichern

Sie können sich viel Arbeit sparen, wenn Sie eine einmal eingerichtete Farbe als **Farbfeld** im aktuellen Illustrator-Dokument speichern. Zusammengehörige Farbfelder können Sie zu **Farbgruppen** kombinieren.

Um einheitliche Farbfelder auch für andere Dokumente zur Verfügung zu stellen, besteht die Möglichkeit, **Farbfelder** in **Bibliotheken** zu organisieren, die unabhängig von den Dokumenten gespeichert werden.

8.7.1 Farbfelder-Bedienfeld
Die gespeicherten Farbfelder und Farbgruppen verwalten Sie im Farbfelder-Bedienfeld. Wählen Sie den Menüpunkt FENSTER

[Farbwerteatlas]
Die Farbwirkung wird immer auch durch das verwendete Papier beeinflusst. Auf Naturpapieren sehen Farben anders aus als auf Kunstdruckpapieren, wie sie für Fotokalender verwendet werden. Bestimmen Sie Farben daher möglichst nach Referenzmustern, die auf einem ähnlichen Papier gedruckt sind, wie Sie es für die Produktion geplant haben. Farbmusterbücher oder Farbwerteatlanten bekommen Sie im Fachbuchhandel (s. Abbildung 8.9).

▲ **Abbildung 8.45**
Farbfelder-Bedienfeld in der Miniaturen-Ansicht

▲ **Abbildung 8.46**
Farbfelder-Bedienfeld in der Ansicht als Liste

Farben in [Klammern]

Farben, deren Namen in eckigen Klammern stehen, können Sie wie alle anderen eingeklammerten Vorgaben nicht löschen.

▲ **Abbildung 8.47**
Pantone- und HKS-Farbfächer

- Farbfelder, um das Farbfelder-Bedienfeld auf dem Bildschirm anzeigen zu lassen. Im Dock klicken Sie das Symbol an.

Beim ersten Aufruf des Farbfelder-Bedienfelds sehen Sie die darin abgelegten Farben als kleine Miniaturen. Um auch die Namen der Farbfelder und die zugehörigen Kennzeichnungen sichtbar zu machen, wählen Sie aus dem Bedienfeldmenü den Darstellungsmodus Liste aus.

Farbfeld-Arten | Farbfelder können folgende Objekteigenschaften aufnehmen: Ohne (Farbe), Prozessfarbe, Volltonfarbe, Tonwert, Graustufen, Verlauf, Muster und Passermarken.

Die verschiedenen Farbfeld-Arten haben ihren Ursprung vor allem in den Anforderungen, die für die Ausgabe auf Belichtern und Druckmaschinen abgedeckt werden müssen.

▶ **Ohne**: Wenn Sie das Farbfeld Ohne auf einen Pfad oder auf eine Fläche anwenden, wird eine eventuell zugeordnete Kontur bzw. Füllung entfernt. Illustrator legt das Farbfeld Ohne automatisch mit jeder neuen Datei an, es kann weder gelöscht noch verändert werden.

▶ **Prozessfarbe** (alt: **CMYK-Farbe**): Prozessfarben oder »Skalenfarben« sind Mischwerte aus den vier Grundfarben des Drucks: Cyan, Magenta, Gelb und Schwarz.
CMYK-Farben werden immer dann eingesetzt, wenn so viele Farben in einem Dokument vorhanden sind, dass es unpraktisch und unwirtschaftlich ist, einzelne vorgemischte Druckfarben zu verwenden, wie beispielsweise beim Druck von Farbfotos oder vielfarbigen Illustrationen.

▶ **Volltonfarbe**: Volltonfarben oder »Schmuckfarben« sind bereits fertig gemischt, bevor sie in die Druckmaschine gefüllt werden. Mit Volltonfarben statt mit Prozessfarben zu arbeiten ist sinnvoll, wenn im Dokument weniger als vier Farben eingesetzt werden.
Volltonfarben können Prozessfarben auch als zusätzliche Farbe ergänzen, um eine spezielle Farbe für ein Logo oder eine Farbe außerhalb des CMYK-Farbraums zu reproduzieren. Beispiele dafür sind Neonfarben, Metallic, einige Pastelltöne und viele sehr intensive Farben.
Für jede verwendete Volltonfarbe wird eine eigene Druckplatte benötigt. Zu den verbreiteten Druckfarben-Systemen für Volltöne zählen das HKS- und das Pantone-System. Illustrator stellt neben weiteren Systemen deren Farbtabellen als Farbbibliotheken bereit (zu Farbfeldbibliotheken siehe Abschnitt 8.7.9).

Die Einrichtung von Volltonfarben eignet sich auch, um Separationsauszüge für eine Drucklackierung oder andere Veredelungsverfahren zu generieren.

- **Buchfarbe**: Der überwiegende Teil der Schmuckfarben ist durch die Umsetzung in CMYK nicht darstellbar, dafür sehr viel besser im Lab-Farbraum, dessen Anwendung jedoch auch nicht in jedem Zusammenhang möglich oder sinnvoll ist. Daher wurden Buchfarben eingeführt. Anders als traditionelle Farbfelder enthalten Buchfarben zwei Farbdefinitionen: die CMYK-Übertragung ⊠ und den exakteren Lab-Wert ▇. Basierend auf verschiedenen Einstellungen kommt die eine oder die andere Definition zur Anwendung (mehr zu Buchfarben s. Seite 204, »Buchfarben-Optionen«).
- **Tonwert**: Ein Tonwert entsteht, wenn eine Farbe in der Intensität verringert wird, definiert durch den prozentualen Anteil seiner Grundfarbe. Werte zwischen 0 und 100 % sind möglich. Tonwert-Farbfelder können nur auf der Grundlage bereits bestehender globaler Farbfelder mit CMYK-Farben oder Volltonfarben erzeugt werden. Tonwert-Farbfelder bleiben mit ihrer Grundfarbe verknüpft, sodass sich auch der Tonwert automatisch ändert, wenn Sie die Grundfarbe bearbeiten.
- **Graustufen**: Graustufen sind Abstufungen zwischen Schwarz und Weiß, definiert durch den prozentualen Anteil von Schwarz. Es lassen sich Werte zwischen 0 und 100 % eingeben. Eine Kontur oder Fläche, deren Farbeigenschaft als Graustufenwert definiert ist, wird bei der Vierfarbseparation nur auf dem Schwarz-Auszug ausgegeben.
- **Verlauf**: Ein Verlauf ist ein gerechneter Übergang zwischen zwei oder mehr Farben (siehe Abschnitt 9.6).
- **Muster**: Muster sind Rapporte aus Vektor-, Pixel- oder Textobjekten (siehe Abschnitt 16.1).
- **Passermarken**: Ein zugewiesenes Passermarken-Farbfeld ⊕ bewirkt einen 100 %igen Farbauftrag auf *allen* Farbauszügen eines Dokuments. Dieses Farbfeld wird zur Erzeugung von Passermarken gebraucht, die eine passgenaue Ausrichtung der Druckplatten erlauben. Das Passermarken-Farbfeld wird automatisch angelegt, es kann weder gelöscht noch verändert werden.
- **Farbgruppe**: Eine Farbgruppe 📁 enthält Prozess- oder Volltonfarbfelder oder eine Kombination aus beiden. Sie können entweder bestehende Farbfelder nachträglich in Farbgruppen einsortieren oder Farbgruppen mithilfe von Farbfelder-Bedienfeld und Interaktive Farbe entwickeln.

▲ **Abbildung 8.48**
Unterschiedliche Tonwerte der Farbe Cyan (Ausschnittsvergrößerung)

▲ **Abbildung 8.49**
In fotorealistischen Illustrationen werden viele Verlaufsflächen verwendet, um eine plastische Wirkung zu erzielen.

Achtung bei Passermarken

Verwenden Sie das Passermarken-Farbfeld nicht, um »Tiefschwarz« in einer Grafik zu erzielen. Für einen flächigen Einsatz erzeugt diese Eigenschaft einen zu hohen Farbauftrag und damit Probleme beim Trocknen im Druckverfahren. Wenn Sie die Eigenschaft für Text einsetzen, besteht die Gefahr, dass die Randschärfe der Buchstaben leidet, sobald die Druckfarben nicht exakt genug übereinandergedruckt werden. Der Text wird dadurch schwerer lesbar.

Ansicht für alle Farbfeld-Typen
Drücken Sie ⌥/Alt beim Wählen der Bedienfeldansicht (Liste oder Miniaturen), dann wird die gewählte Ansicht bei allen Farbfeld-Typen für die Einzelanzeige verwendet.

▲ Abbildung 8.50
In der ersten Spalte ❶ der Liste ist das Farbfeld mit der zugehörigen Farbe eingeordnet, in der zweiten Spalte ❸ finden Sie den Namen des Farbfelds, und auf der rechten Seite der Liste ❹ werden die Kennzeichnungssymbole angezeigt. Gruppen ❷ sind eingerückt und befinden sich immer am unteren Ende der Liste.

▲ Abbildung 8.51
Anzeige der Verlaufsfelder

Deaktivieren vor dem Sortieren
Achten Sie darauf, dass kein Objekt auf der Zeichenfläche ausgewählt ist, wenn Sie Farbfelder manuell sortieren, da sonst das jeweils angeklickte Farbfeld den Objekten zugewiesen wird.

Funktionsbuttons | Mit den Buttons am unteren Rand des Farbfelder-Bedienfelds ist es z. B. möglich, die Liste nach den Farbfeld-Arten zu filtern, Bibliotheken aufzurufen oder Farbfelder aus dem Bedienfeld zu entfernen. Wenn Sie einen Filtermodus aufrufen, wird das Bedienfeld in die Ansicht (Liste oder Miniaturen) umgeschaltet, in der diese Filterung zuletzt angezeigt wurde.

▶ MENÜ FARBFELDBIBLIOTHEKEN ❺: In diesem Menü finden Sie alle im Programmordner vorinstallierten sowie Ihre selbst definierten Farbfeldbibliotheken zur Auswahl. Das Speichern eigener Bibliotheken nehmen Sie hier ebenfalls vor.

▶ MENÜ »FARBFELDARTEN EINBLENDEN« ❻: Wählen Sie aus dem Menü, welche Farbfeldarten im Bedienfeld angezeigt werden sollen. Der Button zeigt jeweils das Symbol des aktuellen Bedienfeldinhalts an.

▶ FARBFELDOPTIONEN ❼: Der Button ist nur aktiv, wenn ein Farbfeld ausgewählt ist. Mit diesem Befehl rufen Sie die Optionen für das ausgewählte Farbfeld auf.

▶ NEUE FARBGRUPPE ❽: Sind Farbfelder aktiviert, können Sie diese mit einem Klick auf den Button in eine Gruppe zusammenfügen. Ist kein Farbfeld aktiv, wird eine leere Gruppe erzeugt.
Sind Objekte auf der Zeichenfläche ausgewählt, können ihre Farben in die Farbgruppe aufgenommen werden.

▶ NEUES FARBFELD ❾: Mit diesem Button kann ein neues Farbfeld angelegt werden (s. Abschnitt 8.7.4).

▶ FARBFELD LÖSCHEN ❿: Der Papierkorb-Button ist nur aktiv, wenn Sie ein Farbfeld ausgewählt haben. Mit einem Klick auf den Button löschen Sie das aktive Farbfeld aus dem Bedienfeld.

Farbfelder sortieren | Sie können das Farbfelder-Bedienfeld nach logischen Kriterien sortieren lassen oder die Reihenfolge der Felder manuell ändern.

▶ NACH NAME SORTIEREN: Mit dieser Option bestimmen die Namen der Farbfelder deren Reihenfolge im Bedienfeld.

▶ NACH ART SORTIEREN: Dieser Menüpunkt im Bedienfeldmenü sortiert das Bedienfeld nach den Farbfelder-Arten in der folgenden Reihenfolge: OHNE, PASSERKREUZE, LOKALE FARBEN, GLOBALE FARBEN, VERLÄUFE, MUSTER und FARBGRUPPEN. Tonwert-Farbfelder ordnet Illustrator nach den Grundfarben ein, aus denen sie generiert wurden.

▶ Manuell sortieren: Um das Bedienfeld manuell zu sortieren, klicken Sie ein Farbfeld an und ziehen es an eine andere Position.

> **Keine Farbfelder?**
>
> Ist das Farbfelder-Bedienfeld leer, prüfen Sie zunächst anhand des Symbols auf dem Button Menü »Farbfeldarten einblenden«, ob vielleicht die Anzeige auf Farbfelder, Verlaufsfelder, Musterfelder oder Farbgruppen eingeschränkt ist. Wenn trotz der Anzeige Alle Farbfelder kein Farbfeld zu sehen ist, dann sind keine Farbfelder im Dokument angelegt. Dies passiert vor allem, wenn Sie eine Rasterdatei (ein Pixelbild) oder ein PDF direkt in Illustrator öffnen.

▲ **Abbildung 8.52**
Bereits bei Eingabe des ersten Buchstabens springt die Anzeige zu einem Treffer.

Farbfelder schnell finden | Rufen Sie im Bedienfeldmenü den Befehl Suchfeld einblenden auf. In das nun angezeigte Textfeld können Sie Teile des Namens eingeben, um das entsprechende Farbfeld direkt anzuspringen. Während Sie Buchstaben eingeben, springt die Aktivierung jeweils zum ersten passenden Treffer und ändert sich gegebenenfalls zu einem besseren Treffer, während Sie weitere Zeichen eingeben.

Der eingegebene Suchbegriff kann nicht aus dem Suchfeld gelöscht werden. Möchten Sie einen anderen Begriff suchen, geben Sie diesen einfach ein. Leider kommt das Suchfeld nicht mit Sonderzeichen zurecht – dazu gehören auch Umlaute.

> **Win: Farbfeld per Tastatur**
>
> Windows-Nutzer haben die Möglichkeit, das Farbfelder-Bedienfeld mit der Tastatur zu bedienen. Dazu halten Sie Strg+Alt gedrückt und klicken in das Bedienfeld. Sobald der Inhalt umrahmt ist, drücken Sie den ersten Buchstaben einer Farbe, um diese aufzurufen, oder navigieren mit ↑ und ↓.

8.7.2 Neue Farbfelder aufnehmen

Wenn Sie ein neues Farbfeld im Farbfelder-Bedienfeld anlegen wollen, stehen Ihnen verschiedene Wege zur Verfügung.

Neues Farbfeld… | Wählen Sie den Befehl entweder aus dem Bedienfeldmenü oder klicken Sie den Button am unteren Rand des Bedienfelds an, um die Dialogbox Neues Farbfeld anzuzeigen. Der im Farbe-Bedienfeld definierte Farbwert ist als Vorgabe eingestellt. Die Farbe kann durch OK übernommen oder mit den Optionen der Dialogbox verändert werden. Auf diese Art können Sie Prozess- und Volltonfarben sowie Graustufen anlegen. Details zu den einzelnen Farbtypen finden Sie auf den folgenden Seiten.

> **»Neues Farbfeld« ausgegraut**
>
> Wenn sich der Befehl Neues Farbfeld nicht benutzen lässt, besitzt wahrscheinlich die aktuell aktive – im Vordergrund liegende – Fläche oder Kontur die Eigenschaft Ohne.

Modifikationsmöglichkeiten | Mit Modifikationstasten können Sie direkt diverse Optionen in der Dialogbox voreinstellen:
- ⌘/Strg: Das Farbfeld wird als Volltonfarbe angelegt.
- ⌘/Strg+⇧: Eine globale Prozessfarbe ist vordefiniert.
- ⌥/Alt: Ohne eine Dialogbox zu öffnen, wird eine Kopie des ausgewählten Farbfelds erzeugt.
- ⌥/Alt+⌘: Eine Volltonfarbe wird erzeugt, ohne die Dialogbox anzuzeigen.
- ⌥/Alt+⌘ Strg+⇧: Eine globale Prozessfarbe wird erstellt, ohne die Dialogbox anzuzeigen.

▲ **Abbildung 8.53**
Färben Sie Objekte um, indem Sie globale Farbfelder neu definieren.

8.7 Farbdefinitionen speichern | **195**

Abbildung 8.54
So ziehen Sie die Miniatur einer Farbe aus dem Farbe-Bedienfeld in das Farbfelder-Bedienfeld.

Farbe etc. in das Farbfelder-Bedienfeld ziehen | Farben, Tonwerte und Verläufe können aus den entsprechenden Bedienfeldern in das Farbfelder-Bedienfeld gezogen werden, um sie dort in einem eigenen Farbfeld zu speichern. Neu angelegte Farben sind zunächst als *lokale* Farbfelder definiert, die Sie gegebenenfalls mithilfe der Dialogbox FARBFELDOPTIONEN in globale Farbfelder umdefinieren müssen.

Achtung: Wenn Sie ein Objekt von der Zeichenfläche ins Farbfelder-Bedienfeld ziehen, wird ein Musterfeld angelegt.

Modifikationsmöglichkeiten | Verwenden Sie beim Ziehen der Farbe folgende Modifizierungstasten, um Optionen direkt einzurichten:

- ⌘/Strg: Das Farbfeld wird als Volltonfarbe angelegt.
- ⌘/Strg+⇧: Die CMYK-Farbe wird als GLOBAL definiert.
- ⌥/Alt: Ziehen Sie die Farbe über ein bestehendes Farbfeld, um dessen Definition zu ersetzen.

Wenn ein Bedienfeld in einer Gruppe nicht im Vordergrund liegt

Eine Farbe lässt sich nicht so einfach auf das Farbfelder-Bedienfeld ziehen, wenn dieses in einer Gruppe »versteckt« ist. Es ist nicht mehr nötig, zuerst die Bedienfelder nebeneinanderzulegen, damit Sie etwas daraufziehen können. Ziehen Sie das Farbfeld (oder zum Beispiel die Grafik, die Sie in ein Symbol umwandeln möchten) auf den Reiter des Bedienfelds, und warten Sie einen Moment, bis das Bedienfeld automatisch in den Vordergrund geholt wird. Nun bewegen Sie die Farbe (oder die Grafik) in das Bedienfeld, um daraus das Farbfeld (oder das Symbol) zu definieren. Sind die Bedienfelder auf die Symboldarstellung minimiert, ziehen Sie die Farbe oder die Grafik auf das Symbol des Bedienfelds.

Aktivierte Farbtonfelder

Beim Erstellen eines neuen Farbfelds sollte kein Farbtonfeld aktiviert sein, da bei aktiviertem Farbtonfeld dieses dupliziert wird, anstatt die Dialogbox zu öffnen.

8.7.3 Farbfeldoptionen bzw. Neues Farbfeld

Die beiden Dialogboxen FARBFELDOPTIONEN und NEUES FARBFELD unterscheiden sich lediglich durch den Titelbalken.

Die Dialogbox FARBFELDOPTIONEN wird geöffnet, wenn Sie auf ein Feld im Farbfelder-Bedienfeld doppelklicken oder es aktivieren und die Anweisung FARBFELDOPTIONEN… im Bedienfeldmenü oder mit dem Button aufrufen.

Der Dialog NEUES FARBFELD wird angezeigt, sobald Sie per Button oder im Bedienfeldmenü ein neues Farbfeld erzeugen.

Bei Verlaufs- und Musterfeldern ist lediglich die Änderung des Farbfeldnamens möglich.

- FARBFELDNAME: Der Name der Farbe wird u. a. im Farbfelder-Bedienfeld angezeigt. Per Voreinstellung verwendet Illustrator die Farbdefinition als Namen. Dieser Name wird aktualisiert, wenn Sie die Definition zu einem späteren Zeitpunkt ändern. Dazu muss das Farbfeld jedoch im Dokumentfarbmodus angelegt sein und die Schreibweise der Farbdefinition intakt bleiben.

Name wie Farbdefinition

Möchten Sie, dass Illustrator den Namen Ihres Farbfelds aktualisiert, sobald Sie die Definition ändern, dann ändern Sie auf keinen Fall die Schreibweise.

◄ **Abbildung 8.55**
Die Dialogbox NEUES FARBFELD

- FARBART: Mit diesem Aufklappmenü bestimmen Sie, auf welche Art die Farbe im Druck reproduziert wird. Sie haben die Wahl zwischen PROZESSFARBE und VOLLTONFARBE.
  - Einstellung im Dokumentfarbmodus CMYK-FARBE: Eine Prozessfarbe wird in die Grundfarben des Drucks Cyan, Magenta, Gelb und Schwarz zerlegt. Volltonfarben dagegen druckt man als vorgemischte Farbtöne. Von jeder Volltonfarbe wird eine separate Druckplatte erzeugt.
  - Einstellung im Dokumentfarbmodus RGB-FARBE: Sollten Sie ausschließlich für Bildschirm, Projektion o. Ä. gestalten – also im Dokumentfarbmodus RGB-FARBE –, können Sie für die Farbart sowohl PROZESS- als auch VOLLTONFARBE wählen, da Ihre Farben nicht vierfarbsepariert werden müssen.
- GLOBAL: Mit diesem Kontrollkästchen bestimmen Sie, ob eine Farbe global oder lokal angelegt werden soll. Nur bei Farbfeldern mit globalen Farben bleibt nach der Zuordnung der Farbe als Eigenschaft für ein Objekt die Verknüpfung zwischen dem Farbfeld und dem Objekt aufrechterhalten. Darüber hinaus ist es möglich, von globalen Farbfeldern Farbtöne zu erzeugen.
  - Bei der Farbart VOLLTONFARBE ist diese Option nicht aktiv, weil Volltonfarben von Illustrator grundsätzlich als globale Farben definiert werden.
  - Auf die Farbseparation hat die Option GLOBAL keine Auswirkung.

Tonwerte definieren

Für Illustrationen benötigen Sie häufig Tonwerte Ihrer Farbfelder. Tonwerte können Sie jedoch nur von Vollton- oder globalen Farbfeldern erstellen.

Farbfeld in anderem Farbmodus

Wenn Sie ein Farbfeld dauerhaft in einem anderen Farbmodus als dem aktuellen Dokumentfarbmodus speichern möchten – also beispielsweise ein RGB-Farbfeld in einem CMYK-Dokument –, ist das nur möglich, wenn Sie diese Farbe in der Farbart VOLLTONFARBE definieren! Bevor Sie ein Dokument mit »fremden« Farbdefinitionen in die Produktion geben, müssen Sie sich aber um die endgültige Umwandlung der Farben kümmern.

▲ **Abbildung 8.56**
VOLLTONFARBE, GLOBAL-Option

8.7 Farbdefinitionen speichern | **197**

> **Volltonfarben separieren**
>
> In Programmen der Adobe Creative Suite lässt sich im DRUCKEN-Dialog für jede Volltonfarbe bestimmen, ob sie separiert werden soll. Dann werden die Farbfelddefinitionen für die Separation verwendet. Diese Möglichkeit sollten Sie jedoch nur in einem gut abgestimmten Workflow verwenden.

> **Prozessfarbe nach Farbwerteatlas**
>
> Da die Farbmischung von Druckfarben am Bildschirm nur simuliert werden kann, sollten Sie Prozessfarben nach einem Farbwerteatlas bestimmen, vor allem, wenn Ihr Monitor nicht kalibriert ist (siehe Abschnitt 8.2, »Farbmanagement«).

> **Volltonfarbe nach Farbfächern**
>
> Für eine Volltonfarbe wird bei der Belichtung ein eigener Farbauszug erstellt. Sie sollten deshalb Volltonfarben nach den Druckmustern in Farbfächern der unterschiedlichen Volltonsysteme auswählen. Das endgültige Aussehen der Volltonfarbe bestimmen allerdings die für den Druck gemischte Farbe und das bedruckte Papier – die Farbdefinition in der Datei hat darauf keinen Einfluss.

> **Höchstens 27**
>
> Zu viele Volltonfarben verteuern die Produktion. Dazu besteht eine technische Beschränkung auf 27 Schmuckfarben. Wurden mehr Volltonfarben verwendet, kann es zu Problemen kommen.

▶ FARBMODUS: Wählen Sie aus diesem Ausklappmenü, in welchem Farbmodus Sie die Farbe definieren möchten – die Anzeige der Schieberegler wechselt nach Ihrer Auswahl.
Achtung! Wenn Sie als Farbart PROZESSFARBE ausgewählt haben, rechnet Illustrator die von Ihnen definierte Farbe in den Dokumentfarbmodus um. Haben Sie dagegen VOLLTONFARBE aktiviert, bestimmt die Farbdefinition lediglich die Bildschirmanzeige Ihrer Farbe. Das Druckergebnis hängt ausschließlich von der Farbmischung in der Druckmaschine ab.

▶ Signalisierung ⚠ und 🞲: Siehe Abschnitt 8.4.3.

▶ VORSCHAU: Aktivieren Sie das Kontrollkästchen VORSCHAU, um Änderungen globaler Farbfelder direkt an Objekten auf der Zeichenfläche zu sehen.

8.7.4 Farbfeld anlegen

1. Rufen Sie entweder NEUES FARBFELD... aus dem Bedienfeldmenü auf oder die FARBFELDOPTIONEN mit einem Doppelklick auf eine Farbe im Farbfelder-Bedienfeld.
2. Wählen Sie im Ausklappmenü FARBART entweder PROZESSFARBE oder VOLLTONFARBE aus.
3. Wählen Sie den FARBMODUS, in dem Sie die Farbe definieren möchten (s. Anmerkungen in Abschnitt 8.7.3).
4. Aktivieren Sie die Option VORSCHAU, falls Sie ein bestehendes globales Farbfeld editieren.
5. Definieren Sie die Farbe mit den Reglern oder durch Eintragen der Werte in die Eingabefelder. Zwischen den Textfeldern können Sie mit ⇆ navigieren.
6. Bestimmen Sie mit dem Kontrollkästchen GLOBAL, ob das Farbfeld global oder lokal verwendet werden soll.
7. Tragen Sie den gewünschten Farbfeldnamen ein.
8. Bestätigen Sie Ihre Eingaben mit OK.

Prozessfarben definieren | Falls Sie Prozessfarben in einem anderen als dem Dokumentfarbmodus definieren, achten Sie auf die Signalisierung ⚠ und 🞲 (s. Seite 184).

Volltonfarbe definieren | Pantone- oder HKS-Farben legen Sie an, indem Sie die entsprechende Farbfeldbibliothek aus dem Menü 🞲 aufrufen und die Farbe auswählen.

Volltonfarben sind immer **global**, daher ist es nicht möglich, die Option zu deaktivieren. Auch wenn Sie Volltonfarben in der Datei im CMYK-Modus definieren, steuern Sie damit nicht die Farbseparation, sondern nur die Bildschirmdarstellung und die Farbmischung auf Desktop- und Proof-Druckern. Die Bildschirmdarstellung der Volltonfarbe sowie der Ausdruck auf Desktop-Druckern können deshalb nur eine angenäherte Simulation der letztendlich gedruckten Farbe sein.

Graustufen-Farbfeld definieren | Graustufen, die Sie einem Objekt als Eigenschaft zuweisen, werden bei der Vierfarbseparation nur im Auszug für die schwarze Druckplatte ausgegeben.

Ein Graustufen-Farbfeld (in der Listen-Darstellung ■) legen Sie als nicht-globale Prozessfarbe (s. Hinweisbox »Achtung: Umwandlung!«) im Farbmodus GRAUSTUFEN an. Der Graustufenbalken wird angezeigt, und Sie können den Wert mit dem Regler einstellen.

▲ **Abbildung 8.57**
Definition eines Graustufen-Farbfelds

Achtung: Umwandlung!

Wenn Sie den Farbmodus GRAUSTUFEN wählen, aber das Farbfeld als GLOBAL anlegen oder die Farbart VOLLTONFARBE einstellen, wandelt Illustrator das Farbfeld in eine vierfarbdefinierte CMYK-Farbe um!

Tonwert-Farbfeld definieren | Ein Tonwert-Farbfeld kann nur aus einer globalen Prozessfarbe oder aus einer Volltonfarbe erzeugt werden. Ein Tonwert-Farbfeld erzeugen Sie wie folgt:
1. Wählen Sie aus dem Farbfelder-Bedienfeld eine Volltonfarbe oder eine globale Prozessfarbe aus. Sie können auch ein Objekt aktivieren, dem Sie die gewünschte Farbe zugewiesen haben.
2. Die aktive Farbe wird im Tonwert-Farbbalken im Farbe-Bedienfeld angezeigt. Tragen Sie die Intensität in das Eingabefeld ein, oder bewegen Sie den Regler an die gewünschte Position. Sie können Tonwerte zwischen 0 und 100 % eingeben: 0 % bedeutet kein Farbauftrag, 100 % liefert volle Intensität.
3. Wenn Sie den Tonwert als Farbfeld speichern möchten, ziehen Sie die Miniatur des Tonwerts aus dem Farbe-Bedienfeld in das Farbfelder-Bedienfeld, oder betätigen Sie den Button NEUES FARBFELD im Farbfelder-Bedienfeld. Das Tonwert-Farbfeld erhält den Namen des Farbfelds der Grundfarbe – die Intensität wird als Prozentwert an den Namen angefügt.

Tonwert-Farbfeld editieren | Mit einem Doppelklick auf ein Tonwert-Farbfeld wird die Dialogbox FARBFELDOPTIONEN zur *Quellfarbe* aufgerufen! Änderungen, die Sie darin vornehmen, wirken sich auf die Quellfarbe und auf *alle* damit verbundenen Tonwert-Farbfelder aus! Der Wert eines Tonwert-Farbfelds lässt sich nicht einfach ändern.

Verlauf-Farbfeld definieren | Um ein neues Verlauf-Farbfeld anzulegen, erstellen Sie zunächst den Verlauf im Verlauf-Bedienfeld. Ziehen Sie die Miniatur des Verlaufs aus dem Verlauf-Bedienfeld in das Farbfelder-Bedienfeld. Verlauf-Farbfelder sind immer global. Zu Verläufen s. Abschnitt 9.6.

CMYK-Farben im RGB-Modus?

In Illustrator-Versionen vor CS4 werden Prozessfarben auch im RGB-Dokumentfarbmodus als »CMYK«-Farben bezeichnet.

▲ **Abbildung 8.58**
Tonwert einer Volltonfarbe

Änderung der Quellfarbe

Ein Tonwert-Farbfeld bleibt immer mit dem Farbfeld der Quellfarbe verbunden. Änderungen an der Definition der Quellfarbe bewirken auch eine Veränderung aller zugehörigen Tonwert-Farbfelder!

▲ **Abbildung 8.59**
Verwendete Farben hinzufügen

Farbgruppe aus verwendeten Farben

Wenn Sie eine Farbgruppe aus verwendeten Farben erstellen (s. Abschnitt 8.7.12), können auch Schwarz und Weiß als globale Farbfelder angelegt werden.

▲ **Abbildung 8.60**
Farbfelder zuweisen

▲ **Abbildung 8.61**
Die Farbfelder-Auswahl im Steuerungsbedienfeld

Muster-Farbfeld definieren | Zur Erstellung von Mustern s. Abschnitt 16.1, »Muster und Symbole«.

8.7.5 Farbfelder aus verwendeten Farben erstellen

Sie können entweder alle im Dokument verwendeten Farben oder die Farben ausgewählter Objekte als globale Farbfelder zum Farbfelder-Bedienfeld hinzufügen. Die Funktion berücksichtigt alle in Verläufen oder Verlaufsgittern definierten Farben sowie Farben von Objekten auf gesperrten Ebenen. Es werden jedoch nicht automatisch Verlaufs- oder Musterfelder erzeugt.

Aktivieren Sie das Objekt, dessen Farben Sie als Farbfelder generieren möchten, und rufen Sie den Befehl AUSGEWÄHLTE FARBEN HINZUFÜGEN auf; oder deaktivieren Sie alle Objekte, und wählen Sie VERWENDETE FARBEN HINZUFÜGEN aus dem Bedienfeldmenü des Farbfelder-Bedienfelds. Die Farbfelder werden erzeugt und den Objekten zugewiesen.

Alternativ erstellen Sie eine Farbgruppe (s. Abschnitt 8.7.12).

8.7.6 Mit Farbfeldern arbeiten

Die zentrale Speicherung von Farben, Farbtönen, Verläufen und Mustern in den Farbfeldern eines Dokuments ist vor allem dann von Nutzen, wenn Sie Änderungen zeitsparend durchführen möchten. Sie sollten Farbfelder von Anfang an in einem Dokument einsetzen, um den vollen Nutzen daraus zu ziehen.

Farbfelder zuweisen | Um ein Farbfeld der Kontur oder der Fläche eines Objekts als Eigenschaft zuzuweisen, gehen Sie so vor:
1. Wählen Sie das gewünschte Objekt aus.
2. Klicken Sie im Werkzeugbedienfeld auf das Feld FLÄCHE, sofern Sie eine Füllung zuweisen möchten, oder auf das Feld KONTUR, um die Kontur mit einer Eigenschaft zu versehen.
3. Mit einem Klick auf ein Farbfeld, einen Verlauf oder ein Muster im Farbfelder-Bedienfeld schließen Sie die Aktion ab.

Farben über das Steuerungsbedienfeld zuweisen | Alternativ wählen Sie das Farbfeld im Steuerungsbedienfeld aus. Klicken Sie dazu kurz in das Farbfeld des Ausklappmenüs FLÄCHE bzw. KONTUR, um dort die Farbfelder-Auswahl einzublenden. Durch einen erneuten Klick auf das gewünschte Farbfeld in der Auswahl weisen Sie die Eigenschaft zu.

Farbfelder duplizieren | Um ein oder mehrere Farbfelder zu duplizieren, aktivieren Sie das oder die gewünschten Farbfelder und wählen den Befehl FARBFELD DUPLIZIEREN im Bedienfeldmenü aus. Alternativ ziehen Sie die Farbfelder auf den Button NEUES FARBFELD ⬛.

Farbfelder ersetzen | Um ein Farbfeld zu ersetzen, halten Sie ⌥/Alt gedrückt und ziehen eine Farbe oder einen Verlauf aus dem Farbe-, dem Farbhilfe-, dem Werkzeug- bzw. dem Verlauf-Bedienfeld oder einer Bibliothek auf das Farbfeld, das Sie ersetzen wollen. Achten Sie darauf, dass dieses durch einen Rahmen hervorgehoben wird, bevor Sie die Maustaste loslassen. Der Name des ersetzten Farbfelds wird nicht aktualisiert.

Ersetzen Sie eine globale Farbe, werden die Objekte aktualisiert, die dieses Farbfeld verwenden.

▲ **Abbildung 8.62**
Farbfeld ersetzen: Achten Sie auf die Hervorhebung!

Globale Farbfelder zusammenfügen | Wenn Sie gleiche oder ähnliche Farben dokumentweit vereinheitlichen möchten, z. B. um die Anzahl der Sonderfarben zu reduzieren oder verwendete Farben zu vereinheitlichen, können Sie Farbfelder mit globalen Farben bzw. Verläufe oder Muster zusammenfügen. Dazu aktivieren Sie zunächst das Farbfeld, das die anderen ersetzen soll. Anschließend wählen Sie zusätzlich die Farbfelder aus, die Sie ersetzen wollen, und klicken im Bedienfeldmenü auf den Befehl FARBFELDER ZUSAMMENFÜGEN.

Objekte, denen die ersetzten Farbfelder zugeordnet waren, werden aktualisiert.

Farbfelder löschen | Aktivieren Sie das oder die Farbfelder, die Sie löschen möchten. Anschließend wählen Sie FARBFELD LÖSCHEN aus dem Bedienfeldmenü oder klicken auf FARBFELD LÖSCHEN 🗑.

Löschen Sie ein Farbfeld mit einer globalen Farbe, geht die Farbeigenschaft in Objekten, die dieses Farbfeld verwenden, nicht verloren. Sie wird vom Programm in eine lokale Farbe ohne Verbindung zu einem Farbfeld umgewandelt. Da eine Volltonfarbe nur global sein kann, wird sie gegebenenfalls in die Farbart CMYK-Farbe konvertiert.

Nicht benutzte Farbfelder löschen | Die Übersicht im Farbfelder-Bedienfeld wird besser, wenn Sie nicht benötigte Farbfelder löschen.

Verwenden Sie aus dem Bedienfeldmenü den Befehl ALLE NICHT VERWENDETEN AUSWÄHLEN, um die in Ihrem Dokument unbenutzten Farben, Verläufe, Muster etc. zu aktivieren. Anschließend löschen Sie die aktiven Farbfelder.

▲ **Abbildung 8.63**
Globale Farben zusammenfügen

Farbfelder und Speicherplatz

Unbenutzte Farbfelder – aber vor allem Musterfelder – kosten Speicherplatz, reduzieren Sie daher den Inhalt des Bedienfelds.

Farbfelder in neuen Dokumenten

Farbfelder, die Sie in einem Dokument konfiguriert haben, werden nicht automatisch als Voreinstellung für neue Dokumente übernommen. Wenn Sie die Einstellung für neue Dokumente editieren möchten, öffnen Sie das entsprechende Dokumentprofil und legen dort die gewünschten Farbfelder an.

▲ **Abbildung 8.64**
Beim Speichern einer Gruppe aus dem Farbhilfe-Bedienfeld wird nur die Farbharmonie übernommen.

Interaktive Farbe

Alle Farbfelder, die Sie in der Funktion INTERAKTIVE FARBE zum Umfärben von Objekten oder beim Experimentieren mit Farbharmonien verwenden möchten, müssen in einer Farbgruppe gespeichert sein.

Abbildung 8.65 ▶
Die Dialogbox NEUE FARBGRUPPE

Mehrere Farbfelder aktivieren

Um viele hintereinanderliegende Farbfelder in einer oder mehreren Reihen zu aktivieren, klicken Sie das erste Farbfeld der Reihe an, halten ⇧ und klicken dann auf das letzte Farbfeld, das Sie auswählen wollen. Die dazwischenliegenden werden automatisch mit aktiviert.
Um mehrere Farbfelder zu aktivieren, die nicht direkt nebeneinanderliegen, klicken Sie auf das erste, modifizieren dann mit ⌘/Strg und wählen nacheinander die anderen gewünschten Farbfelder dazu aus.

8.7.7 Farbgruppen erstellen

Organisieren Sie beliebige zusammengehörende Farben sowie Farbharmonien mit dem Farbfelder-Bedienfeld oder der Funktion INTERAKTIVE FARBE zu Farbgruppen.

▶ **Farbfelder-Bedienfeld**: Aktivieren Sie mehrere Farbfelder, und rufen Sie NEUE FARBGRUPPE… aus dem Menü des Farbfelder-Bedienfelds auf, oder klicken Sie auf den gleichnamigen Button unten im Bedienfeld.
Alternativ aktivieren Sie eines oder mehrere Objekte und klicken an, um eine Farbgruppe aus den in diesen Elementen verwendeten Farben zu erstellen.

▶ **Farbhilfe-Bedienfeld**: Die im Farbhilfe-Bedienfeld eingestellte Farbharmonie speichern Sie mit dem Befehl aus dem Bedienfeldmenü oder einem Klick auf den Button FARBGRUPPE IN FARBFELDBEDIENFELD SPEICHERN.

▶ **Interaktive Farbe**: In der Dialogbox INTERAKTIVE FARBE klicken Sie ebenfalls auf den Button NEUE FARBGRUPPE, um die eingestellte Farbharmonie als Farbgruppe zu speichern.

Optionen | Wenn Sie die neue Farbgruppe aus dem Farbfelder-Bedienfeld erstellen, haben Sie folgende Optionen:

▶ ERSTELLEN AUS: Wählen Sie hier, ob die Farbgruppe aus ausgewählten Farbfeldern bestehen soll oder ob Sie die Farbfelder aus aktivierten Objekten (»Bildmaterial«) aufnehmen möchten. Wählen Sie Letzteres, können Sie zwei weitere Einstellungen festlegen:
  ▶ PROZESS NACH GLOBAL KONVERTIEREN: Mit dieser Option werden globale Farbfelder erzeugt.
  ▶ FARBFELDER FÜR FARBTÖNE EINSCHLIESSEN: Wenn Sie in der Grafik Farbtöne verwendet haben, werden diese als Farbfelder angelegt.

8.7.8 Mit Farbgruppen arbeiten

Farbgruppen lassen sich zu einem späteren Zeitpunkt ergänzen oder auflösen.

Ein Farbfeld zur Farbgruppe hinzufügen | Ziehen Sie ein bestehendes Farbfeld an die gewünschte Stelle in der Farbgruppe, oder ziehen Sie es auf das Ordnersymbol. Um gleichzeitig ein neues Farbfeld zu erstellen und es einer Farbgruppe hinzuzufügen, aktivieren Sie die Farbgruppe mit einem Klick auf das Ordner-Symbol und klicken auf den Button NEUES FARBFELD.

Farbgruppen auflösen | Möchten Sie eine Farbgruppe löschen und ihren Inhalt wieder in normale Farbfelder zurückwandeln, aktivieren Sie die Gruppe durch einen Klick auf das Ordner-Symbol und wählen GRUPPIERUNG DER FARBGRUPPE AUFHEBEN aus dem Menü des Farbfelder-Bedienfelds.

▲ Abbildung 8.66
Eine Pantone-Farbbibliothek

Farbgruppen löschen | Um die Farbgruppe und alle darin enthaltenen Farbfelder zu löschen, aktivieren Sie die Farbgruppe und klicken auf den Button FARBFELD LÖSCHEN. Drücken Sie dabei ⌥/Alt, um die Farbgruppe ohne Nachfrage zu löschen.

Wo sind Pantone und HKS?

Die Bibliotheken der verschiedenen Farbhersteller finden Sie unter der Rubrik FARBTAFELN.

8.7.9 Mit Farbfeldbibliotheken arbeiten

Die mit Illustrator gelieferten fertigen Farbfeldbibliotheken enthalten Volltonbibliotheken wie z. B. Pantone und HKS, außerdem themenzentrierte Zusammenstellungen wie NATUR oder LEBENSMITTEL sowie Verläufe und Muster.

Farbfeldbibliothek laden | Bei der Installation des Programms werden die vorgefertigten Farbfeldbibliotheken im Illustrator-Ordner unter dem Verzeichnispfad …/ADOBE ILLUSTRATOR CS5/VORGABEN/FARBFELDER/ abgespeichert. Um eine dieser Bibliotheken aufzurufen, stehen Ihnen drei Möglichkeiten zur Verfügung: Entweder lassen Sie sich das Bibliotheksverzeichnis im Menü unter FENSTER • FARBFELDBIBLIOTHEKEN anzeigen oder im Bedienfeldmenü des Farbfelder-Bedienfelds unter FARBFELDBIBLIOTHEK ÖFFNEN oder mit dem gleichnamigen Button unten links im Farbfelder-Bedienfeld. Wählen Sie dann eine der aufgeführten Bibliotheken aus.

Farbfeldbibliotheken werden in einer eigenen Bedienfeldgruppe geöffnet. Bibliotheken, die Sie zusätzlich aufrufen, fügt Illustrator ebenfalls dieser Bedienfeldgruppe hinzu.

Möchten Sie eine Farbfeldbibliothek nach jedem Start von Illustrator automatisch anzeigen lassen, wählen Sie die Funktion GLEICHE POSITION aus dem Bedienfeldmenü. Der Menüpunkt wird mit einem Haken versehen. Wenn Sie das Bedienfeld nicht mehr benötigen, geben Sie noch einmal den Befehl GLEICHE POSITION.

▲ Abbildung 8.67
Klicken Sie das erste und zusammen mit der Taste ⇧ das letzte gewünschte Farbfeld an, um auch die dazwischenliegenden Farbfelder mit auszuwählen.

Gleiche Position

Der Befehl GLEICHE POSITION gilt nicht für die *ganze* Bedienfeldgruppe, sondern nur für die jeweils aktive Bibliothek. Die Funktion steht auch für Verlaufs- und Muster-Bibliotheken zur Verfügung.

> **Bibliotheken verwenden**
>
> Bibliotheken sind nicht an das Dokument gebunden. Deshalb ist es sinnvoll, Farben, Verläufe und Muster, die Sie in mehreren Illustrationen verwenden wollen, in eigenen Farbfelderbibliotheken zusammenzuführen und abzuspeichern.

Farbfeldbibliotheken durchblättern | Durch die vorhandenen Bibliotheken »browsen« Sie mit folgenden Optionen:

- Aus dem Menü wählen: Soll eine im Bibliothek-Bedienfeld angezeigte Farbfeldbibliothek durch eine andere ersetzt werden, rufen Sie die Farbbibliothek mit dem Menü im Bibliothek-Bedienfeld auf.
- Vorherige/nächste Bibliothek laden: Mit den Pfeil-Buttons laden Sie die Bibliotheken der Reihenfolge nach.

Farbfelder aus Bibliotheken übernehmen | Um ein Farbfeld aus einer der Farbfeldbibliotheken in das Farbfelder-Bedienfeld des aktuellen Dokuments zu übernehmen, gibt es mehrere Wege:

- Ein Klick auf ein Farbfeld in einer Farbfeldbibliothek fügt dieses dem Farbfelder-Bedienfeld hinzu.
- Aktivieren Sie die gewünschten Felder in der Bibliothek (s. Abbildung 8.67). Wählen Sie anschließend aus dem Bedienfeldmenü der Farbfeldbibliothek den Menüpunkt Zu Farbfeldern hinzufügen.
- Ziehen Sie das oder die gewünschten Farbfelder aus der Bibliothek in das Farbfelder-Bedienfeld.
- Weisen Sie einem Objekt ein Farbfeld aus der Bibliothek zu. Damit wird dieses automatisch in das Farbfelder-Bedienfeld übernommen.

▲ **Abbildung 8.68**
Umwandlung von Pantone Reflex Blue mit Option Lab (oben); CMYK (unten)

Abbildung 8.69 ▶
Volltonfarbenoptionen

Buchfarben-Optionen | Rufen Sie Volltonfarben... aus dem Menü des Farbfelder-Bedienfelds auf, um zu definieren, wie Buchfarben in Prozessfarben umgerechnet werden.

Wenn Sie Volltonfarben in Prozessfarben umwandeln müssen, sprechen Sie auf jeden Fall mit Ihrem Dienstleister darüber, welche Einstellung unter den gegebenen Umständen vorzuziehen ist.

- Lab-Werte verwenden: Diese Option führt dazu, dass Buchfarben auf Basis der vom Hersteller definierten Lab-Werte anhand der Farbmanagement-Einstellungen in CMYK-Werte umgewandelt werden. Damit erhalten Sie zwar eventuell eine genauere Annäherung an die Volltonfarbe, dies kann jedoch zulasten der Konsistenz der Farbe über mehrere Programme und Anwendungen hinweg geschehen.

▶ CMYK-Werte verwenden: Mit dieser Option wird die Buchfarbe anhand der CMYK-Definition des Herstellers umgewandelt. Diese Option ist häufig vorzuziehen, da mithilfe der Überdruckenvorschau oder der Option Überdrucken simulieren beim Drucken von Fall zu Fall auf die Umwandlung mithilfe der Lab-Werte zurückgegriffen werden kann.
Die CMYK-Definition ermitteln die Hersteller auch unter der Maßgabe, so wenige Prozessfarben wie möglich zu mischen.

Farben aus anderen Dokumenten laden | Um Farbfelder aus einer anderen Illustrator-Datei in das aktuelle Dokument zu laden, sind zwei Vorgehensweisen möglich:

▶ Wählen Sie aus dem Bedienfeldmenü des Farbfelder-Bedienfelds den Befehl Farbfeldbibliothek öffnen • Andere Bibliothek… In dem aufgerufenen Öffnen-Dialog wählen Sie die gewünschte Illustrator-Datei aus, deren Farbfelder Sie übernehmen möchten. Alle Farbfelder der anderen Datei werden in einem eigenen Bibliothek-Bedienfeld angezeigt.

▶ Wenn Sie nur einige Farben aus einer anderen Illustration benötigen, kopieren Sie dort die Objekte, denen die gewünschten Farbfelder zugeordnet sind, in die Zwischenablage, und fügen Sie die Objekte ins aktuelle Dokument ein. Dabei werden globale Farbfelder automatisch in das Farbfelder-Bedienfeld eingefügt. Lokale Farbfelder müssen Sie nötigenfalls aus den Farben der Objekte erstellen. Die eingefügten Objekte können Sie nach der Übernahme der Farben löschen.

Haben eingefügte Farbfelder den gleichen Namen, aber eine andere Farbdefinition als Farbfelder im Arbeitsdokument, tritt ein Farbfeld-Konflikt auf. Handelt es sich dabei um Volltonfarben, werden die Farbdefinitionen der aktuellen Datei beibehalten. Bei globalen Prozessfarben erscheint die Dialogbox Farbfeldkonflikt. Sie haben folgende Auswahl:

▶ Farbfelder zusammenfügen: Die Farben des aktuellen Dokuments werden beibehalten.

▶ Farbfelder hinzufügen: Die Farbfelder werden dem Farbfelder-Bedienfeld hinzugefügt, und den Namen wird eine fortlaufende Nummer angehängt.

Farbfeldbibliotheken selbst erstellen | Beim Speichern als Bibliothek werden – mit Ausnahme von Passermarken und Ohne – alle Farbfelder verwendet, die sich im Farbfelder-Bedienfeld befinden. Löschen Sie also zunächst alle Farbfelder, die Sie nicht in der Bibliothek benötigen. Anschließend wählen Sie Farbfeld-

▲ **Abbildung 8.70**
Die Dialogbox Farbfeldkonflikt

Bibliotheken und Benutzerprofile

Der von Illustrator vorgeschlagene Standard-Speicherort für eigene Farbfelder- (sowie Pinsel-, Symbol- und Grafikstil-) Bibliotheken liegt in Ihrem Benutzerordner. Das bedeutet, dass andere Benutzer Ihres Computers diese Bibliotheken nicht verwenden können. Wenn Sie die Bibliotheken anderen Nutzern zugänglich machen möchten, sollten Sie also einen anderen Ort wählen.

▲ **Abbildung 8.71**
Aufrufen benutzerdefinierter Bibliotheken

bibliothek als AI speichern... aus dem Menü des Farbfelder-Bedienfelds.

Speichern Sie die Bibliothek im vorgeschlagenen Standard-Ordner, wird sie in das Farbfeldbibliotheken-Untermenü unter dem Punkt Benutzerdefiniert aufgenommen.

Farbfeldbibliotheken besitzen kein Farbprofil. Wenn Sie Farbfelder in Dokumenten mit einem anderen Dokumentfarbmodus verwenden, werden die Farben konvertiert.

▲ **Abbildung 8.72**
Die Dialogbox Farbfeldaustauschwarnung

Farben in der Creative Suite 5 austauschen | Um Farbfelder zwischen Illustrator, Photoshop und InDesign auszutauschen, müssen Sie die Farbfelder zunächst aus der jeweiligen Applikation exportieren. Wählen Sie dazu aus dem Bedienfeldmenü des Farbfelder-Bedienfelds des entsprechenden Programms den Punkt Farbfelder für den Austausch speichern – in Illustrator wählen Sie Farbfeldbibliothek als ASE speichern.

Verlaufs-, Muster- und Farbtonfelder können nicht in andere Applikationen übernommen werden und sind daher nicht in den Austauschbibliotheken enthalten.

8.8 Interaktive Farbe verwenden

▲ **Abbildung 8.73**
Online-Farbschema-Hilfe:
www.colorschemedesigner.com

Mit der Funktion Live Color – in der deutschen Version Interaktive Farbe – haben Sie zum einen die Möglichkeit, im Farbkreis mit Farbharmonien zu experimentieren, und zum anderen ist die Funktion ein mächtiges Werkzeug zur Veränderung der in der Grafik verwendeten Farben, zum Beispiel können Sie mit wenigen Schritten eine in Prozessfarben aufgebaute Illustration für den Zweifarbendruck modifizieren. Live Color erinnert an die seit einigen Jahren im Web verbreiteten Farbharmonie-Werkzeuge.

8.8.1 Farbharmonien in Farbgruppen bearbeiten

Der BEARBEITEN-Part der Funktion INTERAKTIVE FARBE dient vor allem zur Detail-Anpassung von Farbgruppen.

Interaktive Farbe im Modus »Bearbeiten« anzeigen | Um Farbgruppen zu bearbeiten, deaktivieren Sie alle Objekte und verwenden eine der folgenden Methoden, LIVE COLOR aufzurufen:
- mit einem Doppelklick auf das Ordnersymbol einer Farbgruppe im Farbfelder-Bedienfeld
- durch Anklicken des Buttons FARBGRUPPE BEARBEITEN ODER ANWENDEN im Farbfelder-Bedienfeld (dieser erscheint nur, wenn eine Farbgruppe aktiviert ist)
- durch Anklicken des Buttons FARBEN BEARBEITEN ODER ANWENDEN im Farbhilfe-Bedienfeld

Funktionsmodi | INTERAKTIVE FARBE besitzt zwei Bereiche: BEARBEITEN und ZUWEISEN (s. Abschnitt 8.8.2). Ist nichts auf der Zeichenfläche ausgewählt, wird nur BEARBEITEN angeboten.

▲ **Abbildung 8.74**
Der Button FARBGRUPPE BEARBEITEN ODER ANWENDEN

▲ **Abbildung 8.75**
Die Basisfarbe ist mit einem größeren Kreis gekennzeichnet.

◂ **Abbildung 8.76**
Die Dialogbox INTERAKTIVE FARBE im Modus BEARBEITEN: Basisfarbe ❶, aktive Farben ❷, Farbrad ❸, Menü HARMONIEREGELN ❹, Name der aktiven Farbgruppe ❺, Verwalten von Farbgruppen: ÄNDERUNGEN SPEICHERN, NEUE FARBGRUPPE, FARBGRUPPE LÖSCHEN ❻, Farbgruppen des Dokuments ❼, Farbgruppenspeicher ein- und ausblenden ❽, Anzeigeart des Farbrads: GEGLÄTTET, SEGMENTIERT, FARBKONTROLLSTREIFEN ❾, Button FARBWÄHLER ❿, Farbregler für ausgewählte Farbe bzw. globale Einstellungsregler ⓫, Auswahl des Modus der Farbanpassungsregler bzw. Umschalten auf globale Farbeinstellung ⓮, Wechsel der Anzeige zwischen SÄTTIGUNG/FARBTON und HELLIGKEIT/FARBTON ⓬, FARBE HINZUFÜGEN/ENTFERNEN, VERKNÜPFUNG DER HARMONIE AUFHEBEN (in Balkendarstellung: Zufallsgeneratoren) ⓭, Farbfeldbibliothek zur Beschränkung der Farbgruppe auswählen ⓯

Wenn Sie INTERAKTIVE FARBE per Doppelklick auf eine Gruppe aufgerufen haben, werden die zugehörigen Farbfelder automatisch im Feld AKTIVE FARBEN ❷ und der Gruppenname im Feld ❺

8.8 Interaktive Farbe verwenden | **207**

neben dem Harmonieregelmenü ❹ angezeigt. Das Farbrad ❸ zeigt die Farben der ausgewählten Gruppe in den Kreissymbolen. Die Basisfarbe ist mit einem größeren Symbol repräsentiert als die abhängigen Farben.

Gruppe auswählen | Um eine andere Gruppe zu bearbeiten, wählen Sie diese im Farbgruppenspeicher ❼. Verwenden Sie den Button ❽ am Rand, um die Liste ein- und auszublenden.

> **Harmonieregeln – Übersicht**
> Eine Übersicht über die Harmonieregeln finden Sie auf Seite 186.

Harmonieregel auswählen | Möchten Sie die Gruppe mit einer anderen Harmonieregel anhand der Basisfarbe neu zusammenstellen, wählen Sie die Regel im Harmonieregelmenü ❹. Die Anordnung der Farben auf dem Farbrad stellt die zugrundeliegende Regel, also das Verhältnis der Farben zueinander, anschaulich dar.

Farbrad-Darstellung | Für die Darstellung des Farbrads können Sie mit den Buttons ❾ zwischen drei Arten wählen:

> **Übereinanderliegende Farben**
> Wenn Farben im Farbrad übereinanderliegen, wechseln Sie die Darstellungsform zwischen Helligkeit und Sättigung, um auf alle Farben zugreifen zu können.

- ▶ GEGLÄTTETES FARBRAD ⬤: Dies ist die Standardeinstellung, in der jedes einzelne Pixel für eine andere Farbe steht.
- ▶ SEGMENTIERTES FARBRAD ✻: Das Farbrad wird in zwölf Segmente unterteilt, die jeweils sechs Abstufungen besitzen.
  Nur in den beiden Farbrad-Darstellungen lassen sich der Gruppe Farben hinzufügen.
- ▶ FARBKONTROLLSTREIFEN ▥: Die in der aktuellen Zusammenstellung enthaltenen Farben werden als Balken dargestellt.
  Nur in dieser Darstellungsform können Sie Zufallsoperationen auf die Farbgruppe anwenden.
- ▶ SÄTTIGUNG UND FARBTON ☼/HELLIGKEIT UND FARBTON ☀ AUF FARBRAD ANZEIGEN ⓬: Mit diesem Button wechseln Sie zwischen den beiden Anzeigearten auf dem Farbrad. SÄTTIGUNG UND FARBTON zeigt von der Mitte nach außen jeweils Variationen der Sättigung einer Farbe, die Helligkeit bleibt konstant. HELLIGKEIT UND FARBTON zeigt von innen nach außen Variationen der Helligkeit mit konstanter Sättigung. Mit dem Schieberegler steuern Sie die Helligkeit, falls SÄTTIGUNG/FARBTON aktiv ist bzw. die Sättigung, falls HELLIGKEIT/FARBTON aktiv ist. Bewegen Sie den Cursor über den Regler, dann zeigt die QuickInfo an, welchen Wert Sie einstellen können.

Farbgruppen bearbeiten | Klicken und ziehen Sie eine Farbe im **Farbrad**, um sie neu zu definieren. Solange die Farben in der Gruppe miteinander verbunden sind, bewegen sich alle Farben der Gruppe entsprechend der Harmonieregel. Alternativ aktivieren Sie eine Farbe, indem Sie auf ihr Kreissymbol klicken, und

▲ **Abbildung 8.77**
Aufrufen des Farbspektrums

stellen Sie sie mithilfe der Farbregler ⑪ unter dem Farbrad ein. Wählen Sie aus dem Menü ⑭ den Farbraum, in dem Sie die Einstellung vornehmen möchten. Zu den Symbolen 🎲 und ⚠ s. Abschnitt 8.4.3. Oder doppelklicken Sie auf eine Farbe, um die Änderung im Farbwähler durchzuführen (siehe Abschnitt 8.4).

Halten Sie den Cursor in der **Balkendarstellung** über einem Balken, erscheint ein kleines Symbol rechts unten im Balken. Klicken Sie darauf, um ein Farbspektrum aufzurufen und in diesem die Farbe neu einzustellen.

Um alle Farben einer Gruppe synchron zu bearbeiten, wählen Sie GLOBALE ANPASSUNG aus dem Menü ⑭. Mit den Reglern passen Sie Sättigung, Helligkeit, Farbtemperatur und Luminanz an.

▲ **Abbildung 8.78**
Regler zur globalen Anpassung der Farben

Beziehungen in Farbgruppen bearbeiten | Die Funktionsbuttons haben folgende Auswirkungen:

- VERKNÜPFUNG DER HARMONISCHEN FARBEN: Sollen einzelne Farben der Gruppe unabhängig von anderen bearbeitet werden, heben Sie die Verknüpfung auf, indem Sie auf das Symbol VERKNÜPFUNG AUFHEBEN klicken. Um die Verbindung wieder herzustellen, klicken Sie auf FARBEN VERKNÜPFEN.
- FARBE HINZUFÜGEN (nur in Farbrad-Darstellung): Mit diesem Tool fügen Sie der Gruppe eine Farbe hinzu. Wählen Sie zunächst das Werkzeug, und klicken Sie damit anschließend auf die gewünschte Farbe im Farbrad.
- FARBE ENTFERNEN (nur in Farbrad-Darstellung): Wählen Sie dieses Werkzeug, um eine Farbe durch Anklicken im Farbrad zu löschen. Eine Hervorhebung beim Überfahren mit dem Werkzeug zeigt die jeweils betroffene Farbe an.

▲ **Abbildung 8.79**
Verknüpfte Farben können nur entsprechend der Harmonieregel verändert werden.

Einschränken der Farbauswahl | Wählen Sie einen Eintrag aus dem Menü BESCHRÄNKT AUF FARBEN IN FARBBIBLIOTHEK ⑮, um die Auswahl der Farben darauf einzuschränken, z. B. eine Pantone- oder HKS-Bibliothek. Die Darstellung des Farbrads ändert sich entsprechend, und der Name der ausgewählten Bibliothek wird über dem Menü eingeblendet. Um diese Einstellung wieder aufzuheben, wählen Sie OHNE.

▲ **Abbildung 8.80**
Hervorheben einer Farbe vor dem Entfernen

Farbgruppen speichern und verwalten | Aus LIVE COLOR heraus haben Sie Zugriff auf die Farbgruppen im Farbfelder-Bedienfeld:

- ÄNDERUNGEN AN FARBGRUPPE SPEICHERN: Ihre Modifikation wird in die bestehende Farbgruppe gesichert.
- NEUE FARBGRUPPE: Erstellen Sie eine neue Farbgruppe aus den im Farbrad angezeigten Farben – bestehende Farbgruppen bleiben intakt.

▲ **Abbildung 8.81**
Darstellung des Farbrads mit Einschränkung auf die HKS-K-Bibliothek

Symbole vorher kopieren

Anders als Verläufe oder Musterfelder werden Symbole direkt editiert und verändert. Um die Version mit den Originalfarben zu erhalten, sollten Sie vor dem Editieren eine Kopie des Symbols erstellen. Mehr zu Symbolen finden Sie in Abschnitt 16.2.

▲ **Abbildung 8.82**
Damit Sie die Farben besser beurteilen können, blendet Illustrator die Pfade automatisch aus (rechts).

Mit Zuweisen experimentieren

Nehmen Sie sich ausreichend Zeit, um alle Optionen der Zuweisen-Funktion von Interaktive Farbe gründlich kennenzulernen.

Abbildung 8.83 ▶
Dialogbox Interaktive Farbe im Modus Zuweisen: Farbänderungsvorgaben ❶, Umschalten in den Modus Bearbeiten ❷, Spalte Aktuelle Farben ❸, Farbreduktionsoptionen ❹, Spalte Neu ❺, Begrenzung der Farbanzahl ❻, Aufnehmen der Farben aus der ausgewählten Grafik ❼, Sortierung der neuen Farben ändern ❽, Auswahl der Einfärbemethode ❾, Buttons zum Zusammenfassen der Farben ❿, Option Färben ⓫, Zufallsgenerator und Anzeige der ursprünglichen Farben ⓬, Menüauswahl Farbmodus für Farbregler ⓭, Menüauswahl Farbbibliothek ⓮

▶ Farbgruppe löschen 🗑: Löschen Sie die aktivierte Farbgruppe (auch aus dem Farbfelder-Bedienfeld).

8.8.2 Farben in Objekten ändern

Mit der Funktion Interaktive Farbe können Sie die Farben von Objekten auf der Zeichenfläche ändern, unabhängig davon, welche (und ob überhaupt) Farbfelder definiert sind.

Sie können Farben in Verläufen, Verlaufsgittern, Mustern und Symbolen ändern. Die geänderten Verläufe und Musterfelder werden als neue Farbfelder abgelegt.

Interaktive Farbe im Modus »Zuweisen« anzeigen | Aktivieren Sie die Objekte, die Sie umfärben möchten, und wählen Sie:

▶ Verwenden Sie das Menü Bearbeiten • Farbe bearbeiten • Bildmaterial neu färben… Anders als der Name des Befehls suggeriert, kann jedoch keine Pixelgrafik bearbeitet werden.

▶ Klicken Sie auf den Button Farben bearbeiten oder anwenden im Farbhilfe-Bedienfeld oder im Steuerungsbedienfeld.

Klicken Sie anschließend auf Zuweisen, falls der Modus nicht automatisch gewählt wurde. Illustrator blendet die Objektpfade aus und behält nur die Anzeige des Begrenzungsrahmens bei.

Die in Ihrer Grafik enthaltenen Farben werden in der Spalte AKTU-ELLE FARBEN ❸ angezeigt. Daneben – in der Spalte NEU ❺ – sehen Sie die Liste der neuen Farben. Eine neue Farbe ersetzt jeweils die aktuellen Farben derselben Reihe, wenn beide mit dem Pfeil → verbunden sind. Ist in der Spalte NEU keine Farbe angelegt, bleibt die aktuelle Farbe unverändert erhalten.

Die Sortierreihenfolge der aktuellen Farben erfolgt wahlweise nach Farbton oder Helligkeit. Dies bestimmen Sie in den FARBRE-DUKTIONSOPTIONEN ❹. Die Sortierung der neuen Farben können Sie mit dem Sortierungsmenü ❽ – unabhängig von den aktuellen Farben – ändern.

Haben Sie INTERAKTIVE FARBE über das Farbhilfe-Bedienfeld aufgerufen, listet die Spalte NEU die Farben aus der in der Farbhilfe aktuell eingestellten Farbgruppe auf. Wählen Sie diesen Weg, wenn Sie ein komplett neues Farbschema anwenden möchten.

Die Option FÄRBEN ⓫ aktivieren Sie, damit Ihre Einstellungen an der Grafik auf der Zeichenfläche angewandt werden. Deaktivieren Sie die Option, bevor Sie auf OK klicken, werden die Veränderungen nur an Farbgruppen durchgeführt und die Grafik bleibt unangetastet.

Umfärben | Um die Zuordnung der aktuellen und neuen Farben zu ändern, haben Sie folgende Möglichkeiten:
▶ Wählen Sie eine andere Harmonieregel aus dem Menü.
▶ Wechseln Sie in den Modus BEARBEITEN, und editieren Sie die Farben im Farbrad (siehe Seite 208).
▶ Wählen Sie eine Farbgruppe aus dem Farbgruppenspeicher.
▶ Wählen Sie eine der VORGABEN aus dem Menü ❶.
▶ Reduzieren Sie die Anzahl der FARBEN ❻.
▶ Ändern Sie die Sortierung in der Spalte AKTUELLE FARBEN oder NEU ❽.
▶ Stellen Sie die Farbkombinationen in den Balken der Spalte AKTUELLE FARBEN neu zusammen.
▶ Verwenden Sie die Zufalls-Buttons 🔀 und 🔀 ⓬.
▶ Ändern Sie die Definition der neuen Farben.

Farben reduzieren | Um die Anzahl der verwendeten Farben in Ihrer Grafik zu reduzieren, wählen Sie aus dem Menü FARBEN ❻ die gewünschte Menge aus oder geben eine Zahl direkt in das Feld ein. Eine Reduzierung tritt auch auf, wenn Sie eine Farbgruppe auswählen, die weniger Farben enthält als die Grafik.

INTERAKTIVE FARBE fasst in diesem Fall automatisch Farben in den Farbzeilen zusammen (die Zusammenfassung erfolgt auf der Basis interner Kriterien), die einer neuen Farbe zugewiesen wer-

> **Inhalt der Spalte »Neu«**
>
> Anders als beim Aufrufen über die Farbhilfe listet die Spalte NEU die aktuellen Farben der Grafik auf, wenn Sie LIVE COLOR über das Menü oder das Steuerungsbedienfeld aufrufen.

▲ **Abbildung 8.84**
Zuordnung neuer zu aktuellen Farben: (Von oben) keine Veränderung; jeweils mehrere aktuelle Farben werden zu einer neuen Farbe; Tonwertabstufungen oder Variationen der neuen Farben bilden verschiedene aktuelle Farben ab; es sind keine neuen Farben zugeordnet.

> **Live Color ist nicht »live«!**
>
> LIVE COLOR (INTERAKTIVE FARBE) ist nicht auf die gleiche Weise live (interaktiv) wie andere Funktionen mit diesem Namensbestandteil (Abpausen, Malen, Effekte), denn sobald Sie die Dialogbox mit OK bestätigt haben, wird die Grafik umgefärbt. Dies können Sie nur widerrufen. Zu einem späteren Zeitpunkt lassen sich die Optionen nicht verändern.

den. Sie können die Zusammenstellungen entweder mithilfe der Sortierung der aktuellen Farben oder durch Klicken und Ziehen der Farben auf einen anderen Balken ändern.

Mit der Einstellung FÄRBUNGSMETHODE in den FARBREDUKTIONSOPTIONEN ❹ oder im Menü ❾ müssen Sie anschließend wählen, wie der zwischen den aktuellen Farben vorhandene Farb- oder Tonwertunterschied mit der neuen Farbe umgesetzt werden soll.

Sollen Schwarz, Weiß und Grau umgefärbt werden, müssen Sie dies in den FARBREDUKTIONSOPTIONEN ❹ einstellen.

▲ **Abbildung 8.85**
Ausgangsbild (links), Ergebnis (rechts), Umwandlungsregel (Mitte): Mehrere Farben im linken Balken werden zusammengefasst. Die Balken der neuen Farben zeigen zweigeteilt oben die exakte Farbe, unten die Abstufungen, die durch die Einfärbemethode entstehen. Der Pfeil zeigt an, dass eine Umwandlung vorgenommen wird.

Sortierung der neuen Farben | Durch einen Klick auf den Button in der Spalte NEU ❽ rufen Sie das Sortierungsmenü auf. Eine Änderung der Sortierung der Farben verursacht eine neue Zuordnung von aktuellen zu neuen Farben.

▼ **Abbildung 8.86**
Änderung der Sortierung von HELLIGKEIT – DUNKEL ZU HELL (Mitte) auf HELLIGKEIT – VON HELL ZU DUNKEL (rechts)

Beim Zuweisen einer Farbharmonie oder einer Farbgruppe bleibt die Reihenfolge der Farben darin vorerst erhalten. Damit das Ergebnis dem Original möglichst nahekommt, sollten Farb- oder zumindest Helligkeitswerte einander entsprechen. Passen Sie dazu die Reihenfolge von aktuellen und neuen Farben aneinander an.

Mit dem Zufallsprinzip arbeiten | Um schnell und unkompliziert verschiedene Möglichkeiten mit der eingestellten neuen Farbgruppe zu testen, verwenden Sie die Zufallsfunktionen ⓬.
- FARBREIHENFOLGE BELIEBIG ÄNDERN: Vertauscht die Reihenfolge der neuen Farben (ohne eine Gesetzmäßigkeit).
- SÄTTIGUNG UND HELLIGKEIT WERDEN ZUFÄLLIG GEÄNDERT: Dies betrifft alle neuen Farben außer der Basisfarbe.

Aktuelle Farben auswählen | Um Optionen für einzelne Farben in den Farbzeilen »manuell« zu setzen, müssen Sie diese auswählen. Klicken Sie auf eine Farbe, um sie zu aktivieren. Die Aktivierung wird mit einem Rahmen dargestellt. Verwenden Sie ⇧, um nebeneinanderliegende, oder ⌘/Strg, um einzelne weitere Farben auszuwählen.

Farben verschieben | Illustrator sortiert aktuelle zu neuen Farben nach rein rechnerischen Kriterien. Es ist eher unwahrscheinlich, dass diese Zuordnung Ihnen auf Anhieb zusagt. Sie können die Farben jedoch durch Klicken und Ziehen manuell umsortieren.

Um eine einzelne aktuelle Farbe in eine bestehende andere Zeile zu integrieren, wählen Sie sie aus und ziehen sie an die gewünschte Stelle.

Farbzeile verschieben | Soll eine komplette Farbzeile in eine andere Zeile integriert werden, bewegen Sie die Maus links neben das Farbfeld und klicken und ziehen die Zeile mit dem Button.

Farbzeile hinzufügen | Benötigen Sie eine neue Zeile, um Farben aus anderen Zeilen herauszulösen, dann verwenden Sie den Button NEUE ZEILE, um eine leere Zeile zu generieren. Diese wird immer unterhalb der letzten Zeile angelegt, und es ist zunächst keine neue Farbe zugeordnet.

Farben in neuer Zeile zusammenfassen | Sollen aus mehreren Zeilen einzelne Farben herausgelöst und in einer neuen Zeile kombiniert werden, aktivieren Sie die einzelnen Farben und klicken auf den Button FARBEN ZU EINER ZEILE ZUSAMMENFÜGEN.

▲ **Abbildung 8.87**
Farbreihenfolge beliebig ändern (oben), Sättigung und Helligkeit zufällig ändern (unten)

▲ **Abbildung 8.88**
Kennzeichnung der Basisfarbe der AKTUELLEN FARBEN

◄ **Abbildung 8.89**
Manuelles Verschieben einer Farbe auf eine andere Farbzeile

Rückgängig nicht möglich

Planen Sie sorgfältig, ob Sie Farben separieren, verschieben, in einer neuen Farbzeile zusammenfassen oder eine leere Zeile erstellen (siehe »Farbe in der Spalte ›Neu‹ anlegen« auf der folgenden Seite).

▲ **Abbildung 8.90**
Neue Farbzeile (unten) – von der Farbe Weiß ist sie durch die graue Umrandung zu unterscheiden.

Es entsteht eine neue Zeile unterhalb der definierten Farbreihen, d. h. der Zeilen, denen eine neue Farbe zugewiesen ist.

Der erstellten Zeile ist zunächst keine neue Farbe zugewiesen – die neue Farbe müssen Sie anschließend anlegen.

Abbildung 8.91 ▶
FARBEN ZU EINER ZEILE ZUSAMMENFÜGEN: Die neue Zeile wird unterhalb der definierten Farbzeilen angelegt. Da keine neue Farbe zugewiesen ist, bleiben die aktuellen Farben zunächst erhalten.

Farben separieren | Um einzelne oder mehrere Farben aus einer Farbzeile herauszulösen und dafür jeweils eine eigene Zeile anzulegen, aktivieren Sie die Farben und verwenden den Befehl FARBEN AUF MEHRERE ZEILEN AUFTEILEN ▯▯▯. Auch diese Zeilen werden unterhalb der definierten Farbzeilen angelegt und erhalten zunächst keine neue Farbe.

Farbe in der Spalte »Neu« anlegen | Nachdem Sie Farben aus Zeilen herausgelöst oder neu kombiniert haben, kann es sein, dass die Anzahl der Farben in der ausgewählten Farbgruppe nicht ausreicht, um für alle Zeilen eine neue Farbe zur Verfügung zu stellen. Klicken Sie in eine leere Zeile der Spalte NEU und bestätigen Sie die daraufhin erscheinende Dialogbox, dann wird eine neue Farbe in der obersten freien Zeile der Spalte NEU angelegt.

Abbildung 8.92 ▶
So fügen Sie einer aktuellen Harmonie eine Farbe hinzu: Auch wenn Sie in eine andere Reihe klicken (links), die Farbe wird immer an der ersten freien Stelle angelegt (rechts).

Legen Sie Zeilen, die Sie mit neuen Farben versehen möchten, vorzugsweise oberhalb von Schwarz und Weiß an, z. B. mit FARBEN AUF MEHRERE ZEILEN AUFTEILEN ▯▯▯.

Neue Farbe einstellen | Möchten Sie die Definition einer Farbe in der Spalte NEU ändern, haben Sie folgende Möglichkeiten:
▶ Aktivieren Sie die Farbe, und stellen Sie sie mit den Reglern ein. Wählen Sie einen Farbmodus aus dem Menü ▭.

- Um zwei neue Farben gegeneinander auszutauschen, klicken und ziehen Sie eine Farbe auf die andere (s. Abbildung 8.93).
- Möchten Sie eine der aktuellen Farben als neue Farbe verwenden, klicken und ziehen Sie sie aus der Farbzeile auf die neue Farbe, die Sie ersetzen möchten.
- Aktivieren Sie die neue Farbe, und wechseln Sie in den Modus BEARBEITEN. Im Farbrad ist die Farbe hervorgehoben, und Sie können sie verschieben. Wenn Sie nur die eine Farbe verändern möchten und nicht die komplette Harmonie, denken Sie daran, die Verknüpfung der harmonischen Farben zu lösen.
- Doppelklicken Sie auf die Farbe, und stellen Sie die gewünschte Änderung im Farbwähler ein, oder wählen Sie eine Farbe aus den Farbfeldern des Dokuments.

▲ **Abbildung 8.93**
Vertauschen zweier Farben in der Spalte Neu (oben: Grafik – aktuelle Farben, vor und nach Farbtausch)

Einschränkung der Farbwahl auf Bibliotheken | Eine Einschränkung der neuen Farben auf bestimmte Farbbibliotheken nehmen Sie entweder bei AUF BIBLIOTHEK BESCHRÄNKEN, nach der Auswahl einer Vorgabe im Menü oder in der Dialogbox FARBREDUKTIONSOPTIONEN vor.

Die Option AUF BIBLIOTHEK BESCHRÄNKEN lässt sich einsetzen, um zu einer Farbe den nächstliegenden HKS- oder Pantone-Wert zu ermitteln. Beachten Sie, dass das Ergebnis von Ihrer Einstellung in den VOLLTONFARBENOPTIONEN abhängt (s. Abschnitt 8.7).

▲ **Abbildung 8.94**
Auswahl einer Farbbibliothek zu einer Vorgabe

Aktuelle Farben einstellen | Möchten Sie zu einem späteren Zeitpunkt wieder die ursprünglichen Farben der Grafik in die Spalte NEU aufnehmen, verwenden Sie den Button FARBEN AUS AUSGEWÄHLTEM BILDMATERIAL ERFASSEN.

Farben oder Farbzeilen vom Umfärben ausschließen | Wenn Sie eine Farbe nicht verändern möchten, aktivieren Sie diese Farbe und klicken auf den Button AUSGEWÄHLTE FARBEN WERDEN AUSGESCHLOSSEN. Es ist möglich, den Befehl gleichzeitig auf mehrere ausgewählte Farben anzuwenden.

Soll eine ganze Farbzeile nicht umgefärbt werden, klicken Sie auf den Pfeil ➜, der die aktuelle und die neue Farbe verbindet. Der Pfeil wird zu einem Strich – klicken Sie auf diesen, um das Umfärben wieder zu aktivieren.

Farbreduktionsoptionen/Optionen für neues Färben | Die Umwandlung der Farben können Sie mit Einstellungen steuern, die teilweise global und zum Teil nur auf einzelne Farben oder Farbreihen angewendet werden. Die Einstellungen nehmen Sie einzeln über Buttons und Menüs in der Dialogbox INTERAKTIVE FARBE

▲ **Abbildung 8.95**
Die ausgewählte Farbe (links) wird vom Umfärben ausgeschlossen: Sie wurde in eine neue Zeile unten angefügt. In der Spalte NEU wurde in diesem Fall ebenfalls eine neue Farbe angelegt, da die ausgewählte Farbgruppe weitere Farben enthielt (oben: Grafik – aktuelle Farben, vor und nach dem Ausschließen).

8.8 Interaktive Farbe verwenden | **215**

▲ **Abbildung 8.96**
Die Dialogbox FARBREDUKTIONS-OPTIONEN/OPTIONEN FÜR NEUES FÄRBEN

▲ **Abbildung 8.97**
Die Reduzierungsvorgaben im Menü

▲ **Abbildung 8.98**
Anzeige der ausgewählten Bibliothek

▼ **Abbildung 8.99**
Reduzierung auf eine Farbe, Schwarz und Weiß werden nicht verändert; Färbungsmethode (von links nach rechts): ORIGINAL, EXAKT, FARBTÖNE BEIBEHALTEN, FARBTÖNE SKALIEREN, FARBTÖNE/SCHATTIERUNGEN, FARBTON-VERSCHIEBUNG.

oder global für alle Farben in den FARBREDUKTIONSOPTIONEN vor. Diese rufen Sie mit dem Button 🔳 auf.

Ihre Optionen werden erst beim Schließen der FARBREDUKTIONSOPTIONEN in die Vorschau der Grafik übernommen. Die Farbzeilen reflektieren jedoch Ihre Einstellungen sofort.

▶ VORGABE: In dieser Liste finden Sie eine Reihe von typischen Farbreduzierungseinstellungen, z. B. auf ein bis drei Farben, zusammen mit passenden weiteren Optionen. Diese können Sie unverändert oder als Anhaltspunkt für die Arbeit mit LIVE COLOR übernehmen. Sobald Sie einzelne Parameter ändern, wechselt die Bezeichnung im Menü zu BENUTZERDEFINIERT.
Alternativ finden Sie diese Vorgaben im Hauptmenü unter BEARBEITEN • FARBEN BEARBEITEN • MIT VORGABE NEU FÄRBEN.

▶ FARBEN: Hier bestimmen Sie die Anzahl der Farben. Die Einstellung finden Sie auch direkt in der Dialogbox INTERAKTIVE FARBE im gleichnamigen Menü.

▶ AUF BIBLIOTHEK BESCHRÄNKEN: Wählen Sie eine Farbbibliothek, auf die die Auswahl der neuen Farben eingeschränkt werden soll. Wenn Sie hier eine Schmuckfarben-Bibliothek auswählen, verwenden Sie nicht die Färbungsmethode FARBTÖNE/SCHATTIERUNGEN oder FARBTON-VERSCHIEBUNG. (Illustrator lässt deren Kombination mit Schmuckfarben-Bibliotheken leider ohne Warnung zu.)
Die ausgewählte Bibliothek wird angezeigt (Abb. 8.98). Mit dem Button 🔳 lässt sich die Auswahl ebenfalls durchführen.

▶ SORTIEREN: Durch SORTIEREN bestimmen Sie die Reihenfolge der Farben in der Spalte AKTUELLE FARBEN. Sie können die Reihenfolge nach Farbton oder Helligkeit einrichten. Mit Ihrer Auswahl beeinflussen Sie die Umwandlung der Farben.

▶ FÄRBUNGSMETHODE/EINFÄRBE-METHODE: Legen Sie fest, wie die Farben in einer Reihe durch die jeweils zugeordnete neue Farbe repräsentiert werden. Sie können für jede Reihe eine unterschiedliche Methode wählen.
Soll einer Reihe eine abweichende Methode zugewiesen werden, bewegen Sie die Maus über die Reihe und klicken auf den Pfeil, der rechts neben dem Farbfeld in der Spalte NEU erscheint. Deaktivieren Sie die Option AUF ALLE ANWENDEN.

- **Exakt:** Die neue Farbe wird exakt, nicht abgestuft, angewandt. Damit ist in der Regel der Verlust von Helligkeits- oder Farbunterschieden verbunden.
- **Farbtöne beibehalten:** Wurden in der aktuellen Version der Grafik Tonwertabstufungen verwendet – wie es häufig der Fall ist, wenn globale oder Volltonfarben eingesetzt sind –, werden diese bei der Umsetzung in die neuen Farben exakt erhalten. Diese Einstellung kann zu Zeichnungsverlusten führen, wenn die neue Farbe heller ist als die dunkelste aktuelle Farbe einer Reihe.
- **Farbtöne skalieren** (Standardeinstellung): Die dunkelste aktuelle Farbe einer Reihe wird durch die neue Farbe ersetzt. Alle anderen Farben dieser Reihe erhalten eine neu berechnete Tonwertabstufung der neuen Farbe.
- **Farbtöne/Schattierungen** (nur wenn Volltonfarben nicht erhalten werden): Mit dieser Option wird in einer Reihe zunächst die Farbe mit der mittleren Helligkeit gesucht. Diese Farbe wird durch die »reine« neue Farbe ersetzt. Hellere Farben in der Reihe erhalten Abstufungen der neuen Farbe, bei dunkleren Farben wird Schwarz hinzugefügt.
- **Farbton-Verschiebung** (nur wenn Volltonfarben nicht erhalten werden): Zunächst wird die dominante Farbe der Zeile Aktuelle Farben als Basisfarbe für die Konvertierung ermittelt. Diese Basisfarbe wird durch die neue Farbe ersetzt. Die anderen Farben werden entsprechend ihrem Verhältnis zur Basisfarbe in Farbton, Sättigung und Helligkeit verändert.
- **Farbtöne kombinieren:** Verwenden Sie diese Option, um alle Tonwerte einer globalen Farbe in einer Reihe zusammenzufassen. Die Zusammenfassung in einer Reihe nimmt Illustrator auch dann vor, wenn keine Reduzierung stattfindet. Die Option eignet sich in Verbindung mit der Färbungsmethode Farbtöne beibehalten.
- **Beibehalten:** Hier sind die Farben aufgelistet, die typischerweise nicht umgewandelt werden – Weiß, Schwarz und Grautöne. Denken Sie daran: Wenn Sie in Verbindung mit der Vorgabe Zweifarbiger Auftrag Grautöne oder Schwarz beibehalten, verwenden Sie drei Druckfarben.

Originalfarbe in der Grafik anzeigen | Besonders bei sehr feinen Farbabstufungen ist es nicht immer möglich, zu erkennen, wo genau in der Grafik eine Farbe vorkommt. Um bestimmte Farben zu finden, verwenden Sie den Button Klicken Sie auf die Farben, um sie im Bildmaterial zu finden . Die bearbeitete Grafik

▲ **Abbildung 8.100**
Auswahl der Färbungsmethode/Einfärbemethode

▲ **Abbildung 8.101**
Farbtöne skalieren (Mitte): Vor allem in den hellen Bereichen geht Zeichnung verloren – mit Farbtöne beibehalten (unten) geschieht dies in den dunklen Bereichen.

▲ **Abbildung 8.102**
Farbtöne kombinieren: In der mittleren Reihe wurden zusammengehörige Farbtöne gesammelt.

▲ **Abbildung 8.103**
Anzeige »gefundener« Farben vor der insgesamt gedimmten Grafik

▲ **Abbildung 8.104**
Wiederherstellen der Reihenfolge in einer Gruppe

▲ **Abbildung 8.105**
Die Originalgrafik

▲ **Abbildung 8.106**
Nach der Konvertierung sind Bunttöne schmutzig und Schwarz ist bunt.

wird insgesamt auf der Zeichenfläche abgedimmt. Wenn Sie jetzt eine Farbe in der Spalte AKTUELLE FARBEN auswählen, werden nur Objekte hervorgehoben, die mit dieser Farbe versehen sind. Die Anzeige der Ursprungsfarben funktioniert auch, wenn bereits Umwandlungseinstellungen vorgenommen wurden.

Klicken Sie erneut auf den Button, um den Anzeigemodus zu beenden.

Zurücksetzen | Möchten Sie nach umfangreichen Änderungen der Einstellungen wieder zum Ursprungszustand zurückkehren, bleibt Ihnen meist nur, den Dialog INTERAKTIVE FARBE mit dem Button ABBRECHEN zu schließen. Nach geringfügigen Manipulationen kann der Befehl AKTUELLE FARBEN EINSTELLEN manchmal die Farbeinstellungen zurücksetzen.

Haben Sie in der Spalte NEU die Reihenfolge der Farben einer Farbgruppe geändert, dann doppelklicken Sie auf deren Namen im Farbgruppenspeicher (aufgrund der Änderung ist er kursiv dargestellt), um die ursprüngliche Reihenfolge wiederherzustellen. Die Neuzuweisungssymbole ➜ müssen aktiv sein.

Zurückwandeln? | Obwohl die Funktion ein »Interaktiv« im Namen führt, ist sie – anders als von gleichnamigen Funktionen gewohnt – nicht »live«. Sie können also nur mit BEARBEITEN • RÜCKGÄNGIG Ihre Einstellungen »zurückwandeln«. Und dies auch nur, solange es die Rückschritte zulassen.

Schritt für Schritt: Farbmodus umwandeln, Farben reduzieren und Schwarz korrigieren

1 **Erste Schritte**

Öffnen Sie die Datei »Matrosengrafik.ai« von der DVD. Das Design soll für den Druck aufbereitet und die Anzahl der Farben reduziert werden. Darüber hinaus probieren Sie noch einmal, ob es nicht eine interessantere Farbkombination gibt. Das Dokument wurde versehentlich im RGB-Farbmodus angelegt. Wählen Sie DATEI • DOKUMENTFARBMODUS • CMYK-FARBE. Viele Farben sind nun etwas »schmutzig« geworden. Vor allem ist buntes Schwarz in der Datei.

2 **Grafik auswählen und Live Color aufrufen**

Aktivieren Sie alle Objekte der Grafik mit ⌘/Strg+A. Rufen Sie INTERAKTIVE FARBE auf, indem Sie auf den Button im Steuerungsbedienfeld klicken.

3   Eine neue Harmonieregel zuweisen

Experimentieren Sie zunächst mit den Objektfarben, indem Sie alternative Harmonieregeln aus dem Menü auswählen.

Weisen Sie auch andere Farbgruppen aus dem Farbgruppenspeicher zu – und testen Sie erneut die Harmonieregeln.

▲ **Abbildung 8.107**
Von links: Zuweisen einer anderen Farbgruppe, Zuweisen einer anderen Harmonieregel

4   Zurücksetzen

Bevor Sie jetzt die Grafik gezielt auf wenige Farben aus einer vorgegebenen Bibliothek reduzieren, setzen Sie Ihre bisherigen Änderungen zurück. Dazu schließen Sie den Dialog mit einem Klick auf Abbrechen. Die weiteren Schritte müssen Sie noch vorbereiten. Die Grafik soll auf eine Pantone-Farbe und Schwarz reduziert werden.

Damit dies möglichst einfach durchzuführen ist, stellen Sie sich eine entsprechende Farbgruppe zusammen. Es ist bereits eine Farbgruppe »Ergebnisfarben« vorbereitet. In diese Farbgruppe müssen Sie jetzt noch das Farbfeld Schwarz verschieben. Aber Achtung: dieses Schwarz müssen Sie noch korrigieren. Öffnen Sie es mit einem Doppelklick, und stellen Sie seine Definition auf 0/0/0/100 %. Aktivieren Sie die Option Global.

▲ **Abbildung 8.108**
Zusammenstellen der Gruppe und Korrektur von Schwarz

5   Optionen einstellen

Öffnen Sie nun die Dialogbox Bildmaterial neu färben erneut. Rufen Sie die Farbreduktionsoptionen auf. Die Anzahl der Farben sowie die Einschränkung auf die Bibliothek sind hier bereits eingestellt. Stellen Sie darüber hinaus unter Sortieren die Option Farbton vorwärts ein. Damit werden ähnliche Farbtöne in einer Reihe kombiniert. Hier müssen Sie außerdem bestimmen, dass Schwarz umgefärbt werden kann. Dazu deaktivieren Sie das Häkchen vor Schwarz und bestätigen mit OK.

▲ **Abbildung 8.109**
Farbreduktionsoptionen

8.8   Interaktive Farbe verwenden | **219**

▲ **Abbildung 8.110**
Aufrufen der Einfärbeoptionen

6 Neue Farben auswählen

Klicken Sie im FARBGRUPPENSPEICHER auf die Farbgruppe »Ergebnisfarben«. Die Farben werden zugewiesen, und die Darstellung auf der Zeichenfläche sollte bereits weitgehend dem erwarteten Ergebnis entsprechen. Da die Farbtöne exakt erhalten bleiben sollen – vor allem auf den »Tortenstücken« des Diagramms –, klicken Sie auf den kleinen Pfeil rechts der neuen Farbe und wählen die Einfärbemethode FARBTÖNE BEIBEHALTEN. Da es sich bei dem gewählten Pantone-Ton um eine relativ dunkle Farbe handelt, wurde der Kontrast noch einmal verstärkt.

▲ **Abbildung 8.111**
Nach dem Zuweisen der Farbgruppe entspricht das Ergebnis bereits weitgehend den Erwartungen (links). Die Einfärbemethode (Mitte) wird auf FARBTÖNE BEIBEHALTEN umgestellt, sodass vor allem das Diagramm noch kräftiger wird.

7 Schwarz anders behandeln

Um das Schwarz korrekt umzuwandeln, können Sie die Einfärbemethode FARBTÖNE BEIBEHALTEN jedoch nicht gebrauchen, denn das ursprüngliche bunte Schwarz besitzt keinen 100-prozentigen Schwarzanteil und würde demnach das 100-K-Schwarz nicht in voller Farbdeckung erhalten. Gehen Sie daher nun in die Einfärbemethode des schwarzen Farbbalkens, deaktivieren Sie die Option AUF ALLE ANWENDEN, und aktivieren Sie die Einfärbemethode FARBTÖNE SKALIEREN.

Da die Konturfarbe die dunkelste Farbe im Balken ist, funktioniert dies. Wenn Sie sich nicht sicher sind, ob dem so ist, prüfen Sie dies im Farbe-Suchen-Modus (siehe den folgenden Schritt).

▲ **Abbildung 8.112**
Für die neue Farbe Schwarz wird eine andere Einfärbemethode gewählt.

8 Farbe von Armen und Gesicht herausfinden

Die Hauttöne sollen nicht in Blau übersetzt werden, da das zu unnatürlich wirkt. Zunächst finden Sie den Farbton im Balken. Klicken Sie auf den Lupe-Button, um in den Farbe-suchen-

Modus zu gelangen. Nun klicken Sie auf die nahe liegenden Farben, bis Sie die richtige gefunden haben.

▲ **Abbildung 8.113**
Im Farbe-suchen-Modus prüfen Sie noch einmal, ob die Konturfarbe die dunkelste in der Reihe ist (links). Außerdem finden Sie die Hautfarbe heraus (rechts).

9 Farbe durch Verschieben zuweisen

Die ermittelte Farbe verschieben Sie in den anderen Farbbalken, der neu in Schwarz eingefärbt wird. Damit ist das Umfärben erledigt, und Sie können wieder auf die Lupe klicken, um den Farbe-suchen-Modus zu verlassen.

Auf dieselbe Art könnten Sie auch noch die Schuhe des Matrosen umfärben.

▲ **Abbildung 8.114**
Durch Verschieben in einen anderen Balken können Sie neue Farben manuell zuweisen.

▲ **Abbildung 8.115**
So könnte die fertiggestellte Grafik aussehen.

Die Grafik ist jetzt fertiggestellt. Schließen Sie die Dialogbox, indem Sie mit OK bestätigen. Die Originalgrafik sollten Sie aufheben, da INTERAKTIVE FARBE keine Live-Eigenschaft ist.

Wenn Sie ganz sichergehen wollen, rufen Sie nun das Separationenvorschau-Bedienfeld (s. Abschnitt 19.3.12) auf und prüfen, ob Schwarz wirklich nicht mehr bunt ist. Mithilfe des Farbe-Bedienfelds können Sie außerdem nachsehen, welche Farbtöne den einzelnen Objekten zugewiesen wurden. ∎

▲ **Abbildung 8.116**
Prüfen der Farben mit dem Separationenvorschau- und dem Farbe-Bedienfeld

Position der Farbfilter im Menü
Bei diesen Funktionen handelt es sich um die Farbfilter, die mit Version CS3 eine neue Heimat im Menü gefunden haben. In älteren Illustrator-Versionen finden Sie sie unter FILTER • FARB-FILTER.

▲ **Abbildung 8.117**
Die Dialogbox FARBEN EINSTELLEN

Noch mehr Farbbearbeitung
Viel weiter gehende Möglichkeiten haben Sie mit dem Plug-in Phantasm CS (s. Abschnitt 24.2).

▲ **Abbildung 8.118**
Farbfilter FARBEN EINSTELLEN, Original (links)

8.9 Farbfilter

Oft ist es sinnvoll oder notwendig, die Farben mehrerer Objekte gleichzeitig zu beeinflussen oder umzuwandeln, beispielsweise um eine gemeinsame »Farbwelt« zu organisieren. Die darauf spezialisierten Funktionen finden Sie unter BEARBEITEN • FARBEN BEARBEITEN.

8.9.1 Farbbalance einstellen (Farben einstellen)

Wie beim Einsatz von Filtern in der Fotografie gibt Ihnen das Programm mit dieser Funktion weitgehende Einwirkungsmöglichkeiten an die Hand, um die Farbstimmung Ihrer Grafik zu verändern.

Aktivieren Sie mehrere Objekte in Ihrer Grafik, deren Farben Sie einstellen wollen, und rufen Sie unter BEARBEITEN • FARBEN BEARBEITEN • FARBBALANCE EINSTELLEN… die zugehörige Dialogbox auf.

Wählen Sie mit den Kontrollkästchen im unteren Teil der Dialogbox, ob sich die Einstellungen auf die FLÄCHE (Füllung), die KONTUR oder auf beide beziehen sollen.

Wenn Sie die Option VORSCHAU aktivieren, werden die Einstellungen direkt auf die ausgewählten Objekte angewendet.

Die anderen Einstellmöglichkeiten in der Dialogbox ändern sich je nachdem, welchen FARBMODUS Sie in dem gleichnamigen Ausklappmenü anwählen: GRAUSTUFEN, RGB, CMYK oder GLOBAL.

Globale Farben | Bei Objekten, denen eine globale Prozessfarbe oder eine Volltonfarbe als Eigenschaft zugeordnet ist, wird im Ausklappmenü FARBMODUS die Menüauswahl GLOBAL angezeigt. Zwei Möglichkeiten stehen zur Verfügung:

▶ FARBTON: Mit diesem Regler verändern Sie gleichzeitig die Farbintensität aller ausgewählten Objekte.
▶ GLOBALE in LOKALE FARBEN umwandeln: Dazu wählen Sie in dem Ausklappmenü den FARBMODUS aus – je nach Dokumentfarbmodus CMYK oder RGB – und kreuzen die Option KONVERTIEREN an. Nun werden die Regler für die entsprechenden Grundfarben eingeblendet. Anschließend passen Sie mit den Schiebereglern die Farbmischungen gleichmäßig für alle ausgewählten Objekte an. Wenn Sie die Eingabe mit OK beenden, werden die entsprechenden Farben der Objekte in lokale Farben konvertiert, und die Verbindung zu den Farbfeldern ist gekappt.

Lokale Farben | Bei Objekten, die lokale Farben als Eigenschaft aufweisen, verändern Sie mit den Reglern in der Dialogbox gleichzeitig die Anteile der einzelnen Grundfarben in den Farbmischungen aller ausgewählten Objekte. Die Regelungsmöglichkeiten richten sich nach dem Dokumentfarbmodus, entweder Cyan, Magenta, Gelb und Schwarz bei CMYK oder Rot, Grün und Blau bei RGB.

Farbe in Graustufen umwandeln | Wenn Sie farbige Objekte in grau abgestufte umwandeln möchten, wählen Sie in dem Ausklappmenü Farbmodus den Menüpunkt Graustufen aus, aktivieren die Option Konvertieren und passen gegebenenfalls mit dem Regler Schwarz den Grautonwert an. Die Farben sind danach lokal, Verbindungen zu Farbfeldern wurden aufgelöst.

8.9.2 Sättigung erhöhen (Sättigung verändern)

Diesen Filter setzen Sie ein, wenn Sie nur die Sättigung der Farben ausgewählter Objekte verringern oder erhöhen möchten. Geben Sie einen Wert zwischen −100 % und +100 % an, oder verwenden Sie den Schieberegler. Niedrigere Werte verringern die Sättigung, höhere Werte verstärken sie. Die Veränderung wirkt sich sowohl auf die Füllung als auch auf die Kontur aus (zu Sättigung und HSB/HLS-Farbmodell siehe Abschnitt 8.4).

8.9.3 In Graustufen konvertieren

Dieser Befehl konvertiert die Farben der aktiven Objekte in Graustufen, basierend auf ihrem Luminanzwert, also ihrer Helligkeit. Der Befehl wird direkt ohne Einstellmöglichkeit angewendet. Sie können die Funktion auch auf Muster und eingebettete Pixelbilder anwenden.

8.9.4 In CMYK konvertieren, in RGB konvertieren

Abhängig vom Dokumentfarbmodus ist einer der beiden Befehle aktiv – der Filter konvertiert Graustufen in CMYK- bzw. RGB-Farben. Der Filter wird direkt und ohne Dialogbox ausgeführt!

Globale und lokale Farben

Am einfachsten ist es, entweder nur globale oder nur lokale Farben gemeinsam mit Farbfiltern zu bearbeiten. Sollte es doch einmal notwendig sein, globale und lokale Farben gemischt zu editieren, müssen Sie zunächst die globalen Farben in lokale Farben umwandeln, bevor Sie alle gemeinsam einstellen können. Gehen Sie dazu so vor, wie links unter »Globale Farben« beschrieben.

▲ **Abbildung 8.119**
Sättigung verändert

◄ **Abbildung 8.120**
In Graustufen konvertieren

Grauumwandlung besser

Auch wenn Sie nur Farben in graue Tonwerte konvertieren möchten, ist der Filter Farben einstellen dem Graustufen-Filter vorzuziehen, da Sie dort auch gleichzeitig die Helligkeit einstellen können. Einen noch größeren Einfluss auf das Ergebnis haben Sie mit der Funktion Interaktive Farbe.

8.9.5 Horizontal, Vertikal, Vorne -> Hinten angleichen

Diese Filter werden auf mindestens drei Objekte angewendet – die Objekte dürfen *nicht mit globalen* Farben gefüllt sein. Sie erzeugen Farbabstufungen zwischen den Objekten an den Extrempositionen auf der Zeichenfläche in horizontaler bzw. vertikaler Richtung oder in der Stapelreihenfolge und weisen diese Abstufungen den dazwischenliegenden Objekten zu. Die Farben der Konturen bleiben unverändert. Die Filter werden direkt ausgeführt!

Neben der in Abbildung 8.121 demonstrierten Anwendung für kartografische Arbeiten können Sie mit den ANGLEICHEN-Funktionen auch in Einzelflächen konvertierte Verläufe umfärben.

»Verlaufssimulationen«, die aus Einzelobjekten aufgebaut sind, sind zwar selten geworden, da in aktuellen Illustrator-Versionen zu diesem Zweck entweder »richtige« Verläufe, Verlaufsgitter oder Angleichungen eingesetzt werden und diese Dokumente auch in der Regel in dieser Form ausgegeben werden können. In Pinseln finden Sie diese Konstruktion jedoch noch vor, da in Pinseln keine Verläufe erlaubt sind (s. Abschnitt 9.4.10) und Angleichungen umgewandelt werden müssen, bevor Sie den Pinsel erstellen.

▲ **Abbildung 8.121**
Mit den ANGLEICHEN-Filtern lassen sich z. B. in der Kartografie regelmäßige Farbübergänge erstellen (unten). Hier erweist es sich auch als besonders praktisch, dass Konturen nicht angegriffen werden.

▲ **Abbildung 8.122**
Um z. B. in diesem Musterpinsel die eher schmutzige braune Grundfarbe etwas heller zu gestalten, wurden zunächst die betreffenden Elemente umgefärbt, bevor VORNE -> HINTEN ANGLEICHEN zum Einsatz kam.

8.9.6 Farben invertieren

Mit diesem Filter erzeugen Sie ein »Negativ« Ihrer Grafik.

▲ **Abbildung 8.123**
Original, Invertieren

8.9.7 Schwarz überdrucken

Siehe dazu Abschnitt 19.3.4, »Überdrucken«.

9 Flächen und Konturen gestalten

Konturen und Flächen können Sie sehr vielseitig gestalten, und Sie behalten trotzdem die volle Editierbarkeit. Vor allem bei Konturen wurden in Illustrator CS5 mächtige Neuerungen eingeführt.

9.1 Standard-Konturoptionen

Konturen sind Eigenschaften, die der Umriss eines Objekts besitzt, die also in der Regel direkt auf dem Pfad liegen. Konturen definieren sich z.B. durch ihre Farbe (bzw. ein Muster), die Strichstärke oder eine Strichelung.

▲ Abbildung 9.1
Verlaufsgitter wurden für den Körper eingesetzt, Mähne und Schweif sind mit Pinseln gezeichnet.

9.1.1 Kontur-Bedienfeld

Im Kontur-Bedienfeld verwalten Sie die Strichstärke, das Linienmuster, die Ausrichtung der Kontur, die Formen der Enden und der Ecken eines Pfads und neu die Ausrichtung von Strichelungen, Pfeilspitzen und ein Breitenprofil der Kontur.

Um das Kontur-Bedienfeld anzeigen zu lassen, wählen Sie FENSTER • KONTUR – ⌘/Strg+F10 – oder klicken im Dock.

Falls nicht alle Optionen des Bedienfelds dargestellt sind, ändern Sie die Ansicht mit einem Doppelklick auf den Reiter oder über den entsprechenden Befehl im Bedienfeldmenü. Aktivieren Sie das Objekt, und definieren Sie seine Eigenschaften, indem Sie im Kontur-Bedienfeld die gewünschten Werte angeben.

- **STÄRKE:** Legen Sie die Strichstärke numerisch im Eingabefeld fest, oder rufen Sie einen Eintrag aus dem Ausklappmenü auf, das Illustrator am rechten Rand des Felds anbietet. Der Doppelpfeil links neben dem Feld erhöht bzw. reduziert den Eingabewert jeweils um einen Zähler. Die Maßeinheit des Menüs legen Sie in VOREINSTELLUNGEN • EINHEIT – ⌘+⌥+⇧+N bzw. Strg+Alt+⇧+N – fest. Die im Menü gelisteten Werte können Sie nicht konfigurieren.

▲ Abbildung 9.2
Kontur-Bedienfeld mit allen Optionen

9.1 Standard-Konturoptionen | **225**

▲ **Abbildung 9.3**
Konturen werden üblicherweise gleichmäßig beidseitig des Pfads angelegt.

▲ **Abbildung 9.4**
Einstellungen für die Abschlüsse

Hervorstehende Linienenden?

Diese Linien sind nützlich für Zeichnungen aus CAD-Programmen, die häufig als eine Sammlung von Einzelpfaden importiert werden, sowie für die Darstellung von Diagrammachsen. Mit abgeflachten Enden fallen die aufgetrennten Pfade auf (links) – hervorstehende Enden verbergen die Schnitte (rechts).

▲ **Abbildung 9.5**
Ecken-Einstellungen

▲ **Abbildung 9.6**
Die Spitze ist 4,5-mal so lang, wie die Kontur stark ist. Bei einer Gehrungsgrenze unter 4,6 wird die Spitze also abgeflacht.

Wenn Sie die Stärke in einer anderen als der voreingestellten Maßeinheit eingeben möchten, tippen Sie deren Abkürzung (s. Tabelle 1.1 auf S. 22) nach der Zahl ein. Illustrator rechnet den Wert sofort in die Standard-Maßeinheit um.

Achten Sie beim Eingeben eigener Einheiten darauf, dass Sie vorher den kompletten Feldinhalt aktivieren – das erreichen Sie mit einem dreifachen Mausklick in das Feld.

▶ ABSCHLUSS: Mit den Optionsbuttons bestimmen Sie, wie die Linienenden offener Pfade bzw. die Enden der Teillinien einer Strichelung aussehen. Drei Varianten stehen zur Auswahl:

 ▶ ABGEFLACHT : Bei dieser Form wird die Linie direkt am Endpunkt abgeschnitten.

 ▶ ABGERUNDET : Hier wird die Linie am Endpunkt mit dem Radius einer halben Linienstärke gerundet.

 ▶ ÜBERSTEHEND : Das Linienende ist quadratisch und ragt eine halbe Linienstärke über die Endpunkte des Pfads hinaus.

▶ ECKE: Diese Optionsbuttons legen die Form der Ecken eines Pfads fest. Auch wenn es die Anordnung der Buttons nahelegt, müssen Sie Eckenformen nicht zwingend zusammen mit den optisch entsprechenden Linienenden verwenden.
Zwischen folgenden Eckenformen können Sie wählen:

 ▶ GEHRUNGSECKEN : Mit dieser Option werden spitze Ecken an den Eckpunkten eines Pfads erzeugt. Legen Sie in dem Eingabefeld MAX. die Gehrungsgrenze fest (Abbildung 9.6).

 ▶ ABGERUNDETE ECKEN : Die Ecken eines Pfads werden gerundet.

 ▶ ABGEFLACHTE ECKEN : Bei dieser Eckenform wird die Spitze abgeschnitten.

▶ GEHRUNGSGRENZE (MAX.): Diese Eingabe hat nur Auswirkungen auf Gehrungsecken. Pfadecken, denen diese Form zugewiesen ist, werden bei spitzen Winkeln sehr lang. Mit der Gehrungsgrenze legen Sie die Toleranzschwelle fest, ab welcher Länge Illustrator eine Ecke als abgeflachte Ecke ausbilden soll. Bis zu zwei Nachkommastellen sind möglich.

 ▶ Die Ecke wird abgeflacht, wenn die Länge der Ecke den Wert übersteigt, der sich aus der Multiplikation der eingegebenen Gehrungsgrenze mit der Linienstärke ergibt. Je höher der Wert ist, desto spitzer können die Ecken werden, bevor Illustrator die abgeflachte Form anwendet.

▶ KONTUR AUSRICHTEN: Diese Option ist nur bei geschlossenen Pfaden aktiv. Üblicherweise wird in Vektorgrafik-Software die Konturstärke von der Mitte des Pfades nach beiden Seiten angelegt. In Illustrator können Sie bestimmen, ob Sie die Kontur auf die Mitte des Pfads, auf die Innenseite oder auf die Außenseite der Form legen möchten.

Achtung: Wenn Sie eine solche Kontur in eine Fläche umwandeln möchten, verwenden Sie nicht Objekt • Pfad • Konturlinie, denn der Befehl erkennt nur Konturen, die auf der Mitte des Pfads angeordnet sind. Der Menüpunkt Objekt • Aussehen umwandeln setzt dagegen auch komplexere Konturen in Flächen um.

▶ Gestrichelte Linie: Um eine gestrichelte Linie anzulegen, aktivieren Sie diese Option. In den Eingabefeldern darunter definieren Sie jeweils die Länge von Strich und Lücke.
  ▶ Geben Sie nur einen Wert in das erste Feld ein, werden alle Teilstriche und Lücken in dieser Länge erzeugt.
  ▶ Unterschiedliche Strich- und Lückenlängen legen Sie durch entsprechende Werte in den ersten beiden Feldern fest.
  ▶ Da mehrere Wertfeld-Paare hintereinander angeordnet sind, können Sie damit auch kompliziertere Strichelungsarten verwirklichen.
▶ Strichanpassungen an den Ecken: Mit den beiden Buttons richten Sie die Strichelung am Pfad aus.
  ▶ Behält die Länge exakt bei wendet Striche und Lücken in genau der von Ihnen definierten Länge an.
  ▶ Richtet Striche an Ecken und Pfadenden aus gleicht die Strichelungen aller Pfadecken so an, dass sie gleichmäßig aussehen, und passt die Länge der Striche und Lücken dazwischen ein.
▶ Pfeilspitzen: Zu Pfeilspitzen siehe den Abschnitt 9.2.
▶ Profil: Hier wählen Sie aus einer Liste von vorhandenen Breitenprofilen, die durch Bearbeitung von Konturen mit dem Breitenwerkzeug entstehen (s. Abschnitt 9.3).

Haarlinie | Die im Kontur-Bedienfeld nicht verfügbare Konturstärke »Haarlinie« verursacht auf jedem Ausgabegerät eine Kontur in der kleinsten darstellbaren Stärke. Diese Konturen sind im Offsetdruck nicht reproduzierbar, werden jedoch von mancher Plot-Software verwendet, um Pfade zu kennzeichnen, entlang denen geschnitten werden soll. Darüber hinaus können in platzierten oder geöffneten Dokumenten aus anderen Programmen

▲ **Abbildung 9.7**
Konturausrichtung

Gepunktete Linie

Eine punktierte Linie erreichen Sie mit den Optionen Runde Linienenden, Gestrichelte Linie und der Eingabe »0« für den Strich. Wählen Sie die Breite der Lücke mindestens 1,5-mal so groß wie die Linienstärke. Klicken Sie nach der Eingabe der Werte für Strich und Lücke **nicht** in das dritte Feld (neben dem Lücke-Wert), da anderenfalls die Strichelung durcheinandergeraten kann.

▲ **Abbildung 9.8**
Unterschiedliche Strichelungen:
grün: 10 | 3 | 6 | 20 | 3 | 6 Pt
rot: 10 | 3 | 20 | 3 | 3 | 4 Pt
orange: 0 | 34 Pt

◀ **Abbildung 9.9**
Nicht an den Pfadenden und Ecken ausgerichtete (rot) und ausgerichtete (schwarz) gestrichelte Konturen

Konturstärke und Größenanzeige

Ob die Konturstärke bei der Berechnung der Objektgröße berücksichtigt wird, bestimmen Sie mit der Option Vorschaubegrenzungen verwenden unter Voreinstellungen • Allgemein.

▲ **Abbildung 9.10**
Auswählen einer Pfeilspitze im Kontur-Bedienfeld

▲ **Abbildung 9.11**
Mit den neuen, exakt am Pfadende ausgerichteten Pfeilspitzen sind saubere Bemaßungspfeile endlich ohne Umstände möglich.

▲ **Abbildung 9.12**
Als Pfeilspitzen können Sie völlig freie Formen definieren – bestimmte Objekte sind als Pfeilspitzen jedoch nicht funktionsfähig. Daher wandeln Sie am besten alle Objekte um, bevor Sie daraus das Symbol erstellen.

Eigene Pfeilspitzendatei weitergeben?
Eine Datei, in der Sie eigene Pfeilspitzen verwendet haben, ist ohne weiteres druckbar. Soll ein Kollege jedoch weiter gehende Änderungen an den mit Pfeilspitzen versehenen Objekten durchführen, dann geben Sie die Pfeilspitzendatei lieber mit.

Haarlinien enthalten sein. Illustrator zeigt im Kontur-Bedienfeld die Stärke 0 Pt an, wenn eine Haarlinie vorhanden ist.

Die einzige Möglichkeit, in Illustrator Haarlinien zu erzeugen, besteht über die Pathfinder-Funktion Kontur aufteilen.

9.2 Pfeilspitzen

Das Zuweisen von Pfeilspitzen wurde in Illustrator CS5 deutlich vereinfacht – und Sie können eigene Spitzen anlegen.

9.2.1 Pfeilspitzen zuweisen

Aktivieren Sie einen offenen Pfad, und wählen Sie im Kontur-Bedienfeld unter Pfeilspitzen eine Spitze für den Ausgangspunkt oder das Pfadende oder beide aus dem jeweiligen Menü. Anschließend bestimmen Sie die Optionen für beide Spitzen:

- Skalieren: Geben Sie hier die Größe der Pfeilspitze im Verhältnis zur Konturstärke an. Die Größe beider Pfeilspitzen können Sie individuell eingeben oder mit dem Button Verknüpft Skalierung 🔗 aneinander koppeln.
- Ausrichten: Mit den beiden Buttons bestimmen Sie, wo sich die Spitze des Pfeils befindet: genau am Pfadende 🔳 oder darüber hinausgehend 🔳. Für exakte Bemaßungen von Objekten können Sie die Pfeilspitze exakt auf den Endpunkt positionieren.
- Pfeilspitze am Anfang und Ende vertauschen 🔁: Mit diesem Button kehren Sie die Zuordnung der Pfeilspitzen auf dem Pfad um.

9.2.2 Pfeilspitzen selbst erstellen

Eigene Pfeilspitzen definieren Sie in der Datei »Pfeilspitzen.ai«, die sich unter Mac OS im Programmpaket in Ressources/de _ de/Pfeilspitzen.ai und Windows in c:\Programme\Adobe\Adobe Illustrator CS5\Supported Files\Required\Ressources\de _ de\Pfeilspitzen.ai befindet.

Zeichnen Sie die Form der Pfeilspitze – orientieren Sie sich dabei an den vorhandenen Spitzen –, und wandeln Sie die Grafik in ein Symbol um. Achten Sie darauf, in der Pfeilspitzendatei selbst keine Pfeilspitzen anzuwenden; anderenfalls würde die Datei nicht mehr funktionieren.

Speichern Sie diese Datei am besten in den Ordner Zusatzmodule, um künftig einfacher darauf zugreifen zu können. Die Originaldatei im Ressourcenordner des Programms verändern Sie nicht.

9.2.3 Pfeilspitzen in alten Dokumenten

Die in früheren Versionen über den Effekt erstellten Pfeilspitzen bleiben editierbar erhalten. Sobald Sie ein altes Dokument öffnen, greifen Sie über das Aussehen-Bedienfeld auf den Pfeilspitzen-Effekt zu und stellen dort die Optionen ein (Aussehen-Bedienfeld s. Abschnitt 11.5). Eine einfache Migration Ihrer Pfeilspitzen gibt es nicht – wenn Sie sie mit den neuen Möglichkeiten anlegen möchten, müssen Sie sie über das Kontur-Bedienfeld zuweisen.

> **Pfeilspitzen.ai & Kompatibilität**
> Achten Sie darauf, in der Pfeilspitzendatei nicht die Standardspitzen zu löschen. Ältere Dokumente, die diese Spitzen verwenden, benötigen die Formen.

9.3 Variable Konturstärken mit dem Breitenwerkzeug

Das Breitenwerkzeug ist eine der nützlichsten Neuerungen in Version CS5. Damit lassen sich Konturen sehr variabel und intuitiv anpassen, z.B. in Comiczeichnungen, Logos oder typografischen Arbeiten.

9.3.1 Wie funktionieren Breitenprofile?

Mit Breitenprofilen können Sie variable Konturstärken entlang eines einzelnen Pfads realisieren. Dies wird erreicht durch eine Reihe von auf den Pfad platzierten Breitenpunkten, an denen die Konturstärke zu beiden Seiten mit identischen Werten oder asymmetrisch definiert ist. Die Profile sind »objektneutral« – sie werden unabhängig von der Datenstruktur des Pfads (also seinen Punkten und Griffen) als relative Daten gespeichert.

▲ **Abbildung 9.13**
Zeichnungen dieser Art waren früher ein klassisches Anwendungsbeispiel für Bildpinsel – sie lassen sich mit Breitenprofilen jetzt noch bequemer umsetzen.

▲ **Abbildung 9.14**
Pfad mit kontinuierlichen ❶ ❹ und nicht kontinuierlichen ❺ Breitenpunkten und deren Anfassern ❷. Ein Breitenpunkt ❸ ist asymmetrisch angelegt. Gespeichert wird die Position der Breitenpunkte relativ zur Pfadlänge: »Die Breite startet bei 0; etwa auf einem Sechstel der Länge verbreitert sich der Pfad auf 80 %; nach 40 % der Länge um die volle Breite nach rechts und die halbe Breite nach links« etc.

Breitenprofile lassen sich nicht nur auf »normale« Konturen, sondern auch auf Bild- und Musterpinselkonturen anwenden. Die Breitenprofile werden den Pfaden mithilfe des Breitenwerkzeugs

▲ **Abbildung 9.15**
Erstellen eines Breitenpunkts auf einem Pfad – in welche Richtung Sie die Anfasser ziehen müssen, ist davon abhängig, auf welche Seite des Pfads Sie geklickt haben.

▲ **Abbildung 9.16**
Wird an der markierten Stelle ein Breitenpunkt gesetzt, so ergänzt Illustrator automatisch einen weiteren Breitenpunkt auf dem Eckpunkt im linken Beispiel. Dies passiert nicht auf dem Kurvenpfad.

> **Abgerundete Ecken**
>
> Einen Pfad, der ein Breitenprofil besitzt, können Sie auch mit abgerundeten Ecken versehen.

▲ **Abbildung 9.17**
Mit gedrücker ⌥/Alt-Taste können Sie einen Anfasser nur zu einer Seite herausziehen. Weitere Modifikationstasten finden Sie in Tabelle 9.1.

oder bereits gespeicherter Profile bzw. Grafikstile zugewiesen. Breitenprofile können im Workflow in vielen Fällen Kalligrafie- und Bildpinsel ersetzen.

9.3.2 Breitenpunkte anlegen und bearbeiten

Um die Breite von Konturen variabel zu gestalten, verwenden Sie das Breitenwerkzeug.

Breitenpunkte intuitiv anlegen | Bewegen Sie das Breitenwerkzeug – ⇧+W – über den aktivierten oder nicht ausgewählten Pfad an die Stelle, deren Breiten Sie anpassen wollen. Wenn der Cursor zu einem ▸ wechselt, klicken Sie auf den Pfad und ziehen die Anfasser heraus.

Sobald Sie einen Breitenpunkt auf einem Pfad angelegt haben, zeigt das Aussehen-Bedienfeld einen Asterisk – ein Sternchen * – neben der Konturstärke des Objekts an. Die im Aussehen- und im Kontur-Bedienfeld angezeigte STÄRKE entspricht der Stärke an der breitesten Stelle der Kontur.

Nicht kontinuierlichen Breitenpunkt anlegen | Um einen Breitenpunkt zu erstellen, an dem die Konturstärke sich abrupt ändert, verschieben Sie einen Breitenpunkt auf einen seiner Nachbarpunkte.

Breitenpunkte numerisch definieren | Doppelklicken Sie auf den Pfad, um einen neuen Breitenpunkt numerisch zu definieren:

▲ **Abbildung 9.18**
Optionen für kontinuierliche (links) und nicht kontinuierliche (rechts) Breitenpunkte: Bei letzteren lassen sich die Optionen für beide Breiten eingeben.

- BREITENOPTIONEN: Geben Sie entweder Werte für SEITE 1 (in Pfadrichtung links) bzw. SEITE 2 ein, oder ändern Sie die GESAMTBREITE. Bei einer Änderung der GESAMTBREITE passt Illustrator die Werte für SEITE 1 und 2 proportional an.
- ANGRENZENDE BREITENPUNKTE ANPASSEN: Aktivieren Sie diese Option, damit benachbarte Punkte proportional ebenfalls verändert werden.
- NUR EINE BREITE (nur nicht kontinuierliche Breitenpunkte): Wandeln Sie den Punkt in einen kontinuierlichen Breitenpunkt um, indem Sie die Option bei der Breite aktivieren, die erhalten bleiben soll.

- Löschen: Klicken Sie auf Löschen, um den Breitenpunkt zu entfernen.

Breitenpunkte bearbeiten | Sie können entweder den Breitenpunkt selbst oder mithilfe der Anfasser die Breitenoptionen bearbeiten. Bewegen Sie den Cursor des Breitenwerkzeugs über einen bestehenden Breitenpunkt – der Cursor zeigt eine kleine Welle und die Anfasser werden angezeigt:
- Breitenpunkt verschieben: Klicken und ziehen Sie den Punkt auf dem Pfad entlang.
- Breite anpassen: Doppelklicken Sie entweder auf den Punkt, um die numerische Eingabe zu öffnen oder klicken und ziehen Sie die Anfasser.
- Breitenpunkt löschen: Aktivieren Sie den Punkt mit dem Breitenwerkzeug und löschen Sie den Punkt mit ⌫.

▲ **Abbildung 9.19**
Auch auf Bildpinselkonturen können Sie Breitenprofile anwenden (unten), damit können Sie diese Konturen sehr individuell anpassen.

▼ **Tabelle 9.1**
Modifikationsmöglichkeiten beim Erstellen und Bearbeiten von Breitenpunkten

	Ohne Modifikation	⇧	⌥/Alt	⌥/Alt+⇧
Klicken und ziehen der Anfasser	Symmetrische Breitenänderung nur am betreffenden Punkt	Symmetrische Breitenänderung, die auch benachbarte Punkte betrifft	Breitenänderung nur auf der Seite, an der gezogen wird	Breitenänderung für alle Punkte nur auf der Seite, an der gezogen wird
Breitenpunkt auf Pfad verschieben	Verschieben des ausgewählten Punkts – ohne Nachbarpunkte passieren zu können	Verschieben aller Punkte relativ zum ausgewählten Punkt und zum Pfad	Kopieren und Verschieben des ausgewählten Punkts	Kopieren und Verschieben des ausgewählten Punkts und Positionsanpassung der Nachbarpunkte

Den Pfad bearbeiten | Unter bestimmten Umständen fügt Illustrator dem Breitenprofil absolute Positionierungen hinzu (etwa wenn ein Eckpunkt so verschoben wird, dass sich seine Position relativ zur Pfadlänge ändert). In diesem Fall werden Breitenpunkte absolut an bestimmte Ankerpunkte gehängt. Diese absoluten Positionierungsinformationen werden auch aktualisiert, wenn Sie einzelne Punkte löschen oder hinzufügen. Führen Sie jedoch Operationen etwa mit Pathfinder oder dem Radiergummi-Werkzeug durch, können sich Breitenprofile extrem am Pfad verschieben. Daher sollten Sie zunächst den kompletten Pfadverlauf weitestgehend fertigstellen, bevor Sie Breitenprofile anlegen und »finetunen«.

9.3.3 Speichern eines Breitenprofils

Breitenprofile sind Aussehen-Eigenschaften (s. Abschnitt 11.5). Um sie zu einem späteren Zeitpunkt auf weitere Konturen anwenden zu können, haben Sie die Möglichkeit, das Breitenprofil zusammen mit anderen Objekteigenschaften als Grafikstil zu

▲ **Abbildung 9.20**
Durch das Auftrennen des Pfads am markierten Punkt verschieben sich Positionen des Breitenprofils.

▲ **Abbildung 9.21**
Speichern eines Breitenprofils mithilfe des Menüs Variables Breitenprofil

▲ **Abbildung 9.22**
Das Workshop-Ergebnis

▲ **Abbildung 9.23**
Beginnen Sie mit der Breite am Endpunkt.

▲ **Abbildung 9.24**
An dieser Stelle ist es wichtig, den Breitenpunkt genau auf den Eckpunkt zu setzen.

speichern (s. Abschnitt 11.7). Sie können auch nur das Profil zur weiteren Verwendung im Kontur-Bedienfeld speichern. Dazu rufen Sie das Menü Variables Breitenprofil mit einem Klick auf den Pfeil auf. Dann betätigen Sie den Button Zu Profilen hinzufügen unten in diesem Menü. In einer Dialogbox können Sie noch einen Namen eingeben. Das Profil wird programmweit gespeichert.

Profile verwalten | Das aktuell aktivierte Profil löschen Sie mit dem Button Profil löschen 🗑. Mit Profile zurücksetzen ↻ stellen Sie die Voreinstellung wieder her.

9.3.4 Breitenprofil zuweisen

Um einer Kontur ein gespeichertes Breitenprofil zuzuweisen, wählen Sie es aus dem Menü aus. Das Profil verwendet die aktuell zugewiesene Konturstärke als Basis für die Berechnung der relativen Breitenänderungen (s. Abb. 9.21). Wenn Sie die »Kurven« des Profils nicht bemerken, müssen Sie die Konturstärke erhöhen.

Schritt für Schritt: Mit Breitenprofilen arbeiten

Ein Breitenprofil ist ideal, um kalligrafische Striche zu erzeugen. Breitenprofile lasen sich präzise korrigieren, sind nachträglich editierbar, und Sie können sie auch ohne Grafiktablett benutzen.

1 Dreiecksprofil anlegen

Öffnen Sie die Datei »Matrose start.ai« von der DVD – die Nase des Matrosen soll noch eine variable Kontur erhalten. Aktivieren Sie den Pfad – dies ist zwar für die Anwendung des Breitenwerkzeugs nicht nötig, Sie können so aber den Breitenpunkt besser positionieren. Bewegen Sie das Breitenwerkzeug 🖉 auf den Endpunkt am Nasenflügel. Dort klicken und ziehen Sie nach außen, um den Pfad an der Stelle zu verbreitern – falls Sie die intelligenten Hilfslinien aktiviert haben, ziehen Sie bis etwa 3,5 mm.

2 Profil ausarbeiten

An der Stirn muss das Profil jetzt ergänzt werden. Setzen Sie den nächsten Breitenpunkt genau auf den Eckpunkt über dem Auge, und verbreitern Sie die Kontur an dieser Stelle ein wenig. Zusammen mit diesem Breitenpunkt wurde automatisch ein weiterer auf dem Eckpunkt an der Nasenwurzel gesetzt. Zoomen Sie an diese Stelle heran, und bewegen Sie das Breitenwerkzeug über den Punkt, sodass die Anfasser sichtbar werden. Ziehen Sie diese nach außen, um die Kontur an der Stelle auf etwa 1,4 mm zu verbreitern. Achten Sie darauf, keinen neuen Breitenpunkt zu setzen, sondern den vorhandenen zu verwenden, damit die Breite kontinuierlich verändert wird.

▲ Abbildung 9.25
Breite am zweiten Eckpunkt: Wenn Sie versehentlich einen zweiten Breitenpunkt setzen, erhalten Sie eine Stufe (links); verwenden Sie also den vorhandenen Breitenpunkt (Mitte), und gestalten Sie ihn asymmetrisch (rechts).

3 Asymmetrische Breite

An der unteren Seite soll die Kontur etwas schmaler werden – es soll also ein asymmetrischer Breitenpunkt erstellt werden. Halten Sie ⌥/Alt gedrückt, und ziehen Sie den unteren Anfasser wieder etwas in Richtung Mitte, sodass die Kontur auf der Seite etwa 0,4 mm breit ist.

4 Finetunen

Jetzt sehen Sie sich noch die Nasenspitze an und korrigieren gegebenenfalls an der Stelle noch die Breite der Kontur.

▲ Abbildung 9.26
Finetuning der Nasenspitze

9.4 Pinselkonturen

Das Prinzip von Pinseln beruht darauf, Vektorobjekte nach unterschiedlichen Gesetzmäßigkeiten entlang eines Pfads anzuordnen und zu verformen. Pinsel sind somit nicht einfach eine erweiterte Gestaltungsmöglichkeit für Kontureigenschaften, sondern ebenfalls ein Konstruktionswerkzeug.

Pinselspitzen sind nicht an das Pinsel-Werkzeug gebunden, vielmehr kann jeder Vektorpfad eine Pinselspitze als Kontur-Eigenschaft annehmen. Die Pinselspitzen selbst sind normale Vektorobjekte und somit beliebig skalier- und verformbar.

▲ Abbildung 9.27
Viele Objekte sind mit einem Pinsel einfach konstruiert.

> **Dokumentprofil und Pinsel**
>
> Je nach Dokumentprofil (Druck, Web, Video) ist das Pinsel-Bedienfeld mit unterschiedlichen Pinseln »bestückt«. Es sind nicht immer Beispielpinsel für alle fünf Pinselarten vorhanden, teilweise müssen sie aus einer der Pinsel-Bibliotheken übernommen werden, die mit dem Programm geliefert werden (s. Abschnitt 9.4.8).

9.4.1 Pinsel-Bedienfeld

Im Pinsel-Bedienfeld verwalten Sie die Pinsel für das aktuelle Dokument, wählen Pinselspitzen für das Pinsel-Werkzeug aus und weisen Pfaden Pinselspitzen als Kontur-Eigenschaft zu. Das Bedienfeld rufen Sie mit Fenster • Pinsel auf – [F5], im Dock.

Miniaturansicht oder Liste | Sie können im Bedienfeldmenü zwischen zwei Anzeigemodi wählen:
- In der Miniaturansicht sind die Pinselformen gut zu erkennen.
- Die Listenansicht weist auch den Namen der Pinsel und die Kennzeichnung für die Pinselart auf.

Pinselarten | Illustrator kennt fünf Pinselarten: Bildpinsel, Spezialpinsel, Musterpinsel, Kalligrafiepinsel (s. Abschnitt 7.1.3) und Borstenpinsel (s. Abschnitt 7.2).

Anzeigeoptionen | Um im Bedienfeld eine bessere Übersicht zu behalten, besteht die Möglichkeit, die Anzeige zu beschränken.
- **Nur bestimmte Pinselarten anzeigen:** Wählen Sie die Pinselarten aus, die Sie im Bedienfeld anzeigen lassen wollen, indem Sie im Bedienfeldmenü die Optionen Einblenden: …pinsel einzeln ein- oder ausschalten.
- **Nicht verwendete Pinsel aus dem Bedienfeld löschen:** Wenn Sie all jene Pinsel aus dem Pinsel-Bedienfeld tilgen wollen, die in Ihrer Illustration nicht in Gebrauch sind, wählen Sie Alle nicht verwendeten auswählen. Diese löschen Sie dann, indem Sie auf den Papierkorb-Button klicken.

▲ **Abbildung 9.28**
Miniaturansicht des Pinsel-Bedienfelds

9.4.2 Pinselkontur als Eigenschaft zuweisen

Aktivieren Sie ein Objekt, und klicken Sie auf einen Pinsel im Pinsel-Bedienfeld, um dem Objekt diese Pinselkontur zuzuweisen. Besitzt ein Objekt eine Kontur, wird diese durch die neu zugewiesene ersetzt. Sind dem Objekt bereits mehrere Konturen zugeordnet, so ersetzt die neue Kontur die im Aussehen-Bedienfeld aktivierte Kontur des Objekts (s. Abb. 9.30, Aussehen-Bedienfeld: s. Abschnitt 11.5). Ein Warndreieck im Steuerungsbedienfeld signalisiert, wenn eine andere als die oberste Kontur aktiv ist.

9.4.3 Pinselkontur von einem Objekt entfernen

Um eine Pinselkontur von einem aktivierten Objekt zu entfernen, klicken Sie auf den Button Pinselkontur entfernen im Pinsel-Bedienfeld. Die Pinselkontur wird in die Standardkontur von 1 Punkt Breite umgewandelt, die Konturfarbe bleibt erhalten.

▲ **Abbildung 9.29**
Listenansicht des Pinsel-Bedienfelds

9.4.4 Pinselkonturen editieren – Optionen

In den Optionen zu jeder Pinselspitze und zu jeder Pinselkontur ist es möglich, sehr detailliert auf die Form des Pinsels bzw. der Pinselkontur Einfluss zu nehmen.

Pinseloptionen | Die Optionen der Pinselspitzen rufen Sie entweder durch einen Doppelklick auf den Pinsel im Bedienfeld auf, oder Sie aktivieren den Pinsel und wählen den Menüpunkt Pinseloptionen… im Bedienfeldmenü des Pinsel-Bedienfelds aus.

Einstellungen, die Sie in den Pinseloptionen vornehmen, gelten für den Pinsel generell, d. h., die Änderungen werden automatisch dokumentweit auf alle Objekte übernommen, die diese Pinselspitze als Eigenschaft besitzen.

Wenn Sie die bestehende Pinselform ebenfalls erhalten möchten, duplizieren Sie diesen Pinsel, bevor Sie die Veränderungen vornehmen. Dazu aktivieren Sie ihn und ziehen ihn auf das Symbol des Funktionsbuttons Neuer Pinsel .

Kontur-Optionen | Für Pinselkonturen einzelner Objekte können Sie verschiedene Parameter des Pinsels lokal, also nur für dieses Objekt, verändern. Aktivieren Sie das Objekt, dessen Pinselkontur Sie bearbeiten wollen, und klicken Sie den Funktionsbutton Optionen für ausgewähltes Objekt im Pinsel-Bedienfeld an.

Die Kontur-Optionen enthalten einen Teil der Einstellmöglichkeiten, die auch in den Pinseloptionen für den Pinsel global vorhanden sind.

▲ **Abbildung 9.30**
Mehrere Konturen im Aussehen-Bedienfeld – aktiv ist die unterste.

▲ **Abbildung 9.31**
Die Kontur-Optionen ermöglichen es, dieselbe Pinselspitze in einer Datei unterschiedlich einzusetzen und so speicherplatzsparend sowie übersichtlich viele Variationen zu erstellen.

> **Pinsel und Konturstärke**
>
> Bei allen Pinselkonturen bedeutet die Standardkonturstärke von 1 Punkt im Kontur-Bedienfeld, dass Illustrator die Pinselkontur in der Originalgröße der Grafik zeichnet, die der Pinselspitze zugrunde liegt. Andere Konturstärken fungieren als Multiplikationsfaktor: Eine Einstellung von 6 Punkt im Kontur-Bedienfeld bewirkt also eine sechsfache Vergrößerung der Pinselspitze, und 0,5 Punkt halbiert sie. Ein Skalierungsfaktor, der in den Pinseloptionen eingestellt ist, verändert die Konturstärke zusätzlich.

9.4.5 Bildpinsel

In Bildpinseln sind meist Striche realer Zeichen- und Malwerkzeuge vektorisiert. Bildpinsel sind jedoch auch in naturalistischen Illustrationen oder zur Konstruktion geometrischer Objekte nützlich. Die Vektorform wird gleichmäßig am Verlauf eines Pfads über die gesamte Länge »gestreckt«. Mit den Optionen in den Dialogboxen steuern Sie das Aussehen des Pfads.

▲ **Abbildung 9.32**
Dieselbe Pinselgrundform (schwarzes Dreieck) angewendet auf einen Kreis als Bildpinsel (oben rechts), Musterpinsel (unten links) und Spezialpinsel (unten rechts)

Neu in Illustrator CS5 ist, dass Sie mit Hilfslinien Dehnungsstellen definieren, Bildpinsel mit dem Grafiktablett steuern können und die Pinsel besser um Ecken geführt werden.

▲ **Abbildung 9.33**
Bildpinsel-Optionen und Kontur-Optionen

▲ **Abbildung 9.34**
Illustrieren mit dem Bildpinsel

▲ **Abbildung 9.35**
Anwendung eines Breitenprofils auf eine Bildpinselkontur (unten) – dafür sollten jedoch alle Konturen, die in der Pinselgrundform enthalten sind, in Pfade umgewandelt sein.

- Breite: Dieser Wert bestimmt den prozentualen Skalierungsfaktor für die Breite der Pinselspitze und damit indirekt auch die Stärke des Pinselstrichs. Er lässt sich fixieren, per Grafiktablett oder mithilfe von Breitenpunkten bzw. -profilen (s. Abschnitt 9.3) steuern. Falls Sie eine andere Option als Fixiert aus dem Menü wählen, müssen Sie für die Breite eine Unter- und eine Obergrenze angeben.
- Tablettoptionen-Menü: Wählen Sie, mit welcher Option des Grafiktabletts Sie die Konturstärke am Pfad variabel steuern möchten (Grafiktablett s. Abschnitt 7.1.3).
- Pinselskalierungsoptionen: Bestimmen Sie hier, wie sich die Pinselspitze an die Pfadlänge anpasst.
  - Proportional: Die Pinselkontur wird zum Anpassen an die Pfadlänge insgesamt skaliert, die Breite verändert sich also.
  - An Konturlänge anpassen: Die Pinselspitze wird nur in die Länge gezogen bzw. gestaucht, die Breite bleibt bestehen.
  - Zwischen Hilfslinien einpassen: Es wird nur der Bereich zwischen den Hilfslinien gestreckt bzw. gestaucht, die geschützten Enden werden nicht verändert. Die Dehnungsstellen definieren Sie, indem Sie die gestrichelten Hilfslinien in der Bilddarstellung verschieben.

- Richtung: Mit diesen Optionsbuttons wählen Sie in 90°-Schritten aus, in welche Richtung die Pinselspitze auf den Pfad angewendet wird. Der blaue Pfeil im Schaubild der Pinselspitze symbolisiert die Pfadrichtung, die den Bezug für die Ausrichtung des Pinsels darstellt (Pfadrichtung s. Abschnitt 6.2). Ändern Sie die Pfadrichtung zu einem späteren Zeitpunkt, wird sich der Pinsel der neuen Richtung anpassen.
- Vertikal spiegeln, Horizontal spiegeln: Mit diesen Optionen bestimmen Sie, ob die Pinselspitze bei der Anwendung vertikal und/oder horizontal gespiegelt werden soll.
- Einfärben: Normalerweise behalten Spezial-, Bild- und Musterpinsel die Farbeigenschaften, die in den jeweils zugrundegelegten Grafiken bzw. Musterelementen festgelegt sind. Mit den Optionen unter Einfärben können Sie einen Einfluss der Konturfarbe auf die Pinsel bestimmen.

  Die Einfärben-Option ist vor allem bei schwarzen Pinselspitzen nützlich, um die daraus generierten Konturen einzufärben. Stellen Sie die Einfärbemethode Farbtöne (früher: Tonwerte) ein (sehen Sie hierzu den Kasten »Einfärben und Farbmodus«), damit die Konturfarbe den Pinsel einfärbt.

  Die Wirkung der anderen Einfärben-Optionen kann von Pinselspitze zu Pinselspitze je nach deren Ursprungsfarben stark variieren. Klicken Sie auf den Button Tipps, um einige Beispiele für die Optionen zu sehen.
- Überlappung: Hier definieren Sie, wie der Pinsel »gefaltet« wird. Mit der Option An Ecken anpassen erhalten Sie eine wesentlich bessere Berechnung der Ecken von Bildpinseln.

▲ **Abbildung 9.36**
Eine proportional skalierte Pinselkontur (blau) hat eine an die Pfadlänge angepasste Stärke. Eine nicht proportional skalierte Pinselkontur (violett) ist immer gleich stark. Bei einer nur zwischen Hilfslinien skalierten Kontur (grün) bleiben die Proportionen definierter Stellen (meist die Abschlüsse) erhalten (Grundform: schwarz).

▲ **Abbildung 9.37**
»Faltung« einer Bildpinselkontur: nicht angepasst (oben) und angepasst (unten)

Einfärben und Farbmodus

Achten Sie beim Einfärben mithilfe der Pinseloptionen auf die Abhängigkeit vom Dokumentfarbmodus. Die Pinselform muss die Farbe 100 % Schwarz bzw. RGB 0/0/0 besitzen. Haben Sie die Pinselgrundform aus einem Dokument in einem anderen Farbmodus übernommen, wird die Farbe konvertiert und ist folglich nicht exakt schwarz. Falls Sie Fehldarstellungen Ihrer eingefärbten Pinselkontur bemerken, überprüfen Sie also die Farbe der Pinselform.

Wenn Sie wie im Beispiel eine in 100 % K eingefärbte Pinselgrundform in einem RGB-Dokument verwenden, wird eine dieser Pinselkontur zugewiesene Farbe immer heller sein. Erst wenn Sie die Pinelgrundform als RGB-Schwarz definieren, fällt die der Kontur zugewiesene Farbe exakt aus.

Anwendungsbeispiele für Bildpinsel | Bildpinsel lassen sich z. B. für Mehrfach-Konturen einsetzen. Als Grundformen würden Sie in diesen Fällen mehrere Rechtecke anlegen. Auch in naturalistischen Illustrationen lässt sich das Prinzip einsetzen, z. B. für das Zeichnen von Gräsern oder Blättern. Ein verbreitetes Einsatzgebiet sind »Verläufe« in Konturen, wie sie etwa für eine plastische Röhre benötigt würden. Hier ist aber zu beachten, dass der Farbübergang mit einer Angleichung erstellt werden muss, da eine Pinselform keine Verläufe enthalten darf.

▲ **Abbildung 9.38**
Typische Anwendungsfelder für einen Bildpinsel

Müssen die Konturen allerdings um Ecken geführt werden, kann es an den Ecken zu Darstellungsfehlern kommen. Probieren Sie die Überlappungs-Option ECKEN UND KANTEN ANPASSEN. Wenn es immer noch nicht klappt, müssen Sie das Objekt umwandeln und die kritischen Stellen nacharbeiten.

Bildpinsel und die Füllregeln

Falls bei der Anwendung eines Bildpinsels »Löcher« auftreten, sobald der Pfad sich selbst überschneidet, sollten Sie mithilfe des Attribute-Bedienfelds die am Originalobjekt verwendete Füllregel überprüfen.
Die Löcher treten auf, wenn der Pinsel mit der Füllregel GERADE-UNGERADE versehen ist – dies passiert auch, wenn die Pinselgrundform selbst kein zusammengesetzter Pfad ist. Daher sollten Sie beim Erstellen eines Pinsels immer darauf achten, der Grundform die Füllregel NICHT-NULL zuzuweisen (zu Füllregeln s. Abschnitt 10.1.2).

9.4.6 Spezialpinsel

Die Grafik der Pinselspitze wird im Rahmen der frei definierbaren Grenzen nach dem Zufallsprinzip entlang des Pfads verstreut. Spezialpinsel können die Stifteingabe für die Steuerung der Streuung auswerten (Grafiktablett s. Abschnitt 7.1.3).

▲ **Abbildung 9.39**
Zu Kalligrafiepinseln und Borstenpinseln s. Kapitel 7

▲ **Abbildung 9.40**
Spezialpinsel-Optionen und Kontur-Optionen

Die Streuung wird durch fünf Variablen definiert, die Sie alle auf einen bestimmten Wert fixieren oder durch einen Bereich beschreiben können, innerhalb dessen das Programm entweder zufällig oder per Stifteingabe variiert.

- Größe: Wenn Sie im zugehörigen Ausklappmenü die Option Fixiert einstellen, legen Sie in dem Eingabefeld prozentual zur Größe der Originalgrafik des Pinsels fest, wie groß die Objekte der Pinselspitze in die Kontur ausgebracht werden sollen. Bei allen anderen Optionen gilt das linke Eingabefeld als prozentuale Untergrenze der Objektgröße für einen Zufallswert, und das rechte Eingabefeld enthält die Obergrenze.
- Abstand: Mit diesen Eingaben steuern Sie den Abstand zwischen den Objekten.
- Streuung: Diese Vorgaben beschreiben die Genauigkeit, mit der die Objekte der Pinselspitze dem Pfadverlauf folgen. Höhere Werte führen zu einer weiteren Streuung. Positive bzw. negative Werte bestimmen, zu welcher Seite des Pfads gestreut wird.
- Drehung: Hier können Sie entweder einen festen oder zufälligen Drehwinkel der Pinselgrafik um ihren Mittelpunkt einstellen.
- Drehung relativ zu: In diesem Ausklappmenü bestimmen Sie den Bezug für die Berechnung der Drehung. Erfolgt die Drehung relativ zum Pfad, kann die Grafik des Pinsels dem Pfadverlauf besser folgen. Wenn Sie bei 0° Drehung die Pinselspitze relativ zum Pfad ausrichten, liegt die Grafik immer genau entlang des Pfads.
- Einfärben: verhält sich wie beim Bildpinsel, S. 237.

▲ **Abbildung 9.41**
Rechts: Spezialpinsel mit Variation in Größe, Abstand, Streuung und Drehung.
Anders als Bild- und Musterpinsel passt sich der Spezialpinsel nicht der Biegung des Pfads an.

▲ **Abbildung 9.42**
Drehung relativ zum Pfad (links) und zur Seite (rechts)

9.4.7 Musterpinsel

Der Musterpinsel enthält bis zu fünf Musterelemente für Anfang, Ende, Kanten, innere und äußere Ecken, die in der Kontur je nach

Workshop zu Mustern

Zur Erstellung von Musterelementen siehe den Workshop auf Seite 243 sowie Abschnitt 16.1, »Muster und Symbole«.

Form des Pfads angewendet werden. Die Musterelemente folgen dem Pfad exakt, das heißt, die Grafiken werden gegebenenfalls gebogen.

▲ **Abbildung 9.43**
Musterpinsel-Optionen und Kontur-Optionen für den Raster-Pinsel aus Abbildung 9.45

▲ **Abbildung 9.44**
Eine (nicht sichtbare) Fläche im Grundobjekt (oben) erzeugt Fehler (unten).

▲ **Abbildung 9.45**
Angewendete Musterpinsel-Optionen aus Abbildung 9.43

In den Pinseloptionen bestimmen Sie die Musterelemente für die Pinselspitze. Die verschiedenen Musterelemente werden auf bestimmte Abschnitte eines Pfadverlaufs angewendet. Das erste Musterfeld enthält das Kantenelement für den normalen Pfadverlauf, die »Kante«. Anders als die folgenden Felder muss es belegt sein. Mit diesen Feldern geben Sie vor, ob Illustrator für »äußere« Ecken, »innere« Ecken, Pfadanfang und Pfadende besondere Musterelemente verwenden soll. In der Liste darunter erscheinen alle Muster, die im Farbfelder-Bedienfeld enthalten sind. Um einem der Elemente für den Musterpinsel ein Muster-Farbfeld zuzuordnen, aktivieren Sie zunächst das entsprechende Element durch einen Klick und wählen anschließend in der Liste das gewünschte Muster aus. Einen Musterpinsel können Sie auch ohne den Umweg über Farbfelder erstellen, siehe dazu den Tipp »Musterpinsel schneller erstellen« auf der folgenden Seite. Nachdem Sie die Musterelemente belegt haben, wird die Verbindung zu den Musterfeldern im Farbfelder-Bedienfeld nicht weiter aufrechterhalten. Sie können diese also ändern oder löschen.

Darüber hinaus haben Sie in den Pinseloptionen Einfluss auf die folgenden Parameter:

▶ Größe: Mit der Option Skalieren legen Sie fest, ob die Grafiken der Musterelemente bei der Anwendung auf eine Kontur prozentual vergrößert oder verkleinert werden sollen. Zusätzlich können Sie den ABSTAND zwischen den einzelnen Musterelementen dehnen oder verringern. Bei 0 % berühren sich die Elemente. Die Obergrenze ist bei 10.000 %.

- Tablettoptionen-Menü: Wählen Sie, mit welcher Option des Grafiktabletts Sie die Konturstärke am Pfad variabel steuern möchten (Grafiktablett s. Abschnitt 7.1.3).
- SPIEGELN: Die Option VERTIKAL SPIEGELN hat zur Folge, dass die Musterelemente senkrecht zum Pfad gespiegelt werden. Bei HORIZONTAL SPIEGELN kehrt Illustrator die Belegung der Musterelemente auf dem Pfad um.
- EINPASSEN: Nur in den wenigsten Fällen entspricht die Länge des Pfads einem Vielfachen der Länge der Musterelemente. Deshalb müssen Sie bestimmen, auf welche Weise Illustrator die Elemente einpassen soll:
  AUF KANTENLÄNGE ANPASSEN staucht oder streckt nach Bedarf die Elemente zwischen zwei Eckpunkten. Wenn Sie die Form der Musterelemente nicht verändern möchten, können Sie stattdessen FREIRÄUME EINFÜGEN lassen, dann entstehen allerdings Lücken in der Kontur. Die dritte Möglichkeit – MUSTERPOSITION ÄNDERN – verändert den Abstand der Musterelemente zum Pfad, dabei bleibt der Pfad in seiner ursprünglichen Lage, aber die Kontur kann als Folge weit neben dem Pfad positioniert sein.
- EINFÄRBEN: verhält sich wie beim Bildpinsel, s. Seite 237.

▲ **Abbildung 9.46**
Mit Musterpinseln lassen sich auch schwierige Objekte illustrieren

▲ **Abbildung 9.47**
Musterelemente auf Kantenlänge angepasst und Musterposition geändert

Musterpinsel schneller erstellen

Den Zwischenschritt des Anlegens von Musterfeldern können Sie sich auch sparen. Um den Pinsel zu erstellen, aktivieren Sie das Kantenelement auf der Zeichenfläche und klicken auf den Button NEUER PINSEL im Pinsel-Bedienfeld. Wählen Sie die Option MUSTERPINSEL. Anschließend drücken Sie ⌘/Alt und ziehen die weiteren Elemente nacheinander an ihre Position in den Kästchen des Musterpinsels im Pinsel-Bedienfeld (aktivieren Sie dafür die Miniaturenansicht).

9.4.8 Pinsel-Bibliotheken laden

Ein Verzeichnis der gespeicherten Pinsel-Bibliotheken mit vielen verschiedenen Pinselspitzen finden Sie im Bedienfeldmenü des Pinsel-Bedienfelds unter PINSEL-BIBLIOTHEK ÖFFNEN bzw. mit einem Klick auf den Button . Mit dem letzten Menüpunkt im Verzeichnis ANDERE BIBLIOTHEK… laden Sie Bibliotheken von Ihrer Festplatte oder die Pinselspitzen aus anderen Illustrator-Dateien. Die Bibliotheken werden in einem eigenen Bibliotheken-Bedienfeld geöffnet (Handling der Bibliothek s. Abschnitt 8.7.9).

Erlaubte Grundobjekte

In Pinselspitzen dürfen folgende Objekte nicht enthalten sein: Verläufe, andere Pinsel, Verlaufsgitter, Diagramme, Pixelgrafik oder maskierte Objekte. Angleichungen werden automatisch umgewandelt.

▲ **Abbildung 9.48**
Umfärben eines Pinsels aus den mitgelieferten Bibliotheken mithilfe von INTERAKTIVE FARBE

▲ **Abbildung 9.49**
Optionen für NEUER PINSEL

▲ **Abbildung 9.50**
Muster im Farbfelder-Bedienfeld – das Erstellen von Musterpinseln geht jedoch auch ohne diesen Umweg über Musterfelder.

9.4.9 Pinsel umfärben

Dank INTERAKTIVE FARBE ist das Umfärben bereits vorhandener Pinsel sehr einfach. Gehen Sie wie folgt vor:

1. Wenden Sie den betreffenden Pinsel an einem Objekt auf der Zeichenfläche an. Möchten Sie die Farben eines Musterpinsels ändern, ist es nicht nötig, dass alle seine Musterelemente an diesem Objekt erscheinen, um sie umzufärben.
2. Aktivieren Sie das Objekt, und rufen Sie BEARBEITEN • FARBEN BEARBEITEN • BILDMATERIAL NEU FÄRBEN… auf.
3. Nehmen Sie die Farbänderungen vor (s. Abschnitt 8.8). Illustrator erzeugt automatisch ein Duplikat des Pinsels mit geänderten Farben im Pinsel-Bedienfeld.

9.4.10 Pinselspitzen selbst erstellen

Sie können selbst selbst neue Pinselspitzen aller Arten herstellen. Wählen Sie dazu NEUER PINSEL… aus dem Menü des Pinsel-Bedienfelds, oder klicken Sie auf den Button NEUER PINSEL. Anschließend erscheint eine Dialogbox, die die Pinselart abfragt.

Bildpinsel und Spezialpinsel | Die Pinselarten BILDPINSEL und SPEZIALPINSEL können Sie nur auswählen, wenn ein oder mehrere Vektorobjekte auf der Arbeitsfläche aktiviert sind.

Erstellen Sie deshalb zunächst die Grafik für die Pinselspitze ganz normal in Ihrem Dokument, und halten Sie sie aktiv. In Ihren Pinselgrafiken können Sie keine Verläufe verwenden – ersetzen Sie Verläufe durch Angleichungen (s. Abschnitt 10.6).

Anschließend klicken Sie im Pinsel-Bedienfeld auf den Button NEUER PINSEL. Damit wird die Pinselspitzengrafik an die Dialogbox BILDPINSEL-OPTIONEN bzw. SPEZIALPINSEL-OPTIONEN übergeben, in der Sie die oben beschriebenen Einstellungen vornehmen können.

Nach der Übernahme als Pinselspitze bleibt die Verbindung zur Originalgrafik nicht bestehen, und Sie können diese löschen.

Unterschiede zwischen Bild- und Musterpinsel

Manche Konturen können alternativ mit Bild- oder Musterpinseln realisiert werden. Ihre Entscheidung für einen Pinseltyp kann bei sich überkreuzenden Pfaden einen großen Unterschied bedeuten: Bildpinsel (links), Musterpinsel (rechts).

Musterpinsel | Musterpinsel basieren auf Muster-Farbfeldern. Um einen derartigen Pinsel zu erstellen, erzeugen Sie zunächst die einzelnen Musterelemente und legen diese jeweils als eigenes Musterfeld im Farbfelder-Bedienfeld ab. In der Dialogbox MUSTERPINSEL-OPTIONEN stehen diese Muster-Farbfelder in einer Liste zur Auswahl. Wenn es schneller gehen soll, wenden Sie den Tipp »Musterpinsel schneller erstellen« auf Seite 241 an.

Schritt für Schritt: Strichelung bunt gemischt

Strichelungen sind ein sehr einfaches Beispiel, daher sind sie auch ein guter Einstieg in die Welt der Musterpinsel:

1 Strichelung der Kanten zeichnen

Beginnen Sie mit der Konstruktion der Strichelung. Erstellen Sie die Striche als Flächen. Die Formen müssen nicht in der endgültig verwendeten Größe, aber in den benötigten Proportionen gezeichnet werden. Sie können ein- oder mehrfarbige Strichelungen erzeugen. Die Formen lassen sich am besten weiterverarbeiten, wenn Sie die Strichelung in horizontaler Richtung erstellen.

2 Ecken erstellen

Anschließend zeichnen Sie zu den Kantenelementen passende Ecken. Konstruieren Sie diese exakt als Fortsetzung Ihres Kantenelements an der linken Seite senkrecht nach unten und an der rechten Seite senkrecht nach oben. Beide Eckenelemente müssen die gleichen Ausmaße haben.

Falls Sie außerdem Abschlusselemente für offene Pfade benötigen, zeichnen Sie auch diese. Sie werden jedoch für unseren Musterpinsel nicht benötigt.

3 Musterelemente vorbereiten

Ein Musterpinsel wird aus Musterfeldern erstellt, und wie diese basiert die Funktion des Pinsels auf den Begrenzungsrechtecken der Musterfelder, also auf dem untersten (unsichtbaren) Element.

Das Begrenzungsrechteck der Eckenelemente muss exakt quadratisch sein, die Höhe des Begrenzungsrechtecks der Kantenelemente richtet sich nach den Maßen des Eckenelements. Die Kontur verläuft in der Mitte des Begrenzungsrechtecks. Falls Sie die Kontur nicht bereits auf entsprechenden Hilfslinien gezeichnet haben, lässt sich die Größe des Begrenzungsrechtecks einfach konstruieren (s. Abb. 9.52).

Anschließend erstellen Sie das Begrenzungsrechteck für das Kantenelement. Der Rahmen schließt an die Rahmen der Eckelemente an. Das nach oben zeigende (rechte) Eckelement drehen Sie zusammen mit seinem Begrenzungsrechteck um 180°,

▲ **Abbildung 9.51**
Entwurf für eine gestrichelte Kontur mit Eckenelementen

▲ **Abbildung 9.52**
Konstruktion der Begrenzungsrechtecke für die Eckelemente:

1. Markieren Sie die Mitte der Lücke (hier: schwarze Senkrechte). ❶
2. Zeichnen Sie an den Eckelementen zwei Quadrate – die Kantenlänge entspricht dem Abstand von der Ecke zur Lückenmarkierung. ❷
3. Erstellen Sie Hilfslinien an der oberen und unteren Kante der Quadrate (hier: schwarze Waagerechte). ❷
4. Erweitern Sie die Quadrate bis zu den waagerechten Hilfslinien. ❸

▲ **Abbildung 9.53**
Drehen der Ecke

9.4 Pinselkonturen | **243**

Abbildung 9.54
Musterfelder im Farbfelder-Bedienfeld

Abbildung 9.55 ▲▶
MUSTERPINSEL-OPTIONEN und angewendete Kontur (oben)

▲ **Abbildung 9.56**
Die für eine Doppelkontur und eine Briefmarke benötigten Elemente

sodass es in dieselbe Richtung gedreht ist wie das linke Eckelement (s. Abb. 9.53).

Stellen Sie abschließend alle Begrenzungsrechtecke ganz nach hinten, und weisen Sie ihnen die Fläche und Kontur OHNE zu.

4 Musterfelder erzeugen

Ziehen Sie die Ecken- und Kantenelemente jeweils zusammen mit den zugehörigen Begrenzungsrechtecken auf das Farbfelder-Bedienfeld. Geben Sie allen Elementen eindeutige Namen, damit Sie sie im Menü der Pinseloptionen schneller identifizieren können.

5 Neuer Musterpinsel

Erstellen Sie einen neuen Pinsel, und wählen Sie die Option MUSTERPINSEL in der Dialogbox.

Aktivieren Sie nacheinander die Icons der Musterpinselelemente durch einen Mausklick, und wählen Sie aus der Liste der Farbfelder ebenfalls mit einem Mausklick das passende aus.

6 Double Stroke (Doppel-Kontur)

Eine Kontur aus einer fetten und einer schmalen Linie lässt sich ebenfalls als Musterpinsel nach demselben Schema anlegen.

7 Das Prinzip übertragen

Einen Musterpinsel benötigen Sie entweder, wenn die Grundform entlang der Kontur wiederholt oder wenn eine Kontur kontrolliert um Ecken geführt werden soll. In der Konstruktion erweist sich ein Musterpinsel zum Beispiel als äußerst nützlich, wenn Sie Zahnräder, Ketten oder Zöpfe benötigen.

◀ **Abbildung 9.57**
Typische Anwendungsfelder für einen Musterpinsel

9.4.11 Pinsel-Muster

Für die Erstellung von Musterfeldern zur Verwendung in Musterpinseln sollten Sie folgende Richtlinien beachten:

▶ Die obere Kante der Musterelemente zeigt immer nach außen.
▶ Während Kantenelemente rechteckig sein können, müssen Eckenelemente eine quadratische Form besitzen.
▶ Die Kantenlängen der Elemente müssen an den aneinandergrenzenden Seiten identisch sein.
▶ Achten Sie beim Erstellen einer Kontur, die durch alle Musterelemente durchlaufende Elemente besitzt, darauf, dass diese an den Seiten aneinander anschließen.
▶ Eigentlich soll kein Element der zu einem Pinsel gehörenden Musterfelder über den Begrenzungsrahmen hinausragen, es funktioniert jedoch trotzdem und kann Ihnen viel Arbeit abnehmen.

▲ **Abbildung 9.58**
Eckenelemente, Anfang, Ende und Kantenelement

▲ **Abbildung 9.59**
Die Icons unterhalb der Elemente in den MUSTERPINSEL-OPTIONEN zeigen den Unterschied zwischen den Eckenelementen.

In der Illustrator-Hilfe werden die beiden Eckenformen als »äußere« und »innere« Ecke bezeichnet – es geht jedoch um die Richtung, in die der Pfad »abbiegt« (s. Abb. 9.59). Dies hat auch zur Folge, dass ein anderes Eckenelement verwendet werden kann, wenn Sie die Pfadrichtung umkehren. Belegen Sie in der MUSTERPINSEL-OPTIONEN-Dialogbox immer beide Ecken mit einem Muster – verwenden Sie dasselbe Musterfeld für beide Ecken, falls Sie nur ein Design vorbereitet haben.

9.4.12 Pinselkonturen in Pfade umwandeln

Da Pinselkonturen zu den speziellen Illustrator-Fähigkeiten gehören, sind sie nicht mit jeder anderen Applikation kompatibel. Wenn Sie deshalb Pinselkonturen als eigenständige Vektorformen benötigen, die Sie weiterverarbeiten oder in ein anderes Programm übernehmen wollen, verwenden Sie den Menübefehl OBJEKT • AUSSEHEN UMWANDELN. Der dabei generierte Pfad kann aus sehr vielen Punkten bestehen, Sie sollten ihn gegebenenfalls vereinfachen (s. Abschnitt 7.4.2).

▲ **Abbildung 9.60**
Dieses Kantenelement ragt über das Begrenzungsrechteck hinaus.

▲ **Abbildung 9.61**
Beim Umwandeln von Pinselkonturen werden oft viele Ankerpunkte erzeugt.

9.5 Auswahlen auf Farb- und Objektbasis

Bislang haben Sie Auswahlen manuell mit den Auswahlwerkzeugen vorgenommen. Mit Menübefehlen und dem Zauberstab-Werkzeug ist es möglich, nach gleichen oder ähnlichen Objekteigenschaften suchen zu lassen und Objekte zu selektieren.

9.5.1 Zauberstab-Werkzeug – Objektauswahl

Wenn Sie mit dem Zauberstab-Werkzeug – [Y] – auf ein Objekt klicken, wählt Illustrator automatisch alle Objekte aus, die mit dem angeklickten Objekt die im Zauberstab-Bedienfeld vorgegebenen Eigenschaften teilen. Folgende Eigenschaften können einzeln oder kombiniert Basis für die Auswahl sein: FLÄCHENFARBE, KONTURFARBE, KONTURSTÄRKE, DECKKRAFT und FÜLLMETHODE.

Anhand der Eigenschaften auswählen | Rufen Sie mit einem Doppelklick auf den Zauberstab im Werkzeugbedienfeld die Optionen auf, und kreuzen Sie die Attribute an, die beim Suchen mit dem ausgewählten Objekt übereinstimmen sollen. Wie Illustrator die Toleranzeinstellungen auswertet, ist – mit Ausnahme der Konturstärke – nicht immer ganz nachvollziehbar. Wenn Sie eine exakt eingegrenzte Auswahl wünschen, sollten Sie deshalb die TOLERANZ jeweils auf 0 einstellen. Das Zauberstab-Bedienfeld kann während des Suchens offen bleiben. Um erneut eine Auswahl zu erstellen, klicken Sie mit dem Zauberstab auf ein Objekt, das die Attribute enthält, nach denen Sie suchen möchten.

Wenn Sie in einer Datei alle Objekte mit Konturstärken unter 0,2 Pt suchen möchten, gehen Sie wie folgt vor:

1. Zeichnen Sie ein Objekt, und geben Sie diesem eine Kontur in der STÄRKE 0,01 Pt ❶.
2. Doppelklicken Sie auf das Zauberstab-Werkzeug, und aktivieren Sie im Zauberstab-Bedienfeld nur die Option KONTURSTÄRKE.
3. Geben Sie »0,18 Pt« unter TOLERANZ ein ❷. Wichtig: Geben Sie die Einheit Pt ebenfalls ein, und bestätigen Sie mit [↵]. Der Wert wird in die aktuelle Maßeinheit umgerechnet.
4. Klicken Sie mit dem Zauberstab-Werkzeug auf das in Schritt 1 erstellte Objekt ❸.

▲ **Abbildung 9.62**
Das Zauberstab-Bedienfeld

▲ **Abbildung 9.63**
Zauberstab-Auswahl (von oben): gleiche Konturfarbe, gleiche Konturstärke, gleiche Flächenfarbe

▼ **Abbildung 9.64**
Recherchieren und Korrigieren einer zu geringen Konturstärke in einer Datei

Modifikationsmöglichkeiten | Sie können die Zauberstab-Auswahl erweitern oder verkleinern:

- ⇧: Um weitere Objekte mit anderen Eigenschaften zur Auswahl hinzuzufügen, stellen Sie gegebenenfalls erneut die Optionen ein und drücken ⇧, während Sie auf das Objekt klicken, das die gewünschten Eigenschaften besitzt.
- ⌥/Alt: Um Objekte von der Auswahl abzuziehen, halten Sie ⌥/Alt gedrückt und klicken auf ein Objekt, das die Eigenschaften der Objekte aufweist, die Sie aus der Auswahl entfernen möchten.

Einschränkung auf eine bestimmte Zeichenfläche | Es ist nicht möglich, das Zauberstab-Werkzeug (oder die Menübefehle) auf einzelne Zeichenflächen einzuschränken. Wenn Sie eine Einschränkung auf eine Zeichenfläche benötigen, sollten Sie entweder zusätzlich konsequent mit Ebenen arbeiten und je Zeichenfläche eine Hauptebene verwenden, die Sie bei Bedarf im Ebenen-Bedienfeld sperren. Oder Sie gehen wie folgt vor:

1. Klicken Sie auf die gewünschte Zeichenfläche, um diese zu aktivieren – die Zeichenfläche wird schwarz umrandet.
2. Rufen Sie Auswahl • Alles auf der aktiven Zeichenfläche auf.
3. Wählen Sie Auswahl • Auswahl umkehren und Objekt • Sperren • Auswahl. Jetzt sind alle anderen Objekte fixiert.
4. Wenden Sie die gewünschten Auswahlbefehle an.

9.5.2 Objekte mit gleichen Attributen über das Menü auswählen

Ähnliche Suchmöglichkeiten, wie sie beim Zauberstab bestehen, finden Sie in der Attributliste unter Auswahl • Gleich • Aussehen, Aussehensattribute, Füllmethode, Fläche und Kontur, Flächenfarbe, Deckkraft, Konturfarbe, Konturstärke, Grafikstil, Symbolinstanz und Verknüpfungsblockreihen (teilweise werden diese Eigenschaften erst in den folgenden Kapiteln erklärt). Mit diesen Menübefehlen können Sie nur Objekte mit exakt gleichen Attributen auffinden. Eine Möglichkeit, Toleranzen einzustellen, besteht nicht.

Gleiche Eigenschaften suchen | Aktivieren Sie ein Objekt, und wählen Sie im Menü einen der oben aufgeführten Befehle aus, um andere Objekte zu finden, die die entsprechende Eigenschaft mit dem aktivierten Objekt teilen. Um beispielsweise Objekte mit gleicher Konturstärke wie bei dem Referenzobjekt zu finden, wählen Sie Auswahl • Gleich • Konturstärke.

▲ **Abbildung 9.65**
Einen einfachen Zugriff auf das Auswahlmenü haben Sie über das Icon im Steuerungsbedienfeld.

Auswahl nach Farbton

Soll bei der Suche nach globalen Farben und Volltonfarben über das Menü auch die Farbtoneinstellung berücksichtigt werden, dann aktivieren Sie in den Voreinstellungen die Option Gleicher Farbton-Prozentsatz.

Auswahl nach Deckkraft

Der Befehl Auswahl • Gleich • Deckkraft ignoriert gesonderte Deckkrafteinstellungen für Fläche und Kontur (zu Transparenz s. Abschnitt 12.1).

Suche nach Symbolinstanzen

Um alle Instanzen eines bestimmten Symbols in Ihrem Dokument zu finden, differiert die Vorgehensweise etwas. In diesem Fall wählen Sie nicht das Symbol im Symbole-Bedienfeld aus, sondern aktivieren eine Instanz des Symbols, die in Ihrem Dokument platziert ist (zu Symbolen siehe Abschnitt 16.2).

Verknüpfungsblockreihen?

Der Befehl Auswahl • Gleich • Verknüpfungsblockreihen sucht verknüpfte Flächentext-Objekte (zur Typografie siehe Kapitel 14).

▲ Abbildung 9.66
Auch wenn die Objekte ansonsten unterschiedliche Eigenschaften besitzen, können Sie die identischen Attribute im Aussehen-Bedienfeld editieren.

▲ Abbildung 9.67
Verläufe im Einsatz

Verläufe auf Konturen?
Verläufe lassen sich in Illustrator nur der von einem Pfad umschlossenen Fläche zuweisen, nicht seiner Kontur. Öffnen Sie SVG-Dateien, die Konturverläufe enthalten, und speichern diese wieder als SVG, so bleiben die Verläufe erhalten.

Noch genauer suchen Sie nach Aussehensattributen. Dazu aktivieren Sie im Aussehen-Bedienfeld das gewünschte Attribut – eine Kontur bzw. Fläche mit sämtlichen Eigenschaften, einzelne Effekte oder Deckkrafteinstellungen – und wählen AUSWAHL • GLEICH • AUSSEHENSATTRIBUTE. Illustrator wählt alle Objekte aus, die dieses Attribut mit denselben Optionen besitzen. Und selbst wenn die ausgewählten Objekte weitere unterschiedliche Attribute besitzen, können Sie die gesuchten Eigenschaften editieren.

Nach Eigenschaften recherchieren | Sie können mit diesen Menübefehlen aber auch recherchieren, ob Objekte mit bestimmten Eigenschaften im Dokument vorhanden sind. Dabei darf kein Objekt aktiviert sein. Richten Sie die zu suchende Eigenschaft im zugehörigen Bedienfeld ein, und wählen Sie aus dem Menü das entsprechende Attribut aus. Beispielsweise prüft Illustrator mit dem Befehl AUSWAHL • GLEICH • KONTURFARBE, ob die im Werkzeugbedienfeld oder Farbe-Bedienfeld für die Kontur bestimmte Farbe in Ihrem Dokument einem Objekt als Kontur-Eigenschaft zugewiesen ist. Gefundene Objekte werden aktiviert.

Die gleiche Auswahl auf andere Attribute anwenden | Möchten Sie auf die gleiche Weise wie vorher nach anderen Attributen suchen, aktivieren Sie ein Objekt, das die gewünschten Eigenschaften besitzt, und (anstatt erneut über AUSWAHL • GLEICH zu gehen) drücken Sie ⌘/Strg+6, den Shortcut für den Befehl AUSWAHL • ERNEUT AUSWÄHLEN.

9.6 Verläufe

Verläufe sind berechnete Übergänge zwischen zwei und mehr Farben, die linear oder radial, also kreisförmig, angelegt sind. Dabei können Sie nicht nur Anfangs- und Endfarbe vorgeben, sondern auch Zwischenfarben an frei wählbaren Positionen einfügen. Um einen Verlauf genau zu definieren, ist es möglich, die Stellen im Verlauf zu verändern, an denen der Anteil der beiden beteiligten Verlaufsfarben jeweils 50 % beträgt. In Illustrator wird dieser Punkt MITTELPUNKT genannt. Außerdem können Sie die Deckkraft der Verlaufsfarben reduzieren.

9.6.1 Verlauf-Bedienfeld

Im Verlauf-Bedienfeld bearbeiten Sie vorhandene Verläufe oder legen neue an. Das Bedienfeld rufen Sie mit dem Menübefehl FENSTER • VERLAUF auf – ⌘/Strg+F9, im Dock. Sollten im

Bedienfeld nicht alle Einstellmöglichkeiten zu sehen sein, wählen Sie aus dem Bedienfeldmenü ▾≡ den Menüpunkt OPTIONEN EINBLENDEN.

Einstellmöglichkeiten | Wenn Sie Illustrator starten, zeigt das Verlauf-Bedienfeld einen Schwarz-Weiß-Verlauf. Sobald Sie jedoch ein Objekt aktivieren, dem ein Verlauf als Füllung zugewiesen ist, wird dieser in das Feld VERLAUFSFLÄCHE ❶ und in den VERLAUFSREGLER ❺ übernommen.

▶ VERLAUFSFLÄCHE ❶: Im Menü, das Sie mit dem Pfeil aufrufen, stehen die Verlaufsfelder aus dem Farbfelder-Bedienfeld zur Verfügung, und Sie können den aktuell eingestellten Farbverlauf als Farbfeld speichern.

▶ ART: In dem Ausklappmenü ❸ wählen Sie aus, ob der Verlauf linear, also gerade entlang einer Strecke, oder kreisförmig vom Mittelpunkt zur Peripherie eines gedachten Kreises berechnet werden soll.

▶ WINKEL ❷: Mit einer Gradangabe in diesem Feld geben Sie die Winkelung des Verlaufs relativ zur Zeichenfläche an – dies gilt für lineare und gestauchte kreisförmige Verläufe.
Bei einem Winkel von 0° wird ein linearer Verlauf in dem Objekt waagerecht so generiert, wie er im Verlaufsregler angezeigt ist. Positive Winkelwerte drehen den Verlauf gegen, negative Gradzahlen im Uhrzeigersinn.
Statt der numerischen Bestimmung können Sie auch das Verlauf-Werkzeug ▫ oder die Anfasser des Verlaufsoptimierers (siehe folgende Abschnitte) verwenden, um den Winkel des Verlaufs intuitiv zu definieren – das Eingabefeld wird dann automatisch ausgefüllt.

▶ SEITENVERHÄLTNIS ❹: Mit einem Wert zwischen 0,5 und 32.767 % bestimmen Sie die »Rundheit« radialer Verläufe. Einen kreisförmigen Verlauf erreichen Sie mit 100 %.

▶ VERLAUFSREGLER ❺: Der Verlaufsregler zeigt in einem Balken eine Ansicht des Verlaufs und bietet mit den darüber und darunter angeordneten verschiebbaren Symbolen Einstellmöglichkeiten an.

▶ ÜBERGANGSPUNKT 🔒 ❾: Die Übergangspunkte sind als Markierungen unter dem Verlaufsregler zu finden und lassen sich entlang des Verlaufsbalkens verschieben. Übergangspunkte, die nicht am Anfang oder Ende des Verlaufsbalkens sitzen, kennzeichnen die Stellen des Verlaufs, an denen ein Verlaufsabschnitt endet und ein anderer beginnt, also die Punkte, an denen die im Übergangspunkt angezeigte Farbe nicht mit einer anderen Farbe des Verlaufs gemischt ist.

▲ **Abbildung 9.68**
Das Verlauf-Bedienfeld mit allen Optionen

Verlauf-Bedienfeld vergrößern
Sie können einen Verlauf wesentlich genauer editieren, wenn Sie das Verlauf-Bedienfeld verbreitern. Klicken und ziehen Sie dafür das Vergrößerungsfeld des Bedienfelds unten rechts bis zur gewünschten Breite.

▲ **Abbildung 9.69**
Gestauchter kreisförmiger Verlauf

9.6 Verläufe | **249**

▲ **Abbildung 9.70**
Transparente Verlaufsfarbe

> **Verlauf umdefinieren**
>
> Möchten Sie den im Verlauf-Bedienfeld angezeigten Verlauf einem Objekt zuweisen, das bereits eine andere Verlaufsfüllung besitzt, ziehen Sie das VERLAUFSFLÄCHE-Feld auf das nicht aktivierte Objekt.

▲ **Abbildung 9.71**
Übergangspunkt verschieben

▲ **Abbildung 9.72**
Das Popup-Menü für die FARBFELDAUSWAHL

▶ MITTELPUNKTE ◆ ❽: Die Mittelpunkte definieren jeweils den rechnerischen Mittelpunkt eines Übergangs.

▶ DECKKRAFT ❼: Mit einem Wert von 0 bis 100 % bestimmen Sie die Deckkraft der Farbe an einem Übergangspunkt. Mit 0 % ist die Farbe vollkommen transparent. Sobald die Deckkraft eines Übergangspunkts reduziert wurde, ergänzt Illustrator dessen Symbol um ein kleines Rechteck.

▶ POSITION ❻: Wenn Sie einen Übergangspunkt oder einen Mittelpunkt anklicken, wird dieser aktiviert und seine Position prozentual zum Gesamtverlauf in dem Eingabefeld angezeigt. Entsprechend können Sie auch die Position durch eine Eingabe in das Feld numerisch verändern. Das ist manchmal zur Feineinstellung eines Verlaufs ganz nützlich.

9.6.2 Arbeiten mit dem Verlaufsregler

Im Verlaufsregler stellen Sie die Farben und ihre Position ein. Alternativ verwenden Sie zum gleichen Zweck den Verlaufsoptimierer (siehe die folgenden Abschnitte).

Eine Verlaufsfarbe ändern | Um die Farbe eines Übergangspunkts zu ändern, klicken Sie auf das zugehörige Farbquadrat. Dadurch wird die derzeit dafür definierte Farbe im Farbe-Bedienfeld angezeigt, und das Farbquadrat wird hervorgehoben.

Sie können nun im Farbe-Bedienfeld die Farbe durch Verschieben der Regler oder durch die Eingabe anderer numerischer Werte konfigurieren. Doppelklicken Sie auf einen Farbregler, wird ein kombiniertes Farbe-Farbfelder-Bedienfeld als Popup-Menü eingeblendet (wechseln Sie zwischen beiden mit den Buttons). Die Veränderung der Farbe und damit der optische Eindruck des Verlaufs wird automatisch im Verlauf-Bedienfeld aktualisiert. Um nach dem Ändern der Farbe eines Verlaufstopps das Popup-Bedienfeld wieder zu verlassen, klicken Sie nicht auf den Verlaufsregler – damit würden Sie den aktiven Verlaufstopp verschieben. Klicken Sie stattdessen an anderer Stelle auf das Verlauf-Bedienfeld, oder drücken Sie [Esc].

Möchten Sie dem Übergangspunkt ein Farbfeld aus dem Farbfelder-Bedienfeld zuweisen, drücken Sie die Modifizierungstaste [⌥]/[Alt] und klicken auf das gewünschte Farbfeld.

Verschieben Sie den Deckkraftregler, oder tippen Sie einen Wert in das Eingabefeld ein, um die Verlaufsfarbe transparent zu gestalten.

Die Position einer Farbe verschieben | Um die Position eines Übergangspunkts im Verlaufsregler zu verändern, klicken und ziehen Sie ihn an eine neue Stelle, oder klicken Sie ihn an, und geben Sie einen neuen numerischen Wert in das Feld Position ein (s. Abb. 9.71).

Möchten Sie zwei Farben im Verlauf gegeneinander austauschen, halten Sie die Modifizierungstaste ⌥/Alt gedrückt und ziehen einen der beiden Übergangspunkte 🔒 auf den anderen.

Zwischenfarben im Verlauf einrichten | Im Verlaufsregler fügen Sie Übergangspunkte hinzu, indem Sie eine Farbe aus dem Farbe-, dem Farbfelder- oder dem Farbhilfe-Bedienfeld an die gewünschte Position im Verlaufsregler ziehen (s. Abb. 9.74).

Um einen Übergangspunkt zu duplizieren, halten Sie ⌥/Alt gedrückt und ziehen den entsprechenden Übergangspunkt 🔒 an die gewünschte Position im Verlaufsregler.

Zwischenfarbe im Verlauf entfernen | Um eine Farbe aus dem Verlauf zu entfernen, ziehen Sie ihr Symbol 🔒 nach unten aus dem Verlauf-Bedienfeld heraus oder aktivieren den Übergangspunkt und klicken auf den Button Verlaufsregler löschen 🗑.

Farbübergang im Verlauf verschieben | Die Position eines Mittelpunkts ◆ im Verlaufsregler verändern Sie durch Klicken und Ziehen (s. Abb. 9.75), oder Sie klicken das Symbol an und geben einen neuen numerischen Wert in das Feld Position ein.

Verlauf umkehren | Klicken Sie auf den Button Verlauf umkehren, um die Reihenfolge der Verlaufsfarben umzukehren.

9.6.3 Verlauf-Werkzeug

Auch mit dem Verlaufsoptimierer können Sie das Verlauf-Werkzeug wie gewohnt verwenden, um Verlaufswinkelung, -länge und -richtung festzulegen.

Verlaufswinkel ändern | Neben der Möglichkeit, die Winkelung eines Verlaufs numerisch im Verlauf-Bedienfeld zu bestimmen, können Sie Verlaufswinkel und Verlaufsrichtung auch intuitiv mit dem Verlauf-Werkzeug einstellen:
1. Aktivieren Sie ein Objekt, und weisen Sie ihm einen Verlauf zu, oder wählen Sie ein Objekt, dessen Verlauf Sie ändern möchten.
2. Wählen Sie das Verlauf-Werkzeug aus – G.
3. Klicken Sie mit dem Werkzeug an die Stelle, an der der Verlauf beginnen soll, und ziehen Sie mit der Maus einen Füllpfad in die Richtung, in die sich der Verlauf erstrecken soll. Am

▲ **Abbildung 9.73**
Transparente Verlaufsüberlagerungen

▲ **Abbildung 9.74**
Ziehen Sie ein Farbfeld auf den Verlaufsregler. Ein senkrechter Strich kennzeichnet die Position des Farbfelds im Verlauf.

▲ **Abbildung 9.75**
Mittelpunkt verschieben

▲ **Abbildung 9.76**
Vorsicht bei Verwendung des Schwarzweißverlaufs im RGB-Farbmodus: Das in dem Verlauf verwendete Schwarz ist ein Graustufen-Schwarz (oben), das je nach Farbmanagement-Einstellungen ggf. nicht in RGB 0/0/0 (unten) umgewandelt wird.

▼ **Abbildung 9.77**
Unterschiedliche Winkelungen desselben linearen (oben) und kreisförmigen (unten) Verlaufs an einem Objekt.

Startpunkt setzt Illustrator den Verlauf mit der Farbe an, die im Verlaufsregler am linken Ende angezeigt wird. Dort, wo Sie die Maustaste loslassen, endet der Verlauf mit der Farbe vom rechten Rand des Verlaufsreglers.

Bei einem kreisförmigen Verlauf bestimmen Sie den Verlaufsradius von seinem Mittelpunkt aus und ziehen einen Füllpfad bis zum Rand.

Verlaufswinkel exakt nachbauen

Beim Nachbauen eines mit einem Verlauf gefüllten Logos besteht die Schwierigkeit darin, den exakten Verlaufswinkel zu ermitteln. Nutzen Sie die Funktion INTERAKTIV NACHZEICHNEN, um die Bildvorlage mit nur wenigen Farben zu vektorisieren ❶. Dabei geschieht eine Posterisierung, anhand derer sich der Verlaufswinkel sehr gut mit dem Mess-Werkzeug ermitteln lässt ❷. Zu dem gemessenen Winkel addieren oder subtrahieren (je nachdem, wie die Farben angelegt sind) Sie 90° und haben damit die im Verlauf-Bedienfeld benötigte Angabe ❸.

▲ **Abbildung 9.78**
Start- und Endpunkte an den Rändern des Objekts (links), außerhalb der Fläche des Objekts (Mitte) und innerhalb (rechts)

Verlaufsanfang & Verlaufsende bestimmen | Das Verlauf-Werkzeug bestimmt nicht nur den Winkel, sondern es definiert mit dem Start- und Endpunkt auch die Strecke, über die der Verlauf berechnet wird. Klicken Sie mit dem Verlauf-Werkzeug außerhalb der Fläche des aktivierten Objekts und/oder lassen Sie die Maustaste außerhalb des Objekts los, wird zwar der Verlauf über die gesamte Entfernung berechnet, angezeigt wird jedoch nur der Teil, der von der Fläche des Objekts begrenzt wird. Bestimmen Sie mit dem Verlauf-Werkzeug nur eine Strecke, die kleiner ist als die Ausdehnung der Objektfläche, werden die Flächenteile neben Verlaufsanfang und Verlaufsende mit der Start- bzw. der Endfarbe aufgefüllt.

252 | 9 Flächen und Konturen gestalten

Modifikationsmöglichkeit | Verlauf-Werkzeug
▶ ⌂: Damit beschränken Sie die Bewegung des Verlauf-Werkzeugs auf 45°-Winkelungen.
▶ Ein einzelner Klick mit dem Verlauf-Werkzeug in einem radialen Verlauf verändert nur den Verlaufsmittelpunkt.

9.6.4 Verlaufsoptimierer verwenden

Zusätzliche Optionen des Verlauf-Werkzeugs zeigen Winkel, Länge, Rundheit (bei kreisförmigen Verläufen) und natürlich die Farben eines Verlaufs direkt am Objekt an, und Sie können alle diese Eigenschaften auch mit den Reglern editieren.

Rufen Sie Ansicht • Verlaufsoptimierer einblenden auf, aktivieren Sie ein Objekt mit Verlaufsfläche, und wählen Sie das Verlauf-Werkzeug – G –, um die Regler anzuzeigen.

Einstellmöglichkeiten | Die Verlaufsleiste ❷ mit den Übergangs- ❸ und Mittelpunkten ❹ bedienen Sie wie im Verlauf-Bedienfeld. Auch hier erreichen Sie mit einem Doppelklick auf einen Übergangspunkt das Farbe- bzw. Farbfelder-Bedienfeld als Popup.
Verlaufslänge: Bewegen Sie den Cursor über das Verlaufsende ❺, ❿ (oder bei kreisförmigen Verläufen die gegenüberliegende Seite ❻) – der Cursor nimmt das Symbol ▸ an. Klicken und ziehen Sie, um die Länge des Verlaufs zu ändern.
Verlaufswinkel: Den Winkel eines linearen Verlaufs ändern Sie, indem Sie den Cursor neben den Endpunkt bewegen – der Cursor wechselt zu ↻. Klicken und ziehen Sie dort.

Bei kreisförmigen Verläufen können Sie entlang der Außenbegrenzung (gestrichelter Rahmen) klicken und ziehen. Auch hier ändert der Cursor sein Symbol in ↻.

Um Länge und Winkel des Verlaufs gemeinsam zu verändern, drücken Sie ⌥/Alt und klicken auf das Verlaufsende. Der Cursor zeigt ▸↻.

> **Verlauf schnell zuweisen**
> Klicken Sie mit dem Verlauf-Werkzeug auf ein Objekt, das noch keinen Verlauf besitzt, wird der aktuell eingestellte Verlauf zugewiesen.

▲ **Abbildung 9.79**
Klicken Sie mit dem Verlauf-Werkzeug einen Punkt an, wird dies der neue Ursprung eines radialen Verlaufs.

◀ **Abbildung 9.80**
Verlaufsoptimierer bei linearen (links) und kreisförmigen (rechts) Verläufen: Verlaufsleiste ❷, Übergangspunkt ❸, Mittelpunkt ❹, Verlaufsanfang ❶ ❾ und -ende ❺ ❿ sowie zusätzliche Anfasser, um Verlaufseigenschaften zu editieren

▲ **Abbildung 9.81**
Verändern der Verlaufsproportionen

▲ **Abbildung 9.82**
Drehen des Verlaufs

9.6 Verläufe | **253**

▲ **Abbildung 9.83**
Vergrößern eines Verlaufs

▲ **Abbildung 9.84**
Verschieben des Ursprungs

Verlauf schneller definieren

Um gleichzeitig einem Objekt einen neuen Verlauf zuzuweisen und das Verlauf-Bedienfeld aufzurufen, klicken Sie auf das Verlauf-Symbol im Werkzeugbedienfeld oder tippen ⸻.

Alle Übergangspunkte löschen

Anstatt mühsam alle einzelnen Übergangspunkte zu entfernen, geht es schneller, wenn Sie mit gedrückter ⌘/Strg-Taste in das Verlauf-Symbol im Werkzeugbedienfeld klicken.

▲ **Abbildung 9.85**
Einen Verlauf über mehrere Objekte anlegen

Verlaufsposition: Die Position des Verlaufs auf dem Objekt verschieben Sie, indem Sie am Verlaufsanfang klicken und ziehen. Der Cursor zeigt ▸.

Seitenverhältnis: Um kreisförmige Verläufe zu stauchen oder zu strecken, bewegen Sie den Cursor über den schwarzen Anfasser ❼ – das Cursor-Symbol wechselt zu ▸○. Klicken und ziehen Sie die Form.

Ursprung radialer Verläufe: Den Ursprung radialer Verläufe können Sie aus der Mitte heraus bewegen. Dazu ziehen Sie an dem Anfasser ❽ neben dem Verlaufsanfang – der Cursor zeigt ▸✳.

9.6.5 Verläufe an Objekten anwenden

Je nach Bedarf gibt es verschiedene Verfahren, einem Objekt einen Verlauf zuzuweisen oder einen bestehenden Verlauf zu editieren.

Neuen Verlauf zuweisen | Sie haben folgende Möglichkeiten:

▸ Aktivieren Sie das Objekt, und klicken Sie im Farbfelder- oder einem Farbfelder-Bibliotheks-Bedienfeld auf einen Verlauf.
▸ Ziehen Sie die Verlaufsfläche aus dem Verlauf-Bedienfeld auf das nicht aktivierte Objekt.
▸ Klicken Sie mit dem Verlauf-Werkzeug auf ein Objekt, um diesem den aktuell eingestellten Verlauf zuzuweisen.
▸ Aktivieren Sie ein Objekt, und klicken Sie oben links im Verlauf-Bedienfeld in die Verlaufsfläche oder wählen Sie einen Verlauf aus dem Menü, um dem Objekt diesen Verlauf zuzuweisen.

Einen bestehenden Verlauf editieren | Um einen Verlauf zu ändern, aktivieren Sie entweder das Objekt, dem der Verlauf zugewiesen ist, oder rufen Sie mit einem Klick ein Verlauf-Farbfeld im Farbfelder-Bedienfeld auf. Der Verlauf wird im Verlauf-Bedienfeld angezeigt. Nun können Sie den Verlauf mit allen oben bereits beschriebenen Methoden verändern.

Bitte beachten Sie, dass zwar aktivierte Objekte aktualisiert werden, der Inhalt eines ausgewählten Verlauf-Farbfelds jedoch nicht automatisch durch den geänderten Verlauf ersetzt wird.

Verlauf zurücksetzen | Winkel und Proportion können Sie durch Eingabe der Werte im Verlauf-Bedienfeld zurücksetzen, Skalierungen und die Verschiebung des Ursprungs jedoch nicht. Wenn der Verlauf bereits als Farbfeld angelegt ist, weisen Sie dieses dem Objekt erneut zu. In anderen Fällen erzeugen Sie zunächst ein Farbfeld des Verlaufs.

Verlauf über mehrere Objekte anlegen | Um einen Verlauf über mehrere Objekte zu erzeugen, ist es in den meisten Fällen ratsam, diese Objekte vorher zu einem zusammengesetzten Pfad oder einer zusammengesetzten Form zu verbinden. Die Integrität des Verlaufs bleibt so auch beim Transformieren einzelner Objekte erhalten.

Mit dem Verlauf-Werkzeug können Sie jedoch einen Verlauf auch mehreren voneinander unabhängigen Objekten zuweisen. Dabei wird der Gesamtverlauf auf die einzelnen Objekte verteilt. Diese Verlaufsteile sind aber im Gegensatz zu zusammengesetzten Pfaden oder Formen anschließend unabhängig voneinander, sodass bei einer Transformation der einzelnen Objekte der Eindruck des Gesamtverlaufs zerstört wird.

Um einen gemeinsamen Verlauf über mehrere Objekte anzulegen, gehen Sie wie folgt vor:
1. Aktivieren Sie die Objekte, und weisen Sie ihnen den gleichen Verlauf zu.
2. Wählen Sie das Verlauf-Werkzeug, klicken Sie auf den Startpunkt an einer beliebigen Stelle, und ziehen Sie bis zum gewünschten Endpunkt über die Objekte hinweg.

▲ **Abbildung 9.86**
Verlauf über mehrere Objekte (oben) und nach dem Verschieben der Objekte (unten): Jedem Objekt wurde dieser Verlauf zugewiesen, nur die Positionen wurden synchroniert.

9.6.6 Verlauf in das Farbfelder-Bedienfeld übernehmen

Wenn Sie einen erstellten Verlauf im Farbfelder-Bedienfeld speichern möchten, ziehen Sie das Feld Verlaufsfläche aus dem Verlauf-Bedienfeld in das Farbfelder-Bedienfeld oder klicken auf das Symbol In der Farbfeldbibliothek speichern im Ausklappmenü Verlaufsfläche.

Soll ein vorhandenes Farbfeld ersetzt werden, ziehen Sie die Verlaufsfläche mit gedrückter ⌥/Alt-Taste auf das zu tauschende Farbfeld.

▲ **Abbildung 9.87**
Verlaufsfeld speichern

9.6.7 Verläufe und Volltonfarben

Dank der seit Illustrator CS3 integrierten DeviceN-Unterstützung ist es möglich, Verläufe zwischen Vollton- und Prozessfarben anzulegen. Mit diesen Verläufen versehene Flächen können Sie sogar als überdruckend definieren oder die Verlaufsfarben transparent anlegen. Die Ausgabe über das Speichern eines PDF oder das Drucken erfolgt korrekt. Beim Drucken eines Verlaufs, der Volltonfarben enthält, muss unter Ausgabe die Option Alle Volltonfarben in Prozessfarben konvertieren deaktiviert werden.

9.6.8 Verlaufsobjekte verformen

Bei den verschiedenen Möglichkeiten, Objekte zu verformen, verhalten sich zugeordnete Verlaufsfüllungen unterschiedlich:

> **Verlaufswinkelung**
> Die Winkelung des Verlaufs ist objektbezogen, sie wird *nicht* im Farbfeld gespeichert. Wenn Sie die Winkelung ebenfalls speichern möchten, verwenden Sie einen Grafikstil.

> **Verlaufsfelder sind global**
> Bei der Zuweisung von Verlauf-Farbfeldern beachten Sie bitte, dass diese global sind. Wenn Sie also am Inhalt des Farbfelds Änderungen vornehmen, werden diese auf alle Objekte angewendet, denen das Farbfeld als Eigenschaft zugeordnet ist.

> **Abstufungen beim Druck**
>
> Beim Druck von Verläufen kann der Effekt des »Bandings« auftreten (mehr dazu in Kapitel 19). Dies lässt sich in besonders hartnäckigen Fällen nur durch das Hinzufügen von Störungen in der Bildbearbeitung lösen.

▲ **Abbildung 9.88**
Berechnete Mitte (oben) im Gegensatz zu selbstdefinierter Mitte (unten)

▲ **Abbildung 9.89**
Verlaufsfläche in Verlaufsgitter und Flächen umgewandelt (grobe Auflösung)

▲ **Abbildung 9.90**
Die Dialogbox UMWANDELN

▶ **Transformationen:** Lineare und kreisförmige Verlaufsfüllungen werden mit den Objekten transformiert (s. Abschnitt 5.6).
▶ **Verzerrungshüllen:** Auf lineare Verläufe können Sie Verzerrungshüllen anwenden, Sie benötigen jedoch in vielen Fällen eine höhere GENAUIGKEIT in den HÜLLEN-OPTIONEN, um die Verläufe genau in die Hülle einzupassen – Einstellung GENAUIGKEIT etwa 70–80 (s. Abschnitt 10.7). Aktivieren Sie die Hüllen-Option LINEARE VERLÄUFE VERZERREN.
▶ **Filter und Effekte:** Verzerrungs- und Transformationsfilter und -effekte beeinflussen nur die Form des Objekts, nicht zugeordnete Verlaufsfüllungen (s. Abschnitt 13.3).

9.6.9 Probleme mit dem Mittelpunkt

Vor allem bei Verläufen zwischen Farben mit einem hohen Farbkontrast tritt häufig das Problem auf, dass der Mittelpunkt des Verlaufs zu neutral ist. Das ist durch die Berechnung bedingt und lässt sich nur dadurch beheben, dass Sie einen Übergangspunkt setzen und die Farbe selbst definieren. Bei Verläufen zwischen Vollton- und Prozessfarben können Sie nicht eingreifen.

9.6.10 Verläufe umwandeln

Eine Verlaufsfläche können Sie in Gitterobjekte oder in einzelne Farbobjekte umwandeln. Umgewandelte Objekte sind allerdings nicht mehr voll editierbar.

Aktivieren Sie die Verlaufsfläche, und rufen Sie über das Menü die Dialogbox OBJEKT • UMWANDELN... auf. Darin stehen zwei Möglichkeiten der Optionen zur Verfügung:

▶ VERLAUFSGITTER: Wenn Sie einen Verlauf in ein Gitterobjekt umwandeln, haben Sie feinere Einflussmöglichkeiten auf die Gestaltung der Verlaufsfläche.
 Mehr zu Gitterobjekten lesen Sie in Abschnitt 9.7, »Gitterobjekte – Verlaufsgitter«.
▶ FESTLEGEN ... OBJEKTE: Mit dieser Option wandeln Sie eine Verlaufsfläche in einzelne einfarbige Flächen um, die zusammen den Eindruck des Verlaufs wiedergeben. Viele Grafikprogramme – auch alte Illustrator-Versionen – generieren oder generierten Verläufe auf diese Weise.
 ▶ In dem Eingabefeld bestimmen Sie die »Auflösung« der Umrechnung. Dabei bedeuten höhere Zahlenwerte einen homogeneren Übergang. Der Wert beschreibt die Anzahl der Einzelobjekte, in die Illustrator einen Verlaufsteil zwischen zwei definierten Übergangspunkten zerlegt. Die Zahl entspricht also nur bei einfachen Verläufen zwischen zwei Farben der Anzahl der erzeugten Flächen.

Die Außenform des Objekts wendet Illustrator als Schnittmaske auf die Flächen an (Schnittmasken s. Abschnitt 11.3).

9.6.11 Konischer Verlauf

Der konische Verlauf ist eine spezielle Art des kreisförmigen Verlaufs. In Illustrator können Sie einen konischen Verlauf nur mit Workarounds erzeugen. Einen dieser Workarounds zur Erarbeitung eines solchen Verlaufs finden Sie in einem Schritt-für-Schritt-Tutorial am Ende von Abschnitt 9.6, »Gitterobjekte – Verlaufsgitter«. Eine weitere Möglichkeit besteht in der Verwendung von Angleichungen (s. Abschnitt 10.6).

> **Verlauf umwandeln?**
>
> Die Umwandlung eines Verlaufs in einzelne Flächen dient zum Austausch mit Programmen, die Illustrators Verlaufsflächen nicht verarbeiten können, oder zur Behebung von Problemen mit Treibern beim Ausdrucken.

▲ **Abbildung 9.91**
Konischer Verlauf

Schritt für Schritt: Eine kleine Illustration mit Verläufen

1 Die Zeichnung aufbauen

In Gebrauchsanleitungen, im Packungsdesign, in Katalogen und in Anzeigenvorlagen, wie sie die Industrie den Händlern für die Verkaufswerbung zur Verfügung stellt, sind statt Produktfotografien oft realistische Vektorillustrationen zu finden, die einfacher und frei skalierbar sind.

Anders als in 3D-Pogrammen werden die abgebildeten Objekte in Vektorillustrationen nicht komplett neu konstruiert. Die Arbeit ähnelt eher einer Airbrush-Illustration.

Die erzeugten Formen werden mit Farben und Verläufen gefüllt. Häufig dienen Fotos der realen Objekte dazu, den Aufbau der Grafik zu erleichtern. Sollte das nicht möglich sein, besteht auch die Option, einzelne Teile der Zeichnung mithilfe der 3D-Effekte oder des Perspektivenrasters in Illustrator zu konstruieren. Die Grundform des Bleistifts in der abgebildeten Illustration wurde so erstellt. Sie finden diese Outline-Datei als »Buntstift-Vorlage.ai« auf der DVD zum Buch.

▲ **Abbildung 9.92**
Die fertige Zeichnung

2 Die Grundflächen erstellen

Erstellen Sie die Grundform des Objekts aus den größten Flächen, die Sie einheitlich füllen können. Die Kanten müssen nicht genau aneinanderstoßen, es ist sogar besser, wenn sich Flächen an den Grenzen etwas überlagern, da so beim Drucken keine Blitzer entstehen können.

Komplexere Objekte sollten Sie auf verschiedene Ebenen aufteilen, die Sie ausblenden können, um an verdeckten Teilen zu arbeiten.

▲ **Abbildung 9.93**
Die Grundflächen

▲ **Abbildung 9.94**
Das VERLAUF-Symbol

3 Die großflächigen Verläufe anlegen

Füllen Sie die großen Flächen mit Farben oder Verläufen. Bei unserem Bleistift sind Verläufe in allen Flächen. Fangen Sie mit den blauen Flächen des Schafts an: Aktivieren Sie die mittlere dieser Flächen, und weisen Sie ihr einen Verlauf zu, indem Sie das VERLAUF-Symbol im Werkzeugbedienfeld anklicken (s. Abb. 9.94).

Verwenden Sie das Verlauf-Werkzeug – G –, um die Richtung des Verlaufs anzulegen. Verwenden Sie ungefähr die in Abb. 9.95 gekennzeichnete Länge. Das Finetuning nehmen Sie anschließend vor, indem Sie zunächst den Verlaufsoptimierer einblenden, falls sie nicht bereits angezeigt werden. Dann drehen Sie den Verlauf zurecht und passen seine Länge an. Doppelklicken Sie auf die Farbsymbole im Verlaufsoptimierer, um das Farbe-Bedienfeld als Popup-Fenster aufzurufen.

▲ **Abbildung 9.95**
Links: Die Pfeile zeigen, wie Sie das Verlauf-Werkzeug auf den einzelnen Flächen anwenden. Farben:
❶ C25 > C100/M75, ❷ C15 > C100/M75, ❸ C31 > C100/M75, ❹ C10/M23/Y33 > C43/M52/Y80/K38,
❺ K45 > K10 > K75. Mitte: Drehen des Verlaufs mithilfe des Verlaufsoptimierers. Rechts: Aufrufen des Farbe-Bedienfelds als Popup-Fenster im Verlaufsoptimierer.

▲ **Abbildung 9.96**
Objekte für die hellen Lichtkanten

Weisen Sie den gleichen Verlauf auch den anderen blauen Flächen zu, und passen Sie anschließend ebenfalls die Richtung und die Blautöne mit dem Verlaufsoptimierer an.

Die hellen Kanten am Schaft, die die Objektgrenzen überdecken, werden zusätzlich als schmale Flächen generiert und mit Verläufen gefüllt. Hier sollte der Verlaufswinkel etwa senkrecht zur Kante eingestellt sein. Den richtigen Winkel können Sie mit Versuch und Irrtum herausfinden, indem Sie die Bedienelemente des Verlaufsoptimierers so lange drehen, bis der Winkel optisch stimmt. Alternativ messen Sie den Winkel der Kante mit dem Mess-Werkzeug, er wird im Informationen-Bedienfeld angezeigt. Danach berechnen Sie den rechten Winkel dazu und tragen ihn in das Eingabefeld WINKEL im Verlauf-Bedienfeld ein.

4 Lichtreflexe auf blauen Flächen

Für diese Reflexe zeichnen Sie zwei Formen wie in Abb. 9.97. Weisen Sie der oberen Fläche einen linearen Verlauf von C90/M54 nach Weiß zu. Passen Sie dessen Winkel mit dem Verlaufsoptimierer an. Dann doppelklicken Sie auf die Verlaufsfarbe Weiß und weisen ihr in dem Popup-Fenster eine auf 13 % reduzierte Deckkraft zu. Die kleine Fläche rechts versehen Sie mit einem Verlauf von C90/M54 nach C38/M6 (Deckkraft 0 %).

▲ **Abbildung 9.97**
Links: Zeichnen der Objekte für den Glanzeffekt; Mitte: Verläufe

5 Flächen ausarbeiten

Danach erstellen Sie die Verläufe für die Holzfläche und auf der Bleistiftspitze (die Verlaufsfarben sowie die Richtung des Grundverlaufs der Holzfläche sehen Sie in Abb. 9.95 auf der vorigen Seite). Kegelformen können meist nicht mit einem einzigen Verlauf realisiert werden, deswegen benötigen Sie für den hölzernen Teil zur Grundform der Spitze auf der linken Seite eine zusätzliche Form, die mit einem Verlauf in einem anderen Winkel gefüllt ist. Die Minenspitze ist aus drei Verläufen zusammengesetzt – eine solche Form ist eigentlich der ideale Einsatzbereich für eine Angleichung (s. Abschnitt 10.6).

▲ **Abbildung 9.98**
Aufbau der Spitze

Der Übung wegen verwenden wir hier allerdings Verläufe aus Grautönen. Stellen Sie für die einzelnen Flächen zunächst die Richtungen der Verläufe ein, und passen Sie anschließend die Grautöne an. Dabei müssen Sie etwas herumprobieren, um die gewünschte optische Wirkung zu erreichen.

6 Details ergänzen

Eine Zeichnung lebt von den kleinen Details. Ergänzen Sie deshalb die Holzmaserung mit einigen Linien, und legen Sie einen kleinen Schatten an der Kante der Minenspitze an.

▲ **Abbildung 9.99**
Details: Holzmaserung und Schrift

9.6 Verläufe

Der Schriftzug erhält »Tiefe«, indem Sie eine leicht versetzte Kopie erzeugen und den unteren Schriftzug weiß sowie den oberen mit einem dunklen Blau füllen. ■

9.7 Gitterobjekte – Verlaufsgitter

Mit Illustrator können Sie fotorealistische Illustrationen erstellen, die kaum noch von Fotografien zu unterscheiden sind. Ermöglicht wird dies durch die Verlaufsgitter oder Gitterobjekte, eine spezielle Art von Vektorobjekten.

Auf einem Gitterobjekt fließen mehrere Farben ineinander und bilden Verläufe in unterschiedlichen Richtungen. Sie müssen sich das so vorstellen, als ob Sie mit einem farbgetränkten Pinsel auf einem feuchten Aquarellpapier farbige Punkte setzen, die dann etwas auseinanderfließen und sich gegebenenfalls mit anderen Farben mischen. In Illustrator werden diese Farbtupfer mithilfe eines Gitters auf einem Objekt positioniert, einem Raster aus Vektorlinien, das Sie auch nachträglich weiter transformieren und verzerren können.

▲ Abbildung 9.100
Ein Gitterobjekt und seine Konstruktion – die kleinen Kreise zeigen die an den Gitterpunkten eingestellten Farben.

Die Fläche eines Gitterobjekts ist von einem Raster aus Vektorpfaden, den **Gitterlinien** ❶, durchzogen. An den Kreuzungspunkten der Linien, den **Gitterpunkten** ❷, sind die sich kreuzenden Gitterlinien fest miteinander verbunden. Darüber hinaus dienen ganz normale **Ankerpunkte** ❹ auf den Gitterlinien dazu, das Gitter zu formen und den Farbverlauf zu steuern. Ein von Gitterlinien umschlossener Bereich heißt **Gitterfeld** ❸.

Gitterpunkte und Gitterfelder können mit unterschiedlichen Farben belegt werden, deren Deckkraft sich ebenfalls reduzieren lässt, sodass die Gitterpunkte »durchsichtig« sind. Ein Gitterobjekt ist also ein mehrfarbiges Objekt, zwischen dessen Farben der Gitterpunkte bzw. Gitterlinien Illustrator nahtlose Farbverläufe generiert.

▲ Abbildung 9.101
Gitterlinien, Gitterpunkte (Raute), Gitterfelder, Ankerpunkte (Quadrat)

9.7.1 Verlaufsgitter erzeugen

Die Grundlage für ein solches Gitterobjekt sind offene oder geschlossene Pfade – nicht jedoch zusammengesetzte Pfade, zusammengesetzte Formen oder Textobjekte. Verlaufsgitter können Sie automatisch mithilfe der Dialogbox OBJEKT • VERLAUFSGITTER ERSTELLEN oder durch Umwandlung eines Verlaufsobjekts sowie manuell mit dem Gitter-Werkzeug erzeugen.

Dem Gitterobjekt kann direkt keine Kontur zugewiesen werden. Falls Sie eine Kontur benötigen, erstellen Sie entweder eine Kopie des Objekts vor der Umwandlung in ein Gitter oder erzeu-

▲ Abbildung 9.102
Die Paprika ist aus mehreren Verlaufsgittern konstruiert.

gen eine neue Kontur für das Gitterobjekt mithilfe des Aussehen-Bedienfelds. Außerdem sollte der Form vor der Umwandlung in ein Gitterobjekt die benötigte Grundfarbe zugewiesen werden.

Vom Einfachen zum Komplizierten | Illustrator versucht bei der Umwandlung eines Pfads in ein Gitter, abhängig von der Außenform, zwischen zwei jeweils etwa parallel verlaufenden Linienpaaren Zwischenpfade zu erstellen, die dann das Rastergitter bilden.

Bevor Sie ein Verlaufsgitter durch Umwandlung vom Programm generieren lassen, sollten Sie deshalb Ihr Ausgangsobjekt unter diesen Gesichtspunkten betrachten, ob seine Form für eine automatische Umwandlung in ein Gitterobjekt geeignet ist. Bei dem stark gebogenen Stiel der Paprika in Abb. 9.102 ist es beispielsweise nicht sinnvoll, ein Verlaufsgitter automatisch zur fertigen Außenform erstellen zu lassen.

▲ **Abbildung 9.103**
Konstruktion eines Gitters auf einer Form

Bessere Kontrolle über Gitterlinien

Ein gängiger Weg, um eine gute Kontrolle über die Form der Gitterlinien zu haben, ist es, mit einem einfachen Grundobjekt zu beginnen, dieses in ein Gitter mit wenigen Zeilen und Spalten umzuwandeln und das Gitter erst anschließend mit den Zeichen-, Transformations- oder Verflüssigen-Werkzeugen zu bearbeiten, bis die Außenform den Anforderungen genügt. Danach erstellen Sie manuell die benötigten zusätzlichen Gitterlinien, die sich so automatisch und homogen in die bestehende Form einfügen. Vergleichen Sie hier ein aus einer einfachen Form konstruiertes Gitter (links) mit einem automatisch aus einem gebogenen Objekt erzeugten Gitter (rechts).

Gitter automatisch generieren | Um ein regelmäßiges Gitter automatisch zu erzeugen, aktivieren Sie den gewünschten Pfad, den Sie in ein Gitterobjekt umwandeln möchten, und rufen die Dialogbox VERLAUFSGITTER ERSTELLEN über das Menü OBJEKT • VERLAUFSGITTER ERSTELLEN… auf. Darin finden Sie folgende Einstellmöglichkeiten:

▶ ZEILEN/SPALTEN: Mit diesen Vorgaben bestimmen Sie die gewünschte Anzahl der zu generierenden horizontalen und vertikalen Gitterlinien.
▶ AUSSEHEN: Durch eine Option aus dem Ausklappmenü legen Sie fest, ob und wie in dem neu erzeugten Gitterobjekt ein

▲ **Abbildung 9.104**
Die Dialogbox VERLAUFSGITTER ERSTELLEN

▲ **Abbildung 9.105**
Generiertes Verlaufsgitter mit einem Grundverlauf Zur Kante (links) und Zur Mitte (rechts)

Grundverlauf zwischen der zugewiesenen Flächenfarbe und Weiß generiert werden soll.
▸ Flach: Kein Grundverlauf wird erzeugt.
▸ Zur Mitte: Die Farbe verläuft vom Rand zur Mitte.
▸ Zur Kante: Die Farbe verläuft von der Mitte zum Rand.
▸ Lichter: Mit diesem Prozentwert bestimmen Sie die Intensität von Weiß im Grundverlauf. Um die Auswirkung zu beurteilen, nehmen Sie die Option Vorschau zu Hilfe.

Gitter mit dem Gitter-Werkzeug erstellen | Wenn Sie ein unregelmäßiges Gitter benötigen, sollten Sie es manuell mit dem Gitter-Werkzeug erstellen – U.

Sie müssen kein Objekt aktivieren, bevor Sie mit dem ersten Gitterpunkt beginnen. Klicken Sie mit dem Werkzeug nacheinander auf die Stellen des Zielobjekts, an denen Sie einen Gitterpunkt erzeugen möchten. Besitzt das Objekt keine Fläche oder arbeiten Sie in der Pfadansicht, müssen Sie den ersten Klick auf den Pfad setzen. Beachten Sie dabei bitte den Cursor, denn der zeigt mit dem Symbol an, ob auf dem Objekt unter der Einfügemarke ein Gitterpunkt gesetzt werden kann.

Ein Klick auf den Rand oder auf eine bestehende Gitterlinie fügt dem Gitterobjekt eine neue Spalte oder eine neue Reihe hinzu. Klicken Sie zwischen Gitterlinien, dann wird sowohl eine Spalte als auch eine Reihe generiert.

Illustrator weist jedem neuen Gitterpunkt zunächst die Farbe zu, die im Farbe-Bedienfeld für Fläche eingestellt ist. Sollen neue Gitterpunkte ohne Farbe erstellt werden, drücken Sie beim Klicken des Punkts die Modifizierungstaste.

▲ **Abbildung 9.106**
An diese Stelle eines Objekts ohne Fläche können Sie keinen Gitterpunkt setzen.

Automatische Stützpunkte

Illustrator erzeugt manchmal automatisch »Stützpunkte«, um die Gitterlinien zu formen. Diese Punkte konnten in früheren Illustrator-Versionen aktiviert und gelöscht werden. Dies ist in aktuellen Illustrator-Versionen nicht mehr möglich.

Gitter aus Verzerrungshüllen erzeugen | Auch Gitterobjekte, die Sie als Verzerrungshülle erzeugen, können als Verlaufsgitter verwendet werden. Das ist nützlich, denn Illustrator bietet einige Verkrümmungsarten an, die Sie so als Basis für die Erstellung eines Verlaufsgitters benutzen können.

Dazu erzeugen Sie aus einer einfachen Form ein Hüllenobjekt mit Verkrümmung, und wählen Sie den Menübefehl Objekt • Verzerrungshülle • Zurückwandeln, um das Gitter aus dem Objekt zu extrahieren. Der Befehl Zurückwandeln generiert zu Ihrem Ausgangsobjekt ein Gitterobjekt als Form mit einer grauen Fläche. Sie sehen seine Gitterlinien, sobald Sie das Objekt aktivieren. Dieses Gitter lässt sich wie andere Gitterobjekte auch mit weiteren Gitterlinien versehen, einfärben und umformen.

Mehr zur Herstellung, Anwendung und Zurückwandlung von Verzerrungshüllen finden Sie in Abschnitt 10.7.

▲ **Abbildung 9.107**
Gitterobjekte aus Verkrümmungsformen

Gitter aus einem Verlauf erzeugen | Wenn Sie einen Farbverlauf detaillierter beeinflussen möchten, empfiehlt es sich, einen »normalen« Verlauf in ein Verlaufsgitter umzuwandeln.

Aktivieren Sie dazu das Verlaufsobjekt, und rufen Sie die Dialogbox UMWANDELN über das Menü OBJEKT • UMWANDELN… auf. Darin wählen Sie die Optionen FLÄCHE und VERLAUFSGITTER.

Aus einem kreisförmigen Verlauf entsteht bei der Umwandlung ein zu einem Kreis gebogenes Rechteck. Diese Form ist deshalb so interessant, weil sie mit den Transformationswerkzeugen aus einem rechteckigen Gitterobjekt nur schwer generiert werden kann. Beachten Sie bitte, dass bei dem aus der Umwandlung entstandenen kreisförmigen Gitter in der Mitte vier Gitterpunkte übereinandergestapelt sind, die zum Bearbeiten gegebenenfalls zusammen mit einem Auswahlrechteck aktiviert werden müssen.

9.7.2 Verlaufsgitter bearbeiten

Mit den Möglichkeiten, die sich beim Bearbeiten eines Verlaufsgitters ergeben, lassen sich sehr komplexe Verlaufsformen verwirklichen. Folgende Möglichkeiten stehen zur Verfügung, um ein Gitterobjekt zu editieren:

Gitterlinien und Gitterpunkte hinzufügen | Wie weiter oben in dem Absatz über das manuelle Erstellen von Gitterobjekten beschrieben, können Sie mit dem Gitter-Werkzeug jedem Verlaufsgitter, egal wie es erzeugt wurde, jederzeit Gitterlinien und Gitterpunkte hinzufügen.

Gitterpunkte bearbeiten | Einzelne Gitterpunkte eines Gitterobjekts aktivieren und verschieben Sie mit dem Werkzeug GITTER, DIREKTAUSWAHL oder LASSO, indem Sie darauf klicken bzw. klicken und ziehen. Möchten Sie einen Gitterpunkt exakt entlang einer Gitterlinie verschieben, verwenden Sie das Gitter-Werkzeug, halten ⇧ gedrückt und verschieben den Punkt.

Wenn ein Gitterpunkt aktiviert ist, werden seine Grifflinien angezeigt. Mit den Grifflinien bestimmen Sie die Form der Gitterlinien. Klicken und ziehen Sie die Grifflinien in die gewünschte Position. Mit gedrückter ⇧-Taste und dem Gitter-Werkzeug können Sie alle Grifflinien eines Gitterpunkts synchron bewegen. Möchten Sie Grifflinien »abbrechen«, also einen Übergangspunkt in einen Eckpunkt umwandeln, verwenden Sie das Ankerpunktkonvertieren-Werkzeug und ziehen den Griffpunkt.

Beachten Sie bitte, dass Sie mit dem Gitter-Werkzeug genau auf den Gitterpunkt klicken müssen, um ihn zu aktivieren, da sonst zusätzliche Gitterlinien erzeugt werden!

Komplexe Außenform

Ist die benötigte Außenform sehr komplex oder benötigen Sie ein »Loch« im Objekt, verwenden Sie eine Schnittmaske, um dem Gitterobjekt seine endgültige Form zu geben (zu Schnittmasken siehe Abschnitt 11.3).

▲ **Abbildung 9.108**
Das kreisförmige Gitter (rechts) ist im Grunde nur ein zu einem Kreis gebogenes Rechteck (links).

▲ **Abbildung 9.109**
Verschieben eines Gitterpunkts entlang einer Gitterlinie

Gitterpunkt sicher aktivieren

Wenn Sie einen vorhandenen Gitterpunkt aktivieren wollen, benutzen Sie am besten das Direktauswahl-Werkzeug, denn damit riskieren Sie nicht, versehentlich eine neue Gitterlinie zu erzeugen.

▲ **Abbildung 9.110**
Verschieben eines Gitterfelds

▲ **Abbildung 9.111**
Gitterlinien mit Ankerpunkten formen

▲ **Abbildung 9.112**
Die Arbeit mit Pipette und intelligenten Hilfslinien erspart Ihnen das vorherige Auswählen von Gitterfeldern oder Gitterpunkten.

▲ **Abbildung 9.113**
Beim Export transparenter Gitter als PSD kann es zu einer Streifenbildung kommen. Dies wurde im Update auf Version 15.0.1 behoben.

Treffen Sie mit dem Direktauswahl-Werkzeug in der Vorschau einen Punkt nicht exakt, wird ein gesamtes Gitterfeld mit allen zugehörigen Gitterpunkten ausgewählt und gegebenenfalls verschoben. Wenn Sie also gezielt mehrere Punkte aktivieren wollen, z. B. mit einem Auswahlrechteck oder mit dem Lasso-Werkzeug, ist zu empfehlen, vorher in die Pfadansicht zu wechseln.

Gitterpunkte löschen | Verwenden Sie dazu das Gitter-Werkzeug, drücken und halten Sie die Modifizierungstaste ⌥/Alt, und klicken Sie auf den entsprechenden Gitterpunkt, sobald das Cursor-Symbol zusätzlich ein Minuszeichen anzeigt.

Wenn Sie einen Gitterpunkt entfernen, werden auch die sich im Punkt kreuzenden Gitterlinien gelöscht.

Gitterfelder bearbeiten | Gitterfelder aktivieren Sie, indem Sie in das Feld klicken. Auch Felder können Sie verschieben – dabei werden alle begrenzenden Gitterlinien und Gitterpunkte mit verschoben. Darüber hinaus lässt sich ein ganzes Feld auch kopieren und als neues Gitterobjekt wieder in die Datei einfügen.

Ankerpunkte hinzufügen | Verwenden Sie Ankerpunkte, um die Form von Gitterlinien zu beeinflussen, ohne dafür im Gitter zusätzliche Zeilen oder Spalten zu erzeugen.

Neue Ankerpunkte auf Gitterlinien setzen Sie mit dem Ankerpunkt-hinzufügen-Werkzeug.

Farben zuweisen | Sie können in einem Gitter Prozess- und Volltonfarben gemeinsam verwenden und bei beiden auch mit reduzierter Deckkraft arbeiten. Um einem aktivierten Gitterpunkt oder einem Gitterfeld eine Farbe zuzuweisen, sind drei Wege möglich:

▶ Farbe-Bedienfeld: Stellen Sie die Farbe im Farbe-Bedienfeld ein, die dann automatisch auf den aktiven Gitterpunkt oder auf das aktive Gitterfeld übernommen wird.
▶ Farbfeld: Klicken Sie zusammen mit der Modifikationstaste ⌥/Alt auf ein Farbfeld.
▶ Pipette: Wählen Sie das Pipette-Werkzeug, und klicken Sie zusammen mit der Modifikationstaste ⇧ auf der Zeichenfläche eine Stelle mit der gewünschten Farbe an.

Wenn Sie mit intelligenten Hilfslinien arbeiten, können Sie die Farben sehr einfach mit dem Pipette-Werkzeug zuweisen. Gehen Sie dazu wie folgt vor:

Heben Sie alle Auswahlen auf, wählen Sie die gewünschte Füllfarbe aus, und benutzen Sie das Pipette-Werkzeug, um zusammen mit der ⌥/Alt-Taste auf den Gitterpunkt oder das Gitterfeld zu klicken, dem Sie die Farbe zuweisen möchten. Bitte beachten Sie, dass auch das Gitterobjekt nicht ausgewählt sein darf.

Shortcuts: intelligente Hilfslinien ⌘/Strg+U, alle Auswahlen aufheben ⌘/Strg+⇧+A.

Deckkraft reduzieren | Um die Deckkraft eines Gitterpunkts zu reduzieren, aktivieren Sie den Gitterpunkt, rufen das Transparenz-Bedienfeld auf – ⌘/Strg+⇧+F10 – und stellen die gewünschte DECKKRAFT mit dem Regler ein.

Die Möglichkeit, die Deckkraft der Farbe eines Gitterpunkts zu reduzieren, wurde in Illustrator CS5 neu eingeführt. In früheren Versionen wurden zu diesem Zweck häufig Deckkraftmasken (s. Abschnitt 12.2) eingesetzt.

Das Reduzieren der Deckkraft ist besonders interessant, um Gitterobjekte mit dem Hintergrund zu »verschmelzen«, die Sie zur Darstellung von Details zusätzlich erstellt haben. Da der Hintergrund normalerweise viele Verläufe aufweist, wäre eine Anpassung der Randfarben des oben liegenden Gitters ohne die Transparenz schwierig.

▲ **Abbildung 9.114**
Die Reflexion auf der Paprika können Sie mithilfe transparenter Randpunkte nahtlos in den Hintergrund übergehen lassen.

◄ **Abbildung 9.115**
Statt das Objekt wie links mit einer Deckkraftmaske zu erstellen, können Sie die Deckkraft an einigen Gitterpunkten reduzieren und erreichen ebenfalls eine Transparenz, jedoch ist das Objekt weniger komplex.

Wie gehe ich mit Verlaufsgittern um?

Verlaufsgitter funktionieren in mancher Hinsicht anders als »normale« Vektorobjekte. Mit diesen Tipps fällt der Einstieg leichter.
Auch wenn Sie mit Verlaufsgittern sehr komplexe Verläufe erzeugen können, sollten Sie Ihre **Illustrationen in handhabbare Einzelobjekte aufteilen**. Darüber hinaus ist es empfehlenswert, immer im Blick zu behalten, ob in manchen Situationen alternativ zu einem Verlaufsgitter das gewünschte Ergebnis nicht einfacher oder besser mit einem »normalen« Verlauf oder einer Angleichung zu erreichen ist (zu Angleichungen s. Abschnitt 10.6).

Konstruieren Sie erst das Gitter – mindestens mit einer großzügigen Verteilung der Lichter und Schatten –, und definieren Sie die Farbe an den Gitterpunkten im zweiten Schritt.
Gitterpunkte werden **in die Mitte der zu definierenden Farbfläche** (der Vorlage) gesetzt, nicht an deren Rand. Das ist anfangs irritierend, weil beim »normalen« Vektorisieren der Pfad entlang der Grenze der Farbfläche geführt wird.
Beachten Sie auch den Kasten »Bessere Kontrolle über Gitterlinien« auf Seite 261. In der folgenden Übung lernen Sie den Ablauf kennen.

Abbildung 9.116
Das Ergebnis des Verlaufsgitter-Workshops

Schritt für Schritt: Mit Verlaufsgittern illustrieren

In diesem Workshop zeichnen Sie ein Gummibärchen mit einem Verlaufsgitter. Sie lernen bereits die Kombination von Gitterobjekten mit weiteren Techniken wie Filtern und Transparenz, denn die Details sind nachträglich mit zusätzlichen Objekten aufgesetzt.

1 Die Datei aufbauen

Wichtig für die Arbeit mit Verlaufsgittern ist der Aufbau der Datei – speziell das Anlegen geeigneter Ebenen. Im Beispiel-Dokument ist die Gummibärchen-Vorlage bereits platziert. Sperren Sie die Ebene mit einem Klick in die Bearbeitungspalte des Ebenen-Bedienfelds – das Schloss-Symbol 🔒 wird angezeigt.

Jetzt legen Sie mit einem Klick auf den Button NEUE EBENE ERSTELLEN 📄 eine Ebene zum Zeichnen des Verlaufsgitters an. Halten Sie ⌘/Strg gedrückt, und klicken Sie auf das Auge-Symbol 👁 der neuen Ebene. Damit erreichen Sie, dass die Objekte auf dieser Ebene in der Pfadansicht dargestellt werden. Die Vorlage bleibt in der Vorschau.

Abbildung 9.117
Einrichten der Ebenen: Die Ebene mit der Vorlage wird gesperrt, und es wird eine neue Ebene angelegt und in der Pfadansicht angezeigt.

2 Das Gitter erstellen

Die Form des Gummibärchens besitzt extreme Ausbuchtungen, sodass es nicht möglich ist, aus der Außenform des Objekts ein sinnvolles Gitter zu erzeugen.

Statt also die Außenform des Bärchens nachzuzeichnen, ziehen Sie ein Rechteck auf, das etwa so groß wie das Bärchen ist. Weisen Sie diesem eine weiße Fläche zu – damit können Sie später beim Einfärben besser erkennen, welche Gitterpunkte noch nicht ihre endgültige Farbe erhalten haben. Wählen Sie OBJEKT • VERLAUFSGITTER ERSTELLEN, und geben Sie je 3 ZEILEN und SPALTEN ein.

Abbildung 9.118
Ein aus der Außenform erstelltes Gitter wäre nicht kontrollierbar.

266 | 9 Flächen und Konturen gestalten

▲ **Abbildung 9.119**
Erstellen eines Gitters aus einem Rechteck

3 **Das Gitter zurechtbiegen**
Verwenden Sie das Direktauswahl-Werkzeug , um das Gitter in die Form des Bärchens zu bringen. Die Eckpunkte sollten strategisch bereits so platziert werden, dass sich die Gitterlinien passend bilden können (siehe den Abschnitt »Vom Einfachen zum Komplizierten« auf Seite 261) – dies erreichen Sie, wenn die Eckpunkte etwa die Form eines Trapezes bilden.

Verschieben Sie dann die weiteren Punkte des Basisgitters bereits auf die benötigten Positionen (siehe den Kasten »Wie gehe ich mit Verlaufsgittern um?« auf Seite 265). Achten Sie auch darauf, dass deren Verteilung ungefähr gleichmäßig erfolgt, damit die weiteren Gitterlinien nach Ihren Wünschen entstehen.

Biegen Sie die Gitterlinien des Basisgitters mit den Griffen des Gitters ebenfalls passend zurecht. Um Griffe »abzubrechen«, wählen Sie das Ankerpunkt-konvertieren-Werkzeug . Wenn die Gitterpunkte nicht ausreichen, um die benötigten Formen zu bilden, klicken Sie mit dem Ankerpunkt-hinzufügen-Werkzeug auf die Gitterlinien, um Punkte hinzuzufügen.

▼ **Abbildung 9.120**
Verformen des Rechteckgitters in die Bärchenform. Mitte: Die Position der Eckpunkte des Gitters wurde hervorgehoben.

4 **Zusätzliche Gitterlinien erzeugen**
Wechseln Sie jetzt zum Gitter-Werkzeug . Klicken Sie damit auf die Gitterlinien, um zusätzliche Gitterpunkte und -linien zu erzeugen. Sofort nach dem Erstellen einer zusätzlichen Gitterlinie

verschieben Sie die Punkte an die benötigten Stellen und biegen die Gitterlinien mit den Griffen zurecht.

Abbildung 9.121 ▶
Für das Einfärben fertiggestelltes Gitter: Beim Einfärben der Gitterpunkte werden Sie jedoch immer noch Stellen finden, an denen die Konstruktion nicht ganz passt. Dann müssen Punkte und Griffe verschoben werden. Zu einem späteren Zeitpunkt fügen Sie auch noch weitere Gitterlinien hinzu, um Details zu ergänzen.

▲ **Abbildung 9.122**
Aufgenommene Farbfelder

5 Farben aufnehmen

Wenn die Konstruktion steht, nehmen Sie die benötigten Farben mit dem Pipette-Werkzeug aus der Fotovorlage auf. Dazu drücken Sie ⸤⇧⸥ und klicken auf die Stelle des Fotos, an der Sie Farbe aufnehmen wollen. Rufen Sie dann das Farbe-Bedienfeld auf, korrigieren Sie, falls nötig, die Einstellungen, und ziehen Sie die Farb-Miniatur aus dem Farbe- ins Farbfelder-Bedienfeld (zum Erstellen von Farbfeldern siehe Abschnitt 8.7.9, »Farbdefinitionen speichern«).

6 Einfärben

Noch in der Pfadansicht aktivieren Sie die Gitterpunkte, die Sie einfärben möchten, mit dem Direktauswahl-Werkzeug oder indem Sie sie mit dem Lasso umrunden. Dann klicken Sie auf das entsprechende Farbfeld.

Wechseln Sie während des Einfärbens immer wieder in die Vorschau, um die Wirkung Ihrer Farbgebung zu überprüfen. Dazu halten Sie ⌘/⸤Strg⸥ gedrückt und klicken auf das Auge-Symbol im Ebenen-Bedienfeld. Um auch die Vorschau mit der Vorlage zu vergleichen, verstecken Sie die Ebene mit Ihrer Zeichnung, indem Sie auf das Auge-Symbol klicken, ohne dabei zusätzliche Modifizierungstasten zu drücken.

Die Vorschau können Sie nutzen, um unpassende Farben zu korrigieren – wählen Sie die entsprechenden Gitterpunkte in der Vorschau aus, und weisen Sie ihnen ein anderes Farbfeld zu.

Oder identifizieren Sie in der Vorschau die noch nicht mit Farbe versehenen Gitterpunkte. Wählen Sie einen weißen Gitterpunkt aus, wechseln Sie wieder in die Pfadansicht der Ebene, und weisen Sie ihm ein Farbfeld zu.

▲ **Abbildung 9.123**
Einige Punkte wurden in der Pfadansicht des Gitters ausgewählt und mit einem Farbfeld versehen (links). Rechts: Vorschau des Gitterobjekts

▲ **Abbildung 9.124**
Verschiedene Stadien des Einfärbens

7 Details: Zusätzliche Gitterlinien

Die Entscheidung, ob Sie für die Ergänzung von Details zusätzliche Gitterlinien anlegen oder dies über zusätzliche Objekte lösen, ist davon abhängig, wie groß ein Detail ist, ob die zusätzlichen Gitterlinien auch an anderer Stelle für Ergänzungen nützlich sind und ob das Gesamtgitter nach dem Hinzufügen noch handhabbar bleibt. Wenn Sie Gitterlinien hinzufügen, haben Sie zwei Möglichkeiten:

Entweder wählen Sie das Gitter mit dem Auswahl-Werkzeug aus und klicken anschließend mit dem Gitter-Werkzeug auf eine bestehende Gitterlinie. Hinzugefügte Gitterpunkte erhalten dann automatisch einen Mischfarbton aus den benachbarten Gitterpunkten, sodass der Farbeindruck erhalten bleibt.

Oder Sie deaktivieren das Gitter, wählen im Farbfelder-Bedienfeld die Farbe aus, die Sie verwenden möchten, und klicken dann mit dem Gitter-Werkzeug an die gewünschte Stelle im Gitter.

▼ **Abbildung 9.125**
Ein Gitterpunkt erhält beim Hinzufügen entweder eine automatische Farbe (links), oder Sie bestimmen die Farbe (rechts).

In beiden Fällen können Sie selbstverständlich die Farbe auch nachträglich noch ändern. Wenn Sie die zusätzlichen Gitterpunkte nachträglich verschieben, verändert sich allerdings das Verlaufverhalten der Farben und damit das Aussehen der Zeichnung. Dies fällt besonders bei automatisch eingefärbten Punkten auf.

8 Details: Glanzlichter

Legen Sie eine weitere neue Ebene für die Details an. Gehen Sie so vor, wie in Schritt 1 beschrieben. Diese Details wie Glanzlichter oder kleine Schatten definieren Sie nicht über das Verlaufsgitter. Stattdessen zeichnen Sie sie zunächst mit dem Zeichenstift- oder Buntstift-Werkzeug »konventionell« nach – zeichnen Sie die Fläche etwas größer, falls Sie die Kante weichzeichnen möchten. Weisen Sie die passende Farbe zu. Um die Kanten weichzuzeichnen, verwenden Sie EFFEKT • STILISIERUNGSFILTER • WEICHE KANTE. Aktivieren Sie die VORSCHAU, und stellen Sie die Breite der Weichzeichnung ein.

Um ein Glanzlicht besser in die Zeichnung zu integrieren, reduzieren Sie mithilfe des Transparenz-Bedienfelds seine Deckkraft ein wenig oder verwenden die Füllmethode NEGATIV MULTIPLIZIEREN. Für kleine Schatten verwenden Sie dagegen MULTIPLIZIEREN.

9.7.3 Verlaufsgitter zurückwandeln

Das Zurückwandeln von Gitterobjekten ist nicht so einfach wie bei anderen komplexen Objekten. Deshalb ist es ratsam, sofern Sie vorher bereits wissen, dass Sie die Grundform noch einmal brauchen, diese vor dem Umwandeln in ein Gitter zu duplizieren.

Wenn Sie dennoch aus einem Gitter einen normalen Pfad »zurückgewinnen« müssen, aktivieren Sie das Gitterobjekt und wählen Objekt • Pfad • Pfad verschieben… mit einem Versatz von 0. Illustrator erzeugt dann die Außenform des Gitters als Pfad hinter dem Gitterobjekt.

Schritt für Schritt: Einen konischen Verlauf erstellen

Eine spezielle Art des kreisförmigen Verlaufs – den konischen Verlauf – können Sie in Illustrator nur mit einem Umweg über die Verlaufsumwandlung und eine Verzerrungshülle erzeugen. Folgende Schritte sind notwendig:

1 Kreisförmigen Verlauf erzeugen
Füllen Sie eine Rechteckform mit einem einfachen kreisförmigen Verlauf, und weisen Sie dem Objekt die Kontur Ohne zu ❶.

2 In ein Gitter umwandeln
Wandeln Sie den Verlauf mit der Menüfunktion Objekt • Umwandeln… in ein Verlaufsgitter um ❷.

3 Das Gitter herauslösen
Geben Sie nacheinander die Menüanweisungen Objekt • Schnittmaske • Zurückwandeln und Objekt • Gruppierung aufheben. Aktivieren Sie anschließend die Schnittmaske, und löschen Sie sie

▲ **Abbildung 9.127**
Ein kreisförmiger Verlauf kann in ein interessantes Gitter umgewandelt werden.

Abbildung 9.128
Die Schnittmaske (rot)

heraus. In der Pfadansicht ist die Rechteckform der Schnittmaske gut zu erkennen (s. Abb. 9.128).

4 Neuen Verlauf erstellen

Erstellen Sie ein Rechteck mit dem gewünschten Verlauf, und positionieren Sie dieses Rechteck in der Stapelreihenfolge unter dem Gitterobjekt. Dazu verwenden Sie den Befehl OBJEKT • ANORDNEN • NACH HINTEN STELLEN ❸. Der neue Verlauf muss auf der Zeichenfläche nicht unbedingt beim Gitterobjekt platziert sein.

5 In die konische Form bringen

Aktivieren Sie den Verlauf und das radiale Gitter, und wählen Sie den Menüpunkt OBJEKT • VERZERRUNGSHÜLLE • MIT OBERSTEM OBJEKT ERSTELLEN. Damit die Hülle auch die Verlaufsfüllung verformt, rufen Sie OBJEKT • VERZERRUNGSHÜLLE • HÜLLEN-OPTIONEN auf ❹ und aktivieren die Option LINEARE VERLÄUFE VERZERREN (zu Schnittmasken s. Abschnitt 11.3, zu Verzerrungshüllen s. Abschnitt 10.7).

Abbildung 9.129
Anwenden des Gitters als Hülle auf den Verlauf und Einstellen der HÜLLEN-OPTIONEN.

272 | 9 Flächen und Konturen gestalten

TEIL III
Objekte organisieren und bearbeiten

10 Vektorobjekte bearbeiten und kombinieren

In der Entwurfsphase sollten Sie nach Möglichkeit die einfachste Form wählen, mit der ein Objekt erstellt werden kann. In den bisherigen Kapiteln haben Sie einzelne Pfade sowie geometrische Figuren, Vektorkonstruktionen und Freihandformen erstellt und bearbeitet.

Mehrere dieser Formen werden dann zu komplexeren Gebilden kombiniert. Während die komplexen Formen anfangs noch locker verbunden sind, müssen sie für die endgültige Zeichnung umgewandelt werden. Hierzu bietet Illustrator viele Funktionen.

◀ **Abbildung 10.1**
Eine komplexe Zeichnung in der Layoutphase (rote Fläche zur Demonstration): Verwendet wurden Schnittmasken, interaktive Malgruppen, Pinselkonturen, Symbole. Alle Einzelbestandteile sind zwar jeweils miteinander gruppiert, lassen sich jedoch unabhängig von anderen Einzelteilen verschieben oder transformieren. Damit bleiben Sie in dieser Phase flexibel.

10.1 Objekte kombinieren

Ein umfangreiches Arsenal von Funktionen und Methoden hilft beim Kombinieren von Objekten. Einige Vorgehensweisen sind irreversibel, andere lassen das Ausgangsobjekt intakt. Beim Einsatz sollten Sie immer eine möglichst lange Editierbarkeit der Objekte im Blick haben. Daher beginnen wir mit den Funktionen, die ein Auflösen der Kombination ermöglichen: Objekte gruppieren (s. Abschnitt 5.4), einen zusammengesetzten Pfad erzeugen und Objekte zu einer zusammengesetzten Form vereinen.

Abbildung 10.2 ▶
Die Zeichnung wurde expandiert. Sie ist universell einsetzbar (u. a. zum Schneiden oder als Photoshop-Pfad), die Einzelelemente ließen sich jedoch nur noch mit hohem Aufwand editieren.

▲ **Abbildung 10.3**
Mehrere Pfade werden zu einem zusammengesetzten Pfad verbunden, um Löcher zu stanzen oder Füllungen über mehrere Formen anzulegen.

▲ **Abbildung 10.4**
Ein ZUSAMMENGESETZTER PFAD im Ebenen-Bedienfeld

▲ **Abbildung 10.5**
Bei der Füllregel NICHT-NULL wird gerechnet: Ein Pfad, der im Uhrzeigersinn verläuft, zählt mit +1, Pfade gegen den Uhrzeigersinn mit –1. Für jede Fläche berechnet Illustrator die Summe aus allen die Fläche überschneidenden Pfaden. Ist die Summe 0, dann entsteht ein Loch. Bei allen anderen Ergebnissen entsteht eine Füllung.

10.1.1 Gruppieren

Zusammengehörende Objekte werden gruppiert, um ihre Handhabung zu vereinfachen. So wirken beispielsweise Transformationen auf alle Objekte einer Gruppe gleichzeitig.

Die Objekte beeinflussen sich jedoch nicht gegenseitig, sie behalten ihre individuellen Aussehen-Eigenschaften wie Konturen, Füllungen, Transparenzen und Effekte (s. Abschnitt 5.4).

10.1.2 Zusammengesetzter Pfad

Zusammengesetzte Pfade dienen zur Konstruktion komplexer Objekte aus einzelnen Pfaden. Da solche Objekte mit allen Programmen und Geräten voll kompatibel sind, die PostScript verarbeiten können, sind sie problemlos über die Entwurfsphase hinaus auch zur Ausgabe auf Druckern und Belichtern oder beim Dateiaustausch mit anderen Programmen verwendbar.

Ein wichtiger Einsatzzweck für zusammengesetzte Pfade ist beispielsweise das »Stanzen« von Löchern in gefüllte Objekte.

Um einen zusammengesetzten Pfad zu erzeugen, aktivieren Sie die entsprechenden Pfadobjekte und wählen im Menü OBJEKT • ZUSAMMENGESETZTER PFAD • ERSTELLEN – Shortcut: ⌘/Strg + 8 .

Der zusammengesetzte Pfad ist danach nur *ein* Objekt im Ebenen-Bedienfeld. Die Punkte und Pfadsegmente der ursprünglichen Pfade können Sie mit dem Direktauswahl-Werkzeug aktivieren und bearbeiten; wenn Sie die Ursprungspfade als Objekte bearbeiten möchten, versetzen Sie sie in den Isolationsmodus (s. Abschnitt 11.4).

Aussehen-Eigenschaften | Beim Zusammensetzen übernimmt das Programm die Aussehen-Eigenschaften des untersten Ausgangspfads. Eigenschaften anderer Pfade gehen verloren.

Attribute-Bedienfeld

Das Bedienfeld für ATTRIBUTE rufen Sie unter FENSTER • ATTRIBUTE auf. Mit den Buttons ❶ stellen Sie die Füllregel-Eigenschaft ein. Die Füllregel bestimmt darüber, an welchen Stellen in zusammengesetzten Pfaden Löcher entstehen, durch die dahinterliegende Objekte sichtbar werden, und an welcher Stelle die Fläche des zusammengesetzten Pfades erscheint. Eindeutig vorhersagbar sind die Ergebnisse der Füllregel-Eigenschaft GERADE-UNGERADE (s. Abb. 10.6). Die voreingestellte Eigenschaft für neu angelegte zusammengesetzte Pfade ist NICHT-NULL (s. Abb. 10.5). Mit den Pfeilsymbolen ❷ schalten Sie PFADRICHTUNG UMKEHREN ein oder aus. Um diese Eigenschaft für einzelne Objekte zu setzen, aktivieren Sie den betreffenden Pfad mit dem Direktauswahl-Werkzeug und klicken die gewünschte Eigenschaft an.

Attribute | Wie sich die einzelnen Pfade in einem zusammengesetzten Pfad gegenseitig beeinflussen, hängt von der Füllregel-Eigenschaft des zusammengesetzten Pfades und der Pfadrichtung der Ursprungspfade ab. Die Einstellungen können im Attribute-Bedienfeld vorgenommen werden.

Auflösen | Um einen zusammengesetzten Pfad aufzuteilen, wählen Sie OBJEKT • ZUSAMMENGESETZTER PFAD • ZURÜCKWANDELN.

▲ **Abbildung 10.6**
Mit der GERADE-UNGERADE-Regel entsteht dann ein Loch, wenn eine gerade Anzahl Objekte übereinanderliegt.

10.1.3 Zusammengesetzte Form

In einer zusammengesetzten Form kombinieren Sie Objekte zu einem virtuellen Objekt. Bestandteile einer zusammengesetzten Form können geschlossene und offene Pfade, zusammengesetzte Pfade, gruppierte Objekte, Textobjekte, Symbole oder andere zusammengesetzte Formen sein. Deshalb besteht die Möglichkeit, zusammengesetzte Formen aus vielen gestapelten Objekten hierarchisch sehr tief zu verschachteln.

Virtuelle Objekte – Pro und Contra | Eine zusammengesetzte Form wird nur für die Anzeige auf dem Bildschirm bzw. für den Druck in Echtzeit berechnet und ausgegeben, ist also nur ein scheinbares bzw. virtuelles Objekt. Der Vorteil dabei ist, dass die Ursprungsobjekte immer noch in sich zu bearbeiten sind.

Sehr komplexe virtuelle Objekte können Rechenzeit bei der Anzeige auf dem Bildschirm und bei der Ausgabe auf Druckern kosten und sind nicht für alle Arten der Weiterverarbeitung geeignet (siehe auch die Checkliste »Datei für Folienplot« auf S. 296).

Eigenschaften | Einzelnen Objekten in einer zusammengesetzten Form können unterschiedliche Effekte zugeordnet werden (Effekte s. Abschn. 13.2, Aussehen-Eigenschaften s. Abschn. 11.5).

▲ **Abbildung 10.7**
Zusammengesetzte Form aus einem zusammengesetzten Pfad, einem Symbol und einem Textobjekt

10.1 Objekte kombinieren | **277**

▲ **Abbildung 10.8**
Verschiedene Effekte sind einzelnen Objekten einer zusammengesetzten Form zugeordnet.

▲ **Abbildung 10.9**
Die Formmodi-Buttons im Pathfinder-Bedienfeld

▲ **Abbildung 10.10**
Damit die beiden Löcher korrekt in die Mauersteine gestanzt werden, müssen die Löcher-Formen und die Steine jeweils zu zusammengesetzten Pfaden verbunden werden.

Pathfinder im Menü?

Wie bei vielen anderen Funktionen gibt es für die Formmodi und Pathfinder-Befehle keine Entsprechung im Menü. Die Pathfinder-Effekte besitzen nur den gleichen Namen (mehr dazu in Kapitel 13).

Die Originalobjekte, aus denen die sichtbare Form kombiniert wird, bleiben jeweils intakt, Sie können jedes einzelne Objekt weiterhin transformieren oder anderweitig bearbeiten, und zusammengesetzte Formen können wieder aufgelöst und in ihre Quellobjekte zerlegt werden.

Zusammengesetzte Form erstellen | Zusammengesetzte Formen erstellen Sie mit dem Pathfinder-Bedienfeld, das Sie aus dem Menü Fenster aufrufen – ⌘/Strg+⇧+F9. Die übliche Vorgehensweise ist, beim Erstellen mit dem Formmodus zu bestimmen, wie die Ursprungsobjekte einer zusammengesetzten Form aufeinander einwirken und ihr Aussehen gegenseitig beeinflussen. Dazu aktivieren Sie die Objekte, halten ⌥/Alt gedrückt und klicken auf den gewünschten Button in der oberen Reihe des Pathfinder-Bedienfelds.

Normalerweise wirken in zusammengesetzten Formen alle Pfade als einzelne Objekte aufeinander. Soll ein Objekt aus mehreren Pfaden bestehen, sollen z. B. zwei Löcher in eine Mauer gestanzt werden, müssen diese Pfade erst jeweils zu zusammengesetzten Pfaden verbunden werden.

Geänderte Anwendung der Formmodi-Buttons

Adobe hat die Bedienung der Formmodi-Buttons geändert. Achten Sie darauf, dass Sie in Illustrator CS4 und CS5 ⌥/Alt drücken müssen, wenn Sie eine zusammengesetzte Form erstellen möchten. Ohne diese Modifizierungstaste wird die Form gleich beim Erstellen umgewandelt.

Formmodi | Die vier verschiedenen Modi finden Sie im Pathfinder-Bedienfeld im ersten Abschnitt: Hinzufügen zum Formbereich, Subtrahieren vom Formbereich, Schnittmenge mit dem Formbereich und Entfernen von überlappenden Formbereichen. Ähnliche Funktionen sind aus 3D-Programmen als boolesche Operationen bekannt.

▶ Hinzufügen zum Formbereich (vereinen) ▫: Die Flächen aller aktivierten Objekte werden als eine gesamte Fläche mit den Aussehen-Eigenschaften des Objekts ausgegeben, das im Stapel an oberster Stelle liegt.

▶ Subtrahieren vom Formbereich (stanzen) ▫: Im aktivierten Stapel wird von der Fläche des untersten Objekts die gemeinsame Fläche der davor liegenden Objekte abgezogen. Es bleibt nur die Restfläche des untersten Objektes mit dessen Aussehen-Eigenschaften als virtuelles Objekt übrig.

▶ Schnittmenge mit dem Formbereich ▫: Als virtuelles Objekt wird nur die Fläche ausgegeben, die allen aktivierten Objekten gemeinsam ist. Das Aussehen wird vom obersten Objekt übernommen.

- ENTFERNEN VON ÜBERLAPPENDEN FORMBEREICHEN (Schnittmenge entfernen) : Dieser Modus beeinflusst die aktivierten Objekte wie die GERADE-UNGERADE-Füllregel. An den Stellen, an denen eine gerade Anzahl Objekte übereinanderliegt, entsteht ein Loch in der zusammengesetzten Form. Dort, wo im aktivierten Stapel eine ungerade Anzahl Objekte übereinander angeordnet ist, wird eine Fläche ausgegeben. Die Form nimmt die Aussehen-Eigenschaften des obersten Objekts an.

Ebenen-Bedienfeld – Objekthierarchie | Das Ebenen-Bedienfeld zeigt die zusammengesetzten Formen und alle zugehörigen Objekte so an, dass Sie die Hierarchie erkennen können.

Formmodus ändern | Im Objektstapel einer zusammengesetzten Form besitzt jedes einzelne Objekt, mit Ausnahme des untersten, den Formmodus, den Sie für das gesamte virtuelle Objekt gewählt haben. Das hierarchisch unterste Objekt bleibt ohne Formmodus. Sie können den Modus jedes einzelnen Objektes ändern, indem Sie es mit dem Direktauswahl-Werkzeug anklicken und im Pathfinder-Bedienfeld einen anderen Modus-Button betätigen. Der neue Formmodus ersetzt den zugewiesenen.

Da das nachträgliche Ändern des Formmodus unter Umständen viel Probieren erfordert, erstellen Sie lieber zunächst kleinere Einheiten und kombinieren diese dann zu größeren.

Form editieren | Außer der Anwendung eines anderen Formmodus können Sie über das Ebenen-Bedienfeld auch die Stapelreihenfolge in der zusammengesetzten Form verändern (Stapelreihenfolge s. Abschnitt 5.3, Ebenen s. Abschnitt 11.1).

Um auf einzelne Objekte Transformationen anzuwenden, aktivieren Sie das Objekt, das Sie bearbeiten möchten, mit dem Direktauswahl- oder Gruppenauswahl-Werkzeug. Danach können Sie dieses Objekt wie gewohnt transformieren.

Möchten Sie einzelnen Objekten der zusammengesetzten Form nachträglich Effekte zuweisen, müssen Sie diese Objekte im Ebenen-Bedienfeld als Ziel auswählen (s. Abschnitt 11.2).

Form auflösen | Wenn Sie eine zusammengesetzte Form wieder auflösen möchten, wählen Sie aus dem Menü des Pathfinder-Bedienfelds den Befehl ZUSAMMENGESETZTE FORM ZURÜCKWANDELN. Sie erhalten wieder die ursprünglichen Objekte.

▲ **Abbildung 10.11**
Auswirkungen der Formmodi auf die Originalobjekte:
HINZUFÜGEN ❶, SUBTRAHIEREN ❷, SCHNITTMENGE ❸, ENTFERNEN VON ÜBERLAPPENDEN FORMBEREICHEN ❹

Objektauswahl nur durch Pfad

Haben Sie in den Voreinstellungen die Option OBJEKTAUSWAHL NUR DURCH PFAD aktiviert, verwenden Sie zum Auswählen eines Objekts innerhalb der zusammengesetzten Form das Gruppenauswahl-Werkzeug.

▲ **Abbildung 10.12**
Subtrahieren eines offenen Pfades: Er wird automatisch geschlossen.

Isolationsmodus

Im Isolationsmodus können Sie nur die oberste Hierarchiestufe einer komplexen zusammengesetzten Form bearbeiten.

▲ **Abbildung 10.13**
Zusammengesetzte Form vor (rot) und nach (blau) dem Umwandeln; Verschieben eines Teils (jeweils rechts)

10.1.4 Zusammengesetzte Form umwandeln

Um eine zusammengesetzte Form auf einen Pfad oder auf einen zusammengesetzten Pfad zu reduzieren, müssen der zugrundeliegende Objektstapel und seine Einzelobjekte zerstört werden. Alle redundanten, nicht sichtbaren Segmente des virtuellen Objekts werden entfernt, und ein neues Objekt wird zusammengesetzt, das in seiner reduzierten Form dem Erscheinungsbild des virtuellen Objekts entspricht, das bisher faktisch nur als rechnerische Ausgabe auf dem Bildschirm angezeigt wurde.

Um eine zusammengesetzte Form so zu bearbeiten, verwenden Sie den Funktionsbutton Umwandeln aus dem Pathfinder-Bedienfeld, oder wählen Sie aus dem Menü des Bedienfelds den Befehl Zusammengesetzte Form umwandeln.

10.2 Pathfinder – Objekte zerteilen

Der Begriff »Pathfinder« ist für einen der wichtigsten Funktionsbereiche von Illustrator ziemlich irreführend. Es handelt sich hier um angewandte Mengenlehre.

10.2.1 Pathfinder-Funktionen

Die Pathfinder-Funktionen rechnen aktivierte Objekte nach logischen Algorithmen ineinander, sodass ein oder mehrere neue Pfade entstehen. Pathfinder-Funktionen können Sie nur auf Vektorobjekte anwenden. Einige der Funktionen erfordern geschlossene Pfade, beziehungsweise offene Pfade werden automatisch geschlossen, und für drei der Funktionen müssen die Pfade auch gefüllt sein. Pathfinder-Funktionen können Sie nicht auf Textobjekte anwenden. Auch die hier beschriebenen Funktionen können Sie nur im Pathfinder-Bedienfeld aufrufen, nicht im Menü.

▲ **Abbildung 10.14**
Das Pathfinder-Bedienfeld: Auch die Formmodi-Buttons der oberen Reihe arbeiten wie die Pathfinder destruktiv, wenn Sie nicht ⌥/Alt drücken.

Funktionsarten | Um eine Pathfinder-Funktion auf ein aktiviertes Objekt anzuwenden, klicken Sie im unteren Abschnitt des Pathfinder-Bedienfelds auf einen der nachfolgend beschriebenen Funktionsbuttons:

▸ Fläche aufteilen: Diese Funktion teilt die Gesamtfläche aller Objekte entlang der vorhandenen Pfade auf, bis keines der Objekte mehr von einem Pfad durchschnitten wird. Offene Pfade werden, wenn nötig, automatisch geschlossen. Es entstehen neue Objekte aus geschlossenen Pfaden, die miteinander gruppiert sind. Die Aussehen-Eigenschaften der neuen Objekte richten sich jeweils nach dem entsprechenden sichtbaren Teil des Ursprungsobjekts.

▲ **Abbildung 10.15**
Ausgangsobjekte

▲ **Abbildung 10.16**
Fläche aufteilen

- **Überlappungsbereich entfernen** 🔲: Die in einem Stapel aktivierter Objekte weiter oben angeordneten Objekte stanzen mit den Teilen, die von ihnen sichtbar sind, aus den darunterliegenden Objekten jene Bereiche aus, die sie verdecken. Offene Pfade werden, wenn nötig, automatisch geschlossen. Es entstehen mehrere geschlossene Pfade, die ihre ursprüngliche Füllung beibehalten, aber keine Kontur mehr aufweisen. Objekte ohne Fläche werden von der Funktion ignoriert und ohne Warnung entfernt. Das gilt auch für Linien, die nur dann von der Funktion einbezogen werden, wenn ihnen eine Fläche zugeordnet ist, selbst wenn diese keine Auswirkung auf die Bildschirmanzeige hat.

  Ist auf ein oben liegendes Objekt eine Transparenz oder Farbe überdrucken angewendet, entsteht aus der Überlappung eine Fläche. Die neu entstandenen Objekte sind gruppiert.

- **Verdeckte Fläche entfernen** 🔲: Arbeitet wie die Funktion Überlappungsbereich entfernen. Zusätzlich werden gleichfarbige Flächen, die aneinandergrenzen, zu einem Objekt vereinigt. Konturen werden gelöscht und die neu entstandenen Objekte gruppiert. Dies ist eine wichtige Funktion, um Vektorgrafik zu »säubern« und z. B. für das Plotten vorzubereiten (mehr dazu im Kasten auf S. 283).

- **Schnittmengenfläche** 🔲: Die neuen Objekte, die bei Anwendung dieser Funktion entstehen, werden aus den Schnittmengen gebildet, die das in einem Stapel aktivierter Objekte oberste Objekt mit den Teilen der darunterliegenden Objekte bildet, die sichtbar wären, wenn das oberste Objekt durchsichtig wäre. Objekte und Objektteile, die außerhalb der Form des obersten Objekts liegen, werden gelöscht. Damit wirkt dieser Pathfinder ähnlich wie eine Schnittmaske.

  Der Restpfad des obersten Objekts bleibt bestehen, hat aber keine Kontur und keine Füllung. Der Befehl kann bei der Anwendung auf offene Pfade zu unerwarteten Ergebnissen führen. Die neu entstandenen Objekte sind gruppiert.

  Diese Funktion setzt gefüllte Objekte voraus.

- **Kontur aufteilen** 🔲: Die Konturen der aktivierten Objekte werden überall an den Stellen geschnitten, an denen sie sich überschneiden.

  Es entstehen einzelne offene Pfade. Als Konturfarbe wird ihnen die Farbe der Füllung des ursprünglichen Objekts zugeordnet. Die Pfade haben die Konturstärke »Haarlinie« – Illustrator zeigt dies im Kontur-Bedienfeld durch den Wert 0 an.

  Diese Funktion eignet sich gut als Vorbereitung manueller Überfüllungen und ist die einzige Möglichkeit, in Illustrator

▲ **Abbildung 10.17**
Überlappungsbereich entfernen

▲ **Abbildung 10.18**
Wenn die Gerade mit einer Fläche versehen ist (links), lässt sich Überlappungsbereich entfernen anwenden (rechts).

▲ **Abbildung 10.19**
Verdeckte Fläche entfernen

Verdeckte Fläche entfernen

Verwenden Sie die Funktion Verdeckte Fläche entfernen zur Optimierung umgewandelter Pinselkonturen.

▲ **Abbildung 10.20**
Schnittmengenfläche

▲ **Abbildung 10.21**
Kontur aufteilen

▲ **Abbildung 10.22**
HINTERES OBJEKT ABZIEHEN

Haarlinien zu erzeugen, die von mancher Plot-Software als Schneidepfad benötigt werden.

- HINTERES OBJEKT ABZIEHEN : Diese Funktion bewirkt bei den aktivierten Objekten ein umgekehrtes Stanzen. Das bedeutet, dass von der Fläche des im Stapel obersten Objekts die Flächen aller im Stapel darunterliegenden Objekte subtrahiert werden, soweit sie mit dem obersten Objekt eine Schnittmenge bilden. Illustrator schließt offene Pfade, wenn nötig, automatisch.
Objekte und Objektteile, die außerhalb der Fläche des obersten Objekts liegen, werden gelöscht. Das neu entstandene Objekt behält die Aussehen-Eigenschaften des obersten Objekts.

Bedienfeldmenü | Pathfinder-Bedienfeld

- ÜBERFÜLLEN: Diese Funktion hilft bei den Druckvorbereitungen beim manuellen Überfüllen (s. Abschnitt 19.3.5).
- WIEDERHOLEN: Um die zuletzt verwendete Pathfinder-Funktion auf andere Objekte anzuwenden, können Sie den Befehl WIEDERHOLEN: … aus dem Bedienfeldmenü verwenden.
- ZUSAMMENGESETZTE FORM ERSTELLEN, ZUSAMMENGESETZTE FORM ZURÜCKWANDELN und ZUSAMMENGESETZTE FORM UMWANDELN sind Menübefehle, die bereits im Abschnitt über zusammengesetzte Formen erläutert wurden.

Pathfinder-Optionen | Über das Bedienfeldmenü rufen Sie auch die Dialogbox PATHFINDER-OPTIONEN auf.

> **Zusammengesetzte Form erstellen**
>
> Die Anwendung dieses Befehls aus dem Menü ist vor allem dann interessant, wenn Sie einzelne Pfade für den PSD-Export vorbereiten möchten. Nur zusammengesetzte Pfade werden beim PSD-Export in Photoshop-Formebenen umgewandelt.

Abbildung 10.23 ▶
Die Dialogbox PATHFINDER-OPTIONEN

- GENAUIGKEIT: Wenn das Programm zusätzliche Ankerpunkte in Pfade einfügen muss, beispielsweise in Kurvensegmenten, können Sie bestimmen, wie genau die Funktion dabei arbeiten soll. Ein niedriger Wert erzeugt eine höhere Genauigkeit. Das bedeutet, dass bei erzeugten Pfaden mehr Punkte generiert werden und damit ein präziserer Pfadverlauf entsteht. Die Berechnung des Ergebnisses dauert bei höherer Genauigkeit länger. Sie können mit der Funktion experimentieren, denn der Button STANDARDWERTE setzt die Einstellung zurück.

> **Verdeckte Fläche entfernen**
>
> Wenn der Pathfinder VERDECKTE FLÄCHE ENTFERNEN einmal nicht wie erwartet funktioniert, überprüfen Sie, ob die Objekte wirklich dieselbe Flächenfarbe und identische Überdrucken-Einstellungen besitzen. Vor allem bei Schwarz bemerkt man die Unterschiede nicht auf den ersten Blick.

Pathfinder-Anwendungen

Formen aus CAD-Systemen bestehen häufig aus vielen einzelnen Pfaden. Um diese effizient zu einem Pfad zusammenzufügen, weisen Sie allen Pfaden eine Füllung zu und verwenden die Funktion FLÄCHE AUFTEILEN. Wichtig ist, dass Sie dabei die Option UNGEFÜLLTE OBJEKTE ENTFERNEN deaktivieren.

Alternativ zur Funktion INTERAKTIV MALEN lässt sich ebenfalls der Pathfinder FLÄCHE AUFTEILEN nutzen, um aus offenen Pfaden Flächen zu erzeugen. Achten Sie darauf, dass Pfade sich an Schnittstellen berühren oder überschneiden. Deaktivieren Sie die Option UNGEFÜLLTE OBJEKTE ENTFERNEN.

Um eine komplexe Grafik aus der Layoutversion in die endgültige – plottfähige – Version umzuwandeln, ist der Pathfinder VERDECKTE FLÄCHE ENTFERNEN hilfreich. Mit nur einem Klick erzeugt er die optimierten Objekte.

▸ ÜBERFLÜSSIGE ANKERPUNKTE ENTFERNEN: Alle Punkte, die keine Auswirkung auf die Form eines Pfades haben, werden entfernt, z. B. nicht benötigte Zwischenpunkte auf einer Geraden.

▸ UNGEFÜLLTE OBJEKTE ENTFERNEN hat nur Auswirkungen auf die Funktionen FLÄCHE AUFTEILEN und KONTUR AUFTEILEN. Wenn Sie mit einer der beiden Funktionen bei derselben Aktion sowohl Objekte verwenden, die mit einer Füllung versehen sind, als auch Objekte ohne Füllung, wirken die ungefüllten Objekte zwar am Ergebnis mit, werden aber selbst gelöscht. Es kommt nicht darauf an, ob die Füllung auf dem Bildschirm sichtbar ist (auch eine gerade Linie kann eine Füllung haben), es zählt nur die zugeordnete Eigenschaft.

▲ **Abbildung 10.24**
Zwischenpunkte auf einer Geraden

10.2.2 Pathfinder-Effekte

Pathfinder-Effekte führen zwar gleichnamige Operationen durch wie die Buttons im Pathfinder-Bedienfeld, fungieren aber als Objekteigenschaften. Pathfinder-Effekte finden Sie unter EFFEKT • PATHFINDER im Menü. Pathfinder-Effekte können auf Gruppen,

Wirkungsweise der Effekte

Eine Aufstellung der Wirkungsweisen der einzelnen Effekte finden Sie auf den vorhergehenden Seiten unter »Zusammengesetzte Formen« und »Pathfinder-Funktionen«.

▲ **Abbildung 10.25**
Darunter liegende Objekte aufteilen wurde verwendet, um diesen Rapport für einen Musterpinsel zu konstruieren.

▲ **Abbildung 10.26**
Das Radiergummi-Werkzeug, mit einer kalligrafischen Werkzeugspitze eingesetzt

einzelne Textobjekte und ganze Ebenen angewendet werden (s. Abschnitt 13.3.9; für Hart und weich mischen Abschnitt 12.3).

10.2.3 Andere Methoden, um Objekte zu zerteilen

Neben den komplexen, logisch orientierten Pathfinder-Funktionen bietet Illustrator auch einfachere Methoden, die Objekte nur zerschneiden.

In Raster teilen | In Raster teilen erzeugt aus beliebigen Quellobjekten mehrere nicht gruppierte oder verbundene, regelmäßig angeordnete Rechtecke (s. Abschnitt 4.5.7).

Darunter liegende Objekte aufteilen | Sie können einen Pfad bestimmen, um mit diesem wie beim »Keksausstechen« *alle* Objekte zu zerschneiden, die darunter liegen. Es werden wirklich *alle* Objekte unter der »Stanze« zerteilt, auch solche auf anderen Ebenen. Ausgenommen sind lediglich ausgeblendete und gesperrte Ebenen (s. Abschnitt 11.1.16).

Der Befehl wirkt sowohl mit offenen als auch mit geschlossenen Pfaden, jedoch nicht mit gruppierten oder zusammengesetz-

---

Übersicht: Löcher stanzen

Die einfachste Art, Löcher zu stanzen, besteht darin, einen zusammengesetzten Pfad zu erstellen.

In einer zusammengesetzten Form können Textobjekte, Symbole und Pfade mit Effekten kombiniert sein.

Mit dem Radiergummi-Werkzeug können Sie Löcher durch mehrere Objekte »malen« (s. Abschn. 7.4.4). Die Pfade werden zerschnitten.

Schnittmasken (s. Abschnitt 11.3) sind sehr flexibel und können auf alle Objektarten angewendet werden.

Löcher mit weichen Kanten erzeugen Sie mit Deckkraftmasken (s. Abschnitt 12.2) – diese lassen sich nicht nur auf Pixelbilder anwenden, sondern auch daraus erstellen.

Mit Aussparungsgruppen (s. Abschnitt 12.1.7) können Sie sehr komplexe Transparenz-Interaktionen und unter anderem auch Löcher definieren.

ten Pfaden. Aktivieren Sie den Pfad, der als »Stanze« dienen soll, und wählen Sie im Menü Objekt • Pfad • Darunter liegende Objekte aufteilen.

Radiergummi | Mit dem Radiergummi-Werkzeug können Sie Schnitte in variabler Linienstärke durch Objekte führen.

10.3 Formen intuitiv erstellen

Während jedes Kind in einem Malbuch schwarze Linien und Ränder als Grenze für die Farbe erkennt, ist das für Vektor-Software nicht so ganz einfach. Solche Programme können eigentlich nur eine Form beschreiben und wenn nötig mit einer Füllung versehen. Für zwei direkt aneinandergrenzende Farbflächen werden daher auch zwei Formen benötigt (s. Abschnitt 3.2.6).

Mit den Pathfinder-Befehlen und der Funktion Interaktiv malen (s. Abschnitt 10.4) können Sie geschlossene und offene Pfade als Grundbausteine für komplexere Konstruktionen verwenden. Die Pathfinder sind jedoch wenig intuitiv und Interaktiv malen ist für viele Einsatzzwecke zu umständlich. Daher wurde in CS5 das Formerstellungswerkzeug eingeführt.

10.3.1 Funktionsweise des Formerstellungswerkzeugs

Mit dem Formerstellungswerkzeug können Sie Bereiche einer Zeichnung füllen, die von Pfaden begrenzt werden, auch wenn diese Linien zu verschiedenen Objekten gehören oder kleine Lücken aufweisen.

Optionen | Mit einem Doppelklick auf das Werkzeug rufen Sie die Voreinstellungen auf.

> **Besser auswählen**
>
> Wenn Sie Schwierigkeiten haben, Objekte zu aktivieren, wechseln Sie mit ⌘/Strg+Y in die Pfadansicht. In diesem Modus können Sie Objekte nur aktivieren, indem Sie auf deren Pfad klicken. Danach wechseln Sie mit demselben Shortcut zurück in die Vorschau.

▲ Abbildung 10.27
Das Formerstellungswerkzeug ist ein einfaches Konstruktionshilfsmittel.

> **Einfachheit gewinnt**
>
> Die Arbeit mit dem Formerstellungswerkzeug geht flüssiger, wenn Sie auf Einfachheit der Ausgangsformen achten: Löschen Sie alles, was nicht nötig ist. Handelt es sich um viele Objekte, arbeiten Sie in mehreren Schritten und aktivieren nur die jeweils nötigen Elemente. Löschen Sie mit ⌫/Alt so schnell wie möglich die Bereiche, die Sie nicht brauchen.

◀ Abbildung 10.28
Dialogbox Optionen für Formerstellungswerkzeug

Abbildung 10.29
Vor dem Erstellen der Form wird ein Farbfeld im Cursor gewählt (oben) oder die Farbe des zuerst angeklickten Bereichs verwendet (unten).

Abbildung 10.30
Löschen von Bereichen durch Verwendung von ⌥/Alt.

Abbildung 10.31
Wurden bereits die Ausgangsformen reduziert (rechts), arbeitet das Werkzeug flüssiger.

- **Lückensuche:** Falls Illustrator die gewünschten Formen nicht erkennen will, kann es sein, dass Pfade nicht aufeinandertreffen. Aktivieren Sie dann die Lückensuche, und wählen Sie eine Lückenlänge (s. Abschnitt 10.4.1)
- **Offenen gefüllten Pfad als geschlossen behandeln:** Besitzt ein offener Pfad eine Fläche, dann wird er mit dieser Option so behandelt, als wäre er durch die kürzeste Verbindung zwischen beiden Endpunkten geschlossen.
- **Im Modus »Zusammenfügen« …:** Mit dieser Option können Sie durch Klicken auf eine Kante diesen Abschnitt des Pfads mit Kontureigenschaften versehen oder abtrennen.
- **Farbe auswählen aus:** Mit dieser Option bestimmen Sie, wie die Farben zum Füllen der neuen Formen bestimmt werden.
  - **Bildmaterial:** Die neue Form erhält die Farbe, die der zuerst angeklickte Bereich besitzt.
  - **Farbfeldern:** Die Farbe wird aus den Farbfeldern gewählt. Diese Option ist noch nützlicher, wenn Sie die Cursorfarbfeldvorschau aktivieren. Diese blendet neben dem Cursor Farbfelder ein, durch die Sie mit den Pfeiltasten wechseln können.
- **Markierungen:** Die Hervorhebungen zeigen die entstehenden Formen an.
  - **Füllen:** Die gefüllten Bereiche werden bereits beim »Überrollen« mit dem Cursor durch ein Raster angezeigt.
  - **Bearbeitbare Kontur hervorheben:** Beim Klicken der Maustaste wird der entstehende Pfad hervorgehoben. Illustrator erweitert die Form jeweils um die Bereiche, die Sie mit dem Cursor kreuzen. Die Farbe der Hervorhebung bestimmen Sie im Menü.

Modifikationsmöglichkeiten

- Drücken Sie ⌥/Alt und ziehen Sie das Werkzeug über Bereiche, um diese zu löschen.
- Mit ⇧ können Sie ein Auswahlrechteck über Bereichen aufziehen, um Formen zu bilden. Drücken Sie zusätzlich ⌥/Alt, um mit einem Auswahlrechteck Bereiche zu löschen.

10.3.2 Eine Form aus Bereichen bilden

So fügen Sie mit dem Formerstellungswerkzeug Bereiche zusammen:

1. Legen Sie sich eine Farbgruppe mit den Farbfeldern an, die Sie verwenden möchten, oder weisen Sie den Ausgangsobjekten die Farben zu. Aktivieren Sie die Pfade, aus denen Sie eine neue Form konstruieren möchten.

2. Doppelklicken Sie das Formerstellungswerkzeug, und stellen Sie die Optionen ein.
3. Bewegen Sie den Cursor ▸₊ über die aktivierten Pfade – die Rasterung zeigt die Bereiche an, die Illustrator füllen kann. »Blättern« Sie mit den Pfeiltasten, um ein Farbfeld auszuwählen, oder verwenden Sie das Farbe-Bedienfeld.
4. Klicken Sie in den gewünschten Bereich, und ziehen Sie das Werkzeug über die Bereiche, die Sie der neuen Form hinzufügen wollen. Dies kann jeweils immer nur in gerader Strecke erfolgen.
5. Um Bereiche zu löschen, halten Sie ⌥/Alt gedrückt und klicken mit dem Cursor ▸₋ hinein oder klicken und ziehen über mehrere Bereiche.

10.3.3 Kanten einfärben und Konturen auftrennen

So trennen Sie Pfade an Schnittpunkten auf; dies kann in einem Arbeitsgang zusammen mit dem Bilden von Formen geschehen:
1. Wählen Sie die Ausgangsobjekte aus.
2. Doppelklicken Sie das Formerstellungswerkzeug, und aktivieren Sie die Optionen IM MODUS »ZUSAMMENFÜGEN« WIRD DER PFAD ... GETEILT und BEARBEITBARE KONTUR HERVORHEBEN.
3. Stellen Sie ggf. Kontureigenschaften ein, und bewegen Sie den Cursor über die Pfade. Kanten werden zwischen den Kreuzungspunkten zweier Pfade hervorgehoben.
4. Klicken Sie auf eine Kante, um ihr Kontureigenschaften zuzuweisen. Klicken Sie mit ⌥/Alt, um Kanten zu löschen.

10.4 »Malen« mit Vektoren

Malen mit Vektoren klingt zunächst wie etwas, das sich gegenseitig ausschließt, denn mathematische oder geometrische Funktionen sind ja nicht gerade für die intuitive Arbeit angelegt.

▲ **Abbildung 10.32**
Auf eine Kante können Sie eine Konturstärke, -farbe und Strichelung anwenden (oben) oder die Kante löschen (unten).

Fülleimer vor CS2

Falls Sie den Fülleimer aus Illustrator CS und früher (siehe Bild unten links) vermissen, der wurde ersatzlos gestrichen.

◂ **Abbildung 10.33**
Anwendungsbeispiel INTERAKTIV MALEN

▲ **Abbildung 10.34**
Die Interaktiv-malen-Werkzeuge haben seit CS3 neue Symbole (rechts) erhalten.

▲ **Abbildung 10.35**
Wie rechts dargestellt, musste das Zelt in einer Vektor-Software bisher aus Flächen konstruiert sein, damit es koloriert werden konnte. Änderungen am Verlauf der Begrenzungslinien wären bei einer solchen Konstruktion natürlich schwierig.

10.4.1 Interaktiv malen – Live Paint

INTERAKTIV MALEN – englisch »Live Paint« – ermöglicht wie das Formerstellungswerkzeug das Füllen von Bereichen, die von mehreren Pfaden umschlossen sind, sowie das Anlegen von Kontureigenschaften auf Pfadabschnitten. Die füllbaren Flächen in Malgruppen werden **Teilflächen** genannt, die sich überschneidenden Pfade heißen **Kanten**. Im Unterschied zu den mit dem Formerstellungswerkzeug konstruierten Formen sind **Live-Paint-Objekte** bzw. **interaktive Malgruppen** editierbar, da die Ausgangsobjekte nicht verändert werden.

Lücken erkennen und bearbeiten | Aktivieren Sie zunächst im Menü die Option ANSICHT • INTERAKTIVE MALLÜCKEN EINBLENDEN, damit Ihnen die erkannten Lücken angezeigt werden. Die Option ist aktiv, wenn im Menü ANSICHT • INTERAKTIVE MALLÜCKEN AUSBLENDEN angezeigt wird!

Rufen Sie danach die Dialogbox LÜCKENOPTIONEN auf. Sie finden sie unter OBJEKT • INTERAKTIV MALEN • LÜCKENOPTIONEN… oder mithilfe des Buttons LÜCKENOPTIONEN im Steuerungsbedienfeld.

Abbildung 10.36 ▶
Die Dialogbox LÜCKENOPTIONEN

▲ **Abbildung 10.37**
Die Zeichnung oben enthält keinen einzigen geschlossenen Pfad, trotzdem kann sie in Illustrator mit der Live-Paint-Funktion (INTERAKTIV MALEN) koloriert werden.

- ▶ LÜCKENSUCHE: Mit dem Kontrollkästchen LÜCKENSUCHE links oben können Sie die automatische Lückenerkennung starten.
- ▶ VORSCHAU: Aktivieren Sie die Option VORSCHAU, um die Auswirkung Ihrer Einstellungen in Ihrer Grafik zu sehen.
- ▶ PINSEL STOPPT BEI/BENUTZERDEFINIERT: Hier stellen Sie ein, ab welcher Breite Illustrator Lücken erkennen soll. Probieren Sie verschiedene Vorgaben mithilfe der VORSCHAU aus. Einstellmöglichkeiten sind im Ausklappmenü KLEINE, MITTELGROSSE oder GROSSE LÜCKEN oder alternativ im Eingabefeld BENUTZERDEFINIERT frei einzugebende numerische Maße. Die Lücken werden auf der kürzesten geraden Strecke überbrückt.
- ▶ FARBE FÜR DIE LÜCKENVORSCHAU: Passen Sie die Farbe der Lückenmarkierung so an, dass sie in der Grafik gut erkennbar ist.

▶ Lücken mit Pfaden schliessen: Wenn Sie die angezeigten Lücken endgültig schließen wollen, erzeugen Sie entsprechende Pfade mit dem Button Lücken mit Pfaden schliessen. **Achtung!** Sie verlieren danach allerdings die automatische Erkennung und müssen alle Lücken manuell bearbeiten.

10.4.2 Malgruppe erstellen

Um eine Zeichnung mit der Interaktiv malen-Funktion zu kolorieren, gehen Sie wie folgt vor:

1. Aktivieren Sie alle Pfade, die zu dem zu bearbeitenden Teil Ihrer Grafik gehören.
2. Erzeugen Sie eine interaktive Malgruppe, indem Sie aus dem Menü Objekt • Interaktiv malen • Erstellen auswählen, oder nehmen Sie das Interaktiv-malen-Werkzeug aus dem Werkzeugbedienfeld – K –, und klicken Sie irgendwo im Bereich der aktivierten Objekte.
3. Bestimmen Sie, ab welchem Abstand Lücken geschlossen werden sollen. Die Einstellungen setzen Sie in der Dialogbox Objekt • Interaktiv malen • Lückenoptionen…
4. Falls nötig, ergänzen Sie Pfade, um größere Lücken von Hand zu schließen. Dazu haben Sie zwei Möglichkeiten:
   a. Doppelklicken Sie auf die interaktive Malgruppe, und fügen Sie Pfade im Isolationsmodus hinzu.
   b. Zeichnen Sie die gewünschten Pfade, wählen Sie die Malgruppe und die neuen Pfade aus, und rufen Sie Objekt • Interaktiv malen • Zusammenfügen auf. Die Eigenschaften der Pfade wie Füllung oder Konturstärke bleiben erhalten.

▲ **Abbildung 10.38**
Der eingeblendete Hilfetext zeigt an, dass Sie mit einem Klick eine Malgruppe erzeugen können.

10.4.3 Malgruppe bearbeiten

Eine interaktive Malgruppe können Sie bequem und umfangreich editieren, da die Ursprungsobjekte weiterhin vorhanden sind.

Kanten und Teilflächen einfärben | Die Kanten und Teilflächen können Sie mit Farben, Verläufen und Mustern versehen. Es ist nicht möglich, Pinsel, Transparenz, Effekte oder Verzerrungshüllen direkt auf Kanten oder Teilflächen anzuwenden.

1. Nehmen Sie das Interaktiv-malen-Werkzeug, und wählen Sie eine Farbe im Farbe- oder Farbfelder-Bedienfeld. Der Cursor zeigt die gewählte Farbe und – falls Sie ein Farbfeld gewählt haben – auch die beiden benachbarten Farben als Symbole an.
2. Mit den Tasten ← bzw. → wählen Sie die benachbarten Farbfelder aus. Mit den Tasten ↑ bzw. ↓ wechseln Sie durch die Farbgruppen.

▲ **Abbildung 10.39**
Richten Sie sich eine Farbgruppe der geplanten Farben ein, dann können Sie mithilfe der Pfeiltasten sehr schnell zwischen den Farben wechseln, ohne das Werkzeug absetzen zu müssen.

▲ **Abbildung 10.40**
Um alle Kanten einer Malgruppe mit derselben Pinselkontur zu versehen, legen Sie mithilfe des Aussehen-Bedienfelds eine neue Kontur für die Malgruppe an und weisen ihr den Pinsel zu.

▲ **Abbildung 10.41**
Auswahl gleichfarbiger Flächen oder Konturen mit Doppelklick und Dreifachklick

▲ **Abbildung 10.42**
Unsaubere Kanten werden aktiviert und gelöscht. Angrenzende Teilflächen werden dabei vereinigt und erhalten die Eigenschaften der vormals größeren Fläche.

3. Bewegen Sie den Cursor über die Malgruppe. Das Werkzeugsymbol zeigt einen gefüllten Eimer, wenn Sie eine Fläche füllen können, und ein Kreuz signalisiert nicht füllbare Bereiche.
4. Drücken Sie [⇧], um Konturen zu gestalten. Auch hier signalisiert der Cursor mit einem Kreuz, wenn Sie das Werkzeug nicht anwenden können.
5. Klicken Sie mit dem Werkzeug in die gewünschte Fläche oder auf eine Kontur, um diese zu färben. Als optische Hilfe hebt Illustrator Flächen oder Konturen unter dem Cursor, die gefüllt werden können, mit einem dicken roten Rand hervor.

Optionen und Kurzbefehle
- Klicken und ziehen Sie das Interaktiv-malen-Werkzeug über mehrere Flächen, um diese »in einem Rutsch« zu füllen.
- Doppelklicken Sie auf eine Fläche, um alle Flächen bis zur nächsten, mit einer Kontur versehenen Kante zu füllen.
- Klicken Sie dreifach auf eine Teilfläche, um alle Teilflächen der Malgruppe zu füllen, die zu dem Zeitpunkt dieselbe Füllung aufweisen.

Teilflächen und Kanten auswählen | Möchten Sie einer Teilfläche einen Verlauf zuweisen, einen Verlauf editieren oder eine Kante löschen, müssen Sie diese auswählen.

Dazu verwenden Sie das Interaktiv-malen-Auswahlwerkzeug. Dieses zeigt mit seinem Cursor an, ob eine Teilfläche oder eine Kante selektierbar ist bzw. ob das Werkzeug nicht anwendbar ist.

Die Optionen ähneln denen des Interaktiv-malen-Werkzeugs:
- Mit [⇧] wählen Sie weitere Flächen oder Kanten aus.
- Mit einem Doppelklick auf eine Fläche oder Kontur wählen Sie direkt angrenzende Flächen bzw. Konturen mit derselben Farbe aus.
- Mit einem Dreifachklick aktivieren Sie alle gleichfarbigen Flächen oder Konturen der interaktiven Malgruppe.
- Aktivieren Sie eine Kante oder Teilfläche, und rufen Sie eine Eigenschaft unter AUSWAHL • GLEICH auf, um entsprechende Kanten oder Teilflächen zu selektieren.

Kanten verschieben und Pfade ändern | Um innerhalb der Malgruppe einzelne Pfade zu ändern, wechseln Sie in den Isolationsmodus oder arbeiten mit dem Direktauswahl-Werkzeug. Beim Verschieben von Pfaden innerhalb einer interaktiven Malgruppe können Lücken zu groß und dadurch Teilflächen gelöscht oder geändert werden. Die Flächen oder Konturen der geänderten Teilflächen wechseln dabei in gegebenenfalls überraschender Weise. Dies kann dazu führen, dass Sie die Lückenoptionen anpassen oder weitere ergänzende Pfade zeichnen müssen.

▲ **Abbildung 10.43**
Der Endpunkt des Pfads am Unterlid wurde nur leicht verschoben.

Zurückwandeln | Um die in einer interaktiven Malgruppe zusammengefassten Pfade in den Ursprungszustand zurückzuversetzen, aktivieren Sie das Objekt und wählen Objekt • Interaktiv malen • Zurückwandeln. Das Objekt verliert damit alle Live-Paint-Eigenschaften, Füllungen und Konturen.

Umwandeln | Für einige Anwendungszwecke – zum Beispiel für den Austausch mit anderen Programmen – benötigen Sie statt einer Malgruppe eine »normale« Vektorumsetzung Ihrer Zeichnung mit geschlossenen Pfaden für die Flächen und mit den zusätzlichen Konturen. Das können Sie aus einer Malgruppe automatisch erzeugen lassen, indem Sie das Objekt aktivieren und den Menübefehl Objekt • Interaktiv malen • Umwandeln ausführen.

> **Umwandeln der Malgruppe**
>
> Beim Umwandeln der interaktiven Malgruppe werden die Kanten nicht in Flächen umgewandelt, sondern als Konturen generiert. Je nach Konturstärke werden Teilflächen überlappt. Wenn Sie Flächen benötigen, müssen Sie die Konturen zusätzlich in Pfade umwandeln.
> Auch ist es unter Umständen nötig, eine zu starke Überlappung der Konturen und Flächen zu korrigieren.

Schritt für Schritt: »Interaktiv malen« anwenden

1 Malgruppe erstellen

Aktivieren Sie alle Pfade, die zur Malgruppe gehören sollen. Wählen Sie das Interaktiv-malen-Werkzeug aus dem Werkzeugbedienfeld, oder tippen Sie die Taste `K`. Dann klicken Sie mit dem Werkzeug in den Bereich der Zeichnung. Sobald Sie das Werkzeug über die aktivierten Objekte bewegen, erscheint ein entsprechender Hilfetext.

Die Malgruppe können Sie auch mit `⌘`+`⌥`+`X` bzw. `Strg`+`Alt`+`X` zusammenfügen.

2 Flächen testen

Bewegen Sie das Interaktiv-malen-Werkzeug über die Malgruppe, und beobachten Sie die fetten roten Ränder, die die füllbaren Flächen kennzeichnen.

▲ **Abbildung 10.44**
Das fertig kolorierte Zebra

> **Übungsdatei**
>
> Die Datei »ZebranurPfad.ai« finden Sie auf der DVD zum Buch.

Prüfen Sie bei allen Flächen, die Sie füllen wollen, ob sie von Illustrator richtig erkannt werden. Sollten noch Lücken bestehen, verwenden Sie die Dialogbox LÜCKENOPTIONEN, um die Erkennung anzupassen.

Abbildung 10.45 ▶
Ohne entsprechende Änderung in den LÜCKENOPTIONEN werden viele Flächen zusammengefasst, die eigentlich einzeln gefüllt werden sollen.

3 Lückenoptionen
Wählen Sie OBJEKT • INTERAKTIV MALEN • LÜCKENOPTIONEN..., und aktivieren Sie zunächst die VORSCHAU.

Aktivieren Sie die LÜCKENSUCHE, und wählen Sie eine Einstellung aus dem Menü. Beobachten Sie dabei die Lücken, die in Ihrer Zeichnung gekennzeichnet werden.

Lücken sind nicht zu erkennen
Falls Sie die LÜCKENVORSCHAU nicht von Ihrer Zeichnung unterscheiden können, passen Sie die Signalfarbe an, indem Sie eine andere Farbe aus dem Ausklappmenü wählen.

Abbildung 10.46 ▶
LÜCKENSUCHE mit eigener Einstellung 3 mm. Vergleichen Sie die Stelle im roten Kreis mit Abbildung 10.47 links.

Wenn Ihnen die voreingestellten Optionen nicht ausreichen, geben Sie andere Werte in das Eingabefeld ein. Sehr hohe Werte führen unter Umständen dazu, dass kleinere Lücken nicht mehr automatisch geschlossen werden.

Abbildung 10.47 ▶
LÜCKENSUCHE mit eigener Einstellung 7 mm. Beachten Sie die gerade Strecke im roten Kreis, die an dieser Stelle nicht gewünscht ist und vergleichen Sie sie mit Abbildung 10.46 rechts.

In den meisten Fällen ist es besser, kleine Lücken automatisch schließen zu lassen und die größeren manuell zu bearbeiten, da für die größeren Lücken oft eine Kurve benötigt wird. Wenn Sie passende Einstellungen gefunden haben, schließen Sie den Dialog mit OK.

Die Option Lücken mit Pfaden schliessen ist in unserem Fall nicht sinnvoll, da es hier besser ist, manuelles und automatisches Lückenschließen zusammen zu verwenden.

4   Lücken prüfen

Prüfen Sie die Grafik erneut, indem Sie das Interaktiv-malen-Werkzeug über die kritischen Flächen bewegen und auf die roten Signalkonturen achten.

5   Malgruppe zur manuellen Nacharbeit isolieren

Aktivieren Sie Ansicht • Interaktive Mallücken einblenden, um die geschlossenen Lücken bei der manuellen Nachbearbeitung im Blick zu haben.

Isolieren Sie nun die Malgruppe durch einen Doppelklick, oder indem Sie das Live-Paint-Objekt aktivieren und anschließend auf das Symbol Ausgewählte Gruppe isolieren im Steuerungsbedienfeld klicken.

Pfade, die Sie der isolierten Gruppe hinzufügen, werden in die Malgruppe aufgenommen.

▲ **Abbildung 10.48**
Die isolierte Gruppe wird durch den grauen Titelbalken signalisiert.

6   Große Lücken mit Pfaden schließen

In der Malgruppe können Sie nun die großen Lücken schließen, indem Sie Pfade als Grenzlinien zeichnen. Verwenden Sie dafür den Bleistift oder den Zeichenstift. Den Pinsel lässt Illustrator innerhalb einer Malgruppe nicht zu.

Die auffallendste Lücke besteht am Hinterteil des Zebras. Diese Lücke muss mit einer Kurve geschlossen werden, damit die gefüllte Fläche die Form unterstützt. Eine größere Ansicht erhalten Sie mit der Lupe.

◀ **Abbildung 10.49**
Schließen der größten Lücke mit einem Pfad – achten Sie darauf, den Pfad nicht an der oberen Linie anzuschließen, sondern einen neuen Pfad zu beginnen. Im mittleren Bildausschnitt ist zu sehen, wie der kleine Abstand zum bestehenden Punkt automatisch geschlossen wird.

Abbildung 10.50 ▶
In der Pfadansicht sehen Sie an diesem Beispiel, dass sich die Pfade nicht berühren müssen, um die Lücke zu schließen.

Legen Sie einen Pfad an – wie abgebildet. Sie müssen beim Erstellen der Endpunkte nicht genau den vorhandenen Pfad treffen, wie es beim Konstruieren eines Objekts notwendig wäre.

Da die »Lückenschließer«-Pfade selbst nicht sichtbar sein sollen, reicht es vollkommen aus, wenn die neuen Linien so nahe an die bestehenden Pfade heranreichen, dass die eingestellten Lückenoptionen greifen.

Pfade, deren Form Ihnen nicht sofort gefällt, können Sie selbstverständlich mit den Werkzeugen Ankerpunkte hinzufügen und löschen, Glätten, Punkte umwandeln etc. nachbearbeiten.

▲ **Abbildung 10.51**
Das Farbfeld für Kontur ist aktiviert.

Lassen Sie den Pfad ausgewählt, und aktivieren Sie – soweit dies nicht bereits vorher erfolgt ist – im Werkzeugbedienfeld die Option Ohne Kontur.

Prüfen Sie noch einmal, ob alle Lücken geschlossen sind, bevor Sie die isolierte Gruppe mit einem Klick auf das Symbol im Steuerungsbedienfeld beenden.

7 Flächen füllen

Wenn keine Lücken mehr offen sind, können Sie die Teilflächen und Kanten Ihrer Malgruppe gestalten.

Um Teilflächen mit einer Farbfüllung zu versehen, aktivieren Sie das Farbfeld für Fläche im Werkzeugbedienfeld und bestimmen eine Farbe im Farbfelder-Bedienfeld, oder mischen Sie eine neue Farbe im Farbe-Bedienfeld.

Danach wählen Sie das Interaktiv-malen-Werkzeug und klicken damit in die Teilfläche, die Sie kolorieren möchten. Achten Sie dabei auf das Cursor-Symbol und auf die Signalisierung durch die rote Umrandung der Fläche.

▲ **Abbildung 10.52**
Teilflächen werden mithilfe des Interaktiv-malen-Werkzeugs mit Farbe gefüllt.

Möchten Sie dagegen Kanten einfärben oder Teilflächen nicht nur mit einer einfachen Farbfüllung versehen, müssen Sie die entsprechenden Elemente aktivieren.

Dann holen Sie sich das Interaktiv-malen-Auswahlwerkzeug aus dem Werkzeugbedienfeld und klicken die Kante oder die Teilfläche an, die Sie gestalten möchten.

◀ **Abbildung 10.53**
Wählen Sie Kanten mit dem Interaktiv-malen-Auswahlwerkzeug aus, und ändern Sie ihre Eigenschaften.

Das Interaktiv-malen-Auswahlwerkzeug zeigt durch einen Wechsel des Cursor-Symbols an, ob Sie eine Kante ▷ oder eine Teilfläche ▷ aktivieren können.

Halten Sie ⇧ gedrückt, um der Auswahl eine weitere Kante bzw. Teilfläche hinzuzufügen.

◀ **Abbildung 10.54**
Auch Teilflächen wählen Sie so aus, um sie mit komplexeren Füllungen zu versehen.

Einen Verlauf legen Sie an, indem Sie eine oder mehrere Teilflächen selektieren und im Verlauf-Bedienfeld die Art des Verlaufs sowie die gewünschten Farben bestimmen. Sollen zu einem späteren Zeitpunkt Verlaufsfarben geändert werden, nutzen Sie dafür ebenfalls das Verlauf-Bedienfeld, nicht die Funktion INTERAKTIVE FARBE (siehe Abbildung 10.55).

Mit dem Verlauf-Werkzeug legen Sie Winkel und Länge des Verlaufs fest, indem Sie mit dem Cursor auf den Startpunkt des Verlaufs klicken und bis zum gewünschten Endpunkt ziehen. Den Verlaufsoptimierer (s. Abschnitt 9.6) können Sie zusammen mit interaktiven Malgruppen leider nicht verwenden.

▲ **Abbildung 10.55**
Nach dem Editieren einer Verlaufsfarbe mit Interaktive Farbe wurde der Verlauf den Teilflächen neu zugewiesen und die ursprüngliche Verlaufslänge ignoriert (rechts).

8 Umwandeln

Um eine Malgruppe umzuwandeln und damit Objekte zu erzeugen, die Sie auch für den Austausch mit anderen Programmen verwenden können, aktivieren Sie die betreffende Malgruppe und wählen im Menü den Befehl OBJEKT • INTERAKTIV MALEN • UMWANDELN aus. Teilflächen und Kanten werden damit in einzelne geschlossene Pfade mit Füllung umgewandelt. Nach der Umwandlung sind die Objekte gruppiert. Lösen Sie die Gruppierung auf, um die Objekte zu analysieren. ■

▲ **Abbildung 10.56**
Eine umgewandelte Malgruppe

▲ **Abbildung 10.57**
T-Shirt mit Folienbedruckung: Bei starker Beanspruchung sind feine Konturen besonders gefährdet.

▲ **Abbildung 10.58**
Ob die kleinsten Elemente die Mindestgröße einhalten, prüfen Sie mit einem Kreis, der einen Durchmesser in der Mindestgröße besitzt.

▲ **Abbildung 10.59**
Beim Fräsen wird meist ein Werkzeug in der gewünschten Stärke eingesetzt. In diesem Fall müssen Konturen nicht in Flächen umgewandelt werden.

Checkliste: Datei für Folienplot

Absprachen | Sprechen Sie mit dem Dienstleister die Dateianforderungen ab, z. B. die Linienstärke, die Definition von Farben, den Maßstab und das Dateiformat. Suchen Sie einen frühzeitigen Kontakt, und planen Sie ausreichend Zeit für Tests ein, vor allem, wenn Sie in einer Konstellation zum ersten Mal arbeiten.

Farben | Erfragen Sie, wie Farben definiert werden sollen, und legen Sie Farbfelder entsprechend an. Arbeiten Sie mit globalen Farbfeldern.

Details | In der Regel ist eine Mindestgröße bzw. Mindestlinienstärke definiert – entweder bedingt durch das Schneiden der Folie oder aufgrund der Weiterverarbeitung und Haltbarkeit (siehe Abbildung 10.57). Achten Sie beim Anlegen der kleinsten Elemente auf den Maßstab.

Konturen | Wandeln Sie alle Konturen in Flächen um. Speichern Sie jedoch immer eine Version Ihrer Datei mit den originalen, nicht umgewandelten Objekten.

Schriften | Erfragen Sie die Mindestgröße für Schriften – berücksichtigen Sie besonders Serifenschriften und hier vor allem die Linienstärke der Serifen. Wandeln Sie alle Schriften in Flächen um.

Kombinationen | Wandeln Sie alle zusammengesetzten Formen um. Kombinieren Sie übereinanderliegende gleichfarbige Objekte zu einer Form, z. B. mit der Pathfinder-Funktion VERDECKTE FLÄCHE ENTFERNEN.

Benachbarte Farbflächen | Erfragen Sie, ob Sie benachbarte oder übereinanderliegende verschiedenfarbige Formen aussparend oder überdruckend anlegen müssen. Falls ausgespart werden soll, sprechen Sie das Anlegen der Überfüllung ab.

Zahl der Ankerpunkte | Reduzieren Sie die Anzahl der Ankerpunkte, um die Komplexität Ihrer Grafik zu verringern und damit auch die Verarbeitungszeit zu senken.

Hilfslinien | Löschen Sie alle Hilfslinien, da sie von der Plottersoftware ebenfalls als Schneidelinien interpretiert werden könnten.

Dateiformate | Speichern Sie die Datei im abgesprochenen Dateiformat. Ihre Datei wird in den meisten Fällen nicht mit Illustrator weiterverarbeitet. Falls Ihr Dienstleister Ihnen kein Austauschformat nennen kann, probieren Sie alte EPS- oder Illustrator-Formate. Generieren Sie die Austauschformate nur zusätzlich zu Ihrer nativen Illustrator-Datei.

Fräsen | Für das Fräsen gelten andere Voraussetzungen. Sprechen Sie diese ebenfalls mit Ihrem Dienstleister ab.

10.5 Linien in Flächen umwandeln

Illustrator kann Pfade mit vielen verschiedenen Konturen und Effekten versehen – aber egal, wie flächig solche Linien auf dem Bildschirm aussehen, für die Bearbeitung im Programm bleiben es Pfade, die auch nur als solche behandelt werden.

10.5.1 Die Funktion »Konturlinie«

In Entwurfsphasen ist es oft spontaner, Illustrationen, Piktogramme oder Logos zunächst aus breiten Linien aufzubauen, deren Kurvenführung viel leichter handhabbar ist als die von Flächen mit parallel verlaufenden Außenpfaden. Spätestens bei der Reinzeichnung müssen solche Quasiflächen jedoch in echte Flächen mit geschlossenen Außenpfaden umgewandelt werden. Auch sind viele Weiterbearbeitungsschritte in Illustrator oder in anderen Programmen nur mit gefüllten, geschlossenen Formen möglich, beispielsweise die Anwendung der Pathfinder. Um »flächige Pfade« in Flächen mit Außenpfad umzuwandeln, verwenden Sie die Funktion KONTURLINIE. Damit werden Strichelungen und die neuen Breitenprofile (s. Abschnitt 9.3) korrekt in Flächen umgewandelt – auch unter Berücksichtigung abgerundeter Konturenden.

▲ **Abbildung 10.60**
Ineinanderliegende Eckenrundungen lassen sich mit einer starken Kontur einfach konstruieren (unten).

CS3: Konturlinie-Problem

Der Bug in der Funktion KONTURLINIE aus Illustrator CS3, durch den zu viele (überflüssige) Punkte erzeugt wurden, wurde beseitigt.

Die Funktion »Konturlinie« anwenden | Aktivieren Sie die Pfade, die Sie in Flächen umwandeln möchten, und wählen Sie im Menü den Befehl OBJEKT • PFAD • KONTURLINIE aus. Weitere Parameter sind nicht vorgesehen. Illustrator setzt voraus, dass die Eigenschaften wie Stärke, Strichelungen und Eckenformen beibehalten werden sollen. Die Funktion kann daher gleichzeitig auf mehrere Pfade mit unterschiedlichen Konturstärken angewendet werden.

Illustrator trennt einen Pfad, dem eine Füllung zugeordnet ist, in zwei Objekte auf. Die Kontur wird in eine Fläche umgewandelt, die Füllung bleibt als Objekt ohne Kontur bestehen, und beide Objekte werden miteinander gruppiert. Überschneidet ein Pfad sich selbst, entsteht automatisch ein zusammengesetzter Pfad.

▲ **Abbildung 10.61**
In der Entwicklungsphase dieses Logos erwiesen sich Konturen mit Breitenprofil sowie eine Schnittmaske als sehr flexibel. Um jedoch die untere Rundung der Halme auszuführen, mussten die Konturen in Pfade umgewandelt werden.

▲ **Abbildung 10.62**
Die Strichelung wie das Breitenprofil werden umgerechnet.

▲ **Abbildung 10.63**
Besitzt ein Pfad mehrere Konturen, wird nur eine umgewandelt.

▲ **Abbildung 10.64**
Ergebnis und Ausgangsobjekte

Pfad mit mehreren Konturen | Ist ein Pfad mit mehreren Konturen versehen, wird nur *die* Kontur in eine Fläche umgewandelt, die im Aussehen-Bedienfeld aktiviert ist. Statt der KONTURLINIE-Funktion wenden Sie in diesem Fall den Befehl OBJEKT • TRANSPARENZ REDUZIEREN an – aktivieren Sie die Option KONTUREN IN PFADE UMWANDELN.

10.5.2 Der Effekt »Konturlinie«

KONTURLINIE können Sie auch als Effekt anwenden. Wie bei allen Effekten wird die Kontur nicht sofort in eine Fläche umgewandelt, sondern bleibt editierbar (s. Abschnitt 13.3.6). Ein Anwendungsbeispiel für den Effekt finden Sie im »Anfahrtsplan«-Workshop.

Schritt für Schritt: Reinzeichnung eines Logos

Unsere Schritt-für-Schritt-Anleitung zeigt Ihnen die Erstellung eines grafisch gezeichneten Basketballs – z. B. für ein Logo – ausgehend von einigen einfachen Grundobjekten. Eine solche Aufgabe haben Sie mithilfe der Pathfinder-Funktionen und mit etwas Routine schnell gelöst.

1 Objekte analysieren

Es gibt meistens mehrere Arten, ein solches Logo zu zeichnen. Entscheidend ist, einen Weg zu finden, der bei aller nötigen Genauigkeit schnell auszuführen ist und dennoch zu einem sauberen Ergebnis verhilft.

2 Fläche duplizieren

Aktivieren Sie die orangfarbene Fläche, kopieren Sie sie, und fügen Sie sie DAVOR ein: ⌘/Strg+F. Damit haben Sie ein Duplikat an derselben Position erstellt. Geben Sie diesem die Fläche OHNE und eine weiße Kontur in der STÄRKE 2 Pt, die Sie mit dem Kontur-Bedienfeld außen anordnen.

▲ **Abbildung 10.65**
Die Anordnung der weißen Umrandung im Objektstapel (Mitte) und die Eigenschaften ihrer Kontur (rechts)

3 Außenkante formen

Aktivieren Sie jetzt die Gruppe mit den kleinen weißen Formen – aus dieser müssen Sie zunächst einen zusammengesetzten Pfad erstellen. Dazu heben Sie mit ⌘/Strg+⇧+G die Gruppierung auf und wählen gleich anschließend Objekt • Zusammengesetzter Pfad • Erstellen – ⌘/Strg+8.

Dann aktivieren Sie zusätzlich die weiße Linie aus dem vorigen Schritt und erstellen aus dieser und den Formen eine zusammengesetzte Form im Modus Subtrahieren: Drücken Sie ⌥/Alt, und klicken Sie auf den Button Vorderes Objekt abziehen im Pathfinder-Bedienfeld.

▲ **Abbildung 10.66**
Die rot dargestellten Formen werden zu einem zusammengesetzten Pfad verbunden.

▲ **Abbildung 10.67**
Formen der Einbuchtungen durch Subtrahieren der Formen vom Kreis

4 Orangefarbene Fläche vergrößern

Die orangefarbene Fläche muss noch ein wenig vergrößert werden – dies ist für einen späteren Schritt nötig. Aktivieren Sie sie, doppelklicken Sie auf das Symbol des Skalieren-Werkzeugs im Werkzeugbedienfeld, und geben Sie »102 %« ein.

5 Blaue Linien umwandeln und zusammenfügen

Aktivieren Sie die blauen Linien, und wandeln Sie sie in Pfade um: Objekt • Pfad • Konturlinie. Am Erscheinungsbild der Linien ändert sich dadurch nichts.

Vereinigen Sie die blauen Linien, indem Sie den Pathfinder Vereinen (Hinzufügen) darauf anwenden. Wechseln Sie mit ⌘/Strg+Y in die Pfadansicht, um das Ergebnis anzusehen.

▲ **Abbildung 10.68**
Blaue Linien werden aktiviert (links), in Pfade umgewandelt (Mitte) und vereinigt (rechts).

6 Blaue Linien umranden

Deaktivieren Sie die Fläche nicht, und rufen Sie Objekt • Pfad • Pfad verschieben auf. Geben Sie einen Versatz von 2 Pt und abgerundete Linienecken ein – achten Sie darauf, die Maßeinheit »Pt« mit einzugeben. Illustrator rechnet diese automatisch in die Maßeinheit des Dokuments um. Das Ausgangsobjekt wird bei der Operation automatisch dupliziert – beide Objekte sind aber noch gruppiert. Heben Sie die Gruppierung auf, und geben Sie der äußeren Form eine weiße Fläche.

▲ **Abbildung 10.69**
Eine weiße Umrandung für die blauen Linien

10.5 Linien in Flächen umwandeln | **299**

▲ **Abbildung 10.70**
Außenkante (hier grün eingefärbt)

7 | Kontur mit Aussehen-Effekten umwandeln

Aktivieren Sie die weiße Außenumrandung des Basketballs, die Sie in Schritt 2 und 3 erstellt haben, und wandeln Sie sie in eine Fläche um. Da die Kontur mit dem Kontur-Bedienfeld nach außen gestellt wurde, können Sie nicht einfach den KONTURLINIE-Befehl zu diesem Zweck verwenden. Wählen Sie stattdessen OBJEKT • AUSSEHEN UMWANDELN.

Dieser Befehl ist immer dann nötig, wenn eine Kontur über zusätzliche Aussehen-Eigenschaften verfügt wie Effekte, Pinsel oder eben die Anordnung.

▲ **Abbildung 10.71**
Umwandlung der Außenkontur in eine Fläche

8 | Zusammengesetzten Pfad auftrennen

Wählen Sie gleich anschließend OBJEKT • ZUSAMMENGESETZTER PFAD • ZURÜCKWANDELN, und heben Sie die Gruppierung auf, denn Sie benötigen die äußere und die innere Form der umgewandelten Kontur getrennt.

9 | Stapelreihenfolge ändern

Jetzt muss die Stapelreihenfolge der Objekte geändert werden: Aktivieren Sie den (oben liegenden) äußeren Pfad sowie den großen blauen Kreis, und wählen Sie OBJEKT • ANORDNEN • IN DEN HINTERGRUND. Damit die folgenden Schritte einfacher auszuführen sind, fixieren Sie die beiden Objekte mit OBJEKT • SPERREN • AUSWAHL oder ⌘/Strg+2.

▲ **Abbildung 10.72**
Nach dem Auflösen des zusammengesetzten Pfads ❶; Neuanordnung der Objekte (❷ und im Ebenen-Bedienfeld)

10 | Auswahl bestimmter Objekte

Aktivieren Sie jetzt die weiße Fläche mit den Einbuchtungen, die blauen Linien und deren weiße Umrandung sowie die orangefarbene Fläche, indem Sie ein Auswahlrechteck mit dem Auswahl-Werkzeug darüber aufziehen. Da die beiden übrigen Objekte fixiert sind, werden sie nicht mit selektiert.

11 | Objekte beschneiden

Wählen Sie OBJEKT • SCHNITTMASKE • ERSTELLEN. Illustrators Schnittmasken sind nicht so mächtig wie vergleichbare Funkti-

▲ **Abbildung 10.73**
Äußeres Erscheinungsbild mit Schnittmaske

onen in anderen Programmen, aber hier führt ihre Anwendung schnell zum gewünschten Ziel (Schnittmasken s. Abschnitt 11.3).

12 Schnittmaske umwandeln

Gleich anschließend klicken Sie im Pathfinder-Bedienfeld auf den Button FLÄCHE AUFTEILEN. Damit wird die eben erstellte Schnittmaske »endgültig« angewendet.

Da es sich hier ausschließlich um Flächen in einer einfachen Konstellation handelt, ist diese Operation möglich. Es geht nicht bei allen Schnittmasken.

Für diesen Schritt war die Vergrößerung der orangefarbenen Fläche nötig – damit eine glatte Außenkante entstehen kann. Anderenfalls würden Berechnungsfehler dazu führen, dass sehr viele Punkte entstehen, da zwei Pfade nie ausreichend deckungsgleich für eine saubere Umsetzung sind.

▲ **Abbildung 10.74**
Nach der Umwandlung der Schnittmaske sind die Objekte endgültig beschnitten (rechts).

◀ **Abbildung 10.75**
Mit der leicht vergrößerten orangefarbenen Fläche (jeweils rechts) wird sauber beschnitten (unten). Wenn die Schnittmaske und das beschnittene Objekt annähernd deckungsgleich sind (jeweils links), entstehen Berechnungsungenauigkeiten.

▲ **Abbildung 10.76**
Die grünen Flächen werden gelöscht.

13 Bereinigen

Die Objekte der umgewandelten Schnittmaske sind gruppiert – dies heben Sie auf. Abschließend muss die Grafik noch bereinigt werden: Die weißen Umrandungen der blauen Linien sind überflüssig, daher aktivieren und löschen Sie sie.

14 Zusammengesetzten Pfad erstellen

Der orangefarbene Kreis wurde beim Umwandeln der Schnittmaske in mehrere Flächen aufgeteilt. Damit später die Bearbeitung einfacher ist, aktivieren Sie alle orangefarbenen Flächen und

▲ **Abbildung 10.77**
So sollten die Pfade aussehen.

10.5 Linien in Flächen umwandeln | **301**

▲ **Abbildung 10.78**
Die orangefarbenen Flächen können Sie mit dem Zauberstab einfach auswählen. Außerdem wurden die Einbuchtungen durch Löschen einiger Punkte korrigiert.

erstellen daraus einen zusammengesetzten Pfad: ⌘/Strg+8. Damit reichen Verläufe automatisch immer über alle Teilflächen.

15 Einfärben

Jetzt entsperren Sie die beiden Hintergrund-Objekte wieder mit OBJEKT • ALLE ENTSPERREN, damit Sie den Formen noch ihre endgültigen Flächen zuweisen können.

Die orangefarbene Fläche erhält einen kreisförmigen Verlauf. Verwenden Sie dazu das Verlauf-Bedienfeld. Mit dem Verlauf-Werkzeug passen Sie dann die Position des Verlaufs an. Die weiße Fläche, die die Outlines bildet, erhält einen linearen Verlauf von Orange nach Weiß. Gruppieren Sie alle Objekte miteinander, damit keines versehentlich verrutscht.

▲ **Abbildung 10.79**
Definieren der Verläufe

10.6 Formen und Objekte »überblenden«

Da Pfade auf geometrischen Algorithmen basieren, ist es möglich, interpolierte Formen zwischen zwei geometrischen Figuren zu berechnen. In Illustrator wird diese Funktion ANGLEICHEN genannt. Angleichungen setzt man häufig ein, um unregelmäßige Verläufe oder einfache Guillochen zu erzeugen – die von Wertpapieren oder Urkunden bekannten Linienmuster.

▲ **Abbildung 10.80**
Die Angleichung ist eine beliebte Methode, um Spezialverläufe zu erzeugen (oben: Ausgangsformen, unten: nach Angleichung).

10.6.1 Pfade interpolieren – Angleichung erstellen

Sie können Angleichungen zwischen zwei und mehreren Objekten – nicht nur Einzelpfaden, sondern auch Gruppen – auf zwei verschiedene Weisen erstellen.

Interpolieren mit Tastatur- oder Menübefehl | Aktivieren Sie die Objekte, zwischen denen Sie interpolieren möchten, und wählen Sie Objekt • Angleichen • Erstellen – ⌘+⌥+B bzw. Strg+Alt+B. Die Berechnung der Zwischenstufen in einem Stapel mehrerer aktivierter Objekte erfolgt immer von unten nach oben zwischen zwei übereinanderliegenden Objekten.

Interpolieren mit dem Angleichen-Werkzeug | Wählen Sie das Angleichen-Werkzeug – W –, und klicken Sie der Reihe nach auf die Objekte, zwischen denen Sie die Interpolationen erstellen möchten. Dabei ist die Stapelreihenfolge der Objekte ohne Belang. Die Objekte müssen nicht aktiviert sein. Nachdem Ihre Angleichungsgruppe vollständig ist, klicken Sie erneut auf das Angleichen-Werkzeug im Werkzeugbedienfeld, um die Aktion zu beenden. Alternativ drücken Sie ⌥/Alt, wenn Sie das letzte Objekt anklicken, um das Angleichen abzuschließen. Daraufhin wird die Dialogbox Angleichung-Optionen geöffnet.

▲ **Abbildung 10.81**
Einfache Guillochen (oben). Um komplexere Formen (unten) zu erstellen, benötigen Sie Spezialsoftware.

Mit Bezugspunkten angleichen | Wenn Sie mit dem Angleichen-Werkzeug einzelne Ankerpunkte der Objekte anklicken, werden diese Punkte als Referenzpunkte für die Überblendung verwendet (Abb. 10.82). Als optische Hilfe wechselt das Zeigersymbol zu ▪, sobald das Programm einen Punkt unter dem Cursor erkennt.

Möchten Sie mehrere Punkte als Referenzpunkte verwenden, wählen Sie das Direktauswahl-Werkzeug und aktivieren damit einzelne Punkte auf dem Start- und dem Endobjekt. Achten Sie darauf, auf beiden jeweils eine identische Anzahl Punkte auszuwählen (diese Vorgehensweise ist nicht möglich, wenn Sie gruppierte Objekte angleichen). Dann klicken Sie mit dem Angleichen-Werkzeug einen der aktivierten Punkte und sein Gegenstück auf dem anderen Objekt an.

▲ **Abbildung 10.82**
Angleichen der ganzen Objekte per Menübefehl (oben), Auswahl einer jeweils gleichen Anzahl Punkte und Bestimmen der Referenzpunkte mit dem Angleichen-Werkzeug (unten)

Das Interpolationsergebnis bearbeiten | Beim Angleichen wird aus den interpolierten Objekten eine Angleichungsgruppe gebildet, die Sie mit dem Auswahl-Werkzeug als Ganzes aktivieren und mit Transformations-Werkzeugen bearbeiten können.

Um die Quellobjekte, zwischen denen Sie die Angleichung erstellt haben, zu aktivieren und zu bearbeiten, verwenden Sie das Direktauswahl-Werkzeug (s. Abschnitt 6.3) oder bearbeiten die Angleichung im Isolationsmodus.

Die Angleichungsachse bearbeiten | Illustrator erstellt einen Pfad als Achse, auf dem die Zwischenstufen angeordnet werden. Sobald die Angleichungsgruppe aktiviert ist, wird diese Achse in der

▲ **Abbildung 10.83**
Die Länge der Grifflinien der Angleichungsachse (jeweils cyan) bestimmt die Verteilung der interpolierten Objekte.

▲ **Abbildung 10.84**
Die Angleichungsachse kann mit den Zeichen-Werkzeugen bearbeitet werden.

> **Farbmischungen**
> Verwenden Sie Angleichungen, um schnell Farbmischungen und Zwischentöne herzustellen.

▲ **Abbildung 10.85**
Illustrator kann keine korrekte Angleichung zwischen gedrehten Objekten erzeugen.

▲ **Abbildung 10.86**
Weisen Sie stattdessen allen Objekten den Effekt TRANSFORMIEREN zu. Drehen Sie das mittlere Objekt durch die Optionen des Effekts. Anfangs- und Endobjekt erhalten den Effekt mit allen Optionen in der »Ruheposition« (oben). Dann erstellen Sie die Angleichung mit ausgetauschter Angleichungsachse (unten).

Vorschau eingeblendet; in der Pfadansicht ist sie immer sichtbar. Nach der Berechnung der Zwischenstufen ist die Achse eine gerade Linie, die jedoch wie jeder selbst erzeugte Pfad bearbeitet werden kann (s. Abschnitt 6.5), um so die Anordnung der interpolierten Objekte zu verändern (siehe auch Abschnitt 10.6.3).

10.6.2 Farben, Transparenz, Effekte, Symbole und Gruppen angleichen

Verschiedene Eigenschaften der überblendeten Pfade werden beim Erzeugen der Zwischenstufen unterschiedlich behandelt.

Farben angleichen | Die Berechnung der Zwischenstufen einer Angleichung farbiger Objekte erfolgt in fast allen Fällen als Prozessfarben in CMYK (Farbe s. Abschnitt 8.7.1). So funktionieren die verschiedenen Farbraum-Angleichungen:

▶ Zwischen einer Volltonfarbe (z. B. Pantone, HKS) und einer Prozessfarbe: Die Zwischenstufen werden als Prozessfarbe berechnet. Die Quellobjekte behalten ihren Farbraum bei.
▶ Zwischen einer Volltonfarbe und einer anderen Volltonfarbe: Die Zwischenstufen werden als Prozessfarben berechnet, die Quellobjekte behalten ihre ursprüngliche Volltonfarbe.
▶ Zwischen verschiedenen Tonwerten einer Volltonfarbe: Die Zwischenstufen werden in den dazwischenliegenden Tonwerten berechnet.

Transparenzen angleichen | Grundlage für die Berechnung einer Transparenz sind die Parameter DECKKRAFT und FÜLLMETHODE (s. Abschnitt 12.1). Angleichungen können zwar zwischen unterschiedlichen Deckkraft-Einstellungen, nicht aber zwischen differierenden Füllmethoden zweier Objekte erzeugt werden.

Sind den Quellobjekten unterschiedliche Füllmethoden zugeordnet, weisen alle interpolierten Objekte die Füllmethode des in der Stapelreihenfolge oberen Objekts auf. Das untere Objekt behält seine ursprüngliche Füllmethode bei.

Die Wirkung der Transparenz auf die Überblendobjekte innerhalb der Angleichungsgruppe wird nur berechnet, wenn Sie im Transparenz-Bedienfeld die Option AUSSPARUNGSGRUPPE deaktivieren (Aussparungsgruppen s. Abschnitt 12.1.7).

Effekte angleichen | Die Angleichung verschiedener Effekte zwischen zwei Objekten ist nicht immer möglich. Relativ problemlos erfolgt die Erzeugung von Zwischenschritten bei Objekten mit gleichen Effekten in unterschiedlichen Einstellungen, wie z. B. der Stärke. Die Angleichung zwischen zwei Objekten mit unterschiedlichen Einstellungen für den Transformieren-Effekt ermöglicht Ihnen, ein Objekt drehen zu lassen (Beispiel auf der DVD).

Symbole und Gruppen angleichen | Illustrator kann auch zwischen Instanzen *verschiedener* Symbole (s. Abschnitt 16.2) überblenden.Entscheidend für die Zuordnung der Objekte zueinander ist sowohl bei Symbolinstanzen als auch bei Gruppen die Stapelreihenfolge der Objekte. Die Einzelobjekte aus Symbolen und Gruppen, die angeglichen werden sollen, müssen an entsprechender Stelle in den jeweiligen Objektstapeln liegen. Ein Objekt, das keine Entsprechung im anderen Objektstapel besitzt, wird bis ins »Nichts« verkleinert. Illustrator beginnt mit dem Angleichen bei den untersten Objekten der Stapel.

10.6.3 Angleichung-Optionen
Die Optionen der Angleichung bestimmen, wie viele Zwischenschritte erzeugt und wie diese auf der Angleichungsachse ausgerichtet werden.

Rufen Sie die Angleichung-Optionen auf, indem Sie die Angleichungsgruppe aktivieren und im Menü Objekt • Angleichen • Angleichung-Optionen… auswählen, oder doppelklicken Sie auf das Angleichen-Werkzeug im Werkzeugbedienfeld.

▶ Abstand: In diesem Ausklappmenü legen Sie fest, auf welche Weise Illustrator die Angleichung abstuft:
  ▶ Farbe glätten: Mit dieser Option erzeugt Illustrator die *rechnerisch* optimale Anzahl an Zwischenschritten für eine

Objekte drehen

Das Beispiel mit dem Snowboarder von Seite 304 unten finden Sie auf der DVD: »Angleichen-Drehen.ai«.

Angleichung-Optionen aufrufen

Aktivieren Sie die Angleichungsgruppe, und doppelklicken Sie auf das Angleichen-Werkzeug im Werkzeugbedienfeld, um die Optionen aufzurufen.

◀ **Abbildung 10.87**
Angleichungen zwischen Gruppen: mit entsprechender Stapelreihenfolge (oben), Stapelreihenfolge der beiden Gruppen jeweils unterschiedlich (unten)

▲ **Abbildung 10.88**
Die Option Farbe glätten mit einem zusammengesetzten Pfad (oben) und einer Gruppe (unten)

◀ **Abbildung 10.89**
Die Dialogbox Angleichung-Optionen

▲ **Abbildung 10.90**
Von links: Angleichung zweier Gruppen, ACHSE UMKEHREN, FARBRICHTUNG UMKEHREN; wenn die Objekte der Angleichungsgruppe senkrecht zur Angleichungsachse ausgerichtet sind, wird beim Umkehren der Farbrichtung auch die Ausrichtung der Objekte umgekehrt (unten)

▲ **Abbildung 10.91**
Das Ersetzen der Achse können Sie einsetzen, um Objekte entlang Freiformpfaden anzuordnen.

Überblendung ohne wahrnehmbare Zwischenstufen. Die Option ist vor allem für Angleichungen verschiedenfarbiger Objekte sinnvoll. FARBE GLÄTTEN kann nur auf Pfade und zusammengesetzte Pfade oder Formen angewendet werden. Werden Gruppen angeglichen, erfolgt dies immer in Stufen. Ist die Distanz zwischen den Objekten gering, erzeugt die Methode zu viele Objekte, was Probleme in der Weiterverarbeitung verursachen kann. Bei sehr großen Distanzen kann die Anzahl der Objekte zu gering sein.

▶ FESTGELEGTE STUFEN: Damit können Sie selbst festlegen, wie viele Zwischenschritte Sie benötigen. Illustrator berechnet danach deren Abstände.

▶ FESTGELEGTER ABSTAND: Hier geben Sie einen festen räumlichen Abstand zwischen den zu interpolierenden Objekten vor. Illustrator errechnet dazu die Anzahl der Stufen.

▶ AUSRICHTUNG: Mit diesen Funktionsbuttons bestimmen Sie, ob die Objekte der Angleichungsgruppe senkrecht zur Seite oder senkrecht zur Angleichungsachse ausgerichtet werden.

10.6.4 Fertige Angleichungsgruppen verändern

Die beim Angleichen entstandenen »Angleichungsgruppen« aus interpolierten Objekten können Sie nachträglich mit verschiedenen Menübefehlen verändern.

Aktivieren Sie die Angleichungsgruppe, und wählen Sie den gewünschten Befehl aus dem Menü OBJEKT • ANGLEICHEN:

▶ ACHSE UMKEHREN: Diese Funktion kehrt die Reihenfolge der Objekte entlang der Angleichungsachse um. Der Pfad selbst wird nicht verändert (Abb. 10.90 Mitte).

▶ FARBRICHTUNG UMKEHREN: Mit diesem Befehl kehren Sie die Stapelreihenfolge in der Angleichungsgruppe um (Abb. 10.90 rechts und unten).

▶ ACHSE ERSETZEN: Sie können den Angleichungspfad durch einen anderen offenen oder geschlossenen Pfad ersetzen (Abb. 10.91). Aktivieren Sie die Angleichungsgruppe und den gewünschten Pfad, und wählen Sie OBJEKT • ANGLEICHUNG • ACHSE ERSETZEN.

▶ UMWANDELN: In der Angleichungsgruppe haben Sie mit dem Direktauswahl-Werkzeug nur Zugriff auf die Quellobjekte. Wenn Sie die interpolierten Objekte außerhalb der Angleichungsgruppe verwenden oder bearbeiten möchten, müssen Sie die ganze Gruppe in einzelne Objekte umrechnen lassen. Aktivieren Sie die Angleichungsgruppe, und wählen Sie OBJEKT • ANGLEICHEN • UMWANDELN (Abb. 10.92).

▶ Zurückwandeln: Um die Angleichung aufzulösen, aktivieren Sie die Angleichungsgruppe und wählen Objekt • Angleichen • Zurückwandeln. Der Angleichungspfad wird dabei als separates Objekt erzeugt.

Schritt für Schritt: Mit Angleichungen illustrieren

1 Vorlage nachzeichnen

Platzieren Sie das Foto »Schaufel-Vorlage.jpg« als Vorlage in eine neue Illustrator-Datei (Vorlagenebenen s. Abschnitt 11.1.4).

Zeichnen Sie zunächst die Grundformen der Grafik mit den Zeichen-Werkzeugen oder dem Buntstift. Für die Überblendung benötigen Sie in vielen Fällen nicht nur die Anfangs- und die Endstufe, sondern diverse Zwischenschritte.

▲ Abbildung 10.92
Erst nach dem Umwandeln haben Sie Zugriff auf die Zwischenstufen.

Für Eilige

Die Datei »Schaufel.ai« enthält bereits die Formen und Farbfelder.

◀ Abbildung 10.93
Links: Diese Angleichungen werden auf der Schaufelfläche erstellt. Rechts: Anders als bei Verlaufsgittern – deren Gitterpunkte jeweils ins Zentrum der Farbfläche gehören – werden die Pfade an die Ränder der Abstufungen gesetzt.

Dafür gibt es zwei Gründe: Zum einen haben Sie mit Zwischenschritten die Möglichkeit, einen detailgenauen Verlauf zu erzeugen, zum anderen können Sie die Zwischenfarben besser steuern.

Wir werden die Formen mithilfe der schwarz umrandet dargestellten Fläche beschneiden, deshalb dürfen die Formen deren Ränder überlappen (Schnittmasken s. Abschnitt 11.3).

2 Farbfelder anlegen und Grundformen einfärben

Die Farbfelder finden Sie in der Farbgruppe »Schaufel«. Versehen Sie jeweils alle äußeren Flächen der Angleichungen mit dem Farbfeld Mittelton. Dieses wird später auch der Hintergrundform zugewiesen.

▲ Abbildung 10.94
Die fertiggestellte Illustration der Schaufel

◀ Abbildung 10.95
Farbfelder für die Angleichungen; die äußeren Formen sind mit dem Mittelton versehen (links), die inneren mit passenden Tönen anhand der Fotovorlage.

10.6 Formen und Objekte »überblenden« | **307**

▲ **Abbildung 10.96**
Nachdem das Objekt vorne links fertiggestellt ist, nehmen Sie die Angleichung vorne rechts mit dem Angleichen-Werkzeug vor.

▲ **Abbildung 10.97**
Diese Angleichungen sind relativ einfach erstellt.

▲ **Abbildung 10.98**
Erst werden Punkte hinzugefügt (oben, rot), dann wird mit den aktivierten Punkten die Angleichung erstellt (unten, blau).

Die inneren Flächen werden mit jeweils passenden Farben aus den übrigen Farbfeldern versehen. Orientieren Sie sich dabei an der Fotovorlage.

3 Einfache Überblendung

Die Angleichung der beiden Objekte links unten können Sie einfach erstellen: Wählen Sie beide Objekte aus, und rufen Sie Objekt • Angleichen • Erstellen auf. Bei den anderen Objekten ist es unter Umständen nicht so einfach – probieren Sie jedoch immer erst das »einfache« Angleichen. Sollte dabei nicht das gewünschte Ergebnis herauskommen, müssen Sie detaillierter vorgehen.

4 Kompliziertere Überblendung

Die beiden Objekte unten rechts überblenden Sie auf eine andere Art. Wählen Sie auf jedem Pfad mit dem Direktauswahl-Werkzeug drei Punkte aus (s. Abb. 10.96). Anschließend klicken Sie mit dem Angleichen-Werkzeug zwei einander entsprechende Punkte an, die die Bezugspunkte für die Angleichung ergeben werden.

Dazu bewegen Sie das Werkzeug über das erste Objekt, bis der Cursor das Symbol zeigt. Es ist unwesentlich, ob Sie mit dem innersten oder dem äußersten Objekt beginnen. Klicken Sie auf das Objekt, und bewegen Sie den Cursor danach über das nächste Objekt – der Cursor ändert sich in.

Auf dieselbe Art gehen Sie bei den beiden Angleichungen am Stielansatz vor – dort wählen Sie jedoch jeweils vier Ankerpunkte auf den Pfaden aus. Wenn Sie nach dem Erstellen der Angleichung nicht zufrieden sind, widerrufen Sie den Schritt, wählen Sie andere Punkte aus und probieren es erneut.

5 Punkte einfügen und angleichen

Wenn Sie durch Auswählen von Objekten nicht zum Ziel kommen, müssen Sie den Pfaden Punkte hinzufügen (s. Abb. 10.98 rot). Für die letzte fehlende Angleichung reicht je ein Punkt auf den beiden äußeren Pfaden. Klicken Sie dazu mit dem Zeichenstift-Werkzeug an den gewünschten Stellen auf den aktivierten Pfad (s. Abschnitt 6.5.1).

Anschließend wählen Sie die blau gekennzeichneten Punkte mit dem Direktauswahl-Werkzeug aus und klicken mit dem Angleichen-Werkzeug zwei Bezugspunkte an.

6 Erstellen der Schnittmaske

Holen Sie die Außenform der Schaufel mit Objekt • Anordnen • In den Vordergrund nach vorn. Selektieren Sie zusätzlich die

Angleichungen, die Sie eben erstellt haben, sowie die weiteren Angleichungen, die bereits in der Datei vorhanden waren. Wählen Sie Objekt • Schnittmaske • Erstellen, oder verwenden Sie den Shortcut ⌘/Strg+7. Das Maskenobjekt bildet mit der beschnittenen Angleichungsgruppe den Schnittsatz.

Die bei dieser Operation verlorengegangenen Aussehen-Eigenschaften des Maskenobjekts ordnen Sie wieder zu, indem Sie es mit dem Direktauswahl-Werkzeug auswählen und erneut eine schwarze Kontur mit abgerundeten Linienecken in Schwarz einstellen sowie der Fläche den Mittelton zuweisen.

7 Abschließende Arbeiten
Einige Objekte (die »Löcher« im Griff) liegen auf einer gesperrten Ebene. Falls Sie die Schaufel insgesamt auf der Zeichenfläche verschieben oder in ein anderes Dokument kopieren wollen, müssen Sie diese Fixierung lösen (s. Abschnitt 11.1.16).

Sehen Sie sich bei dieser Gelegenheit die bereits bestehenden Objekte an, und studieren Sie ihren Aufbau. ■

▲ **Abbildung 10.99**
Die frisch erstellte Schnittmaske besitzt zunächst keine eigenen Eigenschaften (oben) – wählen Sie die Maske mit dem Direktauswahl-Werkzeug aus, und weisen Sie ihr die Eigenschaften (wieder) zu.

10.7 Objekte mit »Hüllen« verzerren

Eine Hülle ist entweder eine fertige Stil-Form, ein generiertes Gitter oder eine eigene Vektorform, in die Sie Vektorobjekte, Textobjekte oder sogar eingebettete Pixelbilder »einspannen«, um sehr komplexe Verzerrungen durchzuführen. »Eingehüllte« Vektorgrafiken und Texte bleiben editierbar.

10.7.1 Verzerrungshülle Verkrümmung
Bei der Verkrümmung haben Sie die Wahl zwischen verschiedenen vorgegebenen Stil-Formen wie Wellen, Flaggen, Bögen und Fischauge-Wölbungen o. Ä., um Objekte zu verzerren.

Verkrümmung anwenden | Aktivieren Sie das Objekt, das Sie verformen möchten, und wählen Sie aus dem Menü Objekt • Verzerrungshülle • Mit Verkrümmung erstellen… – ⌘+⌥+⇧+W bzw. Strg+Alt+⇧+W. Die Funktion kann auch auf mehrere aktivierte Objekte gleichzeitig angewendet werden.

In der aufgerufenen Dialogbox Verkrümmen-Optionen wählen Sie in dem Aufklappmenü den Stil der Hülle aus und stellen die Stärke der Biegung und gegebenenfalls einer zusätzlichen Verzerrung ein. Wenden Sie zunächst verschiedene Stil-Arten an, um die Verkrümmungen kennenzulernen.

▲ **Abbildung 10.100**
Verkrümmung mit dem Stil Flagge und Wirbel sowie eine Freiform-Verzerrungshülle

▲ **Abbildung 10.101**
Verkrümmung mit dem Stil Torbogen

Abbildung 10.102 ▶
Die Dialogbox VERKRÜMMEN-OPTIONEN

▲ **Abbildung 10.103**
Über das Steuerungsbedienfeld lassen sich die Optionen bestehender Verzerrungshüllen direkt einstellen.

▲ **Abbildung 10.104**
Mit Verzerrungshüllen können Sie Texte an Objekte anpassen.

▲ **Abbildung 10.105**
Dialogbox für die Erstellung des Gitters

▲ **Abbildung 10.106**
Verzerrungshülle auf ein Pixelbild angewendet (rechts)

▶ STIL: Die Namen der Stil-Arten sind zum größten Teil selbsterklärend, das jeweils zugeordnete Piktogramm zeigt das Schema der Verkrümmung.
▶ HORIZONTAL/VERTIKAL: Diese Einstellung legt die Ausrichtung der Verkrümmung fest.
▶ BIEGUNG: Stellen Sie entweder mit dem Regler oder numerisch die Stärke der Verkrümmung ein.
▶ VERZERRUNG: Mit den HORIZONTAL- und VERTIKAL-Reglern bestimmen Sie eine zusätzliche waagerechte und/oder senkrechte Verzerrung der Grundverkrümmung. So erreichen Sie gegebenenfalls zusätzlich eine perspektivische Anmutung.
▶ VORSCHAU: Aktivieren Sie die VORSCHAU, damit die Auswirkung Ihrer Einstellungen auf das Objekt angezeigt wird.

10.7.2 Verzerrungshülle Gitter

Alternativ können Sie Ihr Objekt in eine Gitter-Hülle einbetten, um es zu verformen. Ein solches Verzerrungsgitter ist jeweils an seinen Schnittpunkten im Objekt verankert.

Gitter einstellen | Um ein Objekt in ein Verzerrungsgitter zu hüllen, wählen Sie OBJEKT • VERZERRUNGSHÜLLE • MIT GITTER ERSTELLEN… – ⌘+⌥+M bzw. Strg+Alt+M. In der danach angezeigten Dialogbox HÜLLENGITTER bestimmen Sie, wie engmaschig das Verzerrungsgitter sein soll, indem Sie die Anzahl der ZEILEN und SPALTEN, also mittelbar die Menge der wirksamen Gitterpunkte, angeben. Lassen Sie sich die VORSCHAU anzeigen, damit das Gitter während der Eingabe auf Ihr Objekt projiziert wird.

Gitter anwenden | Das Gitter selbst verursacht keine Veränderung Ihres Objekts. Die Verzerrung erfolgt, wenn Sie mit dem Direktauswahl-Werkzeug einzelne Punkte an den Gitter-Kreuzungen verschieben oder den Winkel und die Länge der zugehörigen Grifflinien verändern. Die Gitterhülle kann auch auf mehrere aktivierte Objekte gleichzeitig angewendet werden.

10.7.3 Eigene Verzerrungshülle

Die dritte Möglichkeit, eine Hülle zu erzeugen, besteht darin, eine eigene Vektorform als Hülle zu verwenden. Sie können dazu sowohl einen einzelnen offenen oder geschlossenen Pfad als auch ein selbsterzeugtes Gitterobjekt benutzen. Offene Pfade werden von Illustrator zu diesem Zweck geschlossen, daher sind die Resultate der Verzerrung nicht immer voraussagbar.

In einem Stapel aktivierter Objekte wird stets das oberste als Hülle eingesetzt, soweit es sich dafür eignet.

Mit dem obersten Objekt verzerren | Erstellen Sie eine Form oder einen Pfad in der Stapelreihenfolge über dem Objekt, das Sie verzerren möchten. Nach dem Aktivieren der beiden Objekte wählen Sie OBJEKT • VERZERRUNGSHÜLLE • MIT OBERSTEM OBJEKT ERSTELLEN – ⌘+⌥+C bzw. Strg+Alt+C.

Damit wird das zu bearbeitende Objekt in die selbsterstellte Hülle eingebettet. Wenn Sie nun mit dem Direktauswahl-Werkzeug die Ankerpunkte der Hülle bzw. deren Grifflinien verändern, verzerren Sie entsprechend auch das eingebettete Objekt.

10.7.4 Gemeinsame Einstellungen für alle Verzerrungshüllen

Mit Einstellungen in der Dialogbox HÜLLEN-OPTIONEN nehmen Sie Einfluss auf die Berechnung der Verformung. Rufen Sie OBJEKT • VERZERRUNGSHÜLLE • HÜLLEN-OPTIONEN auf, oder klicken Sie auf den Button HÜLLEN-OPTIONEN im Steuerungsbedienfeld.

- PIXELBILDER – GLÄTTEN: Mit dieser Option aktivieren Sie das Anti-Aliasing für Pixelbilder. Dies führt zu besseren Resultaten bei der Verformung von Pixelbildern, aber auch zu einer zumindest leichten Weichzeichnung.
- PIXELBILDER – FORM BEIBEHALTEN DURCH: Pixelbilder haben eine rechteckige Grundform, die nicht in jedes Hüllen-Objekt optimal einzupassen ist. Um das Ergebnis zu verbessern, gibt es zwei Einstellmöglichkeiten:

Pixelbilder und Hüllen

Pixelbilder müssen eingebettet werden, bevor eine Hülle darauf angewendet werden kann.

Beim Verzerren von Objekten mit Freiformhüllen ist häufig ein kleiner Umweg nötig. Statt eine Form direkt anzuwenden (links, rot), ist es besser, zunächst ein rechteckiges Gitter zu generieren (s. Abschnitt 9.7.1), dieses in die gewünschte Form zu bringen (rechts, blau) und dann die Hülle mit dem obersten Objekt zu erstellen (Gitter und Hüllen sind eng verwandt). Die Hüllenform, die sich aus dem roten Pfad ergäbe, ist links unten dargestellt.
◄ **Abbildung 10.107**

[Anti-Aliasing]

Beim Zeichnen einer Linie auf einem Pixelraster können nur waagerechte und senkrechte Linien sauber dargestellt werden. Schräge Linien und Kurven verursachen Treppenabstufungen. Das Anti-Aliasing mildert den Treppeneffekt, indem es die Kantenpixel einer Linie in abgeschwächter Intensität färbt, je nachdem, wie groß der Anteil des Pixels ist, der vom Linienverlauf abgedeckt ist.

▲ **Abbildung 10.108**
Die Dialogbox HÜLLEN-OPTIONEN

[Alpha-Kanal]
Alpha-Kanäle werden verwendet, um Masken, also Auswahlen, in den Dateien der Pixelbilder zu speichern, zu denen sie gehören. In einem Alpha-Kanal werden die ausgewählten Bereiche als weiße Pixel und die nicht ausgewählten Bereiche als schwarze Pixel dargestellt. Graustufen bilden weiche Übergänge.

▲ **Abbildung 10.109**
Lineare Verläufe und Muster verzerren

▲ **Abbildung 10.110**
Konturen können nicht mit Hüllen verzerrt werden (links). Weisen Sie daher der Kontur den Effekt Konturlinie zu, und aktivieren Sie Aussehen verzerren.

▲ **Abbildung 10.111**
Mit Anderer Verkrümmung erstellen

- ▶ Schnittmaske – Mit dieser voreingestellten Option werden gegebenenfalls Bildteile abgeschnitten.
- ▶ Transparenz – Mit dieser Option können Sie einen Alpha-Kanal aus Ihrem Pixelbild als Maske aufrufen.
- ▶ Genauigkeit: Mit dem Schieberegler oder mit der numerischen Eingabe steuern Sie, wie genau die Verzerrungsberechnung durchgeführt wird.
  Da Sie mit einer Hülle nicht exakt konstruieren können und die Genauigkeit Einfluss auf die Geschwindigkeit der Berechnung hat, sind höhere Werte für Vektorobjekte in den meisten Fällen eher kontraproduktiv. Vor allem beim Verzerren gekrümmter Pfade führt ein hoher Genauigkeitswert zu sehr vielen Ankerpunkten, die für eine Weiterbearbeitung nach dem Umwandeln eventuell nicht mehr handhabbar sind.
  Bei umhüllten Pixelbildern führt eine größere Genauigkeit jedoch zu sichtbar besseren Resultaten.
- ▶ Aussehen verzerren: Sind auf das umhüllte Objekt Effekte angewendet, aktivieren Sie diese Option, um mit der Verzerrungshülle das bereits gefilterte Objekt zu verändern. Deaktivieren Sie das Kontrollkästchen, wenn die Effekte erst auf das von der Hülle verformte Objekt wirken sollen.
- ▶ Lineare Verläufe verzerren: Ist dieses Kontrollkästchen aktiviert, werden lineare Verläufe in verzerrten Objekten mit verformt; ohne Aktivierung dieser Option wird nur der Pfad bearbeitet. Radiale Verläufe kann Illustrator nicht verzerren (s. Abschnitt 9.6).
- ▶ Musterfüllungen verzerren: Aktivieren Sie diese Option, wenn Sie Musterfüllungen zusammen mit dem Objektpfad verzerren wollen (s. Abschnitt 16.1).

Konturen verzerren | Während Sie das Verzerren von Verlaufsfüllungen und Mustern über die Hüllen-Optionen bestimmen können, ist das Verzerren von Konturen nicht unmittelbar möglich. Mit einem kleinen Umweg geht es aber doch: Weisen Sie der Kontur den Effekt • Pfad • Konturlinie zu, um die Konturstärke in die Verzerrung einzubeziehen (s. Abschnitt 13.3.6).

10.7.5 Verzerrungshüllen ändern und bearbeiten
Sowohl die Form der Hülle als auch die Form der umhüllten Objekte können Sie nachträglich mithilfe verschiedener Menübefehle weiter bearbeiten und verändern.

Mit anderer Verkrümmung erstellen | Falls Sie es sich anders überlegt haben und eine andere Verzerrung möchten, weisen

Sie einfach mit dem Menü im Steuerungsbedienfeld oder über Objekt • Verzerrungshülle • Mit anderer Verkrümmung erstellen… einen anderen Verkrümmungsstil zu. Die aktuelle Hülle geht verloren. Wählen Sie diesen Befehl auch, wenn Sie die Verkrümmen-Optionen Ihrer Hülle unter Beibehaltung des Verkrümmungsstils ändern möchten.

Mit anderem Gitter erstellen | Wie im letzten Absatz beschrieben, können Sie über das Menü ebenfalls ein anderes Gitter zuweisen: Objekt • Verzerrungshülle • Mit anderem Gitter erstellen… Aktivieren Sie die Option Hüllenform erhalten, wenn Sie innerhalb der bestehenden (bereits bearbeiteten) Hüllenform lediglich eine neue Unterteilung einrichten wollen.

Zurückwandeln | Mit diesem Befehl befreien Sie das Objekt aus der Hülle und wandeln es in seinen Ursprungszustand zurück. Die Hülle wird in der Form zurückgegeben, die sie zum Zeitpunkt der Rückwandlung hatte. Das gilt ebenfalls für eigene Objekte, die Sie als Verzerrungshülle einsetzen. Diese werden jedoch, wie andere Hüllenarten auch, nicht in ihren Anfangszustand zurückversetzt. Die zurückgegebene Hülle liegt als graues Objekt im jeweiligen Stapel obenauf.

Umwandeln | Verwenden Sie diesen Befehl, um verzerrte, umhüllte Objekte zur Weiterbearbeitung umrechnen zu lassen. Nach der Umwandlung wird die Hülle gelöscht. Die verzerrten Objekte können sehr viele Ankerpunkte aufweisen und dadurch nur noch schwer zu bearbeiten sein. In einem solchen Fall machen Sie die Aktion rückgängig und vermindern in den Hüllen-Optionen den Wert für Genauigkeit.

Die Hülle nachbearbeiten | Die Hüllen selbst sind Vektorobjekte, deshalb können Sie alle Hüllen-Arten nachträglich editieren. Gehen Sie wie folgt vor:
1. Aktivieren Sie die intelligenten Hilfslinien, um die Hülle besser zu erkennen.
2. Selektieren Sie das umhüllte Objekt, und klicken Sie auf den Button Hülle bearbeiten im Steuerungsbedienfeld, oder wählen Sie Objekt • Verzerrungshülle • Hülle bearbeiten. Links im Steuerungsbedienfeld wird Hüllenverkrümmung bzw. Hüllengitter angezeigt.
3. Benutzen Sie das Direktauswahl-Werkzeug, um die Hülle zu aktivieren und ihren Pfad sichtbar zu machen.

▲ **Abbildung 10.112**
Mit anderem Gitter erstellen

▲ **Abbildung 10.113**
Bearbeitete Verzerrungshülle; anschließend wurde die Hülle gedreht (rechts oben).

▲ **Abbildung 10.114**
Zurückgewandeltes Hüllen-Objekt

▲ **Abbildung 10.115**
Sehr viele Ankerpunkte (rechts)

10.7 Objekte mit »Hüllen« verzerren | **313**

4. Mit dem Direktauswahl-Werkzeug können Sie nun Punkte verschieben und Grifflinien verändern. Aktivierte Ankerpunkte löschen Sie mit ←, und Gitterlinien werden mit dem Gitter-Werkzeug hinzugefügt, indem Sie damit an der gewünschten Stelle auf den Hüllen-Pfad klicken (s. Abschnitt 6.5).

Den Inhalt einer Hülle bearbeiten | Wenn Sie Veränderungen an einem verzerrten Objekt innerhalb der Hülle vornehmen möchten, aktivieren Sie das Hüllenobjekt und verwenden den Button INHALT BEARBEITEN im Steuerungsbedienfeld oder wählen OBJEKT • VERZERRUNGSHÜLLE • INHALT BEARBEITEN – ⌘/ Strg+⇧+V. Sie können die Hüllenverkrümmung auch doppelklicken, um den Inhalt im Isolationsmodus zu bearbeiten. Das Steuerungsbedienfeld zeigt HÜLLE an.

Während Sie sich im Inhalt-Bearbeiten-Modus oder im Isolationsmodus befinden, werden die umhüllten Objekte im Ebenen-Bedienfeld angezeigt (s. Abschnitt 11.4).

Da Sie die Objekte häufig nicht an der Position auswählen können, an der sie in der Hülle sichtbar sind, sollten Sie entweder in der Pfadansicht arbeiten – ⌘/Strg+Y –, oder Sie aktivieren die intelligenten Hilfslinien, wenn Sie die Auswirkung auf das verzerrte Objekt weiterhin beobachten möchten – ⌘/Strg+U.

Um die Bearbeitung der Hüllen-Inhalte zu beenden, drücken Sie erneut ⌘/Strg+⇧+V. Die Verzerrung wird danach entsprechend angepasst.

▲ **Abbildung 10.116**
Um beispielsweise einen Text zu editieren, müssen Sie den Inhalt des Hüllenobjekts bearbeiten (hier im Isolationsmodus).

10.7.6 Verkrümmungen als Effekt anwenden

Unter EFFEKT • VERKRÜMMUNGSFILTER können Sie die verschiedenen Stil-Arten der Verkrümmung als Effekt anwenden. Einer der Vorteile besteht darin, dass sich Verkrümmungseffekte auf Konturen und Flächen getrennt anwenden lassen.

Aktivieren Sie dazu das Objekt, das Sie mit dem Effekt versehen möchten, und wählen Sie den gewünschten Verkrümmungs-Effekt aus dem Menü. Sie haben für die Effekte die bereits besprochenen Verkrümmungsoptionen zur Verfügung. Um die Verkrümmungsoptionen zu einem späteren Zeitpunkt zu editieren, doppelklicken Sie den Effekt im Aussehen-Bedienfeld.

Die HÜLLEN-OPTIONEN in dem Menü unter OBJEKT • VERZERRUNGSHÜLLE haben keinen Einfluss auf Verkrümmungen, die Sie als Effekt angelegt haben.

▲ **Abbildung 10.117**
Verkrümmung FISCH als Effekt angewendet

11 Hierarchische Struktur: Ebenen, Aussehen

Ebenen stellen zunächst nur ein Mittel zu dem Zweck dar, die Elemente eines Dokuments zu organisieren. Betrachtet man das Ebenen-Bedienfeld jedoch etwas genauer, so bildet sich in ihm die objektorientierte Arbeitsweise von Illustrator ab.

Auch im Erscheinungsbild der Elemente – in Illustrator »Aussehen« genannt – begegnen Sie der hierarchischen Strukturierung. Um einzuschätzen, welche Auswirkung das Zuweisen von Kontur- und Füllfarbe, Transparenzen und vor allem Effekten auf Objekte, Gruppen und Ebenen hat, ist das Verständnis der Aussehen-Hierarchie sehr wichtig.

Illustrator ist nicht Photoshop
Wenn Sie verhindern wollen, dass sich Objekte miteinander verbinden, benötigen Sie zu diesem Zweck keine Ebenen (objektorientierte Arbeitsweise s. Abschnitt 3.2.4).

11.1 Ebenen

Je mehr Objekte Ihr Illustrator-Dokument enthält, umso schwieriger wird es, den Überblick über alle Elemente zu behalten. Viele einzelne Formen bilden größere Einheiten, Objekte verdecken sich gegenseitig, und es kann sehr mühsam sein, Vordergrundobjekte jedes Mal verstecken zu müssen, um eine kleine Änderung am Bildhintergrund vornehmen zu können. Ebenen stellen eine effiziente Möglichkeit dar, Objekte zu strukturieren und zu verwalten.

Stellen Sie sich Ebenen wie durchsichtige Folien über den Zeichenflächen vor, auf denen Sie die Objekte befestigen. Alle Ebenen reichen jeweils über alle Zeichenflächen. In Ebenen können Sie weitere Unterebenen erstellen. Jedes Illustrator-Dokument hat mindestens eine Ebene.

▲ **Abbildung 11.1**
Ebenen als durchsichtige Folien über der Zeichenfläche

11.1.1 Ebenen-Bedienfeld

Die Verwaltung der Ebenen, Unterebenen und der in ihnen enthaltenen Objekte geschieht mithilfe des Ebenen-Bedienfelds. Jedes Objekt, jede Gruppe oder Ebene stellt ein »Element« im Ebenen-Bedienfeld dar. Die Anordnung der Elemente im Bedienfeld

Ebenen in Flash & After Effects
Flash und After Effects erkennen in Illustrator angelegte Ebenen und übernehmen sie.

entspricht der Stapelreihenfolge der Objekte und ihrer Hierarchie in Gruppen, Unterebenen und Ebenen. Das im Bedienfeld oben liegende Element ist auch in der Stapelreihenfolge (s. Abschnitt 5.3) auf der Zeichenfläche an oberster Stelle.

Ebenen-Bedienfeld anzeigen | Rufen Sie das Bedienfeld auf, indem Sie FENSTER • EBENEN wählen, F7, im Dock.

11.1.2 Aufbau des Ebenen-Bedienfelds

In jeder Zeile des Ebenen-Bedienfelds finden Sie mehrere Interaktions-Buttons, mit denen Elemente bedient werden. Durch die Anordnung dieser Buttons ergeben sich die »Spalten« des Ebenen-Bedienfelds.

▶ SICHTBARKEIT: In der Sichtbarkeitsspalte ❶ des Bedienfelds zeigt das Auge-Symbol an, dass das Element sichtbar ist. Das Outline-Symbol signalisiert die Pfaddarstellung des Elements. Eine Vorlagenebene wird durch ein eigenes Symbol gekennzeichnet.
Klicken Sie in die Sichtbarkeitsspalte, um ein Element anzuzeigen oder zu verstecken. Ist eine Ebene oder Gruppe nicht sichtbar, sind automatisch auch die jeweils untergeordneten Elemente versteckt.

▶ EBENENFIXIERUNG: Die Bearbeitungsspalte ❷ stellt mit dem Schloss-Symbol dar, dass ein Element gesperrt ist. Dann sind die Aktivierung der Objekte oder gar Änderungen daran unmöglich. Klicken Sie in die Spalte, um die Fixierung für ein Element einzurichten oder eine vorhandene Fixierung aufzuheben.
Ist eine Ebene oder Gruppe gesperrt, sind automatisch die untergeordneten Elemente gesperrt.

▶ FARBKENNZEICHNUNG: Der Balken ❸ zeigt die in den Ebenenoptionen ausgewählte Farbe an, die zur Hervorhebung zugehöriger aktivierter Objekte auf der Zeichenfläche verwendet wird.

▶ EBENEN-INHALT: Ein Pfeil ❹ bedeutet, dass ein Element weitere Elemente enthält.
Klicken Sie auf den Pfeil ▶, um die untergeordneten Elemente anzuzeigen. Die Namen weiterer Elemente werden der Hierarchie entsprechend eingerückt.

▶ MINIATUREN: Die Ebeneninhalte sehen Sie als Icon ❺ neben dem Ebenennamen ❻.

▶ ZIEL-SYMBOLE: Die Symbole ○ in der Zielspalte ❼ dienen dazu, Elemente als »Ziel« für die Anwendung von Grafikstilen und

▲ **Abbildung 11.2**
Das Ebenen-Bedienfeld

Hilfslinien und gesperrte Ebene

Befinden sich Hilfslinien auf einer gesperrten Ebene, verlieren diese durch die Fixierung ihre Eigenschaft als Positionierungshilfe.
Aktivieren Sie intelligente Hilfslinien, oder heben Sie die Ebenenfixierung auf.

Bildschirmaufbau

Das Erstellen der Miniaturen kann das Anzeigen der Unterelemente einer Ebene verlangsamen. In den Ebenenoptionen lässt sich das Anzeigen der Miniaturen abschalten.

Effekten auszuwählen, und sie zeigen an, ob diese auf ein Element angewendet sind ❻.
- OBJEKT-AUSWAHL: Ein farbiges Quadrat in der Auswahlspalte ❽ zeigt an, welches Element ausgewählt ist. Die Farbe des Quadrats entspricht der Farbe, in der das Element auf der Zeichenfläche hervorgehoben ist.

Das »Eselsohr« ◀ rechts oben kennzeichnet die Ebene, der neu erstellte Objekte zugeordnet werden.

Modifikationsmöglichkeiten | Anzeige und Fixierung
- Drücken Sie ⌥/Alt, und klicken Sie in die Sichtbarkeitsspalte 👁 oder die Bearbeitungsspalte 🔒 eines Elements, um alle Elemente außer dem angeklickten zu verstecken bzw. zu fixieren. Klicken Sie erneut, um die Aktion zu widerrufen.
- Drücken Sie ⌥/Alt, und klicken Sie auf den Pfeil ▶ einer Ebene, um alle untergeordneten Ebenen und Gruppen ebenfalls zu öffnen bzw. zu schließen.
- Drücken Sie ⌘/Strg, und klicken Sie auf das Sichtbarkeitssymbol 👁 einer Ebene, um alle enthaltenen Elemente in der Pfadansicht darzustellen.
- Klicken Sie in die Sichtbarkeitsspalte eines Elements, und halten Sie dabei ⌘/Strg+⌥/Alt gedrückt, um alle anderen Ebenen in der Pfadansicht darzustellen.

Die Menübefehle ANDERE AUSBLENDEN, ANDERE EBENEN PFADANSICHT und ANDERE SPERREN haben eine entsprechende Auswirkung.

11.1.3 Bedienfeldoptionen (Paletten-Optionen)

Wählen Sie BEDIENFELDOPTIONEN… aus dem Bedienfeldmenü des Ebenen-Bedienfelds, um die Darstellung der Elemente im Bedienfeld zu ändern:
- NUR EBENEN EINBLENDEN: Aktivieren Sie diese Option, um die Darstellung im Ebenen-Bedienfeld auf Ebenen und Unterebenen zu beschränken. Einzelne Objekte, Gruppen und Schnittmasken werden im Bedienfeld nicht mehr aufgeführt. Diese Option beeinflusst nicht die Anzeige der Objekte auf der Zeichenfläche.
- ZEILENGRÖSSE: Mit dieser Option definieren Sie die Darstellungsgröße der Zeilen im Bedienfeld. Wählen Sie entweder eine der voreingestellten Größen, oder geben Sie einen Wert zwischen 12 und 100 Pixel frei ein. Ab einer Größe von 20 Pixeln oder MITTEL werden Miniaturen der Ebenen angezeigt.
- MINIATUREN: In den Miniaturen sehen Sie eine Vorschau des Elements. Legen Sie hier fest, für welche Elemente eine Mini-

▲ **Abbildung 11.3**
Sind nicht alle Objekte auf der Ebene gesperrt, dann können mit einem Klick in die Auswahlspalte der Ebene auch die gesperrten Objekte ausgewählt werden.

▲ **Abbildung 11.4**
⌥/Alt-Klick auf Sichtbarkeits- und Bearbeitungsspalte

▲ **Abbildung 11.5**
Optionen für das Ebenen-Bedienfeld

▲ **Abbildung 11.6**
Zeilengröße KLEIN und 50 Pixel

▲ **Abbildung 11.7**
Vorlagenebene und Illustration

Vorlagenebenen ausblenden

Praktisch an Vorlagenebenen ist, dass Sie sie mit einem Menübefehl aus- und wieder einblenden können: ⌘/Strg+⇧+W.

▲ **Abbildung 11.8**
Darstellung einer Gruppe im Ebenen-Bedienfeld

atur angezeigt wird. Da die Berechnung der Miniaturen beim Navigieren in umfangreichen Ebenen einen Moment in Anspruch nehmen kann, ist es möglich, sie für Objekte, Gruppen, Unterebenen und Ebenen gezielt zu deaktivieren.

11.1.4 Vorlagenebenen

Vorlagenebenen sind eine spezielle Ebenenart. Dieser Typ wird weder gedruckt noch exportiert. Platzieren Sie Ihre Scribbles oder Muster in Vorlagenebenen, wenn Sie sie mit Illustrators Werkzeugen nachzeichnen wollen. Um Ihnen das Nachzeichnen zu vereinfachen, sind auf Vorlagenebenen eine reduzierte Deckkraft für Pixelbilder sowie die Ebenenfixierung voreingestellt.

Eine Datei kann mehrere Vorlagenebenen enthalten. Sie werden durch den kursiv geschriebenen Namen und das Vorlagensymbol 🖧 gekennzeichnet.

Vorlagenebenen erstellen | Vorlagenebenen lassen sich direkt beim Platzieren verknüpfter Dateien, z. B. von Bilddaten, erzeugen, wenn Sie die Option VORLAGE im Import-Dialog aktivieren. Zu einem späteren Zeitpunkt können Sie eine Ebene in eine Vorlagenebene umwandeln, indem Sie die Option VORLAGE im Ebenenoptionen-Dialog ankreuzen oder den Befehl VORLAGE aus dem Bedienfeldmenü auf die Ebene anwenden.

11.1.5 Gruppen

Gruppen können Sie mit dem Ebenen-Bedienfeld zwar nicht erzeugen, die Hierarchie der Gruppe ist aber sichtbar und kann editiert werden. Gruppieren Sie Objekte, wird im Ebenen-Bedienfeld ein Element mit dem Namen »Gruppe« angezeigt. Der Pfeil ▶ deutet an, dass die gruppierten Objekte untergeordnet sind.

Untergeordnete Objekte können Sie durch Verschieben aus der Gruppe entfernen oder mithilfe der Bedienfeldbefehle löschen. Andererseits ist es auch möglich, der Gruppe weitere Objekte hinzuzufügen.

Gruppieren Sie Objekte von unterschiedlichen Ebenen, wird die Gruppe auf der obersten beteiligten Ebene eingerichtet. Lösen Sie die Gruppe auf, legt Illustrator die Objekte nicht wieder auf die Ursprungsebenen, da das Programm diese Informationen nach dem Gruppieren nicht speichert.

Ändern Sie den Namen des Gruppenelements, so ist eine Gruppe nicht mehr so einfach von einer Ebene zu unterscheiden. Zur besseren Unterscheidbarkeit kennzeichnen Sie die Namen entsprechend. Anderenfalls finden Sie die Information über die Elementart auch im Steuerungsbedienfeld (s. Abbildung 11.9).

11.1.6 Ebenen erstellen

- Neue Ebene: Klicken Sie auf den Button Neue Ebene erstellen ⬛ am unteren Rand des Bedienfelds. Wählen Sie Neue Ebene… aus dem Bedienfeldmenü, wenn Sie beim Erstellen der Ebene die Ebenenoptionen (s. Abschnitt 11.1.7) einstellen wollen. Die neue Ebene wird in der Stapelreihenfolge über der aktiven Ebene angelegt.
- Neue Unterebene: Eine Unterebene unter der aktiven Ebene legen Sie an, indem Sie auf den entsprechenden Button ⬛ klicken. Wählen Sie den Befehl Neue Unterebene… aus dem Bedienfeldmenü, um die Optionen-Dialogbox aufzurufen.
Aktivieren Sie eine Unterebene, und klicken Sie auf den Button Neue Ebene ⬛, um eine Unterebene auf derselben Hierarchiestufe wie die aktive Unterebene zu erzeugen.

▲ **Abbildung 11.9**
Gruppe im Steuerungsbedienfeld

▲ **Abbildung 11.10**
Erzeugen einer neuen Unterebene auf der gleichen Hierarchiestufe

Modifikationsmöglichkeiten | Ebenen erstellen
- Drücken Sie ⌥/Alt, und klicken Sie auf einen der Buttons ⬛ oder ⬛, um die Ebenenoptionen beim Erstellen der Ebene oder Unterebene aufzurufen.
- Nur für neue Ebenen: Drücken Sie ⌘/Strg+⌥/Alt beim Klicken des Buttons ⬛, um eine Ebene in der Stapelreihenfolge unter der aktivierten Ebene einzurichten.

11.1.7 Ebenenoptionen

Mit einem Doppelklick auf eine Ebene oder mit dem entsprechenden Befehl im Bedienfeldmenü rufen Sie die Ebenenoptionen auf.

◄ **Abbildung 11.11**
Die Dialogbox Ebenenoptionen

- Name: Per Voreinstellung werden Ebenen durchgezählt. Zur besseren Übersicht geben Sie einen aussagekräftigen Namen ein. Auch andere Elemente wie Pfade und Gruppen lassen sich umbenennen. Sie können bis zu 255 Zeichen eingeben.
- Farbe: Bestimmen Sie eine Farbe, in der die zur Ebene gehörenden Objekte auf der Zeichenfläche hervorgehoben werden, wenn sie aktiviert sind. Wählen Sie eine der Farben aus

▲ **Abbildung 11.12**
Darstellung von Auswahlen in unterschiedlichen Farben

> **Sichtbarkeit und Photoshop**
>
> Wenn Sie eine AI-Datei mit ausgeblendeter Ebene in Photoshop platzieren (Datei • Platzieren), wird die Ebenen-Sichtbarkeit nicht berücksichtigt. Speichern Sie eine PDF-Datei ohne die Option Aus oberen Ebenen Acrobat-Ebenen erstellen, wenn die Sichtbarkeit beim Platzieren berücksichtigt werden soll.

> **Ebenen nicht drucken**
>
> Wollen Sie sichergehen, dass Ebenen in einer exportierten Datei nicht drucken, erstellen Sie eine Version, in der die betreffenden Ebenen nicht enthalten sind, und exportieren Sie diese.

▲ **Abbildung 11.13**
Ebenen und Unterebenen erkennen Sie an der grauen Hinterlegung.

▲ **Abbildung 11.14**
In einem Schnittsatz sind die Unterteilungen gestrichelt. Ist auf ein Objekt eine Deckkraftmaske angewendet, wird sein Name unterstrichelt.

dem Menü, oder klicken Sie auf das Farbfeld, um mit einem Farbwähler Farben frei zu definieren – freie Farbdefinitionen werden nicht ins Menü aufgenommen. Die Farbe zeigt Illustrator als schmalen Balken neben der Bearbeitungsspalte an.

▶ Vorlage: Mit dieser Option wandeln Sie die betreffende Ebene in eine Vorlagen-Ebene um.

▶ Fixieren: Die Fixierung einer Ebene lässt sich alternativ zur Bearbeitungsspalte auch mit dieser Option einrichten.

▶ Einblenden: Auch die Sichtbarkeit der Ebene können Sie im Optionen-Dialog bestimmen.

▶ Drucken: Mit dieser Option bestimmen Sie, ob die Ebene gedruckt wird. Beim Ausdrucken während des Entwurfsprozesses kann Ihnen diese Option Zeit sparen. Wenn Sie die Datei exportieren und in anderen Programmen nutzen, bleibt die Eigenschaft »nicht druckend« unter Umständen nicht erhalten.

▶ Vorschau: Diese Option legt fest, ob die Inhalte der Ebene im Vorschaumodus oder in der Pfadansicht gezeigt werden. Das Symbol ◉ kennzeichnet die Pfadansicht.

▶ Bilder abblenden auf: Geben Sie hier ein, wie stark die auf dieser Ebene platzierten Pixelbilder abgeblendet werden sollen. Die Abblendung betrifft nur die Bildschirmdarstellung, Ausdrucke bleiben davon unbeeinflusst. Die Abblendung von Bildern ist nützlich für das manuelle Nachzeichnen von Rastergrafik.

> **Checkliste: Was ist was?**
>
> Illustrator versieht jeden Eintrag im Ebenen-Bedienfeld mit der Bezeichnung des Objekts (z. B. Pfad, Gruppe, Ebene). Diese technischen Bezeichnungen werden häufig in inhaltsbezogene geändert. Wenn Sie jedoch fremde Dateien ändern müssen, ist es für die Herangehensweise wichtig zu wissen, um welche Art von Objekt es sich handelt. Sie haben verschiedene Möglichkeiten, Objekte zu identifizieren:
>
> **Objekt-Bezeichnung |** Wählen Sie fragliche Einträge im Ebenen-Bedienfeld als Ziel aus (zur Zielauswahl siehe Abschnitt 11.2.4). Ganz links im Steuerungsbedienfeld wird die Objektart eingeblendet.
>
> **Pfeil und Hinterlegung |** Zwar zeigt das Bedienfeld sowohl bei Gruppen als auch bei Ebenen einen Pfeil an, Sie können Ebenen und Unterebenen aber an der grauen Hinterlegung ihres Eintrags erkennen.
>
> **Strichelung |** Auch Schnittsätze werden als Gruppen bezeichnet. Sie erkennen Schnittsätze an den gestrichelten Unterteilungen im Ebenen-Bedienfeld.
>
> **Deckkraftmasken |** Ist nur der Name des Eintrags im Ebenen-Bedienfeld (gestrichelt) unterstrichen, weist dies darauf hin, dass das Objekt mit einer Deckkraftmaske versehen wurde.

11.1.8 Elemente im Ebenen-Bedienfeld auswählen

Es besteht ein Unterschied zwischen dem Auswählen eines Objekts auf der Zeichenfläche – das Sie z. B. transformieren wollen – und dem Aktivieren des gleichen Elements im Ebenen-Bedienfeld.

Wenn Sie ein oder mehrere Elemente im Ebenen-Bedienfeld aktivieren, können Sie darauf die Befehle des Ebenen-Bedienfelds anwenden, um die Hierarchie der Elemente zu verändern. Sie wählen damit jedoch nicht das Objekt auf der Zeichenfläche aus.

Klicken Sie auf die Miniatur, den Namen oder den Raum neben dem Namen, um ein Element im Ebenen-Bedienfeld zu aktivieren. Das aktivierte Element wird durch eine Einfärbung der Zeile im Bedienfeld hervorgehoben.

Auch fixierte oder ausgeblendete Elemente können Sie aktivieren, Sie können sie jedoch nicht verschieben.

Anstatt Objekte mithilfe der Auswahl-Werkzeuge auf der Zeichenfläche zu aktivieren, können Sie zu diesem Zweck auch das Ebenen-Bedienfeld verwenden. Lesen Sie dazu Abschnitt 11.2, »Objekt- und Ziel-Auswahl im Ebenen-Bedienfeld«.

Modifikationsmöglichkeiten | Elemente auswählen
- Mehrere aufeinanderfolgende Elemente, die sich in der gleichen Hierarchiestufe unterhalb eines Elternelements befinden, aktivieren Sie, indem Sie ⇧ drücken und den ersten und letzten gewünschten Eintrag anklicken.
- Drücken Sie ⌘/Strg, wenn Sie Elemente auswählen möchten, die im Bedienfeld nicht direkt aufeinanderfolgen.

11.1.9 Elemente duplizieren

Möchten Sie Objekte, Gruppen oder ganze Ebenen duplizieren, aktivieren Sie sie im Ebenen-Bedienfeld, und ziehen Sie sie über das Symbol NEUE EBENE ERSTELLEN, oder wählen Sie AUSWAHL DUPLIZIEREN aus dem Bedienfeldmenü.

11.1.10 Ebenen zusammenfügen

Viele Applikationen der Creative Suite sind in der Lage, mit Dateien umzugehen, die verschachtelte Ebenen enthalten. Exportieren Sie Dateien, um sie in anderen Applikationen zu verwenden, kann es dagegen sinnvoll sein, alle Objekte auf einer einzigen Ebene ohne Verschachtelung abzulegen. Nicht alle Grafikprogramme können Illustrator-Ebenen interpretieren.

Ebenen oder Unterebenen, die sich auf einer Hierarchiestufe unter einem gemeinsamen Elternelement befinden, lassen sich zu einer Ebene vereinen. Aktivieren Sie die Ebenen, die Sie zusam-

▲ **Abbildung 11.15**
Aktivieren gesperrter Elemente ist möglich.

▲ **Abbildung 11.16**
Beim Aktivieren eines Objekts auf der Zeichenfläche wird das entsprechende Element im Ebenen-Bedienfeld nicht ausgewählt (oben) – beim Aktivieren eines Elements im Ebenen-Bedienfeld wird das Objekt nicht ausgewählt (unten).

Schreibschutz-Symbol

Ist die aktivierte Ebene fixiert oder ausgeblendet, zeigt der Cursor das Schreibschutz-Symbol, wenn Sie ein Zeichen-Werkzeug ausgewählt haben oder versuchen, das Element im Ebenen-Bedienfeld zu verschieben.

▲ **Abbildung 11.17**
Element duplizieren

11.1 Ebenen | **321**

menfügen möchten, und wählen Sie Ausgewählte zusammenfügen aus dem Bedienfeldmenü. Nach dem Zusammenfügen bleibt die Ebene bestehen, die Sie zuletzt aktiviert haben. Die Stapelreihenfolge der Objekte bleibt erhalten.

Auf Hintergrundebene reduzieren (Flattening) | Alle Ebenen des Dokuments führen Sie zusammen, indem Sie die Ebene aktivieren, in der anschließend alle Elemente enthalten sein sollen, und dann Auf Hintergrundebene reduzieren aus dem Bedienfeldmenü wählen. Unterebenen und Gruppen bleiben erhalten.

11.1.11 Neue Ebenen für ausgewählte Objekte erstellen

In neuer Ebene sammeln | Mit diesem Befehl verschieben Sie ausgewählte Elemente einer Ebene oder Unterebene in eine neue Ebene. Diese wird auf der Hierarchiestufe erstellt, auf der sich die ausgewählten Elemente befanden.

Ebenen für Objekte erstellen | Speziell für die Vorbereitung von Animationen sind diese beiden Operationen gedacht. Wenn Sie Assets für After Effects in Illustrator vorbereiten, müssen Sie alle Objekte, die in After Effects auf einzelnen Ebenen liegen sollen, bereits in Illustrator auf Hauptebenen angelegt haben. Die Befehle Ebenen für Objekte erstellen (Sequenz/Aufbau) verteilen die untergeordneten Elemente einer Ebene, Gruppe oder Überblendung auf eigene Ebenen. Eine Überblendung wird nach Anwendung des Befehls in die einzelnen Stufen aufgelöst (Überblendung/Angleichung s. Abschnitt 10.6).

Aktivieren Sie eine Ebene, Unterebene oder Gruppe, um alle enthaltenen Elemente auf einzelne Ebenen zu verteilen. Das in der Stapelreihenfolge unterste Objekt legt Illustrator auf die unterste Ebene.

▶ Sequenz: Mit dem Befehl Ebenen für Objekte erstellen (Sequenz) wird für jedes Element eine eigene Ebene erstellt. Damit können Sie z. B. eine Figur durch das Bild bewegen.

▶ Aufbau: Möchten Sie dagegen simulieren, dass sich ein Gesamtbild aus den Einzelobjekten nacheinander zusammenstellt, wählen Sie Ebenen für Objekte erstellen (Aufbau). Auch hier entspricht die Anzahl der Ebenen der Anzahl der Objekte. Die Verteilung der Objekte auf die Ebenen geschieht jedoch kumulativ, d. h., das unterste Objekt des Stapels ist auf allen Ebenen vorhanden. Auf den folgenden Ebenen wird jeweils ein weiteres Objekt den bereits vorhandenen hinzugefügt.

Ebenen und Speicherplatz

Ebenen kosten Speicherplatz. Daher sollten Sie die Anzahl Ihrer Ebenen reduzieren, sobald Sie sie nicht mehr benötigen.

▲ **Abbildung 11.18**
Ebenen für Objekte erstellen: Sequenz (links), Aufbau (rechts)

▲ **Abbildung 11.19**
Ebenen aus Illustrator (oben) in After Effects (unten)

Animation exportieren | Beim Export einer Illustrator-Datei in das Flash-Format (SWF) können die Ebenen automatisch in einzelne Frames einer Animation umgewandelt werden.

11.1.12 Ebenen und Elemente verschieben

Die Hierarchie und die Stapelreihenfolge der Objekte lassen sich im Ebenen-Bedienfeld verändern, indem Sie Elemente an andere Positionen verschieben. Klicken und ziehen Sie den Eintrag an die gewünschte Position. Sie können ihn zwischen zwei andere Elemente oder in eine Gruppe oder Ebene bewegen. Die Position wird während des Ziehens jeweils hervorgehoben. Auf diese Art lassen sich auch Gruppen und Schnittmasken durch Entfernen oder Hinzufügen von Elementen bearbeiten.

▲ **Abbildung 11.20**
Verschieben einer Ebene im Stapel (oben) und in der Hierarchie (unten)

Umgekehrte Reihenfolge | Dieser Befehl aus dem Bedienfeldmenü kann die Stapelreihenfolge mehrerer aktivierter Elemente einer Hierarchiestufe – Einzelobjekte, Gruppen oder Ebenen – umkehren, sodass die vorher unterste Ebene oben liegt und weitere Ebenen entsprechend gestapelt werden.

▲ **Abbildung 11.21**
Reihenfolge umgekehrt (rechts)

11.1.13 Ebenen beim Einfügen merken

Kopieren Sie ein Objekt aus einem Dokument über die Zwischenablage in eine andere Illustrator-Datei, wird es per Voreinstellung auf der aktiven Ebene eingesetzt.

Dieses Verhalten von Illustrator können Sie ändern, sodass die Ebeneninformationen kopierter Elemente beim Einfügen erhalten bleiben. Wählen Sie EBENEN BEIM EINFÜGEN MERKEN aus dem Menü des Ebenen-Bedienfelds, bevor Sie das Element einfügen. Die Option muss nicht bereits beim Kopieren des Elements aktiv sein. Existieren im Zieldokument die benötigten Ebenen, wird das eingefügte Element entsprechend eingeordnet. Anderenfalls erzeugt Illustrator die Ebenen beim Einfügen des Objekts.

> **Aussehen und Einfügen**
>
> Aussehen-Attribute, die auf Ebenen der obersten Hierarchiestufe angewendet sind, werden nicht in das Zieldokument übernommen. Bewegen Sie die Ebenen in tiefere Hierarchiestufen, bevor Sie die Objekte kopieren.

11.1.14 Elemente löschen

Möchten Sie ein oder mehrere Elemente löschen, aktivieren Sie sie und klicken auf das Symbol AUSWAHL LÖSCHEN 🗑, oder wählen Sie AUSWAHL LÖSCHEN aus dem Bedienfeldmenü.

11.1.15 Elemente im Ebenen-Bedienfeld finden

Wenn Sie Objekte, die auf der Zeichenfläche ausgewählt sind, im Ebenen-Bedienfeld lokalisieren möchten, wählen Sie OBJEKT SUCHEN, und im Ebenen-Bedienfeld werden alle Untergruppen bis hin zum aktivierten Element »aufgeklappt«. Liegen die aus-

▲ **Abbildung 11.22**
Ausgewähltes Objekt auf Zeichenfläche, Ebenen-Bedienfeld vor (Mitte) und nach OBJEKT SUCHEN (unten)

> **Objektauswahl unter Windows**
>
> Unter Windows gestaltet sich die Auswahl Ihrer Objekte noch einfacher, sofern Sie diesen einprägsame eigene Namen gegeben haben. Drücken Sie [Strg] + [Alt], und klicken Sie ins Ebenen-Bedienfeld. Mit einem schwarzen Rahmen zeigt Illustrator an, dass dieses jetzt auf Tastatureingaben reagiert. Tippen Sie dann den Namen des gewünschten Objekts, wird dieses aktiviert. Dieser Trick funktioniert auch in anderen Bedienfeldern.

gewählten Objekte auf verschiedenen Ebenen, werden nur die Elemente der im Objektstapel obersten Ebene angezeigt.

Haben Sie in den Bedienfeld-Optionen die Einstellung NUR EBENEN EINBLENDEN aktiviert, ändert sich OBJEKT SUCHEN in EBENE SUCHEN.

11.1.16 Verstecken und Fixieren

Die Sperren- und Verstecken-Befehle im Menü OBJEKT wirken sich nicht auf Ebenen in der obersten Hierarchiestufe aus. Die Befehle ALLES LÖSEN und ALLE EINBLENDEN können ebenfalls nicht angewendet werden, um fixierte oder versteckte Ebenen der ersten Hierarchiestufe zu lösen oder einzublenden.

> **Checkliste: Einsatz von Ebenen**
>
> Ebenen lassen sich einsetzen, um ein Layout zu strukturieren, den Bildschirmaufbau zu beschleunigen und rationeller zu arbeiten.
>
> **Hilfslinien |** Sind viele Hilfslinien in einem Dokument eingerichtet, können sie irritieren – vor allem bei der Arbeit in großen Zoom-Stufen. Über das Menü ANSICHT • HILFSLINIEN lassen sich aber nur *alle* Hilfslinien ein- oder ausblenden. Legen Sie verschiedenartige Hilfslinien auf unterschiedliche Ebenen, haben Sie die Möglichkeit, diese selektiv ein- oder auszublenden.
>
> **Pixeldaten |** Pixeldaten verlangsamen den Bildschirmaufbau. Ist ein Bild aber einmal ins Layout integriert, müssen Sie es meist erst wieder zum Ausdrucken der Datei anzeigen. Wenn Sie jedes eingebundene Bild auf einer eigenen Ebene ablegen, können Sie für diese einzeln den Vorschaumodus deaktivieren, und der Bildschirmaufbau wird beschleunigt.
>
> **Hintergrund-/Vordergrundtrennung |** Bei komplexeren Illustrationen eignen sich Ebenen natürlich dazu, Hintergrund- und Vordergrundobjekte voneinander zu trennen. Sie vereinfachen sich die Arbeit durch die Möglichkeit, die Datei hierarchisch zu strukturieren und fertiggestellte Bildelemente zu fixieren und/oder auszublenden.
>
> **Alternative Versionen |** Möchten Sie mehrere Layoutvorschläge vorbereiten oder benötigen Sie zusätzliche Sprachversionen, sind Ebenen in vielen Fällen der Aufteilung auf mehrere Dateien vorzuziehen. Ergeben sich Änderungen am Grundlayout, müssen Sie nur eine Datei editieren.
>
> **Mehrere Seiten |** Es kann sinnvoll sein, für einzelne Seiten auch dedizierte Ebenen anzulegen. Von sich aus reichen Ebenen über alle Seiten.
>
> **Reinzeichnungselemente |** Beschnitt- und Falzmarken, Stanzformen, Vorlagen für Speziallackierungen etc. können Sie praktisch auslagern, indem Sie Ebenen dafür anlegen. Wenn Sie Anzeigen gestalten, die ein Motiv in verschiedenen Formaten verwenden, legen Sie die Beschnittmarken der unterschiedlichen Formate auf einzelne Ebenen.
>
> **Datenbanksteuerung |** Mit dem Variablentyp SICHTBARKEIT können Sie auch Ebenen ein- und ausblenden. So lassen sich Ebenen datenbankbasiert anzeigen.

▲ **Abbildung 11.23**
Alternative Versionen eines Illustrationsdetails

▲ **Abbildung 11.24**
Sichtbarkeitsvariable

11.2 Objekt- und Ziel-Auswahl im Ebenen-Bedienfeld

Die Unterscheidung, die Illustrator zwischen der Auswahl von Objekten und Zielen macht, kann verwirren. Die hierarchische Struktur der Objekte, Ebenen und der anwendbaren Aussehen-Eigenschaften macht die Auswahl eines Ziels nötig.

11.2.1 Objekte im Ebenen-Bedienfeld auswählen

Alternativ zum Anklicken der Objekte auf der Zeichenfläche können Sie ein oder mehrere Objekte auch mithilfe des Ebenen-Bedienfelds auswählen.

Um ein einzelnes Objekt auszuwählen, klicken Sie in der Zeile seines Eintrags in die Auswahlspalte rechts neben dem kreisförmigen Ziel-Symbol ○. Alle Objekte einer Ebene oder Gruppe aktivieren Sie, indem Sie in die Auswahlspalte der Ebene oder Gruppe klicken. Sie können nur sichtbare Elemente aktivieren.

Modifikationsmöglichkeiten | Halten Sie ⇧ gedrückt, um mehrere Objekte nacheinander auszuwählen.

▶ Um Objekte von der Auswahl abzuziehen, halten Sie ⌥/Alt+⇧ gedrückt, und klicken Sie in die Auswahlspalte des betreffenden Elements.
▶ Halten Sie ⌥/Alt gedrückt, und klicken Sie auf ein Element, um alle Elemente bis auf das angeklickte aus der Auswahl zu entfernen.

Auswahl-Symbol | Die Auswahl wird in der Auswahlspalte durch farbige Quadrate gekennzeichnet. Ein großes, schwarz umrandetes Quadrat ■ signalisiert, dass alle Objekte ausgewählt wurden, die zum Element gehören. Die Auswahl eines Objekts wird immer in allen übergeordneten Ebenen bis in die erste Hierarchiestufe angezeigt. In den Auswahlspalten der Ebenen bedeutet das kleinere Quadrat ▪, dass weitere, nicht ausgewählte Objekte vorhanden sind. Wird auf Ebenen auch das große, umrandete Quadrat angezeigt, sind alle Objekte der Ebene aktiviert.

Die erste übergeordnete Ebene des aktivierten Objekts wird im Ebenen-Bedienfeld farbig hervorgehoben.

11.2.2 Alle Objekte einer Ebene auswählen

Möchten Sie nur alle Objekte aktivieren, die auf derselben Ebene liegen wie das aktuell selektierte Objekt, wählen Sie Auswahl • Objekt • Alles auf denselben Ebenen. Wie die Bezeichnung des

▲ **Abbildung 11.25**
Auswahl durch Klick in die Auswahlspalte

▲ **Abbildung 11.26**
Auch wenn sich einzelne ausgeblendete Elemente nicht auswählen lassen, werden sie mitselektiert, wenn Sie die gesamte Gruppe oder Ebene aktivieren.

▲ **Abbildung 11.27**
Darstellung einer Objektauswahl in der Auswahlspalte ❶ des Ebenen-Bedienfelds

Objektbaum anzeigen

Jetzt wird es technisch. Jedes Objekt erhält beim Speichern der Datei eine eindeutige ID-Nummer, die als Bestandteil der XMP-Daten gespeichert wird. Den Objektbaum mit diesen Daten können Sie unter Datei • Dateiinformationen im Reiter Raw-Daten einsehen.

▲ **Abbildung 11.28**
Verschieben eines Objekts von der Ebene »Wasser« auf »Städte«

▼ **Abbildung 11.29**
Bei Auswahl eines Objekts auf der Zeichenfläche wird es als Ziel ausgewählt (links). Das Zielsymbol verändert sich, wenn ein Effekt zugewiesen wurde (rechts).

Befehls nahelegt, funktioniert das auch, wenn mehrere Objekte selektiert sind, die zu verschiedenen Ebenen gehören.

11.2.3 Objekte verschieben und duplizieren

Um ein aktiviertes Objekt auf eine andere Ebene oder in eine Gruppe zu verschieben, klicken und ziehen Sie das Auswahl-Symbol – das kleine Quadrat auf einer übergeordneten Ebene oder das große Quadrat des Elements – auf die gewünschte Ebene. Ist die Ziel-Ebene gesperrt, zeigt Illustrator das Symbol ⊘, wenn Sie versuchen, ein Element auf diese Ebene zu verschieben.

Modifikationsmöglichkeit | Halten Sie ⌥/Alt gedrückt, um das Objekt dabei zu duplizieren.

11.2.4 Ziel-Auswahl und Aussehen-Eigenschaften

Wenn Sie einen Effekt oder besondere Aussehen-Eigenschaften auf ein Objekt anwenden möchten, klicken Sie üblicherweise das Objekt mit dem Auswahl-Werkzeug an und ordnen die Eigenschaft zu. Sehen Sie sich beim Auswählen einmal das Element im Ebenen-Bedienfeld an, dann können Sie beobachten, dass ein Objekt automatisch als Ziel ausgewählt wird, sobald Sie es aktivieren.

▲ **Abbildung 11.30**
Unterschiedliche Stadien des Ziel-Symbols für unterschiedliche ausgewählte und inaktive Objekte

Ziel-Symbol | Jeder Eintrag im Ebenen-Bedienfeld enthält das Ziel-Symbol. Es zeigt die Zuordnung von Aussehen-Eigenschaften und Effekten an:

Seine Grundform ○ signalisiert, dass ein Element – Objekt, Gruppe oder Ebene – außer *einer* Kontur und *einer* Fläche keine weiteren Aussehen-Eigenschaften besitzt. Das Symbol wird um einen Außenring ◎ ergänzt, sobald das Element als Ziel ausgewählt ist. Die gefüllte Form ● zeigt an, dass dem Element Aussehen-Eigenschaften zugeordnet wurden. Auch für diese Form bedeutet der zusätzliche Ring ◉, dass das Element als Ziel ausgewählt ist.

Ziel auswählen | Das Ziel-Symbol dient auch als »Button« für die Zielauswahl von Elementen. Dies ist die einzige Möglichkeit, Ebenen als Ziel auszuwählen, um ihnen ebenfalls Aussehen-Eigenschaften zuzuordnen. Um Elemente – Pfade, Gruppen oder Ebenen – mithilfe des Ebenen-Bedienfelds als Ziel auszuwählen, klicken Sie auf das Ziel-Symbol ○ oder ◉. Weisen Sie anschließend die gewünschten Aussehen-Eigenschaften (Abschn. 11.5) zu.

▲ **Abbildung 11.31**
Ebene als Ziel auswählen

Modifikationsmöglichkeiten

- Drücken Sie ⬆, um weitere Elemente als Ziele auszuwählen.
- Drücken Sie ⌥/Alt+⬆, um Elemente von der Ziel-Auswahl zu entfernen.
- Drücken Sie ⌥/Alt, und klicken Sie, um alle bis auf das angeklickte Element von der Ziel-Auswahl zu entfernen.

11.2.5 Aussehen verschieben und duplizieren

Das Ziel-Symbol können Sie verwenden, um Eigenschaften eines Elements einem anderen Element zuzuweisen. Klicken und ziehen Sie das Ziel-Symbol auf das Element, dem Sie die Eigenschaften zuordnen möchten. Alle Eigenschaften, die das »empfangende« Element bereits besitzt, werden durch die verschobenen Eigenschaften ersetzt. Das »abgebende« Element, von dem Sie das Ziel-Symbol verschieben, verliert alle Aussehen-Eigenschaften, die über die Grundeigenschaften Kontur und Fläche hinausgehen (Aussehen-Eigenschaften s. Abschnitt 11.5).

▲ **Abbildung 11.32**
Duplizieren der Aussehen-Eigenschaften von einem Element zum anderen

Modifikationsmöglichkeit | Drücken Sie ⌥/Alt, um die Aussehen-Eigenschaften zu duplizieren.

11.2.6 Ebenen und Aussehen-Eigenschaften

Alle Objekte, die auf einer Ebene erstellt, auf sie verschoben oder kopiert werden, erhalten automatisch die Aussehen-Eigenschaften der Ebene zusätzlich zu Eigenschaften, die den Objekten zugeordnet sind. Aufgrund der Objekthierarchie wirken die Eigenschaften der Ebene oberhalb der Objektmerkmale – Eigenschaften der Objekte bleiben erhalten und werden ggf. überdeckt oder verstärkt. Durch die Zuordnung der Aussehen-Eigenschaften zu einer Ebene statt zu den einzelnen Objekten können Sie sich das Erstellen gleichartiger Objekte erleichtern. Das Objekt verliert die der Ebene zugewiesenen Eigenschaften, sobald Sie es auf eine andere Ebene verschieben.

Sehr nutzbringend können Sie das bei der Gestaltung von Straßen- und Anreiseplänen für sich einsetzen. Ist das Aussehen der Ebene zugewiesen, bilden sich Kreuzungen fast von selbst.

▲ **Abbildung 11.33**
Alle Objekte einer Ebene erhalten das Aussehen der Ebene (hier: Scribble-Effekt) zusätzlich zu ihren bestehenden Eigenschaften.

11.2 Objekt- und Ziel-Auswahl im Ebenen-Bedienfeld | 327

▼ **Abbildung 11.34**
Mithilfe von Schnittmasken werden Grafiken in Formen eingepasst – z. B. für »Lupen« in der Infografik, zum Beschneiden von Pixelgrafiken oder zur Formgebung für Angleichungen.

11.3 Objekte mit Schnittmasken formen

Eine Schnittmaske ist ein Vektorobjekt, das wie der Ausschnitt eines Passepartouts andere Objekte »zuschneidet«, so dass von ihnen nur die Teile sichtbar sind, die innerhalb der Vektorform liegen.

11.3.1 Schnittmasken erstellen

Das Maskenobjekt – im Ebenen-Bedienfeld als ZUSCHNEIDUNGSPFAD gekennzeichnet – und die beschnittenen Objekte bilden den »Schnittsatz«. Schnittsätze lassen sich aus einzelnen ausgewählten Elementen oder durch Umwandlung einer Ebene bzw. Gruppe erstellen. Als Maskenobjekt können Sie alle Textobjekte sowie jeden Vektorpfad verwenden – auch zusammengesetzte Pfade und zusammengesetzte Formen.

▲ **Abbildung 11.35**
Der Schnittsatz wird im Ebenen-Bedienfeld als GRUPPE gekennzeichnet, ist durch die gestrichelten Linien aber von Gruppen zu unterscheiden.

Schnittsatz aus einzelnen Objekten | Möchten Sie den Schnittsatz aus einzelnen Objekten erstellen, ordnen Sie die Objekte so an, dass das Objekt, das das oder die anderen Objekte beschneiden soll, im Objektstapel oben liegt.

Anschließend aktivieren Sie die Objekte und wählen OBJEKT • SCHNITTMASKE • ERSTELLEN – ⌘/Strg+7. Der Schnittsatz entsteht auf der Ebene, die das Maskenobjekt enthält. Die beschnittenen Objekte werden dorthin verschoben. Die Elemente eines auf diese Art erzeugten Schnittsatzes sind miteinander gruppiert.

Schnittsatz aus einer Ebene oder Gruppe | Um alle Objekte einer Ebene oder Gruppe in einen Schnittsatz umzuwandeln, aktivieren Sie die Ebene, die Gruppe oder eines der enthaltenen Objekte im Ebenen-Bedienfeld und klicken auf den Button SCHNITTMASKE ERSTELLEN am unteren Rand des Bedienfelds. Das in der Stapelreihenfolge oben liegende Objekt wirkt als Schnittmaske auf alle anderen Elemente der Ebene oder Gruppe.

▲ **Abbildung 11.36**
Anordnung der Objekte zum Erstellen eines Schnittsatzes

Die Elemente werden nicht miteinander gruppiert und lassen sich daher weiterhin z. B. mit dem Auswahl-Werkzeug einzeln selektieren.

Innen zeichnen | Auf eine sehr intuitive Art können Sie Schnittmasken erstellen, indem Sie einen Pfad auswählen und auf den Button INNEN ZEICHNEN im Werkzeugbedienfeld klicken. Anschließend können Sie das Objekt deaktivieren und dann direkt in der Fläche des Objekts arbeiten. Soll die Schnittmaske aus mehreren Pfaden erstellt werden, müssen Sie daraus zunächst einen zusammengesetzten Pfad erstellen (s. Abschnitt 10.1.2). Den Innen-zeichnen-Modus erreichen Sie auch mit ⇧+D – der Shortcut wechselt durch die Zeichen-Modi und muss ggf. mehrfach gedrückt werden.

Um den Innen-zeichnen-Modus zu beenden, doppelklicken Sie auf eine freie Stelle der Zeichenfläche, oder aktivieren Sie einen anderen Zeichenmodus mit einem Klick auf NORMAL ZEICHNEN bzw. DAHINTER ZEICHNEN.

▲ **Abbildung 11.37**
Die gestrichelten Winkel rahmen das Objekt ein, in dem gezeichnet wird.

Innen zeichnen: Borstenpinsel

Der Modus INNEN ZEICHNEN ist eine Möglichkeit, um mit dem Borstenpinsel interessante Texturen auf Objekte zu malen.

Aussehen-Eigenschaften des Maskenobjekts | Vektorobjekte, die als Masken verwendet werden, verlieren ihre Aussehen-Eigenschaften automatisch. Die Aussehen-Eigenschaften von Textobjekten müssen Sie manuell entfernen, falls Sie sie nicht benötigen (Aussehen-Eigenschaften s. Abschnitt 11.5).

Wenn Sie den Zuschneidungspfad eines Schnittsatzes mit dem Direktauswahl-Werkzeug auswählen – dazu müssen Sie direkt auf den Pfad klicken –, können Sie ihm eine Kontur und eine Fläche sowie Verzerrungs- und Transformationseffekte zuordnen. Weitere Konturen, Flächen und Effekte lassen sich zwar zuweisen, haben jedoch keine sichtbaren Auswirkungen.

▼ **Abbildung 11.38**
Sollen mehrere Objekte die Maske bilden (links), müssen Sie die Pfade zu zusammengesetzten Pfaden bzw. zusammengesetzten Formen verbinden, bevor Sie sie als Schnittmaske anwenden (Mitte), Gruppieren reicht nicht. Der Maske können Sie wieder Eigenschaften zuweisen, wenn Sie sie mit dem Direktauswahl-Werkzeug auswählen (rechts).

11.3.2 Schnittsätze editieren

Aktivieren Sie einen Schnittsatz, so erscheinen im Steuerungsbedienfeld die Buttons ZUSCHNEIDUNGSPFAD und INHALT BEARBEITEN. Klicken Sie auf den Button ZUSCHNEIDUNGSPFAD EDITIEREN, so wird der Masken-Pfad aktiviert, und Sie können ihn mit den entsprechenden Werkzeugen verändern. Um die beschnittenen Objekte gemeinsam zu transformieren, klicken Sie auf den Button INHALT BEARBEITEN oder wählen OBJEKT • SCHNITT-

▲ **Abbildung 11.39**
Buttons MASKE EDITIEREN, INHALT EDITIEREN

11.3 Objekte mit Schnittmasken formen

▲ **Abbildung 11.40**
Ausrichten einer Schnittmaske: entscheidend ist das Maskenobjekt.

▲ **Abbildung 11.41**
Beispiel für die Abbildungen unten: Grün: Schnittmaske

▼ **Abbildung 11.43**
Schnittmaske auf Ebene: Objekte auch außerhalb der Schnittmaske lassen sich aktivieren und einzeln bearbeiten.

MASKE • INHALTE BEARBEITEN. Sobald Sie einen der Buttons angeklickt haben, müssen Sie die Bearbeitung beginnen. Ein Klick auf ein anderes Objekt oder die Zeichenfläche deaktiviert den zu bearbeitenden Zuschneidungspfad oder den Inhalt.

Möchten Sie auf einzelne enthaltene Objekte zugreifen, dann verwenden Sie das Direktauswahl- oder Gruppenauswahl-Werkzeug, oder arbeiten Sie im Isolationsmodus (s. Abschnitt 11.4).

11.3.3 Mit Schnittmasken arbeiten

Um eine Schnittmaske auszuwählen, müssen Sie auf die maskierten Objekte oder auf den Pfad des Maskenobjekts klicken. Nachträglich dem Maskenobjekt zugewiesene Flächen sind nicht »aktiv«. Wenn Sie Schnittsätze an anderen Objekten ausrichten, erfolgt dies anhand der Dimensionen des Maskenobjekts.

Beim Auswählen von Objekten sind alle außerhalb des Maskenobjekts liegenden Objekte auf der Zeichenfläche nicht aktiv und können daher außer mit dem Lasso-Werkzeug nicht versehentlich ausgewählt werden. Bei aktivierten intelligenten Hilfslinien werden jedoch Objekte unter dem Cursor hervorgehoben, deren Begrenzungsrahmen sich innerhalb der Maske befindet.

▲ **Abbildung 11.42**
Schnittmaske als Gruppe: Unter dem Cursor wird ein beschnittener Pfad hervorgehoben, kann jedoch nicht aktiviert werden (links). Mit dem Auswahl-Werkzeug wählen Sie die Gruppe als Ganzes aus und transformieren sie (rechts).

Wurde die Schnittmaske auf die Ebene angewendet, sind alle beteiligten Objekte einzeln aktivierbar und editierbar.

> **Schnittmasken »endgültig« umwandeln**
>
> Eine Schnittmaske lässt die Geometrie eines Objekts intakt und blendet nur die unerwünschten Teile aus. Es ist nicht vorgesehen, eine Schnittmaske »umzuwandeln«, so wie Sie dies für andere Objekte wie z. B. Verzerrungshüllen kennen. Sind nur einfache mit Flächen versehene Objekte ohne Konturen beschnitten, können Sie probieren, ob eine der Pathfinder-Funktionen Fläche aufteilen, Überlappungsbereich entfernen oder Verdeckte Fläche entfernen das gewünschte Resultat bringt.

11.3.4 Schnittmaske zurückwandeln

Um den Schnittsatz aufzulösen und in seine Ausgangsobjekte zurückzuwandeln, aktivieren Sie den Schnittsatz und wählen Objekt • Schnittmaske • Zurückwandeln. Sind mehrere Schnittmasken ineinander verschachtelt, können Sie auch eine untergeordnete Schnittmaske mit dem Direktauswahl- oder dem Gruppenauswahl-Werkzeug auswählen und den Befehl nur für diese aufrufen. Alternativ ziehen Sie die Objekte im Ebenen-Bedienfeld aus dem Schnittsatz heraus.

11.4 Im Isolationsmodus arbeiten

Im Isolationsmodus können Sie tiefer verschachtelte Gruppen, Unterebenen, zusammengesetzte Pfade und Formen, Schnittmasken, Angleichungen, Verlaufsgitter, Symbole und einzelne Pfade so bearbeiten, als wären sie nicht Bestandteil übergeordneter Elemente. Flash-Anwender kennen diesen Bearbeitungsmodus vom Handling der Symbole.

11.4.1 Isolationsmodus aufrufen

In der Originaleinstellung (lesen Sie dazu auch den Hinweis »Isolationsmodus aufrufen«) rufen Sie den Isolationsmodus für ein Objekt auf, indem Sie darauf doppelklicken. Möchten Sie Änderungen in hierarchisch untergeordneten Gruppen dieses Objekts vornehmen, doppelklicken Sie wiederum auf diese.
Alternativ haben Sie folgende Möglichkeiten:
▶ Wählen Sie das gewünschte Objekt aus, und klicken Sie auf den Button Ausgewählte Gruppe isolieren ⊞ im Steuerungsbedienfeld.
▶ Rufen Sie Ausgewählte Gruppe isolieren im Kontextmenü über einem selektierten Objekt auf, das Sie mit einem Rechtsklick (Windows) oder ⌃ctrl + Mausklick (Mac) anzeigen.
▶ Aktivieren Sie einen Eintrag im Ebenen-Bedienfeld, und wählen Sie Isolationsmodus aufrufen aus dem Bedienfeldmenü.

> **Isolationsmodus aufrufen**
>
> Das Aufrufen des Isolationsmodus durch einen Doppelklick können Sie mithilfe der Option Zum Isolieren doppelklicken in Voreinstellungen • Allgemein unterbinden. Dann kann der Isolationsmodus nur noch mit dem Button im Steuerungsbedienfeld oder dem Befehl Ausgewählte Gruppe isolieren aus dem Kontextmenü aufgerufen werden.

▲ **Abbildung 11.44**
Isolieren per Kontextmenü über einer aktivierten Gruppe

▲ **Abbildung 11.45**
Aktivieren einer Gruppe im Ebenen-Bedienfeld, um den Isolationsmodus aufzurufen

Abbildung 11.46
Ebenen-Bedienfeld im Isolationsmodus

Objekte im Isolationsmodus

Nicht nur Gruppen, sondern auch interaktive Malgruppen, Ebenen und Unterebenen, Verlaufsgitter, Symbole, Schnittmasken und zusammengesetzte Formen lassen sich im Isolationsmodus bearbeiten.

Abbildung 11.47 ▶
Hierarchiepfad der isolierten Gruppe

▲ **Abbildung 11.48**
Klicken auf den Pfeil beendet den Isolationsmodus.

Ziel

Für das Verständnis des Aussehen-Bedienfelds ist der Unterschied zwischen Auswahl und Ziel-Auswahl wichtig, s. Abschnitt 11.2.

11.4.2 Im Isolationsmodus arbeiten

Auf der Zeichenfläche sehen Sie das isolierte Objekt in normaler Darstellung, die anderen Objekte werden gedimmt. Im Isolationsmodus wird das Ebenen-Bedienfeld auf die isolierte Gruppe und deren untergeordnete Elemente reduziert. Die Kennzeichnungsfarbe der isolierten Ebene wird unter dem Klickpfad am oberen Dokumentrand als schmale Linie angezeigt.

Objekte, die Sie im Isolationsmodus erzeugen oder einfügen, werden der bearbeiteten Gruppe oder Hierarchiestufe hinzugefügt.

Pfadansicht | Im Isolationsmodus können Sie auch in die Pfadansicht wechseln, um Objekte noch genauer zu editieren.

Hierarchien navigieren | Im grauen Balken unterhalb der Titelleiste des Dokuments wird die Objekthierarchie als Klickpfad dargestellt. Navigieren Sie mit diesem Klickpfad durch die Objekthierarchie, indem Sie auf die Bezeichnungen übergeordneter Objekte klicken. Eine Unterstreichung hebt diese jeweils unter dem Cursor hervor.

11.4.3 Isolationsmodus beenden

Um den Isolationsmodus zu verlassen, haben Sie wieder mehrere Möglichkeiten:
- Klicken Sie auf den Button ISOLIERTE GRUPPE BEENDEN im Steuerungsbedienfeld.
- Klicken Sie – gegebenenfalls mehrfach – auf den Pfeil links des Klickpfads im grauen Balken.
- Doppelklicken Sie auf eine freie Stelle auf der Zeichenfläche.
- Drücken Sie [Esc].
- Wählen Sie aus dem Bedienfeldmenü des Ebenen-Bedienfelds oder aus dem Kontextmenü ISOLATIONSMODUS BEENDEN.

11.5 Aussehen-Eigenschaften

Als Aussehen-Eigenschaften werden alle die Eigenschaften bezeichnet, die das Erscheinungsbild von Objekten verändern, ohne ihre Struktur zu beeinflussen. Dazu gehören Konturen und Flächen, Pinselkonturen, Effekte und Transparenzeinstellungen.

Nicht nur Vektor- und Textobjekte, auch Gruppen und Ebenen können Sie mit Aussehen-Eigenschaften versehen. Darüber hinaus lassen sich Effekte und Transparenzoptionen den Flächen und Konturen gesondert zuweisen. So bildet sich eine komplexe Hierarchie von Attributen, die das Aussehen eines Objekts steuern.

▼ **Abbildung 11.49**
Aus einem Kreispfad entsteht erst durch Zuweisen von Konturen, Flächen und Effekten bzw. Kombinationen aus allem (ganz rechts) das Erscheinungsbild der Grafik.

11.5.1 Aussehen-Bedienfeld

Am Erscheinungsbild der Grafik können Sie meist nicht erkennen, welcher Stufe der Objekthierarchie ein bestimmtes Attribut zugeordnet ist. Das Aussehen-Bedienfeld gibt Auskunft darüber, wie sich die äußerliche Erscheinung des als Ziel ausgewählten Objekts zusammensetzt. Das Bedienfeld rufen Sie auf, indem Sie FENSTER
• AUSSEHEN – ⇧+F6 – wählen oder im Dock ◉ klicken.

Darstellung der Objekt-Eigenschaften | Aussehen-Eigenschaften eines Objekts und der Gruppen und Ebenen, die es einschließen, werden in der Reihenfolge angewendet, in der sie im Bedienfeld aufgelistet sind. Die oben liegende Eigenschaft liegt im Vordergrund der Grafik. Die Anzeige von Effekten entspricht der Reihenfolge, in der sie am Objekt angewendet werden – der oben stehende Effekt wird zuerst angewandt.

▶ EBENENHIERARCHIE: Oberhalb des schwarzen Trennstrichs im Bedienfeld sehen Sie die Ebenenhierarchie des Ziels ❹ fett hervorgehoben dargestellt. Seine Attribute zeigt das Aussehen-Bedienfeld unterhalb des Trennstrichs an.
Ein Klick auf ein anderes Objekt in der Ebenenhierarchie wählt dieses als Ziel aus und öffnet dessen Aussehen-Eigenschaften.

▶ AUSSEHEN-ATTRIBUTE: Die Attribute werden in ihrer Stapelreihenfolge dargestellt ❸. Ist das Ziel eine Gruppe oder Ebene, listet das Aussehen-Bedienfeld einen INHALT-Eintrag auf. Doppelklicken Sie auf diesen, um den Inhalt der Gruppe als Ziel auszuwählen und seine Attribute aufzulisten.
Dies ist jedoch nur sinnvoll, wenn eine der Eigenschaften in identischer Form an allen Objekten des Inhalts vorhanden ist.

▶ MINIATUR: Ein Symbol ❷ visualisiert die Aussehen-Eigenschaften an einem Quadrat. Mithilfe des Bedienfeldmenüs können Sie die Miniatur aus- oder einblenden.

Grafikstile per Click & Drag

Ziehen Sie die Miniatur aus dem Aussehen-Bedienfeld auf ein Objekt auf der Zeichenfläche, um dieses mit den Eigenschaften zu versehen. Das Objekt muss nicht ausgewählt sein.

▲ **Abbildung 11.50**
Das Aussehen-Bedienfeld

11.5 Aussehen-Eigenschaften | **333**

▲ **Abbildung 11.51**
Darstellung des INHALT-Eintrags bei einer Gruppe

▲ **Abbildung 11.52**
Eine Eigenschaft, die alle Objekte teilen, wird aufgelistet und kann editiert werden.

Sternchen *

Der Asterisk hinter einer Konturstärke zeigt an, dass der Pfad ein Breitenprofil besitzt (s. S. 229).

▲ **Abbildung 11.53**
Beim Hinzufügen der ersten Fläche wird auch eine Kontur angelegt.

▶ INDIKATOR-SYMBOLE: Das Transparenz-Symbol ▫ und das Kontur-Fläche-Symbol ▫ kennzeichnen, dass die entsprechenden Eigenschaften den Container-Elementen des Ziels zugeordnet sind ❺.
Das Effekt-Symbol fx signalisiert die Anwendung eines Effekts nicht nur an übergeordneten Gruppen oder Ebenen – es wird auch bei allen Effekten angezeigt, die dem Ziel zugewiesen sind.

▶ SICHTBARKEIT: Das Auge 👁 ❶ zeigt an, ob das Aussehen-Attribut sichtbar ist. Mit einem Klick auf das Auge können Sie die Sichtbarkeit einzelner Eigenschaften ein- und ausblenden.

▶ ZUSÄTZLICHE ATTRIBUTE: Mit einem Klick auf den Pfeil ▶ ❼ neben einem KONTUR- oder FLÄCHE-Eintrag im Aussehen-Bedienfeld zeigen Sie die Eigenschaften dieses Elements an.

▶ NEUE KONTUR/FLÄCHE: Klicken Sie auf den entsprechenden Button ❻ oder ❽, um eine zusätzliche Kontur ▫ oder Fläche ▫ für das Ziel zu erstellen.

▶ NEUEN EFFEKT HINZUFÜGEN: Rufen Sie mit diesem Button fx ❾ das Effekt-Menü auf.

11.5.2 Konturen und Flächen anlegen

Jedes Vektorobjekt hat eine Kontur, eine Füllung und die Standardtransparenz-Einstellung. Ebenen und Gruppen ist voreingestellt nur die Transparenz zugeordnet. Um einem Objekt zusätzliche Konturen, Füllungen und Effekte zuzuweisen – bzw. einer Gruppe oder Ebene die Attribute neu zuzuweisen (Nutzen von Aussehen für Ebenen s. Abschnitt 11.5.9) –, können Sie sie ganz neu anlegen oder bereits vorhandene Attribute duplizieren.

Neue Kontur und Fläche | Zusätzliche Konturen und Füllungen legen Sie an, indem Sie den Button NEUE KONTUR bzw. NEUE FLÄCHE HINZUFÜGEN anklicken oder den Befehl aus dem Bedienfeldmenü wählen. Ist einer der vorhandenen Einträge aktiviert, wird die neue Eigenschaft darüber angelegt.

Um einer Gruppe oder Ebene Kontur- und Flächeneigenschaften zuweisen zu können, müssen Sie sie zunächst über das Menü anlegen. Erzeugen Sie die erste Kontur oder Fläche eines Elements, wird immer das jeweils andere Attribut mit angelegt.

Kontur und Fläche duplizieren | Wenn Sie einen bestehenden Eintrag aktivieren und auf den Button AUSGEWÄHLTES OBJEKT DUPLIZIEREN ▫ klicken oder OBJEKT DUPLIZIEREN aus dem Menü wählen, wird eine Kopie erzeugt. Das ist vor allem dann nützlich, wenn die zu kopierende Eigenschaft nicht nur aus einer Farbe, sondern auch aus Effekten und Transparenzen besteht, die Sie für die neue Eigenschaft übernehmen und editieren möchten.

> **Checkliste: Eine zusätzliche Kontur oder ein zusätzliches Objekt?**
>
> Der »Effekt«, den Sie mit einer zusätzlichen Kontur (bzw. einer weiteren Fläche) für ein Objekt erreichen, lässt sich genauso einfach (und auf den ersten Blick vielleicht sogar einfacher) mit einem Duplikat des Objekts erreichen. Warum also sollten Sie lieber das komplizierte Aussehen-Bedienfeld benutzen, anstatt einfach das Objekt zu duplizieren?
>
> **Übersicht |** Wenn Sie zusätzliche Konturen als Objekt-Eigenschaft erzeugen, dann halten Sie die Gesamtanzahl der Objekte in der Datei klein. Damit bleibt das Dokument übersichtlicher.
> Da Aussehen-Eigenschaften an fast allen Illustrator-Objekten angelegt werden können, ist es z. B. möglich, eine Umrandung als Eigenschaft des Textobjekts zu definieren.
>
> **Vererbung |** Eine mit dem Aussehen-Bedienfeld erzeugte zusätzliche Kontur oder Fläche verhält sich abhängig vom Objekt und damit von dessen weiteren Eigenschaften. Dies zeigt sich etwa beim Transformieren der Objekte oder beim Ändern eines Pfadverlaufs.
> Schon einfache rechteckige, mehrfarbige und skalierbare Rahmen lassen sich mithilfe von Aussehen-Eigenschaften komfortabler und robuster realisieren als mit zusätzlichen Objekten (siehe Abbildung 11.55). Komplexe Konstruktionen können Sie mithilfe der vielfältigen Transformations- und Verformungsfunktionen von Effekten realisieren (siehe Kapitel 13, »Spezial-Effekte«).
>
> **Flexibilität |** Änderungen der Attribute wie z. B. Abstände zwischen Konturen lassen sich häufig einfacher an Aussehen-Eigenschaften als an separaten Objekten durchführen.
>
> **Übertragbarkeit |** Als Aussehen generierte Konturen und Flächen sind Objekteigenschaften und daher auf andere Objekte übertragbar. Sie lassen sich sogar unabhängig von der ursprünglichen Datei in einer Grafikstil-Bibliothek speichern und mit anderen Nutzern austauschen.

▲ **Abbildung 11.54**
Neue Kontur (oben) und duplizierte Kontur (unten)

▲ **Abbildung 11.55**
Doppelkontur vor und nach dem Skalieren: konstruiert aus zwei gruppierten Objekten (blau) und als zusätzliche Kontur eines Objekts (rot)

▲ **Abbildung 11.56**
Mehrfarbige Kontur vor und nach der Änderung des Pfadverlaufs: konstruiert aus drei gruppierten Objekten (blau) und als zusätzliche Konturen eines Objekts (rot)

11.5.3 Auswahl auf der Basis von Eigenschaften

Objekte, deren Aussehen identisch zum aktivierten Objekt sind, wählen Sie mit Auswahl • Gleich • Aussehen aus. Möchten Sie alle Objekte finden, die mindestens ein identisches Attribut besitzen, rufen Sie Auswahl • Gleich • Aussehensattribute auf. Ausgewählt werden nur Objekte, deren Attribute mit identischen Einstellungen (z. B. Konturstärke, Effektoptionen) versehen sind.

11.5.4 Eigenschaften zuordnen

Während Sie eine Pinselspitze nur der Kontur und eine Farbe nur einer Kontur oder einer Fläche zuweisen, lassen sich Effekte, Füllmethoden und Deckkrafteinstellungen sowohl dem Element

> **Gleiche Attribute bearbeiten**
>
> Sind nur einzelne Attribute bei mehreren aktiven Objekten identisch, so lassen sich diese Attribute jetzt im Aussehen-Bedienfeld bearbeiten.

▲ **Abbildung 11.57**
Attribute für das gesamte Objekt (links) und eine einzelne Fläche (rechts) zuweisen

▲ **Abbildung 11.58**
Wirbel-Effekt auf das ganze Objekt (links) und auf die Fläche angewendet (rechts)

▲ **Abbildung 11.59**
Steuerungselemente zum Editieren von Eigenschaften im Aussehen-Bedienfeld

Farben statt Farbfelder

Um anstelle des Farbfelder- das Farbe-Bedienfeld aufzurufen, drücken Sie ⇧, wenn Sie die Farb-Miniatur im Aussehen-Bedienfeld anklicken.

▲ **Abbildung 11.60**
Fokus-Warnung

– Pfad, Gruppe oder Ebene – als auch einzelnen Konturen oder Flächen zuordnen.

Möchten Sie Effekte und Transparenz für das gesamte Objekt einrichten, aktivieren Sie das Ziel, also den Eintrag oberhalb des schwarzen Trennstrichs im Aussehen-Bedienfeld: Pfad, Gruppe bzw. Ebene. Um einer bestimmten Kontur oder Fläche Aussehen-Eigenschaften zuzuweisen, aktivieren Sie deren Eintrag.

Wenn Sie eine Eigenschaft im Eifer des Gefechts dem falschen Attribut zugeordnet haben, ist es möglich, sie später an die richtige Stelle zu verschieben – siehe den nächsten Abschnitt.

11.5.5 Eigenschaften bearbeiten

Klicken Sie auf einen Eintrag im Aussehen-Bedienfeld, dann erscheinen zusätzliche Steuerungselemente, mit denen Sie direkt das Farbfelder- ❷ oder das Farbe-Bedienfeld und – bei Konturen – das Konturstärken-Menü ❸ aufrufen können. Unterstrichene Einträge ❶ im Aussehen-Bedienfeld können Sie anklicken, um Optionen aufzurufen. Haben Sie eine Pinselkontur angewendet, wird deren Name ❹ neben dem Farbfeld eines Konturattributs angezeigt. Ein Doppelklick auf den Eintrag öffnet die Kontur-Optionen-Dialogbox des Pinsels.

Jedes Attribut sowie das Objekt insgesamt besitzt einen Eintrag DECKKRAFT ❺. Mit einem Klick auf den unterstrichenen Eintrag öffnet sich das Transparenz-Bedienfeld, und Sie können Deckkraft und Füllmethode des Attributs ändern.

Haben Sie einem Objekt einen Effekt zugeordnet, dessen Einstellungen Sie verändern möchten, müssen Sie auf den unterstrichenen Eintrag des Effekts ❻ im Aussehen-Bedienfeld klicken. Es öffnet sich die Dialogbox mit den Optionen des Effekts.

Fokus nicht auf oberer Eigenschaft | Haben Sie im Aussehen-Bedienfeld nicht die oberste Fläche bzw. Kontur ausgewählt, zeigt Illustrator im Steuerungsbedienfeld einen Warnhinweis an. Er weist Sie darauf hin, dass Sie vorgenommene Änderungen ggf. nicht sehen können. Wenn Sie den Fokus auf das obere Attribut setzen möchten, klicken Sie das Symbol an.

11.5.6 Eigenschaften für neue Objekte

Objekte, die Sie neu auf der Zeichenfläche erstellen, können entweder alle Eigenschaften des zuletzt aktivierten Objekts übernehmen oder nur mit dessen Basis-Attributen (Kontur, Fläche und Standard-Transparenz) versehen werden. Aktivieren Sie im Bedienfeldmenü den Eintrag NEUES BILD HAT GRUNDFORM, wenn neue Elemente nur die Basis-Attribute erhalten sollen.

11.5.7 Sichtbarkeit von Eigenschaften

Zum Austesten von Aussehen oder zur Beschleunigung des Bildschirmaufbaus haben Sie die Möglichkeit, einzelne Eigenschaften auszublenden. Klicken Sie dazu auf das Auge-Symbol im Aussehen-Bedienfeld. Um die Eigenschaft wieder einzublenden, klicken Sie erneut. Wählen Sie Alle ausgeblendeten Attribute anzeigen aus dem Bedienfeldmenü, um alle wieder anzuzeigen. Ausgeblendete Eigenschaften werden trotzdem mit dem Pipette-Werkzeug übertragen und in Grafikstile gespeichert, sind dort aber auch ausgeblendet.

11.5.8 Aussehen-Attribute anordnen

So, wie Sie die Einträge im Ebenen-Bedienfeld in der Stapelreihenfolge und der Hierarchie »verschieben« können, lassen sich fast alle Attribute im Aussehen-Bedienfeld einem anderen Eintrag zuordnen. Klicken und ziehen Sie ein Kontur-, Fläche- oder Effekt-Attribut auf eine Trennungslinie, um es an einen anderen Platz in der Stapelreihenfolge zu verschieben. **Wichtig:** Klicken Sie dabei nicht auf die Bezeichnung des Eintrags, sondern auf eine leere Stelle der Zeile – ggf. müssen Sie das Bedienfeld verbreitern.

Effekt-Attribute *fx* lassen sich auf Kontur- oder Flächeneinträge ziehen, um sie speziell diesen Attributen zuzuordnen. Die Ausnahme bildet die Deckkrafteinstellung – diese müssen Sie bei jedem Attribut einzeln verändern. Möchten Sie die Transparenz des Objekts oder eines Attributs auf den Grundzustand setzen, aktivieren Sie den Eintrag Deckkraft und klicken auf Löschen.

Modifizierungsmöglichkeiten
- Drücken Sie ⌥/Alt, um einen Eintrag zu duplizieren.
- Drücken Sie ⇧, um mehrere Einträge zu aktivieren und sie anschließend gemeinsam zu verschieben oder zu duplizieren.

11.5.9 Aussehen und Gruppen/Ebenen/Symbole

Wenn Sie Aussehen-Eigenschaften einer Gruppe oder einer Ebene zuweisen, wirkt sich dies auf das Erscheinungsbild anders aus, als wenn Sie dieselben Eigenschaften auf jedes Objekt einzeln anwenden. Die Umrechnung der Eigenschaften in das Erscheinungsbild erfolgt an einer anderen Stelle in der Objekthierarchie.

▲ **Abbildung 11.61**
Einzelne Attribute wurden ausgeblendet (rechts oben: Ergebnis). Die Deckkraft können Sie ausblenden, wenn Sie die Optionen geändert haben.

▲ **Abbildung 11.62**
Verschieben der Kontur in den Vordergrund und des Effekts von der Kontur auf die Fläche (oben: Vorher-Nachher)

◀ **Abbildung 11.63**
Zwei sich kreuzende Pfade erhalten jeweils eine Dreifach-Kontur (Mitte). Dieselbe Kontur als Eigenschaft der Ebene erzeugt eine Kreuzung statt einer Überführung (rechts).

> **Achtung: Aufheben der Gruppe**
>
> Wenn Sie einer Gruppe ein Aussehen zugewiesen haben, gehen diese Attribute verloren, sobald Sie die Gruppierung lösen. Erstellen Sie einen Grafikstil aus den Eigenschaften, bevor Sie die Gruppierung aufheben.
> Am Ziel-Symbol im Ebenen-Bedienfeld erkennen Sie Aussehen-Eigenschaften der Gruppe.

Haben die Pfade neben der Ebene oder Gruppe eigene Konturen, Flächen oder Effekte, entscheidet die Stapelreihenfolge von Inhalt und Gruppen- bzw. Ebenen-Eigenschaften über die Wirkung der Attribute auf das Erscheinungsbild des Objekts.

Wenn Sie die Aussehen-Eigenschaften dieser Objekte aufrufen, erscheint im Aussehen-Bedienfeld der zusätzliche Eintrag Inhalt – er steht für die untergeordneten Objekte. Die Position dieses Eintrags innerhalb des Attributstapels entscheidet darüber, ob die individuellen Objekte in einer Gruppe die Attribute überdecken, die der Gruppe zugewiesen wurden, oder umgekehrt.

▲ **Abbildung 11.64**
Eine Gruppe mit unterschiedlichen Aussehen-Attributen (links: Original). Achten Sie auf den Eintrag Inhalt.

11.5.10 Aussehen umwandeln

Für den Export in andere Programme, eine spezielle Weiterbearbeitung oder wenn Sie beim Ausdrucken auf Probleme stoßen, kann es hilfreich sein, die komplexe Struktur der Aussehen-Eigenschaften eines Objekts auf einzelne Objekte zu verteilen und Effekte in Pfade oder sogar Pixelbilder umzurechnen.

Zu diesem Zweck dient der Befehl Objekt • Aussehen umwandeln. Ist ein Objekt z. B. mit mehreren Konturen versehen, werden mehrere Objekte mit je einer Kontur erstellt. Je nach Aussehen-Attribut wirkt der Befehl anders:

▶ Einfache Konturen und Füllungen verteilt das Programm auf separate Objekte.
▶ Pinselkonturen werden in Flächen umgewandelt.
▶ Die zunächst »virtuellen« Auswirkungen der Effekte, die die Objektform verändern, berechnet Illustrator als Formen.
▶ Einige Stilisierungseffekte wie Schatten und Schein werden als Pixelbild berechnet.

▲ **Abbildung 11.65**
Aussehen umwandeln: Pfadansicht (unten) – normale Konturen werden nicht in Flächen umgewandelt (links).

> **Konturen in Flächen wandeln**
>
> Bei dieser Operation werden nicht automatisch alle Konturen in Flächen verwandelt. Um Konturen in Flächen umzuwandeln, verwenden Sie zusätzlich den Befehl Objekt • Umwandeln… Beides in einem Schritt können Sie mit Objekt • Transparenz reduzieren … erreichen.

11.5.11 Aussehen-Attribute vom Objekt entfernen

Um alle Eigenschaften außer den in der Grundform enthaltenen von einem Objekt zu entfernen, wählen Sie Auf Grundform reduzieren aus dem Bedienfeldmenü.

Die Grundform besteht aus einer Kontur, einer Fläche und der Standardtransparenz. In der Stapelreihenfolge liegt die Kontur über der Fläche. Die Standardtransparenz ist definiert als Füllmethode Normal, Deckkraft 100 %. Zusätzliche Optionen für Transparenz – Aussparungsgruppe, Füllmethode isolieren – sind deaktiviert (zu Transparenz siehe Kapitel 12).

▲ **Abbildung 11.66**
Reduzieren auf die Grundform

11.5.12 Aussehen löschen

Löschen Sie einzelne Aussehen-Attribute, indem Sie sie aktivieren und Objekt entfernen aus dem Bedienfeldmenü wählen, auf den Button Ausgewähltes Objekt löschen am unteren Rand des Bedienfelds klicken oder den Eintrag auf das Symbol ziehen.

Möchten Sie alle Attribute eines Objekts löschen, wählen Sie Aussehen löschen aus dem Bedienfeldmenü oder klicken auf den Button Aussehen löschen. Dabei gehen alle Attribute verloren, und die Basiseigenschaften Kontur und Fläche werden auf Ohne gesetzt.

> **Ein Attribut aus einer Ebene oder Gruppe entfernen**
>
> Haben Sie einer Ebene oder Gruppe eine Kontur und eine Füllung zugewiesen und möchten Sie nur eines dieser Attribute entfernen, dürfen Sie den Eintrag nicht löschen, denn der andere würde ebenfalls gelöscht. Setzen Sie stattdessen das nicht benötigte Attribut auf Ohne.

11.6 Aussehen-Eigenschaften übertragen

Möchten Sie ein Objekt genauso wie ein anderes Objekt gestalten, können Sie die Aussehen-Attribute des Musterobjekts aufrufen und in derselben Form bei dem anderen Objekt einrichten.

Illustrator bietet jedoch ein Hilfsmittel, um Eigenschaften einfacher zu übertragen: das Pipette-Werkzeug.

11.6.1 Pipette

Das Pipette-Werkzeug übernimmt Eigenschaften eines Objekts im Aussehen-Bedienfeld und kann sie auf ein anderes Objekt übertragen. Darüber hinaus können Sie mit der Pipette Farben aus platzierten Pixelbildern aufnehmen.

▲ **Abbildung 11.67**
Übertragen von Zeichenformatierungen mit dem Pipette-Werkzeug

Attribute übernehmen | Um Eigenschaften eines anderen Objekts zu übernehmen, gehen Sie wie folgt vor:
1. Aktivieren Sie das oder die Objekte, deren Eigenschaften Sie verändern wollen.
2. Wählen Sie das Pipette-Werkzeug, oder drücken Sie ⌐I⌐.
3. Klicken Sie mit dem Pipetten-Cursor auf das Objekt, dessen Eigenschaften Sie übernehmen möchten.

▲ **Abbildung 11.68**
Objekteigenschaften übertragen

▲ **Abbildung 11.69**
Aus Verläufen können Farben nur im RGB-Modus aufgenommen werden – bei platzierter Rastergrafik hängt es vom Farbmodus ab.

▲ **Abbildung 11.70**
Pipettengenauigkeit: Rot: 1 Pixel, Blau: 3 x 3 Pixel, Grün: 5 x 5 Pixel

Attribute auf mehrere Objekte übertragen | So übertragen Sie Eigenschaften von einem Objekt auf andere Objekte:
1. Klicken Sie mit dem Cursor 🖋 des Pipette-Werkzeugs auf das Objekt, dessen Eigenschaften Sie aufnehmen möchten.
2. Drücken und halten Sie ⌥/Alt – der Pipetten-Cursor verändert sich in eine spiegelverkehrte Form 🖋 –, und klicken Sie auf das oder nacheinander auf die Objekte, auf die Sie die aufgenommenen Eigenschaften übertragen möchten.

Farbe aufnehmen | Sie können auch nur eine Farbe aufnehmen – das kann die Farbe einer Kontur, einer Fläche, eine Farbe aus einer bestimmten Stelle eines Verlaufs oder eine Farbe aus einer platzierten Rastergrafik sein – und sie für die Füllung oder Kontur eines aktivierten Objekts übernehmen. Gehen Sie wie folgt vor, um nur die Farbe aufzunehmen und zu übertragen:
1. Falls Sie ein Objekt einfärben möchten, wählen Sie es aus.
2. Aktivieren Sie im Werkzeugbedienfeld das Farbauswahlfeld Kontur oder Fläche – je nachdem, auf welches der beiden Sie die Farbe übertragen möchten.
3. Wählen Sie die Pipette.
4. Halten Sie ⇧, und klicken Sie mit dem Pipetten-Cursor 🖋 auf die Farbe, die Sie übertragen möchten. Beim Klick »füllt« sich der Cursor mit Farbe – zeigt er außerdem ein kleines Quadrat 🖋, so heißt dies, dass die Farbe nur im RGB-Modus aufgenommen werden konnte und daher in den Farbmodus des Dokuments konvertiert wurde. Die angewendete Farbe stimmt also nicht ganz exakt mit der aufgenommenen Farbe überein.

Ist kein Objekt aktiv, dann werden die Eigenschaften des mit der Pipette angeklickten Objekts zur Voreinstellung für das nächste Objekt.

Optionen | Per Doppelklick auf das Pipette-Werkzeug im Werkzeugbedienfeld erreichen Sie die Optionen. Hier stellen Sie ein, welche Eigenschaften aufgenommen und welche auf andere Objekte übertragen werden.

Außerdem können Sie die Genauigkeit des Farbaufnahme-Werkzeugs für Pixelbilder einstellen: Es nimmt entweder exakt die Farbe des angeklickten Pixels auf oder bildet einen Durchschnitt aus den Farben der Umgebungspixel.

11.7 Aussehen-Eigenschaften speichern

Die Möglichkeit, Aussehen-Attribute zu übertragen, erleichtert die Arbeit ein wenig. Weitaus effektiver gestaltet sich die Vorgehensweise, wenn Sie Aussehen-Eigenschaften mithilfe eines Grafikstils zusammenfassen.

11.7.1 Grafikstile

In einem Grafikstil speichern Sie eine Zusammenstellung von Aussehen-Eigenschaften, damit diese für zukünftige Objekte einfach wiederverwendbar sind. Das spart Ihnen nicht nur Arbeit, sondern wahrt auch ein exakt einheitliches Aussehen.

Wenn Sie Grafikstile auf Objekte anwenden, behalten diese die Verbindung zum Grafikstil, sodass Änderungen an der Definition des Stils an allen Objekten übernommen werden, die diesen Stil verwenden. Grafikstile können Sie wie Farbfelder nicht nur innerhalb einer Datei, sondern mittels Bibliotheken auch über Dokumente hinweg verwenden. Grafikstile werden mit dem Grafikstile-Bedienfeld verwaltet. Rufen Sie das Bedienfeld mit FENSTER • GRAFIKSTILE auf – ⇧+F5, im Dock.

▲ **Abbildung 11.71**
Das Grafikstile-Bedienfeld mit Vorschau als Quadrat (oben) und als Text (unten)

11.7.2 Anzeige-Optionen des Grafikstile-Bedienfelds

Die Darstellungsart und Sortierung des Grafikstile-Bedienfelds wählen Sie aus dem Menü.

▶ MINIATUREN: Voreingestellt zeigt das Grafikstile-Bedienfeld die Einträge in Reihen nebeneinander als Miniaturen an. Ob die Miniaturen ein einfaches Quadrat oder einen Buchstaben als Anwendungsbeispiel verwenden, wählen Sie im Bedienfeldmenü unter QUADRAT FÜR VORSCHAU VERWENDEN bzw. TEXT FÜR VORSCHAU VERWENDEN. Das Symbol ⌀ zeigt an, dass der Grafikstil die Fläche und Kontur OHNE besitzt.

▶ KLEINE/GROSSE LISTE: Wählen Sie KLEINE oder GROSSE LISTE, um die Namen der Grafikstile anzuzeigen. Dazu wird die gewählte Vorschauoption Quadrat oder Text angezeigt.

▶ NACH NAME SORTIEREN: In der Listen-Ansicht des Bedienfelds lassen sich die Einträge nach ihrem Namen sortieren.

▶ VERGRÖSSERTE VORSCHAU: Mit ctrl + Mausklick (Mac) bzw. mit einem Klick mit der rechten Maustaste (Win) auf die Miniatur zeigen Sie eine vergrößerte Vorschau des Grafikstils an.

▲ **Abbildung 11.72**
Grafikstile im Steuerungsbedienfeld

▲ **Abbildung 11.73**
Darstellung als KLEINE LISTE

11.7.3 Grafikstil zuweisen

Möchten Sie einem Objekt einen Grafikstil zuweisen, aktivieren Sie das Objekt bzw. wählen eine Ebene als Ziel aus und klicken auf einen Stil aus dem Grafikstile-Bedienfeld, einer Grafikstile-Biblio-

▲ **Abbildung 11.74**
Vergrößerte Vorschau eines Stils

▲ **Abbildung 11.75**
Der Grafikstil des Objekts wird im Aussehen-Bedienfeld angezeigt.

▲ **Abbildung 11.76**
Zeichenfarbe überschreiben (rechts)

Grafikstile zum Hinzufügen

Grafikstile, die keine eigene Flächen- oder Konturfarbe besitzen, sind für diese Anwendung geradezu prädestiniert. Sie erkennen derartige Stile an dem Symbol ◨ neben ihrer Miniatur.

▲ **Abbildung 11.77**
Erstellen eines Grafikstils durch Ziehen der Miniatur aus dem Aussehen-Bedienfeld ins Grafikstile-Bedienfeld

thek oder im Steuerungsbedienfeld unter STIL. Die Eigenschaften des Grafikstils ersetzen die bestehenden Aussehen-Eigenschaften des Objekts.

Grafikstil und Textobjekte | Beim Anwenden eines Grafikstils auf ein Textobjekt haben Sie die Wahl, ob die Original-Schriftfarbe erhalten bleibt oder der Grafikstil die Schriftfarbe bestimmen soll. Aktivieren Sie die Option ZEICHENFARBE ÜBERSCHREIBEN im Bedienfeldmenü, damit der Grafikstil die Schriftfarbe bestimmt.

Modifikationsmöglichkeit

Drücken Sie ⌥/Alt und klicken auf einen Grafikstil, um diesen zu den vorhandenen Aussehen-Attributen des Objekts hinzuzufügen, anstatt bestehende Eigenschaften zu ersetzen. Das Objekt besitzt dann jedoch keine Verbindung zu einem Grafikstil.

11.7.4 Grafikstil vom Objekt entfernen

Einen Grafikstil entfernen Sie vom Objekt, indem Sie dem Objekt den STANDARD-GRAFIKSTIL ◨ zuweisen. Damit werden alle Aussehen-Eigenschaften gelöscht, und das Objekt erhält die Grundattribute.

11.7.5 Verbindung lösen

Möchten Sie die Verbindung zwischen Objekt und Grafikstil lösen, klicken Sie auf den Button VERBINDUNG MIT GRAFIKSTIL AUFHEBEN ⚒. Alternativ verändern Sie eines der Aussehen-Attribute des Objekts. Das Objekt behält die Aussehen-Eigenschaften, wird aber nicht mehr aktualisiert, wenn Sie die Grafikstil-Definition editieren.

11.7.6 Grafikstil erstellen

Um einen neuen Grafikstil zu erstellen, richten Sie zunächst die Aussehen-Attribute ein, oder aktivieren Sie ein Objekt, das diese Attribute besitzt. Wählen Sie NEUER GRAFIKSTIL... aus dem Bedienfeldmenü, oder klicken Sie auf den Button NEUER GRAFIKSTIL ◨. Sie können auch das Objekt ins Grafikstile-Bedienfeld ziehen.

Wenn Sie einen neuen Grafikstil aus den Eigenschaften eines aktivierten Objekts erstellen, wird der neue Stil diesem Objekt automatisch zugeordnet.

Modifikationsmöglichkeit

▶ Drücken Sie ⌥/Alt, und klicken Sie auf den Button NEUER GRAFIKSTIL ◨, um die Optionen-Dialogbox aufzurufen.

▶ Drücken Sie ⌥/Alt, und ziehen Sie ein Objekt auf einen vorhandenen Stil, um diesen zu ersetzen (siehe auch Abschnitt 11.7.9).

11.7.7 Grafikstil duplizieren

Erzeugen Sie die Kopie eines vorhandenen Grafikstils, indem Sie diesen aktivieren und GRAFIKSTIL DUPLIZIEREN aus dem Menü wählen oder auf den Button NEUER GRAFIKSTIL klicken.

11.7.8 Grafikstil-Optionen

In den Grafikstil-Optionen haben Sie die Möglichkeit, dem Grafikstil einen Namen zu geben. Doppelklicken Sie auf den Grafikstil im Bedienfeld, oder wählen Sie GRAFIKSTIL-OPTIONEN… aus dem Bedienfeldmenü.

11.7.9 Attribute eines Grafikstils ändern

Einzelne Attribute eines Grafikstils können Sie nicht ändern. Es ist nur möglich, den gesamten Stil durch einen neuen zu ersetzen, der die geänderten Attribute enthält.

Sie haben verschiedene Möglichkeiten:

▶ **Grafikstil durch Grafikstil ersetzen:** Um einen Grafikstil durch einen anderen Grafikstil zu ersetzen, drücken Sie ⌥/Alt und ziehen im Grafikstil-Bedienfeld den gewünschten Eintrag auf den Stil, den Sie ersetzen möchten. Mit dieser Methode lassen sich unterschiedliche, bereits an Objekten angewendete Aussehen-Attribute vereinheitlichen.

▶ **Mit Aussehen-Miniatur neu definieren:** Ändern Sie die Attribute an einem Objekt, oder aktivieren Sie ein Objekt, das die nötigen Attribute besitzt. Drücken Sie ⌥/Alt, und ziehen Sie die Miniatur aus dem Aussehen-Bedienfeld auf den zu ersetzenden Grafikstil.

▶ **Bedienfeldmenü Aussehen-Bedienfeld:** Aktivieren Sie den Grafikstil, der ersetzt werden soll, sowie ein Objekt, das die neuen Attribute besitzt. Wählen Sie GRAFIKSTIL NEU DEFINIEREN aus dem Bedienfeldmenü des Aussehen-Bedienfelds.

11.7.10 Grafikstile kombinieren

Möchten Sie einen neuen Grafikstil erstellen, der die Attribute mehrerer bestehender Stile in sich vereint, können Sie sie mit einem Menübefehl zusammenfügen. Da der neue Stil die Aussehen-Attribute der zusammengefügten Grafikstile in der Reihenfolge enthält, die sie im Bedienfeld hatten, müssen Sie die Stile gegebenenfalls anordnen.

Skalierter Grafikstil

Wurden die Einstellungen eines Grafikstils gemeinsam mit dem Objekt skaliert und möchten Sie den Grafikstil mitsamt der Skalierung als neuen Stil definieren, dann ziehen Sie das Objekt mit den skalierten Eigenschaften ins Grafikstile-Bedienfeld.

Nach Grafikstil auswählen

Möchten Sie alle Objekte aktivieren, die einen bestimmten Grafikstil besitzen, aktivieren Sie entweder den Grafikstil im Bedienfeld oder ein Objekt, dem er zugeordnet ist, und wählen Sie AUSWAHL • GLEICH • STIL.

▲ **Abbildung 11.78**
Wenn Sie einen Grafikstil ersetzen, wird der betreffende Eintrag hervorgehoben.

Muster in Grafikstilen

Verwenden Sie Muster-Farbfelder in Ihren Grafikstilen, brauchen Sie sich um diese beim Speichern der Bibliothek nicht zu kümmern. Der Grafikstil enthält die nötigen Informationen.

▲ **Abbildung 11.79**
Die Kombination der drei Grafikstile (oben) ergibt das Aussehen (unten).

Grafikstile aufräumen

Möchten Sie das Bedienfeld »aufräumen«, verwenden Sie den Befehl ALLE NICHT VERWENDETEN AUSWÄHLEN aus dem Bedienfeldmenü, um automatisch alle Grafikstile zu aktivieren, die Sie keinem Objekt zugewiesen haben. Anschließend löschen Sie diese Stile.

▲ **Abbildung 11.80**
Kartengrafik

Schriftgrößen

Wenn es die maximale Dokumentgröße nicht überschreitet, sollten Sie die Karte im benötigten Format anlegen. So lassen sich Schriftgrößen besser einschätzen, und Sie laufen nicht Gefahr, Schriften unlesbar klein oder viel zu groß anzulegen.

Aktivieren Sie die betreffenden Grafikstile anschließend im Bedienfeld – drücken Sie ⌘/Strg, um nicht direkt aufeinanderfolgende Einträge auszuwählen.

Rufen Sie dann GRAFIKSTILE ZUSAMMENFÜGEN aus dem Menü des Grafikstile-Bedienfelds auf. Geben Sie dem neuen Stil in der Dialogbox einen Namen.

11.7.11 Grafikstil löschen

Einen Grafikstil löschen Sie, indem Sie ihn aktivieren und GRAFIKSTIL LÖSCHEN aus dem Bedienfeldmenü wählen oder auf den Button GRAFIKSTIL LÖSCHEN klicken. Bestätigen Sie die Dialogbox mit OK. Möchten Sie die Abfrage umgehen, ziehen Sie den Eintrag oder die Miniatur auf den Button.

Falls der Grafikstil auf Objekte angewendet war, behalten diese Objekte die Aussehen-Attribute. Es besteht jedoch keine Verknüpfung mehr mit einem Grafikstil.

11.7.12 Grafikstil-Bibliotheken verwenden

Grafikstil-Bibliotheken rufen Sie im Menü FENSTER • GRAFIKSTIL-BIBLIOTHEKEN auf oder mit GRAFIKSTIL-BIBLIOTHEK ÖFFNEN aus dem Menü des Grafikstile-Bedienfelds bzw. mit dem Button MENÜ GRAFIKSTIL-BIBLIOTHEKEN unten im Bedienfeld (Bibliotheken siehe Abschnitt 8.7.9).

Schritt für Schritt: Kartengrafik

In dieser Übung lernen Sie den Umgang mit Ebenen, Aussehen, Grafikstilen und Schnittmasken kennen sowie Vorgehensweisen, um Straßen zu zeichnen.

1 **Vorlage importieren und Vorlagenebene einrichten**
Wählen Sie DATEI • PLATZIEREN..., und selektieren Sie die Vorlagendatei »Strassenplan-Vorlage.tif« von der DVD. Aktivieren Sie die Option VORLAGE in der Dialogbox, damit automatisch eine Vorlagenebene für die Grafik erzeugt wird. Das heißt, die Vorlagenzeichnung wird abgeblendet und die Ebene fixiert.

2 **Ebenen für Grafik definieren**
Richten Sie die weiteren benötigten Ebenen ein. Es muss mindestens je eine Ebene für alle Landkartenelemente und die Straßen vorhanden sein. In der Ebene »Straßen« richten Sie außerdem je eine Unterebene für die Autobahnen und die Bundesstraßen ein.

Dazu aktivieren Sie die Ebene »Straßen«, drücken ⌥/Alt und klicken einmal auf den Button Neue Unterebene erstellen. Geben Sie »Bundesstraßen« ein, und bestätigen Sie. Dann drücken Sie erneut ⌥/Alt und klicken auf den Button Neue Ebene erstellen. Da die Unterebene aktiviert war, wird eine weitere Unterebene erstellt. Dieser geben Sie den Namen »Autobahn«.

▼ **Abbildung 11.81**
Erstellen der Unterebenen für die Straßen

Auf dieselbe Art erstellen Sie Ebenen und Unterebenen für die Texte. Die fertiggestellte Ebenenstruktur sehen Sie in Abbildung 11.82.

3 Erste Objekte nachzeichnen

Wenn Sie sich über das endgültige Seitenverhältnis Ihrer Karte nicht sicher sind, ist es sinnvoll, die Grundfläche etwas großzügiger anzulegen und sie gegebenenfalls später mit Schnittmasken zu beschneiden.

4 Wasserflächen

In der Übung beginnen Sie auf der Ebene »Wasser« mit dem Nachzeichnen der Wasserflächen. Den Oberlauf des Flusses sollten Sie zunächst als einen Pfad mit einer starken Kontur anlegen und erst dann in eine Fläche umwandeln, wenn Sie mit dem Flussverlauf zufrieden sind und dessen Stärke an das Design Ihrer Karte angepasst haben. Den Unterlauf mit Mündung und Nordsee zeichnen Sie gleich als Fläche.

▲ **Abbildung 11.82**
Fertiggestellte Ebenenstruktur der Grafik

Farbfelder anlegen

Wenn eine derartige Karte für eine Publikation gezeichnet wird, für die es ein gestalterisches Konzept und entsprechende Farbvorgaben gibt, ist es sinnvoll, von diesen Farben in Schritt 3 Farbfelder anzulegen bzw. eine Farbfeldbibliothek zu öffnen und die Farbfelder zu übernehmen.

◀ **Abbildung 11.83**
Der Oberlauf des Flusses ist zunächst nur eine Kontur.

11.7 Aussehen-Eigenschaften speichern

Passen Sie gegebenenfalls die Stärke des Oberlaufs an, und wählen Sie dann OBJEKT • PFAD • KONTURLINIE. Anschließend aktivieren Sie zusätzlich den Unterlauf und klicken im Pathfinder-Bedienfeld auf VEREINEN, um beide zu einem Objekt zusammenzufügen. Zeichnen Sie danach die Ostsee.

▲ **Abbildung 11.84**
Die Kontur wird umgewandelt (links) und dann mit dem Unterlauf vereinigt (Mitte).

5 Weitere Kartenelemente

Zeichnen Sie den Stadtumriss und abschließend den Umriss der helleren Fläche, der die Metropolregion darstellt, jeweils auf den dafür vorgesehenen Ebenen. Beide Ebenen blenden Sie anschließend aus, damit diese beim weiteren Zeichnen nicht im Wege sind. Klicken Sie dazu auf das Auge-Symbol.
Die Objekte sind in der falschen Reihenfolge: Sie benötigen noch eine Ebene für den Stadtumriss unterhalb der Ebene »Wasser«. Erstellen Sie diese, und verschieben Sie den Stadtumriss dorthin.

▲ **Abbildung 11.85**
Stadtumriss auf eine eigene Ebene verschieben

6 Straßen entwerfen

Legen Sie einige Autobahnen und Bundesstraßen auf den jeweiligen Ebenen als Linien an.
Verwenden Sie die bereits vorhandenen Straßen, um deren Optik zu entwerfen. Den Straßen werden Sie die in Plänen übliche Kennzeichnung geben – damit Sie die Konturstärken zum Design passend anlegen können, benötigen Sie die Beispielstraßen.

▼ **Abbildung 11.86**
Aussehen-Eigenschaften der Straßen: dargestellt in der Grafik (links) und im Aussehen-Bedienfeld (Mitte und rechts)

Aktivieren Sie eine der »Autobahnen«, und weisen Sie ihr eine weiße Kontur in der Stärke von 12 Pt zu. Erzeugen Sie anschließend mit dem Aussehen-Bedienfeld eine weitere Kontur darüber, die Sie 100 % Cyan einfärben, Stärke 10 Pt, und noch eine dritte Kontur – weiß, 2 Pt. Wählen Sie eine »Bundesstraße« aus, und weisen Sie ihr eine gelbe Kontur – M25/Y100 – in 7 Pt zu.

Reihenfolge der Konturen
Achten Sie auf die Reihenfolge der Konturen – vergleichen Sie dazu Abbildung 11.86.

7 Grafikstile einrichten
Um die Eigenschaften zukünftig einfacher zuweisen zu können, richten Sie Grafikstile ein. Aktivieren Sie dazu eines der eben mit Konturen versehenen Straßenobjekte, drücken Sie ⌥/Alt, und klicken Sie auf den Button NEUER GRAFIKSTIL im Grafikstile-Bedienfeld. Geben Sie dem Stil einen aussagekräftigen Namen. Verfahren Sie genauso mit dem anderen Straßenobjekt.

▲ **Abbildung 11.87**
Grafikstil erzeugen

8 Grafikstile zuweisen
Erstellen Sie die Pfade für die restlichen Straßen auf den entsprechenden Ebenen.

Anschließend aktivieren Sie jeweils alle Objekte auf einer Ebene, indem Sie in die Auswahlspalte der Ebene im Ebenen-Bedienfeld klicken. Löschen Sie die Aussehen-Eigenschaften, die Sie den Straßen testweise zugewiesen hatten, indem Sie auf den Button AUSSEHEN LÖSCHEN im Aussehen-Bedienfeld klicken.

Wählen Sie dann die Ebene als Ziel aus, indem Sie auf das Ziel-Symbol neben ihrem Namen klicken, und weisen Sie der Ebene den Grafikstil zu, indem Sie im Grafikstile-Bedienfeld auf sein Symbol klicken. So werden Straßenkreuzungen fast »von selbst« erzeugt (s. Abb. 11.88).

▲ **Abbildung 11.88**
Auswählen aller Pfade auf der Ebene »Autobahn«

◀ **Abbildung 11.89**
Auswählen der Ebene als Ziel (links); Kreuzungen nach dem Zuweisen der Grafikstile (rechts)

9 Für Fortgeschrittene: Outline erzeugen
In diesem Zwischenschritt wird eine zusätzliche gemeinsame Outline für alle Straßen gebildet. An dieser Stelle ist es nötig, einen kleinen Zwischenschritt einzufügen und einen zusätzlichen Effekt zuzuweisen (siehe den Kasten »Für Fortgeschrittene: Reihenfolge von Effekten und Farben« auf Seite 383). Wählen Sie die Ebene »Bundesstraßen« als Ziel aus. Rufen Sie das Aussehen-Bedienfeld

▲ **Abbildung 11.90**
Zusätzlicher KONTURLINIE-Effekt

Abbildung 11.91 ▶
Erstellen einer neuen Kontur für die »Straßen«

auf, und aktivieren Sie den Eintrag der unteren gelben Kontur. Weisen Sie dieser EFFEKT • PFAD • KONTURLINIE zu. Diesen Effekt weisen Sie ebenso der unteren weißen Kontur der Ebene »Autobahnen« zu.

Anschließend wählen Sie die (übergeordnete) Ebene »Straßen« als Ziel aus. Über das Bedienfeldmenü des Aussehen-Bedienfelds erzeugen Sie eine neue Kontur.

Geben Sie dieser neuen Kontur die Farbe Schwarz. Ziehen Sie die Kontur im Aussehen-Bedienfeld unter den Eintrag »Inhalt«.

▲ **Abbildung 11.92**
Die neue Kontur umrahmt alle Straßen mit einer gemeinsamen schwarzen Linie. Dies funktioniert nur, wenn den untergeordneten Ebene zuvor der Effekt KONTURLINIE zugewiesen wurde.

▲ **Abbildung 11.93**
Einige Texte stehen nicht gut vor dem Hintergrund.

10 Zeichnung ausarbeiten

Jetzt erstellen Sie die Städte als Punkte und die Texte der zugehörigen Städtenamen und der Gewässer.

Einige Städtenamen liegen unglücklich über Straßen. Damit sich diese Namen von den Straßen abheben, verwenden Sie wieder das Aussehen-Bedienfeld und weisen den Textobjekten eine neue Kontur zu, die Sie unter den Eintrag »Zeichen« schieben.

Der Kontur geben Sie die Farbe der dahinterliegenden Fläche. Wählen Sie die Konturstärke so, dass sich der Text gut abhebt. Wählen Sie außerdem die runde Eckenform, diese sieht an etwas spitzer zulaufenden Ecken schöner aus.

▲ **Abbildung 11.94**
Die zusätzliche Kontur für die Beschriftungstexte wird unter die »Zeichen« verschoben und mit Farbe und Konturstärke versehen.

11 Beschneiden

Im letzten Schritt sollen noch alle Elemente an der Außenkante sauber beschnitten werden. Da alle auf ihren jeweiligen Ebenen verbleiben müssen, können Sie nicht einfach eine Schnittmaske für die Objekte anlegen. Stattdessen arbeiten Sie hier mit einer zusätzlichen Ebene, die in der Hierarchie eine Stufe über allen anderen Ebenen liegt. Auf diese Ebene wird eine Schnittmaske angewendet.

Blenden Sie alle Ebenen ein, deren Objekte beschnitten werden müssen. Erstellen Sie jetzt eine weitere Ebene in der obersten Hierarchiestufe. Wählen Sie im Ebenen-Bedienfeld alle Ebenen aus, und verschieben Sie diese in die neue Ebene.

Erstellen Sie auf der neuen Ebene ein Rechteck in der passenden Größe über allen Objekten. Aktivieren Sie die neue Ebene im Ebenen-Bedienfeld, und klicken Sie auf den Button SCHNITTMASKE ERSTELLEN.

▲ **Abbildung 11.95**
Von links: Erstellen einer neuen Ebene, Verschieben aller Grafikebenen in die neue (nun übergeordnete) Ebene, Zeichnen des Rechtecks, Definieren einer Schnittmaske für die Ebene

Wählen Sie das Maskenobjekt mit dem Direktauswahl-Werkzeug aus, und weisen Sie ihm eine Fläche zu. Diese Fläche wird an den bisher noch nicht mit einer Fläche belegten Stellen sichtbar – also der Landmasse außerhalb des hellgrünen Bereichs.

▲ **Abbildung 11.96**
Die Zacken dieses Sterns lassen sich nicht aktivieren, denn sie sind das Ergebnis von Effekten.

▲ **Abbildung 11.97**
Hier handelt es sich um mehrere offene Pfade. Daher nimmt das »Objekt« keine Füllung an.

▲ **Abbildung 11.98**
Beim Öffnen von Fremdformaten kann es schon mal passieren, dass Objekte (o. rechts) weit außerhalb der Zeichenfläche (u. links) liegen.

▲ **Abbildung 11.99**
Das im DRUCKEN-Dialog eingerichtete Papierformat (gestrichelte Linie) deckt nur die Hälfte der Zeichenfläche ab.

Checkliste: Objekte lassen sich nicht bearbeiten

Wenn Objekte »verschwinden«, sich nicht mehr aktivieren und bearbeiten lassen oder auch bei der Analyse einer fremden Datei ist es nötig, den Dingen auf den Grund zu gehen. Die aufgelisteten (fett gedruckten) Symptome sind nur die gebräuchlichsten Beispiele. Die Methoden gelten selbstverständlich auch für andere Problemfälle.

Meine Objekte sind nicht mehr da | Sehen Sie im Ebenen-Bedienfeld nach, ob die Sichtbarkeit aller Ebenen aktiviert und die Fixierung deaktiviert ist. Suchen Sie dort direkt nach dem Eintrag Ihres Objekts. Oder wechseln Sie mit ⌘/Strg+Y aus der Vorschau in die Pfadansicht – so sehen Sie auch Objekte, die mit der Farbe WEISS oder OHNE versehen sind.

Ich kann keine einzelnen Punkte aktivieren | Prüfen Sie mit dem Aussehen-Bedienfeld, ob die vermeintlichen Punkte nur das Resultat eines auf das Objekt oder die Ebene angewendeten Effekts sind. Sehen Sie im Ebenen-Bedienfeld nach, ob das Objekt fixiert ist.

Der Transformationsrahmen ist weg | Falls Sie den Begrenzungsrahmen vermissen, prüfen Sie im Menü ANSICHT, ob seine Anzeige vielleicht ausgeblendet ist.

Kein Objekt lässt sich aktivieren | Lassen sich Objekte scheinbar nicht aktivieren, obwohl sie nicht fixiert sind, so ist meist nur die Anzeige der Aktivierung ausgeblendet. Wählen Sie ANSICHT • ECKEN EINBLENDEN. Eine andere Möglichkeit ist, dass Sie die Voreinstellung OBJEKTAUSWAHL NUR ÜBER PFAD aktiviert haben. Diese bewirkt, dass ein Klick auf die Objektfläche nicht ausreicht, um das Element zu selektieren.

Das Objekt lässt sich nicht füllen | Verwenden Sie das Dokumentinformationen-Bedienfeld (Option OBJEKTE), um zu prüfen, ob es sich wirklich um einen geschlossenen Pfad und nicht um mehrere offene handelt. Sehen Sie in der Zielspalte des Ebenen-Bedienfelds nach, ob dem Objekt spezielle Aussehen-Eigenschaften zugewiesen sind.

Es sind keine Objekte auf der Zeichenfläche | Sie wählen ANSICHT • ALLE IN FENSTER EINPASSEN, und es werden keine Objekte angezeigt? Vielleicht haben Sie aus Versehen nicht auf der Zeichenfläche, sondern auf der Montagefläche gezeichnet. Dies kann vor allem dann passieren, wenn Sie die Anzeige der Zeichenflächenbegrenzung ausblenden. Zoomen Sie aus dem Dokument heraus, oder sehen Sie im Ebenen-Bedienfeld nach.

Es werden nur Teile der Objekte gedruckt | Blenden Sie die Zeichenfläche ein, und prüfen Sie, ob die Elemente darauf liegen. Sehen Sie mit eingeblendeter Druckaufteilung nach, ob die Zeichenfläche richtig auf dem Papierformat ausgerichtet ist.

Das Objekt lässt sich nicht bearbeiten | Das Steuerungsbedienfeld zeigt die Objektart an, sobald ein Objekt ausgewählt ist. So lässt sich einfach überprüfen, ob Objekte aktiviert werden und um welche Objekte es sich handelt. Sie können nicht alle Operationen an jedem Objekt ausführen.

12 Transparenzen und Masken

Transparenzen begegnen Ihnen in Illustrator an vielen Stellen – vielleicht sogar, ohne dass Sie es merken. Natürlich arbeiten Sie mit Transparenz, wenn Sie mit dem Transparenz-Bedienfeld die Deckkraft eines Objekts oder die Deckkraft der Farbe eines Verlaufsgitterpunkts bzw. im Verlauf-Bedienfeld die Deckkraft von Verlaufsfarben reduzieren, eine Füllmethode oder eine Deckkraftmaske zuweisen. Aber auch einige Live-Effekte wie Schatten und Weichzeichner beruhen auf Transparenzen. Neben einigen der bereits seit längerem verfügbaren Pinselspitzen verursacht vor allem der neue Borstenpinsel sehr komplexe Transparenzinteraktionen. Das Thema ist also wichtig.

Wichtige Grundlagen
Transparenzen sind im Nu eingerichtet, sie können jedoch beim Drucken und Exportieren Probleme bereiten, daher sollten Sie sich auch mit der Ausgabe von Transparenzen befassen.

12.1.1 Dokumente und Transparenz

Anders als in Bildbearbeitungssoftware ist in Vektorgrafikprogrammen die Zeichenfläche insgesamt »durchsichtig«. Das merken Sie u. a. dann, wenn Sie eine Illustrator-Datei in einem Layout platzieren: Außerhalb der Fläche des Objekts sehen Sie den Hintergrund.

▲ **Abbildung 12.1**
Platzieren im Layout: pixelbasiertes Bild (links), Vektorgrafik (rechts)

Die Transparenz in einem Illustrator-Dokument können Sie sich anzeigen lassen, indem Sie Ansicht • Transparenzraster einblenden wählen – ⌘/Strg+⇧+D. Voreingestellt besteht dieses Raster aus einem grau-weißen bzw. dunkelgrauen (für Video-Vorlagen) Karomuster; dies können Sie jedoch unter Datei • Dokument einrichten… im Bereich Transparenz ändern. Das Raster ist nicht-druckend und dient nur zur Bildschirmanzeige.

12.1 Deckkraft und Füllmethode

Die Einstellungen für Deckkraft und Füllmethode, die Zuweisung von Deckkraftmasken und die Einstellungen der Optionen für gruppierte Objekte mit Transparenzeigenschaften nehmen Sie mithilfe des Transparenz-Bedienfelds vor.

▲ **Abbildung 12.2**
Borstenpinselkonturen und Objekte mit Deckkraftmasken auf dem Transparenzraster

Abbildung 12.3
Das Transparenz-Bedienfeld

Füllmethoden per Tastatur

Die Menüauswahl im Transparenz-Bedienfeld können Sie mit eigenen Tastaturbefehlen (s. 21.1.4) belegen. Besonders praktisch ist die Möglichkeit, einen Befehl für das »Zappen« durch das Füllmethoden-Menü anzulegen. Dann können Sie per Tastatur die jeweils nächste bzw. vorherige Füllmethode auswählen.

Auswahl nach Deckkraft

Deckkraft- oder Füllmethode-Einstellungen, die lediglich einer Kontur oder Fläche zugewiesen sind, werden bei AUSWAHL • GLEICH • DECKKRAFT nicht berücksichtigt. Die Auswahl vergleicht nur Einstellungen für das ganze Objekt.

Weitere Infos zu Füllmethoden

Die Bezeichnungen und die Wirkung der Füllmethoden entsprechen denen der Füllmethoden in Photoshop und anderen Bildbearbeitungsprogrammen. Die Füllmethoden sind gut dokumentiert. Falls Sie sich näher für die Algorithmen interessieren, haben wir daher auch die englischen Bezeichnungen der Füllmethoden – engl. »Blending Modes« – aufgeführt.

12.1.1 Transparenz-Bedienfeld

Rufen Sie das Bedienfeld mit dem Befehl FENSTER • TRANSPARENZ – ⌘/Strg+⇧+F10, im Dock auf. Blenden Sie die Optionen über das Bedienfeldmenü ein, falls sie versteckt sind.

▶ Füllmethode: Die Füllmethoden ❶ bestimmen den Algorithmus, nach dem aus übereinanderliegenden Farben der Farbeindruck berechnet wird. NORMAL ist die Grundeinstellung. Alternative Füllmethoden zeigen nur dann eine Wirkung, wenn sie Objekten zugewiesen werden, die über anderen Objekten liegen.

▶ Deckkraft: Durch die DECKKRAFT ❹ haben Sie die Möglichkeit, die Füllmethode weitergehend zu steuern, indem Sie mit einem Wert von 0 bis 100 % vorgeben, welchen Anteil die Farbe eines Objekts an der Ergebnisfarbe hat. Mit der Füllmethode NORMAL und einer Deckkraft von weniger als 100 % erzeugen Sie ein durchscheinendes Objekt.
Verwenden Sie die Deckkrafteinstellung nicht, um ein einfarbiges Objekt »aufzuhellen«. Zu diesem Zweck ist eine Farbton-Einstellung besser geeignet (s. Abschnitt 8.7).

▶ Miniatur: In dem Miniatur-Feld ❷ werden das ausgewählte Objekt und die darauf wirkende Deckkraftmaske angezeigt – falls für das Objekt eine Maske eingerichtet ist.

▶ Masken-Optionen: Die Einstellungen ❸ für die Deckkraftmaske sind anwählbar, sobald ein maskiertes Objekt aktiviert wurde.

▶ Optionen für Gruppen: Falls Sie Objekte gruppieren, denen Transparenzeinstellungen zugeordnet sind, können Sie mit den drei Optionen ❺ bestimmen, wie sich die Transparenzeinstellungen dieser Objekte innerhalb der Gruppe und in Bezug auf Objekte außerhalb der Gruppe auswirken.

12.1.2 Füllmethoden-Menü

Die Optionen im Menü FÜLLMETHODE sind gruppiert. Nach der Option NORMAL folgen vier Gruppen, die anhand der Auswirkung der Methoden zusammengestellt sind: abdunkelnd, aufhellend, kontrastverändernd und vergleichend. Die letzte Gruppe fasst Berechnungen mit Farbton, Sättigung und Luminanz zusammen, deren Auswirkungen auf die Farben der Objekte jedoch nicht vergleichbar sind.

Die Wirkung der Füllmethoden unterscheidet sich je nach dem Farbmodus des Dokuments. In der Regel sind die Auswirkungen der Füllmethoden im RGB-Modus stärker als im CMYK-Modus. Einige Füllmethoden zeigen jedoch im CMYK-Modus überhaupt keine Wirkung.

▲ **Abbildung 12.4**
ABDUNKELN

▲ **Abbildung 12.5**
MULTIPLIZIEREN

▲ **Abbildung 12.6**
FARBIG NACHBELICHTEN

▲ **Abbildung 12.7**
AUFHELLEN

▲ **Abbildung 12.8**
NEGATIV MULTIPLIZIEREN

▲ **Abbildung 12.9**
FARBIG ABWEDELN

▲ **Abbildung 12.10**
INEINANDERKOPIEREN

▲ **Abbildung 12.11**
WEICHES LICHT

▲ **Abbildung 12.12**
HARTES LICHT

▲ **Abbildung 12.13**
DIFFERENZ (RGB)

▲ **Abbildung 12.14**
AUSSCHLUSS (RGB)

▲ **Abbildung 12.15**
FARBTON

▲ **Abbildung 12.16**
SÄTTIGUNG

▲ **Abbildung 12.17**
FARBE

▲ **Abbildung 12.18**
LUMINANZ

Bezeichnungen | Die Farbe, die unter dem mit einer Füllmethode versehenen Objekt liegt, bezeichnet man als **Grundfarbe**.

Angleichungsfarbe nennt man die Farbe, die das mit der Füllmethode versehene Objekt ursprünglich besitzt. Flächen, auf denen ein mit einer Füllmethode versehenes Objekt andere Objekte überlappt, zeigen die **Ergebnisfarbe** (s. Abb. 12.19 auf der folgenden Seite).

▲ **Abbildung 12.19**
Bezeichnungen: Grundfarbe ❶,
Angleichungsfarbe ❸, Ergebnisfarbe ❷

Füllmethoden	Blending modes
Normal	Normal
Abdunkeln	Darken
Multiplizieren	Multiply
Farbig nachbelicht.	Color Burn
Aufhellen	Lighten
Neg. multiplizieren	Screen
Farbig abwedeln	Color Dodge
Ineinanderkopieren	Overlay
Weiches Licht	Soft Light
Hartes Licht	Hard Light
Differenz	Difference
Ausschluss	Exclusion
Farbton	Hue
Sättigung	Saturation
Farbe	Color
Luminanz	Luminosity

▲ **Tabelle 12.1**
Füllmethoden, deutsche und englische Bezeichnungen

▲ **Abbildung 12.20**
Blendenflecke nutzen NEGATIV MULTIPLIZIEREN.

12.1.3 Die Füllmethoden

▶ **Normal**: Bei dieser Methode liegen die Flächen opak (deckend) übereinander. Nur die eingestellte Deckkraft kann zu einer Veränderung der Farben führen. Die Option NORMAL ist die Standard-Füllmethode für neu erstellte Objekte und Ebenen.

▶ **Abdunkeln**: Die jeweils dunklere von Grund- und Angleichungsfarbe bildet die Ergebnisfarbe. Die Farben beeinflussen sich aber nicht.

▶ **Multiplizieren**: Die Wirkung dieser Berechnung entspricht dem mehrfachen Übermalen einer Fläche mit Aquarellfarben. Die Ergebnisfarbe ist immer dunkler als die Ursprungsfarben. Das Multiplizieren mit Schwarz ergibt Schwarz, mit Weiß entsteht keine Veränderung.

▶ **Farbig nachbelichten**: Diese Füllmethode können Sie sich als eine verstärkte Multiplikation vorstellen. Je dunkler die Angleichungsfarbe, desto dunkler wird die Ergebnisfarbe. Weiß erzeugt keine Änderung. Im RGB-Modus hat diese Füllmethode eine wesentlich stärkere Wirkung als im CMYK-Modus. Verwenden Sie im CMYK-Modus 100 % Cyan, Magenta oder Gelb als Grundfarbe, werden diese nicht verändert.

▶ **Aufhellen**: Analog der ABDUNKELN-Methode bildet hier die jeweils hellere Farbe die Ergebnisfarbe.

▶ **Negativ multiplizieren**: Wenn Sie mit zwei Diaprojektoren auf eine Fläche projizieren, entspricht das der Wirkung von NEGATIV MULTIPLIZIEREN.
Die Ergebnisfarbe ist heller als die Grundfarbe – mit der Angleichungsfarbe Schwarz bleibt die Grundfarbe erhalten, mit Weiß entsteht Weiß.

▶ **Farbig abwedeln**: Die Methode ist die Umkehrung von FARBIG NACHBELICHTEN. Die Angleichungsfarbe hellt die Grundfarbe auf. Je heller sie ist, desto stärker ist die Wirkung. Schwarz hat keine Auswirkung auf die Grundfarbe.
Im CMYK-Modus werden 100 % Gelb, Magenta oder Cyan nicht durch die Angleichungsfarbe beeinflusst.

▶ **Ineinanderkopieren**: Ist die Angleichungsfarbe heller als die Grundfarbe, verwendet Illustrator die Methode NEGATIV MULTIPLIZIEREN – ist die Angleichungsfarbe dunkler, die Methode MULTIPLIZIEREN. Die Zeichnung des Ursprungsbilds – Schatten und Spitzlichter – bleibt erhalten.

▶ **Weiches Licht**: Wie der Name sagt, entspricht die Wirkung dem Anstrahlen der Grafik mit diffusem Licht. Es ist ein abgeschwächtes INEINANDERKOPIEREN – die Grundfarben bleiben weitgehend erhalten.

- **Hartes Licht**: HARTES LICHT simuliert das Anstrahlen des Grundbilds mit einem Scheinwerfer. Mit dieser Methode erhalten Sie die Zeichnung des Angleichungsbilds. Das Grundbild moduliert dessen Kontrast. Verwenden Sie HARTES LICHT z. B., um Spitzlichter und Schatten zu setzen.
- **Differenz**: (nur im RGB-Modus) Ist die Angleichungsfarbe heller, wird die Grundfarbe invertiert; ist die Grundfarbe heller, wird die Angleichungsfarbe invertiert. Sind Grund- und Angleichungsfarbe identisch, entsteht Schwarz.
- **Ausschluss**: AUSSCHLUSS erzeugt eine kontrastärmere Wirkung als DIFFERENZ – wie diese aber auch nur im RGB-Modus.
- **Farbton**: Die Ergebnisfarbe erhält den Farbton der Angleichungsfarbe und die Sättigung der Grundfarbe. Die Helligkeit der Ergebnisfarbe entspricht dem Grauwert, der entstünde, wenn die Grundfarbe in Graustufen umgewandelt würde. Die Grundfarbe Grau wird nicht verändert.
- **Sättigung**: Bei dieser Methode hat die Ergebnisfarbe die Sättigung der Angleichungsfarbe, dafür Farbton und Helligkeit der Grundfarbe. Sind sowohl Grund- als auch Angleichungsfarbe »reine« Farben, erfolgt keine Änderung.
- **Farbe**: Farbton und Sättigung der Ergebnisfarbe werden von der Angleichungsfarbe übernommen. Die Helligkeit entspricht dem Grauwert der Grundfarbe.
  Im RGB-Modus können Sie diese Methode verwenden, um Graustufenbilder mit überlagerten Farbflächen zu kolorieren. Im CMYK-Modus werden Grautöne als Grundfarben nicht verändert.
- **Luminanz**: Dies ist praktisch die Umkehrung der Füllmethode FARBE. Farbton und Sättigung der Ergebnisfarbe entsprechen den Werten der Grundfarbe. Die Helligkeit wird vom Grauwert der Angleichungsfarbe übernommen.

▲ **Abbildung 12.21**
Volltonfarben (Schmuckfarben) können Sie nicht mit allen Füllmethoden wie erwartet verwenden. Hier (v. l. o.): NEGATIV MULTIPLIZIEREN, AUFHELLEN, FARBTON, LUMINANZ

▲ **Abbildung 12.22**
Spitzlicht mit der Füllmethode HARTES LICHT

▲ **Abbildung 12.23**
NEGATIV MULTIPLIZIEREN im Modus RGB: additive Lichtmischung

12.1.4 Transparenzen zuweisen

Deckkraft- und Füllmethode lassen sich auf Ebenen, Gruppen, Objekte und unabhängig voneinander auf deren Konturen und Füllungen anwenden. Einstellungen, die Sie für eine Ebene und ein Objekt vorgenommen haben, verhalten sich kumulativ. Das kann bei Füllmethoden zu unerwünschten Resultaten führen.

Möchten Sie einem Objekt oder einer Gruppe eine Transparenzeinstellung zuweisen, wählen Sie das Objekt oder die Gruppe aus und nehmen die Einstellung mithilfe des Transparenz-Bedienfelds vor. Zielgenauer gehen Sie vor, indem Sie das Ebenen- und das Aussehen-Bedienfeld (Abschnitte 11.1, 11.5) verwenden, um Transparenzeinstellungen zu definieren. Gehen Sie wie folgt vor:

Volltonfarben und Transparenz

Wenn Sie Volltonfarben mit Transparenz verwenden möchten, sollten Sie die Ergebnisse regelmäßig mit der Überdruckenvorschau vergleichen. Prüfen Sie auch die Separation der Dateien sorgfältig.

Transparenzanzeige

Das Aussehen-Bedienfeld zeigt in der Objekthierarchie vorhandene Transparenzen durch das Transparenz-Symbol ▨ an.

12.1 Deckkraft und Füllmethode | **355**

▲ **Abbildung 12.24**
Mit einem Klick auf DECKKRAFT rufen Sie das Transparenz-Bedienfeld auf.

1. Wählen Sie das Objekt, die Gruppe oder Ebene als Ziel aus.
2. Klicken Sie im Aussehen-Bedienfeld auf den Eintrag DECK-KRAFT des Objekts, seiner Fläche oder seiner Kontur, um das Transparenz-Bedienfeld aufzurufen. Wählen Sie die Füllmethode, und/oder geben Sie eine Deckkraft ein.

12.1.5 Schwarz und Weiß im Farbmodus CMYK

Im Farbmodus CMYK arbeiten viele Füllmethoden, z. B. NEGATIV MULTIPLIZIEREN und AUFHELLEN, nicht wie erwartet, wenn Schwarz (100 % K) beteiligt ist: Es spart aus. Probieren Sie in diesen Fällen ein sattes Schwarz (achten Sie auf den maximalen Druckauftrag).

Die beiden genannten Füllmethoden zeigen darüber hinaus keine Wirkung, wenn keine Hintergrundfläche in der Grafik vorhanden ist. Legen Sie eine weiße Fläche in den Hintergrund.

▲ **Abbildung 12.25**
Eine Flamme mit der Füllmethode NEGATIV MULTIPLIZIEREN und ein Blendenfleck auf Schwarz; 100 % K (Mitte); Tiefschwarz (rechts); ohne Füllmethode (links)

▲ **Abbildung 12.26**
Ein Schwarzweißverlauf (NEGATIV MULTIPLIZIEREN) auf farbigem Hintergrund; 100 % K zu Weiß (Mitte); Tiefschwarz zu Weiß (rechts); ohne Füllmethode (links)

12.1.6 Objekte mit einer bestimmten Deckkraft oder Füllmethode auswählen

Alle Objekte, die eine vorgegebene oder die gleiche Deckkraft oder Füllmethode wie ein bestimmtes Objekt besitzen, wählen Sie folgendermaßen aus:

1. Aktivieren Sie ein Objekt, das die gewünschte Einstellung besitzt, oder deaktivieren Sie alle Objekte, und geben Sie die gesuchte Einstellung – Deckkraft oder Füllmethode – im Transparenz-Bedienfeld ein.
2. Wählen Sie AUSWAHL • GLEICH • DECKKRAFT bzw. FÜLLMETHODE.

▲ **Abbildung 12.27**
Füllmethode MULTIPLIZIEREN: Eine sich selbst überschneidende Borstenpinselkontur (oben) erzeugt dabei im Gegensatz zu zwei sich überschneiden Pfaden (unten) keine Interaktion mit sich selbst (s. »Aussparungsgruppe«).

12.1.7 Transparenz und Gruppen

Ein Objekt, das mit Transparenz versehen ist, verursacht Wechselwirkungen mit allen unter ihm liegenden Objekten. Ist das Objekt jedoch Teil einer Gruppe oder liegt es auf einer eigenen Ebene, können Sie die Wechselwirkungen einschränken.

Das Transparenz-Bedienfeld bietet die Optionen FÜLLMETHODE ISOLIEREN und AUSSPARUNGSGRUPPE. Aktivieren Sie die Gruppe, oder wählen Sie die Ebene als Ziel aus, und definieren Sie anschließend die Optionen im Transparenz-Bedienfeld.

Füllmethode isolieren | Aktivieren Sie diese Option, um die Wirkung der Füllmethode auf Objekte innerhalb der Gruppe oder Ebene zu beschränken. Im Beispiel von Abbildung 12.28 (rechts) wird eine Multiplikation innerhalb der Gruppe der gelben Sonne ausgeführt, aber beeinflusst keine anderen Objekte.

▲ **Abbildung 12.28**
Füllmethode isoliert (rechts): So wirkt MULTIPLIZIEREN nur innerhalb des Objekts – nicht auf den Hintergrund.

Es wird jedoch nur die Füllmethode isoliert – die Deckkrafteinstellung betrifft auch Objekte, die nicht zur Gruppe gehören.

Objekte, die in der Stapelreihenfolge über den mit einer Füllmethode versehenen Objekten liegen (wie die blaue Blume), sind von den Auswirkungen der Transparenz unbeeinflusst.

Aussparungsgruppe | Mit dieser Option lassen sich die Objekte innerhalb der Gruppe von den Berechnungen der Deckkraft und der Füllmethode ausschließen, d.h., nur Objekte außerhalb der Gruppe sind betroffen – siehe Abbildung 12.29 (rechts).

▲ **Abbildung 12.29**
Aussparungsgruppe deaktiviert (links) und aktiviert (rechts): Blaue und magentafarbene Linien interagieren nicht mehr miteinander, sondern nur noch mit der gelben Fläche (weitere auf der DVD).

Die Option kann einen von drei Zuständen annehmen. Diese Zustände wechseln jeweils nach einem Mausklick:

- DEAKTIVIERT ☐: Füllmethode und Deckkraft werden auf alle Objekte innerhalb wie außerhalb der Gruppe berechnet.
- AKTIVIERT ☑: Die zur Gruppe gehörenden Objekte haben keine Wechselwirkungen untereinander und werden behandelt, als wären sie opak. Dies ist die Standardeinstellung für Angleichungen (s. Abschnitt 10.6).
- NEUTRAL ☐: Verwenden Sie die Einstellung NEUTRAL, um die Aussparungsoption einer übergeordneten Gruppe oder Ebene nicht zu beeinflussen. Die Einstellung ist wichtig für ineinander verschachtelte Gruppen. Bei neuen Gruppen oder Ebenen setzt Illustrator automatisch diese Einstellung.

▲ **Abbildung 12.30**
Angleichung (weißer Reflex): AUSSPARUNGSGRUPPE aktiviert (links)

Optionen | Beide Einstellungen lassen sich für die oberste Ebene der Objekthierarchie – also für das gesamte Dokument – anwenden. Das benötigen Sie, wenn Sie Ihre Grafik in Adobe InDesign weiterverarbeiten wollen und z.B. unterbinden möchten, dass die Füllmethoden der Objekte in der Illustrator-Datei auch auf Objekte in der InDesign-Datei wirken.

Um die jeweilige Einstellung für die ganze Seite zu setzen, wählen Sie aus dem Bedienfeldmenü ISOLIERTE FÜLLMETHODE AUF SEITE bzw. AUSSPARUNGSGRUPPE AUF SEITE.

▲ **Abbildung 12.31**
Die Option ISOLIERTE FÜLLMETHODE AUF SEITE (rechts)

Abbildung 12.32
Das Aussehen-Bedienfeld mit Transparenz-Symbolen

12.1.8 Transparenzeinstellungen zurücksetzen

Die Transparenzeinstellungen eines Objekts sowie der übergeordneten Gruppen und Ebenen können nicht zusammen gelöscht werden. Stattdessen müssen Sie jedes einzelne Element der Objekthierarchie aktivieren bzw. als Ziel auswählen, um die Transparenzeinstellungen auf den Standardwert – NORMAL mit 100 % Deckkraft – zurückzusetzen. Denken Sie daran, auch die Optionen FÜLLMETHODE ISOLIEREN und AUSSPARUNGSGRUPPE anzupassen. Ist Transparenz die einzige Aussehen-Eigenschaft z. B. einer Gruppe, können Sie sich Arbeit ersparen, indem Sie den Button AUSSEHEN LÖSCHEN ⊘ im Aussehen-Bedienfeld klicken.

Schritt für Schritt: Aussparungsgruppe

1 Aufgabenanalyse

Die Datei »T-Shirt-start.ai« soll für die Produktion vorbereitet werden. Mit möglichst wenig Aufwand – das heißt, ohne Anwendung der Pathfinder-Funktionen – erhalten Sie im Anschluss die benötigten Farbauszüge. Normalerweise würden alle Flächen aussparen, dies ist hier allerdings nicht überall gewünscht – so soll zum Beispiel die weiße Fläche im Hintergrund voll gedruckt werden, und auch die schwarzen Outlines sollen einfach überdrucken.

Abbildung 12.33
So soll es aussehen: Die wichtigsten Farbauszüge: weiß (links), orange (Mitte), schwarz (rechts).

2 Volltonfarbe Weiß anlegen

Damit Weiß als Farbauszug generiert wird, müssen Sie es zunächst in eine Volltonfarbe umwandeln. Doppelklicken Sie auf den Eintrag im Farbfelder-Bedienfeld, und wählen Sie die Option VOLLTONFARBE. Wählen Sie anschließend alle weißen Objekte mit dem Zauberstab aus, und weisen Sie ihnen die eben generierte Volltonfarbe neu zu. Es kann auch sinnvoll sein, die Farbdefinition von Weiß zu ändern, sodass die Existenz dieser Fläche selbst bei oberflächlicher Betrachtung der Datei gleich erkannt wird.

Abbildung 12.34
Volltonfarbe Weiß

3   Elemente übersichtlich hierarchisch ordnen

Um die Bearbeitung zu vereinfachen, sollten Sie zunächst einige Gruppen erstellen. Wählen Sie die braunen Elemente mit dem Zauberstab aus, und gruppieren Sie sie. Aktivieren Sie anschließend die beigefarbenen Elemente sowie die kleine orangefarbene Fläche im Ohr des Motivs, und gruppieren Sie diese ebenfalls.

Zum Schluss wählen Sie die eben erzeugten Gruppen sowie den orangefarbenen Körper und die hellblaue Fläche aus und gruppieren diese miteinander.

▲ Abbildung 12.35
Hierarchische Gruppierung

4   Überdruckenvorschau einstellen

Um die Ergebnisse der folgenden Schritte beurteilen zu können, benötigen Sie die Überdruckenvorschau – aktivieren Sie sie unter ANSICHT • ÜBERDRUCKENVORSCHAU.

5   Überdrucken einrichten

Da die weiße Fläche komplett hinter dem Motiv gedruckt werden soll, muss das Motiv sie überdrucken. Selektieren Sie also die in Schritt 3 erstellte Gruppe mit dem Auswahl-Werkzeug, rufen Sie das Attribute-Bedienfeld auf – ⌘/Strg+F11 –, und aktivieren Sie die Option FLÄCHE ÜBERDR. Die Auswirkung zeigt sich unmittelbar in der Bildschirmansicht: Die meisten Objekte sind viel dunkler – einige Objekte sind gar nicht mehr sichtbar.

▲ Abbildung 12.36
Das Motiv überdruckt.

6   Überdrucken innerhalb des Motivs verhindern

Damit das Motiv insgesamt zwar die weiße Fläche überdruckt, jedoch innerhalb des Motivs kein Überdrucken stattfindet, rufen Sie das Transparenz-Bedienfeld auf und aktivieren dort die Option AUSSPARUNGSGRUPPE.

7   Überdrucken der schwarzen Outline

Zu guter Letzt richten Sie noch das Überdrucken der schwarzen Outline ein. Wählen Sie die Outline mit dem Auswahl-Werkzeug aus, und aktivieren Sie die Option FLÄCHE ÜBERDR. Das Objekt T-SHIRT löschen Sie jetzt – es wird für die Produktion nicht mehr benötigt.

▲ Abbildung 12.37
Option AUSSPARUNGSGRUPPE

8   Separationen prüfen

Die Separationen überprüfen Sie mit dem Separationenvorschau-Bedienfeld (s. Abschnitt 19.3.12). Rufen Sie es im Menü FENSTER auf. Durch Anklicken der Auge-Symbole blenden Sie Cyan, Magenta und Yellow aus. Blenden Sie dann Schwarz aus, und überprüfen Sie dabei, ob es überall überdruckt. Dann blenden Sie nacheinander Braun, Beige, Orange und Hellblau aus. Stellen Sie

▲ Abbildung 12.38
Das druckfertige Motiv

Abbildung 12.39 ▶
Überprüfen des Schwarz-Auszugs mit dem Separationenvorschau-Bedienfeld

sicher, dass diese Farben nicht überdrucken. Weiß sollte abschließend als durchgehende Fläche übrig bleiben.

Noch genauer können Sie Separationen in der Separationsvorschau von Adobe Acrobat prüfen. Dazu speichern Sie ein PDF – achten Sie darauf, keine Farbkonvertierung durchzuführen. ■

12.2 Deckkraftmasken

Eine Deckkraftmaske ermöglicht es, einem Objekt eine uneinheitliche Opazität zuzuweisen, indem ein Maskenobjekt die Deckkraft vorgibt. Dies ist vergleichbar mit Ebenenmasken in der Bildbearbeitung oder Alpha-Kanälen im Video-Bereich.

Wie beim Alpha-Kanal steuert der Grauwert des Maskenobjekts die »Durchsichtigkeit« der Grafik. An den schwarzen Stellen der Maske ist das Grafikobjekt durchsichtig, an weißen Stellen deckend. Grautöne unterschiedlicher Intensität variieren die Deckkraft.

Eine Deckkraftmaske lässt sich aus allen Illustrator-Objekten herstellen, wie z. B. aus Textobjekten, Verlaufsgittern, platzierten Bildern sowie mit Mustern und Verläufen versehenen Objekten. Sowohl die Maske als auch die Gruppe der maskierten Objekte lassen sich jederzeit im Nachhinein editieren und ergänzen.

▲ **Abbildung 12.40**
Deckkraftmasken ermöglichen die Illustration von Transparenz auch in schwierigen Fällen, und sie ermöglichen es, Objekte über- und untereinanderzulegen.

12.2.1 Deckkraftmaske erstellen
Eine Deckkraftmaske für Objekte oder Gruppen können Sie erstellen, indem Sie ein bestehendes Objekt umwandeln oder die Maske im »Maskierungsmodus« konstruieren.

Sie benötigen die Anzeige der Miniaturen im Transparenz-Bedienfeld – wählen Sie MINIATUREN EINBLENDEN, falls sie nicht bereits angezeigt werden.

Transparente Gitter vor CS5

Illustrator-Versionen vor CS5 können noch keine transparenten Gitterpunkte im Verlaufsgitter definieren – die Deckkraftmaske ist dafür der gebräuchliche Workaround.

Objekt in Maske umwandeln | Dies ist der einfachste Weg, Objekte zu maskieren. Diese Methode müssen Sie außerdem wählen, wenn Sie mehrere Elemente zusammen mit einer Maske versehen möchten. Gehen Sie wie folgt vor:

1. Um eine Kombination mehrerer Objekte als Maske zu verwenden, müssen diese zunächst gruppiert werden. Denn nur einzelne Objekte oder Gruppen lassen sich in ein Maskenobjekt umwandeln.
2. Die Maske aus Abbildung 12.41 besteht aus zwei Objekten: einer weißen Fläche und einem Angleichungsobjekt – sie sind miteinander gruppiert.
3. Positionieren Sie das Maskenobjekt an die gewünschte Stelle in der Stapelreihenfolge über das oder die zu maskierenden Objekte ❶. Das Maskenobjekt muss nicht auf derselben Ebene liegen wie das maskierte Objekt.
4. Aktivieren Sie das Maskenobjekt und das oder die zu maskierenden Objekte.
5. Wählen Sie DECKKRAFTMASKE ERSTELLEN aus dem Menü des Transparenz-Bedienfelds ❷. Im Ebenen-Bedienfeld wird das maskierte Objekt durch eine gestrichelte Unterstreichung gekennzeichnet ❸.

◀ **Abbildung 12.41**
Die Deckkraftmaske erzeugt einen weichen Übergang des Objekts mit »Live«-3D-Effekt in den Hintergrund.

◀ **Abbildung 12.42**
Umwandeln vorhandener Objekte in eine Deckkraftmaske

▲ **Abbildung 12.43**
Anzeige des Maskierungsmodus im Titelbalken; in diesem Modus haben Sie nur Zugriff auf die betreffenden Maskenobjekte, andere Objekte sind nicht aktiv.

Leere Maske für Objekte oder Ebenen erstellen | Wenn Sie eine Ebene mit einer Deckkraftmaske versehen möchten, müssen Sie die folgende Methode verwenden. Sie können aber auch Einzelobjekte auf diese Art mit einer Maske versehen. Und so geht's:
1. Falls Sie bereits ein Maskenobjekt vorbereitet haben, kopieren Sie es in die Zwischenablage oder schneiden es aus.
2. Aktivieren Sie ein einzelnes Objekt oder eine Gruppe bzw. wählen Sie das zu maskierende Objekt, die Gruppe oder Ebene im Ebenen-Bedienfeld als Ziel aus (s. Abschnitt 11.2.4).
3. Wählen Sie DECKKRAFTMASKE ERSTELLEN aus dem Menü des Transparenz-Bedienfelds, oder doppelklicken Sie auf den Platz rechts neben der Objekt-Miniatur. Illustrator erzeugt eine leere Maske. Mit einem Klick auf die Masken-Miniatur wechseln Sie in den Maskierungsmodus.
4. Der Modus wird im Titelbalken durch den Begriff <DECKKRAFTMASKE> angezeigt, der an den Dateinamen angehängt wird, sowie durch die Umrandung der Masken-Miniatur im Transparenz-Bedienfeld. Im Ebenen-Bedienfeld steht nur eine

▲ **Abbildung 12.44**
Ebenen-Bedienfeld im Maskierungsmodus

12.1 Deckkraftmasken | **361**

▲ Abbildung 12.45
Die Ebene EBENE_1 ist mit einer Deckkraftmaske versehen, zu erkennen an der gestrichelten Unterstreichung.

▲ Abbildung 12.46
Deckkraftmaskenverknüpfung aufheben

Schwarz-Definition beachten
Wenn Sie Schwarzweißverläufe in RGB-Dateien in einer Deckkraftmaske verwenden, achten Sie darauf, dass das darin definierte Schwarz RGB 0/0/0 entspricht. Ein Graustufenschwarz in einer Deckkraftmaske erzeugt keinen Übergang zu kompletter Transparenz (links). Diese Farbe müssten Sie manuell in RGB 0/0/0 konvertieren.

Ebene zur Verfügung – sie ist als <Deckkraftmaske> gekennzeichnet.
5. Erstellen Sie die Maske mit den Werkzeugen von Illustrator, oder fügen Sie das vorbereitete Maskenobjekt aus der Zwischenablage ein.
6. Beenden Sie den Maskierungsmodus mit einem Klick auf die Miniatur des maskierten Objekts. Im Ebenen-Bedienfeld erkennen Sie die maskierte Ebene oder das maskierte Objekt an der gestrichelten Unterstreichung.

12.2.2 Verknüpfung von Objekt und Deckkraftmaske
Die Miniatur eines Maskenobjekts wird neben der Miniatur des maskierten Objekts im Transparenz-Bedienfeld angezeigt. Per Voreinstellung sind Objekt und Maske miteinander verknüpft – dies erkennen Sie an dem Ketten-Symbol 🔗 zwischen den beiden Miniaturen. Die Verknüpfung bedingt, dass das Maskenobjekt transformiert wird, wenn Sie das maskierte Objekt drehen, skalieren, spiegeln oder verbiegen.

Umgekehrt ist das nicht der Fall – wenn Sie im Maskierungsmodus die Maske transformieren, bleibt das maskierte Objekt davon unbeeinflusst.

Klicken Sie auf das Ketten-Symbol 🔗, oder wählen Sie Deckkraftmaskenverknüpfung aufheben aus dem Bedienfeldmenü, um die Verknüpfung zwischen Maske und maskiertem Objekt zu lösen. Die Maske bleibt dann in ihrer Position, wenn Sie das maskierte Objekt bearbeiten. Klicken Sie erneut zwischen die Miniaturen, oder wählen Sie Deckkraftmaske verknüpfen aus dem Bedienfeldmenü, um die Verknüpfung wieder einzurichten.

12.2.3 Freistellungsoption (Maskieren)
Eine neue Deckkraftmaske richtet Illustrator standardmäßig so ein, dass das Maskenobjekt nicht nur über seinen Grauwert die Opazität des maskierten Objekts bestimmt, sondern dass dieses durch die Außenform des Maskenobjekts gleichzeitig freigestellt wird. Zu erkennen ist dies am schwarzen Hintergrund der Masken-Miniatur.

Möchten Sie die Deckkraftmaske nicht als Freistellungsmaske verwenden, deaktivieren Sie die Option Maskieren im Transparenz-Bedienfeld.

Wenn Sie neue Deckkraftmasken nicht als Freistellmasken verwenden wollen, deaktivieren Sie im Bedienfeldmenü die Option Neue Deckkraftmasken sind Schnittmasken. Die Option ist programmbezogen, Illustrator verwendet sie also für jedes neue Dokument sowie für bestehende Dokumente, die Sie öffnen.

◄ **Abbildung 12.47**
Das gleiche Ergebnis (rot umrandet) kann auf zwei Wegen erreicht werden: Ausgangsobjekte und deren Anordnung (jeweils links und 2. v. links); Deckkraftmaske mit MASKIEREN (2. v. rechts); Deckkraftmaske ohne MASKIEREN (rechts). Die weißen Linien wurden nicht mit maskiert.

12.2.4 Deckkraftmaske invertieren

Möchten Sie die Maske umkehren, d. h. Bereiche maskieren, die sichtbar sind, und verborgene Bereiche anzeigen, aktivieren Sie die Option INVERTIEREN im Transparenz-Bedienfeld. Die Option kehrt die Helligkeitswerte der Maske um. Die Maske selbst wird nicht verändert, daher können Sie ihr normales Verhalten wieder herstellen, indem Sie die Option deaktivieren.

Möchten Sie die Invertierung für jede neue Maske automatisch aktivieren, wählen Sie die Option NEUE DECKKRAFTMASKEN SIND INVERTIERT aus dem Bedienfeldmenü.

Freistellung und Schrift | Verwenden Sie schwarze Schrift als Deckkraftmaske, ist das maskierte Objekt zunächst unsichtbar. Das erwartete Verhalten der Textmaske erreichen Sie, indem Sie sowohl INVERTIEREN als auch MASKIEREN aktivieren.

12.2.5 Deckkraftmaske bearbeiten

Wenn Sie die Maske eines Objekts bearbeiten möchten, aktivieren Sie das maskierte Objekt bzw. wählen es in der Ebenen-Maske als Ziel aus. Im Transparenz-Bedienfeld klicken Sie auf die Masken-Miniatur, um in den Deckkraftmasken-Modus zu wechseln. In diesem Modus lassen sich Maskenobjekte editieren und neue Objekte zur Maske hinzufügen.

Modifikationsmöglichkeiten

▶ Halten Sie ⌥/Alt gedrückt, und klicken Sie auf die Masken-Miniatur, um nur das Maskenobjekt auf der Zeichenfläche anzuzeigen und andere Objekte auszublenden.
▶ Wählen Sie ANSICHT • PFADANSICHT – ⌘/Strg+Y, um den Vorschaumodus zu verlassen.

Maskieren und Invertieren?

Die Optionen MASKIEREN und INVERTIEREN wollen Ihnen die Arbeit erleichtern. So können Sie Masken auf die Art konstruieren, wie es Ihnen am einfachsten erscheint, weil bereits Objekte vorhanden sind, auf die Sie aufbauen können, weil Sie schwarze Objekte sehen können oder weil Sie bestimmte Maskenteile gar nicht erst zeichnen müssen, sondern die Maske auch zuschneiden lassen.

▲ **Abbildung 12.48**
In den Deckkraftmasken-Modus wechseln

▲ **Abbildung 12.49**
Anzeige einer maskierten Gruppe im Ebenen-Bedienfeld

Abbildung 12.50
Isolationsmodus: Titelbalken der Datei und Ebenen-Bedienfeld

Abbildung 12.51
Deckkraftmaske deaktiviert

Abbildung 12.52
Mit DECKKRAFT DEFINIERT AUSSPARUNG können Sie z.B. Super-Pen durch komplex gestaltete Glasfläche fliegen lassen (Beispiel mit Erläuterungen auf der DVD).

12.2.6 Maskengruppe bearbeiten und ergänzen

Mehrere mit einer gemeinsamen Deckkraftmaske versehene Objekte werden beim Erstellen der Maske gruppiert. Einzelne Objekte aus dieser Gruppe müssen Sie mit dem Direktauswahl-, dem Gruppenauswahl-Werkzeug oder dem Lasso aktivieren, um sie zu bearbeiten. Möchten Sie die Maskierungsgruppe um weitere Objekte ergänzen, haben Sie zwei Möglichkeiten:

- Erstellen Sie zunächst die neuen Objekte und verwenden Sie anschließend das Ebenen-Bedienfeld, um diese Objekte in die Gruppe an die passende Position zu verschieben (s. 11.1.12).
- Doppelklicken Sie auf die maskierte Gruppe auf der Zeichenfläche, um sie zu »isolieren«. Anschließend arbeiten Sie mit den Objekten, als wären sie nicht gruppiert (s. Abschn. 11.4).

12.2.7 Deckkraftmaske deaktivieren

Soll die Deckkraftmaske zwar erhalten bleiben, jedoch – vorübergehend – deaktiviert werden, aktivieren Sie das Objekt bzw. wählen es im Ebenen-Bedienfeld als Ziel aus und wählen DECKKRAFTMASKE DEAKTIVIEREN aus dem Menü des Transparenz-Bedienfelds. Alternativ drücken Sie ⇧ und klicken auf die Masken-Miniatur. Die deaktivierte Maske wird durch ein rotes Kreuz in der Miniatur angezeigt.

Wählen Sie DECKKRAFTMASKE AKTIVIEREN bzw. drücken Sie ⇧, und klicken Sie erneut auf die Miniatur, um die Maske wieder zu aktivieren.

12.2.8 Deckkraftmaske vom Objekt entfernen

Möchten Sie die Maske vom Objekt entfernen, wählen Sie das Objekt im Ebenen-Bedienfeld als Ziel aus und dann aus dem Menü des Transparenz-Bedienfelds DECKKRAFTMASKE ZURÜCKWANDELN.

Das oder die zur Maske gehörenden Objekte werden in »normale« Vektorobjekte umgewandelt und in der Stapelreihenfolge über dem maskierten Objekt positioniert.

12.2.9 Deckkraft definiert Aussparung

Mit dieser Option können Sie die Funktionsweise von Aussparungsgruppen (s. Abschnitt 12.1.7) und Deckkraftmasken zu komplexen transparenten Überlagerungen kombinieren.

Die Option DECKKRAFT DEFINIERT AUSSPARUNG wird beliebigen untergeordneten Objekten innerhalb einer Aussparungsgruppe zugewiesen. Während bei einer einfachen Aussparungsgruppe die Form des obersten Objekts der Gruppe die Aussparung bestimmt, sind es mit dieser Option die Form des betreffenden

Objekts und seine Deckkraft. So können Sie also sehr komplexe Formen von Transparenz in Objekten erzeugen, durch die der Hintergrund hindurchscheint.

Die Option funktioniert nur in Verbindung mit anderen Füllmethoden als NORMAL oder mit einer Deckkraftmaske.

Schritt für Schritt: Umfangreichere Aussparungsgruppen

◄ **Abbildung 12.53**
Das fertiggestellte Design

1 Deckkraftmaske einrichten

Öffnen Sie die Datei »Busdesign-start.ai« von der DVD. Sie enthält alle benötigten Objekte sowie die Deckkraftmasken auf ausgeblendeten Ebenen. Sie sollten jetzt im Ebenen- und im Transparenz-Bedienfeld die letzten Einstellungen vornehmen. Sehen Sie sich zunächst den Aufbau der Datei an, indem Sie die Elemente nacheinander ausblenden. Blenden Sie anschließend alle Elemente ein.

Da fast alle Elemente direkt übereinanderliegen und im weiteren Verlauf des Workshops gruppiert werden, verwenden Sie für das Auswählen der Elemente am besten die Auswahlspalte im Ebenen-Bedienfeld (s. Abschnitt 11.2.1).

▲ **Abbildung 12.54**
Der Datei-Aufbau

▲ **Abbildung 12.55**
Schnittmaske für das Busdesign

Beginnen Sie damit, das Flammendesign auf die Form des Busses zuzuschneiden. Wählen Sie die Objekte BUSDESIGN und SCHNITTMASKE-DESIGN aus, und rufen Sie OBJEKT • SCHNITTMASKE • ERSTELLEN auf (Abb. 12.55). Anschließend erstellen Sie eine Deckkraftmaske für die Fenster. Blenden Sie FENSTER-MASKE ein, und aktivieren Sie dieses Masken-Objekt sowie das Objekt FENSTER. Wählen Sie im Bedienfeldmenü des Transparenz-Bedienfelds DECKKRAFTMASKE ERSTELLEN.

▲ **Abbildung 12.56**
Deckkraftmaske für die Fenster

▲ **Abbildung 12.57**
Gruppierungshierarchie des Busses

▲ **Abbildung 12.58**
Aussparungsgruppe

▲ **Abbildung 12.59**
Aussparungsgruppe der Fenster-Flammen deaktiviert

▲ **Abbildung 12.60**
Den durch den Schatten scheinenden Hintergrund korrigieren Sie mit der Option Füllmethode isolieren.

2 **Aussparungsgruppe erstellen**

In diesem Schritt werden die Fenster durchsichtig. Aktivieren und gruppieren Sie zunächst Fenster und das mit der Schnittmaske versehene Busdesign – nennen Sie diese Gruppe Fenster-Flammen. Diese Gruppe gruppieren Sie anschließend mit der Zeichnung, Typo und Bus-Lackierung (Abb. 12.57).

Wählen Sie die Gruppe aus, und aktivieren Sie die Option Aussparungsgruppe im Transparenz-Bedienfeld. Damit wirkt die Deckkraftmaske, die Sie ursprünglich nur für die Fenster angelegt hatten, auf die gesamte Gruppe – die dahinterliegenden Objekte werden sichtbar.

3 **Details**

Durch die Fenster sehen Sie jetzt zwar die Passagiere, aber das Flammendesign ist noch hinter den Fenstern versteckt. Selektieren Sie die Gruppe Fenster-Flammen, und deaktivieren Sie die Option Aussparungsgruppe, die bisher Neutral eingestellt war.

Als kleine Ausschmückung sollen die Fenster noch einen Schlagschatten erhalten: Wählen Sie Fenster als Ziel aus (s. Abschnitt 11.2.4), und weisen Sie den Schlagschatten-Effekt zu: x-/y-Versatz 0,3 mm, Weichzeichnen 0,35 mm.

4 Ein Problem mit Transparenz-Effekten
Am Schatten hat sich durch die Füllmethode in Verbindung mit der Aussparungsgruppe ein kleiner Schönheitsfehler eingeschlichen. Diesen korrigieren Sie, indem Sie bei dem noch ausgewählten FENSTER die Option FÜLLMETHODE ISOLIEREN im Transparenz-Bedienfeld aktivieren.

> **Pathfinder-Effekte**
> Mehr zur Anwendung von Pathfinder-Effekten siehe Abschnitt 13.3.9

12.3 »Transparenz«-Effekte

Mithilfe von Effekten lässt sich eine transparente Optik zum einen durch die Transparenz-Simulation herstellen. Zum anderen enthält Illustrator auch Effekte, die Live-Transparenz nutzen.

Hart mischen und Weich mischen | Um Objekte weich oder hart zu mischen, aktivieren Sie sie, gruppieren sie und wählen EFFEKT • PATHFINDER • WEICH bzw. HART MISCHEN aus dem Menü.

Diese beiden Effekte imitieren nur die Optik einer Transparenz, indem Sie die Überschneidungsfläche mit Farbmischungen versehen, die aus den Farben der beteiligten Objekte generiert wurden. HART MISCHEN und WEICH MISCHEN sollte nur auf Objekte mit einfachen Farbfüllungen angewendet werden. Sind Objekte mit Verlaufsfüllungen versehen oder bereits Verformungs- oder andere Effekte darauf angewendet worden, weisen Sie »echte« Transparenzen zu, d. h., Sie arbeiten mit der Reduzierung der Deckkraft und/oder einer geeigneten Füllmethode.

Während WEICH MISCHEN den oberen Objekten eine in der Stärke einstellbare Transparenzoptik verleiht, färbt HART MISCHEN die Schnittmenge der Objekte in einer Farbe, die aus den jeweils dunkelsten Werten der einzelnen Druckfarben gemischt ist, die die Originalobjekte besitzen.

Optionen | Nach dem Aufrufen des Effekts WEICH MISCHEN tragen Sie die Stärke in der Dialogbox unter DECKKRAFT ein. Ein höherer Wert verstärkt den Eindruck von Transparenz.

▲ **Abbildung 12.61**
Bei WEICH MISCHEN scheinen jeweils die hinteren Objekte durch die vorderen hindurch.

▲ **Abbildung 12.62**
HART MISCHEN: Die Mischfarben können Sie nicht mit der Pipette aufnehmen.

12.4 Transparenzen reduzieren

Innerhalb der Applikationen der Creative Suite wird Transparenz »live« verwendet, d. h. im Moment der Ausgabe berechnet. Für den Druck oder den Austausch mit Programmen, die keine Live-Transparenz beherrschen, müssen die Transparenz-Effekte jedoch auf eine andere Art dargestellt werden.

▲ **Abbildung 12.63**
Sind Verlaufsflächen beteiligt, haben weder WEICH MISCHEN noch HART MISCHEN sichtbare Auswirkungen.

Den Prozess der Umwandlung der betroffenen Objekte bezeichnet man als »Transparenzreduzierung« oder auf Englisch als »Flattening«.

Der Begriff »Flattening« bezeichnet den Vorgang sehr plastisch: Ursprünglich einander überlagernde Objekte werden derart zerschnitten, dass daraus nebeneinanderliegende Objekte entstehen. Wo die Objekte mit Mitteln der Vektorgrafik darstellbar sind, werden Vektorobjekte erstellt. Ist der optische Eindruck mit Vektorobjekten nicht reproduzierbar, wird er in Bitmap-Elemente – also pixelbasierte Grafik – umgesetzt.

Die Herausforderung besteht darin, den Eindruck der Überlagerung exakt so zu reproduzieren, wie er mit den Transparenz-Einstellungen entworfen wurde. Eine in Illustrator integrierte Software – der »Flattener« – ist für die Reduzierung zuständig.

Transparenzreduzierung können Sie zum einen für ausgewählte Objekte manuell über das Menü anwenden. Zum anderen können Reduzierungsvorgaben erstellt und beim Drucken sowie beim Speichern und Exportieren in bestimmte Dateiformate auf die ganze Datei angewandt werden.

▲ **Abbildung 12.64**
Transparenzreduzierung

▲ **Abbildung 12.65**
Einige der Grafikstile des Dokumentprofils DRUCK enthalten Transparenz.

12.4.1 Transparenzquellen

Von Transparenzreduzierung betroffen sind Objekte, deren Aussehen Transparenz enthält, sowie Elemente, die in der Stapelreihenfolge unter Transparenzquellen liegen oder deren Abstand zu transparenten Objekten weniger als 1 Punkt beträgt. Transparente Objekte sind:

- Elemente, deren Deckkraft reduziert ist oder die eine andere Füllmethode als NORMAL besitzen – einschließlich Verläufe und Verlaufsgitter, deren Einzelfarben in ihrer Deckkraft reduziert wurden
- Objekte, die mit einer Deckkraftmaske versehen sind
- mit den Effekten SCHLAGSCHATTEN, WEICHE KANTE und SCHEIN NACH AUSSEN oder INNEN versehene Elemente
- platzierte PSD- oder PDF-Dateien, die Transparenzen enthalten
- angewendete Muster, Stile, Pinsel oder Symbole, die die aufgeführten Eigenschaften besitzen – vor allem die neuen Borstenpinsel

12.4.2 Borstenpinsel

Sobald Sie in einer Datei mehr als 30 Borstenpinselkonturen eingesetzt haben, erhalten Sie beim Speichern eine Warnung, dass diese Datei im Falle einer Transparenzreduzierung (z.B. beim Schreiben eines PDFs aus dem Layoutprogramm) zu komplex

---

QuarkXPress 8

In Version 8 können Sie Illustrator-Dateien direkt platzieren. Mit Transparenz in Illustrator- oder PDF-Dateien kann QuarkXPress 8 jedoch nicht umgehen. Nach wie vor sollten Sie in XPress also transparenzreduzierte EPS-Dateien platzieren.

werden könnte. Den darin enthaltenen Vorschlag, die Borstenpinselpfade in ein Pixelbild zu konvertieren (s. Abschnitt 13.6.7), sollten Sie bereits dann in Erwägung ziehen, wenn die Datei weniger komplex ist.

◀ **Abbildung 12.66**
Bereits zwei Borstenpinselpfade können bei einer Transparenzreduzierung 1.015 Pfade erzeugen.

12.4.3 Arbeitsweise des Flatteners

Jedes transparente Objekt in einer Grafik muss daraufhin beurteilt werden, wie am besten mit ihm zu verfahren ist.

Am vorteilhaftesten ist, wenn die ursprüngliche Form des Elements bewahrt werden kann – z. B. Textobjekte als solche erhalten bleiben. Ist das nicht möglich, dann sollten sie in eine verwandte Form – also Text in Vektorobjekte – umgewandelt werden. Erst als letzten Ausweg zieht der Flattener die Rasterung als pixelbasierte Grafik in Betracht.

Welche Methode den Vorzug hat und mit welchen Einstellungen sie angewandt wird, bestimmen Sie durch das Definieren einiger Vorgaben. So lässt sich die Transparenzreduzierung auf den Weiterverarbeitungsprozess und die Art der von Transparenz betroffenen Objekte individuell zuschneiden.

Reduzierung testen

Das Angenehme an Illustrator ist, dass Sie mit OBJEKT • TRANSPARENZ REDUZIEREN unkompliziert testen können, wie Illustrator Objekte beim Reduzieren behandelt. Nach dem Ausführen des Befehls sehen Sie die Objekte direkt in Illustrator (s. Abschnitt 12.4.9).

12.4.4 Problemfälle

▶ **Auflösung**: Wird in einem Dokument eine Transparenzreduzierung durchgeführt, kann es passieren, dass einzelne Bereiche eines Objekts vor dem Ausdrucken oder Belichten, andere Teile desselben Objekts jedoch erst im Moment des Drucks gerastert werden.
Wählen Sie eine zu niedrige Auflösung für die Transparenzreduzierung, sind die während der Reduzierung gerasterten Bereiche zu erkennen. Eine zu hohe Auflösung erzeugt dagegen sehr große Dateien, gegebenenfalls ohne gleichzeitig einen Qualitätsvorteil zu bieten.
▶ **In Flächen umgewandelte Linien**: Wird eine Kontur nur teilweise in eine Fläche umgewandelt, kann es an der Trennstelle zwischen beiden Teilen der Kontur zu einem sichtbaren Sprung kommen, da PostScript-Geräte Konturen anders berechnen als Flächen.

▲ **Abbildung 12.67**
Zu niedrige Auflösung

▲ **Abbildung 12.68**
Konturen teilweise als Flächen

> **Text und Transparenz**
>
> Nach Möglichkeit sollten Sie die Interaktion von Text mit transparenten Objekten vermeiden. Achten Sie darauf, Text im Objektstapel ganz oben anzulegen – am besten auf einer eigenen Ebene.

> **Separationsvorschau vor CS4**
>
> In Illustrator-Versionen vor CS4 (oder wenn Ihnen die Separationsvorschau in Illustrator CS4 nicht ausreicht) erstellen Sie ein PDF und verwenden die Separationsvorschau von Acrobat – so lässt sich die korrekte Umsetzung überprüfen. Die Überprüfung ist vor allem dann wichtig, wenn Sie platzierte Duplex- und Mehrkanal-Bilder mit Transparenz verwenden.

Um das Problem zu umgehen, sollten Sie versuchen, alle Konturen in Flächen umzuwandeln.

- **Farbsprünge**: Wenn nur ein Teil eines Vektorobjekts gerastert wird, ist es möglich, dass an der Grenze zwischen dem gerasterten und dem nicht in Pixeldaten umgesetzten Teil sichtbare Farbsprünge entstehen – auf Englisch »Color Stitching« genannt. Dies entsteht dadurch, dass Farben in Pixelbildern von PostScript-RIPs gegebenenfalls anders interpretiert werden als in Vektorobjekten angelegte Farben.
- **Text**: Werden nur einzelne Glyphen in einem Textobjekt in Pfade umgewandelt, sollten Sie darauf achten, dass der verwendete Zeichensatz auf den Drucker geladen wird, damit sichergestellt ist, dass für den Druck der nicht umgewandelten Zeichen der korrekte Font verwendet wird.
  Noch besser ist es allerdings, statt einzelner Bereiche das gesamte Textobjekt in Pfade umzuwandeln, da auch unter Verwendung des korrekten Zeichensatzes Unterschiede in der Berechnung der Buchstabenformen auftreten können (s. Abschnitt 14.13.2).
- **Überdrucken**: Bei der Transparenzreduzierung werden überdruckende Bereiche in der Regel in nicht überdruckende Formen umgewandelt. Wurden in den transparenten Bereichen Schmuckfarben verwendet, kann es aber auch passieren, dass der Flattener überdruckende Bereiche einrichtet. Achten Sie darauf, dass der PostScript-RIP diese ausgeben kann. Beim Drucken eines Composite-Proofs aus Acrobat oder InDesign aktivieren Sie die Option ÜBERDRUCKEN: SIMULIEREN.
- **Schmuckfarben**: Dateien, in denen transparente Bereiche und Schmuckfarben zusammenwirken, müssen Sie in neueren Dateiformaten – AI bzw. EPS ab Version 10, PDF ab 1.4 – speichern, um zu vermeiden, dass Schmuckfarben in CMYK umgewandelt werden (s. S. 204, »Buchfarben-Optionen«).
- **Farbmanagement**: Die Transparenzreduzierung findet in einem für alle Objekte gemeinsamen Farbraum statt. In Illustrator entspricht der Transparenzreduzierungsfarbraum dem Dokumentfarbraum. Vor der Reduzierung wird der Farbraum der an der Transparenz beteiligten platzierten Grafiken überprüft, und die Bilder werden gegebenenfalls in den Dokumentfarbraum umgerechnet.
- **Pixelbasierte Effekte**: Die Effekte SCHATTEN, WEICHE KANTE und SCHEIN NACH AUSSEN/INNEN werden mit den Einstellungen in den Dokument-Rastereffekt-Einstellungen in Pixelbilder umgewandelt, bevor der Flattener die betroffenen Berei-

che reduziert. Richten Sie die Einstellungen entsprechend ein (s. Abschnitt 13.6.6).

- **OPI**: Arbeiten Sie in einem OPI-Workflow mit niedrig aufgelösten Bildern im Layout, müssen Sie diese vor der Transparenzreduzierung gegen die hochaufgelösten Daten austauschen (»Fatten before you flatten«).

12.4.5 Einstellungen für die Transparenzreduzierung

In den Dialogboxen DOKUMENT EINRICHTEN, SPEICHERN, DRUCKEN, TRANSPARENZ REDUZIEREN, TRANSPARENZREDUZIERUNGSVORGABEN und REDUZIERUNGSVORSCHAU haben Sie folgende Möglichkeiten, die Umwandlung der transparenten Objekte zu beeinflussen:

> **Bildauflösung und Transparenz**
>
> Bilder, die zusammen in einer transparenten Region platziert sind, sollten in einer einheitlichen Auflösung vorliegen (der in den Reduzierungsoptionen eingestellten Auflösung), um zu vermeiden, dass automatisches Upsampling (eine Erhöhung der Auflösung) stattfindet. Diese automatische Neuberechnung würde der Bildqualität eventuell schaden.

◄ **Abbildung 12.69**
Optionen für OBJEKT • TRANSPARENZ REDUZIEREN

- NAME (nur TRANSPARENZREDUZIERUNGSVORGABEN): Unter diesem Namen wird Ihre Vorgabe in den Menüs der anfangs genannten Dialogboxen aufgeführt.
- PIXELBILD-VEKTOR-ABGLEICH: Mit diesem Regler bestimmen Sie eine Art Schwellenwert, der festlegt, ab welchem Grad von Komplexität Objekte in Pixel umgesetzt werden.

Setzen Sie den Wert auf 0, um den kompletten, von Transparenz betroffenen Bereich zu rastern.

Mit dem Wert 100 versucht der Flattener, möglichst alle Bereiche als Vektorobjekte zu generieren. Diese Einstellung liefert die bestmögliche Qualität, kann jedoch sehr zeitintensiv sein. Einige Objekte lassen sich darüber hinaus nicht als Vektorobjekte darstellen.

Einstellungen von 1 bis 99 rastern nur Teilbereiche. Stehen nur wenige einfache Objekte in Wechselwirkung, kann es passieren, dass Sie keine Unterschiede zwischen verschiedenen Reglerpositionen bemerken.

> **Reduzierungsvorschau**
>
> Verwenden Sie das Reduzierungsvorschau-Bedienfeld, um sich die von der jeweiligen Einstellung betroffenen Bereiche anzeigen zu lassen.

> **Rücksprache mit dem Dienstleister**
>
> Sprechen Sie die Einstellungen – vor allem die Auflösung – mit Ihrem Dienstleister ab, oder fragen Sie nach einer Voreinstellungsdatei.

▲ **Abbildung 12.70**
Links: Verlaufsgitter 72 ppi/
Text 144 ppi,
rechts: Verlaufsgitter 300 ppi/
Text 1.800 ppi

- **Auflösung für Strichgrafiken und Text:** In der hier vorgegebenen Auflösung rastert der Flattener Vektor- und Textelemente. Auf Desktop-Druckern bis 600 dpi sollten Sie für die beste Qualität die Geräteauflösung verwenden.
  Die höchste Auflösung würde jedoch bei Belichtern zu sehr großen Dateien und langen Bearbeitungszeiten führen – probieren Sie, exakt die Hälfte der Geräteauflösung einzustellen.
- **Auflösung von Verlauf und Gitter:** Diese Einstellung bestimmt die Auflösung für die Rasterung von Verläufen und Verlaufsgitterobjekten.
  Für diese Objekte wählen Sie die Einstellung, die Sie für Bildmaterial verwenden – üblicherweise um 300 ppi.
- **Text in Pfade umwandeln:** Aktivieren Sie diese Option, um alle Textobjekte in Pfade zu konvertieren. So lassen sich Probleme vermeiden, die bei der Umwandlung einzelner Glyphen entstehen können.
- **Konturen in Pfade umwandeln:** Der Flattener wandelt alle Konturen in Pfade um, wenn Sie diese Option wählen.
- **Komplexe Bereiche beschneiden:** Mit dieser Option wird um eine gerasterte Fläche ein Beschneidungspfad angelegt. So besitzen diese Flächen saubere Außenkanten, und der Anschluss an nicht reduzierte Bereiche passt besser.
- **Alpha-Transparenz beibehalten (nur Objekt • Transparenz reduzieren):** Verwenden Sie diese Option nur zur Vorbereitung von Objekten für den Flash- oder SVG-Export. Objekte, denen andere Füllmethoden als Normal zugewiesen sind, werden reduziert, nur Alpha-Transparenzen – also Deckkrafteinstellungen – bleiben bestehen.
- **Überdrucken und Volltonfarben beibehalten (nur Objekt • Transparenz reduzieren):** Diese Einstellung entspricht der Option Überdrucken beibehalten aus dem Dialog Drucken (s. Abschnitt 19.4).

▲ **Abbildung 12.71**
Das Zuschneiden komplexer Bereiche (rechts) erzeugt bessere Anschlüsse an nicht reduzierte Bereiche: gelber Kasten oben, Ende der Linie rechts (Rasterung übertrieben).

12.4.6 Transparenzreduzierungsvorgaben einrichten

Ihre Einstellungen können Sie als Vorgaben speichern, die zukünftig im Vorgabe-Auswahlmenü in allen betroffenen Dialogboxen zur Verfügung stehen. Ebenfalls lassen sich Vorgabendateien laden, die Sie von Dienstleistern erhalten haben.

Rufen Sie Bearbeiten • Transparenzreduzierungsvorgaben... auf, um die Vorgaben zu verwalten. In der Liste unter Vorgaben sehen Sie alle gespeicherten oder geladenen Einstellungen. Per Voreinstellung sind nur die Illustrator-Standardvorgaben – in den eckigen Klammern – vorhanden. Diese lassen sich weder editieren noch löschen.

▲ **Abbildung 12.72**
Transparenzreduzierungsvorgaben

Mit einem einfachen Klick auf eine Vorgabe zeigt die Dialogbox die Einstellungen im Textfeld an. Doppelklicken Sie auf einen Eintrag, um ihn zu bearbeiten.

Möchten Sie Einstellungen aus einer Datei laden, klicken Sie auf IMPORTIEREN… und selektieren die gewünschte Datei.

Einen neuen Eintrag legen Sie an, indem Sie auf den entsprechenden Button klicken. Anschließend richten Sie die gewünschten Optionen in der Dialogbox ein – siehe den vorhergehenden Abschnitt.

> **Reduzierungsvorschau-Bedienfeld**
>
> Auch aus dem Reduzierungsvorschau-Bedienfeld lassen sich Vorgaben speichern. Wählen Sie den Eintrag aus dem Bedienfeldmenü, wenn Sie mit Ihren im Bedienfeld vorgenommenen Einstellungen zufrieden sind.

12.4.7 Transparenzreduzierung für Speichern und Kopieren

Wenn Sie ein Dateiformat speichern bzw. exportieren, das keine Live-Transparenz beherrscht, oder wenn Sie transparente Elemente in die Zwischenablage kopieren, werden die Transparenzeinstellungen aus der Dialogbox DOKUMENT EINRICHTEN für die Reduzierung verwendet.

Wählen Sie DATEI • DOKUMENT EINRICHTEN… – ⌘+⌥+P bzw. Strg+Alt+P – und bestimmen Sie im Optionenbereich TRANSPARENZ eine Vorgabe durch Auswahl aus dem Aufklappmenü, oder klicken Sie auf den Button BENUTZERDEFINIERT…, um die Einstellungen anzupassen.

> **Soft-Proof?**
>
> Für den Soft-Proof von Volltonfarben, Überdrucken-Eigenschaften und Füllmethoden eignet sich die Reduzierungsvorschau nicht.

12.4.8 Reduzierungsvorschau

Um Objekte in Ihrer Datei zu identifizieren, die von Transparenzreduzierung mit den gewählten Einstellungen betroffen sind, rufen Sie das Reduzierungsvorschau-Bedienfeld unter FENSTER • REDUZIERUNGSVORSCHAU auf – im Dock ☑.

Wählen Sie OPTIONEN EINBLENDEN aus dem Bedienfeldmenü, um die Transparenzreduzierungseinstellungen im Bedienfeld anzuzeigen.

Gehen Sie wie folgt vor, um eine Reduzierungsvorschau Ihrer Grafik zu generieren:
1. Wählen Sie Ihre Transparenzreduzierungseinstellungen.
2. Klicken Sie auf den Button AKTUALISIEREN.
3. Wählen Sie eine Option aus dem Menü MARKIEREN.
   Aktivieren Sie die Option DETAILLIERTE VORSCHAU aus dem Bedienfeldmenü, um alle Einträge im Menü MARKIEREN anzuzeigen. Die Erläuterungen zum Menü lesen Sie weiter unten.
4. Nehmen Sie ggf. Änderungen an den Einstellungen vor. Nach jeder Änderung müssen Sie die Vorschau aktualisieren.

▲ **Abbildung 12.73**
Transparenz-Wechselwirkung: von transparenten Objekten überlagerter Text ❶, Objekt mit Deckkraftmaske ❷, Füllmethode MULTIPLIZIEREN ❸, überlagerte Verläufe ❹, Muster mit transparenten Elementen ❺, PSD mit Ebenenmaske ❻, EPS mit reduzierter Deckkraft ❼, TIF ❽, von transparenten Objekten überlagertes EPS ❾, überdruckender Text ❿

Abbildung 12.74 ▶
Reduzierungsvorschau

Beispiel auf der DVD
Das hier verwendete Beispiel finden Sie als Datei auf der DVD: »Transparenzinteraktion.ai«.

▲ **Abbildung 12.75**
Die betroffene verknüpfte EPS-Datei und alle Objekte, die mit ihr in Wechselwirkung stehen, werden rötlich hervorgehoben.

Markieren-Auswahl | Wählen Sie eine der Optionen im Menü Markieren, um die jeweils betroffenen Bereiche in einem rötlichen Farbton anzeigen zu lassen.

▶ Ohne (Farbvorschau): Diese Vorschau enthält keine Hervorhebungen.
▶ Gerasterte komplexe Bereiche (früher: Komplexe Pixelbildbereiche): Wählen Sie diese Option, um die Bereiche anzuzeigen, die aufgrund der Einstellung unter Pixelbild-Vektor-Abgleich von der Rasterung betroffen sind.
▶ Transparente Objekte: Mit dieser Auswahl hebt Illustrator alle Objekte hervor, die Transparenz-Quellen sind – s. Abb. 12.73 – sowie überdruckende Elemente.
▶ Alle betroffenen Objekte: Zeigt alle Objekte, die Wechselwirkungen mit Transparenz aufweisen.
▶ Betroffene verknüpfte EPS-Dateien: Platzierte EPS-Dateien, die von Transparenz betroffen sind, werden hervorgehoben.
▶ Umgewandelte (früher: Erweiterte) Muster: Mit dieser Einstellung weist Illustrator auf Muster hin, die aufgrund von Transparenzwirkungen umgewandelt werden müssen (Muster s. Abschnitt 16.1).
▶ In Pfade umgewandelte Konturen (früher: In Konturen konvertierte Linien): Die Option zeigt Linien an, die in Flächen konvertiert werden – entweder aufgrund von Wechsel-

wirkungen mit Transparenz oder weil die Option Konturen in Pfade umwandeln ausgewählt ist.

- In Pfade umgewandelter Text (nur Detaillierte Vorschau): Die Hervorhebung betrifft Texte, die in Pfade umgewandelt werden – aufgrund einer Transparenz-Interaktion oder weil die Option Text in Pfade umwandeln aktiviert ist.
- Alle Pixelbildbereiche (nur Detaillierte Vorschau): Wählen Sie diese Option, um alle Bereiche herzuheben, die in Pixelbilder konvertiert werden.
Platzierte Pixelbilder, die nicht von Transparenz betroffen sind, zeigt die Vorschau nicht an.

◀ **Abbildung 12.76**
Alle Pixelbildbereiche (links): Nicht hervorgehoben ist das platzierte TIFF; Text in Pfade konvertieren (rechts).

Optionen | Falls Ihnen die Darstellungsgröße der Grafik im Vorschaubereich des Bedienfelds nicht ausreicht, klicken und ziehen Sie das Vergrößerungsfeld unten rechts im Bedienfeld.

Um Details genauer zu betrachten, bewegen Sie den Cursor über den Vorschaubereich – das Cursor-Symbol zeigt eine Lupe. Klicken Sie mit der Lupe auf den Bereich, der vergrößert werden soll. Möchten Sie wieder herauszoomen, drücken Sie ⌥/Alt und klicken mit der Verkleinerungslupe auf die Grafik.

Sie können den Vorschaubereich jedoch auch verschieben. Drücken Sie dafür die Leertaste – der Cursor zeigt die Greifhand –, und klicken und ziehen Sie die Vorschau.

12.4.9 Beispiele
An Beispielen zeigen wir Ihnen die Auswirkungen verschiedener Optionen – zum Vergleich öffnen Sie die Datei »Transparenzinteraktion.ai« von der DVD.

Pixelbild-Vektor-Abgleich | Unterschiedliche Schwellenwerte wirken sich auf die Umrechnung der Vektorgrafik in Pixelbilder aus – die Vorschau zeigt Gerasterte komplexe Bereiche:

Weiße Linien im PDF

Wenn Sie eine Datei mit reduzierter Transparenz in Adobe Acrobat überprüfen, sind häufig feine weiße Linien zu sehen. Es handelt sich dabei in den meisten Fällen nur um ein Problem der Bildschirmdarstellung.

▲ **Abbildung 12.77**
Pixelbild-Vektor-Abgleich (von links): 86, 75, 15

Beispiel auf der DVD
Das hier verwendete Beispiel finden Sie als Datei auf der DVD: »Transparenzinteraktion.ai«.

Je niedriger der Wert unter Pixelbild-Vektor-Abgleich ist, desto mehr Bereiche werden hervorgehoben und folglich in Pixelbilder konvertiert.

Komplexe Bereiche beschneiden | Diese Gegenüberstellung konzentriert sich auf die Option Komplexe Bereiche beschneiden. Die Vorschau zeigt wie im vorherigen Beispiel Gerasterte komplexe Bereiche.

Abbildung 12.78 ▶
Ohne die (links) und mit der (rechts) Option Komplexe Bereiche beschneiden

Wenn die Beschneiden-Option aktiviert ist, werden die betroffenen Bereiche nicht einfach als Pixelbilder generiert, sondern der Flattener erzeugt zusätzlich Schnittmasken, die den Außenkanten der ursprünglichen Vektorpfade exakt folgen.

12.4.10 Objekte manuell reduzieren

Da beim Reduzieren die Bearbeitungsmöglichkeit zumindest einiger Objekte verlorengeht, sollte das manuelle Reduzieren eine Ausnahme bleiben. Wenn Sie SWF- oder SVG-Dateien exportieren wollen, kann es aber notwendig sein, transparente Elemente auf diese Weise zu präparieren.

Aktivieren Sie alle Objekte, die Sie reduzieren möchten, und wählen Sie Objekt • Transparenz reduzieren… aus dem Menü. Geben Sie Ihre Einstellungen in der Dialogbox ein.

Sicherung mit Live-Transparenz
Speichern Sie auf jeden Fall eine Version Ihrer Datei mit Live-Transparenz für den Fall, dass Sie zu einem späteren Zeitpunkt Änderungen durchführen müssen.

12.5 Transparenz speichern

Ob Transparenz »live« oder reduziert gespeichert wird, hat nicht nur eine Bedeutung für die Editierbarkeit der Transparenz. Live-Transparenz ermöglicht eine Wechselwirkung zwischen den transparenten Objekten der Illustration und Elementen in einer Layout-Datei. Möchten Sie mit Live-Transparenz arbeiten, müssen Sie klären, ob Ihr Layout-Programm dazu in der Lage ist. Die beste Unterstützung für Live-Transparenz besteht innerhalb der Programme der Creative Suite. Sind Dateien für den Austausch mit Programmen anderer Hersteller bestimmt, muss die Transparenz in der Regel reduziert werden. Ob Live-Transparenz überhaupt gespeichert werden kann, ist abhängig vom Dateiformat.

12.5.1 AI (Illustrator)

Speichern Sie eine Datei im Illustrator-Format ab Version 9, bleiben Transparenzen »live« erhalten und sind beim erneuten Öffnen weiterhin editierbar. Beim Speichern in älteren Formaten wird die Transparenz nach den ausgewählten Vorgaben reduziert.

12.5.2 EPS

Das EPS-Format unterstützt keine Live-Transparenz. In Illustrator besteht jedoch die Möglichkeit, ein EPS zu speichern, das zusätzliche Dateiinformationen über die Transparenz sowie weitere Illustrator-spezifische Features enthält. Damit sind transparente Objekte in derart gespeicherten Dokumenten beim erneuten Öffnen in Illustrator editierbar.

Eine Wechselwirkung zwischen transparenten Illustrationsobjekten in einem platzierten EPS und anderen Elementen in der Layout-Datei ist jedoch ausgeschlossen.

12.5.3 PDF

Ab PDF 1.4 (Acrobat 5) unterstützt das PDF-Format Live-Transparenz – allerdings nur, wenn Sie die Datei speichern. Beim Erstellen eines PDF über den Befehl Drucken mit dem Acrobat Distiller werden alle Transparenzen reduziert, da Live-Transparenz nicht in PostScript beschrieben werden kann.

Speichern Sie ein PDF 1.3, besteht die Möglichkeit, die Editierbarkeit der Transparenz beim erneuten Öffnen in Illustrator zu erhalten. PDF 1.3 kann jedoch keine Live-Transparenz darstellen. Um ein voll editierbares PDF zu speichern, aktivieren Sie die Option Illustrator-Bearbeitungsfunktionen beibehalten auf der Seite Allgemein. Speichern mit dieser Option erzeugt größere Dateien.

▲ **Abbildung 12.79**
In InDesign wurden direkt in die Satzdatei ein TIFF und ein Textrahmen platziert. Darüber liegen eine Illustrator AI9-Datei (oben) und ein EPS (unten).

▲ **Abbildung 12.80**
Gespeichertes PDF (oben) und mit dem Distiller generiertes PDF (unten)

▲ **Abbildung 12.81**
Objekte, die nicht von Transparenz betroffen sein sollen, liegen auf der obersten Ebene.

▲ **Abbildung 12.82**
Deaktivierte Option AICB (Adobe Illustrator Clipboard) in den Voreinstellungen

▲ **Abbildung 12.83**
Überdrucken simulieren (oben rechts) bei einem PDF 1.3 mit Sonderfarben; Option in Acrobat

▲ **Abbildung 12.84**
Prüfen eines PDFs mit Acrobat

Checkliste: Transparenz

Rücksprache | Sprechen Sie mit Ihrem Dienstleister ab, in welcher Form Sie Dokumente liefern sollen. Erkundigen Sie sich bei PDFs auch nach der Version, denn nicht alle PDF-Versionen unterstützen Transparenz.

Live-Transparenz separat halten | Setzen Sie Ebenen konsequent ein, um Objekte mit Live-Transparenz von nicht-transparenten Objekten zu trennen. Setzen Sie Fließtext auf die oberste Ebene, damit er nicht von Transparenz betroffen ist.

Vorschau | Testen Sie Ihre Grafik mit der Überdruckenvorschau bzw. der Separationenvorschau und die Reduzierungsoptionen mithilfe der Reduzierungsvorschau.

Text in Pfade konvertieren | Falls Texte von Live-Transparenz betroffen sind, aktivieren Sie die Option TEXT IN PFADE UMWANDELN, damit der Text einheitlich behandelt wird.

RIP-Software auf den neuesten Stand bringen | Arbeiten Sie möglichst mit den aktuellen Treiberversionen für Drucker und RIPs.

Farbkorrekturen im Druckertreiber | Deaktivieren Sie die Farbkorrektur-Funktionen (nicht Farbmanagement) der Druckertreiber-Software, wenn Sie Dateien mit Live-Transparenz ausgeben.

Platzieren im Layout | Wenn die Layout-Software es ermöglicht, platzieren Sie native Illustrator-Dateien. InDesign ist z. B. in der Lage, Dateien mit Live-Transparenz zu verarbeiten.

Über die Zwischenablage einfügen | Sollen Objekte mit Live-Transparenz über die Zwischenablage in InDesign eingefügt werden, deaktivieren Sie in VOREINSTELLUNGEN • DATEIEN VERARBEITEN UND ZWISCHENABLAGE die Option AICB. Besser ist es jedoch, eine AI- oder PDF-Datei zu speichern und diese in InDesign zu platzieren.

Sonderfarben und Transparenz | Bei der gemeinsamen Verwendung von Volltonfarben und Transparenz aktivieren Sie die Option ÜBERDRUCKEN UND VOLLTONFARBEN BEIBEHALTEN, und prüfen Sie Dateien vor der Weitergabe mit der Separationsvorschau von Acrobat. Für die korrekte Anzeige und den Ausdruck eines Composite-Proofs aktivieren Sie ÜBERDRUCKEN SIMULIEREN. Dasselbe gilt für platzierte verknüpfte DCS-Dateien, die mit Transparenz interagieren.

OPI-Workflows | Ersetzen Sie die niedrig aufgelösten Bilder vor der Transparenzreduzierung durch Bilder in hoher Auflösung.

13 Spezial-Effekte

Effekte sowie einige Spezial-Werkzeuge und -Funktionen bieten zahlreiche Operationen aus der Abteilung »Augenpulver« an, aber auch etliche nützliche Vereinfachungen für ganz alltägliche Gestaltungsaufgaben.

▲ **Abbildung 13.1**
Verschiedene Filter und Effekte im Einsatz (rechts oben: siehe auch Workshop auf S. 522)

13.1 Arbeitsweise von Effekten

Ein **Effekt** ist eine Aussehen-Eigenschaft, die zwar den optischen Eindruck des Elements verändert, seine Konstruktion jedoch intakt lässt. Sie können die Parameter eines auf ein Objekt angewendeten Effekts jederzeit ändern; Effekte sind also »live«. Auch die mit dem gleichnamigen Werkzeug erstellten Blendenflecke sind »live«, und ihre Optionen lassen sich zu einem späteren Zeitpunkt verändern. Die Arbeitsweise mit Live-Effekten ist damit sehr flexibel, da Änderungen noch sehr spät im Produktionsprozess durchgeführt werden können.

Nur noch wenige Funktionen – wie das Mosaik – arbeiten »destruktiv«, sodass sofort nach der Anwendung Zugriff auf die

Filter?

Filter wurden in Illustrator CS4 abgeschafft. Im Gegensatz zu Effekten wenden Filter dieselben Operationen direkt auf die Objekte an und verformen damit deren Geometrie bzw. wandeln (im Fall der Photoshop-Filter) Objekte direkt in Pixelgrafiken um. Einige Drittanbieter-Plug-ins lassen sich nur als Filter anwenden, diese finden Sie unter OBJEKT • FILTER.

> **Photoshop-Effekte in CMYK**
>
> Photoshop-Filter können Sie seit Illustrator CS3 auch im Dokumentfarbmodus CMYK verwenden. Dies ist der Unterstützung von DeviceN-Farbräumen zu verdanken.

> **Details besser erkennen**
>
> Wenn ein Objekt aktiviert ist, können die durch einen Effekt entstehenden Details von den hervorgehobenen Objektkanten verdeckt sein, sodass die Einstellung der Optionen schwierig ist. Wählen Sie ANSICHT • ECKEN AUSBLENDEN – Shortcut ⌘/Strg+H, um die Objektkanten aus- und einzublenden.

▲ **Abbildung 13.2**
Klicken Sie auf das Ziel-Symbol, um eine ganze Ebene auszuwählen.

> **Effekte für alle Objekte**
>
> Über einen kleinen Umweg können Sie nahezu jedes Illustrator-Objekt mit Effekten versehen: Erzeugen Sie mithilfe des Aussehen-Bedienfelds eine zusätzliche Fläche oder Kontur für das Objekt, und weisen Sie dieser den Effekt zu.

neu entstandene Form besteht und einzelne Ankerpunkte individuell verändert werden können. Auch mit Effekten versehene Objekte können Sie nachbearbeiten. Es muss nur vorher der Befehl OBJEKT • AUSSEHEN UMWANDELN angewendet werden.

Auch die **Photoshop-Effekte** sind »live«, Sie können Ihre Einstellungen also widerrufen.

Effekte lassen sich – auch zusammen mit anderen Aussehen-Eigenschaften – als Grafikstil speichern und auf diese Art komfortabel anwenden (Grafikstile s. Abschnitt 11.7).

13.2 Allgemeines zu Effekten

13.2.1 Effekte zuweisen

Je geübter Sie mit dem Ebenen- und dem Aussehen-Bedienfeld (s. Kapitel 11) arbeiten, desto mehr Nutzen ziehen Sie aus der Anwendung von Effekten. Effekte lassen sich einem einzelnen Objekt – bzw. nur dessen Kontur oder Fläche –, einer Gruppe oder einer Ebene zuweisen. Aktivieren Sie das Objekt auf der Zeichenfläche, bzw. selektieren Sie es im Ebenen-Bedienfeld als Ziel. Möchten Sie den Effekt nur der Kontur oder der Fläche zuweisen, wählen Sie den entsprechenden Eintrag im Aussehen-Bedienfeld aus. Anschließend wählen Sie den Effekt aus dem Hauptmenü oder dem Menü im Aussehen-Bedienfeld unter dem Button NEUEN EFFEKT ZUWEISEN und richten die Parameter ein.

Alternativ wenden Sie den Effekt auf eine ganze Ebene an. Wählen Sie die Ebene durch einen Klick auf das Ziel-Symbol im Ebenen-Bedienfeld aus (s. Abschnitt 11.2.4), und wählen Sie dann den gewünschten Effekt.

> **Filter anwenden (vor CS4 und Drittanbieter)**
>
> Filter können Sie nur auf das Objekt als Ganzes anwenden. Selektieren Sie das Objekt, und wählen Sie den Filter aus dem Menü. Für die meisten Filter müssen Sie anschließend die gewünschten Optionen definieren. Verwenden Sie – wenn möglich – die Vorschau-Option, um die Auswirkung Ihrer Einstellungen direkt einzuschätzen. Falls Sie nach Anwendung des Filters nicht zufrieden sind, müssen Sie den Befehl widerrufen und mit anderen Einstellungen erneut anwenden.

13.2.2 Effekt erneut anwenden

Wie Photoshop merkt sich auch Illustrator den letzten verwendeten Filter und die Einstellungen, die Sie vorgenommen haben. Möchten Sie denselben Filter oder Effekt an einem anderen Objekt erneut anwenden, bestehen zwei Möglichkeiten:

- Mit denselben Einstellungen anwenden: Wählen Sie Effekt • <Name des Effekts> anwenden – Shortcut ⌘/Strg+⇧+E.
- Mit anderen Einstellungen anwenden: Wählen Sie Effekt • <Name des Effekts…> – oder verwenden Sie den Shortcut ⌘+⌥+⇧+E bzw. Strg+Alt+⇧+E. Geben Sie anschließend Ihre Optionen in die Dialogbox ein.

13.2.3 Anordnung von Effekten im Aussehen-Bedienfeld

Das Endergebnis einer Anwendung mehrerer Aussehen-Eigenschaften eines Objekts ist maßgeblich von der Reihenfolge der Effekte sowie ihrer Zuordnung zu den einzelnen Konturen und Füllungen des Objekts abhängig. Eine andere Reihenfolge kann ein völlig anderes Erscheinungsbild ergeben.

Die einzelnen Einträge eines Objekts im Aussehen-Bedienfeld werden von oben nach unten abgearbeitet. Der folgende Eintrag wirkt auf das Ergebnis der vorherigen Operation. Eigenschaften, die einer Kontur oder Füllung zugewiesen sind, wirken jedoch nur auf diese. Effekte können für das gesamte Objekt nur vor oder nach dessen Konturen und Flächen angeordnet werden (siehe Abbildung 13.3).

▲ **Abbildung 13.3**
Effekte liegen ober- und/oder unterhalb des gelb markierten Bereichs, oder sie sind gezielt einzelnen Konturen und Flächen zugewiesen. Es ist nicht möglich, einen Effekt zwischen Konturen und Flächen einzufügen.

▲ **Abbildung 13.4**
Reihenfolge von Effekten (von links): ein Rechteck mit drei Flächen, die per Transformieren-Effekt (s. Abschnitt 13.3.4) verschoben wurden; Bogen auf das Grundobjekt angewendet (also vor der Transformation der Flächen); Bogen auf das Gesamtobjekt angewendet (nach der Transformation); Bogen nur auf eine der Flächen angewendet

Besonders wichtig ist die Reihenfolge, wenn Sie zufallsbasierte Eigenschaften wie den Aufrauen, Scribble- oder Tweak-Effekt und den Transformieren-Effekt zusammen verwenden, um z. B. Grunge-Objekte herzustellen (s. Abb. 13.5, folgende Seite).

Reihenfolge

Die Datei »Reihenfolge.ai« finden Sie auf der DVD. Wie bei allen anderen Beispielen dieses Kapitels, untersuchen Sie deren Aufbau genau, und sehen Sie sich auch die Optionen der einzelnen Effekte an.

Abbildung 13.5 ▶
Die Grundform ist jeweils ein Stern: Der violette Stern wird nach der Anwendung des Aufrauens dupliziert, daher sind alle Formen identisch. Der grüne Stern wird erst dupliziert, dann aufgeraut, daher entstehen unterschiedliche Formen.

▲ **Abbildung 13.6**
Mit Live-Effekten: Die Rosette entsteht allein durch die Effekte.

Effekt editieren vor CS4
In älteren Versionen doppelklicken Sie auf den Eintrag des Effekts im Aussehen-Bedienfeld.

13.2.4 Effekte editieren
Um die Einstellungen für bereits angewendete Effekte nachträglich zu editieren, doppelklicken Sie auf den entsprechenden Eintrag im Aussehen-Bedienfeld:
1. Rufen Sie das Aussehen-Bedienfeld mit FENSTER • AUSSEHEN auf.
2. Wählen Sie das Objekt oder die Ebene als Ziel aus (s. Abschnitt 11.2.4).
3. Klicken Sie auf den blau unterstrichenen Effekt in der Liste des Aussehen-Bedienfelds. Falls der Effekt auf eine Fläche oder eine Kontur angewendet wurde, zeigen Sie deren Eigenschaften vorher mit einem Klick auf den Pfeil an.

▲ **Abbildung 13.7**
Das Objekt wurde als Ziel ausgewählt (Mitte) – jetzt werden mit einem Klick auf den blau unterstrichenen Effekt dessen Optionen aufgerufen.

13.2.5 Effekte vom Objekt löschen
Um einen Effekt von einem Objekt zu entfernen, aktivieren Sie das Objekt und rufen das Aussehen-Bedienfeld auf – Shortcut ⇧+F6. Aktivieren Sie den Effekt im Aussehen-Bedienfeld, und klicken Sie auf den Button AUSGEWÄHLTES OBJEKT LÖSCHEN 🗑. Möchten Sie alle Effekte sowie zusätzliche Flächen und Konturen löschen, klicken Sie auf AUSSEHEN LÖSCHEN ⊘.

▲ **Abbildung 13.8**
Nach dem Umwandeln entstehen aus den Eigenschaften eigenständige Objekte.

Für Fortgeschrittene: Reihenfolge von Effekten und Farben

Bereits in Illustrator CS4 wurde das Aussehen-Bedienfeld umgestaltet. Dadurch sind fortgeschrittenen Anwendern Möglichkeiten verlorengegangen. Dies tangiert nur wenige Anwendungszwecke, daher überspringen Sie diesen Abschnitt ruhig, falls Sie sich noch nicht fit fühlen; er ist keine ganz leichte Kost.

Pre- und Post-Effekte

In Illustrator CS5 finden Sie die Einstellungen für die Farbe einer Fläche oder Kontur in der ersten Zeile ihres Eintrags. Daher können Sie weder überprüfen noch steuern, ob der dieser Fläche oder Kontur zugewiesene Effekt vor der Farbe oder nach ihr angewendet wird. Dies ermöglichte in früheren Versionen einige Speziallösungen, die z. B. für Kartografen nützlich sein konnten.

In CS5 sind Sie dagegen auf die voreingestellte Wirkweise der Effekte angewiesen – diese wird offensichtlich, wenn Sie einen Effekt auf das Objekt anwenden und sich anschließend das Aussehen-Bedienfeld ansehen: Hier wird der Effekt entweder über oder unter den Flächen und Konturen einsortiert.

In der Abbildung sehen Sie im Vergleich den »Pre-Effekt« AUFRAUEN (links) und den »Post-Effekt« SCHLAGSCHATTEN (rechts). Die Einträge im Aussehen-Bedienfeld erfolgen entsprechend oberhalb (links) bzw. unterhalb (rechts) der Fläche und Kontur.

Reihenfolge ändern

Die Reihenfolge der Anwendung am gesamten Objekt entspricht der Abfolge, wenn der Effekt nur innerhalb einer einzelnen Fläche oder Kontur zugewiesen wird. Bis Illustrator CS3 war es möglich, diese Reihenfolge zu ändern. Im Beispiel unten wurde AUFRAUEN auf eine Pinselkontur angewendet: In Illustrator CS3 (links und Mitte) können Sie den Effekt vor oder nach der Farbe und Konturstärke anwenden.

In Illustrator CS5 (rechts) bleibt Ihnen nur die Standard-Option, die allein aufgrund der Darstellung im Aussehen-Bedienfeld auch nicht ersichtlich ist – hier folgt der Effekt auf die Farbe.

Öffnen Sie Dokumente aus alten Illustrator-Versionen in CS5, so behalten die darin angelegten Aussehen-Hierarchien jedoch ihre Wirksamkeit. Sie können die Eigenschaften auch auf neue Objekte übertragen.

13.2.6 Effekte umwandeln

Die Optionen eines Live-Effekts sind zwar editierbar, nicht aber die bei der Anwendung des Effekts entstehenden Formen. Möchten Sie z.B. einzelne Punkte eines entstehenden Pfades bearbeiten, müssen Sie das Objekt umwandeln – OBJEKT • AUSSEHEN UMWANDELN. Beim Umwandeln entstehen mehrere Formen, die zusammen das Aussehen des Ursprungsobjekts darstellen.

Das Umwandeln von Objekten ist darüber hinaus manchmal notwendig, um komplexere Objekte zu drucken oder in andere Programme zu exportieren (s. Abb. 13.8, S. 382).

> **DVD**
>
> Die Quelldokumente des größten Teils der in diesem Kapitel gezeigten Abbildungen finden Sie auf der DVD.

13.3 Konstruktionseffekte

13.3.1 In Form umwandeln …

Mit diesem Effekt erstellen Sie aus jedem beliebigen Objekt eine der Formen Rechteck, Abgerundetes Rechteck, Ellipse. Das klingt zunächst überflüssig – es wäre ja durchaus möglich, ein neues Objekt mit dem entsprechenden Werkzeug herzustellen.

Sinnvoll ist die Anwendung des Effekts beim Erzeugen zusätzlicher Formen, die sich an der Größe des »Mutterobjekts« orientieren. So lassen sich z. B. Buttons generieren, die sich immer der benötigten Textlänge anpassen.

Die aus dem Menü gewählte Form lässt sich mit dem Aufklappmenü Form auch noch in der Optionen-Dialogbox ändern.

Die Maße der Form können Sie absolut oder relativ angeben. Wählen Sie die entsprechende Option, und tragen Sie anschließend entweder feste Maße oder die hinzuzufügende Breite und Höhe in die Eingabefelder ein. Als Eingaben werden Werte zwischen 0,0004 und 5 779,9111 mm für Absolut bzw. –5 644,4443 und +5 644,4443 mm akzeptiert.

Haben Sie die Form Abgerundetes Rechteck gewählt, müssen Sie darüber hinaus den Eckenradius angeben.

▲ **Abbildung 13.9**
Symbole oder Nummerierungen für Karten aus Schrift-Elementen

▲ **Abbildung 13.10**
Die Form des Buttons entsteht nur durch die dem Textobjekt zugewiesenen Aussehen-Eigenschaften.

Abbildung 13.11 ▶
Form-Optionen

13.3.2 Ecken abrunden

Dieser Effekt aus der Gruppe der Stilisierungsfilter erzeugt an allen Eckpunkten eines Pfads Rundungen im definierten Radius. Damit können Sie z. B. Rechtecke mit abgerundeten Ecken erzeugen, deren Eckenradius auch beim Skalieren der zugrundeliegenden Form seinen exakten Wert behält. Dies allerdings nur, wenn Konturen und Effekte skalieren in den Voreinstellungen deaktiviert ist.

Die Anwendung des Effekts Ecken abrunden auf Pfade mit Kurvensegmenten kann dazu führen, dass diese Segmente begra-

▲ **Abbildung 13.12**
Optionen Ecken abrunden

digt werden. Hier hilft eine vorherige Anwendung des Effekts Aufrauen (siehe Abschnitt 13.4.2).

▲ **Abbildung 13.13**
Auswirkung des Effekts Ecken Abrunden auf die Grundform (links): Die ursprünglich kurvenförmigen Segmente werden begradigt (Mitte). Der Effekt Aufrauen verhindert dies (rechts).

13.3.3 Frei verzerren

Dieser Effekt aus dem Untermenü Effekt • Verzerrungs- und Transformationsfilter hat die gleichen Auswirkungen wie das Verbiegen-Werkzeug. Anstatt die Anfasser des Objekt-Begrenzungsrahmens direkt zu bewegen, ziehen Sie am Rahmen in der Dialogbox.

Da Sie mit dem Effekt In Form umwandeln keine Dreiecke erzeugen können, wäre dies für den Effekt Frei Verzerren nur ein Beispiel eines Einsatzes. Oder Sie nutzen Frei verzerren als Grundlage für dreidimensionale Schatten.

▲ **Abbildung 13.14**
Schatten für ein 3D-Objekt mit Frei verzerren

13.3.4 Transformieren

Der Transformieren-Effekt unter Effekt • Verzerrungs- und Transformationsfilter erinnert an den Befehl Einzeln transformieren (s. Abschnitt 5.6.13). Höhere Werte, als sich mit den Schiebereglern einstellen lassen, können Sie direkt in die Felder eintippen, z.B. bis zu 1.000 Kopien. Sehr wichtig für die Auswirkung des Effekts ist die Position des Referenzpunkts, die Sie mit dem Referenzpunktsymbol in Bezug zum Objekt setzen.

Der Transformieren-Effekt ist nicht für das exakte Positionieren gedacht, da Sie alle Optionen in relativen Einheiten angeben. Nützlich ist dieser Effekt z.B. für die Erstellung einfacher Schatten, die Vervielfältigung des Grundobjekts sowie für die Erstellung komplexer Rahmendesigns, die sich flexibel an Größenveränderungen anpassen (s. Abb. 13.16 auf der folgenden Seite).

▲ **Abbildung 13.15**
Transformieren-Effekt

▲ **Abbildung 13.16**
Dieser Grafikstil verwendet den Transformieren-Effekt.

▲ **Abbildung 13.17**
Transformieren: Schatten (links), vervielfältigtes Grundobjekt (rechts)

Mit dem Transformieren-Effekt und einer schönen Glyphe können Sie auch verspielte Muster zaubern.

▲ **Abbildung 13.18**
Um dieses Muster zu gestalten, setzen Sie einen Buchstaben und wählen den Transformieren-Effekt mit einer horizontalen Skalierung von 113 %, einer Drehung um 297° und 30 Kopien. Erstellen Sie mehrere Objekte nach dieser Methode, und legen Sie diese transparent übereinander.

Symmetrisch gestalten

Beim Erarbeiten einer Form ist es für die perfekte Symmetrie sinnvoll, nur eine Hälfte zu zeichnen und anschließend zu spiegeln. Wenn Sie dabei außerdem die Wirkung der Gesamtform berücksichtigen wollen, wenden Sie den Transformieren-Effekt auf die halbe Form an. Anschließend können Sie diese »finetunen«. Der Effekt muss im Aussehen-Bedienfeld ganz oben stehen.

13.3.5 Kontur nachzeichnen

Dieser Effekt – Sie rufen ihn unter Effekt • Pfad • Kontur nachzeichnen auf – zeichnet die Form eines Objekts nach und erstellt daraus einen Pfad. Angewendet an Textobjekten, entspricht Kontur nachzeichnen dem Befehl Schrift • In Pfade umwandeln. Der Text bleibt mit einem Effekt jedoch editierbar. Eine Beispielanwendung ist das vertikale Ausrichten von Textobjekten an einer Grafik (s. Seite 466). Ein weiteres interessantes Einsatzgebiet sind eingebettete transparente Pixelbilder oder Verlaufsgitterobjekte, die Sie mithilfe dieses Effekts unter Berücksichtigung der Transparenz konturieren können.

Der Effekt wird üblicherweise auf zusätzliche Konturen angewendet: Legen Sie im Aussehen-Bedienfeld eine neue Kontur an, und weisen Sie dieser den Effekt Kontur nachzeichnen zu.

▲ **Abbildung 13.19**
Konturiertes transparentes Pixelbild: Auch wenn der Effekt hier nach den Kontureigenschaften aufgelistet wird, erfolgt seine Anwendung vorher.

Der Effekt Kontur nachzeichnen ist ein »Pre-Effekt« (s. S. 383). Er zeigt nur eine Wirkung, wenn er vor den Kontureigenschaften angewendet wird – dies geschieht ab Version CS4 automatisch.

13.3.6 Konturlinie

Mithilfe dieses Effekts – Sie finden ihn unter Effekt • Pfad • Konturlinie – wandeln Sie eine Kontur in eine Fläche um. Dies benötigen Sie als vorbereitenden Schritt, wenn Sie Effekte anwenden möchten, mit denen Sie nicht den Pfadverlauf verformen, sondern die durch die Kontur gebildete Fläche.

> **Kontur nachzeichnen vor CS4**
>
> In Illustrator CS3 und früheren Versionen muss sich Kontur nachzeichnen im Aussehen-Bedienfeld oberhalb der Kontureigenschaften (Farbe, Stärke und Pinsel) befinden.

◀ **Abbildung 13.20**
Vergleich der Anwendung von Zusammenziehen und Aufblasen (links) und Zickzack (rechts) auf eine Gerade: mit (oben) und ohne (unten) vorheriger Anwendung von Konturlinie. In Blau dargestellt sind die jeweils sich ergebenden Pfade nach Aussehen umwandeln.

Zum Effekt Konturlinie gibt es keine Optionen. Die Breite der Kontur richtet sich nach der eingestellten Linienstärke des betroffenen Pfads.

Im Gegensatz zu Kontur nachzeichnen muss Konturlinie als »Post-Effekt« (s. Seite 383) nach einer Kontur angewendet werden, da der Effekt deren Eigenschaften als Basis für seine Berechnung verwendet – Illustrator CS4 erledigt das automatisch.

13.3.7 Pfad verschieben

Dieser Effekt hat unterschiedliche Auswirkungen, je nachdem, ob Sie ihn auf einen geschlossenen oder einen offenen Pfad anwenden. Wählen Sie Effekt • Pfad • Pfad verschieben… Geschlossene Pfade werden nach allen Seiten gleichmäßig erweitert oder geschrumpft – aus offenen Pfaden entsteht bei der Anwendung des Effekts eine geschlossene Form.

Sie können den Effekt Pfad verschieben z. B. einsetzen, um Schriften mit einer Kontur zu versehen. Eine weitere interessante Anwendung besteht darin, offenen Pfaden Füllungen zuzuweisen, die im Normalfall nicht auf eine Kontur anwendbar sind, wie etwa Verläufe.

▲ **Abbildung 13.21**
Pfad verschieben an einem offenen (links) und einem geschlossenen Pfad (rechts). Die Ausgangsobjekte sind in Grün dargestellt.

13.3.8 Schnittmarken

Den Schnittmarken-Effekt benötigen Sie hauptsächlich, um auf einer Seite Schnittmarken an mehreren Objekten anzulegen, daher besprechen wir den Filter in Abschnitt 19.3.16. Die mit dem Effekt generierten Schnittmarken haben keine Auswirkung auf Beschnittoptionen des Dokuments.

▲ **Abbildung 13.22**
Pfad verschieben: Mit einem Verlauf gefüllter, offener Pfad

13.3 Konstruktionseffekte | **387**

▲ **Abbildung 13.23**
Zweifarben-Text durch Pathfinder-Effekt (Farbe der ZEICHEN: Blau)

13.3.9 Pathfinder

Pathfinder-Effekte sind für die Anwendung auf Ebenen, Gruppen und Textobjekte vorgesehen, also auf Objekte, die mehrere Pfade enthalten. Ein Pathfinder-Effekt bestimmt, wie die einzelnen Formen aufeinander wirken. Das Ergebnis entspricht meist dem der jeweils gleichnamigen Pathfinder-Funktion.

Ein Beispiel einer Anwendung für Pathfinder-Effekte ist die Erstellung von Konturen für Symbole (s. Abschnitt 16.2.19).

Auch wenn ein Objekt mehrere Flächen oder Konturen besitzt, existieren mehrere – wenn auch virtuelle – Pfade. Daher ergibt die Anwendung einiger Pathfinder-Effekte auf einzelne Objekte in Konstellationen mit mehreren Flächen oder Konturen nützliche und interessante Lösungen. In diesen Objektstilen werden Pathfinder-Effekte als »Bindeglied« eingesetzt, um aus den Ergebnissen der angewendeten Effekte eine Gesamtform zu erstellen (siehe dazu auch den folgenden Workshop »Konturierter Text«).

Pathfinder-Funktionen oder Pathfinder-Effekte?

Die Pathfinder-Effekte werden häufig mit den nur über das Pathfinder-Bedienfeld zugänglichen Pathfinder-Funktionen verwechselt. Es handelt sich jedoch um zwei verschiedene Dinge. Wird eine Pathfinder-Funktion auf mehrere Objekte angewendet, werden die betreffenden Formen kombiniert. Die Zuweisung eines Pathfinder-Effekts auf mehrere Objekte hat jeweils nur Auswirkung auf jedes einzelne dieser Objekte.

Pfeilspitzen

Pfeilspitzen sind in Illustrator CS5 eine Kontureigenschaft, die im Kontur-Bedienfeld eingestellt wird (s. Abschnitt 9.2).

13.3.10 Pfeilspitzen

Dieser Effekt erscheint nur, wenn Sie alte Dateien öffnen, in denen damit gearbeitet wurde. Sie können die Optionen editieren.

Schritt für Schritt: Konturierter Text

In dieser Übung erstellen Sie einen mehrfach konturierten, editierbaren Text – einsetzbar z. B. für Logos oder Überschriften.

1 Fläche hinter der Glyphenform anlegen

Erstellen Sie ein Textobjekt, und aktivieren Sie es mit dem Auswahl-Werkzeug. Dieses Textobjekt bildet die innere Form des endgültigen Designs.

Rufen Sie das Aussehen-Bedienfeld auf, und wählen Sie den Befehl NEUE FLÄCHE HINZUFÜGEN aus dem Bedienfeldmenü, oder

▲ **Abbildung 13.24**
Der Text mit der (noch verdeckten) zusätzlichen Fläche

klicken Sie auf den Button NEUE FLÄCHE HINZUFÜGEN am unteren Rand des Bedienfelds. Verschieben Sie die neue Fläche hinter den Eintrag ZEICHEN, und versehen Sie diese Fläche mit einem Verlauf. Die Fläche ist zunächst komplett vom ursprünglichen Text verdeckt – das ändern Sie im 2. Schritt.

2 Fläche um den Text herumführen

Rufen Sie für die eben erstellte Fläche den EFFEKT • PFAD • PFAD VERSCHIEBEN… auf. Geben Sie einen positiven Wert ein. Durch die Erweiterung wirkt die Fläche jetzt wie eine Konturierung der Schrift.

▲ **Abbildung 13.25**
Erste Konturierung mit Verlaufsfüllung

3 Eine Kontur um das ganze Objekt herumführen

Damit Sie die folgenden Schritte auf der Zeichenfläche sehen können, ziehen Sie ein Rechteck auf, füllen es mit einer Fläche und legen es in den Hintergrund der Grafik.

Weisen Sie dann der bereits im Aussehen-Bedienfeld vorhandenen Kontur die Farbe Weiß zu. Um die Kontur ganz nach außen zu bekommen, kopieren Sie den in Schritt 2 angelegten PFAD-VERSCHIEBEN-Effekt, indem Sie ⌥/Alt drücken und den Eintrag von der Fläche auf die Kontur verschieben. Allerdings sind jetzt noch alle Glyphen einzeln umrandet.

▲ **Abbildung 13.26**
Verschieben der weißen Kontur nach außen

4 Die Einzelumrandungen zusammenfügen

Wählen Sie für die Kontur EFFEKT • PATHFINDER • HINZUFÜGEN aus, um die Umrandungen der einzelnen Glyphen zu einer zusammenhängenden Konturierung des gesamten Textes zusammenzufügen. Die Stärke der Kontur erhöhen Sie ebenfalls.

▲ **Abbildung 13.27**
Kontur um einzelne Glyphen

Und für Ambitionierte noch dieser Tipp: Sollten die kleinen »Löcher« in der Verlaufsfläche und in der weißen Outline Sie stören, verwenden Sie den Pathfinder-Effekt VERDECKTE FLÄCHE ENTFERNEN – sowohl an der Fläche als auch an der Kontur.

Wenn Sie einen Pathfinder-Effekt einem Element zuweisen, an dem bereits ein Pathfinder-Effekt angewendet ist, zeigt Illustrator eine Warnmeldung an. Diese Meldung können Sie in diesem Fall getrost »wegklicken«.

13.4 Zeichnerische Effekte

Diese Gruppe von Effekten verändert die Linienführung oder – wie im Fall des SCRIBBLE-Effekts – erzeugt Linien in einer Fläche. Durch allerlei Zufallsalgorithmen lässt sich mit diesen Filtern etwas »handgemachte« raue Optik in Vektorzeichnungen bringen.

▲ **Abbildung 13.28**
Der Text mit allen Effekten

Abbildung 13.29
Der SCRIBBLE-Effekt schafft einen gezeichneten Eindruck.

Abbildung 13.30 ▶
SCRIBBLE-OPTIONEN

Abbildung 13.31
Wie die Voreinstellungen in allen Optionen nutzen Sie auch die SCRIBBLE-Voreinstellungen als Basis für eigene Kreationen.

Abbildung 13.32
SCRIBBLE-Effekt mit Verlaufs- und Muster-Füllung

Abbildung 13.33
PFADÜBERLAPPUNG

13.4.1 Scribble-Effekt

Der SCRIBBLE-Effekt – aufzurufen unter EFFEKT • STILISIERUNGSFILTER • SCRIBBLE… – füllt Formen mit einer Linienschraffur. Eine Vielzahl von Parametern ermöglicht sehr unterschiedliche Visualisierungen: vom Kinderbild bis zur technischen Zeichnung.

In den mitgelieferten Grafikstilen finden Sie eine Sammlung von Aussehen-Eigenschaften, die auf dem SCRIBBLE-Effekt basieren – rufen Sie die Grafikstil-Bibliothek unter FENSTER • GRAFIKSTIL-BIBLIOTHEKEN • SCRIBBLE-EFFEKTE auf.

Den SCRIBBLE-Effekt können Sie sowohl auf die Fläche als auch auf die Kontur eines Objekts anwenden. Weisen Sie den SCRIBBLE-Effekt dem Objekt insgesamt zu, wirkt er sowohl auf die Fläche als auch auf die Kontur, sofern diese vorhanden ist.

▶ EINSTELLUNGEN: Aus diesem Menü rufen Sie komplette Einstellungssets auf. Nutzen Sie die Voreinstellungen, um auf deren Basis ein Design nach Ihren Vorstellungen zu entwickeln.
▶ WINKEL: Geben Sie die Richtung der Schraffur an. Der Winkel wird in Werten von –179 bis 180° definiert.
▶ PFADÜBERLAPPUNG: Legen Sie fest, wie genau die Schraffur die Objektgrenzen treffen soll. Mit dem Wert 0 findet die Richtungsänderung exakt an der Begrenzung statt, und ein negativer Wert bewirkt einen Abstand nach innen. Mit einem positiven Wert erlauben Sie ein »Übermalen« der Objektform.
▶ STRICHBREITE: Geben Sie die Stärke der Schraffurlinien an.
▶ KURVENSTÄRKE: Dieser Wert definiert den Kurvenradius bei der Richtungsänderung. Mit dem Wert 0 wird eine Ecke erzeugt, höhere Werte generieren Kurven.
▶ ABSTAND: Hier legen Sie die Dichte der Schraffur fest, indem Sie den Abstand zwischen den einzelnen Linien angeben.

Dichtere Schraffuren verursachen längere Berechnungszeiten beim Bildschirmaufbau.

▶ Variation: Definieren Sie hier einen Toleranzbereich, innerhalb dessen der jeweilige Wert über- oder unterschritten werden darf – das sorgt für unregelmäßige Schraffuren.

▲ **Abbildung 13.34**
Kurvenstärke eckig und rund

Schritt für Schritt: Kreuzschraffur

Möchten Sie ein Objekt mit Schraffuren in unterschiedlichen Richtungen versehen, dürfen Sie nicht einfach den Scribble-Effekt mehrfach anwenden. Stattdessen müssen Sie das Objekt mit mehreren Flächen versehen, denen Sie den Effekt zuweisen.

1 Erste Schraffur

Aktivieren Sie das Objekt, und rufen Sie das Aussehen-Bedienfeld auf. Wählen Sie die Fläche des Objekts im Bedienfeld aus, und weisen Sie dieser den Scribble-Effekt zu, indem Sie auf den Button Neuen Effekt zuweisen *fx.* am unteren Rand des Bedienfelds klicken und Stilisierungsfilter • Scribble… auswählen. Richten Sie die Optionen ein.

Falls Sie den Effekt bereits dem Objekt zugewiesen hatten, klicken und ziehen Sie den Eintrag Scribble im Aussehen-Bedienfeld auf den Eintrag Fläche (siehe Abbildung 13.36).

2 Schraffur duplizieren

Duplizieren Sie die mit dem Scribble-Effekt versehene Fläche im Aussehen-Bedienfeld, indem Sie den Eintrag aktivieren und den Button Ausgewähltes Objekt duplizieren klicken.

▲ **Abbildung 13.35**
Kreuzschraffur

▲ **Abbildung 13.36**
Einen Effekt im Aussehen-Bedienfeld der Fläche zuordnen

3 Zweite Schraffur einrichten

Doppelklicken Sie auf den Scribble-Effekt im Bedienfeld, und editieren Sie die Optionen – für eine Kreuzschraffur ändern Sie vor allem die Richtung der Schraffur.

Ein handskizzenähnliches Aussehen erzielen Sie, indem Sie der Fläche eine andere Farbe zuweisen und die Dichte der Schraffur ändern, indem Sie den Wert Abstand modifizieren. Ein Beispiel für diesen Einsatz des Scribble-Effekts finden Sie in der Datei »Colascribble.ai« auf der DVD. ∎

Scribble umwandeln | Soll Ihre Scribble-Textur eher gemalt als gezeichnet aussehen, bietet sich die Anwendung einer Pinselkontur an. Der durch den Scribble-Effekt generierten Linie können

▲ **Abbildung 13.37**
Oben: Scribble »Kinderzeichnung«, umgewandelt
unten: mit Pinselkonturen

13.4 Zeichnerische Effekte | **391**

Scribble-Pinsel live

Auf der DVD finden Sie ein Dokument, das zeigt, wie Sie den Pinsel einem Scribble zuweisen können, ohne es vorher umzuwandeln.

▲ **Abbildung 13.38**
Mit dem Zickzack-Effekt aus einer Geraden erzeugte Wellenlinien

Sie jedoch keine Pinselkontur zuordnen – zunächst müssen Sie das mit dem Scribble-Effekt versehene Objekt umwandeln:

Aktivieren Sie es, und wählen Sie Objekt • Aussehen umwandeln. Die Aussehen-Eigenschaften des Objekts werden in einzelne Elemente umgewandelt und gruppiert – aus der Scribble-»Füllung« entsteht dabei ein Pfad. Diesen aktivieren Sie und weisen ihm eine Pinselkontur zu.

13.4.2 Zickzack und Aufrauen

Während der Zickzack-Effekt regelmäßige Zacken oder Wellen in einem Pfad generiert, erzeugt der Aufrauen-Effekt unregelmäßige Zacken. Die Verteilung der Zacken über eine gegebene Distanz wird bei beiden Effekten anders berechnet. Davon abgesehen gleichen sich die Optionen. Sie finden beide Effekte im Untermenü unter Effekt • Verzerrungs- und Transformationsfilter.

▲ **Abbildung 13.39**
Zickzack- und Aufrauen-Optionen

▶ Grösse: Wählen Sie den Ausschlag (Zickzack) bzw. den Maximalwert des Ausschlags (Aufrauen). In beiden Fällen können Sie diesen Wert Absolut oder Relativ zur Länge des betroffenen Pfads angeben.
▶ Wellen pro Segment/Detail: Hier legen Sie die Dichte der Zacken fest. Für den Zickzack-Effekt definieren Sie die Anzahl der Wellen pro Pfadsegment.
Der Wert Detail im Aufrauen-Effekt erzeugt eine Verteilung der Zacken bezogen auf die Pfadlänge in Zoll (Inch), unabhängig von den gesetzten Ankerpunkten, die den Pfad in Segmente aufteilen.
▶ Punkt: Ob Wellen oder Zacken entstehen, hängt von der Art der verwendeten Ankerpunkte ab. Legen Sie dies mit der Option Glatt bzw. Übergang oder Eckig bzw. Ecke fest.

▲ **Abbildung 13.40**
Mit Aufrauen erzeugte Unregelmäßigkeiten in einem Stern (oben) und »live« editierbarer Stern aus einem Kreis mit dem Effekt Zickzack (unten)

▲ **Abbildung 13.41**
Die Position der Wellen richtet sich nach der Position der Ankerpunkte auf dem Pfad.

Da der ZICKZACK-Effekt die Unterteilungen pro Pfadsegment vornimmt, kann das Ergebnis unregelmäßig ausfallen (siehe Abbildung 13.43 – rote Linie). Der AUFRAUEN-Effekt dagegen wird – bezogen auf die Gesamtlänge des Pfads gleichmäßig angewendet. Dies können Sie sich zunutze machen, um regelmäßige Wellen zu generieren (grüne Linie).

Weisen Sie dem Pfad zunächst den AUFRAUEN-Effekt mit einer Stärke von 0 zu (Abbildung 13.44). Damit erzeugt er keine sichtbaren Veränderungen am Pfad, setzt jedoch seine eigenen Unterteilungen. Anschließend wenden Sie den ZICKZACK-Effekt an, der nun ein gleichmäßiges Ergebnis zeigt.

▲ **Abbildung 13.42**
Wenn Sie einen Kreis zunächst mit einem TRANSFORMIEREN-Effekt drehen, dann mit einem zweiten TRANSFORMIEREN-Effekt stauchen und erst anschließend den ZICKZACK-Effekt anwenden, können Sie mit der Position der Wellen experimentieren. Dazu ändern Sie im ersten TRANSFORMIEREN-Effekt den Drehwinkel.

▲ **Abbildung 13.43**
Anwenden von ZICKZACK- und AUFRAUEN-Effekt zur Erzeugung gleichmäßiger Wellen (rechts); nicht erwünschtes Ergebnis (Mitte).

Ähnlich setzen Sie den AUFRAUEN-Effekt auch in Kombination mit anderen Effekten ein. Beispiele dazu finden Sie beim ECKEN ABRUNDEN-, beim WIRBEL- und beim ZUSAMMENZIEHEN UND AUFBLASEN-Effekt.

13.4.3 Tweak

Durch Verschiebung von Ankerpunkten und/oder Grifflinien nach einem Zufallsalgorithmus innerhalb der eingegebenen Toleranzwerte wird die Form eines Pfads verändert.

Rufen Sie TWEAK unter EFFEKT • VERZERRUNGS- UND TRANSFORMATIONSFILTER • TWEAK... auf:

▲ **Abbildung 13.44**
Oben: Aussehen-Eigenschaften für die grüne Wellenlinie aus Abb. 13.43; Unten: Einstellungen des AUFRAUEN-Effekts

13.4 Zeichnerische Effekte | **393**

Abbildung 13.45 ▶
Wird der TWEAK-Effekt mit denselben Einstellungen auf die Konturen eines Objekts angewendet, können sich die entstandenen Formen stark unterscheiden, …

▲ **Abbildung 13.46**
… daher lassen sich mit dem TWEAK-Effekt Variationen in Mehr-Konturen-Pfaden erzeugen. Die Zufallseinstellungen werden jedoch nur beim Neuzuweisen des Effekts angewendet, nicht beim Duplizieren eines fertiggestellten Objekts.

▲ **Abbildung 13.47**
WIRBEL-Effekt

▲ **Abbildung 13.48**
Die Effekte AUFRAUEN und ZUSAMMENZIEHEN UND AUFBLASEN erzeugen den Button aus einem Kreis.

Geben Sie den Toleranzbereich relativ zur Länge des Pfadsegments ein, oder bestimmen Sie einen absoluten Wert getrennt für die horizontale und vertikale Verformung.

Möchten Sie eine senkrechte oder waagerechte Linie verformen (wie in Abbildung 13.45 oben), müssen Sie mit absoluten Werten arbeiten, um eine Wirkung zu erzielen.

Unter ÄNDERN müssen Sie mindestens eine Option aktivieren – eine Erläuterung der Optionen finden Sie auf S. 172.

13.4.4 Wirbel

Dieser Effekt wirkt ähnlich wie das Strudel-Werkzeug aus der Gruppe der Verflüssigen-Tools. Wählen Sie ihn unter EFFEKT • VERZERRUNGS- UND TRANSFORMATIONSFILTER • WIRBEL… aus.

Die Dialogbox akzeptiert Werte von –3.600° bis +3.600°. Ab einer bestimmten Stärke der Verwirbelung – etwa 600° – wird die Form der Objekte durch sichtbare Polygonpfade gebildet.

> **Wirbel-Effekt glätten**
> Auch um mit dem WIRBEL-Effekt versehene Objekte etwas zu glätten, lässt sich der AUFRAUEN-Effekt einsetzen. Wenden Sie ihn vor dem Wirbel mit einer STÄRKE von 0 und der Option ÜBERGANGSPUNKTE an. DETAILS setzen Sie anhand der Vorschau.

13.4.5 Zusammenziehen und aufblasen

Dieser Effekt wirkt nur auf Pfade, die eine Krümmung aufweisen oder ihre Richtung an einem Eckpunkt ändern. Bei der Anwendung werden die Ankerpunkte des Pfads und die dazwischenliegenden Segmente gegeneinander verschoben. Benötigen Sie zusätzliche Ankerpunkte (wie in Abbildung 13.48), wenden Sie zusätzlich den Effekt AUFRAUEN mit einer Größe von 0% an.

Wählen Sie ZUSAMMENZIEHEN UND AUFBLASEN unter EFFEKT • VERZERRUNGS- UND TRANSFORMATIONSFILTER.

▲ **Abbildung 13.49**
Nicht geschlossener, gekrümmter Pfad mit Zusammenziehen- (links) und Aufblasen-Effekt (rechts)

▲ **Abbildung 13.50**
Optionen Zusammenziehen und aufblasen

- Zusammenziehen: Mit Werten von –200 bis 0 werden Ankerpunkte nach »außen« verschoben und Pfadsegmente nach »innen« gezogen.
- Aufblasen: Wenn Sie den Regler nach rechts schieben oder Werte von 0 bis 200 eingeben, zieht der Effekt Ankerpunkte nach »innen« und verschiebt Pfadsegmente nach »außen«.

13.4.6 Verkrümmungsfilter

Die Effekte unter Effekt • Verkrümmungsfilter entsprechen den »Verzerrungshüllen« (s. Abschnitt 10.7). Vorteil der Verzerrung per Effekt: Sie müssen nicht erst in einen Bearbeitungsmodus wechseln; daher ist das Editieren eines solchen Objekts etwas unkomplizierter als mit einer Verzerrungshülle. Hinzu kommt, dass sich beim Zuweisen von Verkrümmungen als Effekte unterschiedliche Verkrümmungsarten miteinander kombinieren lassen. Und Sie können die Verkrümmungsfilter in Grafikstile einbinden.

▲ **Abbildung 13.51**
Aus einem regelmäßigen Objekt erzeugt der Aufblasen-Effekt ein ebenso regelmäßiges Ergebnis. Kombinieren Sie Aufblasen mit Tweak z.B., um aus 16-seitigen Polygonen einige Büsche für einen Landschaftsplan zu erstellen.

▲ **Abbildung 13.52**
Der Text wurde wie auf einem Sweat-Shirt gebogen. Um den gestickten Look anzudeuten, wurde zusätzlich der Scribble-Effekt angewendet.

▲ **Abbildung 13.53**
Das Einschussloch verwendet drei Effekte zum Erzeugen der gerissenen Kante.

13.5 Bildbearbeitungseffekte

Etliche aus Photoshop und anderen Programmen bekannte Bildbearbeitungsroutinen stehen Ihnen als Effekte für die Anwendung sowohl auf Vektor- als auch auf platzierte Pixeldaten zur Verfügung. Neu seit Illustrator CS3 ist, dass die Funktionen auch im Dokumentfarbmodus CMYK nutzbar sind.

Farbmoduswechsel

Haben Sie im Dokumentfarbmodus RGB ein Objekt mit einem Photoshop-Effekt versehen und wechseln in den Modus CMYK (oder umgekehrt), kann sich das Ergebnis des Effekts verändern.

Abbildung 13.54 ▶
Eine Kombination der Filter AQUARELL und MALGRUND ergibt eine »handgemachte« Anmutung.

▲ **Abbildung 13.55**
Mit Effekt versehenes Volltonfarben-Objekt, Separation (in Acrobat)

▲ **Abbildung 13.56**
Bei Änderung der Rastereffektauflösung werden die Effekteinstellungen umgerechnet, so dass das Erscheinungsbild des Objekts gleich bleibt.

Dank DeviceN ist die Anwendung von Photoshop-Filtern auf Volltonfarben-Objekte und Duplex-Bilder möglich – die Objekte werden korrekt separiert. Je nachdem, in welchem Dokumentfarbmodus und mit welchen Farbtypen (Vollton- oder Prozessfarbe) Sie arbeiten, können die Ergebnisse des Filters unterschiedlich ausfallen.

Bildbearbeitungsroutinen wendet Illustrator immer auf eingebettete Bilder an. Effekte können Sie zwar auch verknüpften Bildern zuweisen, die Anwendung des Effekts bewirkt jedoch, dass eine eingebettete Kopie des Bildes erzeugt wird.

13.5.1 Auflösungsunabhängige Effekte

Werte, die Sie für die Photoshop-Effekte eingeben, sind absolute Pixel-Werte. Sie beziehen sich auf die Dokument-Rastereffekt-Einstellungen (s. Abschnitt 13.6.6). Anders als in früheren Versionen verändert sich das Aussehen der mit Photoshop-Effekten versehenen Objekte nicht mehr, sobald Sie die im Filter eingegebenen Werte mit anderen Dokument-Rastereffekt-Einstellungen verwenden. Die Werte werden automatisch umgerechnet.

> **Rastereffekt-Auflösung und Rechenzeit**
> Bei sehr komplexen oder großen Objekten kann es Geschwindigkeitseinbußen geben, wenn Sie permanent mit hoher Auflösung arbeiten. Sie können entweder die angewendeten Effekte mithilfe des Aussehen-Bedienfelds unsichtbar schalten, indem Sie auf das Auge 👁 klicken, oder die Rastereffektauflösung niedriger einstellen.

Die pixelbasierten Illustrator-Effekte (WEICHE KANTE, SCHEIN NACH INNEN/AUSSEN und SCHLAGSCHATTEN) arbeiten mit auflösungsunabhängigen Werten. Sowohl das Erscheinungsbild der Objekte als auch die Werte selbst ändern sich bei einer Änderung der Auflösung nicht.

Checkliste: Effekt-Grafiken analysieren

Dank des Aussehen-Bedienfelds ist das Analysieren eines komplexen Objekts einfach (Aussehen-Bedienfeld s. Abschnitt 11.5). Wenn Sie neugierig sind, wie Effekte an einem Objekt verwendet wurden, um ein bestimmtes Aussehen zu erzielen, folgen Sie diesen Tipps:

Objekt-Hierarchie | Analysieren Sie mithilfe des Ebenen-Bedienfelds, in welcher Stapelreihenfolge und Hierarchie die Objekte angeordnet sind. Finden Sie anhand der Ziel-Symbole ⊙ heraus, welche Objekte besondere Aussehen-Eigenschaften besitzen. Klicken Sie im Ebenen-Bedienfeld auf ein Ziel-Symbol, um sich die Aussehen-Eigenschaften anzusehen (Ebenen s. Abschnitt 11.1, Ziel-Auswahl s. Abschnitt 11.2.4).

Beteiligte Eigenschaften | Untersuchen Sie die angewendeten Füllungen, Konturen, Transparenz-Eigenschaften und Effekte. Sehen Sie im Aussehen-Bedienfeld die Einstellungen nach, indem Sie auf die unterstrichenen Begriffe klicken und dadurch die Optionen anzeigen (in älteren Illustrator-Versionen doppelklicken Sie auf den betreffenden Eintrag bzw. rufen die entsprechenden Bedienfelder auf). Beachten Sie vor allem die Anwendungsreihenfolge und Hierarchien: Ist der Effekt dem gesamten Objekt oder nur einer Kontur (einer Fläche) zugeordnet? Sie können jedoch ab Illustrator CS4 nicht mehr im Aussehen-Bedienfeld erkennen, ob ein Effekt vor oder nach einer Fläche oder Kontur angewendet wird (s. Kasten »Reihenfolge von Effekten und Farben«, Seite 383).

Das Aussehen-Bedienfeld zeigt auch an, ob übergeordnete Elemente zusätzlich Effekte oder Transparenz besitzen. Diese Einträge finden Sie ganz oben im Bedienfeld über dem fett hervorgehobenen Eintrag mit der Miniatur des Objekts. Sie sind mit entsprechenden Symbolen versehen, wenn sie eigene Effekte besitzen.

Optionen editieren | Sind Sie sich über die Auswirkung einer Eigenschaft nicht sicher, weisen Sie dieser andere Eigenschaften zu: Ändern Sie die Farbe, die Konturstärke oder die Effekt-Optionen. Achten Sie auf Kleinigkeiten, wie die mit dem Referenzpunkt-Symbol des Transformieren-Effekts vorgenommene Ausrichtung.

Eigenschaften ändern | Falls Sie den Sinn einer Eigenschaft in Frage stellen, dann deaktivieren Sie probeweise deren Sichtbarkeit, indem Sie auf das Auge-Symbol 👁 klicken, oder ändern Sie die Reihenfolge bzw. die Hierarchie der Anwendung, indem Sie z. B. den Effekt statt einer Gruppe deren INHALT zuweisen oder die Eigenschaft einer Gruppe von unterhalb des INHALTS darüber verschieben.

Um Ihre Version besser mit dem Original vergleichen zu können, arbeiten Sie an einem Duplikat des Objekts.

Tests | Übertragen Sie die Eigenschaften auf andere Objekte, um die Auswirkungen genauer zu untersuchen, z. B. auf einen offenen statt einen geschlossenen Pfad oder auf eine Gruppe anstelle eines einzelnen Objekts.

▲ **Abbildung 13.57**
Das Objekt hat mehrere Konturen und Füllungen mit eigenen Eigenschaften.

▲ **Abbildung 13.58**
Übergeordnete Eigenschaften

▲ **Abbildung 13.59**
Auswirkung des Referenzpunkts beim TRANSFORMIEREN-Effekt

▲ **Abbildung 13.60**
Links mit AUFRAUEN (Größe 0 %) und ZUSAMMENZIEHEN UND AUFBLASEN, rechts nur mit ZUSAMMENZIEHEN UND AUFBLASEN

13.5 Bildbearbeitungseffekte | **397**

Im Layout vergrößern

Denken Sie daran, dass Sie Illustrator-Dateien im Layoutprogramm nicht einfach vergrößern können, sobald Sie die auflösungsabhängigen Photoshop-Effekte darin angewendet haben.

13.5.2 Filter- und Effekte-Galerie

Photoshop-Plug-ins sind in dieser praktischen »Galerie« zusammengefasst, sodass Sie einfach zwischen verschiedenen Filtern hin und her wechseln und die Wirkungen vergleichen können.

Die Galerie wird beim Auswählen der meisten Effekte automatisch geöffnet. Rufen Sie die Galerie direkt auf mit EFFEKT • EFFEKTE-GALERIE...

▲ **Abbildung 13.61**
Effekte-Galerie

▲ **Abbildung 13.62**
Mehrere Objekte müssen gruppiert werden, bevor Sie einen Photoshop-Filter anwenden (rechts), da sich anderenfalls die Farbbereiche nicht richtig verbinden (links).

Im Aufklappmenü ❹ stellen Sie die Zoom-Stufe der Vorschau ein. Es ist auch möglich, die Dialogbox auf die volle Bildschirmgröße zu maximieren. Das Vorschaubild lässt sich vergrößern, indem Sie durch einen Klick auf den Pfeil-Button ❷ die Filter-Miniaturen vorübergehend ausblenden.

Den anzuwendenden Filter wählen Sie in der Mitte der Dialogbox, indem Sie auf die Vorschau-Miniaturen ❺ klicken – öffnen und schließen Sie die Filtergruppen durch einen Klick auf den Eintrag ❶.

Alternativ selektieren Sie einen Filter aus dem Menü ❸, in dem die Namen aller Filter aufgelistet sind. Auch wenn die Box ❻ es nahelegt: Es lassen sich in der Effekte-Galerie keine Effekte hinzufügen. Dies können Sie jedoch problemlos über das Aussehen-Bedienfeld vornehmen.

13.5.3 Photoshop-Filter anwenden

Gehen Sie wie folgt vor, um einem oder mehreren Pixelbildern oder Vektorobjekten einen Photoshop-Effekt zuzuweisen:

1. Platzieren Sie ein Bild (s. Abschnitt 18.1). Sollen mehrere Vektorobjekte gemeinsam mit einem Effekt versehen werden, gruppieren Sie sie.
2. Selektieren Sie das Bild oder ein Vektorobjekt bzw. eine Gruppe, und wählen Sie den Effekt direkt aus dem Menü Effekt • Photoshop-Effekte, oder selektieren Sie Effekt • Effekte-Galerie.
3. Stellen Sie die Optionen des jeweiligen Effekts ein.
4. Klicken Sie auf den Button OK.

▲ **Abbildung 13.63**
Interessante zeichnerische Effekte erhalten Sie mit Tontrennung & Kantenbetonung.

13.5.4 Photoshop-Effekte und SVG

Vermeiden Sie Photoshop-Effekte (wie auch pixelbasierte Effekte), wenn Sie eine SVG-Datei exportieren wollen. Mit diesen Effekten versehene Objekte werden beim SVG-Export in Rasterdaten umgewandelt, die im SVG-Viewer nicht skalierbar sind.

13.6 Special Effects

Die folgenden Effekte erforderten früher in der Vektorgrafik einen immensen Aufwand – bei Photoshop-Anwendern waren sie dagegen Routine. Tatsächlich sind die Effekte Schatten, Weiche Kante und Schein rasterbasiert. Wenn Sie diese Effekte nutzen, müssen Sie sich also auch mit den Rastereffekt-Einstellungen befassen (s. Abschnitt 13.6). Beachten Sie, dass bei diesen Effekten Transparenz zum Einsatz kommt, zu deren Verarbeitung Sie Voreinstellungen definieren müssen, die für den angestrebten Weiterverarbeitungsprozess geeignet sind (Transparenzreduzierung s. Abschnitt 12.4).

▲ **Abbildung 13.64**
Sie können Illustrator-Zeichnungen auch als Smart-Objekt in Photoshop-Dateien einfügen (Abschn. 19.1.8) und dort mit Smartfiltern versehen. Diese sind wie Illustrator-Effekte jederzeit editierbar.

13.6.1 Blendenflecke

Dieser Spezialeffekt wird mit dem entsprechenden Werkzeug aufgetragen – Sie finden es bei den Konstruktionswerkzeugen im Werkzeugbedienfeld. Gehen Sie wie folgt vor, um Blendenflecke anzulegen:

1. Wählen Sie das Blendenflecke-Werkzeug aus dem Werkzeugbedienfeld.
2. Falls Ihr Blendenflecke-Objekt Ringe (Abbildung 13.67) enthalten soll, doppelklicken Sie auf das Werkzeug, um die Optionen aufzurufen. Aktivieren Sie die Einstellung Ringe, falls sie nicht ausgewählt ist, und klicken Sie auf OK.

▲ **Abbildung 13.65**
Das Blendenflecke-Werkzeug ganz unten in der Reihe der Konstruktionswerkzeuge

3. Klicken Sie auf den gewünschten Mittelpunkt, und ziehen Sie die Größe des LICHTKRANZES (siehe Abbildung 13.66) auf.
4. Klicken und ziehen Sie, um den Pfad mit den Ringen zu erstellen. Drücken Sie dabei ↑ bzw. ↓, um die Anzahl der Ringe zu erhöhen bzw. zu senken. Sind Sie mit dem Ergebnis nicht zufrieden, widerrufen Sie einen Schritt und ziehen den Pfad erneut.

▲ **Abbildung 13.66**
Das Blendenflecke-Werkzeug wird in zwei Schritten angewendet.

Das Werkzeug generiert ein Objekt »Blendenflecke«, das wiederum aus einer Reihe von Vektorelementen besteht, deren Eigenschaften Sie zum Teil mithilfe der Optionen des Blendenflecke-Werkzeugs steuern können (Abbildung 13.68).

Optionen | Aktivieren Sie das Blendenflecke-Objekt auf der Zeichenfläche, und doppelklicken Sie auf das Werkzeug, um die Optionen des Objekts einzustellen. Die Dialogbox können Sie auch ohne aktiviertes Objekt verwenden, um die Einstellungen des Werkzeugs vorzunehmen.

▲ **Abbildung 13.67**
Schema der Blendenflecke: MITTE (gelb), LICHTKRANZ (orange), Strahlen (blau), RINGE (grün), PFAD (magenta)

Abbildung 13.68 ▶
Die Optionen-Dialogbox des Blendenflecke-Werkzeugs erreichen Sie mit einem Doppelklick auf das Werkzeug.

Unter MITTE, LICHTKRANZ und STRAHLEN legen Sie die jeweiligen Eigenschaften der Elemente fest. Falls Sie Strahlen nicht benötigen, deaktivieren Sie die Option.

Ringe definieren Sie durch die Länge des Pfads, die Anzahl der Ringe sowie die Richtung, in der der Pfad verläuft. Möchten Sie Ringe nachträglich für ein bestehendes Blendenflecke-Objekt erzeugen oder die Eigenschaften ändern, müssen Sie dafür die Dialogbox verwenden.

Umwandeln | In Blendenflecke-Objekt können Sie mit dem Befehl Objekt • Umwandeln… in seine Einzelteile zerlegen – anschließend ist es möglich, diese zu untersuchen, um festzustellen, mit welchen Füllungen und Transparenz-Eigenschaften der Effekt erzeugt wird. Darüber hinaus können Sie einzelne Elemente mit anderen Eigenschaften versehen.

▲ **Abbildung 13.69**
Blendenflecke in einer Vektor-Illustration

13.6.2 Schlagschatten

Der Schlagschatten-Effekt dient vor allem dem Zweck, den optischen Eindruck eines Schattens der Objektform zu erzeugen – ob tatsächlich eine »Schatten«-Wirkung entsteht, bestimmen jedoch die zugewiesene Farbe und Füllmethode. Der Einfachheit halber bezeichnen wir den Effekt im Weiteren als »Schatten«.

Die Farbe des Schattens, seinen Versatz zum Objekt und den Grad der Weichzeichnung definieren Sie in den Optionen, wenn Sie einem Objekt den Effekt zuweisen – Ihre Einstellungen können Sie jedoch zu einem späteren Zeitpunkt editieren.

Selektieren Sie das Objekt oder die Gruppe, oder wählen Sie die Ebene als Ziel aus. Falls Sie den Effekt nur der Fläche oder der Kontur eines Objekts zuweisen möchten, wählen Sie diese im Aussehen-Bedienfeld aus. Rufen Sie anschließend Effekt • Stilisierungsfilter • Schlagschatten… auf.

Füllmethode = Modus

Die Füllmethode wird in den Optionen aller Effekte als »Modus« bezeichnet. Diesen Begriff verwenden auch Photoshop und andere Programme für die Füllmethode.

▲ **Abbildung 13.70**
Effekte Schlagschatten und Schein nach innen mit unterschiedlichen Füllmethoden in CMYK; Hintergrund (von oben nach unten): Weiß, Grau, Ohne.

◄ **Abbildung 13.71**
Einstellungen für den Schlagschatten-Effekt

▸ Modus: Wählen Sie aus diesem Menü die Füllmethode, mit der der Schatten in die hinter ihm liegenden Objekte gerechnet wird.

▲ **Abbildung 13.72**
Der SCHLAGSCHATTEN-Effekt erzeugt nur die Version links – für einen Schatten wie rechts benötigen Sie ein weiteres Objekt.

Volltonfarben

Wenn Sie den Farbwähler über das Farbfeld aufgerufen haben, klicken Sie darin auf den Button FARBFELDER und wählen die Farbe aus der Liste aus (s. Abschnitt 8.4.3).

▲ **Abbildung 13.73**
Mit der Option DUNKELHEIT nimmt der Schatten die Farbe der Objekte an (rechts) – dies jedoch nicht, wenn sie mit Verläufen gefüllt sind (links).

Schatten wird nicht angezeigt

Falls der Schatten nicht dargestellt, aber im Aussehen-Bedienfeld aufgelistet wird, ist vielleicht das Objekt zu groß. Für den Schatten besteht eine Begrenzung von etwa 1.000 mm bezogen auf die Größe des Gesamtobjekts.

Beachten Sie außerdem die Wechselwirkungen mit der Füllmethode, die dem Objekt zugewiesen ist: Anders als in den Ebenen-Effekten von Photoshop wird diese in Illustrator auch auf den Schatten angewendet.

▶ DECKKRAFT: Bestimmen Sie die Stärke der Schattierung.
▶ X/Y-VERSATZ: Die Position des Schattens relativ zum Objekt bestimmen Sie durch Eingabe eines Abstands zwischen –352,77 und 352,77 mm. Negative Werte bewirken eine Verschiebung nach oben bzw. links.
▶ WEICHZEICHNEN: Die Option erzeugt eine weiche Kante des Schattens. Bestimmen Sie den Grad der Weichzeichnung durch Eingabe eines Werts zwischen 0 und 50,8 mm. Einen Schatten mit einer harten Kante – Wert 0 – sollten Sie jedoch nicht mit dem Schlagschatten-Effekt, sondern mit dem Transformieren-Effekt und einer geeigneten Transparenz erzeugen.
▶ FARBE: Die Farbe des Schattens können Sie mit dem Farbwähler oder durch Auswahl eines Farbfelds bestimmen. Wenn Sie eine Volltonfarbe verwenden möchten, muss diese zuvor als Farbfeld definiert worden sein.
▶ DUNKELHEIT: Diese Option bewirkt, dass Füllung und Kontur des Objekts im Schatten abgebildet werden – etwa wie Glasfenster, deren Muster sich auf Objekten abzeichnen, wenn Licht durch sie fällt. Muster- oder Verlaufsfüllungen werden jedoch nicht in den Schatten übernommen.
Geben Sie einen Wert zwischen 0 und 100 % ein, um die Balance zwischen Schwarzanteil und Ursprungsfarbe zu bestimmen. Bei einem Wert von 0 % wird dem Schatten kein Schwarz zugegeben, und bei einem Wert von 100 % enthält der Schatten nur den Schwarzanteil.

Schattiertes Objekt drehen

Wenn Sie ein Objekt mit Schlagschatten auf der Zeichenfläche drehen, bewegt sich dessen Schlagschatten nicht mit – wie Sie es vielleicht erwartet hätten. Stattdessen wird der Schatten in dieselbe Richtung geworfen wie bisher. Um dieses Problem zu umgehen, erstellen Sie ein Symbol des Objekts und drehen dieses.

Dies gilt auch für andere Effekte – z. B. den Transformationseffekt –, die Frage ergibt sich jedoch im Zusammenhang mit Schatten am häufigsten.

13.6.3 Weiche Kante

Der Effekt WEICHE KANTE erzeugt einen allmählichen Übergang eines Objekts oder einer Gruppe zum Hintergrund, indem die Deckkraft des Objekts an dessen Außenkante allmählich sinkt.

Als Außenkante wird die Grenze der Fläche betrachtet, die ein Objekt oder eine Gruppe durch seine bzw. ihre Füllung und/oder Kontur bedeckt. Das heißt, Sie können auch eine Kontur mit einer weichen Kante versehen. Die Breite des Übergangs bestimmen Sie in den Optionen des Effekts.

▲ **Abbildung 13.74**
Einstellungen für den Effekt WEICHE KANTE

13.6.4 Schein nach außen

Mit diesem Effekt erzeugen Sie eine schattenähnliche Fläche, die sich allerdings vom Objekt nach allen Seiten gleichmäßig ausdehnt. Ob der Eindruck eines »Scheins« entsteht, hängt von der ausgewählten Farbe und dem Modus ab – voreingestellt ist der Modus NEGATIV MULTIPLIZIEREN, der einen Schein vergleichbar mit einem Neon-Effekt erzeugt (Optionen s. Abschnitt 13.6.2).

▲ **Abbildung 13.75**
Ein Bokeh-Lichterspiel mit einem Spezial-Pinsel, Transparenzeinstellungen und dem dem Effekt WEICHE KANTE

◄ **Abbildung 13.76**
Einstellungen für den Effekt SCHEIN NACH AUSSEN

13.6.5 Schein nach innen

Dieser Effekt verursacht ein Objekt, das dem vorherigen entspricht, der Schein ist jedoch ins Innere des Objekts ausgerichtet. SCHEIN NACH INNEN ist nicht nur für Neon-Effekte nützlich – vor allem wird er gern verwendet, um Objekte plastisch hervortreten zu lassen (zu den Optionen s. Abschnitt 13.6.2, »Schlagschatten«). Die Farbe des Scheins wählen Sie im Farbwähler aus. Mit KANTE legen Sie den Schein von der Außenkante des Objekts nach innen an – mit MITTE in umgekehrter Ausrichtung.

▲ **Abbildung 13.77**
SCHEIN NACH INNEN

◄ **Abbildung 13.78**
Einstellungen für den SCHEIN NACH INNEN-Effekt

Fehldarstellungen bei »Schlagschatten« und »Schein nach außen«

Wenn Sie eine andere Farbe als Schwarz für SCHLAG-SCHATTEN und SCHEIN NACH AUSSEN verwenden, kann es bei sehr stark weichgezeichneten Effekten (größer als zwei Drittel des Versatzes beim SCHLAGSCHATTEN) dazu kommen, dass »Phantomschatten« außerhalb des Objekts auftreten. Eine Lösung für dieses Problem gibt es derzeit nicht – außer Werte zu verwenden, die diese unerwünschten Nebeneffekte nicht erzeugen.

▲ **Abbildung 13.79**
Der fertiggestellte Orden

▼ **Abbildung 13.80**
Erzeugen einer zusätzlichen Fläche und Anordnen von Fläche und Kontur innerhalb des Aussehen-Bedienfelds

Schritt für Schritt: Ein Orden mit Rosette

1 Das Grundobjekt

In dieser Übung zeichnen Sie einen Orden, der auf einer einzigen Grundform basiert – alle Details werden wir mithilfe von Aussehen-Eigenschaften und Effekten generieren. Setzen Sie zunächst den Text »1.« in einer Schriftgröße von 90 Pt – im Beispiel habe ich die Schriftart MYRIAD PRO verwendet. Geben Sie der Eins eine blaue Fläche und eine dunkelblaue Kontur.

2 Neue Fläche hinzufügen

Rufen Sie das Aussehen-Bedienfeld auf, und klicken Sie auf den Button NEUE FLÄCHE HINZUFÜGEN ☐. Die neue Fläche sowie die automatisch erzeugte neue Kontur verschieben Sie im Bedienfeld unter den Eintrag ZEICHEN.

3 Mittlere Fläche

Aktivieren Sie die neue Fläche, und weisen Sie ihr einen Verlauf von Weiß nach Rot zu. Dieser ist zunächst nicht zu sehen, da die Fläche noch vom Zeichen verdeckt wird.

Dann wählen Sie EFFEKT • IN FORM UMWANDELN • ELLIPSE. Geben Sie eine feste Größe von 36 mm in der Horizontalen und Vertikalen ein. Weisen Sie der Fläche den EFFEKT • VERZERRUNGS- UND TRANSFORMATIONSFILTER • AUFRAUEN zu. Wählen Sie eine

Größe von 0% und bei Detail 7/Zoll. Jetzt weisen Sie noch Effekt • Verzerrungs- und Transformationsfilter • Zusammenziehen und aufblasen mit einem Wert von –3 zu (siehe Abbildung 13.82).

▲ **Abbildung 13.81**
Nach dem Zuweisen des Ellipse-Effekts (links); mit allen Effekten (rechts)

Wenn Sie die Anzahl der Zacken verringern wollen, rufen Sie den Aufrauen-Effekt durch einen Klick auf seinen Eintrag im Aussehen-Bedienfeld erneut auf, aktivieren die Vorschau und ändern die Optionen. Mit dem Verlauf-Werkzeug passen Sie anschließend Länge und Richtung des Verlaufs an.

▲ **Abbildung 13.82**
Einstellungen für die Effekte der angelegten Fläche: Ellipse, Aufrauen und Zusammenziehen und aufblasen

4 Kontur erzeugen
Aktivieren Sie die Kontur, und geben Sie ihr eine dunkelrote Farbe. Drücken Sie ⌥/Alt, und ziehen Sie den Effekt Ellipse von der Fläche zur Kontur. Das Drücken der Taste ⌥/Alt bewirkt dabei das Kopieren. Verfahren Sie ebenso mit den anderen Effekten der Fläche, sodass die Kontur dieselbe Form annimmt wie die Verlaufsfläche.

▲ **Abbildung 13.83**
Achten Sie beim Verschieben/Kopieren des Effekts darauf, den Eintrag an einer leeren Stelle zu greifen.

▲ **Abbildung 13.84**
Kontur und Fläche mit allen Effekten

13.6 Special Effects | **405**

▲ **Abbildung 13.85**
Rechteck-Optionen (oben);
Rosettengrundform (unten)

5 Grundobjekt für Rosette

Erzeugen Sie eine weitere Fläche durch einen Klick auf den Button Neue Fläche hinzufügen. Dieser geben Sie eine rote Farbe. Verschieben Sie sie dann unter die bereits bestehende Fläche und Kontur.

6 Rosettenform biegen

Dann weisen Sie der Fläche den Effekt • In Form umwandeln • Rechteck zu. Wählen Sie eine Breite von 0,1 mm und eine Höhe von 36 mm (dies entspricht der Höhe des Kreises aus Schritt 3). Mit Effekt • Transformations- und Verzerrungsfilter • Transformieren verschieben Sie diese Rechteckfläche um 18 mm Vertikal. Weisen Sie anschließend Effekt • Verkrümmungsfilter • Bogen mit einem Wert von 10% Horizontal zu.

7 Rosette komplettieren

Um die Form zu vervielfältigen, weisen Sie einen zweiten Transformieren-Effekt zu – ignorieren Sie die entsprechende Warnung, indem Sie auf Neuen Effekt anwenden klicken. In den Optionen geben Sie 8 Kopien ein und einen Drehwinkel von 40°. Achten Sie darauf, den Referenzpunkt korrekt zu setzen: Er sollte unten in der Mitte sein.

▲ **Abbildung 13.86**
Wenden Sie den zweiten Effekt trotz Warnung (links) an – Ergebnis (rechts).

8 Blaue Rosette

Die rote Fläche duplizieren Sie, indem Sie ihren kompletten Eintrag über den Button Ausgewähltes Objekt duplizieren ziehen. Der Kopie geben Sie eine blaue Farbe. Anschließend weisen Sie ihr einen dritten Transformieren-Effekt zu. Dieser sollte einen Referenzpunkt in der Mitte besitzen und einen Drehwinkel um 20°. Alle anderen Optionen müssen sich im Grundzustand befinden.

▲ **Abbildung 13.87**
Die rote Rosetten-Teilform wird dupliziert (links, blau hervorgehoben). Nach dem Umfärben überdeckt sie noch die rote Form (2. von links). Dies ändern Sie mit dem Transformieren-Effekt (rechts).

9 Schatten

Jetzt geht es noch einmal an die gezackte Verlaufsfläche aus Schritt 3. Diese erhält einen Schlagschatten – Effekt • Stilisierungsfilter • Schlagschatten – mit einer Verschiebung von 1 mm in beide Richtungen und einer Weichzeichnung von ebenfalls 1 mm.

10 Glanzreflex

Abschließend erstellen Sie noch eine neue zusätzliche Fläche, aus der Sie einen Glanzreflex konstruieren. Dazu aktivieren Sie den Eintrag Zeichen im Aussehen-Bedienfeld, indem Sie einmal darauf klicken. Dann klicken Sie noch einmal auf den Button Neue Fläche hinzufügen ▢. Die neue Fläche entsteht über dem Eintrag Zeichen.

▲ **Abbildung 13.88**
Schlagschatten unter der Verlaufsfläche

Weisen Sie der Fläche den Effekt • In Form umwandeln • Ellipse mit einer absoluten Größe in einer Breite von 26 mm und einer Höhe von 18 mm zu. Mithilfe des Verlauf-Bedienfelds erhält diese Fläche einen linearen Verlauf von Weiß in voller Deckkraft zu Weiß mit einer Deckkraft von 0 % und einem Winkel von –90°.

▲ **Abbildung 13.89**
Die neue Fläche wird über dem aktivierten Eintrag Zeichen (links) angelegt und überdeckt diesen zunächst (rechts).

13.6 Special Effects | **407**

▲ **Abbildung 13.90**
Der Glanzreflex erhält seine Fläche.

Verwenden Sie dann einen TRANSFORMIEREN-Effekt, um diese Fläche etwas nach oben zu verschieben. Die Mitte der Rosette wirkt dadurch etwas plastisch.

Klicken Sie auf den Eintrag DECKKRAFT im Aussehen-Bedienfeld, stellen Sie die Füllmethode auf NEGATIV MULTIPLIZIEREN und die DECKKRAFT auf etwa 50 %. Zum Vergleich finden Sie auf der DVD die Datei »Orden-fertig.ai«. ∎

Abbildung 13.91 ▶
Abschließend wird die Transparenz des Glanzreflexes eingestellt.

▲ **Abbildung 13.92**
Die »Klötzchen« sind ein Zeichen für eine zu niedrige Rastereffektauflösung.

13.6.6 Dokument-Rastereffekt-Einstellungen

Die Einstellungen in dieser Dialogbox bestimmen die Auflösung und Qualität der von den rasterbasierten Effekten in Pixelbilder umgewandelten Vektorobjekte. Daher sollten Sie die Einstellungen vor Beginn Ihrer Arbeit – spätestens jedoch vor der Ausgabe Ihrer Dokumente auf Druckern oder in PDF- und PostScript-Dateien – überprüfen und gegebenenfalls an die Anforderungen des aktuellen Projekts anpassen (s. Kapitel 19 bzw. 20).

Auf die Bearbeitung platzierter Rasterbilder haben die meisten Einstellungen keinen Einfluss – diese werden in ihrer vorliegenden Auflösung bearbeitet, die im Steuerungsbedienfeld für ein ausgewähltes Bild angezeigt wird. Sie können jedoch durch die Auswahl des Farbmodells GRAUSTUFEN oder BITMAP ein Farbbild in einen dieser Modi umwandeln und dabei auch die Auflösung verändern.

Rastereffektauflösung

Die wichtigste Einstellung in dieser Dialogbox, die AUFLÖSUNG, finden Sie in den Grundeinstellungen für neue Dokumente.

◀ **Abbildung 13.93**
Dokument-Rastereffekt-Einstellungen

Konvertierung in Graustufen

Die Umwandlung eines Farbbildes in ein Graustufen- oder Bitmap-Bild sollten Sie möglichst in Bildbearbeitungsprogrammen vornehmen, da Sie dort den Farbkontrast in einen entsprechenden Schwarzweißkontrast umsetzen können.
Für die Umwandlung von Vektorobjekten bietet Interaktive Farbe eine große Funktionsvielfalt.

- ▶ Farbmodell: Hier haben Sie die Wahl, Rastereffekte in vier Farbmodellen berechnen zu lassen. Je nach gewähltem Dokumentfarbmodus in RGB bzw. CMYK, darüber hinaus kann die Pixelbildumwandlung in Graustufen oder Bitmap (Schwarzweiß) erfolgen.
- ▶ Auflösung: Bestimmen Sie die Auflösung für die Umwandlung von Vektor- in Pixelbilder und die Darstellung rasterbasierter Effekte wie Schlagschatten und Schein. Die Auflösung bezieht sich auf die Maße der Objekte im Dokument – wenn Sie Ihre Illustration in 100 %-Größe weiterverarbeiten, arbeiten Sie direkt mit der benötigten Auflösung. Anderenfalls berechnen Sie den Skalierungsfaktor ein.
- ▶ Hintergrund: Mit den Optionsbuttons wählen Sie, wie sich die Transparenz der Vektorelemente – die durch die Außenbegrenzung der Objektform definiert ist – im Rasterbild darstellt: mit weißen Pixeln oder durch Transparenz.
  Aktivieren Sie das Transparenzraster im Menü Ansicht, um eine Vorschau der transparenten Bereiche zu erhalten.
  - ▶ Weiss: Die ursprünglich transparenten Bereiche eines Vektorobjekts werden in deckende weiße Pixel umgerechnet.
  - ▶ Transparent: Das Pixelbild ist nur auf den Flächen deckend, die durch die Vektorform definiert sind. So sind Objekte, die unter dem mit einem Rastereffekt versehenen Element liegen, sichtbar.
    Die Einstellung Transparent bewirkt, dass die durch einen Effekt veränderte Außenform eines Objekts beschnitten

▲ **Abbildung 13.94**
Gaussscher Weichzeichner – Hintergrund transparent (oben), Hintergrund weiß (unten)

13.6 Special Effects | **409**

Abbildung 13.95
Originalobjekt (Mitte) mit Effekt Ozeanwellen: ohne Glätten (oben), mit Glätten (unten)

Abbildung 13.96
Originalobjekt (oben), mit Effekt Gaußscher Weichzeichner (Mitte und unten) – Option Hinzufügen: nicht ausreichend (Mitte), ausreichend (unten)

wird, und sie kann zu Fehldarstellungen führen, wenn innerhalb der Fläche des Objekts »Löcher« entstehen.
Im Farbmodell Bitmap verwenden Sie die Einstellung Transparent, um die weißen Pixel der Bitmaps transparent darzustellen.

▶ Glätten: Mit dieser Option aktivieren Sie die Kantenglättung (Anti-Aliasing) von Vektorobjekten, wenn Rastereffekte darauf angewendet werden.

▶ Schnittmaske erstellen: Während mit der Option Hintergrund transparent die Maske direkt in der eingestellten Auflösung berechnet und gegebenenfalls geglättet wird, definiert bei der Option Schnittmaske eine Vektorform die Außenbegrenzung des Objekts.
Diese Option ist vor allem dann der Einstellung Transparent vorzuziehen, wenn weitere Elemente unter dem mit dem Effekt versehenen Element liegen.

▶ Hinzufügen: Um das Objekt wird eine Fläche in der angegebenen Größe hinzugefügt. Dies benötigen Sie für Effekte, die die Außenform des Objekts vergrößern, wie den Gaußschen Weichzeichner. Um in diesem Fall sicherzustellen, dass die mit dem Effekt erzeugte weiche Kante nahtlos in den Hintergrund übergeht, müssen Sie einen ausreichend großen Bereich hinzufügen. Der genaue Wert richtet sich nach Ihren Einstellungen im Effekt, daher reicht die Standard-Vorgabe von 12,7 mm nicht immer.

▶ Volltonfarben beibehalten: Sonderfarben bleiben erhalten, wenn Sie pixelbasierte oder Photoshop-Effekte darauf anwenden. Konvertieren Sie jedoch die Volltonfarben zu einem späteren Zeitpunkt (z. B. im Layoutprogramm) in Prozessfarben, kann dies sichtbare Auswirkungen haben. Daher können Sie durch Deaktivierung dieser Option bestimmen, dass bei einer Interaktion von Volltonfarben und pixelbasierten Effekten die Konvertierung bereits in Illustrator erfolgt.
Lassen Sie Volltonfarben erhalten, dann bleiben die Farbdefinitionen bestehen, und der optische Eindruck wird z. B. im Fall eines Schlagschattens durch Überdrucken dargestellt.

13.6.7 In Pixelbild umwandeln

Illustrator bietet diese Funktion sowohl als Befehl unter Objekt • In Pixelbild umwandeln als auch als Effekt unter Effekt • In Pixelbild umwandeln an. Sie dient dazu, Vektorelemente zu rastern.

Sie benötigen diesen Zwischenschritt zum Beispiel, wenn Ihre Objektkonstruktion so komplex ist, dass sie bei der Ausgabe auf dem Drucker Fehler verursacht oder wenn der Export in bestimmte Formate fehlschlägt, weil Elemente nicht in eine korrespondierende Form übersetzt werden können. Die neuen Borstenpinsel erzeugen möglicherweise Transparenzinteraktionen, die für die Ausgabe zu komplex sind, so dass die Illustrationen gerastert werden müssen.

Typische Anwendungen sind Transparenzen – beim Ausdruck auf älteren Geräten oder beim Export in das Flash-Format. Weitere Einsatzbereiche sind die Aufbereitung von Textelementen für das Screendesign, die Umwandlung in Graustufen oder das Downsampling (Senken der Auflösung) eingebetteter Pixelbilder.

Die Optionen entsprechen den Dokument-Rastereffekt-Einstellungen, eine zusätzliche Option besteht beim Glätten, das Sie hier nicht per Kontrollkästchen aktivieren, sondern aus einem Aufklappmenü wählen. Das Anti-Aliasing lässt sich für Bildmaterial oder für Schrift optimieren (s. Abschnitt 14.13, »Von Text zu Grafik«).

Volltonfarben | Dank der DeviceN-Unterstützung ab Illustrator CS3 bleiben Volltonfarben beim Umwandeln von Vektor- in Pixelgrafik mit diesem Befehl erhalten.

13.6.8 Farben bearbeiten (früher: Farbfilter)

Diese Gruppe von Funktionen – jetzt zu finden unter BEARBEITEN • FARBEN BEARBEITEN – verändert die Farbdefinitionen mehrerer Objekte gleichzeitig (s. Abschnitt 8.9). Einige dieser Funktionen lassen sich auch auf Pixelbilder anwenden.

Der SCHWARZ ÜBERDRUCKEN-Befehl automatisiert das Einrichten der Überdrucken-Eigenschaft, die Sie manchmal benötigen, um Probleme in der Printproduktion zu beheben (s. Abschnitt 19.3.4).

13.6.9 3D

Die 3D-Effekte finden Sie in Kapitel 17.

13.6.10 Mosaik

Dieser Filter stellt eine ganz andere Art dar, ein Pixelbild zu vektorisieren. Er erzeugt das typische Pixelmuster zu niedrig aufgelöster Rastergrafik – gebildet aus Vektorpfaden. Damit lassen sich interessante Gestaltungselemente – z. B. für Hintergründe oder zur Ausschmückung – erstellen. Sie finden das MOSAIK unter OBJEKT • OBJEKTMOSAIK ERSTELLEN. Ein Objektmosaik können Sie nur aus eingebetteten Pixelbildern erstellen.

▲ **Abbildung 13.97**
IN PIXELBILD UMWANDELN

Größenbeschränkung

Falls der Effekt IN PIXELBILD UMWANDELN bei einer sehr großen querformatigen Grafik nicht angewendet werden kann, probieren Sie folgenden Trick: Drehen Sie die Grafik um 90°, und wenden Sie den Effekt an.
Der Effekt besitzt eine Größenbeschränkung, die für die Höhe größere Dimensionen zulässt als für die Breite.

▲ **Abbildung 13.98**
Diese kleine Borstenpinsel-Illustration besteht nach dem Reduzieren der Transparenz aus 185.000 Pfaden; eine Umwandlung in Pixel ist hier vorzuziehen.

Abbildung 13.99 ▶
Optionen des Filters Mosaik

▲ **Abbildung 13.100**
Anzahl der Steine entspricht den Proportionen des Bilds.

▲ **Abbildung 13.101**
Anzahl der Steine nicht proportional zu den Bildmaßen

- **Aktuelle Grösse:** Hier wird die Größe des Bilds in der eingestellten Maßeinheit angezeigt.
- **Neue Grösse:** Möchten Sie das Mosaik in einer anderen Größe erstellen, geben Sie die Maße hier ein. Sie können den Wert auch prozentual zur alten Größe angeben. Aktivieren Sie dafür die Option Skalieren anhand Prozentwert.
- **Abstand der Steine:** Per Voreinstellung stoßen die Steine direkt aneinander. Geben Sie hier einen Wert ein, der als Zwischenraum zwischen den Elementen dient.
- **Anzahl der Steine:** Mit diesen Werten bestimmen Sie indirekt die Größe der einzelnen »Pixel«.
  Wenn Sie quadratische Steine erzeugen möchten, geben Sie z. B. die Anzahl der Steine für die Breite an, aktivieren die Option Breite unter Seitenverhältnis erhalten und klicken auf den Button Proportionen verwenden.
  Sie müssen übrigens keine quadratischen Steine erzeugen – wenn Sie einen der Werte ganz niedrig wählen, können Sie »Linien« anstelle von »Pixeln« generieren lassen.
- **Ergebnis:** Wählen Sie, ob das Ergebnis in Farbe oder Graustufen umgesetzt werden soll.
- **Raster löschen:** Aktivieren Sie diese Option, um das Rasterbild nach der Erstellung des Mosaiks zu löschen.

Punktraster mit dem Mosaik-Filter | Zusammen mit dem Effekt In Form umwandeln können Sie den Mosaik-Filter einsetzen, um ein farbiges Punktraster zu erstellen. Gehen Sie wie folgt vor:
1. Platzieren Sie eine Vorlage – deaktivieren Sie die Option Verknüpfen. Es ist wichtig, dass die Vorlage nicht in Gruppen oder Schnittmasken verschachtelt ist. Rufen Sie daher das

Ebenen-Bedienfeld auf, um Ihr Objekt zu prüfen. Wenden Sie auf das Bild den Mosaik-Filter an. Richten Sie die Optionen zur Erzeugung von quadratischen Mosaik-Teilen ein, indem Sie auf den Button Proportionen verwenden klicken.

2. Als Ergebnis erhalten Sie eine Gruppe. Den Effekt müssen Sie im nächsten Schritt jedoch auf die Einzelobjekte anwenden. Um diese auszuwählen, aktivieren Sie zunächst die Gruppe. Rufen Sie dann das Aussehen-Bedienfeld auf – ⇧+F6 –, und doppelklicken Sie dort auf den Eintrag Inhalt.
3. Wählen Sie jetzt den Effekt • In Form umwandeln • Ellipse aus. Richten Sie in den Optionen eine zusätzliche Breite und Höhe mit einem negativen Wert ein – wie groß dieser ausfallen muss, ist von der Größe Ihrer Mosaiksteinchen abhängig.

▲ **Abbildung 13.102**
Punktraster mit dem Mosaik-Filter und dem
In-Form-umwandeln-Effekt.

13.6.11 SVG-Filter

Diese Gruppe von Filtern ist für den Einsatz in Webgrafiken bestimmt.

◄ **Abbildung 13.103**
Verschiedene SVG-Filter im Beispiel – Originalobjekte (klein, Mitte); einige SVG-Filter arbeiten basierend auf der Farbe der Objekte, andere kreieren eigene Farben.

Ein SVG-Filter beschreibt einen Satz von Eigenschaften der **Extended Modelling Language (XML)**. Diese Eigenschaften werden als mathematische Funktionen bei der Darstellung der Grafik, z.B. im Browser, angewendet. Durch Anpassung der Routinen in der Datei »Adobe SVG-Filter.svg« oder mithilfe des Aussehen-Bedienfelds können Sie eine andere Filterwirkung erzeugen (SVG-Export s. Abschnitt 20.3).

Einige der Effekte können nur mithilfe eines SVG-Renderers dargestellt werden – Sie können das Ergebnis also erst nach dem Speichern der SVG-Datei in einer SVG-fähigen Applikation, z.B. einem Webbrowser mit SVG-Plug-in, betrachten.

Reihenfolge mit SVG-Filtern

Um die Rasterung des Objekts zu vermeiden, müssen Sie einen SVG-Filter immer als letzten Effekt zuweisen – er muss also im Aussehen-Bedienfeld unten (über dem Eintrag Deckkraft) stehen.

Abbildung 13.104
Die Dialogbox SVG-Filter
anwenden

SVG-Filter anpassen | Um die Optionen eines SVG-Filters zu editieren oder die Filter zu verwalten, gehen Sie wie folgt vor:
1. Weisen Sie einem Objekt einen SVG-Filter zu.
2. Doppelklicken Sie auf den Filter im Aussehen-Bedienfeld.
3. In der Dialogbox SVG-Filter anwenden haben Sie folgende Möglichkeiten:
   ▶ Klicken Sie auf den Button SVG-Filter bearbeiten *fx*, um den XML-Code in einem internen Editor aufzurufen.
   ▶ Klicken Sie auf den Button Neuer SVG-Filter, um einen eigenen Filter zu programmieren.
   ▶ Weisen Sie einen neuen Filter zu, indem Sie darauf klicken.

Abbildung 13.105 ▶
XML-Code eines SVG-Filters

TEIL IV
Spezialobjekte

14   Text und Typografie

Illustrator besitzt einige der fortgeschrittenen Werkzeuge zur Zeichen- und vor allem zur Absatzformatierung, die Sie vielleicht von InDesign kennen. Speziell die Formatierung längerer Textpassagen ist aber eher ein Randthema für die Arbeit mit dem Programm.

Die vorhandenen Möglichkeiten sind dennoch eine große Arbeitserleichterung für die Erstellung von Layouts, die auch mikrotypografisch überzeugen.

Exkurs: Zitate
Urheber der als Blindtext verwendeten Zitate in diesem Kapitel sind Paul Rand (»To design is …«, »First make it red …«), Erik Spiekermann (»The one thing …«) und Adolph Freiherr von Knigge.

14.1   Textobjekte erzeugen

Illustrator unterscheidet drei Arten von Textobjekten: Punkttext, Flächentext und Pfadtext.

▲ **Abbildung 14.1**
Text-Werkzeuge: Gewöhnen Sie sich von Anfang an das Arbeiten mit den Modifikationstasten ⌥/Alt und ⇧ an, dann benötigen Sie nur das normale Text-Werkzeug.

- **Punkttext**: Der Text in diesem Textobjekt startet an dem Punkt, den Sie mit dem Text-Werkzeug anklicken, und fließt von dort, bis ein Umbruch eingegeben wird.
  Punkttext eignet sich aufgrund der fest eingegebenen Umbrüche nur für kurze Texte.
- **Flächentext**: Ein Flächentextobjekt wird durch einen äußeren »Rahmen« begrenzt. Der Rahmen wird entweder mit dem Text-Werkzeug oder durch ein Vektorobjekt definiert. Der Textumbruch erfolgt an den Begrenzungen der Fläche.
  Mehrere Flächentextobjekte können miteinander verkettet werden, um längere Textabschnitte zu setzen.

Abbildung 14.2
Vertikaler Pfad- und Flächentext

> **Horizontal <-> vertikal**
> Haben Sie ein Text-Werkzeug ausgewählt und möchten vorübergehend zu seinem vertikalen oder horizontalen Gegenstück wechseln, drücken Sie ⇧. Dieser Shortcut funktioniert nur, wenn kein Objekt aktiviert ist.

> **Von rechts nach links schreiben**
> Um die Sprachen des Nahen Ostens in der Schreibweise von rechts nach links zu verarbeiten, benötigen Sie eine spezielle Illustrator-Version: ME.

Abbildung 14.3
Der markierte Punkt ist der angeklickte Startpunkt des Textobjekts.

> **Ausrichtung von Punkttext**
> Die Textausrichtung (linksbündig, rechtsbündig, zentriert) bezieht sich bei einem Punkttext auf den Punkt, den Sie mit dem Text-Werkzeug angeklickt haben.

Abbildung 14.4
Flächentextobjekt aufziehen

▶ **Pfadtext**: Pfadtext läuft in einer Zeile auf einem offenen oder geschlossenen Vektorpfad in dessen Pfadrichtung, d. h. in die Richtung, in der Sie den Pfad gezeichnet haben. Auch Pfadtextobjekte können Sie miteinander verketten.

14.1.1 Textausrichtung

Alle Text-Werkzeuge hält Illustrator für horizontale und für vertikale Textausrichtung vor. Horizontal ausgerichteter Text verläuft in der gewohnten westeuropäischen Schreibweise, vertikale Textausrichtung dient zum Setzen ostasiatischer Sprachen. Setzen Sie vertikal ausgerichteten Text, werden die Buchstaben übereinander gesetzt. Umbrüche erfolgen von rechts nach links.

Die Textausrichtung können Sie jederzeit ändern. Aktivieren Sie das Textobjekt, und wählen Sie SCHRIFT • TEXTAUSRICHTUNG • HORIZONTAL bzw. VERTIKAL.

14.1.2 Punkttext erstellen T T

Um Punkttext zu erstellen, wählen Sie das Text-Werkzeug – T. Bewegen Sie es auf eine Stelle der Zeichenfläche, an der kein Vektorobjekt liegt. Der Cursor zeigt ein I (oder ⊞ bei vertikalem Text). Klicken Sie mit dem Text-Werkzeug, und geben Sie den Text ein. Einen Umbruch erzeugen Sie mit ↵.

Wenn Sie anschließend ein weiteres Textobjekt erstellen wollen, drücken Sie ⌘/Strg und klicken neben den Text, um ihn zu deaktivieren.

Um nach der Texteingabe das Textobjekt zu aktivieren, wählen Sie das Auswahl-Werkzeug und klicken auf den Text, oder drücken Sie Esc.

14.1.3 Flächentext erstellen T T

Einen Flächentext können Sie erzeugen, indem Sie eine neue Rechteckfläche erstellen oder einen Pfad umwandeln.

Textobjekt neu erstellen | Um ein rechteckiges Flächentextobjekt zu erstellen, wählen Sie das Text-Werkzeug T und bewegen es über eine freie Stelle auf der Zeichenfläche – der Cursor zeigt das I-Symbol. Klicken und ziehen Sie ein Rechteck in der gewünschten Größe auf. Nachdem Sie die Maustaste losgelassen haben, blinkt die Einfügemarke im neuen Flächentextobjekt, und Sie können Ihren Text direkt eingeben.

Vektorobjekt in Textobjekt umwandeln | Wählen Sie das Text-Werkzeug oder das Flächentext-Werkzeug T, um einen geschlossenen Pfad in ein Flächentextobjekt umzuwandeln. Um einen offenen Pfad in ein Flächentextobjekt umzuwandeln, drücken Sie ⌥/Alt, wenn Sie das Text-Werkzeug verwenden.

Bewegen Sie das Werkzeug über den Pfad des Vektorobjekts – der Cursor zeigt das ⌶-Symbol. Klicken Sie, um die Vektorform in ein Flächentextobjekt umzuwandeln. Dabei werden Fläche und Kontur des Objekts gelöscht, und die Einfügemarke blinkt. Geben Sie Ihren Text ein.

14.1.4 Pfadtext erstellen

Sie müssen zunächst den Pfad erstellen, auf dem Ihr Text laufen soll. Anschließend wandeln Sie den Pfad in ein Pfadtextobjekt um. Nehmen Sie dazu das Pfadtext- oder das Text-Werkzeug. Handelt es sich um einen geschlossenen Pfad, müssen Sie ⌥/Alt drücken, wenn Sie mit dem Text-Werkzeug arbeiten.

Bewegen Sie das Werkzeug über den Pfad – der Cursor zeigt das ⌶-Symbol. Klicken Sie an der Stelle auf den Pfad, an der der Text beginnen soll – der Text lässt sich jedoch auch im Nachhinein noch auf dem Pfad verschieben (s. Abschnitt 14.3.10). Die Einfügemarke blinkt, und Sie können den Text eingeben.

Alle Aussehen-Eigenschaften des Vektorpfads werden beim Umwandeln in ein Pfadtextobjekt gelöscht. Falls der Pfad eine Kontur oder Füllung erhalten soll, weisen Sie diese zu, nachdem Sie das Pfadtextobjekt erzeugt haben.

▲ **Abbildung 14.5**
Aus geschlossenen und offenen Vektorpfaden Flächentextobjekte erzeugen

▲ **Abbildung 14.6**
Wird ein Vektorpfad in ein Textobjekt umgewandelt, verliert er seine Aussehen-Eigenschaften.

14.2 Texte und Textobjekte auswählen

Sie können verschiedene Eigenschaften von Texten, Zeichen, Textobjekten und Textpfaden bzw. den Flächentextbegrenzungen editieren. Zu diesem Zweck müssen die Elemente ausgewählt werden:

- **Zeichen**: Ausgewählten Zeichen weisen Sie typografische Eigenschaften sowie Flächen oder Konturen zu.
- **Textobjekt**: Möchten Sie Einstellungen auf alle Zeichen in einem Textobjekt anwenden, wählen Sie das Textobjekt aus. Effekte lassen sich nur auf Textobjekte anwenden.
- **Textpfad/Textfläche**: Auch die Form von Textpfaden oder -flächen ist jederzeit editierbar, und Sie können ihnen eine oder mehrere Konturen und/oder Füllungen zuweisen.

14.2.1 Zeichen auswählen, Text-Cursor verwenden

Sobald Sie ein Text-Werkzeug über ein Textobjekt bewegen, nimmt es das Text-Symbol ⌶ an, je nach Textausrichtung. Diese

Pfadtextpfade zurückgewinnen

Pfadtext-Objekte lassen sich nicht zurückwandeln. Möchten Sie den in einem Pfadtext verwendeten Pfad zurückgewinnen, wählen Sie ihn zunächst mit dem Gruppenauswahl-Werkzeug aus. Anschließend können Sie den Pfad kopieren und wieder einfügen.

Text-Werkzeug schnell aufrufen

Bei einem Doppelklick mit dem Auswahl-Werkzeug auf ein Text-Objekt wechselt Illustrator automatisch zum Text-Werkzeug und setzt eine Einfügemarke in den Text.

Wenn also ein Autor nichts Schädliches und nichts Unsinniges sagt, so muß man ihm erlauben, seine Gedanken drucken zu lassen;

Wenn also ein Autor nichts Schädliches und nichts Unsinniges sagt, so muß man ihm erlauben, seine Gedanken drucken zu lassen;

▲ **Abbildung 14.7**
Text aktivieren

> **Zeichen nicht hervorgehoben**
>
> Wenn Sie mit dem Cursor Zeichen ausgewählt haben, aber keine Auswahl angezeigt wird, dann rufen Sie ANSICHT • ECKEN EINBLENDEN auf.

Cursors zeigen Ihnen an, dass Sie mit einem Klick kein neues Textobjekt erzeugen, sondern ein bestehendes editieren.

▶ **Einfügemarke setzen**: Möchten Sie einem Text weitere Zeichen hinzufügen, klicken Sie mit dem Text-Cursor I an die gewünschte Stelle und tippen die Zeichen ein.

▶ **Zeichen auswählen**: Um eines oder mehrere Zeichen auszuwählen, klicken und ziehen Sie mit dem Text-Cursor I über die betreffenden Zeichen. Erweitern Sie die Auswahl, indem Sie ⇧ drücken und ans Ende des auszuwählenden Textes klicken. Sie können nur zusammenhängende Textbereiche auswählen.

Optionen | Mit einem Doppelklick wählen Sie ein Wort aus, mit einem Dreifachklick einen Absatz.

Wenn Sie den Cursor an einer Stelle in den Text setzen und ⌘/Strg+A drücken, werden alle Zeichen des Textobjekts ausgewählt – ist das Objekt mit anderen verkettet, werden alle Zeichen in der Verkettung ausgewählt.

Ist unter VOREINSTELLUNGEN • SCHRIFT die Option TEXTOBJEKTAUSWAHL NUR ÜBER PFAD aktiv, müssen Sie das Text-Werkzeug in Einrastdistanz zur Schrift-Grundlinie bzw. des Flächentextrahmens verwenden, um Texte aktivieren zu können.

14.2.2 Textobjekt auswählen

Wählen Sie das Auswahl-Werkzeug, und klicken Sie auf das gewünschte Textobjekt, um dieses zu aktivieren. Drücken Sie ⇧, und klicken Sie auf zusätzliche Textobjekte, um diese auch auszuwählen. Ziehen Sie einen Auswahlrahmen über mehrere Textobjekte, um sie zu selektieren.

Möchten Sie alle Textobjekte eines Dokuments aktivieren, wählen Sie AUSWAHL • OBJEKT • TEXTOBJEKTE.

14.2.3 Textpfad auswählen

Um den Textpfad eines Pfadtextobjekts oder den Begrenzungspfad eines Flächentextobjekts auszuwählen, verwenden Sie das Direktauswahl- oder das Gruppenauswahl-Werkzeug. Deaktivieren Sie die Auswahl, falls das Textobjekt aktiviert ist. Bewegen Sie das Direkt- oder Gruppenauswahl-Werkzeug über den Pfad.

Erleichtern Sie sich die Auswahl eines Textpfads, indem Sie in die Pfadansicht wechseln (⌘/Strg+Y) oder die intelligenten Hilfslinien aktivieren (⌘/Strg+U).

▲ **Abbildung 14.8**
Auswahl des Textpfads in der Pfadansicht

14.3 Textobjekte bearbeiten

Textobjekte lassen sich nach der Erstellung auf viele Arten verändern und miteinander verbinden.

14.3.1 Textobjekte transformieren

Sie müssen je nach Art des Textobjekts anders vorgehen, um das ganze Objekt zu transformieren.

Punkttext- und Pfadtextobjekte | Diese beiden Objektarten lassen sich mithilfe des Begrenzungsrahmens bearbeiten. Aktivieren Sie dessen Anzeige, wählen Sie das Textobjekt mit dem Auswahl-Werkzeug aus, und führen Sie die gewünschte Transformation durch (zum Begrenzungsrahmen s. S. 85). Alternativ verwenden Sie die Transformieren-Werkzeuge.

▲ **Abbildung 14.9**
Pfadtext transformieren (hier: Spiegeln)

Flächentextobjekte | Soll die Transformation die Fläche gemeinsam mit dem Text betreffen, dürfen Sie hier nicht den Begrenzungsrahmen verwenden, sondern müssen die Transformieren-Werkzeuge einsetzen. Aktivieren Sie das Flächentextobjekt mit dem Auswahl-Werkzeug, wählen Sie das gewünschte Transformieren-Werkzeug, und führen Sie die Formänderung durch.

14.3.2 Textbereich des Flächentexts skalieren

Um die Größe eines Flächentextobjekts zu verändern, müssen Sie zunächst die Anzeige des Begrenzungsrahmens aktivieren, falls er nicht bereits angezeigt wird. Wählen Sie ANSICHT • BEGRENZUNGSRAHMEN EINBLENDEN – ⌘/Strg+⇧+B.

Aktivieren Sie das Flächentextobjekt mit dem Auswahl-Werkzeug, und ziehen Sie den Begrenzungsrahmen mit den Anfassern in die gewünschte Größe. Alternativ wählen Sie SCHRIFT • FLÄCHENTEXTOPTIONEN… und geben die Maße in BREITE und HÖHE ein.

▲ **Abbildung 14.10**
Flächentext transformieren

Verzerrten Text zurücksetzen

Nur bei Flächentextobjekten können Sie die Größe des Objekts verändern, ohne gleichzeitig die Schrift zu verzerren. Einen unproportional verzerrten Text setzen Sie mit folgendem Befehl zurück: ⌘+⇧+X bzw. Strg+⇧+X.

14.3.3 Flächentextform transformieren

Meist richtet man die Vektorform ein, bevor sie in ein Flächentextobjekt umgewandelt wird. Müssen Sie trotzdem einmal die Form mit Transformationswerkzeugen bearbeiten, dann ist es nicht nötig, den Text vorher zu entfernen.

Deaktivieren Sie das Textobjekt, wählen Sie das Gruppenauswahl-Werkzeug, und klicken Sie auf den Begrenzungspfad – der komplette Pfad wird ausgewählt, und nicht nur einzelne Segmente oder Punkte. Wechseln Sie anschließend zum gewünschten Transformieren-Werkzeug, und führen Sie die Veränderungen durch.

▲ **Abbildung 14.11**
Die Begrenzungsfläche transformieren

Abbildung 14.12
Flächenform bearbeiten

Abbildung 14.13
Gleichmäßiger Randabstand

Abbildung 14.14 ▶
Die Dialogbox
Flächentextoptionen

14.3.4 Flächentextform bearbeiten

Flächentext-Begrenzungen lassen sich nachträglich z. B. verbiegen. Die bessere Übersicht haben Sie, wenn Sie unter Ansicht den Begrenzungsrahmen ausblenden.

Aktivieren Sie das Flächentextobjekt oder seinen Begrenzungspfad, und bearbeiten Sie den Pfad mit dem Zeichenstift-Werkzeug und dem Ankerpunkt-konvertieren-Werkzeug. Um einzelne Punkte zu verschieben, wählen Sie das Direktauswahl-Werkzeug und aktivieren und ziehen dann die Punkte.

14.3.5 Randabstände einrichten

Nur bei Flächentextobjekten können Sie einen Abstand zwischen der Flächenbegrenzung und dem Text angeben. Dies ist sinnvoll, damit z. B. Text auf farbigen Flächen nicht an den Rand stößt.

Gleichmäßiger Abstand | Aktivieren Sie das Flächentextobjekt mit dem Auswahl-Werkzeug, und rufen Sie Schrift • Flächentextoptionen… auf. Geben Sie den gewünschten Abstand unter Versatzabstand ein. Der Abstand wird gleichmäßig von allen Rändern des Objekts eingerichtet. Beim Skalieren eines Textobjekts verändert sich der Abstand nicht – Sie müssen ihn gegebenenfalls manuell an die neuen Objektdimensionen anpassen.

Abstand der ersten Zeile | Um nur den Abstand der ersten Zeile zur Oberkante des Objekts zu verändern, wählen Sie eine Option aus dem Auswahlmenü unter Erste Grundlinie:

▶ Oberlänge: Die Oberlängen der Schrift stoßen an die Oberkante des Textobjekts. Die Voreinstellung für Flächentexte.
▶ Grossbuchstabenhöhe: Die Oberkante des Textobjekts berührt die Oberkante der Großbuchstaben.

- Zeilenabstand: Der Abstand der Grundlinie der ersten Zeile bis zur Oberkante des Textobjekts entspricht dem im Zeichen-Bedienfeld eingestellten Zeilenabstand.
- x-Höhe: Die Oberkante der Kleinbuchstaben stößt an die Oberkante des Textobjekts.
- Geviert-Höhe: Diese Option ist vor allem für asiatische Schriften gedacht. Sie erzeugt einen Abstand in der Höhe eines Gevierts – also der eingestellten Schriftgröße – zwischen erster Grundlinie und Objekt-Oberkante.
- Fixiert: Geben Sie einen Wert in das Feld Min ein, um den Abstand zwischen der Grundlinie der ersten Zeile und der Oberkante des Textobjekts zu bestimmen.
- Alt: Diese Einstellung emuliert alte Illustrator-Versionen.
- Min: Der im Feld Min eingesetzte Wert wird dann verwendet, wenn die durch die Optionen erreichbaren Werte kleiner wären.

▲ **Abbildung 14.15**
Erste Grundlinie: (v. l. n. r.) Oberlänge, Grossbuchstabenhöhe, Zeilenabstand, x-Höhe, Geviert-Höhe, Fixiert

14.3.6 Spalten und Zeilen einrichten

Alternativ zu mehreren verketteten Textobjekten können Sie in Flächentextobjekten Textblöcke in Spalten und/oder Zeilen unterteilen lassen. Die Spaltenbreite und Zeilenhöhe sind immer gleichmäßig und wird durch die Anzahl der Spalten und Zeilen und durch die Breite der Zwischenräume bestimmt. Um Textspalten zu definieren, wählen Sie Schrift • Flächentextoptionen…

Möchten Sie ein vorhandenes Textobjekt in eine bestimmte Anzahl Spalten unterteilen, geben Sie nur die Anzahl und den Abstand ein. Die Spanne wird automatisch an die Größe des Objekts angepasst.

- Anzahl: Hier legen Sie fest, wie viele Zeilen bzw. Spalten Sie benötigen.
- Spanne: In diesen Feldern definieren Sie die Höhe der Zeilen bzw. die Breite der Spalten. Wenn Sie beim Einrichten von Spalten und Zeilen einen Wert in ein Spanne-Feld eingeben, wird die Größe des Textobjekts wie benötigt angepasst.
- Abstand: In dieses Feld geben Sie den Abstand zwischen den Zeilen bzw. Spalten ein.
- Fixiert: Ist diese Option aktiviert, dann werden die Werte aller drei Optionen im Bereich Zeilen bzw. Spalten erzwungen, indem Illustrator die Größe des Objekts ändert.
- Textfluss: Bestimmen Sie hier, in welcher Reihenfolge der Text durch die Reihen und Spalten fließen soll: Nach Zeilen oder Nach Spalten.

Optionen schneller aufrufen

Ist ein Flächentextobjekt oder ein Pfadtextobjekt ausgewählt, können Sie mit einem Doppelklick auf das Text-Werkzeug die Dialogbox der entsprechenden Optionen öffnen.

▲ **Abbildung 14.16**
Aufteilung eines Flächentexts in Spalten (oben) und in Zeilen und Spalten (unten)

14.3 Textobjekte bearbeiten | **423**

PAUL RAND
To design is much more than simply to assemble, to order or even to edit. To design is to transform Prose into poetry.

PAUL RAND
To design is much more than simply to assemble, to order or even to edit. To design is to transform Prose into poetry.

▲ **Abbildung 14.17**
Anpassen der Überschrift an die Textbreite

▲ **Abbildung 14.18**
Transparente Fläche

▲ **Abbildung 14.19**
Auf einer Photoshop-Ebene freigestelltes Motiv

▲ **Abbildung 14.20**
Mit einer Illustrator-Schnittmaske freigestelltes Motiv

14.3.7 Textbreite an Flächenbreite anpassen

Eine Überschrift können Sie exakt an die Breite Ihres Flächentextes anpassen. Der einzupassende Text kann entweder zwischen zwei Absatzschaltungen oder zwischen zwei Zeilenumbrüchen stehen. Aktivieren Sie den Textbereich, den Sie einpassen möchten, und wählen Sie SCHRIFT • ÜBERSCHRIFT EINPASSEN. Die Funktion automatisiert lediglich die Laufweitenanpassung. Wenn Sie später Schriftformatierungen vornehmen oder die Größe des Textobjekts verändern, müssen Sie den Befehl erneut anwenden.

14.3.8 Kontur und Fläche zuweisen

Wenn Sie den »Textrahmen« mit dem Direktauswahl-Werkzeug auswählen, können Sie ihm Eigenschaften zuweisen, die sich nicht auf den Text auswirken (s. Abschnitt 14.12.10).

14.3.9 Objekte umfließen

Den Textfluss steuern Sie nicht nur durch die Begrenzung des Flächentextobjekts. Sie können den Text um andere Objekte herumfließen lassen.

Pixelbilder | Die Kanten der in Pixelbildern dargestellten Motive erkennt Illustrator, wenn sie auf einer Ebene freigestellt sind – diese Bilder müssen im PSD-Format platziert werden. Sind die Motivkanten sehr unregelmäßig, sollten Sie Ihre Motive besser mithilfe von Schnittmasken (s. Abschnitt 11.3) in Illustrator freistellen. Der Versatz zwischen glatten Kanten und Text ist auf diese Art besser zu steuern. Da Text ohnehin nur zeilenweise um das Motiv fließen kann, benötigen Sie keine allzu exakte Freistellung.

Effekte | Die Auswirkungen von Effekten auf die Außenform eines Objekts werden in die Berechnung des Abstands zum Text einbezogen.

Stapelreihenfolge und Hierarchie | Texte, die andere Objekte umfließen sollen, dürfen nicht gruppiert sein. Richten Sie Umfließen-Objekte und Texte so ein, dass sie sich auf derselben Ebene befinden – die Umfließen-Objekte liegen in der Stapelreihenfolge über den Texten (Ebenen s. Abschnitt 11.1.12).

Liegen Texte über den Umfließen-Objekten, sind sie von deren Wirkung ausgenommen. Verlagern Sie Texte, die keine Objekte umfließen sollen, trotzdem auf andere Ebenen, um die Übersicht in Ihren Dokumenten zu vereinfachen. Um ein Umfließen-Objekt zu erzeugen, gehen Sie so vor:

1. Positionieren Sie den Text und die Umfließen-Objekte.
2. Ordnen Sie die Hierarchie und die Stapelreihenfolge der Objekte. Überprüfen Sie beides mithilfe des Ebenen-Bedienfelds.
3. Aktivieren Sie das oder die Umfließen-Objekte, und wählen Sie Objekt • Umfliessen • Erstellen.
4. Rufen Sie Objekt • Umfliessen • Umfliessenoptionen… auf, und bestimmen Sie die Parameter entweder für alle Ihre Umfließen-Objekte identisch oder für jedes individuell – in diesem Fall müssen die Objekte einzeln aktiviert werden:
   ▶ Versatz: Legen Sie den Abstand zwischen Text und Umfließen-Objekt fest.
   ▶ Umfliessen umkehren: Aktivieren Sie diese Option, um den Text innerhalb des Umfließen-Objekts fließen zu lassen.

▲ **Abbildung 14.21**
Die Dialogbox Umfliessenoptionen

Umfließen aufheben | Um die Umfließen-Eigenschaft eines Objekts aufzuheben, aktivieren Sie das Umfließen-Objekt und wählen Objekt • Umfliessen • Zurückwandeln.

▲ **Abbildung 14.22**
Texte unter einem Umfließen-Objekt (markiert) laufen um das Element herum.

14.3.10 Text am Pfad verschieben

Wenn Sie einen Pfadtext mit dem Auswahl-Werkzeug aktivieren, sehen Sie drei senkrecht zum Pfad stehende Linien. Diese werden als **Klammern** bezeichnet.

Bewegen Sie das Auswahl-Werkzeug über die Klammern. Die erste Klammer markiert den Textanfang: Über ihr zeigt der Cursor das ▸⊢-Symbol. Eine weitere Klammer wird bei der Erstellung des Textpfads ans Ende des Pfades gesetzt. Sie markiert das Ende des Textbereichs: Der Cursor zeigt ▸⊣. In der Mitte zwischen diesen beiden Klammern markiert die dritte Klammer die Textmitte: Der Cursor zeigt ▸⊥.

▲ **Abbildung 14.23**
Pfadtext mit allen Klammern

Textbereich verändern | Bewegen Sie die Anfangs- und Endklammer, indem Sie auf der Linie klicken und ziehen, um den Textbereich auf dem Pfad zu erweitern oder einzugrenzen.

Klicken Sie in das Kästchen auf der Anfangs- bzw. Endklammer, um den Pfadtext mit anderen Textobjekten zu verketten (s. Abschnitt 14.3.13, »Verkettete Textobjekte«).

▲ **Abbildung 14.24**
Textbereich begrenzen

Text verschieben | Um den Text auf dem Pfad zu verschieben, klicken und ziehen Sie die mittlere Klammer. Schränken Sie die Bewegung ein – um den Text nicht aus Versehen um den Pfad zu spiegeln –, indem Sie dabei ⌘/Strg drücken. Sie können auch die Textausrichtung auf linksbündig, rechtsbündig oder zentriert umstellen.

▲ **Abbildung 14.25**
Text auf dem Pfad verschieben

▲ Abbildung 14.26
Text um einen Pfad spiegeln

▲ Abbildung 14.27
Negativer Grundlinienversatz

▲ Abbildung 14.28
Text an einem Kreis können Sie einheitlich behandeln, Text an einer Schlangenlinie nicht.

▲ Abbildung 14.29
Vertikale Ausrichtung des Texts am Pfad: Oberlänge, Unterlänge, Mitte, Grundlinie

Abbildung 14.30 ▶
Optionen für die Ausrichtung von Text auf einem Pfad

▲ Abbildung 14.31
Weitergehende Gestaltungsmöglichkeiten haben Sie mit Verzerrungshüllen – hier: Torbogen.

Text um den Pfad spiegeln | Um den Text auf der anderen Seite des Pfades laufen zu lassen – als ob Sie die Pfadrichtung umkehren würden –, ziehen Sie die mittlere Klammer auf die andere Seite des Pfads, oder wählen Sie Schrift • Pfadtext • Pfadtextoptionen…, und aktivieren Sie die Option Spiegeln.

Vertikale Position des Pfadtexts | Um die Position der Textgrundlinie im Verhältnis zum Pfadverlauf zu verändern, geben Sie einen Grundlinienversatz im Zeichen-Bedienfeld ein. Oder Sie wählen Schrift • Pfadtext • Pfadtextoptionen… und bestimmen eine andere Option unter An Pfad ausrichten: Oberlänge, Unterlänge, Mitte oder Grundlinie.

14.3.11 Abstand der Zeichen eines Pfadtexts

Die Laufweite eines Pfadtexts muss fast immer angeglichen werden. Ist der Kurvenverlauf einheitlich, wie z. B. bei einem Kreis, können Sie die Laufweite im Zeichen-Bedienfeld einheitlich anpassen.

Wenn Ihr Pfad sehr enge Kurven beschreibt, kommt es vor, dass die Zeichenabstände in der Kurve viel zu groß sind. In manchen Fällen hilft dagegen die Option Abstand unter Schrift • Pfadtext • Pfadtextoptionen… Geben Sie einen Wert in das Eingabefeld Abstand ein, wird der Buchstabenabstand in engen Kurven angeglichen. Ein höherer Wert verringert den Buchstaben-Zwischenraum an engen Kurven.

Falls das nicht zu einem optimalen Schriftbild führt, bleibt Ihnen nur, die Laufweite individuell für die einzelnen Textbereiche über das Zeichen-Bedienfeld anzupassen.

14.3.12 Ausrichten der Zeichen auf dem Pfad

Wie die Zeichen zum Pfad angeordnet sind, ob und wie sie verzerrt werden, steuern Sie unter Schrift • Pfadtext sowie in den Pfadtextoptionen. Die Grundeinstellung ist Regenbogen.

Die Optionen gelten immer für den gesamten Pfadtext. Um sie anzuwenden, aktivieren Sie das Pfadtextobjekt oder positionieren den Cursor im Text und wählen die Option aus dem Menü unter Schrift • Pfadtext.

Schritt für Schritt: Schrift auf einem Stempel

Diese Aufgabe ist ein »Dauerbrenner« – nicht nur für die Gestaltung von Stempeln.

1 Grundform erstellen

Zeichnen Sie einen Kreis von etwa 35 mm Durchmesser mit dem Ellipse-Werkzeug – dabei müssen Sie ⇧ gedrückt halten.

Die beiden Texte sollen in entgegengesetzten Richtungen entlang der Kreisform laufen, was sich in Illustrator nicht mit einem Textpfad realisieren lässt. Aktivieren Sie daher mit dem Direktauswahl-Werkzeug die Ankerpunkte links und rechts. Dann klicken Sie auf den Button Pfad an ausgewählten Ankerpunkten ausschneiden, um den Kreis in zwei Hälften zu schneiden.

▲ **Abbildung 14.32**
Zwei gegenüberliegende Punkte auf dem Kreis werden aktiviert, und der Pfad wird an diesen getrennt.

2 In Textpfade umwandeln

Bewegen Sie das Text-Werkzeug T auf die obere Hälfte, klicken Sie, wenn das Textpfad-Cursor-Symbol erscheint, und geben Sie den Text ein. Gehen Sie ebenso mit der unteren Hälfte vor.

▲ **Abbildung 14.33**
Der obere Pfad wurde in einen Textpfad umgewandelt.

3 Text formatieren

Wählen Sie die Zeichen mit dem Text-Werkzeug aus oder das Textobjekt mit dem Auswahl-Werkzeug, und formatieren Sie die Texte mit dem Zeichen-Bedienfeld. Klicken Sie außerdem im Absatz-Bedienfeld auf Zentrieren. Verwenden Sie Schrift • Gross-/Kleinschreibung ändern • Grossbuchstaben, um den Text in Versalien zu setzen.

4 Pfadtexte auf dem Pfad verschieben

Öffnen Sie die Datei »Buch.ai«, und kopieren Sie die Grafik in Ihre Datei. Verschieben Sie das Objekt in die Mitte. Aktivieren Sie einen Text mit dem Auswahl-Werkzeug, und verschieben Sie diesen mithilfe der Pfadtextklammern auf dem Pfad. Wiederholen Sie dies am anderen Text.

▲ **Abbildung 14.34**
Formatierung der Texte

◀ **Abbildung 14.35**
Verschieben der Texte auf dem Pfad mithilfe der Pfadtextklammern

Pfadtextoptionen aufrufen

Aktivieren Sie ein Pfadtextobjekt, und doppelklicken Sie auf das Pfadtext-Werkzeug, um die Pfadtextoptionen aufzurufen.

Abbildung 14.36 ▶
Die Dialogbox Pfadtextoptionen

Pfadtext mit Verzerrung

Soll sich der Pfadtext außerdem entsprechend der Pfadkrümmung verzerren, dann erzeugen Sie einen Bildpinsel aus einer Textzeile. Da Pinsel keine Texte enthalten dürfen, muss das Textobjekt vorher in Pfade umgewandelt werden.

Abbildung 14.37 ▶
Anpassen des Abstands zum Pfad mit dem Grundlinienversatz

▲ **Abbildung 14.38**
Ein einzelnes und mehrere verkettete Flächentextobjekte

5 **Pfadtexte auf dem Pfad spiegeln**
Einer der Texte muss am Pfad gespiegelt werden. Welcher es ist, hängt von der Richtung ab, in der der Kreis aufgezogen wurde. In unserem Fall ist es der untere Text. Aktivieren Sie das Textobjekt, und rufen Sie Schrift • Pfadtext • Pfadtextoptionen… auf. Aktivieren Sie die Option Spiegeln, und wählen Sie An Pfad ausrichten: Oberlänge.

6 **Symmetrischer Abstand beider Texte**
Der Abstand der Texte beider Pfade muss vereinheitlicht werden.

Den Abstand des Texts zum Pfad stellen Sie im Zeichen-Bedienfeld ein, indem Sie den Grundlinienversatz erhöhen. Falls die Einstellung ausgeblendet ist, wählen Sie Optionen einblenden aus dem Bedienfeldmenü.

14.3.13 Verkettete Textobjekte

Mehrere Flächentext- oder Pfadtextobjekte können Sie miteinander verketten, der Text fließt dann je nach Platzbedarf in die verketteten Objekte. Wenn Sie ein Flächentext- oder ein Pfadtextobjekt mit dem Auswahl-Werkzeug aktivieren, sehen Sie zwei Quadrate – »Eingang« und »Ausgang« genannt. Sind diese Quadrate leer ☐, ist der Platz im Objekt ausreichend. Ein Pfeil ▶ in einem der Quadrate zeigt an, dass das Textobjekt mit einem anderen Textobjekt verknüpft ist. Ein rotes Pluszeichen ⊞ im Ausgang signalisiert, dass Text vorhanden ist, der nicht in die Fläche passte – »Übersatz«, also »zusätzlicher Text«.

Textverkettungen legen Sie mit vorhandenen Vektorobjekten an, oder Sie erstellen die neuen Objekte beim Verketten.

Verketten vorhandener Vektorobjekte | Um Textobjekte mit vorhandenen Vektorobjekten zu verketten, gehen Sie so vor:
1. Wählen Sie das Auswahl-Werkzeug, und aktivieren Sie ein Pfadtext- oder Flächentextobjekt. Klicken Sie auf den Eingang oder den Ausgang des Textobjekts. Das Cursor-Symbol wandelt sich in .
2. Bewegen Sie den Cursor über den Pfad des Vektorobjekts, das Sie mit dem Textobjekt verketten möchten.
    - Mit einer Fläche verketten: Wenn der Cursor zeigt, klicken Sie, um das Textobjekt mit dem Vektorobjekt zu verketten.
    - Mit einem Pfad verketten: Halten Sie ⌥/Alt gedrückt – sobald der Cursor zeigt, erzeugen Sie mit einem Klick ein verkettetes Textpfadobjekt.
3. Falls das Vektorobjekt mit Kontur und Fläche versehen war, werden diese entfernt.

Verketten per Menü | Aktivieren Sie ein einzelnes – nicht bereits verkettetes – Textobjekt und die Vektorobjekte, mit denen Sie es verknüpfen möchten, und wählen Sie SCHRIFT • VERKETTETER TEXT • ERSTELLEN.

Erzeugen neuer Textobjekte | Etwas anders gehen Sie vor, um beim Verketten ein neues Textobjekt zu erzeugen:
1. Aktivieren Sie ein Pfadtext- oder Flächentextobjekt mit dem Auswahl-Werkzeug, und klicken auf den Ein- oder Ausgang.
2. Mit dem neuen Cursor-Symbol klicken Sie entweder, um ein Duplikat des vorhandenen Textobjekts – Pfadtext oder Flächentext – zu erzeugen, oder Sie klicken und ziehen ein Rechteck in der gewünschten Größe auf, um einen Textrahmen zu erzeugen.

Verkettungen anzeigen | Besonders wenn Sie mit vielen verketteten Textobjekten arbeiten, unterstützt es die Übersichtlichkeit, die Verkettungen anzuzeigen. Wählen Sie dafür ANSICHT • TEXTVERKETTUNGEN EINBLENDEN – ⌘/Strg+⇧+Y.

Textobjekte zwischen verkettete Objekte einfügen | Ein Textobjekt können Sie nicht nur am Anfang oder Ende einer Kette, sondern auch zwischen bereits verkettete Textobjekte einhängen. Aktivieren Sie das Objekt, vor dessen Eingang oder nach dessen

---

Pfadtext aus CS3

Pfadtexte werden in CS4 und 5 vor allem an Pfaden mit extremen Biegungen signifikant besser ausgeglichen. Die Veränderung bewirkt allerdings auch, dass beim Import älterer Dokumente und beim Export in ältere Formate Pfadtexte abweichend gesetzt werden.

▲ **Abbildung 14.39**
Ein Textobjekt mit einer Fläche (oben) oder mit einem Pfad (unten) verketten

▲ **Abbildung 14.40**
Ein neues Textobjekt an ein vorhandenes anhängen

▲ **Abbildung 14.41**
Einen neuen Flächentext zwischen zwei vorhandene Flächentexte einfügen

Ausgang Sie ein weiteres Objekt einhängen wollen, und gehen Sie so vor, wie in »Textobjekte verketten« auf S. 429 beschrieben.

Alle Textobjekte einer Kette auswählen | Müssen Sie alle Textobjekte einer Kette zusammen bewegen oder bearbeiten, nehmen Sie das Auswahl-Werkzeug, aktivieren eines der zur Kette gehörenden Textobjekte und wählen Auswahl • Gleich • Verknüpfungsblockreihen.

Verkettungen lösen | Sie haben drei Möglichkeiten, Verkettungen zu lösen:
1. Wenn Sie die Verkettung unterbrechen möchten, aktivieren Sie eines der Objekte an einer Seite der zu lösenden Verkettung mit dem Auswahl-Werkzeug. Doppelklicken Sie dann auf seinen Ein- oder Ausgang. Die Verkettung wird gelöst, und der Text verbleibt in dem Objekt, das sich vor der jetzt gelösten Verkettung befand.
2. Um ein Objekt aus der Verkettung herauszulösen und den Text in das folgende Objekt weiterfließen zu lassen, aktivieren Sie das herauszulösende Objekt und wählen Schrift • Verketteter Text • Auswahl zurückwandeln.
3. Möchten Sie alle Verkettungen lösen und den Text in den Objekten behalten, aktivieren Sie ein Objekt aus der Kette mit dem Auswahl-Werkzeug und wählen Schrift • Verketteter Text • Verkettung entfernen.

▲ **Abbildung 14.42**
Original (l. o.), Verkettung unterbrechen (r. o.), Objekt herauslösen (l. u.), Verkettung entfernen (r. u.)

14.4 Texte importieren

Meist erfassen Sie Texte nicht in Illustrator, sondern importieren sie. Illustrator interpretiert die gängigen Dateiformate – und Texte lassen sich über die Zwischenablage einfügen.

14.4.1 Kopieren/Einsetzen

Wenn Sie Texte aus anderen Anwendungen kopieren und in Illustrator einsetzen, wird ein Punkttextobjekt erzeugt. Benötigen Sie ein Flächentextobjekt, erstellen Sie zuerst das Textobjekt und fügen den Text an der Einfügemarke ein.

Textformatierung kopieren | Stellen Sie innerhalb Ihres Dokuments komplette Absätze mit Kopieren und Einfügen um, werden Absatz- und Zeichenformatierungen von der Quelle mit übertragen und bleiben erhalten, auch wenn am Einfügeziel eine andere Formatierung eingerichtet ist.

Formatierte Texte kopieren

Wenn Sie Texte aus Photoshop kopieren und sie in Illustrator einfügen, so bleibt die Textformatierung erhalten. Leider gibt es diesen Komfort in der Kooperation mit InDesign nicht.

Fehlende Schriften

Werden in geladenen Dokumenten Schriften verwendet, die auf Ihrem System nicht installiert sind, zeigt Illustrator eine Warnung. Lesen Sie in Abschnitt 14.8.19 über den Umgang mit fehlenden Schriften nach.

14.4.2 Text laden

Illustrator kann Texte aus Dateien der Formate Microsoft Word Windows 97 bis 2007 sowie Mac 2004, RTF und TXT in verschiedenen Kodierungen importieren. Anders als z. B. InDesign importiert Illustrator nicht in Word-Dokumente eingebundene Bilder. Beim Importieren von DOC- und RTF-Dateien ist es möglich, deren Textformatierungen zu erhalten – achten Sie aber darauf, dass die verwendeten Schriften in identischen Font-Formaten auf Ihrem System installiert sind, um Darstellungsprobleme zu vermeiden.

Um einen Text zu importieren, rufen Sie Datei • Platzieren… auf und wählen die Textdatei in der Dialogbox aus. Klicken Sie auf den Platzieren-Button; anschließend werden die Importoptionen angezeigt.

DOC und RTF | Für DOC- und RTF-Dateien können Sie hier u. a. bestimmen, ob Textformatierungen erhalten bleiben sollen. Behalten Sie Textformatierungen bei, werden auch die Farben übernommen. Importieren Sie Texte in CMYK-Dokumente, entstehen Probleme durch die importierte Farbe »Schwarz« oder »Black«. Die importierte Farbe ist kein reines, sondern »buntes« Schwarz. Ändern Sie die Farbfeld-Definition – da das Farbfeld global ist, werden alle Objekte aktualisiert (s. Abschnitt 8.4.1).

TXT | Beim Import einer TXT-Datei haben Sie diese Optionen:

[WYSIWYG]
Akronym: »What you see is what you get.« Software, die nach dem WYSIWYG-Prinzip arbeitet, zeigt Layouts auf dem Bildschirm so an, wie sie ausgedruckt werden.

▲ **Abbildung 14.43**
Schwarz in einer importierten RTF-Datei

◀ **Abbildung 14.44**
Optionen für den Import von TXT-Dateien

- Kodierung: Geben Sie hier die Plattform und den Zeichensatz an, mit denen der Text erstellt wurde.
- Zusätzliche Wagenrückläufe: In TXT-Dateien werden Leerzeilen verwendet, um Absätze deutlicher herauszustellen. In Illustrator können Sie Abstände zwischen Absätzen anders erzeugen, daher ist es beim Import von TXT-Dateien möglich, die zusätzlichen Absätze zu entfernen.

[Zeichensatz]
Der Zeichensatz ist u. a. abhängig von der Sprache des Textes – er definiert den Umfang der Zeichen, die in einem Text verwendet werden können, und deren computergerechte Codierung.

▶ Zusätzliche Leerzeichen: Beim Speichern im TXT-Format werden Tabulator-Steuerzeichen in eine bestimmte Anzahl Leerzeichen umgewandelt. Aktivieren Sie die Zusätzliche Leerzeichen-Option, um die Leerzeichen in Tabulatoren zurückzuwandeln (zu Tabulatoren siehe Abschnitt 14.10).

14.4.3 Textdateien öffnen

Darüber hinaus können Sie Dateien öffnen. Die Formate Microsoft Word Windows 97 bis 2007 sowie Mac 2004, RTF und TXT werden geöffnet. Die Dateien liegen anschließend im RGB-Farbmodus vor – konvertieren Sie den Modus, falls nötig.

> **Öffnen von Word-Dokumenten**
> Beim Platzieren oder Öffnen von Word-Dokumenten werden eingebundene Bilder ignoriert.

14.4.4 Texte aus alten Illustrator-Dateien – Legacy Text

Illustrator 10 und frühere Versionen behandelten Text anders als Illustrator ab Version CS. Illustrator CS5 kann Texte aus alten Dateien problemlos darstellen und ausgeben. Möchten Sie Text aus alten Dateien in Illustrator CS5 jedoch editieren oder umformatieren, müssen Sie ihn in die neue Version konvertieren – Textobjekte konvertierter Illustrator 10-Dateien werden »alter Text« oder in der englischen Version »Legacy Text« genannt.

Wenn Sie eine alte Datei öffnen, die Text enthält, zeigt Illustrator einen Warnhinweis. Sie können alle Textobjekte aktualisieren, indem Sie auf den Button Aktualisieren klicken. Klicken Sie auf OK, um den alten Text in der Datei zu belassen.

▲ **Abbildung 14.45**
»Alter Text«-Warnung

Text aktualisieren | Zu einem späteren Zeitpunkt haben Sie die Möglichkeit, entweder den gesamten oder ausgewählten alten Text zu aktualisieren. Wählen Sie dazu entweder Schrift • Alter Text • Ganzen alten Text aktualisieren, oder aktivieren Sie die zu aktualisierenden Textobjekte, und wählen Sie Schrift • Alter Text • Ausgewählten alten Text aktualisieren.

Kopie des alten Texts beim Aktualisieren | Nach dem Aktualisieren können Veränderungen im Textfluss auftreten. Um die aktualisierten Objekte an das Originallayout anzupassen, gibt es die Möglichkeit, automatisch beim Aktualisieren eine Kopie des alten Texts zu erstellen. Dafür müssen Sie jedoch beim Aktualisieren anders vorgehen: Doppelklicken Sie mit dem Auswahl-Werkzeug auf den alten Text. In der Dialogbox klicken Sie auf den Button Textobjekt kopieren, um eine Kopie zu erstellen.

▲ **Abbildung 14.46**
Kopie des alten Texts unter dem aktualisierten Objekt

Kopien anzeigen und verstecken | Die Kopien blenden Sie über das Menü aus und ein. Wählen Sie Schrift • Alter Text • Kopien ausblenden bzw. Kopien einblenden.

Kopien löschen | Aktivieren Sie die Kopien mit Schrift • Alter Text • Kopien auswählen, und löschen Sie sie mit dem Befehl Schrift • Alter Text • Kopien löschen.

14.4.5 Fremdsprachentexte

Wenn Sie nicht-lateinischen Text in Ihr Dokument einfügen, verhindert die Option Fehlenden Glyphenschutz aktivieren aus Voreinstellungen • Schrift, dass in der aktuell eingestellten Schrift nicht vorhandene Zeichen ersetzt werden und der Text durch die Ersetzung unleserlich wird.

Ist eine Schrift ausgewählt, mit der die im Text enthaltenen Zeichen dargestellt werden können, wird der Font verwendet.

▲ **Abbildung 14.47**
Japanischer Text, eingefügt in ein mit einer lateinischen Schrift formatiertes Textobjekt: ohne (oben) und mit Glyphenschutz (unten)

14.5 Texte editieren

Illustrator ist kein Textverarbeitungsprogramm – für den Feinschliff der Typografie bietet es dafür etwas mehr.

14.5.1 Nicht druckbare Zeichen

Nicht druckbare Zeichen sind z. B. Absatzmarken, Zeilenumbrüche, Tabulatoren und Leerzeichen. Auch wenn sie im Ausdruck nicht sichtbar sind, haben sie einen Einfluss auf den Textumbruch. Daher ist es sinnvoll, zu wissen, wo welche Zeichen sind. Aktivieren Sie Schrift • Verborgene Zeichen einblenden – ⌘+⌥+I bzw. Strg+Alt+I –, um die Zeichen anzuzeigen.

14.5.2 Sprachen zuweisen

Illustrator arbeitet mit Wörterbüchern für verschiedene Sprachen, auf denen sowohl die Rechtschreibprüfung als auch die Trennregeln basieren. Welches Wörterbuch jeweils benutzt wird, bestimmen Sie, indem Sie Texten neben der Formatierung eine Sprache zuordnen. Da grammatische vor typografischen Trennregeln in den Umbruch eines Textes eingreifen, sollten Sie die Sprache immer zuordnen, bevor Sie die Silbentrennungseinstellungen im Absatz-Bedienfeld vornehmen. Die Sprache können Sie auf drei Ebenen zuweisen:

▸ **Generell für die Arbeit mit Illustrator**: Rufen Sie Voreinstellungen • Silbentrennung… auf, und wählen Sie die Sprache aus, die für alle Ihre Dokumente voreingestellt sein soll.
▸ **Für ein Dokument**: Möchten Sie für einzelne Dokumente eine andere Sprache verwenden, wählen Sie Datei • Dokument einrichten… und stellen auf der Seite Text eine Sprache ein.

▲ **Abbildung 14.48**
Nicht-druckende Zeichen: Tabulator, Leerzeichen, Zeilenumbruch, bedingte Trennstriche, Absatzmarken

▲ **Abbildung 14.49**
Spracheinstellung (v. l. o.): Französisch, Deutsch, Englisch, Griechisch

„Deutsch" »Deutsch«
"Englisch" «Französisch»
"Schwedisch" »Schwedisch»
„Holländisch" "Holländisch"

▲ **Abbildung 14.50**
Gebrauch von Anführungszeichen in unterschiedlichen Sprachen

Eingabe Mac	Zeichen
⌥+⇧+W	„
⌥+2	"
⌥+⇧+Q	»
⌥+Q	«

Eingabe Windows	Zeichen
Alt+Num 0132	„
Alt+Num 0147	"
Alt+Num 0187	»
Alt+Num 0171	«

▲ **Tabelle 14.1**
Typografische Anführungszeichen unter Mac OS und Windows

OpenType-Schriften

Wenn Sie OpenType-Schriften verwenden, sollten Sie für die Umwandlung von Ligaturen und Bruchzahlen das OpenType-Bedienfeld nutzen.

▸ **Für einzelne Wörter oder Absätze**: Sollen Ausnahmen für einzelne Wörter oder Absätze gelten, aktivieren Sie die betreffenden Zeichen oder das gesamte Textobjekt, und wählen Sie die SPRACHE aus dem Menü im Zeichen-Bedienfeld.

14.5.3 Anführungszeichen definieren

Typografisch korrekte Anführungszeichen sind eines von vielen Zeichen für die Qualität gestalterischer Arbeit – sie sind aber nicht einfach per Tastatur einzutippen. Großer Beliebtheit erfreut sich die Methode, einfach ⇧+2 zu verwenden. Illustrator kann diese Zeichen automatisch beim Eintippen in die typografischen Anführungszeichen einer Reihe von Sprachen umwandeln. Wählen Sie DATEI • DOKUMENT EINRICHTEN..., aktivieren Sie TYPOGRAFISCHE ANFÜHRUNGSZEICHEN VERWENDEN, und wählen Sie aus den Menüs DOPPELTE und EINFACHE ANFÜHRUNGSZEICHEN die korrekten Zeichen aus.

Wenn typografische Anführungszeichen aktiviert sind, können Sie keine Zoll-Zeichen mehr tippen. Verwenden Sie entweder das Glyphen-Bedienfeld, um Zoll-Zeichen einzugeben, oder deaktivieren Sie die Option TYPOGRAFISCHE ANFÜHRUNGSZEICHEN, und geben Sie die typografischen Anführungszeichen per Tastatur ein.

14.5.4 Groß- und Kleinschreibung ändern

Um die Groß- und Kleinschreibung von Texten zu ändern, aktivieren Sie die betreffenden Textstellen, und wählen Sie eine der Optionen aus dem Menü SCHRIFT • GROSS-/KLEINSCHREIBUNG ÄNDERN. Die Untermenü-Begriffe sind selbsterklärend.

14.5.5 Satz- und Sonderzeichen

Das Eintippen der meisten Sonderzeichen stört den Schreibfluss, und wenn Ihnen Texte angeliefert werden, enthalten diese in den wenigsten Fällen typografische Satzzeichen. Daher können Sie Texte nachträglich über den Befehl SCHRIFT • SATZ-/SONDERZEICHEN... automatisch mit typografischen Sonderzeichen ausstatten, falls diese in der verwendeten Schrift vorhanden sind.

Abbildung 14.51 ▸
Die Dialogbox SATZ-/SONDERZEICHEN

Wählen Sie, welche Zeichen ersetzt werden sollen:

- FF, FI, FFI bzw. FF, FL, FFL LIGATUREN: Kommen diese Buchstabenkombinationen im Text vor, werden sie durch die entsprechenden Ligaturen ersetzt.
  Die Satzregeln des deutschen Sprachraums definieren etliche Ausnahmen, in denen keine Ligaturen verwendet werden dürfen – diese Fälle berücksichtigt Illustrator nicht.
- TYPOGRAFISCHE ANFÜHRUNGSZEICHEN: Diese Option wandelt Zoll-Zeichen in Anführungszeichen um. Die Option ist für den deutschen Sprachraum nicht brauchbar, da immer angelsächsische Anführungszeichen erzeugt werden.
- EINFACHE LEERZEICHEN: Sind nach einem Punkt mehrere Leerzeichen vorhanden, werden sie bis auf eines gelöscht.
- GEVIERT-, HALBGEVIERTSTRICHE: Diese Option transformiert zwei Bindestriche -- in einen Halbgeviertstrich – und drei Bindestriche --- in einen Geviertstrich —.
- AUSLASSUNGSPUNKTE: Das Auslassungszeichen (auch »Dreipunkt« oder »Ellipse« genannt) einer Schrift unterscheidet sich zum Teil erheblich von drei hintereinandergesetzten Punkten. Die Option AUSLASSUNGSPUNKTE ersetzt drei Punkte durch ein Auslassungszeichen.
- BRUCHZAHLEN: Mehrere Ziffern, die durch einen Schrägstrich getrennt sind, werden durch das entsprechende Bruchzeichen ersetzt, wenn es in der Schrift vorhanden ist.
- ERSETZEN IM: Sie haben die Wahl, ob Sie den ausgewählten Text oder den Text des gesamten Dokuments korrigieren möchten.
- ÄNDERUNGEN AUFLISTEN: Aktivieren Sie diese Option, dann meldet Illustrator nach Durchführung des Befehls die erfolgten Änderungen.

14.5.6 Glyphen-Bedienfeld

Die meisten Schriften enthalten Zeichen, die entweder nicht über Tastaturkürzel zugänglich sind oder die Sie so selten verwenden, dass Sie sich die Kürzel nicht merken. Bei reinen Ornament-Schriften ist es zudem nützlich, einen Überblick über die enthaltenen Formen zu bekommen.

Im Glyphen-Bedienfeld sehen Sie alle Zeichen einer Schrift. Rufen Sie das Bedienfeld mit FENSTER • SCHRIFT • GLYPHEN, SCHRIFT • GLYPHEN oder im Dock mit dem Symbol Aa auf.

Streiflicht
Schilfinsel

▲ **Abbildung 14.52**
In diesen Fällen dürften keine Ligaturen verwendet werden.

Sonderzeichen

In Illustrator steht leider nicht so eine große Auswahl an Sonderzeichen, z. B. Leerräume und Umbrüche, zur Verfügung wie in Satz- und Layoutprogrammen.

Ende ...
Ende …

▲ **Abbildung 14.53**
Auslassungspunkte (unten)

▲ **Abbildung 14.54**
Symbol-Zeichensatz

Bedienfeld zurücksetzen

Der Befehl BEDIENFELD ZURÜCKSETZEN aus dem Bedienfeldmenü setzt die Darstellungsgröße der Glyphen auf die Voreinstellung zurück.

Abbildung 14.55 ▶
Das Glyphen-Bedienfeld

▲ **Abbildung 14.56**
Alternative Glyphen für t und g der WarnockPro

▲ **Abbildung 14.57**
Layout-Features: Standardligaturen, bedingte Ligaturen, Mediävalziffern

▲ **Abbildung 14.58**
Schwungschriften und stilistische Varianten gibt es in kursiven Schnitten (Adobe Caslon Pro).

▲ **Abbildung 14.59**
Kontextbedingte Varianten/Formatvarianten (Caflish Script Pro)

Im Schriftart-Menü am unteren Rand des Bedienfelds wird die eingestellte Schrift angezeigt. Wenn Sie eine neue Schriftart auswählen, wird diese als Voreinstellung für neuen Text übernommen bzw. verändert die Formatierung ausgewählter Zeichen.

Die Darstellung der Glyphen der ausgewählten Schrift können Sie Sie durch die Steuerungen des Bedienfelds beeinflussen:

▶ Kleiner-Größer-Buttons ▣ ▣: Klicken Sie auf den jeweiligen Button, um die Darstellung der Zeichen im Bedienfeld in festgelegten Schritten zu vergrößern oder zu verkleinern.

▶ EINBLENDEN: Der Funktionsumfang des Menüs am oberen Rand des Bedienfelds variiert je nach eingestellter Schriftart. Ist eine OpenType-Schrift mit »Layout-Features« ausgestattet, so können Sie die zu einzelnen Features gehörenden Zeichen im Bedienfeld anzeigen lassen, indem Sie die entsprechende Option aus dem Menü wählen (OpenType s. Abschn. 14.6).

Zeichen auswählen | Um mit dem Glyphen-Bedienfeld ein Zeichen zu setzen, platzieren Sie den Text-Cursor an die gewünschte Stelle im Textobjekt und doppelklicken auf das Zeichen im Glyphen-Bedienfeld.

Alternativen | Aktivieren Sie einen Buchstaben in Ihrem Text, so wird dieses Zeichen im Glyphen-Bedienfeld hervorgehoben. Ein kleines Dreieck rechts unten in einem Glyphen-Feld deutet an, dass für dieses Zeichen alternative Formen vorhanden sind. Das Feature ist OpenType-Schriften vorbehalten. Klicken Sie lange auf das Glyphen-Feld, um ein Auswahlfeld mit den Alternativen für die Glyphe anzuzeigen. Wählen Sie das gewünschte Zeichen aus dem Auswahlfeld, um den aktivierten Buchstaben zu ersetzen.

14.5.7 Rechtschreibprüfung

Illustrator kann die Rechtschreibung Ihrer Texte nach seinen Wörterbüchern in mehreren Sprachen prüfen. Durch das Zuweisen einer SPRACHE wählen Sie das Wörterbuch (s. Abschnitt 14.5.2).

Rufen Sie die Rechtschreibprüfung auf, indem Sie BEARBEITEN • RECHTSCHREIBPRÜFUNG wählen – ⌘/Strg+I. Klicken Sie auf den Pfeil-Button OPTIONEN, um zu bestimmen, welche Kriterien in die Prüfung eingeschlossen werden sollen:

- SUCHEN: Geben Sie hier an, ob Illustrator die genannten Optionen als Fehler erkennen soll.
  - WIEDERHOLTE WÖRTER: Nur dann, wenn diese Option aktiviert ist, erkennt Illustrator zwei identische Wörter in Folge, die korrekt geschrieben sind, als Fehler.
- IGNORIEREN: Aktivieren Sie die Optionen in diesem Block, wenn Illustrator diese Inhalte nicht als Fehler erkennen soll.

▲ **Abbildung 14.60**
Kontextbedingte und stilistische Varianten (Bickham Script Pro)

◀ **Abbildung 14.61**
Die Dialogbox RECHTSCHREIBPRÜFUNG mit allen Optionen

Starten Sie die Überprüfung, indem Sie auf den Button BEGINNEN klicken. Illustrator hebt fehlerhafte Wörter hervor und zeigt den Satzzusammenhang an. Sie haben folgende Möglichkeiten:

- Klicken Sie auf IGNORIEREN, um die Prüfung fortzusetzen, ohne das Wort zu ändern.
- Klicken Sie auf ALLE IGNORIEREN, um dieses Wort während dieses Prüfungsdurchgangs nicht mehr als Fehler anzeigen zu lassen. Bei einer erneuten Prüfung wird es wieder bemängelt.
- Wählen Sie eine der vorgeschlagenen Schreibweisen unter VORSCHLÄGE, oder korrigieren Sie die Rechtschreibung des hervorgehobenen Wortes im oberen Eingabefeld, und klicken Sie auf ÄNDERN, um dieses eine Vorkommen des Wortes zu berichtigen.

- Korrigieren Sie das Wort, und klicken Sie auf ALLE ÄNDERN, um alle Vorkommen des Wortes auf einmal durch Ihre Schreibweise zu ersetzen.
- Wenn die Rechtschreibung korrekt ist und Sie das Wort häufiger verwenden, nehmen Sie es in Ihr EIGENES WÖRTERBUCH auf, indem Sie auf HINZUFÜGEN klicken. Damit wird das Wort nicht mehr bemängelt.
- Klicken Sie auf FERTIG, um die Prüfung zu beenden.

14.5.8 Wörterbuch bearbeiten

Das EIGENE WÖRTERBUCH können Sie editieren, um z. B. eine größere Anzahl Begriffe im Voraus aufzunehmen oder die während einer Rechtschreibprüfung versehentlich hinzugefügten Wörter wieder zu löschen. Rufen Sie dazu BEARBEITEN • EIGENES WÖRTERBUCH BEARBEITEN… auf:

Abbildung 14.62
Die Dialogbox EIGENES WÖRTERBUCH BEARBEITEN

- Um ein Wort in das eigene Wörterbuch einzutragen, geben Sie das Wort unter EINTRAG ein und klicken auf HINZUFÜGEN.
- Vorhandene Wörter wählen Sie aus, indem Sie in der alphabetischen Liste im unteren Feld darauf klicken.
- Aktivieren Sie ein Wort, und klicken Sie auf LÖSCHEN, um es aus dem Wörterbuch zu entfernen.
- Falsche Einträge können Sie korrigieren, indem Sie das Wort aktivieren, im Feld EINTRAG die Fehler berichtigen und anschließend auf ÄNDERN klicken.
- Beenden Sie die Bearbeitung mit dem Button FERTIG.

14.5.9 Suchen und ersetzen

Illustrator lässt Sie nach Texten suchen und gefundene Texte durch andere ersetzen. Um Text im gesamten Dokument zu suchen, heben Sie alle Auswahlen auf. Aktivieren Sie ein Textobjekt oder einzelne Zeichen, um nur diese zu durchsuchen. Rufen Sie anschließend BEARBEITEN • SUCHEN UND ERSETZEN auf.

```
Aufzählungszeichen
Caret-Zeichen
Copyrightsymbol
Harter Zeilenumbruch
Eingetragene Marke (Symbol)
Paragraphenzeichen
Tabulatorzeichen
Geviertstrich
Geviert
Halbgeviertstrich
Halbgeviert
1/24-Geviert
Achtelgeviert

Bedingter Trennstrich

Öffnendes Anführungszeichen
Schließendes Anführungszeichen
Öffnendes einfaches Anführungszeichen
Schließendes einfaches Anführungszeichen
```

▲ Abbildung 14.63
Über SUCHEN UND ERSETZEN lassen sich einige Leerzeichen in Texte einfügen, die auf anderem Weg nicht erreichbar sind.

◄ **Abbildung 14.64**
Die Dialogbox SUCHEN UND ERSETZEN

Geben Sie den gesuchten Text sowie den Text, durch den Sie gefundene Stellen ersetzen lassen möchten, in die Eingabefelder ein. Alternativ wählen Sie ein Sonderzeichen aus dem Aufklappmenü, das Sie mit dem Pfeil neben dem Eingabefeld aufrufen.

Klicken Sie auf den Button SUCHEN, um die erste Fundstelle anzuzeigen. Erst dann sind die weiteren Buttons aktiv:

- ERSETZEN: Ersetzt den gefundenen Text durch den eingegebenen.
- ERSETZEN UND WEITERSUCHEN: Ersetzt den gefundenen Text und sucht die nächste Stelle.
- ALLE ERSETZEN: Ersetzt alle Fundstellen auf einmal.
- FERTIG: Klicken Sie auf den Button, um die Suche zu beenden.

▲ **Abbildung 14.65**
Darstellung von fixierten und ausgeblendeten Ebenen (zu Ebenen s. Abschnitt 11.1)

Optionen | Suchen und ersetzen

- GROSS-/KLEINSCHREIBUNG: Die Groß- und Kleinschreibung muss exakt mit dem Suchbegriff übereinstimmen.
- GANZES WORT: Sucht die eingegebene Zeichenfolge nur als eigenständiges Wort, nicht als Wortbestandteil.
- RÜCKWÄRTS SUCHEN: Illustrator beginnt die Suche unten in der Stapelreihenfolge der Objekte.
- AUSGEBLENDETE EBENEN ÜBERPRÜFEN: Aktivieren Sie die Option, um auch in ausgeblendeten Ebenen nach dem Text zu suchen. Die Textobjekte werden während der Suche vorübergehend eingeblendet, jedoch werden die zugehörigen Ebenen im Ebenen-Bedienfeld nicht hervorgehoben.
- GESPERRTE EBENEN ÜBERPRÜFEN: Mit dieser Option können Sie auch gesperrte (fixierte) Ebenen durchsuchen und ändern. Die Ebene wird dabei nicht entsperrt.

14.6 OpenType

OpenType ist ein plattformübergreifendes Schriftenformat, das Merkmale der bisher gebräuchlichen Formate PostScript Type 1 und TrueType vereinigt. Da OpenType auf dem Unicode-Standard basiert, um die Zeichenkodierungen und ihre grafische Repräsentation – die Glyphen – im Font zu verbinden, können in einer

Zeichenvarianten in OpenType

OpenType vereinfacht Fremdsprachensatz und bietet typografische Feinheiten wie Ligaturen, Kapitälchen, Mediävalziffern und Zierbuchstaben. »Expert-Schriften« stellten dies bisher schon zur Verfügung; besonders an OpenType ist, dass alle Zeichen in einer plattformunabhängigen Datei enthalten sind – Sie können also dieselbe Fontdatei auf Mac OS und Windows verwenden. Die typografischen Sonderformen bilden die »Layout-Features«, mit denen die Schrift ausgestattet ist. Dass eine OpenType-Schrift Zeichenvarianten enthalten kann, bedeutet aber nicht, dass diese Merkmale in jeder OpenType-Schrift enthalten sind. Schriften mit erweiterten Zeichensätzen werden mit dem Zusatz »Pro« gekennzeichnet.

Zähler/Nenner: ¹⁄₁₀₀₀ ⁷⁄₉
Brüche: ¾ ½ ⅔

▲ **Abbildung 14.66**
OpenType-Optionen »Position«

▲ **Abbildung 14.67**
Das OpenType-Bedienfeld

▲ **Abbildung 14.68**
Tabellenziffern (schwarz) haben eine einheitliche Breite.

[Multiple Master]
Multiple Master (MM) ist Adobes Weiterentwicklung des Type-1-Font-Formats. In einer Font-Datei sind bis zu vier »Design-Achsen« angelegt, mit deren Hilfe sich Schriftschnitte variieren lassen. Das Format ging in der Entwicklung von OpenType auf. In Illustrator 9 konnten MM-Variationen noch erzeugt werden – ab CS müssen Variationen im Font gespeichert sein, damit sie zur Verfügung stehen.

▲ **Abbildung 14.69**
Das MultipleMaster-Bedienfeld aus Illustrator 9

OpenType-Schrift über 65.000 Zeichen (statt 256 in einer herkömmlichen Schrift) enthalten sein. Auf alle alternativen Glyphen einer OpenType-Schrift greifen Sie über das OpenType-Bedienfeld zu. Rufen Sie es auf mit FENSTER • SCHRIFT • OPENTYPE –: ⌘+⌥+⇧+T bzw. Strg+Alt+⇧+T, im Dock.

Aktivieren Sie das Textobjekt oder die Zeichen, deren OpenType-Optionen Sie anwenden möchten, und wählen Sie aus dem OpenType-Bedienfeld die passende Option aus den Gruppen.

▶ ZAHL: Hier finden Sie die Alternativen für die Darstellung von Ziffern und Zahlen – Mediäval- und Tabellenziffern.

▶ POSITION: Diese Varianten enthalten hoch- und tiefgestellte Zahlen sowie Bruchziffern.

▶ Schriftvarianten-Buttons: Mit den Buttons rufen Sie die gleichen Varianten auf, die auch über das Bedienfeldmenü zugänglich sind. Es handelt sich dabei um Standardligaturen, kontextbedingte Varianten, bedingte Ligaturen, Schwungschriften, Formatvarianten (frühere Bezeichnung: stilistische Varianten), Titelschriftvarianten, Ordinalzeichen und Brüche. Buttons, deren Funktion in der ausgewählten Schrift nicht verfügbar ist, sind grau – inaktiv – dargestellt.

14.7 Mit Schrift arbeiten

Buchstabenwüsten, die sich ohne Überschrift, ohne Leittext, ohne Absätze und ohne die Heraushebung einzelner Wörter oder Sätze präsentieren, sind sehr schwer zu lesen.

Absätze teilen den Text in Sinnabschnitte, die dem Auge des Lesers Halt geben. Absätze werden durch einen Absatzabstand oder, wie in diesem Buch, durch einen Texteinzug am Beginn einer Zeile gekennzeichnet.

Die **Auszeichnung von Wörtern** oder Textpassagen signalisiert z.B. wichtige Anhaltspunkte für den Leser, um das gewünschte Ziel beim »Querlesen« schneller zu erreichen.

14.7.1 Fonts: Schriften

Eine Schriftart kennzeichnet sich durch nach einem Grundmuster gestaltete Buchstaben, Ziffern und Satzzeichen. Varianten einer Schriftart – die Schriftschnitte – bilden eine Schriftfamilie. Schriften werden als »Fonts« in verschiedenen Formaten gespeichert. In den Schriftmenüs unter SCHRIFT • SCHRIFTART und im Zeichen-Bedienfeld erkennen Sie das Schriftformat: OpenType, PostScript Type 1, TrueType, MultipleMaster, Composite.

14.7.2 Schriften vermessen

Höhe und Breite von Schriften werden in unterschiedlichen Einheiten gemessen.

Höhen messen | Die gebräuchliche Maßeinheit für die Schriftgröße – oder den »Schriftgrad« – ist der Punkt. Illustrator verwendet den DTP-Punkt. Er ist aus der Einheit Zoll/Inch abgeleitet, und 1 Punkt entspricht 1/72 Zoll, also gerundet 0,353 mm. Falls Sie typografische Maße lieber in einer anderen Maßeinheit bestimmen möchten, rufen Sie VOREINSTELLUNGEN • EINHEIT auf und wählen sie aus dem Menü unter TEXT.

Unterschiedliche Schriften sehen auch bei gleichem Schriftgrad häufig unterschiedlich groß aus. Das hat jedoch nichts mit Illustrator zu tun – die Zuordnung einer bestimmten dargestellten Zeichengröße zu einem Punktwert wird im Font festgelegt.

Breiten messen | Die Breite des Abstands zwischen Buchstaben misst Illustrator in 1/1000 Geviert. Die Einheit Geviert bezieht sich auf die Schriftgröße – das Geviert hat bei einer 10-Punkt-Schrift eine Breite von 10 Punkt, also 10 × 0,353 mm = 3,53 mm.

14.7.3 Zeilenabstand

Der Zwischenraum zwischen den Textzeilen trägt maßgeblich zur Lesbarkeit eines Textes bei. Der Begriff »Zeilenabstand« (ZAB) bezeichnet den Abstand von einer Grundlinie zur nächsten. Der Zeilenabstand wird üblicherweise wie der Schriftgrad in Punkt gemessen.

14.7.4 Laufweite und Kerning

Horizontale Abstände zwischen Buchstaben und Wörtern beeinflussen Sie auf zweierlei Weise: Die Laufweite ist einem Zeichen zugeordnet und bestimmt den Abstand dieses Zeichens zu seinen Nachbarn. Das Kerning ist eine Distanzanpassung zwischen Buchstabenpaaren, deren Abstände nicht automatisch definiert werden können. Qualitätsschriften enthalten »Kerning-Tabellen« mit Einstellungen für problematische Buchstabenpaare.

14.8 Zeichen formatieren

Zeichenformatierungen sind Einstellungen, die das Aussehen einzelner Buchstaben oder Wörter durch Festlegung von Schriftart und -größe, Zeilen- und Zeichenabständen u. a. bestimmen.

▲ **Abbildung 14.70**
Oberlänge ❶, Mittellänge ❷, Unterlänge ❺, Versalhöhe ❸, Zeilenabstand ❻, Schriftkegel ❹, Durchschuss ❼

▲ **Abbildung 14.71**
Das Kontextmenü enthält häufig gebrauchte Befehle für Textobjekte.

▲ **Abbildung 14.72**
Schriftkegel: Die Grundfläche des Blocks, auf dem die druckende Buchstabenform liegt.

> **Standardschriftart ändern**
>
> Wenn Sie für alle neuen Dokumente eine andere Standardschriftart einrichten möchten, finden Sie dazu eine Anleitung in Abschnitt 14.11, »Zeichen- und Absatzformate«.

14.8.1 Das Zeichen-Bedienfeld

Dreh- und Angelpunkt für die Zuweisung von Zeichenformatierungen ist das Zeichen-Bedienfeld. Einige Zeichenformatierungen können Sie jedoch auch über das Steuerungsbedienfeld und über das SCHRIFT-Menü vornehmen. Rufen Sie das Zeichen-Bedienfeld auf, indem Sie FENSTER • SCHRIFT • ZEICHEN (⌘/Strg+T) wählen. Im Dock klicken Sie auf das Symbol A.

Falls das Zeichen-Bedienfeld nicht alle Optionen anzeigt wie in der Abbildung, wählen Sie OPTIONEN EINBLENDEN aus dem Bedienfeldmenü.

◀ **Abbildung 14.73**
Ist ein Textobjekt aktiv, können Sie auch das Steuerungsbedienfeld verwenden, um das Zeichen-Bedienfeld aufzurufen.

Abbildung 14.74 ▶
Das Zeichen-Bedienfeld mit allen Optionen

Echt Kursiv
Echt Schräg

▲ **Abbildung 14.75**
Kursive und schräggestellte Schrift

[Schriftschnitte]
Als Schriftschnitte bezeichnet man Varianten einer Schriftart. Schräglaufende Schriftschnitte werden »kursiv« oder »italic« genannt. Eine andere Schriftschnittvariable ist die Strichstärke, die je nach Schriftart von »extra light« bis »black« reichen kann.
Die dritte Variante wird durch die Zeichenbreite definiert: Für einige Schriften sind »condensed«- und »extended«-Schnitte erhältlich.

WarnockPro Light
WarnockPro Light Italic
WarnockPro Regular
WarnockPro Italic
WarnockPro Semibold
WarnockPro Semibold Italic
WarnockPro Bold
WarnockPro Bold Italic

▲ **Abbildung 14.76**
Einige Schnitte der WarnockPro

Schriftart bzw. -familie ❶ und Schriftschnitt ❷ stellen Sie getrennt ein. Es folgen die Größenbestimmungen Schriftgrad ❸ (Größe der Schrift) und Zeilenabstand ❹, die horizontalen Abstände Kerning ❺ und Laufweite ❻.

Illustrator erlaubt eine horizontale ❼ und vertikale ❽ Skalierung von Zeichen, Sie können die Grundlinie einzelner Zeichen verschieben ❾ und einzelne Buchstaben innerhalb eines Textobjekts drehen ❿. Texte können unterstrichen und durchgestrichen ⓫ und das Anti-Aliasing ⓬ für die Umrechnung in Pixel gewählt werden. Die Sprachwahl ⓭ hat große Auswirkungen auf Trennregeln und die Rechtschreibprüfung. Weitere Formatierungsoptionen finden Sie im Menü ⓮ des Zeichen-Bedienfelds.

14.8.2 Schriftfamilie

Mit dieser Einstellung weisen Sie einem Text eine auf Ihrem System installierte Schriftart zu. Aktivieren Sie das Textobjekt oder einzelne Zeichen, und wählen Sie eine Schriftart im Schriftfamilien-Menü. Falls ein Pfeil ▶ rechts vom Schriftnamen ein Untermenü anzeigt, müssen Sie darin auch den Schriftschnitt auswählen. Im Schriftschnitt-Menü listet Illustrator automatisch die zur Familie gehörigen Schnitte, wenn der Font entsprechend angelegt wurde. Rechnerisches Fettsetzen oder Schrägstellen, wie es einige Textverarbeitungsprogramme anbieten, ist nicht möglich.

Geben Sie alternativ die ersten Buchstaben des Namens der gewünschten Schrift in das Schriftnamen-Feld ein. Während Sie tippen, werden vorhandene Schriften mit Namen gewählt.

Unter Schrift • Zuletzt verwendete Schriften listet Illustrator die zuletzt gewählten Fonts auf. Wie viele Schriften aufgelistet werden, bestimmen Sie in den Voreinstellungen im Bereich Schrift. In der Option Anzahl der zuletzt verwendeten Schriften lässt sich ein Wert zwischen 1 und 15 bestimmen.

▲ **Abbildung 14.77**
Das Schrift-Menü

Font-Vorschau | Im Ausklappmenü des Zeichen-Bedienfelds und im Menü Schrift • Schriftart werden die Schriftnamen in der jeweiligen Type dargestellt. Bei sehr vielen Schriften kann die Vorschau die Anzeige des Menüs verlangsamen.

Falls Sie die Darstellung der Zeichenform nicht benötigen, wählen Sie Voreinstellungen • Schrift und deaktivieren die Schriftvorschau. Um die Vorschau in einer anderen Größe anzuzeigen, wählen Sie diese aus dem Menü Schriftgrad.

> **Font-Vorschau**
>
> Möchten Sie die Font-Vorschau nicht deaktivieren, verwenden Sie das Schriftauswahl-Menü des Steuerungsbedienfelds – in diesem zeigt Illustrator keine Vorschau an. So können Sie bei Bedarf jederzeit auf ein Menü mit Vorschau zurückgreifen.

Fehlende Schriften | Öffnen Sie ein Dokument, das Schriften verwendet, die auf Ihrem Computer nicht installiert sind, so zeigt Illustrator in einer Dialogbox eine Warnung und listet die Namen der ersetzten Schriften auf. Sie können den Öffnen-Vorgang abbrechen, um die fehlenden Schriften zu installieren, oder fortsetzen, um die Schriften durch andere zu ersetzen.

Wenn Sie sehen möchten, an welcher Stelle im Dokument Schriften ersetzt wurden, wählen Sie Datei • Dokument einrichten... – ⌘+⌥+P bzw. Strg+Alt+P. Aktivieren Sie im Bereich Anschnitt- und Anzeigeoptionen die Einstellung Ersetzte Schriften hervorheben.

> **Schriftgrößenbegrenzung**
>
> Wenn Sie größere Schriftgrade als 1.296 Punkt benötigen, weisen Sie dem Textobjekt den Transformieren-Effekt zu.

14.8.3 Schriftgrad/Schriftgröße

Den Schriftgrad wählen Sie entweder aus dem Menü oder tippen ihn in das Eingabefeld ein. Sie können Größen zwischen 0,1 Punkt und 1.296 Punkt in 0,001-Punkt-Schritten eingeben.

▲ **Abbildung 14.78**
Der Buchstabe H in 24 Punkt

14.8.4 Zeilenabstand

Der Zeilenabstand ist eine Eigenschaft des Zeichens. Wirksam für den Abstand zweier Textzeilen ist jeweils der größte in der unteren Zeile eingestellte Zeilenabstand. Um den Zeilenabstand einzustellen, wählen Sie mindestens ein Zeichen, besser jedoch den ganzen Absatz oder das Textobjekt aus und wählen einen Wert aus dem Menü oder geben ihn in das Eingabefeld ein.

The one thing every student of typography should know: That you are designing not the black marks on the page, but the space in between.

▲ **Abbildung 14.79**
Automatischer (oben) und fest definierter Zeilenabstand (unten)

> **Zeilenabstand = Schriftgröße**
> Doppelklicken Sie auf das Zeilenabstand-Symbol im Zeichen-Bedienfeld, um den Zeilenabstand auf denselben Wert zu setzen wie die Schriftgröße.

> **Kerning per Shortcut**
> Um ohne Umweg über das Zeichen-Bedienfeld den Abstand zweier Zeichen anzupassen, platzieren Sie den Cursor zwischen die beiden Buchstaben, und drücken Sie ⌥/Alt+← zur Verringerung oder ⌥/Alt+→ zur Vergrößerung des Abstandes.

Steht der Wert im Eingabefeld in Klammern, dann wurde der automatische Zeilenabstand zugewiesen. Die Voreinstellung für den automatischen Wert ändern Sie unter dem Eintrag ABSTÄNDE aus dem Menü des Absatz-Bedienfelds.

In einem Textblock mit automatischem Zeilenabstand kann der Abstand der Textzeilen variieren, wenn einzelne Zeichen unterschiedliche Schriftgrößen und damit einen unterschiedlichen Zeilenabstand besitzen. Dies kann besonders dann verwirren, wenn ein Leerzeichen eine abweichende Größe besitzt.

14.8.5 Kerning

Einige Standard-Kerning-Einstellungen können Sie sowohl auf das ganze Textobjekt, auf ausgewählte Zeichen wie auch auf ein einzelnes Buchstabenpaar anwenden. Die Eingabe bestimmter Kerning-Werte ist nur für ausgewählte Buchstabenpaare möglich.

▶ AUTOMATISCH/METRISCH: Verwenden Sie die Standardeinstellung AUTOMATISCH, um die im Font gespeicherten Kerning-Tabellen zu verwenden, die die Abstände festlegen.
▶ OPTISCH: Besitzt der Font keine oder unzureichende Kerning-Tabellen oder mischen Sie verschiedene Schriften, dann wählen Sie OPTISCH. Illustrator passt die Abstände nach der Form der Buchstaben an.
▶ MANUELL: Als dritte Möglichkeit bleibt Ihnen manuelles Kerning von Buchstabenpaaren. Platzieren Sie den Text-Cursor zwischen die problematischen Zeichen, und wählen Sie einen Wert aus dem Kerning-Menü des Zeichen-Bedienfelds, oder tippen Sie den gewünschten Wert direkt in das Eingabefeld ein.

Tse-Aw
Tse-Aw

▲ **Abbildung 14.80**
Kerning zwischen problematischen Buchstabenpaaren

> **Verzerrungen zurücksetzen**
> Schriftverzerrungen können Sie mit dem Tastaturbefehl ⌘+⇧+X bzw. Strg+⇧+X zurücksetzen. Die Schriftgröße bleibt unberührt – die Breite wird auf 100 % gesetzt.

14.8.6 Laufweite

Passen Sie die Laufweite an, indem Sie entweder den ganzen Textblock oder einzelne Buchstaben auswählen und anschließend im Zeichen-Bedienfeld unter LAUFWEITE einen Wert aus dem Menü wählen oder direkt in das Eingabefeld eintippen.

Die Laufweiten-Einstellung verhält sich »kumulativ« zu Kerning-Einstellungen. Wenn Sie also zuerst einige Buchstabenpaare mit eigenen Kerning-Einstellungen versehen und danach die Laufweite verändern, wirken sich die Kerning-Einstellungen zusätzlich aus.

Condensed
Gequetscht

▲ **Abbildung 14.81**
Condensed-Schnitt und gestauchte Schrift

14.8.7 Stauchen und Strecken

Diese beiden Einstellungsmöglichkeiten sind mit großer Vorsicht zu verwenden. Genauso, wie Sie viel Mühe in die Entwicklung eines Designs investieren, haben das auch die Schriftentwerfer getan. Wenn Sie eine schmalere oder breitere Schrift benötigen, sollten Sie nach einem entsprechenden Schriftschnitt oder einer anderen Schriftfamilie suchen.

Für Typografik oder die Gestaltung von Logos können Sie natürlich zu diesen extremen Mitteln greifen. Aktvieren Sie die Schriften, und geben Sie die gewünschten Werte ein – eine vertikale Skalierung verändert selbstverständlich die Höhe der Buchstaben. Der Zeilenabstand passt sich nicht an.

14.8.8 Grundlinienversatz

Mit dieser Option verschieben Sie einzelne Zeichen nach oben oder unten, ohne deren Größe zu verändern. Diese Option ist nützlich, um die Positionen von Zeichen aus Symbolschriften an Texte anzupassen.

14.8.9 Drehung

Auch wenn Sie mehrere Zeichen aktiviert haben, werden Zeichen immer individuell um ihren jeweiligen Mittelpunkt gedreht. Das Kerning müssen Sie anschließend anpassen – je nach Drehwinkel entstehen teilweise große Lücken. Für folgende Situationen ist die Drehung nicht vorgesehen:

- **Ausrichtung**: Möchten Sie die Textausrichtung von horizontal auf vertikal – oder umgekehrt – ändern, aktivieren Sie das Textobjekt und wählen SCHRIFT • TEXTAUSRICHTUNG • HORIZONTAL oder VERTIKAL.
- **Ganzen Text drehen**: Um das ganze Textobjekt zu drehen, aktivieren Sie es mit dem Auswahl-Werkzeug und drehen es mithilfe der Transformieren-Werkzeuge oder mit dem Transformieren-Bedienfeld (Transformieren s. Abschnitt 5.6).

14.8.10 Sprache

Die Spracheinstellung bestimmt die Funktion der Rechtschreibprüfung und der Silbentrennung (s. Abschnitt 14.9.8).

14.8.11 Unterstrichen und Durchgestrichen

Beim Unterstreichen wird eine Linie unter dem Text erzeugt – Sie können weder ihre Farbe noch ihre Stärke oder ihren Abstand zum Text beeinflussen. Vor allem können Sie die Linie nicht daran hindern, Unterlängen zu schneiden. Die Funktion hat einen Nutzen, um in Layouts für Webseiten Links darzustellen.

Mit der Option DURCHGESTRICHEN erzeugen Sie eine Linie, die die Texte durchstreicht. Auch ihre Stärke können Sie nicht beeinflussen. Diese Funktion könnte man zur Abstimmung von Text während der Korrekturphase gebrauchen.

Achtung bei Verzerrungen

Die Einstellungen, die Sie im Zeichen-Bedienfeld vornehmen, werden nicht nur auf das aktivierte Objekt angewendet, sondern auch als Voreinstellung für neuen Text, den Sie erstellen. Achten Sie vor allem darauf, wenn Sie Verzerrungen anwenden.

▲ **Abbildung 14.82**
Grundlinienversatz eines Symbols

▲ **Abbildung 14.83**
Unterschiedliche Drehwinkel

[Unterschneiden]
Ein manuelles Verringern der Schriftabstände bezeichnet man als Unterschneiden. In Zeiten des Bleisatzes wurden dabei tatsächlich Teile des Schriftkegels abgeschnitten.

▲ **Abbildung 14.84**
Unterstreichungen und Durchstreichungen haben die Farbe des Textes. Für Hervorhebungen ist der fette oder kursive Schriftschnitt besser geeignet.

Echte K<small>APITÄLCHEN</small>
im T<small>EXT</small> gesetzt

Falsche K<small>APITÄLCHEN</small>
im T<small>EXT</small> gesetzt

▲ **Abbildung 14.85**
Echte und gerechnete Kapitälchen – letztere wirken im Vergleich zu mager.

Werteingabe bestätigen

Wenn Sie Werte in die Eingabefelder des Zeichen-Bedienfelds eintragen, bestätigen Sie mit ⏎ oder der Enter-Taste. Möchten Sie den Fokus auf dem eingegebenen Wert erhalten, bestätigen Sie mit ⇧+⏎.
Um zu bestätigen und den Fokus in das nächste Feld zu setzen, verwenden Sie ⇥.

$NH_2CH_2CH_2OH$

$NH_2CH_2CH_2OH$

▲ **Abbildung 14.86**
Rechnerisch tiefgestellte Indexziffern (oben) im Vergleich mit echten Indexziffern

Buttonschrift
Buttonschrift

▲ **Abbildung 14.87**
Gebrochene Breiten (oben) und Systemlayout (unten)

Für Web speichern

In F<small>ÜR</small> W<small>EB UND</small> G<small>ERÄTE SPEICHERN</small> müssen Sie die Option S<small>CHRIFT OPTIMIERT</small> im Menü unter dem Reiter B<small>ILDGRÖSSE</small> auswählen.

14.8.12 Kapitälchen

Kapitälchen sind Großbuchstaben, deren Höhe sich nach den Mittellängen richtet und deren Strichstärke der Strichstärke der Schrift angepasst ist. Daher lassen sich »echte« Kapitälchen nicht automatisch durch Skalierung aus Großbuchstaben erzeugen.

Um einen Text in Kapitälchen zu setzen, aktivieren Sie ihn und wählen K<small>APITÄLCHEN</small> aus dem Menü des Zeichen-Bedienfelds. Wenn Sie eine Schrift verwenden, in der Kapitälchen angelegt sind, werden diese verwendet. Ansonsten berechnet Illustrator die Kapitälchen aus den Versalien der Schrift. Die Grundlage der Berechnung ist die Voreinstellung von 70 % der Versalhöhe für die Größenanpassung der berechneten Kapitälchen. Sie können für das gesamte Dokument eine andere Voreinstellung im Bereich T<small>EXTOPTIONEN</small> unter D<small>ATEI</small> • D<small>OKUMENT EINRICHTEN</small>… eingeben.

14.8.13 Hochgestellt/tiefgestellt – Indexziffern

Für mathematische oder chemische Formeln setzen Sie Zahlen im Text, aktivieren sie und wählen H<small>OCHGESTELLT</small> bzw. T<small>IEFGESTELLT</small> aus dem Bedienfeldmenü, um die Zahlen in Indexziffern umzuwandeln. Illustrator verwendet Indexziffern, sofern sie im Font angelegt sind. Enthält eine Schrift keine Indexziffern, werden sie rechnerisch erzeugt – mit denselben Nachteilen, die für Kapitälchen gelten. Die Variablen für die rechnerische Erzeugung von Indexziffern geben Sie ebenso im Bereich T<small>EXTOPTIONEN</small> unter D<small>ATEI</small> • D<small>OKUMENT EINRICHTEN</small>… ein:

▶ G<small>RÖSSE</small>: Mit diesem Wert bestimmen Sie die Skalierung im Verhältnis zur Versalhöhe.
▶ P<small>OSITION</small>: Geben Sie hier ein, um wie viel Prozent der Schriftgröße Sie die Indexziffer von der Schriftgrundlinie nach oben bzw. unten verschieben wollen.

14.8.14 Schriftdarstellung am Bildschirm verbessern

Die Einstellung S<small>YSTEMLAYOUT</small> bewirkt, dass Buchstabenabstände immer in ganzen Pixeln ausfallen. Wenn Sie ein Screendesign entwickeln und Schriftgrößen unter 20 Punkt verwenden, sind die Texte mit den standardmäßig verwendeten gebrochenen Zeichenbreiten eventuell nicht gut lesbar. Aktivieren Sie in diesem Fall S<small>YSTEMLAYOUT</small> im Menü des Zeichen-Bedienfelds. Diese Einstellung gilt im Gegensatz zu anderen für das gesamte Dokument.

14.8.15 Glättungsmethode für die Umrechnung in Pixel

Beim Exportieren der meisten Pixelformate wird auch der Text gerastert. Wie in Photoshop können Sie die G<small>LÄTTUNGSMETHODE</small> für Ihre Textobjekte wählen und damit die Lesbarkeit verbessern.

Die Optionen unterscheiden sich in ihrer Stärke und optischen Wirkung. Mit den Optionen SCHARF und SCHÄRFER erfolgt die Glättung nur in horizontaler Richtung, sodass die Schriftgrundlinie exakt steht.

▼ **Abbildung 14.88**
DIe Glättungsoptionen OHNE, SCHARF, SCHÄRFER, STARK (von links)

14.8.16 Umbrüche verhindern

Möchten Sie verhindern, dass Silben oder Wortgruppen getrennt werden, z. B. ein Wert und die dazugehörige Maßeinheit, dann aktivieren Sie diese Gruppe und wählen KEIN UMBRUCH aus dem Menü des Zeichen-Bedienfelds.

Zeilenumbruch erzwingen
Um einen Zeilenumbruch zu erzwingen, ohne einen Absatz zu erzeugen, tippen Sie ⇧+↵.

14.8.17 Asiatische Optionen

Das Zeichen-Bedienfeld verfügt über weitere Optionen speziell für den Satz asiatischer Schriften. Um diese Optionen anzuzeigen, aktivieren Sie die Einstellung ASIATISCHE OPTIONEN EINBLENDEN unter VOREINSTELLUNGEN • SCHRIFT.

Die asiatischen Optionen können Sie auch für spezielle Satzarbeiten in lateinischen Schriftsystemen verwenden – mit der Option WARICHU aus dem Bedienfeldmenü ist es möglich, eine Zeile in weitere Zeilen aufzuteilen (s. Abb. 14.89).

▲ **Abbildung 14.89**
Asiatische Optionen im Zeichen-Bedienfeld

14.8.18 Zeichenformatierungen auf andere Texte übertragen

Um eine Formatierung einfach aus einem vorhandenen Objekt zu übernehmen, verwenden Sie das Pipette-Werkzeug.

Aktivieren Sie den Text, den Sie formatieren möchten. Wählen Sie das Pipette-Werkzeug – ⌶ –, und bewegen Sie es über den Text, dessen Formatierung Sie übernehmen möchten. Wenn das Cursor-Symbol ✒ angezeigt wird, klicken Sie auf den Text. Dessen Formatierung wird auf die aktivierte Schrift übertragen und in das Pipette-Werkzeug aufgenommen.

Sie können jetzt mit dem Pipette-Werkzeug durch Klicken und Ziehen andere Zeichen aktivieren, um diese ebenfalls zu formatieren.

▲ **Abbildung 14.90**
Dem Text wurde die Option WARICHU zugewiesen. In den WARICHU-Optionen stellen Sie die Anzahl der Zeilen und den Skalierungsfaktor ein.

14.8.19 Schriftart suchen

Um die verwendeten Schriften in Ihrem Dokument vor der Abgabe zu vereinheitlichen oder um nicht installierte Schriften dokumentweit einfach durch Alternativen zu ersetzen, verwenden

Sie Schrift • Schriftart suchen... Die Funktion Schriftart suchen wirkt sich leider nicht auf Schriften aus, die Sie in Diagrammen verwendet haben.

Im oberen Feld, Schriftarten im Dokument, werden die im Dokument verwendeten Schriftschnitte aufgelistet. Nicht installierte Schriften sind mit einem Stern * gekennzeichnet. Die Reihenfolge ergibt sich durch die Stapelreihenfolge der Textobjekte. Klicken Sie auf einen Schriftnamen, um das jeweils erste Vorkommen dieser Schrift im Dokument hervorzuheben.

Abbildung 14.91 ▶
Die Dialogbox Schriftart suchen

Font-Formate

Die Liste der Fonts lässt sich nach Formaten filtern – lesen Sie die Erklärungen zu den Formaten »OpenType« und »Multiple Master« an anderer Stelle in diesem Buch. »Type 1« bezeichnet PostScript-Fonts – sie sind vor allem daran zu erkennen, dass sie aus zwei Dateien bestehen. Der Begriff »Roman« bezieht sich auf lateinische Schriften mit alphanumerischen Zeichen. »CID« (**C**haracter **ID**entifier) dagegen steht für Schriften aus dem fernöstlichen Raum wie Japan, China oder Korea.
Mit der Option Standard beschränken Sie die Liste auf Systemfonts.

Im unteren Feld stellen Sie sich eine Liste der potentiellen Kandidaten für das Ersetzen zusammen.

▶ Im Menü Ersetzen durch Schrift aus haben Sie die Wahl, ob nur die Schriften im aktuellen Dokument oder alle im System installierten Schriften angezeigt werden sollen.
▶ Kreuzen Sie bei In Liste einschliessen an, welche Font-Formate zum Ersetzen in Frage kommen.

Klicken Sie anschließend im oberen Feld auf den Namen der zu ersetzenden Schrift und im unteren Feld auf den Namen der Ersatzschrift. Das Ersetzen führen Sie mit einem der Buttons durch:

▶ Ändern: Mit diesem Button ersetzen Sie die Schrift an der hervorgehobenen Stelle durch die ausgewählte Ersatzschrift und suchen anschließend nach dem nächsten Vorkommen.
▶ Alle ändern: Ersetzt die Schrift im gesamten Dokument.
▶ Suchen: Sucht nach anderen Vorkommen im Dokument, ohne die Schrift zu ersetzen.

- Liste speichern: Speichern Sie eine Liste der verwendeten Schriften als Textdatei.
- Fertig: Mit diesem Button schließen Sie die Dialogbox.

Beim Ersetzen wird nur die Schriftart geändert, andere Zeichenformatierungen bleiben erhalten.

14.9 Absätze formatieren

Ein Absatz ist der Text, der zwischen zwei »Wagenrückläufen« ⏎ – englisch »Carriage Return« bzw. »CR« – steht. Absatzformatierungen können nur auf komplette Absätze angewandt werden. Um einen Absatz zu formatieren, aktivieren Sie das Textobjekt – die Einstellung wirkt für alle enthaltenen Absätze –, oder setzen den Text-Cursor in den Absatz, den Sie formatieren möchten.

Löschen eines Carriage Returns

Wenn ein Wagenrücklauf zwischen zwei Absätzen herausgelöscht wird, geht eine eventuell abweichende Formatierung des zweiten Absatzes verloren, denn Illustrator wendet auf die gesamte Textpassage zwischen zwei Wagenrückläufen die Formatierung des ersten Absatzes an.

14.9.1 Das Absatz-Bedienfeld

Absatzformatierungen nehmen Sie im Absatz-Bedienfeld vor. Sie rufen das Bedienfeld auf, indem Sie Fenster • Schrift • Absatz aus dem Menü wählen oder mit ⌘+⌥+T bzw. Strg+Alt+T. Im Dock ist es das Symbol ¶.

◀ **Abbildung 14.92**
Das Absatz-Bedienfeld

Hauptmerkmal einer Absatzformatierung ist die Ausrichtung ❶ des Textes. Weitere Eigenschaften eines Absatzformats sind der Abstand zum vorhergehenden ❺ oder folgenden Absatz ❻, die Größe des Texteinzugs am Beginn eines Absatzes ❹ sowie gegebenenfalls ein genereller Einzug am linken ❷ und/oder am rechten ❸ Textrand.

Verkettete Textobjekte

Wenn Sie verkettete Textobjekte formatieren, achten Sie darauf, alle Objekte der Kette auszuwählen. Wenn nur ein Textobjekt aus einer Verkettung aktiviert ist, wirkt sich die Formatierung auf alle Absätze aus, die in diesem Textobjekt beginnen, enden oder komplett enthalten sind.

14.9.2 Textausrichtung

Die Benennung richtet sich danach, an welchem Rand eine Zeile bündig ist. Um einen Text auszurichten, wählen Sie den Absatz aus und klicken auf den gewünschten Ausrichtungs-Button im Absatz-Bedienfeld.

Abbildung 14.93 ▶
Linksbündiger, rechtsbündiger, zentrierter Satz und Blocksatz im Layout dargestellt. Graue Balken repräsentieren jeweils eine Zeile Text.

Bei linksbündigem ▤ bzw. rechtsbündigem ▤ Text schließt der Text am linken bzw. rechten Rand ab. Auf der jeweils gegenüberliegenden Seite beginnen oder enden die Zeilen unregelmäßig. Jede Zeile ist beim zentrierten Satz ▤ einzeln mittig zum Textrahmen ausgerichtet. Im Gegensatz dazu werden im Blocksatz die Buchstaben- und Wortzwischenräume so variiert, dass der Text beidseitig am Rand bündig ist. In Illustrator können Sie vier Arten von Blocksatzeinstellungen zuweisen, die sich durch den Umgang mit der letzten Zeile unterscheiden. Am gebräuchlichsten ist die Einstellung BLOCKSATZ, LETZTE ZEILE LINKSBÜNDIG ▤.

Abbildung 14.94 ▶
Blocksatz: letzte Zeile linksbündig, letzte Zeile zentriert, letzte Zeile rechtsbündig, Blocksatz (alle Zeilen); auch »erzwungener Blocksatz« genannt

14.9.3 Einzüge

Mit Einzügen bestimmen Sie den Abstand des Texts zur Begrenzung des Textobjekts. Sie können Einzüge der ersten Zeile ⇥ sowie generelle Einzüge am linken ⇥ und rechten ⇤ Rand des Absatzes einrichten.

Abbildung 14.95 ▶
Einzug links, Einzug rechts, Einzug links in erster Zeile, hängender Einzug

Um Einzüge einzurichten, geben Sie den Abstand, um den Sie die Zeile oder den Absatz einziehen wollen, in das entsprechende Eingabefeld ein. Einen »hängenden Einzug« – also das Herausragen der ersten Zeile nach links – erreichen Sie, indem Sie einen negativen Wert unter EINZUG LINKS IN ERSTER ZEILE eingeben.

14.9.4 Abstände zwischen Absätzen

Um Absätze besser voneinander zu trennen, legen Sie Abstände fest, die zwischen den Absätzen zum Zeilenabstand addiert werden. Dieser Methode sollten Sie den Vorzug geben vor der Erzeu-

▲ **Abbildung 14.96**
Abstände zwischen Absätzen

gung der Abstände durch zusätzliche Zeilenschaltungen, da Sie mit ABSTAND VOR und NACH ABSATZ viel einfacher die Höhe des Abstands beeinflussen können.

Für einen Abstand zwischen der Oberkante des Textobjekts und dem ersten Absatz verwenden Sie ERSTE GRUNDLINIE in der Dialogbox SCHRIFT • FLÄCHENTEXTOPTIONEN… (s. 14.3.4).

▲ **Abbildung 14.97**
Ohne (links) und mit (rechts) hängender Interpunktion – hängende Interpunktion sollten Sie nicht auf nebeneinanderstehende Blocksatzspalten anwenden, da die Zwischenräume unsauber wirken.

14.9.5 Hängende Interpunktion und optischer Randausgleich

Bindestriche, Punkte, Anführungszeichen und andere Satzzeichen wirken weniger massiv als Buchstaben. Befinden sich diese Zeichen am bündigen Rand eines Absatzes, dann erscheint dieser Rand unruhig. Die »hängende Interpunktion« lässt den Spaltenrand optisch glatter aussehen. Um hängende Interpunktion auf einen Absatz anzuwenden, setzen Sie den Text-Cursor in den Absatz und wählen HÄNGENDE INTERPUNKTION ROMAN aus dem Menü des Absatz-Bedienfelds. Einige Satzzeichen ragen anschließend komplett über den Absatzrand hinaus, andere zum Teil.

Der optische Randausgleich gleicht die Ränder aller Absätze eines Textobjekts aus, indem die Kanten einiger Zeichen über den Rand des Textobjekts hinausragen. Aktivieren Sie das Objekt mit dem Auswahl-Werkzeug, und wählen Sie SCHRIFT • OPTISCHER RANDAUSGLEICH.

▲ **Abbildung 14.98**
Mit (links) und ohne (rechts) optischen Randausgleich

Einzeilen-Setzer	Alle Zeilen-Setzer
Diese Option arbeitet nach der Methode, die im Fotosatz und in den Anfangszeiten des DTP vorherrschte. **Jede Zeile wird für sich betrachtet** und nach den in den Dialogen SILBENTRENNUNG und ABSTÄNDE festgelegten Regeln in sich ausgeglichen. Dadurch können in einem an sich gut ausgeglichenen Abschnitt **einzelne Zeilen durch ungünstige Abstände** auffallen. Wenn Sie die Kontrolle über den Satz selbst in der Hand behalten möchten, sollten Sie diese Option wählen. Der EINZEILEN-SETZER geht nach folgenden Regeln vor: Beim Ausgleichen der Zeile hat die Verringerung oder Vergrößerung der Wortabstände Vorrang vor der Silbentrennung. Die Silbentrennung wird der Verringerung oder Erhöhung der Zeichenabstände vorgezogen. Ist eine Abstandsveränderung nötig, so wird der Abstand eher verringert als erhöht.	Bei dieser Methode werden ein **Netz von Umbruchpunkten innerhalb eines Absatzes** sowie deren Wechselwirkungen aufeinander zusammen betrachtet, und die jeweils optimalen Punkte werden herausgefiltert. Die Filterung geschieht auf der Basis von »Abwertungspunkten« für ungünstige Faktoren. Die höchste Priorität haben gleichmäßige Wort- und Zeichenabstände. Je größer die Abweichung von den gewünschten Werten ist, desto größer ist die Abwertung des Umbruchpunkts. Eine zusätzliche Abwertung gibt es für Silbentrennungen. Der ALLE-ZEILEN-SETZER nimmt **mehr Rechenzeit** in Anspruch, führt in den meisten Fällen aber zu besseren Ergebnissen. Sie haben jedoch **weniger Kontrolle über einzelne Zeilen**. Nehmen Sie Textänderungen an einer Zeile vor, werden oft nicht nur die folgenden, sondern auch vorhergehende Zeilen neu umbrochen.

14.9.6 Satz-Engine: Einzeilen- und Alle-Zeilen-Setzer

Die Kunst des Satzes längerer Textabschnitte besteht darin, ein gleichmäßiges Schriftbild ohne Lücken und mit möglichst weni-

Exkurs: TeX

In den 1980er Jahren beschrieben Donald E. Knuth und Michael F. Plass als Erste den Schriftsatz als komplexes Informatikproblem und suchten nach Alternativen für den damaligen Ansatz, zeilenweise vorzugehen. Sie entwickelten den Algorithmus für den Zeilenumbruch, der zum Kernstück von Knuths Public-Domain-Software TeX wurde.

Bedingte Trennstriche

Vorrang vor den in den Proximity-Wörterbüchern definierten Trennungen haben die manuell im Text eingegebenen »bedingten Trennstriche« oder »weichen Trennungen«.
Bedingte Trennstriche setzen Sie, indem Sie an der gewünschten Stelle ⌘/Strg+⇧+- eingeben.

Absatz auswählen

Die Optionen werden dem ausgewählten Absatz zugewiesen! Dies sind der oder die Absätze im aktivierten Textobjekt oder der Absatz, in dem die Einfügemarke steht bzw. Zeichen ausgewählt sind.

Sprache einstellen!

Stellen Sie sicher, dass Sie die korrekte Sprache für den Absatz eingestellt haben, bevor Sie die Silbentrennung (und die Ausrichtung) detailliert einstellen.

Abbildung 14.99 ▶
Die Dialogbox SILBENTRENNUNG

gen Worttrennungen zu erreichen. Dafür muss in jeder Zeile der optimale Punkt für den Umbruch in die nächste Zeile ermittelt werden. In den meisten Fällen gibt es keinen optimalen Punkt, an dem umbrochen werden kann, sondern mehrere zweitbeste Lösungen. Mit den Optionen EINZEILEN- und ALLE-ZEILEN-SETZER bestimmen Sie, wie Illustrator die Umbruchpunkte auswählen soll.

14.9.7 Silbentrennungswörterbücher

Wo die Rechtschreibregeln eine Trennung zulassen, ermittelt Illustrator anhand der Proximity-Wörterbücher. Wählen Sie in VOREINSTELLUNGEN • SILBENTRENNUNG... unter STANDARDSPRACHE das Wörterbuch aus, das Sie standardmäßig benutzen.

Trennungsausnahmen | Möchten Sie ein Wort von der Trennung ausnehmen, geben Sie es in das Eingabefeld NEUER EINTRAG ein und klicken auf HINZUFÜGEN. Um das Wort wieder aus der Trennungsliste zu entfernen, aktivieren Sie es und klicken LÖSCHEN.

Abweichende Sprache | Im Zeichen-Bedienfeld können Sie für einzelne Wörter oder sogar Zeichen ein eigenes Wörterbuch bestimmen (s. Abschnitt 14.5.2).

14.9.8 Silbentrennung

Die Silbentrennungsoptionen im Menü des Absatz-Bedienfelds bestimmen die ästhetischen Richtlinien für die Trennung von Wörtern. Die Optionen stellen Sie in Illustrator absatzweise ein. Aktivieren Sie die VORSCHAU, damit Sie die Auswirkung Ihrer Einstellungen auf den ausgewählten Text beobachten können.

452 | 14 Text und Typografie

- ▶ SILBENTRENNUNG: Damit aktivieren Sie die Silbentrennung. Ist die Option deaktiviert, wird lediglich an im Text gesetzten Bindestrichen getrennt.
- ▶ MINDESTWORTLÄNGE: Ein Wort muss mindestens die hier angegebene Anzahl Zeichen lang sein, um überhaupt für eine Trennung in Betracht gezogen zu werden.
- ▶ KÜRZESTE VORSILBE: Geben Sie hier die Anzahl Buchstaben an, die mindestens vor dem Trennstrich stehen bleiben müssen.
- ▶ KÜRZESTE NACHSILBE: Dieser Wert bestimmt, wie lang der abgetrennte Teil des Wortes mindestens sein muss. Beide KÜRZESTE SILBE-Werte sollten jeweils nicht kleiner als 2 sein.
- ▶ MAX. TRENNSTRICHE: Hier definieren Sie, in wie vielen aufeinanderfolgenden Zeilen Trennungen auftreten dürfen. Da die Satz-Engine ohnehin Trennungen vermeidet, ist der voreingestellte Wert 2 nicht zu hoch.
- ▶ TRENNBEREICH: Diese Option betrifft nur links- und rechtsbündige sowie zentrierte Absätze, die Sie mit der Option EINZEILEN-SETZER versehen. Damit legen Sie einen Bereich am jeweils nicht ausgeglichenen Seitenrand fest – also den rechten Rand bei linksbündigem Satz –, in dem der Text »flattern« darf. Ist ein Wort zu lang für eine Zeile, dann prüft Illustrator zunächst, ob der Weißraum zu groß wird, wenn vor dem Wort umbrochen wird. Nur wenn das der Fall ist, wird das Wort getrennt. Je breiter Sie den Trennbereich definieren, desto weniger Trennungen erfolgen also und desto stärker flattert der Text. Mit dem Wert 0 geben Sie keine Einschränkung vor.
- ▶ TRENNREGLER: Mit dem Regler beeinflussen Sie die Prioritäten der Satz-Engine – also die Vergabe der »Abwertungspunkte« –, indem Sie angeben, ob Sie eher eine Veränderung der Abstände (nach rechts schieben) oder mehr Trennungen (nach links schieben) akzeptieren. Die Option betrifft alle Satzarten.
- ▶ GROSS GESCHRIEBENE WÖRTER TRENNEN: Für den deutschen Sprachraum sollte diese Option aktiviert bleiben, da ansonsten keine Hauptwörter getrennt würden.

14.9.9 Abstände (früher: Ausrichtung)

Hier definieren Sie, wie Illustrator beim Ausgleichen der Zeilen mit den horizontalen Abständen umgeht. Dabei entspricht die Reihenfolge der Optionen in der Dialogbox (WORTABSTAND, ZEICHENABSTAND, GLYPHENABSTAND) dem Vorrang, den die Satz-Engine ihnen bei der Ausführung einräumt.

Aktivieren Sie zunächst die VORSCHAU, damit Ihre Einstellungen im bearbeiteten Text sofort angewendet werden.

Ansehung der Form, der **Einkleidung**, des Titels seines Buchs nach

▲ **Abbildung 14.100**
Vorsilbe (blau) und Nachsilbe (rot)

selben einem Manne Gerechtigkeit widerfahren lässt, dessen Verdienste beneidet, verfolgt

▲ **Abbildung 14.101**
Trennungen in Folge – setzen Sie den Wert auf 0, um der Satz-Engine »freie Hand« zu geben.

Weit hinten, hinter den Wortbergen, fern der Länder Vokalien und Konsonantien leben die Blindtexte. Abgeschieden wohnen Sie in Buchstabhausen an der Küste des Semantik,

Weit hinten, hinter den Wortbergen, fern der Länder Vokalien und Konsonantien leben die Blindtexte. Abgeschieden wohnen Sie in Buchstabhausen an der Küste des

▲ **Abbildung 14.102**
TRENNBEREICH 24 (oben) und 80 Pt (unten): Erst wenn ohne Trennung der markierte Bereich »leer« biebe, wird ein Wort getrennt.

Web-Layouts

Beim Erstellen von Webseiten-Layouts deaktivieren Sie die Silbentrennung, um das Verhalten von Webbrowsern zu simulieren. Dies hilft Ihnen unter anderem dabei, einzuschätzen, ob die Spaltenbreiten ausreichen.

Abbildung 14.103 ▶
Die Dialogbox ABSTÄNDE

Wer sich nicht in Ansehung der Form, der Einkleidung, des Titels

Wer sich nicht in Ansehung der Form, der Einkleidung, des Titels

Wer sich nicht in Ansehung der Form, der Einkleidung, des Titels seines Buchs

▲ **Abbildung 14.104**
Oben: Voreinstellung – erzeugt hier große Wortabstände, unten links: Zeichenabstände vergrößert, unten rechts: Zeichenabstände reduziert

Wer sich nicht in
Ansehung der Form,
der Einkleidung,

▲ **Abbildung 14.105**
Hier wurde Glyphe-Skalierung von 60 % bis 150 % erlaubt.

Wenn also ein Autor nichts Schädliches und nichts Unsinniges sagt, so muß man ihm erlauben, seine Gedanken drucken zu lassen.

Wenn also ein Autor nichts Schädliches und nichts Unsinniges sagt, so muß man ihm erlauben, seine

▲ **Abbildung 14.106**
Der Zeilenabstand wirkt kleiner, wenn die Mittellänge der Schrift größer ist.

> **Optimaleinstellung?**
>
> Für die Abstände gibt es keine allgemeingültige Optimaleinstellung. Die jeweiligen Werte sind abhängig von der Spaltenbreite (Anzahl der Zeichen), den Proportionen der verwendeten Schrift und dem gesetzten Text (kurze oder lange Wörter).

Die horizontalen Abstände definieren Sie, indem Sie den optimalen Wert bestimmen und die Toleranz nach unten und oben begrenzen. Die prozentualen Angaben beziehen sich auf die jeweils »normalen Abstände«, die in der Font-Datei bzw. im Zeichen-Bedienfeld vorgegeben sind.

▶ WORTABSTAND: Mit diesen Werten geben Sie die erlaubten Abstände zwischen Wörtern als prozentualen Anteil des »normalen« Abstands an. Erlaubt sind Werte zwischen 0 und 1.000 %. Ein unveränderter Wert entspricht der Eingabe »100 %«.

▶ ZEICHENABSTAND: Bestimmt den Abstand zwischen einzelnen Buchstaben. Im Unterschied zu den anderen Optionen geben Sie hier die Höhe der Abweichung an. Um keine Abweichung vom »Normal«-Abstand zuzulassen, tragen Sie »0« ein. Zulässig sind Eingaben zwischen –100 und 500 %.

▶ GLYPHENABSTAND: Diese Bezeichnung ist irreführend. Eigentlich geht es um eine horizontale Skalierung der Buchstaben. Obwohl Ihnen allein bei dem Gedanken daran wahrscheinlich die Haare zu Berge stehen, kann sie bei hartnäckigen Satzproblemen hilfreich sein. Eine horizontale Skalierung zwischen 97 und 103 % der normalen Buchstabenbreite bemerken nur Experten, Illustrator akzeptiert Werte zwischen 50 und 200 %.

▶ AUTOM. ZEILENABSTAND: Hier geben Sie an, wie der automatische Zeilenabstand (s. Abschnitt 14.8.4) berechnet wird. Vorgabe ist der allgemein übliche Wert von 120 %.

▶ EINZELNES WORT AUSRICHTEN: Wählen Sie aus dem Ausklappmenü, wie Wörter ausgerichtet werden, die mitten im Absatz allein in einer Zeile stehen – was naturgemäß nur bei sehr schmalen Spalten auftritt. Die Ausrichtung der letzten Zeile eines Absatzes im Blocksatz ist nicht davon beeinflusst.

Aufgrund des komplexen Algorithmus zur Ermittlung der optimalen Umbruchpunkte erzielen Sie oft bessere Ergebnisse, wenn Sie den Toleranzbereich nicht so stark einengen. Der gewünschte Wert hat für die Satz-Engine ohnehin Priorität.

14.10 Tabulatoren

Proportionalschriften – Schriften, deren einzelne Glyphen unterschiedliche Breiten besitzen – werden mithilfe von Tabulatoren ausgerichtet. Tabulatoren sind Steuerzeichen innerhalb des Texts, die dazu dienen, in einem Absatz senkrechte Kolonnen anzulegen. Diesen Steuerzeichen werden Positionen zugewiesen, an denen sie den folgenden Text nach definierbaren Regeln ausrichten.

Die Verwendung von Tabulatoren geschieht in zwei Schritten: Die Steuerzeichen müssen mit der Tabulatortaste ⇥ in den Text gesetzt und die Positionen mithilfe des Tabulatoren-Bedienfelds ausgerichtet werden. Solange Sie keine Positionen eingerichtet haben, verwendet Illustrator den Standardabstand von einem halben Zoll – ca. 13 mm.

> **Tabulator und Tab Stop**
>
> Etwas Konfusion entsteht durch die Tatsache, dass man mit dem Begriff »Tabulator« sowohl das Steuerzeichen als auch die Positionsmarke bezeichnet.
> In der englischen Sprache besteht ein Unterschied: Das Steuerzeichen wird als »Tab«, die Positionsmarke als »Tab Stop« bezeichnet.

14.10.1 Tabulatoren setzen

Für das Arbeiten mit Tabulatoren sollten Sie im Menü SCHRIFT zunächst die verborgenen Zeichen einblenden – ⌘+⌥+I bzw. Strg+Alt+I. Tabulatoren werden jeweils vor die auszurichtenden Zeichen gesetzt.

14.10.2 Positionen der Tabulatoren definieren

Rufen Sie das Tabulatoren-Bedienfeld auf, um die Tabulatoren zu positionieren: Wählen Sie FENSTER • SCHRIFT • TABULATOREN – ⌘/Strg+⇧+T, im Dock.

▲ **Abbildung 14.107**
Als Kennzeichnung des Tabulators hat sich bei DTP-Software ein Pfeil eingebürgert.

◄ **Abbildung 14.108**
Das Tabulatoren-Bedienfeld

Je nach Textausrichtung hat das Tabulatoren-Bedienfeld eine horizontale (wie in der Abbildung) oder eine vertikale Form. Mit einem Klick auf den Magnet-Button ❾ können Sie das Bedienfeld exakt am aktivierten Textobjekt ausrichten. Dabei wird auch die Bedienfeldbreite angepasst. Mit dem Größenänderungsfeld unter dem Magnet-Button können Sie die Breite manuell einstellen.

Mit den beiden Dreiecken im Tabulatorlineal legen Sie Einzüge fest ❻. Ziehen Sie das obere Dreieck, um die erste Zeile einzuziehen, das untere, um einen linken Einzug für den gesamten

▲ **Abbildung 14.109**
Monospace- und Proportionalschrift

```
Nr. →   123456   →   Suppe→€.12,59¶
Nr. →    3456  → Nudeln  →    €.2,97¶
Nr. →   23468→Huhn→€.34,01¶

Nr..123456.Suppe…..€.12,59.
Nr. →  3456.Nudeln …..  €.2,97.
Nr. → 23468.Huhn …...€.34,01¶
```

▲ **Abbildung 14.110**
Tabulatoren im Text, Rohfassung (oben) und ausgerichtet (unten)

124 Pizza 🌶🌶🌶 4,95
125 Pasta 🌶🌶🌶 6,79
126 Salat 🌶🌶🌶 3,56

▲ **Abbildung 14.111**
Sonderzeichen lassen sich als Füllzeichen verwenden – Sie können die gewünschten Zeichen auch via Zwischenablage in das Eingabefeld einfügen.

Absatz zu definieren. Die vorgenommenen Einstellungen werden ins Absatz-Bedienfeld übertragen.

Die Tabulator-Ausrichtungsbuttons ❶ legen fest, wie der Tabulator ❽ den Text anordnet:

▶ ⬇ Richtet Text an der definierten Position linksbündig aus; nach rechts »flattert« der Text. Blocksatzeinstellungen für den Absatz werden ignoriert.
▶ ⬇ An der Tabulatorposition wird der Text zentriert.
▶ ⬇ Verdrängt den Text von der Tabulatorposition nach links.
▶ ⬇ Die Ausrichtung erfolgt an einem Dezimal- oder einem anderen beliebigen definierbaren Zeichen, das Sie in das Eingabefeld AUSRICHTEN AN ❹ eintragen. Voreinstellung ist der Dezimalpunkt.

Die Position der Tabulatoren geben Sie direkt in das Tabulatorposition-Eingabefeld ❷ ein oder klicken auf das Tabulatorlineal ❼. In beiden Fällen können Sie Maße in Schritten von 0,01 mm mit bis zu 99 Positionen je Zeile bestimmen.

Der Raum zwischen den mit Tabulatoren ausgerichteten Texten kann mit bis zu acht verschiedenen Füllzeichen überbrückt werden, die Sie im Eingabefeld ❸ festlegen.

Optionen | Bedienfeldmenü ❺ des Tabulatoren-Bedienfelds

▶ AN EINHEIT AUSRICHTEN: Aktivieren Sie diese Option im Bedienfeldmenü, um den Tabulator beim Verschieben im Tabulatorlineal an den in der jeweiligen Zoom-Stufe sichtbaren Linealunterteilungen auszurichten.
▶ TABULATOR WIEDERHOLEN: Aktivieren Sie einen Tabulator im Lineal, und wenden Sie diesen Menübefehl an, um das Lineal mit gleichartigen Tabulatoren aufzufüllen. Als Abstand wird der Abstand links vom ausgewählten Tabulator bis zum Einzug oder nächsten Tabulator verwendet.
▶ TABULATOR LÖSCHEN: Möchten Sie einen Tabulator löschen, ziehen Sie ihn aus dem Lineal heraus oder aktivieren ihn und verwenden diesen Befehl.
▶ ALLE TABULATOREN LÖSCHEN: Wählen Sie diesen Befehl, um alle Tabulatoren im Lineal durch die Standardtabulatoren im Abstand von ca. 13 mm zu ersetzen.

Modifizierungsmöglichkeit | Tabulatoren-Bedienfeld

▶ Drücken Sie ⌘/Strg, und ziehen Sie einen Tabstopp, um diesen und alle folgenden Tabstopps im Lineal gemeinsam zu verschieben. Ziehen Sie den Tabstopp dabei aus dem Lineal heraus, werden auch alle folgenden Tabstopps entfernt.

Schritt für Schritt: Tabulatoren einsetzen

1 Planung

An dem Beispiel »Theaterprogramm« werden Sie mit Tabulatoren, Einzügen und Absatzabständen arbeiten. Öffnen Sie zunächst die Datei »Programm.ai« von der DVD. Sie enthält den Text ohne Tabulatoren.

20. März 20 Uhr Hamlet
Regie: *J. Müller* · Darsteller: *Hansmann, Meier, Notbaum, Kamner, Limburg, Drehmann*
I 20,50 € II 27,36 €
III 46,79 € IV 212,23 €

◀ **Abbildung 14.112**
Schema für die Anwendung der Einzüge und Tabulatoren

Die Ausrichtung des Haupttexts erfolgt mit einem linken Einzug: Das Datum ist durch Definition eines negativen Erstzeileneinzugs nach links herausgerückt. Tabulatoren positionieren das Datum und den Veranstaltungstitel – darüber hinaus dienen sie hauptsächlich zur Ausrichtung der Preise.

20. März 20 Uhr Hamlet
Regie: *J. Müller* · Darsteller: *Hansmann, Meier, Notbaum, Kamner, Limburg, Drehmann*
I 20,50 € II 27,36 €
III 46,79 € IV 212,23 €

1. April 14 Uhr Hänsel und Gretel
Regie: *J. Müller* · Darsteller: *Limburg, Drehmann, Albers, Meier, Hansmann, Notbaum*
I 9,00 € II 15,30 €
III 23,16 € IV 68,14 €

▲ **Abbildung 14.113**
Fertiges Layout

2 Textsatz

Ergänzen Sie die Tabulatoren und Zeilenumbrüche im Textsatz der Datei, und richten Sie die Breite des Flächentextobjekts ein:

→ 20.·März → 20.Uhr.Hamlet↵
Regie:·*J.·Müller*··Darsteller:·*Hansmann,·Meier,·Notbaum,·Kamner,·Limburg,·Drehmann*↵
I → 20,50·€ → II → 27,36·€↵
III → 46,79·€ → IV → 212,23·€¶

◀ **Abbildung 14.114**
Position der Tabulator-Zeichen, Zeilen- und Absatzschaltungen

Zeilenumbrüche – ⇧+↵ – sind nach dem Veranstaltungstitel und jeweils vor einer Preiszeile gesetzt. Die Namen umbrechen am Rand des Textrahmens automatisch. Eine Absatzschaltung ↵ erfolgt erst am Ende eines Veranstaltungsblocks.

3 Einzüge

Einzüge und Tabulatoren können Sie absatzweise einrichten, indem Sie den Text-Cursor in einen Absatz setzen. In diesem Fall definieren Sie die Tabulatoren jedoch für das gesamte Textobjekt. Aktivieren Sie es mit dem Auswahl-Werkzeug, und rufen Sie mit Fenster • Schrift • Tabulatoren das Tabulatoren-Bedienfeld auf. Mit dem Magnet-Button richten Sie es am Textobjekt aus.

▲ **Abbildung 14.115**
Einzug definieren

▲ **Abbildung 14.116**
Das Datum rechtsbündig ausrichten

Unterschied zu InDesign

Falls Sie das Tabulator-Handling aus InDesign gewohnt sind: Dort würde dieser Tab Stop nicht benötigt – Illustrator erkennt die Einzugsmarken nicht als Tabulator-Positionen.

▲ **Abbildung 14.117**
Verschieben eines Tabulators

Zunächst richten Sie den linken Einzug und den negativen Erstzeileneinzug ein. Mit den Linealen im Tabulatoren-Bedienfeld ist das einfach. Ziehen Sie das untere Dreieck auf dem Lineal so weit nach rechts, dass links des Einzugs ausreichend Platz für das Datum entsteht. Auf diese Weise definieren Sie beide Einzüge »in einem Rutsch«. Notieren Sie sich die Position – sie wird im Tabulatorposition-Eingabefeld angezeigt.

4 Datum und Titel

Anschließend richten Sie die Daten rechtsbündig aus. Klicken Sie auf den Button RECHTSBÜNDIGER TABULATOR und auf seine Position auf dem Lineal: 1–2 mm links von der Einzugsmarke.

Der nächste Tabulator soll den Text nicht rechts-, sondern linksbündig ausrichten. Solange der eben gesetzte Tabulator im Lineal aber noch hervorgehoben ist, ändern Sie die Ausrichtung nicht, damit würden Sie den aktiven Tabulator umdefinieren.

Die Position – direkt auf der Einzugsmarke – können Sie nicht durch Anklicken festlegen. Klicken Sie stattdessen auf eine Position neben der Einzugsmarke. Während die Tabulatormarke noch aktiviert ist, klicken Sie auf den Button LINKSBÜNDIGER TABULATOR und geben die in Schritt 3 notierte Position der Einzugsmarke in das Eingabefeld ein. Bestätigen Sie die Eingabe mit ⏎.

5 Preise

Die Preiskategorien und Preise richten Sie mit linksbündigen und Dezimaltabulatoren aus. Deaktivieren Sie die letzte Tabulatormarke – falls sie noch ausgewählt ist –, indem Sie in die graue Fläche oberhalb des Tabulatorlineals klicken.

Wählen Sie den Dezimaltabulator, und klicken Sie auf die gewünschte Position auf dem Lineal. Geben Sie ein Komma in das Feld AUSRICHTEN AN ein, und bestätigen Sie die Eingabe mit ⏎. Dezimaltabulatoren sind schwierig zu positionieren. Klicken und ziehen Sie die Marke auf dem Lineal – eine senkrechte Linie zeigt die Position des Tabulators im Textblock an. Anschließend setzen Sie einen linksbündigen Tabulator für die Preiskategorie und einen weiteren Dezimaltabulator für die anderen Preise. ■

14.11 Zeichen- und Absatzformate

Die Einstellungen, die Sie im Zeichen- und/oder Absatz-Bedienfeld vornehmen, können Sie als »Format« abspeichern und anschließend auf Texte anwenden. Dies hat mehrere Vorteile:

▶ Sie ersparen sich das erneute Eingeben der Optionen.

- Sie riskieren nicht, eine Einstellung zu vergessen oder zu verwechseln.
- Sie können Änderungen an einer Stelle – in der Formatdefinition – vornehmen, und sie werden automatisch in den Textobjekten übernommen.

Formate werden im Zeichenformate- und im Absatzformate-Bedienfeld verwaltet. Rufen Sie die Bedienfelder über Fenster • Schrift • Zeichenformate bzw. Absatzformate auf. Im Dock finden Sie die Bedienfelder unter den Symbolen A bzw. ¶.

▲ **Abbildung 14.118**
Das Absatzformate-Bedienfeld: Override (Abweichung) ❶, Neues Format erstellen ❷, Ausgewählte Formate löschen ❸

14.11.1 Formate anlegen
Ein Zeichenformat definiert Attribute, die Sie im Zeichen-Bedienfeld einstellen. Ein Absatzformat enthält alle Zeichen-Formatierungen und zusätzlich die Attribute aus dem Absatz-Bedienfeld.

Um ein Format auf der Basis eines bereits formatierten Texts anzulegen, aktivieren Sie einige Zeichen, die die gewünschte Formatierung aufweisen, und wählen Neues Zeichenformat bzw. Neues Absatzformat aus dem jeweiligen Bedienfeldmenü.

14.11.2 Formate editieren
Möchten Sie ein Format editieren, heben Sie alle Auswahlen auf und doppelklicken auf den Namen des Formats im jeweiligen Formate-Bedienfeld. Oder aktivieren Sie das Format, und wählen Sie Zeichen- bzw. Absatzformatoptionen… aus dem Bedienfeldmenü. Aktivieren Sie Vorschau, um Änderungen an den Texten anzuzeigen, denen Sie das Format zugewiesen haben.

14.11.3 Formate laden
Formate aus anderen Illustrator-Dokumenten können Sie in Ihr aktuelles Dokument laden. Dazu wählen Sie aus dem Bedienfeldmenü des Zeichenformate- bzw. Absatzformate-Bedienfelds den Eintrag Zeichenformate bzw. Absatzformate laden… Zeichen- und Absatzformate gemeinsam laden Sie mit dem Befehl Alle Formate laden…. In der Dialogbox wählen Sie das Illustrator-Dokument, das die gewünschten Formate enthält, und klicken auf Öffnen. Die Formate erscheinen in den entsprechenden Bedienfeldern des aktuellen Dokuments. Hat eines der zu importierenden Formate einen Namen, der im aktuellen Dokument bereits vorkommt, wird dieses Format nicht importiert.

14.11.4 Formate anwenden
Zeichenformate lassen sich auf einzelne Zeichen, Zeichenketten oder Textobjekte anwenden. Absatzformate können Sie Absät-

Abwandlung eines bestehenden Formats

Um ein neues Format auf der Basis eines bestehenden zu erstellen, ziehen Sie den Namen des gewünschten Formats über den Button Neues Format erstellen , oder wählen Sie Format duplizieren aus dem Bedienfeldmenü. Dann nehmen Sie die Änderungen in den Optionen vor.

Formatnamen wählen

Wählen Sie einen Namen für das Format, der sich auf die Struktur des Texts bezieht, z. B. »Bildunterschrift«. So erkennen Sie das Format auch dann noch, wenn Sie einzelne Merkmale ändern. Lassen Sie dagegen die Formatnamen auf einer Eigenschaft basieren, wird es verwirrend, wenn Sie gerade diese Eigenschaft ändern, z. B. »Text rot« die Farbe Blau zuweisen.

Format anwenden

Denken Sie daran, das Format auch dem Text zuzuweisen, aus dem Sie es generiert haben. Nur dann übernimmt dieser Text Änderungen, die Sie gegebenenfalls später an dem Format vornehmen.

> **Standardschriftart ändern**
>
> Auch die Standardschriftart, die jedem neuen Text zugewiesen wird, basiert auf einer Format-Definition. Wenn Sie den Standardfont dauerhaft ändern möchten, öffnen Sie die entsprechende Vorlagendatei (für Print, Web, Film etc.) aus dem Ordner Benutzer • [Name] • Library • Application Support • Adobe • Adobe Illustrator CS5 • de_DE • New Document Profiles bzw. Dokumente und Einstellungen • [Name] • Application Data • Adobe • Adobe Illustrator CS5 Settings • de_DE • New Document Profiles.
> In dem Dokument rufen Sie das Zeichenformate-Bedienfeld auf und bearbeiten den Eintrag [Normales Zeichenformat]. Wählen Sie die gewünschten Zeichenformatierungen aus, und speichern Sie das Format und die Datei. Schließen Sie die Datei – ein Neustart von Illustrator ist nicht erforderlich.

zen oder Textobjekten zuweisen. Weisen Sie einer Zeichenfolge ein Zeichenformat zu, indem Sie die Zeichen aktivieren und im Zeichenformate-Bedienfeld auf den gewünschten Eintrag klicken.

Um einem Absatz ein Absatzformat zuzuweisen, setzen Sie die Textmarke in den Absatz und klicken auf den gewünschten Eintrag im Absatzformate-Bedienfeld.

14.11.5 Override – Abweichung

Nehmen Sie nach der Zuweisung eines Formats über das Zeichen-, OpenType- oder Absatz-Bedienfeld Änderungen an der Formatierung eines Zeichens oder Absatzes vor, so erzeugen Sie ein »Override« (eine Abweichung) des zugewiesenen Formats. Dies wird durch ein Pluszeichen hinter dem Formatnamen im Formate-Bedienfeld angezeigt. Möchten Sie das Override in die Formatdefinition übernehmen, aktivieren Sie das Format und wählen Zeichenformat bzw. Absatzformat neu definieren aus dem Bedienfeldmenü. Soll andererseits der Text wieder die im Format definierten Eigenschaften annehmen, wählen Sie Abweichungen löschen aus dem Bedienfeldmenü oder drücken ⌥/ Alt und klicken auf den Formatnamen.

14.11.6 Formate löschen

Bevor Sie Formate löschen, heben Sie alle Auswahlen im Dokument auf. Anschließend aktivieren Sie das oder die Formate, die Sie löschen möchten. Die im Dokument nicht verwendeten Formate wählen Sie aus, indem Sie Alle nicht verwendeten auswählen aus dem Bedienfeldmenü aufrufen. Klicken Sie auf den Button Ausgewählte Formate löschen 🗑, um die Formate zu löschen. Zeichen- und Absatzformate müssen getrennt gelöscht werden.

14.12 Fläche, Verlauf, Kontur, Effekt

Textobjekte besitzen eine besondere Hierarchie, die Sie kennen sollten, wenn Sie alle Möglichkeiten ausschöpfen wollen, Texte mit Eigenschaften zu versehen und dabei editierbar zu erhalten.

14.12.1 Einfache Aussehen-Optionen

Textobjekte erhalten voreingestellt die im Zeichenformat [Normales Zeichenformat] eingestellte Flächen- und Konturfarbe (s. dazu Hinweis »Standardschriftart ändern«). Um Schrift anders einzufärben oder ihr eine Kontur zuzuordnen, verfahren Sie genauso wie bei jedem anderen Illustrator-Objekt. Aktivieren Sie

▲ **Abbildung 14.119**
Von oben: Editierbarer Text mit einem Verlauf, Verkrümmungsfilter Bogen unten, 3D-Extrudieren

das Textobjekt oder mit dem Textwerkzeug einzelne Buchstaben, und bestimmen Sie z.B. im Farbfelder-Bedienfeld eine Farbe oder ein Muster (keinen Verlauf) für die Fläche. Jetzt sehen wir uns die Eigenschaften auf dem Textobjekt einmal im Aussehen-Bedienfeld genauer an.

Ist das Textobjekt aktiviert, sind im Aussehen-Bedienfeld keine Eigenschaften sichtbar, das Bedienfeld enthält jedoch den Eintrag »Zeichen«.

◄ **Abbildung 14.120**
Die Flächenfarbe des Textes wird zwar im Werkzeugbedienfeld angezeigt, im Aussehen-Bedienfeld ist jedoch nur der Eintrag Zeichen enthalten, keine Eigenschaften.

Um die Objekte zu verstehen, zeichnen Sie zum Vergleich ein Rechteck und weisen ihm ebenfalls eine farbige Fläche zu. Diese Fläche sehen Sie im Aussehen-Bedienfeld.

◄ **Abbildung 14.121**
Im Gegensatz dazu wird beim Rechteck die Flächenfarbe auch im Aussehen-Bedienfeld angezeigt.

Wenn Sie das Rechteck gruppieren (⌘/Strg+G), ist wie beim Textobjekt im Werkzeugbedienfeld die farbige Fläche zu sehen, im Aussehen-Bedienfeld jedoch nur noch der Eintrag Inhalt. Doppelklicken Sie den Eintrag Inhalt, dann wird die farbige Fläche wieder angezeigt. Nun doppelklicken Sie auch den Eintrag Zeichen bei Ihrem Textobjekt, und Sie sehen dort ebenfalls dessen Fläche.

▼ **Abbildung 14.122**
Im Vergleich eines Textobjekts mit dem gruppierten Rechteck sehen Sie die Verwandtschaft: Textobjekte sind »Behälter« für die Zeichen.

14.12 Fläche, Verlauf, Kontur, Effekt | **461**

Einzelne Zeichen abweichend

Die Fläche der »Schrift« betrifft immer alle Zeichen eines Textobjekts. Sollen einzelne Zeichen abweichend gefüllt werden, müssen Sie die Eigenschaft den »Zeichen« zuweisen.

Aussehen der Zeichen

Da die Eigenschaften der Schrift über dem Eintrag ZEICHEN liegen, werden Kontur und Fläche der Zeichen überdeckt, sind aber immer noch vorhanden. Oft ist es sinnvoll, die Eigenschaften der Zeichen zu entfernen, indem Sie ZEICHEN doppelklicken und Fläche und Kontur auf OHNE setzen.

Abbildung 14.123 ▶
Das Textobjekt hat jetzt ein eigenes Aussehen, für das alle Möglichkeiten der Farben, Muster, Verläufe und Effekte bereitstehen.

▲ **Abbildung 14.124**
Einen rauen »Look« erzielen Sie, wenn Sie der Schrift eine Pinselkontur zuweisen.

Hinweis

Haben Sie bereits die SCHRIFT mit Konturen und Flächen versehen, sind Kontur und/oder Fläche des Text- oder Begrenzungspfads nicht sichtbar.

Ein Textobjekt ist also – ähnlich wie eine Gruppe – ein Container, der den Inhalt – die Zeichen – enthält. Wenn Sie Schriften auf die gewohnte Weise formatieren, werden die Eigenschaften den Zeichen zugewiesen. Den Zeichen können Sie jedoch nur durchgefärbte sowie Musterflächen und -konturen zuweisen.

14.12.2 Komplexe Aussehen-Optionen

Soll ein Text dagegen mit Verläufen, Mehrfachkonturen, Pinseln oder Effekten versehen werden oder sollen Kontur und Fläche unterschiedliche Transparenzeinstellungen erhalten, müssen Sie mit Eigenschaften des Textobjekts arbeiten. Um dem Textobjekt, also der SCHRIFT, diese Eigenschaften zuordnen zu können, müssen Sie eine Kontur und Fläche für die SCHRIFT anlegen. Klicken Sie im Aussehen-Bedienfeld den Button NEUE FLÄCHE HINZUFÜGEN oder NEUE KONTUR HINZUFÜGEN.

Im Aussehen-Bedienfeld wird durch die zwischen Schrift und Zeichen eingefügten Zeilen FLÄCHE und KONTUR erkennbar, dass die SCHRIFT ab sofort ein eigenes Aussehen hat. Wenn Sie fortan auf das gesamte Textobjekt eine neue Aussehen-Eigenschaft anwenden, wird diese nicht wie vorher an die einzelnen Zeichen weitergereicht, sondern direkt dem Aussehen der Schrift zugeordnet. Die entsprechenden Eigenschaften der einzelnen Zeichen bleiben unangetastet.

Der Schrift können mehrere Flächen und Konturen zugeordnet werden, und anders als Kontur und Fläche der ZEICHEN können Sie die Reihenfolge der Eigenschaften der SCHRIFT verändern. Beachten Sie, dass im Werkzeugbedienfeld und im Steuerungsbedienfeld nur die Eigenschaften der im Aussehen-Bedienfeld jeweils aktiven Fläche oder Kontur angezeigt werden. Um eine andere Fläche oder Kontur zu ändern, müssen Sie die zugehörige Zeile im Aussehen-Bedienfeld aktivieren.

Der Vektorpfad eines Textpfads oder eines Flächentexts gehört ebenfalls zum Textobjekt, wird aber bezüglich der Aussehen-Eigenschaften separat behandelt.

Textpfade | Obwohl Illustrator bei der Umwandlung eines Vektorpfads in einen Textpfad alle vorhandenen Aussehen-Eigenschaften löscht, können Sie ihn nachträglich wieder mit allen möglichen Eigenschaften versehen.

Aktivieren Sie dazu den Textpfad mit dem Direktauswahl-Werkzeug, und ordnen Sie ihm mit den entsprechenden Bedienfeldern die gewünschten Aussehen-Eigenschaften zu.

▲ Abbildung 14.125
Dem Textpfad lassen sich nachträglich Konturen (und Flächen) zuweisen.

Flächentexte | Auch auf den Begrenzungspfad eines Flächentexts können Sie Kontur- und Flächeneigenschaften sowie Effekte und Transparenzeinstellungen anwenden.

14.12.3 Konturschrift

Konturen werden immer von der Mitte des Pfades – in diesem Fall der Outline der Glyphen – berechnet. Eine Kontur beeinträchtigt also die Form eines Buchstabens (s. Abb. 14.126). Anders als bei Vektorobjekten haben Sie bei Texten leider keine Möglichkeit, die Ausrichtung der Kontur am Pfad zu ändern (s. Abschnitt 9.1.1). Sie müssen also zu einem Trick greifen. Weisen Sie dem Text zunächst die gewünschte Füllung zu. Anschließend rufen Sie das Aussehen-Bedienfeld auf und wählen NEUE KONTUR HINZUFÜGEN aus dem Bedienfeldmenü. Die Kontur müssen Sie im Bedienfeld unter den Eintrag ZEICHEN schieben. Weisen Sie dieser Kontur die gewünschte Farbe und Stärke zu.

▲ Abbildung 14.126
Rechts oben: Die Kontur (orange) ist mittig auf der Outline der Glyphe (blau) ausgerichtet. Unten: Anordnung der Elemente im Aussehen-Bedienfeld

14.12.4 Überdrucken von Schwarz

Setzen Sie schwarze Schrift auf farbigen Untergrund, so empfiehlt es sich zur Vermeidung von »Blitzern« bei Passerungenauigkeiten, schwarze Schriften grundsätzlich zu »überdrucken«, d. h., ihre Form im Untergrund nicht auszusparen (s. Abschnitt 19.3).

Einige Programme richten das Überdrucken schwarzer Schriften automatisch ein. Illustrator dagegen »spart sie aus« – Sie müssen also manuell das Überdrucken einstellen (s. Abschnitt 19.3.4).

▲ Abbildung 14.127
Einen Workshop zu Mehrfach-Konturen finden Sie in Kapitel 13.

14.12.5 Spezialeffekte

Auf Textobjekte, ihre Füllungen oder Konturen können Sie Effekte anwenden. Die Texte bleiben editierbar.

Pathfinder | Einen eng gesetzten Text können Sie mit einer Outline versehen, indem Sie EFFEKT • PATHFINDER • HINZUFÜGEN auf das Textobjekt anwenden (Workshop s. S. 388).

Wenn Sie mehrere Textobjekte mit einem Pathfinder-Effekt verbinden wollen, müssen Sie sie zunächst gruppieren.

▲ Abbildung 14.128
Ungenauigkeiten beim Übereinanderdrucken der einzelnen Farben sind dafür verantwortlich, dass das weiße Papier durch die bedruckte Fläche »blitzt«.

14.12 Fläche, Verlauf, Kontur, Effekt | **463**

▲ **Abbildung 14.129**
Ist Text ausgewählt, sind die Verzerrungshüllen über einen Button im Steuerungsbedienfeld aufrufbar.

▲ **Abbildung 14.130**
Ein Button, der sich veränderten Textmengen anpasst, und seine Aussehen-Eigenschaften

▲ **Abbildung 14.131**
Text als Schnittmaske für ein Angleichungsobjekt

▲ **Abbildung 14.132**
Text als Schnittmaske für ein Foto – um ein Foto direkt in den Text zu platzieren, wählen Sie den Modus INNEN ZEICHNEN (s. Abschnitt 11.3.1).

Zusammengesetzte Formen | Anstelle der Pathfinder-Effekte HINZUFÜGEN, SCHNITTMENGE BILDEN, SCHNITTMENGE ENTFERNEN und SUBTRAHIEREN können Sie zusammengesetzte Formen bilden. Um eine zusammengesetzte Form aus mehreren Textobjekten zu erstellen, gruppieren Sie die Textobjekte nicht.

14.12.6 Button erstellen

Einen Button, der sich automatisch an die Textlänge anpasst, erstellen Sie mithilfe der Aussehen-Eigenschaften.
1. Erzeugen Sie ein Punkttextobjekt, und geben Sie eine Beschriftung für Ihren Button ein.
2. Rufen Sie das Aussehen-Bedienfeld auf, und wählen Sie NEUE FLÄCHE HINZUFÜGEN aus dem Bedienfeldmenü. Schieben Sie die neue Fläche unter den Eintrag ZEICHEN im Bedienfeld.
3. Aktivieren Sie den Eintrag FLÄCHE im Aussehen-Bedienfeld. Weisen Sie eine Farbe zu – diese ist zunächst nicht sichtbar.
4. Wählen Sie EFFEKT • IN FORM UMWANDELN • ABGERUNDETES RECHTECK… In der Dialogbox aktivieren Sie die Option RELATIV, damit sich der Button an unterschiedliche Textlängen anpasst. Mit aktiver VORSCHAU geben Sie Ihre Optionen ein.
5. Die Fläche können Sie mit weiteren Effekten versehen.

14.12.7 Schrift mit Verläufen gestalten

Um einen Schriftzug mit Verläufen zu gestalten, aktivieren Sie das Textobjekt, rufen das Aussehen-Bedienfeld auf und wählen NEUE FLÄCHE HINZUFÜGEN aus dem Bedienfeldmenü. Die neue Fläche liegt über dem Eintrag ZEICHEN. Diese Fläche gestalten Sie mit dem gewünschten Verlauf. Komplexere Verläufe können Sie mithilfe einer Angleichung oder eines Gitterobjekts erzeugen. Den Schriftzug legen Sie als Schnittmaske auf das Gitter oder die Angleichung.

14.12.8 Text in Masken umwandeln

Textobjekte lassen sich wie Vektorobjekte als Schnittmasken verwenden. Platzieren Sie den Text wie gewünscht über der Vektorgrafik oder dem Pixelbild, aktivieren Sie das Textobjekt und das Bild, und wählen Sie OBJEKT • SCHNITTMASKE • ERSTELLEN – ⌘/Strg+7. Der Text ist weiterhin editierbar. Möchten Sie die Schnittmaske auflösen, aktivieren Sie das Objekt und wählen OBJEKT • SCHNITTMASKE • ZURÜCKWANDELN (s. Abschnitt 11.3.4).

14.12.9 Grunge-Look

Für die Schrift im Grunge-Look benötigen Sie zunächst ein Foto einer geeigneten Struktur, z.B. Baumrinde, Rost oder altes Holz.

1. Verwenden Sie INTERAKTIV ABPAUSEN (s. Abschnitt 18.5), um aus dem Foto eine Schwarzweiß-Grafik zu generieren.
2. Das Abpauseergebnis legen Sie in der Stapelreihenfolge über die Schrift.
3. Aktivieren Sie Schrift und Grafik und rufen Sie das Transparenz-Bedienfeld auf. Wählen Sie DECKKRAFTMASKE ERSTELLEN aus dem Bedienfeldmenü. (s. Abschnitt 12.2).

14.12.10 Transparente Fläche eines Flächentexts

Möchten Sie das Beispiel aus Abbildung 14.135 nachbauen, gehen Sie wie folgt vor:
1. Erstellen Sie einen Flächentext, und formatieren Sie den Text. Zur Flächenbegrenzung sollten Sie unter SCHRIFT • FLÄCHENTEXTOPTIONEN einen VERSATZABSTAND eingeben.
2. Anschließend wählen Sie die Begrenzung des Flächentexts mit dem Direktauswahl-Werkzeug aus.
3. Rufen Sie das Aussehen-Bedienfeld auf, und weisen Sie der Fläche eine Farbe zu. Anschließend verwenden Sie das Transparenz-Bedienfeld, um die Deckkraft der Fläche einzustellen.

14.13 Von Text zu Grafik

14.13.1 Text in Pfade umwandeln

Da Schriften aus Vektorpfaden erstellt sind, ist es kein Problem, sie wieder in Vektorpfade »umzuwandeln«. Dabei geht die Bearbeitungsmöglichkeit der Textinhalte natürlich verloren. Es gibt verschiedene Gründe, Text in Vektorpfade umzuwandeln. Zum einen haben Sie erweiterte Gestaltungsoptionen. Zum anderen ist es für einige Weiterverarbeitungsprozesse (z. B. Plotten) unumgänglich, mit Pfaden zu arbeiten. Bei Logoschriften ist mit umgewandelten Schriften die Integrität des Erscheinungsbilds am besten gewahrt. Allein zum Zweck des Datenaustauschs mit Druckereien und anderen weiterverarbeitenden Betrieben sollte die Umwandlung vermieden werden.

Aktivieren Sie die Textobjekte, und wählen Sie SCHRIFT • IN PFADE UMWANDELN – ⌘/Strg+⇧+O. Die einzelnen Zeichen des in Pfade umgewandelten Texts sind gruppiert. Falls ein Buchstabe nicht nur eine Außen-, sondern auch eine Innenform besitzt (z. B. a, d, g), sind beide Formen als zusammengesetzte Form verbunden. Besitzt das Textobjekt Effekte, verwenden Sie besser OBJEKT • TRANSPARENZ REDUZIEREN und aktivieren die Option TEXT IN PFADE UMWANDELN (s. Abschnitt 12.4).

▲ **Abbildung 14.133**
Grunge-Schrift: Fotovorlagen finden Sie auf der DVD.

▲ **Abbildung 14.134**
Eine Baumrindenstruktur erzeugt den Grunge-Look.

▲ **Abbildung 14.135**
Transparente Fläche

▲ **Abbildung 14.136**
Bearbeiteter Schriftzug

▲ **Abbildung 14.137**
Achten Sie darauf, dass Sie alle Textrahmen einer Kette aktivieren, wenn Sie sie in Pfade umwandeln.

Live-Effekt »Kontur nachzeichnen« | Anstatt den Text endgültig in Pfade zu konvertieren, können Sie dem Textobjekt die Umwandlung mit EFFEKT • PFAD • KONTUR NACHZEICHNEN »live« zuweisen. Der Vorteil besteht darin, dass der Text in der Arbeitsdatei editierbar bleibt, aber beim Exportieren sowie beim Speichern der Datei z.B. als PDF umgewandelt wird. Als sehr nützlich kann sich dieser Effekt beim vertikalen Ausrichten von Textzeilen an anderen Objekten erweisen. Normalerweise bildet die Kegelhöhe des Textobjekts seine Ober- und Untergrenze und damit die Referenz für das Ausrichten. Diesen Automatismus müssen Sie aber umgehen, wenn ein Text nur in Versalien gesetzt ist:

1. Weisen Sie dem Textobjekt den Effekt KONTUR NACHZEICHNEN zu.
2. Rufen Sie das Ausrichten-Bedienfeld auf, und aktivieren Sie VORSCHAUBEGRENZUNGEN VERWENDEN im Bedienfeldmenü.
3. Wählen Sie das Text- und das Grafikobjekt aus, und klicken Sie auf den Button VERTIKAL ZENTRIERT AUSRICHTEN.

14.13.2 Glättung von Text beim Speichern in Bitmap-Formate und beim Umwandeln in Pixelbilder

Beim Exportieren Ihrer Grafik in ein pixelbasiertes Format wie JPG, TIF, BMP und beim Anwenden des Befehls OBJEKT • IN PIXELBILD UMWANDELN… bzw. des gleichnamigen Effekts stehen Ihnen mehrere Glättungsoptionen – das Anti-Aliasing – zur Verfügung. Besonders bei Texten in kleinen Größen sollten Sie auf eine optimale Einstellung achten. Wählen Sie unter folgenden Optionen:

▶ OHNE: Diese Option deaktiviert die Glättung für das Objekt. Verwenden Sie diese Option z. B. für die Simulation von Fließtext in Webseiten-Layouts.
▶ BILDMATERIAL OPTIMIERT (SUPERSAMPLING): Das ist die »normale« Anti-Aliasing-Methode, wie sie beim Export mit aktivierter Glättungsoption erfolgt. Sie ist für Vektorobjekte geeignet.
▶ SCHRIFT OPTIMIERT (HINTED): Bei dieser Methode findet ein »Hinting« der Schrift statt, d.h., die Buchstabengröße wird vorberechnet und in einem zweiten Durchgang auf das Pixelraster optimiert. Als Ergebnis werden die »Stämme« eines Zeichens, soweit das möglich ist, auf ganzen Pixeln dargestellt. Sowohl die Lesbarkeit als auch der optische Eindruck profitieren von diesem Verfahren.

Schrift in Pfade umwandeln?
Das Umwandeln von Schrift in Pfade sollten Sie wenn möglich vermeiden. Das Umwandeln kann dazu führen, dass Schrift nicht mehr in optimaler Qualität belichtet werden kann.

▲ **Abbildung 14.138**
Der am Symbol vertikal auf Mitte ausgerichtete Versaltext (Mitte) wirkt optisch zu hoch. Ist er mit dem Effekt KONTUR NACHZEICHNEN versehen, stimmt der Eindruck (Begrenzungsrahmen der Texte in Hellblau).

▲ **Abbildung 14.139**
Supersampling (jeweils oben) und Hinting (jeweils unten)

Flash-Text-Bedienfeld
Alles zum Flash-Text-Bedienfeld finden Sie in Kapitel 20, »Web- und Bildschirmgrafik«.

15   Diagramme

Die Möglichkeiten von Illustrators Diagrammen sind schon sehr in die Jahre gekommen, eine State-of-the-Art-Infografik bedarf sehr viel mühsamer Nacharbeit. Diese Funktion besitzt dennoch etliche Stellschrauben, die sich nicht auf den ersten Blick erschließen.

15.1   Ein Diagramm erstellen

Wenn Sie ein Diagramm erstellen möchten, wählen Sie zunächst das passende Diagramm-Werkzeug aus dem Werkzeugbedienfeld. Ziehen Sie anschließend ein Rechteck in der gewünschten Größe mit diesem Werkzeug auf, indem Sie den Punkt für eine Ecke anklicken und zur schräg gegenüberliegenden ziehen.

Bei Säulen-, Balken-, Linien- und Flächendiagrammen entspricht die Grundfläche derjenigen Fläche, die durch die Koordinatenachsen begrenzt wird. Die Achsenbeschriftung und die Legende werden außerhalb des mit dem Werkzeug definierten Felds angebracht.

Wie Sie die Größe und die Proportionen eines Diagramms zu einem späteren Zeitpunkt noch ändern können, lesen Sie in Abschnitt 15.8.

Nachdem Sie das Rechteck definiert haben, öffnet sich das Dateneingabefeld. Wie die Daten eingegeben werden müssen und welche Formatierungsmöglichkeiten für Ihr Diagramm bestehen, lesen Sie unter den Beschreibungen der einzelnen Diagrammarten.

◀ **Abbildung 15.1**
Nachbearbeitetes Kreisdiagramm

▲ **Abbildung 15.2**
Die Diagramm-Werkzeuge: Säulendiagramm, Gestapeltes Säulendiagramm, Balkendiagramm, Gestapeltes Balkendiagramm, Liniendiagramm, Flächendiagramm, Streudiagramm, Kreisdiagramm, Netzdiagramm

◀ **Abbildung 15.3**
Die in der Abbildung blau gestrichelte Linie umreißt das mit dem Diagramm-Werkzeug aufgezogene Rechteck.

Abbildung 15.4 ▶
Datentabelle, das »Arbeitsblatt« der Diagramm-Werkzeuge

15.1.1 Das »Arbeitsblatt« für die Dateneingabe

Die Daten für alle Diagrammtypen geben Sie in die gleiche Datentabelle ein.

Eingabe Mac	Zeichen
⌥+⇧+W	"
⌥+2	"
⌥+⇧+Q	»
⌥+Q	«

Eingabe Windows	Zeichen
Alt+Num 0132	"
Alt+Num 0147	"
Alt+Num 0187	»
Alt+Num 0171	«

▲ **Tabelle 15.1**
Typografische Anführungszeichen unter Mac OS und Windows

Testdaten

Viele Testdaten für alle Diagrammtypen finden Sie auf der Website des Statistischen Bundesamts: www.destatis.de.

▲ **Abbildung 15.5**
Optionen ZELLEN EINSTELLEN (früher: ZELLFORMAT)

Die Datentabelle wird als eigenes Fenster geöffnet. In der oberen Leiste sind einige Buttons, dann folgt das »Arbeitsblatt«. Es besteht aus Zeilen ❶ und Spalten ❸ einzelner Datenfelder ❶. Die Bezeichnungen an der y-Achse des Diagramms werden »Kategorien« ❽ genannt, die Bezeichnungen an der x-Achse heißen »Legenden« ❾. Um Daten einzugeben, aktivieren Sie das gewünschte Datenfeld, indem Sie darauf klicken ❿ – die Texteinfügemarke wird in das Eingabefeld ❶ gesetzt. Dann geben Sie den Wert ein.

Funktions-Buttons | Die Buttons ❷ bis ❼ bieten zusätzliche Steuerungsmöglichkeiten bei der Dateneingabe (s. Abschnitt 15.1.3). Mit einem Klick auf den Button ZELLEN EINSTELLEN ❺ öffnen Sie die Optionen-Dialogbox.

Optionen | In der Standardeinstellung werden Dezimalzahlen auf zwei Stellen hinter dem Komma gerundet. Geben Sie einen Wert zwischen 0 und 10 in das Feld DEZIMALSTELLEN ein, um die Anzahl der Dezimalstellen zu definieren.

Der Wert im Eingabefeld SPALTENBREITE steuert die Darstellung der Spalten im »Arbeitsblatt«. Möchten Sie nur die Breite *einer* Spalte im Arbeitsblatt verändern, klicken und ziehen Sie die Trennlinie der betreffenden Spalte.

15.1.2 Kategorien und Legenden

Die Bezeichnungen der Kategorien und Legenden werden in der ersten Spalte bzw. Zeile des »Arbeitsblatts« eingetragen.

Möchten Sie nur Zahlen als Bezeichnungen verwenden, schließen Sie diese in Zoll-(Inch-)Zeichen [“] ein (Abb. 15.6) – sollen die Zahlen außerdem in Anführungszeichen stehen, umschließen Sie sie zuerst mit typografischen Anführungszeichen (Abb. 15.7, zu Anführungszeichen s. Tabelle 15.1). Wenn Sie Zahlen und Buchstaben kombinieren, müssen Sie die Bezeichnungen nicht mit Zollzeichen kennzeichnen.

Umbrüche erzwingen Sie in Bezeichnungen, indem Sie einen senkrechten Strich ⎵ an die Stelle setzen, an der Sie mit dem Text in die nächste Zeile wechseln möchten (Abb. 15.9).

▲ **Abbildung 15.6**
Zahlen in Anführungszeichen werden nicht in Balken umgesetzt.

▲ **Abbildung 15.7**
Anführungszeichen um Zahlen in der Legende

◀ **Abbildung 15.8**
Das Diagramm aus der Datentabelle von der gegenüberliegenden Seite

15.1.3 Dateneingabe

Wenn die Tabelle geöffnet wird, ist das Datenfeld links oben aktiviert, sodass Sie gleich mit der Eingabe beginnen können.

Mit ⇥ wechseln Sie zum nächsten Datenfeld der Zeile, mit ↵ wechseln Sie zum nächsten Datenfeld der Spalte. Mit den Pfeiltasten wechseln Sie zum nächsten Datenfeld in der jeweiligen Pfeilrichtung. Diagrammdaten dürfen außer Dezimalkommata keine nicht-numerischen Zeichen enthalten – z. B. Punkte, um Tausender zu trennen. Insgesamt können Sie in Ihren Tabellen bis etwa 32.000 Zeilen bzw. Spalten eingeben.

▲ **Abbildung 15.9**
Ein senkrechter Strich (»Pipe«) bewirkt einen Zeilenumbruch.

Daten ändern | Um Daten zu ändern, klicken Sie auf das Feld, dessen Daten Sie ändern möchten, und ändern den Wert im Eingabefeld.

Daten importieren | Aktivieren Sie die Zelle, die den ersten importierten Wert aufnehmen soll, und klicken Sie auf den Import-Button ❷, um eine Datentabelle zu importieren, die Sie in einer Tabellenkalkulation oder einer Textverarbeitung erstellt haben.

Copy & Paste | Sie können Daten auch über die Zwischenablage einfügen. Kopieren Sie die Daten aus der Tabellenkalkulation, ak-

> **Wichtig: Datentabelle schließen!**
>
> Wenn die Datentabelle noch offen ist, können Sie die Diagrammattribute oder -designs nicht aus dem Menü wählen – die Optionen sind ausgegraut.

▲ **Abbildung 15.10**
Die Funktions-Buttons der Datentabelle

▲ **Abbildung 15.11**
Hierarchie der Diagramm-Bestandteile: Wertachse mit Teilstrichwerten ❽, Diagramm ❾, Legenden-Texte ❿, Kategorieachse ⓫, Achsenwerte ⓬, Datenreihe ⓭, Legende ⓮

tivieren Sie die Zelle, die den ersten Wert aufnehmen soll, und fügen Sie die Daten ein.

Zeilen und Spalten vertauschen | Wenn Sie nach dem Erzeugen des Diagramms merken, dass Sie die Daten achsenverkehrt eingegeben haben, vertauschen Sie sie, indem Sie auf den Button REIHE/SPALTE VERTAUSCHEN ❸ bzw. bei Punktdiagrammen X/Y VERTAUSCHEN ❹ klicken.

Eingabe bestätigen | Um Ihre Dateneingabe auf die Diagrammdarstellung anzuwenden, drücken Sie ⌘/Enter oder klicken auf den Button ANWENDEN ❼. Das »Arbeitsblatt« wird nicht automatisch geschlossen. Schließen Sie es, indem Sie auf den Schließen-Button des Fensters klicken.

Eingabe widerrufen | Sie können Ihre Schritte bis zu dem Punkt widerrufen, an dem Sie das letzte Mal eine Eingabe bestätigt haben. Klicken Sie dafür auf den Button ZURÜCK ZUR LETZTEN VERSION ❻.

15.1.4 Datenimport

Tabellendaten, die Sie importieren möchten, müssen als tabseparierte Textdateien (.txt) gespeichert sein. Erzeugen Sie die Daten in Tabellenkalkulationen, so werden sie beim Export als .txt korrekt formatiert. Wenn Sie die Dateien in Textprogrammen schreiben, trennen Sie die Zellen durch ⭾ und die Zeilen durch ↵.

15.1.5 Diagramm-Elemente

Wenn Sie mit Diagrammen arbeiten, ist es hilfreich zu verstehen, wie die einzelnen Elemente eines Diagramms miteinander verbunden sind. Dies benötigen Sie, um gezielt Teile eines Diagramms auszuwählen, die formatiert werden sollen. Ein Diagramm ist ein gruppiertes Objekt – es wird nur nicht als solches bezeichnet. Das Diagramm ist mit der Datentabelle verbunden und dadurch jederzeit editierbar, solange Sie die Gruppierung nicht lösen. Die grafischen Repräsentanten der Datenreihen (also der Daten, die zu einer Kategorie gehören) sind zuerst miteinander und dann mit der zugehörigen Legende gruppiert. Die Bezeichnungen der x- und der y-Achse bilden jeweils miteinander und darüber hinaus mit der zugehörigen Achse eine Gruppe. Die Texte in der Legende sind miteinander gruppiert. Alle bilden zusammen die Diagramm-Gruppe.

Einzelne Elemente oder Untergruppen in einem Diagramm selektieren Sie mit dem Gruppenauswahl-Werkzeug.

15.2 Kreisdiagramme

Aus einer Datentabelle eines Kreis- oder Tortendiagramms können Sie nicht nur ein, sondern auch mehrere zusammenhängende Kreisdiagramme erzeugen. Die Unterschiede in den Summen der Gesamtdaten werden durch Größenunterschiede der Kreise dargestellt.

◀ **Abbildung 15.12**
Kreisdiagramm

Dateneingabe | Für ein einfaches Kreisdiagramm müssen Sie lediglich zwei Zeilen eingeben: die Legenden und die zugehörigen Daten. Beginnen Sie in der linken Spalte mit den Legenden und Werten.

◀ **Abbildung 15.13**
Eingabe der Werte für ein Kreisdiagramm

Geben Sie Daten in weiteren Zeilen ein, werden zusätzliche Kreisdiagramme erzeugt. Wenn Sie diese weiteren Kreise jeweils mit Kategorien bezeichnen möchten, geben Sie die Namen der Kategorien in die linke Spalte ein.

◀ **Abbildung 15.14**
Eingabe der Werte für eine Gruppe von Kreisdiagrammen

Diagrammattribute | Die Anordnung der Legende sowie die Reihenfolge der Kreissegmente steuern Sie mit den DIAGRAMM-ATTRIBUTEN. Um diese Dialogbox aufzurufen, aktivieren Sie das Diagramm und schließen das »Arbeitsblatt«. Anschließend wählen Sie OBJEKT • DIAGRAMM • ART... oder doppelklicken auf das Diagramm-Werkzeug im Werkzeugbedienfeld – dabei muss nicht das zum Diagrammtyp passende Werkzeug ausgewählt sein. Falls Sie keine Änderungen an der Diagrammart vornehmen möchten, richten Sie zunächst die Einstellungen im Bereich OPTIONEN ein und erst anschließend im Bereich STIL.

◀ **Abbildung 15.15**
Darstellung der Werte

Abbildung 15.16 ▶
DIAGRAMMATTRIBUTE für Kreisdiagramme

▲ **Abbildung 15.17**
Legende in Segmenten

▲ **Abbildung 15.18**
Position GESTAPELT

▲ **Abbildung 15.19**
Sortierungsoption ALLE (oben) und OHNE (unten)

- ▶ ART: Klicken Sie auf einen der Buttons, um die Daten mit einem anderen Diagrammtyp zu formatieren.
- ▶ LEGENDE: Wählen Sie im Ausklappmenü unter LEGENDE, ob eine NORMALE LEGENDE außerhalb der Fläche des Diagramms positioniert wird, die LEGENDE IN SEGMENTEN angezeigt oder KEINE LEGENDE dargestellt wird.
- ▶ POSITION: Das Menü POSITION erlaubt die Anordnung mehrerer Kreisdiagramme.
  - ▶ Die normale Option VERHÄLTNIS stellt die Kreise nebeneinander dar. Ihre Größe entspricht proportional der Summe der Daten eines Diagramms.
  - ▶ Wählen Sie GLEICHMÄSSIG, um alle Kreise in gleicher Größe nebeneinanderzustellen.
  - ▶ Mit der Auswahl GESTAPELT werden die Kreise aufeinandergestapelt. Normalerweise liegt das Diagramm vorn, das die letzte Datenzeile repräsentiert.
- ▶ SORTIEREN: Wählen Sie eine Option aus dem Ausklappmenü SORTIEREN, um die Reihenfolge der »Tortenstücke« festzulegen.
  - ▶ ALLE sortiert die Segmente in jedem Kreisdiagramm jeweils im Uhrzeigersinn vom größten zum kleinsten Wert. Der größte Wert wird im ersten Segment angezeigt – rechts neben der 12-Uhr-Position (Abb. 15.19 oben).
  - ▶ Mit der Option ERSTE werden zunächst die Segmente des ersten Diagramms nach den einzelnen Werten sortiert. Die anderen Diagramme folgen dieser Sortierung.
  - ▶ Wählen Sie OHNE, um die Segmente nach der Reihenfolge der Eingabe in der Tabelle zu sortieren.
- ▶ SCHLAGSCHATTEN fügt eine einfache runde schwarze Fläche hinter dem Diagramm ein.

- LEGENDE OBEN: Wählen Sie diese Option, um die Legende oberhalb des Diagramms – anstatt rechts – zu positionieren. Es muss eine NORMALE LEGENDE ausgewählt sein.
- 1. DATENZEILE VORNE: Aktivieren Sie diese Option, um bei gestapelten Kreisen die Stapelreihenfolge umzukehren.
- 1. DATENSPALTE VORNE: Diese Option hat keine Auswirkungen auf Kreisdiagramme.

15.2.1 Farben und Schriften ändern

Farben | Ein neues Diagramm wird automatisch mit Grautönen versehen. Sie können jedoch neue Füllfarben, Verläufe, Muster und Konturen zuordnen. Um einem Segment und der zugehörigen Legende eine neue Füllung und Kontur zu geben, wählen Sie das Gruppenauswahl-Werkzeug und klicken auf das zugehörige Rechteck in der Legende. Dieses Rechteck wird ausgewählt. Klicken Sie mit dem Werkzeug noch einmal auf das gleiche Symbol, und es wird die Gruppe der zugehörigen Segmente ausgewählt (s. Abschnitt 5.2.3). Jetzt weisen Sie allen Objekten die gewünschte Fläche und Kontur zu (s. Abschnitt 8.4.2 und 9.1).

▲ **Abbildung 15.20**
Eigene Muster und Konturen sowie Schriften

Schriften | Um alle Beschriftungen auf einmal zu ändern, aktivieren Sie das Diagramm mit dem Auswahl-Werkzeug und weisen neue Textformatierungen zu. Um nur die Beschriftungen der Legende oder der einzelnen Diagramme zu ändern, klicken Sie mit dem Gruppenauswahl-Werkzeug so oft auf einen der zugehörigen Texte, bis alle Texte in der Legende oder unterhalb der Diagramme ausgewählt sind.

> **Gruppenauswahl-Werkzeug**
>
> Bei der Verwendung des Gruppenauswahl-Werkzeugs müssen Sie eine kleine Pause zwischen den Klicks einhalten, damit das Betriebssystem keinen Doppelklick vermutet. Beim Anklicken von Texten kann es sogar sinnvoll sein, den Cursor zwischen den Klicks etwas zu bewegen.

15.3 Säulen- und Balkendiagramme

15.3.1 Vertikales Balkendiagramm oder Säulendiagramm

Bei dieser Art Diagramm werden Werte durch Säulen unterschiedlicher Höhe repräsentiert. Alle Säulen stehen dabei nebeneinander. Die Werte einer Zeile in der Datentabelle bilden eine Wertegruppe. Die Säulen, die sie abbilden, können durch Abstände von den Nachbargruppen abgegrenzt werden.

Dateneingabe | Tragen Sie zunächst die Bezeichnungen in die Tabelle ein. Die Kategorien werden entlang der x-Achse abgebildet. Die Werte bestimmen die Höhe der Säulen.

▲ **Abbildung 15.21**
Darstellung der Werte als Säulendiagramm

Abbildung 15.22 ▶
Eingabe der Daten für ein Säulendiagramm

▲ **Abbildung 15.23**
Negative Werte in einem Säulendiagramm

Abbildung 15.24 ▶
DIAGRAMMOPTIONEN-Seite der DIAGRAMMATTRIBUTE eines Säulendiagramms

---

Werte in Balken und Säulen

Sollen in den Balken oder Säulen eines Diagramms Werte angezeigt werden, setzen Sie zu diesem Zweck ein eigenes Balkendesign ein.

▲ **Abbildung 15.25**
BALKENBREITE ❷ und GRUPPENBREITE ❶ jeweils unter 100 % (oben), beide 100 % (Mitte), BALKENBREITE über 100 % und GRUPPENBREITE unter 100 % (unten)

Diagrammattribute | Bei dieser Diagrammart können Sie die Breite und Abstände der Säulen sowie die Darstellung der Werte auf den Achsen einstellen. Aktivieren Sie das Diagramm mit dem Auswahl-Werkzeug, schließen Sie das »Arbeitsblatt«, und wählen Sie OBJEKT • DIAGRAMM • ART…, oder rufen Sie diesen Befehl aus dem Kontextmenü auf.

Die Dialogbox besteht aus drei Seiten, die Sie über das Ausklappmenü oben links wechseln können. Zuerst öffnet sich die Seite DIAGRAMMOPTIONEN.

▶ WERTACHSE: Bestimmen Sie mit dem Ausklappmenü, ob Sie die y-Achse nur links, rechts oder an beiden Seiten anzeigen lassen möchten. Es ist möglich, auf den Skalen beider Seiten unterschiedliche Werte aufzutragen. Zur Vorbereitung dieser Anzeige müssen Sie zunächst für das gesamte Diagramm die Option AUF BEIDEN SEITEN auswählen.

▶ OPTIONEN: Richten Sie hier die Breite der einzelnen Säulen ❷ in dem Feld VERTIK. BALKENBREITE sowie die Breite einer Wertegruppe ❶ in GRUPPENBREITE ein, indem Sie Werte zwischen 1 und 1.000 % in das Textfeld eintragen. Bei Werten von 100 % stoßen die Säulen aneinander, bei Werten unter

100 % entstehen Lücken zwischen den Säulen oder Gruppen, Werte über 100 % erzeugen Überlappungen.

- ▶ 1. Datenspalte vorne: Damit durch die Überlappungen keine Säulen hinter anderen versteckt werden, aktivieren Sie unter Stil die Option 1. Datenspalte vorne, um die Stapelreihenfolge der Säulen umzukehren.
- ▶ Legende oben: Die Legende wird waagerecht über dem Diagramm angezeigt.

Wählen Sie die Seite Wertachse aus dem Aufklappmenü, um die y-Achse zu formatieren:

▲ **Abbildung 15.26**
Das Problem der nicht geschlossenen Ecke am Nullpunkt (links) lösen Sie am besten, indem Sie den Konturen beider Achsen die überstehende Endenform zuweisen.

◀ **Abbildung 15.27**
Wertachse-Seite der Diagrammattribute eines Säulendiagramms

- ▶ Teilstrichwerte: Normalerweise endet die Skala auf der Wertachse (y-Achse) mit der nächsten geraden Zahl über dem höchsten eingegebenen Wert. Benötigen Sie eine andere Einteilung, aktivieren Sie zunächst Berechnete Werte übergehen. Tragen Sie anschließend den gewünschten Nullpunkt in das Eingabefeld Min ein und den höchsten Wert in das Feld Max. Falls Sie unter Min einen Wert eingeben, der höher ist als der kleinste Wert in Ihrer Datentabelle, werden die unter diesem Wert liegenden Daten unterhalb der x-Achse erzeugt. Wenn Sie in das Max-Feld einen Wert eintragen, der niedriger als der höchste Wert in Ihrer Tabelle ist, überragt die Höhe der Säulen die Wertachse. In das Feld Unterteilungen geben Sie die gewünschte Anzahl Zwischenräume – nicht Teilstriche – ein. An diesen Unterteilungen werden die Werte aufgetragen.
- ▶ Teilstriche: Mit dem Ausklappmenü legen Sie die Länge der Unterteilungsstriche fest. Wählen Sie aus, ob Sie keine, kurze Striche (Hauptteilstriche genannt) oder Linien quer über das Diagramm (Gitternetzlinien) anzeigen lassen.

▲ **Abbildung 15.28**
Berechnete Werte übergehen: Der Min-Wert liegt über dem niedrigsten Tabellenwert – der Max-Wert unter dem höchsten.

▲ **Abbildung 15.29**
Teilstriche: Keine, Hauptteilstriche, Gitternetzlinien

▲ **Abbildung 15.30**
Präfix (»ca.«) und Suffix (»mm«)

▲ **Abbildung 15.31**
Teilstriche an (oben) und zwischen (unten) Achsenwerten

Abbildung 15.32 ▶
Die KATEGORIEACHSE-Seite der DIAGRAMMATTRIBUTE eines Säulendiagramms

▲ **Abbildung 15.33**
Senkrechte Teilstriche

▲ **Abbildung 15.34**
Negative Werte in einer Zeile des gestapelten Säulendiagramms

▶ TEILSTRICHE PRO UNTERTEILUNG: In das Eingabefeld geben Sie einen Wert ab 2 ein, um weitere Unterteilungen zu erzeugen. An diesen Strichen werden keine Werte angezeigt.
▶ BESCHRIFTUNG HINZUFÜGEN: Per Voreinstellung werden an der Wertachse nur die Werte ohne Maßeinheit angezeigt. Die Einheit können Sie hier ergänzen. Geben Sie in das Feld PRÄFIX Zeichen ein, die vor dem Wert angezeigt werden sollen. In das Feld SUFFIX tragen Sie Ergänzungen ein, die hinter dem Wert stehen. Falls Sie Leerzeichen zwischen dem Wert und dem Präfix bzw. dem Suffix benötigen, geben Sie diese ebenfalls hier ein.

Auf der Seite KATEGORIEACHSE bestimmen Sie das Aussehen der x-Achse des Diagramms:

▶ Mit den Optionen für TEILSTRICHE bestimmen Sie die Anzahl und das Aussehen von Unterteilungen zwischen den Säulen und Gruppen. Die Option, senkrechte Unterteilungen im Diagramm zu erstellen, hat bei diesem Diagrammtyp nur eine Bedeutung für die Optik – das Verständnis fördert sie nicht unbedingt. Die Optionen unter LÄNGE und TEILSTRICHE entsprechen denen auf der WERTACHSE-Seite.
▶ TEILSTRICHE ZWISCHEN ACHSENWERTEN: Falls Sie die Wertegruppen in Säulendiagrammen zusätzlich durch Gitternetzlinien trennen möchten, wählen Sie diese Option, um die Teilstriche jeweils mittig zwischen den Werten anzulegen.

15.3.2 Gestapeltes vertikales Balkendiagramm

Wenn Sie zu dieser Diagrammart wechseln, nachdem Sie die Werte für einen anderen Diagrammtyp eingegeben haben, wird die Höhe des Diagramms nicht verändert – die Höhe der Säulen wird proportional an die Höhe des Diagramms angepasst.

Dateneingabe | Geben Sie Ihre Daten wie für das Säulendiagramm ein. Die Daten einer Zeile bilden einen Säulenstapel. Positive und negative Werte können Sie nicht beliebig mischen. Zeilenweise müssen die Vorzeichen der Werte identisch sein.

Diagrammattribute | Die Optionen entsprechen denen der Balkendiagramme. Um Verwirrung zu vermeiden, sollten Sie unter Diagrammoptionen die Balkenbreite entweder durch die Breite des einzelnen Balkens oder die Breite der Gruppe steuern. Setzen Sie den anderen Wert auf »100 %«.

Diagrammart	Einsatzzweck	Werte
Kreisdiagrammme	Dieser Diagrammtyp stellt Mengenverhältnisse sehr anschaulich dar. Bei der Präsentation von Wahlergebnissen hat ihn sicher jeder schon einmal gesehen. Die Anteile einzelner Werte am Gesamtwert werden als »Tortenstücke« im Kreis abgebildet.	Nur positive oder nur negative Werte
Säulen- und Balkendiagramme	Säulen- und Balkendiagramme repräsentieren einen Wert durch die Höhe einer Säule bzw. die Breite eines Balkens. So lassen sich sowohl Vergleiche verschiedener Werte als auch die Entwicklung eines Werts einfach visualisieren.	Negative und positive Werte können gemischt werden.
Gestapelte Säulen- und Balkendiagramme	Bei diesem Diagrammtyp werden Säulen einer Wertegruppe gestapelt. So ist es möglich, die Gesamtergebnisse besser zu vergleichen – zusätzlich haben Sie einen besseren Überblick über den Anteil einzelner Werte am Gesamtwert einer Wertegruppe.	Positive und negative Werte können Sie nicht beliebig mischen. Zeilenweise müssen die Vorzeichen der Werte identisch sein.
(Gestapelte) horizontale Balkendiagramme	Auf den »liegenden« Balken ist eine direkte Beschriftung möglich.	s. jeweils oben
Linien- und Flächendiagramme	Mit diesem Diagrammtyp werden Entwicklungen von Werten dargestellt. Fieberkurven oder Börsenkurse sind ein typischer Anwendungsbereich.	Negative und positive Werte können gemischt werden. Bei Flächendiagrammen muss das Vorzeichen je Zeile in der Tabelle einheitlich sein.
Streudiagramme	Streudiagramme helfen dabei, Regelmäßigkeiten oder Tendenzen in Daten zu erkennen und Abhängigkeiten zwischen Wertepaaren zu entdecken. Sie werden z. B. zur Auswertung physikalischer Versuche verwendet.	Negative und positive Werte können gemischt werden. Streudiagramme erfordern jedoch Datenpaare, um Datenpunkte an Koordinaten abzubilden.
Netzdiagramme	Dieser Diagrammtyp ist gut für den Vergleich von Ist-/Soll-Werten geeignet. Auch in der Marktforschung oder zur Visualisierung von Profilen, die sich als Fläche in einem Koordinatensystem von Eigenschaften abbilden, verwendet man Netzdiagramme.	Sie können positive und negative Werte mischen. Übersichtlicher und besser lesbar sind Netzdiagramme allerdings mit Werten eines Vorzeichens.

▲ Tabelle 15.2
Vergleich der Diagrammtypen nach Einsatzzwecken und verwendbarem Datenmaterial

▲ **Abbildung 15.35**
Positive und negative Werte können beim horizontalen Balkendiagramm gemischt werden.

Abbildung 15.36 ▶
In gestapelten Balkendiagrammen lassen sich Mengen gut vergleichen. (Quelle der Daten: WWF)

▲ **Abbildung 15.37**
Negative Werte in einer Zeile des gestapelten horizontalen Balkendiagramms

> **Fläche und Kontur für Säulen**
>
> Gehen Sie so vor, wie beim Kreisdiagramm beschrieben, um Farben und Füllungen der Säulen und Balken sowie die in den Beschriftungen verwendeten Schriftarten zu ändern.

15.3.3 Horizontales Balkendiagramm

Analog zum Säulendiagramm werden hier die Längen der Balken verglichen. Die Wertachse ist bei dieser Diagrammart die x-Achse.

Dateneingabe | Geben Sie Ihre Daten wie für das Säulendiagramm ein. Sie können positive und negative Werte mischen.

Diagrammattribute | Die Optionen entsprechen denen der Säulendiagramme (s. Seite 474). Die Höhe der Balken und die Höhe einer Balkengruppe werden durch die Optionen HORIZ. BALKENBREITE und GRUPPENBREITE auf der Seite DIAGRAMMOPTIONEN unter OBJEKT • DIAGRAMM • ART… gesteuert.

15.3.4 Gestapeltes horizontales Balkendiagramm

Analog zum gestapelten Säulendiagramm werden hier die Balken aneinandergereiht.

Dateneingabe | Geben Sie Ihre Daten wie für das Säulendiagramm ein.

Diagrammattribute | Die Optionen entsprechen denen der Säulendiagramme (s. Seite 474). Die Höhe der Balken und die Höhe einer Balkengruppe werden durch die Optionen HORIZ. BALKENBREITE und GRUPPENBREITE auf der Seite DIAGRAMMOPTIONEN unter OBJEKT • DIAGRAMM • ART… gesteuert.

15.3.5 Eigene Balkendesigns

Beim Gestalten Ihrer Säulen- und Balkendiagramme sind Sie nicht auf das Zuweisen anderer Farben und Füllungen beschränkt. Sie können Formen entwerfen und diese einzelnen Datenreihen zuweisen. Balkendesigns können einfache Logos oder Symbole bis hin zu komplexeren Illustrationen mit Mustern und Text, Effekten oder Verzerrungshüllen sein.

◀ **Abbildung 15.38**
Säulendiagramm mit einem eigenen Balkendesign (unten)

Zunächst müssen Sie das Balkendesign erstellen – in der Übung auf der nächsten Seite zeigen wir Ihnen alle Schritte.

Werte im Balken anzeigen | Mithilfe eines eigenen Balkendesigns ist es möglich, den dargestellten genauen Wert direkt im oder am Balken anzuzeigen.

Begrenzungsrahmen | Ohne weitere Eingriffe würde Illustrator die Gesamthöhe Ihres Balkendesigns auf den darzustellenden Wert skalieren. Dadurch entstehen zwei große Nachteile. Zum einen werden Schriften – z. B. die angezeigten Werte – verzerrt. Zum anderen kann aber je nach Design auch ein falscher Eindruck der Werte entstehen, da Balken kleiner wirken, als sie sind.

Dezimalwerte im Balken

Leider gibt es Probleme beim Anzeigen von Dezimalwerten – hier benutzt Illustrator nicht die Kommatrennung, sondern trennt die Werte nach amerikanischer Art mit einem Punkt.

▲ **Abbildung 15.39**
Die Gesamthöhe des Balkendesigns wird skaliert (links). Dadurch wirken die Balken zu klein. Im rechten Diagramm wirken die Balkenlängen optisch korrekt (Begrenzungsrahmen in Blau).

Mithilfe eines Begrenzungsrahmens – eines Rechtecks ohne Kontur und Füllung – steuern Sie die Skalierung des eigenen Designs. Der Begrenzungsrahmen liegt hinter Ihrem Design – zusätzlich können Sie durch Gruppieren einzelne Teile des Designs vor Verzerrung schützen, z. B. die Werte.

▲ **Abbildung 15.40**
Der Begrenzungsrahmen gibt außerdem vor, wie Ihr Balkendesign bei Auswahl der Option Wiederholend gestapelt wird.

15.3 Säulen- und Balkendiagramme | **479**

> **Aus einer Mücke einen Elefanten machen**
>
> Menschen werten die Fläche der Balken als Repräsentant der Menge. Seien Sie daher mit der Option GLEICHMÄSSIG SKALIERT vorsichtig. Im Beispiel hat sich die Zahl der Elefanten verdoppelt. Durch die proportionale Skalierung der Grafik entsteht jedoch der Eindruck einer Vervierfachung.

Balkendesigns zuweisen | Sie können entweder das gesamte Diagramm mit einem einheitlichen Balkendesign versehen oder jeweils den Balken, die zu einer Kategorie gehören, das gleiche Design zuweisen. Aktivieren Sie das gesamte Diagramm oder mit dem Gruppenauswahl-Werkzeug die Balken einer Kategorie, und rufen Sie OBJEKT • DIAGRAMM • BALKEN… auf.

Wie sich Ihre Designs an die unterschiedlichen Längen der Säulen bzw. Balken anpassen, wählen Sie aus mehreren Möglichkeiten aus:

▶ VERTIKAL SKALIERT: Für die Anpassung an die Länge der Säulen oder Balken wird das Design nur in der Höhe skaliert.

▶ GLEICHMÄSSIG SKALIERT: Die Größenanpassung erfolgt proportional in Höhe und Breite. Wenn der Abstand zwischen den Säulen nicht reicht, überlappen sich die Formen.

▶ WIEDERHOLEND: Die Grundform des Designs wird gestapelt. Dafür müssen Sie bestimmen, wie viele Einheiten durch eine Form repräsentiert werden. Außerdem legen Sie fest, ob ein Design abgeschnitten oder vertikal skaliert wird, wenn Teile einer Einheit dargestellt werden müssen.

▶ FLIESSEND: Das Design wird an einer bestimmten Stelle gestreckt. Diese Stelle bestimmen Sie bei der Konstruktion des Designs.

▲ **Abbildung 15.41**
Von oben: FLIESSEND, WIEDERHOLEND, VERTIKAL SKALIERT; zu gleichmäßig skalierten Balken s. Hinweis oben »Aus einer Mücke einen Elefanten machen«

Schritt für Schritt: Ein Balkendesign erstellen, zuweisen und mit Farbfeldern weiterbearbeiten

1 Ein Diagramm erstellen

Öffnen Sie die Datei »Daten.txt« von der DVD in einem Text-Editor, und kopieren Sie ihren Inhalt in die Zwischenablage. Ziehen Sie in Illustrator mit dem Vertikales-Balkendiagramm-Werkzeug ein neues Diagramm auf, und fügen Sie die Werte aus der Zwischenablage in die Datentabelle ein. Alternativ tragen Sie Ihre eigenen Daten ein.

▲ **Abbildung 15.42**
Das fertiggestellte Diagramm

2 Das Begrenzungsrechteck

Erstellen Sie ein Rechteck, das als Referenz für die Größenanpassung Ihres Balkendesigns an die Balkengröße dient. Um das Design besser an das Diagramm anzupassen, wählen Sie das Direktauswahl-Werkzeug, aktivieren den kleinsten Balken des Diagramms, kopieren ihn und verwenden ihn als Begrenzungsrechteck. Stellen Sie sicher, dass das Rechteck das hinterste Objekt ist, indem Sie OBJEKT • ANORDNEN • IN DEN HINTERGRUND wählen.

3 Balkendesign erstellen

Die Größe des eben erstellten Begrenzungsrechtecks wird bei der Anwendung im Diagramm an die Größe der Balken angepasst, und das Balkendesign-Objekt folgt der Anpassung nach den Regeln, die Sie später definieren. Das Balkendesign muss nicht zwingend in das Begrenzungsrechteck eingepasst werden – auf Seite 479 und Seite 480 finden Sie Beispiele für Designs, die das Rechteck überragen. Denken Sie aber daran, dass es nicht sinnvoll ist, das Balkendesign sehr viel größer als das Begrenzungsrechteck anzulegen.

Erstellen Sie Ihr Balkendesign, oder verwenden Sie ein vorhandenes Design und passen Sie die Größe an – die Balkengrafik (Abb. 15.44) finden Sie auf der DVD im Dokument »Block-Grafik.ai«. Nach Fertigstellung der Grafik setzen Sie die Fläche und Kontur des Begrenzungsrechtecks auf OHNE. In einem Balkendesign könnten Sie auch Musterfelder verwenden – unsere Muster weisen wir jedoch zu einem späteren Zeitpunkt zu, um nicht für jede Musterfarbe ein eigenes Design erzeugen zu müssen.

In dieser Übung benötigen Sie ein fließendes Design und die Anzeige von Werten – sollten Sie auf beides in einem anderen Fall verzichten wollen, springen Sie direkt zu Schritt 6.

4 Optional: Werte anzeigen lassen

Möchten Sie in Ihrem Diagrammdesign Werte anzeigen lassen, wählen Sie das Text-Werkzeug und klicken auf die Stelle, an der der Text erscheinen soll. Sie können Texte im oder neben dem Begrenzungsrechteck anzeigen lassen.

Geben Sie % und anschließend zwei Ziffern zwischen 0 und 9 ein. Mit der ersten Ziffer bestimmen Sie die Anzahl Stellen vor dem Komma – geben Sie hier 0 ein, dann verwendet Illustrator automatisch die benötigte Anzahl.

Mit der zweiten Ziffer steuern Sie die Anzahl der Stellen nach dem Komma. Die Stellen werden immer angezeigt, d.h., dem Wert werden entweder Nullen hinzugefügt, oder Nachkommastellen werden gerundet.

▲ **Abbildung 15.43**
Diagramm mit Standard-Formatierung nach Eingabe der Daten

▲ **Abbildung 15.44**
Die Block-Grafik

▲ **Abbildung 15.45**
Im Balkendesign können gefahrlos Musterfelder verwendet werden.

Live-Effekte im Balkendesign?

Wenn Sie in Ihrem Entwurf Live-Effekte, Angleichungen oder Pinsel verwendet haben oder interaktive Malgruppen sowie Abpausobjekte enthalten sind, wandelt Illustrator diese automatisch bei der Definition des Balkendesigns um. Verzerrungshüllen sollten Sie allerdings selbst umwandeln.

Werte perspektivisch

Sollen die Werte wie im Beispiel perspektivisch verzerrt dargestellt werden, funktioniert dies nur, wenn Sie das Textobjekt mit dem Verbiegen-Werkzeug bearbeiten.

▲ **Abbildung 15.46**
Mit »%01« generieren Sie eine Nachkommastelle.

▲ **Abbildung 15.47**
Das Balkendesign vertikal skaliert

Standard-Dehnungspunkt

Ist der Dehnungspunkt nicht mit einer Hilfslinie markiert, nimmt Illustrator die Mitte des Objekts.

Standard-Begrenzungsrechteck

Falls Sie einmal ohne Begrenzungsrechteck arbeiten, bestimmt die Gesamtbreite aller zugehörigen Objekte (inklusive Hilfslinie) die Proportionen des Balken-Designs.

Richten Sie die Zeichenattribute nach Bedarf ein. Falls Sie Texte am Komma ausrichten möchten, richten Sie den Absatz rechtsbündig aus (s. Abschnitt 14.9.2). Text-Objekte in Balkendesigns können Sie mit den Transformationswerkzeugen verzerren, jedoch keine Effekte oder Hüllen anwenden.

5 **Optional: Ein fließendes Design erstellen**

Der Pseudo-3D-Balken aus dieser Übung würde bei unterschiedlichen Balkenlängen falsch dargestellt, wenn man ihn einfach in die Länge zöge (Abb. 15.47). Daher ist ein fließendes Design besser geeignet. Bei diesem geschieht die Größenanpassung durch Strecken oder Stauchen an einer Stelle. Oberhalb oder unterhalb dieser Stelle bleibt der Balken unverändert. Den Dehnungspunkt bestimmen Sie durch eine horizontale Linie. Erstellen Sie diese Linie exakt horizontal mit dem Liniensegment- oder dem Zeichenstift-Werkzeug.

Wählen Sie das Begrenzungsrechteck, das Balkendesign und die Linie, und gruppieren Sie sie. Aktivieren Sie anschließend mit dem Direktauswahl-Werkzeug nur die Linie innerhalb der Gruppe. Rufen Sie ANSICHT • HILFSLINIEN • HILFSLINIEN ERSTELLEN auf. Die Linie wird in eine Hilfslinie umgewandelt und entsprechend dargestellt. Deaktivieren Sie dann ANSICHT • HILFSLINIEN • HILFSLINIEN SPERREN, falls es nicht bereits deaktiviert ist. Prüfen Sie, ob die Hilfslinie tatsächlich nicht mehr fixiert ist und sich mit dem Design bewegt, wenn Sie die Gruppe mit dem Auswahl-Werkzeug verschieben. Weiter geht es mit Schritt 7.

6 **Gruppieren**

Wählen Sie das Begrenzungsrechteck und alle Bestandteile Ihres Designs – jedoch nicht das Textobjekt für die Anzeige der Werte – aus, und gruppieren Sie sie.

7 **Ein neues Diagrammdesign anlegen**

Aktivieren Sie die Elemente Ihres Diagrammdesigns: die eben erstellte Gruppe und das Textobjekt für die Darstellung der Werte. Wählen Sie anschließend OBJEKT • DIAGRAMM • DESIGNS…

Klicken Sie auf den Button NEUES DESIGN – Ihr Design wird im Vorschau-Feld angezeigt. Die Vorschau ist zwar auf das Begrenzungsrechteck beschnitten, im Diagramm erfolgt jedoch die korrekte, komplette Darstellung.

Danach klicken Sie auf den Button UMBENENNEN. Geben Sie einen Namen für das Design in die Dialogbox ein. Bestätigen Sie erst den Namen, anschließend die DIAGRAMMDESIGN-Dialogbox mit OK.

◄ **Abbildung 15.48**
Diagrammdesign neu anlegen und verwalten

8   Das Design anwenden

In dieser Übung soll das Design allen Säulen oder Balken zugewiesen werden. Aktivieren Sie das Diagramm mit dem Auswahl-Werkzeug.

Wählen Sie OBJEKT • DIAGRAMM • BALKEN…, sowohl wenn Sie das Design dem gesamten Diagramm zuweisen als auch wenn Sie es nur auf eine Datenreihe anwenden möchten. In der Liste unter DESIGN WÄHLEN können Sie auf alle Balkendesigns zugreifen, die in dieser Datei sowie in allen anderen geöffneten Dokumenten gespeichert sind.

Jede Datenreihe mit eigenem Design
Um jeder Datenreihe ein eigenes Balkendesign zuzuweisen, wählen Sie das Gruppenauswahl-Werkzeug. Klicken Sie mit dem Werkzeug auf einen der Balken, denen Sie das Design zuweisen möchten. Klicken Sie erneut auf den Balken, um alle Balken auszuwählen, die zur Datenreihe gehören. Klicken Sie noch einmal, um auch das zugehörige Feld in der Legende auszuwählen.

◄ **Abbildung 15.49**
Den Balken Diagrammdesigns zuweisen

Wählen Sie Ihr Design aus der Liste der vorhandenen Designs, indem Sie auf seinen Namen klicken. Bestimmen Sie mit dem Ausklappmenü unter BALKEN, wie sich Ihr Design an die Länge der Balken anpassen soll – in diesem Fall verwenden Sie die Option FLIESSEND.

Sollten Sie einmal die Option WIEDERHOLEND benötigen, tragen Sie in das Feld bei DESIGNTEIL REPRÄSENTIERT ein, wie viele Einheiten Ihr Design darstellt, und wählen Sie aus dem Ausklapp-

▲ **Abbildung 15.50**
Nach Zuweisen des Block-Designs

▲ **Abbildung 15.51**
Mit wiederholendem Design, Bruchteile skaliert

▲ **Abbildung 15.52**
Balken-Streifen

▲ **Abbildung 15.53**
Das fertiggestellte Diagramm

▲ **Abbildung 15.54**
Die Dialogbox DIAGRAMMBALKEN listet die Balkendesigns aller geöffneten Dateien auf.

menü BEI BRUCHTEILEN, ob Ihr Design skaliert oder abgeschnitten werden soll, falls nur Teile der definierten Einheit dargestellt werden.

Die Option DESIGN FÜR LEGENDE DREHEN sollte für diese Übung deaktiviert sein. Bestätigen Sie Ihre Eingaben mit OK.

9 Die Schraffuren zuweisen

Jetzt werden Sie jeden der Balken noch mit einem Muster versehen. Sie benötigen für jede Farbvariante des Streifenmusters ein eigenes Farbfeld. Die Beispielmuster finden Sie auf der DVD in der Datei »Balken-Streifen.ai« (Muster s. Abschnitt 16.1). Übertragen Sie die Muster, indem Sie die gestreiften Rechtecke in Ihre Diagramm-Datei kopieren.

Aktivieren Sie mithilfe des Direktauswahl-Werkzeugs die rote Fläche eines Balkens, und weisen Sie ihr eine der Schraffuren zu. Wählen Sie in der Legende das zugehörige Feld aus, und weisen Sie ihm dieselbe Schraffur zu.

Es ist in diesem Fall leider nicht möglich, die Schraffierung von Balken und Legende in einem Schritt vorzunehmen. Verfahren Sie ebenso mit allen anderen Balken.

10 Den Diagrammhintergrund gestalten

Die Kategorieachse des Diagramms wählen Sie ebenfalls mit dem Direktauswahl-Werkzeug aus und erhöhen die Konturstärke. Die grauen Flächen im Hintergrund des Diagramms legen Sie als Rechtecke an und verschieben sie in der Stapelreihenfolge in den Hintergrund.

15.3.6 Diagrammdesigns aus anderen Dokumenten laden

Möchten Sie ein Balken- oder Punktdesign aus einer anderen Illustrator-Datei in Ihrem aktuellen Dokument verwenden, wählen Sie FENSTER • FARBFELDER-BIBLIOTHEKEN • ANDERE BIBLIOTHEK... Navigieren Sie zum gewünschten Dokument, und klicken Sie auf OK. Die Farbfelder-Bibliothek wird in einem neuen Fenster geöffnet, Sie benötigen sie jedoch nicht. Aktivieren Sie das Diagramm, dem Sie das Design zuweisen möchten, wählen Sie OBJEKT • DIAGRAMM • BALKEN... bzw. PUNKTE..., und rufen Sie den Eintrag des Balken- oder Punktedesigns aus dem Menü auf.

Sie können jedoch in der Dialogbox DIAGRAMMBALKEN auch einfach auf die Designs in geöffneten Dateien zugreifen.

15.3.7 Diagrammdesigns ändern

Falls Sie ein bestehendes Balken- oder Punktdesign ändern möchten, können Sie die Änderung einfach an der Originaldatei durchführen und ein neues Diagrammdesign anlegen.

Besteht die Original-Illustration jedoch nicht mehr, müssen Sie das Design aus den Balkenvorlagen zurückwandeln:

1. Deaktivieren Sie alles im Dokument – ⌘/Strg+⇧+A.
2. Rufen Sie Objekt • Diagramm • Designs… auf – ohne ein aktiviertes Objekt ist dieser Menüpunkt nur dann aktiv, wenn Diagrammdesigns in der Datei vorhanden sind.
3. Wählen Sie das zu bearbeitende Design aus der Liste aus.
4. Klicken Sie auf den Button Design einfügen. Bestätigen Sie mit OK. Das Design wird als normales Vektorobjekt in Ihr Dokument eingefügt.
5. Wenn Sie die Änderungen durchgeführt haben, erzeugen Sie ein neues Diagrammdesign.

Beispieldiagramme

Im Programm-Ordner von Illustrator finden Sie einige Beispieldiagramme und Designvorlagen unter Coole Extras\Beispieldateien\Diagramme und Designs.

▲ **Abbildung 15.55**
Horizontale Balkendiagramme können ebenfalls mit eigenen Balken versehen werden (unten). Diese müssen vertikal definiert werden (oben).

15.4 Linien- und Flächendiagramme

15.4.1 Liniendiagramm

Die im Koordinatensystem aufgetragenen Werte werden durch Linien miteinander verbunden.

Dateneingabe | Beginnen Sie auch hier mit den Achsenbeschriftungen in der ersten Zeile bzw. Spalte. Eine Datenspalte in der Tabelle wird als eine Linie im Diagramm dargestellt.

◀ **Abbildung 15.56**
Dateneingabe für das unten stehende Liniendiagramm

	A	B	C	D	E	F	G	H
"2002"	2,00	3,00	2,00	3,00	4,00	6,00	3,00	5,00
"2003"	3,00	4,00	7,00	4,00	8,00	9,00	3,00	5,00
"2004"	1,00	2,00	3,00	5,00	3,00	7,00	2,00	4,00
"2005"	4,00	5,00	2,00	6,00	7,00	5,00	8,00	2,00
"2006"	3,00	2,00	4,00	6,00	8,00	3,00	7,00	2,00

Diagrammattribute | Aktivieren Sie das Liniendiagramm, schließen Sie das Dateneingabe-Fenster, und wählen Sie Objekt • Diagramm • Art…, oder doppelklicken Sie auf das Diagramm-Werkzeug, um die Optionen für das Diagramm und die Achsen aufzurufen.

▲ **Abbildung 15.57**
Liniendiagramm

Abbildung 15.58 ▶
DIAGRAMMOPTIONEN-Seite der DIAGRAMMATTRIBUTE eines Liniendiagramms

▲ **Abbildung 15.59**
Von oben: nur Farbänderungen; Datenpunkte nicht angezeigt und volle Diagrammbreite; keine Verbindungen; Linien gefüllt und volle Diagrammbreite

▶ ART: Hier besteht die Möglichkeit, einen anderen Diagrammtyp auszuwählen und die Position der WERTACHSE – also der y-Achse – zu bestimmen.

▶ LEGENDE OBEN: Zeigt die Legende oberhalb des Diagramms an.

▶ 1. DATENSPALTE VORNE: Falls durch ungünstige Wertekombinationen Linien versteckt sein sollten, können Sie die Stapelreihenfolge der Linien umkehren, indem Sie die Option 1. DATENSPALTE VORNE aktivieren.

▶ Die Option 1. DATENZEILE VORNE hat keine Auswirkungen auf diesen Diagrammtyp.

▶ Mit DATENPUNKTE ANZEIGEN wählen Sie, ob die eingetragenen Werte durch Punkte dargestellt werden sollen. Diese Punkte lassen sich mit eigenen Designs versehen.

▶ DATENPUNKTE VERBINDEN: Deaktivieren Sie diese Option, um die Anzeige von Linien zu unterbinden.

▶ Mit der Option LINIEN FÜLLEN wandeln Sie die Linien in Flächen um – diese können Sie z. B. mit Verläufen füllen. Bestimmen Sie die Breite der Linien, indem Sie einen Wert in das LINIENBREITE-Feld eingeben.

▶ Die Option VOLLE DIAGRAMMBREITE erzeugt Linien, die direkt an der linken Achse beginnen und die volle Breite der x-Achse ausnutzen. Da die Unterteilungen der x-Achse nicht angeglichen werden, erzeugt diese Option etwas Verwirrung, wenn nur wenige Daten vorhanden sind.

Die Einstellmöglichkeiten der Seiten WERTACHSE und KATEGORIE-ACHSE entsprechen denjenigen der Säulen- und Balkendiagramme (s. S. 475).

15.4.2 Farben und Schriften ändern

Farben | Im Unterschied zu Kreis- und Balkendiagrammen sind es beim Liniendiagramm zwei Objekte, deren Farben Sie ändern müssen: der Datenpunkt und die Linie. Verwenden Sie das Gruppenauswahl-Werkzeug, und klicken Sie zweimal hintereinander – aber nicht in Doppelklick-Geschwindigkeit – auf einen der Punkte: Jetzt müssen alle DATENPUNKTE auf der Linie und der Punkt in der Legende ausgewählt sein. Anschließend wählen Sie FLÄCHE und KONTUR für den Punkt. Verfahren Sie genauso mit der Linie, wenn Sie sie umfärben möchten.

Schriften | Gehen Sie wie unter Abschnitt 15.2, »Kreisdiagramme«, beschrieben vor, um Schriften zu ändern.

▲ **Abbildung 15.60**
Gestaltung von Datenpunkten und Linien

Datenpunkte

Wenn Datenpunkte rund werden sollen, aktivieren Sie die Datenpunkte der betreffenden Kurve mit dem Gruppenauswahl-Werkzeug und wenden EFFEKT • IN FORM UMWANDELN • ELLIPSE mit der ZUSÄTZLICHEN BREITE und HÖHE von 0 an.
Erstellen Sie von diesem Effekt einen Grafikstil, dann lässt er sich noch besser anwenden und das Diagramm »vergisst« ihn vor allem nicht, wenn Sie die Daten ändern.

15.4.3 Eigene Punkte-Designs

Ähnlich wie für die Balken eines Balkendiagramms können Sie auch für die Datenpunkte eines Liniendiagramms eigene Formen entwerfen und zuweisen.
Gehen Sie wie folgt vor:
1. Entwerfen Sie das Punkte-Design – den Euro finden Sie auf der DVD im Dokument »Euro.ai«.
2. Aktivieren Sie in den Attributen Ihres Diagramms die Option DATENPUNKTE ANZEIGEN.
3. Passen Sie die Größe des Designs an, indem Sie es vor das Diagramm schieben und so skalieren, dass es zu den vorhandenen Linien und den Abständen zwischen den Punkten passt.
4. Verschieben Sie Ihr Punkte-Design an eine freie Stelle auf der Zeichenfläche.
5. Wählen Sie das Direktauswahl-Werkzeug, aktivieren Sie einen der vorhandenen Datenpunkte in dem Diagramm, und kopieren Sie ihn in die Zwischenablage – ⌘/Strg+C.
6. Fügen Sie den Datenpunkt an der Stelle wieder ein, an der Ihr neues Punkte-Design liegt. Legen Sie ihn mittig auf das

▲ **Abbildung 15.61**
Größenanpassung des Designs vor dem Diagramm

▲ **Abbildung 15.62**
»Datenpunkt« aus dem Diagramm kopieren und …

▲ **Abbildung 15.63**
… mittig auf das Design legen

▲ **Abbildung 15.64**
Einheitliche neue Punkte im gesamten Diagramm

▲ **Abbildung 15.65**
Flächendiagramm

▲ **Abbildung 15.66**
Negative Werte in einer Zeile

Design, und wählen Sie OBJEKT • ANORDNEN • IN DEN HINTERGRUND. Weisen Sie OHNE für Füllung und Kontur zu.

Illustrator wird die Größe des Punkte-Designs bei der Anwendung im Diagramm immer so skalieren, dass das hinterste Rechteck 6 x 6 Punkt groß ist.

7. Aktivieren Sie den Punkt und das neue Design, und gruppieren Sie beide.
8. Wählen Sie, während die Gruppe aktiviert ist, OBJEKT • DIAGRAMM • DESIGNS, und klicken Sie in der Dialogbox auf den Button NEUES DESIGN. Anschließend klicken Sie auf UMBENENNEN und geben einen aussagekräftigen Namen ein.
9. Punkte-Designs können Sie entweder einheitlich dem gesamten Diagramm oder einzelnen Kurven zuweisen.

   Um das neue Design dem gesamten Diagramm zuzuweisen, aktivieren Sie dieses mit dem Auswahl-Werkzeug.

   Möchten Sie dagegen einzelnen Kurven unterschiedliche Punkte-Designs zuweisen, aktivieren Sie die Punkte und die Legende einer Kurve mithilfe des Gruppenauswahl-Werkzeugs.
10. Wählen Sie OBJEKT • DIAGRAMM • PUNKTE… Klicken Sie den Namen Ihres neuen Designs in der Auswahlliste an, und bestätigen Sie mit OK.

15.4.4 Flächendiagramm

Bei diesem Diagrammtyp werden die Werte durch Linien verbunden und die Flächen unterhalb der Linien gefüllt. Um sicherzustellen, dass keine Fläche hinter einer anderen versteckt ist, wird jeder an einem Datenpunkt aufgetragene Wert – wie bei einem gestapelten Balkendiagramm – zum entsprechenden Wert der darunterliegenden Kurve addiert.

Mit Flächendiagrammen lässt sich nicht nur die Entwicklung der Werte, sondern auch die Gesamtmenge, die durch die Flächen repräsentiert wird, vergleichen.

Dateneingabe | Geben Sie die Werte wie für ein Liniendiagramm ein.

Diagrammattribute | Die Auswirkungen der Optionen unter OBJEKT • DIAGRAMM • ART… entsprechen denjenigen der Säulendiagramme.

Die Umkehrung der Stapelreihenfolge durch die Option 1. DATENZEILE VORNE ist wenig zielführend, da alle Flächen hinter der größten versteckt werden.

15.5 Kombinierte Diagramme

Verschiedene Diagrammtypen können Sie in einem Diagramm verbinden, d. h., alle Daten werden in einer Datentabelle verwaltet, aber unterschiedlich dargestellt.

Bis auf Streudiagramme können alle Diagrammtypen miteinander kombiniert werden. Für die Praxis sind wahrscheinlich nur die Kombinationen von Säulen- oder Balkendiagrammen mit Liniendiagrammen sowie von Kreisdiagrammen mit Liniendiagrammen von Bedeutung.

Weitere Diagrammtypen?

Illustrators Vielfalt an Diagrammtypen ist leider begrenzt. Wenn Sie Wünsche haben, die über die hier beschriebenen Diagrammtypen hinausgehen, bleibt nur das Übernehmen von fertigen Diagrammen aus Excel. Diese können Sie in einigen Fällen über die Zwischenablage in Illustrator importieren, alternativ auf dem Weg über ein aus Excel erstelltes PDF. Die Daten sind dann natürlich in Illustrator nicht mehr editierbar.

◄ **Abbildung 15.67**
Zwei Diagrammtypen in einem Diagramm mit eigenen Designs

▲ **Abbildung 15.68**
Verschiedene Diagrammkombinationen; oben: unterschiedliche Werte auf beiden Achsen

Um eine Kombination aus einem Balken- oder Kreisdiagramm mit einem Liniendiagramm zu erstellen, formatieren Sie Ihr Diagramm zunächst als Balken- bzw. Kreisdiagramm. Achten Sie darauf, dass die Daten, die Sie später als Linie darstellen möchten, an vorderster Stelle abgebildet werden.

Falls Sie für jedes Diagramm eine eigene Wertachse verwenden möchten, formatieren Sie Ihr Diagramm in den jeweiligen Diagrammoptionen mit Wertachsen an beiden Seiten. Anschließend gehen Sie wie folgt vor:

1. Wählen Sie das Gruppenauswahl-Werkzeug, und klicken Sie auf die Legende der Datenreihe, die Sie umformatieren möchten. Die Legende wird aktiviert. Klicken Sie erneut, um die zugehörigen Balken bzw. Segmente zusätzlich zur Legende zu aktivieren.
2. Rufen Sie Objekt • Diagramm • Art... auf, und wählen Sie Liniendiagramm als Diagrammtyp aus.
3. Wählen Sie aus dem Menü Wertachse, auf welcher Achse Sie die Werte des Liniendiagramms anzeigen möchten. Definieren Sie die Optionen für die Anzeige der Linie – mit oder

ohne DATENPUNKTE ANZEIGEN bzw. LINIEN FÜLLEN. Bestätigen Sie mit OK.

▲ **Abbildung 15.69**
So entsteht aus einem einfachen Balkendiagramm ein kombiniertes Balken- und Liniendiagramm.

15.6 Streu- oder Punktdiagramme

Im Unterschied zu anderen Diagrammtypen werden bei dieser Art an beiden Achsen Werte abgetragen. An Koordinatenpaaren entstehen Datenpunkte.

Abbildung 15.70 ▶
Ein Streudiagramm hilft beim Aufspüren von Regelmäßigkeiten und Abhängigkeiten. Hier: das Verhältnis zwischen Alter und Gewicht der deutschen Bevölkerung

▲ **Abbildung 15.71**
Auswirkung von X/Y VERTAUSCHEN auf die Tabelle aus Abb. 15.71

Dateneingabe | Die Daten für ein Streudiagramm müssen Sie grundsätzlich anders eingeben als für andere Diagrammtypen. Es ist auch nicht möglich, eine falsche Dateneingabe per Achsentausch zu korrigieren.

Tragen Sie zunächst in der ersten Zeile beginnend in der ersten Zelle über jeder zweiten Spalte die Beschriftungen für Ihre einzelnen Datenreihen ein. Eine Datenreihe besteht jeweils aus Wertepaaren, die in Spalten nebeneinander eingetragen werden – die Werte in der linken der beiden Spalten werden an der y-Achse abgebildet. Zu einem späteren Zeitpunkt können Sie die Belegung wechseln, indem Sie den X/Y VERTAUSCHEN-Button klicken.

In der zweiten Zeile der Tabelle tragen Sie die Überschriften für diese Wertepaare ein – in den Achsen des Diagramms tauchen diese nicht auf. In den folgenden Zeilen geben Sie die Daten ein.

◀ **Abbildung 15.72**
Die Datentabelle für das Diagramm aus Abbildung 15.70

Die Beschriftungen »Jahre« und »kg« im Beispiel-Diagramm der vorhergehenden Seite wurden mit SUFFIX in den DIAGRAMMATTRIBUTEN realisiert.

▲ **Abbildung 15.73**
SUFFIX in der Achsenbeschriftung

Diagrammattribute | Die Optionen für die Darstellung der Punkte und Linien entsprechen denjenigen der Liniendiagramme (s. Abschnitt 15.4.1). Die Wert- und Kategorienachsen-Attribute entsprechen denen der Säulen- und Balkendiagramme (s. 15.3.1).

Eigene Punkte-Designs | Die Standardpunkte können Sie auch bei Streudiagrammen durch eigene Designs ersetzen – die Vorgehensweise entspricht derjenigen beim Liniendiagramm (s. Abschnitt 15.4.3).

15.7 Netz- oder Radardiagramme

Die Achsen aller Werte werden kreisförmig im gleichen Abstand um einen Nullpunkt verteilt. Die Ergebnisse der einzelnen Datenreihen trägt man auf diesen Achsen ein und verbindet jeweils die Werte einer Datenreihe untereinander. Auf diese Weise sind die Unterschiede zwischen den Datenreihen relativ zu einem Nullpunkt gut miteinander zu vergleichen.

▲ **Abbildung 15.74**
Eigene Punkte-Designs im Streudiagramm

Dateneingabe | Geben Sie die Daten wie für Balken- oder Liniendiagramme ein. Die zu vergleichenden Eigenschaften tragen Sie in der linken Spalte ein. Die Beschriftungen der Legende werden in der oberen Zeile eingegeben. Auf der verkehrten Achse eingegebene Daten können Sie mit dem Button REIHE/SPALTE VERTAUSCHEN jederzeit korrigieren.

▲ **Abbildung 15.75**
Eine typische Anwendung eines Netzdiagramms in der Marktforschung

Abbildung 15.76 ▶
Dateneingabe für Netzdiagramme

▲ **Abbildung 15.77**
Nach einer Änderung an der Datentabelle hat das Diagramm einige Formatierungen eingebüßt.

▲ **Abbildung 15.78**
»Zurücksetzen« der unproportional skalierten Schrift

Diagrammattribute | Die Einstellungsmöglichkeiten entsprechen denen des Liniendiagramms. Wertachsen sind bei diesem Diagrammtyp radiale Achsen vom Kreismittelpunkt nach außen. Für Kategorieachsen stehen keine Optionen zur Verfügung.

15.8 Diagramme weiterbearbeiten

15.8.1 Allgemeine Hinweise zur Diagrammbearbeitung

Die Diagrammfunktion hat seit ihrer Einführung in Illustrator 5 kein wesentliches Update mehr erfahren.

Daher kann eine Änderung an den Diagramm-Daten oder -Attributen zu unerwarteten Ergebnissen führen: Häufig verliert das Diagramm nach Änderungen etliche Eigenschaften wie Farben, Effekte oder eine Skalierung. In ganz extremen Fällen sind die Balken nach der Änderung der Daten wieder grau.

Dies vermeiden Sie durch folgende Maßnahmen:

▶ Farben: Weisen Sie Farben nicht per Drag & Drop, sondern mit dem Farbfelder-Bedienfeld zu.
▶ Skalieren: Skalieren Sie das Diagramm mit dem Skalieren-Werkzeug statt mit dem Transformieren- oder dem Steuerungsbedienfeld.
▶ Effekte: Erstellen Sie Grafikstile von Ihren Effekten, und weisen Sie sie den Balken zu. Dies hat auch den Vorteil, dass Sie die Eigenschaften einfach erneut zuweisen können, falls sie doch entfernt werden.

15.8.2 Diagramme skalieren

Die Größe eines Diagramms lässt sich im Nachhinein mithilfe des Skalieren-Werkzeugs ändern (s. Abschnitt 15.8.1, »Allgemeine Hinweise zur Diagrammbearbeitung«). Die Skalierung betrifft auch die Schriften, die Sie daher im Anschluss an die Skalierung neu formatieren müssen. Verzerrte Schriften nach der nichtproportionalen Skalierung eines Diagramms korrigieren Sie nach dem Skalieren mit ⌘+⇧+X bzw. Strg+⇧+X.

15.8.3 3D-Diagramme

Sie können sehr einfach Tortendiagramme oder dreidimensionale Liniendiagramme erzeugen, indem Sie den 3D-Effekt auf das komplette Diagramm anwenden. Der Clou daran ist: Die Daten bleiben editierbar.

Da der 3D-Effekt auf das komplette Diagramm angewendet wird, sind alle Beschriftungen nach Anwendung des 3D-Effekts unleserlich – diese sollten Sie also unabhängig, z. B. mithilfe von Verzerrungshüllen (s. Abschnitt 10.7), erstellen. Damit die Originaltexte des Diagramms versteckt sind, wählen Sie sie mit dem Gruppenauswahl-Werkzeug aus und weisen ihnen die Füllung OHNE zu. Teilstriche verstecken Sie mithilfe der Diagrammattribute.

▲ **Abbildung 15.79**
3D-Effekt EXTRUDIEREN

15.8.4 Dynamische Daten

Diagrammdaten können Sie mit Datentabellen verknüpfen und so die Werte einfach aktualisieren oder die Diagramme in dynamische Bilderzeugungssysteme einbinden (zu Variablen siehe Abschnitt 21.3, zur dynamischen Bilderzeugung siehe Abschnitt 20.3, »SVG«).

▲ **Abbildung 15.80**
Das Torten-Diagramm mit Schatten

Schritt für Schritt: 3D-Tortendiagramm

1 Diagrammdaten eingeben

Öffnen Sie die Datei »Energieverbrauch.txt« von der DVD in einem Textbearbeitungsprogramm wie TextEdit oder Notepad. Aktivieren Sie alles, und kopieren Sie die Daten. In Illustrator ziehen Sie ein neues Kreisdiagramm auf und fügen die Daten aus der Zwischenablage in das Datenfenster ein. Bestätigen Sie die Eingabe, und schließen Sie das Datenfenster.

▲ **Abbildung 15.81**
Ausgangsdiagramm

2 Farben definieren

Wählen Sie einen Datensatz (bestehend aus dem Diagrammanteil und der Legende) aus, indem Sie mit dem Gruppenauswahl-Werkzeug zweimal langsam hintereinander auf ein »Tortenstück« klicken. Weisen Sie dem Datensatz eine Farbe zu. Gehen Sie auf diese Art bei allen Datensätzen vor, um diese unterschiedlich einzufärben.

Abschließend aktivieren Sie das komplette Diagramm mit dem Auswahl-Werkzeug und setzen die Kontur auf OHNE.

▲ **Abbildung 15.82**
Aktivieren eines Datensatzes mit dem Gruppenauswahl-Werkzeug

15.8 Diagramme weiterbearbeiten | **493**

▲ **Abbildung 15.83**
Aktivieren der Legende mit dem Direktauswahl-Werkzeug

▲ **Abbildung 15.84**
Die Legende wurde kompakter gestaltet. Ein Teilstück ist herausgezogen.

▲ **Abbildung 15.85**
Ausrichten des 3D-Objekts im Raum

Achtung: Gruppierung lösen

Nach dem Lösen der Gruppierung sind die Diagrammdaten nicht mehr editierbar.
Haben Sie die Gruppierung eines Diagramms unabsichtlich gelöst, widerrufen Sie den Arbeitsschritt mit BEARBEITEN • RÜCKGÄNGIG.

3 Legende

Ziehen Sie mit dem Direktauswahl-Werkzeug ein Auswahlrechteck über der Legende auf. Kopieren Sie diese Elemente mit BEARBEITEN • KOPIEREN – ⌘/Strg+C – in die Zwischenablage. Rufen Sie anschließend die Diagrammoptionen auf, und deaktivieren Sie die Anzeige der Legende. Fügen Sie die kopierte Legende aus der Zwischenablage wieder ein. Die Legende ist jetzt nicht mehr Teil des Diagramms. Sie lässt sich unabhängig von diesem bearbeiten und ist ihrerseits von den Formatierungen des Diagramms – vor allem dem 3D-Effekt – nicht betroffen.

Die Höhe der Farbmarken in der Legende reduzieren Sie mit der Funktion EINZELN TRANSFORMIEREN.

4 Teil herausziehen

Mit dem Direktauswahl-Werkzeug aktivieren Sie das »Tortenstück«, das in der Darstellung hervorgehoben werden soll, und ziehen es aus der Mitte nach außen.

5 3D-Effekt

Klicken Sie mit dem Auswahl-Werkzeug auf das Diagramm, um es insgesamt auszuwählen. Rufen Sie EFFEKT • 3D • EXTRUDIEREN UND ABGEFLACHTE KANTE auf (s. Abschnitt 17.2.2).

In der Dialogbox aktivieren Sie die VORSCHAU und geben unter TIEFE DER EXTRUSION einen Wert um 20 Pt ein. Die dreidimensionale Drehung des Objekts richten Sie mithilfe des Würfels ein.

6 Schatten

Mit einem Schatten verleihen Sie der Darstellung etwas Tiefe. Wählen Sie EFFEKT • STILISIERUNGSFILTER • SCHLAGSCHATTEN (s. Abschnitt 13.6.2). Aktivieren Sie auch in dieser Dialogbox die VORSCHAU, und stellen Sie die Optionen nach Bedarf ein. ■

15.8.5 Diagramme »umwandeln«

Benötigen Sie die Teile des Diagramms als Vektorobjekte, um sie mit Optionen weiterzubearbeiten, die Ihnen für Diagramme nicht zur Verfügung stehen, so aktivieren Sie das Diagramm mit dem Auswahl-Werkzeug und wählen OBJEKT • GRUPPIERUNG AUFHEBEN – Shortcut ⌘/Strg+⇧+G.

Die Beschriftungen, Diagrammgitternetze und Diagrammteile sind jeweils gruppiert. Lösen Sie diese weiteren Gruppierungen nach Bedarf.

16 Muster und Symbole

Muster und Symbole sind Mittel, um große Mengen sich gleichförmig oder unregelmäßig wiederholender Details zu illustrieren. Obendrein sparen Sie durch die Verwendung dieser Funktionen Speicherplatz beim Sichern Ihrer Dokumente.

Symbole sind auch im Zusammenhang mit anderen Funktionen sehr wichtig: dem 3D-Effekt und dem Perspektivraster.

▲ **Abbildung 16.1**
Anwendungen für Füllmuster sind z. B. Planzeichnungen, Modedesign, technische und freie Illustration.

16.1 Füllmuster

Ein Muster ist ein Rapport, bestehend aus mehreren Vektorobjekten, der, wie Keramik-Fliesen aneinandergelegt, eine Objekttextur ergibt. Füllmuster werden als Musterfelder im Farbfelder-Bedienfeld des Dokuments bzw. in einer Farbfelder-Bibliothek verwaltet (Farbfelder-Bedienfeld und -Bibliothek s. Abschnitt 8.7). Mit Mustern können Sie von der einfachen Schraffur bis zur aufwendigen Oberflächenimitation eine große Bandbreite an Füllungen erzeugen, z.B. für Mode- und Textildesign, technische Illustrationen sowie Planzeichnungen in der Architektur, Geologie und Kartografie. Gerade für letztere Anwendungsbereiche existiert auch eine Vielzahl vorgefertigter Muster-Bibliotheken.

▲ **Abbildung 16.2**
Musterfelder im Farbfelder-Bedienfeld

▲ **Abbildung 16.3**
Das Muster wird am Linealnullpunkt ausgerichtet.

▲ **Abbildung 16.4**
Ohne (links) und mit (rechts) aktivierter Option MUSTER TRANSFORMIEREN

▲ **Abbildung 16.5**
Warnhinweis bei NUR MUSTER TRANSFORMIEREN

16.1.1 Muster anwenden

Musterfelder können Sie sowohl der Fläche als auch der Kontur eines Objekts zuweisen – zur Gestaltung der Objektkontur bieten sich aber eher Musterpinsel (s. Abschnitt 9.4.7) als Musterfelder an. Möchten Sie eine Form mit einem Muster füllen, aktivieren Sie das Objekt, wählen FLÄCHE oder KONTUR im Werkzeugbedienfeld und klicken im Farbfelder-Bedienfeld auf das gewünschte Muster.

Ausrichtung der Muster-Kachelung | Die Ausrichtung des Musters bezieht sich zunächst auf den Linealnullpunkt des Dokuments – nicht die jeweiligen Nullpunkte einzelner Zeichenflächen. Von dort aus wiederholt Illustrator die Rapporte entlang der x-Achse nebeneinander und entlang der y-Achse übereinander. Die Ausrichtung der Musterfüllung am Objekt ergibt sich daher daraus, an welcher Stelle der Zeichenfläche es sich befindet, wenn Sie die Füllung zuweisen.

16.1.2 Muster mit Objekten transformieren

Beim Transformieren eines Objekts haben Sie die Wahl, ob Sie die Musterfüllung zusammen mit dem Objekt umformen möchten. Eine Grundeinstellung für Ihre Arbeit mit Illustrator nehmen Sie in den Voreinstellungen vor. Rufen Sie VOREINSTELLUNGEN • ALLGEMEIN… auf, und aktivieren oder deaktivieren Sie die Option MUSTER TRANSFORMIEREN.

▶ Option deaktiviert: Die Ausrichtung des Musters ist weiterhin an die Zeichenfläche gebunden. Wenn das Objekt transformiert wird, ist das Muster davon nicht betroffen.
▶ Option aktiviert: Das Muster ist an das Objekt gebunden und wird mit ihm zusammen transformiert – bewegt, gedreht, skaliert, gespiegelt.

Die Einstellung wird in die Optionen von Transformieren-Bedienfeld und -Werkzeugen übernommen. Sie können sie dort für jede Transformation individuell einstellen (Transformieren s. Abschnitt 5.6).

16.1.3 Nur Muster transformieren

Es gibt verschiedene Möglichkeiten, wenn Sie das Muster transformieren möchten, ohne das Objekt zu verändern.

Transformieren-Bedienfeld | Aktivieren Sie im Menü des Transformieren-Bedienfelds die Option NUR MUSTER TRANSFORMIEREN. Aktivieren Sie das Objekt, und geben Sie die gewünschten Werte ein. Denken Sie daran, die Option im Bedienfeldmenü vor der nächsten Transformation zu überprüfen – Illustrator zeigt ein kleines Warndreieck im Bedienfeld, um Sie darauf hinzuweisen, dass Nur Muster transformieren aktiv ist.

Transformieren-Werkzeuge | Mit den Transformieren-Werkzeugen haben Sie zwei Möglichkeiten:
1. Per Eingabe: Aktivieren Sie das Objekt, und doppelklicken Sie auf das gewünschte Werkzeug im Werkzeugbedienfeld, um die Dialogbox aufzurufen. Deaktivieren Sie unter Optionen alle bis auf Muster und geben die gewünschten Werte ein.
2. Intuitiv: Aktivieren Sie das Objekt, und wählen Sie ein Transformieren-Werkzeug oder (zum Verschieben) das Auswahl-Werkzeug. Drücken Sie die Taste ⌜<⌝ (Mac)/⌜^⌝ (Windows – bitte beachten Sie den Hinweis), während Sie die Transformation ausführen.

16.1.4 Muster zurücksetzen
Um den Originalstatus eines Musters wiederherzustellen, aktivieren Sie das Objekt und weisen ihm das Musterfeld erneut zu.

16.1.5 Muster und Verzerrungen
Wenn Sie ein Objekt mit einer Verzerrungshülle verformen, können Sie unter Objekt • Verzerrungshülle • Hüllen-Optionen… einstellen, dass Illustrator das Muster gemeinsam mit dem Objekt verzerren soll. Mit den Verkrümmungs-Effekten unter Effekt • Verkrümmungsfilter ist es nicht möglich, Musterfüllungen zu verzerren (Verzerrungshüllen s. Abschnitt 10.6).

16.1.6 Musterfelder laden
Die Standard-Dokumentprofile enthalten nur wenige Musterfelder. Weitere können Sie als Farbfeldbibliotheken laden (Farbfeldbibliotheken s. Abschnitt 8.7.9).

Unter Einfache Grafiken finden Sie Rasterpunkte und -linien à la Roy Lichtenstein sowie für Landkarten geeignete Muster.

16.1.7 Muster umfärben
Die Funktion Interaktive Farbe ermöglicht ein unkompliziertes Umfärben von Musterfeldern. Dazu weisen Sie das Muster einem Objekt zu, aktivieren dieses und rufen Bearbeiten • Farben bearbeiten • Bildmaterial neu färben… auf (Interaktive Farbe s. Abschnitt 8.8). Sobald Sie die Dialogbox mit OK schließen, wird ein Duplikat des Musterfelds mit den geänderten Farben erzeugt.

▲ **Abbildung 16.6**
Die Drehen-Dialogbox

Win: Muster transformieren
Unter Windows funktioniert das intuitive Bearbeiten von Mustern mit den Transformieren-Werkzeugen nur, wenn Sie vorher die Tastaturbelegung in den Betriebssystem-Einstellungen auf US-Englisch umstellen.

▲ **Abbildung 16.7**
Hüllen-Optionen (Ausschnitt)

▲ **Abbildung 16.8**
3D-Effekte werden auf Musterfüllungen angewendet, als wären es Vektorformen. Muster sollten als »Mapping« auf das 3D-Objekt aufgebracht werden.

▲ **Abbildung 16.9**
Einige der mitgelieferten Muster

16.1 Füllmuster | **497**

Muster-Ressourcen

Weitere Muster-Bibliotheken gibt es bei Adobe Exchange unter *www.adobe.com/exchange*. Umfangreiche Bibliotheken mit Mustern für geologische Karten hat das U.S. Geological Survey unter *http://pubs.usgs.gov/of/1999/of99-430/*.

▲ **Abbildung 16.10**
Musterfeld zum Editieren auf die Zeichenfläche ziehen

Muster flexibel gestalten

Sie können in einem Muster zwar eine deckende Grundfläche anlegen, flexibler sind Sie jedoch, wenn Sie stattdessen mit dem Aussehen-Bedienfeld eine zweite Fläche unter der Musterfläche anlegen.

▲ **Abbildung 16.11**
Je kleiner der Rapport ist, desto mehr Musterfelder sind nötig, um eine Fläche zu füllen.

16.1.8 Muster bearbeiten

Möchten Sie über Farbänderungen hinausgehende Bearbeitungen an Musterfeldern vornehmen, müssen Sie diese an den Bestandteilen der Mustergrafik durchführen und von der geänderten Grafik ein neues Musterfeld erstellen oder das bestehende überschreiben.

Um ein Musterfeld zu bearbeiten, deaktivieren Sie zunächst alle Objekte auf der Zeichenfläche. Anschließend ziehen Sie das Musterfeld aus dem Farbfelder-Bedienfeld auf die Zeichenfläche. Die zum Musterfeld gehörenden Objekte sind gruppiert. Zur Bearbeitung doppelklicken Sie auf die Gruppe, um in den Isolationsmodus zu gelangen, oder lösen Sie die Gruppierung auf.

Wie Sie ein neues Muster-Farbfeld erstellen bzw. ein bestehendes Musterfeld ersetzen, erfahren Sie in den Schritt-für-Schritt-Anleitungen im Anschluss an diesen Abschnitt.

16.1.9 Eigene Muster planen

Ein Muster deckt nur an den Stellen, an denen es opake Objekte enthält. In anderen Bereichen ist der Hintergrund sichtbar. Daher können Sie in Ihren Illustrationen mit überlagerten Mustern und »Löchern« arbeiten. Neben einfachen Pfaden kann ein Muster Transparenz, Verläufe, Pixelbilder, Textobjekte und Angleichungen, jedoch keine Objekte, die selbst mit einer Musterfüllung versehen sind, enthalten. Pinselkonturen, mit Effekten versehene Objekte und Angleichungen wandelt Illustrator automatisch um, sobald Sie davon ein Musterfeld erstellen.

Ein Muster wird auf der Basis einer Rechteckform – dem Rapport – wiederholt, daher müssen Sie Ihr Design so entwickeln, dass die Formen an den jeweils gegenüberliegenden Seiten dieses Rechtecks aneinander anschließen.

Musterfelder-Optimierung | Die programmtechnische Verarbeitung von Musterfüllungen ist von zwei Faktoren abhängig: von der Anzahl und Komplexität der zum Musterfeld gehörenden Elemente und von der Anzahl der für die Füllung des Objekts benötigten Musterwiederholungen. Weniger Vektorobjekte mit möglichst wenigen Ankerpunkten und eine geringe Anzahl Wiederholungen des Musterfelds auf dem Objekt sind effizienter. In die Musterfelder einfacher Füllungen können Sie daher mehrere Rapporte integrieren, um die optimale Balance zu finden.

Eine weitere Optimierung erreichen Sie, wenn Objekte mit gleichen Aussehen-Attributen an aufeinanderfolgender Position in der Stapelreihenfolge der Objekte liegen – gruppieren Sie sie zu diesem Zweck (Aussehen s. Abschnitt 11.5).

> **Lücken in gemusterten Flächen**
>
> Wenn Ihr Muster nach der Anwendung am Objekt Lücken zeigt, liegt dies meistens am fehlenden Begrenzungsrechteck. Das Musterelement links besitzt Elemente, die über die violette Grundfläche hinausreichen. Daher müssen Sie hinter den Elementen ein Rechteck in derselben Größe wie die violette Fläche, jedoch ohne Kontur und Fläche, anlegen.

Schritt für Schritt: Einfache Muster erstellen

In der folgenden Übung lernen Sie die Funktionweise der Musterfelder anhand einfacher geometrischer Muster kennen. Dieselbe Vorgehensweise können Sie für einfache Punkt- oder Streifenmuster anwenden.

◄ **Abbildung 16.12**
Beispiele für einfache geometrische Punkt- und Streifenmuster

1 Vorbereitung

Zunächst bereiten Sie Ihre Arbeitsumgebung vor. Damit bei der Anwendung des Musterfelds wirklich alles nahtlos passt, ist es sinnvoll, die Einrastfunktionen von Illustrator zu verwenden. Mindestens das Einrasten am Punkt sollte aktiviert sein: Wählen Sie Ansicht • An Punkt ausrichten – Mac-Shortcut ⌘+⌥+<, Windows-Shortcut Strg+Alt+.

Die magnetischen Hilfslinien können bei einigen Arbeiten eventuell stören, vor allem, wenn Sie Objekte nur um kurze Distanzen verschieben. Probieren Sie es einfach aus: Wählen Sie Ansicht • Magnetische Hilfslinien – Shortcut ⌘/Strg+U.

Je nach der Art Ihres Entwurfs kann auch die Arbeit mit dem Raster hilfreich sein: Ansicht • Raster einblenden – Mac-Shortcut ⌘+<, Windows-Shortcut Strg+.

16.1 Füllmuster | **499**

Abbildung 16.13
Waagerechte Linien als Start

Abbildung 16.14
Auswählen der Punkte auf der rechten Seite

Abbildung 16.15
Verschieben der Punkte

Abbildung 16.16
Anlegen des Begrenzungsrechtecks

2   Streifenmuster beliebiger Schrägung

Meist ist es sinnvoll, Streifenmuster senkrecht oder waagerecht anzulegen und erst am Objekt zu drehen (s. Abschnitt 16.1.3). Wenn Sie jedoch eine Schrägung bereits im Musterfeld definieren möchten, beginnen Sie mit einigen waagerechten Streifen im gewünschten Abstand und in der gewünschten Konturstärke.

3   Schrägung erzeugen

Mit dem Direktauswahl-Werkzeug ziehen Sie ein Auswahlrechteck über alle rechten Punkte. Klicken Sie auf einen dieser Punkte, und verschieben Sie ihn exakt senkrecht nach oben – drücken und halten Sie dazu ⇧ –, bis er an der ehemaligen Position eines anderen Punktes einrastet; der Cursor zeigt ▷.

4   Rapport auswählen

Wählen Sie das Rechteck-Werkzeug, und erstellen Sie ein Rechteck über einem Rapport des Musters. Dieser reicht vom oberen linken bis zum unteren rechten Punkt.

5   Schraffur verlängern

Sie können jetzt noch kein Musterfeld erstellen, da die Konturen am Beginn und Ende der Linien jeweils angeschrägt sind. Daher müssen die Linien jeweils etwas verlängert werden, sodass sie den Rand des Rechtecks überragen. Da dabei die Konturstärke nicht verändert werden soll, deaktivieren Sie in den Voreinstellungen die Option KONTUREN UND EFFEKTE SKALIEREN. Dann selektieren Sie alle Linien und wählen OBJEKT • TRANSFORMIEREN • EINZELN TRANSFORMIEREN. Geben Sie einen Skalierungsfaktor von etwa 110 % für HORIZONTAL und VERTIKAL ein.

Abbildung 16.17
Der Befehl EINZELN TRANSFORMIEREN verlängert alle Linien nach beiden Seiten.

6   Musterfeld erstellen

Das Rechteck wird jetzt zum Begrenzungsrechteck des Musters. Aktivieren Sie es, und weisen Sie dem Rechteck Fläche und Kontur OHNE zu. Stellen Sie das Rechteck anschließend ganz nach hinten im Objektstapel – rufen Sie das Kontextmenü auf, und wählen Sie ANORDNEN • IN DEN HINTERGRUND.

Aktivieren Sie alle Objekte des Musters sowie das Rechteck, und ziehen Sie alles in das Farbfelder-Bedienfeld. Deaktivieren Sie die Objekte auf der Zeichenfläche. Doppelklicken Sie auf den neuen Eintrag im Farbfelder-Bedienfeld, und geben Sie ihm einen aussagekräftigen Namen.

▲ **Abbildung 16.18**
Musterfeld erzeugen

7 Blutwurst-Muster

Markieren Sie mit einem Rechteck die Grundfläche des Musters. Diesem Rechteck geben Sie eine weinrote Fläche. Das Rechteck dient gleichzeitig als Begrenzungsrechteck des Musters. Das transparente Grundobjekt, das im vorigen Muster benötigt wurde, brauchen Sie hier nicht, da keine Objekte über den Rand des Rechtecks reichen werden.

8 Muster ergänzen

Verteilen Sie einige fleischfarbene und weiße Kreise verschiedener Größe auf der Grundfläche des Musters. Keiner dieser Kreise darf den Rand des Musters überragen.

▲ **Abbildung 16.19**
Grundelement für das Muster

9 Musterfeld erstellen

Aktivieren Sie das Rechteck und die Kreise, und ziehen Sie sie auf das Farbfelder-Bedienfeld. Deaktivieren Sie die Objekte auf der Zeichenfläche, und geben Sie auch diesem Musterfeld einen Namen.

▲ **Abbildung 16.20**
Musterfeld erzeugen

10 Musterfeld testen

Erstellen Sie zwei Vektorformen, und weisen Sie ihnen die beiden Musterfelder als Fläche zu. Achten Sie vor allem auf die Passgenauigkeit der Rapporte.

▲ **Abbildung 16.21**
Musterfelder testen

Feine weiße Linien in der Musterfläche

Diese Linien sind normalerweise nur durch das Glätten der Vektorobjekte in der Bildschirmdarstellung bedingt und sollten daher im Druck nicht mehr auftreten. Deaktivieren Sie die Option GEGLÄTTETES BILDMATERIAL unter VOREINSTELLUNGEN • ALLGEMEIN, um zu überprüfen, ob die Linien nicht aufgrund eines fehlerhaften Musters entstehen.

16.1.10 Pinsel-Muster

Auch Musterpinsel basieren auf Musterfeldern. Zur Erstellung von Musterpinseln s. Abschnitt 9.4.7.

Ornamentschriften

Fonts dieser Art finden Sie auch auf Websites wie *www.dafont.com*, die kostenlose Schriften anbieten.

Abbildung 16.22 ▶
Das fertiggestellte Muster

▲ **Abbildung 16.23**
Grundelemente aus den Schriften Woodtype Ornaments und Bodoni Ornaments

▲ **Abbildung 16.24**
Das Glyphen-Bedienfeld

Abbildung 16.25 ▶
Links: Das Objekt wird um einen Punkt rechts oberhalb gedreht und dabei dupliziert. Eine weitere Kopie komplettiert die Grundstruktur.

Schritt für Schritt: Ein unregelmäßiges Muster erstellen

In der folgenden Übung erstellen Sie mit Grafiken aus Schrift-Fonts ein Muster im Foliage-Design. Bei der Erstellung dieser komplexeren unregelmäßigen Strukturen sind der kreative und der konstruktive Prozess enger miteinander verwoben.

1 Vorbereitung

Setzen Sie einige passende Zeichen aus einem Font wie z. B. Adobe Woodtype Ornaments (er gehört zu den Fonts, die der Creative Suite beiliegen). Die passenden Zeichen können Sie mit dem Glyphen-Bedienfeld heraussuchen (s. Abschnitt 14.5.6). Wandeln Sie den Text in Pfade um – Shortcut: ⌘/Strg+⇧+O. Die Gruppierung der umgewandelten Textobjekte müssen Sie außerdem lösen. Oder öffnen Sie die Datei »Foliage-Muster.ai« von der DVD.

2 Hauptelement

Suchen Sie das Hauptelement für das Muster aus den Formen aus. Aus diesem erstellen Sie eine netzartige Grundstruktur: Bei gedrückter ⌥/Alt-Taste klicken Sie mit dem Drehen-Werkzeug etwas neben ein Ende der Form. Geben Sie »120« ein, und klicken Sie auf KOPIEREN. Mit ⌘/Strg+D erstellen Sie eine weitere Kopie.

3 Reihe erstellen

Das Hauptelement wird jetzt zur netzartigen Struktur erweitert: Halten Sie ⌥/Alt und ⇧ gedrückt, und verschieben Sie das Grundobjekt auf 45°-Winkelungen eingeschränkt. Verschieben Sie die Kopie so, dass die beiden Objekte ein wenig ineinanderreichen.

Beim Verschieben der Kopie müssen Sie im »ersten Anlauf« den gewünschten Abstand erzielen – dies benötigen wir für die weitere Vorgehensweise. Falls Ihnen die Position nicht gefällt, widerrufen Sie den Schritt und probieren es erneut. Erzeugen Sie drei weitere Kopien, indem Sie mehrfach ⌘/Strg+D drücken.

45°-Winkel

Zu Beginn sollten Sie mit Verschiebungen in 45°-Winkeln arbeiten, da diese am einfachsten zu handhaben sind. Muster basieren auf rechtwinkligen Wiederholungen.

◀ **Abbildung 16.26**
Aus dem Grundelement wird eine Reihe erstellt.

4 Netz erstellen

◀ **Abbildung 16.27**
Dieses Netz ist die Basis für das Muster.

Aktivieren Sie die ganze Reihe Objekte, drücken Sie wieder ⌥/Alt, und verschieben Sie die Reihe nach unten – dies muss nicht exakt senkrecht erfolgen. Wählen Sie den Abstand so, dass auch die Reihen ineinander verschlungen sind. Die beiden Reihen wählen Sie aus und verschieben sie dann senkrecht nach unten. Halten Sie beim Verschieben D gedrückt.

5 Begrenzungsrechteck

Erstellen Sie ein Begrenzungsrechteck für das Grundelement Ihres Musters. Aktivieren Sie Ansicht • Intelligente Hilfslinien, und klicken Sie mit dem Rechteck-Werkzeug 🔲 auf einen markanten Ankerpunkt. Ziehen Sie ein Rechteck auf, das einen Rapport umfasst. Überprüfen Sie, ob das Rechteck exakt gesetzt ist, indem Sie in die Pfadansicht wechseln und an die markanten Ecken heranzoomen.

▲ **Abbildung 16.28**
Begrenzungsrahmen

▲ **Abbildung 16.29**
Arbeiten Sie an kompletten »Maschen« (gelb markiert). Objekte werden später passgenau in die Teilbereiche kopiert (rot).

Dem Rechteck geben Sie eine hellblaue Kontur – damit stört es beim Arbeiten nicht, dient aber dennoch als Orientierung – und wählen Objekt • Anordnen • In den Hintergrund.

6   Grundelemente fixieren

Aktivieren Sie alle Objekte, und sperren Sie sie mit ⌘/Strg+2, um sie vor unbeabsichtigten Transformationen zu schützen.

7   Ergänzen des Musters

Suchen Sie sich weitere passende Elemente aus den Glyphen der gewählten Schrift aus, um die Sie die »Maschen« des Netzes ergänzen können. Positionieren Sie die ergänzenden Elemente im Bereich des Begrenzungsrahmens, und arbeiten Sie die Grafik aus. Wenn das Musterelement am Rand seines Begrenzungsrahmens zu ergänzen ist, sollten Sie möglichst nur nach einer Seite arbeiten (siehe Abbildung 16.29). Es ist nicht einfach, die gleichmäßige Verteilung der Bestandteile zu realisieren. In den meisten Fällen werden Sie einige Versuche mit Ihrem Muster durchführen und Details korrigieren müssen, bis die Wirkung »stimmt«.

8   Größenanpassungen

Bisher haben Sie vielleicht noch passende Elemente in der Schrift gefunden. Je kleiner die Lücken werden, umso schwieriger wird es jedoch, komplette Formen aus dem Buchstabenvorrat zu integrieren. Dann schneiden Sie sich Teile von vorhandenen Formen ab. Dazu wählen Sie die Punkte, an denen Sie schneiden möchten, mit dem Direktauswahl-Werkzeug aus und klicken auf den Button Pfad an ausgewählten Ankerpunkten ausschneiden im Steuerungsbedienfeld. Die erhaltenen Pfadteile müssen Sie mit Objekt • Zusammengesetzter Pfad • Zurückwandeln voneinander trennen.

▲ **Abbildung 16.30**
Teile für kleine Lücken

▲ **Abbildung 16.31**
Alle Schnittstellen werden mit dem Direktauswahl-Werkzeug aktiviert und auf einmal aufgeschnitten (links). Trennen Sie die Objekte durch Zurückwandeln des zusammengesetzten Pfads (Mitte). Dabei werden jedoch auch vorhandene »Löcher« entfernt (2. v. rechts). Diese stellen Sie wieder her, indem Sie aus den einzelnen Elementen Blatt und »Loch« je einen zusammengesetzten Pfad erstellen.

9 | Linienstärken angleichen

Einige Füllelemente müssen Sie verkleinern, damit sie in die Lücken passen. Dabei werden auch Linienstärken schmaler und passen eventuell nicht mehr zu den Grundelementen. In der Layoutphase korrigieren Sie dies durch Zuweisen einer Kontur. Wählen Sie die Stärke so, dass die Elemente wieder zueinander passen. Bevor Sie später das Muster erstellen, wenden Sie Objekt • Pfad • Konturlinie an und verwenden den Pathfinder Verdeckte Fläche entfernen, um die Grafik zu säubern.

Abschließend erstellen Sie noch einige Ovale und verteilen sie in kleine Lücken.

10 | Duplizieren der Ergänzungsobjekte

Entsperren Sie alle Objekte, und aktivieren Sie die magnetischen Hilfslinien, falls Sie diese ausgeschaltet hatten. Löschen Sie diejenigen Bestandteile des »Netzes«, die nicht ins Begrenzungsrechteck hineinreichen. Aktivieren Sie dann die ergänzten Elemente, die über den Rand des Rechtecks ragen, sowie das hellblaue Begrenzungsrechteck.

Klicken Sie eine Ecke des Begrenzungsrechtecks an, halten Sie ⌥/Alt und ⇧ gedrückt, und ziehen Sie die Objekte horizontal nach rechts, bis der Cursor auf der gegenüberliegenden Ecke einrastet, die den rechten Rand markiert. Lassen Sie zunächst die Maus, dann die Tasten los.

Ergänzen Sie auf die gleiche Art die anderen zwei Seiten des Musterelements.

▲ **Abbildung 16.32**
Die markierten Formen (oben) sind magerer als die übrigen Formen, da sie stark skaliert wurden. Weisen Sie ihnen zunächst eine starke Kontur zu (unten).

▲ **Abbildung 16.33**
Objekte, die über den Rand reichen, werden mit dem Begrenzungsrechteck erst auf die rechte Seite (Mitte) und dann nach oben und links (rechts) dupliziert. Dabei dienen die Eckpunkte des Rechtecks als Referenz, an denen alles exakt ausgerichtet werden kann.

▲ **Abbildung 16.34**
Zusammenfügen sich überlappender Objekte

▲ **Abbildung 16.35**
Musterfeld erzeugen

11 Optimieren

Verwenden Sie die Formmodi-Buttons im Pathfinder-Bedienfeld, um Ihre Vektorobjekte zu optimieren, indem Sie z. B. überlappende Einzelobjekte zusammenfügen. Falls Sie verschiedenfarbige Formen verwenden, gruppieren Sie jeweils die Objekte mit gleichen Aussehen-Eigenschaften.

Lassen Sie jedoch das Begrenzungsrechteck für das Musterfeld intakt. Sie müssen auch nicht die über den Rahmen reichenden Objekte beschneiden.

12 Erstellen des Musterfelds

Wenn Sie mit dem Muster zufrieden sind, weisen Sie dem Begrenzungsrechteck die Fläche und Kontur OHNE zu. Prüfen Sie mit dem Ebenen-Bedienfeld, ob das Rechteck in der Stapelreihenfolge hinten liegt.

Aktivieren Sie alle Bestandteile des Musterelements sowie das Begrenzungsrechteck, und ziehen Sie die Objekte ins Farbfelder-Bedienfeld.

Heben Sie die Auswahl auf der Zeichenfläche auf. Doppelklicken Sie auf den eben erzeugten Eintrag im Farbfelder-Bedienfeld, und geben Sie ihm einen Namen.

Löschen Sie die Ausgangselemente noch nicht, Sie könnten sie benötigen, um Korrekturen daran vorzunehmen, falls Ihnen das Muster in der Anwendung auf größeren Flächen nicht gefällt.

13 Testen des Musters

Erstellen Sie ein Objekt, das groß genug ist, um Ihr Muster einige Male zu wiederholen, und weisen Sie diesem Objekt das Musterfeld als Füllung zu. Sind Sie mit der Wirkung nicht zufrieden, nehmen Sie die nötigen Änderungen an Ihrem Grundelement vor.

Um das Musterfeld durch die aktualisierte Fassung zu ersetzen, gehen Sie wie bei der Definition des Musterfelds vor, drücken aber ⌥/Alt, während Sie die Objekte im Farbfelder-Bedienfeld auf das bestehende Musterfeld ziehen.

Sobald Sie das Musterfeld angelegt haben, benötigen Sie die Grundelemente, mit denen Sie das Muster entwickelt haben, eigentlich nicht mehr, da Sie sie jederzeit wieder aus dem Musterfeld generieren können. Bewahren Sie sie jedoch vor allem dann auf, wenn Sie Pinselkonturen oder Effekte verwendet haben. Beim Erstellen des Musterfelds wandelt Illustrator nämlich alle Pinselkonturen und Effekte in Vektorformen um.

▲ **Abbildung 16.36**
Anwendung des Musters

16.1.11 Musterfüllung umwandeln

Möchten Sie die Musterfüllung eines Objekts in Pfade umwandeln, aktivieren Sie das Objekt und wählen Objekt • Umwandeln… Bestimmen Sie in der Dialogbox, ob Sie die Fläche oder die Kontur umwandeln möchten (voreingestellt sind alle auf die Objekteigenschaften zutreffenden Optionen), und klicken Sie OK.

Illustrator erzeugt die für die Füllung benötigten Musterelemente als Vektorformen, auf die die Form des Objekts als Schnittmaske angewendet ist. Rufen Sie das Ebenen-Bedienfeld auf, um die Gruppe zu analysieren (Ebenen-Bedienfeld s. Abschn. 11.1).

16.1.12 Muster und Speicherplatz

Nicht verwendete Muster-Farbfelder tragen nicht unwesentlich zur Dateigröße eines Dokuments bei. Ganz unbemerkt werden Musterfelder aus Bibliotheken dem Farbfelder-Bedienfeld hinzugefügt, sobald Sie sie testweise auf ein Objekt anwenden. Um Speicherplatz einzusparen, löschen Sie alle nicht verwendeten Musterfelder aus dem Farbfelder-Bedienfeld. Wählen Sie im Bedienfeldmenü den Eintrag Alle nicht verwendeten auswählen, und klicken Sie anschließend den Button Farbfeld löschen.

▲ **Abbildung 16.37**
Umgewandelte Musterfüllung – Objekte sind nur zur Demonstration blau umrandet.

Alternative: der Transformieren-Effekt

In manchen Fällen ist ein Muster weniger geeignet, um eine Fläche mit sich wiederholenden Elementen zu füllen, zum Beispiel, wenn Sie zwingend ganze Rapportelemente benötigen oder wenn beim Wiederholen auch transformiert werden soll. In diesen Fällen kann die Verwendung des Transformieren-Effekts wesentlich vorteilhafter sein (zum Transformieren siehe Abschnitt 13.3, »Konstruktionseffekte«).

16.2 Symbole

Symbole stellen eine konsequente Fortführung der objektorientierten Arbeitsweise von Vektorgrafik-Software dar. Sie erstellen und speichern eine Grafik einmal, dann vereinfachen Spezialwerkzeuge die mehrfache Verwendung der Grafik. Wo diese im Dokument eingesetzt ist, wird nur noch auf das zentral gespeicherte Original verwiesen oder im Programmierer-Jargon »eine Instanz erzeugt«.

»Musterseite« mit Symbolen

Illustrator hat jetzt zwar mehrere »Seiten«, es gibt jedoch keine Möglichkeit, Musterseiten (Vorlagen) zu definieren. Legen Sie alle Elemente, die Sie normalerweise in einer Musterseite definieren würden, in einem Symbol an, und platzieren Sie eine Instanz auf jeder Zeichenfläche.

▲ **Abbildung 16.38**
Beispiele für den Einsatz von Symbolen in der Infografik, beim Mapping von 3D-Objekten, beim Perspektivraster und zur Vorbereitung des Flash-Exports

▲ **Abbildung 16.39**
Das Auswählen von Symbolen wurde in CS5 verbessert: Das Symbol wird jetzt nur noch ausgewählt, wenn Sie auf seine Fläche klicken, nicht mehr bei Klick in den Begrenzungsrahmen. Sie kommen also besser an darunterliegende Objekte heran.

▲ **Abbildung 16.40**
Darstellung von Symbolsatz und einzelner Instanz im Ebenen-Bedienfeld

Bei dieser Arbeitsweise schlagen Sie mehrere Fliegen mit einer Klappe: Die Illustration großer Mengen gleichartiger Objekte wird wesentlich erleichtert, die Konsistenz der Gestaltung in großen Teams kann besser gesichert werden, und darüber hinaus sparen Sie Speicherplatz. Letzteres ist vor allem wichtig, wenn Sie Ihre Illustrator-Dateien in Flash weiterverwenden oder als SVG exportieren. Sowohl das SWF- als auch das SVG-Format arbeiten mit vergleichbaren Systemen von Grafikinstanzen und können daher die Symbole von Illustrator nutzen.

Symbole kommen auch beim Mapping von 3D-Objekten (s. Abschnitt 17.3) zum Einsatz und bieten mehr Komfort im Perspektivenraster (s. Abschnitt 17.1.5).

16.2.1 Symbole verwenden

Symbole werden im Symbole-Bedienfeld verwaltet. Ein Symbol platzieren Sie als einzelne Instanz oder zusammen mit weiteren Instanzen in einem Symbolsatz – dies geht nur mit den Symbol-Werkzeugen. Ein Symbolsatz ist ein Objekt, dessen einzelne Bestandteile Sie nicht – wie bei einer Gruppe – individuell mit Auswahl-Werkzeugen selektieren können. Der Symbolsatz kann Instanzen unterschiedlicher Symbole enthalten. Obwohl Sie die einzelnen Instanzen eines Symbolsatzes nicht auswählen können, sind sie mithilfe der Symbol-Werkzeuge einfach zu bearbeiten.

Es gehört zur Natur der Instanzen, dass sie die Verbindung zum Symbol im Symbole-Bedienfeld behalten. Daher erfolgt eine Aktualisierung der Grafik auf der Zeichenfläche, sobald Sie das Symbol verändern.

Einzeln platzierte Symbolinstanzen und ganze Symbolsätze können Sie mit Transformations-Werkzeugen bearbeiten und mit Transparenzeinstellungen, Aussehen-Eigenschaften, Grafikstilen und Effekten versehen.

16.2.2 Symbole-Bedienfeld
Die zu einem Dokument gehörenden Symbole verwalten Sie im Symbole-Bedienfeld. Wählen Sie Fenster • Symbole – Shortcut ⌘/Strg+⇧+F11 –, oder klicken Sie auf ♣ im Dock.

- Anzeigeoptionen: Wählen Sie im Bedienfeldmenü die Anzeige der Symbole als Miniaturen oder in Listenform aus.
- Nach Name sortieren: Mit dieser Option im Bdienfeldmenü können Sie vor allem bei größeren Mengen von Symbolen die Orientierung behalten, wenn Sie konsequent Namen vergeben.

▲ **Abbildung 16.41**
Symbole-Bedienfeld in der Listen-Ansicht, nach Name sortiert

16.2.3 Symbole auswählen
Klicken Sie auf eine Miniatur oder den Namen eines Symbols im Bedienfeld, um es auszuwählen.

Modifikationsmöglichkeiten | Symbole auswählen

- ⇧: Um aufeinanderfolgende Symbole auszuwählen, klicken Sie auf das erste Symbol der auszuwählenden Reihe, drücken und halten ⇧ und klicken auf das letzte Symbol.
- ⌘/Strg: Möchten Sie mehrere Symbole auswählen, drücken Sie ⌘/Strg und klicken auf zusätzliche Symbole.

Alle nicht verwendeten auswählen | Symbole tragen zwar zur Reduzierung der Datenmenge bei, unbenutzte Symbole jedoch nicht. Unbenutzte Symbole wählen Sie mit dem Bedienfeldmenü Befehl Alle nicht verwendeten auswählen aus.

▲ **Abbildung 16.42**
Symbole-Bedienfeld in der Miniaturen-Ansicht – in den Dokumentprofilen sind jeweils unterschiedliche Symbole: Web (oben) und mobile Geräte (unten).

Symbole und Dateigröße
Jedes Symbol aus einer Bibliothek, das Sie ausprobieren, wird automatisch in das Symbole-Bedienfeld übernommen und bleibt dort, auch wenn Sie die Instanz löschen.

16.2.4 Symbol duplizieren
Um eine Kopie des Symbols zu erzeugen, wählen Sie ein Symbol im Symbole-Bedienfeld oder auf der Zeichenfläche aus und klicken auf den Button Neues Symbol oder rufen den Befehl Symbol duplizieren aus dem Bedienfeldmenü auf.

16.2.5 Symbol löschen
Aktivieren Sie einen oder mehrere Einträge im Bedienfeld, und wählen Sie den Befehl Symbol löschen aus dem Bedienfeldmenü, oder klicken Sie auf den Button Symbol löschen 🗑 am unteren Bedienfeldrand, um die Symbole zu löschen.

Existieren Instanzen der zu löschenden Symbole auf der Zeichenfläche, müssen die Instanzen entweder gelöscht oder umgewandelt werden. Bestehende Symbolinstanzen erkennt Illustrator selbsttätig und warnt Sie mit einer Dialogbox – Sie können den Löschvorgang in diesem Fall abbrechen, die Instanzen löschen oder umwandeln lassen.

◀ **Abbildung 16.43**

> **Instanz anders platzieren**
>
> Alternativ können Sie eine Symbolinstanz auch platzieren, indem Sie ihre Miniatur aus dem Symbole- oder einem Bibliothek-Bedienfeld auf die Zeichenfläche ziehen.

16.2.6 Symbol auf der Zeichenfläche platzieren

Um eine der Symbol-Grafiken in Ihrer Illustration zu benutzen, aktivieren Sie das Symbol im Bedienfeld und klicken auf den Button Symbolinstanz platzieren ↪ oder wählen den Befehl aus dem Bedienfeldmenü. Anders als mit dem Symbol-aufsprühen-Werkzeug platzieren Sie so exakt eine Instanz.

16.2.7 Transformationen zurücksetzen

Sollen die Veränderungen widerrufen werden, die Sie an einer Symbolinstanz mit den Symbol- oder Transformations-Werkzeugen vorgenommen haben, aktivieren Sie die Instanz (der Befehl funktioniert nicht an Symbolsätzen) und klicken auf den Button Zurücksetzen im Steuerungsbedienfeld.

16.2.8 Einer Instanz ein neues Symbol zuordnen

Möchten Sie die Instanz eines Symbols mit einem anderen Symbol verbinden, aktivieren Sie die Instanz auf der Zeichenfläche. Anschließend wählen Sie ein neues Symbol unter Ersetzen aus dem Steuerungsbedienfeld.

▲ **Abbildung 16.44**
Aktivieren Sie die Grafik, und verwenden Sie das Ersetzen-Menü im Steuerungsbedienfeld, um der Instanz ein neues Symbol zuzuweisen.

16.2.9 Verknüpfung mit Symbol aufheben

Nicht alle Werkzeuge können Sie auf Symbolinstanzen anwenden. Möchten Sie die kompletten Bearbeitungsmöglichkeiten herstellen, müssen Sie die Instanz vom Symbol lösen und sie damit in ein editierbares Objekt umwandeln.

Wählen Sie die Instanz auf der Zeichenfläche aus, und wählen Sie Verknüpfung mit Symbol aufheben aus dem Bedienfeldmenü bzw. den gleichnamigen Button . Alternativ verwenden Sie den Button Verknüpfung löschen im Steuerungsbedienfeld.

Symbolsatz | Bei der Anwendung des Befehls Verknüpfung aufheben werden alle in einem Symbolsatz enthaltenen Symbolinstanzen umgewandelt. Möchten Sie nur *eine* Instanz aus dem Symbolsatz editieren und die restlichen als Instanzen erhalten, wenden Sie auf einen Symbolsatz zunächst den Befehl Objekt • Umwandeln… an – aktivieren Sie nur die Option Objekt. So erzeugen Sie eine Gruppe von Instanzen. Wählen Sie aus dieser Gruppe die Instanz aus, die Sie umwandeln möchten, und heben Sie erst dann die Verknüpfung mit dem Symbol auf.

▲ **Abbildung 16.45**
Die Dialogbox Umwandeln

16.2.10 Instanzen und Symbolsätze eines bestimmten Symbols auswählen

Die Instanzen eines Symbols und die Symbolsätze, in denen es enthalten ist, aktivieren Sie, indem Sie das Symbol im Symbole-

▲ **Abbildung 16.46**
Umgewandelter Symbolsatz

Bedienfeld auswählen und anschließend den Befehl ALLE INSTANZEN AUSWÄHLEN aus dem Bedienfeldmenü anwenden.

Möchten Sie ausschließlich einzelne Instanzen des Symbols aktivieren, klicken Sie auf eine Symbolinstanz – keinen Symbolsatz – auf der Zeichenfläche und wählen aus dem Menü AUSWAHL • GLEICH • SYMBOLINSTANZ.

16.2.11 Symbol-Bibliotheken laden

In den Standard-Dokumentprofilen finden Sie nur wenige der mit Illustrator ausgelieferten Symbole. Weitere Symbol-Bibliotheken rufen Sie im Untermenü von FENSTER • SYMBOL-BIBLIOTHEKEN oder mit dem Button MENÜ SYMBOL-BIBLIOTHEKEN... im Symbole-Bedienfeld auf. Der Umgang mit Symbol-Bibliotheken entspricht dem bei Farbfeldbibliotheken (s. Abschnitt 8.7.9).

▲ **Abbildung 16.47**
Bibliotheken-Bedienfeld: Mit den Buttons können Sie die Bibliotheken durchblättern.

◀ **Abbildung 16.48**
Beispiele für Symbol-Bibliotheken

16.2.12 Symbol in das Symbole-Bedienfeld übernehmen

Sobald Sie ein Symbol in einer Bibliothek anklicken, wird es dem Symbole-Bedienfeld des aktuellen Dokuments hinzugefügt. Mehrere Symbole aus einer Bibliothek übernehmen Sie, indem Sie die gewünschten Symbole auswählen und im Menü des Bibliothek-Bedienfelds DEN SYMBOLEN HINZUFÜGEN aufrufen (Abb. 16.49).

▲ **Abbildung 16.49**
Symbole aus einer Bibliothek übernehmen

16.2.13 Symbole umfärben

Möchten Sie nicht nur die Instanzen des Symbols einfärben (s. Abschnitt 16.3.7, »Symbol-färben-Werkzeug«), sondern die Grundelemente des Symbols umfärben, verwenden Sie die Funktion INTERAKTIVE FARBE (s. Abschnitt 8.8). Gehen Sie wie folgt vor, um Symbole mit anderen Farben zu versehen:

1. Platzieren Sie eine Instanz des Symbols auf der Zeichenfläche. Achtung: Anders als bei Pinseln und Mustern führt Illustrator die Änderungen nicht automatisch an einem Duplikat des Symbols durch. Falls Sie also die ursprüngliche Fassung ebenfalls benötigen, duplizieren Sie das Symbol vorher.
2. Aktivieren Sie die Instanz, und rufen Sie BEARBEITEN • FARBEN BEARBEITEN • BILDMATERIAL NEU FÄRBEN... auf.
3. Führen Sie die gewünschten Änderungen durch.

▲ **Abbildung 16.50**
Duplizieren Sie das Symbol im Symbole-Bedienfeld, bevor Sie die Grafik umfärben.

16.2 Symbole | **511**

▲ **Abbildung 16.51**
Bearbeiten eines Symbols im Isolationsmodus

Symbole und Drucken

»Nested Symbols« – also in Symbolen enthaltene Symbole – können beim Ausdrucken Probleme bereiten.

▲ **Abbildung 16.52**
Warnhinweis beim Doppelklicken einer Symbolinstanz auf der Zeichenfläche

▲ **Abbildung 16.53**
Die Dialogbox SYMBOLOPTIONEN

16.2.14 Bestehendes Symbol bearbeiten

Symbole bearbeiten Sie ganz unkompliziert: Doppelklicken Sie entweder auf eine Instanz des Symbols auf der Zeichenfläche oder auf das Icon des Symbols im Symbole-Bedienfeld. Die Grafik wird daraufhin im Isolationsmodus (s. Abschnitt 11.4) angezeigt, und Sie können die gewünschten Änderungen durchführen. Wenn Sie fertig sind, beenden Sie den Isolationsmodus – z. B. mit einem Doppelklick neben die Grafik. Die Änderungen werden für alle Instanzen des Symbols übernommen.

16.2.15 Neues Symbol erstellen

Symbole lassen sich aus fast allen Illustrator-Objekten erzeugen – ausgenommen sind verknüpfte Pixelbilder und Grafiken sowie Diagramme. Sind die in Symbolen enthaltenen Objekte mit Live-Effekten, Pinselkonturen oder Angleichungen versehen oder sind sie selbst Symbole, bleiben diese aktiven Eigenschaften erhalten.

Erstellen Sie zunächst die Grafik, die Sie als Symbol verwenden möchten. Wählen Sie anschließend alle zur Grafik gehörenden Objekte aus, und klicken Sie auf den NEUES SYMBOL-Button, oder wählen Sie den Befehl aus dem Bedienfeldmenü – Shortcut F8. Alternativ ziehen Sie die Grafik in das Bedienfeld.

Die Originalgrafik wird durch eine Instanz des erstellten Symbols ersetzt.

Symbole aus platzierten Bildern

Betten Sie platzierte Pixelbilder und Grafiken ein – anschließend lassen sich davon Symbole erzeugen. Aktivieren Sie das Bild, und klicken Sie auf den Button EINBETTEN im Steuerungsbedienfeld.

Symboloptionen | Beim Erzeugen eines neuen Symbols erscheint die Dialogbox SYMBOLOPTIONEN. Um später eine Einstellung zu ändern, rufen Sie die Optionen aus dem Bedienfeldmenü oder mit dem Button SYMBOLOPTIONEN auf.

▶ NAME: Der Name des Symbols dient zu seiner Identifikation im Dokument.
▶ ART: Die Einstellung ART müssen Sie nur dann vornehmen, wenn eine Weiterbearbeitung in Flash geplant ist (s. Abschnitt 20.4).
▶ REGISTRIERUNG: Der Registrierungspunkt ist der Bezugspunkt des Symbols. Klicken Sie einen der Punkte im Ursprung-Symbol an, um diesen als Registrierungspunkt zu bestimmen.
▶ 9-SLICE-HILFSLINIEN: Mit den Hilfslinien können Sie »Sollbruchstellen« für Skalierungen anlegen – zunächst müssen die Hilfslinien aktiviert werden.

▶ AN PIXELRASTER AUSRICHTEN: Aktivieren Sie diese Option, um jede Instanz des Symbols am Pixelraster auszurichten. Verwenden Sie das Ausrichten am Pixelraster nicht für Print-Dokumente (s. Abschnitt 5.6.11 und 20.1.2).

Modifikationsmöglichkeit | Drücken Sie ⌥/Alt, und ziehen Sie die Grafik auf die Miniatur eines bestehenden Symbols, um dieses Symbol zu ersetzen. Alle Instanzen dieses Symbols werden aktualisiert.

Registrierungspunkt | Dieser »Fixpunkt« des Symbols entspricht dem Registrierungspunkt in Flash. Er hat jedoch auch Auswirkungen in Illustrator. Transformationen, die Sie mit den Symbol-Werkzeugen vornehmen, verwenden den Punkt als Bezugspunkt.

Außerdem verändert sich die Position von Symbolinstanzen nicht, wenn Sie Änderungen am Symbol vornehmen. Wenn Sie zu einem späteren Zeitpunkt den Registrierungspunkt verändern wollen, ihn z.B. auf einen markanten Punkt der Grafik setzen wollen, müssen Sie die Objekte im Symbol verschieben.

9-Slice-Skalierung | Mit Hilfslinien definieren Sie Bereiche, die beim Skalieren nicht verändert werden (s. Abschnitt 20.4.3).

Ebenen in Symbolen | Wenn Sie die Ausgangsgrafik auf mehreren Unterebenen aufgebaut haben, bleiben diese erhalten, wenn Sie ein Symbol erstellen. Beim späteren Editieren des Symbols können Sie neue Ebenen darin anlegen (Ebenen s. Abschnitt 11.1).

16.2.16 Symbol ersetzen

Um ein Symbol zu ersetzen, aktivieren Sie die Grafik auf der Zeichenfläche sowie das zu ersetzende Symbol im Symbole-Bedienfeld und wählen SYMBOL NEU DEFINIEREN aus dem Bedienfeldmenü. Alle Instanzen des Symbols werden aktualisiert.

16.2.17 Symbol-Bibliotheken speichern

Aus dem Symbole-Bedienfeld Ihres Dokuments können Sie auch eine eigene Symbol-Bibliothek erzeugen. Stellen Sie dafür die gewünschten Symbole im Bedienfeld zusammen, und löschen Sie nicht benötigte Symbole.

Anschließend wählen Sie SYMBOL-BIBLIOTHEK SPEICHERN… aus dem Menü des Symbole-Bedienfelds. Wenn Sie die Bibliothek im vorgeschlagenen Standard-Ordner speichern, wird sie in das Symbol-Bibliotheken-Untermenü unter dem Punkt BENUTZERDEFINIERT aufgenommen. Sie können jedoch auch einen anderen

▲ **Abbildung 16.54**
Symbol mit Ebenen im Isolationsmodus: Das Kreuz kennzeichnet den Registrierungspunkt.

Symbole und Flash

Flash übernimmt die Einstellungen NAME, ART, REGISTRIERUNG und 9-Slice-Hilfslinien sowie den Namen, den Sie der Instanz gegeben haben.

9-Slice-Skalierung

9-Slice-Hilfslinien können Sie nicht nur für Buttons im Screendesign verwenden, sondern z.B. auch für Umrandungen.

▲ **Abbildung 16.55**
Um den Registrierungspunkt zu verschieben, bearbeiten Sie das Symbol im Isolationsmodus und verschieben die Grafik im Verhältnis zum Registrierungspunkt.

Ort wählen – dies ist notwendig, wenn andere Benutzer Ihres Computers die Bibliotheken ebenfalls verwenden sollen (siehe den Hinweis »Bibliotheken und Benutzerprofile« auf Seite 205).

16.2.18 Symbole und Grafikstile

Weisen Sie einer Instanz oder einem Symbolsatz den Grafikstil auf dem Weg über das Grafikstile-Bedienfeld zu – also indem Sie das Objekt aktivieren und den Stil anklicken –, erfolgt die Anwendung des Stils wie auf eine Gruppe (Aussehen s. Abschnitt 11.5).

Je nach Position des INHALT-Eintrags im Attribut-Stapel während der Definition des Grafikstils werden die Eigenschaften auf das Symbol angewendet.

Abbildung 16.56 ▶
Vergleich: Grafikstile über das Grafikstile-Bedienfeld zugewiesen (jeweils links) und Grafikstile mit dem Symbol-gestalten-Werkzeug aufgetragen (jeweils rechts). Die Konturen und Flächen liegen über dem Inhalt, wenn der Stil mit dem Werkzeug angewendet wurde.

Wenden Sie einen Grafikstil dagegen mit dem Symbol-gestalten-Werkzeug an, legt Illustrator die für Kontur und Fläche definierten Attribute immer über den Eintrag INHALT und Effekte darunter.

16.2.19 Einheitliche Konturen für Symbole

Wird die Instanz eines Symbols in der Illustration skaliert, dann ist davon immer die Konturstärke betroffen. Dies ist meist störend. Um zu erreichen, dass auch bei unterschiedlicher Skalierung der Symbolinstanzen die Konturstärke einheitlich bleibt, erzeugen Sie die Kontur mithilfe eines Grafikstils (s. Abschnitt 11.7). Die Kontur für diesen Grafikstil generieren Sie, indem Sie NEUE KONTUR HINZUFÜGEN aus dem Menü des Aussehen-Bedienfelds wählen.

Sollen die Symbole wie im Beispiel nur eine Außenkontur erhalten (und nicht jeder Pfad des Symbols einzeln konturiert werden), verwenden Sie EFFEKT • PATHFINDER • HINZUFÜGEN (s. Abschnitt 13.3.9). Es ist jedoch nicht möglich, einen Grafikstil, der Pathfinder-Effekte enthält, mit dem Symbol-gestalten-Werkzeug aufzutragen.

Bevor Sie die Symbolinstanzen auf der Zeichenfläche skalieren, deaktivieren Sie in den Voreinstellungen die Option KONTUREN UND EFFEKTE SKALIEREN.

▲ **Abbildung 16.57**
Kontur im Symbol (oben) im Vergleich zu Kontur im Grafikstil (unten)

16.3 Symbol-Werkzeuge

Mit den Mitteln des Symbole-Bedienfelds können Sie nur jeweils eine Symbolinstanz auf der Zeichenfläche platzieren.

Mit den Symbol-Werkzeugen erzeugen Sie Symbolsätze aus mehreren Symbolinstanzen und bearbeiten deren Bestandteile. Möchten Sie den kompletten Symbolsatz modifizieren, verwenden Sie dazu die Transformations-Werkzeuge oder die Funktionen des Aussehen-, Grafikstile- und Transparenz-Bedienfelds.

▲ Abbildung 16.58
Symbolsatz transformieren

Gemischter Symbolsatz | Die Instanzen in einem Symbolsatz müssen nicht zum selben Symbol gehören. Gehören sie zu verschiedenen Symbolen, bezeichnet man den Satz als »gemischten Symbolsatz«.

Beachten Sie beim Arbeiten mit gemischten Symbolsätzen, dass die Symbol-Werkzeuge nur jeweils die Instanzen derjenigen Symbole bearbeiten, die im Symbole-Bedienfeld aktiviert sind. Sie können also in der Illustration einer Blumenwiese, die aus Symbolinstanzen eines Grashalms sowie verschiedener Blumenarten besteht, gezielt die Instanzen einer Blumenart verändern.

16.3.1 Symbol-Werkzeuge

Die Symbol-Werkzeuge sind im Werkzeugbedienfeld unter der »Sprühdose« angeordnet. Auch dieses Werkzeugmenü lässt sich »abreißen« und frei auf der Zeichenfläche positionieren.

Verwenden Sie das Werkzeug Symbol aufsprühen zum Erstellen der Symbolsätze, und beeinflussen Sie mit den Bearbeitungswerkzeugen die Position, die Stapelreihenfolge, die Dichte, die Skalierung, Drehung, Farbe, Transparenz und den Grafikstil einzelner oder mehrerer Symbolinstanzen in einem Symbolsatz.

▲ Abbildung 16.59
Gemischter Symbolsatz – aktivieren Sie im Symbole-Bedienfeld das Symbol, dessen Instanzen Sie mit den Symbol-Werkzeugen bearbeiten möchten.

▲ Abbildung 16.60
Symbol-Werkzeuge (englische Bezeichnung »Symbolism Tools«) als Bedienfeld

Werkzeug-Auswahl | Zum schnellen Werkzeugwechsel, wenn eines der Symbol-Werkzeuge ausgewählt und der Cursor über der Zeichenfläche ist, drücken Sie am Mac [ctrl]+[⌥] und halten die Maustaste. Unter Windows verwenden Sie [Alt] und die rechte Maustaste. Die Werkzeug-Symbole werden kreisförmig um den Cursor angezeigt. Ziehen Sie den Cursor in Richtung eines Werkzeug-Symbols, wird dieses ausgewählt – das Cursor-Symbol wechselt entsprechend.

Optionen | In der gemeinsamen Dialogbox der Symbol-Werkzeuge stellen Sie die Optionen für alle Tools ein. Doppelklicken Sie auf eines der Werkzeuge, um die Optionen aufzurufen.

▲ Abbildung 16.61
Auswahl der Symbol-Werkzeuge direkt auf der Zeichenfläche

Abbildung 16.62 ▶
Optionen des Symbol-aufsprühen-Werkzeugs

Mac: Tastaturbefehl geändert!

Mac-User aufgepasst! Seit Illustrator CS3 sind einige Tastaturbefehle neu belegt. Der alte Befehl `+` wechselt jetzt zu einem anderen Werkzeug, anstatt den Durchmesser zu vergrößern.

▲ **Abbildung 16.63**
»Aufsprühen« der Instanzen und Anwendung des Färben-Werkzeugs – unten: Darstellung der Werkzeugführung und des Drucks auf das Grafiktablett

▲ **Abbildung 16.64**
Dichte-Wert 1 und 10

Im oberen Bereich finden Sie einige Optionen, die für alle Symbol-Werkzeuge eingestellt werden.

Die zuletzt an einem Symbolsatz verwendeten Einstellungen für Durchmesser, Intensität und Dichte des Symbolsatzes sind in diesem Satz gespeichert und werden bei seiner erneuten Bearbeitung als Werkzeug-Voreinstellung verwendet:

▶ Durchmesser: Mit einer Eingabe in diesem Dialogfeld steuern Sie den Werkzeugdurchmesser. Klicken Sie auf den Pfeil und verwenden Sie den Schieberegler, oder geben Sie Werte zwischen 0,36 und 352,42 mm (1 bis 999 Pt) ein.
Der Durchmesser lässt sich auch regulieren, ohne die Optionen-Dialogbox zu öffnen: Das Drücken der Tasten ⇧+< vergrößert den Durchmesser – mit < reduzieren Sie die Werkzeuggröße wieder.

▶ Intensität: Mit diesem Wert legen Sie den Wirkungsgrad des Werkzeugs fest; für die »Sprühdose« das Tempo, in dem Instanzen erzeugt werden, oder für das Symbol-färben-Werkzeug die Intensität einer Farbveränderung. Ein höherer Wert verursacht eine schnellere und damit stärkere Wirkung.
Sie haben die Wahl, die Intensität Fixiert mit einer Eingabe zwischen 1 und 10 oder durch die Verwendung des Stifts auf dem Grafiktablett zu steuern. Wählen Sie in diesem Fall aus dem Menü, mit welcher Grafiktablett-Option – Druck, Stylus-Rad, Neigung etc. – Sie die Intensität steuern möchten (Grafiktablett s. Abschnitt 7.1.3).

▶ Dichte des Symbolsatzes: Dieser Wert beeinflusst, wie eng die Instanzen im Symbolsatz platziert sind. Geben Sie einen Wert von 1 bis 10 ein – ein höherer Wert rückt die Instanzen näher zusammen.
Symbolsätze, die Sie neu erstellen, erhalten den aktuell eingestellten Dichte-Wert. Um die Dichte eines ausgewählten Symbolsatzes zu verändern, aktivieren Sie den Symbolsatz,

rufen die Symbol-Werkzeug-Optionen auf und stellen einen anderen Wert ein.

▶ Pinselgrösse und Intensität anzeigen: Aktivieren Sie dieses Kontrollkästchen, dann zeigt Illustrator den Durchmesser des Werkzeugs mit einem Kreis um den Cursor an, dessen Farbe die Intensität widerspiegelt – von Hellgrau für geringe bis Schwarz für starke Intensität.

▲ **Abbildung 16.65**
Anzeige von Werkzeug-Dimension und -Stärke durch den Cursor

In der Button-Reihe darunter wählen Sie das Werkzeug aus, dessen individuelle Optionen Sie einstellen möchten. Die jeweiligen Optionen werden bei den einzelnen Werkzeugen besprochen.

Werkzeuge anwenden | Die Anwendung aller Symbol-Werkzeuge erfolgt nach demselben Prinzip:
1. Aktivieren Sie einen Symbolsatz – dies kann lediglich beim Symbol-aufsprühen-Werkzeug entfallen.
2. Wählen Sie im Symbole-Bedienfeld das oder die Symbole aus, deren Instanzen Sie bearbeiten bzw. auftragen möchten.
3. Wählen Sie das Werkzeug im Werkzeugbedienfeld. Für das Symbol-stauchen-, Symbol-drehen-, Symbol-färben-, Symbol-gestalten- und das Symvol-transparent-gestalten-Werkzeug wählen Sie auch die Methode.
4. Bewegen Sie den Werkzeug-Cursor über den Bereich, auf dem Sie Symbole auftragen möchten, bzw. über die Symbole, die Sie bearbeiten möchten, und klicken und ziehen Sie den Mauszeiger in die gewünschte Richtung.

16.3.2 Symbol-aufsprühen-Werkzeug

Mit der »Sprühdose« erstellen Sie Symbolsätze oder fügen weitere Symbole zu bestehenden Sätzen hinzu. Wählen Sie das Werkzeug Symbol aufsprühen im Werkzeugbedienfeld – Shortcut ⇧+S – und ein Symbol im Symbole-Bedienfeld oder in einer Bibliothek aus. Klicken oder klicken und ziehen Sie den Cursor auf der Zeichenfläche, um die Instanzen des Symbols aufzutragen.

Um exakt eine Instanz eines Symbols zu erzeugen, verwenden Sie stattdessen den Button Symbolinstanz platzieren im Symbole-Bedienfeld.

Beim »Sprühen« der Instanzen ordnen sich diese selbstständig zueinander, um eine gleichmäßige Flächendeckung im Rahmen des Grenzwerts für die Dichte zu erreichen.

▲ **Abbildung 16.66**
Bei einem längeren Klick auf einen Punkt »fließen« die Instanzen auseinander.

Optionen | Neben den allgemeinen Optionen geben Sie für das Symbol-aufsprühen-Werkzeug an, wie die veränderbaren Eigenschaften einer Symbolinstanz jeweils definiert werden sollen.

Abbildung 16.67 ▶
Optionen des Symbol-aufsprühen-Werkzeugs (Ausschnitt)

Mithilfe der Symbolbearbeitungswerkzeuge können Sie dieselben Eigenschaften zu einem späteren Zeitpunkt ändern.

Sie haben zwei Möglichkeiten, das STAUCHEN, SKALIEREN, DREHEN, transparent Gestalten (TRANSP. GEST.), FÄRBEN und GESTALTEN von Symbolen zu definieren.

- DURCHSCHNITT BERECHNEN: Um den Wert der jeweiligen Eigenschaft zu ermitteln, wird ein Durchschnitt aus den Eigenschaften bereits im Symbolsatz vorhandener Symbolinstanzen ermittelt. Den Durchschnitt bildet das Programm aus den im Werkzeug-Durchmesser liegenden Instanzen des Symbols, das Sie im Symbole-Bedienfeld ausgewählt haben.
- BENUTZERDEFINIERT: Mit dieser Option werden die Parameter für die Eigenschaften durch verschiedene Einstellungen definiert.
- STAUCHEN (Dichte) und SKALIEREN: Dichte und Größe der Instanzen basieren auf der Größe der Symbolgrafik.
- DREHEN: Die Ausrichtung der Symbolinstanzen richtet sich nach der Richtung der Bewegung, die Sie mit dem Cursor ausführen (s. Abb. 16.70). Bewegen Sie die Maus nicht, entspricht die Ausrichtung der des Symbols.
- TRANSP. GEST.: Die Instanzen besitzen eine Deckkraft von 100 %.
- FÄRBEN: Illustrator verwendet die aktuell eingerichtete Flächenfarbe zum Einfärben der Grafik.
- GESTALTEN: Die Instanzen werden mit dem im Grafikstile-Bedienfeld ausgewählten Stil versehen.

▲ **Abbildung 16.68**
DURCHSCHNITT BERECHNEN – jeweils links: Anwendung des Werkzeugs zwischen bestehenden Instanzen, jeweils rechts: Ergebnis

16.3.3 Symbol-verschieben-Werkzeug

Mit diesem Werkzeug verschieben Sie Symbolinstanzen und verändern die Stapelreihenfolge innerhalb eines Symbolsatzes. In gemischten Symbolsätzen werden zwar primär die Instanzen ausgewählter Symbole, aber zum Ausgleichen der Dichte auch andere Instanzen verschoben, die sich innerhalb des Werkzeug-Durchmessers befinden.

▲ **Abbildung 16.69**
Instanzen bewegen mit dem Symbol-verschieben-Werkzeug

Stapelreihenfolge ändern | Um Symbolinstanzen in der Stapelreihenfolge nach vorn zu holen, drücken Sie ⇧ und klicken mit dem Cursor auf die gewünschte Instanz. Drücken Sie ⌥/Alt +⇧, und klicken Sie auf eine Instanz, um sie nach hinten zu schieben.

16.3.4 Symbol-stauchen-Werkzeug

Das Symbol-stauchen-Werkzeug verwenden Sie, um die Dichte der Instanzen innerhalb eines Symbolsatzes zu bearbeiten, also um die Grafikelemente vom Cursor weg oder zum Cursor hin zu bewegen. Um die Instanzen zueinander zu ziehen, klicken Sie mit dem Cursor auf die Position, zu der sich die Symbolinstanzen bewegen sollen. Möchten Sie die Instanzen voneinander wegbewegen, halten Sie ⌥/Alt gedrückt und klicken.

Achtung: Vor allem in dichten Symbolsätzen wirkt das Werkzeug sehr stark. Beginnen Sie daher mit niedrigen Intensitätswerten, wenn Sie nur geringfügige Änderungen vornehmen möchten.

Optionen | Neben den allgemeinen Werkzeug-Optionen stellen Sie ein, auf welche Art die Dichteänderung ermittelt wird.

Die ausgewählte Option wird automatisch ebenso für die Werkzeuge SYMBOL SKALIEREN, DREHEN, TRANSPARENT GESTALTEN und GESTALTEN übernommen.

◀ **Abbildung 16.70**
So passt sich die Drehung der Instanzen an die Bewegungsrichtung des Cursors an, wenn Sie BENUTZERDEFINIERT einstellen.

Dichte des Symbolsatzes

Möchten Sie die allgemeine Dichte eines Symbolsatzes verändern, aktivieren Sie den Symbolsatz und rufen die SYMBOL-WERKZEUG-OPTIONEN auf. Verändern Sie den Wert unter DICHTE DES SYMBOLSATZES.

◀ **Abbildung 16.71**
Auswahl der Methode in den Werkzeug-Optionen

Wählen Sie im Menü METHODE eine Option:
- DURCHSCHNITT BERECHNEN: Mit dieser Option erzielen Sie ein an die Umgebung angepasstes Ergebnis. Wählen Sie sie, z. B. zum nachträglichen Glätten von Übergängen zwischen bearbeiteten und nicht bearbeiteten Bereichen.
- BENUTZERDEFINIERT: Die Wirkung der Bearbeitung ist mit dieser Option am besten zu steuern und in der Regel stärker als mit der Option DURCHSCHNITT BERECHNEN, da nur die Werkzeugbewegung berücksichtigt wird.
  Wählen Sie BENUTZERDEFINIERT dann, wenn Sie die Eigenschaften FÄRBEN, TRANSPARENT GESTALTEN und GESTALTEN wieder komplett von Symbolinstanzen entfernen möchten.
- ZUFALLSWERT: Mit dieser Option steuert ein Zufallswert die Veränderung der Instanzen innerhalb des Werkzeug-Durch-

▲ **Abbildung 16.72**
Skalieren mit der Option DURCHSCHNITT BERECHNEN – rechts: Ergebnis

▲ **Abbildung 16.73**
Skalieren mit der Option ZUFÄLLIG – rechts: Ergebnis

▲ **Abbildung 16.74**
Das Symbol-skalieren-Werkzeug berücksichtigt 9-Slice-Hilfslinien.

▲ **Abbildung 16.75**
Verkleinern von Instanzen unter Beibehaltung der Dichte

Abbildung 16.76 ▶
Symbol-Werkzeug-Optionen des Symbol-skalieren-Werkzeugs

▲ **Abbildung 16.77**
Nichtproportionale Skalierung

▲ **Abbildung 16.78**
Anwendung des Symbol-drehen-Werkzeugs

messers. Der Zufallswert wird verändert, während Sie die Maustaste gedrückt halten, sodass die Instanzen z. B. beim Skalieren abwechselnd größer und kleiner werden.

16.3.5 Symbol-skalieren-Werkzeug

Dieses Werkzeug setzen Sie ein, um die Größe von Symbolinstanzen nachträglich anzupassen.

Modifikationsmöglichkeiten | Symbol-skalieren-Werkzeug

- ⌥/Alt: Drücken Sie ⌥/Alt, und klicken und ziehen Sie, um die Instanzen zu verkleinern.
- ⇧: Möchten Sie die Dichte der Instanzen beim Skalieren erhalten, drücken Sie ⇧, während Sie die Bearbeitung vornehmen. Beim Verkleinern werden zusätzliche Instanzen erzeugt, um die Dichte aufrechtzuerhalten. Beim Vergrößern werden Instanzen gelöscht – dies kann bei Symbolsätzen mit nur wenigen Instanzen sehr schnell vor sich gehen.

Optionen | Für das Symbol-skalieren-Werkzeug können Sie neben den allgemeinen Optionen und der Methode – lesen Sie dazu die Beschreibung beim Symbol-stauchen-Werkzeug – zwei weitere Optionen definieren:

- Proportionale Skalierung: Wählen Sie diese Option, wenn Sie die Proportionen der Formen erhalten möchten. Deaktivieren Sie die Option, wenn Sie die Richtung der Skalierung durch die Mausbewegung bestimmen möchten. Bei diagonalen Bewegungen werden die Instanzen darüber hinaus verbogen.
- Skalieren wirkt sich auf Dichte aus: Aktivieren Sie diese Option, verändert sich beim Skalieren auch die Position der Instanzen. Ist die Option deaktiviert, werden die Instanzen jeweils bezogen auf ihren Mittelpunkt skaliert.

16.3.6 Symbol-drehen-Werkzeug

Mit diesem Werkzeug drehen Sie die Ausrichtung von Symbolinstanzen in Richtung der Cursor-Bewegung. Kleine Pfeile über den Grafikelementen zeigen wie Kompassnadeln die Richtung an, während Sie den Cursor darüber bewegen. Klicken und ziehen Sie den Cursor in die Richtung über die Instanzen, in die Sie diese ausrichten möchten.

16.3.7 Symbol-färben-Werkzeug

Mit dem Symbol-färben-Werkzeug kolorieren Sie Symbolinstanzen in der Flächen-Farbe, die Sie eingestellt haben. Schwarze und weiße Flächen der Symbolinstanzen werden nicht verändert, die Färbung sehr heller oder sehr dunkler Flächen ist naturgemäß nicht sehr auffällig. Sie erhalten als Ergebnis CMYK-Farben, auch wenn Sie eine Volltonfarbe für die Fläche eingestellt haben. Eine bessere Kontrolle über die Färbung haben Sie, wenn Sie mit kleinen Intensitätswerten arbeiten und das Werkzeug dafür öfter anwenden.

Färben und Dateigröße

Das Färben von Symbolen erzeugt deutlich größere Dateien – ist die Dateigröße wichtig (z. B. bei Webprojekten), verwenden Sie die Funktion nicht.

▲ **Abbildung 16.79**
Beim Färben (hier: Magenta) bleibt die Luminanz erhalten, der Farbton wird verändert (HSB-Farbmodell s. Abschnitt 8.4.3).

Modifikationsmöglichkeiten | Symbol-färben-Werkzeug

▶ ⌥/Alt: Drücken Sie ⌥/Alt, und klicken oder klicken und ziehen Sie, um die Färbung wieder zu reduzieren.

▶ ⇧: Haben Sie in einem Symbolsatz bereits einzelne Instanzen gefärbt und möchten nur auf diese Instanzen eine andere Farbe in derselben Intensität anwenden, drücken Sie ⇧ und bewegen den Cursor über den Symbolsatz. Nur die bereits eingefärbten Instanzen erhalten die neue Farbe.

▲ **Abbildung 16.80**
Bereits gelb gefärbte Instanzen werden grün umgefärbt – einzelnes Anklicken ersparen Sie sich mithilfe der ⇧-Taste.

16.3.8 Symbol-transparent-gestalten-Werkzeug

Mit dem Symbol-transparent-gestalten-Werkzeug stellen Sie die Deckkraft der Instanzen ein und gestalten sie damit durchscheinend. Und so wenden Sie das Werkzeug an:

Modifikationsmöglichkeit | ⌥/Alt: Drücken Sie ⌥/Alt, und klicken oder klicken und ziehen Sie, um die Deckkraft wieder zu erhöhen.

16.3.9 Symbol-gestalten-Werkzeug

Das Symbol-gestalten-Werkzeug ermöglicht es, einer Instanz Grafikstile in definierbarer Intensität zuzuweisen. Wie alle Eigenschaften kann auch die Intensität innerhalb eines Symbolsatzes variieren. Wählen Sie eine niedrige Intensität des Werkzeugs, wenn Sie die graduelle Anpassung exakter steuern möchten.

Achtung: Haben Sie eines der Symbol-Werkzeuge ausgewählt, wenn Sie einen Grafikstil anklicken, wechselt Illustrator automatisch zum Symbol-gestalten-Werkzeug. Ist jedoch irgendein anderes Werkzeug aktiv, wenn Sie einen Grafikstil anklicken,

▲ **Abbildung 16.81**
Anwendung des Transparent-gestalten-Werkzeugs

Stapelreihenfolge anpassen

Passen Sie gegebenenfalls die Stapelreihenfolge der Instanzen an, nachdem Sie die Deckkraft reduziert haben, damit der optische Eindruck wieder »stimmig« ist.

▲ **Abbildung 16.82**
Die Instanzen schwarz gefüllter Symbole lassen sich einfärben, indem Sie einen Grafikstil zuweisen.

▲ **Abbildung 16.83**
Mit Grafikstilen versehene Symbole

▲ **Abbildung 16.84**
Die fertiggestellte Grafik

▲ **Abbildung 16.85**
Erstellen der Symbole

wird der Stil sofort auf den kompletten ausgewählten Symbolsatz angewendet.

Modifikationsmöglichkeiten | Symbol-gestalten-Werkzeug

- ⌥/Alt: Drücken Sie ⌥/Alt während der Anwendung, um die Grafikstile wieder von den Instanzen zu entfernen.
- ⇧: Haben Sie in einem Symbolsatz bereits einzelne Instanzen mit einem Grafikstil versehen und möchten Sie nur auf diese Instanzen einen weiteren Grafikstil in derselben Intensität anwenden, drücken Sie ⇧ und bewegen den Cursor über den Symbolsatz – nur die bereits mit einem Stil versehenen Instanzen erhalten den neuen Grafikstil.

> **Alternative: Spezialpinsel**
>
> Wenn Sie über einem Areal der Zeichenfläche unregelmäßig Objekte verteilen möchten, haben Sie neben dem Aufsprühen von Symbolen auch die Möglichkeit, einen Spezialpinsel einzusetzen. Dabei werden die Objekte entlang eines Pinselpfads verteilt (Spezialpinsel s. Abschnitt 9.4.6). Wenn Sie einen Spezialpinsel einsetzen, kann die Verteilung der Objekte in manchen Fällen genauer gesteuert werden als mit dem Symbol-aufsprühen-Werkzeug.

Schritt für Schritt: Symbole erstellen und anwenden

1 Vorbereitung

In dieser Übung wenden Sie Grafikstile auf Symbole an, arbeiten mit den Symbol-Werkzeugen und üben Methoden, um einheitliche Konturstärken in Symbolen zu erzielen. Öffnen Sie die Datei »Pillen.ai« von der DVD, sie enthält bereits die Grundformen für die Symbole. Die Grundformen enthalten keine Konturen, da Sie diese später den Instanzen zuweisen.

2 Symbole erstellen

Ziehen Sie nacheinander die Grafiken auf das Symbole-Bedienfeld, oder drücken Sie F8, um Symbole zu erzeugen. In den Optionen benötigen Sie die Flash-Optionen und die 9-Slice-Hilfslinien nicht. Einige Objekte sind nicht gut zu erkennen, da sie weiß sind. Wechseln Sie in die Pfadansicht, um diese Objekte zu sehen.

3 Instanzen auf die Zeichenfläche auftragen

Wählen Sie das Symbol-aufsprühen-Werkzeug, und stellen Sie eine DICHTE DES SYMBOLSATZES von etwa 3 und eine INTENSITÄT von 5 ein. Dann aktivieren Sie eines der Symbole im Symbole-Bedienfeld. Sprühen Sie Instanzen dieses Symbols auf die Zeichenfläche auf. Deaktivieren Sie den Symbolsatz nicht, und wählen Sie ein weiteres Symbol im Symbole-Bedienfeld aus. Sprühen Sie Instanzen dieses Symbols in den bereits vorhandenen Symbolsatz. Verfahren Sie so mit allen Pillen-Symbolen.

Mit Grafiktablett

Falls Sie mit einem Grafiktablett arbeiten, stellen Sie bereits für das Aufsprühen der Symbole die Option DREHEN auf BENUTZERDEFINIERT.

◄ **Abbildung 16.86**
Symbolinstanzen nacheinander in denselben Symbolsatz auftragen

4 Symbolsatz mit den Symbol-Werkzeugen skalieren und verschieben

Nun nehmen Sie das Symbol-skalieren-Werkzeug. Wählen Sie eine INTENSITÄT von 6. Den Radius stellen Sie direkt auf der Zeichenfläche ein. Drücken Sie < oder ⇧+<, um den Werkzeugdurchmesser zu vergrößern bzw. zu verkleinern. Wählen Sie eines der Symbole im Symbole-Bedienfeld aus, und skalieren Sie einzelne Instanzen dieses Symbols mit dem Werkzeug.

Wählen Sie dann das Symbol-verschieben-Werkzeug, und schieben Sie die Instanzen zurecht, bis Ihnen die Verteilung gefällt.

5 Aussehen für Konturen erstellen

Die Konturen weisen Sie dem kompletten Symbolsatz zu. Zunächst erstellen Sie die Kontur innerhalb der Pillen. Aktivieren Sie den Symbolsatz mit dem Auswahl-Werkzeug, und rufen Sie das Aussehen-Bedienfeld auf.

Klicken Sie auf den Button NEUE KONTUR HINZUFÜGEN. Die neue Kontur zeichnet zunächst alle Pfade nach. Diese überschneiden sich jedoch, und daher entstehen unerwünschte Konturüberschneidungen.

Dies korrigieren Sie jetzt mithilfe der Pathfinder-Effekte. Der Effekt, den Sie benötigen, entspricht der Pathfinder-Funktion ÜBERLAPPUNGSBEREICH ENTFERNEN. Manche Pathfinder-Effekte heißen anders als die ihnen entsprechende Pathfinder-Funktion – das ist hier jedoch nicht der Fall. Die Kontur im Aussehen-Bedienfeld ist noch ausgewählt; wählen Sie EFFEKT • PATHFINDER • ÜBERLAPPUNGSBEREICH ENTFERNEN.

▲ **Abbildung 16.87**
Verschieben von Instanzen: Der Durchmesser ist gerade so groß, dass nur eine Instanz verschoben werden kann.

▲ **Abbildung 16.88**
Anfangs gibt es innerhalb der neuen Kontur noch viele Überschneidungen.

16.3 Symbol-Werkzeuge | **523**

▲ Abbildung 16.89
Der Pathfinder darf nur der Kontur zugewiesen sein. Ist dies bei Ihnen nicht der Fall, verschieben Sie den Effekt auf die Kontur.

Wenn Sie sich bei den Pathfinder-Effekten nicht sicher sind, können Sie immer erst einmal irgendeinen zuweisen und später die Effektoptionen editieren und dabei mit aktivierter Vorschau alle Pathfinder-Effekte durchprobieren, bis Sie den richtigen finden.

6 Einheitliche fettere Kontur um alles

Nun benötigen Sie noch eine Kontur um alle Pillen. Legen Sie im Aussehen-Bedienfeld eine weitere Kontur mit dem Button NEUE KONTUR HINZUFÜGEN an. Dieser geben Sie eine etwa doppelt so hohe Konturstärke wie der vorherigen Kontur.

Damit die Kontur alle Objekte gemeinsam umrandet, weisen Sie ihr EFFEKT • PATHFINDER • HINZUFÜGEN zu. An den Ecken sieht diese Kontur dennoch unschön aus. Um das zu beheben, bewegen Sie sie im Aussehen-Bedienfeld unter den Eintrag INHALT.

Da die Kontur hinter allen Objekten liegt, ist sie jetzt jedoch zu schmal. Erhöhen Sie daher noch ein wenig die Konturstärke.

▲ Abbildung 16.90
Auch mit dem Pathfinder HINZUFÜGEN sind Ecken in der Grafik nicht schön (Mitte). Daher wird die Kontur unter den Inhalt verschoben (rechts).

7 Das Prinzip übertragen

Diese Vorgehensweise können Sie nicht nur auf Symbolsätze, sondern auch auf einzelne Instanzen anwenden. Symbole werden häufig in der Infografik eingesetzt, und dort vor allem wird eine einheitliche Gestaltung gebraucht. Erzeugen Sie einen Grafikstil aus den erstellten Aussehen-Eigenschaften, um diese künftig noch einfacher auf viele Objekte anwenden zu können. Je nachdem, wie die Grundobjekte eingefärbt sind und die Konturen gebildet werden sollen, müssen Sie gegebenenfalls andere Pathfinder-Effekte einsetzen.

Damit Konturen sich nicht beim Skalieren unbeabsichtigt verändern, deaktivieren Sie unter VOREINSTELLUNGEN • ALLGEMEIN die Option KONTUREN UND EFFEKTE SKALIEREN.

▲ Abbildung 16.91
In Grafiken wie diesen lässt sich die Methode sehr effektiv nutzen.

17 Perspektivische Darstellungen und 3D-Live-Effekte

Illustrator ist ein 2D-Programm. Dennoch können Sie Objekte in Fluchtpunktperspektive illustrieren. Das Perspektivenraster vereinfacht die Arbeit mit den Fluchtpunkten, indem es Mechanismen zur Verfügung stellt, um Objekte an Perspektivebenen auszurichten. Dazu können Sie 3D-Effekte einsetzen, um 3D-Operationen auf Grundformen anzuwenden, diese mit Oberflächentexturen zu versehen und mit Lichtquellen zu beleuchten. Es lassen sich sogar einfache Animationen herstellen, wenn Sie zusätzlich mit Angleichungen arbeiten (s. Seite 653).

Exkurs: Dimensions
Das PostScript-basierte 3D-Programm Adobe Dimensions kam Ende 1992 auf den Markt und wurde bis zur Version 3.01 weiterentwickelt. Adobe hat den Support 2005 endgültig eingestellt. Illustrators 3D-Effekte können dieses Programm nicht völlig ersetzen. Für die Erstellung komplexerer dreidimensionaler Objekte und Szenen gibt es inzwischen jedoch in vielen 3D-Programmen Export-Möglichkeiten ins Illustrator-Format.

◀ **Abbildung 17.1**
3D-Effekte im Einsatz in Illustration, Infografik, Typografie und zur Visualisierung von Packungsdesigns

17.1 Zeichnungen in Fluchtpunktperspektive anlegen

Als »Perspektive« bezeichnet man geometrisch-mathematische Verfahren, die Darstellungen der dreidimensionalen Welt auf zweidimensionalen Medien (wie einem Blatt Papier) der menschlichen Wahrnehmung anzunähern. Dies bedeutet vor allem, dass

> **Ein Raster je Dokument**
>
> In einem Illustrator-Dokument können Sie ein Perspektivenraster definieren. Falls Sie mehrere perspektivische Szenen in einer Datei kombinieren möchten, erstellen Sie mehrere Illustrator-Dokumente und platzieren diese (verknüpft) im Hauptdokument.

▲ **Abbildung 17.2**
Die räumliche Wirkung ensteht durch die perspektivische Verzerrung und eine korrekte Stapelreihenfolge der Objekte. Objekte im Perspektivenraster werden jedoch nicht automatisch korrekt räumlich angeordnet.

▼ **Abbildung 17.3**
Bestandteile und Bedienelemente (Widgets) des Perspektivenrasters

Verkürzungen und Größenveränderungen korrekt wiedergegeben werden. Dazu wird eine Szene aus einer angenommenen Betrachterposition mithilfe von Konstruktionen aus Bildebene, Boden- und Horizontlinie sowie Fluchtpunkten nachgebildet.

Mit dem Perspektivenraster können Sie in Illustrator-Dokumenten diese Fluchtpunktperspektiven einrichten und Ihre Objekte an den drei darin gebildeten Rasterebenen – auch Fluchtebenen genannt – ausrichten. Objekte auf den Fluchtebenen werden entsprechend den Gesetzmäßigkeiten der Perspektive transformiert. Es handelt sich nicht um eine 3D-Umgebung.

17.1.1 Anatomie eines Perspektivenrasters

Um ein Perspektivenraster anzuzeigen, haben Sie folgende Möglichkeiten:

- Wählen Sie ANSICHT • PERSPEKTIVENRASTER • RASTER EINBLENDEN – ⌘/Strg+⇧+I.
- Wählen Sie das Perspektivenraster-Werkzeug. In beiden Fällen entsteht ein neues Raster in der Standard-Zweipunktperspektive, oder das für das Dokument eingerichtete Raster wird eingeblendet.
- Wählen Sie eine Vorgabe aus den Untermenüs von ANSICHT • PERSPEKTIVENRASTER • EINPUNKT-, ZWEIPUNKT- oder DREIPUNKTPERSPEKTIVE, oder wählen Sie ANSICHT • PERSPEKTIVENRASTER • RASTER DEFINIEREN…

Das Raster besitzt zahlreiche Bedienelemente (Widgets), um die Perspektive einzustellen und mit Objekten im Raster zu arbeiten:

526 | 17 Perspektivische Darstellungen und 3D-Live-Effekte

Das Raster passen Sie an, indem Sie die Widgets ⊙, ○ bzw. ◇ mit dem Perspektivenraster-Werkzeug verschieben. Anhand der Bodenebene ⓰ kann das gesamte Perspektivenraster verschoben werden. Die Horizontlinie ❻ kennzeichnet die Augenhöhe des Betrachters – die Horizonthöhe ❽ können Sie in vertikaler Richtung mit der Horizontebene ❼ einstellen. Durch das Verschieben des linken ❹ oder des rechten ❺ Fluchtpunkts verändern Sie den Sichtwinkel. In einer Dreipunktperspektive erhalten Sie einen weiteren Fluchtpunkt – je nach Einstellung einen Scheitelpunkt (Zenit) oder einen Fußpunkt (Nadir). Die Rasterausdehnung in seitlicher ❾, ❿ oder vertikaler ❷ Richtung legt die Ausmaße der sichtbaren Rasterlinien fest. Prinzipiell reicht das Raster über das gesamte Dokument. Den Maßstab und die Maßeinheit des Perspektivenrasterlineals ❸ können Sie ebenso wie die Größe der Rasterzellen ⓫ definieren. Aus dem Ursprung ⓬ werden die Lineale des Rasters berechnet – der Ursprung kann verschoben werden. Mit den Widgets für die rechte ⓭, horizontale ⓮ und linke ⓯ Rasterebene können Sie die Ebenen jeweils parallel verschieben. Mit dem Ebenen-Widget ❶ wechseln Sie beim Zeichnen oder Zuordnen von Objekten zwischen den Rasterebenen.

17.1.2 Perspektivenraster numerisch einrichten

Bevor Sie die ersten Objekte auf das Perspektivenraster legen, richten Sie es sich passend ein. Die Rasterebenen lassen sich zwar nachträglich ändern, die ihnen zugeordneten Objekte verändern sich jedoch nicht entsprechend mit.

Bodenebene verschieben

Die Bodenebene und damit das gesamte Perspektivenraster lässt sich nur mit dem Perspektivenraster-Werkzeug verschieben.

Fluchtpunkt

In einem Fluchtpunkt laufen alle parallelen Linien der zugehörigen Raster- oder Fluchtebene zusammen.

▲ **Abbildung 17.4**
Die Position der Fluchtpunkte wird normalerweise aus der Position von Bodenebene, Horizont und den Planzeichnungen hergeleitet, damit eine plausible Perspektive entsteht.

◀ **Abbildung 17.5**
Optionen zur Definition eines Perspektivenrasters

Erst Raster definieren

Da sich die Objekte nicht an eine neue Perspektive anpassen, wenn Sie diese nachträglich umstellen, richten Sie erst das Perspektivenraster ein und beginnen dann, die Objekte darin zu zeichnen.

17.1 Zeichnungen in Fluchtpunktperspektive anlegen | **527**

▲ **Abbildung 17.6**
Dialogbox zur Eingabe eines eigenen Maßstabs

▲ **Abbildung 17.7**
Typische Objekte, wie Sie sie mit den drei Arten von Perspektivenrastern konstruieren können, und das zugrundeliegende Perspektivenraster (von oben): 1-Punkt-, 2-Punkt- und 3-Punkt-Perspektive

> **Intelligente Hilfslinien**
>
> Die intelligenten Hilfslinien funktionieren ebenfalls »perspektivisch«, wenn Sie im Perspektivenraster arbeiten. Dies ist sehr hilfreich.

- **Name:** In diesem Menü werden alle gespeicherten Perspektivraster aufgelistet. Wählen Sie ein Raster, auf dessen Basis Sie Ihr eigenes definieren möchten.
- **Art:** Wählen Sie die Anzahl der Fluchtpunkte aus.
- **Einheit:** Bestimmen Sie die Maßeinheit der Rasterlineale.
- **Skalieren:** Wählen Sie den Maßstab aus dem Menü, oder geben Sie das Verhältnis der Maße auf der Zeichenfläche zu den Echtmaßen unter Benutzerdefiniert frei ein.
- **Rasterlinie alle:** Bestimmen Sie die Größe der dargestellten Rasterzellen, die Objekte »magnetisch« anziehen können.
- **Sichtwinkel:** Mit diesem Wert bestimmen Sie die Positionen des linken und rechten Fluchtpunkts relativ zur Blickrichtung. Mit einem Wert von 45° befinden sich beide Fluchtpunkte im gleichen Abstand zur Blickrichtung. Wählen Sie einen höheren Wert, rückt der rechte Fluchtpunkt näher zur Blickrichtung, der linke entfernt sich davon.
- **Sichtabstand:** Bestimmen Sie die Entfernung des Betrachters zur Szene. Je höher der Wert ist, desto weiter entfernt voneinander liegen die Fluchtpunkte.
- **Horizonthöhe:** Mit dieser Option bestimmen Sie die Augenhöhe des Betrachters, indem Sie z.B. mit einem niedrigen Wert eine »Froschperspektive« erzeugen.
- **Dritter Fluchtpunkt:** Geben Sie die horizontale und vertikale Position des dritten Fluchtpunkts in einer Dreipunktperspektive an. Mit einem positiven Wert bildet die horizontale Ebene die »Grundfläche«, mit einem negativen Wert das »Dach«.
- **Rasterfarbe und Deckkraft:** Wählen Sie für die Darstellung der Rasterebenen entweder eine Farbe aus dem Menü, oder klicken Sie auf das Farbfeld, um im Farbwähler eine Farbe zu definieren. Reduzieren Sie die Deckkraft, um das Raster weniger dominant darzustellen.
- **Vorgabe speichern:** Das eingerichtete Raster können Sie unter einem eigenen Namen zur erneuten Verwendung speichern. Es steht in Ihrem Benutzerkonto programmweit zur Verfügung.

17.1.3 Perspektivenraster intuitiv anpassen

Mit dem Perspektivenraster-Werkzeug 🔲 – ⇧+P – können Sie die Geometrie des Rasters intuitiv verändern, indem Sie die entsprechenden Bedienelemente (s. Abb. 17.9) verschieben.

Wenn Sie einfach Fluchtpunkte und Ebenen verschieben, kann es passieren, dass Sie »unrealistische« Perspektiven einstellen. Illustrator überprüft Ihre Einstellungen nicht auf Plausibilität.

- Verändern Sie die **Horizonthöhe**, indem Sie die Bedienelemente der Horizontlinie in vertikaler Richtung verschieben – der Cursor zeigt ↕.
- Den linken und rechten **Fluchtpunkt** sowie den Scheitel- oder Fußpunkt können Sie ebenfalls greifen und horizontal oder frei verschieben. Der Cursor zeigt ↔ bzw. ⇹.
  Drücken Sie ⇧, um den Scheitel- oder den Fußpunkt nur vertikal zu verschieben.
- Die Rasterebenen können Sie bezogen auf ihren Fluchtpunkt auch **parallel verschieben**. Dazu ziehen Sie an den jeweiligen Ebenen-Widgets – die linke und rechte Rasterebene waagerecht, die horizontale Ebene senkrecht. Der Cursor zeigt ↔ bzw. ↕. Die Perspektive wird dabei nicht verändert.
  Wenn Sie dabei ⇧ drücken, rasten die Fluchtebenen an den angezeigten Rasterlinien ein.
  Halten Sie ⌘/Strg gedrückt und doppelklicken Sie die Rasterebenen-Widgets, um die neue Position der Fluchtebene numerisch einzugeben.

▲ **Abbildung 17.8**
Numerisches Verschieben einer Rasterebene – Sie haben die Wahl, die Objekte oder Duplikate davon mitzuverschieben. Dies betrifft nur Objekte, die auf der Ebene liegen (s. »Rasterebene an Objekt ausrichten«).

▲ **Abbildung 17.9**
Von links: Verändern der Horizonthöhe, Verschieben des Fluchtpunkts der rechten Rasterebene, paralleles Verschieben der Rasterebene

Veränderter Fluchtpunkt?
Rasterebenen mit verändertem Fluchtpunkt können nicht wieder korrekt ausgerichtet werden.

Rasterebene an Objekt ausrichten | Aktivieren Sie ein Objekt – mit mehreren Objekten funktioniert es nur, wenn sie auf einer Fluchtebene liegen –, und wählen Sie Objekt • Perspektive • Ebene an Objekt ausrichten, um die aktive Rasterebene parallel so zu verschieben, dass sie an diesem Objekt ausgerichtet wird. Das brauchen Sie z. B., wenn Sie neue Objekte exakt auf die Größe bestehender parallel liegender Objekte anpassen wollen.

▼ **Abbildung 17.10**
Die Größen beider Elemente sind aufeinander abgestimmt (links). Nur wenn die Rasterebene in der korrekten Position ist, passt die Größe des Texts in der Perspektive (rechts).

17.1 Zeichnungen in Fluchtpunktperspektive anlegen | **529**

▲ **Abbildung 17.11**
Bezugspunkt gesperrt

Perspektivenraster fixieren | Das Perspektivenraster kann unter Ansicht • Perspektivenraster in zwei Stufen gesperrt werden:

- ▶ Bezugspunkt sperren: Wenn Sie Sichtwinkel und Sichtabstand nicht mehr verändern wollen, wählen Sie diese Option. Wenn Sie jetzt einen Fluchtpunkt verschieben, bewegt sich der andere synchron – so, als würde sich die Szene vor dem Betrachter drehen.
- ▶ Raster sperren: Mit dieser Option erreichen Sie, dass sich die Positionen des Rasters, seiner Horizontlinie und der Fluchtpunkte nicht mehr verändern lassen. Die Rasterebenen lassen sich dennoch parallel verschieben.

Darstellung des Perspektivenrasters | Drücken Sie ⌥/Alt und klicken Sie auf das Steuerelement der linken, rechten oder horizontalen Rasterebene, um deren Darstellungsart zu ändern. Sie haben die Wahl zwischen Rasterlinien, einer flächigen Darstellung und dem Ausblenden der Ebene.

▲ **Abbildung 17.12**
Flächige Darstellung der Rasterebenen

Lineale und Rasterlinien | Das Perspektivenraster besitzt sein eigenes Koordinatensystem. Wenn Sie Objekte darin platzieren und bearbeiten, werden deren Echtmaße im Transformieren- und im Steuerungsbedienfeld angezeigt.

▲ **Abbildung 17.13**
Gemessen innerhalb des Perspektivenrasters wird die Größe aller Figuren identisch angezeigt.

- ▶ Der **Ursprung** des Koordinatensystems ist standardmäßig in der Mitte der Bodenebene. Um den Ursprung zu verschieben, klicken und ziehen Sie ihn mit dem Perspektivenraster-Werkzeug – der Cursor zeigt ▸₀.
- ▶ Die **Größe der Rasterzellen** definieren Sie entweder in den Perspektivenraster-Optionen oder indem Sie das entsprechende Bedienelement (s. Abb. 17.3, ⑪) verschieben – der Cursor zeigt ▸₀. Falls Sie den Ursprung bereits verschoben haben, wird er sich mit den Rasterzellengrößen erneut verändern.

▲ **Abbildung 17.14**
Verschieben des Ursprungs

530 | 17 Perspektivische Darstellungen und 3D-Live-Effekte

▶ Die **Lineale** an der vorderen Kante der linken und rechten Rasterebene blenden Sie über ANSICHT • PERSPEKTIVENRASTER • LINEALE EINBLENDEN ein.
▶ Um sich eine bessere Übersicht zu verschaffen (oder im Gegenteil Platz für größere Objekte zu schaffen), können Sie die **Rasterausdehnung** auf der linken und der rechten Rasterebene durch Verschieben des entsprechenden Bedienelements verändern – die Ausdehnung des Rasters der horizontalen Ebene verändert sich synchron. Der Cursor zeigt beim Verschieben das Symbol ▸⊞. Auch in Bereichen der Rasterebene, in denen keine Rasterlinien sichtbar sind, können Sie Objekte platzieren, die Positionierungshilfe durch das Einrasten entfällt dort jedoch.

Bezugspunkt

Wenn Sie den Ursprung verschieben, sehen Sie den Bezugspunkt des Perspektivenrasters, der darunter lag. Er lässt sich selbst nicht verändern, bewegt sich jedoch mit der horizontalen Ebene, wenn Sie diese verschieben.

◀ **Abbildung 17.15**
Mithilfe des Perspektivrasters erstellte Szene

▲ **Abbildung 17.16**
Die Ausdehnung des Rasters wird in der Höhe angepasst.

17.1.4 Direkt im Perspektivenraster zeichnen

Mit den Werkzeugen für offene und geschlossene Formen (s. Abschnitt 5.1) können Sie Objekte direkt im Perspektivenraster anlegen. Alternativ können Sie Ihre Objekte in der Aufsicht zeichnen und sie anschließend mit dem Perspektivenauswahl-Werkzeug auf einer Rasterebene platzieren (s. Abschnitt 17.1.4).

1. Blenden Sie das Perspektivenraster ein – ⌘/Strg+⇧+I.
2. Wählen Sie ein Form-Werkzeug, und wählen Sie mit dem Ebenen-Widget oder den Tasten 1 bis 3 die Rasterebene aus, auf der Sie das Objekt aufziehen möchten. Der Cursor zeigt die aktive Rasterebene durch sein Symbol an: links ⋯, rechts ⋯, horizontal ⋯.
3. Bewegen Sie das Werkzeug an den Startpunkt – sofern die Option ANSICHT • PERSPEKTIVENRASTER • AM RASTER AUSRICHTEN aktiv ist, wird das Werkzeug von den Rasterlinien angezogen, wenn es sich dazu in einem Abstand von ¼ der Zellengröße befindet. Aktivieren Sie außerdem die intelligenten Hilfslinien, damit der Cursor auch an anderen Objekten einrastet.

Texte im Perspektivenraster

Texte können Sie nicht direkt auf eine Rasterebene setzen. Erzeugen Sie ein Textobjekt, und platzieren Sie es dann auf einer Rasterebene (s. Abschnitt 17.1.5). Das Umwandeln der Texte ist nicht nötig.

▲ **Abbildung 17.17**
Das Ebenen-Widget

▲ **Abbildung 17.18**
Die mit dem Rechteck-Werkzeug erstellte Form wird direkt in die Perspektive gebracht.

> **Symbol erstellen?**
>
> Der Weg über ein Symbol mag Ihnen umständlich erscheinen, er ist jedoch vor allem dann angebracht, wenn Sie sich die Option bewahren wollen, das Objekt zu einem späteren Zeitpunkt bequem zu editieren. Da Symbole nun einen festen Registrierungspunkt besitzen, ist es auch nicht nötig, die Position der Symbolinstanz im Perspektivenraster nach der Bearbeitung anzupassen.

▼ **Abbildung 17.19**
Symbolinstanzen werden auf dem Perspektivenraster platziert.

4. Klicken und ziehen Sie mit dem Werkzeug die Form auf – während des Ziehens können Sie mithilfe der Tasten weiterhin zwischen den Rasterebenen wechseln. Alternativ klicken Sie mit dem Werkzeug auf den Startpunkt und geben die gewünschte Endgröße ein.
5. Illustrator berechnet die Darstellungsgröße des Objekts anhand des für das Perspektivenraster definierten Maßstabs.

Modifikationsmöglichkeiten | Wenn das Perspektivenraster aktiv ist, haben Sie folgende Modifikationsmöglichkeiten:

- ⌘/Strg: Drücken Sie diese Taste, wenn Sie mit den Form-Werkzeugen arbeiten, um temporär zum Perspektivenauswahl-Werkzeug zu wechseln.
- ⇧, ⌥/Alt usw.: Diese Tasten arbeiten wie von den Form-Werkzeugen gewohnt (s. Tabellen auf S. 76 und S. 78).
- 1, 2, 3: Mit diesen Tasten wechseln Sie zur linken, horizontalen und rechten Ebene. Der Cursor zeigt die aktive Ebene durch sein Symbol an.
- 4: Drücken Sie die 4, um zwischendurch ein Objekt außerhalb des Perspktivenrasters zeichnen zu können.

17.1.5 Bestehende Objekte im Perspektivenraster platzieren

Diesen Weg wählen Sie, wenn z.B. komplexere Konstruktionen nötig sind, Objekte nicht mit den Formwerkzeugen erstellt werden können oder wenn Sie Texte in Perspektive darstellen wollen.
1. Zeichnen Sie ein oder mehrere Objekte ohne Perspektive, oder übernehmen Sie Objekte aus einem anderen Dokument.
2. Erstellen Sie ein Symbol aus dem Objekt (s. Abschnitt 16.2.15).
3. Wählen Sie das Perspektivenauswahl-Werkzeug – ⇧+V –, bestimmen Sie im Ebenen-Widget (oder mit den Zahlentasten) die Rasterebene – der Cursor zeigt die aktive Ebene durch sein Symbol für links, horizontal und rechts an –, und schieben Sie eine Symbolinstanz der Grafik an die gewünschte Position auf dem Perspektivenraster.

Objekte an Perspektivebenen anhängen | Aktivieren Sie ein Objekt, und wählen Sie Objekt • Perspektive • Aktiver Ebene anhängen, um dieses Objekt, ohne es perspektivisch zu verzerren, ins Perspektivraster zu bringen. Dies ist z. B. sinnvoll, wenn Sie Objekte herkömmlich perspektisch verzerrt haben und nun in Perspektive weiterbearbeiten möchten.

Optionen der Perspektiven-Werkzeuge | Doppelklicken Sie eines der Perspektiven-Werkzeuge, um die Optionen einzustellen:

- Aktive-Ebene-anzeigen-Widget: Standardmäßig wird das Bedienelement zum Wechseln der Rasterebenen angezeigt. Deaktivieren Sie die Option, um es auszublenden.
- Widget-Position: Wenn Sie das Widget an einer anderen Stelle des Dokumentfensters anzeigen wollen, wählen Sie diese hier aus.
- Automatische Ebenenpositionierung (Inferenzmodus): Die aktive Rasterebene können Sie temporär an bestimmte Positionen verschieben, um dort ein einzelnes Objekt zu zeichnen. Dazu bewegen Sie den Cursor des Perspektivenauswahl-Werkzeugs über die entsprechende Position und drücken ⇧.
  - Ankerpunkt des Perspektivenbildmaterials: Aktivieren Sie diese Option, dann lässt sich die aktive Ebene an Ankerpunkten von Objekten ausrichten, die im Perspektivenraster ausgerichtet sind.
  - Schnittpunkt der Rasterlinien: An Stellen, an denen sich Rasterlinien schneiden, können Sie ebenfalls eine Rasterebene temporär ausrichten lassen.

▲ **Abbildung 17.20**
Optionen des Perspektivenraster- und des Perspektivenauswahl-Werkzeugs

Auswahl-Werkzeug?

Verwenden Sie nicht das Auswahl- oder die Transformieren-Werkzeuge, um Perspektivenobjekte zu bearbeiten. Die Bearbeitung wäre unabhängig von der Perspektive, und das transformierte Objekt würde nicht mehr zum Perspektivenraster passen.

17.1.6 Objekte im Perspektivenraster bearbeiten

Um Objekte im Perspektivenraster auszuwählen und zu bearbeiten, verwenden Sie das Perspektivenauswahl-Werkzeug. Klicken Sie damit Objekte an oder ziehen Sie ein Auswahlrechteck über mehrere Objekte auf, um sie zu selektieren. Sobald Sie ein Objekt auswählen, wird dessen Rasterebene ebenfalls aktiviert. Sie können Objekte auf unterschiedlichen Rasterebenen gemeinsam auswählen, aber nicht gemeinsam transformieren.

▲ **Abbildung 17.21**
Inferenzmodus: Die aktive Rasterebene wird temporär zu dem Ankerpunkt verschoben, über dem der Cursor sich befindet. Die anderen Rasterebenen werden ausgeblendet.

Objekte auf der Fluchtebene bewegen | Um ein Objekt zu bewegen, wählen Sie es aus und verschieben es direkt mit dem Perspektivenauswahl-Werkzeug oder den Pfeiltasten.

Mit ⇧ schränken Sie das Verschieben auf senkrechte oder waagerechte Bewegungen ein. Halten Sie ⌥/Alt gedrückt, um eine Kopie des Objekts zu verschieben.

▲ **Abbildung 17.22**
Prinzip des Bewegens von Objekten im Perspektivenraster

Warum funktioniert es nicht, wenn Objekte einfach mit dem Perspektivenauswahl-Werkzeug an die Stelle bewegt werden, an der sie später stehen sollen? In ❶ sehen Sie einige Fußballspieler, deren Größen aneinander angepasst sind. Sie wurden mit dem Perspektivenauswahl-Werkzeug direkt auf geradem Weg an ihre Plätze bewegt ❷. Dort haben sie zwar die richtige Perspektive, jedoch nicht die korrekte Größe. Wie kommt das?

Jedes Objekt ist auf einer Rasterebene platziert – am Anfang sind alle drei Fußballspieler auf derselben Ebene ❸. Wenn Sie ein Objekt bewegen, bewegen Sie es horizontal und/oder vertikal auf dieser Ebene.

Um die Fußballspieler in die korrekte Lage zu bringen, müssen Sie also sowohl eine parallele Bewegung durchführen – also das Objekt von seiner ursprünglichen Ebene wegbewegen (s. folgende Seite) – als auch eine horizontale ❹.

Objekte skalieren | Skalieren Sie ein Objekt, indem Sie an den Anfassern seines Begrenzungsrahmens ziehen – der Cursor wechselt zu ▸. Mit ⇧ erreichen Sie eine proportionale Skalierung.

Objekte parallel verschieben | Wenn Sie ein Objekt parallel verschieben, bewegen Sie es ausgehend von seiner Rasterebene nach vorn bzw. hinten. Wählen Sie das Objekt mit dem Perspektivenauswahl-Werkzeug aus, drücken und halten Sie die Taste 5, und verschieben Sie das Objekt. Drücken Sie ⌥/Alt, um eine Kopie des Objekts zu verschieben.

Sollen die Objekte auf einer Rasterebene gemeinsam mit der Ebene verschoben werden, drücken Sie ⇧ und verschieben die Rasterebene mit dem Widget. Mit ⌥/Alt verschieben Sie die Fluchtebene zusammen mit Kopien der darauf befindlichen Objekte (beides geht nur mit dem Perspektivenauswahl-Werkzeug).

Besonders interessant ist die Parallelverschiebung in Verbindung mit dem Modus DAHINTER ZEICHNEN. Aktivieren Sie diese Option im Werkzeugbedienfeld (s. Abschnitt 5.3.1), dann werden parallel verschobene Kopien der Objekte hinter den bestehenden angeordnet.

▲ **Abbildung 17.23**
Skalieren von Perspektivobjekten: Es können nur Objekte auf derselben Rasterebene gemeinsam skaliert werden – achten Sie darauf, nur das Perspektivauswahl-Werkzeug zu verwenden.

Erneut transformieren | Wenden Sie nach einer Skalierung oder Bewegung im Perspektivenraster den Befehl ERNEUT TRANSFORMIEREN an – ⌘/Strg+D –, dann erfolgt die weitere Transformation unter Berücksichtigung der Perspektive.

Objekte auf andere Rasterebenen verschieben | Verschieben Sie ein Objekt und drücken Sie die Tasten 1 bis 3, um das Objekt einer anderen Rasterebene zuzuordnen.

Um ein Objekt zu duplizieren und auf eine andere Rasterebene zu verschieben, weisen Sie es erst mit 1 bis 3 der anderen Ebene zu und halten Sie anschließend ⌥/Alt gedrückt, um es zu duplizieren, anstatt zu verschieben.

▲ **Abbildung 17.24**
Die Vorderseite des Dominosteins wird parallel verschoben und dabei dupliziert (links). Da der Modus DAHINTER ZEICHNEN aktiv ist, wird die Kopie (auch beim erneuten Transformieren) hinter den bestehenden angelegt (Mitte). Die drei Seiten des Dominosteins können nicht gemeinsam parallel verschoben werden, sondern dies muss in mehreren Schritten erfolgen (rechts).

▲ **Abbildung 17.25**
Anzeige des Perspektivenobjekts im Steuerungsbedienfeld

▲ **Abbildung 17.26**
Arbeiten mit dem Zeichenstift an einem Pfad auf der Rasterebene

▲ **Abbildung 17.27**
Originalobjekte (oben): im Perspektivenraster platziert ohne (links u.) und mit (rechts u.) umgewandelter Kontur und umgewandeltem Muster

Symbole und Texte editieren | Dem Perspektivenraster angehängte Symbole und Texte können Sie im Isolationsmodus in unverzerrter Form bearbeiten. Ist ein solches Perspektivenobjekt ausgewählt, können Sie es isolieren, indem Sie auf das Objekt doppelklicken oder im Steuerungsbedienfeld auf den Button Symbol bearbeiten bzw. Text bearbeiten klicken. Doppelklicken Sie nach dem Bearbeiten auf eine freie Fläche.

Mit dem Zeichenstift bearbeiten | Auch wenn Sie mit dem Zeichenstift-Werkzeug keinen Pfad direkt auf einer Rasterebene neu erstellen können, ist es möglich, bestehende Rasterobjekte mit den Zeichen-Werkzeugen nachzubearbeiten, ohne sie dabei vom Raster zu lösen. Sinnvoll ist dies nur, wenn Sie mit Symbolen gearbeitet haben.

17.1.7 Konturen, Effekte und besondere Objekte

Perspektivenobjekte können mit Aussehen-Eigenschaften versehen werden, Konturen (dies gilt auch für Pinsel und Breitenprofile), Effekte und Muster werden im Raster jedoch nicht transfomiert, d.h. dass sich z. B. Konturstärken und Musterelemente nicht verjüngen. Muster werden im Raster auch nicht mit dem Objekt bewegt.

Wenn Sie Konturen oder Muster perspektisch verzerren möchten, müssen Sie zunächst ein Objekt mit einer umgewandelten Kontur (s. Abschnitt 10.5.1) oder einem umgewandelten Muster (s. Abschnitt 16.1) erstellen und dieses dann im Perspektivenraster platzieren.

Schnittmasken – z. B. umgewandelte Muster – werden korrekt an die Perspektive angepasst, sofern die maskierten Objekte selbst geeignet sind.

Verzerrungshüllen können Sie zwar nicht im Perspektivenraster platzieren, Sie können jedoch Perspektivenobjekte mit einer Hülle versehen.

Weder verknüpfte noch eingebettete Pixelbilder lassen sich im Perspektivenraster platzieren.

17.1.8 Umwandeln

Mit Objekt • Perspektive • Aus Perspektive freigeben lösen Sie Objekte aus dem Perspektivenraster und behalten die perspektivische Darstellung bei.

Die Anwendung mancher Illustrator-Funktionen kann ebenfalls ein Herauslösen aus dem Perspektivenraster erfordern. Falls dies der Fall ist, zeigt Illustrator eine Warnung an. Nicht erforderlich ist das Umwandeln, um Objekte z. B. mit nicht perspektivischen Objekten zu gruppieren.

Ob ein Objekt zum Perspektivenraster gehört, erkennen Sie an seinem Begrenzungsrahmen, wenn Sie es mit dem Perspektivenauswahl-Werkzeug aktivieren: Er besitzt gefüllte Anfasser.

▲ **Abbildung 17.28**
Warnung beim Bearbeiten perspektivischer Objekte mit Transformieren-Werkzeugen

17.1.9 Zurückwandeln?

Aufgrund der Komplexität der Funktion ist es nicht möglich, Objekte wieder vom Perspektivenraster abzulösen und in ihre Ausgangsform (ohne Perspektive) zu bringen. In einem Symbol bleibt die Ausgangsform jedoch erhalten und kann weiterhin editiert werden. Erstellen Sie daher Symbole der Grundformen, und platzieren Sie ihre Instanzen im Perspektivenraster.

17.1.10 Perspektivenraster und 3D-Effekte

Auch wenn die Ergebnisse ähnlich aussehen, handelt es sich um zwei verschiedene Arten räumlicher Darstellungen. Fluchtpunktperspektiven sind eine mathematisch-geometrische Methode, die menschliche Wahrnehmung der Welt nachzubauen, jedoch sind sie nur eine Näherung. Je nachdem, wie gut Sie die Perspektive konstruieren, erzeugen Sie eine realistischere oder eine weniger realistische Illusion. 3D-Effekte setzen an der anderen Seite an: Sie erstellen dreidimensionale Modelle und imitieren eine Kamera. Damit entsteht immer ein realistisches Abbild eines Objekts. Kombinieren lassen sich beide Funktionen aufgrund der Unterschiede in der Methodik jedoch nicht.

17.2 3D-Objekte mit den 3D-Effekten erzeugen

▲ **Abbildung 17.29**
Geschlossenes und offenes Objekt (oben), Grundform Kontur bzw. Fläche (unten)

Für die Konstruktion dreidimensionaler Objekte bietet Illustrator im Menü EFFEKT • 3D drei Operationen: EXTRUDIEREN, KREISELN und DREHEN. Die Effekte EXTRUDIEREN und KREISELN generieren dreidimensionale Körper, deren Lage im Raum frei bestimmt werden kann. Der DREHEN-Effekt rotiert zweidimensionale Objekte im Raum und erzeugt eine perspektivische Ansicht. Anders als in »echten« 3D-Programmen sind in Illustrator einzelne Objekte, auf die 3D-Effekte angewendet wurden, unabhängig voneinander – die dreidimensionalen Formen haben jeweils eigene Lichtquellen, und Sie können sie nicht in einem gemeinsamen Raum kombinieren, sondern nur auf der Fläche anordnen. Das Erstellen einer dreidimensionalen Szene ist daher nur eingeschränkt mög-

▲ **Abbildung 17.30**
Extrudierte Konturen eines Diagramms

▲ **Abbildung 17.31**
Einzeln (links) und als Gruppe (rechts) extrudiert

▲ **Abbildung 17.32**
Eine Musterfüllung wird mit dem Objekt extrudiert.

▲ **Abbildung 17.33**
Grundform und extrudiertes Objekt

lich. Als Grundformen können Sie einfache Pfade oder bereits mit anderen Illustrator-Funktionen erstellte oder verformte Objekte – wie Verzerrungshüllen oder Diagramme – verwenden. Da die 3D-Operationen als Live-Effekte angewendet werden, sind sowohl die Grundobjekte als auch die Parameter der Effekte selbst jederzeit editierbar.

17.2.1 Grundformen

Die der Grundform zugewiesenen Füllungen und Konturen übernimmt das dreidimensionale Objekt. Besitzt eine Grundform nur eine Füllung, bildet diese die Oberflächenfarbe des Körpers.

Ist darüber hinaus eine Kontur definiert, entsteht ein zusätzliches Objekt, denn Illustrator wandelt Konturen vor der Anwendung eines 3D-Effekts intern in Flächen um. Daher dauert die Berechnung eines konturierten Objekts länger und kann zu unerwünschten Ergebnissen führen. Verwenden Sie deswegen möglichst Grundformen ohne Kontur.

Gruppen | Auf gruppierte Objekte wirkt sich ein zugewiesener 3D-Effekt aus, als wären sie ein Gesamtobjekt. Sie können also eine korrekte räumliche Anordnung mehrerer Körper erzielen, wenn Sie die Grundformen vor der Anwendung des 3D-Effekts gruppieren. Allerdings lassen sich nur gemeinsame Einstellungen für alle in der Gruppe zusammengefassten Objekte vornehmen.

Dasselbe Ergebnis erhalten Sie, wenn Sie den Effekt auf die Ebene anwenden, der die Objekte zugeordnet sind.

Transparenz | Um ein transparentes Material zu simulieren, legen Sie die Deckkrafteinstellung und gegebenenfalls eine abweichende Füllmethode für das Grundobjekt an. Beachten Sie die Optionen für verdeckte Flächen (s. Abschnitt 17.2.7, »Schattierung und Beleuchtung«).

Muster | Ist ein Objekt mit Musterfüllungen versehen, kann die Berechnung des 3D-Körpers einige Zeit in Anspruch nehmen, vor allem, wenn Sie gleichzeitig Profilkanten zugewiesen haben. Weisen Sie das Muster stattdessen der Oberfläche als Bildmaterial zu.

17.2.2 Extrudieren und abgeflachte Kante

Dieser Effekt verwendet die Grundform als Profil, das entlang der z-Achse in die Tiefe gezogen wird. Die z-Achse verläuft immer senkrecht zur Objektoberfläche, d. h. senkrecht zur Zeichenfläche. Die Form der beim Tiefziehen entstehenden Kante können Sie bestimmen. Der Effekt heißt zwar »abgeflachte Kante«, diese Bezeichnung trifft jedoch auf die allerwenigsten der zur Verfügung stehenden Formen zu. Die Palette der Kantenformen lässt sich außerdem durch eigene Formen ergänzen.

◀ **Abbildung 17.34**
Extrusion einer Grundform (jeweils rot) ohne Profilkante (links) entlang einer Geraden, mit unterschiedlichen Profilkanten (Mitte und rechts)

Den Effekt können Sie auf offene und geschlossene Pfade, gruppierte Objekte, zusammengesetzte Pfade, zusammengesetzte Formen oder Ebenen anwenden.

Um ein Objekt zu extrudieren, aktivieren Sie es bzw. wählen es als Ziel aus und wählen EFFEKT • 3D • EXTRUDIEREN UND ABGEFLACHTE KANTE… aus dem Menü. Die Optionen, mit denen Sie das Extrusionsobjekt erstellen, finden Sie in der Dialogbox unter dem Drehpositionsregler:

Abgeflachte Kante?

Die englische Originalbezeichnung dieses Effekts – »Bevel« – hätte man vielleicht zutreffender mit »Profilkante« übersetzt.

◀ **Abbildung 17.35**
EXTRUDIEREN UND ABGEFLACHTE KANTE – Optionen (Ausschnitt)

▶ TIEFE DER EXTRUSION: Geben Sie die Tiefe des Objekts mit einem Wert zwischen 0 und 2.000 Pt bzw. 705,5 mm ein. Um die Tiefe in Millimeter festzulegen, tippen Sie die Einheit »mm« nach dem Wert ein.

▶ ABSCHLUSS: Mit den Abschluss-Buttons definieren Sie, ob das Objekt geschlossen ⬤ oder offen ⬜ ist.
Offene Körper sollten Sie aus Grundobjekten erzeugen, die keine Kontur besitzen. Besitzt die Grundform eine Kontur, wird je ein Extrusionsobjekt auf beiden Seiten der Kontur angelegt.

▶ ABGEFLACHTE KANTE: In dem Menü bestimmen Sie das Profil des Objekts entlang der z-Achse.

▶ HÖHE: Geben Sie hier ein, auf welche Höhe das ausgewählte Profil skaliert werden soll. Geben Sie einen Wert zwischen 0 und 100 Pt – oder 35,2 mm – ein.

▲ **Abbildung 17.36**
Objekt ohne Profilkante (orange), Profilkante (blau) nach außen (links) und nach innen (rechts)

▲ **Abbildung 17.37**
Unterschiedliche Profilhöhe bei
Abgeflachte Kante nach innen

Beachten Sie, dass bei der Berechnung nach innen (siehe den nächsten Punkt) Darstellungs- und Berechnungsfehler auftreten können, wenn die Höhe des Profils den Durchmesser der Grundfläche des Objekts übersteigt.

▶ Nach aussen/nach innen: Die Höhe des Kantenprofils können Sie zur Objektgrundfläche hinzufügen oder innerhalb der Objektgrundfläche berechnen lassen. Wählen Sie mit den Buttons Abgeflachte Kante nach aussen und Abgeflachte Kante nach innen.

Sonderfall isometrische Extrusion

Noch aus den Anfangstagen des DTP ist der Effekt bekannt, einen Schriftzug in exakter Aufsicht darzustellen und mit einer Extrusion zu versehen. Dies ist mit Illustrators 3D-Effekt nicht vorgesehen. Ein Objekt muss hier immer eine Drehung aufweisen, damit die Extrusion sichtbar ist. Sie können diesen Effekt annähernd erreichen, wenn Sie eine sehr geringe Drehung des Objekts mit einer großen Extrusion kombinieren. Noch näher kommen Sie an die Aufsichtsdarstellung, wenn Sie den Text vorher in seine einzelnen Buchstaben aufsplitten und den Effekt jedem einzeln zuweisen.

▲ **Abbildung 17.38**
So erreichen Sie die Abgeflachte-Kanten-Datei auf dem Mac: Rufen Sie das Kontextmenü über dem Programmsymbol auf, und wählen Sie Paketinhalt zeigen.

Vor CS4: Abgeflachte Kanten.ai

In Illustrator CS3 und früheren Versionen finden Sie die Datei »Bevels.ai« im Ordner Zusatzmodule im Illustrator-Programmordner.

17.2.3 Eigene Kantenprofile hinzufügen und verwenden

Das Menü Abgeflachte Kante in der Dialogbox 3D-Extrudieren-Optionen enthält nur eine begrenzte Anzahl Kanten. Sie können es jedoch um eigene Kreationen ergänzen. Bei jedem Start liest Illustrator die Kantenprofile aus einer Datei im Programmordner – in dieser Datei müssen Sie Ihre eigenen Profile anlegen, damit diese beim nächsten Start des Programms im Menü zur Verfügung stehen. Gehen Sie wie folgt vor:

1. Zeichnen Sie das Profil als einzelnen offenen Pfad. Auch wenn der Hilfetext nahelegt, dass Sie den Pfad in der Kanten-Datei erstellen sollen, ist das nicht notwendig.
   Legen Sie Ihre Kante horizontal an. Die Außenseite weist nach oben. Der Teil, der am Objekt nach vorn zeigen soll, ist an der rechten Seite.

2. Öffnen Sie die Datei »Abgeflachte Kanten.ai« aus dem Ordner Adobe Illustrator CS5\Required\Resources\de_DE (Mac) bzw. Adobe Illustrator CS5\Support Files\Required\Resources\de_DE\ (Windows). Auf dem Mac müssen Sie dazu den Paketinhalt der Applikation Illustrator anzeigen (s. Abb. 17.38).

3. Fügen Sie Ihr Kantenprofil über die Zwischenablage in die Kanten-Datei ein.
4. Rufen Sie das Symbole-Bedienfeld unter Fenster • Symbole – Shortcut ⌘/Strg+⇧+F11 – auf.
   Legen Sie Ihr Kantenprofil als neues Symbol an, indem Sie das Profil aktivieren und den Button Neues Symbol klicken – Shortcut F8. Geben Sie dem Symbol einen aussagekräftigen Namen.
5. Speichern Sie die Abgeflachte-Kante-Datei im Ordner Zusatzmodule im Illustrator-Programmordner. So erreichen Sie sie das nächste Mal einfacher. Dann schließen Sie sie und beenden den Illustrator. Starten Sie Illustrator erneut, und öffnen Sie die Datei, in der Sie die Kante verwenden möchten.
6. Aktivieren Sie das Objekt, dem die Kante zugewiesen werden soll. Falls Sie es bereits mit dem Extrudieren-Effekt versehen haben, rufen Sie die Optionen des Effekts über das Aussehen-Bedienfeld auf. Wählen Sie das vorher eingerichtete Profil im Menü Abgeflachte Kante aus.
7. Passen Sie – falls nötig – die Höhe des Profils an, und wählen Sie mit den Buttons, ob die Kante nach außen oder innen berechnet werden soll.

▲ **Abbildung 17.39**
Grundobjekt und Profilkante (oben), extrudiert (Mitte), gedreht und mit Bildmaterial versehen

17.2.4 Kreiseln

Die Operation Kreiseln wird in vielen 3D-Programmen auch als »Rotation« bezeichnet. Der Körper entsteht, indem die Grundform um die y-Achse rotiert wird. Die Position des Grundobjekts kann rechts oder links der Achse gewählt werden. Auch den Abstand des Grundobjekts zur Achse können Sie definieren – dies benötigen Sie z. B. zum Erstellen von Ring-Objekten.

Wie die Extrusion lässt sich auch dieser Effekt auf Einzelobjekte, zusammengesetzte Pfade und Formen, Gruppen und Ebenen anwenden.

Wenden Sie den Effekt gleichzeitig auf mehrere Objekte an, rotiert jedes um eine eigene Achse. Wenn Sie mehrere Objekte um eine gemeinsame Achse rotieren möchten, gruppieren Sie sie vor Anwenden des Effekts. Alternativ wenden Sie den Effekt auf die Ebene an, der die Objekte zugeordnet sind.

Um ein Objekt, eine Gruppe oder eine Ebene mit dem Kreiseln-Effekt zu versehen, aktivieren Sie es bzw. wählen es als Ziel aus und rufen Effekt • 3D • Kreiseln… aus dem Menü auf. Die Optionen, mit denen Sie das Rotationsobjekt erstellen, finden Sie in der Dialogbox unter dem Drehpositionsregler:

▲ **Abbildung 17.40**
Grundformen und gekreiselte Objekte

▲ **Abbildung 17.41**
Einzeln (links) und als Gruppe (rechts) rotiert

Abbildung 17.42 ▶
Kreiseln-Optionen (Ausschnitt)

▲ **Abbildung 17.43**
Aus einem Kreiselobjekt mit offenem Abschluss und entsprechendem Bild-Mapping entsteht ein »Time-Tunnel«.

Objekte gefahrlos verschieben
Deaktivieren Sie die Anzeige des Begrenzungsrahmens, wenn Sie 3D-Objekte auf der Zeichenfläche verschieben. Anderenfalls passiert es nur zu oft, dass Sie die Grundform unabsichtlich transformieren, anstatt das 3D-Objekt zu verschieben.

▲ **Abbildung 17.44**
Lokale (Objekt-)Achsen und globale (Welt-)Achsen

▶ **Winkel:** Sie können bestimmen, ob die Grundform ganz um die Achse herum kreiselt – also 360° – oder nur teilweise. Verwenden Sie den Winkelschieber, oder geben Sie einen Wert zwischen 0 und 360° in das Eingabefeld ein.
▶ **Abschluss:** Mit den Abschluss-Buttons definieren Sie, ob das Objekt geschlossen oder offen ist. Diese Option bewirkt nur dann eine Veränderung, wenn der Kreiselwinkel kleiner als 360° ist.
▶ **Versatz … von:** Im Dialogfeld Versatz bestimmen Sie die Entfernung zwischen der Drehachse und der Grundform. Geben Sie einen Wert zwischen 0 und 1.000 Pt – oder 352,7 mm – ein. Mit dem Aufklappmenü legen Sie fest, auf welcher Seite der Drehachse die Grundform angeordnet wird.

17.2.5 Objekte im Raum ausrichten

Die Ansicht der Objekte bestimmen Sie zum einen durch ihre Ausrichtung im Raum – in Illustrator als »Position« bezeichnet, obwohl Sie eine räumliche Position nicht definieren können. Darüber hinaus legen Sie mit der Perspektive die Brennweite Ihrer virtuellen Kamera fest. Das Verschieben eines Objekts auf der Zeichenfläche wirkt sich anders als bei »echtem 3D« nicht auf die perspektivische Darstellung aus.

Lokale und globale Achsen | Um die Position eines Objekts relativ zum Betrachter auszurichten, können Sie sowohl lokale – an das Objekt gebundene – als auch globale Achsensysteme verwenden. Prinzipiell funktioniert das Ausrichten wie das Positionieren eines Objekts auf einem Tisch: Sie können entweder das Objekt oder den Tisch bewegen, um das Objekt zu einer Kamera auszurichten. Das lokale Achsensystem bewegt sich bei der Drehung mit dem Objekt, das globale Achsensystem ist selbst fixiert, bewirkt aber – wenn Sie es verwenden – eine Drehung des Objekts sowie aller seiner Achsen.

Die zwei Achsensysteme erlauben eine flexible Handhabung der Objektdrehungen: Das Bewegen mit den lokalen Achsen ist intuitiver, da es der Handhabung von Dingen in der realen Welt entspricht. Das Bewegen anhand der globalen Achsen erlaubt Ihnen die genauere Einstellung der Ansicht.

17.2.6 Drehen

Drehen beinhaltet die Ausrichtung der Objekte im Raum und die Einstellung der Perspektive einer virtuellen Betrachtungskamera. Eine Drehung lässt sich sowohl für Extrusions- und Kreiselobjekte als auch für zweidimensionale Formen einrichten.

Beim Drehen zweidimensionaler Formen wirkt sich die Drehung auf Musterfüllungen, Konturstärken und Pinselkonturen aus, die perspektivisch angepasst werden. Die perspektivische Darstellung von Verläufen gelingt in den wenigsten Fällen.

Um dreidimensionale Extrusions- und Rotationsobjekte zu drehen, verwenden Sie die Eingabemöglichkeiten in der Dialogbox des jeweiligen Effekts.

Ein zweidimensionales Objekt drehen Sie, indem Sie es aktivieren und EFFEKT • 3D • DREHEN… aufrufen.

▲ **Abbildung 17.45**
Konturen und Muster werden perspektivisch angepasst.

◄ **Abbildung 17.46**
Drehen-Optionen

▲ **Abbildung 17.47**
Ein mit einem 3D-Effekt versehenes Objekt können Sie nicht direkt auf der Zeichenfläche drehen (Mitte), sondern nur in den Optionen des Effekts.

▶ **VORSCHAU:** Aktivieren Sie die Vorschau, um die Positionsänderungen auf der Zeichenfläche darzustellen.
▶ **POSITION:** Einige Standard-Objektpositionen sind über das Menü abrufbar. Sie enthalten sowohl die Objektausrichtung als auch die zugehörige Perspektive.
▶ **Winkeleinstellungen:** Um die Position frei einzustellen, verwenden Sie den Würfel oder geben die gewünschte Position in die Eingabefelder für die Drehung um die x-Achse ⊕, die y-Achse ⊕ und die z-Achse ⊕ ein.
▶ **Würfel:** Der Würfel repräsentiert Ihr Objekt – die Vorderseite ist blau dargestellt, die Ober- und Unterseite hellgrau, die Seitenflächen in einem mittleren Grau, die Rückseite in Dunkelgrau.
  ▶ **Freie Drehung:** Klicken und ziehen Sie eine der Würfelflächen, um das Objekt frei zu drehen.
  ▶ **Eingeschränkte Drehung auf lokale Achsen:** Bewegen Sie die Maus über eine Würfelkante – der Cursor zeigt den Doppelpfeil ⤡, und die Kanten werden farbig hervorgehoben; klicken und ziehen Sie, um das Objekt zu drehen.

> **3D-Objekte in einer »Szene«**
>
> Wenn Sie mehrere Objekte zu einem Fluchtpunkt ausrichten wollen, konstruieren Sie sich die Perspektive einer Szene mit Hilfslinien.

▲ **Abbildung 17.48**
Drehung um die lokale x-Achse (Mitte), Drehung um die globale y-Achse (rechts)

»Brennweite« (ca.)	Perspektive
Tele 135 mm	18°
Porträt 80 mm	28°
Normal 50 mm	35°
Weitwinkel 35 mm	80°
Superweitw. 24 mm	120°

▲ **Tabelle 17.1**
Vergleich Perspektive und Objektivbrennweite

Die Hervorhebung der Kante zeigt Ihnen an, um welche Achse Sie das Objekt drehen – x-Achse: rot, y-Achse: grün, z-Achse: blau.

▶ Auf globale Achsen eingeschränkte Drehung: Drücken und halten Sie ⇧, und bewegen Sie die Maus in das Würfelfeld – der Cursor zeigt das Koordinatenkreuz. Klicken und ziehen Sie die Maus horizontal, um die Drehung auf die globale x-Achse, und vertikal, um die Drehung auf die globale y-Achse zu beschränken. Ziehen Sie im blauen Band, das das Feld umgibt, um das Objekt, um die globale z-Achse zu drehen.

▶ PERSPEKTIVE: Geben Sie einen Wert zwischen 0 und 160° ein, um die Darstellungsperspektive zu definieren. Ein Wert von 0° bewirkt eine isometrische Darstellung, und große Werte entsprechen in der Wirkung einem starken Weitwinkelobjektiv.

Spiegelnde Objekte

Soll ein 3D-Objekt eine perspektivisch korrekte Spiegelung erhalten, müssen Sie diese als eigenes Objekt erstellen. Das Objekt und sein Spiegelbild werden gruppiert ❶ und gemeinsam mit einem 3D-Effekt – der Globus im Beispiel wurde gekreiselt – versehen ❷ (selbstverständlich müssen auch eventuelle Texturen spiegelverkehrt appliziert werden). Anschließend legen Sie eine Deckkraftmaske an, die die Spiegelung in den Hintergrund überblendet ❸ (Deckkraftmasken s. Abschnitt 12.2).

▲ **Abbildung 17.49**
Perspektive 0° und 160°

17.2.7 Schattierung und Beleuchtung

Illustrator berechnet nicht nur eine dreidimensionale Geometrie, sondern passt auch die Füllung der Objekte an die Beleuchtung und die gewählte »Schattierung« an. Mit der Schattierung bestimmen Sie die Oberflächenqualität in vier Stufen von der Drahtmodelldarstellung bis zur Kunststoffschattierung.

Je nach gewählter Schattierung stehen unterschiedliche und unterschiedlich viele Beleuchtungsoptionen zur Verfügung.

◄ **Abbildung 17.50**
Lichtquellen-Dialogbox

Mehr Optionen!

Die in diesem Abschnitt besprochenen Einstellmöglichkeiten sind erst sichtbar, wenn Sie MEHR OPTIONEN in der Dialogbox anzeigen lassen.

- OBERFLÄCHE: Wählen Sie die Oberflächenqualität aus dem Menü. Die Auswahl beeinflusst auch die Darstellungsform des zugewiesenen Bildmaterials (siehe nächster Abschnitt):
  - DRAHTMODELLDARSTELLUNG: Es werden die Konturen der Polygone dargestellt, aus denen der Körper sich zusammensetzt. Flächen sind transparent.
  - KEINE SCHATTIERUNG: Das Objekt behält seine Farbe bei. Sie wird nicht durch die dreidimensionale Form oder die Beleuchtung moduliert.
  - DIFFUSE SCHATTIERUNG: Diese Schattierung simuliert diffuse Lichtquellen. Die Objektfarbe wird entsprechend der Körperform moduliert.
  - KUNSTSTOFFSCHATTIERUNG: Mit dieser Option nimmt das Objekt eine reflektierende Oberfläche an – die Beleuchtungsoptionen beinhalten Spitzlichter.
- LICHTINTENSITÄT: Mit einem Wert von 0 bis 100 % steuern Sie die Intensität – also die Helligkeit – der ausgewählten Lichtquelle.
- UMGEBUNGSLICHT: Mit der Eingabe in diesem Feld bestimmen Sie die globale Helligkeit der Szene um das Objekt, d. h., alle Seiten des Objekts sind gleichmäßig betroffen. Diese Einstellung lässt sich wie die folgenden nur allgemein für das Objekt vornehmen. Reduzieren Sie die Helligkeit des Umgebungslichts und verstärken Sie das Spotlight, um die Form Ihres Objekts herauszuarbeiten.
- SPITZLICHTINTENSITÄT: Mit diesem Wert steuern Sie die Stärke der von den Lichtquellen erzeugten Reflexionen am Objekt. Geben Sie einen Wert zwischen 0 und 100 % ein – ein größerer Wert verursacht ein glänzenderes Aussehen des Objekts.
- SPITZLICHTGRÖSSE: Mit einem Wert von 0 bis 100 % bestimmen Sie die Größe des Spitzlichts.

▲ **Abbildung 17.51**
Schattierungsoptionen: DRAHTMODELL, KEINE, DIFFUSE, KUNSTSTOFFSCHATTIERUNG

▲ **Abbildung 17.52**
Reduziertes UMGEBUNGSLICHT (rechts)

▲ **Abbildung 17.53**
SPITZLICHTINTENSITÄT und -GRÖSSE (v. l. n. r.): 60/100, 100/100, 100/80

17.2 3D-Objekte mit den 3D-Effekten erzeugen | **545**

▲ **Abbildung 17.54**
Rechte Hälfte: VERDECKTE FLÄCHEN ZEICHNEN aktiviert
Oben: transparentes Objekt
Unten: nach Umwandlung

▶ ANGLEICHUNGSSTUFEN: Die Anzahl der Angleichungsstufen bestimmt die Glätte der Oberflächenschattierung. Geben Sie einen Wert von 1 bis 256 ein. Ein hoher Wert erzeugt glattere Übergänge, aber auch komplexere Objekte, da jede Übergangsstufe als eine Form erstellt wird.

▶ VERDECKTE FLÄCHEN ZEICHNEN: Aktivieren Sie diese Option, wenn Sie alle Flächen des Objekts darstellen lassen möchten. Die Flächen sind sichtbar, wenn für das Grundobjekt eine reduzierte Deckkraft oder eine andere Füllmethode als NORMAL eingestellt ist. Darüber hinaus werden die verdeckten Flächen berechnet, wenn Sie das Aussehen des Objekts umwandeln lassen.

Fehldarstellungen korrigieren

Bei sehr großen 3D-Objekten – etwa 60–80 cm – können Fehldarstellungen auftreten. Falls dies bei Ihnen der Fall ist, probieren Sie andere Werte im Regler PERSPEKTIVE. Wenn Sie bisher eine Perspektive von 0° verwenden, kann bereits der Wert 1° Besserung bringen.

17.2.8 Beleuchtung positionieren

Mit der Beleuchtung erzielen Sie häufig erst die dreidimensionale Wirkung des Objekts, Lichtspots betonen Profilkanten und geben einem Objekt Atmosphäre.

Falls die Beleuchtungsoptionen beim Aufrufen der Effekt-Dialogbox nicht sichtbar sind, zeigen Sie sie an, indem Sie auf den Button MEHR OPTIONEN klicken.

Neben dem Umgebungslicht, das Ihr Objekt von allen Seiten gleich beleuchtet, können Sie mehrere Lichtspots einrichten, die auf bestimmte Bereiche Ihres Objekts zielen. Diese Lichtspots verursachen die Spitzlichter auf der KUNSTSTOFFSCHATTIERUNG.

Die Lichtspots erzeugen und positionieren Sie mithilfe der Lichtkugel – die Kugel repräsentiert das 3D-Objekt. Wenn Sie das Objekt drehen, verändern sich die Positionen der Spotlichter nicht.

Jedes 3D-Objekt hat voreingestellt eine Spot-Lichtquelle. Sie können Lichtquellen hinzufügen und wieder löschen, die letzte Lichtquelle lässt sich jedoch nicht löschen. Spots werden durch

▲ **Abbildung 17.55**
Lichtkugel

Kreise auf der Kugel dargestellt. Weiße Kreise ○ zeigen Lichtquellen auf der Objektvorderseite, schwarze ● stehen für Spots auf der Rückseite des Objekts. Die Farbe der Kugel entspricht der eingestellten SCHATTIERUNGSFARBE.

Spotlicht hinzufügen | Klicken Sie auf den Button NEUES LICHT, um eine neue Lichtquelle zu erzeugen. Die neue Lichtquelle ist aktiviert – angezeigt durch eine Umrandung ▢.

Spotlicht einrichten | Aktivieren Sie eine Lichtquelle, indem Sie darauf klicken. Geben Sie einen Wert für die LICHTINTENSITÄT ein – dies ist der einzige Wert, den Sie individuell für jeden Spot einstellen können. Klicken und ziehen Sie das Licht-Symbol, um den Spot zu bewegen.

Licht zur Objektrück- oder -vorderseite verschieben | Aktivieren Sie ein vorn liegendes Spotlicht ○, und klicken Sie auf den Button AUSGEWÄHLTES LICHT ZUR OBJEKTRÜCKSEITE VERSCHIEBEN – das Symbol wechselt zu ● und zeigt damit an, dass die Lichtquelle hinter dem Objekt liegt. Aktivieren Sie ein hinten liegendes Licht, und klicken Sie auf den Button AUSGEWÄHLTES LICHT ZUR OBJEKTVORDERSEITE VERSCHIEBEN, um das Licht nach vorn zu holen.

▲ **Abbildung 17.56**
Die vordere (links) und hintere (rechts) Lichtquelle ist ausgewählt.

Spotlicht löschen | Möchten Sie ein Spotlicht löschen, aktivieren Sie es und klicken auf den Button LICHT LÖSCHEN, um die Lichtquelle zu entfernen.

Schattierungsfarbe | Wählen Sie aus dem Menü SCHATTIERUNGSFARBE, mit welcher Farbe Schatten auf dem Objekt erzeugt werden.
- OHNE: Illustrator verwendet nur unterschiedliche Luminanzwerte der Farbe des Objekts, um den Körper darzustellen.
- SCHWARZ: Der Objektfarbe werden Schwarzanteile zugegeben, um das Objekt zu schattieren. Diese Option ist voreingestellt.
- BENUTZERDEFINIERT: Wählen Sie BENUTZERDEFINIERT, und rufen Sie durch einen Klick auf das Farbfeld den Farbwähler auf, um eine Farbe zu definieren, die Illustrator für die Schattierung verwenden soll. Diese Option bewirkt, dass Volltonfarben in CMYK-Farben umgewandelt werden.
- VOLLTONFARBEN BEIBEHALTEN: Aktivieren Sie diese Option, falls Ihr Objekt eine Volltonfarbe besitzt, die Sie im Druck ausgeben möchten.

▲ **Abbildung 17.57**
Schattierungsfarben: OHNE (rechts oben), SCHWARZ (links unten), EIGENE: Gelb (rechts unten)

▲ **Abbildung 17.58**
Ob Volltonfarben erhalten bleiben, sehen Sie an diesem Hinweis in den Effekt-Einstellungen.

Ist eine BENUTZERDEFINIERTE Schattierungsfarbe eingerichtet, können Volltonfarben nicht erhalten werden.

Haben Sie die Schattierungsfarbe Schwarz für ein Objekt mit Volltonfarbe ausgewählt und die Option VOLLTONFARBEN BEIBEHALTEN aktiviert, müssen Sie im Menü ANSICHT die ÜBERDRUCKENVORSCHAU aktivieren, um die Auswirkung Ihrer Einstellungen am Bildschirm zu sehen.

Schritt für Schritt: Eine 3D-Grafik erstellen

1 Grundobjekte

Öffnen Sie die Datei »Karte.ai« von der DVD. Sie enthält die Landkarte und den Spezialpinsel für den gepunkteten Weg.

Erstellen Sie zusätzlich die Grundformen für die Häuser und Bäume. Den Halbkreis, der die Baumkrone darstellt, erzeugen Sie aus einem Kreis: Aktivieren Sie einen Ankerpunkt mit dem Direktauswahl-Werkzeug, und drücken Sie ⌫ .

Das Häuserdach erzeugen Sie, indem Sie einen Pfad mit einer dicken Kontur in eine Fläche umwandeln.

Anschließend benötigen Sie noch die punktierte Linie für die angedeutete Wegbeschreibung. Zeichnen Sie einen Pfad, und weisen Sie diesem die Punkt-Pinselkontur zu.

▲ **Abbildung 17.59**
Grundobjekte

2 Extrusionsobjekt Landkarte

Versehen Sie die zur Karte gehörenden Objekte (Bundesländer und Städte) mit den gewünschten Farben, und gruppieren Sie diese Objekte.

Wählen Sie EFFEKT • 3D • EXTRUDIEREN UND ABGEFLACHTE KANTE… Richten Sie POSITION und PERSPEKTIVE nach Wunsch ein, und notieren Sie sich die Werte. Unsere Beispielkarte ist auf die POSITION 55°/0°/3° und die PERSPEKTIVE 0° eingestellt.

▲ **Abbildung 17.60**
Position der Landkarte

3 Drehen-Objekt Weg

Aktivieren Sie den »Wegbeschreibungspfad«, und wählen Sie EFFEKT • 3D • DREHEN… Wenn es Ihnen auf eine genaue Umsetzung eines bestimmten Wegverlaufs ankommt, geben Sie für POSITION und PERSPEKTIVE dieselben Werte ein wie für die extrudierte Landkarte. Anderenfalls aktivieren Sie die VORSCHAU und passen beides intuitiv an.

Duplizieren Sie den Weg, verschieben ihn dabei einige Millimeter nach unten, und stellen Sie diese Kopie hinter den anderen Pfad. Wählen Sie Schwarz für die KONTUR, reduzieren Sie die DECKKRAFT, und wählen Sie die Füllmethode MULTIPLIZIEREN.

▲ **Abbildung 17.61**
Schatten für den Weg

4 Extrusionsobjekte Häuser

Stellen Sie sicher, dass die Grundobjekte für das Haus gruppiert sind, positionieren Sie die Gruppe auf der Karte, und wählen Sie Effekt • 3D • Extrudieren und abgeflachte Kante… Aktivieren Sie die Vorschau, und passen Sie die Position und Perspektive intuitiv an.

Aktivieren Sie die Anzeige der Beleuchtungsoptionen mit einem Klick auf den Button Mehr Optionen. Richten Sie die Position des Lichtspots aus, und erzeugen Sie einen zweiten Lichtspot als Aufheller. Regeln Sie dessen Helligkeit niedriger als die des Hauptlichts.

Anschließend erstellen Sie ein Duplikat des Hauses und positionieren es auf der Karte. Aktivieren Sie den Begrenzungsrahmen unter Ansicht • Begrenzungsrahmen einblenden oder mit dem Shortcut ⌘+⇧+B bzw. Strg+⇧+B, und passen Sie die Größe des Grundobjekts an die perspektivische Darstellung an – der extrudierte Körper folgt der Anpassung.

Rufen Sie den 3D-Effekt durch einen Klick auf seinen Eintrag im Aussehen-Bedienfeld auf, und verändern Sie die Position des Objekts, indem Sie es um seine lokale y-Achse drehen. Erstellen Sie weitere Kopien nach Bedarf.

▲ **Abbildung 17.62**
Aufhell-Lichtspot

5 Rotationsobjekte Bäume

Gruppieren Sie die Grundobjekte des Baums, und wählen Sie Effekt • 3D • Kreiseln… Aktivieren Sie die Vorschau, und wählen Sie die Position der Achse aus dem Aufklappmenü unter den Optionen linke Kante oder rechte Kante.

Positionieren Sie das Spotlicht, und stellen Sie die Parameter ein. Duplizieren Sie den ersten Baum, verschieben Sie das Objekt auf der Karte, und passen Sie die Größe des Grundobjekts an. Erstellen Sie weitere Kopien nach Bedarf.

▲ **Abbildung 17.63**
Kreiseln-Optionen für Baum

6 Anordnen

Falls nötig, passen Sie die Stapelreihenfolge der Objekte mithilfe des Ebenen-Bedienfelds an. ∎

▲ **Abbildung 17.64**
Die fertige Karte

17.2.9 3D-Effekte in Vektorpfade umrechnen

Möchten Sie 3D-Objekte weiterbearbeiten, wandeln Sie sie in Vektorpfade um. Aktivieren Sie das Objekt, und wählen Sie Objekt • Aussehen umwandeln.

Die Verbindung der auf der Objektoberfläche applizierten Grafiken zu den Symbolen geht dabei verloren.

▲ **Abbildung 17.65**
Objekt nach der Umwandlung

Auch wenn Sie die Option UNSICHTBARE GEOMETRIE (s. Abschnitt 17.3.3) eingestellt haben, werden trotzdem einige eigentlich ausgeblendete Teile des Objekts als Vektorform erstellt.

Schattierungen erzeugt Illustrator nicht als Verläufe, sondern es stellt Übergänge mithilfe aneinandergereihter einfarbiger Flächen dar. Die Objekte sind also kaum mit vertretbarem Aufwand umzufärben. Dem begegnen Sie auf zwei verschiedene Arten:

1. Speichern Sie eine nicht umgewandelte Version der Grafik, an der Sie Veränderungen einfacher durchführen können.
2. Falls Sie die 3D-Effekte nur benutzen, um sich das Konstruieren dreidimensionaler Objekte zu vereinfachen, verwenden Sie die Option KEINE SCHATTIERUNG und färben das Objekt nach der Umwandlung mit Verläufen.

▲ **Abbildung 17.66**
Mit dem 3D-Effekt wurde das Buch konstruiert – koloriert ist es mit Verläufen.

Rastereffektauflösung!
Wenn Sie Pixelbilder oder komplexe Grafik (z.B. mit Verläufen) auf 3D-Objekte applizieren, achten Sie darauf, unter EFFEKT • DOKUMENT-RASTEREFFEKT-EINSTELLUNGEN eine ausreichende AUFLÖSUNG einzurichten.

17.3 Oberflächen-Mapping

Die Oberflächen von Extrusions- und Kreiselkörpern können Sie mit Vektor- oder Pixelbildern gestalten. Falls Sie andere 3D-Software kennen, kommt Ihnen die Handhabung des Mappings sicher gewöhnungsbedürftig vor. Illustrator »mappt« ein Objekt nämlich nicht als Ganzes, sondern teilt es in manchmal sehr kleine Flächen auf, die einzeln mit Grafiken belegt werden müssen.

17.3.1 Flächenaufteilung

Bei einem Würfel ist die Aufteilung von Flächen einfach: auf jede der sechs Seiten kann eine Grafik appliziert werden. Anhand der Ankerpunkte der Grundform und ihrer Profilkante bildet Illustrator die Flächen des Objekts: Ein Eckpunkt erzeugt eine Fläche, ein Kurvenpunkt nicht.

▼ **Abbildung 17.67**
Bilden von Flächen auf der Basis der Ankerpunktart des Grundobjekts

Die von Illustrator vorgenommene Aufteilung der Flächen ist trotz dieser Logik manchmal ungünstig für das Mapping. Das wirkt sich so aus, dass Sie z.B. bei extrudierten gerundeten Formen – etwa einem Flaggenobjekt – das Grafikmotiv nicht in einem Stück applizieren können.

Eine leichte Drehung des Grundobjekts auf der Zeichenfläche kann insofern Abhilfe schaffen, als dass der Körper anders konstruiert wird und die Oberfläche aus einem Stück besteht. Die Ausrichtung des Körpers im Raum nehmen Sie ohnehin in der Dialogbox des 3D-Effekts vor.

17.3.2 Bildmaterial anlegen

Grafiken, die Sie auf eine Fläche applizieren möchten, können beliebige Illustrator-Objekte sein – wie Pfade, gruppierte Objekte sowie Gitterobjekte und Pixelbilder.

Achten Sie bei der Applikation von Pixelbildern darauf, diese mit einer ausreichenden Bildauflösung vorzubereiten – vor allem wenn Sie Ihre Illustration drucken wollen. Illustrator verwendet die in der Bilddatei definierten Breiten- und Höhenangaben. Wenn Sie mit exakten Maßen beim Erstellen der Grundobjekte und Anwenden der 3D-Effekte arbeiten, dann lassen sich Bilddateien passend dazu berechnen.

Wie bei so vielen Illustrator-Funktionen kommen auch bei der Oberflächengestaltung wieder die Symbole zum Einsatz: Grafiken, die Sie auf eine Objektoberfläche »mappen« möchten, müssen als Symbol angelegt werden (s. Abschnitt 16.2.15).

Die Verbindung zum Symbol bleibt bestehen, daher werden Aktualisierungen, die Sie am Symbol vornehmen, auf den Objektflächen übernommen. Sobald Sie den Inhalt des Symbols aktualisieren – egal, ob Vektor- oder Pixelgrafik –, wird diese Änderung am Objekt auf der Zeichenfläche übernommen, ohne dass Sie noch einmal die Optionen des 3D-Effekts aufrufen müssen.

Bildmaterial passend anlegen | Wenn Sie darauf angewiesen sind, Grafiken zu konstruieren, die exakt passen, können Sie sich bei einigen Formen von Illustrator helfen lassen.

Wenn Sie beispielsweise einen Zylinder durch Extrusion eines Kreises erzeugen, entspricht eine Umwicklung dem Umfang des Kreises. Diesen Wert ermitteln Sie mithilfe des Dokumentinformationen-Bedienfelds: Aktivieren Sie den Kreis, und rufen Sie im Bedienfeldmenü den Eintrag OBJEKTE auf. Neben anderen Angaben zeigt das Bedienfeld auch die Länge des Pfads an.

17.3.3 Bildmaterial zuweisen

Möchten Sie einem Körper Bildmaterial zuweisen, rufen Sie die Effekt-Dialogbox auf und bewegen sie an eine Stelle auf dem Bildschirm, die es erlaubt, das Objekt zu sehen.

▲ **Abbildung 17.68**
Dasselbe Grundobjekt verursacht keine Probleme mehr beim Mapping, nachdem es gedreht wurde (unten).

▲ **Abbildung 17.69**
Verpackungssimulation

▲ **Abbildung 17.70**
Das Dokumentinformationen-Bedienfeld

▲ **Abbildung 17.71**
Ist dem 3D-Objekt Bildmaterial zugewiesen, wird dies im Aussehen-Bedienfeld angezeigt.

Aktivieren Sie die VORSCHAU, und klicken Sie auf den Button BILDMATERIAL ZUWEISEN... Verschieben Sie auch diese Dialogbox so, dass Sie das Objekt auf der Zeichenfläche im Blick behalten. Aktivieren Sie in der Dialogbox BILDMATERIAL ZUWEISEN ebenfalls die Vorschau, damit Änderungen »live« auf der Zeichenfläche angezeigt werden.

Abbildung 17.72 ▶
Die Dialogbox BILDMATERIAL ZUWEISEN

Unbeabsichtigte Änderungen
Warten Sie nach einer Größenanpassung der Grafik, bis die Vorschau aktualisiert ist, und lassen Sie erst dann die Maustaste los.

▲ **Abbildung 17.73**
Die ausgewählte Fläche wird am Objekt auf der Zeichenfläche hervorgehoben.

▲ **Abbildung 17.74**
Bildmaterial schattiert (rechts)

- FLÄCHE-Auswahl: Beginnen Sie mit der Auswahl der Fläche, auf die die Grafik »gemappt« werden soll.
  Die belegbaren Flächen des Objekts sind nummeriert. Klicken Sie mit den Buttons ▶ ▶| ◀ |◀ durch die Flächen, oder geben Sie die Nummer der Fläche direkt ein. Im Fenster wird die Fläche dargestellt, und am Objekt erkennen Sie die ausgewählte Fläche an der roten Umrandung.
  Ist die Fläche in der aktuellen Drehung des Objekts sichtbar, stellt Illustrator sie im Vorschau-Fenster der Dialogbox hellgrau dar; ist sie versteckt, wird das durch eine dunkelgraue Farbe angezeigt. Flächen an Rundungen sind oft nur teilweise sichtbar, auch dies sehen Sie an der Färbung.
- SYMBOL-Auswahl: Das SYMBOL-Menü listet alle im Dokument angelegten Symbole auf. Wählen Sie das gewünschte Symbol aus. Es wird anschließend auf der grauen Fläche angezeigt.
- LÖSCHEN: Klicken Sie auf diesen Button, um die aktuell angezeigte Grafik von ihrer Fläche zu entfernen. Alternativ wählen Sie im Menü SYMBOL den Eintrag OHNE aus.
- ALLE LÖSCHEN: Löschen Sie mit diesem Button alle Grafiken gleichzeitig von allen Flächen.
- BILDMATERIAL SCHATTIEREN: Aktivieren Sie diese Option, wenn die auf das Objekt applizierten Grafiken von der Schattierung und Beleuchtung des Objekts betroffen sein sollen. Die Option können Sie nur für alle Flächen zusammen aktivieren

oder deaktivieren. Die Berechnung des Objekts nimmt mit dieser Option mehr Zeit in Anspruch.

- UNSICHTBARE GEOMETRIE: Wählen Sie diese Option, um das 3D-Objekt auszublenden und nur das applizierte Grafikmaterial anzuzeigen. Auf diese Art verwenden Sie die Funktion BILDMATERIAL ZUWEISEN wie eine Erweiterung des VERKRÜMMEN-Befehls von Illustrator.

▲ **Abbildung 17.75**
Unsichtbare Geometrie: Nur die Grafikapplikation ist sichtbar.

Grafiken auf der Fläche ausrichten und skalieren | Sobald Sie eine Grafik für eine Fläche ausgewählt haben, wird diese im Fenster mit einem Begrenzungsrahmen angezeigt. Verwenden Sie diesen Begrenzungsrahmen, um die Grafik zu positionieren, zu skalieren, zu spiegeln oder zu drehen.

Möchten Sie die Grafik an die Größe der Fläche anpassen, klicken Sie auf den Button AUF SEITENGRÖSSE SKALIEREN.

Modifikationsmöglichkeit | Drücken Sie ⇧, um die Größe der Grafik proportional zu verändern oder Drehungen auf 45°-Schritte zu beschränken.

Bildmaterial auf Kugeln | Grafik, die einer Kugel zugewiesen werden soll (wie eine Weltkugel oder ein Fußball), muss nach dem Prinzip der Rektangularprojektion (zu den »Polen« hin erfolgt eine immer stärkere Verzerrung) erstellt werden, damit sie nach dem Auftragen auf dem Körper »richtig« aussieht.

▲ **Abbildung 17.76**
Map für einen Fußball

Bildmaterial auf der Rückseite | Weisen Sie Bildmaterial auf der Rückseite eines extrudierten Objekts zu, kann ein Berechnungsfehler auftreten, der das Bild spiegelt.

17.3.4 3D-Effekte auf andere Objekte übertragen

Wie alle Effekte lassen sich auch 3D-Effekte mithilfe des Ebenen-Bedienfelds auf andere Objekte übertragen. Wenden Sie den 3D-Effekt mit den Einstellungen für das Bildmaterial auf ein anderes Objekt an, so kann es vorkommen, dass sich Art und Anzahl der Flächen unterscheiden.

Die Zuordnung der Grafiken zu den Flächen erfolgt anhand der Nummerierung. Fehlen Flächen mit bestimmten Nummern, entfallen die zugeordneten Grafiken.

Die Position der Grafiken ist relativ zum Mittelpunkt der Fläche definiert. Hat die neue Fläche eine andere Größe, erfolgt die Positionierung relativ zum neuen Mittelpunkt.

▲ **Abbildung 17.77**
Aufgrund eines Bugs wird das Bildmaterial auf der Rückseite eines Objekts gespiegelt.

▲ **Abbildung 17.78**
Das fertiggestellte Buch

▼ **Abbildung 17.79**
Konstruieren des Buchumschlags

▲ **Abbildung 17.80**
Buchblock

▲ **Abbildung 17.81**
Ausschneiden der Buchrückenrundung (oben) und Messen ihrer Länge (unten)

Schritt für Schritt: Ein Buch visualisieren

Die Vorgehensweise für die Visualisierung einer Verpackung ist etwas einfacher als der hier besprochene Ablauf, da bei Packungen die exakten Maße jeder Seite vorgegeben oder bekannt sind und daher einfach eine Form extrudiert werden kann.

1 Erstellen des Grundobjekts

Beim Darstellen des gebundenen Buches mit 3D-Effekten können Sie nur von den Maßen des Covers ausgehen. Die Breite des Buchrückens muss im Verlauf der Arbeit angepasst werden. Die Abbildungen für diesen Workshop finden Sie auf der DVD.

Ziehen Sie für den Buchumschlag eine waagerechte Linie, deren Länge der Breite des Covers entspricht. Mit magnetischen Hilfslinien geht es einfacher. Der Linie weisen Sie eine Kontur in der Stärke 4 Pt zu. Drücken Sie ⌥/Alt+⇧, und verschieben Sie diese Linie mit dem Auswahl-Werkzeug nach oben, um eine Kopie zu erstellen. Der Abstand zwischen beiden Linien entspricht der Stärke des Buchs.

Mit dem Zeichenstift-Werkzeug zeichnen Sie jetzt an der linken Seite eine Verbindung zwischen den beiden Linien, die leicht gerundet ist: den Buchrücken. Mit Objekt • Pfad • Konturlinie wandeln Sie die Kontur in eine Fläche um.

Der Fläche weisen Sie die bestimmende Farbe der Covergrafik zu, hier Schwarz. Zeichnen Sie jetzt noch eine weitere Form für den Buchblock (s. Abb. 17.80). Diesem Objekt weisen Sie einen hellen Grauton zu und stellen es in den Hintergrund.

2 Anpassen der Breite der Buchrückengrafik

Jetzt wird die Breite der Buchrücken-Grafik an die Maße des Grundobjekts angepasst. Duplizieren Sie die schwarze Form des Buchrückens. Aktivieren Sie die beiden Punkte, an denen der runde Buchrücken in die geraden Pfadsegmente übergeht (s. Abb. 17.81, oben), und klicken Sie auf Pfad an ausgewählten Ankerpunkten ausschneiden im Steuerungsbedienfeld.

Aktivieren Sie den »Buchrücken-Pfad«, rufen Sie das Dokumentinformationen-Bedienfeld auf, und wählen Sie Objekte aus dessen Bedienfeldmenü. Jetzt können Sie die Länge des Pfads ablesen (das kopierte und zerschnittene Objekt können Sie anschließend löschen). Passen Sie die Breite des Buchrücken-Designs an den gemessenen Wert an.

3 Vorbereiten des Bildmaterials

In vielen Fällen ist es zu empfehlen, das Bildmaterial in Pixelbilder umzuwandeln: Dies beschleunigt die Verarbeitung des 3D-Modells, vor allem dann, wenn die Seiten viel Text enthalten oder Sie mit Effekten gearbeitet haben. Aktivieren Sie alle Elemente, die zur Covergrafik gehören. Notieren Sie sich die Höhe der Grafik, den Wert benötigen Sie im nächsten Schritt. Wählen Sie dann OBJEKT • IN PIXELBILD UMWANDELN. Eine AUFLÖSUNG von 300–400 ppi ist ausreichend, wenn die Illustrator-Grafik nicht mehr vergrößert werden soll. Anderenfalls wählen Sie eine höhere AUFLÖSUNG. Den Hintergrund setzen Sie TRANSPARENT, so lassen sich Umrechnungsfehler ausgleichen, die ansonsten weiße Randpixel erzeugen würden. Dann wandeln Sie auch die Buchrückengrafik in ein Pixelbild um.

Die Grafik, die die Buchseiten darstellt, muss nicht exakt an die Form des Buchblock-Grundobjekts angepasst werden; ihre Maße sollten nur ungefähr dem Buchblock-Grundobjekt entsprechen. Die exakte Anpassung kann über die Optionen des 3D-Effekts vorgenommen werden. Dieses einfache Objekt müssen Sie auch nicht in ein Pixelbild umwandeln.

Erstellen Sie von jeder der Seiten ein Symbol, indem Sie das Element auf das Symbole-Bedienfeld ziehen oder [F8] drücken. Die Symbole sollten Sie mit eindeutigen Bezeichnungen versehen, dann finden Sie sie später schneller im Menü des 3D-Effekts.

▲ **Abbildung 17.82**
In Pixelbild umwandeln

▲ **Abbildung 17.83**
Optionen für Symbole

▲ **Abbildung 17.84**
Symbole der Seiten

4 Erstellen des dreidimensionalen Objekts

Gruppieren Sie die schwarze Buchumschlag-Form und die weiße Seiten-Form, damit beide in einem gemeinsamen 3D-Raum extrudiert werden. Wählen Sie EFFEKT • 3D • EXTRUDIEREN UND ABGEFLACHTE KANTE. Verschieben Sie die Dialogbox so, dass Sie das Objekt auf der Zeichenfläche sehen können.

Geben Sie die im vorigen Schritt ermittelte Höhe des Buches als TIEFE DER EXTRUSION mit der gemessenen Maßeinheit ein – der Wert wird automatisch in die Einheit Pt konvertiert. Aktivieren Sie die VORSCHAU, und verwenden Sie den Würfel, um die Perspektive einzustellen. Auch die Beleuchtung sollten Sie in diesem Stadium einstellen, noch bevor das Modell mit Bildern belegt ist, da die Berechnung der Vorschau schneller erfolgt. Rufen Sie die Beleuchtungsoptionen mit einem Klick auf MEHR OPTIONEN auf.

▲ **Abbildung 17.85**
3D-Optionen

5 Aufbringen der Bilder

Klicken Sie auf den Button BILDMATERIAL ZUWEISEN. Die zusätzliche Dialogbox verschieben Sie ebenfalls so, dass Sie das Modell sehen können.

Jetzt wählen Sie mit den Pfeiltasten die Vorderseite des Objekts aus – die rote Umrandung auf der Zeichenfläche zeigt Ihnen die aktuelle Fläche an.

▲ Abbildung 17.86
Bei der Auswahl der Fläche müssen Sie auf die Details achten, da mehrere Flächen übereinanderliegen.

Anschließend wählen Sie aus dem Menü SYMBOL das Coverbild aus. Es wird im großen Fenster in die Fläche eingepasst. Das Bild sollte genau passen, da Sie das Objekt entsprechend konstruiert haben.

Mit den Pfeil-Buttons wählen Sie jetzt den Buchrücken aus und weisen diesem die entsprechende Grafik zu. Abschließend wählen Sie den Buchblock aus und weisen ihm die Seitengrafik zu. Klicken Sie den Button AUF SEITENGRÖSSE SKALIEREN, um die Größe der Grafik anzupassen.

Aktivieren Sie die OPTION BILDMATERIAL SCHATTIEREN (LANGSAMER), und beenden Sie das Aufbringen des Bildmaterials mit OK. Passen Sie, falls nötig, die Beleuchtung noch einmal an, und bestätigen Sie den Effekt-Dialog mit OK.

6 Rastereffektauflösung

Vor der Weiterverarbeitung öffnen Sie EFFEKT • DOKUMENT-RASTEREFFEKT-EINSTELLUNGEN und stellen sicher, dass die Auflösung dem für die Weiterverarbeitung benötigten Wert entspricht.

▲ Abbildung 17.87
Fertig gemapptes Objekt – hier muss noch die Beleuchtung angepasst werden.

18 Dateien platzieren und mit Pixeldaten arbeiten

In Illustrator lassen sich Daten aus unterschiedlichen Programmen weiterverarbeiten. Sie können verschiedene Vektor-Austauschformate, aber natürlich auch pixelbasierte Daten importieren.

Während Sie Vektordateien in fast allen Fällen zur Weiterbearbeitung mit den Werkzeugen von Illustrator öffnen, ist diese Möglichkeit für pixelbasierte Daten natürlich eingeschränkt.

Die beiden typischen Anwendungsbereiche für Bilddaten sind:
- Ein Foto oder eine Skizze dient als Vorlage für eine Vektorzeichnung – das Pixelbild wird anschließend gelöscht.
- Das Bild wird – kaum verändert – als Teil eines Layouts oder einer Illustration verwendet, z. B. auf 3D-Objekte »gemappt«, als Grunge-Struktur unter Vektorgrafik-Elemente gelegt oder mit Schnittmasken versehen.

▲ **Abbildung 18.1**
Bilddaten in Vektorgrafikprogrammen: Vorlage zum Nachzeichnen, Layout-Skizze, Teil einer Illustration oder eines Layouts, Strukturmaske.
Fotovorlagen von: John Nyberg, Mat Pr, Nick Winchester, Michal Zacharzewski, Slavomir Ulicny (alle stock.xchng)

Bildauflösung | Anders als objektorientierte Vektorgrafikdateien sind pixelbasierte Grafikformate auf einem Raster aus Bildpunkten aufgebaut. Jeder dieser Punkte kann eine andere Farbe an-

Voreinstellung »Geglättetes Bildmaterial«?

Die Voreinstellung GEGLÄTTETES BILDMATERIAL hat keinen Einfluss auf platzierte Bilder – damit beeinflussen Sie die Bildschirmdarstellung von Vektorelementen.
Aufgrund der geglätteten Darstellung erscheinen zwischen direkt aneinandergrenzenden Objekten häufig »Lücken«. Deaktivieren Sie in diesen Fällen die Glättung, um zu prüfen, ob die Lücken tatsächlich vorhanden sind.

▲ **Abbildung 18.2**
Auflösung 304 ppi (links) und 72 ppi (rechts)

Abbildung 18.3 ▶
Anzeige der Bildauflösung im Steuerungsbedienfeld

Farbeinstellungen angleichen

Richten Sie in allen beteiligten Programmen – Bildbearbeitung, Layout und Illustrator – dieselben Farbeinstellungen ein, um Konflikte und Umrechnungsfehler zu vermeiden.

nehmen. Pixelbilder werden durch Scanner und Digitalkameras erzeugt oder in Bildbearbeitungssoftware erstellt.

Das Punktraster, das die Pixel eines Bildes aufnimmt, kann gröber oder feiner sein. Je höher aufgelöst dieses Raster ist – also je mehr Rasterpunkte auf einer Fläche liegen –, desto mehr Details sind darstellbar. Für bestimmte Anwendungszwecke müssen Ihre Bilddaten eine Mindestauflösung besitzen. Daher ist es notwendig, Bilder, die Sie in Ihre Illustrator-Datei platzieren, dem Anwendungszweck entsprechend vorzubereiten.

Wenn Bilder eine zu geringe Auflösung haben, sehen Sie den »Pixeleffekt« – eine deutliche Mosaikbildung im Ausdruck. Zu hoch aufgelöste Bilder können jedoch auch Probleme bereiten, vor allem in der Verarbeitungszeit auf dem Drucker oder Belichtungsgerät. Sprechen Sie die benötigte Bildauflösung mit den Weiterverarbeitungsbetrieben ab, bevor Sie beginnen.

Illustrator zeigt Ihnen die effektive Auflösung eines ausgewählten Bilds im Steuerungsbedienfeld an. Diese Auflösung berechnet sich aus der Anzahl der Bildpixel und der auf der Zeichenfläche eingerichteten Abbildungsgröße. Diese Information hilft Ihnen zu beurteilen, ob Sie die Bilddatei in den gewünschten Maßen verwenden können.

Achtung: Auch platzierte EPS- oder PDF-Dateien können Pixeldaten enthalten. Denken Sie daran, dass Sie die Auflösung dieser Bilder beim Skalieren der platzierten Dateien beeinflussen.

Farbe | Wenn Sie Grafiken aus anderen Programmen – vor allem pixelbasierte Dateien – in Illustrator importieren, müssen Sie auf die Farbeinstellungen (sowohl in Illustrator als auch im Ursprungsprogramm der eingebundenen Dateien) achten. Beim Platzieren von Dateien, deren eingebettetes Farbprofil sich vom Farbprofil Ihres Illustrator-Dokuments unterscheidet, ist die Behandlung der Abweichung davon abhängig, ob Sie die Datei einbetten oder verknüpfen. Eingebettete Dateien unterliegen immer dem Farbprofil, das die Illustrator-Datei verwendet. Verknüpfen Sie Dateien, haben Sie die Wahl, das eingebettete Profil zu erhalten oder das Farbprofil Ihres Illustrator-Dokuments zu verwenden (s. Abschnitt 8.2.3).

18.1 Externe Dateien integrieren

Wie Sie beim Importieren von Daten aus anderen Programmen vorgehen, hängt nicht nur vom Verwendungszweck des Illustrator-Dokuments oder den Bearbeitungsmöglichkeiten ab. Auch die Optionen, die Illustrator für den Umgang mit den Quellformaten bietet, unterscheiden sich.

18.1.1 Verknüpfen oder einbetten?

Externe Dateien können Sie in Illustrator entweder verknüpfen oder einbetten. Beide Vorgehensweisen haben ihre Anwendungsbereiche.

- **Verknüpfte Dateien** bieten Ihnen zwei Vorteile: Da sie unabhängig von der Illustrator-Datei sind, addieren sie sich nicht zur Dateigröße – jedenfalls nicht zur Größe des Illustrator-Parts. Speichern Sie eine Datei mit PDF-Kompatibilität, werden verknüpfte Bilder aber dennoch in diesen Teil der Datei eingebettet. Darüber hinaus überwacht Illustrator für Sie, ob die verknüpfte Datei aktualisiert wurde. Die platzierte Grafik kann so immer aktuell gehalten werden. Die Bearbeitungsmöglichkeiten sind allerdings begrenzt – verknüpfte Dateien können Sie lediglich mit den Transformieren-Werkzeugen skalieren, drehen, verschieben etc.
- **Eingebettete Dateien** ermöglichen Ihnen dagegen den Zugriff auf die enthaltenen Elemente, z. B. Ebenen und Vektordaten – so ist es auch möglich, Beschneidungspfade aus Photoshop-Dateien mit den Illustrator-Werkzeugen zu bearbeiten. Wenn Dateien durch viele Hände gehen, ist das Einbetten darüber hinaus ein Weg, das Projekt zusammenzuhalten.

18.1.2 Öffnen, Einfügen, Platzieren, Drag & Drop

Sie haben vier Möglichkeiten, externe Grafikdateien in Illustrator zu importieren: Öffnen der Dateien, Einfügen über die Zwischenablage (Copy & Paste), Platzieren in eine bereits geöffnete Illustrator-Datei und per Drag & Drop aus dem Quelldokument »ziehen« – vor allem bei den Programmen der Creative Suite.

Erneute Profilwarnung

Leider merkt sich Illustrator nicht die Einstellungen, die Sie beim Platzieren der Datei in der Dialogbox der Profilwarnung vornehmen. Stattdessen wird die Profilwarnung bei jedem Öffnen der Illustrator-Datei wieder angezeigt. Da der Name des betreffenden Bildes dabei nicht genannt wird, ist die erneute Einstellung beim Öffnen dann eher ein Glücksspiel.

Platzieren oder einbetten?

Farbmanagementprofile von platzierten Dateien bleiben nur erhalten, wenn Sie die Dokumente verknüpfen. Eingebettete Dateien unterliegen den Farbprofilen der Illustrator-Datei.

DCS 2.0 und Transparenz

DCS 2.0-Dateien können verknüpft platziert werden – eine Transparenzinteraktion wird in diesem Fall korrekt verarbeitet. Vermeiden Sie jedoch, DCS-Dateien in Ihr Illustrator-Dokument einzubetten.

Adobe Bridge

Aus Adobe Bridge können Sie Dateien per Drag & Drop platzieren. Alternativ aktivieren Sie das gewünschte Dokument und wählen das Zielprogramm im Menü Datei • Öffnen mit bzw. Platzieren.

▲ **Abbildung 18.4**
Menüpunkt AKTIVIEREN

Keine Pinsel?

Wenn Sie eine Bilddatei in Illustrator öffnen (anstatt sie zu platzieren), haben Sie anschließend keine Pinsel oder Farbfelder.

Kopieren aus FreeHand

Verwenden Sie in FreeHand den Befehl BEARBEITEN • SPEZIELL • KOPIEREN SPEZIAL mit der Option EPS, um ein Objekt zu kopieren, das Sie in Illustrator einfügen wollen.

Vektorformate nur einbetten

Vor allem vektorbasierte Formate wie FH, CDR, SVG, EMF/WMF, AI, DXF/DWG sowie die Rasterformate PCT und WBMP lassen sich nur einbetten, nicht verknüpfen.

Dateien öffnen | Illustrator kann nicht nur seine nativen Formate – AI, EPS, PDF, SVG –, sondern zusätzlich die Speicherformate von Programmen anderer Hersteller zur Bearbeitung öffnen. Eine Übersicht der zahlreichen Speicherformate, die Illustrator öffnet, erhalten Sie, indem Sie im Öffnen-Dialog – ⌘/Strg+O – das Menü AKTIVIEREN (Mac) bzw. DATEITYP (Windows) aufklappen. Beachten Sie vor allem die Versionsnummern – insbesondere beim Öffnen (dasselbe gilt auch für das Platzieren) von Fremdformaten können Sie meistens nicht die aktuellsten Ausgaben verwenden.

Copy & Paste | Kopieren Sie die Grafikelemente (Pixelbilder oder Vektorformen) zunächst im Erstellungsprogramm in die Zwischenablage. In Photoshop BEARBEITEN • KOPIEREN – ⌘/Strg+C. Anschließend wechseln Sie in Ihre Illustrator-Datei und fügen die Elemente mit BEARBEITEN • EINFÜGEN – ⌘/Strg+V – ein. Die auf diese Art importierten Elemente werden in Ihre Illustrator-Datei eingebettet. Transparenz (z.B. von Bildebenen) geht dabei verloren (s. Abb. 18.6).

Platzieren | Die PLATZIEREN-Funktion unterstützt alle Fremdformate, die auch geöffnet werden können. Nur dann, wenn Sie Grafiken über den PLATZIEREN-Befehl importieren, ist es bei vielen Dateiformaten möglich, diese alternativ zu verknüpfen oder einzubetten. Wählen Sie DATEI • PLATZIEREN…, um eine Verknüpfung zu einer Grafikdatei zu erstellen oder diese einzubetten.

Abbildung 18.5 ▶
Die PLATZIEREN-Dialogbox

- **Verknüpfen:** Ist diese Option nicht aktiviert, wird die Datei eingebettet. Wählen Sie die Option, um Ihre Grafik als Verknüpfung zu platzieren.
- **Vorlage:** Möchten Sie den Inhalt der importierten Datei als Vorlage für eine Vektorgrafik verwenden, können Sie mit dieser Option direkt beim Importieren eine Vorlagenebene dafür einrichten und die Grafik darauf platzieren (s. Abschn. 11.1.4).
- **Ersetzen:** Soll eine platzierte Grafik durch eine andere Datei ersetzt werden, selektieren Sie die zu ersetzende Datei, rufen den Platzieren-Befehl auf und aktivieren Ersetzen.

Drag & Drop | Per Klicken und Ziehen lassen sich Elemente vor allem innerhalb der Creative Suite austauschen. Aktivieren Sie das Element im Quellprogramm – in Bilddateien außerdem die betreffende Ebene –, und ziehen Sie es in das geöffnete Illustrator-Dokument. Aus Bilddateien können Sie auf diese Art nur jeweils eine Ebene importieren. Wie beim Copy & Paste geht die Transparenz z.B. von Bildebenen verloren.

Die Grafikelemente werden beim Drag & Drop eingebettet – es sei denn, Sie ziehen eine Datei aus Adobe Bridge in Ihr Illustrator-Dokument. Auch vom Desktop ins Illustrator-Dokument gezogene Dateien werden verknüpft.

18.1.3 Schmuckfarben in platzierten Dateien

Sonderfarben wie Pantone oder HKS können z.B. in Duplex- oder Mehrkanal-Bildern enthalten sein. Den nativen Farbraum platzierter Dateien kann Illustrator dank seiner Unterstützung für DeviceN-Farbräume erhalten.

Es ist auch möglich, dass zu platzierende PDFs Duplex-Bilder enthalten. Illustrator kann diese eingebetteten Schmuckfarbenbilder als Grafik aus Drittprogrammen ohne Bearbeitungsmöglichkeit erhalten und korrekt ausgeben.

Möchten Sie mit Duplex- oder Mehrkanal-Bildern arbeiten, sollten Sie diese im Bildbearbeitungsprogramm als PSD-Dateien speichern. Im PSD können Sie Duplex-Bilder mit Alpha-Transparenz versehen (z.B. in Form einer Ebenenmaske), die in Illustrator mit Objekten interagieren kann. PSD-Dateien lassen sich im Illustrator-Dokument entweder einbetten oder verknüpfen.

Die in den Bildern definierten Sonderfarben (bis zu 31 Volltonkanäle) legt Illustrator als Farbfelder an, sodass Sie diese Farben in Ihrer Illustration für Vektorobjekte verwenden können.

Für die Druckvorbereitung können Sie eine Illustrator-Datei, die Duplex- oder Mehrkanal-Bilder enthält, als PDF speichern oder das PDF mit dem Distiller erzeugen.

▲ **Abbildung 18.6**
Das auf einer Bildebene freigestellte Motiv (oben) wurde eingefügt (unten links) und platziert (unten rechts).

DCS?

Falls Sie aus Illustrator CS2 noch daran gewöhnt waren, Duplexbilder als DCS-2-Dateien zu speichern, ist dieser Umweg schon etwas länger nicht mehr nötig.

▲ **Abbildung 18.7**
Ein Duplex-PSD mit Transparenz ist in eine Illustrator-Datei eingebettet.

18.1 Externe Dateien integrieren | **561**

Abbildung 18.8 ▶
Anzeige eines Duplex-Bilds, das in einer PDF-Datei enthalten war, und Aufnahme der Sonderfarben in das Farbfelder-Bedienfeld

Abbildung 18.9 ▼
Ebenentransparenzen, die Sie in Photoshop angelegt haben – z. B. in Bildebenen oder als Ebenenmasken (Mitte) –, bleiben in Illustrator erhalten und wirken im Zusammenhang mit Vektorobjekten (rechts und links).

18.1.4 Photoshop- und TIFF-Dateien importieren

Illustrator kann PSD-Dateien direkt platzieren. Wenn Sie die Bildebenen erhalten möchten oder ein transparent freigestelltes Motiv in Illustrator benötigen, speichern Sie Ihre Datei als PSD oder – seit Illustrator CS4 – als TIFF.

Wählen Sie eine Photoshop-Datei im PLATZIEREN-Dialog, geben Sie die Importoptionen ein, und klicken Sie auf den Button PLATZIEREN. Wenn Sie die Datei einbetten, wählen Sie anschließend die Optionen für das PSD-Format.

▲ **Abbildung 18.10**
PHOTOSHOP-IMPORTOPTIONEN für eingebettete (links) und verknüpfte Dateien (rechts), die Ebenenkompositionen enthalten

Importoptionen | PSD-Dateien

- EBENENKOMPOSITION: Sind in der Photoshop-Datei Ebenenkompositionen zusammengestellt, können Sie auf diese im Aufklappmenü zugreifen. Wenn Sie die Option VORSCHAU ANZEIGEN aktivieren, sehen Sie eine Anzeige der ausgewählten Komposition.
- BEI AKTUALISIERUNG DES LINKS (nur beim Verknüpfen): Wenn Sie beim Bearbeiten einer verknüpften Datei die Ebenensichtbarkeit verändern, wendet Illustrator die hier definierte Regel bei der Aktualisierung der Verknüpfung an:
  - BENUTZERDEFINIERTE EBENENSICHTBARKEIT BEIBEHALTEN: Die bei der erstmaligen Platzierung des Bildes vorliegende Ebenensichtbarkeit wird erhalten.
  - EBENENSICHTBARKEIT VON PHOTOSHOP VERWENDEN: So wie die Ebenen nach der Bearbeitung in Photoshop angezeigt werden, sind sie nach dem Aktualisieren der Verknüpfung in Illustrator sichtbar.
- EBENEN IN OBJEKTE UMWANDELN (nur beim Einbetten): Soweit möglich, importiert Illustrator jede Ebene als einzelne Grafik und Textebenen als Textobjekte.
  Einige Füllmethoden sowie Einstellungsebenen, Aussparungen und Ebeneneffekte werden beim Einbetten mit den jeweils darunterliegenden Ebenen reduziert.
- EBENEN ZU EINZELNEM BILD REDUZIEREN: Alle Ebenen werden beim Import auf eine einzige reduziert.
- AUSGEBLENDETE EBENEN IMPORTIEREN (nur beim Einbetten): Wählen Sie diese Option, um auch Ebenen zu platzieren, die in der Originaldatei ausgeblendet sind – dieser Status bleibt in Illustrator erhalten.
- SLICES IMPORTIEREN (nur beim Einbetten): Mit dieser Option können Sie Slices importieren (Slices s. Abschnitt 20.1.4). ImageReady-Dateien, in denen außerdem Rollover-Optionen für Slices eingesetzt wurden, sind nicht immer lesbar.

Einige Bilddateien konvertiert Illustrator vor dem Einfügen – so z. B. Dateien mit 16 Bit Farbtiefe in den Kanälen. Dateien, deren Pixel-Seitenverhältnis nicht quadratisch ist, werden nichtproportional skaliert platziert. Dies kann neben Photoshop-Dateien auch Bilder aus Video-Schnittprogrammen betreffen.

Pfade aus Photoshop | Pfade müssen in der PSD- oder TIFF-Datei als Beschneidungspfad oder Formebene angelegt sein. Wenn Sie das Bild in Illustrator einbetten, haben Sie Zugriff auf die Pfade.

▲ **Abbildung 18.11**
Ebenenkompositionen-Bedienfeld in Photoshop

▲ **Abbildung 18.12**
Ebenen in Objekte konvertiert: Die Textebene ist in Illustrator editierbar.

▲ **Abbildung 18.13**
Warnhinweise beim Konvertieren von Dateien

Bilddateien »ausbetten«

Es ist nicht ohne weiteres möglich, einmal in Illustrator eingebettete Dateien wieder aus dem Dokument herauszuholen, um sie zum Beispiel in Photoshop weiterzubearbeiten oder um sie zu verknüpfen. Mit einem kleinen Umweg über Photoshop geht es jedoch einfach. Dazu speichern Sie das Illustrator-Dokument mit aktivierter PDF-Kompatibilität und öffnen diese Datei in Photoshop. Im PDF-Optionen-Dialog wählen Sie die Einstellung BILDER. Sie erhalten eine Vorschau der im Dokument eingebetteten Bilder (Mitte). Wählen Sie das gewünschte Bild, und öffnen Sie dieses. Die Bilder lassen sich auch dann »ausbetten«, wenn Sie sie im Illustrator-Dokument transformiert oder mit Masken versehen haben (links). Haben Sie allerdings eine PSD-Datei beim Platzieren in Objekte umgewandelt, so sind die Objekte einzelne Bilder im PDF (rechts).

▲ **Abbildung 18.14**
Optionen PDF PLATZIEREN

18.1.5 PDF importieren

Illustrator kann fast jedes nicht passwortgesicherte PDF-Dokument so öffnen, dass sich die enthaltenen Elemente bearbeiten lassen. Nach der Auswahl der PDF-Datei bestimmen Sie in einer zweiten Dialogbox die Platzierungsoptionen. Handelt es sich um ein mehrseitiges PDF, navigieren Sie zunächst mit den Pfeilbuttons zur gewünschten Seite (zum Speichern eines mehrseitigen PDF siehe den Hinweis auf der gegenüberliegenden Seite).

Anschließend wählen Sie aus dem Aufklappmenü, welcher Bereich des PDF in Illustrator eingefügt werden soll. Die Einträge beziehen sich auf die »Boxen« in einer PDF-Datei, die z. B. das Endformat, die Grafikelemente und den gesamten druckenden Bereich definieren. Die ausgewählte »Box« zeigt das Vorschaubild durch einen gestrichelten Rahmen an.

▲ **Abbildung 18.15**
PDF-Boxen

Bezeichnung in der Dialogbox	»Box«
Begrenzungsrahmen ❶	Bounding Box
Bildmaterial ❶	Art Box
Beschneiden ❷	Crop Box
Überlappungsbereich entfernen ❸	Trim Box
Anschnitt ❹	Bleed Box
Medien	Media Box

▲ **Tabelle 18.1**
Optionen im Dialog PDF PLATZIEREN

18.1.6 EPS-Dateien importieren

EPS-Dateien können Sie beim Platzieren in eine Illustrator-Datei sowohl einbetten als auch verknüpfen.

Beim Einbetten werden die enthaltenen Objekte in native Illustrator-Objekte umgewandelt, soweit das möglich ist. Sie sollten EPS-Dateien nur dann einbetten, wenn Sie Objekte bearbeiten wollen – Objekte, die Illustrator nicht erkennt, gehen ansonsten bei der Konvertierung verloren. Um EPS-Dateien einzubetten, öffnen Sie sie oder verwenden den PLATZIEREN-Befehl und deaktivieren die Option VERKNÜPFEN.

In verknüpften EPS-Dateien bleiben alle Objekte und Sonderfarben erhalten. Verwenden Sie DATEI • PLATZIEREN... mit der Option VERKNÜPFEN, um eine EPS-Datei verknüpft zu platzieren.

18.1.7 FreeHand-Dateien importieren

Lesen Sie die Details zum Öffnen von FreeHand-Dateien sowie ergänzende Hinweise zur Vorbereitung Ihrer Dokumente für eine reibungslose Übernahme in Abschnitt 22.11.

18.1.8 CorelDraw-Dateien importieren

Illustrator liest CDR-Dateien der Versionen 5 bis 10. Wie beim Öffnen von FreeHand-Dateien können auch hier viele Eigenschaften erhalten werden, z. B. zusammengesetzte Pfade, Überblendungen, Pfadtexte, Konturen und Verläufe.

Verzerrungshüllen müssen Sie bereits in CorelDraw umwandeln lassen, da die verzerrten Formen ansonsten nicht erhalten bleiben. An Objekten verwendete Farben legt Illustrator im Farbfelder-Bedienfeld an.

18.1.9 Objekte aus Flash-Dateien importieren

Illustrator kann keine Flash-Dateien öffnen. Falls Sie aber Vektorelemente aus Flash-Dateien benötigen, exportieren Sie die Grafik aus Flash. Flash exportiert Einzelbilder aus Animationen unter anderem in das FXG-Format (s. Abschnitt 20.5), das Illustrator öffnen kann. Bei der Formatumwandlung bleiben sehr viele Objekte editierbar erhalten. Leider haben alle Pfade nach dem Export mehr Ankerpunkte als nötig.

18.2 Grafikdaten verwalten

Damit Sie bei vielen verknüpften Grafikdateien sowie eingebetteten Bildern nicht den Überblick verlieren, stellt Illustrator als Verwaltungszentrum das Verknüpfungen-Bedienfeld zur Verfügung.

Verknüpfte EPS drucken

Illustrator-Dateien, die verknüpfte EPS-Dateien im Binär-Format enthalten, werden manchmal nicht richtig gedruckt. Speichern Sie EPS-Dateien in diesem Fall im ASCII-Format.

Bessere Bildschirmansicht

Um die Bildschirmansicht vor allem von EPS mit 1-Bit-Vorschau zu verbessern, deaktivieren Sie in den Voreinstellungen unter DATEIEN VERARBEITEN UND ZWISCHENABLAGE die Option FÜR VERKNÜPFTE EPS-DATEIEN VERSION MIT NIEDRIGER AUFLÖSUNG VERWENDEN.

Mehrseitige PDF speichern

Haben Sie eine Seite eines mehrseitigen PDF bearbeitet, dann wählen Sie DATEI • SPEICHERN, um nur diese Seite innerhalb des PDF zu aktualisieren. Wählen Sie dagegen DATEI • SPEICHERN UNTER, dann wird eine einseitige Datei gesichert.

▲ Abbildung 18.16
Die Grafik in Flash (links) hat weniger Punkte als in der exportierten AI-Datei.

> **Bilder in der Pfadansicht**
>
> Per Voreinstellung werden Bilder in der Pfadansicht nur durch einen Rahmen dargestellt. Möchten Sie stattdessen das Motiv anzeigen lassen, rufen Sie Datei • Dokument einrichten auf und aktivieren auf der Seite Zeichenfläche die Option Bilder in Pfadansicht anzeigen.

Der Status der importierten Dateien ist dort auf einen Blick anhand von Symbolen zu erkennen, und weitere Informationen lassen sich einfach aufrufen. Das Bedienfeld bildet aber auch die Verbindung zu Adobe Bridge und zu den Ursprungsprogrammen der verknüpften Bilder. Wichtige Funktionen und Informationen haben Sie darüber hinaus als Buttons im Steuerungsbedienfeld immer dann zur Hand, wenn Bilder ausgewählt sind.

18.2.1 Steuerungsbedienfeld

Ist eine platzierte Datei ausgewählt, dann stehen Ihnen im Steuerungsbedienfeld die gebräuchlichsten Funktionen im Zusammenhang mit dem jeweiligen Objekt zur Verfügung.

Aktivieren Sie zum Beispiel ein verknüpftes Bild, können Sie es mit einem Mausklick einbetten, die Originaldatei bearbeiten, interaktiv abpausen oder mit einer Maske beschneiden.

▲ **Abbildung 18.17**
Das kontextsensitive Steuerungsbedienfeld mit aktiviertem Bild

▲ **Abbildung 18.18**
Wichtige Befehle für Verknüpfungen finden Sie auch im Steuerungsbedienfeld: Klicken Sie auf den Dateinamen, um das Menü aufzuklappen.

18.2.2 Verknüpfungen-Bedienfeld

Das Verknüpfungen-Bedienfeld listet alle verknüpften Dateien sowie eingebettete Pixelbilder auf und ermöglicht ihre komfortable Verwaltung. Rufen Sie das Bedienfeld auf, indem Sie Fenster • Verknüpfungen wählen – im Dock klicken Sie.

Symbole | Verknüpfungen-Bedienfeld
Jeder Eintrag im Bedienfeld entspricht einem verknüpften oder eingebetteten Bild. Wandeln Sie die Ebenen einer Photoshop-Datei beim Einbetten in Objekte um, dann werden die Ebenen zu einzelnen Einträgen im Verknüpfungen-Bedienfeld. Symbole zeigen den Status der Verknüpfung an.

▶ Eingebettete Pixelbilder: Während Vektordateien nach dem Einbetten aus dem Verknüpfungen-Bedienfeld entfernt werden, listet Illustrator eingebettete Pixelbilder weiterhin auf.

▶ Fehlende Grafik: Findet Illustrator die platzierte Datei nicht mehr an ihrem Speicherort vor, signalisiert es das mit dem Stoppschild. Ist ein Bild bereits beim Öffnen einer Datei nicht mehr auffindbar, erhalten Sie eine Warnmeldung.
Verwenden Sie den Befehl Erneut verknüpfen… aus dem Menü des Verknüpfungen-Bedienfelds oder den gleichnamigen Button, und verweisen Sie auf den neuen Speicherort oder eine andere Datei.

▲ **Abbildung 18.19**
Das Verknüpfungen-Bedienfeld

- GEÄNDERTE GRAFIK ⚠: Haben Sie eine Grafik außerhalb von Illustrator bearbeitet und gespeichert, muss die Verknüpfung aktualisiert werden, da es anderenfalls beim Druck zu unerwarteten Ergebnissen kommen kann.
  Verwenden Sie dazu die Funktion VERKNÜPFUNG AKTUALISIEREN aus dem Bedienfeldmenü oder den entsprechenden Button, und passen Sie anschließend gegebenenfalls die Position des Bildes auf der Zeichenfläche an.
- TRANSPARENZINTERAKTION EINER DCS-DATEI: DCS-Dateien, die mit transparenten Objekten interagieren, drucken möglicherweise nicht korrekt, daher zeigt das Symbol eine Wechselwirkung an. Die Warnanzeige müssen Sie jedoch in den Bedienfeld-Optionen aktivieren.

Funktions-Buttons | Verknüpfungen-Bedienfeld

- ERNEUT VERBINDEN…: Findet Illustrator eine Grafik nicht oder möchten Sie einer Verknüpfung eine andere Datei zuordnen, rufen Sie den Befehl ERNEUT VERKNÜPFEN… am unteren Rand oder aus dem Menü des Bedienfelds auf.
- GEHE ZU LINK: Um eine Grafik innerhalb Ihres Dokuments zu finden, wählen Sie diesen Befehl aus dem Bedienfeldmenü oder verwenden den Button. Illustrator setzt den Fokus des Dokumentfensters auf die Grafik.
- ORIGINAL BEARBEITEN: Aktivieren Sie eine Grafik, und wählen Sie ORIGINAL BEARBEITEN aus dem Bedienfeldmenü oder durch einen Klick auf den Button, um die Grafik im Erstellungsprogramm zu bearbeiten. Falls es nicht geöffnet ist, löst Illustrator den Programmstart aus. Nachdem Sie die Datei gespeichert und Illustrator wieder aufgerufen haben, müssen Sie die Verknüpfung in Illustrator aktualisieren, falls Sie nicht eingestellt haben, dass dies automatisch geschieht.
- VERKNÜPFUNG AKTUALISIEREN: Diese Funktion dient dazu, Dateien, die im Verknüpfungen-Bedienfeld als geändert markiert sind, auf den neuesten Stand zu bringen. Sie rufen die Aktualisierung für aktivierte Grafiken mit dem Button oder über das Bedienfeldmenü auf.

Bedienfeldmenü | Verknüpfungen-Bedienfeld

- PLATZIERUNGSOPTIONEN…: Mit den PLATZIERUNGSOPTIONEN bestimmen Sie, wie sich die Grafik im Verhältnis zum Begrenzungsrahmen verhalten soll. Die Optionen wirken dann, wenn Sie den Begrenzungsrahmen nicht proportional skalieren oder mit dem Befehl ERNEUT VERBINDEN… eine Grafik mit anderen Proportionen zuweisen.

[DCS]
Das DCS-Format – Abkürzung für Desktop Color Separation – ist eine Variante des EPS-Formats. Da separierte Daten gespeichert werden, kann dieses Format in (heute üblichen) Composite-Workflows zu Problemen führen.

Erstellungsprogramm
Das Erstellungsprogramm richten Sie unter Mac OS in den Dokument-Informationen ein, unter Windows in den Datei-Eigenschaften.

Verknüpfungen aktualisieren
Zur Voreinstellung für die Aktualisierung s. Abschnitt 18.2.3. Eine automatische Aktualisierung kann nur durchgeführt werden, wenn die Illustrator-Datei geöffnet ist.

▲ **Abbildung 18.20**
Warnhinweis bei geänderten verknüpften Dateien

Abbildung 18.21 ▶
Die PLATZIERUNGSOPTIONEN-Dialogbox

Bilder maskieren

Um Bilder zu maskieren, ist eine Schnittmaske besser geeignet als die PLATZIERUNGSOPTIONEN. Eine Schnittmaske speziell für Bilder erstellen Sie mit dem Button MASKIEREN im Steuerungsbedienfeld (s. Abschnitt 18.3.3).

Version Cue?

Version Cue wurde ersatzlos eingestampft, daher finden Sie im Verknüpfungen-Bedienfeld einige Funktionen nicht mehr.

▲ **Abbildung 18.22**
XMP-Logo

Verknüpfungsinformationen: Skalierung

Haben Sie Bilddateien eingebettet, bezieht sich die Angabe der Skalierung auf eine Bildauflösung von 72 dpi. Falls Ihre Datei eine andere Auflösung hat, sagt diese Angabe also nichts über vorgenommene Skalierungen aus.

Wählen Sie eine Option aus dem Aufklappmenü. Bei vielen Optionen können Sie mit dem AUSRICHTUNGSSYMBOL einen Referenzpunkt für die Ausrichtung definieren. Klicken Sie dazu auf eines der Kästchen des Symbols.

Soll die Grafik nicht über den Begrenzungsrahmen hinausragen, aktivieren Sie die Option AUF BEGRENZUNGSRAHMEN ZUSCHNEIDEN.

▶ BILD EINBETTEN: Aktivieren Sie ein Grafikobjekt, und wählen Sie diesen Befehl, um die Grafikdaten in die Illustrator-Datei zu integrieren – die Dateigröße kann beträchtlich zunehmen. Einige Operationen können Sie jedoch nur mit eingebetteten Daten vornehmen (s. auch den Hinweis »Bilddateien ›ausbetten‹« auf S. 564).

▶ IN BRIDGE ANZEIGEN…: Der Befehl öffnet die verknüpfte Datei in Adobe Bridge.

▶ DATEIINFORMATIONEN VERKNÜPFEN…: Die XMP-Metadaten (e**X**tensible **M**etadata **P**latform) einer verknüpften Grafikdatei können Sie hier nicht editieren, nur einsehen.

▶ VERKNÜPFUNGSINFORMATIONEN…: Mit diesem Befehl oder einem Doppelklick auf den Eintrag im Bedienfeld rufen Sie Angaben zur verknüpften Datei (wie Speicherort, Größe, Dateiformat) auf; ein Teil der Informationen wird auch für eingebettete Dateien angezeigt. Besonders interessant sind die Informationen über angewandte Transformationen – so lässt sich z. B. erkennen, ob die Grafik proportional skaliert ist.

Bedienfeld-Anzeige | Mit den folgenden Optionen steuern Sie die Darstellung des Bedienfelds.

▶ EINBLENDEN: Vor allem, wenn Sie mit vielen platzierten Bildern und Grafiken arbeiten, kann es sinnvoll sein, sich nur eine bestimmte Gruppe dieser Objekte im Verknüpfungen-Bedienfeld anzeigen zu lassen, z. B. die problematischen.

Sie haben die Wahl, Alles, Fehlende, Geänderte oder Eingebettete Objekte einblenden zu lassen.

▶ Sortieren: Die Einträge im Bedienfeld können Sie zwar nicht wie in anderen Bedienfeldern verschieben, sie lassen sich jedoch nach Name, Art oder Status sortieren.

▶ Bedienfeldoptionen...: In den Bedienfeldoptionen bestimmen Sie die Größe des Miniaturbilds und aktivieren die Anzeige der Transparenz-Interaktion mit DCS-Bildern.

▲ **Abbildung 18.23**
Optionen des Verknüpfungen-Bedienfelds

18.2.3 Verknüpfungen automatisch aktualisieren

Per Voreinstellung weist Illustrator beim Öffnen einer Datei oder beim Wechseln aus einem anderen Programm zu einer geöffneten Illustrator-Datei auf geänderte Verknüpfungen hin. Dieses Verhalten können Sie jedoch ändern. Rufen Sie Voreinstellungen • Dateien verarbeiten und Zwischenablage... auf, und wählen Sie eine Option unter Verknüpfungen aktualisieren:

▶ Automatisch: Die Warnung wird unterdrückt; Illustrator aktualisiert die Verknüpfungen in geöffneten Dateien selbsttätig.

▶ Manuell: Auch hier erhalten Sie keine Warnung – dafür müssen Sie das Verknüpfungen-Bedienfeld beachten, um geänderte Dateien zu bemerken, und diese dann »von Hand« aktualisieren.

▶ Bei Änderung wählen: Die Voreinstellung – Illustrator zeigt die Dialogbox.

▲ **Abbildung 18.24**
Die Voreinstellung Verknüpfungen aktualisieren

18.3 Bilddaten bearbeiten

Neben dem umfangreichen Werkzeugkasten zur Vektorisierung von Pixelgrafiken bietet Illustrator auch einige Funktionen, die es – in Kombination mit den typografischen Werkzeugen – ermöglichen, das Programm auch für Layoutaufgaben zu verwenden.

18.3.1 Pixelgrafik mit Vektorwerkzeugen bearbeiten

Platzierte Bilder können Sie mit den Transformieren-Werkzeugen drehen, skalieren, verbiegen und spiegeln. Möchten Sie Pixelgrafik mit einer Verzerrungshülle oder den Verflüssigen-Werkzeugen bearbeiten, müssen Sie die Bilder zunächst einbetten. Extreme Verzerrungen erzeugen jedoch sehr schnell ein »pixeliges« Aussehen.

Eingebettete Bilder lassen sich auch als Symbol ablegen, sodass Sie das Bildmaterial u. a. auf die Oberfläche eines 3D-Körpers »mappen« können.

▲ **Abbildung 18.25**
Pixelbild als Map eines 3D-Objekts

Graustufenbilder als Deckkraftmasken

Einen schönen »handgemachten« Look erzielen Sie, wenn Sie Ihre Vektorgrafik über eine Papierstruktur blenden. Dazu müssen Sie Ihre Grafik nicht erst als PSD exportieren und die Überblendung dort vornehmen. Stattdessen importieren Sie ein Graustufenbild einer geeigneten Struktur (zerknittertes Papier, leichte Holzmaserung o. Ä.) in Illustrator und wenden dies als Deckkraftmaske auf die Grafik an (s. Abschnitt 12.2).

▲ **Abbildung 18.26**
Einem Graustufen-Bild wurde eine Volltonfarbe zugewiesen.

▲ **Abbildung 18.27**
Bitmap- und Graustufenbilder besitzen eine »Vordergrundfarbe«.

18.3.2 Graustufen und Bitmaps kolorieren

Falls Sie nur Graustufen- oder 1-Bit-Bilder zur Verfügung haben oder Ihre Grafik mit zwei oder drei Farben gedruckt wird, gibt es die Möglichkeit, den Bildern in Illustrator eine Farbe zuzuweisen. Zu diesem Zweck können Sie auch eine Schmuck- oder Volltonfarbe verwenden.

Aktivieren Sie dazu das Bild auf der Zeichenfläche, und weisen Sie die gewünschte Farbe als Fläche zu. Mit dieser Methode erzeugen Sie keine Duplex-Bilder – dies müssen Sie nach wie vor im Bildbearbeitungsprogramm vornehmen, Sie können Duplex-Bilder aber in Illustrator importieren (s. Abschnitt 18.1.3, »Schmuckfarben in platzierten Dateien«).

Schritt für Schritt: Bilder mehrfarbig kolorieren

1 Bilddatei platzieren

Mit diesem kleinen Trick ist es möglich, Bitmap-Bilder mit zwei Farben zu kolorieren, wie Sie es z. B. aus Layoutprogrammen durch Verwenden von Vorder- und Hintergrundfarbe gewohnt sind. Zunächst platzieren Sie ein Bitmap-Bild in einer neuen Illustrator-Datei.

Die Datei »Bitmap.tif« finden Sie auf der DVD. Das Bild kann beim Platzieren entweder verknüpft oder eingebettet werden.

2 »Hintergrundfarbe« hinzufügen

Zunächst gestalten Sie den Hintergrund des Bildes. Wählen Sie dazu im Bedienfeldmenü des Aussehen-Bedienfelds Neue Fläche hinzufügen. Damit diese Fläche am Objekt sichtbar wird, müssen Sie eine Form erzeugen. Weisen Sie also der Fläche den Effekt • In form umwandeln • Rechteck zu (s. Abschnitt 13.3.1). Als Optionen für den Effekt wählen Sie Relativ mit einer Zusätzlichen Breite wie Höhe von 0 mm (siehe Abb. 18.28). Wählen Sie außerdem eine Farbe für die Fläche (siehe Abb. 18.29).

◂◂ **Abbildung 18.28**
Einstellung der Optionen für den Effekt IN FORM UMWANDELN

◂ **Abbildung 18.29**
Anordnung der Flächen im Aussehen-Bedienfeld

Die Form liegt über dem Bild und verdeckt es. Verschieben Sie die eben erstellte Fläche mit dem Effekt im Aussehen-Bedienfeld unter die ursprünglich vorhandene Fläche (s. Abb. 18.29, zum Aussehen-Bedienfeld s. Abschnitt 11.5).

3 »**Vordergrundfarbe**« **ändern**
Die schwarze Standardfarbe, die das Bitmap-Bild erhalten hat, ändern Sie als Nächstes. Wählen Sie den Eintrag im Aussehen-Bedienfeld aus, und geben Sie dem Bild eine andere Farbe (s. Abb. 18.30).

▲ **Abbildung 18.30**
Die ursprünglich schwarze »Vordergrundfarbe« wurde geändert.

4 **Weitere Hintergrundfarben anlegen**
Optional können Sie auch weitere Farbflächen im Hintergrund anlegen. Dies erledigen Sie am schnellsten, indem Sie die eben erstellte Fläche über das Aussehen-Bedienfeld duplizieren und dann ihre Optionen (Farbe, Effekteinstellungen) ändern. Ein Beispiel für diese Anwendung finden Sie im Dokument »Bitmap-Mehrfarbig.ai« auf der DVD. Sehen Sie sich im Aussehen-Bedienfeld die Hierarchie der Eigenschaften und vor allem die Einstellungen in den auf die zusätzlichen Flächen angewendeten TRANSFORMIEREN-Effekten an (s. Abschnitt 13.3.4).

Erstellen Sie aus den Aussehen-Eigenschaften einen Grafikstil, um diesen an weiteren Bildern wiederholt anzuwenden.

▲ **Abbildung 18.31**
Das Ergebnis

18.3.3 Bilder maskieren

Das Beschneiden von Bildern auf das endgültige Format sollten Sie soweit möglich im Bildbearbeitungsprogramm vornehmen. Das reduziert zum einen die Dateigröße und spart zum anderen Rechenzeit auf dem RIP, da die Berechnung einer Maske entfällt.

Das Maskieren von Bildern ist dank des Buttons MASKIEREN im Steuerungsbedienfeld aber auch nicht mehr ganz so umständlich. Klicken Sie auf diesen Button, um automatisch eine rechteckige Schnittmaske zu erzeugen. Unmittelbar nach dem Klicken des Buttons ist die Maske ausgewählt. Eine Anpassung ist nur möglich, indem Sie die Anfasser an den Ecken und Seiten des Ausschnitts verschieben. Das Objekt wird deaktiviert, sobald Sie an eine andere Stelle auf der Zeichenfläche klicken.

Alternativ wählen Sie vor dem Platzieren des Bilds die Maske aus und gehen in den Modus INNEN ZEICHNEN (s. Abschnitt 11.3.1). Dann platzieren Sie das Bild über DATEI • PLATZIEREN. Es wird in die Maske eingefügt.

In Photoshop angelegte Beschneidungspfade werden beim Einbetten von Bildern ebenfalls in Schnittmasken konvertiert.

Wenn Sie die Maske zu einem späteren Zeitpunkt verändern möchten, müssen Sie das maskierte Objekt aktivieren und den Button MASKE BEARBEITEN anklicken (Schnittmasken s. 11.3).

18.3.4 Freiform-Masken auf Bilder anwenden

Möchten Sie jedoch frei geformte Masken anwenden, steht es Ihnen frei, diese bereits in Photoshop als Beschneidungspfad oder in Illustrator als Schnitt- oder Deckkraftmaske anzulegen. Mit Deckkraftmasken (s. Abschnitt 12.2) haben Sie zusätzlich die Möglichkeit, einen weichen Übergang in den Hintergrund zu erzeugen.

▲ **Abbildung 18.32**
Mithilfe der Anfasser (Kreise) lässt sich der Ausschnitt skalieren und drehen.

▲ **Abbildung 18.33**
Wird ein Objekt in den Modus INNEN ZEICHNEN versetzt (links), dann können Sie ein Bild direkt in dieses Objekt platzieren (rechts).

18.3.5 Filter

Etliche Bildbearbeitungsfilter, deren Namen Ihnen aus Photoshop bekannt vorkommen werden, finden Sie in Illustrator im EFFEKT-Menü wieder. Die Filter stehen sowohl im Dokumentfarbmodus RGB als auch in CMYK zur Verfügung. Effekte können Sie auch verknüpften Bildern zuweisen, Illustrator erzeugt aber automatisch eine eingebettete Kopie des Bilds (s. Abschnitt 13.5).

Zusätzliche Photoshop-Filter

Illustrator nutzt die Schnittstelle für Photoshop-Filter, sodass Sie die vorhandenen Filter um zusätzliche ergänzen können, soweit diese mit der Schnittstelle kompatibel sind.

Schritt für Schritt: Platzierte Bilder einrahmen

Leider können Sie platzierte Bilder nicht einfach mithilfe des Kontur-Bedienfelds einrahmen, so wie Sie es aus Layout-Programmen gewohnt sind. Stattdessen ist ein kleiner Umweg mit einem Effekt nötig. Einmal eingerichtet, lässt sich dieser jedoch als Grafikstil speichern und dann wiederholt anwenden.

1 Bilddatei importieren

Erstellen Sie ein neues Dokument, und platzieren Sie eine Bilddatei – ob Sie die Datei einbetten oder verknüpfen, ist für das Einrahmen nicht relevant. Das Hundebild »Portrait.psd« finden Sie auf der DVD.

2 Eine Kontur erzeugen

Aktivieren Sie das soeben platzierte Bild. Rufen Sie das Aussehen-Bedienfeld auf, und wählen Sie im Bedienfeldmenü den Eintrag NEUE KONTUR HINZUFÜGEN (s. Abschnitt 11.5.2). Die Kontur wird über dem Bild erstellt, ist aber auf der Zeichenfläche nicht sichtbar.

Damit die Kontur sichtbar wird, benötigen Sie für diese Kontur eine eigene Form. Diese Form erzeugen Sie, indem Sie dem Eintrag KONTUR den EFFEKT • IN FORM UMWANDELN • RECHTECK zuweisen (s. Abschnitt 13.3.1). Als Optionen für den Effekt wählen Sie RELATIV mit einer ZUSÄTZLICHEN BREITE wie HÖHE von 0 mm. Die Kontur verläuft jetzt außen um das Bild.

3 Die Kontur verzieren

Die Kontur lässt sich nun wie jede andere Kontur mit weiteren Eigenschaften, z. B. Pinseln und Farben, versehen. Falls die Kontur das Bild nicht überdecken soll, verschieben Sie im Aussehen-Bedienfeld den Eintrag INHALT über den Eintrag KONTUR.

Falls Sie weitere Bilder mit diesem Rahmen versehen möchten, erstellen Sie einen Grafikstil (s. Abschnitt 11.7). ■

▲ **Abbildung 18.34**
Das Workshop-Ergebnis

▲ **Abbildung 18.35**
Eine neue Kontur hinzufügen

Alternativer Effekt

Alternativ zu IN FORM UMWANDELN verwenden Sie EFFEKT • PFAD • KONTUR NACHZEICHNEN.

▲ **Abbildung 18.36**
Der fertiggestellte Rahmen

▲ **Abbildung 18.37**
Autotrace (links) und manuelle Zeichnung im Vergleich

▲ **Abbildung 18.38**
Prinzip »Autotrace«: Zur Demonstration wurde die Anzahl der Farben reduziert.

▲ **Abbildung 18.39**
Prinzip »Manuelles Vektorisieren«

18.4 Pixeldaten vektorisieren

Beim Vektorisieren von Pixeldaten erstellen Sie Bézierpfade aus Flächen oder Linien, die mit Bildpixeln aufgebaut sind. Sie wandeln das pixelbasierte Bild in eine objektorientierte Grafik um.

Illustrator bietet Ihnen dafür zwei Möglichkeiten: Sie können, wie Sie in den Kapiteln 5, 6 und 7 gelernt haben, die Objekt-, Zeichen- und Malwerkzeuge verwenden, um die benötigten Formen manuell zu konstruieren. Oder Sie nutzen die Autotrace-Funktion, die in Illustrator LIVE TRACE – oder auf Deutsch INTERAKTIV NACHZEICHNEN (früher: INTERAKTIV ABPAUSEN) – heißt. Das automatische Nachzeichnen hat einen unschlagbaren Vorteil: Es geht sehr schnell. Allerdings arbeitet die Funktion nur auf der Basis einer nicht sehr intelligenten Flächenerkennung anhand der Farb- und Helligkeitsunterschiede einzelner Pixel. Sie ist nicht in der Lage, diese Flächen Bildobjekten zuzuordnen.

Daher gleicht das Ergebnis dem prinzipiellen Aufbau einer Pixelgrafik, denn es liegen einzelne Farbflächen nebeneinander – nur dass deren Form eben durch Pfade begrenzt ist. Weil die Software nicht »weiß«, welche Flächen zusammengehören, kann sie auch keine Verläufe erstellen.

Das automatische Nachzeichnen hat also den meisten Nutzen, wenn die Vorlage wenige, klar abgegrenzte Farbtöne enthält.

Beim manuellen Vektorisieren dagegen beschreiben die Farbflächen nicht nur Bereiche, deren Pixel eine bestimmte Farbe haben, sondern abgebildete Objekte. Die Flächen müssen nicht stur nebeneinandergelegt werden, und Sie können an vielen Stellen einen realistischeren dreidimensionalen Eindruck durch Verläufe erstellen. Ein weiterer Vorteil des manuellen Nachzeichnens besteht in der Erkennung geometrischer Formen – z. B. eines Kreises oder einer Geraden. Diese kann ein Mensch in einer Vorlage klar identifizieren und in der Vektorgrafik entsprechend konstruieren, selbst wenn die Vorlage durch Verzerrungen oder Ungenauigkeiten die Geometrie nicht mehr korrekt darstellt.

18.4.1 Welche Vektorisierung ist für mein Motiv geeignet?

Die Art des Bildmotivs, die Qualität der Vorlage und der Verwendungszweck der Vektorgrafik bestimmen darüber, mit welcher Methode Sie am besten vektorisieren – per Autotrace oder von Hand.

Pläne ❶ sind ein typisches Anwendungsgebiet für Vektorgrafik – häufig existiert bereits eine Vorlage, jedoch nicht in digitaler Form. Liegt ein sauberer Scan vor, lassen sie sich erstaunlich gut automatisch vektorisieren. Die Schriftelemente sollten Sie trotzdem setzen. Einfache Pläne sind aber – etwas Übung vorausgesetzt – genauso schnell von Hand nachgezeichnet.

Die fotorealistische Illustration ❷ ist kein geeignetes Feld für das automatische Nachzeichnen – mit Ausnahme kleinerer Details –, vor allem da Autotrace-Funktionen keine Verlaufsflächen anlegen können. Aus Fotos ❸ oder anderen künstlerischen Vorlagen lassen sich mithilfe der Nachzeichnen-Funktion zum Teil eigenständige Kreationen erstellen.

Comic- und andere handgezeichnete Elemente ❹ sind ebenfalls ein ideales Anwendungsgebiet für automatische Nachzeichnen-Funktionen.

▲ **Abbildung 18.40**
Interaktiv nachzeichnen ersetzt auch das Pausstift-Werkzeug aus Illustrator CS und früheren Versionen

▼ **Abbildung 18.41**
Vorlagenarten: Plan ❶, Layout-Foto (mit Vektorillustration) ❷, Fotografie ❸, Comic ❹

Liegen Logos oder Symbole ❺ als Vorlage vor, ist die Wahl der Mittel abhängig von deren Art. Geometrische Formen wie Kreise, regelmäßige Polygone oder regelmäßige Linien sollten Sie konstruieren. Schriftelemente bilden Sie in der besten Qualität nach, wenn Sie die Schriftart identifizieren und die Elemente neu setzen. Unregelmäßige oder handgezeichnete Elemente lassen sich automatisch vektorisieren.

18.5 Live Trace – Interaktiv nachzeichnen

INTERAKTIV NACHZEICHNEN mit seiner Vielzahl von Optionen und Parametern hilft dabei, eine große Bandbreite von Vorlagenarten in Vektorgrafik umzuwandeln. Und – das Stichwort »interaktiv« deutet es schon an: Solange das Objekt nicht in Pfade umgewandelt wird, bleibt die Verbindung zwischen der Vorlage und dem Nachzeichnerergebnis bestehen, sodass zum einen Änderungen am Originalbild in der Nachzeichnung ausgeführt werden und zum anderen jederzeit Änderungen der Nachzeichneroptionen eingerichtet werden können.

18.5.1 Nachzeichner-Objekte erstellen

Platzieren Sie zunächst eine Bilddatei – sowohl verknüpft als auch eingebettet ist möglich. Aktivieren Sie das Bild auf der Zeichenflä-

▲ **Abbildung 18.42**
Logo mit konstruierten und freien Elementen

Interaktiv abpausen?

Nach drei Jahren INTERAKTIV ABPAUSEN wurde dieser Befehl bereits in Version CS4 in INTERAKTIV NACHZEICHNEN umgetauft.

che, und wählen Sie zwischen drei Möglichkeiten, ein Bild nachzuzeichnen:

▶ **Mit einer gespeicherten Vorgabe:** Um eine Nachzeichnervorgabe zu nutzen, wählen Sie die gewünschte Einstellung aus dem Aufklappmenü im Steuerungsbedienfeld.

▶ **Mit vorherigem Aufrufen der Optionen:** Rufen Sie Objekt • Interaktiv nachzeichnen • Nachzeichneroptionen... auf, oder wählen Sie Nachzeichneroptionen... aus dem Aufklappmenü ▼ im Steuerungsbedienfeld. Richten Sie Ihre Optionen in der Dialogbox ein, und klicken Sie auf den Button Nachzeichnen.

▶ **Mit der Standardvorgabe:** Klicken Sie auf den Button Nachzeichnen im Steuerungsbedienfeld. Als Ergebnis erhalten Sie eine Schwarzweißumsetzung, die zur Nachzeichnung von Plänen und Zeichnungen mit hohem Kontrast gut geeignet ist.

▲ **Abbildung 18.43**
Zeichnungen und Grafik sind das Einsatzgebiet für die Standardvorgabe.

Steuerungsbedienfeld | Das Steuerungsbedienfeld bietet die Interaktiv nachzeichnen-Funktionen als praktische Buttons an.

▲ **Abbildung 18.44**
Das Steuerungsbedienfeld bei aktiviertem Bild

Haben Sie ein Bild aktiviert, drücken Sie entweder den Button Nachzeichnen ❶, um mit der Standardeinstellung ein Nachzeichnerobjekt zu erzeugen, oder wählen Sie eine der Nachzeichnervorgaben aus dem Aufklappmenü ❷.

▲ **Abbildung 18.45**
Steuerungsbedienfeld bei aktiviertem Nachzeichnerobjekt

Ist ein Nachzeichnerobjekt aktiviert, können Sie es durch Auswahl aus dem Aufklappmenü ❸ mit einer anderen Vorgabe berechnen lassen oder mit einem Klick auf den Button ❹ die Dialogbox Optionen aufrufen. Je nach Farbtiefe werden unterschiedliche wichtige Nachzeichneroptionen ❺ und ❻ direkt zur Verfügung gestellt. Die Anzeige-Optionen für Raster ❼ und Vektor ❽ lassen sich aus den beiden Menüs auswählen. Auch die Befehle Umwandeln ❾ und Interak. Malen (für interaktives malen konvertieren) ❿ finden Sie als Buttons vor.

18.5.2 Optionen

Die Nachzeichneroptionen rufen Sie auf, indem Sie das Nachzeichnen-Objekt aktivieren und Objekt • Interaktiv nachzeichnen • Nachzeichneroptionen... wählen oder auf den Nachzeichneroptionen-Button ▣ im Steuerungsbedienfeld klicken.

▲ **Abbildung 18.46**
Die Standardvorgabe lässt sich gut auf kontrastreiche Farbfotos anwenden.

Das Nachzeichnen erfolgt in zwei Schritten: Zunächst optimiert Illustrator das Bildmaterial nach den vorgenommenen Einstellungen, im zweiten Schritt wird das optimierte Bild vektorisiert.

Die Aufteilung des Optionen-Dialogs bildet die zwei Schritte durch die beiden Optionen-Gruppen ANPASSUNGEN (links) und NACHZEICHNEREINSTELLUNGEN (rechts) ab.

Schnellere Vorschau

Setzen Sie bei großen Bildern die Auflösung der Vorlage mit dem Wert NEU BERECHNEN vorübergehend herunter, um die Anzeige der Vorschau zu beschleunigen.

◄ **Abbildung 18.47**
Die NACHZEICHNEROPTIONEN für den Modus FARBE

Automatisiert nachzeichnen

Wenn Illustrator geöffnet ist, lässt sich das Nachzeichnen mithilfe von Adobe Bridge automatisieren. Aktivieren Sie bis zu zehn Bilder in der Bridge, und wählen Sie WERKZEUGE • ILLUSTRATOR • INTERAKTIV NACHZEICHNEN...

▲ **Abbildung 18.48**
Die Modi SCHWARZWEISS, GRAUSTUFEN, FARBE

- ► VORGABE: Wählen Sie hier eine der Vorgaben des Programms oder eine Ihrer eigenen abgespeicherten Vorgaben.
- ► VORSCHAU: Aktivieren Sie diese Option, damit jede Änderung eines Parameters am Objekt auf der Zeichenfläche dargestellt wird. Je nach Komplexität Ihrer Bilddatei, den verwendeten Einstellungen und der Rechenleistung Ihres Computers kann die Vorschau Ihre Geduld mehr oder weniger strapazieren. Legen Sie in der Optionen-Gruppe ANSICHT (unten in der Dialogbox) fest, was als Vorschau generiert werden soll.
- ► Informationen: Rechts in der Dialogbox führt Illustrator in einer Statistik auf, wie viele Pfade, Ankerpunkte und Farben mit den vorgenommenen Einstellungen entstehen würden. Der Wert BEREICHE bezeichnet die Anzahl der Vektorobjekte – er unterscheidet sich von der Anzahl der Pfade, da zusammengesetzte Pfade als ein »Bereich« gezählt werden.

Anpassungen | In dieser Gruppe von Reglern geben Sie Parameter zur Optimierung des Bildmaterials vor dem Vektorisieren an.
- ► MODUS: Der Farbmodus bestimmt die Farben des Ergebnisses sowie die zur Verfügung stehenden Einstellungsparameter. Der gewählte Modus muss nicht dem Farbmodus der Vorlage entsprechen – Sie können ihn frei wählen.
  - ► SCHWARZWEISS: Verwenden Sie diesen Modus für technische Zeichnungen und Comics. Sie erhalten eine Umsetzung in schwarzen und weißen Flächen bzw. schwarzen Konturen oder einer Kombination aus Konturen und Flächen. Nur im

▲ **Abbildung 18.49**
Ein Verlauf in einer Farbe kann mit 256 Farben noch abgebildet werden (oben), mehrere Farben gleichzeitig werden stufig (unten).

Schwarzweißmodus besteht die Möglichkeit, Ihre Vorlage in Konturen umzusetzen.

- GRAUSTUFEN: Im Graustufenmodus setzt sich das Ergebnis aus Tonwerten von Schwarz zusammen.
- FARBE: Bis zu 256 Farben werden bei der Umsetzung Ihres Bildes verwendet.
- SCHWELLENWERT (nur im Modus SCHWARZWEISS): Der SCHWELLENWERT ist die Helligkeitsstufe im Originalbild, an der unterschieden wird, ob schwarze oder weiße Flächen entstehen. Flächen, die heller sind als der Schwellenwert, werden weiß gefüllt, dunklere Flächen schwarz.
- PALETTE (nur in den Modi GRAUSTUFEN/FARBE): Sie können die Farben von Illustrator anhand der Farbtöne des Originalbilds AUTOMATISCH generieren lassen. Alternativ können Sie auch die in einer Farbfelder-Bibliothek vorliegenden Farben verwenden. Speichern Sie dafür zunächst eine Farbfelder-Bibliothek (s. Abschnitt 8.7.9), und rufen Sie diese aus dem Menü FENSTER • FARBFELDER-BIBLIOTHEKEN auf. Geöffnete Farbfelder-Bibliotheken listet Illustrator automatisch im Menü PALETTE auf. Dort wählen Sie Ihre Bibliothek anstelle des Eintrags AUTOMATISCH.
- MAXIMALE FARBEN (nur in den Modi GRAUSTUFEN/FARBE): Wählen Sie aus einem Bereich von 2 bis 256, in wie vielen Farbabstufungen die Nachzeichnung umgesetzt werden soll. Die Umrechnung der im Bild vorhandenen in die maximalen Farben erfolgt mit einer Tontrennung.
- AUSGABE IN FARBFELDERN (nur in den Modi GRAUSTUFEN/FARBE): Lassen Sie die in der Nachzeichnung verwendeten Farben als GLOBALE FARBFELDER generieren und im Farbfelder-Bedienfeld ablegen.
  Achtung: Bei einer erneuten Berechnung des Nachzeichnerobjekts mit geänderten Einstellungen werden nicht mehr benötigte Farbfelder nicht automatisch gelöscht, das heißt, mit jeder Änderung erhalten Sie zusätzliche Farbfelder.
- WEICHZEICHNEN: Die Weichzeichnung gleicht im Bild vorhandene Störungen aus und bewirkt so eine Umsetzung mit glatteren Formen. Stellen Sie mit einem Wert von 0 bis 20 den Grad von Weichzeichnung ein, der vor der Nachzeichnung auf das Bild angewendet wird. Die Auswirkung der Weichzeichnung ist von der unter NEU BERECHNEN eingestellten Auflösung abhängig.
- NEU BERECHNEN: Lassen Sie die Auflösung des Bilds neu berechnen, indem Sie einen Wert von 1 bis 600 eingeben. Es ist möglich, die Auflösung eines Bilds sowohl zu erhöhen als auch

▲ Abbildung 18.50
Mit vorgegebener Palette können Sie die verwendeten Farben gezielt einschränken, z.B. die Verläufe unterdrücken.

▲ Abbildung 18.51
Ausgabe in (globalen) Farbfeldern

▲ Abbildung 18.52
Durch Weichzeichnen lässt sich eine zu niedrig aufgelöste Vorlage (oben) eventuell »retten«.

zu senken. Beim ersten Aufrufen der Nachzeichneroptionen für ein Nachzeichnerobjekt oder Pixelbild zeigt Illustrator in dem Eingabefeld die effektive Bildauflösung an, d.h. die Bildauflösung unter Berücksichtigung des aktuellen Skalierungsfaktors.

Eine niedrigere Auflösung beschleunigt die Berechnung des Ergebnisses, eine höhere ermöglicht eine detailliertere Umsetzung. Der Wert wird nicht in Vorgaben gespeichert.

▲ **Abbildung 18.53**
Besonders geeignet ist die Umsetzung in Konturen für Pläne oder wenn Sie im Anschluss Linienstärken vereinheitlichen wollen.

Nachzeichnereinstellungen | Diese Einstellungen setzen die Richtlinien für das Nachzeichnen der Formen.

◄ **Abbildung 18.54**
Nachzeichneroptionen: Konturen

▶ Flächen/Konturen (nur im Modus Schwarzweiss): Bei manchen Vorlagen – z. B. Konstruktionszeichnungen – ist es nicht erwünscht, Linien als Flächen erstellen zu lassen.

◄ **Abbildung 18.55**
Umsetzung als Flächen und als Konturen – blau: Pfadansicht

Daher können Sie bei einer Schwarzweißumsetzung auswählen, ob Sie diese in Konturen und/oder Flächen ausführen lassen möchten. Die unterschiedlichen Linienstärken der Zeichnung übersetzt Illustrator in Konturstärken.

Passen Sie die Maximale Konturstärke und die Minimale Konturlänge an, wenn Sie Konturen erstellen lassen.

▶ Maximale Konturstärke (nur Konturen): Mit diesem Grenzwert legen Sie fest, bis zu welcher Linienstärke Illustrator eine Kontur erzeugen soll. Stärkere Linien werden als Flächen er-

▲ **Abbildung 18.56**
Von oben: Original, Maximale Konturstärke zu niedrig, Minimale Konturlänge zu hoch

18.5 Live Trace – Interaktiv nachzeichnen | **579**

Gerade Linien

Linien in CAD-Plänen werden häufig beim Autotrace gekrümmt. Dies können Sie mit der Option Gerade Linien in der Vereinfachen-Funktion korrigieren.

▲ **Abbildung 18.57**
Der Minimale Bereich ist abhängig von der Auflösung: Minimaler Bereich 433 px bei 600 (links) und 300 ppi (rechts)

Abbildung 18.58 ▶
Ein höherer Eckwinkel-Wert (rechts 180) erzeugt Details eher in Kurvenpunkten als ein niedriger (links 0).

▲ **Abbildung 18.59**
Vergleich ohne (Mitte) und mit (rechts) Weiss ignorieren (Vorlage links, Hintergrundelement blau)

zeugt – jedoch nicht gefüllt, wenn Sie Flächen nicht aktiviert haben.

▶ Minimale Konturlänge (nur Konturen): Diese Option dient zur Reduzierung von Bildstörungen. Legen Sie fest, wie lang eine Linie mindestens sein muss, damit eine Kontur entsteht. Kürzere Linien werden ignoriert.

▶ Pfadeinpassung: Mit diesem Wert bestimmen Sie die Genauigkeit der Nachzeichnung, die sich durch den Abstand des berechneten Pfads von der Begrenzung der Fläche im Bild definiert. Das Eingabefeld akzeptiert Werte von 0 bis 10, höhere Werte bedeuten eine geringere Genauigkeit.

▶ Minimaler Bereich: Geben Sie einen Wert von 0 bis 3 000 ein, um das kleinste zu erzeugende Bildelement zu definieren. Der Wert gibt die Anzahl Pixel an, die eine Fläche im Bild haben muss, damit Illustrator daraus eine Form generiert. Geben Sie z. B. »4« ein, dann werden nur Flächen nachgezeichnet, die mindestens 2 x 2 Pixel groß sind.

▶ Eckwinkel: Geben Sie hier mit einem Wert von 0 bis 180 den Winkel ein, den eine Ecke haben muss, damit an der Stelle ein Eckpunkt gesetzt wird (s. Abschnitt 6.2.3). Mit einem höheren Wert erreichen Sie weniger Eckpunkte und damit glattere Kurven.

▶ Weiss ignorieren: Die eigentlich »durchsichtigen« weißen Flächen wurden früher als Vektorobjekte generiert. Dies können Sie durch Aktivieren der Option Weiss ignorieren unterbinden und ersparen sich so das nachträgliche Löschen.

Ansicht | Richten Sie sich in diesem Bereich der Nachzeichneroptionen (Abb. 18.47) die Bildschirmanzeige ein. Dies hilft Ihnen, Ihre Einstellungen für die Aufbereitung des Pixelbilds getrennt von den Einstellungen für die Nachzeichnung zu kontrollieren.

Die gleichen Auswahlmöglichkeiten haben Sie mit den beiden Aufklappmenüs Ansichten des Rasterbilds und Ansichten des Vektorergebnisses im Steuerungsbedienfeld.

- Raster: In dieser Gruppe wählen Sie aus, ob und wie die Bildvorlage angezeigt wird.
  - Kein Bild: Die Nachzeichnervorlage wird nicht dargestellt.
  - Originalbild: Darstellung des Rasterbilds ohne Anwendung der Einstellungen, die Sie in den Nachzeichneroptionen vorgenommen haben.
  - Angepasstes Bild: Wählen Sie diese Darstellung, um die Auswirkungen der Optimierungsoptionen zu beobachten. Dazu müssen Sie gleichzeitig in der Vektor-Ansicht die Option Kein Nachzeichnerergebnis aktivieren.
  - Transparentes Bild: Das Bild wird gedimmt dargestellt – mit dieser Anzeige lassen sich Vorlage und Nachzeichner-Ergebnis gut voneinander unterscheiden, wenn Sie Ihr Bild in Konturen umrechnen lassen.
- Vektor: Dieses Menü stellt verschiedene Optionen zur Anzeige der Nachzeichnung zur Verfügung.
  - Kein Nachzeichnerergebnis: Die Vektorumsetzung wird nicht dargestellt.
  - Nachzeichnerergebnis: Mit dieser Option zeigt Illustrator die Vektorumsetzung an.
  - Konturen: Wählen Sie Konturen, um die Zeichenwege der Formen darzustellen, die nach der Umwandlung des Abpaus-Objekts entstehen.
  - Konturen mit Nachzeichnung: In dieser Darstellungsform wird das Nachzeichner-Objekt gedimmt, und darüber werden die entstehenden Vektorpfade angezeigt.

▲ **Abbildung 18.60**
Angepasstes Bild (oben), Nachzeichnerergebnis (unten)

▲ **Abbildung 18.61**
Transparentes Bild, Konturen

18.5.3 Einstellungen als Nachzeichnervorgabe speichern

Ihre Einstellungen können Sie als Vorgabe speichern, um sie anschließend aus dem Aufklappmenü einfacher aufzurufen. Klicken Sie auf den Button Vorgabe speichern… in der Nachzeichneroptionen-Dialogbox. Anschließend tragen Sie einen Namen für die Vorgabe ein. Ihre Vorgabe steht programmweit zur Verfügung.

Unter Bearbeiten • Nachzeichnervorgaben… können Sie überflüssige Einträge löschen, Einstellungen editieren oder neu anlegen.

Die Vorgaben lassen sich als Textdatei für den Austausch speichern. Aktivieren Sie eine oder mehrere Vorgaben in der Liste, und klicken Sie auf den Button Exportieren… Möchten Sie selbst eine solche Vorgabendatei hinzufügen, klicken Sie auf Importieren… und wählen die Datei aus.

▲ **Abbildung 18.62**
Konturen mit Nachzeichnung: So lässt sich eine Umsetzung in Konturen gut überprüfen.

▲ **Abbildung 18.63**
Nachzeichnervorgaben verwalten

Ausgabe in Farbfeldern?

Wenn Sie beim Nachzeichnen die Option AUSGABE IN FARBFELDERN aktivieren, dann werden globale Farbfelder der im Nachzeichnerobjekt vorhandenen Farben erzeugt. Auch wenn das Nachzeichnerobjekt nicht umgewandelt ist, lassen sich seine Farben durch eine Änderung der Farbfeld-Definition editieren.

▲ **Abbildung 18.64**
Angezeigt werden das Originalbild und das Nachzeichnerergebnis. Nach der Umwandlung erhalten Sie das Ausgangsbild und die Umsetzung.

EPS nachzeichnen

Soll ein verknüpftes EPS nachgezeichnet werden, deaktivieren Sie in den Voreinstellungen die Option FÜR VERKNÜPFTE EPS-DATEIEN VERSION MIT NIEDRIGER AUFLÖSUNG VERWENDEN.

18.5.4 Original bearbeiten

In der INTERAKTIV NACHZEICHNEN-Funktion können Sie keine Kontrastveränderungen vornehmen oder nur einen bestimmten Bereich der Vorlage editieren. Für diese Operationen müssen Sie das Bild in einem Bildbearbeitungsprogramm öffnen.

Ist das Nachzeichnerobjekt aus einem verknüpften Bild erstellt worden, verwenden Sie den Button ORIGINAL BEARBEITEN im Verknüpfungen-Bedienfeld, um die Quelldatei in Photoshop oder einem anderen Programm zu öffnen. Führen Sie Ihre Änderungen durch, speichern und schließen Sie die Datei. Beim Wechseln zu Illustrator aktualisieren Sie die Verknüpfung, dann erfolgt auch ein Update des Nachzeichnerobjekts. Auch wenn Sie einem Nachzeichnerobjekt über das Verknüpfungen-Bedienfeld ein anderes Bild zuweisen, wird die Vektorumsetzung neu berechnet. Wenn Sie ein geändertes Bild nicht in Illustrator aktualisieren, wird der alte Dateistatus für das Nachzeichnerobjekt verwendet, das trotzdem »umgewandelt« werden kann.

18.5.5 Empfehlungen zur Aufbereitung der Bilder

Achten Sie schon bei der Erstellung des Quellmaterials darauf, dass es sich ohne Bildstörungen und -rauschen digitalisieren lässt. Verwenden Sie möglichst glattes, helles Papier, und arbeiten Sie mit dunklen Farben bzw. harten Bleistiften.

Falls sich raues Papier nicht vermeiden lässt, machen Sie eine Fotokopie auf weißes Papier, und scannen Sie diese – dabei entsteht ein höherer Kontrast, und Fotokopierer können die Papierstruktur meist nicht erfassen.

18.5.6 Umwandeln – Live-Verknüpfung lösen

Ein Nachzeichnerobjekt ermöglicht Ihnen zwar, jederzeit durch Änderungen an den Optionen das Ergebnis zu beeinflussen, es lassen sich jedoch nicht die Pfade bearbeiten. Wenn Sie detailliert einzelne Pfade oder Flächen bearbeiten möchten, müssen Sie das Nachzeichnerobjekt in Vektorobjekte umwandeln:

Umwandeln | Dabei geht die »Live«-Eigenschaft verloren – das Pixelbild wird aus Ihrer Illustrator-Datei gelöscht, und nur die Vektorobjekte bleiben erhalten. Falls Sie das Pixelbild eingebettet haben, prüfen Sie vor dem Umwandeln, ob die Originaldatei noch besteht. Um ein Nachzeichnerobjekt umzuwandeln, aktivieren Sie es und klicken auf den Button UMWANDELN im Steuerungsbedienfeld. Alle Flächen werden als geschlossene bzw. offene Pfade oder zusammengesetzte Pfade erstellt. Die Objekte sind mehrfach gruppiert.

Wie angezeigt umwandeln | Dieser Befehl berücksichtigt die Einstellungen, die Sie im Bereich Ansicht für die Darstellung von Raster und Vektor vorgenommen haben. Wenn Sie z.B. das Pixelbild nach der Umwandlung noch benötigen, stellen Sie unter Ansicht in Raster die Option Originalbild und in Vektor die gewünschte Form der Vektorisierung ein und wählen dann Objekt • Interaktiv nachzeichnen • Wie angezeigt umwandeln. Möchten Sie nur das Nachzeichnerobjekt ohne Kontur- und Flächeneigenschaften umwandeln, stellen Sie in Vektor die Option Konturen ein. Rufen Sie anschließend die Funktion Wie angezeigt umwandeln auf. Konturen werden als Hilfslinien generiert. Diese müssen Sie anschließend mit dem Befehl Ansicht • Hilfslinien • Hilfslinien zurückwandeln in Vektorpfade umwandeln.

18.5.7 Weiterbearbeitung der umgewandelten Objekte

Objekt-Aufbau | Ist die Option Weiss ignorieren nicht aktiviert, kann es passieren, dass mehrere identische Formen übereinanderliegen. Dies führt häufig zu Irritationen, wenn Sie zusammengesetzte Formen erstellen. Verwenden Sie unbedingt das Ebenen-Bedienfeld, um Ihre Objekte zu analysieren.

▲ **Abbildung 18.65**
Wird kein Bild zusammen mit den Konturen angezeigt, erhalten Sie mit Wie angezeigt umwandeln gruppierte Hilfslinien als Ergebnis.

Sofort umwandeln | Möchten Sie »in einem Rutsch« ein Bild mit der Standardeinstellung abpausen und umwandeln, wählen Sie den Befehl Objekt • Interaktiv nachzeichnen • Erstellen und umwandeln, oder drücken Sie die Taste ⌥/Alt, während Sie auf den Button Nachzeichnen klicken oder eine der Nachzeichnervoreinstellungen aus dem Menü auswählen.

18.5.8 Verbindung mit »Interaktiv malen«

Eine vektorisierte Grafik lässt sich nach dem Umwandeln mit der Live-Paint-Funktion – Interaktiv malen – einfärben. Aktivieren Sie das Live-Trace-Objekt, und klicken Sie auf den Button Interaktiv Malen im Steuerungsbedienfeld, oder wählen Sie Objekt • Interaktiv nachzeichnen • Für interaktives Malen konvertieren, um das Nachzeichnerobjekt in einem Schritt umzuwandeln und ein Interaktiv-malen-Objekt zu erzeugen (s. Abschnitt 10.4).

▲ **Abbildung 18.66**
Warum an einigen Stellen keine Löcher im zusammengesetzten Pfad sind, sehen Sie nach der Analyse des Objekts: Die Formen existieren doppelt.

Schritt für Schritt: Logo vektorisieren

1 Bilddatei vorbereiten

Dieses Logo müssen Sie in exakt zwei Farben umsetzen. Um später unnötige Arbeit zu vermeiden, wäre das Abpausen im Schwarzweiss-Modus wünschenswert. Die im Logo verwende-

▲ **Abbildung 18.67**
Aufbau der Photoshop-Datei

▲ **Abbildung 18.68**
PSD-Datei in Illustrator

▲ **Abbildung 18.69**
Nachzeichnen der Schriftelemente

▲ **Abbildung 18.70**
Aktivieren Sie die Option Weiss ignorieren.

▲ **Abbildung 18.71**
Vergleich der Genauigkeit: Standardvorgabe und eigene Werte

ten Farben trennen Sie bereits in Photoshop auf zwei Ebenen auf. Die beiden »O«-Ösen sind identisch, also setzen Sie die beiden durch den Schnürsenkel »halbierten« Teile so zusammen, dass eine komplette Form entsteht. Diese wird dupliziert.

Die Vorlage im PSD-Format sollte drei Ebenen haben: das Original (zum Vergleich), eine Ebene mit den roten und eine mit den blauen Formen – beide für einen maximalen Kontrast in Schwarzweiß umgewandelt. Die auf diese Art vorbereitete Datei befindet sich auf der DVD: »Logo-Abpausen.psd«.

2   Photoshop-Datei in Illustrator platzieren

Erstellen Sie ein neues Illustrator-Dokument, und wählen Sie Datei • Platzieren... Selektieren Sie die PSD-Datei, deaktivieren Sie die Option Verknüpfen, und bestätigen Sie den Dialog. In den PSD-Optionen wählen Sie Ebenen in Objekte umwandeln und Ausgeblendete Ebenen importieren.

Die Ebenen der Photoshop-Datei werden als gruppierte Objekte in Ihrem Dokument platziert. Lösen Sie die Gruppe auf. Wenn Sie die Grafik jetzt noch auf der Zeichenfläche verschieben, dann achten Sie darauf, die Objekte nicht einzeln zu verschieben.

3   Interaktiv nachzeichnen

Beginnen Sie mit dem Bild, das die Schrift enthält. Aktivieren Sie es, und klicken Sie auf den Button Nachzeichnen im Steuerungsbedienfeld.

Das erste Ergebnis ist akzeptabel, lässt sich aber noch verbessern. Rufen Sie die Nachzeichneroptionen auf. Insgesamt rundere Formen erreichen Sie, wenn Sie den Eckwinkel etwa auf 180 erhöhen. Wählen Sie einen etwas niedrigeren Wert für den Minimalen Bereich (ca. 5) sowie für die Pfadeinpassung (ca. 1,5). Die Schriftelemente leiden zwar darunter, Sie setzen diese Elemente später aber ohnehin ganz neu. Aktivieren Sie die Option Weiss ignorieren. Wenn Sie mit dem Ergebnis zufrieden sind, blenden Sie das Nachzeichnerobjekt aus.

Anschließend aktivieren Sie das Objekt, das Schnürsenkel und Nähte enthält, und lassen es nachzeichnen. Diese Vektorisierung muss aufgrund der geflochtenen Strukturen detailreicher ausgeführt werden. Rufen Sie ebenfalls die Nachzeichneroptionen auf. Tragen Sie niedrigere Werte für die Pfadeinpassung (ca. 1) und den Minimalen Bereich (ca. 2) ein.

Blenden Sie das zuerst erstellte Objekt mit den Schriftelementen wieder ein. Sie können Ihre Objekte besser verwalten, wenn Sie für jedes eine eigene Ebene erstellen. Wandeln Sie anschließend beide Objekte um. Aktivieren Sie die nachgezeichneten

Buchstabenformen mit dem Auswahl-Werkzeug, und löschen Sie sie.

4 Kreis nachkonstruieren

Die Außenbegrenzung der Ösen soll einen Kreis darstellen. Daher müssen Sie die Form nachkonstruieren. Ziehen Sie einen Kreis in der Größe der Öse mit dem Ellipse-Werkzeug auf. Trennen Sie den Kreis und die Außenbegrenzung der nachgezeichneten Öse mit dem Schere-Werkzeug an den Stellen, an denen sie sich berühren, und löschen Sie die nicht benötigten Pfadsegmente. Bewegen Sie die Endpunkte des Ösen-Objekts auf die Endpunkte des kreisförmigen Segments.

Um die Pfade zusammenzufügen, aktivieren Sie sie und wählen Objekt • Pfad • Pfad zusammenfügen.

5 Text setzen

Blenden Sie das Bild mit der Originalgrafik ein. Eines der Probleme beim Nachkonstruieren von Logos ist die Identifizierung der Schrift. Es existieren wenige Bücher sowie webbasierte Services zu dem Thema. In unserem Fall handelt es sich um die Schrift AG OldFace in der Adobe-Version. Ziehen Sie zwei Hilfslinien auf die Schrift-Grundlinien, und setzen Sie die Texte auf die Hilfslinien. Passen Sie die Schriftgröße an, und wandeln Sie den Text in Outlines um. In dieser Form ist es einfacher, die Abstände der Buchstaben wie in der Vorlage nachzurichten. Anschließend setzen Sie den kleinen Text unten rechts.

6 Aussparungen in O

Unter dem Schnürsenkel müssen Sie Aussparungen in den Ösen anlegen. Blenden Sie zunächst die Ebenen aller Vektorobjekte aus. Zeichnen Sie anhand der Vorlage zwei Flächen, die die linke Seite des Schnürsenkels begrenzen.

Blenden Sie die Ösen wieder ein, und stanzen Sie diese Aussparungen mit dem Button Vom Formbereich subtrahieren des Pathfinder-Bedienfelds.

Um die andere Seite zu stanzen, verwenden Sie das Schnürsenkel-Objekt. Blenden Sie seine Ebene ein, und kopieren Sie es in die Zwischenablage. Blenden Sie die Ebene danach wieder aus. Wählen Sie Objekt • Davor einfügen. Aktivieren Sie eine Öse und das eben eingefügte Objekt, und stanzen Sie die Aussparung aus. Fügen Sie das Objekt erneut Davor ein, und stanzen Sie die zweite Öse.

▲ **Abbildung 18.72**
Interaktiv nachzeichnen kann keine Kreise konstruieren.

▲ **Abbildung 18.73**
Konstruktion einer kreisförmigen Außenbegrenzung

Schriften identifizieren

Die beiden kostenlosen Services *www.identifont.com/identify.html* und *www.whatthefont.com* helfen bei der Identifizierung von Schriftarten.

▲ **Abbildung 18.74**
Textsatz

▲ **Abbildung 18.75**
Stanzen der Öse

▲ **Abbildung 18.76**
Viele Objekte lassen sich besser konstruieren, wenn Sie sie zu diesem Zweck drehen.

▲ **Abbildung 18.77**
Das Logo (links) ist aus wenigen Grundformen konstruiert.

▲ **Abbildung 18.78**
Besonders Wellen- oder Zickzacklinien entlang eines gekrümmten Pfads sind mithilfe von Effekten einfach erstellt.

▲ **Abbildung 18.79**
Fügen Sie die Einzelteile mit dem Pathfinder zusammen.

Checkliste: (Logo-)Vektorisierung

Vorbereitung | Wenden Sie auf Fotovorlagen in Photoshop den Tontrennung-Befehl an, um die Farbflächen besser identifizieren zu können.

Grundformen | Identifizieren Sie regelmäßige geometrische Objekte (Kreise, Polygone, Sterne etc.), und konstruieren Sie diese mit den Formwerkzeugen (Formwerkzeuge s. Abschnitt 5.1).

Schriftelemente | Identifizieren Sie die verwendeten Schriften, und setzen Sie typografische Elemente nach (Schrift s. Kapitel 14).

Spiegelachsen | Finden Sie Spiegelachsen der Vorlage heraus, und markieren Sie sie mit Hilfslinien. Konstruieren Sie anschließend nur die Hälfte der Grafik, und erzeugen Sie die andere Hälfte durch Spiegeln.

Transformationsachsen | Verfahren Sie entsprechend mit Objekten, die durch Verschieben, Drehen oder eine andere Art der Transformation erstellt wurden.

Linien | Konstruieren Sie Linien mit Pfaden in einer entsprechenden Konturstärke. Wandeln Sie diese erst abschließend in Flächen um.

Weisen Sie beim Konstruieren den Konturen die Füllmethode Multiplizieren zu, dann können Sie besser vergleichen (Füllmethoden s. Abschnitt 12.1.2).

Effekte | Vereinfachen Sie sich die Arbeit durch die Nutzung von Filtern und Effekten. Eine Zickzack- oder Wellenlinie lässt sich z. B. sehr komfortabel mithilfe des Zickzack-Effekts erzeugen (s. Abschnitt 13.4.2). Eine andere Möglichkeit ist die Nutzung von Musterpinseln (s. Abschnitt 9.4.7).

Natürliche Formen | Vektorisieren Sie unregelmäßige – z. B. handgezeichnete – Formen mit der Funktion Interaktiv abpausen. Falls nötig, bereinigen Sie die entstandenen Pfade manuell oder mit der Funktion Vereinfachen (s. Abschnitt 7.4.2).

Kombinieren | Fügen Sie die Einzelteile mithilfe von zusammengesetzen Formen und Pathfinder-Funktionen zusammen (Kombinieren von Objekten s. Kapitel 10).

TEIL V
Ausgabe und Optimierung

19 Austausch, Weiterverarbeitung, Druck

Kein Programm ist eine Insel. Die meisten mit Grafiksoftware erstellten Arbeiten werden in anderen Programmen weiterverarbeitet, vor allem in Layout-Software, aufgrund der guten Komprimierungseigenschaften flächiger Grafik und der Beliebtheit des Shockwave-Flash-Formats jedoch auch auf Webseiten.

FreeHand & CorelDraw
Details zum Import von FreeHand- und CorelDraw-Dateien finden Sie in Kapitel 18 und 22.

19.1 Export für Layout und Bildbearbeitung

Die Im- und Exportmöglichkeiten potentieller Austauschprogramme unterscheiden sich aufgrund ihrer Art – Vektorgrafik, Bildbearbeitung, Layout –, aber selbst gleiche Funktionen werden auf andere Art programmiert und entstehende Formen gegebenenfalls anders gespeichert.

Wenn Sie auf den Austausch zwischen Programmen angewiesen sind, ist es sinnvoll, die Möglichkeiten der Programme genau zu kennen. So lassen sich Probleme z. B. dadurch vermeiden, dass Sie bestimmte Objekte vor dem Exportieren umwandeln.

▼ **Abbildung 19.1**
Photoshop-Illustrationen und Vektorgrafik-Vorarbeiten

> **EPS veraltet**
>
> Da PostScript unter anderem keine Transparenz unterstützt, ist EPS faktisch veraltet. Als »kleinster gemeinsamer Nenner« ist es im Repertoire der Austauschformate z.B. eines Corporate Designs immer noch gefragt, vor allem, wenn konkrete Empfänger und Einsatzbereiche der Datei nicht von vornherein bekannt sind. Wenn Sie Ihre Datei als EPS speichern, dann immer nur zusätzlich zum AI-Format.

Layoutprogramme | Die klassische Weiterverarbeitung von Illustrator-Grafik geschieht in Layout-Software, z.B. in der Zeitschriftenproduktion. Illustrationen werden üblicherweise nicht mehr nachbearbeitet, sondern im Layout platziert. Das gängige Austauschformat ist das Illustrator-Format bzw. PDF innerhalb der Creative Suite und Quark XPress ab Version 8. (In XPress besteht jedoch keine bzw. eine nur unsichere Unterstützung semitransparenter Bereiche wie z.B. Schlagschatten.)

Bildbearbeitung/Photoshop | Aufgrund der objektorientierten Arbeitsweise eignet sich Illustrator gut für die Vorbereitung umfangreicher Illustrationen, selbst wenn deren Ausarbeitung pixelbasiert in der Bildbearbeitung erfolgt. Die Möglichkeiten von Photoshop bei der direkten Bearbeitung von Vektorpfaden wurden mit jeder Version optimiert. Noch wichtiger ist aber die Verbesserung des Imports von Vektorgrafik. In Photoshop CS2 wurden Smart-Objekte eingeführt, die es ermöglichen, Vektorgrafik nativ in Photoshop-Dateien zu speichern.

19.1.1 Exportieren und Speichern einzelner Zeichenflächen

Illustrator kann jetzt mehrere Zeichenflächen anlegen, die meisten Austauschformate sind jedoch einseitig. Beim Speichern und Exportieren vieler Formate besteht die Möglichkeit, eine oder mehrere Zeichenflächen dafür auszuwählen. In der jeweiligen Dialogbox werden die entsprechenden Optionen angezeigt.

> **APPE (Adobe PDF Print Engine)**
>
> 2006 stellte Adobe die PDF-Print-Engine als Nachfolger von PostScript vor. Sie wurde bereits in viele Drucker, Belichter und RIPs integriert. Ein großer Vorteil der APPE gegenüber PostScript besteht darin, dass die APPE Transparenzen nativ verarbeiten kann.

▲ **Abbildung 19.2**
Auswahl der Zeichenflächen bem Exportieren eines PSD

Zeichenflächen verwenden | Aktivieren Sie diese Option, damit das Auswählen von Seitenbereichen ermöglicht wird. Ist die Option nicht gesetzt, entspricht das Format des exportierten Dokuments der durch Objekte bedeckten Fläche der Illustrator-Datei.

Zeichenflächen auswählen | Tragen Sie die Nummer einer Zeichenfläche oder einen Bereich aus mehreren Zeichenflächen – getrennt durch Kommas oder mit Bindestrich – ein.

▲ **Abbildung 19.3**
Dokument mit fünf Zeichenflächen, einige Objekte liegen außerhalb (links); Export ohne die Option ZEICHENFLÄCHEN VERWENDEN (Mitte); Export aller Zeichenflächen (rechts)

19.1.2 EPS

Ein immer noch weitverbreitetes (wenn auch inzwischen veraltetes und für einen Großteil der Anwendungszwecke nicht mehr zu empfehlendes) Publishing-Austauschformat ist EPS – Encapsulated PostScript. Dieses Format wird von allen wichtigen Layout- und Vektorgrafikprogrammen sowie von Photoshop unterstützt.

Speichern | Um eine EPS-Datei zu erstellen, rufen Sie DATEI • SPEICHERN UNTER... auf – ⌘/Strg+⇧+S – und wählen im Menü FORMAT bzw. unter Windows DATEITYP • ILLUSTRATOR EPS. Bestimmen Sie auch die zu exportierenden Zeichenflächen. Nach der Bestätigung mit OK bzw. SPEICHERN geben Sie die Optionen in eine zweite Dialogbox ein:

▶ VERSION: Wählen Sie aus, mit welcher Illustrator-Version das EPS kompatibel sein soll. Wählen Sie eine Version größer oder gleich 10, werden eigentlich zwei Dateien in einer gespeichert: ein »nativer«, mit der ausgewählten Illustrator-Version editierbarer Part und ein Standard-EPS, in dem alle Objekte umgewandelt sind. Bearbeiten Sie diesen Standard-EPS-Part mit einer anderen Vektor-Software, kann es inhaltlich zu Versionskonflikten kommen, da der »native« Teil nicht entsprechend aktualisiert wird. Ab dem Illustrator-10-Format bleiben fast alle Illustrator-Objekte jeweils mindestens mit der Version editierbar, ab der sie unterstützt werden. Textobjekte werden jedoch in Legacy-Text umgewandelt, und Sie müssen platzierte Photoshop-Dateien auf eine Ebene reduzieren. Das Warn-Icon ⚠ zeigt potentielle Probleme an.

▲ **Abbildung 19.4**
EPS-Export-Optionen

EPS für FreeHand & CorelDraw

Gängige Vektorgrafikprogramme, z. B. CorelDraw und FreeHand, können EPS-Dateien, die »native« Daten enthalten, nicht zur Bearbeitung öffnen.

▲ Abbildung 19.5
Transparente und deckende EPS-Vorschau

EPS und Transparenz

EPS-Dateien mit gerasterter Transparenz sind im Layout nicht beliebig skalierbar.

Schriften einbetten

Schrifthersteller können das Einbetten von Truetype-Schriften unterbinden, indem sie im Font eine entsprechende Option aktivieren.

▲ Abbildung 19.6
Icons kennzeichnen die EPS-Version der Datei (v.l.: 10, CS, CS5).

Verläufe kompatibel drucken

Die JPEG-Verläufe verlangsamen die Ausgabe der Datei auf neueren Druckern. Verwenden Sie diese Option also nur, wenn Sie sie brauchen.

▶ Vorschau: Damit Sie das Layout auch in Programmen beurteilen können, die EPS nicht darstellen, lässt sich ein Vorschaubild in die Datei speichern. Wählen Sie hier das Format aus. Falls Sie 8-Bit-TIFF auswählen, müssen Sie außerdem angeben, ob das Vorschaubild deckend sein soll. Wählen Sie Deckend, wenn Sie das EPS in Microsoft Office verwenden.

▶ Transparenz: Mit den Optionen in diesem Bereich definieren Sie, wie transparente und überdruckende Objekte beim Export behandelt werden sollen. Je nach gewählter EPS-Version stehen Ihnen unterschiedliche Einstelloptionen zur Verfügung:
  ▶ Version 3 oder 8: Sie haben die Wahl, das Aussehen von Transparenzen und überdruckenden Objekten oder die Pfade ohne Transparenz beizubehalten. Erhalten Sie die Transparenzen, müssen Sie die Reduzierungsoptionen einstellen.
  ▶ Version 10 und höher: Wählen Sie die Transparenzreduzierungsoptionen (s. Abschnitt 12.4).

▶ Schriften einbetten: Ab Version 8 lassen sich Schriften in EPS-Dateien einbetten. Das bedeutet, dass die richtige Schrift beim Platzieren der Datei in anderen Anwendungen verwendet wird. Öffnen Sie die Datei in Illustrator, muss die Schrift trotz Einbettung auf Ihrem Computer installiert sein.

▶ Verknüpfte Dateien einschliessen: Mit dieser Option werden alle platzierten Dateien in das EPS eingebettet.

▶ Dokumentminiaturen einschliessen: Wenn Sie in Öffnen- und Platzieren-Dialogen und im Windows-Explorer eine Vorschau der Datei anzeigen lassen wollen, aktivieren Sie die Miniaturen.

▶ CMYK-PostScript in RGB-Dateien einschliessen: Platzieren Sie eine RGB-Datei in einer Anwendung, die nur im CMYK-Modus arbeitet, kann das Layout trotzdem ausgedruckt werden, wenn Sie diese Option aktivieren. Die RGB-Daten bleiben für das erneute Bearbeiten in Illustrator erhalten.

▶ Verläufe und Verlaufsgitter kompatibel drucken: Ältere Drucker können Verläufe und Verlaufsgitter nicht immer problemlos ausgeben. Aktivieren Sie diese Option, um eine JPEG-Version der Verläufe in der Datei zu speichern.

▶ Adobe PostScript: Wählen Sie die PostScript-Version für das EPS. Level 3 bietet mehr Optionen, zum Beispiel können Sie damit Verlaufsgitterobjekte ohne vorherige Umwandlung in Bitmaps auf PostScript-3-fähigen Druckern ausgeben.

19.1.3 FreeHand

Möchten Sie Ihre Illustrator-Dateien in FreeHand weiterbearbeiten, bleibt Ihnen nur der Weg über eine Illustrator 8- oder EPS-

Version-8-Datei. Hier werden bereits beim Exportieren der Datei einige Objekte umgewandelt (z. B. Text auf einem Pfad und in einer Form), die restlichen beim Öffnen in FreeHand – z. B. Verläufe und Angleichungen.

19.1.4 CorelDraw

Illustrator kann keine CDR-Dateien exportieren. Sie können jedoch Illustrator-Dateien bis zur Version 7 sowie EPS oder PDF in CorelDraw öffnen – CorelDraw X5 kann Illustrator-Dateien sogar bis CS4 öffnen und erreicht beim Interpretieren der Objekte und Umwandeln in entsprechende eigene Elemente sehr gute Ergebnisse. In CorelDraw aktivieren Sie beim Öffnen die Option Interpretiertes PostScript.

19.1.5 WMF/EMF

Beim Windows-Metafile- und Enhanced-Metafile-Format handelt es sich um native Windows-Grafikformate. Sie lassen sich auf dem Mac nicht sinnvoll exportieren oder platzieren. Metafile-Grafikformate sind eigentlich eine Sammlung von Befehlen an das Graphic Device Interface des betreffenden Betriebssystems – also in diesem Fall von Windows –, das diese Befehle zum Zeichnen der Grafikobjekte auf dem Monitor und zum Drucken auf Nicht-PostScript-Geräten benutzt. In einer reinen Windows-Umgebung können beide Formate zum Austausch von Vektorgrafik mit Office-Programmen verwendet werden.

19.1.6 AutoCAD DWG/DXF

Die beiden Formate DWG und DXF werden üblicherweise beim Austausch von Vektorgrafiken und Zeichnungen in CAD- und 3D-Programmen sowie für die Weitergabe von Daten in der Maschinensteuerung – z. B. Laserschneider – verwendet. Der Datenaustausch über diese Formate erfordert gegebenenfalls umfangreiche Tests und Absprachen.

19.1.7 InDesign – Copy & Paste

Pfade und zusammengesetzte Pfade mit Farbfüllungen und -konturen können Sie aus Illustrator in die Zwischenablage kopieren und in InDesign einfügen. Musterfüllungen werden dabei allerdings in Vektorpfade umgewandelt.

Damit Sie einzelne Vektorpfade aus Illustrator als Rahmen in InDesign verwenden können, muss in Voreinstellungen • Dateien verarbeiten und Zwischenablage… unter Zwischenablage beim Beenden die Option AICB (Adobe Illustrator Clip-Board) aktiviert sein.

Spezialobjekte konvertieren

Wenn sich Spezialobjekte wie Verzerrungshüllen oder Überblendungen nicht von einem in ein anderes Programm übertragen lassen, haben Sie zwei Möglichkeiten: in normale Vektorobjekte umwandeln oder in die Ursprungsformen zurückwandeln und im Zielprogramm aus den Originalobjekten ein vergleichbares Objekt erstellen.

Illustrator und Office am Mac

Unter Mac OS können Sie PDF zum Platzieren in Microsoft-Office-Dokumenten verwenden. Die Office-Dateien können unter Windows weiterverwendet werden.

Regelmäßig CAD-Daten?

Wenn Sie regelmäßig DWG- und DXF-Dateien öffnen oder exportieren, lohnt sich vielleicht die Anschaffung eines speziellen Plug-ins für diese Speicherformate.

Vektorpfade in InDesign

Möchten Sie Vektorpfade aus Illustrator in InDesign direkt weiterbearbeiten (z. B. als Grafikrahmen verwenden), kopieren Sie das Objekt aus Illustrator und fügen es in InDesign ein. Für die Übertragung auf diesem Weg besteht eine Obergrenze von 500 Objekten – falls Sie mehr Objekte in InDesign einfügen wollen, wird aus diesen ein EPS erstellt und eingebettet.

▲ **Abbildung 19.7**
Einfügen-Optionen in Photoshop

Farbeinstellungen angleichen

Achten Sie beim Wechsel zwischen Illustrator und Photoshop darauf, dass in beiden Programmen und in den jeweils bearbeiteten Dateien identische Farbeinstellungen vorhanden sind. Anderenfalls werden Farben umgewandelt.

Zusammengesetzte Form aus einzelnem Pfad?

Wenn Sie einen einzelnen Pfad innerhalb einer Datei als Formebene speichern möchten, wählen Sie Zusammengesetzte Form erstellen aus dem Menü des Pathfinder-Bedienfelds.

▲ **Abbildung 19.8**
Zusammengesetzte Formen erstellen Sie mit den Formmodi-Buttons des Pathfinder-Bedienfelds.

▲ **Abbildung 19.9**
Nötige Einstellungen für Konturen

Übernehmen Sie Objekte aus InDesign in Ihr Illustrator-Dokument über die Zwischenablage, dann beachten Sie, dass diese mit der Eigenschaft Überdrucken versehen sein können.

19.1.8 Photoshop – Copy & Paste

Die einfachste Form der Übergabe von Illustrator-Elementen an Photoshop-Dateien besteht im Transport über die Zwischenablage. Kopieren Sie die Illustrator-Objekte, wechseln Sie zu Photoshop, und fügen Sie die Elemente in Ihre Datei ein: Bearbeiten • Einfügen – ⌘/Strg+V. Eine Dialogbox fragt anschließend, wie Sie den Inhalt der Zwischenablage einfügen möchten.

Mit der Option Smart Objekt bleiben die Vektoreigenschaft sowie alle Illustrator-Bearbeitungsmöglichkeiten erhalten, in Photoshop können Sie Smart-Objekte nur insgesamt transformieren oder mit Smartfiltern bearbeiten. Weitere Informationen zu Smart-Objekten finden Sie in der Photoshop-Hilfe.

Die Einstellung Pixel rastert die Illustrator-Objekte, dafür können Sie alle Photoshop-Funktionen anwenden.

Pfad bzw. Formebene übernimmt nur die Vektorform, diese können Sie jedoch ebenfalls mit allen entsprechenden Photoshop-Optionen bearbeiten.

19.1.9 Photoshop – PSD

Wenn Sie Ihre Dateien als PDF oder EPS speichern, ist es nur möglich, sie beim Öffnen in Photoshop rastern zu lassen, also als Pixelgrafik zu öffnen. Über die Zwischenablage haben Sie die Wahl, ob Sie Pixel oder Pfade in Photoshop einfügen. Möchten Sie in einer Datei jedoch einen Teil der Objekte rastern und einen anderen Teil als Pfade für Photoshop speichern, verwenden Sie den PSD-Export von Illustrator.

Optional bleibt die Ebenenstruktur erhalten – möchten Sie Formen in der Photoshop-Datei auf unterschiedlichen Ebenen speichern, müssen Sie sie aber bereits in Illustrator auf diese Ebenen verteilen.

Objekte, die als Vektorformen übertragen werden sollen, müssen in einer genau definierten Weise erstellt werden. Nur zusammengesetzte Formen, die Sie mithilfe der oberen Button-Reihe des Pathfinder-Bedienfelds erstellen, werden in der PSD-Datei als Formebenen gespeichert, wenn sie sich in der obersten Hierarchiestufe des Dokuments befinden – also in Ebenen, nicht in Unterebenen. Falls Sie die zusammengesetzten Formen mit einer Kontur versehen, muss diese in einem geraden Wert in der Einheit Punkt definiert sein und die runde Eckenform verwenden. Verwenden Sie keine Muster- oder Verlaufsfüllungen.

PSD-Exportoptionen | Wählen Sie in der Dialogbox PSD als Exportformat, geben der Datei einen Namen, und bestimmen die zu exportierenden Zeichenflächen und den Speicherort. Nachdem Sie mit OK bestätigt haben, legen Sie die Optionen fest:

- FARBMODELL: Sie haben die Wahl, Ihre Dateien im RGB-, CMYK- oder Graustufen-Farbraum zu speichern. Voreingestellt ist der Dokumentfarbraum, und nur in diesem Farbraum ist es auch möglich, die maximale Bearbeitbarkeit der Objekte zu erreichen.
- AUFLÖSUNG: Da einige Objekte gerastert werden, müssen Sie hier die Auflösung der Datei bestimmen – wählen Sie sie nach dem Bestimmungszweck der Grafik. Drei gebräuchliche Werte können Sie anklicken oder einen abweichenden Wert unter ANDERE eingeben. Die Bildgröße richtet sich nach den Maßen der Zeichenfläche, wenn die Option ZEICHENFLÄCHEN VERWENDEN aktiviert wurde. Anderenfalls wird eine Fläche exportiert, die alle Objekte umfasst.
- REDUZIERTES BILD: Mit dieser Option werden alle Objekte auf eine Bildebene reduziert. Bei sehr komplexen Dateien oder wenn Sie eine hohe Auflösung eingestellt haben, ist es häufig nötig, diese Option zu verwenden, um die Datei überhaupt exportieren zu können.
- EBENEN MIT EXPORTIEREN: Aktivieren Sie diese Option, um in Illustrator eingerichtete Ebenen zu erhalten. Setzen Sie zusätzlich die Option TEXTBEARBEITBARKEIT BEIBEHALTEN, um Textobjekte in Photoshop-Textebenen zu konvertieren. Die Option MAXIMALE BEARBEITBARKEIT erhält nach Möglichkeit auch die ersten Unterebenen und dient dazu, zusammengesetzte Formen in Formebenen umzuwandeln. Sind die PSD-Dateien für eine alte Photoshop-Version bestimmt (unter CS), rastern Sie die Textebenen.
- GLÄTTEN: Mit dieser Option wird beim Rastern der Objekte mit Anti-Aliasing gearbeitet. Im Normalfall sollten Sie diese Option verwenden.
- ICC-PROFIL EINBETTEN: Wenn Sie in einem Farbmanagement-Workflow arbeiten, aktivieren Sie diese Option, um das eingestellte Farbprofil in die Datei einzubetten.

▲ **Abbildung 19.10**
Optionen beim Export von Photoshop-Dateien

Textobjekte bleiben erhalten

Auch Pfadtexte und nicht rechteckige Flächentexte bleiben in Photoshop editierbar erhalten.

▲ **Abbildung 19.11**
Ohne (links) und mit (rechts) Glätten – Darstellung vergrößert

19.1.10 TIFF (Tagged Image File Format)

Das TIFF-Pixelformat wird von allen in der Druckvorstufe verbreiteten Programmen unterstützt. Die von Illustrator erstellten TIFF-Dateien sind auf die Hintergrundebene reduziert.

Neben der AUFLÖSUNG und der Farbprofil-Einstellung können Sie unterschiedliche Arten des Glättens wählen (SUPERSAMPLING

Abbildung 19.12
TIFF-Export-Optionen

und HINTED s. Abschnitt 14.13) und es lassen sich als spezifische Optionen die LZW-KOMPRIMIERUNG (eine verlustfreie Datenreduzierung) sowie die BYTEREIHENFOLGE angeben. Die meisten Programme können sowohl die IBM- als auch die Macintosh-Reihenfolge lesen. Falls Sie sich jedoch nicht sicher sind, wählen Sie die Ziel-Plattform aus, auf der die Datei eingesetzt werden soll.

19.1.11 BMP
Das Bitmap-Format ist ein Windows-Standard-Pixelformat. Beim Export dieses Formats werden alle Ebenen und Objekte auf die Hintergrundebene reduziert – bei der Rasterung der Füllmethoden können Fehler entstehen.

19.1.12 Macintosh PICT
PICT ist das Mac-OS-Gegenstück zu WMF/EMF, also ebenfalls ein Metaformat. Es nutzt die QuickDraw-Routinen des Macs, um Grafik am Monitor oder auf einem Drucker auszugeben. Da beim Konvertieren einer Grafik ins PICT-Format eine schlechtere Farbqualität entsteht und Vektorkurven ungenauer berechnet werden, sollten Sie dieses Format vermeiden.

Abbildung 19.13
Pixelbasierte Dateiformate erkennen Sie am Icon.

19.1.13 TARGA
TARGA ist ein von der Firma Truevision für ihre Grafikkarten entwickeltes Pixelformat, das nur die Farbmodelle RGB und Graustufen unterstützt. Alle Ebenen und Objekte werden beim Export auf die Hintergrundebene reduziert.

19.1.14 Microsoft Office
Die Funktion FÜR MICROSOFT OFFICE SPEICHERN… ist ein um die Formatoptionen reduzierter PNG-Export. PNG ist nicht das einzige zum Import in Office geeignete Format, das Illustrator unterstützt.

Abbildung 19.14
Export-Optionen für das TXT-Format

19.1.15 TXT
In Illustrator gesetzte Texte lassen sich als ASCII-Text exportieren. Dabei haben Sie die Wahl, den Text für die Windows- oder Mac-Plattform in Unicode oder in der für den Arbeitsrechner eingestellten Kodierung zu speichern.

Aktivieren Sie Texte mit dem Textcursor oder den Textrahmen mit dem Auswahl-Werkzeug, um nur diese Inhalte in der Textdatei zu speichern. Ist kein Text oder Rahmen ausgewählt, werden alle Textrahmen in der Stapelreihenfolge exportiert. Der im Stapel unten liegende Rahmen steht am Beginn der Textdatei.

19.2 Ausgabe als PDF

Das Portable Document Format ist ein offenes Austauschformat. In PDF-Dateien bleiben die Präsentationselemente des Ursprungsdokuments – Layout, Schrift, Bilder – erhalten und können mit dem Acrobat Reader betrachtet werden, unabhängig davon, welche Anwendung auf welcher Plattform zur Erstellung der Datei eingesetzt wurde.

Aus der Druckvorstufe ist das PDF-Format inzwischen nicht mehr wegzudenken. Es wird sowohl in kostengünstigen Online-Druckereien als auch für die Ausgabe hochwertiger Qualitätsdrucke verwendet.

19.2.1 PDF erstellen

PDF-Dateien können Sie aus Illustrator auf zwei Arten erstellen: Zum einen lässt sich ein PDF über den **Drucken-Dialog** erzeugen mit Adobe PDF als Druckertreiber. Auf diesem Weg muss jedoch eventuell vorhandene Transparenz reduziert werden.

Der andere Weg führt über das **Speichern**. Wählen Sie Datei • Speichern unter…, und geben Sie den Speicherort und Namen der Datei sowie das Speicherformat Adobe PDF (PDF) ein. Bei mehreren Zeichenflächen wählen Sie außerdem diejenigen aus, die gespeichert werden sollen. Es entsteht eine mehrseitige PDF-Datei, deren Seiten unterschiedliche Formate besitzen können.

Anschließend stellen Sie die Optionen für die Erzeugung der PDF-Datei ein. Sie haben die Möglichkeit, einen der voreingestellten Einstellungssätze auszuwählen oder die Optionsbereiche aus der Liste aufzurufen und Ihre eigenen Einstellungen vorzunehmen.

- Adobe PDF-Vorgabe: In diesem Menü finden Sie die mitgelieferten Einstellungen sowie Options-Sets, die Sie selbst speichern. Wählen Sie Illustrator-Standard, um alle Bearbeitungsmöglichkeiten im erstellten PDF zu erhalten. Die drei PDF/X-Einstellungen erzeugen jeweils standardkonforme PDFs, bei denen aber zumindest im Fall von PDF/X-1 und PDF/X-3 die Bearbeitungsmöglichkeit zum großen Teil verlorengeht. Mit der Option Kleinste Dateigrösse speichern Sie weboptimierte Dateien.
- Standard: Wählen Sie die angestrebte PDF/X-Version oder Ohne aus, um Ihre Einstellungen auf Standardkonformität überprüfen zu lassen.
- Kompatibilität: In diesem Menü stellen Sie ein, mit welcher Acrobat-Version Ihre Datei kompatibel sein soll. Mit dieser Option wird außerdem die PDF-Version festgelegt. Mit der

▲ **Abbildung 19.15**
Im Adobe Print-Publishing-Bereich finden Sie viele Anleitungen – auch zu PDF: *www.adobe.com/de/print/*.

PDF-Voreinstellungen

Unter Bearbeiten • Adobe PDF-Vorgaben verwalten Sie die PDF-Voreinstellungen. Dort können Sie neue Voreinstellungen anlegen oder Joboptions-Dateien als Voreinstellungen importieren.

Alles auf einer Seite

Möchten Sie die Elemente aller Zeichenflächen auf einer Seite im PDF zusammenfassen, müssen Sie zunächst eine Zeichenfläche über alle Objekte anlegen.

Rücksprache mit Dienstleister

Gerade wenn Sie PDF-Dateien für die Druckvorstufe erstellen, sollten Sie sich vorher bei Ihrem Dienstleister nach den benötigten Einstellungen erkundigen.

> **PDFs zum Platzieren**
>
> Vor allem, wenn Ihre PDF-Dateien in Layoutprogramme platziert werden, sollten Sie die Transparenz nicht beim Export aus Illustrator reduzieren und eine höhere PDF-Version als 1.3 wählen.

Abbildung 19.16 ▶
Die Dialogbox ADOBE PDF SPEICHERN

Einstellung ACROBAT 4 (PDF 1.3) können Sie viele Probleme in der Belichtung oder im Druck vermeiden – Transparenz wird dann allerdings reduziert, daher sollten Sie anderen Einstellungen den Vorzug geben, die präziser auf den Weiterverarbeitungsprozess zugeschnitten sind.

19.2.2 Allgemein

Die Optionen dieser Gruppe betreffen Illustrator-Features.

> **Bearbeitungsfunktionen beibehalten?**
>
> ILLUSTRATOR-BEARBEITUNGSFUNKTIONEN BEIBEHALTEN ist kontraproduktiv, wenn Sie eine starke Komprimierung erreichen wollen, da zusätzliche Daten – »Private Data« genannt – gespeichert werden, die dazu dienen, die Transparenz editierbar zu erhalten.
> Darüber hinaus kann es zu inhaltlichen Versionskonflikten kommen, wenn Sie den Standard-PDF-Part einer solchen Datei mit geeigneter Software (wie z. B. Enfocus PitStop) editieren, da in diesem Fall der Private-Data-Part nicht aktualisiert wird.

- ILLUSTRATOR-BEARBEITUNGSFUNKTIONEN BEIBEHALTEN: Möchten Sie das PDF später erneut in Illustrator editieren, wählen Sie diese Option. Sie ist nicht konform zu PDF/X.
- SEITENMINIATUREN EINBETTEN: Seitenminiaturen dienen zur Vorschau einzelner Seiten in Öffnen-Dialogen.
- FÜR SCHNELLE WEBANSICHT OPTIMIEREN: Das PDF wird so strukturiert, dass es seitenweise vom Server geladen werden kann. Außerdem werden wiederholt vorkommende Bildinhalte nur noch per Verweis auf das erste Vorkommen gespeichert (dies gilt nicht für Vektordaten).
- AUS OBEREN EBENEN ACROBAT-EBENEN ERSTELLEN: Diese Option steht nur ab Acrobat 6 (PDF 1.5 bis 1.7) zur Verfügung. Ebenen der obersten Hierarchiestufe bleiben im PDF als Ebenen erhalten.

19.2.3 Komprimierung

> **Vektordaten komprimieren?**
>
> Vektorgrafiken lassen sich nicht weiter komprimieren. Sehr komplexe Vektorillustrationen führen daher häufig zu sehr großen PDF-Dokumenten.

Pixelbilder in PDF-Dateien können komprimiert werden. Beim Speichern haben Sie außerdem die Möglichkeit, dokumentweit die Auflösung der Bilder zu verringern – per Downsampling. Dabei werden Bilder nach den Farbmodi Farbbilder, Graustufenbilder und monochrome Bilder (1-Bit-Bilder) unterschieden. Für jede dieser drei Gruppen können Sie individuelle Methoden des Downsamplings sowie Komprimierungsoptionen definieren.

◀ **Abbildung 19.17**
PDF-Optionen KOMPRIMIERUNG

- ▶ NEUBERECHNUNG (DOWNSAMPLING): Wählen Sie aus dem Aufklappmenü, mit welcher Methode die Bildauflösung angepasst werden soll. Mit der Option BIKUBISCHE NEUBERECHNUNG erreichen Sie die weichsten Übergänge, die Berechnung dauert aber auch am längsten.
- ▶ KOMPRIMIERUNG: Die Komprimierungsmethode und deren Stärke sind für die Darstellungsqualität der platzierten Bilder verantwortlich.
  - ▶ OHNE: Es findet keine Komprimierung statt. Wählen Sie diese Option für die Druckausgabequalität.
  - ▶ ZIP: ZIP eignet sich am besten für flächige, grafische Bilder. Mit der Bildqualität-Einstellung 8 Bit arbeitet ZIP verlustfrei. Wählen Sie jedoch die 4-Bit-Kompression, wird bei jedem Bild zunächst die Anzahl der Farben pro Kanal auf 16 reduziert und erst dann verlustfrei komprimiert.
  - ▶ JPEG: Wählen Sie JPEG für fotografische Motive. Die Stärke der Komprimierung stellen Sie mit dem Auswahlmenü BILDQUALITÄT ein.
  - ▶ JPEG2000: JPEG2000 ist ein internationaler Standard, der viele Verbesserungen gegenüber JPEG bietet. Zusätzlich zur BILDQUALITÄT bestimmen Sie hier mit dem Regler TEILGRÖSSE Optionen für die progressive Anzeige der Bilder, d.h., die Bildanzeige baut sich in mehreren Durchgängen auf. Dieses Verfahren können Sie nur bei einer KOMPATIBILITÄT-Einstellung ab ACROBAT 6 (PDF 1.5) auswählen.
  - ▶ CCITT: Dieses Verfahren stammt aus der Faxübertragung. Sie können die Option nur für monochrome Bilder auswählen.
  - ▶ RUN-LENGTH: Auch RUN-LENGTH steht nur bei monochromen Bildern zur Verfügung. Es eignet sich eher für Motive mit großen einheitlichen Flächen.

Downsampling einstellen?

Da Downsampling immer eine Weichzeichnung verursacht, sollten Sie Ihre Bilder im Bildbearbeitungsprogramm auf die richtige Größe skalieren und anschließend schärfen. Verwenden Sie Downsampling ausschließlich, um Dateien für das Web zu erstellen.

▲ **Abbildung 19.18**
Anwendungsbeispiele für LZW, JPEG, CCITT, Run-Length

19.2 Ausgabe als PDF | **599**

▶ Text und Strichgrafiken komprimieren: Diese Option bewirkt eine ZIP-Komprimierung, die die Dateigröße noch ein wenig reduziert.

19.2.4 Marken und Anschnitt

Die Optionen in diesem Bereich entsprechen den gleichlautenden Optionen im Drucken-Dialog (s. Abschnitt 19.4).

19.2.5 Ausgabe

In diesem Bereich nehmen Sie die Einstellungen für das Farbmanagement vor.

Abbildung 19.19 ▶
PDF-Optionen Ausgabe

Ein Zielprofil können Sie auswählen, sobald Sie eine Farbkonvertierung selektiert haben. Die Gruppe der PDF/X-Optionen ist erst verfügbar, wenn Sie eines der PDF/X-Formate als Ausgabeformat einstellen.

Wählen Sie einen Menüpunkt aus, und bewegen Sie anschließend die Maus darüber, um Informationen zu erhalten, was mit den im Dokument verwendeten Farben und den Farben in platzierten Bildern geschieht.

19.2.6 Erweitert

Hier entscheiden Sie, ob der gesamte Zeichensatz einer Schrift oder nur Untergruppen in Ihr Dokument eingebettet werden. Untergruppen bildet Illustrator dann, wenn der Anteil verwendeter Zeichen kleiner ist als der im Feld eingegebene Wert. Wenn Sie möchten, dass eine Schrift komplett eingebettet wird, geben Sie »0« ein.

Die Optionen Überdrucken und Transparenzreduzierung entsprechen denen im Drucken-Dialog bzw. der Menü-Option Transparenz reduzieren (zur Transparenz s. Kapitel 12).

> **OpenType und Dateigröße**
>
> Beachten Sie bei der Verwendung von OpenType-Schriften, dass diese sehr viele Zeichen enthalten können, sodass die Dateigröße nicht unerheblich steigt.

Checkliste: Auswahl des Dateiformats

Welches Dateiformat Sie auswählen, hängt davon ab, was mit dieser Datei geschehen und in welchem Workflow das Dokument weiterverarbeitet werden soll. Welche Merkmale bieten die einzelnen Dateiformate?

AI | Als natives Speicherformat von Illustrator erhält AI die Editierbarkeit Ihrer Elemente. Nur Illustrator kann eine AI-Datei wieder zur Bearbeitung öffnen. Zusätzlich müssen Sie die Version beachten: Damit die volle Editierbarkeit erhalten bleibt, müssen Sie eine passende Version wählen und können das Dokument auch nur mit dieser oder einer höheren Version öffnen. **Egal, wie Ihre Datei weiterverwendet wird, speichern Sie zum Zweck der Archivierung Ihre Dokumente immer im nativen Format.**

AI ist das empfohlene Format zum Platzieren der Datei in **InDesign** – für den Austausch mit InDesign (und Photoshop) ist in AI-Dateien eine zusätzliche Version des Dateiinhalts als PDF 1.5 gespeichert. Zur Minimierung der Dateigröße können Sie das Speichern des PDF deaktivieren (Option PDF-KOMPATIBLE DATEI ERSTELLEN), der Datei-Austausch innerhalb der Creative Suite basiert jedoch auf der PDF-Kompatibilität. Wenn ein Illustrator-Dokument sich nicht mehr öffnen lässt, kann der Dateiinhalt häufig über den PDF-Zweig zumindest teilweise gerettet werden.

Auch in **Flash CS5** können Sie AI-Dateien unter Erhaltung aller Ebenen, Symbole, Texte und vieler Objekte weiterverarbeiten.

EPS | Das Arbeitspferd der Druckvorstufe, EPS, kann von den meisten Applikationen zumindest platziert und korrekt ausgegeben werden – **gilt jedoch inzwischen als veraltet.** Ein EPS kann keine Live-Transparenz oder Aussehen-Eigenschaften wie Pinsel und Effekte enthalten; daher werden diese reduziert. Vor dem Speichern eines EPS müssen Sie also auf korrekte Dokument-Rastereffekt- und Transparenzreduzierungs-Einstellungen achten. In einem EPS ist zusätzlich eine native Version der Datei enthalten, auf die zugegriffen wird, wenn Sie das EPS in Illustrator öffnen – allerdings ist die volle Editierbarkeit von der gewählten EPS-Version abhängig.

PDF | Für den Austausch Ihrer Dateien mit Kunden und Dienstleistern hat sich das PDF-Format etabliert. Einige Illustrator-Features werden von PDF nicht unterstützt, sodass beim Speichern in diesem Format bei bestimmten Objektarten immer eine Reduzierung stattfindet – um diese Tatsache zu kompensieren, kann ein PDF eine native Version der Datei enthalten (Option ILLUSTRATOR-BEARBEITUNGSFUNKTIONEN BEIBEHALTEN). Ab PDF-Version 1.4 wird Live-Transparenz erhalten.

PDF/X | PDF/X-Formate sind durch Standards definiert und können validiert – also auf die Einhaltung der Vorgaben geprüft – werden. PDF/X-1a und PDF/X-3 enthalten reduzierte Transparenz. In PDF/X-4 bleibt Transparenz erhalten.

▲ **Abbildung 19.20**
Enthält Ihre Datei Transparenz, muss diese beim Speichern ins EPS-Format reduziert werden (zu Transparenz s. Kapitel 12).

▲ **Abbildung 19.21**
Warnung beim Platzieren einer Illustrator-Datei ohne PDF-Kompatibilität in InDesign

▲ **Abbildung 19.22**
Die Sichtbarkeit der Ebenen von Illustrator-CS5-Dateien können Sie in InDesign mit den OBJEKT-EBENENOPTIONEN steuern.

19.3 Grafiken für den Druck vorbereiten

Bei der Erstellung von Grafik für den Druck sind einige spezielle Gegebenheiten des Verarbeitungsprozesses bei der Übersetzung digitaler Daten in die analoge Darstellung und die verwendeten Bedruckstoffe zu beachten.

19.3.1 Bildauflösung

Die Auflösung eines Bildes gibt die Anzahl der Pixel bezogen auf eine Längeneinheit an. Solange Sie in Illustrator nur mit Vektorformen arbeiten, müssen Sie sich um die Auflösung nur wenige Gedanken machen. Achten müssen Sie aber auf Linienstärken. Eine Linie unter 0,25 Pt Stärke wird unter Umständen nicht sauber gedruckt. Bedenken Sie, dass Konturen beim Verkleinern einer Grafik im Layoutprogramm ebenfalls dünner werden.

Integrieren Sie Halbtonbilder in Ihre Illustrator-Dateien oder arbeiten Sie mit pixelbasierten Effekten, müssen Sie die Auflösung natürlich beachten. Das geht bequemer, wenn Sie Ihre Datei in den endgültigen Maßen anlegen. In den entsprechenden Dialogboxen – für TRANSPARENZREDUZIERUNG (s. Abschnitt 12.4), DOKUMENT-RASTEREFFEKT-EINSTELLUNGEN… (s. Abschnitt 13.6.6) und IN PIXELBILD UMWANDELN… (s. Abschnitt 13.6.7) – müssen Sie die korrekte Auflösung für die jeweils beabsichtigte Ausgabeform einstellen.

19.3.2 Komplexität

Eine hohe Komplexität Ihrer Grafik führt möglicherweise zu Problemen beim Ausdrucken. Diese können vom erhöhten Zeitaufwand – und damit höheren Kosten beim Dienstleister – bis zu Fehlern reichen. Typisch ist die »Limitcheck«-Fehlermeldung von PostScript-Geräten, z. B. bei komplexen Pfaden, die aufgrund ihrer Länge oder Form zu viele Punkte aufweisen. Halten Sie die Anzahl der Punkte auf einem Pfad gering. **Vereinfachen** Sie Pfade, wenn möglich (Abschn. 7.4). Eine Alternative ist das Aufteilen von Formen auf mehrere Pfade, wenn es zu Problemen kommt. Speichern Sie aber eine Kopie der ursprünglichen Form. Sehr viele kurze Pfade – wie sie typischerweise bei importierten CAD-Daten auftreten – können jedoch auch ein Problem darstellen. Diese sollten Sie daher zusammenfügen (Abschn. 6.5.7). Löschen Sie Elemente, die in der Vorschau von anderen Objekten **verdeckt** sind. Beim Ausdrucken oder Belichten werden alle Elemente verarbeitet, auch wenn sie letztendlich nicht sichtbar sind.

Der Raster-Image-Prozessor (RIP) wandelt Vektorpfade in einer **Kurvennäherung** für die Ausgabe auf einem PostScript-Gerät in

---

Linienstärke auf Laserdruckern

Viele Laserdrucker haben eine weit geringere Auflösung als Belichter. Sie stellen also Linien nur in der für sie kleinstmöglichen Auflösung dar. Ein Laserbelichter verwendet jedoch die eingestellte Linienstärke, die dann bei der Ausgabe auf einer Druckmaschine »abreißt«.

Bildauflösung

Die Bildauflösung sollte das 1,5–2-Fache der verwendeten Rasterweite betragen – diese Zugabe wird »Qualitätsfaktor« genannt. Für ein 60er-Raster (150 lpi) bedeutet dies eine Auflösung von mindestens 225 ppi, besser sind 300 ppi.

▲ **Abbildung 19.23**
Aufteilen von Formen mit OBJEKT • PFAD • DARUNTER AUFTEILEN

▲ **Abbildung 19.24**
Verdeckte Elemente löschen

Polygone mit vielen kurzen geraden Segmenten um. Die Anzahl der Geraden, aus denen eine Kurve besteht, bestimmt über die »Rundheit« der Kurve (engl. Flatness). Je mehr Geraden aber für die Umsetzung eines Kurvenverlaufs eingesetzt werden müssen, umso länger dauert der Druckprozess und desto mehr Speicher benötigt das Ausgabegerät für die Verarbeitung der Datei (s. Abschnitt 19.4).

Beschränken Sie die Anzahl der verwendeten **Schriftarten** und -schnitte. Davon profitiert Ihr Layout insgesamt.

▲ **Abbildung 19.25**
Detailansicht einer Bilddatei

19.3.3 Registerungenauigkeit/Passerungenauigkeit

Beim mechanischen Vorgang des Druckens können, während das Papier die Druckmaschine durchläuft, kleinste Ungenauigkeiten auftreten, die dafür verantwortlich sind, dass die Druckfarben nicht exakt übereinander drucken (Abb. 19.26). Ungenauigkeiten sind zum einen durch den mechanischen Vorgang, zum anderen durch das Material bedingt, das sich z. B. ausdehnt, wenn es durch den Farbauftrag feucht wird.

Pixelgrafik | Die Farbe der einzelnen Bildpunkte wird aus der Mischung der Primärfarben erzielt. Daher bestehen im gesamten Bild gemeinsame Farben. Haben Sie sich ein Halbtonbild – also ein pixelbasiertes Bild – einmal in hoher Vergrößerung angesehen, ist Ihnen darüber hinaus sicher aufgefallen, dass keine scharf abgegrenzten Flächen darin vorkommen. Durch die in Halbtonbildern vorhandene Unschärfe entstehen an den Begrenzungen von Farbflächen Mischtöne. Sowohl die gemeinsamen Farben des Bilds als auch die Mischtöne an Rändern bedingen, dass kleine Passerungenauigkeiten nicht auffallen.

▲ **Abbildung 19.26**
Passerungenauigkeit (übertriebene Darstellung)

Vektorgrafik | In Vektorgrafik-Dateien sind Objektkanten scharf abgegrenzt. Kommt dann erschwerend hinzu, dass benachbarte Flächen keine gemeinsamen Druckfarben enthalten, sind schon bei kleinen Registerungenauigkeiten »Blitzer« zu sehen: unbedruckte Stellen.

Lösungsansätze | Mit unterschiedlichen Maßnahmen können Sie erreichen, dass keine »Blitzer« entstehen:

▶ **Gemeinsame Druckfarben**: Der einfachste Weg, das Problem zu lösen, ist, dafür zu sorgen, dass aneinandergrenzende Flächen ausreichend gemeinsame Druckfarben besitzen – in einem Anteil von mindestens 5 %. So erreichen Sie, dass die bei Ungenauigkeiten entstehenden Mischfarben sich nicht auffällig von den Objektfarben unterscheiden.

▲ **Abbildung 19.27**
Gemeinsame Druckfarben (links nicht ausreichend, rechts ausreichend)

19.3 Grafiken für den Druck vorbereiten

▲ **Abbildung 19.28**
Sollten Passerungenauigkeiten (z. B. zwischen Gelb und Cyan) auftreten, würde die schwarze Kontur diese überdecken.

Abbildung 19.29 ▶
Vektorgrafik-Original (links), in Photoshop gerastert (rechts): Die Vergrößerung zeigt die Mischtöne, die beim Rastern mit aktiviertem Anti-Aliasing entstehen. Vektorformen weisen dagegen immer hart abgegrenzte Kanten auf.

▲ **Abbildung 19.30**
Überfüllung (links, dunkelblau) und Unterfüllung (rechts)

▶ **Überdrucken**: Besonders kritisch ist die Passerungenauigkeit für Texte, die in kleinen Punktgrößen gesetzt sind, und feine Umrandungen. Gäbe es an derartigen Formen Blitzer beim Drucken, wären die meisten Texte nur noch mit Mühe lesbar. Um Probleme mit diesen Objekten zu vermeiden, verwendet man die Option Überdrucken (s. Abschnitt 19.3.4), d. h., in der darunterliegenden Fläche wird die betroffene Form nicht ausgespart.

▶ **Umrisslinien**: Überdruckende schwarze Konturen an den Objektgrenzen – wie z. B. in Comics – lassen sich auch verwenden, um Ungenauigkeiten zu überdecken.

▶ **In Pixelbild umwandeln**: Es gibt natürlich auch die Möglichkeit, die Vektorgrafik vor dem Drucken zu rastern, also in ein Halbtonbild zu konvertieren. Dafür können Sie die Funktionen von Illustrator oder den Export als PSD benutzen.
Achtung: Sie müssen die exakte Größe und die benötigte Auflösung einstellen und natürlich die Anti-Aliasing-Option aktivieren.

▶ **Über- und Unterfüllen/Trapping**: Beim Über- und Unterfüllen erzeugt man an den Objektgrenzen Überlappungen, sodass keine Blitzer mehr auftreten können. Da der sichtbare Rand zwischen zwei Objekten meist durch die dunklere der beiden Flächen bestimmt ist, geht man so vor, dass die hellere Fläche erweitert wird, während die dunklere ihre Form behält. Mit den Bezeichnungen »Über«- und »Unterfüllen« unterscheidet man, ob ein helles Objekt seinen dunklen Hintergrund überlappt oder ein heller Hintergrund unter ein dunkles Objekt ragt.

19.3.4 Überdrucken

Um die Füllung und/oder Kontur eines aktivierten Objekts zu überdrucken, rufen Sie zunächst Fenster • Attribute auf – ⌘/ Strg + F11, im Dock. Aktivieren Sie anschließend die gewünschte Option Fläche überdrucken oder Kontur überdrucken. Für eine mehrfarbige Bild-, Spezial- oder Musterpinselkontur können Sie die Option Kontur überdrucken zwar aktivieren, sie hat jedoch nicht die gewünschten Auswirkungen beim Druck.

Farben überdrucken | Überdrucken Sie zwei verschiedene Druckfarben, setzt sich die Farbe der Schnittfläche aus den addierten Farbwerten der übereinanderliegenden Objekte zusammen. Beim Überdrucken zweier gleicher Druckfarben bestimmt die überdruckende Farbe das Ergebnis. Dies sollten Sie beachten, wenn Sie ein helleres Objekt eine dunklere Fläche überdrucken lassen (Abb. 19.32).

Im Vorschaumodus ist die Auswirkung Ihrer Einstellung nicht sichtbar. Wählen Sie Ansicht • Überdruckenvorschau – ⌘+⌥+⇧+Y bzw. Strg+Alt+⇧+Y –, um die Farbwirkung dieser Einstellung am Bildschirm zu sehen.

▲ **Abbildung 19.31**
Attribute-Bedienfeld: Ein Warndreieck wird angezeigt, wenn Sie eine weiße Fläche oder Kontur überdrucken.

▲ **Abbildung 19.32**
Ausgespart (links), Überdrucken (rechts): ❶ C70, ❷ M20/Y70, ❸ M50/Y50, ❹ C40/M20/Y70, ❺ M20/Y70

Drucken-Option »Schwarz überdrucken« | Beim Drucken von Separationen – nicht beim Drucken als Composite – haben Sie in den Drucken-Optionen eine Einstellmöglichkeit, Elemente in der Farbe 100 % Schwarz generell zu überdrucken. Wenn Sie in einer Datei nachträglich für bestimmte oder alle schwarzen Objekte das Überdrucken aktivieren wollen, verwenden Sie den Befehl Bearbeiten • Farben bearbeiten • Schwarz überdrucken, um die Eigenschaft für mehrere Objekte gleichzeitig zu definieren.

Schwarz-überdrucken-Funktion | Wenn Sie nur einzelne schwarze Objekte bzw. deren Konturen oder Füllungen überdrucken möchten, hilft Ihnen diese Funktion, die Überdrucken-Eigenschaft für Objekte abhängig von deren Schwarzanteil zu setzen. Gehen Sie wie folgt vor, um mit dem Befehl bestimmte Objekte zu überdrucken:

1. Aktivieren Sie die Objekte, aus denen die überdruckenden Elemente ausgewählt werden sollen – gegebenenfalls sind das alle in Ihrem Dokument enthaltenen Objekte.
2. Wählen Sie Bearbeiten • Farben bearbeiten • Schwarz überdrucken…
3. Im Aufklappmenü selektieren Sie Schwarz hinzufügen. Geben Sie den Prozentanteil Schwarz ein, den zu überfüllende Objekte enthalten sollen. Der Filter sucht leider nicht nach dem Kriterium »mindestens«, sondern exakt den eingegebenen Prozentwert.
    ▶ Wählen Sie unter Anwenden auf, ob Konturen und/oder Füllungen überdrucken sollen.

▲ **Abbildung 19.33**
Schwarz ausgespart (oben), Schwarz überdruckt (unten)

▲ **Abbildung 19.34**
Der Schwarz überdrucken-Filter

19.3 Grafiken für den Druck vorbereiten | **605**

> **Weiß überdrucken**
> Besonders tückisch sind überdruckende weiße Objekte. Weiß überdruckende Elemente kommen häufig zustande, indem Schwarz überdruckenden Objekten die Farbe Weiß nachträglich zugewiesen wurde.

- ▶ Möchten Sie auch Objekte überdrucken, die – neben anderen Farben – einen Schwarzanteil enthalten, aktivieren Sie Schwarz bei CMY einschliessen.
- ▶ Sollen Volltonfarben überdrucken, deren CMYK-Definition einen bestimmten Schwarzanteil enthält, wählen Sie Vollton-Schwarz einschliessen.
4. Klicken Sie auf OK.

Dieselbe Funktion verwenden Sie, wenn Sie die Überdrucken-Eigenschaft von Objekten wieder aufheben möchten. Wählen Sie dazu aus dem Aufklappmenü Schwarz entfernen. Wenn Sie die Überdrucken-Eigenschaft für Weiß entfernen wollen, geben Sie für den Prozentwert »0« ein.

19.3.5 Überfüllungen anlegen

Verschiedene Druckverfahren verlangen nach unterschiedlichen Stärken, Formen und Lage der Überfüllungen. Daher sollte das Überfüllen unmittelbar vor der Ausgabe – der Belichtung des Films oder der Druckplatte – erfolgen. **Bevor Sie also manuell überfüllen, sprechen Sie mit Ihren Dienstleistern!**

> **Text überfüllen?**
> Beim Überfüllen von Text – vor allem kleiner Schriftgrade – ist Vorsicht geboten, da dieser durch die Veränderung der Form schwer lesbar werden kann.

Überfüllungen lassen sich auf mehrere Arten erzeugen. Sie können Überfüllungen mithilfe von Konturen anlegen. Eine andere Möglichkeit ist die Verwendung der Überfüllen-Funktion. Eine Spezialbehandlung erfordert die Überfüllung von Verlaufsflächen und Konturen.

Überfüllen mit einer Kontur | Legen Sie eine Kontur um die zu überfüllende Fläche in der Stärke der Überfüllung an, und richten Sie diese Kontur nach außen ▣ aus (Kontur-Bedienfeld). Verwenden Sie die Farbe des Objekts für die Kontur.

Rufen Sie das Grafikattribute-Bedienfeld auf, und aktivieren Sie die Option Kontur überdrucken – achten Sie darauf, dass Fläche überdrucken nicht aktiviert ist.

▲ **Abbildung 19.35**
Über- und Unterfüllen mit einer Kontur

Unterfüllen mit einer Kontur | Beim Unterfüllen verwenden Sie für die Kontur statt der Objekt- die Hintergrundfarbe und richten die Kontur nach innen ▣ aus. Aktivieren Sie für diese Kontur ebenfalls die Überdrucken-Option im Grafikattribute-Bedienfeld.

Verläufe überfüllen | Da Sie Konturen nicht mit Verläufen füllen können, müssen Sie einen weiteren Schritt einfügen, wenn Sie eine Verlaufsfläche überfüllen möchten.

◄ **Abbildung 19.36**
Verlauf überfüllen: Schritt ❸ ist nur nötig, wenn die Überfüllung auf die Größe der angrenzenden Farbfläche zugeschnitten werden muss.

1. Erstellen Sie zunächst eine Kontur in der Stärke der Überfüllung für das Verlaufsobjekt ❶.
2. Wandeln Sie anschließend die Kontur in eine Fläche um (Objekt • Aussehen umwandeln…). Wandeln Sie nur die Kontur, nicht die Fläche um – Pfadansicht: ❷. Die bei der Umwandlung entstandenen Objekte sind gruppiert; lösen Sie die Gruppierung.
3. Die Kontur ist in eine Fläche umgewandelt worden. Verwenden Sie die Pathfinder-Funktionen, um die Teile der Fläche zu entfernen, die nicht zum Überfüllen benötigt werden ❸.
Füllen Sie diese Fläche mit einem identischen Verlauf wie die zu überfüllende Form ❹.
4. Rufen Sie das Grafikattribute-Bedienfeld auf, und aktivieren Sie die Option Fläche überdrucken ❺ für die Kontur.

Überfüllen und Skalierung im Layoutprogramm

Eine Grafik, die mit Überfüllungen einer in diesem Abschnitt vorgestellten Arten versehen ist, darf nicht mehr im Layoutprogramm skaliert werden, da die Größenveränderung auch die Überfüllung betrifft.

Überfüllen-Effekt | Einfach gefüllte Flächen lassen sich in Illustrator mit einem Befehl im Pathfinder-Bedienfeld oder dem Überfüllen-Effekt versehen. Letzterer hat wie alle Effekte den Vorteil, dass er erst bei der Ausgabe angewendet wird und Sie die Einstellungen daher jederzeit editieren können. Die Optionen für beide Anwendungen sind identisch.

Der Effekt lässt sich nur auf Gruppen anwenden. Gruppieren Sie daher zunächst die zu überfüllenden Objekte. Wählen Sie anschließend Effekt • Pathfinder • Überfüllen…

Überfüllen und Farbmodus

Ihr Dokument muss bei der Anwendung der Funktion oder des Effekts im CMYK-Modus vorliegen. Sie erhalten nur dann das gewünschte Ergebnis, wenn die beteiligten Objekte keine gemeinsame Druckfarbe enthalten.

◄ **Abbildung 19.37**
Die Optionen des Überfüllen-Effekts

▲ **Abbildung 19.38**
Farbtöne verringern, 100 und 40%

Genauigkeit und Rechenzeit
Achten Sie darauf, die Genauigkeit möglichst niedrig einzustellen, um Rechenzeit zu sparen. Höhere Genauigkeit erzeugt Pfade mit mehr Ankerpunkten. Sprechen Sie den optimalen Wert mit Ihrer Druckerei ab.

▲ **Abbildung 19.39**
Rechte Seite: Beschnitt und Abstände passend eingerichtet

▶ Stärke: Geben Sie in diesem Feld die Breite der Überfüllung an. Sie ist abhängig vom Druckprozess und von der Genauigkeit der Druckmaschine.

▶ Höhe/Breite: Normalerweise (mit der Einstellung 100) erstellt Illustrator für horizontale und vertikale Linien eine identische Überfüllung. Sie können mit der Eingabe eines Werts in diesem Feld die Balance steuern und damit unregelmäßige Abweichungen ausgleichen. Erfragen Sie diesen Wert von Ihrer Druckerei.
Für vertikale Linien wird eine Überfüllung in der von Ihnen angegebenen Stärke erstellt. Die Überfüllung horizontaler Linien wird schmaler, wenn Sie einen Wert unter 100, und breiter, wenn Sie einen Wert über 100 verwenden.

▶ Farbtöne verringern: Mit dieser Einstellung nehmen Sie Einfluss auf die Farbwerte der Überfüllungsfläche, indem Sie den Tonwert der helleren Farbe abschwächen. Beim Überfüllen können ohne das Abschwächen unerwünschte dunkle Kanten entstehen. Der Mindestwert für Ihre Eingabe ist abhängig von den betroffenen Farben – der Höchstwert ist 100.

▶ Überfüllen mit CMYK: Ist mindestens eine der betroffenen Farben eine Volltonfarbe, können Sie mit dieser Option die Überfüllung in CMYK-Farben anlegen. Ist die Option nicht aktiviert, erstellt Illustrator eine überdruckende Volltonfläche in der helleren der beiden Farben.

▶ Überfüllungen umkehren: Illustrator ermittelt anhand der Farbwerte, welches die hellere Farbe ist. Falls Ihnen das Ergebnis nicht zusagt, verwenden Sie diese Option, um die Überfüllung umgekehrt anzuwenden.

▶ Genauigkeit: Mit diesem Wert steuern Sie die Exaktheit der Berechnung der Überfüllungsfläche. Ein höherer Wert verursacht nicht nur eine exaktere Ausführung, sondern auch mehr Zeitaufwand bei der Erstellung und Verarbeitung der Form.

▶ Überflüssige Ankerpunkte entfernen: Punkte, die den Pfadverlauf der Überfüllungsform nicht beeinflussen, werden gelöscht.

19.3.6 Beschnittzugabe/Druckerweiterung

Falls Ihre Grafik bis an den Rand der Papierfläche gedruckt werden soll, müssen Sie eine Beschnittzugabe anlegen. Dieser zusätzlich bedruckte Bereich wird beim Beschneiden der Druckbogen benötigt, um ein »Hervorblitzen« des Bedruckstoffs an der Schnittkante zu vermeiden. Den benötigten Toleranzbereich erfragen Sie bei Ihrem Dienstleister – üblicherweise sind es Werte um 2–3 mm. Geben Sie die Beschnittzugabe in den Dialogboxen

Neues Dokument bzw. Dokument einrichten unter der Option Anschnitt ein. Natürlich kann die Ungenauigkeit beim Schneiden in beide Richtungen auftreten – halten Sie daher in Ihrem Layout auch einen Abstand zum Rand ein, sodass nicht etwa ein wichtiger Bestandteil nach dem Schneiden fehlt. Und achten Sie darauf, dass Elemente so positioniert sind, dass es »gewollt« aussieht, wenn sie beschnitten sind.

Platzieren einer Datei mit Anschnitt

Wenn Sie eine Datei mit definierter Beschnittzugabe in InDesign platzieren, aktivieren Sie im Platzieren-Dialog das Optionskästchen Importoptionen anzeigen.
In den Importoptionen wählen Sie aus dem Menü Beschneiden auf den gewünschten Rahmen aus. Die Miniatur auf der linken Seite zeigt Ihnen mit dem gestrichelten Rahmen an, wie die Grafik mit der gewählten Option zugeschnitten wird.

19.3.7 Tiefschwarz

Größere schwarze Flächen sollten Sie als »Tiefschwarz« – auch »fettes Schwarz« genannt – anlegen, da schwarze Druckfarbe allein nicht ausreichend deckt und daher nur dunkelgrau wirkt. »Tiefschwarz« ist 100 % Schwarz mit CMY-Beimischungen. Je nachdem, welche Farben Sie zugeben, wirkt Tiefschwarz eher kalt, warm oder neutral. Unterschiedliche Dienstleister geben dazu verschiedene Empfehlungen, gebräuchlich für ein kaltes gesättigtes Schwarz ist eine Zugabe von ca. 60 % Cyan.

▲ Abbildung 19.40
Schwarz und Tiefschwarz – um Registerproblemen zu begegnen, sollten Sie die CMY-Anteile nicht bis zum Rand der Fläche anlegen.

Aussehen von Schwarz | Bei der Bildschirmdarstellung von Schwarztönen unter Voreinstellungen • Aussehen von Schwarz… haben Sie die Möglichkeit, normales Schwarz und Tiefschwarz am Monitor entweder identisch oder unterschiedlich darzustellen – damit Sie die Verwendung unterschiedlicher Schwarztöne in Ihrem Dokument besser kontrollieren können.

Wählen Sie im Ausklappmenü unter Am Bildschirm die gewünschte Einstellung:

▶ Alle Schwarztöne genau anzeigen: Der Unterschied zwischen Schwarz und Tiefschwarz wird deutlich – mit dieser Option berechnet Illustrator die RGB-Werte der Farben aus den CMYK-Werten, stellt also 100 % Schwarz als dunkles Grau und Tiefschwarz je nach Mischungsanteilen dunkler dar.

Tiefschwarz für Texte

Verwenden Sie Tiefschwarz nie für Texte in kleinen Punktgrößen. Fragen Sie Ihren Druckdienstleister nach der optimalen Tiefschwarz-Mischung für das eingesetzte Papier.

Tiefschwarz-Voreinstellungen

Keine der Tiefschwarz-Einstellungen ändert die Farbwerte in der Illustrator-Datei.

▲ **Abbildung 19.41**
Weißer Text auf Tiefschwarz sollte mit einer rein schwarzen Outline konturiert werden, um bunte Farbsäume an den Texträndern zu vermeiden, die nicht nur unsauber aussehen, sondern auch das Lesen erschweren. Denken Sie jedoch daran, die Kontur hinter der Fläche des Textobjekts anzulegen (s. Abschnitt 14.12.3).

Gesamt-Farbauftrag beachten

Wenn Sie Grafik oder Anzeigen für Magazine oder Zeitungen gestalten, erkundigen Sie sich vorher nach dem maximalen Gesamt-Farbauftrag. Normalerweise können Sie ihn auch den Media-Unterlagen entnehmen.

Farbauftrag berechnen

Illustrators Separationenvorschau rechnet den Gesamtfarbauftrag nicht aus. Es gibt jedoch Plug-ins, die diese Aufgabe übernehmen, wie z. B. Phantasm CS.

▶ ALLE SCHWARZTÖNE ALS TIEFSCHWARZ ANZEIGEN: Hier entspricht die Anzeige von 100 % Schwarz sowie aller Farbmischungen, die einen 100 %-Schwarz-Anteil enthalten, der dunkelsten möglichen Schwarzanzeige – also RGB 0/0/0.

Tiefschwarz ausgeben | Hier steuern Sie ebenfalls, wie Schwarz ausgegeben werden soll. Dies ist vor allem für den Export von RGB-Bilddaten aus CMYK-Dokumenten interessant.

▶ ALLE SCHWARZTÖNE GENAU AUSGEBEN: Mit dieser Option bleiben beim Export eines CMYK-Dokuments in RGB-Bilddaten die Farbwerte erhalten und werden nur entsprechend der Farbprofile in RGB-Werte konvertiert.

▶ ALLE SCHWARZTÖNE ALS TIEFSCHWARZ AUSGEBEN: Wählen Sie diese Option, um beim Export von RGB-Daten 100 % Schwarz bzw. alle Farbmischungen, die einen Anteil von 100 % Schwarz enthalten, in RGB 0/0/0 umzuwandeln.

Tiefschwarz und Pixelbildexport

Tiefschwarz kann neben Problemen mit bestimmten Füllmethoden (s. Abschnitt 12.1.5) auch ein weiteres Problem lösen. Beim Export als Photoshop-Datei (oder in andere Rasterformate) entstehen an den Kanten reiner Schwarzflächen immer weiße Randsäume. Dies hängt mit der Berechnung von 100-K-Schwarz zusammen und lässt sich im CMYK-Modus nur durch die Verwendung von Tiefschwarz umgehen.

19.3.8 Gesamt-Farbauftrag

Den Gesamt-Farbauftrag an einer bestimmten Stelle Ihres Dokuments erhalten Sie, wenn Sie die einzelnen Farbwerte zusammenzählen – für den Wert CMYK 40/30/100/10 erhalten Sie also einen Gesamt-Farbauftrag von 180 %. Je nach Druckprozess und verwendetem Papier sollten Sie einen bestimmten Höchstwert nicht überschreiten (meist zwischen 250 % und 350 %), da ansonsten die Gefahr besteht, dass das Papier sich zu stark dehnt, aufwirft oder reißt. Darüber hinaus kann es beim Drucken leichter zu Farbverschiebungen und Registerungenauigkeiten kommen: Die Farbe schmiert, schlägt sich an der Rückseite des folgenden Bogens ab, und der Trocknungsprozess dauert länger.

19.3.9 Soft-Proof

Gerade bei hochwertigen Produktionen ist ein Proofdruck unumgänglich, um das Ergebnis Ihrer Arbeit beurteilen zu können. In alltäglichen Arbeiten oder den frühen Phasen wichtiger Projekte ist ein Soft-Proof, also eine mithilfe des Farbmanagements simulierte Vorschau des Druckergebnisses am Monitor, eine schnelle und kostengünstige Möglichkeit, Veränderungen der Farbe beurteilen zu können.

In Illustrator wählen Sie zunächst ANSICHT • PROOF EINRICHTEN und die gewünschte Menüoption oder den Eintrag ANPASSEN…, um eine Einstellung zu konfigurieren.

Arbeiten Sie in Ihrer Datei mit gemischten Inhalten – z. B. mit RGB-Bildern in einem CMYK-Dokument –, ist der Soft-Proof mit großer Vorsicht zu betrachten.

Möchten Sie den Soft-Proof mit der normalen Ansicht vergleichen, rufen Sie Ihre Datei mit dem Befehl FENSTER • NEUES FENSTER in einem zweiten Fenster auf. Aktivieren Sie anschließend für eines der beiden Fenster ANSICHT • FARBPROOF.

Eine besondere Möglichkeit des Farbproofs besteht in der Simulation von Farbenblindheit (s. Abschnitt 8.5.2).

19.3.10 Überdruckenvorschau

Verwenden Sie in Ihrem Dokument Schmuckfarben oder die Überdrucken-Eigenschaft für einzelne Objekte, wählen Sie zusätzlich ANSICHT • ÜBERDRUCKENVORSCHAU – ⌘+⌥+⇧+Y bzw. Strg+Alt+⇧+Y.

Zur Darstellung von Buchfarben (s. Seite 204) verwendet die Überdruckenvorschau die hinterlegten Lab-Werte, unabhängig davon, welche Volltonfarbenoptionen Sie im Farbfelder-Bedienfeld eingestellt haben.

Die Überdruckenvorschau kostet Zeit, wenn die Ansicht neu generiert werden muss, z. B. beim Scrollen im Dokument. Deaktivieren Sie sie also, wenn Sie sie nicht benötigen.

19.3.11 Separationenvorschau

Viele der vorher aufgeführten potentiellen Fehlerquellen können Sie direkt in Illustrator mit der Separationenvorschau überprüfen. Rufen Sie dieses Bedienfeld mit FENSTER • SEPARATIONENVORSCHAU auf – es funktioniert jedoch nur im Dokumentfarbmodus CMYK. Aktivieren Sie die Option ÜBERDRUCKENVORSCHAU, damit sich die Farbauszüge auswählen lassen. Die Liste enthält die vier Farben der Euroskala sowie die im Farbfelder-Bedienfeld definierten Volltonfarben (egal, ob sie Objekten zugewiesen wurden).

Soft-Proof aussagekräftig?

Ein Soft-Proof ist nur auf einem kalibrierten und profilierten Monitor und unter Verwendung der für die Produktion verwendeten Farbprofile sinnvoll.
Noch mehr Nutzen haben Sie von einem Soft-Proof, wenn Sie bereits einige Druckergebnisse mit Soft-Proofs vergleichen konnten und daher die Farbgenauigkeit Ihres Monitors einzuschätzen wissen.

▲ **Abbildung 19.42**
Links ohne, rechts mit Farbproof und Überdruckenvorschau

▲ **Abbildung 19.43**
Das Separationenvorschau-Bedienfeld

Farbwerte anzeigen?
Die Farbwerte werden in Illustrators Separationen-Bedienfeld nicht dargestellt. Wenn Sie diese Anzeige benötigen, müssen Sie nach wie vor ein PDF (oder die Illustrator-Datei) in Adobe Acrobat öffnen und dort im Menü ERWEITERT • DRUCKPRODUKTION die AUSGABEVORSCHAU öffnen.

Auszug deaktivieren | Mit einem Klick auf das Auge 👁 links vom Farbnamen deaktivieren Sie die Anzeige eines Auszugs. Klicken Sie erneut, um den Auszug wieder anzuzeigen.

Modifikationsmöglichkeiten | Drücken Sie ⌐Alt¬ beim Anklicken des Auge-Symbols 👁, um alle anderen Auszüge zu aktivieren bzw. zu deaktivieren. Klicken Sie auf CMYK, um alle vier Standarddruckfarben zu aktivieren oder zu deaktivieren.

19.3.12 Schwarzdefinitionen korrigieren

Schwarze Elemente sollen bei diesem Motiv überdrucken, um weiße Blitzer zu vermeiden. Außerdem soll in diesem Motiv nach »buntem« Schwarz (Tiefschwarz) gesucht werden.

1. Rufen Sie das Separationen-Bedienfeld auf, und aktivieren Sie die Überdruckenvorschau.
2. Deaktivieren Sie den Schwarz-Auszug mit einem Klick auf das Auge-Symbol 👁.
3. Jetzt erkennen Sie die schwarzen aussparenden Objekte. Aktivieren Sie diese, und rufen Sie das Attribute-Bedienfeld auf.
4. Dort aktivieren Sie die Option FLÄCHE ÜBERDR.
5. Anschließend aktivieren Sie das tiefschwarze Rechteck, rufen das Farbe-Bedienfeld auf und entfernen die Buntanteile aus dem Schwarz.

Beispieldatei
Die Beispieldatei finden Sie als »Krimi-Titel.ai« auf der DVD.

▲ **Abbildung 19.44**
Die Originalgrafik (links) mit ausgeschaltetem Schwarz-Auszug (rechts)

19.3.13 Transparenzen

Live-Transparenz (also reduzierte Deckkrafteinstellungen, Füllmethoden und die Effekte SCHATTEN, WEICHE KANTE und SCHEIN) muss »reduziert« werden, wenn Sie Dateien drucken möchten, die Transparenz enthalten. Soll die Datei in einem anderen Programm platziert werden, kann Live-Transparenz erhalten werden, sofern das Programm mindestens PDF 1.4 unterstützt.

Verwenden Sie die Reduzierungsvorschau, um zu überprüfen, ob Ihr Dokument Transparenz enthält (s. Abschnitt 12.4).

19.3.14 Effekte, Filter

Achten Sie bei der Ausgabe von Effekten darauf, dass die Dokument-Rastereffekt-Einstellungen für die im Druck verwendete Rasterweite geeignet sind (s. Abschnitt 13.6.6).

19.3.15 Verläufe

Beim Drucken von Verläufen kann es passieren, dass »Banding« (eine sichtbare Streifenbildung) auftritt. Dies kann mehrere Ursachen haben: Einerseits sind Verläufe mit einer größeren Übergangslänge und Verläufe zwischen dunklen Farben und Weiß anfällig für das Banding.

Andererseits tritt das Problem auch auf, wenn die Druckerauflösung in Verbindung mit der gewählten Rasterweite nicht ausreicht, um die im Verlauf vorhandenen Abstufungen darzustellen.

In der Illustrator-Hilfe finden Sie eine Datei mit einer Übersicht sicherer Kombinationen von Rasterweite und Belichterauflösung unter der Bezeichnung »Festlegen der geeigneten Rasterweite zum Drucken von Verläufen, Gittern und Farbübergängen«. Eine weitere Datei hilft bei der Berechnung der Übergangslänge: »Berechnen der maximalen Übergangslänge für Verläufe«.

19.3.16 Schnittmarken

Schnittmarken sind Markierungen, die den Begrenzungsrahmen eines Objekts kennzeichnen. Normalerweise werden sie über den DRUCKEN-Dialog zusammen mit den benötigten Druckermarken, Farbkontrollstreifen etc. an den Begrenzungen der Zeichenflächen generiert. Wenn mehrere Objekte auf der Zeichenfläche Schnittmarken erhalten sollen, verwenden Sie den Effekt.

Schnittmarken erstellen | Aktivieren Sie ein Objekt, und wählen Sie EFFEKT • SCHNITTMARKEN. Da die Anwendung als Effekt erfolgt, sind die Schnittmarken zunächst nicht als Pfade vorhanden. Sie lassen sich jedoch wie alle Effekte mit dem Befehl OBJEKT • AUSSEHEN UMWANDELN in »reale« Objekte umwandeln. Dann erhalten Sie Linien in 6 mm Abstand zum Objekt, die mit einer Kontur der Stärke 0,3 Pt in der Passermarkenfarbe versehen sind. Den Effekt können Sie nicht nur dem kompletten Objekt, sondern auch seinen einzelnen Flächen oder Konturen zuweisen. Dies kann ebenso wie die Reihenfolge, in der der Effekt auf ein Objekt angewendet wird, das Ergebnis beeinflussen.

▲ **Abbildung 19.45**
Reduzierungsvorschau

▲ **Abbildung 19.46**
»Banding« – simuliert

Banding und PostScript Level 3

PostScript-Level-3-RIPs verfügen über Algorithmen, die Banding vermeiden können: »Smooth Shades«. Sprechen Sie mit Ihrem Dienstleister den Umgang mit Verläufen ab.

Schnittbereiche werden Zeichenflächen

Schnittbereiche gibt es seit Illustrator CS4 nicht mehr. Sie wurden komplett durch Zeichenflächen ersetzt. Das Anlegen von Zeichenflächen ist in Abschnitt 4.3 beschrieben. Zum Umgang mit Zeichenflächen beim Export und Speichern s. Abschnitt 4.7.

▲ **Abbildung 19.47**
Vergleich: Schnittmarken in unterschiedlicher Reihenfolge mit einem Schein nach außen angewendet

▲ **Abbildung 19.48**
Vergleich: nicht umgewandelte Schrift (oben) und umgewandelte Schrift (unten) auf einem Ausdruck

▲ **Abbildung 19.49**
In Metallblech gefräste Vektorgrafik. Fräsen erfordert eine andere Vorgehensweise als Plotten, da die Linienstärke durch die Größe des Werkzeugs bedingt ist. Sprechen Sie die Vorgehensweise mit dem Dienstleister ab.

19.3.17 Text in Pfade umwandeln

Einige Druckereien bestehen noch immer auf der Umwandlung von Text in Pfade. Schrift-Dateien enthalten jedoch viele »Hintergrundinformationen«, die für eine optimale Ausgabe wichtig sind. Diese gehen beim Umwandeln verloren. Das auffälligste Merkmal umgewandelter Schriften ist, dass sie fetter ausfallen als die nicht umgewandelte Version. Es kann jedoch vor allem bei feinen oder sehr kleinen Schriften vorkommen, dass Strichstärken einzelner Buchstaben unterschiedlich ausfallen. In einer höheren Zoom-Stufe ist der Effekt bereits in der Bildschirmdarstellung zu erkennen.

In PDF-Dateien können Schriften eingebettet werden, sodass die Umwandlung in Pfade unnötig ist. Versuchen Sie, die Weiterverarbeitung so zu organisieren, dass eine Umwandlung nicht stattfindet. Wenn eine Umwandlung von Texten in Pfade trotz allem unumgänglich ist, verwenden Sie dazu den Befehl OBJEKT • TRANSPARENZ REDUZIEREN (s. Abschnitt 12.4). Damit ist eine sichere Umwandlung aller Schriftformatierungen gewährleistet.

Lediglich Schriften in Logos sollten Sie umwandeln. So ist die Gefahr uneinheitlicher Verwendung verringert, vor allem, wenn Logos an viele unterschiedliche Stellen weitergegeben werden.

19.3.18 Schneid-Plotten und Gravieren – Pfade in Flächen umwandeln

Das Ausschneiden einer Form aus Klebefolie sowie das Gravieren in Metall und andere Materialien ist eine gebräuchliche Weiterbearbeitung für Vektorgrafik, z. B. zum Zweck der Beschriftung von Schaufenstern, LKW-Planen, Schildern oder zum Flex-/Flockdruck auf Kleidungsstücken.

Die dafür eingesetzten Geräte – Schneid-Plotter, Fräsen und Laser-Schneider – können jedoch nur den reinen Vektorpfad interpretieren. Damit nicht genug: Plotter schneiden entlang eines jeden in der Datei angelegten Pfads.

Wenn Sie also vorhaben, Ihre Grafiken aus Folie zu schneiden, müssen Sie nicht nur alle Pfade und Schriften in Flächen umwandeln, sondern auch sicherstellen, dass jede Fläche nur durch einen einzigen Pfad definiert ist, damit sie nicht zerschnitten wird (s. »Checkliste: Datei für Folienplot« auf S. 296).

Während das Umwandeln von Texten in Pfade für den Verwendungszweck »Druck« eher vermieden werden sollte, ist es für das Schneiden notwendig.

▲ **Abbildung 19.50**
Vektorgrafik ist nicht automatisch auch zum Schneiden geeignet (oben: ungeeignet).

19.4 Ausdrucken

Wählen Sie DATEI • DRUCKEN... – ⌘/Strg+P –, um das aktuelle Dokument auszudrucken, als PDF auszugeben oder eine PostScript-Datei zu schreiben.

Wechseln Sie im Menü links per Klick auf einen Eintrag auf eine andere Seite des auf mehrere Einstellungsseiten aufgeteilten DRUCKEN-Dialogs. Die allgemeinen Einstellungen des Druckers und zu verwendenden Treibers stehen Ihnen auf jeder Seite zur Verfügung. Da Auswahlen, die Sie dort treffen, aber andere Einstellungen beeinflussen können, sollten Sie Drucker und Druckertreiber zu Beginn bestimmen.

◀ **Abbildung 19.51**
Übergreifende Einstellungen für Drucker und Druckertreiber im Kopf des Dialogs

- DRUCKVORGABE: In diesem Menü listet Illustrator Drucken-Einstellungen auf, die Sie gespeichert haben.
- DRUCKER/PPD: Wählen Sie im Menü DRUCKER einen der in Ihrem System angemeldeten Drucker bzw. Acrobat Distiller und unter PPD den Druckertreiber aus.
- Vorschaubild: Im Vorschaubild links unten in der Dialogbox stellt Illustrator alle Seiten dar, die sich aus Ihren Einstellungen ergeben, sowie die Position des im Dokument definierten Druckbereichs auf dem Ausdruck. So haben Sie vor allem die Kontrolle, ob die Verteilung eines Dokuments auf mehrere gedruckte Seiten korrekt eingerichtet ist.

▲ **Abbildung 19.52**
Vorschau einer Seite und mehrerer überlappender Seiten

19.4.1 Allgemein

Auf dieser Seite geben Sie an, welche Bereiche des Dokuments Sie drucken möchten, und legen deren Anordnung auf dem Medienformat fest.

Abbildung 19.53 ▶
Allgemeine Optionen im
Drucken-Dialog

▲ **Abbildung 19.54**
Demodatei für diesen Abschnitt

Sortieren?

Diese Option ist vor allem dann interessant, wenn Ihr Drucker die gedruckten Exemplare weiterverarbeitet, z.B. heftet.

Medien und Druckertreiber

Die Auswahl im Menü Medien richtet sich nach dem gewählten Druckertreiber. Wenn Ihr Drucker mehrere Einzugsschächte besitzt, lesen Sie bitte im Handbuch, wie Sie diese auswählen.

▶ Allgemein: Diese Optionengruppe betrifft die Behandlung der Zeichenflächen des Dokuments. Geben Sie die Anzahl der Exemplare ein.

▶ Alles/Bereich: Drucken Sie mit Alles entweder alle Zeichenflächen, oder geben Sie im Feld Bereich gezielt bestimmte Zeichenflächen ein. Trennen Sie einzelne Seiten mit einem Komma, und verbinden Sie die erste und letzte Seite eines Bereichs mit einem Bindestrich.

▶ Umgekehrte Reihenfolge: Hier beginnen Sie den Ausdruck mit der letzten Zeichenfläche.

▶ Zeichenflächen ignorieren: Drucken Sie alle Objekte auf eine Seite, so wie sie im Dokument angeordnet sind.

▶ Leere Zeichenflächen überspringen: Diese Option unterdrückt die Ausgabe leerer Seiten.

▶ Sortieren: Diese Option ist nur verfügbar, wenn mehrere Exemplare mit mehreren Seiten gedruckt werden. Anstatt jeweils jede Seite in der geforderten Anzahl zu drucken, werden alle Seiten eines Exemplars hintereinander gedruckt.

▶ Medien: Wählen Sie die im Drucker verwendete Papiergröße aus dem Aufklappmenü, oder geben Sie sie direkt ein.

▶ Ausrichtung: Klicken Sie auf einen der Buttons, um den Ausdruck auf dem gewählten Papierformat zu drehen. Wenn Sie ein neues Dokument als Querformat anlegen, passt Illustrator die Formatlage automatisch an. Verändern Sie das Dokumentformat nachträglich, müssen Sie diese Einstellungen im Drucken-Dialog vornehmen.

▶ Platzierung: Platzieren Sie den Druckbereich auf der Seite, indem Sie im Vorschaubild links unten im Drucken-Dialogfenster klicken und ziehen.

- **Per Eingabe:** Klicken Sie im Platzierungssymbol ▦ auf den Bezugspunkt für Ihre Positionsangabe. Anschließend tragen Sie die gewünschten Werte in die Eingabefelder ein.
- **Auf der Zeichenfläche:** Wählen Sie das Druckaufteilungs-Werkzeug (früher: Seitenpositionierer-Werkzeug) ▫, und klicken und ziehen Sie damit die Position des druckbaren Bereichs. Das Werkzeug repräsentiert die linke untere Ecke der Papierfläche. Mit einem Doppelklick auf das Werkzeug im Werkzeugbedienfeld setzen Sie die Einstellung zurück.
- **Skalierung:** Mit diesen Optionen können Sie das Dokumentformat an das Papierformat anpassen. Wählen Sie Nicht skalieren, um Ihre Grafik 1:1 auszudrucken. Je nach gewählter Einstellung werden in diesem Fall Teile, die über das Papierformat reichen, abgeschnitten oder auf mehrere Seiten gedruckt. Einen an das Papierformat angepassten Ausdruck erhalten Sie mit der Einstellung An Seite anpassen. Beachten Sie, dass dabei nicht nur große Formate verkleinert, sondern ebenso kleine Formate vergrößert werden.
Wählen Sie Benutzerdefinierte Skalierung, um Werte frei einzugeben. Eine asymmetrische Skalierung erreichen Sie, indem Sie auf das Kettensymbol klicken – der Button wird mit hellem Hintergrund 🔓 dargestellt.
- **Teilen:** Wählen Sie, wie eine Zeichenfläche auf mehrere Seiten aufgeteilt wird. Da die wenigsten Drucker ein Blatt bis zum Rand bedrucken können, haben Sie die Wahl, ob die Verteilung nach dem druckbaren Bereich oder allein nach dem Papierformat vorgenommen wird (siehe den Hinweis rechts).
  - **Ganze Seiten:** Die Verteilung erfolgt auf Basis des Papierformats. Sie können jedoch durch Angabe eines Werts im Eingabefeld Überlappung die nicht bedruckbaren Greifränder kompensieren.
  - **Darstellbare Bereiche:** Der bedruckbare Bereich einer Seite ist die Grundlage der Verteilung.
- **Überlappung:** Haben Sie ganze Seiten ausgewählt, geben Sie hier einen Wert ein, um den sich benachbarte Seiten überdecken sollen.
- **Druckbereich:** Bestimmen Sie hier noch, welche Bereiche der Aufteilung gedruckt werden. Die Nummerierung wird angezeigt, wenn Sie Druckaufteilung einblenden im Menü Ansicht wählen.
- **Ebenen drucken:** Wählen Sie je nach Sichtbarkeit der Ebenen aus, ob diese ausgegeben werden.

▲ **Abbildung 19.55**
Das Druckaufteilungs-Werkzeug (rechts)

Skalieren und Linienstärken

Beim Skalieren verändern sich Linienstärken. Überprüfen Sie Linienstärken vor allem, bevor Sie die Grafik im Ausdruck verkleinern.

»Teilen« funktioniert nicht?

Die Option Teilen ist nur verfügbar, wenn Sie entweder die Option Zeichenflächen ignorieren gewählt haben oder bei Bereich nur eine Zeichenfläche eingetragen haben.

▲ **Abbildung 19.56**
Fläche bestehend aus ganzen Seiten (oben), Druckbereichen (unten)

▲ **Abbildung 19.57**
Nummerierte Druckbereiche

19.4.2 Marken und Anschnitt/Beschnittzugabe

Auf dieser Seite erzeugen Sie die für den Druck benötigten Schnitt- und Passermarken.

Abbildung 19.58 ▶
Marken und Anschnitt-Optionen im Drucken-Dialog

▲ **Abbildung 19.59**
Alle Druckermarken – Druckmarkentyp »Roman«

Druckermarken und Papierformat

Druckermarken addieren sich zum Dokumentformat, sodass die druckende Fläche unter Umständen nicht mehr auf das gewählte Papierformat passt.

Position der Elemente

Anders als in InDesign lässt sich die Position der Elemente nicht durch eine ».mrk«-Datei bestimmen.

▶ Schnittmarken: Diese Marken ❶ kennzeichnen die Außengrenze der bedruckten Fläche und dienen in den meisten Fällen auch zum Zuschneiden. Haben Sie im Dokument andere Schnittmarken oder eine eigene Stanzform erstellt, z. B. für ein Packungsdesign, benötigen Sie die Marken nicht.

▶ Passermarken: Mithilfe der Passermarken ❸ können die Auszüge exakt übereinander ausgerichtet und gedruckt werden.

▶ Farbkontrollstreifen: In diesen Streifen ❹ sind Standardfarben definiert, anhand derer der Drucker einen Farbabgleich vornehmen und danach die Menge der Farbe in der Druckmaschine korrigieren kann.

▶ Seiteninformationen: Mit dieser Option wird auf jeden Farbauszug eine Zeile ❷ mit dem Datei- und Auszugsnamen sowie der Nummer der Zeichenfläche platziert, außerdem Datum und Uhrzeit.

▶ Druckmarkentyp: Andere Länder, andere Sitten. Wählen Sie aus dem Menü lateinische oder japanische Schriften und Objektschnittmarken aus.

▶ Stärke der Schnittmarke: Bestimmen Sie durch Auswahl aus dem Aufklappmenü die Konturstärke der Schnittmarken – stimmen Sie den Wert mit Ihrem Druckdienstleister ab.

▶ Versatz: In diesem Eingabefeld bestimmen Sie den Abstand der Druckermarken zum Motiv. Normalerweise sollten Sie vermeiden, dass die Marken in eine Beschnittzugabe hineinreichen: Erhöhen Sie in diesem Fall den Abstand. Sie können den Wert jedoch nicht beliebig erhöhen, da die Marken auf die bedruckbare Papierfläche passen müssen.

▶ Beschnittzugaben: Verwenden Sie entweder den für das Dokument definierten Anschnitt, oder legen Sie in diesen Feldern die Beschnittzugabe global oder für alle Seiten individuell fest.

19.4.3 Ausgabe

Auf der Seite Ausgabe stellen Sie ein, wie im Dokument verwendete Druckfarben verarbeitet werden.

◀ **Abbildung 19.60**
Ausgabe-Optionen im Drucken-Dialog

▶ Modus: Wählen Sie, ob alle Druckfarben zusammen auf einer Seite (wählen Sie dafür Composite) oder die Farbauszüge jeweils auf einer Seite ausgegeben werden sollen (Separationen). Separationen können Sie entweder von Illustrator oder von einem PostScript-RIP vornehmen lassen (wählen Sie dafür In-RIP-Separationen). Die Option ist allerdings nur verfügbar, wenn Sie einen PostScript-Level-3-Drucker verwenden, dessen Druckertreiber In-RIP-Separationen unterstützt.

▶ Schichtseite: Abhängig vom Druckverfahren benötigen Sie unterschiedliche Kombinationen dieser Einstellungsarten. Die Bezeichnung der Schichtseite-Optionen bezieht sich auf die Belichtung von Film: Vorne ist die Trägerschicht – Hinten bezeichnet die lichtempfindliche Schicht, also die Seite, auf der »gedruckt« wird. Während Sie mit Hinten (seitenrichtig) einen auf Papier seitenrichtigen Ausdruck erzeugen, bewirkt Vorne (seitenrichtig) von der Trägerschicht aus betrachtet eine seitenrichtige Ausgabe, ist also auf Papier seitenverkehrt gedruckt.

▶ Bild: Das Aufklappmenü ist nur aktiv, wenn Sie Separationen ausgeben. Composite-Druck erfolgt immer positiv.

▶ Auflösung: Die in diesem Menü enthaltenen Werte gibt der Druckertreiber vor. Der dpi-Wert bestimmt die Druckerauflö-

Rücksprache bei PS-Datei

Falls Sie eine PostScript-Datei erzeugen, sprechen Sie mit Ihrem Dienstleister die Verwendung von In-RIP-Separationen sowie die dafür benötigten Einstellungen in allen Bereichen des Drucken-Dialogs ab.

Rücksprache bei Belichtung

Die Einstellungen unter Schichtseite, Bild und Auflösung sind vom Druckverfahren und dem bedruckten Material abhängig. Falls Sie Ihre Dateien selbst belichten oder die Belichtung beauftragen, fragen Sie Ihren Drucker nach den benötigten Einstellungen.

▲ **Abbildung 19.61**
Die Rasterwinkelungen der einzelnen Druckfarben sind sehr genau aufeinander abgestimmt. Kleinste Abweichungen vom Idealwert können zur Bildung von Moiré führen (monochrome Darstellung zur Verdeutlichung des Effekts).

▲ **Abbildung 19.62**
Die Winkeleinstellung sollten Sie nicht ohne Grund und nicht ohne Rücksprache mit Ihrer Druckerei ändern.

▲ **Abbildung 19.63**
Auswahl der Punktformen – Punktform und Winkeleinstellung sind voneinander abhängig.

sung, und mit dem lpi-Wert geben Sie an, welche Rasterweite gedruckt werden soll.

▶ ALLE VOLLTONFARBEN IN PROZESSFARBEN KONVERTIEREN: Sie können mit dieser Option alle Volltonfarben in Prozessfarben umwandeln. Um dies für jede Volltonfarbe einzeln festzulegen, siehe unter DOKUMENTDRUCKFARBE – OPTIONEN.

▶ SCHWARZ ÜBERDRUCKEN (nur bei Separationen aktiv): Möchten Sie generell Schwarz überdrucken, aktivieren Sie diese Option. Es werden jedoch nicht generell alle Schwarzanteile, sondern nur Objekte mit 100% Schwarzdeckung überdruckt. Die Einstellung betrifft auch nicht die Objekte, die aufgrund einer Füllmethode oder eines Grafikstils schwarz sind oder erscheinen. Wenn Sie das Überdrucken von Schwarz mit dieser Option anstatt der Überdrucken-Eigenschaft durchführen und Ihr Dokument zur Belichtung an einen Dienstleister geben, denken Sie daran, in Ihrer Bestellung entsprechende Vorgaben zu definieren.

▶ DOKUMENTDRUCKFARBE – OPTIONEN (nur bei hostbasierter oder In-RIP-Separation aktiv): In der Liste sehen Sie alle im Dokument verwendeten Druckfarben und können für jede dieser Farben individuelle Einstellungen vornehmen.

Das DRUCKERSYMBOL 🖶 kennzeichnet die Farben, für die ein Auszug gedruckt wird. Klicken Sie auf das Symbol (das Feld wird leer dargestellt), wenn Sie für die Farbe keinen Auszug erstellen möchten.

Das Farbsymbol zeigt den Modus an, in dem eine im Dokument angelegte Volltonfarbe verarbeitet wird. Das VOLLTONFARBEN-SYMBOL ● ist voreingestellt – Illustrator druckt einen Auszug für diese Farbe. Klicken Sie darauf, um die Farbe zu separieren – dies zeigt das VIERFARB-SYMBOL ✕ an. Klicken Sie erneut, um den Ursprungszustand wiederherzustellen.

Klicken Sie auf einen Eintrag unter RASTERWEITE oder WINKEL, um andere Werte einzugeben (Abb. 19.62). Klicken Sie auf einen Eintrag unter PUNKTFORM, um ein Aufklappmenü anzuzeigen, aus dem Sie eine alternative Punktform wählen (Abb. 19.63). Sprechen Sie die notwendigen Einstellungen auf jeden Fall mit Ihrer Druckerei ab. Verwenden Sie den AUF STANDARDWERTE ZURÜCKSETZEN-Button, um Ihre Änderungen zu widerrufen.

19.4.4 Grafiken
In dieser Gruppe von Einstellungen steuern Sie viele Faktoren, die die Geschwindigkeit des Ausdrucks beeinflussen.

◀ **Abbildung 19.64**
GRAFIKEN-Optionen im
DRUCKEN-Dialog

▲ **Abbildung 19.65**
KURVENNÄHERUNG: AUTOMATISCH (links), maximale Geschwindigkeit (rechts) – Letzteres ist für viele Zwecke ausreichend.

- **PFADE:** Mit dem Kurvennäherungsregler steuern Sie die Umsetzung von Kurven in gerade Segmente. Falls es Probleme bei der Ausgabe gibt (und der Drucker etwa den PostScript-Fehler »Limitcheck« meldet), deaktivieren Sie die Option AUTOMATISCH und stellen mit dem Regler einen Wert ein. Bewegen Sie den Regler nach rechts für eine sicherere Verarbeitung – aber eine gegebenenfalls deutliche Eckenbildung – oder nach links für eine höhere Genauigkeit in der Kurvennäherung.
- **SCHRIFTARTEN:** Einige druckereigene (oder druckerresidente) Schriften sind auf PostScript-Druckern installiert. Meist verwenden Sie wahrscheinlich andere Schriften in Ihrem Dokument. Darüber hinaus können sich auch Schriften mit gleichem Namen in wichtigen Details voneinander unterscheiden – z. B. in der Laufweite. Daher ist es nötig, Schriften an den Drucker zu senden (oder in eine »gedruckte« PostScript- oder PDF-Datei einzubetten). Mit diesem Menü bestimmen Sie, wie Schriften an den Drucker gesendet werden.
    - **OHNE:** Wählen Sie diese Option, wenn die verwendete Schrift auf dem Drucker gespeichert ist. Meiden Sie die Option, falls Sie mit TrueType-Schriften gearbeitet haben – diese können nicht auf Druckern installiert sein.
    - **UNTERGRUPPE:** Für Dokumente mit wenig Text, die im Internet veröffentlicht werden sollen, empfiehlt sich diese Option. Es werden für jede Seite des Dokuments nur die jeweils vorkommenden Zeichen der eingesetzten Schriften im PDF gespeichert bzw. an den Drucker gesendet.
    - **VOLLSTÄNDIG:** Wählen Sie diese Option, werden alle Schriftzeichen der verwendeten Schriftdateien in die PostScript- oder PDF-Datei eingebettet. Beim Ausdrucken erhält der Drucker am Beginn des Dokuments alle Schriften.
- **OPTIONEN:** Normalerweise bestimmt der Druckertreiber hier die richtigen Einstellungen. Falls Sie die Einstellungen ändern, achten Sie darauf, dass der PostScript-Level von Ihrem Gerät unterstützt wird.

Druckerresidente Fonts

Eine Liste der druckerresidenten Fonts können Sie von Ihrem Drucker ausgeben lassen. Lesen Sie im Handbuch nach, wie das bei Ihrem Gerät funktioniert.

Untergruppen?

Mit der Option UNTERGRUPPEN wird das Ausgabegerät gezwungen, den eingebetteten Font zu verwenden, selbst wenn der verwendete Font installiert ist.

Schriften teilweise einbetten?

Das teilweise Einbetten von Schriften schränkt die Bearbeitbarkeit eines PDF ein – in der Druckvorstufe hat sich daher die vollständige Einbettung etabliert.

Für die Erstellung einer PostScript-Datei ist die Option Datenformat wichtig. Sie bestimmt das PostScript-Format. Die Option Binär erzeugt sehr kompakte Dateien, die aber nicht immer mit älteren Geräten und Netzwerken kompatibel sind – wählen Sie in diesen Situationen ASCII.

- Verläufe und Verlaufsgitter kompatibel drucken: Entsprechende Objekte werden in ein JPEG umgewandelt, bevor Illustrator sie an den Drucker sendet. Diese Einstellung ist nur sinnvoll, wenn Probleme mit Verläufen und Gittern aufgetreten sind.

19.4.5 Farbmanagement

Das Dokumentprofil beschreibt, für welche Ausgabesituation die Farben im Dokument optimiert wurden. Mit Einstellungen dieser Gruppe lässt sich diese Ausgabesituation auf einem Proof simulieren oder für eine alternative Umgebung umsetzen.

Abbildung 19.66 ▶
Farbmanagement-Optionen im Drucken-Dialog

> **Farbhandhabung und Farbmanagement im Druckertreiber**
>
> Beachten Sie, dass Sie bei Verwendung der Option Illustrator bestimmt Farben das Farbmanagement in Ihrem Druckertreiber ausschalten müssen. Umgekehrt müssen Sie es aktivieren und einrichten, wenn Sie das Farbmanagement im Drucker vornehmen lassen.

- Farbhandhabung: Wählen Sie hier, ob Illustrator oder der Raster-Image-Prozessor des PostScript-Geräts das Farbmanagement vornehmen soll.
  - Illustrator bestimmt Farben: Illustrator konvertiert die im Dokument eingesetzten Farben unter Berücksichtigung der Farbprofile und nach der ausgewählten Rendermethode in die Farben des angegebenen Druckerprofils.
  - PostScript-Drucker bestimmt Farben: Die Daten werden mit den zur Konvertierung notwendigen Informationen an das Ausgabegerät gesendet. Nutzen Sie diese Option nicht, wenn Sie Transparenzen verwenden.
- Druckerprofil: Wenn Sie das Farbmanagement in Illustrator durchführen, wählen Sie hier das Farbprofil des Druckers.
- Renderpriorität: Die Rendermethode bestimmt, auf welche Art die Farbpositionen in unterschiedlichen Farbräumen ineinander umgerechnet werden.
  - Perzeptiv: Farben werden so im Zielfarbraum abgebildet, dass das Verhältnis der Abstände der Farben zueinander erhalten bleibt. Die absoluten Farben können sich dabei

verändern. Diese Wiedergabeabsicht eignet sich gut, wenn viele Farben signifikant außerhalb des Zielfarbraums liegen.

- ▶ SÄTTIGUNG: Die Sättigung der Farben bleibt erhalten, die Farbtöne können sich ändern. Die Methode ist vor allem für Geschäftsgrafiken (PowerPoint) gedacht, nicht für die Druckvorstufe.
- ▶ RELATIV FARBMETRISCH: Der Bezugspunkt für die Verschiebung der Farben vom Quell- in den Zielfarbraum ist der Weißpunkt des jeweiligen Farbraums. Farben, die außerhalb des Zielfarbraums liegen, werden auf den nächstreproduzierbaren Buntton abgebildet.
- ▶ ABSOLUT FARBMETRISCH: Die Ausgabe verhält sich wie mit der Option RELATIV FARBMETRISCH. Es wird aber der Weißpunkt des Quellfarbraums erhalten. Diese Wiedergabeabsicht eignet sich ausschließlich für das Proofen.
- ▶ CMYK-/RGB-WERTE BEIBEHALTEN: Unterscheiden sich Dokument- und Druckerprofil, entscheiden Sie mit dieser Option, ob die Definition von Farben, denen kein Profil zugewiesen ist, erhalten bleibt oder konvertiert wird. In den meisten Fällen sollten Sie CMYK-Werte beibehalten – eine Transformation zwischen zwei CMYK-Farbprofilen ist besonders kritisch für die Farbe Schwarz. Darüber hinaus werden Farben in Vektor-Illustrationen in der Regel bereits nach Farbfächern und Farbmusterbüchern im Hinblick auf den Druckprozess und das verwendete Papier ausgesucht.

Wiedergabeabsicht?
Alternativ zum Begriff »Renderpriorität« ist die Bezeichnung »Wiedergabeabsicht« gebräuchlich, die sich vom englischen »Rendering Intent« herleitet.

19.4.6 Erweitert

Live-Transparenzen können Sie nicht an Drucker weitergeben, sondern müssen sie vor dem Ausdruck »reduzieren«.

Des Weiteren stellen Sie hier ein, wie Überdrucken-Einstellungen behandelt werden sollen.

◀ **Abbildung 19.67**
ERWEITERT-Optionen im DRUCKEN-Dialog

- ▶ ÜBERDRUCKEN: Wählen Sie aus dem Aufklappmenü, wie die Überdrucken-Eigenschaft beim Ausdruck behandelt werden soll.
  - ▶ BEIBEHALTEN: Die Farben werden wie eingestellt überdruckt. Die Überdrucken-Eigenschaft kann jedoch nur von PostScript-fähigen Geräten ausgegeben werden.

Rastereffektauflösung
Achten Sie darauf, die richtige Auflösung in den Dokument-Rastereffekt-Einstellungen einzurichten, wenn Sie transparente Objekte drucken wollen.

▶ Löschen: Die Grafik wird ausgegeben, ohne Objekte zu überdrucken.
▶ Simulieren: Die Überdrucken-Eigenschaft wird in CMYK umgerechnet und mit den Möglichkeiten des angeschlossenen Druckers dargestellt. Für Proofausdrucke ist diese Option zuweilen unumgänglich, für die Produktion dagegen nicht zu empfehlen, da Schmuckfarben in CMYK umgerechnet werden. Für die Umwandlung von Buchfarben in CMYK wird mit Simulieren die Lab-Definition verwendet.

▲ Abbildung 19.68
Überdrucken: Löschen (links) und Beibehalten (rechts)

Wählen Sie eine Transparenzreduzierungsvorgabe aus dem Menü Vorgabe, oder klicken Sie auf den Button Benutzerdefiniert…, und stellen Sie die Optionen direkt ein (s. Abschnitt 12.4). Voreingestellt ist hier die Reduzierungsvorgabe, die im Dokumentprofil eingestellt ist bzw. die Sie dem Dokument zugewiesen haben.

19.4.7 Übersicht
Auf der Seite Übersicht stellt Illustrator noch einmal alle Ihre gewählten Optionen zusammen. Hier erscheinen auch Warnungen, falls das Programm Fehlerquellen entdeckt hat.

Abbildung 19.69 ▶
Übersicht im Drucken-Dialog

19.4.8 Druckvorgaben speichern
Falls Sie wiederholt identische Einstellungen benötigen, können Sie diese speichern. Klicken Sie den Button mit dem Diskettensymbol 💾 in der Drucken-Dialogbox an, und geben Sie einen Namen für die Einstellung ein. Die Einstellung wird in der Illustrator-Voreinstellungendatei gespeichert.

▶ **Vorgaben aufrufen**: Ihre Vorgaben werden im Menü Druckvorgabe ganz oben im Drucken-Dialog aufgelistet.
▶ **Vorgaben editieren**: Möchten Sie Ihre Vorgaben bearbeiten, wählen Sie Bearbeiten • Druckvorgaben… Aktivieren Sie

eine der Vorgaben in der Liste, und klicken Sie auf den Button BEARBEITEN…

- **Vorgaben exportieren**: Eine aktivierte Vorgabe lässt sich als Textdatei außerhalb der allgemeinen Voreinstellungendatei speichern. So haben Sie eine Sicherungskopie, falls Sie die Illustrator-Voreinstellungen einmal löschen müssen. Außerdem lässt sich die Textdatei an Kollegen weitergeben.
- **Einstellungen im aktuellen Dokument speichern**: Die Einstellungen im DRUCKEN-Dialog speichert Illustrator, wenn Sie das Dokument drucken. Möchten Sie die Einstellungen im Dokument speichern, ohne gleich zu drucken, klicken Sie auf den Button FERTIG.

◄ **Abbildung 19.70**
DRUCKVORGABEN bearbeiten

19.4.9 Problemanalyse

Stoßen Sie beim Drucken auf Probleme, gilt es, diese zu analysieren. Dafür können Sie die Bedienfelder von Illustrator einsetzen. Viele Schwierigkeiten rühren von fehlenden oder nicht auf dem letzten Stand befindlichen Bilddateien – zur Analyse dient Ihnen das Verknüpfungen-Bedienfeld (s. Abschnitt 18.2).

Überprüfen Sie die Anzahl und Verschachtelungstiefe der Ebenen mithilfe des Ebenen-Bedienfelds.

Ein Universalbedienfeld listet Ihnen viele Dokument- und Objekteigenschaften gemeinsam auf: das Bedienfeld DOKUMENTINFORMATIONEN. Rufen Sie es aus dem Menü FENSTER auf. In der Standardansicht des Dokumentinformationen-Bedienfelds finden Sie die Statistik zum Dokument. Im Bedienfeldmenü selektieren Sie, welche Informationen Sie im Bedienfeld anzeigen möchten. Möchten Sie z. B. die Anzahl der Punkte eines Pfads wissen, wählen Sie OBJEKTE aus dem Bedienfeldmenü und aktivieren das betreffende Objekt.

▲ **Abbildung 19.71**
Details zu einem Objekt im Dokumentinformationen-Bedienfeld

▲ **Abbildung 19.72**
Ist Ihr Dokument im RGB-Modus angelegt, wird Schwarz beim Druck zu »buntem Schwarz«.

▲ **Abbildung 19.73**
Dokument-Rastereffekt-Auflösung zu gering (links), ausreichend (rechts)

▲ **Abbildung 19.74**
Geben Sie nur die Elemente weiter, die gedruckt werden sollen.

▲ **Abbildung 19.75**
Eine Übersicht der Druckfarben von Illustrator-CS5-Dateien in Adobe Bridge

Checkliste: Im Layout platzieren und drucken

Rücksprachen | Klären Sie die Punkte dieser Liste mit Dienstleistern bzw. den Kollegen, die Ihre Grafik weiterverarbeiten.

Dokumentfarbmodus | Ihr Dokument sollte von Anfang an im Dokumentfarbmodus CMYK angelegt sein.

Farbprofil | Weisen Sie ein passendes Farbprofil zu.

Konturstärken | Beachten Sie die minimale Linienstärke, die im gewünschten Druckverfahren dargestellt werden kann. Im Offsetdruck ist dies etwa 0,25 Punkt für positive Linien und 0,5 Punkt für negative Linien. Denken Sie daran, dass Ihre Grafik im Layout eventuell verkleinert wird.

Schatten, Schein und Weiche Kante | Definieren Sie eine ausreichende Auflösung für die Berechnung pixelbasierter Effekte in den Dokument-Rastereffekt-Einstellungen.

Transparenzreduzierung | Stellen Sie je nach den Inhalten Ihrer Datei geeignete Optionen für die Verflachung der Live-Transparenz ein.

Bildauflösungen | Achten Sie darauf, dass platzierte Bilder in ausreichender Auflösung vorliegen, und skalieren Sie sie möglichst nicht innerhalb von Illustrator.

Angleichungsstufen | Achten Sie darauf, die Anzahl der Stufen bei Angleichungen nicht zu gering zu wählen, um weiche Übergänge zu erreichen. Definieren Sie andererseits auch nicht zu viele Schritte, um die Bearbeitungszeit im RIP zu optimieren.

Nicht sichtbare/nicht druckende Ebenen oder Objekte | Um Unklarheiten gar nicht erst entstehen zu lassen, löschen Sie alle Ebenen und Elemente, die nicht gedruckt werden sollen – zumindest in der Version des Dokuments, die Sie weitergeben.

Schriften einbetten | In PDFs werden Schriften üblicherweise eingebettet. Diese Möglichkeit besteht jedoch auch in EPS- und AI-Dokumenten für den Zweck der Platzierung im Layout. Eine Umwandlung der Schriften in Pfade sollten Sie möglichst ebenso vermeiden wie das Weitergeben der Fonts.

Schmuckfarben | Prüfen Sie, ob Schmuckfarben als Volltonfarben definiert wurden, und umgekehrt, ob alle Skalenfarben auch in CMYK vorliegen. Für eine schnelle Prüfung reicht das Separationen-Bedienfeld in Illustrator. Eine genauere Analyse erlaubt die Separationsvorschau in Acrobat.

Seitengröße | Falls Sie mit deaktivierter Anzeige der Zeichenflächen arbeiten, überprüfen Sie, ob alle zu druckenden Elemente innerhalb der definierten Zeichenflächen liegen.

Beschnittzugabe | Definieren Sie eine Beschnittzugabe, falls das Dokument randabfallende Elemente enthält.

Nicht benötigte Elemente | Löschen Sie nicht verwendete Pinsel, Symbole, Farbfelder und Grafikstile.

Dateiformat | Sprechen Sie das zu liefernde Dateiformat und gegebenenfalls einzustellende Optionen ab. Fragen Sie nach Druckertreibern und Joboptions für die Produktion von PDFs.

20 Web- und Bildschirmgrafik

Auch wenn Illustrator ursprünglich einmal entwickelt wurde, um das Erstellen von PostScript-Grafik zu vereinfachen, ist es heute aus dem Web- und Videobereich nicht mehr wegzudenken. Das Programm ist gut in Web- und Video-Workflows integriert – mit dem neuen Flash Catalyst sind Round-Trip-Bearbeitungen möglich. Das Erstellen randscharfer Grafik für Web-Layouts wurde deutlich erleichtert.

> **Platzbedarf der Browser**
>
> Bedenken Sie beim Design immer den Platzbedarf der Browser für Menüleiste, Scrollbalken und Funktionsleisten. Platzieren Sie den Screenshot eines Browser-Fensters in Ihrer Datei, dann sehen Sie die Gesamtwirkung Ihres Designs so, wie die Benutzer es später erleben.

20.1 Screendesign mit Illustrator

Illustrator wird sowohl für Design und Konzeption klassischer HTML-basierter Websites als auch im Produktionsprozess von Flash-Animationen und -Applikationen eingesetzt.

> **Webentwicklung mit Illustrator?**
>
> Illustrator ist für den grafischen Entwurf von Webseiten – vor allem der aktuell im Trend liegenden reduzierten Designs – gut aufgestellt. Für das Kodieren der Seiten oder das Verwalten kompletter Websites ist Illustrator jedoch weder gedacht noch geeignet.

▲ **Abbildung 20.1**
Device-Central-Icon

20.1.1 Datei einrichten

Um neue Dateien für diese Einsatzgebiete zu erstellen, nutzen Sie entweder eine der vielen Standardvorlagen, oder Sie setzen – für mobile Medien – Device Central ein.

Standardvorlagen | Sowohl für das Webdesign als auch für mobile Geräte bringt Illustrator Standardvorlagen in typischen Größen mit, in denen wichtige Einstellungen wie der Dokumentfarbmodus RGB und die Rastereffektauflösung von 72 dpi bereits vorgenommen sind. Den Vorschau-Modus Pixel sollten Sie im Bereich Erweitert noch einrichten (s. Abschnitt 4.1.1).

▲ **Abbildung 20.2**
Das Dokumentprofil Mobilgeräte und Geräte im Dialog Neues Dokument

▲ **Abbildung 20.3**
Device Central

Schriftdarstellung optimieren

Für Texte haben Sie die Wahl zwischen vier Glättungsoptionen, die Sie je nach Schriftgröße, Schriftart oder Anwendungszweck einsetzen können (s. Abschnitt 14.8.15). In der Dialogbox FÜR WEB UND GERÄTE SPEICHERN müssen Sie außerdem im Reiter BILDGRÖSSE die Option SCHRIFT OPTIMIERT auswählen.

Abbildung 20.4 ▶
Mit (links) und ohne (rechts) AN PIXEL AUSRICHTEN positionierter Button

▲ **Abbildung 20.5**
Vor allem beim Icon-Design – ein beliebtes Einsatzgebiet für Illustrator – ist der passgenaue Sitz der einzelnen Pixel wichtig.

Ausrichten am Pixelraster | In den Dokumentprofilen WEB und FLASH CATALYST ist die Option NEUE OBJEKTE AN PIXELRASTER AUSRICHTEN standardmäßig aktiviert. Meistens ist es besser, diese Option erst kurz vor dem Export der Grafik für die einzelnen Objekte zu aktivieren und daher beim Erstellen des Dokuments zu deaktivieren (s. Abschnitt 20.1.2 und 20.1.3).

Device Central | Device Central enthält eine Datenbank mit vielen Handy-Modellen und deren Eigenschaften und Funktionen, wie Bildschirmgröße, Speicher, unterstützte Dateiformate und installierte Flash-Version. Gehen Sie wie folgt vor:

1. Wählen Sie DATEI • DEVICE CENTRAL…, um die Applikation zu starten.
2. Klicken Sie auf den Button ERSTELLEN. Alternativ wählen Sie DATEI • NEUES DOKUMENT IN • ILLUSTRATOR. Richten Sie die für das Projekt passenden Optionen ein, und klicken Sie auf den Button ERSTELLEN.

20.1.2 Pixelvorschau und Ausrichten

Die Pixelvorschau dient dazu, Ihre Grafik so anzuzeigen, wie sie beim Exportieren in rasterbasierte Formate und bei der Darstellung auf einem Monitor umgerechnet würde. Die Pixelvorschau aktivieren Sie entweder in der Dialogbox NEUES DOKUMENT oder mit ANSICHT • PIXELVORSCHAU – ⌘+⌥+Y bzw. Strg+Alt+Y. Zum Verschieben des Linealnullpunkts s. Abschnitt 4.4.4.

Per Voreinstellung mit der Pixelvorschau verbunden ist die Einstellung AN PIXEL AUSRICHTEN. Sie finden diese Option im Menü ANSICHT.

An Pixel ausrichten | Diese Ausrichtung bewirkt, dass Sie beim intuitiven Transformieren von Objekten deren Begrenzungsrahmen nur exakt im Pixelraster positionieren können. So werden horizontale und vertikale Objektkanten zumindest von rechteckigen Rahmen immer in optimaler Schärfe generiert. Besitzt eine Form jedoch weitere Kanten innerhalb ihres Begrenzungsrahmens, dann reicht das Ausrichten am Pixelraster nicht.

◄ **Abbildung 20.6**
Besitzt ein Objekt gerade Kanten innerhalb seines Begrenzungsrahmens, dann werden diese nicht an Pixeln ausgerichtet (jeweils links; rechts: so wäre es gewünscht)

Konturen | Wenn Sie Screendesigns erstellen, sollten Sie selbstverständlich keine Linienstärken unter der kleinsten darstellbaren Einheit, also 1 Pixel, anlegen.

Damit 1-Pixel-Linien sauber dargestellt werden, müssen sie auf einem ganzen Pixel liegen. Problematisch ist hier jedoch die Eigenart von PostScript, die Linienstärke jeweils von der Mitte des Pfads aus zu berechnen.

Wenn Sie beim Webdesign mit aktivierter Pixelvorschau und der Einstellung AN PIXEL AUSRICHTEN arbeiten – was ratsam ist –, liegt der Pfad immer auf der Grenze zwischen zwei Pixeln. Die 1-Pixel-Kontur erstellt Illustrator also einen halben Pixel zur einen und einen halben zur anderen Seite.

▲ **Abbildung 20.7**
Konturstärke 1 Pixel mit an Pixel ausgerichtetem Pfad (oben) – so wäre es gewünscht (unten).

An Pixelraster ausrichten | Um das Problem der innenliegenden Objektkanten und der 1-Pixel-Linien zu lösen, wurde in Illustrator CS5 die Option AN PIXELRASTER AUSRICHTEN eingeführt, mit der ein automatisches Ausrichten von Objekten möglich ist, so dass im Pixelraster möglichst scharfe Kanten gebildet werden.

Das Ausrichten am Pixelraster ist eine Objekteigenschaft, die Sie für jedes einzelne Objekt (nachträglich) einstellen können. Die Einstellung nehmen Sie im Transformieren-Bedienfeld vor: Aktivieren Sie das Objekt, und setzen Sie ein Häkchen bei AN PIXELRASTER AUSRICHTEN. Wenn die Option nicht sichtbar ist, rufen Sie OPTIONEN EINBLENDEN aus dem Bedienfeldmenü auf.

Auch in den Optionen der Symbole können Sie das Ausrichten aktivieren.

Alternativ können Sie dokumentbezogen festlegen, dass jedem neu erstellten Objekt diese Option automatisch zugewiesen wird (dies gilt nicht für über die Zwischenablage eingefügte Objekte).

Dazu haben Sie zwei Möglichkeiten:
- Beim Erstellen des Dokuments: Aktivieren Sie die Option AN PIXELRASTER AUSRICHTEN in der Dialogbox NEUES DOKUMENT.
- Zu einem späteren Zeitpunkt: Setzen Sie ein Häkchen vor der Option NEUE OBJEKTE AM PIXELRASTER AUSRICHTEN im Bedienfeldmenü des Transformieren-Bedienfelds.

▲ **Abbildung 20.8**
Die Option AN PIXELRASTER AUSRICHTEN im Transformieren-Bedienfeld

▲ **Abbildung 20.9**
Die Option AN PIXELRASTER AUSRICHTEN in den SYMBOLOPTIONEN

Das Ausrichten am Pixelraster geschieht dadurch, dass Illustrator die Pfade (also die Objektgeometrie) so verändert, dass sie opti-

20.1 Screendesign mit Illustrator | 629

▼ **Abbildung 20.10**
Grafik und in Pfade umgewandelte Texte: Nachdem die Objekte vier Mal verschoben wurden (rechts), treten zum Teil erhebliche Deformierungen auf.

mal ins Pixelraster passen. Da dies nicht »dynamisch« in der Form eines Effekts geschieht, sondern mit jedem erneuten Ausrichten dauerhaft, führt es dazu, dass ein Objekt bei jeder Transformation (dazu gehört auch das Verschieben) ein wenig verformt wird. Diese Verformungen summieren sich, sodass bereits nach wenigen Transformationen sichtbare Veränderungen auftreten.

Aufgrund der Arbeitsweise des Ausrichtens am Pixelraster kann es daher sinnvoll sein, diese Option erst spät im Produktionsprozess gezielt für bestimmte Objekte zu aktivieren. Gegebenenfalls erstellen Sie zu diesem Zweck eine Kopie der Datei. Alternativ erstellen Sie aus den betreffenden Objekten Symbole, die am Pixelraster ausgerichtet sind.

Barrierefrei?
Viele interessante Informationen rund um die Barrierefreiheit von Webseiten (und PDF-Dokumenten) erhalten Sie unter *www.einfach-fuer-alle.de*.

20.1.3 Barrierefreiheit

Eine wichtige Bedingung für die Barrierefreiheit von Webseiten und anderen Dokumenten besteht darin, dass mit Farbe dargestellte Informationen auch ohne Farbe verfügbar sind, z. B. auf Schwarzweißgeräten oder bei Farbfehlsichtigkeit. Mit dem Softproof auf Farbenblindheit (s. Abschnitt 8.5.2) können Sie Ihre Entwürfe testen.

20.1.4 Slices

Maßeinheit umstellen
Die Maßeinheit des Dokuments lässt sich auch umstellen, ohne DOKUMENT EINRICHTEN... aufzurufen. Auf dem Mac halten Sie dafür ctrl gedrückt und klicken auf eines der Lineale. Unter Windows klicken Sie mit der rechten Maustaste auf das Lineal. Wählen Sie dann die gewünschte Maßeinheit aus dem aufklappenden Menü.

Slices definieren in einer Grafik einzelne Bereiche, denen Sie beim Export als Webgrafik individuelle Exportoptionen zuweisen können. Slices sind selbstverständlich nur virtuelle Schnitte, die Ihre Vektorobjekte völlig intakt lassen. Slices lassen sich auf zwei Arten erstellen – mit dem Slice-Werkzeug und über das Menü OBJEKT. In einzelnen Slices der Grafik können Sie zusätzlich Imagemaps anlegen und die gesamte Grafik »in einem Rutsch« für das Web speichern. Mehr zu Imagemaps finden Sie weiter unten.

Anzeige | Die Optionen für die Anzeige der Slices definieren Sie unter VOREINSTELLUNGEN • SLICES... Stellen Sie eine LINIENFARBE ein, und aktivieren Sie die Anzeige der Slice-Nummerierung. Um Slices ein- oder auszublenden, wählen Sie die entsprechende Option im Menü ANSICHT.

Dort können Sie auch mit dem Menüpunkt SLICES FIXIEREN die von Ihnen definierten Slices vor unbeabsichtigtem Verändern schützen.

Mit dem Slice-Werkzeug erstellen | Um ein Slice mit dem Werkzeug anzulegen, wählen Sie es aus dem Werkzeugbedienfeld – Shortcut ⇧+K – und klicken und ziehen ein Rechteck, das Ihr Slice definiert. Auf diese Art erzeugte Slices sind an ihrer Position auf der Zeichenfläche festgelegt. Wenn Sie darunterliegende Objekte verschieben, verändert sich das Slice nicht.

▲ **Abbildung 20.11**
Slice-Werkzeuge

Über das Menü erstellen | Aktivieren Sie ein Objekt, über dem Sie ein Slice anlegen möchten, und wählen Sie OBJEKT • SLICE • ERSTELLEN oder – falls Sie ein Slice um mehrere aktivierte Objekte bilden möchten – OBJEKT • SLICE • AUS AUSWAHL ERSTELLEN. Mit dem Befehl AUS HILFSLINIEN ERSTELLEN werden in der Datei angelegte Hilfslinien als Basis verwendet.

Ein aus einem einzelnen Objekt definiertes Slice ist an das Objekt gebunden, bewegt sich mit ihm und wird entfernt, sobald Sie das Objekt löschen.

▲ **Abbildung 20.12**
Voreinstellungen für Slices

Auto-Slices | Illustrator ergänzt immer automatische Slices ❺ (siehe Abbildung 20.13), sodass sich insgesamt eine Rechteckfläche ergibt, die alle Objekte in der Datei umfasst. Bewegen oder verändern Sie Slices, aktualisiert Illustrator die Auto-Slices. Auto-Slices sind durch eine hellere Farbe gekennzeichnet.

Unter-Slices | Falls Sie ein Slice definieren, das ein anderes überlappt, muss das untere Slice aufgeteilt werden, da Slices nur nebeneinanderliegend generiert werden. Die dabei entstehenden Unter-Slices ❹ sind nicht eigenständig zu aktivieren oder zu bearbeiten.

▲ **Abbildung 20.13**
Slice-Typen: BILD ❶, KEIN BILD ❷, HTML-TEXT ❸, Slice mit Unter-Slice ❹, Auto-Slice ❺

Auf Zeichenfläche beschränken | Normalerweise ergänzt Illustrator Auto-Slices so, dass alle Objekte in der Datei eingeschlossen sind. Möchten Sie die Definition von Slices auf die Zeichenfläche beschränken, wählen Sie OBJEKT • SLICE • GANZE ZEICHENFLÄCHE EXPORTIEREN.

20.1.5 Slices bearbeiten

Auswählen | Slices, die Sie anpassen möchten, wählen Sie mit dem Slice-Auswahlwerkzeug aus, indem Sie in das gewünschte Slice klicken. Drücken Sie ⇧, und klicken Sie weitere Slices an, um diese zur Auswahl hinzuzufügen. Mit dem OBJEKT-Menü er-

> **Slices und Zeichenflächen**
>
> Wenn Sie OBJEKT • SLICE • GANZE ZEICHENFLÄCHE EXPORTIEREN aktivieren, können Sie für jede Zeichenfläche einen unabhängigen Satz Slices anlegen.

zeugte Slices wählen Sie aus, indem Sie das Objekt auswählen, zu dem die Slices gehören. Alternativ verwenden Sie das Ebenen-Bedienfeld, um Slices auszuwählen. Auto-Slices können Sie nicht auswählen.

▲ Abbildung 20.14
Optionen für ein BILD-Slice

Optionen | Aktivieren Sie ein Slice, und wählen Sie OBJEKT • SLICE • SLICE-OPTIONEN..., um den Slice-Typ festzulegen und weitere Einstellungen vorzunehmen. Drei Slice-Typen stehen zur Auswahl: BILD, KEIN BILD und HTML-TEXT. Die Art zeigt Illustrator auf der Zeichenfläche mit dem abgebildeten Symbol an:

▶ BILD: Mit diesem Typ wird eine Bilddatei erzeugt. In der SLICE-OPTIONEN-Dialogbox geben Sie unter URL die Adresse für den Link ein, wenn das Bild klickbar sein soll. Im Feld NAME können Sie einen Namen für die beim Speichern erzeugte Datei definieren.

Die Komprimierungsoptionen legen Sie in der Dialogbox FÜR WEB UND GERÄTE SPEICHERN fest (s. Abschnitt 20.1.6).

▶ KEIN BILD: Diesen Typ wählen Sie, um einfarbige Flächen durch eine Hintergrundfarbe in der Tabellenzelle oder im CSS-Container darzustellen. In das Eingabefeld können Sie HTML-formatierten Text eingeben, der in dem Bereich angezeigt werden soll.

▲ Abbildung 20.15
Optionen für ein KEIN-BILD-Slice

▶ HTML-TEXT: Diesen Typ können Sie nur auswählen, wenn das Slice an einem Textobjekt definiert wurde. Der Inhalt des Textobjekts und seine Formatierung werden als HTML-Text generiert. Möchten Sie die Ausgabe der Formatierung unterdrücken, empfiehlt Adobe, am Beginn des Texts im Textobjekt <unformatiert> einzugeben. Diese Vorgehensweise kann zu Abstürzen führen.

Möchten Sie den Text (oder den generierten HTML-Code) editieren, wählen Sie den Slice-Typ KEIN BILD aus (dies bewirkt, dass die Verbindung zum Textobjekt getrennt wird), und führen Sie die gewünschten Änderungen aus.

▲ Abbildung 20.16
Optionen für ein HTML-TEXT-Slice

Begrenzungen anpassen | Klicken und ziehen Sie Slices mit dem Slice-Auswahlwerkzeug an die gewünschte Position.

Sie haben folgende Modifizierungsmöglichkeit: Halten Sie ⇧, um die Bewegung auf 45°-Schritte einzuschränken.

Aktivieren Sie ein Slice, und klicken und ziehen Sie eine Seite oder Ecke seines Begrenzungsrahmens, um die Größe zu verändern. Um Slices aneinander auszurichten oder zu verteilen, aktivieren Sie die betreffenden Slices und verwenden die Funktionen des Ausrichten-Bedienfelds (s. Abschnitt 5.7).

Die Stapelreihenfolge von Slices verändern Sie mithilfe des Ebenen-Bedienfelds – diese Option ist wichtig für die Erstellung von Unter-Slices (zum Ebenen-Bedienfeld s. Abschnitt 11.1).

Möchten Sie ein mit dem Slice-Werkzeug angelegtes Slice aufteilen, aktivieren Sie es und wählen Objekt • Slice • Slices unterteilen…

Umgekehrt lassen sich auch mehrere Slices zu einem zusammenfügen. Aktivieren Sie die betreffenden Slices, und wählen Sie Objekt • Slice • Slices kombinieren.

Löschen | Mit dem Werkzeug erstellte Slices aktivieren Sie und drücken die Löschtaste. Haben Sie ein Slice über das Objekt-Menü generiert, aktivieren Sie es und wählen Objekt • Slice • Zurückwandeln. Beim Entfernen mit der Löschtaste würde in diesem Fall auch das Vektorobjekt gelöscht. Um alle Slices zu löschen, wählen Sie Objekt • Slice • Alle löschen.

20.1.6 Für Web und Geräte speichern

Wählen Sie Datei • Für Web und Geräte speichern… Falls Sie auch Photoshop verwenden, werden Sie einen Unterschied zwischen den gleichnamigen Funktionen beider Programme sehen: Bereits in Photoshop CS4 wurde »Für Web speichern« erneuert.

▲ **Abbildung 20.17**
Slices mit dem Ausrichten-Bedienfeld exakt positionieren

Web-Speichern in Photoshop

Die unterschiedlich aussehenden Dialogboxen sind nicht nur ein optisches Phänomen. Da beide Programme jetzt beim Speichern für das Web unterschiedliche Routinen verwenden, erzielen Sie z. B. mit denselben Werten in der JPEG-Qualität keine vergleichbaren Ergebnisse mehr.

▲ **Abbildung 20.18**
Für Web und Geräte speichern mit den Optionen für das GIF-Format

▲ **Abbildung 20.19**
Hier lässt sich eine Liste von Browsern als Menü einrichten.

20.1 Screendesign mit Illustrator | **633**

▲ Abbildung 20.20
4-fach-Vorschau zum Vergleichen unterschiedlicher Komprimierungseinstellungen.

▲ Abbildung 20.21
Via Für Web und Geräte speichern können Sie SWF-Animationen aus Ebenen generieren und in Device Central testen. Dabei lassen sich sogar typische Reflexionen von Innenräumen oder Außenumgebungen auf dem Handydisplay emulieren.

Die Werkzeug-Buttons ❶ dienen zur Navigation in den Vorschaubildern: Mit dem Hand-Werkzeug verschieben Sie die Ansicht im Fenster. Verwenden Sie das Slice-Auswahl-Werkzeug, um Slices zu aktivieren, für die Sie Einstellungen vornehmen möchten. Das Zoom-Werkzeug vergrößert die Ansicht der Grafik, und mit dem Pipetten-Werkzeug nehmen Sie Farben aus den Vorschaubildern auf. Klicken Sie auf den Slices-einblenden/ausblenden-Button, um die Anzeige der Slices zu steuern.

Mit den Reitern ❷ stellen Sie die Anzahl der Vorschaubilder ein. Sie können sich nur die Originalgrafik, nur die optimierte Version, eine Gegenüberstellung von Original und optimierter Version oder einen Vergleich des Originals mit drei verschiedenen Vorschauen anzeigen lassen. Einstellungen, die Sie vornehmen, werden jeweils auf das durch einen Rahmen hervorgehobene Vorschaufenster angewendet.

Verwenden Sie das Aufklappmenü ❸, um die Modemgeschwindigkeit auszuwählen, auf deren Basis Illustrator die Download-Zeit berechnen soll.

Einige mitgelieferte sowie eigene Komprimierungseinstellungen, die Sie speichern, wählen Sie im Vorgaben-Menü ❹ aus.

Im Menü Optimiert ❺ finden Sie verschiedene Befehle, die Grundeinstellungen oder den Umgang mit Slices betreffen. Mit einem dieser Befehle lassen sich z. B. Ihre Einstellungen speichern, sodass sie im Vorgaben-Menü angezeigt werden. Darüber hinaus finden Sie in diesem Menü die Optionen für die Generierung der HTML-Datei, und Sie können die Konvertierung Ihrer Grafik in das sRGB-Farbprofil und damit eine Umwandlung der Farbwerte deaktivieren.

Die Statusleiste ❻ zeigt die RGB- und HEX-Werte des unter dem Cursor befindlichen Pixels sowie dessen Position in der Farbpalette (für GIF und PNG-8).

Im Browser-Menü ❼ können Sie Links zu verschiedenen auf Ihrem Computer installierten Browsern einrichten. Um eine Vorschau in einem der Browser aufzurufen, wählen Sie den Browser später einfach aus dieser Liste aus. Möchten Sie die Anzeige einer Grafik in mobilen Geräten von Device Central emulieren lassen, klicken Sie auf den Button ❽. Dies funktioniert nur mit »ungesliceten« Grafiken.

Zur Optimierung der Farbpalette von GIF und PNG-8 finden Sie unter der Paletten-Anzeige eine Buttonleiste ❾. Weitere Funktionen und Sortierungsoptionen bietet das Menü ⓫.

Möchten Sie die Größe der Grafik für die Ausgabe anpassen oder Ihre Illustration nicht als Slices, sondern mithilfe von durch CSS positionierten Ebenen generieren, wählen Sie den entsprechenden Reiter ❿ unterhalb der Optimierungsoptionen aus. In der folgenden Übung werden Sie die Webexport-Funktionen ein wenig näher kennenlernen.

> **HTML aus Illustrator**
>
> Die Funktion FÜR WEB UND GERÄTE SPEICHERN… beherrscht neben der Grafikoptimierung auch die Erzeugung des HTML-Codes. Der generierte Code entspricht jedoch nicht den aktuellen Anforderungen – auch wenn das Exportmodul Cascading Stylesheets (CSS) einsetzen kann –, daher ist eine Verwendung über das schnelle Präsentationsmuster hinaus nicht zu empfehlen.

Schritt für Schritt: Slices für das Web speichern

Öffnen Sie die Datei »Webdesign.ai« von der DVD. Darin ist das Design einer Website angelegt. Einige Grafikelemente der Seite sollen mit der Funktion FÜR WEB UND GERÄTE SPEICHERN in unterschiedliche Formate gesichert werden. Den HTML-Export werden Sie in dieser Übung nicht verwenden – auf der DVD finden Sie eine Beispiel-HTML-Datei mit dem Design.

1 **Hintergrundelement auf neue Zeichenfläche duplizieren**

Ihre erste Aufgabe besteht darin, eine weitere Zeichenfläche im Format 800×600 Pixel anzulegen. Aktivieren Sie ANSICHT • PIXELVORSCHAU und ANSICHT • AN PIXEL AUSRICHTEN. Dann wechseln Sie zum Zeichenflächen-Werkzeug. Wählen Sie im Steuerungsbedienfeld SVGA (800×600) aus dem Menü VORGABEN, und klicken Sie auf den Button NEUE ZEICHENFLÄCHE. Dann klicken Sie mit dem Zeichenflächen-Werkzeug neben die bestehende Zeichenfläche.

Wechseln Sie zum Auswahl-Werkzeug, aktivieren Sie das blaue Verlaufsgitterobjekt im Titel der Seite, halten Sie ⌥/Alt gedrückt und verschieben es auf die neue Zeichenfläche, um dort eine Kopie zu erzeugen.

▲ **Abbildung 20.22**
Die Übungsdatei: Die Radargrafik links unten wird als Flash-Animation, das Logo als PNG, der verlaufende Hintergrund im Titel als JPG und die Menü- sowie die Kompassgrafik als GIF exportiert.

> **Wozu die Kopie?**
>
> Für das Kodieren der Website benötigen Sie die Titelgrafik in einem Stück. Wenn Sie den Titel slicen, um das Logo und die Button-Grafiken zu generieren, würde jedoch der Titel ebenfalls zerschnitten. Jetzt legen Sie für jede Zeichenfläche einen Satz Slices für beide Zwecke an.

◀ **Abbildung 20.23**
Kopieren der Titelgrafik auf die zweite Zeichenfläche

▲ **Abbildung 20.24**
Nehmen Sie eine Farbe aus der Umgebung der Menü-Tabs auf.

2. Nicht benötigte Elemente ausblenden

Die Hintergrundfarbe wird im Cascading Stylesheet beim Kodieren der Seite angelegt, und das Logo muss ohne Hintergrund exportiert werden. Daher blenden Sie jetzt noch einige Elemente aus. Aktivieren Sie ANSICHT • TRANSPARENZRASTER EINBLENDEN, damit Sie die Transparenz kontrollieren können.

Blenden Sie im Ebenen-Bedienfeld die Ebene »Text« aus. Wählen Sie mit dem Auswahl-Werkzeug das dunkelblaue Hintergrundelement aus, und notieren Sie sich zunächst dessen Flächenfarbe. Dann wählen Sie OBJEKT • AUSBLENDEN • AUSWAHL.

Jetzt nehmen Sie mit dem Pipette-Werkzeug die Farbe in der Umgebung der Menü-Tabs auf und notieren auch diese.

3. Das Slicen vorbereiten

Ohne Slices würde Illustrator mehrere Ebenen ausgeben, die jeweils die gesamte Zeichenfläche enthalten. Außerdem benötigen Sie Slices für die unterschiedlichen Komprimierungseinstellungen.

Die Slices müssen über das OBJEKT-Menü definiert werden. Zunächst wählen Sie OBJEKT • SLICE • GANZE ZEICHENFLÄCHE EXPORTIEREN. So können Sie zwei Sätze Slices für die beiden Zeichenflächen definieren. Legen Sie eine neue Ebene für die Slices an.

▲ **Abbildung 20.25**
Eine zusätzliche Ebene für die Slices

4. Slices erstellen

Jetzt erstellen Sie die einzelnen Slices. Aktivieren Sie die »Slices«-Ebene im Ebenen-Bedienfeld. Wählen Sie das Slice-Werkzeug, und ziehen Sie damit ein Slice eng um die Radargrafik auf.

Ein weiteres Slice ziehen Sie mit dem Werkzeug um das Logo auf. Es setzt am unteren Rand des Verlaufsgitterobjekts an und führt großzügig um das Logo herum. Achten Sie darauf, die weich auslaufenden Schatten vollständig in das Slice einzubeziehen.

Abbildung 20.26 ▶
Das Slice für die Radar-Grafik (links) wurde per Menübefehl erstellt, das Logo-Slice mit dem Werkzeug (rechts).

Aktivieren Sie die Kompassrose rechts unten, und erstellen Sie ein weiteres Slice mit dem Befehl OBJEKT • SLICE • AUS AUSWAHL ERSTELLEN. Dieses Slice wurde auf der Ebene »Hintergrund« erstellt – verschieben Sie es im Ebenen-Bedienfeld auf die »Slices«-Ebene, um Ordnung in der Datei zu halten.

5 Menü-Slice und die Schiebetüren

Menüs wie dieses im »Tabbed«-Stil werden meist über die »Sliding-Doors-Technik« realisiert. Dazu benötigen Sie die Grafik in einer ganz bestimmten Form (siehe Abbildung 20.27, links). In dieser Übung werden Sie die Grafik komplett exportieren und in Photoshop weiterbearbeiten. Es ist jedoch auch möglich, die benötigten Teile direkt in Illustrator zu erstellen.

Ziehen Sie mit dem Slice-Werkzeug ein Slice auf wie in Abbildung 20.27 (rechts), das die unteren Rundungen auslässt.

> **»Sliding Doors of CSS«**
>
> Eine Beschreibung der Technik finden Sie bei *www.alistapart.com/articles/slidingdoors/* – in deutscher Übersetzung bei *www.thestyleworks.de/tut-art/listnav3.shtml*.

◄ **Abbildung 20.27**
Diese beiden Grafiken werden für ein »Sliding-Doors-Menü« benötigt (links); Slice für das Menü-Tab (rechts).

Das Verlaufsgitterobjekt auf der ersten Zeichenfläche wird jetzt ausgeblendet. Aktivieren Sie es, und drücken Sie ⌘/Strg+3.

6 Verlaufsgitter auf der zweiten Zeichenfläche

Klicken Sie mit dem Auswahl-Werkzeug auf die zweite Zeichenfläche. Anschließend ziehen Sie mit dem Slice-Werkzeug ein Slice um das Verlaufsgitterobjekt auf. Hier wird automatisch ein zweiter Satz Slices angelegt, da Sie in Schritt 3 die Option Ganze Zeichenfläche exportieren gesetzt haben.

▲ **Abbildung 20.28**
Ein Slice auf der zweiten Zeichenfläche

7 Standbilder: Logo

Mit dem Auswahl-Werkzeug klicken Sie auf die erste Zeichenfläche und wählen Datei • Für Web und Geräte speichern. Standbilder und Flash-Animation müssen getrennt exportiert werden.

Aus den Werkzeug-Buttons links oben im Dialogfenster verwenden Sie die Hand, um zum gewünschten Slice zu scrollen, falls es nicht bereits sichtbar ist. Wir beginnen mit dem Logo. Wählen Sie den Slice-Button im Dialogfenster, und klicken Sie auf das Logo-Slice. Die anderen Slices werden leicht abgedimmt.

Das Logo enthält transparente Elemente und Schlagschatten. Es wird als PNG exportiert, damit diese Transparenz erhalten bleibt. Wählen Sie im Menü Optimierungsformat den Eintrag PNG-24 aus, und aktivieren Sie das Häkchen bei Transparenz.

▲ **Abbildung 20.29**
Für das Speichern eines PNG-24 gibt es nicht viele Optionen.

▲ **Abbildung 20.30**
Einstellen der Hintergrundfarbe für das GIF

▲ **Abbildung 20.31**
Optionen für das Speichern des Menü-Tabs

▲ **Abbildung 20.32**
Speichern aller benutzerdefinierten Slices

▲ **Abbildung 20.33**
Optionen für das JPG

8 Standbilder: Tabbed-Menü

Als Nächstes wählen Sie das Menü-Tab-Slice aus. Dieses lässt sich am besten als GIF komprimieren. Wählen Sie GIF aus dem Menü OPTIMIERUNGSFORMAT, und aktivieren Sie die Option TRANSPARENZ. Jetzt müssen Sie die richtige Hintergrundfarbe einstellen. Wählen Sie aus dem Menü HINTERGRUND den Eintrag ANDERE..., und geben Sie die in Schritt 2 notierte Farbe ein. Probieren Sie noch, die Anzahl der Farben zu reduzieren, indem Sie im Menü FARBEN einen niedrigeren Wert auswählen.

9 Standbilder: Kompassrose und exportieren

Zuletzt scrollen Sie zur Kompassrose. Diese wird ebenfalls als GIF mit der in Schritt 2 aufgenommenen dunkelblauen Hintergrundfarbe exportiert.

Klicken Sie dann auf SPEICHERN, und geben Sie den Speicherpfad für die Bilder ein. In dem von Ihnen bestimmten Ordner wird ein weiterer Ordner namens BILDER erstellt, in den die Dateien gespeichert werden.

Aus dem Menü FORMAT wählen Sie NUR BILDER, aus dem Menü SLICES den Eintrag ALLE BENUTZER-SLICES. Es werden dennoch einige überflüssige Dateien erstellt. Diese müssen Sie später sichten und aussortieren.

> **Ordner »Bilder« verhindern**
> Möchten Sie die Erstellung dieses Ordners verhindern, dann rufen Sie im MENÜ OPTIMIERT den Eintrag AUSGABEEINSTELLUNGEN BEARBEITEN auf. Darin wählen Sie den Bereich DATEIEN SPEICHERN aus dem Menü und deaktivieren die Option BILDER IN ORDNER ABLEGEN.

10 Standbilder: Verlaufsgitter

Wechseln Sie auf die zweite Zeichenfläche, und wählen Sie DATEI • FÜR WEB UND GERÄTE SPEICHERN. Aktivieren Sie das Slice mit der Grafik, und exportieren Sie es als JPG. Dessen Qualität optimieren Sie mit dem Schieberegler QUALITÄT. Achten Sie auf die Dateigröße, die in der Vorschau eingeblendet wird. Speichern Sie das JPG in den BILDER-Ordner zu den anderen Dateien, geben Sie ihm jedoch einen anderen Namen.

11 Flash-Animation

Bevor Sie die Flash-Animation exportieren, müssen im Ebenen-Bedienfeld alle Ebenen ausgeblendet werden, die keine Radar-Elemente enthalten. Aktivieren Sie die erste Zeichenfläche, und rufen Sie DATEI • FÜR WEB UND GERÄTE SPEICHERN auf.

Aktivieren Sie das Radar-Slice, und wählen Sie das Format SWF. Wählen Sie die Optionen EBENEN IN SWF-FRAMES und SCHLEIFE. Alle anderen Optionen setzen Sie nach Belieben. Klicken Sie auf SPEICHERN, und wählen Sie diesmal AUSGEWÄHLTE SLICES, so wird nur die Animation generiert. Speichern Sie die Datei zu den anderen Dateien.

> **Viele Ebenen?**
>
> Über die Funktion FÜR WEB UND GERÄTE SPEICHERN können Sie Flash-Animationen nur aus Ebenen erstellen lassen, nicht aus Angleichungen (mehr dazu in Abschnitt 20.4.5).

▲ **Abbildung 20.34**
Optionen für den Export der Flash-Animation – da dabei alle sichtbaren Ebenen der Datei berücksichtigt werden, mussten vorher die nicht benötigten Ebenen ausgeblendet werden.

20.1.7 Übergabe an Photoshop und Fireworks

Alternativ zum direkten Speichern in Webformate ist auch das Übergeben der Datei an Photoshop oder Fireworks möglich.

Zur Übergabe an Photoshop ist meistens der Export als Photoshop-Datei die beste Option. Es ist möglich, beim PSD-Export Texte und sogar Vektorinhalte editierbar zu erhalten (s. Abschnitt 19.1.9).

Wenn Sie in Fireworks weiterarbeiten möchten, öffnen Sie Ihre AI-Datei darin. Dabei bleiben viele Objekte und deren Eigenschaften erhalten.

▲ **Abbildung 20.35**
Fireworks-Importoptionen für Illustrator-Dateien

> **Warum sind dünne gekrümmte Linien immer so stufig?**
>
> Illustrator ist ein objektorientiertes Programm. Für Illustrator ist es in erster Linie wichtig, alle vorhandenen Objekte möglichst exakt – also mit den definierten Eigenschaften – am Bildschirm darzustellen. Die Bildschirmauflösung ist jedoch begrenzt. Eine Linie kann nicht dünner sein als 1 Bildpixel, wird aber trotzdem mit ihrer exakten Farbe dargestellt. Aufgrund der dünnen Linienstärke fallen die Treppenstufen an den Kanten – die auch bei stärkeren Linien vorhanden sind – extrem auf.
> Ein Bildbearbeitungsprogramm dagegen kennt keine Objekte, sondern nur Pixel in unterschiedlichen Farben. Wenn ein Bild verkleinert wird, dann interpoliert es diese Pixel. Deren Farbe wird dabei heller. Da das Bildbearbeitungsprogramm jedoch keine Objekte mit definierten Eigenschaften kennt, ist ihm dies gleichgültig.

20.2 Bildformate: WBMP, GIF, JPEG und PNG

Aus Illustrator können Sie die im Web gebräuchlichsten Rasterformate direkt speichern, ohne dafür Photoshop bemühen zu müssen. In beiden Programmen stehen Ihnen identische Möglichkeiten zur Optimierung des Bildmaterials für das gewählte Format zur Verfügung.

20.2.1 WBMP – Wireless Bitmap

Unter dem WAP (Wireless Application Protocol) sind einige Spezifikationen zusammengefasst, wie Inhalte für Mobiltelefone zu erstellen sind. Bestandteil dessen sind die Sprache WML (Wireless Markup Language) zur Seitenbeschreibung und das Dateiformat WBMP (Wireless Bitmap), mit dem Bilder in WAP-Seiten integriert werden können.

Illustrator unterstützt die Ausgabe von Grafik in diesem 1-Bit-Format, das Bilder mit schwarzen und weißen Pixeln darstellt.

Optionen | WBMP
Wählen Sie die Rasterungsmethode im Ausklappmenü DITHER-ALGORITHMUS aus den Optionen KEIN DITHER, DIFFUSION, MUSTER, RAUSCHEN (früher: RAUSCHUNTERDRÜCKUNGSFILTER, STÖRUNGSFILTER). Sie bestimmt, wie Mitteltöne der Grafik in ein Pixelmuster umgesetzt werden. Für die Rasterung DIFFUSION lässt sich darüber hinaus die STÄRKE definieren.

20.2.2 GIF – Graphics Interchange Format

Bei flächiger Grafik mit wenigen Farben entfaltet das GIF-Format seine volle Wirksamkeit. Die Kompression geschieht mithilfe des verlustfreien LZW-Algorithmus und aufgrund einer reduzierten Farbpalette. Im GIF-Format lassen sich Transparenzen definieren.

Optionen | GIF
▶ FARBREDUKTIONSALGORITHMUS: Die Auswahl der Farben für die Farbpalette der GIF-Datei erfolgt nach unterschiedlichen Methoden, die Sie aus dem Menü FARBREDUKTIONSALGORITHMUS wählen.
▶ ANZAHL FARBEN: Bestimmen Sie, wie viele Farben die Palette des Bildes maximal enthalten darf.
Die Eingabe anderer als der aufgelisteten Werte bewirkt keine Änderung der Dateigröße im Vergleich zum nächsthöheren Menü-Eintrag.

▲ **Abbildung 20.36**
Speicheroptionen für WBMP (oben) und GIF (unten)

▲ **Abbildung 20.37**
Rasterungsmethoden: KEINE, DIFFUSION, MUSTER, RAUSCHEN

[LZW]
Nach den Entwicklern Lempel, Ziv und Welch benannter Algorithmus, der eine effektive Speicherung sich wiederholender Zeichen oder Zeichenketten gestattet. Der Algorithmus ist an die Art der Daten anpassbar, sodass er nicht nur für Grafikdateien Verwendung findet.

- DITHER-ALGORITHMUS: Wählen Sie eine Rasterungsmethode für die Darstellung von Zwischentönen aus dem Menü DITHER-ALGORITHMUS FESTLEGEN. Stellen Sie die Stärke des Diffusions-Ditherings durch die Eingabe eines Werts zwischen 0 und 100 % ein. Ein höherer Wert vermeidet sichtbare Stufen in Verläufen und erzeugt bessere Zwischentöne, aber führt auch zu größeren Dateien.
- WEB-AUSRICHTUNG: Stellen Sie einen Schwellenwert für die Veränderung der Farbdefinition in Richtung der Websafe-Palette ein. Ein höherer Wert verändert mehr Farben (zur Websafe-Palette s. Abschnitt 8.4.3).
- LOSSY: Die LOSSY-Funktion optimiert das Pixelmuster der Grafik, um die Datei besser komprimieren zu können. Höhere Werte erzeugen eine stärkere Komprimierung, aber auch deutliche Störungen in der Grafik. LOSSY können Sie nur in Verbindung mit Diffusions-Dithering verwenden.
- TRANSPARENZ: Im GIF-Format wird Transparenz dadurch hergestellt, dass die Anzeige bestimmter Farben durch einen entsprechenden Eintrag in der Farbpalette des Bildes unterdrückt ist.
Wählen Sie im Menü HINTERGRUND die Farbe der Webseite aus, auf der Sie das Bild einsetzen wollen. Illustrator erzeugt an den Rändern des Motivs die passenden Übergänge.
- TRANSPARENZ-DITHER: Aufgrund der Arbeitsweise des Formats ist es nicht möglich, reduzierte Deckkraft herzustellen. Daher bedient man sich eines Tricks, indem ein Raster aus transparenten und nicht transparenten Pixeln angelegt wird. Analog zum Farbdithering bestimmen Sie unter ALGORITHMUS FÜR TRANSPARENZ-DITHER eine Methode, nach der das Transparenzraster erstellt wird. Wählen Sie die Stärke des Diffusions-Ditherings durch eine Eingabe unter STÄRKE.
- INTERLACED: Aktivieren Sie diese Option, um das Bild in mehreren Schritten immer detaillierter auf der Webseite anzuzeigen – diese Option erhöht die Dateigröße.

▲ **Abbildung 20.38**
Vergleich RAUSCHEN-, MUSTER-, DIFFUSION-Dither

▲ **Abbildung 20.39**
TRANSPARENZ-DITHER: Der transparente Verlauf ist mit Deckkraftmaske erzeugt; rechts: Ergebnis.

▲ **Abbildung 20.40**
Rechts und links: GIF mit an die Seite angepasster Hintergrundfarbe, Mitte: falsche Hintergrundfarbe des GIF

20.2.3 JPG – Joint Photographic Expert Group

Dieses Bildformat wurde im Hinblick auf die Speicherung von Fotos entwickelt. Die Datenreduktion beruht auf einer verlustbehafteten Kompression. Für flächig angelegte Grafik ohne Verläufe oder Muster – also für einen Großteil der »typischen« Vektorgrafiken wie Logos, Diagramme und Infografik – ist das JPG-Format nicht geeignet.

> **Bild zu groß für »Für Web und Geräte speichern«**
>
> Diese eher kryptisch formulierte Fehlermeldung besagt, dass das resultierende Bild größer ist, als von der Funktion akzeptiert wird. Um den Fehler abzustellen, aktivieren Sie die Option OBJEKT • SLICE • GANZE ZEICHENFLÄCHE EXPORTIEREN. Sie entspricht der Option gleichen Namens in der Dialogbox FÜR WEB UND GERÄTE SPEICHERN.

▲ **Abbildung 20.41**
Mit der Option HINTERGRUND versehen Sie eine transparente Grafik (links) nur für den Export mit einem farbigen Hintergrund (rechts).

▲ **Abbildung 20.42**
Speicheroptionen für JPEG

Optionen | JPEG

▶ QUALITÄT: Wählen Sie eine voreingestellte Stufe im Aufklappmenü KOMPRIMIERUNGSQUALITÄT, oder definieren Sie einen Wert von 1 bis 100 im Eingabefeld. Der Wert bestimmt die Stärke der Kompression: Ein höherer Wert erzeugt eine größere Datei in besserer Darstellungsqualität.

▶ PROGRESSIV (früher: MEHRERE DURCHGÄNGE): Aktivieren Sie diese Option, um das Bild in mehreren Schritten immer detaillierter auf der Webseite anzuzeigen – das unterstützen nicht alle Browser.

▶ WEICHZEICHNEN: Geben Sie einen Wert zwischen 0 und 2 ein, um die Grafik weichzuzeichnen – dies ermöglicht eine bessere Wirksamkeit der Komprimierung.

▶ ICC-PROFIL: Mit dieser Option betten Sie das in den Farbeinstellungen definierte RGB-Farbprofil in die JPEG-Datei ein.

▶ HINTERGRUND: Definieren Sie eine Farbe, die Illustrator in nicht deckende Bereiche der Grafik rechnen soll.

▶ OPTIMIERT: Mit dieser Option erzeugen Sie eine »Baseline optimierte« JPEG-Datei. Sehr alte Browser unterstützen dieses Format nicht.

20.2.4 PNG – Portable Network Graphics

PNG ist ein verlustfreies Grafikformat, das als Nachfolger des GIF-Formats entwickelt wurde. Es unterliegt keinen Patentbeschränkungen. In diesem Format können Sie Bilder mit bis zu 16 Bit Farbtiefe pro Farbkanal speichern. Transparenzen lassen sich entweder für einzelne Farben einer Farbpalette (wie beim GIF-Format) oder als Alpha-Kanal im Bild anlegen.

Die Browser-Unterstützung des PNG-Formats ist jedoch nicht einheitlich gegeben. Vor allem der immer noch verbreitete Windows Internet Explorer 6 kann keine PNG mit Alpha-Transparenz darstellen.

Optionen | PNG

Die Optionen des 8-Bit-PNG entsprechen denen des GIF-Formats. Beim Speichern eines 24-Bit-PNG haben Sie die Wahl, in transparente Bereiche der Grafik eine Hintergrundfarbe hineinrechnen zu lassen oder einen Alpha-Kanal in der Datei speichern zu lassen.

▶ TRANSPARENZ: Aktivieren Sie diese Option, dann speichert Illustrator einen Alpha-Kanal in der Datei. Alle Bereiche der Grafik, die nicht von Objekten bedeckt sind oder an denen die Deckkraft reduziert ist, sind damit ganz oder teilweise durchscheinend. Andere Füllmethoden als NORMAL werden aber

▲ **Abbildung 20.43**
Das PNG-Format erlaubt die Definition von Transparenz mit Alpha-Kanälen auch in der Webgrafik.

nicht unterstützt. Dies sollten Sie vor allem beim Anlegen von Effekten wie Schlagschatten und Schein berücksichtigen.

▶ HINTERGRUND: Wenn die TRANSPARENZ-Option deaktiviert ist, wählen Sie mithilfe des Aufklappmenüs eine Farbe aus. Illustrator rechnet diese in den Hintergrund der Grafik – Sie müssen daher nicht erst ein Objekt in der gewünschten Farbe im Hintergrund erzeugen.

▲ **Abbildung 20.44**
PNG mit Alpha-Kanal

20.2.5 Imagemaps

Mithilfe einer Imagemap ist es möglich, in einer Bilddatei auf einer Webseite Hotspots zu definieren, an denen durch Benutzereingabe eine Aktion ausgelöst wird – meist der Aufruf einer anderen Webseite. Die Bilddatei muss nicht zerschnitten werden, damit einzelne Bereiche anklickbar sind.

Als Hotspots lassen sich einzelne Vektorpfade oder zusammengesetzte Pfade verwenden, keine Gruppen. Um eine Imagemap zu erstellen, gehen Sie wie folgt vor:

1. Rufen Sie das Attribute-Bedienfeld auf ((⌘)/(Strg)+(F11)); im Dock hat das Bedienfeld das Symbol .
2. Aktivieren Sie den Pfad, dem Sie einen Link zuweisen möchten.
3. Wählen Sie im Attribute-Bedienfeld im Auswahlmenü IMAGEMAP die Form des Hotspots.
   ▶ RECHTECK: Der Hotspot hat die Form des Begrenzungsrahmens. Für zusammengesetzte Pfade wird immer diese Form des Hotspots generiert.
   ▶ POLYGON: Die Fläche des Hotspots wird so genau wie möglich an den Objektkanten entlanggeführt – diese Form kann sehr komplex werden. Die Genauigkeit können Sie nicht heruntersetzen.
4. Geben Sie unter URL einen Link oder einen Skriptaufruf ein. Falls Sie bereits Einträge an anderer Stelle vorgenommen haben, wählen Sie sie zur erneuten Anwendung aus dem Menü. Wiederholen Sie die Schritte 1 bis 4 für alle Objekte, denen Sie Links zuweisen möchten.
5. Wenn Sie Ihre Eingaben beendet haben, rufen Sie DATEI • FÜR WEB UND GERÄTE SPEICHERN… auf, wählen die Optionen für die Grafik und speichern sie als HTML UND BILDER.

▲ **Abbildung 20.45**
Optionen für PNG 8 und PNG 24

Imagemaps clientseitig

Imagemaps können serverseitig oder clientseitig gespeichert werden – eine bessere Performance und Zugänglichkeit erreichen Sie mit clientseitigen Imagemaps. Beim Speichern für das Web erstellt Illustrator Imagemaps immer clientseitig.

20.3 SVG

Die auf XML basierende Sprache SVG (Scalable Vector Graphics) beinhaltet weitere Standards wie Cascading Style Sheets, das

▲ **Abbildung 20.46**
Hotspot-Attribute einrichten

▲ **Abbildung 20.47**
Das aus einem Wettbewerb hervorgegangene SVG-Logo (links); Icon für Illustrator-SVG-Dateien (rechts)

SVGZ?

In Illustrator können Sie SVG oder mit dem nicht-proprietären Standard GZIP komprimierte SVG speichern. Letztere haben eine um 50–80 % kleinere Dateigröße, lassen sich aber nicht mehr mit einem Texteditor bearbeiten. Wenn Ihre SVG-Dateien nicht direkt ins Web gestellt, sondern weiterbearbeitet (z. B. programmiert) werden, sollten Sie daher die unkomprimierte Variante wählen.

Datei-Struktur erzeugen

Die Strukturierung einer Datei erzeugen Sie durch die sinnvolle Verteilung der Objekte auf Ebenen und Gruppen.

▲ **Abbildung 20.48**
Warnung bei doppelt vergebenen Objektnamen

DOM (Document Object Model) und SMIL, die Synchronous Multimedia Integration Language. In SVG lassen sich drei Arten grafischer Objekte integrieren: Vektorformen, Pixelgrafik und Schriften. In SVG-Dateien können dynamische und interaktive Elemente integriert und Verbindungen zu anderen XML-Elementen hergestellt werden, z. B. zur Bereitstellung von geografischen Informationssystemen (GIS).

Die Mobiltelefon-Industrie hat zwei Unterstandards entwickelt: SVG Tiny (SVG-t) und SVG Basic (SVG-b).

Die Unterstützung durch Webbrowser ist immer noch uneinheitlich. In vielen Fällen wird das SVG-Viewer-Plug-in benötigt, dessen Entwicklung Adobe Anfang 2007 eingestellt hat. Noch steht es zum Download zur Verfügung.

Illustrator gehörte zu den ersten Programmen, die das SVG-Format unterstützten – es ist möglich, nicht bewegte Grafik mit einfachen Interaktionen und Variablen für die Anbindung an Datenbanken zu erstellen. SVG-Dateien sind wie auch HTML les- und editierbare Textdateien.

20.3.1 Datei einrichten

Achten Sie beim Anlegen Ihrer Illustrator-Datei darauf, diese in der endgültigen Größe und im RGB-Farbmodus anzulegen – zu empfehlen ist die Auswahl des Arbeitsfarbraums sRGB in den Farbeinstellungen. Arbeiten Sie mit der Maßeinheit Pixel.

Wenn der Code Ihrer Datei zu einem späteren Zeitpunkt nachbearbeitet werden muss, z. B. um Interaktivität oder dynamische Elemente zu programmieren, ist es wichtig, dass die Elemente gut **strukturiert** und mit aussagekräftigen Namen versehen sind.

Objekte, die Sie wiederholt in Ihrer Datei verwenden, speichern Sie als **Symbole**, um Bandbreite zu sparen (zu Symbolen s. Abschnitt 16.2).

Objekt-ID | Jedes Objekt in Ihrer Grafik – Pfade, Gruppen, Ebenen – muss eindeutig durch einen Namen identifizierbar sein.

Aktivieren Sie unter VOREINSTELLUNGEN • EINHEIT die Option OBJEKTE ERKENNEN ANHAND VON XML-ID. Nach Einrichtung dieser Option ist es nicht mehr möglich, gleiche oder ungültige Namen für Objekte zu vergeben.

Um einem Objekt einen Namen zu geben, doppelklicken Sie auf seinen Eintrag im Ebenen-Bedienfeld.

20.3.2 Transparenz, Filter, Effekte

Legen Sie Deckkrafteinstellungen immer für Objekte, nicht für Ebenen an.

Viele Illustrator-Effekte und einige Objekte, wie z. B. Verlaufsgitter, werden beim Speichern als SVG-Grafik in Pixelbilder umgewandelt. Diese sind nicht mehr skalierbar und benötigen mehr Speicherplatz. Vermeiden Sie daher die Verwendung dieser Funktionen. Setzen Sie stattdessen die SVG-Filter ein. Diese Filter sind XML-Anweisungen, die auflösungsunabhängig arbeiten.

▲ **Abbildung 20.49**
SVG-FILTER ANWENDEN

SVG-Filter anwenden | Aktivieren Sie ein Objekt, und wählen Sie einen SVG-Filter direkt aus dem Menü EFFEKT • SVG-FILTER aus, oder wählen Sie, falls Sie die Wirkung erst in einer Vorschau sehen möchten, EFFEKT • SVG-FILTER • SVG-FILTER ANWENDEN. In der Liste finden Sie alle Filter aus dem Menü. SVG-Filter müssen im Aussehen-Bedienfeld an letzter Stelle (über dem Eintrag DECKKRAFT) stehen, anderenfalls wird das Objekt gerastert.

> **Weitere Informationen**
>
> In Abschnitt 13.6.11 finden Sie weitere Anmerkungen zu SVG-Filtern.

20.3.3 Interaktivität

Die Elemente in SVG-Grafiken können auf Benutzereingaben reagieren. Diese Interaktionen legen Sie als Hyperlinks oder in Form von JavaScript an.

> **SVG animieren**
>
> Für die Erstellung von Animationen aus SVG-Dateien nutzen Sie Drittanbieter-Software:
> Ikivo Animator: *www.ikivo.com/animator*

Hyperlinks | Die Vorgehensweise entspricht derjenigen beim Anlegen von Imagemaps (siehe den vorherigen Abschnitt).

JavaScript | Um Skripte zu erstellen, benötigen Sie das Bedienfeld SVG-INTERAKTIVITÄT. Mit Skripten können Sie komplexe Interaktionen mit Objekten innerhalb eines Dokuments und dokumentübergreifend erstellen. Rufen Sie das Bedienfeld mit dem Befehl FENSTER • SVG-INTERAKTIVITÄT – im Dock – auf.

Umfangreiche JavaScript-Funktionen sollten Sie in externe Dateien auslagern und an die SVG-Datei anbinden. Wählen Sie JAVASCRIPT-DATEIEN... aus dem Menü des Grafikattribute-Bedienfelds, und klicken Sie auf HINZUFÜGEN... Befinden sich die Skript-Dateien nicht im selben Ordner wie die SVG-Datei, müssen Sie einen relativen Pfad angeben.

Um einen JavaScript-Befehl oder einen Funktionsaufruf anzulegen, aktivieren Sie das Objekt, das auf die Benutzeraktion reagieren soll, und wählen einen »Event« aus dem Menü EREIGNIS. Geben Sie anschließend den Befehl in das Eingabefeld JAVASCRIPT ein, und bestätigen Sie mit ⏎.

▲ **Abbildung 20.50**
Das JavaScript ruft eine Funktion in einer externen Datei auf.

20.3.4 Speicheroptionen

Um eine SVG-Datei zu speichern, aktivieren Sie die Zeichenfläche, die Sie speichern möchten, und rufen DATEI • SPEICHERN UNTER... auf. Wählen Sie die Option SVG KOMPRIMIERT (SVGZ) oder

SVG (svg). Anschließend setzen Sie die SVG-Optionen, die für beide Varianten gleich sind:

Abbildung 20.51 ▶
Die Dialogbox SVG-Optionen – Anzeige aller Optionen nach einem Klick auf den Button Mehr Optionen

> **Für Web speichern?**
>
> SVG-Dateien lassen sich mit dem Befehl Für Web und Geräte speichern... erstellen, mehr Optionen haben Sie aber mit Speichern unter...

> **Illustrator-Bearbeitungs-funktionen**
>
> Wie bei allen nativen Dateiformaten können Sie auch in SVG-Dateien eine AI-Datei einbetten, die vollständig editierbar ist. Dies verdoppelt die Dateigröße und dürfte daher meist nicht erwünscht sein. Wenn Sie die Option nicht aktivieren, sollten Sie jedoch immer eine Kopie der Datei als AI speichern. Illustrator gibt keine Warnung aus, wenn Sie die Bearbeitungsfunktionen nicht aktivieren.

▶ SVG-Profile: Hier bestimmen Sie die Dokumenttypdefinition (DTD), nach deren Regeln die Struktur der Datei deklariert wird. Die DTD bestimmt darüber, mit welchen »Clients« (empfangenden Geräten und Programmen) das Dokument kompatibel ist.
Neben dem »normalen« SVG können Sie zwei Untergruppen speichern: SVG tiny, das speziell für Mobiltelefone gedacht ist, und SVG basic für den Einsatz auf PDAs.

▶ Text: In diesem Bereich spezifizieren Sie, wie mit den verwendeten Textobjekten umgegangen wird. Sie können diese In Konturen umwandeln (also in Pfade umwandeln). Damit sind kleine Schriften eventuell schlechter lesbar, und Textinhalte lassen sich nicht mehr ändern. Darüber hinaus können Sie Schriften auf zwei Arten in die Datei einbetten:

  ▶ Adobe CEF (Compact Embedded Font): eine proprietäre Art des Einbettens, die eine bessere Schriftdarstellung bietet, aber nicht von allen Clients unterstützt wird

  ▶ SVG: die im SVG-Standard beschriebene Einbettungsmethode, die von allen Clients unterstützt wird

- **Subsetting:** Wenn Schriften in die Datei eingebettet werden, bestimmen Sie hier den Umfang des eingebetteten Zeichensatzes. Sie haben die Wahl, nur die im Dokument verwendeten Zeichen, bestimmte Standard-Zeichen oder den kompletten Zeichensatz in das SVG-Dokument einzubetten. Wenn sich der Textinhalt dynamisch ändern soll, ist das Einbetten eines umfangreicheren Zeichensatzes erforderlich.
- **Bilder:** Pixeldaten können entweder in die SVG-Datei eingebettet oder verknüpft werden. Letztere Option ist vorzuziehen, wenn mehrere SVG-Dateien auf dieselben Pixeldaten verweisen.
- **CSS-Eigenschaften:** Wählen Sie im Menü aus, wie die Formatierung im CSS-Code untergebracht werden soll. Die gewählte Option hat Auswirkungen auf die Performance, die Dateigröße und die Weiterbearbeitungsmöglichkeiten.
- **Dezimalstellen:** Mit einem Wert von 1 bis 7 steuern Sie die Genauigkeit der Darstellung. Höhere Werte erzeugen eine genauere Darstellung, aber auch eine größere Datei.
- **Kodierung:** Hier bestimmen Sie, wie in der Datei enthaltener Text kodiert wird. Für die meisten westeuropäischen Sprachen ist ISO 8859-1 geeignet, für Sprachen mit umfangreicheren Zeichensätzen benötigen Sie Unicode.
- **Für Adobe SVG Viewer optimieren:** Mit dieser Option wird die Datei mit proprietären XML-Tags versehen, damit sie im Adobe SVG Viewer schneller und besser dargestellt werden kann.
- **Adobe Graphics Server-Daten einbeziehen:** Aktivieren Sie diese Option, wenn in Ihrem Dokument Variablen eingerichtet wurden, auf die Sie weiterhin zugreifen möchten, um die Grafik oder einzelne Bestandteile (wie z. B. Textinhalte, Diagrammdaten) mit Dynamic-Imaging-Lösungen zur Laufzeit zu verändern.
- **Slicing-Daten einbeziehen:** Wenn Sie Slices angelegt haben, können deren Positionen und Optimierungseinstellungen (als Metadaten) in die SVG-Datei übernommen werden.
- **XMP einschliessen:** Mit dieser Option werden die Dateiinformationen in die SVG-Datei eingebettet.
- **Weniger <tspan>-Elemente ausgeben:** Mit dieser Option werden Kerning-Informationen ignoriert. Die Datei wird kleiner, aber es können Verschiebungen beim Text auftreten.
- **<textpath>-Element für Pfadtext verwenden:** Ohne diese Option werden Pfadtexte in der SVG-Datei in einzelne Textobjekte umgewandelt. Dies bildet das Aussehen des Pfadtexts genauer ab, erzeugt jedoch auch größere Dateien.

Informationen zu SVG

Weiterführende Informationen zum Standard SVG:
www.w3.org/TR/2008/REC-SVG-Tiny12-20081222/
Wiki von Anwendern:
www.svg.org
Über den SVG-Viewer und Illustrator (teilweise veraltet):
www.adobe.com/svg/main.html

CSS-Formatierungen

Wenn Sie eine Option wählen und den Cursor darüber bewegen, dann werden weitere Erläuterungen zu der Option unten in der Dialogbox angezeigt. Dies gilt für alle Optionen.

Adobe SVG Viewer

Adobe hat die Entwicklung des Viewers eingestellt, viele moderne Browser haben eine jeweils eigene Unterstützung für SVG-Dateien. Daher ist ein Nutzen dieser Option nicht mehr generell gegeben.

Adobe Graphics Server

Die Entwicklung des Graphics Servers wurde eingestellt. Ein vergleichbares Produkt von Adobe – scene7 – baut bei der Zusammenarbeit mit Illustrator auf FXG-Dateien auf (mehr dazu folgt in Abschnitt 20.5).

20.4 Flash

Flash ist ein im Web verbreitetes vektorbasiertes Grafik- und Animationsformat. Die Skriptsprache ActionScript ermöglicht darüber hinaus das Erstellen interaktiver Elemente sowie die Kommunikation mit Datenbanken.

Flash-Filme werden mit der gleichnamigen Software hergestellt und bearbeitet. Obwohl Flash über eigene Vektor-Werkzeuge verfügt, verwenden Umfragen zufolge 70 % der amerikanischen Flash-Entwickler zusätzlich Illustrator für die Grafik.

Illustrator bietet viele Funktionen zur Aufbereitung der erstellten Vektorelemente für die Weiterverarbeitung in Flash.

▲ **Abbildung 20.52**
Ist Flash installiert, unterscheidet sich das Datei-Icon eines SWF (rechts, rot) farblich von der Version ohne Flash (links, orange).

20.4.1 Datei einrichten

Um den geringen Speicherbedarf des vektorbasierten Flash-Formats voll auszunutzen, sollten Sie bereits bei der Erstellung Ihrer Illustrator-Objekte darauf achten, Formen zu verwenden, die Flash auch beherrscht und die daher beim Exportieren nicht in Pixel-Elemente konvertiert werden müssen.

Flash interpretiert viele **Kontur**-Strichelungen halbwegs korrekt, unterstützt für Strichelungen jedoch nur abgerundete Linienenden und Ecken. Darüber hinaus werden gestrichelte Konturen beim Übertragen mittels Copy & Paste in Bitmaps umgewandelt. Möchten Sie die Pfade erhalten, müssen Sie den Weg über eine AI- oder SWF-Datei gehen. Wenn Sie bestimmte »eckige« Strichelungen benötigen, wenden Sie diese lieber als Musterpinsel an. Pinselkonturen wandelt Illustrator beim SWF-Export in Flächen um (zu Konturen siehe Kapitel 9).

Flash kann sowohl lineare als auch kreisförmige **Verläufe** interpretieren. Auch komplexe Verläufe bleiben editierbar, werden jedoch manchmal auf mehrere Objekte aufgeteilt.

Sowohl beim Export ins Shockwave-Flash-Format als auch beim Import von AI-Dateien werden Muster in Pixelbilder umgewandelt.

▲ **Abbildung 20.53**
Gestrichelte Konturen (jeweils obere Hälfte: Illustrator): Flash kennt nur gleichmäßige Strichelungen mit abgerundeten Enden – andere Strichelungen werden konvertiert.

▲ **Abbildung 20.54**
Verlauf in Flash (oben) und Illustrator

▲ **Abbildung 20.55**
Eine Grafik mit der Füllmethode Negativ multiplizieren; in Flash importiert als AI-Datei (2. von rechts) und als SWF-Datei (rechts)

648 | 20 Web- und Bildschirmgrafik

Flash beherrscht die meisten der **Füllmethoden** von Illustrator ebenfalls – lediglich FARBIG NACHBELICHTEN, FARBIG ABWEDELN und WEICHES LICHT stehen nicht in Flash zur Verfügung. Geeignete Füllmethoden bleiben beim Importieren einer Illustrator-Datei oder beim Einfügen erhalten, jedoch nicht beim SWF-Export. **Deckkrafteinstellungen** übernimmt Flash als »Alpha«-Einstellung für Symbolinstanzen.

Die Umwandlung von Hüllen- und Interaktiv-malen-Objekten in Vektorformen nimmt Illustrator beim SWF-Export automatisch vor. Beim Import einer AI-Datei haben Sie die Möglichkeit, Hüllen- und Interaktiv-malen-Objekte in Bitmaps umzuwandeln.

Exportieren Sie AI-EBENEN IN SWF-FRAMES, dann lassen sich die einzelnen Stufen einer **Angleichung** automatisch in einzelne Frames einer Animation exportieren (Angleichungen s. Abschnitt 10.6). Bilden Sie zum Beispiel eine Angleichung zwischen Objekten, die mit unterschiedlichen Einstellungen eines 3D-Effekts versehen sind, so können Sie einfache 3D-Animationen mit Illustrator herstellen (siehe die Schritt-für-Schritt-Anleitung in diesem Kapitel auf Seite 653).

Auch **Schnittmasken** lassen sich in Flash importieren, entweder auf dem Weg über den Import einer AI-Datei oder indem Sie beim SWF-Export die Option AI-DATEI IN SWF-DATEI verwenden.

Beim Exportieren eines SWF haben Sie die Option, **Ebenen** der obersten Hierarchiestufe in einzelne Frames einer Animation umzuwandeln. Verwenden Sie Ebenen daher wie »Cels« in der traditionellen Animationstechnik.

Im Menü des Ebenen-Bedienfelds finden Sie zwei Befehle, um auch nachträglich automatisch mehrere Objekte auf einzelne Ebenen verteilen zu lassen (s. Abschnitt 11.1.11). Möchten Sie Illustrator-Ebenen als Flash-Ebenen erhalten, speichern Sie Ihre Datei im Illustrator-Format und importieren dieses in Flash.

20.4.2 Symbole

Flash kann die Illustrator-Symbole übernehmen. Vor allem für die Bandbreiten-Optimierung Ihrer Dateien sind Symbole sehr wichtig. Erstellen Sie daher Symbole von allen Elementen, die Sie in Ihrer Animation einzeln bewegen oder mit ActionScript referenzieren möchten.

Im Hinblick auf die bessere Kooperation bestehen zusätzliche Symboloptionen, die dabei helfen, den Import in die Flash-Datei vorzubereiten. Die Einstellungen lassen sich auch in Flash vornehmen und ändern.

Wandeln Sie ein Objekt in ein Symbol um, indem Sie es aktivieren und [F8] drücken – die Dialogbox SYMBOLOPTIONEN

Über die Zwischenablage

Sie können Illustrator-Formen auch über die Zwischenablage in Flash einfügen. Unter VOREINSTELLUNGEN • DATEIEN VERARBEITEN UND ZWISCHENABLAGE müssen Sie jedoch PDF einrichten, nicht AICB.

▲ **Abbildung 20.56**
Angleichung von Objekten, die mit einem 3D-Effekt versehen sind – mehrere »Keyframes«

▲ **Abbildung 20.57**
In der traditionellen Animationstechnik erstellen Zeichner jeden Frame auf einer Folie, dem »Cel«.

▲ **Abbildung 20.58**
Illustrator-Symbole werden in Flash übernommen.

20.4 Flash | **649**

erscheint. Bei einem bereits erstellten Symbol rufen Sie die Optionen auf, indem Sie es im Symbole-Bedienfeld aktivieren und auf den Button SYMBOLOPTIONEN klicken.

Abbildung 20.59 ▶
Die Dialogbox SYMBOLOPTIONEN

▲ **Abbildung 20.60**
Instanzen von Filmclips können Sie im Steuerungsbedienfeld einen Instanznamen geben. Mit diesem Instanznamen werden die Elemente in ActionScript referenziert. Die Benennung sollte mit dem Flash-Programmierer abgesprochen werden.

- ART: Als Symbol-Art stehen GRAFIK und FILMCLIP zur Verfügung. Welche Auswahl Sie treffen, hat große Auswirkungen auf die Scripting-Möglichkeiten in Flash. Sprechen Sie die ART daher mit dem Flash-Programmierer ab.
- REGISTRIERUNG: Hier setzen Sie den Registrierungspunkt des Objekts für Illustrator und für Flash. Falls Sie mit 9-Slice-Skalierungshilfslinien und Flash CS3 arbeiten, beachten Sie bitte Abbildung 20.61.
- HILFSLINIEN FÜR DIE 9-SLICE-SKALIERUNG AKTIVIEREN: Die 9-Slice-Skalierung steht in Flash nur für den Typ FILMCLIP zur Verfügung. Aktivieren Sie die Nutzung der 9-Slice-Skalierung in dieser Dialogbox, bevor Sie die Hilfslinien in einem weiteren Schritt einrichten.
- AN PIXELRASTER AUSRICHTEN: Diese Option spielt für Flash keine Rolle (s. Abschnitt 20.1.2).

▲ **Abbildung 20.61**
Weil der Referenzpunkt an einer anderen Stelle als oben links saß, setzte Flash CS3 die Position der Hilfslinien der 9-Slice-Skalierung verkehrt.

Die Verwendung der Symbol-Werkzeuge ist bis auf das Symbolfärben- und das Symbol-gestalten-Werkzeug unproblematisch. Die Anwendung dieser beiden Werkzeuge erhöht die Datenmenge jedoch beträchtlich (Symbole siehe Kapitel 16).

20.4.3 9-Slice-Skalierung

Diese intelligente Art, Objekte zu skalieren, können Sie seit Version CS5 nicht nur in Flash, sondern auch direkt in Illustrator nutzen.

Die intelligente Skalierung basiert auf einer Unterteilung des Symbols in neun Bereiche, die bei der Größenänderung jeweils unterschiedlich behandelt werden. Dadurch ist es möglich, selbst bei nichtproportionaler Skalierung Eckenformen und Linienstärken von Umrandungen intakt zu erhalten.

Die Unterteilung der Bereiche geschieht mit Hilfslinien.

> **Hilfslinien nicht mehr fixiert**
>
> Falls Sie sich bereits gewundert haben, dass Hilfslinien seit Illustrator CS3 nach dem Erstellen gelöst sind: Damit die 9-Slice-Skalierung ungehindert nutzbar ist, können Hilfslinien nicht standardmäßig fixiert sein.

◀ **Abbildung 20.62**
Obere Reihe: normale Skalierung; untere Reihe: 9-Slice-Skalierungsbereiche – ❶ ❸ ❼ ❾ nicht skalierend, ❷ ❽ nur horizontal skalierend, ❹ ❻ nur vertikal skalierend, ❺ horizontal und vertikal skalierend

Gehen Sie wie folgt vor, um eine Grafik als Symbol mit 9-Slice-Skalierungshilfslinien zu erstellen:

1. Aktivieren Sie die Grafik, und drücken Sie [F8]. In den Symboloptionen richten Sie die Einstellungen Filmclip und Hilfslinien für die 9-Slice-Skalierung ein. Bestätigen Sie mit OK.
2. Doppelklicken Sie auf das Symbol im Symbole-Bedienfeld oder auf eine Instanz des Symbols auf der Zeichenfläche.
3. Ziehen Sie die gestrichelt dargestellten Hilfslinien an die gewünschte Position. Arbeiten Sie dabei gegebenenfalls in der Zoom-Einstellung, um die Hilfslinien genau einzurichten.

▲ **Abbildung 20.63**
Button in Flash vor (oben) und nach dem Skalieren (unten); 9-Slice-Skalierungshilfslinien richtig (links) und falsch (rechts)

20.4.4 Flash-Text-Optionen

Punkt- und Flächentexte können Sie problemlos über den Weg des AI-Imports oder über die Zwischenablage von Illustrator in Ihre Flash-Datei übertragen. Viele typografische Einstellungen bleiben erhalten. Darüber hinaus können Sie mit dem Flash-Text-Bedienfeld Flash-spezifische Einstellungen bereits in Illustrator vornehmen.

Flash-Text-Optionen lassen sich auf alle Textarten anwenden – Punkttext, Flächentext und Pfadtext. Um das Flash-Text-Bedienfeld aufzurufen, wählen Sie Fenster • Schrift • Flash-Text – im Dock besitzt das Bedienfeld das Symbol .

- **Art:** Hier bestimmen Sie die Textart und damit vor allem, welche Interaktionen mit diesem Text in der Flash-Anwendung möglich sein werden.
  - **Statischer Text:** Dieser Text verändert sich zur Laufzeit der Flash-Applikation nicht.
  - **Dynamischer Text:** Auf dynamische Textobjekte können Sie mithilfe von ActionScript zugreifen und Inhalte zur Laufzeit verändern, z. B. aus Datenbanken einlesen (Börsendaten, Wettervorhersagen, Nachrichtenticker etc.).
  - **Eingabetext:** Diese Texte lassen sich durch den Benutzer der Flash-Anwendung bearbeiten, z. B. in Formularen, E-Learning-Anwendungen und Online-Spielen.

▲ **Abbildung 20.64**
Das Flash-Text-Bedienfeld

20.4 Flash | **651**

▲ **Abbildung 20.65**
Dynamische Flash-Applikationen: Wettervorhersage von *foreca.com*, Nachrichtenbanner der »heute«-Redaktion

▲ **Abbildung 20.66**
Flash-Text-Art Eingabetext

▲ **Abbildung 20.67**
Benutzerdefiniert: Schärfe –400, +400 (o.), Stärke –200, +200 (u.)

> **Pfadtexte erhalten?**
>
> Pfadtexte können Sie in ihrer Form nur erhalten, wenn Sie sie entweder in Illustrator in Pfade konvertieren oder beim Import in Flash in Bitmaps.

- Instanzname (optional): Haben Sie einen dynamischen Text angelegt, setzen Sie hier einen Namen für das Objekt ein, damit Sie es mit ActionScript ansprechen können. Beachten Sie die Namenskonventionen in ActionScript, zum Beispiel dürfen Namen keine Leerstellen enthalten.
  Wenn Sie keinen Namen eingeben, wird der über das Ebenen-Bedienfeld automatisch vergebene Name verwendet.
- Renderingart: Sie haben die Möglichkeit, Fonts in die Shockwave-Datei einzubetten – dies erhöht die Dateigröße, aber garantiert eine einheitliche Darstellung auf unterschiedlichen Systemen. Alternativ nutzen Sie die auf dem Computer des Nutzers jeweils vorhandenen Schriften für die Darstellung Ihrer Texte. Wählen Sie eine der folgenden Möglichkeiten, um Fonts einzubetten und mit Anti-Aliasing zu versehen:
  - Animation: Wenn Sie Texte animieren möchten, sorgt diese Option für eine glattere Animation, indem Kerning-Informationen ignoriert werden. Verwenden Sie diese Option möglichst nicht für Texte unter 10 Punkt Größe.
  - Lesbarkeit (ab Flash Player 8): Diese Option verbessert die Lesbarkeit vor allem bei kleineren Punktgrößen.
  - Benutzerdefiniert (ab Flash Player 8): Geben Sie eigene Optionen für Schärfe und Stärke ein (siehe Abbildung 20.67). Die Auswirkungen sehen Sie erst beim Testen des Flash-Projekts.

  Die Option Bitmap text, die Sie vielleicht aus Flash kennen, steht in Illustrator nicht zur Verfügung.
  Wählen Sie eine der folgenden Optionen, wenn Sie auf die installierten Fonts zugreifen möchten (Anti-Aliasing steht Ihnen für derart formatierte Texte nicht zur Verfügung):
  - Geräteschriften verwenden: Wählen Sie diesen Punkt, damit die Präsentation mit den jeweils installierten Zeichensätzen arbeitet. Wenn Sie mit dieser Option arbeiten, sollten Sie für Ihren Text eine auf allen Abspielplattformen vorhandene Standardschriftart auswählen.
  - _sans, _serif, _typewriter: Mit diesen Optionen bestimmen Sie eine generische Schriftfamilie statt einer speziellen Schriftart zur Darstellung des Texts.
  - Gothic, Tohaba (Gothic mono), Mincho: Hier bestimmen Sie eine generische Schriftart für die Wiedergabe auf japanischen Systemen.
- Auswählbar Ab: Im publizierten Flash-Film kann der Nutzer den Text auswählen.
- Begrenzungen um Text einblenden: Mit dieser Option aktivieren Sie den Begrenzungsrahmen des Textobjekts. Diese

Option bietet sich an, um Nutzern anzuzeigen, dass ein Text editierbar ist.
- ZEICHENOPTIONEN BEARBEITEN **A**: Falls Sie mit eingebetteten Fonts arbeiten, ist es möglich, die Dateigröße klein zu halten, indem Sie nur die benötigten Zeichen einschließen – dies ist vor allem bei umfangreichen OpenType-Fonts anzuraten. In die Dialogbox können Sie die gewünschten Zeichen entweder direkt eingeben oder aus voreingestellten Sets auswählen.
- URL (nur für DYNAMISCHEN TEXT): Diese URL wird geladen, wenn ein Benutzer den Text anklickt.
- ZIEL: Wählen Sie aus, ob für die URL ein neues Browserfenster geöffnet oder in welches vorhandene Fenster sie geladen wird.
- MAXIMALE ZEICHEN (nur für EINGABETEXT): Geben Sie an, wie viele Zeichen der Benutzer eingeben darf.

▲ **Abbildung 20.68**
Die Dialogbox ZEICHENEINBETTUNG

Schritt für Schritt: Eine 3D-Animation erstellen

Wenn Sie 3D-Effekte, die ANGLEICHEN-Operation und den SWF-Export kombinieren, dann lassen sich in Illustrator einfache 3D-Animationen als Shockwave-Flash-Datei erzeugen, z. B. der drehende Würfel aus dieser Übung.

1 Datei mit Web-Optionen erstellen
Erstellen Sie eine neue Datei. Da Sie SWF-Dateien für die Bildschirmpräsentation erzeugen, wählen Sie das Dokumentprofil WEB oder MOBILE GERÄTE. Geben Sie eine Dokumentgröße von 150 x 150 Pixel an.

2 Farbflächen erstellen
Erstellen Sie sechs Quadrate in unterschiedlichen Flächenfarben ohne Kontur. Aus diesen Objekten generieren Sie Symbole, indem Sie jeweils ein Quadrat aktivieren und F8 drücken. Für die Symbole müssen keine Optionen eingestellt werden.

▲ **Abbildung 20.69**
Die Farbflächen im Symbole-Bedienfeld

3 Würfel bauen
Zeichnen Sie ein Quadrat mit einer Kantenlänge von 60 Pixel, Fläche weiß und ohne Kontur.
Wenden Sie auf das Quadrat den 3D-Effekt EXTRUDIEREN UND ABGEFLACHTE KANTE mit einer Extrusions-Tiefe von 60 Pt an. Gehen Sie auf BILDMATERIAL ZUWEISEN, und wählen Sie für jede Würfelfläche eine der eben angelegten Farbflächen als Mapping. Klicken Sie jeweils auf den Button AUF SEITENGRÖSSE SKALIEREN.

▲ **Abbildung 20.70**
Der Aufbau des Grundobjekts

▲ **Abbildung 20.71**
Oben: Ablauf der Drehungen. Mitte und unten: Erstellen einer Drehung. Drehen Sie den Würfel zunächst intuitiv, und korrigieren Sie anschließend falls nötig den Wert für eine exakte 90°-Drehung.

▲ **Abbildung 20.72**
Grundobjekte und Angleichung im Ebenen-Bedienfeld

SWF-Animation

Beim SWF-Export über Für Web und Geräte speichern können Animationen nur auf der Basis von Ebenen erstellt werden.

4 Animation vorbereiten

Duplizieren Sie das Objekt mithilfe des Ebenen-Bedienfelds. Am kopierten Objekt doppelklicken Sie auf den 3D-Effekt im Aussehen-Bedienfeld, um die Einstellungen zu bearbeiten. Drehen Sie den Würfel um 90° in einer Dimension, um eine andere Fläche nach vorn zu bewegen.

Erstellen Sie eine Kopie des duplizierten Objekts, und drehen Sie wieder eine andere Fläche nach vorn. Verfahren Sie so, bis Sie sechs Modelle haben. Erstellen Sie eine weitere Kopie, und drehen Sie den Würfel so, dass Sie wieder die Ausgangsposition erreichen. Achten Sie darauf, dass die Objekte im Ebenen-Bedienfeld in der richtigen Stapelreihenfolge vorliegen – sie muss der Reihenfolge in der Animation entsprechen.

5 Mit einer Angleichung animieren

Aktivieren Sie alle Objekte, und wählen Sie Objekt • Angleichen • Erstellen.

Rufen Sie die Angleichung-Optionen auf, und richten Sie Festgelegte Stufen mit einem Wert von »3« ein.

6 SWF exportieren

Wählen Sie Datei • Exportieren und die Option Flash (SWF). Geben Sie einen Namen für das SWF ein. Exportieren Sie AI-Ebenen in SWF-Frames.

Wählen Sie eine Framerate von etwa 10, aktivieren Sie Wiederholschleife und Angleichungen animieren • In Folge. Setzen Sie die übrigen Optionen nach Bedarf.

20.4.5 SWF speichern

Um eine SWF-Datei aus einem Illustrator-Dokument zu erstellen, verwenden Sie entweder den Befehl Für Web und Geräte speichern... oder Exportieren... Bevor Sie Für Web und Geräte speichern aufrufen, wählen Sie die Zeichenfläche aus, die Sie exportieren möchten.

Die Dialogbox Exportieren bietet Ihnen zusätzliche Optionen, die vor allem den Export einzelner Ebenen und die Erstellung von Animationen auf der Basis von Angleichungen betreffen. Für Web und Geräte speichern ermöglicht es dagegen, die SWF-Datei zusammen mit anderen Grafikelementen als ganze Webseite zu erzeugen.

Als Einstellungen für den Export von Bildern und die Reihenfolge verwendet Für Web und Geräte speichern Ihre Einstellungen in der Exportieren-Dialogbox.

▶ EXPORTIEREN ALS: Die Bezeichnungen sind selbsterklärend. Die Option AI-DATEI IN SWF-DATEI müssen Sie verwenden, um Schnittmasken zu erhalten. Möchten Sie eine Animation erstellen, müssen Sie AI-EBENEN IN SWF-FRAMES exportieren.

▶ VERSION: Wählen Sie hier die niedrigste Flash-Version, mit der Ihre Datei kompatibel sein soll. Mit früheren Versionen erreichen Sie mehr Nutzer – vor allem mobile Geräte unterstützen nicht alle Versionen.

▶ GANZE ZEICHENFLÄCHE EXPORTIEREN: Das SWF hat die Maße der Zeichenfläche. Objekte, die teilweise über den Rand hinausragen, sind jedoch komplett in der Datei enthalten, und Sie können in der Autorenumgebung Flash darauf zugreifen.

▶ AUSSEHEN BEIBEHALTEN: Vor dem Export werden alle Objekte – auch Text – umgewandelt und auf eine Ebene reduziert. Transparenz, wie z. B. bei Füllmethoden, wird reduziert, soweit Flash sie nicht nativ unterstützt.

▶ DATEI KOMPRIMIEREN: Diese Option bewirkt eine Verringerung der Dateigröße. Die Dateien können nur mit einem Flash Player ab Version 6 abgespielt werden.

▶ UNBENUTZTE SYMBOLE EINSCHLIESSEN: Es werden alle im Symbole-Bedienfeld als Filmclip definierten Symbole in die SWF-Datei exportiert, nicht nur die in Symbolinstanzen verwendeten.

▶ TEXT ALS KONTUREN EXPORTIEREN: Texte werden beim Export in Zeichenwege umgewandelt.

▶ KERNING-INFORMATIONEN FÜR TEXT IGNORIEREN: Ist ein Text mit manuellem Kerning versehen, wird er beim Standard-Export in einzelne Textfragmente aufgeteilt, um den optischen Eindruck zu erhalten. Damit ist er jedoch nicht mehr editier-

▲ **Abbildung 20.73**
SWF-Format-Optionen: ALLGEMEIN (links) und ERWEITERT (rechts)

▲ **Abbildung 20.74**
Die Datei »Biene.ai« finden Sie als Beispiel auf der DVD.

▲ **Abbildung 20.75**
Behandlung von Textobjekten mit Kerning (von oben): Text in Illustrator, ohne besondere Optionen, Aussehen beibehalten bzw. Text als Konturen, Kerninginformationen ignorieren

20.4 Flash | **655**

> **Flash in HTML einbinden**
>
> Eine Methode, Flash-Dateien entsprechend dem HTML-Standard in Webseiten einzubinden, finden Sie unter *www.alistapart.com/articles/flashsatay/* oder auf Deutsch unter *www.dodabo.de/html+css/flashsatay/*. Es gibt inzwischen auch zahlreiche Verbesserungsvorschläge für diese Methode, sodass eine aktuelle Recherche anzuraten ist.

▲ **Abbildung 20.76**
Regelmäßige Objekte sind besonders von niedrigen Qualitätsstufen (hier: 1) betroffen.

> **Aussehen beibehalten**
>
> Beim SPEICHERN FÜR WEB UND GERÄTE besteht zusätzlich die Option BEIBEHALTEN. Versuchen Sie zunächst, die BEARBEITBARKEIT zu erhalten. Falls die Objekte zu komplex sind, wandeln Sie sie vor dem Export um, da die Option AUSSEHEN BEIBEHALTEN nicht fehlerfrei funktioniert.

bar. Wählen Sie diese Option, um die Kerning-Informationen zu entfernen und Textobjekte jeweils komplett zu erhalten.

- METADATEN EINSCHLIESSEN: In den Dateiinformationen eingegebene textuelle Metadaten werden in das SWF eingebettet.
- BEIM IMPORT VOR ÄNDERUNGEN SCHÜTZEN: Mit dieser Option generierte SWF sind vor einer Weiterbearbeitung gesichert. Diese und die folgende Option sollten Sie nicht verwenden, wenn die SWF-Datei von Projektpartnern weiterbearbeitet werden soll.
- KENNWORT: Bestimmen Sie ein Passwort, mit dem eine geschützte SWF-Datei in Flash importiert und bearbeitet werden kann.
- KURVENQUALITÄT: Bestimmen Sie mit dem Regler die Genauigkeit der Kurven in Schritten von 0 bis 10.
  Sie erreichen eine effektive Optimierung der Dateigröße bei relativ geringen Qualitätseinbußen, die sich aber vor allem bei besonders regelmäßigen Objekten auswirken, z. B. Kreisen.
- HINTERGRUNDFARBE: Hier bestimmen Sie eine Hintergrundfarbe. Sie wird jedoch nur im Flash Player angezeigt. Beim Import in Flash kommt die Hintergrundfarbe des Flash-Dokuments zum Tragen. Möchten Sie einen Hintergrund aus Illustrator ins Flash-Dokument übernehmen, benutzen Sie dazu die Option ALS HINTERGRUND VERWENDEN (siehe unten).
- LOKALE ABSPIELSICHERHEIT: SWF-Dateien, die lokal auf einem Computer abgespielt werden, können entweder auf lokale oder auf netzwerkbasierte Dateien zugreifen. Wählen Sie hier Ihre Option. Falls Sie in einem dynamischen Flash-Text eine webbasierte URL eingegeben haben, müssen Sie die Option NUR AUF NETZWERK ZUGREIFEN verwenden.

Erweiterte Optionen | Mit dem Button ERWEITERT erreichen Sie die folgenden Optionen:

- BILDFORMAT: Bestimmen Sie die Qualitätsstufe der JPEG-Kompression platzierter Pixelbilder (s. Abschnitt 20.2.3). Falls Sie Ihr SWF in Flash weiterbearbeiten, wählen Sie LOSSLESS, da Flash ebenfalls Bilder komprimieren kann.
- JPEG-QUALITÄT: Bestimmen Sie die Stärke der JPEG-Komprimierung.
- METHODE: Die Einstellung GRUNDLINIE OPTIMIERT entspricht der Option OPTIMIERT beim Speichern von JPEGs.
- AUFLÖSUNG: Geben Sie hier an, in welcher Auflösung Pixelbilder exportiert werden sollen – die Einstellung gilt für *alle* Bilder im Dokument. Es ist *nicht* zu empfehlen, die Auflösung

der Bilder durch diese Funktion umrechnen und schon gar nicht erhöhen zu lassen.

Verwenden Sie am besten von vornherein Bilder in einer Auflösung von 72 ppi, und optimieren Sie sie in einem Bildbearbeitungsprogramm, bevor Sie sie in Illustrator platzieren.

Eine höhere Bildauflösung benötigen Sie nur dann, wenn Sie vorhaben, in Flash in Bilder »hineinzuzoomen«.

- FRAMERATE (nur bei AI-EBENEN IN SWF-FRAMES): Hier geben Sie die Abspielgeschwindigkeit Ihres SWF-Dokuments in Bildern pro Sekunde vor.
- WIEDERHOLSCHLEIFE (nur bei AI-EBENEN IN SWF-FRAMES): Aktivieren Sie diese Option, um einen Loop in der SWF-Datei zu erzeugen. Sie benötigen diese Option nicht, wenn Sie Ihr SWF in einen Flash-Film integrieren.
- ANGLEICHUNGEN ANIMIEREN (nur bei AI-EBENEN IN SWF-FRAMES): Aktivieren Sie diese Option, um die Stufen aller Überblendungen als Frames einer Animation auszugeben.

  Sie haben die Möglichkeit, in einem Frame ein einzelnes Objekt unterzubringen (Option IN FOLGE) oder in jedem Frame ein Objekt hinzuzufügen (Option BEIM AUFBAU).
- EBENENREIHENFOLGE (nur bei AI-EBENEN IN SWF-FRAMES): Hier legen Sie fest, mit welcher Ebene Illustrator die Animation beginnen soll.
- STATISCHE EBENEN EXPORTIEREN (nur bei AI-EBENEN IN SWF-FRAMES): Wählen Sie eine oder mehrere Ebenen im Dialogfeld aus, die als statischer Hintergrund hinter jedem Frame liegen.

▲ **Abbildung 20.77**
Die gleichzeitige Animation mehrerer Objekte auf dem Weg über eine Angleichung funktioniert nur, wenn Sie Gruppen angleichen (s. Seite 305).

Stufen der Überblendung

Überprüfen Sie vor dem Export die Anzahl der Stufen bei allen Überblendungen, und richten Sie gegebenenfalls eine feste Anzahl Stufen ein.

Von Flash zu Illustrator

Möchten Sie Objekte aus Flash in Illustrator weiterbearbeiten, wählen Sie – jedenfalls für komplexere Objekte – nicht den Weg über die Zwischenablage, sondern rufen Sie in Flash DATEI • EXPORTIEREN • BILD EXPORTIEREN auf. Dort wählen Sie das Format ADOBE ILLUSTRATOR.

20.4.6 Illustrator- und SWF-Dateien in Flash importieren

Erstellen Sie ein neues Dokument in Flash, und importieren Sie entweder das Illustrator-Dokument direkt oder die aus Illustrator exportierte SWF-Datei.

SWF | Enthaltene Symbole finden Sie in der Bibliothek des Flash-Dokuments. Andere Objekte werden als Gruppen im ersten Frame platziert. Falls Sie beim Export Frames erzeugt haben, befinden sich die Objekte darin.

Wenn Sie Ihr SWF-Dokument in die Bibliothek Ihrer Flash-Datei importieren lassen, liegt es automatisch als Symbol vor.

AI | Wählen Sie eine Illustrator-Datei für den Import aus. Im folgenden Dialog bestimmen Sie zunächst die Zeichenfläche, die Sie importieren möchten. Anschließend wählen Sie nacheinander die Objekte aus und setzen die Optionen für ihre Behandlung in der Dialogbox IMPORT-OPTIONEN.

Abbildung 20.78 ▶
Import einer Illustrator-Datei in ein Flash-Projekt

▲ **Abbildung 20.79**
Einfügen-Optionen in Flash

▲ **Abbildung 20.80**
Flash-Catalyst-Applikationsicon und Icon der FXG-Datei

20.4.7 Copy & Paste

Sie müssen nicht erst ein Dokument speichern und in Flash importieren – Sie können stattdessen auch Copy & Paste verwenden, um Ihre Illustrator-Objekte in den Flash-Film zu bringen. Wählen Sie in Flash in den Einfügen-Optionen, ob das Objekt als Pixelgrafik eingesetzt oder die aktuellen Import-Einstellungen benutzt werden sollen.

Beim Kopieren und Einfügen bleiben die Optionen erhalten, die Sie für Symbole oder Texte eingestellt haben.

20.5 FXG

Neu hinzugestoßen zur Liste der nativen Illustrator-Dateiformate ist das FXG-Format (**F**lash **X**ML **G**raphics). Es enthält strukturierte Daten für den Einsatz in Adobe Flex, einem Framework, mit dem RIAs (Rich Internet Applications – reichhaltige Internet-Anwendungen) erstellt werden, die sich auf allen gängigen Betriebssystemen und Browsern ausführen lassen. FXG-Dateien können Sie ebenso in Flash und in Flash Catalyst einsetzen. Auch die Dynamic-Imaging-Lösung scene7 verwendet das FXG-Format für das Einlesen von Illustrator-Dateien.

In der Zusammenarbeit mit Flex wird Illustrator eingesetzt, um Benutzeroberflächen zu gestalten. Unter anderem zu diesem Zweck finden Sie auch umfangreiche Button-Sammlungen als Symbole. Flash Catalyst erlaubt mit FXG eine Round-Trip-Bearbeitung von Dateien, d. h., Sie können das Material aus Flash

scene7

Weitere Informationen zu scene7 finden Sie unter *www.scene7.com/de/*.

Catalyst wieder an Illustrator übergeben und es weiter bearbeiten, ohne es später in Flash Catalyst erneut importieren und ersetzen zu müssen.

Datei einrichten | Für Dateien, die Sie als FXG speichern wollen, steht ein eigenes Dokumentprofil zur Verfügung, das bereits die wichtigsten Einstellungen enthält. In FXG können nur wenige Illustrator-Objekte editierbar erhalten bleiben. Da beim Umwandeln von **Pinseln** sehr komplexe Pfade entstehen, sollten Sie Pinsel vermeiden. Das Gleiche gilt für die meisten **Effekte** mit Ausnahme von SCHLAGSCHATTEN, SCHEIN und WEICHE KANTE. Der Einsatz anderer **Füllmethoden** als NORMAL ist nicht zu empfehlen (auch nicht in Effekten). Leider funktionieren auch **9-Slice-Hilfslinien** nicht in FXG. **Texte** sollten Sie nicht verzerren. Es werden nur Objekte gespeichert, die innerhalb von Zeichenflächen liegen.

In Flash Catalyst werden Objekte immer am **Pixelraster** ausgerichtet. Wenn Sie sichergehen wollen, dass nach dem Import keine Objekte »verrutschen«, sollten Sie in Illustrator ebenfalls mit dieser Option arbeiten (beachten Sie dazu Abschnitt 20.1.2).

FXG speichern | Wählen Sie DATEI • SPEICHERN UNTER. Rufen Sie FXG (FXG) unter FORMAT auf, und bestimmen Sie einen Speicherort. Falls Sie aus einer Datei mit mehreren Zeichenflächen nur die Objekte auf einer Zeichenfläche exportieren möchten, geben Sie deren Nummer ein. In der nächsten Dialogbox legen Sie die Optionen fest:

FXG-Größenbeschränkung

Eine Grafik darf höchstens 8.192 Pixel hoch oder breit sein und insgesamt höchstens 6.777.216 Pixel enthalten (das ist weniger als das Quadrat von 8.192).

Flex lernen

Auf der Website von Adobe finden Sie umfangreiches Material, um sich in Flex einzuarbeiten, z.B. www.adobe.com/devnet/flex/learn/designer/ und www.adobe.com/devnet/flex/videotraining/.

◄ **Abbildung 20.81**
Die Dialogbox FXG-OPTIONEN

▶ PERSÖNLICHE ILLUSTRATOR-DATEN SPEICHERN: Diese Option bewirkt das zusätzliche Speichern nativer Illustrator-Daten in der FXG-Datei. Dadurch sind einige Objekte besser zu editieren, wenn Sie sie in Illustrator beim Round-Trip re-importieren. Es bleiben jedoch nicht alle Elemente editierbar (z. B. Pinsel).

- UNBENUTZTE SYMBOLE EINSCHLIESSEN: Symbole, von denen keine Instanzen auf der Zeichenfläche platziert sind, werden gespeichert. Sie sollten jedoch vorher das Symbole-Bedienfeld »aufräumen«, sodass es nur noch die Symbole enthält, die Sie für die Weiterbearbeitung benötigen.
- VERKNÜPFTE BILDER HERUNTERRECHNEN: Mit dieser Option werden Bilder auf 72 ppi heruntergerechnet. Nehmen Sie dies lieber in Photoshop vor.
- Für das Speichern von FILTER, TEXT, VERLÄUFE und ANGLEICHEN stehen folgende Optionen zur Verfügung:
    - AUTOMATISCHE UMWANDLUNG: Hier entscheidet Illustrator basierend auf den Objekten, wie das Objekt optimal gespeichert wird.
    - AUSSEHEN BEIBEHALTEN (IN PIXELBILD UMWANDELN oder PFAD ERSTELLEN): Das Erscheinungsbild wird möglichst beibehalten, indem das Objekt in Pfade oder Pixel umgerechnet wird.
    - BEARBEITBARKEIT ERHALTEN (IN FXG KONVERTIEREN): Wenn Sie der Bearbeitbarkeit den Vorzug geben, müssen Sie damit rechnen, dass das Erscheinungsbild der Objekte nicht 1:1 erhalten bleibt.

> **Angleichen?**
> Hier handelt es sich um einen Übersetzungsfehler – gemeint sind »Blend Modes«, also Füllmethoden (s. dazu den Abschnitt »Datei einrichten« auf der vorherigen Seite).

In Flash Catalyst importieren | In Flash Catalyst können Sie sowohl AI- als auch FXG-Dateien verwenden. Auf der Basis einer AI-Datei erstellen Sie ein neues Projekt mit DATEI • NEUES PROJEKT VON DESIGNDATEI. Alternativ erstellen Sie ein neues Projekt und importieren AI- oder FXG-Dateien.

▼ Abbildung 20.82
Einzelne Zeichenflächen einer Illustrator-Datei bilden in Flash Catalyst einzelne Seiten eines Projekts.

Round-Trip-Bearbeitung | Die »integrierte Bearbeitung« erlaubt es, einzelne Objekte oder Gruppen aus Flash Catalyst temporär zur Bearbeitung an Illustrator zu übergeben, dort zu bearbeiten und wieder zurückzugeben, ähnlich der Bearbeitung von Smart-Objekten aus Photoshop:

1. Wählen Sie das Grafikmaterial aus, und rufen Sie im Kontextmenü IN ADOBE ILLUSTRATOR CS5 BEARBEITEN auf.
2. Illustrator wird gegebenenfalls gestartet und die FXG-Datei geöffnet. Bis auf das betreffende Objekt sind alle Elemente gedimmt (ähnlich dem Isolationsmodus), und Sie können es bearbeiten.
3. Wenn das Objekt ausgewählt ist, werden am oberen Rand des Dateifensters einige Buttons eingeblendet. Klicken Sie auf FERTIG, wenn Sie die Änderungen wieder in Flash Catalyst übernehmen möchten.
4. Daraufhin müssen Sie wieder die FXG-OPTIONEN eingeben. Die Datei wird an Flash Catalyst zurückgegeben.

▼ **Abbildung 20.83**
Übergeben eines Objekts an Illustrator per Kontextmenü (links) und Round-Trip-Bearbeitung (rechts)

20.6 Video und Film

Auch im Video- und Filmbereich gibt es viele Einsatzgebiete für Illustrator: bei der Gestaltung von Eröffnungen, der Integration von Logos und Typografie oder in der Infografik. Die Zusammenarbeit zwischen Illustrator und After Effects sowie Premiere war auch in bisherigen Versionen komfortabel.

▲ **Abbildung 20.84**
Die Icons von After Effects und Premiere

▲ **Abbildung 20.85**
Illustrator-Ebenen können in After Effects auf der z-Achse verschoben (links) oder mit Tiefenschärfe-Einstellungen versehen werden (rechts).

20.6.1 Video-Vorlagen

Beim Erstellen einer neuen Datei können Sie auf Vorlagen zurückgreifen, in denen die immer wiederkehrenden Einstellungen für den Video-Bereich bereits vorgenommen sind, wie Farbraum, Auflösung und Bildschirmvorschau. Darüber hinaus müssen Sie noch nicht einmal die Standard-Dokumentmaße selbst eingeben, sondern können sie bequem aus einer Liste auswählen.

20.6.2 Video-safe Areas

Für die Aufteilung Ihres Designs nicht unerheblich sind technische Rahmenbedingungen – vor allem die sicheren Bereiche. Diese sorgen dafür, dass beim Abspielen Ihrer Inhalte auf Röhren-Fernsehern keine wichtigen Elemente (Aktion bzw. Titel/Textinformation) aufgrund von Ungenauigkeiten in der technischen Funktionsweise abgeschnitten werden.

In den ZEICHENFLÄCHENOPTIONEN, die Sie mit einem Doppelklick auf das Zeichenfläche-Werkzeug erreichen, haben Sie die Möglichkeit, die aktions- und titelsicheren (anzeigekompatiblen) Bereiche am Bildschirm anzuzeigen. In den Dokumentprofilen und -vorlagen für den Video-Bereich ist die Anzeige der Safe Areas standardmäßig aktiviert.

▲ **Abbildung 20.86**
❶ Aktions- und ❷ titelsicherer Bereich in Illustrator

▲ **Abbildung 20.87**
Einstellung des Pixelseitenverhältnisses in den Zeichenflächenoptionen

20.6.3 Pixelseitenverhältnis (Pixel Aspect Ratio, PAR)

Illustrator arbeitet mit quadratischen Pixeln, Sie können jedoch in den Optionen des Schnittbereich-Werkzeugs ein Seitenverhältnis eingeben. Das eingegebene Seitenverhältnis ändert weder etwas an der Darstellung noch an der Speicherung der Datei, die Angabe dient lediglich zur Berechnung der Einheiten an den Zeichenflächenlinealen. Blenden Sie diese mit ANSICHT • ZEICHENFLÄCHENLINEALE EINBLENDEN ein oder mit ⌘+⌥+R bzw. Strg+Alt+R.

Damit keine Verzerrungen auftreten, müssen Sie in After Effects das importierte Material korrekt interpretieren.

20.6.4 Dateien für Video vorbereiten

Einige Bedingungen für die Weiterverarbeitung sollten Sie bereits beim Erstellen Ihrer Dateien beachten.

Zeichenfläche | Um die Bearbeitung zu beschleunigen, sollten Sie Ihre Dateien auf die notwendigen Objekte beschneiden. Dazu verwenden Sie eine Zeichenfläche. Es wird nur die erste Zeichenfläche der Datei importiert, Sie können bei mehreren vorhandenen Zeichenflächen nicht auswählen.

▲ **Abbildung 20.88**
Einstellung eines falschen Seitenverhältnisses in After Effects (unten)

After Effects arbeitet nur mit ganzen Pixelgrößen. Legen Sie die Größe der Zeichenfläche in Illustrator bereits in ganzen Pixeln an. Anderenfalls fügt After Effects beim Import einen schwarzen Rand hinzu, wenn es auf ganze Pixel aufrundet.

Farbraum | Wenn Sie Ihre Dateien auf den Video-und-Film-Vorlagen aufbauen, wird der Farbraum automatisch korrekt gewählt. Falls Sie eigene Vorgaben einrichten, achten Sie darauf, Ihre Datei im Farbmodus RGB anzulegen. After Effects kann zwar den Farbraum CMYK in RGB konvertieren, Sie haben jedoch eine bessere Kontrolle, wenn Sie gleich den korrekten Farbraum verwenden.

Horizontale Linien | Vermeiden Sie auf jeden Fall horizontale Linien unter 2 Pixel Stärke – besser, Sie verwenden noch stärkere Linien. Dünne horizontale Linien flackern aufgrund des zeilenweisen Aufbaus eines Videobilds (Interlacing). Vermeiden Sie ebenfalls zu feine Linien in Schriften, z. B. Serifen.

Transparenz | Bereiche, die keine Objekte enthalten, sind in After Effects und Premiere transparent. Wenn Sie Schnittmasken zum Freistellen in Ihren Dateien einsetzen, wird eine solche Konstruktion korrekt importiert. Bei der Verwendung einer Video-Dokumentvorgabe wird standardmäßig das Transparenzraster eingeblendet, sodass Sie einschätzen können, welche Bereiche Ihrer Grafik transparent sind.

Eine reduzierte Deckkrafteinstellung der Objekte bewirkt auch in den beiden Video-Programmen, dass darunterliegende Ebenen durch die Objekte hindurchscheinen. Füllmethoden haben jedoch nur Auswirkungen innerhalb der Objekte der Illustrator-Datei.

Stellen Sie Objekte mit Deckkraftmasken frei, wird die Alpha-Transparenz in After Effects und Premiere korrekt importiert, die Deckkraftmaske können Sie jedoch dort nicht mehr bearbeiten.

▲ **Abbildung 20.89**
Transparenzraster in Illustrator

Effekte | Live-Effekte werden korrekt interpretiert, sind aber nach dem Import nicht editierbar. Schlagschatten besitzen Alpha-Transparenz. Beachten Sie beim Einsatz pixelbasierter Effekte, dass Sie diese in der Video-Software nicht mehr skalieren können.

Ebenen | Alle Elemente, die Sie in After Effects unabhängig von anderen animieren möchten, müssen auf eigenen Hauptebenen liegen. Verwenden Sie den Befehl EBENEN FÜR OBJEKTE ERSTELLEN aus dem Bedienfeldmenü des Ebenen-Bedienfelds, um Objekte auf eigene Ebenen zu verteilen (mehr zu Ebenen finden Sie in

Abschnitt 11.1). Die Datei müssen Sie in After Effects als Komposition importieren.

▲ Abbildung 20.90
Elemente, die in Illustrator auf Hauptebenen liegen (links), sind auch in After Effects unabhängig voneinander zu bearbeiten (Mitte und rechts).

Premiere importiert Illustrator-Dateien mit mehreren Ebenen immer auf eine Ebene reduziert.

20.6.5 Für After Effects und Premiere speichern

After Effects kann Illustrator-Dateien öffnen, jedoch nur, wenn die Dokumente PDF-kompatibel abgespeichert wurden. In die Datei eingebettete Farbprofile werden beim Import ignoriert.

After Effects und Premiere können Sequenzen von Dateien importieren. Dazu ist es nötig, dass sich alle Dateien in einem Ordner befinden und ein gemeinsames Namensschema nutzen, wie z. B. »Datei0001.ai«, »Datei0002.ai«, »Datei0003.ai«.

▼ Abbildung 20.91
Wenn Sie das Skript INTERAKTIV NACHZEICHNEN in Adobe Bridge verwenden, dann bestehen umfangreiche Optionen für Dateinamen.

Während die Erzeugung von Dateisequenzen eher eine Aufgabe für die Stapelverarbeitung und Scripting-Lösungen ist, können Sie Animationen auch als SWF exportieren und in beiden Video-Programmen importieren.

20.6.6 Pfade kopieren und einsetzen
Vor allem in After Effects lassen sich an vielen Stellen Vektorpfade verwenden, z. B. um Texte oder Glitzereffekte entlang eines Pfads zu animieren oder Clips freizustellen. Diese Pfade können Sie in Illustrator erstellen und dann über die Zwischenablage in After Effects einfügen.

Die Übertragung von Pfaden aus Illustrator mithilfe der Zwischenablage funktioniert aber nur, wenn unter Voreinstellungen • Dateien verarbeiten und Zwischenablage die Optionen AICB und Pfade beibehalten aktiviert sind.

▲ **Abbildung 20.92**
Zwischenablageoptionen in Illustrator

20.6.7 Illustrator-Dateien in Video-Projekte importieren
In Premiere importieren Sie Ihre Illustrator-Dateien ohne weitere Einstellungsmöglichkeiten.

In After Effects wählen Sie für den Import einzelner Dateien Ablage • Importieren • Datei… Dann stehen Ihnen folgende Optionen zur Verfügung:

▶ Komposition: Beim Import als Komposition bleiben Hauptebenen unabhängig voneinander erhalten.
▶ Footagefenster: Beim Import als Footage wird die Datei auf das Endformat beschnitten und werden alle Ebenen zusammengerechnet.

▲ **Abbildung 20.93**
Importoptionen in After Effects

20.6.8 Wichtige Einstellungen in After Effects
Damit Ihre Vektorgrafik optimal dargestellt wird, sind vor allem die Einstellungen für das Rastern und das Pixelseitenverhältnis wichtig.

Pixel Aspect Ratio | Das Pixel-Seitenverhältnis wird normalerweise von After Effects beim Import des Dokuments richtig eingestellt. Sollte das einmal nicht der Fall sein, finden Sie diese Einstellung unter Komposition • Kompositionseinstellungen. Setzen Sie die Option Pixel-Seitenverhältnis auf Quadratische Pixel.

▲ **Abbildung 20.94**
Einstellung des Seitenverhältnisses

Kontinuierlich rastern | Illustrator-Dateien sind – außer wenn pixelbasierte Effekte eingesetzt wurden – in After Effects problemlos skalierbar. Sie müssen jedoch darauf achten, die Ebene zu

Optimieren ⚙. Die entsprechende Einstellung finden Sie in der Zeitleiste.

▲ **Abbildung 20.95**
Skalierte Illustrator-Grafik in After Effects ohne (links) und mit (rechts) der Option Optimieren, Zeitleiste mit dem Button Optimieren (ganz links)

21 Personalisieren und erweitern

Um Ihre Arbeitseffizienz zu steigern, sollten Sie Illustrator an Ihre Bedürfnisse anpassen. Vor allem regelmäßig vorkommende Abläufe können Sie vielleicht als Vorgaben speichern oder automatisieren. Wenn Illustrator eine Funktion nicht selbst bietet, lässt es sich an vielen Stellen durch Skripte ergänzen.

21.1 Anpassen

Wie in allen Programmen enthalten die Voreinstellungen die wichtigsten Optionen, um Illustrator an den Einsatzzweck anzupassen. Dazu zählen Maßeinheiten, Sprache, Raster und Werkzeuggrundeinstellungen.

21.1.1 Benutzerdefinierte Arbeitsbereiche

Das »Layout« der Bedienfelder auf Ihrem Bildschirm sowie die Zusammenstellung und Anzeigeart der Bedienfelder im Dock lässt sich als »Arbeitsbereich« speichern und über das Menü oder über den Button in der Anwendungsleiste (Mac) bzw. im Kopfbereich des Anwendungsrahmens (Windows) wieder aufrufen.

Das ist praktisch, wenn Sie einen Arbeitsplatz mit Kollegen teilen, aber auch, wenn Sie selbst für verschiedene Aufgaben – Illustration, Konstruktion oder Typografie – andere Bedienfelder oder unterschiedliche Anordnungen der Bedienfelder benötigen.

Arbeitsbereich speichern | Richten Sie die Position der Bedienfelder wie gewünscht ein. Rufen Sie anschließend Fenster • Arbeitsbereich • Arbeitsbereich speichern… auf, und geben Sie dem Bildschirmlayout einen passenden Namen. Die Option Anwendungsrahmen (nur Mac), die Anordnung von Fenstern (Überlappend, Nebeneinander) sowie ihre Verschiebbarkeit werden nicht gespeichert (Anordnen von Fenstern s. Abschnitt 1.3.2).

▲ **Abbildung 21.1**
Gespeicherte Arbeitsbereiche

Abgerissene Werkzeugbedienfelder

Die Position »abgerissener« Werkzeugbedienfelder wird im Arbeitsbereich gespeichert.

▲ **Abbildung 21.2**
Button ARBEITSBEREICHE

▲ **Abbildung 21.3**
Die Dialogbox ARBEITSBEREICHE VERWALTEN

▲ **Abbildung 21.4**
Datei-Icon der Vorlagendatei

Verschieden große Zeichenflächen in der Vorlage

Benötigen Sie Vorlagen mit Zeichenflächen in unterschiedlichen Größen, dann müssen Sie diese in einer Vorlagen-Datei anlegen. In einem neuen Dokumentprofil können Sie nur mehrere Zeichenflächen speichern, die über die Dialogbox NEUES DOKUMENT angelegt wurden.

Zoomstufen als Ansichten

Speichern Sie sich verschiedene häufig benötigte Zoomstufen als ANSICHTEN. Dabei lässt sich auch die Sichtbarkeit verschiedener Ebenen sichern.

Arbeitsbereich aufrufen | Um einen gespeicherten Arbeitsbereich aufzurufen, wählen Sie den Namen des Bildschirmlayouts aus dem Untermenü von FENSTER • ARBEITSBEREICH oder mit dem Button in der Anwendungsleiste.

Arbeitsbereiche verwalten | Möchten Sie gespeicherte Arbeitsbereiche umbenennen, duplizieren oder löschen, rufen Sie FENSTER • ARBEITSBEREICH • ARBEITSBEREICHE VERWALTEN… auf.

▶ Umbenennen: Aktivieren Sie einen der Einträge in der Liste, und tragen Sie den neuen Namen in das Eingabefeld ein. Bestätigen Sie mit OK.
▶ Duplizieren: Wählen Sie einen Eintrag aus, und klicken Sie auf den Button NEUER ARBEITSBEREICH.
▶ Löschen: Aktivieren Sie den Eintrag, und klicken Sie auf den Button ARBEITSBEREICH LÖSCHEN.

21.1.2 Vorlagen

Vorlagendateien sind wie ein Zeichenblock, von dem Sie ein Blatt abreißen. Falls Sie häufig mit wiederkehrenden Dokumentformaten, Farben, Mustern, Formen oder Druckeinstellungen arbeiten müssen, können Sie sich die benötigten Vorgaben in einer Vorlagendatei speichern und für ein neues Projekt von dieser Datei »ein Blatt abreißen«, um sich die gleichzeitig langweilige und aufwendige Arbeit des Einrichtens der benötigten Grundlagen zu ersparen. Wenn Sie z. B. regelmäßig CD-Cover für ein bestimmtes Label entwerfen, erstellen Sie sich eine Vorlage mit den entsprechenden Spezifikationen, Logos, Farbfeldern und Druckvorgaben. Für einen neuen Entwurf legen Sie keine neue Datei an, sondern verwenden die Vorlage »CD-Cover«.

Vorlagen erstellen | Beginnen Sie mit einem neuen Dokument, oder öffnen Sie ein vorhandenes Dokument, das bereits einige der benötigten Elemente enthält. Richten Sie die gewünschten Optionen ein:

▶ Dokument einrichten: Definieren Sie die Anzahl und Maße der Zeichenflächen, Maßeinheiten, Sprache und Transparenzeinstellungen.
▶ Ansicht: Legen Sie z. B. den Linealnullpunkt, die Zoomstufe, Hilfslinien und die Bildschirmansicht fest.
▶ Stile, Formate: Definieren Sie Grafikstile, Zeichen- und Absatzformate.
▶ Farbfelder, Pinsel, Symbole: Löschen Sie alle nicht benötigten Farbfelder, Stile, Pinsel, Symbole etc., und richten Sie die benötigten ein, z. B. Corporate-Design-Elemente.

- Diagrammdesigns: Fügen Sie Balken- und Punkte-Designs der Dialogbox OBJEKT • DIAGRAMM • DESIGNS... hinzu.
- Druckvorgaben: Definieren Sie die Optionen für den Ausdruck des Dokuments im DRUCKEN-Dialog.
- Objekte: Legen Sie Stanzkonturen, benötigte Texte oder Bildelemente in der Datei an.

Vorlagen speichern | Rufen Sie nach dem Einrichten der Vorlage den Befehl DATEI • ALS VORLAGE SPEICHERN... auf. Wählen Sie im Dateibrowser den Speicherort, und klicken Sie auf SPEICHERN.

Vorlagen öffnen | Möchten Sie eine neue Datei auf Basis einer Vorlage erstellen, wählen Sie DATEI • NEU AUS VORLAGE... – Shortcut ⌘/Strg+⇧+N. Illustrator öffnet den Vorlagenordner im Dateibrowser.

21.1.3 Dokumentprofile

Ein neues Dokument, das Sie mit dem Befehl DATEI • NEU... erstellen, basiert auf einem von sieben Dokumentprofilen (New Document Profile – NDP). Wählen Sie aus Profilen für die Bereiche DRUCK, WEB, MOBILGERÄTE UND GERÄTE, FLASH CATALYST, VIDEO UND FILM sowie EINFACHES RGB und CMYK.

In den Dokumentprofilen sind die üblichen Einstellungen für Rastereffektauflösung oder Bildschirmansicht bereits vorgenommen. Im Dokumentprofil auf der Zeichenfläche platzierte Elemente werden beim Anlegen eines neuen Dokuments ignoriert.

Dokumentprofile anpassen | Die Dokumentprofile können Sie nach Ihren Wünschen anpassen oder auf der Basis der vorhandenen zusätzliche Profile erstellen. Sie finden die Dateien unter: USERS\(USER)\LIBRARY\APPLICATION SUPPORT\ADOBE\ADOBE ILLUSTRATOR CS5\DE_DE\NEW DOCUMENT PROFILES bzw. DOCUMENTS AND SETTINGS\(USER)\ANWENDUNGSDATEN\ADOBE\ADOBE ILLUSTRATOR CS5 SETTINGS. Editieren Sie darin die gewünschten Farbfelder, Diagramm-Designs, Grafikstile, Pinsel, Symbole, Ansichten, den Linealnullpunkt, die Anzahl der Zeichenflächen und die Drucken-Optionen. Das angepasste Dokumentprofil speichern Sie anschließend wieder in den genannten Ordner. Es lässt sich dann beim Anlegen einer neuen Datei aus dem Menü NEUES DOKUMENTPROFIL auswählen.

21.1.4 Tastaturbefehle

Per Voreinstellung sind viele Funktionen mit Tastaturbefehlen – Shortcuts – belegt. Falls Ihnen die verwendeten Befehle nicht

---

Metadaten

Auf Basis der Dokumentprofile werden Metadaten in Ihr Illustrator-Dokument geschrieben (das Dokumentprofil können Sie einsehen unter DATEI • DATEIINFORMATIONEN). Erstellen Sie Ihre eigenen Dokumentprofile daher auf einem für den Anwendungszweck passenden bestehenden Dokumentprofil.

▲ Abbildung 21.5
Neue Dokumentprofile für CMYK- und RGB-Dokumente (oben)

Menü »Größe«

Die Einträge im Menü GRÖSSE der Dialogbox NEUES DOKUMENT lassen sich in keiner zugänglichen Einstellungsdatei editieren oder ergänzen.

Farbprofile?

In Dokumentprofile sollten Sie keine Farbprofile speichern. Bei ungünstigen Farbmanagementeinstellungen kann es anderenfalls passieren, dass ohne Warnung eine CMYK-zu-CMYK-Konvertierung mit den bekannten Folgen stattfindet (s. Abschnitt 8.2.3).

▼ **Abbildung 21.6**
Die TASTATURBEFEHLE-Dialogbox: Editieren der Kurzbefehle für WERKZEUGE (links) und MENÜBEFEHLE (rechts)

zusagen oder Sie gern weitere Funktionen mit Shortcuts versehen würden, ist es möglich, die Belegung zu bearbeiten. So wie Sie unterschiedliche Bildschirmlayouts abspeichern, ist dies auch mit Belegungssätzen möglich. Damit können Sie zwischen unterschiedlichen Sätzen von Tastatur-Shortcuts umschalten.

Um die Tastaturbelegungen zu bearbeiten, rufen Sie BEARBEITEN • TASTATURBEFEHLE... auf – Shortcut ⌘+⌥+⇧+K bzw. Strg+Alt+⇧+K. Die Tastatur-Shortcuts für WERKZEUGE und MENÜBEFEHLE bearbeiten Sie getrennt.

▲ **Abbildung 21.7**
Der TASTATURBEFEHLE-Dialog enthält zwei LÖSCHEN-Buttons: Mit dem einen Button (rechts) löschen Sie einen ganzen Satz, mit dem anderen Button (unten) nur den aktivierten Shortcut.

▶ Befehlssatz auswählen: Wählen Sie den Belegungssatz aus dem Aufklappmenü SATZ, und klicken Sie auf OK, um ihn anzuwenden.
▶ Befehlssatz löschen: Um einen Satz Tastaturbefehle zu löschen, wählen Sie ihn im Aufklappmenü SATZ aus und klicken auf den Button LÖSCHEN... (in der Dialogbox rechts).
▶ Als Text exportieren: Eine Liste aller Werkzeuge und Menüeinträge sowie der zugewiesenen Kurzbefehle können Sie als Textdatei exportieren, indem Sie auf den gleichnamigen Button klicken.

Befehlssatz ändern | Gehen Sie wie folgt vor, um einen Befehlssatz zu ändern (Änderungen am Standardbefehlssatz können Sie nur als neuen Satz abspeichern – siehe Schritt 6):
1. Wählen Sie einen Belegungssatz aus dem Menü SATZ und die Tastaturbefehlsart aus dem Aufklappmenü darunter – WERKZEUGE oder MENÜBEFEHLE.
2. Aktivieren Sie einen der Einträge, und klicken Sie in die Spalte unter TASTATURBEFEHL. Ein Rahmen hebt ein Eingabefeld hervor. Geben Sie in dieses Feld den gewünschten Befehl samt Modifizierungstasten ein. Sobald Sie den ersten Befehl editiert haben, ändert sich der Name des Satzes im Menü in [BENUTZERDEFINIERT].

▲ **Abbildung 21.8**
Warnung bei Doppelbelegung

Checkliste: Programmvorgaben anpassen

Voreinstellungen editieren | Studieren Sie die Voreinstellungen, und richten Sie diese passend ein. Es ist übrigens nicht ungewöhnlich, die Voreinstellungen während der Arbeit nach Bedarf zu ändern.

Standardschrift ändern | Um die Schriftart zu ändern, in der Illustrator neue Texte erstellt, rufen Sie das betreffende Dokumentprofil auf und ändern dort die Schriftart im Zeichenformat NORMALES ZEICHENFORMAT.

Vorlage oder Dokumentprofil | Ob Sie häufig gebrauchte Einstellungen als Dokumentprofil speichern oder eine Vorlagendatei erstellen, hängt davon ab, wie individuell Sie die Musterdatei auf eine bestimmte Aufgabe zuschneiden möchten und wie regelmäßig oder häufig Sie diese Datei benötigen. Sehr individuelle Musterdokumente werden Sie eher als Vorlagen-Datei speichern und allgemeinere, häufig benötigte Musterdokumente dagegen als Dokumentprofil. Nur in Vorlagen ist es möglich, Elemente bereits auf der Zeichenfläche zu platzieren.

Bibliotheken | Ihre eigenen Pinsel, Symbole, Grafikstile, Muster- und Farbfelder können Sie in Bibliotheken sammeln. Speichern Sie die Bibliothek an den im jeweiligen Dialog vorausgewählten Ort, dann stehen die Bibliotheken direkt im FENSTER-Menü zur Verfügung.

Diagramm-Balkendesigns | Balken- und Punktedesigns können Sie im Dokumentprofil oder einer Vorlagendatei ablegen. Oder legen Sie alle Balkendesigns in einer »Sammeldatei« ab. Wann immer Sie in Ihrem aktuellen Dokument ein Balkendesign benötigen, öffnen Sie diese Sammeldatei. Sie können dann aus allen geöffneten Dokumenten im Dialog DIAGRAMMDESIGNS auf die enthaltenen Balkendesigns zugreifen.

Preferences-Datei editieren (nur für Fortgeschrittene!) | In der Voreinstellungen-Datei können Sie zum Beispiel die Anzahl der »Letzten Dateien« einstellen. Kopieren Sie bitte immer die Originaldatei an einen sicheren Ort, bevor Sie etwas ändern, damit Sie sie notfalls wiederherstellen können. Zum Ändern verwenden Sie einen Texteditor.

▲ **Abbildung 21.9**
In diesem Zeichenformat ändern Sie die Standardschrift.

▲ **Abbildung 21.10**
Illustrator-Vorlagen können auch Elemente auf der Zeichenfläche enthalten.

Voreinstellungen/Preferences

Sie finden die Voreinstellungen unter BENUTZER/LIBRARY/PREFERENCES/ADOBE ILLUSTRATOR CS5 SETTINGS/ADOBE ILLUSTRATOR PREFS bzw. unter Windows XP und 2000 in DOCUMENTS AND SETTINGS/[USER NAME]/ANWENDUNGSDATEN/ADOBE/ADOBE ILLUSTRATOR CS5 SETTINGS/AIPREFS und auf Windows Vista unter USERS/[USER NAME]/APPDATA/ROAMING/ADOBE/ADOBE ILLUSTRATOR CS5 SETTINGS/AIPREFS.

3. Ist der eingegebene neue Befehl bereits vergeben, wird das Tastaturkürzel an der ursprünglichen Stelle entfernt – Illustrator zeigt eine entsprechende Warnung (Abb. 21.8). Sie haben zwei Möglichkeiten:
   - Widerrufen Sie die letzte Zuweisung, und stellen Sie die vorherige Belegung wieder her, indem Sie auf den Button RÜCKGÄNGIG klicken.
   - Rufen Sie den Befehl auf, dessen Tastaturbelegung geändert wurde, und weisen Sie diesem einen anderen Shortcut zu. Klicken Sie dafür auf den Button GEHE ZU.
4. Haben Sie einen Shortcut zugewiesen, können Sie außerdem den Eintrag bestimmen, der hinter dem Menübefehl angezeigt wird. Automatisch werden an der Stelle das eingegebene Zeichen und gegebenenfalls die Modifizierungstasten angezeigt. Sie können jedoch auch ein anderes Zeichen bestimmen.

▲ **Abbildung 21.11**
Darstellung im Menü

21.1 Anpassen | **671**

5. Um einen Shortcut von einem Befehl zu entfernen, aktivieren Sie den Eintrag und klicken auf den Button Löschen (unten – siehe Abbildung 21.7).
6. Haben Sie alle gewünschten Befehle eingetragen, bestätigen Sie den Dialog mit OK.

Falls Sie die Änderungen am Standardbelegungssatz durchgeführt haben, werden Sie aufgefordert, die Änderungen als einen neuen Satz zu speichern. Handelte es sich um einen bereits gespeicherten Satz, fragt Illustrator, ob Sie diesen überschreiben möchten.

Abbildung 21.12
Belegung speichern

21.2 Automatisieren

Viele wiederkehrende Befehlsabfolgen lassen sich zu Aktionen kombinieren und in einer Stapelverarbeitung automatisch auf mehrere Dokumente in Folge anwenden. Mit AppleScript bzw. VBScript (Visual Basic Script) oder mit JavaScript können Sie Illustrator darüber hinaus programmieren. Die Skript-Fähigkeit bietet nicht nur Automatisierungspotential, sondern auch Möglichkeiten für den kreativen Einsatz.

Ich kann aber nicht skripten!
Skripte müssen Sie nicht selbst programmieren. Viele Illustrator-Anwender stellen ihre Skripte kostenlos zur Verfügung, und so gibt es bereits Dutzende überaus nützlicher Skripte.

21.2.1 Aktionen

Als Aktionen können Sie sich Befehlsabfolgen speichern, die Sie wiederholt an Objekten oder Dokumenten anwenden müssen. Das Erstellen einer Aktion ist so einfach wie das Aufnehmen mit dem Videorekorder: Sie drücken eine Taste, um die Aufzeichnung zu beginnen, führen alle Arbeitsschritte aus und drücken einen anderen Button, um die Aufzeichnung zu stoppen. Da Sätze von Aktionen als Textdateien gespeichert werden können, finden Sie an manchen Stellen Aktionen zum Download.

Abbildung 21.13
Datei-Icon für Aktionen

21.2.2 Aktionen-Bedienfeld

Die Erstellung, Anwendung und Verwaltung von Aktionen nehmen Sie mithilfe des Aktionen-Bedienfelds vor. Wählen Sie Fenster • Aktionen – im Dock – , um das Bedienfeld aufzurufen.

Anzeige | Wie alle Bedienfelder hat auch dieses ein Menü, das Sie mit dem Button aufrufen – in diesem Bedienfeldmenü finden Sie u. a. die Stapelverarbeitung.

Aktionen sind in Sätzen ❹ zusammengestellt, zu erkennen an dem Ordnersymbol. Nur Sätze lassen sich als externe Datei speichern. Klicken Sie auf den Pfeil ▶, um die zu einem Satz gehörenden Aktionen anzuzeigen. Die einzelnen Aktionen ❸ bestehen aus einer Abfolge von »Aufgaben«. Zeigen Sie die Auf-

Abbildung 21.14
Aktionen-Bedienfeld in der Listendarstellung

gaben der Aktionen an, indem Sie auf den Pfeil ▶ links neben dem Namen der Aktion klicken. Die Aufgaben tragen den Namen des Illustrator-Befehls. Auch den Eintrag vieler Aufgaben können Sie öffnen, um die in Dialogboxen eingegebenen Parameter einzusehen. Ändern lassen sich die Parameter allerdings in dieser Auflistung nicht.

Wird beim Abspielen der Aktion eine Dialogbox geöffnet ❷, zeigt das Aktionen-Bedienfeld dies mit dem entsprechenden Symbol ▭ an. Klicken Sie auf das Symbol, um das Öffnen der Dialogbox zu unterdrücken und die Aufgabe stattdessen mit den aufgezeichneten Werten auszuführen.

Das Häkchen ❶ zeigt an, ob ein Schritt ausgeführt wird. Möchten Sie die Ausführung eines einzelnen Befehls oder aller Befehle innerhalb einer Aktion unterdrücken, deaktivieren Sie den Schritt, indem Sie das Häkchen ✔ vor dem Eintrag der Aufgabe bzw. der Aktion anklicken.

Mit den Buttons am unteren Rand des Bedienfelds steuern Sie das Abspielen und Aufzeichnen von Aktionen sowie deren Verwaltung.

Bedienfeld-Modus | Wählen Sie SCHALTFLÄCHENMODUS aus dem Bedienfeldmenü, um die Aktionen statt in Listendarstellung als einzelne Buttons anzuzeigen. Die Größe des Bedienfelds und damit die Anzahl der Button-Spalten können Sie frei einstellen.

▲ **Abbildung 21.15**
Das Aktionen-Bedienfeld in der Schaltflächendarstellung

Aktionen abspielen | Beim Abspielen einer Aktion werden die enthaltenen Befehle von Illustrator an Ihren Objekten ausgeführt. Wenn Sie eine Aktion das erste Mal ausprobieren, sollten Sie zunächst eine Kopie Ihrer Datei erstellen, um vor unangenehmen Überraschungen sicher zu sein. Dies vor allem, wenn Sie die Aktion in einer Stapelverarbeitung verwenden möchten.

Zum Abspielen eines Satzes, einer Aktion oder eines Teils einer Aktion aktivieren Sie den Eintrag im Aktionen-Bedienfeld, ab dem Sie die Befehle ausführen möchten, und wählen ABSPIELEN aus dem Bedienfeldmenü oder klicken auf den Button AKTUELLE AUSWAHL ABSPIELEN ▶ – das Symbol des Buttons wechselt zu ▶. Die Aktion spielt bis zum Schluss.

Je nach Einstellung werden während des Abspielens Dialogboxen geöffnet, in denen Sie Optionen eingeben müssen. Stehen in der Aktion enthaltene Befehle nicht zur Verfügung, weil eine vom Ersteller der Aktion angenommene Bedingung nicht eingetreten ist, erhalten Sie eine entsprechende Warnung und können die Ausführung der Aktion an dieser Stelle abbrechen.

Voreinstellungen beim Abspielen

Denken Sie daran, die Voreinstellungen wie bei der Aufnahme zu konfigurieren.
Verwenden Sie Aktionen aus dem amerikanischen Raum, müssen Sie gegebenenfalls mit anderen Maßeinheiten arbeiten, um die gewünschten Ergebnisse zu erhalten.

Möchten Sie die Wiedergabe vor dem Durchlaufen aller Aufgaben beenden, klicken Sie auf den Button WIEDERGABE BEENDEN ■. In der normalen Abspielgeschwindigkeit läuft eine Aktion jedoch in der Regel so schnell ab, dass eine Unterbrechung unmöglich ist.

Einzelne Aufgaben können Sie aus einer Aktion ausschließen, indem Sie das Kontrollkästchen ☑ neben dem Namen der Aktion anklicken und das Häkchen deaktivieren.

Abspieloptionen | Zur Fehlersuche kann es nötig sein, die Abspielgeschwindigkeit zu regulieren. Sie haben folgende Möglichkeiten:

1. BESCHLEUNIGT: Dies ist die Standardeinstellung – die Befehle werden so schnell wie möglich abgespielt.
2. SCHRITTWEISE: Nach dem Ausführen eines Befehls wird die Bildschirmdarstellung aktualisiert, bevor die Aktion den nächsten Schritt startet.
3. ANHALTEN FÜR: Wählen Sie diese Option, um die Aktion für einen festgelegten Zeitraum nach dem Ausführen jedes Schritts anzuhalten.

▲ **Abbildung 21.16**
Die Dialogbox ABSPIELOPTIONEN

Aktion aufzeichnen | In einer Aktion lassen sich fast alle Menübefehle, Bedienfeldoptionen und Werkzeugfunktionen aufzeichnen – einige Befehle können Sie zwar nicht aufzeichnen, aber mithilfe von Befehlen des Bedienfeldmenüs in eine Aktion einfügen.

Die Aufzeichnung einer Aktion sollten Sie in einer Kopie Ihrer Datei vornehmen, z. B. indem Sie vor Beginn Ihrer Aufzeichnung den Befehl DATEI • KOPIE SPEICHERN UNTER… ausführen. Gehen Sie bei der Aufzeichnung wie folgt vor:

1. Erstellen Sie eine neue Aktion, indem Sie den Button NEUE AKTION ERSTELLEN ⬛ anklicken. In der Dialogbox AKTIONSOPTIONEN geben Sie der Aktion einen Namen. Sie können Ihre Einstellungen zu einem späteren Zeitpunkt editieren.
2. Klicken Sie auf den Button AUFZEICHNUNG BEGINNEN ●. Der Button zeigt durch die rote Farbe ● die Aufzeichnung an.
3. Führen Sie die gewünschten Aufgaben aus – Sie können sich dabei Zeit lassen, die Abspielgeschwindigkeit ist unabhängig von der Aufnahmegeschwindigkeit.
4. Haben Sie die gewünschten Befehle ausgeführt, stoppen Sie die Aufzeichnung, indem Sie auf den Button AUFZEICHNUNG BEENDEN ■ klicken. Die Aktion wird automatisch in der Voreinstellungsdatei gespeichert. Da diese Datei beschädigt werden kann, sollten Sie Aktionen dauerhaft speichern (siehe den Abschnitt »Aktionen verwalten« auf Seite 677).

▲ **Abbildung 21.17**
Aufgaben, die nicht unmittelbar aufgezeichnet werden können (siehe Seite 675): Unterbrechung, Objekt auswählen, Pfad einfügen (von oben)

Aktionen editieren | Um Aktionen zu editieren, schalten Sie das Bedienfeld in die Listendarstellung.

- **Dialogfeld aktivieren/deaktivieren**: Für die Ausführung von Aktionen verwendet Illustrator Ihre bei der Aufzeichnung eingegebenen Werte. Möchten Sie die Optionen einzelner Befehle individuell bei jedem Abspielen definieren, aktivieren Sie die Dialogboxen (im Handbuch werden sie als MODALE STEUERELEMENTE bezeichnet), indem Sie bei dem betreffenden Befehl die Anzeige des Dialogsymbols ▣ aktivieren.
- **Optionen eines Schritts editieren**: Möchten Sie nur die Optionen eines einzelnen Befehls ändern, aktivieren Sie – falls dies zur Ausführung des Schritts erforderlich ist – ein passendes Objekt auf der Zeichenfläche, und doppelklicken Sie auf den zu ändernden Eintrag im Aktionen-Bedienfeld.
- **Optionen in einer Aktion editieren**: Möchten Sie den Ablauf einer Aktion erhalten, aber Einstellungen und Optionen neu einrichten, aktivieren Sie die Aktion und wählen ERNEUT AUFZEICHNEN… aus dem Bedienfeldmenü. Das Abspielen der Aktion wird sofort gestartet. Geben Sie an den gewünschten Stellen die Änderungen in die Dialogboxen ein, und bestätigen Sie diese.
- **Abfolge ändern**: Möchten Sie einen Befehl an eine andere Stelle in der Abfolge einordnen, klicken und ziehen Sie den Eintrag an den gewünschten Platz (die Trennlinie zwischen den bestehenden Befehlen wird hervorgehoben) und lassen die Maustaste los.
- **Befehle einfügen**: Um weitere Befehle in eine Aktion einzufügen, aktivieren Sie den Schritt, dem die zusätzlichen Aufgaben folgen sollen, und wählen AUFZEICHNUNG BEGINNEN aus dem Bedienfeldmenü oder klicken auf den Button ●. Führen Sie die Schritte aus, und beenden Sie die Aufzeichnung.
- **Eintrag duplizieren**: Eine Aufgabe, eine Aktion oder einen Satz duplizieren Sie, indem Sie den Eintrag aktivieren und DUPLIZIEREN aus dem Bedienfeldmenü wählen. Alternativ ziehen Sie den Eintrag einer Aufgabe oder einer Aktion über den Button NEUE AKTION ERSTELLEN ▣. Den Eintrag eines Satzes ziehen Sie über den Button NEUEN SATZ ERSTELLEN ▣.
- **Eintrag löschen**: Wenn Sie einen Schritt, eine Aktion oder einen Satz löschen möchten, aktivieren Sie den Eintrag im Aktionen-Bedienfeld und klicken auf den Button AUSWAHL LÖSCHEN 🗑 oder ziehen den Eintrag auf diesen Button.

Aufgaben per Menü hinzufügen | Einige Aufgaben lassen sich nicht »live« aufzeichnen, Sie können diese Schritte nur mithilfe

▲ **Abbildung 21.18**
Zum Aktivieren oder Deaktivieren der Modalsteuerung klicken Sie für eine einzelne Aufgabe ❶, für eine Aktion ❷ und für einen Satz ❸.

▲ **Abbildung 21.19**
Verändern der Reihenfolge von Aufgaben durch Verschieben

Nicht aufnehmbare Befehle

Beobachten Sie das Aktionen-Bedienfeld beim Aufzeichnen der Aktion – falls ein Befehl dort nicht sofort nach der Ausführung aufgelistet wird, ist nicht »live« aufzunehmen.

▲ **Abbildung 21.20**
MENÜBEFEHL EINFÜGEN

▲ **Abbildung 21.21**
Die Dialogbox AUFZEICHNUNGS-
UNTERBRECHUNG (oben), Hinweis-
box (unten)

▲ **Abbildung 21.22**
Notiz im Attribute-Bedienfeld
(oben) und die Dialogbox AUS-
WAHL EINSTELLEN (unten)

von Befehlen aus dem Menü des Aktionen-Bedienfelds in eine Aktion integrieren.

Die betreffenden Aufgaben – z. B. die Auswahl eines bestimmten Pfads, das Verwenden der Freihand-Werkzeuge Pinsel, Buntstift, Schere oder Verlauf, das Zuweisen von Effekten und das Einstellen der ANSICHT – können Sie mithilfe des Menüs des Aktionen-Bedienfelds während der Live-Aufzeichnung in die Aktion integrieren oder beim späteren Bearbeiten einer Aktion hinzufügen (s. »Befehle einfügen« auf S. 675).

▶ **Menübefehl, der nicht aufgezeichnet werden kann**: Um einen Menübefehl einzufügen, der nicht aufgezeichnet werden kann, wählen Sie MENÜBEFEHL EINFÜGEN aus dem Bedienfeldmenü. Den Befehl können Sie anschließend entweder direkt aus dem Menü aufrufen oder in der Dialogbox danach suchen lassen, indem Sie die Anfangsbuchstaben eingeben.

▶ **Unterbrechung**: Möchten Sie an einem Punkt im Ablauf der Aktion eine Dialogbox mit einem Hinweis anzeigen oder eine individuelle Benutzereingabe zulassen, wählen Sie UNTERBRECHUNG EINFÜGEN aus dem Bedienfeldmenü.
Geben Sie den gewünschten Hinweistext in die Dialogbox ein. Soll der Text vom Benutzer nur zur Kenntnis genommen werden, aktivieren Sie die Option FORTFAHREN ZULASSEN.
Falls ein Eingreifen des Benutzers – z. B. das Zeichnen mit einem Werkzeug – erforderlich ist, darf das Fortfahren nicht zugelassen werden. Nach Durchführung der erforderlichen Eingabe muss der Benutzer das Weiterspielen der Aktion über das Aktionen-Bedienfeld manuell veranlassen.

▶ **Einen Pfad einfügen**: Benötigen Sie im Ablauf der Aktion einen oder mehrere Pfade, erzeugen Sie diese an der gewünschten Position auf der Zeichenfläche. Dies können Sie während der Aufzeichnung der Aktion vornehmen, da die Benutzung des Zeichenstift-, Pinsel- oder Buntstift-Werkzeugs nicht aufgezeichnet wird. Haben Sie den Pfad erstellt, aktivieren Sie ihn und wählen PFADAUSWAHL EINFÜGEN aus dem Bedienfeldmenü.
Es ist möglich, offene oder geschlossene Pfade innerhalb einer Aktion in das Dokument einzufügen. Alle Pfade können nur eine gemeinsame Kontur und Füllung erhalten. Besitzen sie ursprünglich unterschiedliche Farben, werden die des obersten Objekts übernommen.

▶ **Ein Objekt auswählen**: Ein bestimmtes Objekt kann innerhalb einer Aktion nur dann ausgewählt werden, wenn es eine Bezeichnung besitzt. Wird das Objekt in der Abfolge der Aktion erstellt, müssen Sie also sofort nach der Erzeugung des Elements eine Bezeichnung in das Notizfeld des Grafikattribute-Bedienfelds eintragen.

Ein mit dem Notiz-Attribut versehenes Objekt können Sie anschließend jederzeit wieder auswählen. Wählen Sie OBJEKT AUSWÄHLEN aus dem Bedienfeldmenü, um den Auswahlschritt in die Aktion einzufügen. Geben Sie die Objektbezeichnung in die Dialogbox ein.

Aktionsoptionen | Möchten Sie den Namen einer Aktion ändern oder der Aktion einen Kurzbefehl zuweisen, rufen Sie die Aktionsoptionen mit einem Doppelklick auf den Namen der Aktion im Bedienfeld auf oder indem Sie die Aktion aktivieren und AKTIONSOPTIONEN… aus dem Bedienfeldmenü wählen:

◄ **Abbildung 21.23**
Die Dialogbox AKTIONSOPTIONEN

▲ **Abbildung 21.24**
Farbige Darstellung der Aktions-Buttons im Schaltflächenmodus

- SATZ: Das Aufklappmenü listet die vorhandenen Aktions-Sätze auf. Wählen Sie aus dem Menü, welchem Satz Sie die Aktion zuweisen möchten.
- FUNKTIONSTASTE: Den Aktionen können Sie Tastaturkombinationen aus einer Funktionstaste F1 bis F15 und den Tasten ⌘/Strg und ⇧ zuweisen. Innerhalb der Aktionen ist es nicht möglich, Shortcuts doppelt zu vergeben. Falls Sie aber eine Aktion mit einem Kurzbefehl versehen, der bereits für einen Menübefehl Verwendung findet, hat die Ausführung der Aktion Vorrang vor dem Menü.
- FARBE: Wählen Sie eine Farbe für die Darstellung des Aktions-Buttons im Schaltflächenmodus des Aktionen-Bedienfelds.

Aktionen verwalten |
- NEUER SATZ: Erstellen Sie einen neuen Satz, indem Sie diesen Befehl aus dem Bedienfeldmenü wählen.
- SATZOPTIONEN: Möchten Sie den Namen eines Satzes von Aktionen editieren, doppelklicken Sie auf seinen Eintrag oder wählen SATZOPTIONEN… aus dem Bedienfeldmenü.
- AKTIONEN LADEN: Aktionen, die als externe Dateien auf Ihrem Computer gespeichert sind, müssen in Illustrator geladen werden, damit sie zur Verfügung stehen. Wählen Sie aus dem Menü des Aktionen-Bedienfelds den Eintrag AKTIONEN LA-

Apple Slim Keyboard

Die Funktionstasten F13 – F15 dieser Tastatur lassen sich zwar mit Aktionen belegen, diese werden beim Betätigen der Taste aber nicht abgespielt. Außerdem müssen Sie in SYSTEMSTEUERUNG • TASTATUR & MAUS die Option DIE TASTEN F1, F2 ALS STANDARD-FUNKTIONSTASTEN-VERWENDEN aktivieren.

den…, und wählen Sie die Aktion im Dateibrowser aus. Falls die Aktion nicht sichtbar ist, überprüfen Sie, ob die korrekte Dateiendung ».aia« vorhanden ist. Es können nur Aktionen aus derselben Illustrator-Version geladen werden.

Die Verbindung zur Aktion bleibt nicht bestehen. Wenn Sie die geladene Aktion ändern, werden diese Änderungen nicht in der Datei gespeichert, und Sie können die Aktion jederzeit neu laden, um den Originalzustand wiederherzustellen.

▶ Aktionen zurücksetzen: Möchten Sie die Standardaktionen von Illustrator erneut laden, wählen Sie Aktionen zurücksetzen aus dem Bedienfeldmenü. In der Dialogbox wählen Sie eine von zwei Möglichkeiten:

▶ Ersetzen: Klicken Sie auf OK, um die aktuell im Bedienfeld angezeigten Aktionen durch die Standardaktionen zu ersetzen.

▶ Anfügen: Wählen Sie Anfügen, um den Satz der Standardaktionen zusätzlich zu allen vorhandenen Aktionen zu laden. Er wird als letzter Eintrag im Bedienfeld angezeigt.

▶ Aktionen ersetzen: Um alle im Bedienfeld geladenen Aktionen durch einen auf Ihrem Computer gespeicherten Satz zu ersetzen, wählen Sie Aktionen ersetzen… aus dem Bedienfeldmenü und öffnen die Datei im Dateibrowser.

Ihre vorhandenen Aktionen werden ohne weitere Nachfrage ersetzt – Sie können diesen Schritt jedoch mit ⌘/Strg+Z widerrufen. Speichern Sie die vorhandenen Aktionen vorher, falls Sie sie später wieder benötigen.

▶ Aktionen speichern: Einzelne Aktionen lassen sich nicht speichern – mit diesem Befehl aus dem Bedienfeldmenü können Sie jedoch einen Satz speichern. Aktivieren Sie den gewünschten Satz, und rufen Sie den Befehl auf.

▶ Aktionen löschen: Um alle Aktionen zu löschen, wählen Sie Aktionen löschen aus dem Bedienfeldmenü. Sicherheitshalber fragt Illustrator noch einmal nach, ob Sie wirklich alle Aktionen löschen möchten. Bestätigen Sie mit Ja.

▲ **Abbildung 21.25**
Aktionen zurücksetzen

21.2.3 Stapelverarbeitung

In der Stapelverarbeitung – auch »Batch« genannt – können Sie eine Aktion auf ein komplettes Verzeichnis von Illustrator-Dokumenten anwenden und so z. B. alle Dateien eines Ordners in ein bestimmtes Format exportieren.

Wählen Sie Stapelverarbeitung… aus dem Menü des Aktionen-Bedienfelds, um die Batch-Optionen einzurichten. Diesen Befehl können Sie auch dann wählen, wenn keine Datei geöffnet ist.

◄ **Abbildung 21.26**
Die Dialogbox
Stapelverarbeitung

- Abspielen: Wählen Sie den Satz und die Aktion, die Sie auf die Dateien anwenden möchten.
- Quelle: Als Quelle können Sie entweder ein Verzeichnis mit Illustrator-Dokumenten oder Datensätze wählen, die Sie für dynamische Objekte im aktuellen Dokument angelegt haben (zu Variablen s. Abschnitt 21.3).
- Öffnen in Aktionen überschreiben: Setzen Sie diese Option, falls in der Aktion Öffnen-Befehle aufgenommen wurden. Das Überschreiben bewirkt, dass Illustrator das in der Stapelverarbeitung angegebene Verzeichnis als Quelle verwendet.
- Alle Unterverzeichnisse einschliessen: Wählen Sie diese Einstellung, um auch die Dateien in Unterverzeichnissen zu bearbeiten.
- Ziel: Wählen Sie ein Verzeichnis, in das die geänderten Dokumente abgelegt werden.
- »Speichern«/»Exportieren« in Aktionen überschreiben: Sind in der Aktion Speicher- oder Export-Befehle vorhanden, aktivieren Sie diese Option, um den in der Stapelverarbeitung definierten Zielordner zu verwenden.
- Dateiname: Die Optionen stehen Ihnen bei der Verarbeitung von Datensätzen zur Verfügung. Sie bestimmen darin, wie sich der Name der generierten Dateien zusammensetzt.
- Fehler: Legen Sie hier fest, wie die Fehlerbehandlung erfolgen soll. Falls Sie beabsichtigen, die Stapelverarbeitung während Ihrer Abwesenheit durchführen zu lassen, sollten Sie Fehler in eine Datei speichern. Bestimmen Sie in diesem Fall einen Speicherort und einen Dateinamen.

Alias in der Stapelverarbeitung

Legen Sie Alias-Dateien bzw. Verknüpfungen mit Verzeichnissen in den zu bearbeitenden Ordner, um Verzeichnisse einzuschließen, die an anderen Orten gespeichert sind.

▲ **Abbildung 21.27**
Die Dateiname-Optionen werden erst aktiv, wenn als Quelle Datensätze ausgewählt ist.

Schritt für Schritt: Aktion und Stapelverarbeitung zum Umfärben von Objekten

▼ Abbildung 21.28
Beim Umwandeln des Farbmodus einer Datei entstehen »krumme« Farbwerte und ein bunter Schwarzaufbau (2.v.l.). Dies wird korrigiert (3.v.l.), und es werden Farbfelder erzeugt (rechts).

Beim Konvertieren eines Dokuments vom Farbmodus RGB in den Modus CMYK entstehen »krumme« Farbwerte. Außerdem wird Schwarz immer aus allen Buntfarben zusammengesetzt. Sie entwickeln hier eine Aktion, mit der Sie Farbfelder anlegen und kritische Farbwerte in mehreren Dateien korrigieren können.

▲ Abbildung 21.29
Aktivieren Sie die Objekte, und notieren Sie sich die CMYK-Werte.

1 Vorbereitungen

Eine Aktion sollten Sie zumindest grob planen, bevor Sie mit der Aufzeichnung beginnen. Bei der Planung ist es wichtig, dass Sie Arbeitsschritte wählen, die allgemein für alle Dateien zutreffen.
Bei der Planung Ihrer Aktion ergibt sich auch die Verwendung verschiedener Bedienfelder. Rufen Sie diese auf, und platzieren Sie sie so auf dem Bildschirm, dass Sie den Überblick behalten.

Für unsere Aktion benötigen Sie das Farbe-, das Farbfelder- und das Attribute-Bedienfeld.

Da die Umwandlung je nach Farbeinstellungen andere Farbwerte ergibt, beginnen Sie mit einem Test. Öffnen Sie eines der Dokumente, und wandeln Sie seinen Farbmodus um: Datei • Dokumentfarbmodus • CMYK-Farbe. Aktivieren Sie jetzt nacheinander die Objekte (mit dem Direktauswahl-Werkzeug, da sie gruppiert sind), und notieren Sie sich die exakten CMYK-Farbwerte der Objekte, die Sie ändern möchten. Dann wählen Sie Datei • Zurück zur letzten Version, um das Dokument in seinen Originalzustand zu versetzen und die Aktionsschritte darin aufzunehmen. Den Öffnen-Befehl lassen Sie später über die Stapelverarbeitung durchführen, er muss also nicht aufgezeichnet werden.

▲ Abbildung 21.30
Erstellen Sie eine neue Aktion.

2 Aktion erstellen und starten

Rufen Sie das Aktionen-Bedienfeld auf, und richten Sie einen neuen Satz ein, indem Sie auf den Button Neuen Satz erstellen klicken. Geben Sie dem Satz einen Namen.

Legen Sie innerhalb des eben erzeugten Satzes eine neue Aktion an, indem Sie den entsprechenden Button verwenden. Sobald Sie der Aktion einen Namen gegeben und die Dialogbox geschlossen haben, startet Illustrator die Aufzeichnung. Setzen Sie im Werkzeugbedienfeld das Kontur-Feld auf OHNE. Anschließend holen Sie wieder das Fläche-Feld in den Fokus.

3 Menübefehl einfügen: Konvertieren

Im ersten Schritt wird der Dokumentfarbmodus konvertiert. Dieser Befehl wird nicht aufgezeichnet, wenn Sie ihn einfach auswählen. Stattdessen rufen Sie im Menü des Aktionen-Bedienfelds MENÜBEFEHL EINFÜGEN auf. Ins Suchfeld tragen Sie »CMYK-Farbe« ein und klicken auf SUCHEN. Illustrator sucht den Befehl. Bestätigen Sie mit OK.

▲ **Abbildung 21.31**
Die Modusumwandlung muss über das Bedienfeldmenü eingefügt werden.

4 Hilfsobjekt erzeugen

Um alle Objekte einer bestimmten Farbe aufrufen zu können, benötigen Sie Hilfsobjekte. Zeichnen Sie einen Kreis mit dem Ellipse-Werkzeug, und geben Sie diesem mithilfe des Farbe-Bedienfelds eine der Farben, die Sie sich in Schritt 1 notiert haben. Dann rufen Sie das Attribute-Bedienfeld auf und tragen einen Namen in das Notizfeld ein. Bestätigen Sie mit ⏎ – achten Sie im Aktionen-Bedienfeld darauf, dass dieser Schritt eingetragen wird. Den Namen notieren Sie sich.

▲ **Abbildung 21.32**
Der Kreis erhält die gesuchte Farbe und einen Namen.

5 Gleiche Objekte auswählen und umfärben

Wählen Sie jetzt alle Objekte aus, die diese Farbe als Fläche besitzen, indem Sie AUSWAHL • GLEICH • FLÄCHENFARBE aufrufen. Gehen Sie in das Farbe-Bedienfeld, und ändern Sie dort die Farbdefinition auf die gewünschten Werte. **Achtung**: Sie müssen unter Umständen einige Werte mehrmals eintragen, da die Anzeigen zurückspringen.

▲ **Abbildung 21.33**
Wählen Sie die Objekte mit identischer Flächenfarbe aus.

6 Farbfeld erzeugen

Während die Objekte noch aktiviert sind, klicken Sie im Farbfelder-Bedienfeld auf den Button NEUES FARBFELD. Die eben eingegebene Farbdefinition ist eingefügt. Bestätigen Sie das Farbfeld. Die Objekte können Sie nun deaktivieren, z. B. indem Sie mit dem Auswahl-Werkzeug auf die Zeichenfläche klicken.

Globale Farbfelder?

Selbst wenn Sie beim Erzeugen der Farbfelder die Option GLOBAL eingeben, wird dies beim Abspielen der Aktion nicht ausgeführt.

7 Weitere Farben nacheinander ändern

Wenn Sie weitere Farben ändern wollen, führen Sie die Schritte 4–6 jeweils mit diesen Farben durch.

Abbildung 21.34
Erzeugen eines Farbfelds

Abbildung 21.35
Objekt auswählen

Abbildung 21.36
Optionen für die STAPELVER-ARBEITUNG

8 Objekt auswählen: Hilfsobjekte löschen

Jetzt werden die Hilfsobjekte gelöscht. Dazu müssen Sie diese zunächst auswählen. Rufen Sie OBJEKT AUSWÄHLEN aus dem Menü des Aktionen-Bedienfelds auf, und tragen Sie den Namen aus Schritt 4 in das Eingabefeld ein. Anschließend entfernen Sie das Objekt mit der Löschtaste. Wiederholen Sie diesen Schritt mit den anderen Hilfsobjekten.

9 Speichern in einem anderen Format und schließen

Abschließend speichern Sie das Dokument als PDF. Wählen Sie DATEI • SPEICHERN UNTER. Der Speicherort ist egal, er wird in der Stapelverarbeitung neu definiert. Geben Sie die gewünschten Optionen für das PDF ein, und bestätigen Sie. Schließen Sie die Datei.

Beenden Sie die Aufzeichnung mit einem Klick auf AUFZEICH-NUNG BEENDEN im Aktionen-Bedienfeld.

10 Stapelverarbeitung

Richten Sie ein Verzeichnisses auf Ihrer Festplatte für die exportierten PDF-Dateien ein.

Anschließend rufen Sie STAPELVERARBEITUNG... aus dem Menü des Aktionen-Bedienfelds auf – diesen Befehl können Sie ohne ein geöffnetes Illustrator-Dokument ausführen.

Wählen Sie den neu erstellten Satz und die darin abgelegte Aktion aus. Als Quelle bestimmen Sie den Ordner AKTION auf der DVD – alternativ kopieren Sie diesen vorher auf Ihre Festplatte. Die Aktion enthält keinen Öffnen-Befehl, daher bleibt die Option ÖFFNEN IN AKTIONEN ÜBERSCHREIBEN deaktiviert.

Als Ziel wählen Sie den eben erstellten Ordner für die PDF-Dokumente. Aktivieren Sie die Option »SPEICHERN« IN AKTIONEN ÜBERSCHREIBEN.

Fehler sollten Sie in eine Datei schreiben lassen, da es anderenfalls nicht möglich ist, die Aktion unbeaufsichtigt ablaufen zu lassen. Bestimmen Sie einen Speicherort und Namen für die Fehlerdatei.

21.2.4 Skripte

Skripte bieten Ihnen wie Aktionen eine Möglichkeit, wiederkehrende Aufgaben zu automatisieren. Skripte stellen Ihnen jedoch erweiterte Funktionen zur Verfügung, denn anders als bei Aktionen sind Sie nicht nur auf die Optionen angewiesen, die Ihnen die Benutzeroberfläche mit ihren Werkzeugen, Menüs und Dialogboxen bietet.

Skripte können Informationen und Zustände direkt aus dem Programm und dem Dokument abfragen und damit anhand von Bedingungen Befehle auf eine bestimmte Art ausführen.

Da Skripte nicht über den Umweg der Benutzeroberfläche abgespielt werden, sind sie schneller auszuführen als Aktionen – und mithilfe von Skripten sind Sie in der Lage, die Funktionalität anderer Programme in die Abläufe einzubinden, z. B. Inhalte aus Datenbanken abzufragen und in Textobjekte einzusetzen.

Um Skripte in den Sprachen AppleScript, VBScript und JavaScript zu schreiben, müssen Sie kein Informatiker sein – etwas Einarbeitung ist natürlich trotz allem nötig.

▲ **Abbildung 21.37**
Datei-Icons AppleScript, JavaScript

Skripte laden, installieren, anwenden | Einige Beispielskripte – getrennt nach den Skriptsprachen JavaScript und AppleScript bzw. VBScript – finden Sie im Programmordner im Verzeichnis Scripting.

Legen Sie die Skriptdateien in den Ordner Adobe Illustrator CS5\Vorgaben\Skripten. In diesem Ordner gespeicherte Skripte rufen Sie aus dem Untermenü von Datei • Skripten auf.

In welchem Zusammenhang und unter welchen Bedingungen das jeweilige Skript aufgerufen werden kann, sollten Sie der Dokumentation entnehmen.

Benötigte Software

Für die Anwendung von Skripten müssen in Ihrem Betriebssystem die entsprechenden »Engines« installiert sein.
Möchten Sie selbst Skripte in den Sprachen VBScript und AppleScript programmieren, benötigen Sie darüber hinaus einen entsprechenden Editor sowie gegebenenfalls einen Debugger, falls Sie Skripte schreiben, die komplexere Bedingungen auswerten.

▲ **Abbildung 21.38**
Beispiele frei verfügbarer Skripte: Generierte tanzende Figuren; Textskripte: Textobjekte zusammenfügen, Flächentext anpassen, Textobjekt umwandeln, buchstabenweises Interpolieren von Schriftgrößen, Erzeugen gemeinsamer Tangenten der Kreisformen, Metaballs, Zufallsverteilung von Farben auf Objekte, Lösen eines Textes vom Pfad, Zuweisen von Symbolen auf Objekte.

Struktur mit Unterverzeichnissen

Strukturieren Sie das Skripten-Menü, indem Sie Ihre Skripte in Unterverzeichnisse sortieren. Die Beschränkung auf vier Unterverzeichnisse für Mac OS ist seit Illustrator CS3 aufgehoben.

21.2.5 Adobe AIR, Patchpanel und SwitchBoard

Seit Version CS4 gibt es eine Steuerungsmöglichkeit der Creative-Suite-Applikationen mit einer Kombination aus Flash, Flex, ActionScript und ExtendScript. Die Bibliotheken Patchpanel bzw.

▲ **Abbildung 21.39**
Icon Adobe AIR

Weitere Informationen

Dokumentationen sind im Entstehen. Den aktuellen Stand der Dinge erfahren Sie unter
- *http://blogs.adobe.com/jnack/ suite_development*
- *http://labs.adobe.com/wiki/ index.php/PatchPanel*
- *http://labs.adobe.com/wiki/ index.php/SwitchBoard*

Skripte

Viele Links zu nützlichen Skripten finden Sie unter
www.vektorgarten.de/tipps-illustrator-scripting.html

SwitchBoard ermöglichen dabei den Flex-Skripten das Ansprechen der Funktionen von u. a. Illustrator.

Da Flex eine JavaScript-ähnliche Syntax besitzt, ist ein Einstieg in diese Art der Programmierung einfacher als das Erstellen von Plug-ins. Dennoch handelt es sich hier um eine mächtige Programmierumgebung, die sogar eine Zwei-Wege-Kommunikation mit mehreren Programmen zulässt. Die wenigen derzeit vorhandenen Beispielanwendungen, Dokumentationen und Tutorials lassen Anwendungsmöglichkeiten sowohl im künstlerisch-kreativen als auch im produktiven Bereich erkennen. Erweiterungen können Sie entweder als Bedienfelder in die Programme integrieren oder mithilfe von Adobe AIR als eigenständige Programme laufen lassen.

Checkliste: Entscheidungsfindung in Sachen Skripte

Der Einsatz von Skripten lohnt nicht immer, und ihre Erstellung kann sehr aufwendig sein. Manche Aufgaben lösen Sie schneller und einfacher auf andere Art.

Einmalige Aufgaben | Ist eine Aufgabe zwar langweilig, aber nur einmalig auszuführen, und ist es außerdem möglich, sie mit Illustrators Funktionen zu erledigen, führen Sie diese einfach aus.

Stapelverarbeitungen | Viele Routine-Aufgaben können Sie mit Aktionen und der Stapelverarbeitung automatisieren. Für diese Fälle müssen Sie ebenfalls nicht skripten.

Daten einlesen | Für das Einlesen von Werten aus Datenbanken ist eigentlich die Variablenfunktion gedacht. Sie ist jedoch umständlich. Daher überlegen Sie den Einsatz der Funktion Datenzusammenführung in InDesign zu diesem Zweck.

Skripte | Skripte sind nötig, wenn sich Aufgaben nicht mit Illustrator-Funktionen automatisieren lassen, wenn neue Objekte erzeugt, Werte (für Transformationen und andere Eingaben) berechnet oder aufgrund von Bedingungen gesetzt werden sollen.

Skripte finden | Im Programmordner finden Sie einige Beispielskripte sowie Skripte für typische Aufgaben, die in Illustrator mit eigenen Mitteln nicht zu lösen sind. Viele weitere Skripte finden Sie im Web, z. B. bei Adobe Exchange.

Skripte selbst schreiben | Hier ist die wichtigste Entscheidung die der verwendeten Sprache. Da JavaScript plattformübergreifend ist, finden Sie in dieser Sprache sowohl die meisten Beispiele als auch die umfangreichere Unterstützung durch Dokumentation, Tutorials und Ratschläge in Online-Foren.

Skripte und Aktionen | Leider ist es nicht möglich, Skripte dauerhaft innerhalb von Aktionen zu speichern. Beim nächsten Programmstart funktionieren die Skriptaufrufe nicht mehr. Es kann bei umfangreichen Stapelverarbeitungen dennoch lohnen, den Skriptaufruf für die Ausführung der Aktion neu aufzunehmen.

21.3 Variablen

Textinhalte, Diagrammdaten, Bildverknüpfungen sowie die Eigenschaft »Sichtbarkeit« lassen sich mit Datentabellen verknüpfen und von diesen steuern.

Illustrator verwendet den Standard XML als Basis für die Variablen-Bibliotheken. So können Sie eine Anbindung an viele Datenbanken realisieren, und die XML-Dokumente lassen sich mit einem beliebigen einfachen Texteditor öffnen und bearbeiten.

21.3.1 Variablen mit dem Bedienfeld verwalten

Um die Variablen zu verwalten und z. B. nachträglich Veränderungen an den Variablen oder ihrer Zuweisung zu den Objekten vorzunehmen, verwenden Sie das Variablen-Bedienfeld. Das Bedienfeld rufen Sie unter FENSTER • VARIABLEN auf.

Variablen anlegen | Sie haben zwei Möglichkeiten, Variablen anzulegen: aus bestehenden Objekten oder ohne Objektbezug.

▶ Variablen aus bestehenden Objekten: Aktivieren Sie ein Objekt, und wählen Sie aus dem Menü des Variablen-Bedienfelds OBJEKT, TEXT, DIAGRAMM oder VERKNÜPFTE DATEI bzw. SICHTBARKEIT DYNAMISCH MACHEN.

▶ Variable ohne Objektbezug: Um eine Variable ohne Objektbezug anzulegen, wählen Sie den Eintrag NEUE VARIABLE aus dem Bedienfeldmenü. Sie können in der Dialogbox VARIABLENOPTIONEN einen Typ angeben oder die Option (KEIN TYP) bestehen lassen. In diesem Fall wird der Typ der Variable durch das erste Objekt bestimmt, mit dem Sie die Variable verknüpfen.
In der Variablen-Liste wird eine unbestimmte Variable durch das Symbol ⊘ gekennzeichnet.

Variable verknüpfen | Um eine bestehende Variable mit einem Objekt zu verknüpfen, aktivieren Sie die Variable in der Liste des Bedienfelds sowie das Objekt auf der Zeichenfläche und wählen OBJEKT, TEXT, DIAGRAMM, VERKNÜPFTE DATEI bzw. SICHTBARKEIT DYNAMISCH MACHEN aus dem Bedienfeldmenü oder klicken auf den entsprechenden Button. Ein Objekt kann mit mehreren Variablen verknüpft sein.

◀ **Abbildung 21.40**
Variablen-Bedienfeld: ❶ Aus den eingerichteten Variablen einen Datensatz erstellen, ❷ Datensatz aus der geladenen Tabelle auswählen, ❸ durch Datensätze navigieren, ❹ Variablen-Typ, ❺ Inhalt

◀ **Abbildung 21.41**
Wenn Sie den Befehl NEUE VARIABLE aus dem Bedienfeldmenü aufrufen, erscheint die Dialogbox VARIABLENOPTIONEN.

◀ **Abbildung 21.42**
Eine »freie« Variable mit einem Objekt verknüpfen

▲ **Abbildung 21.43**
Variablen-Typen (von oben): (KEIN TYP), DIAGRAMM, VERKNÜPFTE DATEI, TEXTSTRING, SICHTBARKEIT

▲ **Abbildung 21.44**
Datensatz auswählen

▲ **Abbildung 21.45**
Illustrator-Datensatz in einer XML-Datei

So können Sie zum Beispiel den Text eines Objekts durch eine Text-Variable und seine Sichtbarkeit durch eine Sichtbarkeits-Variable steuern.

Variablen-Typ ändern | Der Variablen-Typ wird in der Liste der Variablen durch Symbole gekennzeichnet. Möchten Sie den Typ im Nachhinein ändern, doppelklicken Sie auf den Eintrag der betreffenden Variable und wählen einen anderen Typ aus dem Aufklappmenü in der Dialogbox VARIABLENOPTIONEN. Ist ein Objekt mit der Variable verknüpft, wird diese Verbindung gekappt.

Verknüpftes Objekt finden | Wenn Sie viele Objekte in Ihrer Datei haben und nicht mehr wissen, welches Objekt einer bestimmten Variable zugeordnet ist, aktivieren Sie die Variable in der Liste und wählen den Befehl GEBUNDENES OBJEKT AUSWÄHLEN.

Schneller geht es, wenn Sie mit gedrückter ⌥/Alt-Taste auf den Eintrag im Variablen-Bedienfeld klicken.

Alle verknüpften Objekte finden | Möchten Sie dagegen wissen, welche Objekte überhaupt dynamisch gesteuert werden, wählen Sie den Befehl ALLE GEBUNDENEN OBJEKTE AUSWÄHLEN aus dem Bedienfeldmenü.

Variable löschen | Um eine Variable zu löschen, aktivieren Sie ihren Eintrag in der Liste und klicken den LÖSCHEN-Button 🗑 an oder wählen VARIABLE LÖSCHEN aus dem Bedienfeldmenü. War die Variable an ein Objekt gebunden, ist das Objekt anschließend statisch.

Verknüpfung aufheben | Soll ein Objekt nicht mehr dynamisch sein, die Variable aber bestehen bleiben, wählen Sie entweder das Objekt auf der Zeichenfläche oder die Variable aus und rufen den Befehl VARIABLENBINDUNG LÖSEN auf.

21.3.2 Datensatz erfassen

Ein Datensatz ist eine Zusammenstellung aller definierten Variablen und der darin enthaltenen Daten, die den Status der dynamischen Objekte auf der Zeichenfläche zum Zeitpunkt der Erfassung repräsentieren.

Den Datensatz erfassen Sie mit dem gleichnamigen Befehl aus dem Bedienfeldmenü oder durch einen Klick auf den Kamera-Button 📷. Der Datensatz wird im Aufklappmenü des Variablen-Bedienfelds aufgeführt – die Bezeichnung erfolgt automatisch in der Form »DATENSATZ [NUMMER]«.

Datensatz umbenennen | Möchten Sie dem angezeigten Datensatz einen anderen Namen geben, rufen Sie den Befehl Datensatz umbenennen auf.

Datensatz aktualisieren | Auch nach dem Erstellen des Datensatzes können Sie selbstverständlich auf der Zeichenfläche bzw. mit dem Ebenen- oder dem Verknüpfungen-Bedienfeld Änderungen an dynamischen Objekten durchführen. Wenn sich der Zustand dynamischer Objekte auf der Zeichenfläche von dem im Datensatz gespeicherten Status unterscheidet, wird der Name des Datensatzes im Bedienfeld kursiv dargestellt.

Anschließend können Sie den Datensatz aktualisieren, um die Änderungen darin aufzunehmen. Alternativ erstellen Sie einen neuen Datensatz mit dem Befehl Datensatz erfassen. Diese Methode der aufeinanderfolgenden »Momentaufnahmen« können Sie als Alternative zum Editieren der aus den Datensätzen generierten XML-Datei anwenden.

▲ **Abbildung 21.46**
Geänderter Datensatz

Datensatz anzeigen | Soll ein Datensatz auf der Zeichenfläche dargestellt werden, rufen Sie ihn aus dem Menü im Variablen-Bedienfeld auf. Die Textinhalte werden in die Textvariablen eingefügt, die Sichtbarkeit der Elemente wird umgestellt, und die passenden verknüpften Dokumente werden geladen.

Datensatz speichern | Wenn Sie die Datensätze in einer externen Applikation, z. B. einer Datenbank, weiterbearbeiten möchten, müssen Sie eine XML-Datei erstellen. Wählen Sie Variablen-Bibliothek speichern… aus dem Bedienfeldmenü.

Datensätze laden | Um auf der Festplatte gespeicherte XML-Dokumente in die Illustrator-Datei zu laden, wählen Sie Variablen-Bibliothek laden…

Datensatz löschen | Soll ein kompletter Datensatz gelöscht werden, wählen Sie ihn im Datensatz-Aufklappmenü aus und rufen Datensatz löschen aus dem Bedienfeldmenü auf.

21.3.3 Variablen sperren/entsperren
Änderungen an den Variablen können Sie verhindern, indem Sie sie durch einen Klick auf das Schloss-Symbol sperren. Damit können Sie keine Variablen mehr hinzufügen oder löschen, und auch das Bearbeiten des Variablen-Namens oder des Typs ist nicht möglich. Dies ist z. B. dann praktisch, wenn Ihre Kollegen bereits an der Datenbankstruktur zur Erstellung der Variablen-In-

▲ **Abbildung 21.47**
Mit einem Klick auf das Schloss lassen sich die Variablen fixieren.

halte arbeiten, während Sie noch parallel das Layout feinjustieren. Von der Fixierung nicht beeinflusst wird aber die Möglichkeit, dynamische Objekte zu editieren, Datensätze zu bearbeiten sowie Objekte mit Variablen zu verknüpfen.

Möchten Sie die Fixierung wieder lösen, klicken Sie erneut auf das Schloss-Symbol .

21.4 Erweitern

Für Illustrator wird von verschiedenen Herstellern eine ganze Reihe von Plug-ins angeboten. Neben etlichen praktischen Ergänzungen wie der Verbesserung der Pfadbearbeitung oder der Generierung von Mustern gibt es auch Lösungen für Spezialanwendungen, z. B. zusätzliche Funktionen aus dem CAD-Bereich.

▲ **Abbildung 21.48**
Datei-Icon Plug-In

21.4.1 Plug-ins installieren

Viele Filter werden mit einem Installer ausgeliefert. Zeigen Sie diesem den Programm- oder Plug-in-Ordner, erfolgt die Installation aller benötigten Module automatisch.

Bei einer manuellen Installation kopieren oder verschieben Sie die Plug-ins sowie notwendige Setup-Dateien in den Ordner ADOBE ILLUSTRATOR CS5\ZUSATZMODULE\ILLUSTRATOR-FILTER, seltener auch in den Ordner ADOBE ILLUSTRATOR CS5\ZUSATZMODULE\ERWEITERUNGEN. Photoshop-Filter installieren Sie in ADOBE ILLUSTRATOR CS5\ZUSATZMODULE\PHOTOSHOP-FILTER.

Beachten Sie jeweils die Dokumentation des Herstellers.

Wo sind die Filter?
Plug-ins, die als Filter auf Objekte angewendet werden, finden Sie im Untermenü in OBJEKT • FILTER.

21.4.2 Plug-ins programmieren

Plug-ins werden in höheren Programmiersprachen für eine bestimmte Plattform als in sich abgeschlossener Code geschrieben, der von Illustrator aufgerufen wird.

Möchten Sie selbst Zusatzmodule programmieren, um Illustrators Funktionalität zu erweitern, so benötigen Sie Adobes Software Development Kits (SDK), die Sie samt Dokumentation auf der Adobe-Website unter *www.adobe.com/devnet/illustrator/* herunterladen können.

22   Von FreeHand zu Illustrator

Als geübtem FreeHand-Benutzer sollte Ihnen der Umstieg auf Illustrator nicht allzu schwer fallen, arbeiten doch beide Programme mit Bézier-Kurven, verwenden eine ähnliche Terminologie sowie vergleichbare Werkzeuge und Funktionen. Und mit Version CS5 hat Illustrator weitere bereits in ähnlicher Form aus FreeHand bekannte Funktionen erhalten. Dennoch gibt es kleine, aber entscheidende Unterschiede, die den gewohnten Arbeitsablauf anfangs etwas bremsen können. Gerade die ähnlichen Funktionen und Bezeichnungen verleiten dazu, gewohnte Arbeitsweisen direkt zu übertragen.

In den folgenden Abschnitten analysieren wir die konzeptionellen Unterschiede zwischen den Arbeitsweisen beider Programme, damit Sie die Funktionsweisen nachvollziehen können. Lassen Sie sich nicht entmutigen, wenn es am Anfang nicht so klappt wie gedacht und wenn Illustrator Ihnen viel zu umständlich vorkommt. Nutzen Sie gerade diese Momente, um herauszufinden, warum etwas nicht geht und wie Sie stattdessen vorgehen können.

22.1   Illu will meine Farben konvertieren!

FreeHands Farbmanagement ist nicht sehr fortgeschritten, und Sie können sich auch nicht nach und nach an Illustrators strikten Umgang mit Farben gewöhnen, denn das Farbmanagement ist immer aktiv.

22.1.1   Dokumentprofil und Dokumentfarbmodus

Ebenso wie die Dokumente von FreeHand basieren auch die von Illustrator auf allgemeinen Musterdateien – DOKUMENTPROFILE genannt (s. Abschnitt 4.1.1 und 21.1.3). Diese können Farbfelder, Pinsel, Symbole und Grafikstile sowie Mustervorlagen für Diagramme enthalten.

Begriffsvergleich

Am Ende des Kapitels finden Sie eine Tabelle mit äquivalenten Funktionen der beiden Programme.

Abbildungen den Programmen zuordnen

Damit Sie die Screenshots der Programme in diesem Kapitel besser voneinander unterscheiden können, wurden alle FreeHand-Abbildungen unter Windows angefertigt – Illustrator-Abbildungen kommen vom Mac.

Projektbasierte Vorlagen

Anstatt die allgemeinen Musterdateien anzupassen, können Sie auch in Illustrator Vorlagen für verschiedene Projekte speichern und neue Dateien auf diesen basierend anlegen.

▲ **Abbildung 22.1**
Auch im Dokumentfarbmodus CMYK ⊠ lassen sich Farben mit RGB-Werten definieren.

▲ **Abbildung 22.2**
Mit ⌃+Klick bzw. Rechtsklick auf das Lineal rufen Sie ein Menü auf, in dem Sie die Einheit wählen können.

Bedienfeldmenü aufrufen

Mit einem Klick auf den Reiter ▾≡ rechts oben in einem Bedienfeld öffnen Sie dessen Bedienfeldmenü. Diese Menüs enthalten bei etlichen Bedienfeldern wichtige Bearbeitungsfunktionen, so z. B. die Stapelverarbeitung im Aktionen-Bedienfeld. Viele Bedienfelder zeigen nicht automatisch alle Einstellungen. Rufen Sie daher immer den Befehl OPTIONEN EINBLENDEN auf.

Während Sie in einer FreeHand-Datei RGB- und CMYK-Farben nebeneinander anlegen und verwenden können, lässt Illustrator nur einen Farbmodus je Datei zu: RGB oder CMYK. Beim Erstellen eines neuen Dokuments und beim Konvertieren Ihrer FreeHand-Dateien müssen Sie sich entscheiden, in welchem Dokumentfarbmodus Sie arbeiten möchten.

Lassen Sie sich nicht davon verwirren, dass Sie beim Anlegen eines Farbfelds oder Definieren einer Farbe die Wahl haben, dies in den unterschiedlichsten Farbmodellen durchzuführen – die Farben werden sofort in den Dokumentfarbmodus konvertiert.

Den Dokumentfarbmodus können Sie selbstverständlich zu einem späteren Zeitpunkt wechseln. Dabei werden jedoch die Farbdefinitionen entsprechend der eingestellten Farbprofile und der Umwandlungsmethode konvertiert, wie es auch in der Bildbearbeitung bei einem Moduswechsel passiert.

22.1.2 Farbmanagement

Illustrator besitzt umfangreiche Farbmanagement-Optionen unter BEARBEITEN • FARBEINSTELLUNGEN bzw. – wenn Sie die Creative Suite einsetzen – einheitlich für alle zugehörigen Applikationen in Adobe Bridge (s. Abschnitt 8.2.2).

Im Farbmanagement richten Sie wie in Photoshop die Arbeitsfarbräume für RGB und CMYK ein und legen die Richtlinien für die Konvertierung zwischen Farbräumen fest. Bei jedem Öffnen und Platzieren von Dateien vergleicht Illustrator die verwendeten Profile und führt je nach Einstellung gegebenenfalls Transformationen durch. Die numerischen Farbdefinitionen können Sie jedoch bei Transformationen zwischen zwei verschiedenen CYMK-Farbräumen schützen.

Das Farbmanagement ist **aktiviert** und kann Einfluss auf Ihre Arbeit haben, daher sollten Sie unbedingt die für Ihren Bedarf relevanten Voreinstellungen vornehmen.

22.2 Die Arbeitsumgebung einrichten

22.2.1 Bedienfelder gruppieren, verankern und andocken

Die Handhabung von Bedienfeldern gestaltet sich in Illustrator etwas intuitiver als in FreeHand. Illustrators Bedienfelder ziehen Sie einfach aus einer Gruppe heraus und gegebenenfalls in eine neue Gruppe hinein, wenn Sie die Zuordnung ändern möchten. Darüber hinaus lassen sich einzelne Bedienfelder ober- oder unterhalb anderer Bedienfelder »andocken«, indem Sie den Reiter an den oberen oder unteren Rand der anderen Bedienfelder ziehen. Sie können Bedienfelder an der Seite des Monitors oder des Applikationsrahmens »andocken« (s. Abschnitt 1.2.3). Diese Bedienfelder vergrößern sich automatisch, wenn Sie auf das Icon klicken oder wenn Sie ein Objekt auf das Icon ziehen und dort etwas warten.

22.2.2 Hilfslinien

Anders als in FreeHand werden Hilfslinien in Illustrator jeweils der Ebene zugeordnet, auf der Sie arbeiten, während Sie die Hilfslinie erstellen. Hilfslinien können entweder auf eine Zeichenfläche begrenzt sein oder über die gesamte Montagefläche reichen. Es ist auch möglich, eine Hilfslinie komplett außerhalb einer Zeichenfläche anzulegen.

Wie in DTP-Programmen üblich, ziehen Sie Hilfslinien aus den Seitenlinealen. Drücken Sie dabei ⇧, rastet die Hilfslinie an den Linealeinheiten ein. Um eine Hilfslinie genau zu positionieren, wählen Sie sie per Mausklick aus und geben die gewünschten Koordinaten im Transformieren- oder Steuerungsbedienfeld ein. In Illustrator gibt es keinen Hilfslinien-Editor, in dem Sie an einer Stelle auf die Positionen aller Hilfslinien zugreifen können.

Eine Hilfslinie für eine Zeichenfläche legen Sie im »Zeichenflächenmodus« an (s. Abschnitt 4.5.3). Die Hilfslinie passt sich leider nicht an, wenn Sie die Größe einer Zeichenfläche später ändern.

Wenn Sie ANSICHT • INTELLIGENTE HILFSLINIEN aktivieren, funktionieren alle Objekte als Hilfslinien. Andere Objekte und Punkte können dann daran einrasten.

22.2.3 Die Werte sind ungenau

Aus FreeHand sind Sie eine Genauigkeit von vier Stellen hinter dem Komma gewöhnt. Anfangs sind Sie eventuell verunsichert, wenn Sie einen genauen Wert eingeben, diesen aber anschließend nicht im Eingabefeld wiederfinden. Für die Anzeige der Werte rundet Illustrator auf drei Stellen, führt aber eine eingegebene Positionierung oder Größenangabe dennoch genauer aus.

Für weitere Berechnungen zu einem späteren Zeitpunkt werden allerdings die dreistelligen Angaben aus den Dialogfeldern verwendet.

Je nach Ihren Voreinstellungen werden bei Größenangaben im Steuerungs- oder Transformieren-Bedienfeld auch Konturstärken hinzugerechnet. Deaktivieren Sie die Option VORSCHAUBEGRENZUNGEN VERWENDEN in den Voreinstellungen, wenn Sie nur die Objektmaße sehen wollen.

Maßstab ändern

Einen eigenen Maßstab können Sie für die Hilfslinien und das Dokumentraster nicht definieren. Wenn Sie z.B. für Messebau oder Beschilderung in größeren Dimensionen arbeiten, als Illustrator verwalten kann, müssen Sie die maßstabsgetreuen Umrechnungen selbst vornehmen, oder Sie nutzen ein Plug-in wie CADtools.

▲ **Abbildung 22.3**
Intelligente Hilfslinien sind sehr »gesprächig«.

Ungenaue Messbeschriftungen

Die Messbeschriftungen der magnetischen Hilfslinien (z.B. beim Aufziehen von Formen mit dem Rechteck- oder Ellipse-Werkzeug) sind dagegen tatsächlich ungenau.

▲ **Abbildung 22.4**
Datei-Icons: Aktion, JavaScript, AppleScript

▲ **Abbildung 22.5**
Optionen für das Speichern der Zwischenablage

> **Zwischen Illustrator und Free-Hand kopieren**
>
> Auch mit FreeHand können Sie über die Zwischenablage Objekte austauschen. Um Elemente aus Illustrator in FreeHand einzufügen, wählen Sie in FreeHand BEARBEITEN • SPEZIELL • INHALTE EINFÜGEN und die Option EPS. Umgekehrt müssen Sie eventuell ebenfalls »speziell kopieren«.

> **Lineal-Nullpunkt**
>
> Der Lineal-Nullpunkt ist in Illustrator z. B. für die Ausrichtung von Musterfüllungen maßgebend. Um den Nullpunkt zurückzusetzen, doppelklicken Sie in den Ursprung der Lineale links oben im Dokumentfenster.

22.2.4 Arbeit sparen durch Automatisierung

In Illustrator können Sie wie in Photoshop Aktionen erstellen. Darüber hinaus ist Illustrator skriptfähig: unter Windows mit VBScript, am Mac mit AppleScript und für beide Plattformen mit JavaScript (s. Abschnitt 21.2.4).

22.2.5 Kooperation mit anderen Applikationen

Das Übertragen von Vektorelementen in andere Applikationen über die Zwischenablage ist innerhalb der Creative Suite problemlos möglich. Sie müssen lediglich darauf achten, in den Voreinstellungen von Illustrator unter DATEIEN VERARBEITEN UND ZWISCHENABLAGE das für den jeweiligen Zweck passende Format PDF oder AICB (Adobe Illustrator Clipboard) zu aktivieren (achten Sie dazu auf die entsprechenden Hinweise in diesem Handbuch).

In Photoshop können Sie Vektorobjekte entweder als Pfad, als Form-Ebene oder (ab CS2) als Smart-Objekt verarbeiten.

22.3 Objekte, Gruppen, Ebenen, Seiten und Dokumente

In Illustrator zeigt sich die objektorientierte Arbeitsweise von Vektorsoftware deutlicher als in FreeHand.

22.3.1 Seiten (Zeichenflächen) und der Lineal-Nullpunkt

Auch in Illustrator können Sie mehrere Seiten – Zeichenflächen – anlegen (s. Abschnitt 4.3) und in Version CS5 auch besser verwalten als bisher (s. Abschnitt 4.3.2). Im Gegensatz zu FreeHand können sich Illustrators Zeichenflächen überlappen. Daneben kann jedoch auch der Einsatz von Ebenen sinnvoll sein, um mehrseitige Dokumente oder mehrere Entwürfe in einer Datei zu realisieren.

Illustrators Zeichenflächen können entweder jeweils eigene Lineale besitzen oder sich ein Dokumentkoordinatensystem teilen.

Der Lineal-Nullpunkt ist in Illustrator links oben, und auch das Koordinatensystem wurde mit dieser Version aus dem ersten Quadranten in den vierten verlegt, so dass Sie Objekte durch die Eingabe positiver Werte nach unten verschieben (s. Abschnitt 4.4.1).

Einen Unterschied könnten Sie aber übersehen, wenn Sie die Größe einer Zeichenfläche per Breiten- und Höheneingabe ändern. Während FreeHand die linke untere Ecke der Seite als

Ausgangspunkt für die Größenänderung verwendet (womit der Nullpunkt konstant bleibt), können Sie den Ursprung der Größenänderung in Illustrator selbst bestimmen, standardmäßig führt Illustrator die Änderung aus der Mitte des Formats durch. Bei der Größenänderung einer Zeichenfläche kann sich daher der Nullpunkt verschieben, je nachdem wie Sie vorgehen.

Im Zeichenflächen-Bedienfeld können Sie die Reihenfolge oder die Namen der Zeichenflächen (und damit ihre Nummerierung) ändern. Mit dem Zeichenflächen-Werkzeug verschieben Sie die Zeichenflächen direkt im Dokument.

> **Und wie kann ich Musterseiten anlegen?**
>
> Das Konzept von Musterseiten ist in Illustrators Zeichenflächen – zumindest derzeit – nicht vorgesehen. Sie können etwas Vergleichbares erreichen, indem Sie alle Elemente, die wiederkehrend an derselben Stelle auf mehreren Zeichenflächen erscheinen sollen, in einem Symbol zusammenfassen (Symbole s. Abschnitt 16.2). Instanzen dieses Symbols platzieren Sie dann auf allen entsprechenden Zeichenflächen. Nicht möglich ist jedoch das automatische Generieren von Seitenzahlen.

> **Zurück in den 1. Quadranten**
>
> Mit einem kleinen Hack in der Datei ADOBE ILLUSTRATOR PREFS können Sie wie in FreeHand arbeiten. Dazu ändern Sie folgende Zeilen mit einem Texteditor (wie TextEdit oder Notepad):
> /isRulerOriginTopLeft 1
> in
> /isRulerOriginTopLeft 0
> und:
> /isRulerIn4thQuad 1
> in
> /isRulerIn4thQuad 0

22.3.2 Zeichenflächen verschieben und löschen

Anders als in FreeHand bewegen sich Objekte nicht automatisch mit, wenn Sie eine Zeichenfläche verschieben. Aktivieren Sie die Option BILDMATERIAL MIT ZEICHENFLÄCHE VERSCHIEBEN im Steuerungsbedienfeld, wenn Sie beides verschieben möchten. Beim Löschen von Zeichenflächen bleiben die Objekte jedoch immer erhalten. Mit dem Zeichenflächen-Werkzeug können Sie nur jeweils eine Zeichenfläche aktivieren.

22.3.3 Mit Zeichenflächen arbeiten

Um effizienter mit mehreren Zeichenflächen zu arbeiten, kann es sinnvoll sein, für jede Zeichenfläche eine eigene Ebene anzulegen, der Sie alle Objekte zuordnen, die auf dieser Seite liegen. Die Objekte lassen sich so einfacher auswählen, fixieren oder ausblenden, und Sie erleben weniger Überraschungen, wenn Sie fortgeschritten mit Aussehen-Eigenschaften arbeiten.

> **Zeichenflächen in der Dokumenthierarchie**
>
> In einem Illustrator-Dokument können alle Bestandteile klar durchstrukturiert werden, von einem einzelnen Objekt über die Gruppe bis zur Ebene, der es zugeordnet ist. Die Zeichenflächen sind in dieser Hierarchie jedoch nicht eindeutig eingeordnet. Während ein Objekt nur zu einer Ebene gehört, kann es durchaus innerhalb mehrerer Zeichenflächen liegen. Genauso reichen Ebenen über alle Zeichenflächen.

22.3.4 Wo kommen all die Ebenen her?

In Illustrator lassen sich wie in FreeHand Ebenen zur Organisation Ihrer Objekte einsetzen (s. Abschnitt 11.1). Illustrator kennt aber keine Aufteilung in Vorder- und Hintergrundebenen und hat keine spezifische Hilfslinienebene. Außerdem bietet es umfangreiche Verschachtelungsmöglichkeiten mithilfe von Unterebenen.

Das Ebenen-Bedienfeld listet nicht nur die Ebenen auf, sondern hier haben Sie Zugriff auf alle in Ihrer Datei enthaltenen Objekte und können diese auswählen, ihre Zuordnung zu den Ebenen neu organisieren und ihre besonderen Aussehen-Eigenschaften verschieben oder kopieren. Die Reihenfolge im Bedienfeld entspricht der Stapelreihenfolge der Elemente und der Hierarchie, die sich z. B. durch Gruppierungen ergibt.

▲ **Abbildung 22.6**
Im Ebenen-Bedienfeld werden alle Objekte des Dokuments angezeigt. Der automatisch vergebene Name kennzeichnet die Objekt-Art, Einträge können jedoch umbenannt werden.

▲ **Abbildung 22.8**
Mit dieser Option in den Bedienfeldoptionen des Ebenen-Bedienfelds werden Inhalte der Ebenen ausgeblendet.

▲ **Abbildung 22.9**
Auf Vorlagenebenen platzierte Pixelbilder werden abgeblendet.

▲ **Abbildung 22.7**
Aktiviertes Objekt (links), Verschieben von aktivierten Objekten auf eine andere Ebene (rechts)

Das Ebenen-Bedienfeld ist in Illustrator nicht nur ein Hilfsmittel zur besseren Organisation der Objekte, sondern ein wichtiges Werkzeug für die Analyse einer Datei.

▶ **Hintergrundebene**: Möchten Sie erreichen, dass sich eine Ebene wie die Hintergrundebene in FreeHand verhält, z. B. um Objekte nachzuzeichnen, wandeln Sie diese Ebene in der Dialogbox EBENENOPTIONEN in eine Vorlagenebene um oder blenden auf der Ebene platzierte Bilder ab.
Dabei werden jedoch nur Pixelbilder abgeblendet. Vektorelemente können Sie nur über deren Eigenschaften, z. B. eine reduzierte Deckkraft oder eine hellere Farbe, abblenden.

▶ **Pfadansicht**: Um den Bildschirmaufbau zu beschleunigen oder die Übersicht zu verbessern, können Sie den Darstellungsmodus PFADANSICHT für einzelne Ebenen wählen.

▶ **Hilfslinien**: Hilfslinien lassen sich auf jeder beliebigen Ebene anlegen und im Nachhinein auf jede andere Ebene verschieben.

22.4 Auswählen

Der Umgang mit Illustrators Auswahl-Werkzeugen wird Ihnen wahrscheinlich gewöhnungsbedürftig vorkommen – warum so kompliziert? In FreeHand kommen Sie mit einem Auswahl-Werkzeug überall hin, in Illustrator haben Sie am Anfang wahrscheinlich das Gefühl, dass die drei vorhandenen nicht ausreichen.

22.4.1 Wozu braucht man drei Auswahl-Werkzeuge?

Das Geheimnis liegt in einer anderen Umsetzung des Auswahlprozesses. In FreeHand führen Sie eine Auswahl »von außen nach innen« aus. Sie klicken erst das Objekt an, dann den gewünschten Punkt. Und wenn Sie aus dem aktivierten Punkt eine Grifflinie anlegen möchten, müssen Sie dann zusätzlich ⌥/Alt drücken, um sie mit einem weiteren Klicken erzeugen zu können.

Illustrator geht den anderen Weg und setzt auf unterschiedliche Werkzeuge anstatt auf aufeinanderfolgende Mausklicks. Um einen Punkt auszuwählen, nehmen Sie das Direktauswahl-Werkzeug und klicken auf den Punkt – sehr hilfreich ist dabei die deutliche Punkt-Hervorhebung. Möchten Sie die Grifflinien aus einem Punkt ziehen, verwenden Sie das Ankerpunkt-konvertieren-Werkzeug und klicken und ziehen die Griffe direkt aus dem Punkt (s. Abschnitt 6.4.6).

Möchten Sie sozusagen den Rückweg antreten, also eine Auswahl vom Teil zum übergeordneten Ganzen ausführen, dann verwenden Sie dafür das Gruppenauswahl-Werkzeug. Klicken Sie mit diesem Werkzeug mehrfach hintereinander auf ein Objekt, wird jeweils die nächste Hierarchiestufe ausgewählt: vom Ankerpunkt zum Objekt zur übergeordneten Gruppe und so weiter.

Mit dem Auswahl-Werkzeug können Sie nur »das Ganze« auswählen wie einen Pfad oder eine Gruppe.

An diesen Beispielen sehen Sie, dass Auswahlen in Illustrator gar nicht komplizierter sind. Sie benötigen sogar weniger Mausklicks, der Unterschied besteht nur in der Arbeitsweise. Alles, was Sie jetzt noch benötigen, ist ein Workflow, durch den Sie zwischen den Werkzeugen einfach und ohne Umweg über das Werkzeugbedienfeld umschalten können.

Auswahl-Werkzeuge mit Tastatur-Shortcuts wechseln | In Illustrator wechseln Sie von jedem Auswahl-Werkzeug mit ⌘/Strg zum vorher benutzten Auswahl-Werkzeug. Ist das Direktauswahl- oder das Gruppenauswahl-Werkzeug aktiv, drücken Sie ⌥/Alt, um das jeweils andere Auswahl-Werkzeug zu erhalten.

▲ **Abbildung 22.10**
Ankerpunkte werden hervorgehoben, wenn das Direktauswahl-Werkzeug darüber liegt – selbst dann, wenn die Objekte nicht aktiviert sind.

▲ **Abbildung 22.11**
Voreinstellungen für Auswahlen

▲ **Abbildung 22.12**
Um Objekte zu teilen, aktivieren Sie einen Punkt und schneiden diesen mitsamt den angrenzenden Pfadsegmenten aus.

Werkzeugwechsel vermeiden

Viele Illustrator-Anwender verwenden hauptsächlich das Direktauswahl-Werkzeug und rufen die anderen Auswahl-Werkzeuge, falls nötig, nur temporär mit Modifikationstasten auf.

▲ **Abbildung 22.13**
Der Cursor zeigt an, wenn Sie ein Objekt aktivieren können. Per Voreinstellung wird ein Objekt durch einen Klick in seine Füllung ausgewählt. Mit der Option OBJEKTAUSWAHL NUR DURCH PFAD erfolgt die Aktivierung nur bei einem Klick auf den Pfad. Diese Einstellung kann bei komplexen Dokumenten sinnvoll sein.

▲ **Abbildung 22.14**
Kontextmenü-Liebhaber kommen in Illustrator auf ihre Kosten.

▲ **Abbildung 22.15**
Ist eine Gruppe ausgewählt, werden alle Pfade hervorgehoben.

Ist das Auswahl-Werkzeug aktiv, drücken Sie zu diesem Zweck ⌘/Strg+Alt (s. Tabelle auf S. 126).

22.4.2 Ausgewählte Punkte

Wenn Sie einen Ankerpunkt auswählen, sind immer die beiden angrenzenden Pfadsegmente mitselektiert. Wenn Sie den Punkt löschen möchten, verwenden Sie daher nicht die Löschtaste, sondern entweder das Ankerpunkt-löschen-Werkzeug oder den Button AUSGEWÄHLTE ANKERPUNKTE ENTFERNEN im Steuerungsbedienfeld.

22.4.3 Auswahlrechteck

Ziehen Sie in Illustrator ein Auswahlrechteck mit einem Auswahl-Werkzeug auf, ist es nicht nötig, das Objekt wie in FreeHand komplett zu umschließen, um es zu aktivieren. Alle Objekte, die auch nur teilweise unter der Fläche des Auswahlrechtecks liegen, werden aktiviert.

Dieses Verhalten kann jedoch manchmal ungünstig sein. Denken Sie dann an die Möglichkeit, Objekte zu fixieren, oder probieren Sie die Auswahl mithilfe des Ebenen-Bedienfelds oder mit dem Lasso-Werkzeug.

22.4.4 Darunterliegende Objekte auswählen und das Kontextmenü

Um Objekte hinter anderen auszuwählen, halten Sie ⌘/Strg gedrückt und klicken auf das vordere Objekt. Durch weitere Klicks mit der gedrückten Taste aktivieren Sie die darunterliegenden Objekte. Eine weitere Möglichkeit haben Sie mit dem Kontextmenü. Das rufen Sie (unter Windows) mit der rechten Maustaste oder (am Mac) mit ctrl+Klick auf – dabei muss das Auswahl-Werkzeug aktiv sein. Wählen Sie den Befehl AUSWAHL • NÄCHSTES OBJEKT DARUNTER aus dem Kontextmenü aus. Um die ausgewählten Objekte zu bearbeiten, können Sie leider nicht einfach auf Stellen klicken, die von anderen Objekten verdeckt sind.

22.4.5 Nach Objekteigenschaften suchen

In Illustrator bezieht sich SUCHEN UND ERSETZEN nur auf Text. Für die Auswahl von Objekten auf der Basis ihrer Eigenschaften steht Ihnen das Zauberstab-Werkzeug zur Verfügung. Die zu suchenden Eigenschaften sowie die Auswahl-Toleranz bestimmen Sie im Zauberstab-Bedienfeld. Ähnliche Möglichkeiten bietet das Menü AUSWAHL • GLEICH.

22.4.6 Bildschirmdarstellung der Auswahl

Anders als in FreeHand erfolgt die Anzeige eines ausgewählten Objekts durch die Hervorhebung aller zugehörigen Vektorpfade und deren Punkte. Diese Darstellung sehen Sie auch bei gruppierten Objekten. Zusätzlich zeigt Illustrator normalerweise den Begrenzungsrahmen, der die Außengrenzen des Objekts umschließt (s. Hinweis auf S. 85).

Die Darstellung ausgewählter Punkte erfolgt genau umgekehrt zur gewohnten FreeHand-Umgebung: In Illustrator sind die nicht aktivierten Punkte »hohl«, der oder die ausgewählten Punkte ausgefüllt. Haben Sie einen Ankerpunkt innerhalb einer umfangreichen Gruppe mit dem Direktauswahl-Werkzeug aktiviert, erkennen Sie an der Darstellung auf der Zeichenfläche nicht, ob das Objekt, zu dem der Punkt gehört, Teil einer größeren Gruppe ist – dies erkennen Sie nur im Ebenen-Bedienfeld.

Auswahl-Hervorhebungen lassen sich – auch versehentlich – im Menü Ansicht deaktivieren. Falls Sie die Anzeige eines aktivierten Objekts vermissen, wählen Sie Ecken einblenden bzw. Begrenzungsrahmen einblenden im Menü Ansicht.

Für Fortgeschrittene: Auswahl aller Punkte eines Pfads

Es ist in Illustrator nicht möglich, alle Punkte eines Pfads auszuwählen. Die Auswahl von allen einzelnen Punkten setzt Illustrator automatisch mit der Auswahl des Objekts gleich. Dasselbe trifft auf die Auswahl aller Bestandteile einer Gruppe zu (s. Kasten auf S. 86).

▲ **Abbildung 22.16**
Auswahl eines Ankerpunkts in Illustrator (links) und FreeHand (rechts)

22.4.7 Gruppen bequemer bearbeiten

Die Auswahl und Bearbeitung einzelner Objekte in komplexen Objekthierarchien kann schwierig sein. Mit der Funktion Isolierte Gruppe haben Sie die Möglichkeit, einzelne Teile einer Gruppe direkt auf der Zeichenfläche so zu bearbeiten, als wären sie nicht gruppiert. Neben Gruppen können Sie auch interaktive Malgruppen, Schnittsätze, zusammengesetzte Formen, Symbole und Angleichungen bis hin zu einzelnen Pfaden im Isolationsmodus bearbeiten. Besonders bei tief verschachtelten Objekten oder Gruppen mit eigenen Effekten ist dies eine effiziente Bearbeitungsmethode (s. Abschnitt 11.4).

▲ **Abbildung 22.17**
Ist nur ein Pfad ausgewählt, wird die Gruppe auf der Zeichenfläche nicht mit hervorgehoben.

22.5 Konstruieren und zeichnen

In den letzten Jahren erhielt Illustrator immer mehr Funktionen, die deutlich durch FreeHand-Pendants inspiriert sind. Dies ändert jedoch nichts daran, dass sich Illustrator vor allem beim Zeichnen von Pfaden ganz anders »anfühlt« als FreeHand.

22.5.1 Wie kann man Formen nachträglich editieren?

Der bedeutendste Unterschied zwischen FreeHand- und Illustrator-Formen ist, dass eine in Illustrator erzeugte Form sofort nach dem Erstellen ein ganz normaler Vektorpfad ist. Sie können

▲ **Abbildung 22.18**
Diese Gruppe mit eigenem Aussehen kann man nicht einfach lösen.

▲ **Abbildung 22.19**
Skalieren eines abgerundeten Rechtecks

▲ **Abbildung 22.20**
Der Effekt ECKEN ABRUNDEN

Umdenken beim Zeichenstift

Gewöhnen Sie sich in Illustrator eine andere Vorgehensweise an als in FreeHand, dann kommen Sie mit zwei der Werkzeuge aus (s. Seite 120 und die Übungsdateien auf der DVD).

▲ **Abbildung 22.21**
Cursorsymbole des Zeichenstifts: neuen Pfad erstellen, Punkt setzen, Punkt in einem Pfadsegment hinzufügen, Punkt löschen, Pfad schließen, einen Pfad weiterführen, an einen Pfad anschließen, Punkt konvertieren

▲ **Abbildung 22.22**
Diese beiden Buttons sehen zwar aus wie FreeHands Grifflinien-Buttons, kehren aber die Richtung zusammengesetzter Pfade um.

einzelne Punkte direkt mit den Zeichenstift-Werkzeugen bearbeiten. Dadurch haben die Formen gegenüber den vergleichbaren Objekten in FreeHand weniger Flexibilität – ihre spezifischen Eigenschaften (wie etwa der Abstand zwischen Außen- und Innenradius eines Sterns) lassen sich nachträglich nicht mehr einfach verändern. Beim »Aufziehen« einer Form können Sie Optionen durch Tastatur-Shortcuts steuern. Eine Übersicht finden Sie in Kapitel 5, Seiten 76 und 78.

Für das abgerundete Rechteck ergibt sich durch dieses Verhalten ein Schönheitsfehler, sobald Sie es transformieren: Der Eckenradius wird verändert. Erzeugen Sie die abgerundeten Ecken statt mit dem spezifischen Werkzeug durch EFFEKT • STILISIERUNGSFILTER • ECKEN ABRUNDEN, verhält sich diese Form wie ein abgerundetes Rechteck in FreeHand. Dazu muss die Voreinstellung KONTUREN UND EFFEKTE SKALIEREN deaktiviert sein.

22.5.2 Pfade zeichnen – geht das nicht einfacher?

Illustrator kennt nur zwei Arten von Punkten: Eckpunkte und Kurvenpunkte, »Übergangspunkte« genannt. Wie in FreeHand setzen Sie Eckpunkte mit einem einfachen Klick, Kurvenpunkte durch Klicken und Ziehen.

Das Zeichnen und Bearbeiten von Pfaden und Ankerpunkten in Illustrator ist an einigen Stellen anders und weniger komfortabel als in FreeHand. Dies zeigt sich auch in der Vielzahl der Werkzeuge, die für die Arbeit zur Verfügung stehen. Während FreeHand mit dem Stiftwerkzeug und dem Teilauswahl-Werkzeug auskommt, gibt es in Illustrator insgesamt fünf Werkzeuge zum Erzeugen und Bearbeiten von Pfaden. Um sich in der Werkzeugvielfalt besser zurechtzufinden, gewöhnen Sie sich an, besonders auf den Werkzeug-Cursor zu achten: Er zeigt Ihnen jeweils an, welche Operation Sie an einem Pfad ausführen.

22.5.3 Von Eck- in Kurvenpunkte (und zurück)

Beim Umwandeln eines Eckpunkts mit dem Ankerpunkt-konvertieren-Werkzeug erzeugen Sie immer zwei neue Grifflinien. Das ist dann ärgerlich, wenn die Position oder Länge einer bereits bestehenden Grifflinie erhalten bleiben soll. Aktivieren Sie die intelligenten Hilfslinien, dann lässt sich der Cursor an einem Griff einrasten. So können Sie z. B. die Position des Griffs mit Hilfslinien markieren. Möchten Sie sich die Hilfslinien sparen, dann müssen Sie einen kleinen Umweg machen (s. Abschnitt 6.4.6).

Auch aus FreeHand abgeschaut ist die Möglichkeit, einen Ankerpunkt mithilfe eines Buttons von einem Eck- in einen Kurvenpunkt (und umgekehrt) zu konvertieren. Für das Erzeugen und Entfernen von Grifflinien wurden ebenfalls Buttons hinzugefügt. Alle diese Funktionen stehen im Steuerungsbedienfeld zur Verfügung, sobald Sie mit dem Direktauswahl-Werkzeug ein Pfadsegment oder einen Ankerpunkt aktiviert haben.

Neuen Pfad erzwingen

Möchten Sie nicht an einem bestehenden Endpunkt ansetzen, sondern einen neuen Pfad beginnen, müssen Sie Illustrator austricksen: Setzen Sie den Punkt zunächst in eine sichere Entfernung, halten Sie die Maustaste gedrückt, und drücken Sie die Leertaste. Dann erst ziehen Sie den Punkt an die gewünschte Position.

▲ **Abbildung 22.23**
Funktionen zum Umwandeln und Löschen von Ankerpunkten

22.5.4 Pfade verbinden und weiterführen

Wenn Sie einen offenen Pfad weiterführen möchten, müssen Sie zunächst mit dem Zeichenstift auf einen der Endpunkte des Pfads klicken. Falls der Pfad nicht aktiviert war, ist er danach auch ausgewählt. Umgekehrt bedeutet dies, dass Illustrator an jeden Endpunkt anschließt, dem Sie beim Klicken zu nahe kommen, auch wenn Sie das nicht wollen. Sie können das umgehen, indem Sie den Punkt an eine »freie« Stelle setzen, die Maustaste nicht loslassen, die Leertaste drücken und den Punkt verschieben.

22.5.5 Pfadsegmente interaktiv verformen

In Illustrator werden Pfadsegmente beim Anklicken mit dem Direktauswahl-Werkzeug aktiviert. Sie können ein Pfadsegment jedoch nur dann durch Ziehen mit dem Werkzeug verformen, wenn mindestens eine der benachbarten Grifflinien herausgezogen ist. Das Verformen ist außerdem nicht völlig frei: Sie ändern nur die Länge der Grifflinien – nicht deren Winkel zum Pfad.

▲ **Abbildung 22.24**
Verformen eines Pfadsegments

22.5.6 Pfade zerschneiden

Das Werkzeug, dessen Symbol FreeHands Schneide-Werkzeug am ähnlichsten sieht, hat nichts mit der Pfad-Bearbeitung zu tun. Es handelt sich hier um das Slice-Werkzeug, das den Export von Web-Grafiken vorbereitet. Die Werkzeuge zum Auftrennen von Pfaden sind die Schere, das Messer, das Radiergummi, der Button PFAD AUSSCHNEIDEN im Steuerungsbedienfeld oder die Funktion OBJEKT • PFAD • DARUNTERLIEGENDE OBJEKTE AUFTEILEN.

22.5.7 Wie kann ich denn in Illustrator »Pfade verbinden«?

»Pfade verbinden« – ⌘/Strg+J – ist in FreeHand eine Art Schweizer Messer, mit dem Pfade geschlossen, mehrere offene Pfade zu einem verbunden und nicht zuletzt zusammengesetzte

▲ **Abbildung 22.25**
Illustrators Radiergummi hat eine kalligrafische Werkzeugspitze.

▲ **Abbildung 22.26**
Füllen von offenen Pfaden

▲ **Abbildung 22.27**
Zusammengesetzte Pfade: Originalobjekte (grau), FreeHand (türkis), Illustrator (orange)

▲ **Abbildung 22.28**
Pinselkonturen und Texte werden in Pfadrichtung angebracht.

Pfade erstellt werden. Diese Funktionen finden Sie in Illustrator nicht nur an anderen Orten, sie wirken auch anders.

Pfade schließen | In FreeHand müssen Sie eine Voreinstellung ändern, wenn Sie auch offene Pfade mit einer Füllung versehen möchten. In Illustrator ist das Füllen offener Pfade ohne Umweg möglich – die Fläche wird geschlossen, indem Illustrator die kürzeste gerade Verbindung zwischen den beiden Endpunkten herstellt (siehe Abbildung 22.26).

Eine Kontur wird jedoch nur entlang des tatsächlich vorhandenen Pfads erzeugt. Möchten Sie einen Illustrator-Pfad schließen, aktivieren Sie ihn mit dem Auswahl-Werkzeug und wählen OBJEKT • PFAD • ZUSAMMENFÜGEN – ⌘/Strg+J.

Zusammengesetzte Pfade (z. B. Löcher) | Während Sie in FreeHand entweder nur offene oder nur geschlossene Pfade zu einem zusammengesetzten Pfad kombinieren können, lassen sich offene und geschlossene Pfade in einem zusammengesetzten Pfad in Illustrator auch mischen: OBJEKT • ZUSAMMENGESETZTER PFAD • ERSTELLEN – ⌘/Strg+8.

Einzelpfade verbinden | Möchten Sie zwei oder mehr offene Pfade miteinander verbinden, aktivieren Sie die Pfade und wenden den Befehl OBJEKT • PFAD • ZUSAMMENFÜGEN an.

22.5.8 Wie kehre ich die Pfadrichtung um?

Sowohl in FreeHand als auch in Illustrator ist die Pfadrichtung (das ist normalerweise die Richtung, in der eine Vektorkurve gezeichnet wurde) verantwortlich für das Verhalten von Pfadtext, Pinselkonturen, Pfeilspitzen und zusammengesetzten Pfaden.

In FreeHand ändern Sie beispielsweise den Verlauf eines Pfadtexts, indem Sie die Pfadrichtung mit dem entsprechenden Menübefehl umkehren.

Einen solchen Befehl können Sie in Illustrator nur über ein Skript aufrufen, denn Illustrator geht andere Wege: Die Richtung von Pinselkonturen und Pfadtexten lässt sich mit den Optionen im Pinsel-Bedienfeld bzw. den Pfadtextoptionen steuern. »Löcher« in zusammengesetzten Pfaden werden mit einer passenden Füllregel erzeugt (s. Abschnitt 10.1.2), und in diesem Zusammenhang steuern Sie die Pfadrichtung mit den Optionen ⇄ im Attribute-Bedienfeld.

Möchten Sie aufgrund gewohnter Arbeitsweisen trotzdem das Verhalten von Pfadtexten oder Pinselstrichen mithilfe der Pfadrichtung beeinflussen, verwenden Sie bei offenen Pfaden das

Zeichenstift-Werkzeug: Klicken Sie mit diesem Werkzeug einfach auf den Endpunkt, in dessen Richtung der Pfad verlaufen soll.

22.5.9 Sprühdose und Symbole

Illustrator kombiniert die Eigenschaften von Sprühdose (»Graphic Hose«) und Symbolen zu sehr vielseitig einsetzbaren Vektor-Objekten. Einerseits vereinfachen Symbole die Illustrationsarbeit, andererseits helfen sie dabei, Objekte zu verwalten, die Dateigröße gering zu halten und Ihre Datei für die Weiterverwendung in Flash vorzubereiten (s. Abschnitt 20.4.2).

Instanzen von Symbolen lassen sich nicht nur einzeln auf der Zeichenfläche platzieren, mehrere Symbole können Sie auch zu Symbolsätzen kombinieren. Zu diesem Zweck verwenden Sie die Sprühdose und die Symbol-Werkzeuge.

▲ **Abbildung 22.29**
Instanzen verschiedener Symbole, in einem Symbolsatz kombiniert

▲ **Abbildung 22.30**
Einrichten der 9-Slice-Skalierung für einen Flash-Button

22.5.10 Automatisch vektorisieren

Illustrators Autotrace-Funktion nennt sich INTERAKTIV NACHZEICHNEN (früher: INTERAKTIV ABPAUSEN). In dieser Funktion haben Sie eine Vielzahl von Einstellungsoptionen zur Verfügung, um die Vektorisierung zu steuern. Aktivieren Sie die Rastergrafik, die Sie nachzeichnen lassen wollen, und wählen Sie OBJEKT • INTERAKTIV NACHZEICHNEN • NACHZEICHNEROPTIONEN aus dem Menü, und stellen Sie zunächst die Optionen ein.

Der Namensbestandteil »Interaktiv« deutet es bereits an: Solange Sie das Abpausobjekt nicht umwandeln lassen, können Sie es jederzeit aktivieren und die Optionen editieren.

▲ **Abbildung 22.31**
Oben: Rastergrafik; unten: Autotrace mit Nachbearbeitung (Textsatz)

22.6 Objekte bearbeiten

22.6.1 Objekte drehen, spiegeln, skalieren, verbiegen

Die Arbeit mit den Transformations-Werkzeugen erfolgt in Illustrator in zwei Schritten: In einem ersten Schritt bestimmen Sie durch einen Mausklick den Mittelpunkt der Transformation, z. B. den Punkt, um den eine Drehung erfolgt. Erst im zweiten Schritt transformieren Sie das Objekt durch Klicken und Ziehen. Je weiter entfernt vom Referenzpunkt Sie dabei klicken, desto feiner können Sie die Umformung vornehmen.

Möchten Sie eine Transformation numerisch eingeben, wählen Sie das entsprechende Werkzeug, drücken ⌥/Alt und klicken auf den gewünschten Mittelpunkt. Daraufhin öffnet sich die Dialogbox für die Eingabe der Werte – jedes Werkzeug hat seine eigene Dialogbox.

▲ **Abbildung 22.32**
Beim EINZELN TRANSFORMIEREN (orange) wird jedes Objekt um seinen eigenen Mittelpunkt gedreht anstatt alle um ein gemeinsames Zentrum (violett). Auch eine Zufallsoption ist möglich (grün).

▲ **Abbildung 22.33**
In Illustrator hat jedes Transformieren-Werkzeug eine eigene Dialogbox.

Objekte zerstören sich selbst

Wenn Objekte mit jeder Transformation ihre Geometrie verändern, schalten Sie ggf. die Option AN PIXELRASTER AUSRICHTEN im Transformieren-Bedienfeld aus.

Zusätzlich zu den Transformations-Werkzeugen bietet Illustrator Ihnen den Befehl OBJEKT • TRANSFORMIEREN • EINZELN TRANSFORMIEREN, mit dem mehrere Objekte jeweils um ihren eigenen Referenzpunkt – die Mitte des Objekt-Begrenzungsrahmens – verformt werden statt um einen gemeinsamen Bezugspunkt.

Die Option, gleichzeitig mit einer Transformation nicht nur eine, sondern eine beliebige Anzahl von Kopien des transformierten Objekts herzustellen, besteht in Illustrator nur, wenn Sie die Transformation als Live-Effekt anwenden. Die entstehenden Kopien sind zunächst keine eigenständigen Objekte, sondern eine Objekteigenschaft des Ursprungselements. Verwenden Sie den Befehl OBJEKT • AUSSEHEN UMWANDELN, um auf die Kopien als Objekte zugreifen zu können (s. Abschnitt 13.2.6).

22.6.2 Transformationsgriffe

Die Transformationsgriffe, die Sie in FreeHand mit einem Doppelklick auf das Objekt anzeigen, werden in Illustrator als »Begrenzungsrahmen« bezeichnet. Mit dessen Hilfe lassen sich die Transformationen DREHEN und SKALIEREN anwenden. Die Anzeige des Begrenzungsrahmens aktivieren Sie im Menü ANSICHT. Alternativ zum Begrenzungsrahmen verwenden Sie das Frei-transformieren-Werkzeug – Shortcut E.

▲ **Abbildung 22.34**
Transformationsgriffe und Begrenzungsrahmen

22.6.3 Einrasten, Positionierungshilfe

In Illustrator zeigt der Cursor immer an, wenn er sich über einem Ankerpunkt befindet. Das Einrasten an Punkten aktivieren Sie im Menü ANSICHT. Eingerastet wird normalerweise die Position des Cursors, nicht die der Objektbegrenzung. Um FreeHands Einrasten am Objekt zu emulieren, aktivieren Sie die intelligenten Hilfslinien – Shortcut ⌘/Strg+U. Die Anzeigen und Positionierungshilfen der Funktion können Sie in den Voreinstellungen konfigurieren.

▲ **Abbildung 22.35**
»Fassen« Sie ein Objekt beim Verschieben an dem Punkt, der an der Hilfslinie einrasten soll.

Der Begrenzungsrahmen macht das Verschieben eines Objekts an einem seiner Eckpunkte oft unmöglich – aktivieren und verschieben Sie das Objekt, ohne abzusetzen, oder verstecken Sie den Begrenzungsrahmen unter Ansicht • Begrenzungsrahmen ausblenden.

22.6.4 Wie kann ich Objekte klonen?

Illustrator besitzt keinen spezifischen Klonen-Befehl. Sie können jedoch zu diesem Zweck ein Objekt kopieren und es anschließend Davor oder Dahinter einfügen. Alternativ verwenden Sie den Befehl Objekt • Transformieren • Verschieben – Shortcut ⏎ – mit einem Versatz von 0 und der Option Kopieren, oder Sie duplizieren das gewünschte Objekt mithilfe des Ebenen-Bedienfelds.

▲ **Abbildung 22.36**
Klonen via Verschieben

22.6.5 Objekte ausrichten und verteilen

Das Ausrichten von Objekten gestaltet sich in Illustrator etwas unkomplizierter als in FreeHand: Ein Klick auf den gewünschten Button im Ausrichten-Bedienfeld löst sofort die Aktion aus. Auch ein Bezugsobjekt können Sie einfach bestimmen (Abschnitt 5.7).

22.6.6 Pfade zusammenfassen und Pathfinder-Operationen

Ein wesentlicher Unterschied zwischen FreeHand und Illustrator besteht beim Zusammenfassen von Pfaden (Verbinden, Stanzloch, Schnittmenge etc.). Diese Operationen können Sie in Illustrator auch so anwenden, dass Zusammengesetzte Formen entstehen, in denen im Gegensatz zu den vergleichbaren FreeHand-Funktionen die Originalpfade erhalten bleiben (Abschnitt 10.1.3). Die kombinierte Form entsteht dann zunächst »virtuell«. Erst bei der gezielten Umwandlung der zusammengesetzten Form werden die Originalpfade zerschnitten und neu zusammengefügt.

Einige weitere Operationen stehen Ihnen mit den »Pathfindern« zur Verfügung. Diese wenden Operationen direkt auf Pfade an. Es handelt sich hier um sehr mächtige Funktionen, die z. B. einen Objektstapel auf der Basis der jeweiligen Füllfarben automatisch verflachen, das heißt, in nebeneinanderliegende Objekte umwandeln können (s. Abschnitt 10.2).

▲ **Abbildung 22.37**
FreeHands Pfadoperation-XTras und das Pathfinder-Bedienfeld

22.6.7 Und wo finde ich »Innen einfügen«?

Die entsprechende Funktion heißt Schnittmaske (und eigentlich entsteht auch genau das in FreeHand). Schnittmasken können nicht nur auf Objekte, sondern auch auf Ebenen angewendet werden (s. Abschnitt 11.3). Beim Umwandeln eines Pfads in eine Schnittmaske verliert der Pfad alle seine Eigenschaften. Erzeugen Sie vorher einen Grafikstil (s. Abschnitt 11.7). Nach dem Erstellen der Schnittmaske wählen Sie das Maskenobjekt mit dem Direkt-

▲ **Abbildung 22.38**
Verdeckte Fläche entfernen

22.6 Objekte bearbeiten | **703**

> **Texte als Schnittmasken**
>
> Texte müssen Sie nicht in Pfade umwandeln, um sie als Schnittmaske zu verwenden (s. Abschnitt 14.12.8).

auswahl-Werkzeug aus und weisen ihm den Grafikstil zu. Eine andere Möglichkeit besteht darin, den Button INNEN ZEICHNEN anzuklicken und den Inhalt direkt in der Maske zu erstellen.

Weiterführende Freistellmöglichkeiten bieten Deckkraftmasken, die wie Alpha-Kanäle bzw. die aus Photoshop bekannten Ebenenmasken funktionieren. Sie können in Illustrator sowohl mit Pixeldaten als auch mit Vektorobjekten erstellt werden (s. Abschnitt 12.2). Deckkraftmasken sind vergleichbar mit FreeHands VERLAUFSMASKEN-Effekt, aber wesentlich flexibler.

22.6.8 Konturen in Flächen umwandeln

Möchten Sie eine Kontur in eine Fläche umwandeln, wählen Sie OBJEKT • PFAD • KONTURLINIE. Illustrator bietet Ihnen keine weiteren Optionen – es verwendet die im Kontur-Bedienfeld eingestellte Linienstärke. So ist es auch möglich, mehrere Konturen unterschiedlicher Stärke »in einem Rutsch« in die jeweils passenden Flächen umzuwandeln.

▲ **Abbildung 22.39**
Mit Deckkraftmasken lassen sich z. B. Spiegelungen erzeugen.

Überlappungen entfernen | Beim Umwandeln von Konturen in Flächen entstehen häufig Überlappungen, die beseitigt und dabei in einen zusammengesetzten Pfad umgewandelt werden müssen, um eine problemlose Weiterverarbeitung zu gewährleisten. In Illustrator steht Ihnen für diese Aufgabe die Funktion VERDECKTE FLÄCHE ENTFERNEN im Pathfinder-Bedienfeld zur Verfügung.

22.6.9 Pfade aufräumen – Vereinfachen

Beim Vereinfachen von Pfaden – OBJEKT • PFAD • VEREINFACHEN – bietet Ihnen Illustrator neben der Stärke der Vereinfachung weitere Optionen, mit denen Sie sehr gezielt auf die Genauigkeit der Umwandlung Einfluss nehmen können (s. Abschnitt 7.4.2).

Abbildung 22.40 ▶
Pfad vereinfachen in FreeHand (links) und Illustrator (rechts)

▲ **Abbildung 22.41**
Überlappungen entfernen mit der Pathfinder-Funktion VERDECKTE FLÄCHE ENTFERNEN

22.6.10 Umwandeln: Ich möchte Pfade haben

Als UMWANDELN wird in Illustrator die AUSLÖSEN-Operation bezeichnet, bei der Live-Effekte in Objekte umgerechnet oder Aussehen-Eigenschaften auf separate Objekte verteilt werden. Je nachdem, welches Objekt umgewandelt werden soll, finden Sie den Befehl im zugehörigen Bedienfeld oder im Menü.

22.7 Füllungen, Konturen, Eigenschaften

22.7.1 Wo stelle ich die Objekteigenschaften ein?

Objekteigenschaften können Sie ähnlich wie in FreeHand in nur einem Bedienfeld verwalten, zuweisen und ändern. Das Aussehen-Bedienfeld ist ein wichtiges Werkzeug in Illustrators Arsenal – Sie sollten es immer parat haben.

Das kontextsensitive Steuerungsbedienfeld vereinigt darüber hinaus viele Funktionen, die vorher auf einzelne Spezialbedienfelder verteilt waren.

> **Aussehen-Eigenschaften für Gruppen und Ebenen**
>
> Aussehen-Eigenschaften können Sie nicht nur Objekten, sondern auch Gruppen und Ebenen zuweisen.

▲ **Abbildung 22.42**
FreeHands Objekt-Bedienfeld und Illustrators Aussehen-Bedienfeld. Achten Sie auf die unterschiedliche Hierarchie von Effekten und Konturen bzw. Flächen und Füllungen.

Regler und Optionen zum Editieren der Attribute erscheinen, wenn Sie einen Eintrag im Aussehen-Bedienfeld aktivieren oder auf einen (blau unterstrichenen) Link klicken.

Um eine Gruppe von Eigenschaften einfacher auf weitere Objekte anzuwenden, können Sie die Eigenschaften wie in FreeHand als Grafikstil speichern.

Effekthierarchien | Verformungs-Effekte sind in FreeHand jeweils Eltern-Element für die zugeordneten Konturen und Füllungen. Dies ist in Illustrator genau umgekehrt – hier sind Effekte Kind-Elemente der Konturen oder Flächen (sofern sie nicht dem ganzen Objekt zugewiesen sind). Das bedeutet: Wenn ein Effekt mehreren (aber nicht allen) Flächen zugewiesen werden soll, müssen Sie diesen Effekt den betroffenen Flächen einzeln zuweisen. Einfacher als in FreeHand ist es dagegen, eine Kontur mit mehreren Effekten zu versehen (Abb. 22.42).

22.7.2 Farbe editieren

Ein bedeutender Unterschied zwischen den beiden Programmen ist die Handhabung von Objektfarben und Farbdefinitionen mit dem Farbe-Bedienfeld bzw. dem Bedienfeld MISCHER.

Abbildung 22.43 ▶
Farbmischer (FreeHand) und Farbe-Bedienfeld (Illustrator) mit dem Auswahlfeld für Flächen- und Konturfarbe

▲ **Abbildung 22.44**
Mit dem Pipette-Werkzeug übertragen Sie Eigenschaften von einem Objekt auf ein anderes.

Achtung bei Farbfeldern!

Die meisten Farbfelder in einer auf den Standard-Dokumentprofilen basierenden Datei sind lokale Farbfelder. Auch wenn sie zur sofortigen Anwendung verführen, denken Sie daran, dass die Farbfelder sich nicht so verhalten, wie Sie es von FreeHand gewohnt sind.

▲ **Abbildung 22.45**
Dialogbox FARBFELDOPTIONEN mit Einstellung für globales Farbfeld

In FreeHands MISCHER können Sie bei aktiviertem Objekt die Farbregler verschieben. Die Farbe erscheint erst am Objekt, wenn Sie sie – z. B. über das Bedienfeld OBJEKT – zuweisen. Illustrators Farbe-Bedienfeld ist sehr viel enger an Objektfarben gekoppelt. Dies erkennen Sie schon am Auswahlfeld für die Flächen- und Konturfarbe, in dem jeweils die Farben des aktivierten Objekts angezeigt werden. Wenn Sie die Farbdefinition ändern, dann geschieht dies nicht nur im Bedienfeld, sondern immer am aktivierten Objekt.

Das Verhalten des Bedienfelds bedeutet auch, dass eine Farbdefinition, die Sie dort vorgenommen haben, nicht erhalten bleibt, wenn Sie ein anderes Objekt aktivieren, sondern durch die Farbe dieses Objekts ersetzt wird.

22.7.3 Warum funktionieren die Farbfelder nicht richtig?

In FreeHand sind alle angelegten Farbfelder »global«. Das heißt, wenn Sie Änderungen an einer Farbfelddefinition vornehmen, werden alle Objekte aktualisiert, die dieses Farbfeld verwenden. Illustrator unterscheidet zwischen globalen und lokalen Farbfeldern. Lokale Farbfelder verlieren die Verbindung zum Objekt, nachdem Sie das Objekt mit der Farbe versehen haben, und globale Farbfelder verhalten sich wie FreeHands Farbfelder. Sie erstellen ein globales Farbfeld, indem Sie die Option GLOBAL im Dialog NEUES FARBFELD ankreuzen.

Damit das Farbfeld wie beabsichtigt funktioniert, müssen Sie die Option GLOBAL gesetzt haben, bevor Sie es dem ersten Objekt zuweisen. Wenn Sie ein Volltonfarbfeld erzeugen, wird dieses immer als globales Farbfeld definiert. Globale Farbfelder erkennen Sie im Farbfelder-Bedienfeld an dem »Eselsohr« ▯ und in der Listenansicht an dem Symbol ▯.

22.7.4 Wie lege ich Abstufungen einer Farbe an?

Von globalen Farbfeldern lassen sich Abstufungen (Farbtöne) erzeugen. Für die Einstellung von Farbtönen gibt es kein eigenes Bedienfeld. Sie verwenden dafür ebenfalls das Farbe-Bedienfeld, das sich automatisch anpasst, sobald ein globales Farbfeld im Farbfelder-Bedienfeld angeklickt oder ein Objekt mit einer globalen Farbe ausgewählt wurde. Auch Farbtöne können Sie als Farbfeld speichern.

▲ **Abbildung 22.46**
Einstellen von Tonwerten

22.7.5 Kachelfüllungen und Rasterungen

Um ein Objekt mit einer Kachelfüllung zu versehen – Illustrator bezeichnet diese Füllung als »Muster« –, müssen Sie zunächst den Rapport erstellen und ein Farbfeld daraus erzeugen (s. Abschnitt 16.1). Dieses lässt sich anschließend Objekten sowohl als Füllung als auch als Kontur zuweisen. Als Musterfüllung können Sie Vektor- oder Bitmap-Objekte verwenden.

▲ **Abbildung 22.47**
Musterfüllungen

22.7.6 Verläufe

Im Gegensatz zu FreeHand kennt Illustrator nur zwei Arten von Verläufen: lineare und kreisförmige Verläufe (Abschn. 9.6). Nur diese werden auch beim Konvertieren von FreeHand-Dateien korrekt interpretiert. Alle anderen Arten von Verläufen müssen Sie entweder mithilfe von Mischungen (bzw. »Angleichungen«, wie sie in Illustrator genannt werden) oder Verlaufsgittern erzeugen (Angleichungen s. Abschnitt 10.6).

▲ **Abbildung 22.48**
Von FreeHands Vielfalt (oben und links) bleiben in Illustrator nur lineare und radiale Verläufe.

22.7.7 Wie ziehe ich kalligrafische Pfade?

Wenn Sie Pfade mit variabler Konturstärke durch freihändige Eingabe (z. B. mit einem Grafiktablett) erzeugen, verwenden Sie dafür das Pinsel-Werkzeug mit einem Kalligrafie-Pinsel oder das Tropfenpinsel-Werkzeug. Im Kalligrafie- sowie im Tropfenpinsel entsteht die Kontur-Variation nicht nur durch Änderung des Durchmessers, sondern anhand dreier Merkmale werden traditionelle Schreibwerkzeuge simuliert (Abb. 22.49).

Das Tropfenpinsel-Werkzeug ist eher mit FreeHands Variabler-Strich-Stift- bzw. dem Kalligrafiestift-Werkzeug vergleichbar als der Kalligrafie-Pinsel, da es gleich Vektorflächen aus gezeichneten Linien erzeugt (s. Abschnitt 7.3) und nicht die Kontureigenschaften »live« am Pfad anwendet.

▲ **Abbildung 22.49**
Die Konturstärke können Sie durch Neigung, Rundheit und/oder Größe der kalligrafischen Pinselspitze beeinflussen.

Alternative Breitenwerkzeug

Kalligrafische Konturen können Sie auch mit dem Breitenwerkzeug erzielen. Es lässt sich punktgenauer und einfacher handhaben als Pinsel (s. Abschnitt 9.3).

▲ **Abbildung 22.50**
Bildpinsel und Musterpinsel

▲ **Abbildung 22.51**
Umgewandelte Pinselkontur

▲ **Abbildung 22.52**
Optionen für eine Mischung – nicht alle Einstellungen haben Sie auch in Illustrator.

Abbildung 22.53 ▶
Das Ersetzen der Achse durch einen geschlossenen Pfad (links und Mitte) kann zu unerwarteten Resultaten führen. Öffnen Sie den Pfad an einer Stelle durch einen Schnitt.

In einem mit dem Pinsel-Werkzeug gezeichneten Pfad werden die mit dem Stift auf dem Grafiktablett weitergegebenen Eigenschaften wie Druck oder Stiftneigung gespeichert, sodass Sie zu einem späteren Zeitpunkt auf Basis dieser Merkmale die Pinsel-Einstellung variieren können.

22.7.8 Objekte am Pfad verformen mit Pinseln

Die Optionen für die Arbeit mit grafisch gestalteten Konturen finden Sie im Pinsel-Bedienfeld. Die vier verschiedenen Arten von Pinselkonturen lassen sich jedem Pfad zuweisen. Sie dienen nicht nur dazu, kunstvolle Bordüren und Rahmen herzustellen oder analoge Malwerkzeuge nachzubilden, sondern können auch für Konstruktionszwecke eingesetzt werden, also z.B. für eine Kontur, die vom Anfangs- zum Endpunkt stärker wird (s. Abschnitt 9.4). Mit Pinseln versehene Konturen lassen sich in Pfade umwandeln.

22.7.9 Pfeilspitzen

Pfeilspitzen sind in Illustrator CS5 eine Kontur-Eigenschaft, und Sie stellen sie im Kontur-Bedienfeld ein. Wenn Ihnen die Standardspitzen nicht ausreichen, können Sie eigene Formen ergänzen (s. Abschnitt 9.2).

22.8 Spezial-Objekte und -Effekte

22.8.1 Mischungen/Angleichungen

Mischungen – in Illustrator als »Angleichungen« bezeichnet – benötigen Sie in Illustrator nicht nur zum Erstellen besonderer Formen wie z.B. Guillochen, sondern auch um spezielle Farbverläufe anzulegen. Eine Angleichung erstellen Sie wie in FreeHand entweder mit dem Angleichen-Werkzeug oder mit dem Menübefehl Objekt • Angleichen • Erstellen (s. Abschnitt 10.6).

Wie in FreeHand ist es möglich, die Achse zu ersetzen. Das Ersetzen der Achse durch eine geschlossene Form führt in Illustrator häufig nicht zum gewünschten Ergebnis. Die einfachste Lösung ist, den Pfad an einer Stelle aufzutrennen.

22.8.2 Objekte verzerren

Verzerrungen erstellen Sie mit den Verflüssigen-Werkzeugen, die allerdings die Vektorpfade direkt verformen. Illustrators Verflüssigen-Werkzeuge können Sie mit dem drucksensitiven Stift eines Grafiktabletts variabel steuern.

▲ **Abbildung 22.54**
Verflüssigen-Werkzeuge

22.8.3 Hüllenobjekte

Die Verwendung von (nichtdestruktiven) Verzerrungshüllen ist dem Verformen der Vektorpfade vorzuziehen. Sie können sie als »Verkrümmung« auf Objekte anwenden. Wählen Sie aus den verschiedenen vorgegebenen Hüllenformen unter OBJEKT • VERZERRUNGSHÜLLE. Die Formen sind in Stärke und Ausrichtung variabel. Darüber hinaus können Sie aus eigenen Formen Verzerrungshüllen erzeugen. Die Hüllenform lässt sich individuell nachbearbeiten. Vergleichbare Verzerrungsformen können Sie auch als Effekte zuweisen.

▲ **Abbildung 22.55**
Aufblasen-Werkzeug

22.8.4 Warum gibt es viele Funktionen nochmal als Effekt?

Wenn Sie einem Pfad wie in FreeHands Objekt-Bedienfeld eine Eigenschaft »live« zuweisen wollen (sodass sie sich auch wieder entfernen lässt), benutzen Sie dafür einen Effekt. Sie finden Effekte im gleichnamigen Menü und unter dem Button NEUEN EFFEKT ZUWEISEN im Aussehen-Bedienfeld. Die zugeordneten Effekte verwalten Sie ebenfalls mit dem Aussehen-Bedienfeld.

▲ **Abbildung 22.56**
Live-Effekte

Als Effekte können Sie auch viele Operationen anwenden, die in der normalen Anwendung bereits »live« sind, wie Verzerrungshüllen oder die Formmodi der zusammengesetzten Formen. Der Sinn dieser Option ergibt sich u. a. aus der Zusammenfassung von Effekten und anderen Aussehen-Eigenschaften in Grafikstilen.

22.8.5 3D-Objekte konstruieren

Mit den 3D-Effekten richten Sie je ein einzelnes Objekt in seinem dreidimensionalen Raum aus. Es ist möglich, isometrische oder perspektivische Ansichten zu generieren und dabei unterschiedliche Kamerabrennweiten zu simulieren. Mehrere Objekte teilen sich nicht einen gemeinsamen 3D-Raum.

▲ **Abbildung 22.57**
Aussehen-Eigenschaften und Effekte ermöglichen Ihnen eine weitgehende Flexibilität in der Editierbarkeit der Objekte.

▲ **Abbildung 22.58**
Illustrators 3D Effekte EXTRUDIEREN, KREISELN und DREHEN

22.8 Spezial-Objekte und -Effekte | **709**

▲ **Abbildung 22.59**
Die Drehung von Objekten entlang der Extrusionsachse und Extrusionspfade wie in FreeHand gibt es in Illustrator nicht.

▲ **Abbildung 22.61**
Einige der Grafikstile von Illustrator

▲ **Abbildung 22.62**
Darstellung einer Deckkraftmaske im Transparenz-Bedienfeld

Ebenso wie in FreeHand lassen sich die Attribute der Extrusion zu einem späteren Zeitpunkt weiter editieren. Zusätzlich zu Extrusionskörpern können Sie Rotationskörper erstellen (KREISELN) und Objekte im dreidimensionalen Raum drehen – Letzteres entspricht FreeHands 3D-Rotations-Werkzeug.

Illustrators 3D-Objekte können Sie mit Oberflächen-Mapping versehen, um z. B. Packungsdesigns zu visualisieren.

▲ **Abbildung 22.60**
Ein 3D-Objekt kann mit Vektor- oder Raster-Objekten gemappt werden.

Die Option, Objekte entlang einem Pfad zu extrudieren oder sie um den Extrusionspfad zu drehen, finden Sie in Illustrator nicht.

Die 3D-Effekte und das Perspektivraster lassen sich nicht miteinander kombinieren.

22.8.6 Kann man in Illustrator eine Prägung erstellen?

Durch die Kombination von Effekten, Transparenzen und Füllungen können Sie sehr komplexe Aussehen-Eigenschaften für Ihre Objekte zusammenstellen. Die mitgelieferten Grafikstil-Bibliotheken – FENSTER • GRAFIKSTIL-BIBLIOTHEKEN – beweisen es. Mit den Stilen in diesen Bibliotheken können Sie Formen bauen, die mit FreeHands Prägeeffekten vergleichbar sind.

Als pixelbasierte Effekte stehen Ihnen darüber hinaus für diese und ähnliche Zwecke viele Photoshop-Filter zur Verfügung.

22.8.7 Transparenz

Die produktionssichere Verarbeitung von Transparenz ist einer der großen Trümpfe von Illustrator – dies nicht nur im RGB-, sondern auch im CMYK-Farbmodus sowie in Verbindung mit Sonderfarben. Es steht eine große Anzahl der z. B. aus Photoshop bekannten Füllmethoden zur Verfügung, mit denen Vektorobjekte versehen werden können. Die Zuweisung von Füllmethoden und Deckkrafteinstellungen nehmen Sie mithilfe des Transparenz-Bedienfelds für ein ganzes Objekt oder getrennt für dessen einzelne Konturen und Flächen vor.

Ebenfalls mit dem Transparenz-Bedienfeld lassen sich die bereits erwähnten Deckkraftmasken (sie funktionieren wie Alpha-Kanäle in der Bildbearbeitung) für Objekte anlegen.

Bei der Ausgabe von Transparenz muss diese »gerastert« und damit teilweise auch in Pixeldaten umgerechnet werden. Dies sollte möglichst spät im Prozess geschehen. Falls Sie Transparenz in Ihren Grafiken verwenden möchten, beschäftigen Sie sich ausgiebig mit den Zusammenhängen, erst dann können Sie alle Möglichkeiten voll ausschöpfen (s. Abschnitt 12.2).

▲ **Abbildung 22.63**
Vektorobjekte mit Transparenz

Keine Angst vor Transparenz

Transparenz können Sie in Illustrator – im Gegensatz zu FreeHand – sicher verwenden. In sehr engem Zusammenhang mit dem Einsatz von Transparenz steht die Vermeidung von EPS als Austauschformat: Es unterstützt keine Transparenz.

22.9 Text

Der Umgang mit Text wird Ihnen ähnlich wie das Zeichnen und das Auswählen gewöhnungsbedürftig und etwas umständlich vorkommen (sechs Text-Werkzeuge … keine Angst, Sie brauchen nur eins davon). Dafür bekommen Sie aber sehr ausgereifte Textsatzfunktionen und OpenType-Fähigkeit.

22.9.1 Textobjekte, Pfadtexte, Textfelder

Illustrator kennt drei Arten von Textobjekten: Punkttext, Pfadtext und Flächentext. Sie lassen sich nicht mit Bordmitteln ineinander umformen – durch den Einsatz von Skripten ist es jedoch möglich.

▶ **Flächentexte** verhalten sich wie FreeHands Texte, deren Inhalt sich an die Größe des Rahmens anpasst. Die Größe des Flächentexts können Sie zu einem späteren Zeitpunkt durch Skalieren seines Begrenzungsrahmens verändern. Es ist nicht möglich, Flächentexte so einzustellen, dass sie sich an die Textlänge automatisch anpassen. Um einen Flächentext zu erstellen, klicken Sie nicht einfach auf die Zeichenfläche, sondern erzeugen per Klicken und Ziehen einen Textrahmen, in den Sie anschließend den Text einfügen oder eingeben.
Sie können auch frei geformte Pfade in Flächentexte umwandeln, indem Sie mit dem Text-Werkzeug hineinklicken.

▶ Ein einfacher Klick mit dem Text-Werkzeug erzeugt einen **Punkttext**, der nur bedingt zum Setzen von Textpassagen geeignet ist, die länger als eine Zeile sind. Die Länge des Textobjekts passt sich jedoch immer der Anzahl der Zeichen an.

Übersatz erkennen

Achten Sie in Illustrator immer auf das rote Pluszeichen ⊞ am Ende eines Flächen- oder Pfadtexts. Es signalisiert Übersatz.

▲ **Abbildung 22.64**
Einen Flächentext erzeugen Sie wie in einem Layoutprogramm per Click & Drag.

Skripte

Die Skripte zum Umwandeln von Textobjekten müssen Sie nicht selbst schreiben – einige Skript-Programmierer haben sich des Problems bereits angenommen und stellen ihre Skripte frei zur Verfügung – Links unter www.vektorgarten.de/tipps-illustrator-scripting.html.

▲ **Abbildung 22.65**
Für diese Konstruktion benötigen Sie in Illustrator zwei Kreishälften, an die jeweils ein Text gesetzt wird.

▲ **Abbildung 22.66**
Verkettung zweier Flächentexte

▲ **Abbildung 22.67**
Weder für die Konturenformen noch um den Verlauf zuzuweisen, muss das Textobjekt in Pfade umgewandelt werden.

▲ **Abbildung 22.68**
Skalieren von Flächentexten mit dem Skalieren-Werkzeug

▶ Um einen **Pfadtext** zu erstellen, zeichnen Sie zunächst den Pfad und wandeln diesen durch einen Klick mit dem Pfadtext-Werkzeug in ein Pfadtext-Objekt um. Erst dann geben Sie den Text ein. Den sehr gefragten, ober- und unterhalb des Objekts laufenden Pfadtext können Sie nicht wie in FreeHand mit einer Zeilenschaltung erzeugen. Sie benötigen stattdessen zwei Pfade (s. Workshop auf S. 425).

Flächentexte und Textpfade können Sie miteinander verketten, sodass ein längerer Text über mehrere Rahmen bzw. Pfade fließt.

Illustrator kann Texte sowohl in horizontaler Leserichtung als auch in vertikaler Richtung setzen. Die Textausrichtung lässt sich darüber hinaus jederzeit per Menübefehl wechseln. Beim vertikalen Satz werden die Spalten von rechts nach links angeordnet. Falls Sie Texte für den japanischen Sprachraum setzen, haben Sie die Möglichkeit, in den Voreinstellungen weitere Text-Optionen zu aktivieren.

Ein großer Pluspunkt von Illustrator ist seine Fähigkeit, Open-Type-Schriften zu nutzen. Mit diesen Schriften wird der Austausch von Dateien zwischen Mac OS und Windows einfacher. Darüber hinaus haben Sie – im Fall gut ausgebauter OpenType-Pro-Schriften – Zugriff auf eine Vielzahl alternativer Glyphen und Sonderzeichen.

Mit den Optionen von Illustrators Textsatz-Engine lassen sich Texte sehr gut ausgleichen. Die Einstellungen für den Umbruch finden Sie im Bedienfeldmenü des Absatz-Bedienfelds. Regelmäßig verwendete Text- und Absatzformatierungen lassen sich wie in FreeHand als Formate in der Datei speichern und dadurch schnell aufrufen.

Sehr komplex kann sich die Anwendung von Füllungen, Effekten und anderen Aussehen-Eigenschaften gestalten, da Sie diese nicht nur einzelnen Zeichen, sondern den Objekten insgesamt zuweisen können (s. Abschnitt 14.12.2). In Illustrator müssen Sie Textobjekte auch nicht in Pfade umwandeln, um ihnen Verläufe zuweisen zu können (s. Abschnitt 14.12.7).

Flächentexte transformieren | Einen Flächentext können Sie in Illustrator an allen Anfassern seines Begrenzungsrahmens ziehen, um die Fläche zu skalieren. Die Schrift wird dabei nicht verzerrt. Möchten Sie die Schrift mit dem Rahmen skalieren, verzerren oder drehen, verwenden Sie die entsprechenden Werkzeuge bzw. das Frei-transformieren-Werkzeug.

22.10 Ausgabe

Der Umstieg auf Illustrator wird große Auswirkungen auf Ihren Print-Workflow haben. Zum einen bedeutet er in den meisten Fällen den Abschied von EPS als Austauschformat und zum anderen einen wesentlich einfacheren Einsatz von PDF.

22.10.1 Soft-Proof
Die Auswirkungen von Überdrucken-Einstellungen und Transparenz-Optionen sowie eine an den Lab-Werten orientierte Vorschau von Schmuckfarben simulieren Sie mit der Überdruckenvorschau, erreichbar unter ANSICHT • ÜBERDRUCKENVORSCHAU.

Ist Ihr System farbkalibriert und das Farbmanagement von Illustrator Ihrem Workflow entsprechend eingerichtet, können Sie durch das Aktivieren von ANSICHT • FARBPROOF zumindest einen ungefähren Eindruck vom (Druck-)Ergebnis erhalten.

22.10.2 Für Ausgabe sammeln
Diesen äußerst praktischen Befehl werden Sie in Illustrator vergeblich suchen. Stattdessen können Sie das mitgelieferte Skript oder (allerdings nur am Mac) das Plug-in »Scoop« verwenden. Da die Herausgabe offener Daten an Druckereien und Vorstufenbetriebe inzwischen jedoch mehr und mehr vermieden wird und stattdessen PDF zum Einsatz kommt, werden Sie das Sammeln nicht mehr so oft benötigen.

Schriften können in Illustrator-Dokumente eingebettet werden, damit sie zur Verfügung stehen, wenn die Datei in einem Layoutprogramm platziert wird. Wird das Dokument in Illustrator geöffnet, muss die Schrift jedoch auf dem Computer installiert sein (s. Abschnitt 4.7).

22.10.3 PDFs speichern oder drucken?
Sie haben in Illustrator zwei Möglichkeiten, ein PDF zu erzeugen: über den DRUCKEN-Dialog/Acrobat sowie durch Speichern (nur bei Letzterem kann Transparenz »live« erhalten bleiben). Beide Methoden führen mit geeigneten Optionen zu drucktauglichen Ergebnissen. Um Ihr PDF auf die jeweiligen Anforderungen zuzuschneiden, stehen viele Optionen zur Verfügung (s. Kapitel 12).

22.10.4 PSD speichern
Beim Speichern als Photoshop-Datei besteht neben der Option, (Text-)Ebenen in Photoshop weiterzubearbeiten, die Möglichkeit, Vektorformen nicht zu rastern, sondern als Pfade in der Datei zu erhalten.

▲ **Abbildung 22.69**
Aufgrund von Optimierungen im Dateiformat ist die Datei kleiner als in Vorversionen, jedoch immer noch größer als das FreeHand-Dokument.

▲ **Abbildung 22.70**
Für Ausgabe sammeln per Skript

EPS?
Der Datei-Austausch über EPS ist nur noch in Ausnahmefällen anzuraten.

Farbeinstellungen angleichen
Die Farbeinstellungen in Illustrator und Photoshop müssen einheitlich sein, damit Farben nicht umgewandelt werden.

22.10.5 Flash und SWF

Ihre Dateien können Sie entweder als AI in Flash importieren oder als SWF aus Illustrator exportieren. Die Option SWF wählen Sie vor allem, wenn Sie Animationen erstellen (s. Abschnitt 20.4).

22.11 FreeHand-Dateien migrieren

Um Ihre FreeHand-Dateien in Illustrator weiterzubearbeiten, sind keine Umwege über Austauschformate nötig. Illustrator CS5 unterstützt Dateiversionen von FreeHand 7 bis MX.

22.11.1 Vorbereitung in FreeHand

Da nicht alle Objekte voll editierbar übernommen werden, können Sie Vorkehrungen für eine einfachere Rekonstruktion dieser Objekte bereits in FreeHand treffen. Die Vorgehensweisen basieren auf der Annahme, dass bei allen genannten Objekten die größtmögliche Editierbarkeit gewährleistet werden soll. Ist dies nicht der Fall, können Sie bei den meisten Objekten den Dingen ihren Lauf lassen und sie beim Öffnen umwandeln lassen.

▲ **Abbildung 22.71**
Umwandlung von Objekteigenschaften in separate Objekte nach direktem Import der FreeHand-Datei

Grafikstile, Formate | Komplexe Objekteigenschaften mit mehreren Konturen und Flächen sowie Effekten können zumindest derzeit nicht konvertiert werden, sodass sie in Illustrator editierbar bleiben. Möchten Sie auch in Illustrator die Originalpfade mit editierbaren Effekten versehen, gehen Sie wie folgt vor:

1. Erstellen Sie zusätzliche Objekte in der Datei, an denen Sie die Stile oder Eigenschaften anwenden, die Sie übertragen möchten. Die Eigenschaften dieser Objekte werden beim Öffnen der Datei umgewandelt, d.h. auf einzelne Objekte separiert und in Pfade umgerechnet.
2. Entfernen Sie die Eigenschaften von den Originalpfaden, und weisen Sie diesen jeweils individuelle Konturen oder Füllungen zu, damit Sie sie unterscheiden können.
3. Öffnen Sie die Datei in Illustrator, und konstruieren Sie dort die Objekteigenschaften mit Effekten neu anhand der umgewandelten Extra-Objekte aus Schritt 1.

▲ **Abbildung 22.72**
Konstruktion eines vergleichbaren Objektstils in FreeHand und Illustrator

Pinsel | Die meisten Optionen der Pinsel von FreeHand stehen Ihnen in Illustrator ebenfalls zur Verfügung. Um einen Pinsel in Illustrator nachzubauen, gehen Sie so vor:

1. Platzieren Sie eine Instanz seines Symbols aus der Bibliothek auf der Zeichenfläche.

2. Duplizieren Sie das Objekt, an dem der Pinsel angewendet wurde. Die Kopie wird beim Öffnen in Illustrator in Pfade umgewandelt.
3. Entfernen Sie den Pinsel vom Originalpfad, und weisen Sie diesem eine einfache Kontur zu.
4. Öffnen Sie die Datei in Illustrator, erstellen Sie dort einen Pinsel aus der in Schritt 1 platzierten Symbolinstanz, und weisen Sie diesen dem Originalpfad zu. Bearbeiten Sie die Pinsel- oder Konturoptionen, sodass das Objekt so aussieht wie die in Schritt 2 erstellte Kopie des Pinselobjekts.

▲ **Abbildung 22.73**
Umgewandelter Pinselstrich nach direktem Import der FreeHand-Datei

Kachelfüllungen | Illustrator CS5 kann leider keine Kachelfüllungen interpretieren, die Füllungen gehen (anders als Musterfüllungen) einfach verloren. Daher müssen Sie auch hier vorbeugen.
1. Kopieren Sie den Rapport mithilfe des Objekt-Bedienfelds, und fügen Sie ihn auf der Zeichenfläche ein.
2. Wenn Sie den exakten Stand der Kachelfüllung ebenfalls nachbauen müssen, duplizieren Sie das gefüllte Objekt und wählen Modifizieren • In Bild konvertieren.
3. Öffnen Sie die Datei in Illustrator, erzeugen Sie ein Musterfarbfeld aus dem Rapport, und weisen Sie dieses dem Objekt zu. Passen Sie, falls nötig, den Stand der Musterfüllung an die in Schritt 2 erzeugte Kopie an.

PostScript-Füllungen | Diese Art Füllungen geht beim Konvertieren ebenfalls verloren.
1. Kopieren Sie nur die mit PostScript-Füllungen versehenen Objekte in eine neue FreeHand-Datei.
2. Exportieren Sie diese Datei als Generisches oder Macintosh EPS.
3. Das EPS öffnen Sie anschließend in Illustrator und kopieren die Elemente in die Hauptdatei.

▲ **Abbildung 22.74**
Kopieren des Grundmusters einer Kachelfüllung

Umhüllungen | Die Hüllenverformungen werden in den meisten Fällen freigegeben, das heißt, auf das Objekt angewendet. Um die Umwandlung zu vermeiden, gehen Sie wie folgt vor:
1. Duplizieren Sie das Hüllenobjekt. Die Kopie verwenden Sie als Vorlage für den Nachbau.
2. Rufen Sie in FreeHand Modifizieren • Umhüllung • Als Pfad kopieren auf, und fügen Sie die Hülle auf der Seite ein.
3. Entfernen Sie die Hülle vom Objekt.
4. Öffnen Sie die Datei in Illustrator, und verwenden Sie die in Schritt 2 kopierte Hüllenform, um die Hülle neu anzuwenden.

Abbildung 22.75
In FreeHand reduzierte Mischungsstufen; aus den Grundobjekten kann die Mischung in Illustrator als Angleichung neu erstellt werden.

Mischungen | Anders als noch Illustrator CS2 kann Version CS5 Mischungen nur in Einzelobjekte umwandeln. Möchten Sie jedoch Ihre FreeHand-Mischungen als Illustrator-Angleichungen auch bearbeiten können (und nebenbei Speicherplatz sparen), ist Vorarbeit erforderlich.

1. Reduzieren Sie die Anzahl der Stufen in FreeHand auf 1.
2. Öffnen Sie die Datei in Illustrator, heben Sie die Gruppierung auf, und löschen Sie die Zwischenstufe der Mischung.
3. Bauen Sie eine Angleichung in Illustrator aus den verbliebenen Ausgangsobjekten neu auf. Es stehen allerdings nicht alle gewohnten Optionen zur Verfügung.

Merkmal	Illustrator CS2	Illustrator CS3	Illustrator CS4 und CS5
Dateiformate	FH4–9	FH7–11, FT11	FH7–11, FT11
mehr Seiten	Auswahl; bei Import aller Seiten: Dokumentgröße über alle	Auswahl; bei Import aller Seiten: Schnittbereiche	Auswahl; bei Import aller Seiten: Zeichenflächen
Farben	alle verwendeten Farben als globale Farbfelder	nur bereits vorhandene Farbfelder	nur bereits vorhandene Farbfelder
Farbfeld Schwarz	wird buntes Schwarz	100 K	100 K
Registrierungsfarbe	wird buntes Schwarz	100/100/100/100	100/100/100/100
nicht benutzte Farbfelder	werden gelöscht	bleiben erhalten	bleiben erhalten
Verläufe	lineare und radiale, keine logarithmischen Verläufe	lineare und radiale Verläufe; logarithmische Verläufe werden gleichmäßige Verläufe	lineare und radiale Verläufe; logarithmische Verläufe werden gleichmäßige Verläufe
Kacheln	bleiben als undefinierte Musterfelder am Objekt	werden gelöscht	werden gelöscht
Pixeleffekte	nicht in FH9	nur Schlagschatten, andere Effekte werden entfernt	Schlagschatten, Schein nach außen, Weichzeichnen; andere Effekte werden in Pixel umgewandelt
Pinsel	nicht in FH9	in Pfade konvertiert	in Pfade konvertiert
reduzierte Deckkraft	nicht in FH9	bleibt erhalten	bleibt erhalten
Mischungen	bleiben erhalten	in Einzelobjekte	in Einzelobjekte
Symbole	werden gelöscht	bleiben erhalten	bleiben erhalten
nicht platzierte Symbole	werden gelöscht	bleiben erhalten	bleiben erhalten
Blocksatz wird zu	letzte Zeile linksbündig	letzte Zeile linksbündig	erzwungener Blocksatz

▲ **Tabelle 22.1**
Versionsunterschiede: Wenn Sie viele FreeHand-Dateien migrieren möchten, kann es sich lohnen, ältere Illustrator-Versionen dafür einzusetzen. In Illustrator CS2 bis CS5 werden einige FreeHand-Merkmale unterschiedlich konvertiert.

Eingebettete Bilder | Das »Ausbetten« von Bilddateien aus Illustrator-Dateien (z. B. zum Zweck der Nachbearbeitung) ist möglich, aber umständlich. Es ist in den meisten Fällen zu empfehlen, Bilddaten in Illustrator gar nicht erst einzubetten. Für die Vorbereitung Ihrer FreeHand-Daten gehen Sie wie folgt vor:
1. Rufen Sie BEARBEITEN • VERKNÜPFUNGEN auf.
2. Aktivieren Sie ein Bild, und klicken Sie auf EXTRAHIEREN.
3. Öffnen Sie die FreeHand-Datei in Illustrator. Die Bilder werden als verknüpfte Dateien importiert. Wenn Sie die Pixeldaten bearbeiten möchten, verwenden Sie das Verknüpfungen-Bedienfeld.

Pixeleffekte | Viele pixelbasierte FreeHand-Effekte werden beim Import in Pixelbilder umgewandelt und sind dann nicht mehr editierbar. Sie lassen sich in Illustrator jedoch meist gar nicht nachbauen. Ein möglicher Weg besteht in der Nutzung von Photoshop:
1. Löschen Sie die Effekte von den Objekten.
2. Öffnen Sie die Datei in Illustrator, und kopieren Sie ein Vektorobjekt in die Zwischenablage.
3. Fügen Sie das Objekt in Photoshop in eine neue Datei als Formebene ein, und bilden Sie den Effekt mit Photoshops Ebenenstilen nach. Löschen Sie die Hintergrundebene der Photoshop-Datei, und platzieren Sie diese in Illustrator.

22.11.2 Öffnen der Datei

Ihre Dateien öffnen Sie einfach über den Dialog ÖFFNEN oder ziehen sie über das Programm-Icon auf der Betriebssystemoberfläche.

In einem ersten Schritt entscheiden Sie, welche Seiten importiert werden sollen. Importieren Sie entweder nur eine bestimmte Seite oder das gesamte Dokument (nur mit dieser Option importiert Illustrator auch Elemente, die neben den Seiten liegen). Für jede Seite wird dabei eine Zeichenfläche angelegt. Darüber hinaus ist es möglich, Texte in Pfade umzuwandeln – mit dieser Option erhalten Sie das Aussehen der Texte, d. h. vor allem die Kerning-Einstellungen.

Da Illustrator-Dokumente nur entweder im RGB- oder im CMYK-Modus vorliegen können, müssen Sie danach entscheiden, in welchem Modus Sie arbeiten möchten. Alle nicht in diesem Modus vorliegenden Farben werden entsprechend konvertiert.

»Ausbetten«

Einen Trick zum »Ausbetten« von Bildern aus Illustrator-Dateien finden Sie in Kapitel 18, Seite 564.

▲ **Abbildung 22.76**
Einige FreeHand-Effekte werden sehr kreativ mit Live-Effekten konvertiert: WEICHZEICHNUNG, INNERER SCHATTEN, GLÜHEN; RELIEFPRÄGUNG (rechts unten) wird vom Objekt entfernt.

▲ **Abbildung 22.77**
Importoptionen für FreeHand-Dokumente: Im unteren Teil der Dialogbox werden Objekte und Eigenschaften aufgelistet, die umgewandelt oder entfernt werden müssen.

> **Textrahmen anpassen**
>
> Wenn Flächentext»rahmen« in Illustrator an die Textlänge angepasst werden müssen, hilft das Skript »FitToTextContent (version 2)« von www.kelsocartography.com.

Texte | In FreeHand eingestellte Schriftformatierungen bleiben erhalten. Auch die Einteilung von Textfeldern in Spalten sowie Einzüge und Absatzabstände übernimmt Illustrator – Illustrator CS5 wandelt jedoch leider Blocksatz in »erzwungenen Blocksatz« um. Es kann auch vorkommen, dass Illustrator Schriftnamen nicht erkennt. In diesem Fall weisen Sie die Schriften mit SCHRIFT • SCHRIFTART SUCHEN neu zu. Bei Pfadtexten kann erheblicher Nachbearbeitungsbedarf bestehen.

Farbfelder | Seit der Version CS3 wird das FreeHand-Farbfeld SCHWARZ korrekt importiert.

Nicht korrekt konvertiert wird dagegen das Farbfeld PASSFARBE. Haben Sie dieses in Ihrem Dokument verwendet, weisen Sie in Illustrator stattdessen das Farbfeld [PASSERMARKEN] zu. Wenn Sie eine möglichst optimale Darstellung von Schmuckfarben auf einem kalibrierten Monitor erreichen wollen, sollten Sie Pantone- und HKS-Farbfelder (sowie Buchfarben anderer Farbsysteme) neu aus Illustrators Farbbibliotheken auswählen und den Objekten zuweisen.

> **Schwarz beim Import in ältere Illustrator-Versionen**
>
> Wenn Sie mit einer älteren Illustrator-Version arbeiten, ist es erforderlich, die Definition des importierten Farbfelds SCHWARZ zu überprüfen und gegebenenfalls zu korrigieren.

Das Farbfelder-Bedienfeld verwenden Sie auch, um in Illustrator Ihre Kachelfüllungen neu anzulegen.

Verläufe | Illustrator wandelt radiale und lineare Verläufe in entsprechende Formen um. Falls Sie in FreeHand einen logarithmischen Verlauf eingestellt hatten, müssen Sie diesen in Illustrator durch Verschieben des Mittelpunkts nachbilden (s. Abschnitt 9.6).

Pfeilspitzen | Pfeilspitzen legt Illustrator nicht als Kontur-Eigenschaft an, sondern wandelt sie beim Öffnen der Datei in Pfade um. Falls Sie den Verlauf der mit Pfeilspitzen versehenen Linien zu einem späteren Zeitpunkt verändern wollen, löschen Sie die Pfeilspitzen und weisen den Pfaden im Kontur-Bedienfeld eine eigene Pfeilspitze zu. Pfeilspitzen, die nicht im Menü vorhanden sind, können Sie in der Pfeilspitzen-Datei selbst definieren und anschließend zuweisen.

> **Testdatei**
>
> Eine FreeHand-Testdatei zum Ausprobieren der Importfunktion finden Sie auf der Buch-DVD: »FH-Testdatei.fh11«.

Monitordarstellung | Wahrscheinlich sehen die Farben Ihrer Grafik in Illustrator anders aus als in FreeHand, vor allem, wenn Sie das eher umständliche Farbmanagement von FreeHand bisher nicht benutzt haben. Beschäftigen Sie sich daher mit den Farbeinstellungen in Illustrator, falls Sie bisher nicht mit Farbmanagement vertraut sind, und richten Sie das Farbmanagement ein.

22.11.3 Über die Zwischenablage importieren

Objekte, die Sie über die Zwischenablage von FreeHand in Illustrator holen möchten, kopieren Sie in FreeHand mit BEARBEITEN • SPEZIELL • KOPIEREN SPEZIAL. Wählen Sie das Format EPS.

FreeHand	Illustrator
Alternierende Füllung	Füllregel GERADE-UNGERADE
Anschlusspunkt (alt: Verbindungspunkt)	kein Äquivalent
Ausgabebereichswerkzeug	Zeichenflächen-Werkzeug
Auslösen	Aussehen umwandeln
Bedienfelder	Bedienfelder (alt: Paletten)
Bedienfeld OBJEKT	Aussehen-Bedienfeld
Bedienfeld MISCHER	Farbe-Bedienfeld
Bezigonwerkzeug	kein Äquivalent
Eckpunkt	Eckpunkt
Einfügeablage	Montagefläche
Einfügepfad, INNEN EINFÜGEN	Schnittmaske
Extrudieren	3D-Effekt
Freiformwerkzeug	Verkrümmen-Werkzeug
Freigeben	UMWANDELN
Füllung	Fläche
Grafiksprühdose	Symbol-aufsprühen-Werkzeug
Griff (alt: Anfasser)	Grifflinie, Griff(punkt)
Grobansicht	Pfadansicht
Importieren	PLATZIEREN
Kachel, Kachelfüllung	Muster, Musterfeld
Kalligrafiestift-Werkzeug	Tropfenpinsel-Werkzeug
Kalligrafiestrich (Attribut)	Kalligrafie-Pinsel
Kurvenpunkt	Übergangspunkt
Live-Vektoreffekte	Effekte
Messer-Werkzeug	Schere-Werkzeug
Mischung (alt: ELEMENTE VEREINIGEN)	Angleichung
Nachzeichnungswerkzeug	Pausstift (alt), INTERAKTIV NACHZEICHNEN
Neigungswerkzeug	Verbiegen-Werkzeug
Öffnung (Stanzloch)	Subtrahieren
Pfad (alt: Zeichenweg)	Pfad
Pfad zoomen	Pfad verschieben
Pinsel/Malen	Bild-Pinsel

▲ Tabelle 22.2
Begriffe entsprechender Objekte, Werkzeuge und Befehle in FreeHand und Illustrator

FreeHand	Illustrator
Pinsel/Sprühen	Muster-Pinsel
Punkt	Ankerpunkt
Reflexionswerkzeug	Spiegeln-Werkzeug
Rotationswerkzeug	Drehen-Werkzeug
Skalierungswerkzeug	Skalieren-Werkzeug
Standardvorlage	Startdatei (alt), Dokumentprofil
Stiftwerkzeug	Zeichenstift-Werkzeug
Strich	Kontur
Strich erweitern	Konturlinie
Teilauswahlwerkzeug	Direktauswahl-Werkzeug
Transformationsgriffe	Begrenzungsrahmen
Teilauswahlwerkzeug	Direktauswahl-Werkzeug
Trennen	Fläche aufteilen
Überschneidung	Schnittmenge
Umhüllung	Verzerrungshülle
Variabler-Strich-Stiftwerkzeug	Tropfenpinsel-Werkzeug
Vereinigen	Hinzufügen
Winkelgrenze	Gehrungsgrenze
Winkelverbindung	Gehrungsecke
Zeiger	Auswahlwerkzeug
Zusammengesetzte Pfade	Zusammengesetzte Pfade
Zuschneiden	Schnittmengenfläche

▲ **Tabelle 22.2**
Begriffe entsprechender Objekte, Werkzeuge und Befehle in FreeHand und Illustrator (Forts.)

23 Werkzeuge und Kurzbefehle

23.1 Das Werkzeugbedienfeld

- [V] Auswahl — Direktauswahl [A]
- [Y] Zauberstab — Lasso [Q]
- [P] Zeichenstift — Text [T]
- [⇧]+[\] Liniensegment — Rechteck [M]
- [B] Pinsel — Buntstift [N]
- [⇧]+[B] Tropfenpinsel — Radiergummi [⇧]+[E]
- [R] Drehen — Skalieren [S]
- [⇧]+[W] Breiten — Frei transformieren [E]
- [⇧]+[M] Formerstellung — Perspektivenraster [⇧]+[P]
- [U] Gitter — Verlauf [G]
- [I] Pipette — Angleichen [W]
- [⇧]+[S] Symbol aufsprühen — Vertikales Balkendiagramm [J]
- [⇧]+[O] Zeichenfläche — Slice [⇧]+[K]
- [H] Hand — Zoom [Z]
- [X] Fläche — Fläche und Kontur vertauschen [⇧]+[X]
- [D] Standardfüllung und Kontur — Kontur [X]
- [,] Farbe — Ohne [/]
- [.] Verlauf
- Zeichenmodus ändern [⇧]+[D]
- Bildschirmmodus ändern [F]

23.2 Verborgene Werkzeuge

❶
- Ankerpunkt hinzufügen [+]
- Ankerpunkt löschen [-]
- Ankerpunkt konvertieren [⇧]+[C]

❷
- Bogen
- Spirale
- Rechteckiges Raster
- Radiales Raster

❸
- Spiegeln [O]

❹
- Verbiegen
- Form ändern

❺
- Interaktiv malen [K]
- Interaktiv-malen-Auswahl [⇧]+[L]

❻
- Verkrümmen [⇧]+[R]
- Strudel
- Zusammenziehen
- Aufblasen
- Ausbuchten
- Kristallisieren
- Zerknittern

❼
- Symbol verschieben
- Symbol stauchen
- Symbol skalieren
- Symbol drehen
- Symbol färben
- Symbol transparent gestalten
- Symbol gestalten

❽
- Druckaufteilung

❾
- Gruppenauswahl

❿
- Flächentext
- Pfadtext
- Vertikaler Text
- Vertikaler Flächentext
- Vertikaler Pfadtext

⓫
- Perspektivenrasterauswahl [⇧]+[V]

⓬
- Schere [C]
- Messer

⓭
- Abgerundetes Rechteck
- Ellipse [L]
- Polygon
- Stern
- Blendenflecke

⓮
- Glätten
- Löschen (Pfad-Radiergummi)

⓯
- Mess-Werkzeug

⓰
- Slice-Auswahl

⓱
- Horizontales Balkendiagramm
- Gestapeltes vertikales Balkendiagramm
- Gestapeltes horizontales Balkendiagramm
- Liniendiagramm
- Flächendiagramm
- Streudiagramm
- Kreisdiagramm
- Netzdiagramm

23.3 Tastatur-Kurzbefehle

23.3.1 Menübefehle

Datei	Mac-Shortcut	Windows-Shortcut
Neu…	⌘+N	Strg+N
Neu mit gleichen Einstellungen (ohne Dialog)	⌘+⌥+N	Strg+Alt+N
Neu aus Vorlage…	⌘+⇧+N	Strg+⇧+N
Öffnen…	⌘+O	Strg+O
Bridge durchsuchen…	⌘+⌥+O	Strg+Alt+O
Schließen	⌘+W	Strg+W
Alle schließen	⌘+⌥+W	Strg+Alt+W
Speichern	⌘+S	Strg+S
Speichern unter…	⌘+⇧+S	Strg+⇧+S
Kopie speichern…	⌘+⌥+S	Strg+Alt+S
Für Web und Geräte speichern…	⌘+⌥+⇧+S	Strg+Alt+⇧+S
Zurück zur letzten Version	F12	F12
Skripten		
Anderes Skript…	⌘+F12	Strg+F12
Dokument einrichten…	⌘+⌥+P	Strg+Alt+P
Dateiinformationen…	⌘+⌥+⇧+I	Strg+Alt+⇧+I
Drucken…	⌘+P	Strg+P
Beenden		Strg+Q

Bearbeiten	Mac-Shortcut	Windows-Shortcut
Rückgängig	⌘+Z	Strg+Z
Wiederholen	⌘+⇧+Z	Strg+⇧+Z
Ausschneiden	⌘+X oder F2	Strg+X oder F2
Kopieren	⌘+C oder F3	Strg+C oder F3
Einfügen	⌘+V oder F4	Strg+V oder F4
Davor einfügen	⌘+F	Strg+F
Dahinter einfügen	⌘+B	Strg+B
An Originalposition einfügen	⌘+⇧+V	Strg+⇧+V
In alle Zeichenflächen einfügen	⌘+⌥+⇧+X	Strg+Alt+⇧+X
Rechtschreibprüfung	⌘+I	Strg+I
Farbeinstellungen…	⌘+⇧+K	Strg+⇧+K
Tastaturbefehle…	⌘+⌥+⇧+K	Strg+Alt+⇧+K
Voreinstellungen Allgemein		Strg+K
Voreinstellungen Einheit		Strg+Alt+1

Objekt	Mac-Shortcut	Windows-Shortcut
Transformieren		
Erneut transformieren	⌘+D	Strg+D
Verschieben…	⌘+⇧+M	Strg+⇧+M
Einzeln transformieren…	⌘+⌥+⇧+D	Strg+Alt+⇧+D
Anordnen		
In den Vordergrund	⌘+⇧+9	Strg+⇧+9
Schrittweise nach vorne	⌘+⌥+⇧+V	Strg+Alt+⇧+V
Schrittweise nach hinten	⌘+⌥+⇧+R	Strg+Alt+⇧+R
In den Hintergrund	⌘+⇧+8	Strg+⇧+8
Gruppieren	⌘+G	Strg+G
Gruppierung aufheben	⌘+⇧+G	Strg+⇧+G
Sperren • Auswahl	⌘+2	Strg+2
Andere sperren	⌘+⌥+⇧+2	Strg+Alt+⇧+2
Alle entsperren	⌘+⌥+2	Strg+Alt+2
Ausblenden • Auswahl	⌘+3	Strg+Num 3
Andere ausblenden	⌘+⌥+⇧+4	Strg+Alt+⇧+4
Alles einblenden	⌘+⌥+3	Strg+Alt+Num 3
Filter		
Letzten Filter anwenden	⌘+E	Strg+E
Letzter Filter	⌘+⌥+E	Strg+Alt+E
Pfad		
Zusammenfügen	⌘+J	Strg+J
Durchschnitt berechnen	⌘+⌥+J	Strg+Alt+J
Durchschnitt berechnen und zusammenfügen	⌘+⌥+⇧+J	Strg+Alt+⇧+J
Angleichen		
Erstellen	⌘+⌥+B	Strg+Alt+B
Zurückwandeln	⌘+⌥+⇧+B	Strg+Alt+⇧+B
Verzerrungshülle		
Mit Verkrümmung erstellen…	⌘+⌥+⇧+W	Strg+Alt+⇧+W
Mit Gitter erstellen…	⌘+⌥+M	Strg+Alt+M
Mit oberstem Objekt erstellen	⌘+⌥+C	Strg+Alt+C
Inhalt/Hülle bearbeiten	⌘+⇧+P	Strg+⇧+P
Interaktiv malen		
Erstellen	⌘+⌥+X	Strg+Alt+X
Schnittmaske		
Erstellen	⌘+7	Strg+7
Zurückwandeln	⌘+⌥+7	Strg+Alt+7

Objekt	Mac-Shortcut	Windows-Shortcut
Zusammengesetzter Pfad		
Erstellen	⌘+8	Strg+8
Zurückwandeln	⌘+⌥+⇧+8	Strg+Alt+⇧+8

Schrift	Mac-Shortcut	Windows-Shortcut
In Pfade umwandeln	⌘+⇧+O	Strg+⇧+O
Verborgene Zeichen einblenden	⌘+⌥+I	Strg+Alt+I

Auswahl	Mac-Shortcut	Windows-Shortcut
Alles auswählen	⌘+A	Strg+A
Alles auf der aktiven Zeichenfläche	⌘+⌥+A	Strg+Alt+A
Auswahl aufheben	⌘+⇧+A	Strg+⇧+A
Erneut auswählen	⌘+6	Strg+Num 6
Nächstes Objekt darüber	⌘+⌥+9	Strg+Alt+⇧+9
Nächstes Objekt darunter	⌘+⌥+⇧+8	Strg+Alt+⇧+8

Effekt	Mac-Shortcut	Windows-Shortcut
Letzten Effekt anwenden	⌘+⇧+E	Strg+⇧+E
Letzter Effekt	⌘+⌥+⇧+E	Strg+Alt+⇧+E

Ansicht	Mac-Shortcut	Windows-Shortcut
Vorschau/Pfadansicht	⌘+Y	Strg+Y
Überdruckenvorschau	⌘+⌥+⇧+Y	Strg+Alt+⇧+Y
Pixelvorschau	⌘+⌥+Y	Strg+Alt+Y
Einzoomen	⌘+⇧+0	Strg+Alt+⇧+*
Auszoomen	⌘+-	Strg+-
In Fenster einpassen	⌘+0	Strg+0
Alle in Fenster einpassen	⌘+⌥+0	Strg+Alt+0
Originalgröße	⌘+1	Strg+1
Ecken ein-/ausblenden	⌘+H	Strg+H
Zeichenfläche ein-/ausblenden	⌘+⇧+H	Strg+⇧+H
Vorlage ein-/ausblenden	⌘+⇧+W	Strg+⇧+W
Lineale ein-/ausblenden	⌘+R	Strg+R
In Zeichenflächenlineale/globale Lineale ändern	⌘+⌥+R	Strg+Alt+R
Begrenzungsrahmen ein-/ausblenden	⌘+⇧+B	Strg+⇧+B
Transparenzraster ein-/ausblenden	⌘+⇧+D	Strg+⇧+D
Textverkettungen ein-/ausblenden	⌘+⇧+Y	Strg+⇧+Y

Ansicht	Mac-Shortcut	Windows-Shortcut
Verlaufsoptimierer ein-/ausblenden	⌘+⌥+G	Strg+Alt+G
Hilfslinien		
Hilfslinien ein-/ausblenden	⌘+,	Strg+,
Hilfslinien sperren	⌘+⌥+,	Strg+Alt+,
Hilfslinien erstellen	⌘+5	Strg+Num 5
Hilfslinien zurückwandeln	⌘+⌥+5	Strg+Alt+Num 5
Intelligente Hilfslinien	⌘+U	Strg+U
Perspektivenraster		
Raster einblenden	⌘+⇧+I	Strg+⇧+I
Raster ein-/ausblenden	⌘+<	Strg++
Am Raster ausrichten	⌘+⇧+<	Strg+⇧++
An Punkt ausrichten	⌘+⌥+<	Strg+Alt+ +

Fenster	Mac-Shortcut	Windows-Shortcut
Attribute	⌘+F11	Strg+F11
Ausrichten	⇧+F7	⇧+F7
Aussehen	⇧+F6	⇧+F6
Ebenen	F7	F7
Farbe	F6	F6
Farbhilfe	⇧+F3	⇧+F3
Grafikstile	⇧+F5	⇧+F5
Info	⌘+F8	Strg+F8
Kontur	⌘+F10	Strg+F10
Pathfinder	⌘+⇧+F9	Strg+⇧+F9
Pinsel	F5	F5
Schrift		
Absatz	⌘+⌥+T	Strg+Alt+T
OpenType	⌘+⌥+⇧+T	Strg+Alt+⇧+T
Tabulatoren	⌘+⇧+T	Strg+⇧+T
Zeichen	⌘+T	Strg+T
Symbole	⌘+⇧+F11	Strg+⇧+F11
Transformieren	⇧+F8	⇧+F8
Transparenz	⌘+⇧+F10	Strg+⇧+F10
Verlauf	⌘+F9	Strg+F9

Hilfe	Mac-Shortcut	Windows-Shortcut
Illustrator-Hilfe	F1	F1
Debugging-Bedienfeld	⌘+⌥+⇧+F12	Strg+Alt+⇧+F12

Illustrator	Mac-Shortcut
Voreinstellungen Allgemein	⌘+K
Voreinstellungen Einheit	⌘+⌥+⇧+N
Andere ausblenden	⌘+⌥+H
Illustrator beenden	⌘+Q

23.3.2 Bedienfelder-Funktionen

Aussehen-Bedienfeld	Mac-Shortcut	Windows-Shortcut
Neue Fläche hinzufügen	⌘+⇧+7	Strg+⇧+7
Neue Kontur hinzufügen	⌘+⌥+⇧+7	Strg+Alt+⇧+7

Ebenen-Bedienfeld	Mac-Shortcut	Windows-Shortcut
Neue Ebene	⌘+L	Strg+L
Neue Ebene mit Dialog	⌘+⌥+L	Strg+Alt+L

Pathfinder-Bedienfeld	Mac-Shortcut	Windows-Shortcut
Formmodus od. Pathfinder erneut anwenden	⌘+4	Strg+4

Symbole-Bedienfeld	Mac-Shortcut	Windows-Shortcut
Neues Symbol	F8	F8

Absatz-Bedienfeld	Mac-Shortcut	Windows-Shortcut
Text linksbündig ausrichten	⌘+⇧+L	Strg+⇧+L
Text zentrieren	⌘+⇧+C	Strg+⇧+C
Text rechtsbündig ausrichten	⌘+⇧+R	Strg+⇧+R
Blocksatz, letzte Zeile linksbündig	⌘+⇧+J	Strg+⇧+J
Absoluter Blocksatz (Blocksatz, alle Zeilen)	⌘+⇧+F	Strg+⇧+F
Fokus auf Abstand davor	⌘+⌥+⇧+O	Strg+Alt+⇧+O
Auto-Silbentrennung aktivieren/deaktivieren	⌘+⌥+⇧+H	Strg+Alt+⇧+H
Zeilen-Setzer aktivieren/deaktivieren	⌘+⌥+⇧+C	Strg+Alt+⇧+C

Zeichen-Bedienfeld	Mac-Shortcut	Windows-Shortcut
Schrift um 2 Pt vergrößern	⌘+⇧+.	Strg+⇧+.
Schrift um 2 Pt verkleinern	⌘+⇧+,	Strg+⇧+,
Schrift um 10 Pt vergrößern	⌘+⌥+⇧+.	Strg+Alt+⇧+.
Schrift um 10 Pt verkleinern	⌘+⌥+⇧+,	Strg+Alt+⇧+,
Kerning um 20 Einheiten vergrößern	⌘+⌥+⇧+9	Strg+Alt+⇧+9
Kerning um 20 Einheiten verkleinern	⌘+⌥+⇧+8	Strg+Alt+⇧+8
Laufweite um 20 Einh. vergrößern/verkleinern	⌥+→/←	Alt+→/←
Laufweite um 100 Einh. vergrößern/verkleinern	⌘+⌥+→/←	Strg+Alt+→/←
Bedienfeld aufrufen und Fokus auf Laufweite	⌘+⌥+K	Strg+Alt+K
Laufweite löschen	⌘+⌥+Q	Strg+Alt+Q
Zeilenabstand vergrößern/verkleinern	⌥+↓/↑	Alt+↓/↑
Zeilenabstand vergr./verkl. (vertikaler Text)	⌥+→/←	Alt+→/←
Bedienfeld aufrufen und Fokus auf Schrift	⌘+⌥+⇧+F oder M	Strg+Alt+⇧+F
Horizontale Skalierung 100 %	⌘+⇧+X	Strg+⇧+X

23.3.3 Textbearbeitung

Cursor in Texten bewegen	Mac-Shortcut	Windows-Shortcut
An den Anfang des Textobjekts	⌘+↑	Strg+↑
Ans Ende des Textobjekts	⌘+↓	Strg+↓
An den Anfang des Textobjekts (vertikaler Text)	⌘+→	Strg+→
Ans Ende des Textobjekts (vertikaler Text)	⌘+←	Strg+←
An den Zeilenanfang	↖	Pos1
Ans Zeilenende	↘	Ende
Gleiche Position in nächster Zeile	↓	↓
Gleiche Position in voriger Zeile	↑	↑
Gleiche Position in nächster Zeile (vertikal)	←	←
Gleiche Position in voriger Zeile (vertikal)	→	→
Ein Wort vor	⌘+→	Strg+→
Ein Wort zurück	⌘+←	Strg+←
Ein Wort vor (vertikaler Text)	⌘+↓	Strg+↓
Ein Wort zurück (vertikaler Text)	⌘+↑	Strg+↑
Ein Zeichen vor	→	→
Ein Zeichen zurück	←	←
Ein Zeichen vor (vertikaler Text)	↓	↓
Ein Zeichen zurück (vertikaler Text)	↑	↑
Eingabe beenden und zum Auswahl-Werkzeug	esc	Esc

Texteingabe	Mac-Shortcut	Windows-Shortcut
Bedingter Trennstrich	⌘+⇧+-	Strg+⇧+-
Zeilenumbruch	⇧+↵	⇧+↵
„ (öffnende Anführungszeichen)	⌥+⇧+W	Alt+ Num 0 1 3 2
" (schließende Anführungszeichen)	⌥+2	Alt+ Num 0 1 4 7
‚ (öffnende einfache Anführungszeichen)	⌥+S	Alt+ Num 0 1 3 0
' (schließende einfache Anführungszeichen)	⌥+#	Alt+ Num 0 1 4 5
' (Apostroph)	⌥+⇧+#	Alt+ Num 0 1 4 6
» (öffnende Guillemets)	⌥+⇧+Q	Alt+ Num 0 1 8 7
« (schließende Guillemets)	⌥+Q	Alt+ Num 0 1 7 1
› (öffnende einfache Guillemets)	⌥+⇧+N	Alt+ Num 0 1 5 5
‹ (schließende einfache Guillemets)	⌥+⇧+B	Alt+ Num 0 1 3 9
© (Copyright)	⌥+G	Alt+ Num 0 1 6 9
® (eingetragene Marke)	⌥+R	Alt+ Num 0 1 7 4
• (Listenpunkt)	⌥+Ü	Alt+ Num 0 1 4 9
… (Auslassungspunkte)	⌥+.	Alt+ Num 0 1 3 3

23.3.4 Objektbearbeitung

Werkzeug-Bedienfeld	Mac-Shortcut	Windows-Shortcut
Auswahl-Werkzeuge wechseln	⌘ und/oder ⌥ halten	Strg und/oder Alt halten
Vertauschen von Kontur- und Flächenfarbe des aktivierten Objekts	⇧+X	⇧+X

Objekte bewegen	Mac-Shortcut	Windows-Shortcut
Nach oben, unten, links, rechts verschieben	↑, ↓, ←, →	↑, ↓, ←, →
Um das Zehnfache verschieben	⇧+↑, ↓, ←, →	⇧+↑, ↓, ←, →

Den Abstand, um den Sie Objekte mit den Pfeiltasten verschieben, stellen Sie ein unter VOREINSTELLUNGEN • ALLGEMEIN • SCHRITTE PER TASTATUR.

Symbol-Werkzeuge	Mac-Shortcut	Windows-Shortcut
Durchmesser erhöhen	⇧+<	⇧+<
Durchmesser verringern	<	<
Intensität erhöhen	⇧+)	⇧+)
Intensität verringern	⇧+(	⇧+(

Tropfenpinsel-, Radiergummi-Werkzeug, Borstenpinsel	Mac-Shortcut	Windows-Shortcut
Durchmesser erhöhen	⇧+<	⇧+<
Durchmesser verringern	<	<

Borstenpinsel	Mac-Shortcut	Windows-Shortcut
Farbdeckkraft eingeben	0-9	0-9

23.3.5 Sonstige

	Mac-Shortcut	Windows-Shortcut
Maßeinheiten wechseln	⌘+⌥+⇧+U	Strg+Alt+⇧+U
Alle Bedienfelder ausblenden	⇥	⇥
Alle außer Werkzeug-Bedienfeld ausblenden	⇧+⇥	⇧+⇥
Werkzeug-Spitze als Fadenkreuz-Cursor	⇧	⇧
Zu nächstem Dokument wechseln	⌘+⇧+´	Strg+⇥ oder F6
Zu nächster Dokumentgruppe wechseln	⌘+⌥+⇧+´	Strg+Alt+⇥ oder F6
Zeichenflächen blättern	↑, ↓	Bild↑, Bild↓
Zeichenflächenmodus		
Zu nächster Zeichenfläche blättern	⌥+→, ⌥+↓	Alt+→, Alt+↓
Zu voriger Zeichenfläche blättern	⌥+←, ⌥+↑	Alt+←, Alt+↑

24 Die DVD zum Buch

Die DVD zum Buch setzt sich aus folgenden Verzeichnissen zusammen, die ich Ihnen im Folgenden kurz vorstelle:
- Beispieldateien
- Demoversionen_Plugins
- Video-Lektionen

24.1 Beispieldateien

In diesem Ordner finden Sie – nach Kapiteln geordnet – Materialien zum Buch, z. B. Beispieldateien der Abbildungen, deren Aufbau Sie studieren können. Darüber hinaus sind die Übungsdateien für die Schritt-für-Schritt-Anleitungen dort abgelegt.

24.2 Demoversionen_Plugins

Illustrators Funktionsumfang lässt sich durch Plug-ins erweitern. Einige interessante Plug-ins möchte ich Ihnen vorstellen, und ich konnte Demoversionen für Sie beschaffen. Vollversionen aller Plug-ins können Sie direkt bei den Herstellern unter den jeweils angegebenen URLs erwerben.

Dort finden Sie auch weiterführende Informationen. Bitte beachten Sie die Nutzungsvereinbarungen – selbstverständlich ist das Dekompilieren der Software nicht zulässig. Alle Plug-ins liegen in englischer Sprache vor.

24.2.1 Bag72a
Erstellt auf der Basis von Nutzereingaben automatisch Vorlagen für Packungen, die im Flexodruck produziert werden.
www.worker72a.com
- Mac

> **Plug-ins auf der DVD**
>
> Bei den Plug-ins auf der DVD handelt es sich um Demoversionen. Die Vollversionen sind nicht im Preis dieses Buches enthalten. Von den meisten Plug-ins gibt es auch Versionen für Illustrator CS4 oder ältere Versionen. Bitte sehen Sie dies unter den angegebenen URLs nach.

▲ **Abbildung 24.1**
Plug-in-Icon

▼ **Abbildung 24.2**
CADTools: z. B. Einrichten eines Maßstabs für das Dokument (links), Stile der Bemaßungslinien, Arbeiten mit Erstellungswerkzeug (Mitte), Gestalten der Labels (rechts)

24.2.2 CADtools

Werkzeuge für das Erstellen von 2D-CAD-Zeichnungen und Isometrien sowie für die Bearbeitung und Bemaßung von Zeichnungen.
http://www.hotdoor.com/cadtools
▶ Windows und Mac

»CS3«-Plug-ins

Plug-ins von rj-graffix wurden ursprünglich für Illustrator CS3 geschrieben, funktionieren auf dem Mac jedoch auch mit Version CS5. Die Windows-Version ist in Arbeit.

▲ **Abbildung 24.3**
Optionen des Filters CONCATENATE

Filter anwenden

Plug-ins wie z. B. Concatenate sind Filter. Diese finden Sie im Menü unter OBJEKT • FILTER.

24.2.3 Concatenate

Drei Filter, die vor allem für das »Aufräumen« konvertierter CAD-Dateien nützlich sind, da ausgewählte oder nicht aktivierte logisch zusammengehörige Pfade (im Gegensatz zu Illustrators neuer Verbinden-Funktion) nach bestimmten Regeln zu einem Pfad zusammengeführt werden.
www.rj-graffix.com/software/plugins.html
▶ Mac (Windows-CS5-Version in Arbeit)

24.2.4 Cutting Tools

Vier kleine Spezialschneidewerkzeuge, die bestimmte Aufgaben schnell und intuitiv erledigen.
www.rj-graffix.com/software/plugins.html
▶ Mac (Windows-CS5-Version in Arbeit)

24.2.5 FilterIT

Verschiedene Werkzeuge, mit denen Objekte ähnlich wie mit Hüllen verformt werden können. FilterIT ermöglicht jedoch eine dreidimensionale Illusion. Ein Metabrush-Werkzeug verstreut Objekte nach definierbaren Kriterien entlang des Werkzeugpfads.
www.cvalley.com
▶ Windows und Mac

▲ **Abbildung 24.4**
Die Module WAVE, WARP und CRAFT aus FILTERiT

24.2.6 Phantasm CS

Die aus Photoshop bekannten Farbkorrekturwerkzeuge TONWERTKORREKTUR, GRADATIONSKURVEN, FARBTON/SÄTTIGUNG und andere können Sie mit diesem Plug-in als Live-Effekte auf Vektorobjekte anwenden. Die Studio-Version enthält ein Werkzeug zur Umwandlung von Grafik in Vektor-Halbtöne sowie eine Separationsvorschau und eine Farbdeckungsanalyse. Auf der DVD finden Sie auch eine Dokumentation in deutscher Sprache.
www.astutegraphics.com
▶ Windows und Mac

▼ **Abbildung 24.5**
Phantasm CS – Module aus der Vollversion: Analyse der Farbdeckung (links), Halbton (rechts)

24.2.7 PointControl

Erweiterte Funktionen zur Pfad- und Punkt-Bearbeitung – z. B. Veränderung von Konturstärken, Löschen und Umwandeln von Punkten.
www.worker72a.com
▶ Mac

Weitere Plug-ins

Eine Aufstellung vieler weiterer Plug-ins finden Sie unter *www.vektorgarten.de/illustrator-plug-ins.html*.

Abbildung 24.6
PointControl

Abbildung 24.7
QuickCarton

24.2.8 QuickCarton
Erzeugt eine Karton-Stanzform nach Eingabe einiger Parameter.
www.worker72a.com
▶ Mac

24.2.9 Select
Ergänzt das Auswahl-Menü um etliche Objekt-Typen, die mithilfe des Plug-ins automatisch gesucht werden können, z. B. offene oder konturierte Pfade.
www.rj-graffix.com/software/plugins.html
▶ Mac (Windows-CS4-Version in Arbeit)

24.2.10 SelectEffects
Wenn im Dokument Effekte und Transparenz angewendet sind, können Sie betroffene Objekte mit diesen Funktionen filtern.
www.worker72a.com
▶ Mac

24.2.11 SepPreview
Mit SepPreview ist eine Vorschau einzelner Farbauszüge direkt in Illustrator ohne Umweg über andere Programme möglich.
www.worker72a.com
▶ Mac

24.2.12 Scoop
Scoop sammelt die für die Ausgabe benötigten Dateien wie Fonts und platzierte Bilder und speichert sie mit der Illustrator-Datei.
www.worker72a.com
▶ Mac

Abbildung 24.8
Select (links), SelectEffects (oben Mitte), SepPreview (unten Mitte) und Scoop (rechts)

24.2.13 Scriptographer

Scriptographer ist eine Schnittstelle, mit deren Hilfe JavaScripts in Illustrator interaktiv ausgeführt werden können, d. h. zum Beispiel an Mausbewegungen gekoppelt. Die Dokumentation, eine Beispiel-Galerie und Nutzerforen sowie den Download des Plug-ins finden Sie unter *www.scriptographer.com*.
▶ Windows und Mac

24.2.14 SymmetryWorks

Erstellung von Endlos-Mustern nach verschiedenen Regeln aus einfachen Grundformen und Generieren des Rapports für die Musterfelder.
www.artlandia.com/products/SymmetryWorks/
▶ Windows und Mac

▲ **Abbildung 24.9**
Tag72a: Tag in einem Dokument (oben); Einstellungen (unten)

24.2.15 Tag72a

Automatisches Generieren eines »Zeitstempels« mit weiteren Metadaten in der Datei bei jedem Speichervorgang.
www.worker72a.com
▶ Mac

▲ **Abbildung 24.10**
SymmetryWorks erstellt Muster nach 17 festen Regeln und generiert daraus einen Rapport (links); das Modul ANCHORMAN für das Plug-in Scriptographer (rechts)

24.2.16 WhiteOPDetector und WhiteOP2KO

WhiteOPDetector sucht überdruckende weiße Objekte. WhiteOP2KO wandelt die Überdrucken-Eigenschaft in Aussparen um.
www.worker72a.com
▶ Mac

▲ **Abbildung 24.11**
WhiteOPDetector

> **Mustertheorie**
>
> SymmetryWorks und Xtream Path basieren auf der Mustertheorie. Eine Übersicht erhalten Sie im Wikipedia-Artikel *http://de.wikipedia.org/wiki/Ebene_kristallografische_Gruppe*.

24.2.17 Xtream Path

Eine Sammlung von Pfadbearbeitungsfunktionen und Werkzeugen, z.B. zum direkten Manipulieren von Pfadsegmenten, Anlegen von Rundungen oder Generieren von Symmetriegruppen periodischer Muster.
www.cvalley.com
▶ Windows und Mac

▲ Abbildung 24.12
Bearbeiten von Ecken, direktes Editieren von Pfadsegmenten und Erstellung von Mustern mit XTream Path

▲ Abbildung 24.13
Zusätzliche Menüeinträge von Zoom to Selection

24.2.18 Zoom to Selection

Ergänzt das Ansicht-Menü, sodass Sie auf ausgewählte Objekte zoomen oder sie ins Fenster einpassen können.
www.worker72a.com
▶ Mac

> **Demoversionen**
>
> Leider sind aufgrund der hohen Datenmengen keine Demoversionen von Adobe Illustrator CS5 auf der DVD enthalten. Sie können die Demoversionen auf der Website von Adobe unter folgender Adresse herunterladen: *www.adobe.com/go/tryillustrator_de*.
>
> Dort wählen Sie Ihr Betriebssystem und gegebenenfalls eine andere Sprache aus und speichern das Installationsprogramm auf Ihrem Rechner.
>
> Wenn Sie schon einmal eine Demoversion eines der Programme auf Ihrem Rechner installiert hatten, so ist die erneute Installation einer Testversion nicht mehr möglich.

24.3 Video-Lektionen

In diesem Ordner finden Sie ein attraktives Special: Als Ergänzung zum Buch möchten wir Ihnen relevante Lehrfilme zur Verfügung stellen. So haben Sie die Möglichkeit, dieses neue Lernmedium kennenzulernen und gleichzeitig Ihr Wissen um Illustrator CS5 zu vertiefen. Sie schauen dem Trainer bei der Arbeit zu und verstehen intuitiv, wie man die erklärten Funktionen anwendet.

24.3.1 Training starten

Um das Training zu starten, gehen Sie auf der Buch-DVD in den Ordner Video-Lektionen und klicken dort auf der obersten Ebene als Mac-Anwender die Datei »start.app« an (als Windows-Benutzer wählen Sie die Datei »start.exe«). Alle anderen Dateien können Sie ignorieren. Das Video-Training startet, und Sie finden sich auf der Oberfläche wieder.

▲ **Abbildung 24.14**
Die Video-Lektionen sind ein Auszug aus dem Video-Training »Adobe Illustrator CS5« von Karl Bihlmeier, erschienen ebenfalls bei Galileo Design (ISBN 978-3-8362-1574-9).

◄ **Abbildung 24.15**
Die Benutzeroberfläche des Video-Trainings

24.3.2 Inhalt des Trainings

Die ausgewählten Video-Lektionen geben Tipps zum Umgang mit Objekten, dem Einsatz eines Zeichentabletts und zum Zeichnen und Illustrieren. Die Filme sind in drei Kapiteln sortiert. Um eine Lektion zu starten, klicken Sie im rechten Bereich des Menüs auf den Namen der Lektion. Diese Filme finden Sie auf der DVD:

Kapitel 1: Umgang mit Objekten
1.1 Objekte auswählen und transformieren (10:55 Min.)
1.2 Objektattribute übertragen (04:04 Min.)
1.3 Pixelbilder einfügen (04:24 Min.)

Kapitel 2: Zeichnen & Gestalten
2.1 Ein Stifttablett einsetzen (10:18 Min.)
2.2 Freihandzeichnen (14:48 Min.)
2.3 Mit Farbe gestalten (06:39 Min.)

Kapitel 3: Fortgeschrittene Techniken
3.1 Das Perspektive-Gitter (07:26 Min.)
3.2 Masken & Freisteller (11:03 Min.)

25 Glossar

9-Slice-Skalierung
Eine Skalierungsmethode von Adobe Flash und Fireworks, die selbst bei nichtproportionaler Skalierung eines rechteckigen Objekts die Integrität der Ecken erhält. Dies wird erreicht durch die Einteilung der Objekte in neun Zonen, die jeweils entweder gar nicht, nur horizontal, nur vertikal oder angepasst skaliert werden. 9-Slice-Skalierung ist nur im Flash Player und in Fireworks wirksam.

Abpaus-Objekt
→ Interaktiv nachzeichnen

Absatz
Text, der sich zwischen zwei Zeilenschaltungen (Wagenrückläufen, Carriage Returns) befindet.

ActionScript
Die Skriptsprache von R Flash. ActionScript ermöglicht das Erstellen interaktiver Elemente sowie die Kommunikation mit Datenbanken.

AICB
Adobe Illustrator ClipBoard. Seit Illustrator 10 wird der Inhalt der Zwischenablage im PDF-Format gespeichert. AICB ist die Bezeichnung für das alte Format der Zwischenablage.

Aktion
Aufgenommene Abfolge von Bearbeitungsschritten. Aktionen können gespeichert und an anderen Objekten oder Dateien erneut angewendet sowie in R Stapelverarbeitungen automatisiert werden. Darüber hinaus ist es möglich, sie an andere Nutzer weiterzugeben.

Aktivieren
→ Auswählen

Alpha-Kanal
Bildkanal in Rastergrafiken mit zusätzlichen Informationen über die Transparenz der einzelnen Pixel. Üblicherweise steht Weiß für vollkommen opake und Schwarz für vollkommen transparente Bereiche. Semi-Transparenz wird durch Graustufen erzielt.

Anfasser
→ Grifflinien

Angleichung
Da Pfade auf geometrischen Algorithmen basieren, ist es möglich, dass ein Vektorgrafik-Programm interpolierte Formen zwischen zwei geometrischen Figuren berechnet. In Illustrator wird diese Funktion »Angleichen« genannt.

Anker, Ankerpunkt
Das kleinste Objekt in einer Vektorgrafik. In Illustrator gibt es zwei Arten von Punkten: Eckpunkte, an denen ein Pfad seine Richtung abrupt ändert, sowie Kurvenpunkte, an denen ein allmählicher Übergang erfolgt. Ein Kurvenverlauf wird durch Grifflinien gesteuert.

Anschnitt
Bereich, um den ein Layout größer angelegt wird, damit beim Zuschneiden auf das Endformat keine Blitzer an → randabfallenden Objekten entstehen.

Anti-Aliasing
Die Kantenglättung in Pixelbildern, um einen Treppcheneffekt zu vermeiden. → Supersampling, → Hinting

Anwendungsrahmen
Auch: Applikationsrahmen. Auf dem Mac Zusammenfassung aller

Bedienelemente und Dokumentfenster von Illustrator (und anderen Adobe-Anwendungen) in einem gemeinsamen übergeordneten Fenster. Damit können alle Elemente als Einheit behandelt werden.

Appearance
→ Aussehen

AppleScript
→ JavaScript

Auflösung
Die Auflösung legt fest, wie viele Bildpunkte sich auf einer definierten Strecke befinden. Bezeichnet wird die Auflösung mit ppi (Pixel per Inch) und dpi (Dots per Inch). Mit der Angabe ppi soll die Auflösung von Bilddateien benannt werden; der Wert meint also die in einer Bilddatei zur Verfügung stehende Informationsmenge. dpi bezeichnet die Auflösung von Eingabe- und Ausgabegeräten, also von Scannern, digitalen Kameras oder Druckern. In der Praxis werden die Begriffe nicht mehr so sauber getrennt – dpi hat sich längst als universale Maßeinheit eingeschlichen.

Ausrichten
Automatisches Anordnen mehrerer Objekte oder Punkte zueinander und zur Zeichenfläche nach festen Regeln.

Aussehen
Hierarchisch geordnete editierbare Eigenschaften wie Füllung, Kontur, Effekte, die zusammen das Erscheinungsbild eines Objekts bestimmen, ohne seine Struktur zu verändern.

Aussparungsgruppe
Mit dieser Option lassen sich die Objekte innerhalb einer Gruppe von der Berechnung von Deckkraft und Füllmethode ausschließen, d. h., nur Objekte außerhalb der Gruppe sind betroffen.

Auswählen
Das Aktivieren eines Objekts auf der Zeichen- oder Montagefläche, um es zu bearbeiten. Objekte können nur dann verändert werden, wenn sie ausgewählt sind. Für Auswahlen stehen fünf Werkzeuge zur Verfügung: das Auswahl-Werkzeug zur Aktivierung ganzer Objekte, das Direktauswahl- und das Lasso-Werkzeug für die Auswahl von Punkten, Pfadsegmenten (aber ebenfalls ganzer Objekte), das Gruppenauswahl-Werkzeug für das Selektieren der Bestandteile von Gruppen sowie das Zauberstab-Werkzeug zur Auswahl von Objekten basierend auf ihren Aussehen-Eigenschaften.

Autotrace
→ Interaktiv nachzeichnen

Banding
Abstufungen, die beim Drucken oder in der Bildschirmdarstellung eines generierten Verlaufs entstehen. Die »Smooth Shading«-Technologie in PostScript3-RIPs verhindert die Entstehung von Banding.

Batch
→ Stapelverarbeitung

Bedienfeld
In den Bedienfeldern sind wichtige Kontroll- und Hilfsinstrumente untergebracht.

Begrenzungsrahmen
Der Begrenzungsrahmen ist ein gedachtes Rechteck, das die äußersten Punkte eines oder mehrerer aktivierter Objekte umschließt. Je nach Voreinstellung sind formverändernde Objekteigenschaften (wie die Linienstärke) ebenfalls eingeschlossen. Auf Basis des Begrenzungsrahmens erfolgen Maßangaben, und er kann zum Transformieren von Objekten benutzt werden.

Beschnitt
1. Teil einer Grafik, der im Layout über den Seitenrand ragt, aber beim fertigen Druckobjekt weggeschnitten wird. Der in der Regel verlangte Überstand beläuft sich auf 3 mm.
2. Teil des Druckbogens, der beim Schneiden nach dem Falzen wegfällt.

Beschnittmarken
5 bis 10 mm lange feine Linien außerhalb des Endformates einer Drucksache, die die Verlängerung der Endformatkanten darstellen und bei → randabfallendem oder angeschnittenem Druck auf dem größeren unbeschnittenen Format als Markierung für den Stapelschnitt mitgedruckt werden.

Bevel
Profilkante (»abgeflachte Kante«), mit der ein Objekt bei einer 3D-Extrusion versehen werden kann.

Bézierkurve

Als Vektoren definierte Kurvenzüge zur Anlage von → Pfaden. Eine Bézierkurve wird immer durch die Koordinaten von vier Punkten definiert. Die Bézierkurven erhielten ihren Namen von dem französischen Ingenieur Pierre Bézier, der sie für das Karosseriedesign im Automobilbau entwickelte.

Bibliothek

Ein als Datei gespeicherter Bestand an Farbfeldern, → Pinseln, → Grafikstilen oder → Symbolen

Blend Modes

→ Füllmethoden

Blitzer

Weiße Zwischenräume bei übereinanderliegenden farbigen Elementen auf dem Ausdruck, die durch kleine Ungenauigkeiten der Druckmaschine entstehen können, oder weiße Zwischenräume an den Schnittkanten.

Boole'sche Operationen

In der Computergrafik: die Anwendung der logischen Operatoren wie AND, OR, NOT auf geometrische Formen. Dabei entstehen z. B. Schnitt- oder Vereinigungsmengen. In Illustrator werden diese Funktionen als Formmodi und Pathfinder angewendet.

Brush

→ Pinsel

Buchfarbe

Eine → Sonderfarbe, die sowohl → CMYK- als auch → Lab-Definitionen des Farbtons enthält. Diese Werte werden für die Darstellung und Berechnungen mit der Farbe verwendet, wenn der Vollton nicht anwendbar ist, z. B. bei der Darstellung am Bildschirm oder der Umrechnung bei Transparenz-Interaktionen der Farbe.

Click & Drag

(Mit dem Cursor) anklicken und ziehen.

CMYK

Die vier Druckfarben Cyan, Magenta, Gelb (Yellow) und Schwarz (Key) des Vierfarbdrucks. Die drei farbigen Komponenten CMY ermöglichen die Darstellung von Farben durch autotypische Farbmischung, wobei jedoch das hundertprozentige Übereinanderdrucken der drei Farben kein reines Schwarz ergibt, sodass zusätzlich als vierte Druckfarbe Schwarz verwendet wird.

Composite-Datei

Druckdatei, bei der im Gegensatz zur separierten Ausgabe mit Farbauszügen die Farben nicht seitenweise voneinander in → CMYK aufgeteilt ist, sondern alle Farben einer Seite als Einheit behandelt werden. Der Ausdruck auf Farbdruckern erfolgt beispielsweise immer als Composite-Datei. Die Aufteilung auf die Druckfarben erfolgt dann erst im Gerät.

Copy & Paste

Kopieren eines Elements in die Zwischenablage und Einfügen in dasselbe oder ein anderes Dokument.

DCS

Desktop Color Separation. Dateiformat für vorseparierte Bilder. Das Dateiformat umfasst je eine Datei für jeden → Farbauszug (CMYK sowie Schmuckfarben) und ein Vorschaubild für die Platzierung im Layoutprogramm.

Deckkraft

Die Transparenz einer Ebene. Bei 100 % sind die Objekte deckend, bei 0 % durchsichtig. Reduziert werden kann die Deckkraft ganzer Objekte, einzelner Konturen oder Flächen sowie einzelner Verlaufsfarben (→ Verlauf).

Deckkraftmaske

Die Hell-Dunkel-Werte einer Grafik werden als Alpha-Transparenz für eine zweite Grafik verwendet. Idealerweise wird eine Deckkraftmaske in Grautönen angelegt. Dabei erzeugen schwarze Bereiche einen vollständig transparenten Bereich, weiße Bereiche dagegen 100 % Deckung. → Alpha-Kanal

DeviceN

Ein Farbraum, der im Gegensatz zu RGB oder CMYK (3 bzw. 4 Farbkanäle) bis zu 31 Farbkanäle enthalten kann. DeviceN kommt für Hexachrome oder für die Speicherung anderer Schmuckfarben-Dateien zum Einsatz.

Diagramm

Grafische Visualisierung von Daten, Sachverhalten oder Zusammenhängen. Die Diagramm-Werkzeuge in Illustrator dienen zur Darstellung voneinander abhängiger Werte.

Digitalproof

Hochwertiger Farbdruck, der das spätere Druckergebnis simuliert, ohne vorherige Herstellung der Filmvorlagen. Nachteil des Digitalproofs gegenüber den herkömmlichen Proofverfahren oder einem Andruck ist, dass Fehler durch falsche Rasterung (z. B. Moiré) nicht erkannt werden können.

Dokumentfarbmodus

Der für eine Datei definierte Farbmodus (RGB oder CMYK) legt fest, auf welche Art Objektfarben angelegt werden können. Darüber hinaus bestimmt der Dokumentfarbmodus die Wirkweise von → Füllmethoden und den Farbmodus eingebetteter Bilder.

Dokumentprofil

Sammlung von Vorgaben und Eigenschaften neuer Dateien für gebräuchliche Einsatzzwecke wie Druck, Web, Video und Film. Dokumentprofile enthalten Meta-Informationen, Pinsel, Stile, Ansichtsoptionen etc.

Dokument-Rastereffekt-Einstellungen

In den Optionen wird definiert, wie auf Vektorobjekte angewendete pixelbasierte Effekte, z. B. Schein nach außen, in Pixel umgerechnet werden. Wichtig ist vor allem die Einstellung der → Auflösung.

Drag & Drop

Ziehen und fallen lassen. Ein Objekt wird mit der linken Maustaste angeklickt, wobei die Taste gedrückt bleibt. Nun kann das Objekt auf der Arbeitsoberfläche des Computers verschoben (transportiert) werden. Dort, wo die Maustaste losgelassen wird, bleibt das Objekt liegen.

Dynamisch

Elemente in einer Datei, die durch äußere Einflüsse geändert werden können, werden als dynamisch bezeichnet. In Illustrator zählen dazu z. B. → Variablen oder → Live-Effekte. Auch Textfelder können zur Weiterverwendung in Flash bereits in Illustrator als dynamisch definiert werden.

Ebene

Schicht in einem Dokument, auf der einzelne oder mehrere Objekte liegen. Illustrator-Dokumente enthalten mindestens eine Ebene. Jeder Ebene können weitere Ebenen untergeordnet werden.

Eckenradius

Bei der Ecke eines abgerundeten Rechtecks die Distanz zwischen der Viertelkreislinie und deren gedachtem Mittelpunkt.

Effekt

Operation, die das Aussehen eines Pfads oder Objekts verändert, ohne den Pfadverlauf zu beeinflussen. Auf ein Objekt angewandte Effekte gehören zu seinen Aussehen-Eigenschaften und können editiert und wieder entfernt werden.

EPS

Encapsulated PostScript. Dateiformat für Bilder, Vektorgrafiken und einseitige Layouts, das intern PostScript verwendet und in der Regel für die Bildschirmdarstellung zusätzlich eine niedrig auflösende (72 dpi) Voransicht umfasst. EPS-Daten lassen sich nur auf Geräten ausgeben, die PostScript-Befehle verarbeiten können, alle anderen Ausgabegeräte stellen nur die Bildschirmansicht dar.

Expand

→ Umwandeln

Extrusion

Erzeugung einer dreidimensionalen Form durch Parallelverschiebung der Grundform im Raum.

Farbauszug

Bildanteil einer Farbe auf einer Dokumentseite. Für den Farbdruck werden alle in einem Dokument vorkommenden Farben in die auf dem Ausgabegerät verwendeten Farben seitenweise aufgetrennt (separiert). Je Auszug entsteht dann ein Film für die Belichtung der Druckplatten, oder die Druckplatten werden direkt belichtet. Durch den Zusammendruck von CMYK entsteht im fertigen Ausdruck wieder der eigentliche Farbeindruck.
→ Separation

Farbharmonie

Beziehungen mehrerer Farbtöne und -nuancen untereinander und deren Einordnung in Gesetzmäßigkeiten.

Farbmanagement

Die Soft- und Hardware-Funktionen sowie Arbeitsmethoden, mit denen über verschiedene Medien hinweg vorhersagbare Farbeindrücke erzielt werden sollen.

Farbmodus

Die Farben von Bildern und Grafiken können in unterschiedlichen

Farbsystemen (Farbmodi) dargestellt werden, denen jeweils ein anderer Farbraum zugrunde liegt. Die gebräuchlichsten Farbmodi basieren auf → RGB, → CMYK, → Lab, Graustufen und Bitmap (Schwarzweiß).

Fattening
Das Ersetzen der niedrig aufgelösten Layoutbilder durch die hochaufgelöste Version in OPI-Workflows. Muss vor der Transparenzreduzierung vorgenommen werden.

Filter
Operationen, die das Aussehen eines Pfads oder Objekts verändern, indem sie den Pfadverlauf oder andere Objekt-Eigenschaften direkt bearbeiten. In Illustrator CS5 ist das Filter-Menü nicht mehr vorhanden.

Fläche
Die Farbe, der Verlauf oder das Muster, das dem von einem Pfad umschlossenen Bereich zugewiesen wurde.

Flash
Eine Entwicklungsumgebung, mit der multimediale interaktive Inhalte erstellt werden. Da das Dateiformat SWF vektorbasiert ist, sind die Dateien gut zu komprimieren. → ActionScript

Flattening
→ Umwandeln

Font
1. Schriftschnitt einer Schriftart.
2. Digitale Umsetzung eines Schriftdesigns als Datei.

Format
→ Stil

Formbereich
Die bei einer R zusammengesetzten Form durch Kombination mittels eines → Formmodus entstehende Fläche.

Formmodus
Die Art, in der verschiedene Objekte in einer → zusammengesetzten Form kombiniert werden, z. B. Schnittmenge oder Subtraktion. Der Formmodus wird mit ⌘/Alt+Klick auf die Buttons der oberen Reihe im Pathfinder-Bedienfeld bestimmt.

Füllmethode
Auch: Modus. Die Farbe eines mit einer von Normal abweichenden Füllmethode versehenen Objekts wird entsprechend der gewählten Füllmethode mit der Farbe der darunterliegenden Objekte verrechnet. Die Wirkungsweise einiger Füllmethoden ist vom → Dokumentfarbmodus abhängig.

Füllregel
Auch: Windungsregel. Mit der Füllregel wird bestimmt, welche Bereiche komplexer Objekte (sich selbst überschneidender oder zusammengesetzter Pfade) mit einer Fläche versehen werden. Zur Wahl stehen Gerade-Ungerade und Nicht-Null.

Füllung
→ Fläche

FXG
Flash XML Graphics Format. Ein auf einem Teilsatz der Nutzer-Interface-Auszeichnungssprache MXML basierendes Austauschformat für die Flash-Plattform, das als Open Source zur Verfügung steht. FXG dient vor allem zur Weiterbearbeitung von Grafik in Flash Catalyst und Flex Builder.

Gitterobjekt
Ein mehrfarbiges vektorbasiertes Spezialobjekt, das vor allem in fotorealistischen Illustrationen zur Anwendung kommt.
Auch Verlaufsgitter genannt

Glyphe
Die grafische Darstellungsform eines Schriftzeichens – Buchstabe, Satzzeichen oder grafisches Element.

Grafikstil
→ Stil

Grafiktablett
Alternatives Eingabegerät, bestehend aus einer drucksensitiven Unterlage und verschieden geformten und ausgestatteten Stiften. Von der Treibersoftware ausgewertet werden können: Position des Stifts, Druck, Neigung, Drehrichtung und das Betätigen von zusätzlichen Knöpfen oder Rädchen am Stift.

Griffe, Grifflinien
Tangenten, die aus jedem → Ankerpunkt gezogen werden können und deren Lage und Länge den

Verlauf des Kurvensegments zwischen zwei Punkten bestimmen.

Griffpunkt
Endpunkt der Grifflinie. Durch Klicken und Ziehen des Griffpunkts wird die Grifflinie verändert. Griffpunkte ziehen intelligente Hilfslinien an.

Gruppe
Eine Verbindung mehrerer (verschiedenartiger) Einzelobjekte, die sich nicht gegenseitig beeinflussen. Gruppierte Objekte können gemeinsam → transformiert werden und lassen sich jederzeit wieder voneinander trennen.

Hilfslinie
Ein nicht-druckendes Vektorobjekt, an dem andere Objekte ausgerichtet werden. Hilfslinien haben in → Diagrammen und bei der → 9-Slice-Skalierung weitergehende Funktionen für die Konstruktion.

Hinting
Methode für das → Rastern von Schrift, bei der zunächst die Buchstaben selbst gerastert und dieses Ergebnis dann in einem zweiten Schritt auf das vorhandene Pixelraster optimiert wird. → Anti-Aliasing

HKS
→ Sonderfarbe

HTML
HyperText Markup Language. Auf XML basierende Strukturierungs- und Auszeichnungssprache – keine Seitenbeschreibungs- bzw. Layoutsprache – für webbasierte Dokumente.

Hülle
Ein Spezialobjekt, das zur Verformung anderer Objekte verwendet wird. Die umhüllten Objekte passen sich der Form der Hülle an. Sowohl Hülle als auch Inhalt bleiben als Vektorobjekte editierbar und lassen sich wieder voneinander lösen.

ICC
Damit nicht jeder Hersteller eigene Geräteprofile verwendet, die nicht kompatibel zueinander wären, haben 1993 Firmen wie Agfa, Apple, Adobe, Kodak, Linotype und Microsoft sowie die FOGRA (Forschungsgesellschaft Druck e.V.) das International Color Consortium (ICC) gegründet und Richtlinien ausgearbeitet, wie ein Geräteprofil aufgebaut sein muss. Alle aktuellen Versionen von Windows sowie das Mac OS unterstützen das ICC-Format ebenso wie professionelle Layout-, Grafik und Bildbearbeitungsprogramme.

Innen einfügen
→ Schnittmaske

Instanz
Auf einer Zeichen- oder der Montagefläche platzierter Verweis auf die Originalgrafik eines → Symbols.

Intelligente Hilfslinien
Diese Funktion ermöglicht es, alle Objekte und deren Punkte als Hilfsmittel zum Ausrichten von Objekten zu verwenden.

Interaktiv abpausen
Alte Bezeichnung des Befehls → Interaktiv nachzeichnen.

Interaktiv malen
Eine Funktion, mit deren Hilfe Bereiche einer Grafik gefüllt werden können, die voneinander unabhängigen Pfaden begrenzt sind.

Interaktiv nachzeichnen
Mit dieser Funktion ist es möglich, eine Vorlage zu vektorisieren. Solange das Nachzeichnerobjekt nicht in Pfade umgewandelt wird, bleibt die Verbindung zwischen der Vorlage und dem Nachzeichnerergebnis bestehen, sodass Änderungen am Originalbild oder den Nachzeichneroptionen in der Nachzeichnung ausgeführt werden.

Interaktive Farbe
Eine Reihe von Funktionen, die den Umgang mit Farbe im Dokument – vor allem das Umfärben und Reduzieren der Anzahl verwendeter Farben – vereinfachen.

Inverse Kinematik
Funktion u. a. in Flash oder 3D-Animationssoftware. Mehrere Objekte werden so miteinander verkettet, dass sich alle logisch mitbewegen, wenn ein Glied der Kette verschoben wird.

Isolationsmodus
Bearbeitungsmodus, in dem zwar alle Dateiinhalte sichtbar sind, jedoch nur eine ausgewählte → Gruppe, ein → Symbol, eine → Schnittmaske oder ein anderes Objekt bearbeitbar ist.

Isometrie
Eine einfache Form der perspektivischen Darstellung, in der alle drei Achsen gleich verkürzt erscheinen. Der Winkel zwischen zwei Achsen beträgt jeweils 120°.

JavaScript

Plattformunabhängige Programmiersprache, mit deren Hilfe Illustrator automatisiert werden kann. Auch Funktionen anderer Programme lassen sich in Skripten aufrufen und so in Illustrator integrieren. Neben JavaScript können auch die proprietären Sprachen Visual Basic Script und Apple Script verwendet werden. JavaScript dient außerdem dazu, Interaktivität in SVG-Dateien zu programmieren.

Kontextmenü

Liste von möglichen Anweisungen, die durch einen Rechtsklick (Windows) bzw. einen Mausklick bei gedrückter ctrl -Taste (Macintosh) zugänglich gemacht wird. Das Kontextmenü ist je nach Werkzeugwahl und Ort der Aktivierung (kontextabhängig) unterschiedlich bestückt.

Kontur

Die einem Pfad zugewiesenen Eigenschaften Farbe bzw. Muster, Stärke, Strichelung, Ecken- und Endenformen oder Pinsel.

Kreiseln

Erzeugung einer dreidimensionalen Form durch Rotieren der Grundform um die y-Achse.

Kuler

Eine Online-Community um das Thema Farben und → Farbharmonien. In Kuler veröffentlichte Farbharmonien können in einige Versionen von Illustrator direkt übernommen oder als kompatible Farbbibliothek gespeichert werden.

Kurvenpunkt

EIn Ankerpunkt mit einer oder zwei Grifflinien, der Kurvenschwünge definieren kann.

Lab (eigentlich L*a*b)

Geräteunabhängiges Farbmodell, in dem alle wahrnehmbaren Farben definiert sind. Daher sind Konvertierungen aus dem und in den Lab-Farbraum verlustfrei.

Layer

→ Ebene

Legacy

Bezeichnung für Illustrator-Versionen vor CS. Vor allem Text, der in alten Illustrator-Versionen gesetzt wurde (Legacy-Text), kann Probleme verursachen.

Live Color

→ Interaktive Farbe

Live-Effekt

→ Effekt

Live-Funktionen

Reversible Operationen, die das Erscheinungsbild eines Objekts verändern, z. B. → Effekte, → Interaktiv malen und → Interaktiv nachzeichnen, → Zusammengesetzte Form. Trotz seines Namens gehört → Interaktiv malen nicht dazu.

Live Paint

→ Interaktiv malen

Live Trace

→ Interaktiv nachzeichnen

Mesh

→ Gitterobjekt

Metadaten

In den Metainformationen von Dateien sind zusätzliche Informationen über den Dateiinhalt, -autor oder Nutzungsrechte gespeichert, um die Katalogisierung zu vereinfachen.

Metafile-Datenformate

Zum Beispiel WMF/EMF, PICT. Die Speicherung von Daten erfolgt als eine Sammlung von Befehlen an das Graphic Device Interface eines bestimmten Betriebssystems – z. B. QuickDraw auf Mac OS. Auf anderen Systemen können diese Formate nicht oder nur stark eingeschränkt genutzt werden.

Mischung

→ Angleichung

Modifizierungstasten

Bezeichnung für die Tasten ⇧, ⌘/Strg, ⌥/Alt, ctrl.

Moiré

Durch die Überlagerung unterschiedlicher Raster entstehendes Muster. Die Moirébildung beim Farbdruck wird dadurch weitgehend vermieden, dass die Farben mit bestimmten Rasterwinkeln gedruckt werden.

Montagefläche

Der Bereich des Dokuments außerhalb von → Zeichenflächen. Hier können Elemente erstellt oder bis zu ihrer Verwendung »zwischengelagert« werden – auch Hilfslinien lassen sich auf der Montagefläche anlegen. Die Elemente auf der Montagefläche werden jedoch nicht gedruckt.

Nachzeichnerobjekt
→ Interaktiv nachzeichnen

Objekt
Ein einzelner Bestandteil einer Vektorgrafik. Als Objekte werden Pfade, Gruppen, platzierte Bilder sowie besondere Elemente wie Gitter, Hüllen oder interaktive Malgruppen bezeichnet – das kleinste mögliche Objekt ist ein einzelner Punkt. Jedes Objekt verfügt über einen eigenen Eintrag im Ebenen-Bedienfeld. Übereinanderliegende Objekte kombinieren sich nicht automatisch miteinander, sondern bleiben wie einzelne Formen in einem Papierstapel übereinander liegen. Jede Kombination von Objekten muss durch einen Befehl ausgelöst werden.

OpenType
Von Adobe und Microsoft entwickeltes, plattformunabhängiges und unicodefähiges Dateiformat für Schriften, das auch erweiterte Zeichensatzbelegungen unterstützt. Zur Beschreibung der einzelnen Zeichen verwendet OpenType entweder PostScript oder TrueType.

OPI
Open Prepress Interface. Ein Schnittstellenprotokoll, das den Einsatz von Servern erlaubt, die für Layoutzwecke eine niedrigaufgelöste Version eines Bildes bereitstellen und dieses dann automatisch bei der Druckausgabe durch die hochaufgelöste Version ersetzen. OPI ist nicht kompatibel mit → Transparenz.

Palette
In Adobe-Software: alte Bezeichnung für → Bedienfeld.

Pantone
→ Sonderfarbe

Pathfinder
Die Funktionen in der unteren Reihe des Pathfinder-Bedienfelds wie z. B. Fläche aufteilen, Überlappung entfernen, Schnittmengenfläche. Die Funktionen erzeugen nebeneinanderliegende Flächen aus zuvor gestapelten Objekten. Die entstandenen Objekte lassen sich nicht in den Ursprungszustand zurückwandeln, Sie können den Befehl nur direkt widerrufen.

PDF
Portable Document Format. Ein von Adobe auf der PostScript-Basis entwickeltes Dateiformat, das den plattformübergreifenden Austausch von Dokumenten bei gleichzeitiger Beibehaltung aller Gestaltungsmerkmale erleichtern soll, was unter anderem durch die Einbettung der Schriften möglich ist. PDF-Dateien sind durch die Komprimierungsmöglichkeiten für Bilder und Schriften vergleichsweise klein. Ursprünglich nicht mit Blick auf die Druckindustrie entwickelt, ist PDF inzwischen zu einem Standardaustauschformat in der Druckvorstufe geworden.

Pfad
Eine durch mehrere Ankerpunkte definierte → Bézierkurve, die die Grundform vieler Illustrator-Objekte darstellt. Der Kurvenabschnitt zwischen zwei Ankerpunkten wird als Kurvensegment bezeichnet. Ein Pfad besitzt immer einen Anfangs- und einen Endpunkt und hat eine Richtung. Ist ein Pfad geschlossen, umschließt er eine Fläche komplett, und Anfangs- und Endpunkt sind identisch.

Pfadansicht
Bildschirmansichtsmodus, der nur die tatsächlich vorhandenen Vektorpfade darstellt.

Pinsel
Über Standardkonturen hinausgehende grafische Eigenschaften von Pfaden. Während der Kalligrafie-Pinsel ein virtuelles Schreibwerkzeug verwendet, um eine Linienform zu bestimmen, formen Bild-, Muster- und Spezialpinsel die Kontur, indem sie Vektorelemente auf unterschiedliche Art am Pfad entlang legen.
Pinsel können jedem Pfad zugewiesen oder mit dem Pinsel-Werkzeug direkt gezeichnet werden. Nur das Pinsel-Werkzeug kann die mit einem → Grafiktablett erzeugten Eigenschaften (wie Druck des Stifts) an den Pfad weitergeben.

Pixel
Kurzform von Picture Element. Bezeichnet die Punkte einer digital gespeicherten Grafik. Jeder dieser Punkte ist bei der Darstellung auf dem Computermonitor quadratisch und hat einen eindeutig definierten Farbwert. Ein Pixel ist die kleinste Informationseinheit einer Bitmap und nicht weiter unterteilbar.

Pixelseitenverhältnis, Pixel Aspect Ratio (PAR)
Bedingt durch die Fernseh-Spezifikationen sind Bildpunkte im Video- und speziell Digitalvideobereich nicht quadratisch, sondern in unterschiedlichsten Seitenverhältnissen rechteckig. Die Beziehung der x- und y-Längen zueinander bezeichnet man als Pixelseitenverhältnis.

Plotter
Ursprünglich ein »Kurvenschreiber«, der Vektorzeichnungen druckt oder in Folie schneidet, indem ein Stift oder Messer dem Pfadverlauf folgt.

Später auch als Bezeichnung für (vor allem großformatige) Tintenstrahldrucker verwendet.

Polygon
Ein Vieleck, das durch Verbinden von mindestens drei Punkten mit geraden Linien (Strecken) entsteht. In einem regelmäßigen Polygon haben alle Strecken dieselbe Länge.

PostScript
Programmiersprache zur Beschreibung von Text, Grafik und Bildern in einem Layout, weshalb man PostScript auch als Seitenbeschreibungssprache bezeichnet. Der Vorteil von PostScript besteht darin, dass bis auf die Pixelbilder alle Elemente rein mathematisch definiert und deshalb auflösungsunabhängig sind. Erst bei der Ausgabe wird eine PostScript-Datei entsprechend dem Auflösungsvermögen des Ausgabegerätes im → RIP aufgerastert.

PPD
Postscript Printer Description. Auch als Druckerbeschreibung bezeichnete Datei, die die Informationen zu den Spezifikationen eines PostScript-Ausgabegerätes beinhaltet.

Prozessfarben
Farben, die aus den vier Farben Cyan, Magenta, Gelb und Schwarz im Vierfarbdruck zusammengesetzt werden. Für den Sechsfarbdruck (Hexachrome) werden die vier Druckfarben leicht verändert und durch Orange und Grün ergänzt. → CMYK, → Separation

PSD
Das »hauseigene« Photoshop-Format. Es unterstützt Ebenen und Transparenzen und zeigt seine Stärken hauptsächlich im Workflow mit der Creative Suite. Photoshop-Dateien lassen sich in die Anwendungen dieses Bundles problemlos integrieren.

Punkt
→ Ankerpunkt

QuickInfo
Ein erklärender Werkzeugtipp oder Hinweis zu einer Funktion, der eingeblendet wird, sobald der Cursor sich länger über einem Button oder anderem aktiven Bereich befindet.

Randabfallende Objekte
Elemente, die in einem Layout bis zur Schnittkante des Blattes reichen.

Rapid Web Prototyping
Bezeichnung für die Funktionen und Bibliotheken in Adobe Fireworks CS5, die es Designern ermöglichen, aus Illustrator- oder Photoshop-Dateien in kurzer Zeit mehrseitige klickbare Demo-Versionen zu erstellen.

Rastern
Umwandeln von Vektor- in Pixeldaten (in Illustrator oder im → RIP) oder: Auflösen einer Farbtonfläche in Rasterpunkte im Druck oder (als Stilmittel): Umwandeln von Halbtonvorlagen in (übertrieben grobe) Druckraster.

Reduzieren
→ Umwandeln

RGB
RGB ist ein Farbmodus, der im Zusammenhang mit Lichtfarben und additiver Farbmischung eingesetzt wird, also zum Beispiel auf Bildschirmen, bei Scannern und Digicams. Das Bild setzt sich dort aus Anteilen von Rot, Grün und Blau zusammen. Alle drei additiven Grundfarben ergeben zusammen reines Weiß. Ist keine der drei Farben vorhanden, liegt reines Schwarz vor.

RIP
Raster Image Processor. Gerät bzw. Software, mit dem Daten aus einer Seitenbeschreibungssprache, z. B. → PostScript oder → PDF, in pixelbasierte Daten umgerechnet werden.

Schmuckfarbe
→ Sonderfarbe

Schnittmarken
→ Beschnittmarken

Schnittmaske
Ein Objekt, das ein oder mehrere andere Objekte beschneidet, sodass von den beschnittenen Objekten nur die Teile sichtbar sind, die in seinem Inneren liegen. Die beschnittenen Objekte und die Maskenform werden zusammen als Schnittsatz bezeichnet. Die Struktur der beteiligten Objekte bleibt unverändert, und der Schnittsatz kann wieder zurückgewandelt werden.

Seite
→ Zeichenfläche

Separation
Erzeugung der → Farbauszüge. Die Separation kann entweder durch das jeweilige Grafik- oder Layoutprogramm erfolgen oder

bei modernen Geräten auch direkt im RIP (In-RIP-Separation).

Skalenfarben
→ Prozessfarben

Slicing
Aufteilen einer Grafik in rechteckige Bereiche, denen beim Für Web und Geräte speichern jeweils eigene Komprimierungseinstellungen zugewiesen werden können. Aus jedem Slice entsteht eine Bilddatei bzw. ein Textbereich. Das Slicen verändert die Vektorobjekte nicht.

Smart Guides
→ Intelligente Hilfslinien

Smart-Objekt
Ein Container (wie ein Rahmen eines Layoutprogramms), in dem Raster- oder Vektordaten in Photoshop-Dateien eingebettet werden können. Die Originaldaten bleiben editierbar.

Sonderfarbe
Auch als Schmuckfarbe oder Volltonfarbe bezeichnet. Diese Farben werden als gesonderte, vorgemischte Farben über ein separates Farbwerk aufgetragen. Man benötigt sie, um Farben zu erzeugen, die sich nicht durch den Zusammendruck von Cyan, Magenta, Gelb und Schwarz darstellen lassen. Es gibt standardisierte Sonderfarbensysteme wie HKS und Pantone.

Stanzen
Bezeichnung für den Formmodus Vom Formbereich subtrahieren.

Stapelreihenfolge
Die Abfolge, in der Ebenen, einzelne Objekte in einer Grafik oder die Attribute (Konturen, Flächen) eines Objekts übereinanderliegen.

Stapelverarbeitung
Automatisierte Anwendung einer → Aktion auf mehrere Dateien.

Statusleiste
Die Statusleiste, die Sie unterhalb jedes Dokumentfensters finden, liefert wichtige Informationen zur Datei und hilft, sich im Programm zu orientieren.

Stil
Ein Satz von Aussehen-Eigenschaften, eine Kombination von Zeichen- bzw. Absatz-Attributen wird als Grafikstil bezeichnet und über das Grafikstil-, das Absatzformate- bzw. Zeichenformate-Bedienfeld verwaltet und angewendet.

Stroke
→ Kontur

Supersampling
Hochrechnung. Eine Methode des → Anti-Aliasing.

SVG
Scalable Vector Graphics. Ein → XML-basierter Standard zur Beschreibung zweidimensionaler Vektorgrafiken.

SWF
Shockwave Flash. Ein vor allem im Web eingesetztes vektorbasiertes Speicherformat für Grafik und Animation.

Symbol
Einmal in der Datei gespeichertes, replizierbares Objekt, von dem Instanzen – Verweise auf die Originalgrafik – auf der Zeichenfläche platziert werden. Dadurch kann die Dateigröße klein gehalten und der Aufwand für Aktualisierungen an der Grafik reduziert werden. Nicht nur einzelne Instanzen, sondern auch Kombinationen von Instanzen unterschiedlicher Symbole sind möglich. Diese werden als Symbolsätze bezeichnet. Instanzen sowie Symbolsätze lassen sich mit den Symbol-Werkzeugen bearbeiten.

Tiefschwarz
Tiefschwarz ist 100 %iges Schwarz mit CMY-Beimischungen. Je nachdem, welche Farbe zugegeben wird, wirkt Tiefschwarz eher kalt, warm oder neutral.

Tooltipp
→ QuickInfo

Tonwert
Abstufung der Intensität einer Volltonfarbe oder globalen Farbe.

Tonwertzuwachs
Durch Farbquetschung, Diffundierung der Druckfarbe in die Papierstruktur und vor allem durch den optischen Effekt des Lichtfangs (Unterstrahlung eines Rasterpunkts) hervorgerufene Verdunklung eines gerasterten Farbtons. Der Tonwertzuwachs muss bei der Separation oder Belichtung durch invertierte Berechnung (Aufhellung) kompensiert werden, damit der Druck die Tonwerte in der vorgesehenen Helligkeit und Farbe wiedergibt.

Tracen
→ Vektorisieren

Transformieren
Oberbegriff für die Operationen Bewegen, Skalieren, Drehen, Spiegeln, Verschieben und Angleichen.

Transparenz
Eine Objekt-Eigenschaft, die die in der Stapelreihenfolge darunter liegenden Objekte durch das transparente Objekt scheinen lässt. Die Transparenz von Objekten bleibt in der Creative Suite erhalten, wenn Dateien ausgetauscht werden. Transparenz entsteht in Illustrator u. a. bei der Reduktion der Deckkraft eines Objekts, beim Anwenden von Füllmethoden oder Deckkraftmasken sowie bei der Verwendung von Live-Effekten wie Schatten, Schein und Weiche Kante.

Transparenzreduzierung
Live-Transparenz kann derzeit nur von wenigen → RIPs verarbeitet werden. Daher ist es nötig, unter Erhaltung des optischen Eindrucks die transparenten in opake Flächen umzuwandeln. Diesen Prozess nennt man (Transparenz-) Reduzierung oder -Verflachung.

Trapping
→ Überfüllen

Überdrucken
Normalerweise muss ein in einer bestimmten Farbe definiertes Gestaltungselement einer Drucksache aus einem Untergrund, der mit von dem Element nicht benutzten Farben definiert wurde, ausgespart werden, damit die Farbe des Elements nicht durch die Farbe des Untergrunds verfälscht wird. Es gibt jedoch Fälle, wo dies nicht sinnvoll ist, beispielsweise bei schwarzer Schrift vor einem farbigen Hintergrund. Hier spricht man davon, dass das Objekt den Hintergrund überdrucken muss, also aus diesem nicht ausgespart wird, denn Schwarz kann durch einen hinterlegten Grund nicht mehr nennenswert verändert werden.

Überdrucken simulieren
Eine Option in diversen Export- und Ausgabedialogboxen, die vor allem gedacht ist für das Proofen auf Geräten, die den Überdrucken-Befehl nicht unterstützen (Composite-Proofs). Beim Überdrucken-Simulieren werden für die Umrechnung von → Buchfarben deren Lab-Werte benutzt.

Überfüllen
Um zwischen angrenzenden Farben → Blitzer zu vermeiden, die durch Ungenauigkeiten beim Druck entstehen können, lässt man die Objekte sich etwas überlagern. Dann entsteht zwar ein farbiger Saum, der vom Auge aber weniger wahrgenommen wird als das durchscheinende weiße Papier.

Übergangspunkt
→ Kurvenpunkt

Umwandeln
Das Auflösen der durch → Effekte erzeugten Attribute einer Form in reale Objekte.

Oder: Die endgültige Anwendung von Live-Funktionen wie → Interaktiv malen oder nachzeichnen, → Hüllen oder → zusammengesetzten Formen.

Unicode
Ein international standardisiertes Zeichensystem, in dem auf lange Sicht für jedes sinntragende Zeichen jeder Schriftkultur ein digitaler Code definiert werden soll. Im Gegensatz zu ASCII, das 128 Zeichenpositionen enthält, kann der aktualisierte Unicode-Standard bis zu 1,1 Millionen Zeichen darstellen.

Variablen
Mithilfe von Variablen kann die Sichtbarkeit von Objekten, Textinhalten, verknüpften Dateien oder Diagramminhalten in einer Illustrator-Datei gesteuert werden. Variablen können als Basis für eine → Stapelverarbeitung dienen.

Vektorgrafik
Ein Bild, das mit Hilfe von grafischen Grundelementen wie Linie, Polygon und Kreis erzeugt wurde. Hauptmerkmal dieser Art von Grafik ist jedoch der objektorientierte Ansatz. Jedes Element bleibt unabhängig, solange es nicht explizit mit einem anderen Objekt verbunden wird.

Vektorisieren
Automatische oder manuelle Umwandlung von Pixel- in Vektordaten mit Hilfe der Zeichenwerkzeuge, der Funktion → Interaktiv nachzeichnen oder einer Kombination aus beiden.

Verflachung
→ Transparenzreduzierung

Verflüssigen
Oberbegriff für die Operationen mit den Werkzeugen Verkrümmen, Strudel, Zusammenziehen, Aufblasen, Ausbuchten, Kristallisieren und Zerknittern. Diese Werkzeuge werden freihändig auf Pfade angewendet – sie erzeugen selbstständig neue Ankerpunkte und Grifflinien nach Bedarf.

Verlauf
Objektfüllung in Form eines fließenden Übergangs von einer Farbe in eine andere. Die Mitte des Verlaufs sowie Zwischenstufen lassen sich definieren. Verläufe können linear oder radial (kreisförmig von der Mitte nach außen) angelegt werden.

Verlaufsgitter
→ Gitterobjekt

Verzerrungshülle
→ Hülle

Video-Safe Areas
Röhrenmonitore zeigen nicht das komplette Videobild an. Daher werden Bereiche definiert, innerhalb derer sich wichtige Details befinden sollten, damit sie unter allen Umständen dargestellt werden. Man unterscheidet zwischen der Title-Safe Area (titelsicherer Bereich) und der Action-Safe Area (aktionssicherer Bereich). Die Safe-Areas können in den Zeichenflächenlinealen angezeigt werden.

Virtuelle Form
Durch einen Formmodus, Live-Funktionen (Verzerrungshüllen) oder Aussehen-Eigenschaften erzeugte Form.

Visual Basic Script
→ JavaScript

Volltonfarbe
→ Sonderfarbe

XML
Extensible Markup Language. Mit dieser Auszeichnungssprache lassen sich hierarchisch strukturierte Daten im Textformat darstellen. XML ist die Basis für → XMP, → SVG und den Export von → Variablen-Tabellen.

XMP
Extensible Metadata Platform. Mithilfe dieser Technologie lassen sich → Metadaten in die Binärdaten aus den Creative-Suite-Applikationen integrieren.

ZAB
Zeilenabstand – die Distanz zwischen zwei Schriftgrundlinien.

Zeichenfeder, Zeichenstift
Werkzeug zum Konstruieren von → Pfaden durch Setzen der einzelnen → Ankerpunkte.

Zeichenfläche
Zeichenflächen sind Bereiche in einer Illustrator-Datei, die druckbare Objekte enthalten. Die Zeichenflächen eines Dokuments besitzen nicht jeweils ein eigenes, sondern ein gemeinsames Koordinatensystem.

Zeichenweg
→ Pfad

Zurückwandeln
Zurückgewinnung der Ausgangsobjekte, die mit → Live-Funktionen bearbeitet wurden, wie → Verzerrungshüllen, → zusammengesetzten Pfaden und Formen oder → Schnittmasken. Dies kann zu einem beliebigen späteren Zeitpunkt erfolgen, solange das Objekt noch nicht → umgewandelt ist.

Zusammengesetzte Form
In einer zusammengesetzten Form fügen Sie mehrere → Objekte (reversibel) zu einer → virtuellen Form zusammen. Die Form wird nur für die Anzeige auf dem Bildschirm bzw. für den Druck in Echtzeit berechnet. Bei Veränderungen der Teil-Objekte passt sich die zusammengesetzte Form an.

Zusammengesetzter Pfad
Zwei oder mehr offene oder geschlossene Pfade bilden zusammen ein → Objekt. Ob das Objekt an Stellen, an denen sich die Pfade überlappen, eine Füllung besitzt, wird durch die → Füllregel definiert. Zusammengesetzte Pfade können wieder getrennt werden.

Index

1-Pixel-Linien 629
3D 541
   abgeflachte Kante 538
   Abschluss 539
   Animationen 525, 653
   Ausrichtung der Objekte im Raum 543
   Beleuchtung 544, 546
   Bildmaterial 551
   diffuse Schattierung 545
   Drahtmodell 545
   Drahtmodelldarstellung 545
   drehen 543
   eigene Kantenprofile 540
   extrudieren 537
   Extrusionsobjekt 548
   Fehldarstellungen 546
   Grundformen 538
   Gruppen 538
   in Vektorpfade umrechnen 549
   Kantenprofile hinzufügen 540
   kreiseln 541
   Kugel 553
   Kunststoffschattierung 545
   Lichtintensität 545
   lokale und globale Achsen 542
   Mapping 550
   Oberfläche 545, 550
   Objekte erzeugen 537
   Packungssimulation 551
   Perspektive 544
   Rotationsobjekt 549
   Schattierung 544
   Spiegelung 544
   Spitzlicht 545
   Spotlicht 547
   Transparenz 538
   Umgebungslicht 545
3D-Grafik erstellen 548
9-Slice-Skalierung 650

A

Abdunkeln 354
Abgeflachte Kante (3D) 539
Abgeflachte Linienecken 226
Abgeflachter Abschluss 226
Abgerundete Linienecken 226
Abgerundeter Abschluss 226
Abgerundetes-Rechteck-Werkzeug 81
Abpausen
   → Nachzeichnen 575
Absätze 440

Abstand 451
Ausrichtung 449
Ausrichtung (Dialogbox) 453
Einzug 450
Format 459
formatieren 449
hängender Einzug 450
Absatzmarken 433
Absatz-Bedienfeld 449
Abschluss (3D) 539
Abspieloptionen 674
Abstände messen 57
Abstand verteilen 111, 112
Achse ersetzen 306
Achse umkehren 306
Additive Farbmischung 173
Adobe AIR 683
Adobe Bridge 25
Adobe Dimensions 525
Adobe Illustrator ClipBoard 593
After Effects 661
   wichtige Einstellungen 665
AICB 593
AI-Ebenen in SWF-Frames 649
Aktionen 672
   abspielen 673
   Aufgaben per Menü hinzufügen 675
   aufzeichnen 674
   editieren 675
   erstellen 674
   Fehlersuche 674
   Optionen 677
   verwalten 677
Aktionen-Bedienfeld 672
   Aktionen ersetzen 678
   Schaltflächenmodus 673
   zurücksetzen 678
Aktivieren 84
Algorithmen 32
Alles einblenden 94
Alle-Zeilen-Setzer 451
Alpha-Kanal 312
Alter Text 432
   ganzen alten Text aktualisieren 432
Andockbereich 20
Anführungszeichen 434
Angleichen, Angleichung **302**, 304, 307
   Achse 303
   drehen 304
   Effekte angleichen 304
   Gruppen angleichen 305
   mit Angleichungen illustrieren 307
   Optionen 305

   Symbole angleichen 305
   Transparenzen angleichen 304
   umwandeln 306
Angleichen-Werkzeug 303
Angleichungsfarbe (Transparenz) 353
Ankerpunkte 33, 113
   Arten 115
   ausrichten 131
   automatisch hinzufügen 136
   bearbeiten 129
   bewegen 129
   Gitter 260
   hinzufügen (Verlaufsgitter) 264
   horizontal und/oder vertikal zentrieren 130
   konvertieren 132
   löschen 139
   Merkmale 120
   Position 144
   transformieren 130
   unter Mauszeiger hervorheben 115
Ankerpunkt-hinzufügen-Werkzeug 136
Ankerpunkt-konvertieren-Werkzeug 132
Ankerpunkt-löschen-Werkzeug 140
Anordnen 89
An Pixel ausrichten 46, **628**
An Pixelraster ausrichten 105, **629**
Anschnitt 39
Anti-Aliasing 311
Anti-Aliasing-Methode 466
Anwendungsrahmen 23
An Zeichenfläche ausrichten 109
AppleScript 683
Arbeitsbereich 667
   aufrufen 668
   speichern 667
   verwalten 668
Arbeitsfarbräume 177
Art Box (PDF) 564
Asiatische Optionen 447
Attribute-Bedienfeld 277
   Füllregeln 140
   Imagemap 643
   Mitte aus/einblenden 95
   Notiz 676
   überdrucken 605
Aufblasen-Werkzeug 169
Auf Grundform reduzieren 339
Aufhellen 354
Aufrauen-Effekt 392
Ausbuchten-Werkzeug 169
Ausgewählte Gruppe isolieren 293
Auslassungszeichen 435

Ausrichten
    an Referenzobjekt 109
    Punkte ausrichten 131
    Schnittmasken 111
    Übersicht 112
Ausrichten-Bedienfeld 108
Ausrichtung (Dokument) 38
Ausrichtungslinien 61
Ausschluss (Füllmethode) 355
Aussehenattribute (Auswahl) 248
Aussehen-Eigenschaften **332**
    anordnen 337
    ausdrucken 338
    bearbeiten 336
    duplizieren 334
    Ebenen 327
    löschen 339
    Sichtbarkeit 337
    speichern 341
    Stapelreihenfolge 338
    Textobjekte 461
    übertragen 339, 340
    und Gruppen 338
    vom Objekt entfernen 339
    zuordnen 335
Aussehen-Bedienfeld 333
    anzeigen 333
    Darstellung 333
    Flächen anlegen 334
    Konturen anlegen 334
    Sichtbarkeit 334
Aussehen umwandeln 338
Aussehen von Schwarz 609
Aussparungsgruppe 357
Auswahl
    alle Ankerpunkte eines Objekts 86
    alle Objekte 88
    auf der aktiven Zeichenfläche 88
    auf Farb- und Objektbasis 246
    aufheben 88
    aus der Auswahl herausnehmen 85
    Aussehen 335
    bearbeiten 88
    Darstellung 128
    darunter-/darüberliegende 87
    Deckkraft oder Füllmethode 356
    erneut auswählen 248
    Freihand 166
    Gleich 247
    Instanzen eines Symbols 510
    Kontextmenü 87
    mehrere Objekte 84
    Pfade und Punkte ausblenden 129
    speichern 88
    Texte 419
    Textobjekt 420
    Textpfad 420
    umkehren 88
    Zeichen 419

    Ziel 325
Auswahl-Werkzeug 84
    Cursor-Anzeige 127
    Modifikationstasten 87, 126
    temporär aufrufen 129
Auszoomen 44
Automatisieren 672
Autotrace 574

B

Balkendiagramm 478
Banding 613
Barrierefreiheit
    Farbkombinationen 189
Batch 678
Bearbeitungsspalte (Ebenen-Bedienfeld) 316
Bedienfelder 17
    abreißen 17
    aktiv 18
    alle ausblenden 19
    andocken 19
    aufrufen 17
    bewegen 18
    Größe 18
    Gruppen 18
    Helligkeit 21
    schließen 18
Begrenzungsrahmen 85
    ausblenden 85
    Vorschaubegrenzungen verwenden 85
    zurücksetzen 85
Benutzerdefinierte Arbeitsbereiche 667
Beschnittzugabe
    anlegen 39
    ausdrucken 619
    Bedeutung 608
Bevel 539
Bézier, Pierre 32
Bézierkurven **32**, 113
Bildachse 56
Bildauflösung 557
    Print 602
Bild
    ausbetten 564
    beschneiden 569
    einbetten 568
    einrahmen 573
    importieren 562
    mehrfarbig kolorieren 570
Bildbearbeitungsfilter 395
Bildmaterial zuweisen (3D) 552
Bildpinsel 151, **235**
    Ecken 237
    Überlappung 237
    und Füllregeln 238

Bildschirmaufbau beschleunigen 324
Bildschirmpräsentation 180
Bitmaps kolorieren 570
Bleed Box (PDF) 564
Blendenflecke 399
    Optionen 400
    Umwandeln 401
Blendenflecke-Werkzeug 399
Blend Modes 352
Blitzer 463, **603**
Blob-Brush
    → Tropfenpinsel-Werkzeug 159
Bogen (Verzerrungshülle) 309
Bogensegment-Werkzeug 75
    Basisachse 75
    Größe 75
    Referenzpunkt 75
Bokeh 403
Borstenpinsel **156**
    Deckkraft ändern 159
    Einstellungen 158
    Größe ändern 159
    innen zeichnen 157
    In Pixelbild umwandeln 411
    malen 157
    neu erstellen 158
    Transparenz 368
    Vorschau 156
Bounding Box (PDF) 564
Breitenprofile 229
Breitenpunkte 229
Breitenwerkzeug 229
Bristle Brush
    → Borstenpinsel 156
Buchfarben 193
    Optionen 204
Buchstabenpaare 444
Buntstift-Werkzeug 147
    ausgewählte Pfade bearbeiten 151
    Genauigkeit 150
    geschlossenen Pfad zeichnen 149
    Glättung 150
    korrigieren 148
    Pfade ergänzen 149
    Pfade verbinden 149
    Schraffuren 151
Button
    erstellen 464

C

Carriage Return 449
Casteljau, Paul de 33
CCITT 599
Cels 649
CMYK-Farbe 192
Color Burn 354
Color Dodge 354
Color (Füllmethode) 354

Color Management Modul 178
ColorSync 178
Comic
   vektorisieren 575
Composite (Drucken) 619
Composite (Schriftformat) 440
Condensed 444
Copy & Paste 92
CorelDraw
   exportieren 593
   importieren 565
CR 449
Crop Box (PDF) 564

D

Dahinter auswählen 87
Dahinter/Davor einfügen 92
Dahinter zeichnen 89
   Perspektivenraster 535
Darken 354
Darstellungsmodus 45
Darunter liegende Objekte teilen 284
Datei
   erstellen 37
   letzte Version 66
   öffnen 39
   speichern 66
Dateien öffnen (Fremdformate) 560
Dateiformat 66
   Auswahl 601
   nativ 66
   nicht nativ 66
Dateiinformationen 69
Datensatz 686
   aktualisieren 687
   erfassen 686
   laden 687
   speichern 687
Daumennagel-Skizze 141
DCS 567
Deckkraft 352
Deckkraft definiert Aussparung 364
Deckkraftmasken 360
   Alpha-Kanal 360
   bearbeiten 363
   deaktivieren 364
   Deckkraftmaskenverknüpfung 362
   Ebenen 361
   erstellen 360
   freistellen 362
   invertieren 363
   leere Maske erstellen 361
   Maskengruppe bearbeiten 364
   Maskengruppe ergänzen 364
   Objekt in Maske umwandeln 360
   Schnittmasken 362
   Verknüpfung mit Objekt 362

   vom Objekt entfernen 364
Dem Formbereich hinzufügen 278
Details (zeichnen) 142
Deuteranopie 189
Device Central 627
DeviceN
   in Pixelbild umwandeln 411
   Verläufe 255
Diagramme
   3D 493
   Balkendesign 478
   bearbeiten 492
   Daten ändern 469
   Dateneingabe 469
   Daten-Eingabefeld 467
   Daten importieren 469
   Dezimalzahlen 468
   Diagrammdesign laden 484
   Diagrammdesigns ändern 485
   Ecke am Nullpunkt 475
   Elemente 470
   erstellen 467
   Farben und Schriften ändern 473
   Kategorien 468
   kombinieren 489
   Legenden 468
   Punkte-Design 487
   skalieren 492
   Teilstriche 475
   umwandeln 494
   Werkzeuge 467
   Zeilen und Spalten vertauschen 470
Difference 354
Differenz (Füllmethode) 355
Distanz 56
Dock 19
Dokumentansicht
   aufrufen 46
   löschen 47
   speichern 46
   verwalten 47
Dokumente 37
   in Dokumenten navigieren 42
   neu aus Vorlage 39
   neu erstellen 37
   öffnen 39
Dokumenteinstellungen 40
Dokumentfarbmodus 180
   wechseln 180
Dokumentfenster 15
   anordnen 24
   Objekte kopieren 25
   zusammenführen 25
Dokumentinformationen 625
Dokumentprofile 38, **669**
   anpassen 669
   erstellen 669
Dokumentraster 57

Dokument-Rastereffekt-Einstellungen 408
Doppel-Kontur 244
Downsampling 598
Drag & Drop 561
Drehen (3D) 543
Drehung (Grafiktablett) 156
Drehwinkel 56
Dreipunkt (Typografie) 435
Druck 155 (Grafiktablett)
Druck 180 (Farbmodus)
Druckaufteilung 42
Druckbare Fläche anzeigen 42
Drucken 615
   allgemeine Optionen 615
   Anschnitt 618
   auf mehrere Seiten aufteilen 617
   Dokumentdruckfarbe-Optionen 620
   Farbmanagement-Optionen 622
   Grafiken-Optionen 620
   Kurvennäherung 621
   Marken-und-Anschnitt-Optionen 618
   Pfade 621
   Probleme 625
   Schwarz überdrucken 605
   seitenrichtig 619
   seitenverkehrt 619
   Skalierung 617
   Überdrucken-Eigenschaft 623
   Volltonfarben 620
Druckererweiterung 618
Druckermarken 613
Druckerprofil 622
Druckererweiterung 608
Druckfarben 619
Druckmarkentyp 618
Druckvorgabe 615
Duplex- oder Mehrkanal-Bilder 561
Durchschnitt berechnen 130, 138
Durchschuss 441
Durchsuchen 40

E

Ebenen **315**
   After Effects 322
   alternative Versionen 324
   Animation 323
   beim Einfügen merken 323
   Bilder abblenden 320
   drucken 320
   erstellen 319
   für Objekte erstellen 322
   Gruppen 318
   Hilfslinien 324
   Hintergrund/Vordergrundtrennung 324

Optionen 319
Reinzeichnungselemente 324
Schnittmaske für 328
verschieben 323
zusammenfügen 321
Ebenenkompositionen 46
Ebenen-Bedienfeld 315
   alle Objekte einer Ebene auswählen 325
   Aufbau 316
   Auge-Symbol 316
   Aussehen verschieben 327
   Auswahlspalte 325
   Auswahl-Symbol 325
   Ebenen und Elemente verschieben 323
   Elemente auswählen 321
   Elemente duplizieren 321
   Elemente löschen 323
   Fixierung 316
   Gruppen 331
   neue Ebene 319
   neue Unterebene 319
   Objekt- und Ziel-Auswahl 325
   Bedienfeld-Optionen 317
   Quadrate 325
   Schloss-Symbol 316
   Sichtbarkeit 316
   untergeordnete Objekte 318
   Vorlagen-Symbol 318
   Ziel-Symbol 326
Ecken
   abrunden 384
   ausblenden 129
   bei gestrichelten Linien 227
Eckenradius 81
Eckpunkte 113
   umwandeln 132
Effekte 379
   anwenden 380
   auflösungsunabhängig 396
   Aussehen-Bedienfeld 381
   editieren 336, 382
   erneut anwenden 380
   Reihenfolge 381
   Reihenfolge (Fortgeschrittene) 383
   umwandeln 383
   vom Objekt löschen 382
Effekte-Galerie 398
Eigenschaften 332
Einbetten 559
Einfache Leerzeichen 435
Einfärbe-Methode 216
Einfärben 101
Einfügemarke 420
Einfügen 92
   an Originalposition 93
   in alle Zeichenflächen 93
Einheiten und Anzeigeleistung 54

Einrasttoleranz 60
Einzeilen-Setzer 451
Einzeln transformieren 107
Einzoomen 44
Ellipse-Werkzeug 81
Encapsulated PostScript 591
Endpunkte 113
Entfernen von überlappenden Formbereichen 279
EPS
   importieren 565
   Schriften einbetten 592
   Speichern 591
   Transparenz 377, 592
   veraltet 590
   verknüpfen 565
   verknüpfte Dateien 592
   Version 591
   Vorschau 592
Ergebnisfarbe (Transparenz) 353
Erneut transformieren 106
Erneut verbinden 567
Erste Grundlinie 422
Exclusion 354
Exportieren
   AutoCAD 593
   Bildbearbeitung 590
   BMP 596
   DWG/DXF 593
   FXG 659
   GIF 640
   InDesign 593
   JPG 641
   Macintosh PICT 596
   Microsoft Office 596
   PDF 597
   Photoshop 594
   PNG 642
   PSD 594
   PSD-Exportoptionen 595
   SVG 643
   SWF 654
   TARGA 596
   TIFF 595
   TXT 596
   WBMP 640
   WMF/EMF 593
Externe Dateien integrieren 559
Extrudieren und abgeflachte Kante 538, 548

F

Farbart 197
Farbe
   Fläche 181
   Füllung 181
   Kontur 181
   numerisch definieren 183

   speichern 191
   überdrucken 605
   verwenden 181
   websichere 183
Farbe bearbeiten
   → *Interaktive Farbe* 210
Farbe-Bedienfeld 184
   anzeigen 184
   Farben einstellen 184
   schnell aufrufen 184
   Vergleich Illustrator-FreeHand 706
Farbe (Füllmethode) 355
Farbeinstellungen 176
   Synchronisierung 176
Farbfehlsichtigkeit 189
Farbfeld-Arten 192
   CMYK-Farben 192
   Ohne 192
   Prozessfarbe 192
Farbfelder 191
   aus anderen Dokumenten laden 205
   aus Bibliotheken übernehmen 204
   aus verwendeten Farben erstellen 200
   Bedienfeld 191
   duplizieren 200
   ersetzen 201
   finden 195
   global 197
   Graustufen definieren 199
   in der Creative Suite austauschen 206
   in Interaktiv nachzeichnen verwenden 578
   lokal 197
   löschen 201
   mehrere aktivieren 202
   neu 195
   nicht benutzte löschen 201
   nicht vorhanden 195
   Optionen 196
   Pantone, HKS 203
   sortieren 194
   Suchfeld 195
   Tonwert definieren 199
   Verlauf anlegen 199
   Volltonfarbe definieren 198
   zusammenfügen 201
   zuweisen 200
Farbfelder-Bedienfeld 191
Farbfelder-Bibliotheken 203
   aufrufen 203
   durchblättern 204
   laden 203
   selbst erstellen 205
Farbfeld-Konflikt 205
Farbfilter 222
   Farbbalance einstellen 222

Farben invertieren 224
Horizontal, Vertikal, Vorne->Hinten
 angleichen 224
in CMYK/RGB konvertieren 223
in Graustufen konvertieren 223
Sättigung erhöhen 223
Sättigung verändern 223
Farbgruppen
 auflösen 203
 erstellen 202
 Farbfeld hinzufügen 203
 und Farbhilfe 187
 und interaktive Farbe 207
Farbharmonie 186
 analog 186
 generieren 187
 monochromatisch 186
Farbhilfe-Bedienfeld 186
Farbig abwedeln (Füllmethode) 354
Farbiges Papier simulieren 41
Farbig nachbelichten (Füllmethode) 354
Farbkontrollstreifen 613, 618
Farbmanagement 174
 Drucken 622
 Rendermethode 179
Farbmanagement-Richtlinien 177
Farbmetrisch 179, 623
Farbmodelle 173
 CMYK 173
 HSB/HLS 183
 L*a*b 173
 RGB 173
Farbmodus 39
Farbmusterbücher 191
Farbprofil 41
 ändern 42
 eingebettetes Profil löschen 42
 eingebettetes Profil verwenden 41
 Farbprofil-Konflikt 41
 in den Arbeitsfarbraum
  konvertieren 41
 zuweisen 179
Farbrad 208
Farbrichtung umkehren 306
Farbschemata 186
Farbspektrumleiste 185
Farbtafeln 203
Farbton (Füllmethode) 355
Farbwähler 182
 Farben einstellen 183
Farbwerteatlas 191
Filter 379
 anwenden 380
Fischauge 309
Fläche aufteilen 280
Flächendiagramm 488
Flächenfarbe 34

Flächentext 417
 Abstand der ersten Zeile 422
 erstellen 418
 Form bearbeiten 422
 Randabstände 422
 Spalten und Zeilen 423
 Textbereich skalieren 421
 transformieren 421
 transparente Fläche 465
Fläche- und Kontur-Feld 182
Flagge 309
Flash 648
 9-Slice-Skalierung 651
 angleichen 653
 Animationen 653
 Datei vorbereiten 648
 Flash-Text 651
 importieren 565
 in Flash importieren 657
 Kontur-Strichelungen 648
 Rendering Art 652
 speichern 654
 SWF-Optionen 654
 Symbole 649
Flash Catalyst 658
Flatness 603
Flattener 368
Flattening (Ebenen) 322
Flattening (Transparenz) 368
Fluchtebenen 526
Fluchtpunkt 527
Folienplot 296
Font 440
 fehlende 443
Font-Vorschau 443
Form-ändern-Werkzeug 134
Format 38
Formatlage 38
Formerstellungswerkzeug 285
 Bereiche löschen 287
 Bereiche zusammenfügen 286
 Konturen auftrennen 287
 Optionen 285
Formmodus 278
Form-Werkzeuge 73, 142
Fotorealistische Illustration
 mit Angleichungen 307
 mit Verläufen 257
 mit Verlaufsgittern 266
 vektorisieren 575
Fotos vektorisieren 575
Fräsen (Grafik vorbereiten) 296
FreeHand
 äquivalente Begriffe 719
 Auswahl-Werkzeuge 126
 Dateien migrieren 714
 Export 592
 importieren 565
 innen einfügen 703

Kalligrafiestift 707
Variabler-Strich-Stift 707
Versionsunterschiede beim Import 716
Frei-transformieren-Werkzeug 103
Frei verzerren (Effekt) 385
Froschperspektive 528
Fülleimer 287
Füllmethoden 352
 Aussparungsgruppe auf Seite 357
 isolieren 357
 isolierte Füllmethode auf Seite 357
 per Tastatur zuweisen 352
 Schlagschatten 401
 Schwarz 356
 Volltonfarben 355
Füllmuster 495
Füllregel 140, **277**
Füllung 181
Für Web und Geräte speichern 633
 Bild zu groß 641
FXG 658
 Datei einrichten 659
 Optionen 659

G

Ganze Zeichenfläche 44
Ganze Zeichenfläche exportieren 631
Gebrochene Ankerpunkte 117
Geglättetes Bildmaterial 558
Gehe zu Verknüpfung 567
Gehrungsecken 226
Gehrungsgrenze 226
Geometrische Objekte
 erstellen 73
Gepunktete Linie 227
Gerade (Form) 74
Gerade-Ungerade (Füllregel) 277
Gesamt-Farbauftrag 610
Geschlossene-Form-Werkzeuge
 Tastaturbefehle 78
Gestapeltes horizontales Balken-
 diagramm 476
Gestapeltes vertikales Balken-
 diagramm 476
Gestrichelte Linie 227
Geviert-, Halbgeviertstriche 435
GIF 640
 Dither 641
 Interlaced 641
 Optionen 640
 Transparenz 641
Gitterfeld 260
 bearbeiten 264
Gitterlinie **260**
 hinzufügen 263
Gitterobjekte 260

Gitterpunkt **260**
    bearbeiten 263
    hinzufügen 263
    löschen 264
Gitter-Werkzeug 262
Glätten-Werkzeug 162
    Voreinstellungen 163
Glättungsmethode (Text) 446
Gleiche Eigenschaften suchen 247
Globale Farbfelder 181
Globale Lineale 54
Glyphen-Bedienfeld 435
Glyphenschutz 433
Grafikattribute-Bedienfeld
    → Attribute-Bedienfeld 277
Grafikdaten verwalten 565
Grafiken für den Druck vorbereiten 602
Grafik sichtbar machen 43
Grafikstil-Bibliotheken 344
    aufrufen 344
Grafikstile 341
    Attribute ändern 343
    auf Objekte anwenden 341
    duplizieren 343
    durch Grafikstil ersetzen 343
    einrichten 347
    erstellen 342
    kombinieren 343
    löschen 344
    neu definieren 343
    und Symbole 514
    Verbindung lösen 342
    Verlaufswinkelung 255
    vom Objekt entfernen 342
    Vorschau 341
    zuweisen 341
Grafikstile-Bedienfeld 341
Grafiktablett 147
Graustufen 193
    in Graustufen umwandeln 223
    kolorieren 570
Gravieren 614
Grifflinien 113
    aller ausgewählten Punkte 127
    Kurvenverlauf anpassen 131
    optimale Länge 145
Griffpunkte 113
Grundfarbe (Transparenz) 353
Gruppe 91
    aufheben 91
    Aussehen 337
    gruppieren 91
    hierarchisch verschachtelt 91
    Isolationsmodus 331
    Objekte auswählen 86
    Objekte hinzufügen 91
Gruppenauswahl-Werkzeug 86
Guillochen 302

Gummiband 119

H

Haarlinie 227, 281
Handskizzen 141
Hand-Werkzeug 44
    temporär 45
Handy-Modelle 628
Hard Light 354
Harmonieregeln 186
Hartes Licht 355
Hart mischen 367
Hexadezimalwerte 183
Hilfslinien 57
    an Linealunterteilungen einrasten 58
    duplizieren 59
    fixieren 59
    generieren 58
    horizontal 58
    intelligente 61
    löschen 59
    lösen 59
    sperren 59
    und Ebenen 58
    vertikal 58
Hilfslinien und Raster 57
Hintere auswählen 87
Hinteres Objekt abziehen 282
Hinzufügen zum Formbereich 278
Hochgestellt (Typografie) 446
Horizontales Balkendiagramm 478
Hue (Füllmethode) 354
Hüllen
    → Verzerrungshülle 309
Hüllen-Optionen 311

I

ICC-Profile
    einbetten 68
    speichern 179
Imagemaps 643
    erstellen 643
    Hotspot 643
Importieren 431, 559
    CorelDraw 565
    DOC 431
    Drag & Drop 561
    EPS 565
    Flash 565
    FreeHand 565
    PDF 564
    Photoshop 562
    platzieren 560
    RTF 431
    TIFF 562
    TXT 431

über die Zwischenablage 560
In den Hintergrund 90
In den Vordergrund 90
Indexziffern 446
Ineinander kopieren (Füllmethode) 354
In Fenster einpassen 44
Inferenzmodus 533
Info-Bedienfeld 56
In Form umwandeln 384
    Optionen 384
Innen einfügen 703
Innen zeichnen **329**
    Borstenpinsel 157
In Pixelbild umwandeln 410, 466
In Raster teilen 64
Instanzen 508
    neues Symbol zuordnen 510
Intelligente Hilfslinien **61**, 128
Interaktiv abpausen
    → Nachzeichnen 575
Interaktive Farbe 206
    Farben verschieben 213
    Farbreduktionsoptionen 215
    in neuer Zeile zusammenfassen 213
    Muster 497
    neue Farbe einstellen 214
    Pinsel 242
    Schwarz korrigieren 220
    Sortierung 212
    Symbole 511
    vom Umfärben ausschließen 215
    zurücksetzen 218
    zuweisen 210
Interaktiv malen
    Lücken mit Pfaden schließen 289
    Lückensuche 288
    Lückenvorschau 288
    Malgruppe 288
    Malgruppe erstellen und bearbeiten 289
    Mallücken einblenden 288
    Pfade ändern 290
    Umwandeln 291
    Verläufe 290
    Werkzeug 289
    zurückwandeln 291
Interaktiv-malen-Auswahlwerkzeug 290
Interaktiv-malen-Werkzeug 289
Interaktiv nachzeichnen
    → Nachzeichnen 575
Interpolieren (Angleichen) 303
Inverse Kinematik 113
Invertieren (Farbe) 185
Isolationsmodus 331, 512
    aufrufen 331
    FXG 661
    Gruppen 91

Hierarchien navigieren 332
im Isolationsmodus arbeiten 332
interaktiv malen 290
Pfadansicht 332
Symbole 512
Isometrie 100
isometrische Extrusion 540

J

Japanische Postersonne 79
JavaScript 683
Joint Photographic Expert Group 641
JPG 641
    Baseline-optimiert 642
    Optionen 642
    Qualität 642

K

Kachelfüllungen
    → Muster 707
Kalligraphiepinsel 151
    Optionen 153
Kanten (interaktiv malen) 288
Kapitälchen 446
Kategorienachse 476
Kerning 441, **444**
Klonen 105, 703
Knigge, Adolph Freiherr von 417
Knuth, Donald E. 452
Kombinationspunkte 117
Kompatibel 67
Komplementär
    Farbe-Bedienfeld 185
    Farbharmonie 186
Komplexe Bereiche beschneiden 376
Komplexität (Druckvorstufe) 602
Konischer Verlauf 271
Konstruktionsfilter und -effekte 384
Konstruktionshilfe 57
Konstruktionslinien 61
Kontextmenü 22
Kontur 225
    ausrichten 226
    Breitenprofile 229
    Eckenform 226
    Gehrungsgrenze 226
    Optionen 235
    Perspektivenraster 536
    variabel 229
Kontur aufteilen (Pathfinder) 281
Kontur-Bedienfeld 225
Konturen
    Flash 648
    nachzeichnen 579
Konturlinie 297
    mehrere Konturen 298
Konturlinie (Effekt) 387

Kontur nachzeichnen (Effekt) 386
Konturschrift 388, 463
Konturstärke variieren 229
Koordinatensystem 53
Kreis 81
Kreisdiagramm 471
    Diagrammattribute 472
Kreiseln 541
Kreuzende Formen (zeichnen) 143
Kreuzschraffur 391
Kristallisieren-Werkzeug 169
Krümmung 32
Kuler 189
    Bedienfeld 189
    in Kuler veröffentlichen 191
Kurvenpunkte 113
    mathematische Grundlagen 33
Kurventangenten 113
Kurvenverlauf 33

L

Lasso-Werkzeug 167
Layout-Features (OpenType) 439
Layoutraster erstellen 64
Leere Fläche (Dokument) 43
Leerzeichen 433
Legacy Text 432
Legende (Diagramm) 472
Letzte Dateien öffnen 40
Letzte Version 66
Ligaturen 435
Lighten (Füllmethode) 354
Limitcheck 602, 621
Lineale
    einblenden 54
    Standard-Nullpunkt 55
Lineal-Nullpunkt
    Vergleich mit FreeHand 692
    Muster 55
    Pixelraster 55
Linie füllen 74
Liniendiagramm 485
Linien in Flächen umwandeln 297
Liniensegment-Werkzeug 74
Live Color
    → Interaktive Farbe 206
Live Paint
    → Interaktiv malen 288
Live Trace
    → Nachzeichnen 575
Löcher stanzen 284
Logos vektorisieren 575, 586
Lokale Farbfelder 181
Löschen-Werkzeug 166
Lückenoptionen 288
Luminanz (Füllmethode) 355
Luminosity (Füllmethode) 354
LZW 640

M

Magnetische Hilfslinien
    → Intelligente Hilfslinien 61
Mapping (3D)
    auf der Rückseite 553
    Bildmaterial passend anlegen 551
    Flächenaufteilung 550
    Kugel 553
    Probleme 551
    Symbol-Auswahl 552
Maskenobjekt 328
    Aussehen-Eigenschaften 329
Maßeinheiten **22**, 38
    Abkürzungen 22
    Dialogboxen 38
    Dokument 54
    Konturstärken 54
    Lineale 54
    Seitenlineale 38
Media Box (PDF) 564
Media-Unterlagen 610
Mehrere Dokumentfenster 47
Messer-Werkzeug 165
Mess-Werkzeug 57
Metadaten 69
    Autor 69
    Bearbeitungsverlauf 70
    Copyright-Status 70
    Dokumentinhalt 69
    Nutzungsrechte 69
    speichern 70
Mischung 708
Mit anderem Gitter erstellen 313
Mit anderer Verkrümmung erstellen 312
Mit dem obersten Objekt verzerren 311
Mittelpunkt 95
Mobile Medien 627
Modifizierungstasten 74
Moiré 620
Monitorkalibrierung 175
Montagefläche **16**, 43
    verschieben 44
Mosaik (Filter) 411
Multiple Master (Schrift) 440
Multiplizieren (Füllmethode) 354
Multiply (Füllmethode) 354
Muster 495
    anwenden 496
    Ausrichtung der Kachelung 496
    bearbeiten 498
    Ergänzen 504
    Farbfelder-Bedienfeld 501
    Foliage 502
    Lücken in gemusterten Flächen 499
    mit Objekten transformieren 496
    Perspektivenraster 536

Pinsel 245, 501
   planen 498
   Rapport 498
   transformieren 496
   umfärben 497
   umwandeln 507
   unregelmäßige 502
   Verzerrungen 497
   weiße Linien 501
   zurücksetzen 497
Musterfelder
   laden 497
   Optimierung 498
Musterpinsel **239**, 245, 501
   Musterelemente vorbereiten 243
   schneller erstellen 241
Musterseiten 93, 507
   anlegen 693

N

Nächstes Objekt darunter/darüber 87
Nachzeichnen **574**
   Aufbereitung der Bilder 582
   EPS 582
   erstellen 575
   Farbfelder-Bibliothek 578
   Funktionsweise 574
   interaktiv Malen 583
   Live-Verknüpfung lösen 582
   Optionen 576
   Original bearbeiten 582
   Schwarz-Weiß-Umsetzung 576
   umwandeln 582
   Verläufe 574
   Vorlagen 574
Nachzeichnervorgabe 581
   löschen 581
   speichern 581
Nadir 527
Natürliches Farbsystem 186
Navigator-Bedienfeld 44
Negativ multiplizieren 354
Neigung (Grafiktablett) 155
Netzdiagramm 491
Neue Ansicht 46
Neues Farbfeld 196
New Document Profile 669
Nicht-Null (Füllregel) 276
Normal (Füllmethode) 354
Normal zeichnen 89
Nullpunkt 54
   verschieben 55
   zurücksetzen 55

O

Oberflächen-Mapping (3D) 550
Objekt
   Eigenschaften 34
Objektauswahl nur durch Pfad 84
Objekte 33
   Abstände 57
   aktivieren 84
   an Hilfslinien ausrichten 60
   an Punkten ausrichten 60
   ausblenden 93
   ausrichten 108
   ausschneiden 92
   auswählen 84, 325
   beschneiden 349
   drehen 98
   duplizieren 93
   einfügen 92
   Farbe 181
   Farbfelder zuweisen 200
   fixieren/lösen 94
   gleichmäßig nach allen Seiten skalieren 99
   gleichmäßig verteilen 110
   gruppieren 91
   kombinieren 275
   kopieren 92
   löschen 92
   mit Text umfließen 424
   skalieren 98
   spiegeln 98
   transformieren 94
   überblenden 302
   verbiegen 100, 104
   verdeckt 87
   verschieben 97
   verteilen 108
   verzerren 309
   zerteilen (Pathfinder) 280
Objekt-Eigenschaften 705
Objekte parallel verschieben (Perspektivenraster) 535
Objekte verteilen 111
Objektinformationen 56
Objektorientierte Arbeitsweise 34
Objektschnittmarken 618
Objekt suchen 323
Offene-Form-Werkzeuge 73
   Tastaturbefehle 76
Öffnen
   Illustrator-Dokumente 39
   Textdateien 432
Ohne (Farbfeld) 182
OpenType 439
   bedingte Ligaturen 440
   Brüche 440
   Formatvarianten 440
   kontextbedingte Varianten 440
   Ordinalzeichen 440
   Position 439
   Schwungschriften 440
   Standardligaturen 440
   stilistische Varianten 440
   Tabellenziffern 440
   Titelschriftvarianten 440
OPI
   und Transparenz 371
Optischer Randausgleich (Typografie) 451
Organische Formen (zeichnen) 147
Original bearbeiten 567
Ortung (Grafiktablett) 155
Oval 81
Overlay (Füllmethode) 354
Override (Textformate) 460

P

Paletten
   → *Bedienfelder* 17
Papierfarbe simulieren 41
Papierformat 616
Passermarken
   Farbfeld 193
   Druckvorstufe 618
   Tiefschwarz 193
Passerungenauigkeit 603
Patchpanel 683
Pathfinder
   Anwendungen 283
   Bedienfeld 280
   Effekte 283, **388**
   Funktionen 280
   Funktionen oder Effekte? 388
   Optionen 282
Pausstift-Werkzeug 575
PDF
   allgemeine Optionen 598
   Ausgabe-Optionen 600
   Bearbeitungsfunktionen beibehalten 598
   Druckvorstufe 597
   erstellen 597
   Farbmanagement 600
   importieren 564
   JPEG2000 599
   Komprimierung-Optionen 598
   Transparenz 377
PDF-kompatible Datei erstellen 67
Perspektive (3D) 544
Perspektivenauswahl-Werkzeug 533
Perspektivenraster 526
   anpassen 528
   besondere Objekte 536
   Bezugspunkt 531
   Bodenebene 527
   erneut transformieren 535

Fußpunkt 527
Horizonthöhe 527
im Raster zeichnen 531
Objekte auf andere Rasterebenen 535
Objekte bearbeiten 533
Objekte platzieren 532
Rasterebene an Objekt ausrichten 529
Scheitelpunkt 527
Texte 531
und 3D-Effekte 537
Werkzeugoptionen 533
Widgets 526
Perspektivenraster-Werkzeug 528
Perspektivisch verzerren 103
Perzeptiv 179, 622
Pfadansicht 45, 127
  Bilder 566
Pfade 113
  Abzweigungen 113
  Ankerpunkte hinzufügen 135
  deformieren 169
  Endpunkte zusammenfügen 138
  füllen 75
  geschlossen 113
  glätten 163
  nachbearbeiten 135
  offen 113, 137
  schließen 138
  selbst überschneidend 140
  verbinden 137
  vereinfachen 163
  verformen 169
  verlängern 136
  zerschneiden 139, 165
  zusammenfassen (FreeHand) 703
Pfade vereinfachen (Druckvorstufe) 602
Pfadrichtung 114
  umkehren 137
Pfadsegment 113
  auswählen 85
  löschen 139
  verschieben 133
Pfadtext 418
  erstellen 419
  Laufweite 426
  mit Verzerrung 428
  Optionen 426
  Richtung 114
  Text am Pfad verschieben 425
  Textpfad Aussehen-Eigenschaften 463
  Text um den Pfad spiegeln 426
  transformieren 421
  vertikale Position 426
Pfadtext-Werkzeug 419
Pfad verschieben 99

Pfad verschieben (Effekt) 387
Pfad zoomen 99
Pfeilspitzen 228
Photoshop
  Ebenenkomposition 563
  Ebenen in Objekte konvertieren 563
  Ebenen zu einzelnem Bild reduzieren 563
  Filter 395
  importieren 562
  platzieren 584
  Smart-Objekt 594
  weiße Randsäume 610
  Zwischenablage 593
Photoshop-Effekte
  Rastereffekt-Auflösung 396
Photoshop-Filter anwenden 399
Pinsel
  duplizieren 235
  Keine Pinsel? 560
  Konturstärke-Option 235
  nicht verwendete Pinsel 234
  umfärben 242
Pinselarten 234
Pinsel-Bedienfeld 234
Pinsel-Bibliotheken 241
Pinselkontur 233
  einfärben 237
  entfernen 234
  in Pfade umwandeln 245
  und Konturstärke 235
  zuweisen 234
Pinsel-Optionen 235
Pinsel-Bedienfeld 151
Pinselspitze 151
  selbst erstellen 242
Pinsel-Werkzeug 151
  Pfad erstellen 152
Pipette-Werkzeug **339**
  Farbe aufnehmen 340
  Genauigkeit 340
  Optionen 340
  Textformatierungen 447
Pixel 31
Pixelbilder 557
Pixelbild-Vektor-Abgleich 371
  Beispiel 375
Pixeldaten
  als Deckkraftmasken 570
  bearbeiten 569
  Beschneiden 571
  Freiform-Masken 572
  maskieren 571
  platzieren 562
  vektorisieren 574
Pixeleffekt 558
Pixelgrafik 31
Pixelorientierte Arbeitsweise 34

Pixel-Seitenverhältnis 52, **662**
Pixelvorschau 46, **628**
Place-Gun (Zeichenflächen) 49
Pläne
  vektorisieren 574
Platzieren
  Farbprofil 558
  Schmuckfarben 561
Platzierungscursor (Zeichenflächen) 49
Platzierungs-Optionen 567
Plug-ins
  installieren 688
  programmieren 688
PNG 642
  Optionen 642
  Transparenz 642
Polygon-Werkzeug 81
  Mittelpunkt 81
Portable Network Graphics 642
Positionieren 57
PostScript Type 1 440
PPD 615
Prägung 710
Premiere 661
Pre- und Post-Effekte 383
Print
  Bildauflösung 602
  Effekte, Filter 613
  Registerungenauigkeit 603
  Transparenzen 612
  Verläufe 613
Priorität 179
Private Data 598
Profil-Abweichungen 178
Profil zuweisen 42, 180
Programmvorgaben anpassen 671
Proof einrichten 611
Protanopie 189
Protokoll-Bedienfeld 65
Proximity 452
Prozessfarben 192
  anlegen 198
Punktdiagramm 490
Punkte
  → Ankerpunkte 113
Punktraster 412
Punkttext 417
  erstellen 418
  transformieren 421

Q

Quadrat 81

R

Radardiagramm 491
Radiales-Raster-Werkzeug 79

Radiergummi 165
Rand, Paul 417
Rapport 500
Raster 57
    am Raster ausrichten 58
    definieren 57
    einblenden 57
    Unterteilungen 57
Rasterbilder 557
Rastereffekt-Auflösung 409
Rasterwinkelung 620
Rechteckiges-Raster-Werkzeug 79
Rechteck-Werkzeug 81
Rechtschreibprüfung 433, 436
Reduzieren-Vorschau
    Hervorheben 374
Reduziertes Bild 595
Reduzierungsvorschau 373
Referenzpunkt 94
Registerkarten 24
Registerungenauigkeit 603
Reinzeichnung eines Logos 298
Rektangularprojektion 553
Rendermethode 622
Renderpriorität 622
Round-Trip-Bearbeitung 658
Rückgängig 65
Rundheit (Kalligrafiepinsel) 154
Run-Length 599

S

Sämtliches Bildmaterial darüber ausblenden 94
Sättigung (Füllmethode) 355
Sättigung (Priorität) 179
Saturation (Füllmethode) 354
Satzzeichen 434
Säulendiagramm 473
Scalable Vector Graphics 643
Schattierung (3D) 544
Schattierungsfarbe (3D) 547
Schein nach außen 403
Schein nach innen 403
Scheren (Transformation) 100
Schere-Werkzeug 139
Schichtseite 619
Schlagschatten 401
    Füllmethode 401
    Objekt drehen 402
Schneid-Plotten 614
Schnittbereich
    → Zeichenflächen 47
Schnittmarken 613, 618
Schnittmarken (Filter) 387
Schnittmasken 328
    endgültig umwandeln 331
    erstellen 308
    erstellen 328

    mit Schnittmasken arbeiten 330
    und Perspektivenraster 536
    zurückwandeln 331
Schnittmenge mit dem Formbereich 278
Schnittmengenfläche 281
Schnittmenge von Formbereichen 278
Schnittsatz 328
    editieren 329
Schraffur
    mit Mustern 495
    mit Scribble-Effekt 391
Schreibschutz-Symbol 321
Schrift
    s. auch Texte
    als Maske 464
    Darstellung am Bildschirm verbessern 446
    Drehung 445
    durchgestrichen 445
    Effekt 460
    Füllung 460
    Glättungsmethode 446
    Größe 442
    Grundlinienversatz 445
    Grunge-Look 464
    Hinting 466
    Kontur 460
    Laufweite 444
    Outline 463
    Proportionalschriften 455
    Schriftdarstellung Pixelformate 628
    suchen 447
    überdrucken 463
    Umbruch verhindern 447
    unterstrichen 445
    Verläufe 464
Schriftart 440, 442
Schriften
    druckerresident 621
    Untergruppe 621
Schriften einbetten 67
Schriftfamilie 442
Schriftgrad 442, 443
Schriftkegel 441
Schriftschnitt 442
    Buchstabenbreite 442
    italic 442
    kursiv 442
    Strichstärke 442
Schwarzdefinitionen korrigieren 612
Schwarz überdrucken 605, 620
    Filter 605
Schwungvoll (zeichnen) 142
Screendesign 629
    stufige Linien 639
Screen (Füllmethode) 354
Scribble-Effekt 390

    Optionen 390
    umwandeln 391
Seitenbeschreibung 36
Seiteninformationen 618
Seitenminiaturen einbetten 598
Seitenzahl 48
Separationen 619
Separationenvorschau 611
Shortcut 22, 669
Sicherer CMYK-Workflow 177
Sichtbarkeitsspalte (Ebenen) 316
Silbentrennung 452
Skripte 682
    Entscheidungsfindung 684
Slices 630
    Anzeige 630
    Ausrichten-Bedienfeld 632
    auswählen 631
    Auto-Slices 631
    Bild 632
    HTML-Text 632
    importieren 563
    kein Bild 632
    kombinieren 633
    löschen 633
    Optionen 632
    Stapelreihenfolge 633
    Unter-Slices 631
    zurückwandeln 633
Slice-Werkzeug 631
Slicing-Daten 647
Smart Guides 61
Soft Light (Füllmethode) 354
Soft-Proof 611
Software Development Kit 688
Sonderzeichen 434
Spanne (Flächentext) 423
Special Effects 399
Speichern 66
    ältere Illustrator-Formate 68
    EPS 591
    für Web und Geräte 633
    Kopie speichern unter 67
    Metadaten 70
    PDF 597
    speichern unter 66
    SVG 643
    Vorlagen 669
    zwischenspeichern 68
Spezialpinsel 238
    Drehung 239
    Streuung 239
Spiegelungswinkel 56
Spiekermann, Erik 417
Spirale
    archimedische Spirale 79
    Dichte der Windungen 79
    Verjüngung 79
Spirale-Werkzeug 79

Spitzlicht (3D) 355
Spotlicht (3D) 547
Sprachen 433
Sprühdose 516, 701
Standardschriftart 460
Standardvorgaben 37
Stanzen (Formmodus) 278
Stanzen (zusammengesetzter Pfad) 276
Stapelreihenfolge 89
   ändern 89
Stapelverarbeitung 678
   Optionen 679
   umfärben von Objekten 680
Statusleiste 43
Stauchen (Schrift) 444
Stern-Werkzeug 82
Steuerungsbedienfeld 21
   Farben zuweisen 200
   interaktiv nachzeichnen 576
   platzierte Dateien 566
Straßenkreuzungen 347
Strecken (Schrift) 444
Streifenmuster 500
Streudiagramm 490
   Dateneingabe 490
Strichstärke 225
Strudel-Werkzeug 168
   Verzerrungshülle 168
Stylus-Rad 155
Subset-Schriften 67
Subtrahieren vom Formbereich 278
Subtraktive Farbmischung 173
Suchen und ersetzen 438
Supersampling 466
SVG
   Datei einrichten 644
   JavaScript 645
   Objekt-ID 644
   Optionen 645
   SVG-Filter 645
SVG-Filter 413
SVG-Interaktivität 645
SWF 654
   Frames 649
   Optionen 655
SwitchBoard 683
Symbol-aufsprühen-Werkzeug 517
Symbol-Bibliotheken
   laden 511
   speichern 513
   Symbol in das Symbole-Bedienfeld übernehmen 511
Symbol-drehen-Werkzeug 520
Symbole 507
   An Pixelraster ausrichten 629
   auf der Zeichenfläche platzieren 510
   aus platzierten Bildern 512

Aussehen 337
   auswählen 509
   bearbeiten 512
   Deckkraft 521
   Dichte 519
   duplizieren 509
   einheitliche Konturen 514
   erstellen 512
   gemischter Symbolsatz 515
   löschen 509
   Optionen 512
   Registrierungspunkt 513
   Stapelreihenfolge ändern 518
   umfärben 511
   Verknüpfung aufheben 510
   verwenden 508
Symbole-Bedienfeld 509
Symbol-färben-Werkzeug 521
Symbol-gestalten-Werkzeug 521
Symbolinstanz 511
Symbolsatz 515
Symbol-skalieren-Werkzeug 520
Symbol-stauchen-Werkzeug 519
Symbol-transparent-gestalten-Werkzeug 521
Symbol-verschieben-Werkzeug 518
Symbol-Werkzeuge 515
   Intensität 516
   Optionen 516
   Werkzeugwechsel 515
Symmetrisch gestalten 386
Systemlayout 446

T

Tabbing (Dokumente) 24
Tabulator 455
Tabulatoren 433
   einsetzen 457
   Einzüge 457
Tabulatoren-Bedienfeld 455
Tangenten-Endpunkte 33
Tastaturbefehle 669
   Aufstellung 723
Tastaturbelegung 670
   ändern 670
   bearbeiten 670
Teilflächen 288
TEX 452
Textausrichtung 418
Text-Cursor 419
Texte
   s. auch Schrift
   Abstände 453
   asiatische Optionen 447
   aus alten Illustrator-Dateien 432
   Ausrichtung 449
   Aussehen 460
   Auto-Zeilenabstand 454

   Blocksatz 450
   editieren 433
   Einzelwortausrichtung 454
   Einzug 450
   Flash-Text 651
   Fremdsprachentexte 433
   Glättung 466
   Glyphenabstand 453
   Groß- und Kleinschreibung ändern 434
   hängende Interpunktion 451
   importieren 430
   in Pfade umwandeln 465
   kopieren/einsetzen 430
   laden 431
   linksbündig 450
   nicht druckbare Zeichen 433
   optische Randausrichtung 451
   Ornament-Schriften 435
   platzieren 431
   rechtsbündig 450
   Schnittmaske 464
   Silbentrennung 452
   Tabulatoren 455
   Warichu 447
   Wortabstand 453
   Zeichenabstand 453
Text in Pfade umwandeln 614
Textobjekte 417
   erzeugen 417
   Pathfinder 463
   Vektorobjekte umwandeln 418
   vertikal ausrichten 466
Textspalten 423
Text-Werkzeug 418
Tiefe der Extrusion 539
Tiefgestellt 446
Tiefschwarz 609
   ausgeben 610
Time-Tunnel 542
Tonwert 193
Tooltips 17
Tortendiagramm 471, 493
Tortenstücke 477
Transformationsgriffe 702
Transformationswerkzeuge 95
Transformieren-Bedienfeld 104
Transformieren-Effekt 385
Transparenz 351
   Aussehen-Bedienfeld 355
   Borstenpinsel 368
   Gruppen 356
   Interaktion von Text 370
   pixelbasierte Effekte 370
   reduzieren 376, 367
   Reduzierung: Problemfälle 369
   Schmuckfarben 370
   speichern 377
   transparente Objekte 368

Transparenzreduzierungsfarbraum 370
 überdrucken 370
 weiße Linien 375
 zurücksetzen 358
 zuweisen 355
Transparenz-Bedienfeld 352
Transparenz-Effekte 367
Transparenzquellen 368
Transparenzraster einblenden 351
Transparenzreduzierungs-Einstellungen 371
Transparenzreduzierungsvorgaben 372
Trapping 604
Trennregeln (Text) 433
Treppeneffekt 31
Trim Box (PDF) 564
Tropfenpinsel-Werkzeug 159
 Arbeitsweise 161
 Grafikstile 162
 malen 160
 mit Auswahl zusammenfügen 161
TrueType 440
Tweak (Verzerrungsfilter) 393
Typografische Anführungszeichen 434

U

Überblenden
 → Angleichen
Überdrucken 604
Überdruckenvorschau 45, 611
Überfüllen 604
Überfüllen-Effekt 607
Überfüllungen anlegen 606
 umkehren 608
 Volltonfarbe 608
Übergangspunkte **113**
 → Kurvenpunkte
 umwandeln 133
Übergangspunkte (Verlauf) 250
Überlappende Formbereiche ausschließen 279
Überlappungsbereich entfernen 281
Überschrift einpassen 424
Überstehender Abschluss 226
Umfärben 211
 Zufallsprinzip 213
Umfließen
 aufheben 425
 Effekte 424
 Optionen 425
 Pixelbilder 424
 Umfließen-Objekt 424
 und Stapelreihenfolge 424
Umgebungslicht (3D) 545

Umgekehrte Reihenfolge (Ebenen) 323
Umrisslinien 604
Unterfüllen 604
Untermenüs 23
Unterschneiden (Typografie) 445
Unterteilungen Asymmetrie 80

V

Variablen 685
 Bedienfeld 685
 Typ 686
 verknüpfen 685
Variation (Pinseloptionen) 154
Variationsschema (Farbe) 187
VBScript 683
Vektorbasierte Formate 560
Vektorgrafik
 malen 287
 Transparenz 351
Vektorisieren
 Comic 575
 fotorealistische Illustration 575
 Fotos 575
 Logos 575
 Pläne 574
 Vorlage 575
Vektorisierung 574
Verbiegen-Werkzeug 100
Verbiegungsachse (Info) 56
Verborgene Zeichen einblenden 433
Verdeckte Fläche entfernen 281
Vereinfachen 164
Vereinigen 278
Verflüssigen-Werkzeuge 167
 Optionen 170
 zusätzliche Optionen 172
Vergrößerung 44
Vergrößerungsfaktor 56
Vergrößerungsstufe 43
Verkettete Textobjekte 428
 anzeigen 429
 dazwischen einfügen 429
 lösen 430
Verknüpfen (Dateien) 559
Verknüpfte Dateien einbeziehen 68
Verknüpfung 566
 aktualisieren 567
 automatisch aktualisieren 569
Verknüpfungen-Bedienfeld 566
Verknüpfungsblockreihen 247
Verknüpfungsinformationen 568
Verkrümmen-Werkzeug 168
Verkrümmung 309
 anwenden 309
 Optionen 309
Verkrümmungsfilter 395

Verlauf 193
 auf Konturen 248
 Deckkraft 250
 editieren 254
 illustrieren mit Verläufen 257
 in das Farbfelder-Bedienfeld übernehmen 255
 konisch 271
 Seitenverhältnis 249
 transparent 250
 über mehrere Objekte anlegen 255
 umwandeln 256
 und Volltonfarben 255
 Ursprung 254
 zurücksetzen 254
Verlauf-Bedienfeld 248
 Farbübergang 251
 Verlaufsfarbe ändern 250
 Zwischenfarben 251
Verläufe überfüllen 606
Verlaufsanmerkungen 253
Verlaufsgitter 260
 aus einem Verlauf 263
 aus Verzerrungshülle 262
 automatisch generieren 261
 bearbeiten 263
 Deckkraft reduzieren 265
 Einstiegstipps 265
 mit Verlaufsgittern illustrieren 266
 transparenter Gitterpunkt 360
 Transparenz 265
Verlaufsobjekte verformen 255
Verlaufsregler 249
Verlaufstop 249
Verlaufswinkel 251
 exakt nachbauen 252
Verlauf-Werkzeug 251
Verpackungsdesign 100
 visualisieren 551
Versatzabstand 422
Verschieben 97
Verteilen 108
Vertikales Balkendiagramm 473
 Diagrammattribute 474
Verzerrungshülle 309, 310
 als Effekt anwenden 314
 Aussehen verzerren 312
 bearbeiten 312
 eigene Vektorform 311
 Gitter 310
 Gitter einstellen 310
 Hülle nachbearbeiten 313
 Inhalt bearbeiten 314
 Konturen 312
 lineare Verläufe verzerren 312
 Musterfüllungen verzerren 312
 Optionen 311
 Perspektivenraster 536
 Pixelbild 310

umwandeln 313
zurückwandeln 313
Video 661
Video-Safe-Areas 662
Vielecke (Polygone) 81
VisualBasic 683
Volltonfarbe 192
Volltonfarben beibehalten (3D) 547
Vom Formbereich subtrahieren 278
Voreinstellungen
  Anzahl der zuletzt verwendeten Schriften 443
  asiatische Optionen einblenden 447
  Auswahl dahinterliegender Objekte 87
  Auswahl und Ankerpunkt-Anzeige 114
  Bedienfelder automatisch auf Symbole minimieren 20
  Bei Auswahl von mehreren Ankerpunkten Griffe anzeigen 127
  Bildachse 56
  Einheit 54, 225
  fehlenden Glyphenschutz aktivieren 433
  geglättetes Bildmaterial 558
  intelligente Hilfslinien 61
  Konturen und Effekte skalieren 514
  Mac OS 22
  Maßeinheiten 54
  Maßeinheit für Schriftgröße 441
  Muster transformieren 496
  Objektauswahl nur durch Pfad 84
  Objekte erkennen anhand von XML-ID 644
  Pfeiltasten 129
  Quadranten 693
  QuickInfo 17
  Registerkarten 24
  Schriftvorschau 443
  Schritte per Tastatur 129
  Textobjektauswahl nur über Pfad 420
  verknüpfte EPS-Dateien 565
  Verknüpfungen aktualisieren 567, 569
  Vorschaubegrenzungen verwenden 56, 105
  Windows 22
  zum Isolieren doppelklicken 331
  Zwischenablage 692
  Zwischenablage beim Beenden 593
Vorlagenbild
  nachzeichnen 307
  Tontrennung 141
  zum Vektorisieren 575
Vorlagen (Ebenen) 141, **668**
  erstellen 668
  öffnen 669
  speichern 669
Vorlagenebenen 318
  erstellen 318
Vorschau 45
Vorschaubegrenzungen verwenden 56, 110
Vorschaumodus 45, 127

W

Wacom
  Airbrush 155
  ArtMarker 155
Wagenrücklauf 449
Webentwicklung 627
Webgrafik
  Datei einrichten 627
Websafe 183
Weiche Kante 403
Weiches Licht (Füllmethode) 354
Weich mischen 367
Weiß ignorieren 580
Welle 309
Wellenlinie 392
Werkzeugbedienfeld 16
  Farbe 182
  verborgene Werkzeuge 17
Werkzeuggruppe
  als eigenes Bedienfeld 17
Wertachse (Diagramm) 475
Werte eingeben 21
Widerrufen
  Anzahl der widerrufbaren Arbeitsschritte 65
Widgets (Perspektivenraster) 526
Wiedergabeabsicht 179
Wiederholen 66
Wie viele Punkte? 143
Winkel 56
Wirbel 394
Wireless Bitmap 640
Wörterbücher 433
  bearbeiten 438
WYSIWYG 431

X

XMP-Informationen 69

Z

ZAB 441
Zauberstab-Bedienfeld 246
Zauberstab-Werkzeug 246
  Einschränkung auf Zeichenfläche 247
Zeichen (Text)
  auswählen 420
  drehen 442
  Format 459
  formatieren 441
  Skalierung 442
Zeichenfarbe überschreiben 342
Zeichenfeder 113
Zeichenflächen 15, 42, **47**
  anpassen 50
  ausblenden 42
  Bedienfeld 48
  blättern 53
  duplizieren 49
  exportieren und speichern 590
  in der Dokumenthierarchie 693
  in InDesign platzieren 70
  Leere löschen 53
  löschen 52
  Modus 47
  neu anordnen 52
  neu erstellen 48
  Optionen 51
  Reihenfolge 48
  skalieren 49
  Ursprung 49
  verschieben 44
  Werkzeug 48
Zeichenflächenlineale 54
Zeichen-Bedienfeld 442
Zeichenstift-Werkzeug 114
  Cursor 114
  Eckpunkt 115
  Korrektur 119
  Modifikationstasten 87, 126
  Pfad beenden 115
  Pfadsegmente rechtwinklig zeichnen 118
  Polygon 115
  Übergangspunkte 116
Zeichen- und Absatz-Formate 458, 459
  anlegen 459
  anwenden 459
  editieren 459
  löschen 460
Zeichnerische Effekte 389
Zeichnung planen 35
Zeilenabstand 441, 443
Zeilenumbrüche 433
Zenit 527
Zerknittern-Werkzeug 169
Zickzack-Effekt 392
Ziel-Auswahl 325
Zoom-Stufe 43
  Monitorauflösung 43
Zoom-Werkzeug 43
  Auswahlrahmen 44
  herauszoomen 44
  temporär wechseln 44
Zusammenfügen 138
Zusammengesetzte Form 277

auflösen 279
editieren 279
erstellen 278
Photoshop-Export 594
umwandeln 280
Zusammengesetzter Pfad 276

Aussehen-Eigenschaften 276
erzeugen 276
Füllregel-Eigenschaft 277
Zusammenziehen und aufblasen (Effekt) 394
Zusammenziehen-Werkzeug 168

Zuschneidungspfad 328
Zwischenablage 92

Aktuell zu CS5: **Photoshop** und **InDesign** von A bis Z

Sibylle Mühlke
Adobe Photoshop CS5
Das Praxisbuch zum Lernen und Nachschlagen

1150 S., komplett in Farbe, mit DVD und Referenzkarte, 49,90 €, ISBN 978-3-8362-1586-2

» www.GalileoDesign.de/2353

Hans Peter Schneeberger, Robert Feix
Adobe InDesign CS5
Das umfassende Handbuch

978 S., komplett in Farbe, mit DVD und Referenzkarte, 59,90 €, ISBN 978-3-8362-1589-3

» www.GalileoDesign.de/2359

Portofrei im Web bestellen [D], [A]
» www.GalileoDesign.de

Galileo Design
Know-how für Kreative.

Alle Werkzeuge und Funktionen live am Bildschirm erklärt

Karl Bihlmeier

Adobe Illustrator CS5
Das umfassende Video-Training

DVD, Windows und Mac, 134 Lektionen,
12 Stunden Spielzeit, 39,90 €, ISBN 978-3-8362-1574-9

Kostenlose Lektionen online » www.GalileoDesign.de/2347

Alle Prinzipien und Layouttechniken sicher im Griff

Markus Wäger

Grafik und Gestaltung
Das umfassende Handbuch

→ Perfekte Drucksachen erstellen: Form, Farbe, Schrift und Bild
→ Alle Prinzipien und Layouttechniken sicher im Griff
→ DTP-Grundlagen: Auflösung, Farbmanagement, Druckverfahren u.v.m.

Markus Wäger

Grafik und Gestaltung
Das umfassende Handbuch

620 S., 2010, komplett in Farbe, 39,90 €,
ISBN 978-3-8362-1206-9

» www.GalileoDesign.de/1812

Galileo Design
Know-how für Kreative.

Der Name Galileo Press geht auf den italienischen Mathematiker und Philosophen Galileo Galilei (1564–1642) zurück. Er gilt als Gründungsfigur der neuzeitlichen Wissenschaft und wurde berühmt als Verfechter des modernen, heliozentrischen Weltbilds. Legendär ist sein Ausspruch *Eppur se muove* (Und sie bewegt sich doch). Das Emblem von Galileo Press ist der Jupiter, umkreist von den vier Galileischen Monden. Galilei entdeckte die nach ihm benannten Monde 1610.

Lektorat Katharina Geißler
Korrektorat Petra Biedermann, Reken
Herstellung Iris Warkus
Einbandgestaltung Klasse 3b, Hamburg
Satz Monika Gause, Hamburg
Druck Himmer AG, Augsburg
Coverbilder Fotolia.com: striZh 7677792; japonka 5824344

Dieses Buch wurde gesetzt aus der Linotype Syntax (9,25 pt/13 pt) in Adobe InDesign CS5. Gedruckt wurde es auf mattgestrichenem Bilderdruckpapier (115 g/m^2).

Gerne stehen wir Ihnen mit Rat und Tat zur Seite:
katharina.geissler@galileo-press.de
bei Fragen und Anmerkungen zum Inhalt des Buches

service@galileo-press.de
für versandkostenfreie Bestellungen und Reklamationen

julia.bruch@galileo-press.de
für Rezensions- und Schulungsexemplare

Bibliografische Information der Deutschen Nationalbibliothek
Die Deutsche Nationalbibliothek verzeichnet diese Publikation in der Deutschen Nationalbibliografie; detaillierte bibliografische Daten sind im Internet über *http://dnb.d-nb.de* abrufbar.

ISBN 978-3-8362-1588-6

© Galileo Press, Bonn 2010
1. Auflage 2010

Das vorliegende Werk ist in all seinen Teilen urheberrechtlich geschützt. Alle Rechte vorbehalten, insbesondere das Recht der Übersetzung, des Vortrags, der Reproduktion, der Vervielfältigung auf fotomechanischem oder anderen Wegen und der Speicherung in elektronischen Medien. Ungeachtet der Sorgfalt, die auf die Erstellung von Text, Abbildungen und Programmen verwendet wurde, können weder Verlag noch Autor, Herausgeber oder Übersetzer für mögliche Fehler und deren Folgen eine juristische Verantwortung oder irgendeine Haftung übernehmen. Die in diesem Werk wiedergegebenen Gebrauchsnamen, Handelsnamen, Warenbezeichnungen usw. können auch ohne besondere Kennzeichnung Marken sein und als solche den gesetzlichen Bestimmungen unterliegen.

In unserem Webshop finden Sie unser aktuelles
Programm mit ausführlichen Informationen,
umfassenden Leseproben, kostenlosen Video-Lektionen –
und dazu die Möglichkeit der Volltextsuche in allen Büchern.

www.galileodesign.de

Galileo Design

Know-how für Kreative.